THE WORKS OF AUSONIUS

THE WORKS OF
AUSONIUS

Edited with Introduction and Commentary
by
R. P. H. GREEN

CLARENDON PRESS · OXFORD
1991

Oxford University Press, Walton Street, Oxford OX2 6DP
Oxford New York Toronto
Delhi Bombay Calcutta Madras Karachi
Petaling Jaya Singapore Hong Kong Tokyo
Nairobi Dar es Salaam Cape Town
Melbourne Auckland
and associated companies in
Berlin Ibadan

Oxford is a trade mark of Oxford University Press

Published in the United States
by Oxford University Press, New York

© R. P. H. Green 1991

British Library Cataloguing in Publication Data
Ausonius, Decimus Magnus
The Works of Ausonius.
1. Poetry in Latin. Ausonius, Decimus Magnus
I. Title   II. Green, R. P. H.
871.01
ISBN 0-19-814463-6

Library of Congress Cataloging in Publication Data
The works of Ausonius
edited with introduction and commentary by R. P. H. Green.
Latin and English.
Includes bibliographical references and index.
I. Green, R. P. H.
PA6221.A2   1991   871'.01-dc20   90-19476
ISBN 0-19-814463-6

Set by Joshua Associates Limited, Oxford
Printed in Great Britain by
Bookcraft (Bath) Ltd., Midsomer Norton, Avon

TO
ANNE
ROZZY CHRIS

PREFACE

OVER a hundred scholars have at some time turned their hands to the restoration of Ausonius' text, but few have undertaken to expound and interpret it. Only a handful of his poems, among which of course the *Moselle* stands pre-eminent, have received systematic study, and full-scale commentaries have been very rare. Indeed this book can fairly be said to have only one predecessor, the commentary of Élie Vinet printed at Bordeaux in 1580. Greatly admired by Scaliger and many others, this provided the bulk of the notes in Tollius' variorum edition of 1671, and is still conspicuous in Pastorino's edition of 1971. With the edition *in usum Delphini* of 1730 there began a trend to the formula of more or less derivative text plus translation (or paraphrase) and brief annotation, on which readers have had to depend for too long. Complete editions have not been in such short supply, but it is Schenkl's edition of 1883 that seems to have found most favour, even in the late twentieth century.

Small wonder, then, that Ausonius is now an unfamiliar writer, and much misunderstood. The fourth century, which his life almost spanned, is no longer unfashionable, and his style is generally not difficult—neither brevity nor obscurity came easily to him—or particularly idiosyncratic; but he is formidably versatile, and the range of his subject-matter enormous. A poet who tackles such matters as astrology, zoology, the Nicene Creed, the Olympic Games, his favourite oysters, his wife's embroidery, his dreams, his estate, his new-born child, his late lamented colleagues, the festivals of the Roman year, and the cities of the Roman Empire, and if not cabbages and kings (see App. A. 3 and C), then at least hyacinths and Caesars, is likely to appear forbiddingly arcane and bewilderingly diverse. Attitudes tend to be based on one or two of his works, such as the *Moselle*, the letters to Paulinus, or even his Vergilian cento or his medley of monosyllables; in the absence of intensive study and debate, undue permanence is acquired by particular impressions, gathered perhaps from the style of a particular translator (such as Evelyn White's blend of fudge and fustian) or the large deposit of *loci similes* handed down from editor to editor. Old opinions live on unexamined, like the conceptions of Ausonius as a half-hearted Christian, a study-bound professor, or a rhetorical trifler.

And then there are the more or less deliberate misunderstandings: Ausonius the bishop (and now an archetypal exponent of gay Christianity); Ausonius the gentle citharode of a modern sculpture at Neumagen; and Gore Vidal's small and stately Ausonius stammering his way not ineffectually through the corridors of power.

One of the modern reader's problems is the order in which the poems are presented. Their variety seems to have posed problems for the writer himself; some of them he did not solve but left to his heirs. Those responsible for the apparent anarchy of the extant manuscripts added to the confusion. Modern editors have been well aware of the difficulties, but getting to grips with a single reference (let alone the poet himself) can still be a tiresome business. For example, what was once *Edyllion* 4 is no. 13 in one modern edition, no. 7 in another, and *Ep.* 22 in another. It was suggested not long ago that editors should revert to the numbering of the Delphin edition, a counsel of despair. Right at the outset I should explain that here is yet another arrangement, devised not in a spirit of rivalry with Schenkl, who challenged critics of his order to find a better one, but in the hope of giving some idea of the poet's background, career, and development while remaining faithful to such evidence as there is.

All that we know about Ausonius' arrangement of his works is that the obituary of his father followed a prayer, probably a Christian one, and that the epitaphs of men and women involved in the Trojan war followed the commemoration of the *Professores*. No general principles can be detected in this, or in the various manuscripts. V, the longest, has little more than a half of his prose and verse, and in many places its order is irreconcilable with that of the Z family or that of the lost Verona manuscript. Then there is the question of the *Moselle*, absent from all the manuscripts so far mentioned, and the *Gratiarum Actio*, which is only in Z, and has been moved around by editors rather like an embarrassingly unsuitable piece of furniture. Any hopes of a consistently chronological arrangement founder on the scarcity of information, the broad time-span of certain series, and the writer's tendency to hesitate before letting his poems see the full light of day. Classification according to genre or theme is ruled out by the kaleidoscopic variety of style and subject-matter.

This edition begins with the preface to the reader and a clutch of other prefaces of various kinds. It goes on, with V, to the 'Daily Round' and takes in various personal poems, and then the *Parentalia* and *Professores*, thus presenting Ausonius' family and professional background, albeit from a septuagenarian's standpoint. After the *Epitaphia* (just mentioned) come the *Epigrams*, which the nineteenth century was happy to leave in the rear. (They come first in Z, last in V.) They include some of Ausonius' earliest poems; the so-called *Eclogues* which follow them here share at least an interest in translating from the Greek. With the *Griphus*, likewise devoted to dry morsels of (mainly) general knowledge, we are in Trier, and can trace a series of works that culminate in the prayers for New Year's Day 379 and the speech of thanksgiving delivered later that year. Various poems can be dated to the 380s or later; they cover a wide range and end with an elaborate presentation of his attitude to the absent Paulinus. It may be useful to mention here that this edition has three appendices: the first presents various works that have been ascribed to Ausonius but are, with one exception, of very dubious authenticity; the second, various letters received by Ausonius which the reader will need to consult; the third, some important evidence of lost works.

The text printed in this edition has been completely revised, on the basis of my collation of all the manuscripts named in the list of sigla. Schenkl and Peiper were on the whole very accurate, but recent research demanded the reappraisal of at least two 'families' and the clear and accurate presentation of what is important. Such close attention to manuscripts has its rewards as well as its headaches: for example, the discovery of a significant new reference to Theodosius, the dethronement of at least one emendation described by a good judge as perfect, and the chance to see at first hand that the scribes of V and Z, whatever the origins of what they had to copy, were prone to human error after all and did not have privileged access (as some have thought) to the faltering first thoughts of the poet. Either in the text or more tentatively in the apparatus criticus I present at least one hundred emendations of my own, as well as important revisions of traditional punctuation, which was overdue for a spring-clean. In the apparatus I have seldom given orthographical variants or abbreviations, and I have not recorded in full detail the profusion of insignificant nonsense produced especially by K, P, and T. With the emendations of others I have been more cautiously selective; those which are not present have in all probability been consciously rejected rather than overlooked. Details about editions and articles will be found in the appropriate bibliographies.

The first aim of a commentary is of course to work out what the author wrote and what he meant. I have also attempted to explain various kinds of allusion which are not immediately obvious, to solve various kinds of problems, whether they be historical, linguistic, literary or anything else, and to give some idea in basic terms and straightforward language of the qualities of the author's verse and prose. Echoes or imitations are presented copiously but briefly. *Caveat lector*: inferences must always be drawn with a combination of sensitivity and sense. In explaining allusions the encyclopaedic note has been deliberately avoided; so when Ausonius speaks of Naiads, oysters, or praetorian prefects the reader will not find a battery of ancient allusions or modern reference-works. All relevant articles on Ausonius are quoted in the appropriate part of the commentary. Those who like their bibliographies *non modio neque trimodio verum ipso horreo* will find a complete one at the end.

My acquaintance with Ausonius extends over some twenty years—in his idiom, two Trojan Wars, or five Olympiads, or three *septennia* take away a twelvemonth. These years have all been spent in St Andrews. This experience has helped me to appreciate Ausonius' warm attachment to Bordeaux and its hinterland, though I must admit that Fife is not my *patria* and its university cannot exactly be called my *alma mater*. The members of its three classical departments have been (if they will pardon a quotation from Eunapius) a walking μουσεῖον, answering questions on all manner of things and presenting an example of broad-minded, critical scholarship calmly and unpretentiously pursued. I have numerous particular debts, both within St Andrews and without. Gordon Williams encouraged my early efforts and suggested that I attend to the whole of Ausonius' personal poetry. Martin Smith was always generous with support and with helpful advice on a multitude of things; his recent death has robbed us of an exceptionally genial and friendly colleague. Together with Chris Carter he considerately demolished what I once thought an adequate introduction to an earlier version of this commentary and pointed me to a clearer and less forbidding style. Malcolm Campbell, Adrian Gratwick, and Jill Harries have given me help in areas in which they are specialists. I have been particularly fortunate in being able to call upon the expertise of Michael Reeve, who gave a new momentum to the study of Ausonius' text at a time when it was becalmed, or at least going round in predetermined circles. Peter Walsh's knowledge of classical and Late Antique literature has also been a great boon, and he has rescued me from error, inelegance, and unreason in many places. I am also much indebted to the careful scrutiny and great learning of Leofranc Holford-Strevens.

I must have spent the equivalent of a few Olympiads in libraries, especially of course the university library at St Andrews. My dominant memory is one of patient and efficient personal attention both at home and away, in spite of the well-known constraints imposed by the increase of books (cf. *Ep.* 8. 23 f.), the obsolescence of buildings (cf. *Epigr.* 37. 9 f.), and chronic underfunding. Indeed in the middle of my labours the St Andrews library actually moved to a site outside my office window—a happy combination, I like to think, of Fortune, the UGC, the Library Committee (then chaired as it happened by the supportive Ian Kidd), and even Shakespearian precedent. My thanks are extended to all its staff, past and present, and also to helpful librarians at Brussels, Cambridge, Florence, Leiden, London, Munich, Oxford, Paris, Rome, Toronto (where much of the introduction was written), Trier, and Wolfenbüttel. Some photocopies of manuscripts were supplied by the Institut de Recherche et d'Histoire des Textes, and Sesto Prete and Michael Reeve helped out too. Peter Flury and Ursula Keudel were very obliging when I consulted the archives of the *Thesaurus Linguae Latinae*, once by letter and once in person. I am very grateful to a succession of typists, most recently Mrs S. J. Lang, who have helped me by typing clear versions of innumerable drafts, all of them covered with *mille liturae* and like Ausonius' work reluctant to see the light of day. The British Academy has helped me with grants towards the cost of travel, the Jowett Copyright Trustees with a subvention towards typing expenses, and the University with numerous smaller sums. My warm thanks go too to all those connected with the Oxford University Press who have contributed to the production of this large work.

R.P.H.G.

St Andrews
April 1989

CONTENTS

Contents

INTRODUCTION

1. THE POETRY OF AUSONIUS

'EVERYWHERE clever and exciting, and he does not let the reader fall asleep.' With these words J. L. Vives recommended Ausonius to his readers, evidently more at ease than their modern counterparts, in his *De Tradendis Disciplinis* of 1531. At the time that he wrote, editions of Ausonius began with about a hundred epigrams, and their contents included two prayers, a few letters, a long speech, an *epicedion*, a *protrepticus*, two amatory works, various light-hearted trifles, a playlet, and a gazetteer of famous cities. Since the discovery of a new manuscript a generation later the reader has been presented with an even greater variety of tone and topic: more epigrams, a collection of 'Eclogues', two sets of elegies commemorating relatives and colleagues, and several poems about the writer and his family, including one that describes his estate and one that dramatizes his daily routine. Ausonius' metrical repertoire is likewise diverse, equalled only by a handful of Latin poets from antiquity; and there is a kaleidoscopic variety of styles, some of them his own, some based on a wide variety of classical models. He was not only the most brilliant and prolific writer of his age,[1] but one of the most versatile and skilful writers in the history of Latin literature.

No classification of Ausonius' poetry can hope to be a tidy one. Whatever the criterion, there will always be anomalies, overlaps, and uncertainties. But in broad terms his enormous output may be divided into three kinds, which correspond to distinct interests and to some extent have their own distinctive techniques. First of all, the personal poetry, mainly concerned with his own life or with major occasions in the lives of his inner family; secondly, descriptive and documentary poetry, versified *historia* in the widest sense, on such varied things as the cities of the Roman Empire, the Greek games, or the *Moselle*; and thirdly, what I call gymnastic verse, in which he takes up the challenge of a difficult topic or a demanding format. A better name might be *Technopaegnia*—a word devised by the author to convey the combination of *ludus* and *labor*—if he had not applied it to a specific poem.

This last category has had its admirers (as will be seen later), but for

[1] J. F. Matthews, *Western Aristocracies and Imperial Court, AD 364–425* (Oxford, 1975), 51.

the modern reader it seems to have less appeal. Ausonius would not have been surprised: some such works he called *nugae*, while for others he produced descriptions much less complimentary. The essential fascination for him here lay in the manipulation of unpromising or recalcitrant material. In the *Cento* he tacks together bits of Vergil; in the *Technopaegnion* all the lines must end in a monosyllable. Among the chosen topics are the unprepossessing details of the zodiac or the Roman year, the names of Roman emperors, the triads of the *Griphus*, and various mathematical calculations; the versification of Greek tags and the translation of Greek epigrams call for similar skill. It is quite credible that Ausonius' *Fasti* was a versified digest of the most famous Roman consuls and that he also tackled the months of the Hebrews and Athenians, as indicated by medieval evidence.[2] Some of these *jeux d'esprit* began life as virtual party pieces (*Cento* and *Griphus*); others may have originated as classroom mnemonics, or even as educational aids for Gratian, his imperial pupil. Modern *grammatici* do such things in private, but their products seldom go further than the classroom or common-room, or perhaps a magazine. Ausonius has no illusions about the likely effect on his reputation, but it was he that distributed them in a finished version to a wider public, or at least to friends who could be expected to appreciate them. From the identity of the recipients one can deduce that these trifles played a role not only in maintaining a web of learned *amicitia*,[3] but also in fostering important political ties.

The range of the descriptive or documentary category is remarkably wide, and it frequently overlaps with the others. It was never the poet's aim to give a systematic treatment of his life and times, but he faithfully describes any aspects of the environment that take his fancy, whether they are encountered in his study, his travels, or his everyday experience. The literary attractions of such poems—among which the *Moselle* is outstanding—consist not only in the meticulous detail of his descriptions and vignettes but in the variety of treatments and styles, and the variations on a theme within his chosen framework. It has rightly been observed that what interests him is above all surface detail,[4] but he owes little to the formal *ecphrasis* and certainly avoids its flamboyant excesses. Nor does he follow the main tradition of Latin didactic verse. Only rarely are the demands of stylistic fluency or imaginative reflection allowed to disturb the rigid framework that he adopts. In the

---

[2] See App. C.   [3] Matthews, 373.
[4] D. Gagliardi, *Aspetti della poesia latina tardoantica* (Palermo, 1972), 65–89.

Moselle he works upwards, beginning with the river-bed, through a series of *spectacula*; in the *Caesares* the order is chronological; for the oysters of *Ep.* 3 and the cities of his *Ordo Urbium Nobilium* he devises an order of merit. The approach is that of a prose author; hence his notorious weakness for enumerations or lists of various things. This tendency, which seems to strengthen as he gets older, is put to manifold use: in a genial letter to Paulus he presents possible modes of travel, in a serious letter to Paulinus he lists methods of secret communication, as a foil to more trenchant protest.

The personal category is perhaps the most distinctive and attractive side of his work. It embraces such poems as the Preface to the reader, the *Ephemeris*, the *Parentalia* and *Professores*, and a variety of poems written to or for members of the inner family. It could indeed be interpreted more broadly, so as to take in most of the letters, some of the epigrams, and even the *Moselle*, the *Caesares*, and the *Ordo Urbium Nobilium*, all of which are affected by his personal outlook. Nothing in his work, however, approaches real autobiography, and it should not be assessed as such. It is true that he makes no fewer than six references to his consulship, but in general he does not seem to hanker after praise or immortality. The Preface to the reader, which includes the longest of his brief *curricula vitae*, ends on a self-deprecating note; the *Ephemeris* gives the impression of somebody more comfortable in a *popina* than a *palatium*. In the *Parentalia* he appears as the modest provincial survey-ing his humble origins and almost surprised by his access to power; in the *Professores* he is not ashamed to recall even the humblest and most obscure of his colleagues. Nor is there a note of apology, except perhaps in the *Herediolum* and *Epicedion in Patrem*, where one detects an eagerness to reintegrate himself into provincial society after mixing successfully with the great, and to show himself, as Isbell put it, rich in virtue if not in possessions.[5] The idea of compiling a memoir probably never occurred to him: the nature of political life in the later Roman Empire did not encourage such things, let alone the analysis of a disintegrating or at least doomed society which some scholars seem to expect.

Ausonius is not a personal poet in the same way as Catullus or Horace; his work does not present a strong literary personality. Still less does it present the thoughts of a reflective mind like that of his con-temporary Augustine or his sixteenth-century compatriot Montaigne. He is of course no Cicero either, but a recent analysis of Cicero the

[5] H. Isbell, in J. W. Binns (ed.), *Latin Literature of the Fourth Century* (London, 1974), 26.

letter-writer is illuminating. It has been said that among Cicero's motives was 'a feeling that the thoughts, judgements, behaviour, expressions, and so forth of Marcus Tullius Cicero were in themselves of value and interest just because they belonged to Marcus Tullius Cicero'.[6] Decimus (or Decimius) Magnus Ausonius, though writing in vastly changed conditions, possessed a similar conviction that any of his various experiences provided suitable raw material. One important modification, however, must be made. We hear little of his fixed opinions; we know more about Ausonius' circumstances and the people around him than about the man himself. What we have is a set of fragmentary experiences, largely lacking in inner coherence and not linked by a tangible relation to a dynamic personality. At this level they have little more in common than the familiar literary *persona* of the moderate man. The image that he presents is one sterilized by circumspection, a circumspection which seems to be due as much to his character as to the times in which he lived. It is significant that he is fond of the adjective *aequanimus* as no other writer was. The demands made of him as a poet by Evelyn White now seem somewhat naïve, and the egocentricity of his reaction to death is demonstrably overstated, but there is truth in the charge that he was a man lacking in ideas, passion, or revolt, with little breadth of sympathy or strength of feeling. Revolt one should not expect in the fourth century; passion one can. His devotion to his *patria*, to his family, and in particular to his wife Sabina, is clear enough, but it is not easy to infer his attitudes to the pressing social and religious issues of the day. It is easier to discover his tastes in oysters, or the kind of nightmares that he preferred. Even in the realm of literature—the one area where, as Pichon remarked,[7] the idea of moderation in all things does not prevail—it is not very clear what appealed to him most, or why. Needless to say, there is no such thing as a philosophy of life, but only the bland moralizing which sits easily with both pagan and Christian feeling.

This threefold division of Ausonius' poems cannot be related to any chronological development. He wrote all kinds of poem in all the productive periods of his life. His earliest work (this period in fact extends beyond his fiftieth birthday) includes the poem *Ad Patrem de Suscepto Filio* and intimate poems about Sabina, but also various exercises in translation from the Greek. In his 'middle' period, spent in the stimulating environment of Trier, he writes abstrusely in the

⁶ G. W. Williams, *Tradition and Originality in Roman Poetry* (Oxford, 1968), 520.
⁷ R. Pichon, *Les Derniers Écrivains profanes* (Paris, 1906), 189.

Griphus, descriptively in the *Moselle*, and jocosely to Theon (*Ep.* 13); he favours the hexameter, but also composes the attractive *Bissula*. The final period, much of which may be seen as a time of retirement after the pressures of high office, begins and ends with intensely personal poems—the commemoration of his deceased father and his anguished letters to Paulinus—but produces such things as the *Caesares* and the *Ludus Septem Sapientum*. It was clearly his lifelong belief that poetry was the appropriate expression for all kinds of topic. The poetry of Late Antiquity shows a remarkable diversity of subject-matter, but Ausonius' range is unmatched. Nothing is too mean for his verse; anything that scanned was suitable, and even things that did not, such as the name of his favourite villa, could be made to fit.

From time to time some of these characteristic elements have been attributed to Celtic influence. The question is a fascinating one, the answer totally elusive. The idea has not commended itself to scholars who have edited or studied Ausonius, perhaps because the evidence, whether it is detected in classical writers or medieval Irish verse, has yet to be adequately presented. The author of a recent book on *Celts and the Classical World*, which contains a whole chapter on Ausonius,[8] finds in him 'the inherited genes of an old Celtic oral poetic tradition'. In support of this contention there is a single quotation of Catullus (an author rare in Ausonius); one could equally well argue that Ausonius was influenced in some respects by Ennian *satura* or the personal poetry of Lucilius. As for the often ventilated connection with Druids or Druidism, Ausonius as a devoted Christian appears to have no time for them. If genes mean anything in such matters, then he inherited strongly 'loyalist' ones on his mother's side. Classical literature and art offer acceptable explanations for particular idiosyncrasies such as the riddles of the *Technopaegnion*, his language-games, his enumerations, and the famous description of the fish of the Moselle.

Ausonius' poetry may be said to concentrate on his experiences in the widest sense of the word, whether they come to him as husband, father, or grandfather, as courtier, statesman, or traveller, or (in the words of Nora Chadwick) as lifelong teacher, tutor, and professor.[9] The learned touch is pervasive, and it is misleading to divide his work between the 'poet' and the 'professor', or a 'pédant' and a 'bon bourgeois'.[10] It is potentially misleading and unjust (and not to Ausonius

---

[8] H. D. Rankin, *Celts and the Classical World* (London, 1987), 231–44.

[9] N. K. Chadwick, *Poetry and Letters in Early Christian Gaul* (London, 1955), 53.

[10] M. Principato, *Aevum*, 35 (1961), 399–418; Pichon, 167.

alone) to remark that 'he was a professor of Latin, and it shows in his work'.[11] Certainly he is a bookish writer, and rarely disguises the fact, but scholars have been too quick, even in recent times, to make unscholarly inferences from a style steeped in the resources of a literary tradition. Much is lost if one adopts the approach of Hosius, for whom the *Moselle* was a patchwork of reminiscences,[12] or that of Posani, who sees the technique of the centonist as prevalent.[13] A further charge, one beloved of literary handbooks, is that Ausonius is rhetorical. This can be said of any Latin poet, but Ausonius is refreshingly free of the excesses seen in such writers as Claudian, Paulinus, and Prudentius. Rhetorical ornament is rarely overdone. In fact certain features of rhetoric, such as the creation of character, forceful argumentation, and crisp *sententiae*, are scarce. An important point is stated in the Preface: *rhetorices etiam quod satis attigimus* (*Praef.* 1. 16). This is not of course an aesthetic judgement; nor should it be dismissed as modesty, though indeed the writer may exploit such an expectation. He was first and foremost a *grammaticus*, with a thorough and extensive knowledge of classical texts. The commentary will show how these are borrowed, imitated, adapted, and blended; here a bare survey of his repertoire must suffice.

Vergil, the unchallenged and unapproachable master, the standard of propriety, is ubiquitous. The *Cento* shows how complete Ausonius' knowledge of him was; the other works show Vergil put to manifold use in all kinds of context. The 'musical verse' of Horace, recommended to his grandson along with Vergil, is very prominent; Ausonius prefers the *Odes*, and sometimes imitates at some length, but also recalls the *Epodes* and *Sermones*. Martial is clearly present in various contexts and should be counted among his principal models, although his contribution to Ausonius' *Epigrams* is less than might have been expected. Both the occasional verse and the epics of Statius—the *Silvae* are much used in the *Moselle*, while the *Thebaid* suggests phrases and rhythms to him in various places—were well known to Ausonius; so was Lucan, especially the later books of *Bellum Civile*. Echoes of Ovid, though not infrequent, are generally unobtrusive. Quotations of Juvenal and Persius (especially the third satire) are conspicuous but not common.[14] Plautus and Terence should also be included among his favourites, and not merely

---

[11] E. J. Kenney, *GR*, NS 31 (1984), 190.
[12] C. Hosius, on *Mos.* 77ff.
[13] M. R. Posani, *SIFC*, NS 34 (1962), 33.
[14] R. E. Colton, *Latomus*, 47 (1988), 875–82; *CJ* 69 (1973), 41–51.

on the strength of the *Ludus*, but because various works attest a vivid recollection of phrases, scenes, and characters.

There is a second class of poets who are quoted quite clearly and sometimes by name, but whose appearances are rare. These include Ennius and Lucretius; Catullus, Tibullus, and Propertius; Seneca and Silius Italicus; and a clutch of didactic poets—Germanicus, Manilius, and Quintus Cicero—whom he found congenial reading at least while he was putting together the *Eclogues*. He cites Afranius and Lucilius too, but this need not mean that he knew more than the odd line; he may have known even less of Laevius and Annianus, whom he mentions along with many others in his apology at the end of the *Cento*. He must have been well acquainted with many post-classical poets. He certainly echoes or quotes Juvencus and Nemesianus; there are suggestions of Avitus, Optatianus, Serenus, and Terentianus. Various anonymous poems now to be found in the *Latin Anthology* seem to be imitated, but the chronological priority is often unclear.

In prose his reading was probably just as wide, but the traces of prose writers tend to be less clear-cut, and the possibility of intermediate sources or epitomes must always be taken into account. The master here is Cicero, quoted verbatim in the *Gratiarum Actio* and elsewhere. Sallust is represented by his *Bellum Iugurthinum*, and his *Histories* are a prominent part of the younger Ausonius' syllabus. Other historians seem to enjoy less favour. Tacitus appears fleetingly in the *Caesares*—where the small scale aggravates the difficulties of source-criticism—and Livy only in the vague context of *Prof.* 20. When Probus requested a copy of Nepos' *Chronica* Ausonius was able to oblige, and had a copy made (*Ep.* 9). Varro was accessible when he wrote the *Griphus*, and was probably used in the *Moselle*. We know (from Symm. *Ep.* 1.24) that he possessed at least *libelli* of the elder Pliny, who is both named and quoted in the poems.[15] The varied learning of Suetonius was drawn upon not only in the *Caesares* but probably in the *Ecloga de Feriis Romanis*; at the suggestion of his master Paulinus versified the *De Regibus* (*Ep.* 17). There is little doubt that Ausonius made use of Quintilian, Gellius, and Apuleius, and some evidence that he knew the letters of Seneca and the younger Pliny. As for Greek prose, he mentions Herodotus, Thucydides, Xenophon, Isocrates, and Demosthenes, but that is all. Perhaps he knew as little about them as he does about Plato, who in one passage is badly misrepresented. Ausonius' meagre Greek verse shows a familiarity with Homer, and traces of

[15] See now G. Sabbah, *Helmantica*, 38 (1987), 203–21.

Theocritus; he renders a passage of Hesiod and numerous Greek epigrams. The vague claims of *Ep.* 8, which suggest an acquaintance with Greek drama, are not borne out in any way, except in the case of Menander, who is recommended by name to his grandson along with the *Iliad*. Pindar is mentioned in the same letter, and absurdly linked with Thales in the *Ludus*, but like Pythagoras (it seems) and Orpheus was little more than a name.[16]

Ausonius has a good ear for the tone and rhythm of his models, and is not only a competent and enterprising metrician (he uses at least twenty different metres) but also an imaginative one. The *Ephemeris* and *Bissula*—both unfortunately now incomplete—are sequences of poems in varied metre, and the *Parentalia* and *Professores*, which include such unusual and demanding poems as *Par.* 27 and *Prof.* 6, 10, show signs of a similar intention. Sometimes polymetry is used to delineate the structure of a poem (as it is by Paulinus later); there are also more or less sudden changes of metre within a poem (to keep the reader alert?), as in *Par.* 17, *Prof.* 6, 19, 21, and *Epp.* 8, 13, 14. The hexameter and pentameter, his staple metres, are constructed very correctly. Hiatus is rare, and seems to be used only according to Vergilian precedent (or, in the *Ludus*, what Ausonius thought to be Plautine practice). There are three instances of 'prosodic' hiatus (one of them in a quotation of Vergil), and the other kinds seem to have been about as frequent. At least twenty cases are presented by the manuscripts, but about half of these passages are certainly corrupt, and with slight emendation the number can be reduced to three or four (see on *Praef.* 5. 11). Short closed syllables under the ictus—a feature that he might derive from Vergil or from his texts of the classical elegists—are not infrequent; in this edition there are twelve examples, most of them at a sense-pause in the middle of the pentameter, and in the manuscripts at least fourteen. (The practice of later Greek elegists may also be an influence.) He seems less careful in the few sapphic stanzas that he writes (*Ephem.* 1, *Prof.* 7, 8), and in iambics. Leaving aside the *Ludus*, which is corrupt as well as eccentric, we find spondees in the second foot of iambic dimeters seven times, and in most texts they are found in the even feet of iambic trimeters five times (including two resolutions due to emendation).

Although Ausonius seems to write as the fancy takes him, and some-

---

[16] These matters have now been treated more fully in my paper 'Greek in Late Roman Gaul: The Evidence of Ausonius', in E. M. Craik (ed.), *Owls to Athens: Essays Presented to Sir Kenneth Dover* (Oxford, 1990), 311–19.

times emphasizes that he wrote hurriedly, he is generally a very polished writer, not easily satisfied by his first thoughts (cf. *Praef.* 3. 19–20). His caesurae are very regular, his elisions are generally smooth, and at least in his hexameters line-endings differ from the norm only where he seeks a particular effect. His hexameters tend to be rather slow and stately, but there is greater economy and rapidity in his elegiacs and iambics; and elegiacs are more suited to the pointed antithesis which he cultivates. The arrangement of words within the line is a matter to which he devoted great attention, especially in some of the epigrams and in the *Moselle*. A similar preoccupation with structure, and the same high degree of craftsman-ship, may be seen in the way he builds impressive periods, nowhere more notable than in the *Oratio*, and in the careful construction of individual poems. He has a wide range of styles, not only in verse but also in prose, where at one extreme there is the subdued and almost casual style of his prefaces, and at the other the ponderous amplitude of the *Gratiarum Actio*.

In the *Gratiarum Actio* Ausonius speaks highly of the *proprietas* and *Latinitas* of Gratian's vocabulary; on this score he himself emerges with credit. He writes Latin that is generally pure, though not entirely clas-sical. Schenkl's index lists over one hundred neologisms, but many of these are designed for a specific purpose in a specific context: to give poetical colour to the *Moselle*, to give a jocular impression of pompous-ness in the *Letters*, to set erudite puzzles in the *Technopaegnion*. In the *Moselle* he does not often depart from the language of classical poetry; elsewhere he is less strict. But colloquialisms are rare (a recent critic was very surprised by *testa* for 'head' in *Epigr.* 76. 2); in poems where he is sexually frank he confines himself to the common euphemisms. Sometimes his subjects are technical, but as a rule his language is not. In matters of syntax he is not completely classical. The accusative-and-infinitive construction is sometimes replaced by *quod* with indicative or subjunctive verb; the gerundive is regularly used as a future passive participle; there is some encroachment by the subjunctive, and occa-sional confusion of its tenses; prepositions are sometimes used in un-expected ways. These divergences are not stylistically functional, but typical of the age.[17]

It is in matters of form and genre that Ausonius departs most

---

[17] The best study of such matters is still that of A. Delachaux, *La Latinité d'Ausone* (Neuchâtel, 1909).

obviously from his models. At the end of his introduction Evelyn White complained that the old literary forms and methods were outworn; this may be evident in the frigid prescriptions and examples of the rhetor Menander, but others, including Paulinus of Nola, show more imagination. Much as he owes to his predecessors in other ways, Ausonius is in this respect a bold innovator. His epigrams, it is true, are rather commonplace, but his letters are like nothing before or since, and his personal poems owe little to traditional forms. Even in those works that he designates by traditional names—*protrepticus*, *genethliacos*, *nenia*, *epicedion*—he follows his own bent: the *neniae* are very restrained, and the *epicedion*, in pointed contrast with Statius, plain and simple. Any attempt to classify the *Moselle* soon runs into trouble; indeed his masterpiece is in many ways remarkably original, as will be seen. Like his Christian poems, the *Caesares*, and the *Ordo Urbium Nobilium*, it was to set a trend, but did not follow one. Though receptive to many kinds of classical influence, Ausonius is in this respect his own master; his characteristic personal approach, limited in scope as it is, often finds expression in forms that are fresh and individual.

2. AUSONIUS' LIFE AND CAREER

In the second half of the year 379, at the climax of his political career, Ausonius delivered the consul's traditional speech of thanksgiving in front of the young emperor Gratian and the assembled dignitaries of the court at Trier. After a rather assertive justification of his worthiness to be consul, he goes on to give an interesting picture of his background.

I cannot confirm my credentials by displaying the death-masks of ancestors (as Marius says in Sallust), by unfolding a pedigree that descends from heroes or a genealogy that includes the gods, or by vaunting extraordinary wealth or estates scattered through whole kingdoms; but I can speak (rather than boast) of what is well known—a city which is no mean one, a family which is nothing to be ashamed of, a home that is blameless, a blamelessness which is spontaneous, financial resources that are slight but have been augmented by the study of books and letters, a frugality that does not stoop to meanness, a liberal talent, a not illiberal mind, and a style of life, dress, and furnishing which is refined but not showy. (*Grat. Act.* 36.)

This carefully composed description is of course accommodated to its courtly context, but its general outline is confirmed by other passages, in which he defines his identity not as here in political terms but in terms of the ethical tradition enshrined in various classical poets. As far as we can tell, the self-portrait is an accurate one; its basic thrust is not contradicted by other evidence.

Ausonius' *patria* was Bordeaux, often mentioned in his poems. Before the cosmopolitan audience of Trier, he speaks of it more defensively than usual, but without descending to the level of some Gallic orators who apologize—in the most elegant Latin—for their provincialism. Martial had described the Bordeaux of his day as *crassa* (9. 32. 6), but now it was the home of one of the Empire's most thriving universities, which enjoyed close connections with Rome and Constantinople throughout the fourth century. The city itself, the metropolis of Aquitanica Secunda, was smaller than it had been, but had wide commercial links and a prosperous hinterland which even in the tumultuous years of the fifth century could be called a paradise.[1] Ausonius' affection for his homeland stands out even in the *Moselle*, and at the end of the *Ordo Urbium Nobilium* he bursts into open praise of Bordeaux, making quite clear as he compares it with Rome where his sympathies really lay. There is no indication that he ever visited Rome; he seems to have travelled little, and his horizons are rather narrow. He was not a nationalist in any political sense, and had a genuine admiration for Rome's history and achievements, but felt an even stronger devotion to the city where he spent most of his eighty or more years.

His family, likewise, was nothing to be ashamed of, or so he says. There is more to this litotes than may be apparent at first sight; the understatement is artful as well as artistic. His father, Julius Ausonius of Bazas, though twice commemorated in the poetry of his son, is in some ways a shadowy figure; the *Parentalia*, such a useful source of evidence for Ausonius' family, are strangely silent about his ancestry, and in such a context the omission is remarkable. Ausonius evidently felt that there was something to hide. His father is likely to have been a man of very low or uncertain origins, perhaps a slave raised in a villa in the Garonne valley. It is improbable that he came from the Eastern Empire, as suggested by Hopkins, because of *Hered.* 1–2; and his native language may have been Celtic.[2] Such a background would explain not only Ausonius' emphasis on *ingenium liberale* here, but also his lifelong pride in his social status, a pride that was unaffected by close association with various aristocrats. By contrast, the ancestry of his mother is

---

[1] R. Étienne, *Bordeaux antique* (Bordeaux, 1962), 203–34; Salv. *De Gub. Dei* 7. 2.

[2] M. K. Hopkins, *CQ*, NS 11 (1961), 241; but see on *Epiced.* 9–10.

described at some length. His knowledge goes back as far as the years of the 'Gallic Empire' and the siege of Autun in 269. Among the occupants of the beleaguered city was his great-grandfather, sufficiently important to be proscribed (*Par.* 4). Rather than await the assistance of the emperor Claudius he made his escape to the south-west, where Ausonius' grandfather eventually married into a family of curial status. Life was a struggle, especially after the devastation spread by the barbarian invasions of 276. Their daughter, Aemilia Aeonia, married Julius in the early years of the fourth century, and they had four children: Aemilia, who died an infant, Ausonius, Dryadia, and Avitianus, who died in his teens. From his poor beginnings Ausonius derived a fascination with the mechanics of worldly success, and an admiration for ambition which exists side by side with his frequent emphasis on contentment. One of the recurrent themes of the *Parentalia* and *Professores* is the acquisition or loss of wealth, which he regularly mentions whether it affected him personally or not.

When he delivered his *Gratiarum Actio*, Ausonius was a man of some wealth. He is careful to point out that it had been gained by hard work, and without impropriety; elsewhere, on behalf of his father and himself (*Epiced.* 8), he claims that it did not turn their heads or alter their way of life. Before the courtly audience he is candid enough—it is quite true that he did not possess the *patrimonia* of a Petronius Probus—but in a contemporary poem he resorts to a rather disingenuous ploy to conceal his wealth. Though no one is misled by the pauper's house in *Ephem.* 8. 37, some have believed what he implies in *De Herediolo*, where he specifies the dimensions of his villa to prove that he was a man of moderate desires.[3] In fact he possessed more than one villa; it is the caustic Paulinus, in the process of selling his own vast acreage, who lifts the veil (App. B. 3. 239–59). When Ausonius acquired these villas is not known; but it seems that he lived quite well even before his rise to power.

Twenty years before his great day in Trier, Ausonius was still a provincial teacher in Bordeaux. He was well into what we call middle age (he himself seems to call it *senecta*), and may have had no higher ambitions. His life so far had been reasonably happy and prosperous. In his early years he had been sent to Toulouse to be educated by his uncle Arborius, whose reputation was known in the lawcourts of Spain and would soon impress Constantinople. On his return to Bordeaux Ausonius married into the local aristocracy; his wife was Sabina,

---

[3] P. Grimal, *REA* 55 (1953), 113–25, Hopkins, 241; *contra*, A. Loyen, *REA* 62 (1960), 113–26.

daughter of Lucanus Talisius, a leading noble whose political inactivity is noted with apparent surprise. They had three children. One of these died early; their daughter later became the wife first of Euromius, then of Thalassius, both of them high-ranking officials; and the surviving son, Hesperius, was to become his father's right-hand man in Gaul. Fate dealt him a heavy blow when Sabina died early, before her twenty-eighth birthday; the remembrance of her in *Par.* 9 is touching, even if the litany of his continuing distress does not ring true. He taught in Bordeaux for thirty years, first as a *grammaticus*, then as a *rhetor*. It was a stimulating intellectual environment, which produced scholars and orators of world-wide repute, such as Nazarius, who delivered a panegyric on Constantine, and the dazzlingly eloquent Delphidius, remembered by Jerome. Ausonius stayed where he was, but benefited from the mobility of others, such as Minervius, who taught at both Rome and Constantinople before returning to his *patria*, and Citarius, a Greek poet and professor from Sicily. To judge from their obituaries in the *Professores*, his colleagues in the 'quiet world of letters' lived a merry and convivial life, assisted (but of course in moderation) by the local wines, which Ausonius is the first writer to mention. There is little evidence here of the unpleasant side of fourth-century life—the crippling shortages, the social rigidity, and the institutionalized cruelty amply attested by other sources, though it was at Bordeaux that one host was suspected of imperial ambitions on the evidence of his purple tablecloth; what began as a joke ended in the ruin of his estate, and perhaps he was lucky.[4] The infighting and factionalism endemic in the ancient university is probably underrepresented in the bland and generally flattering memories that Ausonius recorded many years later.[5]

Before attaining the success which was to transform his life, Ausonius may well have suffered bitter disappointment. Some of his colleagues (or rivals) were supporters of the emperor Julian, but Ausonius is likely to have fallen foul of the notorious decree by which Christians were prohibited from teaching the classics. There is little evidence that he was ever a pagan; born within a few years of the Edict of Milan, he could have been a lifelong Christian. His references to pagan gods, and to pagan artefacts which he owned, prove nothing; his elegies, notable for beliefs about the afterlife that are essentially but not stridently traditional, were written after he became a Christian. The

---

[4] Amm. 16. 8. 8.
[5] R. P. H. Green, *CQ*, NS 35 (1985), 491–506.

later outbursts against Paulinus point neither to an unregenerate mind nor to a loss of faith, but to his characteristic moderation. Within the university of Bordeaux he seems to have belonged to a Christian faction, and was certainly a Christian in the 370s. Although a development in his beliefs may be detected, there is no evidence that he professed Christianity simply in order to conform or to prosper. When Valentinian came to choose a tutor for his son, it is only to be expected that he would want a person of Christian sympathies. He was himself a committed Christian, though as Ammianus records (30. 9. 5) a remarkably tolerant one. Gratian became a devout believer, and Ausonius may indeed have nurtured the plant which later flourished under the ministrations of Ambrose.

Ausonius was summoned to the imperial court at Trier (or perhaps initially to Milan) some time in the mid-360s; it is impossible to be more exact. Like other visitors to Trier, he was greatly impressed by his new environment. This is most obvious in his *Moselle*, but is also evident in his *Cupid in Torment*, which describes a wall-painting, and his *Bissula*, on the charms of a German captive. He developed connections with the local teachers Ursulus and Harmonius, who were eager for the favour of the palace and the palace school (*Ep.* 10), and more importantly with leading statesmen of the day. The visit of Symmachus in 369 led to a lasting friendship, and he was consulted by Probus. We know almost nothing of his relations with the uncouth and irascible Valentinian, but it seems that even in moments of relaxation he had to exercise the utmost tact; such arts as he attests in the preface to the *Cento* enabled him to survive and flourish at court for at least ten years. Little more, when allowance is made for flattery, is known about his relations with Gratian. A detail from Themistius (174A) suggests that he was a docile pupil, and the bond between them was obviously a close one. A contemporary writer described Gratian as *litteris haud mediocriter institutus*; he wrote poetry, spoke colourfully, and was good at *controversiae*, but above all loved target-practice—a preference which both Ammianus and Ausonius confirm.[6] The poems that Ausonius mentions in *Prec.* 1 may have been little more than epigrams, showing none of the skill and knowledge that went into his master's compositions. We must be careful not to exaggerate his attainments: there are passages in Ausonius' speech, embarrassingly condescending to modern ears, in which his former teacher almost drools over simple sentences from Gratian's lips. His studies surely included Cicero and Vergil, and

[6] *Epit. de Caes.* 47. 4; Amm. 31. 10. 18; *Grat. Act.* 65.

perhaps the Latin Aesop, Martial, Plautus, and Terence. His penchant for *controversiae* seems to correspond to Ausonius' own interests, and in the delicate area of historical studies he is likely to have imbibed some of the attitudes later expressed in Ausonius' *Caesares*.

Ausonius received steady advancement in the *comitatus* of Valentinian. In one passage he ascribes this to his hard work as a teacher, but it acknowledged other services to the régime as well. The *Moselle* is distinctly not a panegyric—if it was written under the strict eye of Valentinian, as has been maintained, then the crude Pannonian was very myopic or remarkably shrewd—but a few of his epigrams show how he could oblige. Rhetorical prose too, like other forms of art, was put to political ends in Late Antiquity. Ausonius was an obvious choice for the quaestorship, in which he was, in the words of Symmachus (*Ep.* 1. 23. 3), *consilii regalis particeps . . . precum arbiter legum conditor*. It is quite possible, but very difficult to demonstrate in detail, that several constitutions of the period (see App. A. 7) go back to him. In more general terms, a communicator of Ausonius' talent was a priceless acquisition, especially for such an emperor as Valentinian, a common soldier from the Danube lands and acutely aware of the fact.

Valentinian died in November 375, angrily arguing with some barbarian envoys. For Ausonius, who was already quaestor, his departure could not have been more opportune. He seized his chance not only to install the teenage Gratian, already *Augustus*, as emperor but to impose his own ideas upon the state. His poetry nowhere gives the impression of a fast or astute political mover, but an explanation of the paradox is not far to seek: it was less embarrassing, both before and after Gratian's death, for the elder statesman to concentrate on his formal honours, not his intrigues. The best evidence for what happened that winter is provided by a letter of Symmachus (*Ep.* 1. 13), which with unusual vividness and conscious symbolism portrays an excited assembly of the Roman senate on New Year's Day 376.[7] The contents of the eagerly awaited message are not known, but doubtless set the tone for the next few years, and in particular for the change of atmosphere to which Ausonius refers, briefly but prominently, near the beginning of his speech. Valentinian was tactfully deified—the last emperor to receive that honour—but Maximinian, his hated urban prefect, was executed, and other 'inherited liabilities' removed (Symm. *Or.* 4. 10).

Praesedi imperio: these proud words to his grandson (*Protr.* 86) are a

---

[7] P. Bruggisser, *MH* 44 (1987), 134–9.

fair summary of the next four years, but it is not easy to work out Ausonius' policies in any detail. There is a hint that he was unhappy with Gratian's short-lived edict of toleration in 378, and he seems to have been strongly anti-Arian; perhaps he had no patience with the distinctions and subtleties of the unorthodox. He may also have been more strict towards the barbarians than Gratian was; at least the Alans in his nightmare (*Ephem.* 8. 18) are disarmed and in chains. The *Moselle* shows that he fully realized the importance of the military, as Gratian perhaps did not. The most conspicuous aspect of Ausonius' ascendancy is the way in which he secured the empire by placing relatives and associates in positions of power. This circle of Ausonius, which can be seen to encompass the whole of the West, and is as broad as that of any aristocratic family, has been often described and criticized. One modern historian (or rather his translator) speaks of 'horrible greediness', another of the attitudes and vested interests of propertied amateurism, but Ausonius no doubt thought in terms of stability and governability, and there is no evidence that they did the empire a disservice.[8] The proconsulship of Africa was entrusted to his son Hesperius and then to his son-in-law Thalassius, previously *vicarius* in Macedonia; perhaps his professorial colleague Nepotianus (*Prof.* 15) fits here too. His son-in-law Paulinus was *corrector* of Spain, perhaps at this time. The prefecture of Illyricum was given to his father, then over eighty years old; the administrative arrangements and political background are not clear, but the appointment was not merely honorary. Another doctor from Bordeaux, Eutropius, is prefect there soon afterwards. The prefecture of the Gauls (which included Britain and Spain) became Hesperius' charge; it was shared for part of the time with his father, who also held that of Italy and Africa, as he twice tells us in the proud line *praefectus Gallis et Libyae et Latio*. A close friend from Trier, Gregorius Proculus, became *praefectus annonae* and later *quaestor*; the Arborius of *Par.* 15. 9, probably the poet's nephew, was an effective *praefectus urbi* in 380. Consulships were given to Ausonius' protégé Paulinus (he was probably suffect in 378) and to two men named Syagrius in 381 and 382; at least one of these was a close friend. Ausonius himself took the consulship in 379.

The rhetor had become consul.[9] But this achievement should not be

[8] A. Alföldi, *A Conflict of Ideas in the Late Roman Empire* (Oxford, 1952), 18; Matthews, *Western Aristocracies*, 76.

[9] See in general D. Nellen, *Viri litterati: Gebildetes Beamtentum und spätrömisches Reich im Westen zwischen 284 und 395 nach Christus* (Bochum, 1981).

seen in the light of Juvenal's quip about Quintilian (7. 197); Ausonius rightly disdained that comparison. There is certainly more to his advancement than a 'proficiency in Latin Prose and Verse Composition'[10] and more than Symmachus divulged when he wrote in an urbane letter of congratulation *iter ad capessendos magistratus saepe litteris promovetur* (*Ep.* 1. 20). *Litteratura* might be the greatest of the virtues (*C. Th.* 14. 1. 1), but the political achievement, short-lived though it is, should not be underestimated. Yet by the time that his exultant speech was delivered his ascendancy had already begun to crumble. The reader of the speech is hardly aware of the military defeat inflicted by the Goths at Adrianople in the previous August, but this catastrophe induced a complete reappraisal. While Ausonius was writing his celebratory hymns in the winter of 378/9, Gratian was conducting earnest discussions about the safety of the empire. The military situation was taken in hand by Theodosius, and the counsel of Ausonius was before long replaced by that of Ambrose, the forceful bishop of Milan. Gratian adopted an aggressively rigid religious stance which led him to reject the pontifical robe and remove the Altar of Victory from the senate-house, decisions which Ausonius may, like Symmachus, have deplored. The consensus between court and senate carefully built up by the *novus homo* from Bordeaux was in ruins.

Within a few weeks of making the speech Ausonius was back in Bordeaux, but not yet *in otio*. His political career continued.[11] He was at Trier in 383, the year in which Gratian was killed by Magnus Maximus, and apparently in the depths of despair. His political base had virtually disappeared: perhaps Hesperius was *comes* in 384, but his friend Gregorius did not get the consulship that they confidently expected. When Maximus fell five years later, he is exultant (*Ordo* 72), but it would be rash to infer his attitude to the usurper from that alone. He can hardly have hoped for a position of influence, but may have accommodated himself as Symmachus did. On one very controversial issue, the capital punishment of Priscillianists, he does not seem unsympathetic to Maximus. In 388 he had good reason to welcome Theodosius, if only because they were old acquaintances, but unlike his friend Drepanius Pacatus he seems to have shown little enthusiasm. At the age of eighty he was not eager to take on the position of court poet (*Praef.* 3).

It is not likely that Ausonius lived to see the turn of the century. By

---

[10] E. J. Kenney, *GR* 31 (1984), 190.
[11] G. W. Bowersock in F. Paschoud (ed.), *Colloque genevois sur Symmaque* (Paris, 1986), 1–15.

that time Theodosius too was dead, with the Empire precariously
divided between his two sons, and Ambrose had also departed the
world. Paulinus of Nola continued to write poems in his Campanian
monastery, taking note of Stilicho's victories over the barbarians but
little else outside its walls. A recent writer has noted that in the fifth
century Ausonius is less well known than Paulinus.[12] The meagre evidence should not be pushed too far, but it does seem that his fame as a
writer was not matched by admiration of his political achievement. The
ideals that he had fostered seemed less relevant in the Bordeaux of his
grandson Paulinus of Pella, and in the Gaul of Sidonius Apollinaris a
generation later. In fact the catastrophes and convulsions that followed
his death have had an unreasonable effect on his political reputation.
Writers of the fifth century (such as they were) had other concerns;
moderns have seen him as blind and improvident. But if Rome's
imminent ordeal was foreseeable, then it should have been clear in the
writings of Symmachus and Ammianus, rather than the poet Ausonius,
who seldom wrote about politics and government. His poetic tastes
have also militated against his esteem; but it should not be assumed
that a writer who ends all the lines of a poem with a monosyllable is
incapable of running an Empire.

3. AUSONIUS' INFLUENCE

It is not unusual in modern times for Ausonius to be described as the
outstanding poet of his age; but at least three of his contemporaries
went further. Hyperbole came easily to them, and they compared him
with Cicero and Vergil.[1] The praises of Paulinus, Symmachus, and
Theodosius were certainly coloured by various kinds of self-interest,
but their admiration is none the less impressive. Several authors who
wrote soon after Ausonius' death, or just before it, complement their
testimony, and indeed form a collective tribute rarely equalled in the
history of Latin literature. It is clear that Claudian (Ausonius' main
rival in modern esteem) was impressed by much of Ausonius' writing,
including the *Moselle* and the recently published letters to Paulinus.
There is obvious emulation of Ausonius in the *Epigrammata Bobiensia*;
some of them are renderings of the same pieces of Greek as he had used
for certain epigrams and *Eclogues*. The extensive imitations in the

---

[12] R. Van Dam, *Leadership and Community in Late Antique Gaul* (Berkeley and Los Angeles, 1985),
309.

[1] See App. B. 1. 12–13, 2. 3 (cf. Symm. *Ep.* 1. 14. 5), and B. 4. 38–9.

Christian writer Prudentius have been the subject of a recent book, careful and judicious, but not exhaustive.[2] It is hardly surprising that echoes of Ausonius' prose and verse are heard in the speech of his friend Drepanius Pacatus (*Pan. Lat.* 2(12)); but the history of Ammianus also offers numerous echoes, and whoever wrote the *Historia Augusta* shortly afterwards recycles an anecdote from the *Epigrams*, and seems to make various oblique allusions to Ausonius. By an odd quirk of history an inscription from Hungary exhibits a borrowed phrase: the governor so honoured had taken it with him (see on *Par.* 24. 12).

During the fifth and sixth centuries Ausonius' poetry, as one would expect, is very well known in Gaul. There are prominent reminiscences of the *Moselle* in Rutilius Namatianus, most notably where he describes the unpolluted aura of eternal Rome (1. 193 ff.) and the placid sea as he leaves Pisa (2. 13–14). Although Paulinus of Nola threw off the influence of his master almost entirely, Ausonius is well represented in many Christian writers; one of them even Christianized the *Griphus*. His works are of course familiar to Paulinus of Pella, his grandson, but he is also imitated, rather manneristically, by the poet Cyprian, and there are clear echoes in various others, such as Victorius, Paulinus of Périgueux, and pseudo-Orientius (*c.* 3). The prayer included in the *Ephemeris* seems to have been particularly influential. The poetry and prose of Sidonius Apollinaris bears the strong imprint of Ausonius' style; and there is a revealing comparison when he writes to Polemius in *Ep.* 4. 14. 2 *nam tuorum peritiae comparatus non solum Cornelios oratores sed Ausonios quoque poetas vincere potes*. Among Gauls Ausonius is the paragon in verse as Tacitus was in prose. In the next century Venantius Fortunatus knew him well; he describes his own, very different, experience of the *Moselle* (printed in Hosius's edition), and there are some notable imitations elsewhere. Further evidence of Ausonius' repute is given by an epitaph recently published by B. Bischoff, which he dates to the late sixth century.[3] Writers from elsewhere who imitate or echo Ausonius are the Africans Dracontius and Fulgentius, and Arator, Boethius, and Sedulius in Italy. Ausonius is well known in Spain, at least in Toledo, where in the seventh century Eugenius closely imitates some of his poems and Julian the grammarian quotes various passages.[4]

There is much Spanish material in the manuscript of which V, the oldest manuscript of Ausonius, is one part. According to Tafel, who

[2] J.-L. Charlet, *L'Influence d'Ausone sur la poésie de Prudence* (Aix-en-Provence and Paris, 1980).
[3] B. Bischoff, *Anecdota novissima* (Stuttgart, 1984), 142–9; see on *Epigr.* 13.
[4] See now R. Strati, *RIFC* 110 (1982), 442–6; 112 (1984), 196–200.

saw that Par. Lat. 8093 had once been attached to it, the 'geistiger Urheber' was Theodulf of Orléans.[5] It may have originated in the Spanish colony at Lyons.[6] The same town is probably the source of N, written later in the ninth century, which includes work by Florus of Lyons. Peiper connects with V the 'libri carminum Ausonii consulis' mentioned in a medieval catalogue of the library of Saint-Oyan in the Jura.[7] Two manuscripts of Ausonius are known to have been at Bobbio; one had some Fulgentius too, and can be counted as an ancestor of P, a fourteenth-century manuscript akin to V. One more fact must be mentioned before V is left to the five centuries of obscurity which seem to have been its lot. The manuscript D, which contains distinctive readings that associate it both with V and with the later family of manuscripts known as Z, has been shown to have its origin in Fleury,[8] at some time before about 1000, when it appears at New Minster near Winchester. Later it went to Glastonbury.

The fortunes of the *Moselle* and certain other poems were quite different. The *Moselle* may have been known to Aldhelm and Bede, if one echo in each (see on *Mos.* 248, 295) is a safe guide. It was certainly known to numerous Carolingian poets, including Paul the Deacon, 'Hibernicus Exul', Ermoldus Nigellus, Walafrid Strabo, and Ermenricus of Ellwangen.[9] Raby was not correct in his assertion that Ausonius seems to have been neglected entirely by the first generation of Carolingian scholars; there are traces of his other works too.[10] The oldest manuscript of the *Moselle*, X, of the mid ninth century, comes from the region of Soissons, and later that century there is G (Sankt-Gallen), which also contains *Ecl.* 17 (as does the later B), *Ecl.* 20–2, and *Epigr.* 76. Two of these *Eclogues* (20 and 21), which are also found in V, formed part of the *iuvenalis ludi libellus* ascribed to Vergil. An ancestor of the extant manuscripts of the Vergilian appendix is known to have existed in Trier,[11] and a manuscript of the *Moselle* may have been there too at this time. It is quite possible that they were combined (one might say reunited) in the imperial city which had counted Ausonius among

[5] S. Tafel, *Rh. M.*, NF 69 (1914), 630–41; F. Della Corte, *RCCM* 2 (1960), 21, tries to make Theodulf its writer.

[6] See C. Vecce, *Iacopo Sannazaro in Francia: Scoperte di codici all'inizio del XVI secolo* (Padua, 1988), 73–4.

[7] R. Peiper, *Ausonii opuscula* (Leipzig, 1886), introd., p. xxviiii.

[8] This point, first suggested to me by M. D. Reeve, is confirmed by J. Carley, *Anglo-Saxon England*, 16 (1987), 197–212, esp. 209–10, who kindly showed me his article in typescript.

[9] H. de La Ville de Mirmont, *Ausonii Mosella* (Paris, 1892), 182–91.

[10] F. J. E. Raby, *A History of Secular Latin Poetry in the Middle Ages* (Oxford, 1934), i. 181.

[11] E. Courtney, *BICS* 15 (1968), 139–40.

its famous residents. Such an interest in the poet certainly existed there in the twelfth century, when the writer of the *Gesta Trevirorum* shows that he had some acquaintance with the poem.

There are other exceptions to the general obscurity of Ausonius. The works contained in D were an incongruous pair, the *Technopaegnion* and the *Oratio* (*Ephem.* 3). The former was imitated by Reginald of Canterbury and according to Manitius also by Hariulf of Saint-Riquier.[12] The *Oratio* seems to be echoed by various poets, including Fulbert of Chartres, Hildebert of Lavardin, and later Geoffrey of Vinsauf. The letters to Paulinus were also fairly prominent: I have detected echoes in Theodulf of Orléans, Marbod of Rennes, Walter of Châtillon, and Joseph of Exeter. (These works were also transmitted in some manuscripts of Paulinus of Nola, as will be seen.) They do not, however, seem to have inspired any of the verse letters of the Middle Ages; Ovid and Vergil were more influential, even here. Other Ausonian pieces were known, perhaps well known, but in many cases anonymously. It was rash of Curtius to say that John of Salisbury knew Ausonius, on the strength of the single epigram (*Epigr.* 9) found in his *Policraticus*.[13] Like the epigrams on Diogenes, it may have circulated in isolation. Radulphus de Diceto quotes it too, and it is present at Angers (Vat. Reg. Lat. 711. 3) at about the same time. One of the *Eclogues* (9) is quoted anonymously by Bede—it seems to have come to him from an Irish source[14]—and then by Rabanus; it also turns up in various Missals, and its monostichs were used on the floor of S. Savino in Piacenza.[15] There is doubtless much more to be revealed, but the general picture is clear. Ausonius was never a widely read author in his own right. He is not found in medieval *florilegia*, or in syllabuses, and was not familiar to the Middle Ages, except in so far as his works enjoyed the protection of more famous names, such as Vergil's, as described above, or those of Sidonius or Suetonius, many of whose manuscripts include the *Caesares*.

A new chapter begins in fourteenth-century Verona. Some time before 1310 Benzo of Alessandria found there a manuscript from which he copied the *Ludus* and *Ordo*. This may be identified with the

---

[12] See the edition of Reginald by F. Liebermann in *Neues Archiv*, 13 (1888), 533; M. Manitius, *Geschichte der lateinischen Literatur des Mittelalters* (Munich, 1911–31), iii. 542.

[13] E. R. Curtius, *European Literature and the Latin Middle Ages* (Eng. tr. Princeton, 1953), 51.

[14] C. W. Jones, *Bedae Opera de Temporibus* (Cambridge, Mass., 1943), 352.

[15] D. A. Bullough, 'Roman Books and Carolingian Renovatio', in D. Baker (ed.), *Renaissance and Renewal in Christian History* (Oxford, 1977), 49–50 and n. 61b; E. A. Weerth, *Der Mosaikboden in St. Gereon, Köln* (Bonn, 1874), 18.

manuscript from which Giovanni Mansionario derived the marginal
note in his *Historia Imperialis* (App. C), which lists, in the same order,
the works found in H, a manuscript of the late fifteenth century, and
some intriguing works otherwise unattested.[16] It is the source of P,
made for Petrarch, and may later have been used by Politian, one of the
first humanists to work on Ausonius' text. Others who owned manuscripts were Boccaccio (his manuscript cannot be identified) and
Salutati, who owned M, the oldest of the Z family.[17] The *editio princeps*,
making use only of Z, appeared in Venice in 1472, 'cura Bartolomei
Girardini'. The next edition, that of 1490, contained Benzo's version of
the *Ordo*; the editions of Ugoletus (1499) and Avantius (1507, his
second) added the *Moselle*, the correspondence with Paulinus, and
material from the Verona tradition. Traces of Ausonius can be found in
numerous Italian writers of prose and verse, besides Petrarch and
Boccaccio: they include Pontano, Mantuan, Navager, Vida, Molza, and
Flaminio. Such poems as Pontano's *Ad Fanniam* and Politian's *In Violas*
may well be inspired by *De Rosis Nascentibus*, soon to be ascribed to
Ausonius by Aleander. Ausonius may also have contributed to the
fashion for sequences of *tumuli* or *tombeaux*; but if he did it was through
the *Epitaphia Heroum* or *Epigrams*, not the *Parentalia* and *Professores*,
which like much else were still unknown at the end of the fifteenth
century.

   Ausonius soon reached Northern Europe. He is found in the earliest
version of Erasmus' *Adagia*; in the complete *Chiliades* he appears some
twenty-nine times, which is roughly as often as Catullus and Augustine,
and much more often than Lucan, Statius, or Claudian. In the early
years of the century there were editions of the *Oratio* and *Ludus* (one of
them by Conrad Celtes, who knew Ausonius well);[18] the latter was
popular after being brought to light by Ugoletus. There was a further
edition of it in 1515, the same year in which there appeared, at Leipzig,
a full edition prepared by the visiting Richard Croke. Ausonius was
well known to Eobanus Hessus (as Professor Harry Vredeveld has
demonstrated to me), and to Micyllus, whose imitation of the *Caesares*
was printed along with the original many times during the sixteenth
century. Gesner's encyclopaedia contains a full and detailed account of

[16] M. D. Reeve, *Prometheus*, 3 (1977), 112–20; R. Weiss, 'Ausonius in the Fourteenth Century', in
R. R. Bolgar (ed.), *Classical Influences on European Culture, AD 500–1500* (Cambridge, 1971), 67–72.

[17] A. Mazza, *IMU* 9 (1966), 59; B. L. Ullman, *The Humanism of Coluccio Salutati* (Padua, 1963), 173
no. 59, 268–9.

[18] Editions are catalogued by L. Desgraves, *RFHL*, NS 46 (1985), 161–251. For Celtes see L. W.
Spitz, *Conrad Celtes, the German Arch-Humanist* (Cambridge, Mass., 1957), 58.

the poet and his works, drawing on Johannes Trithemius of Tritten-
heim and the Italian Petrus Crinitus among others.

But it was in France, not surprisingly, that Ausonius found his
greatest popularity. At a time when French literature was seeking to
assert itself against Italian influence, he was avidly welcomed as a
symbol of cultural independence. In a letter of 1517 (*Ep.* 676) Erasmus
calls Ausonius one of the glories of France. Within ten years of
Avantius' edition of 1507, there were at least six more, four of them
produced in France, of which two (those of 1511 and 1513) were
prepared with the help of Jerome Aleander, then lecturing in Paris. At
least three *opuscula* received commentaries from F. Sylvius: the *Versus
Paschales* (referred to as *De Resurrectione Dominica*), the *Precatio Matutina*
(as it was known from Z), and the *Griphus*. His commentary on the
Griphus, printed by Badius in 1516 and again in 1522, is mentioned by
Vives in his *De Tradendis Disciplinis* of 1531. One of its users may well
have been Rabelais, who when recalling a scene from Plautus' *Aulularia*
in *Gargantua* also notes that Ausonius had alluded to it in the preface to
the *Griphus*. The vernacular poet Hugues Salel made adaptations of
Cupido Cruciatus and *Ecl.* 19, fully aware of the eclogue's Greek model.
A similar double orientation is apparent in the title of an epigram by
Nicolas Bourbon included in his *Nugae* (1533): *a Graeco Luciani vel potius
Ausonii imitatio* (2. 1). Another is titled *e Graeco et Ausonio* (4. 70).
Ausonius had anticipated the contemporary fashion for neo-Latin
versions of Greek epigrams,[19] and it is as an epigrammatist that he is
best known. For some he is an epigrammatist pure and simple (if that is
the right phrase): he is categorized as a writer of epigrams in the
dictionary of Charles Estienne; Montaigne quotes *Epigr.* 78, but
nothing more, it seems, although he possessed two, even three, copies
of Ausonius.[20] In his *Poetices Libri Septem* J. C. Scaliger condemned the
epigrams ('utinam ne scripsisset', thunders the hypercritic) before
proceeding to bestow qualified praise on the *Moselle*.

In the first half of the sixteenth century the manuscript V was known
only to Sannazaro, who copied a small part of it, and a handful of other
scholars.[21] Some poems from it are quoted in Accursius' useful *Diatribae* of 1524. Its contents were not made available to the reading public

---

[19] See H. L. Felber and S. Prete, 'Ausonius', in F. E. Cranz and P. O. Kristeller (edd.), *Catalogus
Translationum et Commentariorum: Mediaeval and Renaissance Latin Translations and Commentaries*
(Washington, DC, 1980), 199.

[20] P. Villey, *Les Sources et l'évolution des Essais de Montaigne* (Paris, 1908), i. 74–5.

[21] C. Vecce, op. cit. (n. 6), 70–83.

until 1558, soon after its discovery by Charpinus in the monastery of the
Île Barbe near Lyons. The appearance of this edition, with such a great
accession of material, might have had a sensational impact in France
fifty years before; it certainly created a stir among scholars, but did not
raise Ausonius' general reputation very much. There are a few echoes
in the poetry of Du Bellay and Dorat, and rather more in Ronsard;
Claudius Minos (Claude Mignault) used him as a school-book.[22]
Among scholars, Turnebus, who borrowed the manuscript from Cujacius, and Pithoeus made some useful repairs to the text, and so did the
Dutchmen Canter and Poelman and a few others, but the outstanding
names are those of J. J. Scaliger and Élie Vinet. In his *Ausonianae
lectiones* of 1574 Scaliger made an exceptional contribution. It is true, or
at least overwhelmingly likely, that he had seen the new text which
Vinet had prepared some years before and sent in vain to the publisher
Antoine Greyff; but the emendations that appear both in Scaliger and
in the text later produced by Vinet are trivial ones, and it is certainly
wrong to dismiss Scaliger as a plagiarist.[23] Nor should the slower Vinet
be disparaged; his monument is the huge commentary of 1580, as well
as some good emendations. It may have been a friend of Vinet, George
Buchanan, who brought Ausonius to Scotland, where he inspired the
works on the kings of Scotland and on Scottish cities by John Johnston,
Arthur Johnstone, and various others. Meanwhile the torch of Scaliger
passed to Holland, where Ausonius benefited from the attention of
various scholars such as Acidalius, Graevius, Gronovius, and above all
N. Heinsius. Tollius' variorum commentary of 1671 gives a good
impression of what had been achieved in the first two hundred years of
printed editions.

An Englishman had prepared the edition of 1515, but in England it
seems that Ausonius made slow progress. Little can be inferred from
the pretentious and misleading citation of him by Leland in his *Cycnea
Cantio* of 1545, or from the epigram translated by Sir Thomas Wyatt.
Baldwin's study of education in the age of Shakespeare yields only one
item, and that is the spurious *Dicta Sapientum* (App. A. 5. 1).[24] If he is
known at all, it is as an epigrammatist. A few epigrams appear, translated, in T. Kendall's *Flowers of Epigrams* in 1577; but there may be
rather more in a notice by Francis Meres in his *Palladis Tamia* of 1598.

[22] A. Grafton and L. Jardine, *From Humanism to the Humanities* (London, 1986), 171, 183–4.
[23] As was done by H. de La Ville de Mirmont, *Le Manuscrit de l'Île Barbe*, i (Bordeaux and Paris, 1917), *passim*.
[24] T. W. Baldwin, *Shakespeare's Small Latine and Lesse Greek* (Urbana, 1944), i. 595 and 598.

There our poet is described as one who translated Greek epigrams and who, '*in libris Fastorum*, penned the occurrences of the world from the first creation of it down to his time'.[25] Though this purports to describe the *Fasti*, it may be a confused recollection of both that work and the item which followed it in Mansionario's list: 'chronicam ab initio mundi usque ad tempus suum'. (Peiper, introd., p. xxxxiii, thought that the Veronensis might have been in England for some time between 1489 and 1653.) In the next century there is a marked improvement in the fortunes of Ausonius, whether one searches for the spirit or the letter, though it is true that there is little of him in the epigrams of John Owen (I detect him in Book 4 if anywhere) and that all that editors have unearthed in Ben Jonson is the repeated exhortation 'fortunam reverenter habe' from Ausonius' most famous epigram. Herrick's famous poem 'Gather ye rosebuds' is another work similar in tone to *De Rosis*. George Herbert's Latin poem entitled *Parentalia* is close to Ausonius in feeling—unlike Christopher Wren's work of that title a century later, a technical memoir of his famous father which would have fascinated Ausonius but has nothing to do with him. Most remarkable is the enthusiasm of Henry Vaughan, 'the Silurist'. This poet translated *Cupido Cruciatus*, a work especially favoured in the seventeenth century; he wrote a life of Paulinus, quoting parts of the correspondence in his own versions; and he cited the *Moselle* as a model for his poem on the river Usk. The *Moselle* is generally popular, though it is not always conspicuous in river poems. Sir John Denham's *Cooper's Hill* (1642) contains a notable apostrophe to the Thames, and John Gay included in the first canto of his *Rural Sports* long descriptions of fishing which are surely suggested by the *Moselle*. In 'Windsor Forest' Alexander Pope showed his admiration for Ausonius' exquisite description of the river at twilight, which has impressed many readers after him.

The next two centuries provide less evidence of such enthusiasm. Ausonius was not classical enough for classicists, and not even the most commonly read passage of his most famous poem, the description of the wild Hunsrück, could endear him to Romantics. The new atmosphere is foreshadowed by Sir William Temple, who admits only one writer later than Tacitus—Minucius Felix—into his *Essays on Learning Ancient and Modern* (1692). There was not yet any help from historians; indeed the celebrated note in which Gibbon 'spanked' him (the verb is taken from Auden's poem 'The Epigoni') added to his

[25] See G. Gregory Smith, *Elizabethan Critical Essays* (Oxford, 1904), ii. 317.

disfavour.[26] In Victorian Britain he was unknown, or dismissed as a
writer known only to pedants. The picture is rather different in France,
whether or not (as British and American scholars like Mackail and Rand
liked to say) Ausonius is rightly counted as the first French poet. There
are, at any rate, two commentaries to record. The first of these, prepared
in usum Delphini by Fleury and augmented by Souchay, appeared in 1730;
the other is in Corpet's two small volumes of 1842–3. Its version of the
Moselle has been recently reprinted, but the commentary is now very rare,
as is Canal's Italian edition of ten years later. German interest in Ausonius is conspicuous not only in the long series of commentaries on the
Moselle, to be mentioned later in this book, but also in the scholarship of
the late nineteenth and early twentieth centuries. As L. Mueller noted in
1870, little progress had been made for 200 years, but the next generation
after that made an outstanding contribution, however much deplored in
stressful times by H. de La Ville de Mirmont, himself an assiduous accu-
mulator of information but no Vinet. Worthy of mention here are
Brandes, Peiper, and Schenkl; the editions of the last two have been very
useful in spite of their aberrations. Other offerings have come, for better
or worse, from such noted scholars as Leo, Mommsen, and Wilamowitz.

The interest of Wilamowitz in the macaronic *Ep.* 6, like Rabelais's
allusion to the *Griphus*, and Dorp's citation of the *Technopaegnion* in his
introduction to Aristotelian logic of 1512, are quirks in the history of a
sometimes quirky writer. In such ways his *nugae* achieved their *gloria non
tenuis*. Other works have found favour at particular times: *Cupid* in the
seventeenth century, *Bissula* in the post-Freudian twentieth. His personal poetry has proved less popular, partly because of the disappearance of V, partly because of the lack of a distinct historical personage to
which it could be related. The *Epigrams* and *Oratio*, generally popular
though not always with the same types of reader, have played a large part;
but he is famous above all for the *Moselle*. He ended the poem with a fore-
cast of its reception among both men and rivers. What the other rivers of
Gaul thought about that is not known—the Garonne can hardly have
been pleased that its *alumnus* reserved his masterpiece for a faraway
northern stream—but Ausonius prophesied truly when he wrote:

> si quis honos tenui volet aspirare Camenae,
> perdere si quis in his dignabitur otia musis,
> ibis in ora hominum laetoque fovebere cantu.

---

[26] E. Gibbon, *The History of the Decline and Fall of the Roman Empire*, ed. J. B. Bury (London, 1896),
iii. 134 n. 1.

4. THE MANUSCRIPTS OF AUSONIUS

No single manuscript contains all Ausonius' extant works. About five-eighths of his poetry is in V (Voss. Lat. F 111, written *c.* 800);[1] this lacks the *Moselle*, the *Gratiarum Actio*, and much else. About three-eighths is in Z, a family of over twenty manuscripts, nearly all of them Italian. In this edition Z is represented by the following four, as recommended in a recent analysis:[2] C (Padua, Capit. C. 64, written by P. Baroccius *c.* 1468–70; K (Brit. Lib. King's 31, written in Dalmatia in 1475); M (Florence, Conv. Soppr. J. 6. 29, written for Coluccio Salutati *c.* 1385); and T (Voss. Lat. Q. 107, *c.* 1470), *alias* the Tilianus and once the flag-ship of this rather Verrine fleet. Where M is lacking, there is L (Florence, Laur. LI. 13, written by A. Verrazanus in 1490), which was copied from M before it lost certain items. Between V and Z there is a considerable overlap: the shared works include the *Versus Paschales*, *Ephem.* 3 (or, as Z has it, the *Precatio Matutina*), *Protrepticus*, *Griphus*, about a half of the *Caesares*, most of the *Technopaegnion*, two letters, and twenty-two epigrams. Z has numerous works that are not in V, including *Bissula*, *Cento*, *Cupid*, *Gratiarum Actio*, several letters, and almost a hundred epigrams.

Related to V (as various lacunae demonstrate) are H (Brit. Lib. Harl. 2613, dated by watermarks to 1491) and P (Paris, Lat. 8500), owned by Petrarch but of uncertain date.[3] Each of these has about one-sixth of his verse; their contents are very similar, and they descend, independently, from the lost *Veronensis*, as already described. They preserve nothing of Ausonius that is not in V, but both contain the letter from Theodosius (App. B. 1) and the *Periochae* (App. A. 6). Other manuscripts related to V are N (Paris, Lat. 7558, of the mid ninth century), which has the *Oratio* and the correspondence with Paulinus,[4] and b (Brit. Lib. Royal 15 B. XIX, late ninth or tenth century), which has *Epigr.* 54–6 and *Ecl.* 9 and 17, some forty lines in all. Manuscripts like O and Q, with only one poem of Ausonius, will be left to the appropriate part of the commentary. Related to Z are D (Cambridge, Kk. V. 34, tenth century) which, as already mentioned, has readings in *Ephem.* 3 and the *Technopaegnion*

---

[1] K. A. de Meyier, *Codices Vossiani Latini*, i (Leiden, 1973), 235 ff.

[2] M. D. Reeve, *Rh. M.*, NF 121 (1978), 350–66.

[3] A. Petrucci, 'La scrittura di Francesco Petrarca' (Studi e testi, 248; Rome, 1967), 128.

[4] This manuscript, and those of Paulinus which contain the correspondence, are discussed in an introduction to *Epp.* 21–4.

that link it with both V and Z, and E (Paris, Lat. 18275, of the thirteenth century), which contains numerous epigrams (in very nearly the same order as Z) and some snippets from longer poems.

None of the manuscripts so far mentioned includes the *Moselle*. The defective X (ninth century), and R (twelfth century), have nothing else of Ausonius, but G (Sankt-Gallen 899, of the late ninth century) also has *Epigr.* 76 and *Ecl.* 17 and 20–2, and B (Brussels 5369–73, of the early eleventh) also has *Epigr.* 1, *Ecl.* 17, and the *Caesares*. B's text of the *Caesares* is very similar to the first of two versions of that poem in M, which is a composite manuscript and also once contained the *Moselle* (for which L again, and its *congener* F, is used). Also in this group is W (Paris, Lat. 4887, of the twelfth century), which contains *Ecl.* 17, 20–2, and the *Caesares*. For details about its offspring, and copies of other manuscripts mentioned here, the reader is referred to the editions of Schenkl, Peiper, and Prete, who has also recently listed manuscripts of Ausonius by country.[5] Details of other manuscripts that contain the above-mentioned *Eclogues* will be found in the commentary.

In the poems common to V and Z there are some remarkable divergences; the resolution and explanation of these problems have engrossed the attention of various scholars since at least 1876.[6] In their reviews of a major study of the manuscripts by Peiper, who had done his best to derive the collections of V and Z from a single archetype, Brandes and Seeck argued that the solution lay in postulating more than one authorial edition.[7] This view, though not reflected in the editions of Peiper and Schenkl, quickly acquired respectability and entered into *RE* and Schanz–Hosius; adopted by Pasquali and Evelyn White, and repeated by others,[8] it was virtually unchallenged until Jachmann's weighty intervention in 1941.[9] Thereafter Prete followed in Jachmann's footsteps but Della Corte and Pastorino argued with

[5] S. Prete, *RFHL*, NS 46 (1985), 99–157.

[6] E. Baehrens, *Jb. cl. Ph.* 22 (113) (1876), 151–9, esp. 151–5.

[7] R. Peiper, 'Die handschriftliche Überlieferung des Ausonius', *Jb. cl. Ph.*, Suppl. 11 (1880), 189–353; W. Brandes, *Jb. cl. Ph.* 27 (123) (1881), 59–79; O. Seeck, *Göttingische gelehrte Anzeigen*, 149 (1887), 497–520.

[8] *RE* ii. 2566–76 (F. Marx); M. Schanz, *Geschichte der römischen Literatur*, iv/1 (Munich, 1914), 24–5; G. Pasquali, *Storia della tradizione e critica del Testo*[2] (Florence, 1952), 411–15; H. Emonds, *Zweite Auflage in Altertum* (Leipzig, 1941), 82–108; Sister M. J. Byrne, *Prolegomena to an Edition of the Works of Decimus Magnus Ausonius* (New York, 1916), 74–83.

[9] G. Jachmann, *Ausgewählte Schriften* (Beiträge zur klassischen Philologie, 128; Königstein im Taurus, 1981), 470–527, reprinted from *Concordia Decennalis: Festschrift der Universität Köln zum 10-jährigen Bestehen des Deutsch-Italienischen Kulturinstituts Petrarchahaus* (Cologne, 1941), 47–104.

renewed vigour for two editions.[10] *Hactenus historiae*; fuller accounts have been given by Prete and by Nardo.[11] The debate was more than a century old when the question, 'have they no corruptions in common?', was first formulated.[12] Although a negative answer was implied by both sides to the dispute, there is something to be said on the matter here. But first it will be appropriate to consider the evidence for the abiding belief in two authorial editions.

A little is known about Ausonius' methods of publication. Various works were sent out with covering letters or prefatory poems to individuals. Symmachus received the *Griphus*; Paulus *Bissula* and the *Cento*; Gregorius Proculus *Cupid* and perhaps the *Fasti*, and something else (*Praef.* 5); Drepanius Pacatus the *Technopaegnion*, the *Ludus*, and whatever was dedicated to him in *Praef.* 4; Hesperius the *Fasti* and *Caesares*; Paulinus perhaps the *Technopaegnion*. In some cases his friends were asked to express an opinion for his guidance; even if his modesty is often a pose, the request may be seriously meant. It is likely that unless adverse criticism was offered Ausonius would have no further objection to its wider distribution. It would be rash to make deductions from the contretemps with Symmachus, who in App. B. 2 defends himself against Ausonius' rebuke for divulging a work prematurely, since we know nothing about the work concerned, or about the author's instructions. On the other hand, it would be equally rash to see Symmachus' excuse—'oratio publicata res libera est'—as a general principle binding on Ausonius. But in any case, an edition would surely be based on copies that Ausonius retained, and there is evidence that one or more editions were envisaged. In *Epiced. Praef.* 12 he refers to 'opusculorum meorum series', to which the *Epicedion* was added; the date is not before 377, and perhaps a few years later. Such a *series* probably formed an important part of the collection which the Preface to the general reader, written by the elder statesman between 379 and 383, was designed to introduce. Some years later the emperor Theodosius asked to see Ausonius' earlier poems—which he had once read but had forgotten in the course of time—and the later additions to them; Ausonius' unenthusiastic reply (*Praef.* 3) may have accompanied, or preceded, such

[10] S. Prete, *Ricerche sulla storia del testo di Ausonio* (Temi e Testi, 7; Rome, 1960); F. Della Corte, 'Ausonio' (Disp. Genoa, 1956–7); A. Pastorino, *Maia*, NS 14 (1962), 41–68, 212–43.

[11] S. Prete, 'Problems, Hypotheses and Theories on the History of the Text of Ausonius', in H. Dahlmann and R. Merkelbach (edd.), *Studien zur Textgeschichte und Textkritik* (Cologne, 1959), 191–230; D. Nardo, *Atti dell'Istituto Veneto di Scienze, Lettere ed Arti, classe di scienze morali, lettere ed arti*, 125 (1966–7), 323–82.

[12] M. D. Reeve, op. cit. (n. 2), 365–6.

a collection. It was at about this time that he completed his *Epitaphia* and slotted them in after the *Professores*. He died, it seems, before the process of arranging his poems was complete. It is unlikely that he would have chosen to include the verses of Quintus Cicero (App. A. 8) which he once jotted down among the *Eclogues*. In the heading to the unfinished fragment *Pater ad Filium* we are given the historical background to the poem and then the information that the work was found incomplete among his rough drafts. In the heading to the *De Herediolo* there is a further reference to Ausonius in the third person, which contrasts with the use of the first person in the *aide-mémoire* at the head of the *Fasti*, and seems uncharacteristic. An editor seems to be at work, giving historical and (in the second case) perhaps stylistic information that Ausonius might have put more elegantly in a preface, or simply reacting to an apparent vacuum. Most of Ausonius' poems have a preface or a covering letter from his own hand; most of those that do not are relatively late (*Ordo* and *Genethliacos*) or derive from a more or less political context (*Versus Paschales*, *Mosella*, *Precationes*, *Gratiarum Actio*).

Brandes and Seeck believed that the works contained in Z, in virtually the same form as they now have, were the contents of a collection of Ausonius' work written by 383. In fact very few of his works can be dated securely or precisely, and it is not easy to confirm or disprove this assertion. Jachmann thought that he had refuted it, but his argument from the words 'ita . . . tabellarius tuus . . . instabat' in *Ep.* 17. 44 was less cogent than he thought: Ausonius might have been living near Bordeaux while on furlough from his political duties. But the words need not imply that Ausonius and his correspondent were relatively close: they might refer to the first of a chain of *tabellarii* who would carry the letter from Trier to Aquitaine. It is also difficult for proponents of the theory to explain why certain items—notably the poems concerned with his consulship—were omitted; Seeck takes refuge in Ausonius' peculiar taste and subtlety, while Brandes thought that the collection was made hurriedly in the chaotic and dangerous circumstances following the coup of 383. There is also the problem of the overlap between the contents of V and Z. Seeck thought that the second edition (closely represented for him by V) included works that had been revised, works that were rare, and other ones added by accident; Pasquali suggested that the second edition was meant to include everything from Z except the erotica—in which case hundreds of lines were overlooked. While the arrangement of the poems in Z is perhaps less of a problem—Peiper and Jachmann may have exaggerated the disorder—the problems surrounding the date and contents of the supposed earlier edition are considerable.

The divergent readings of V and Z in the passages they share have also been exposed to much debate. They are many (see Schenkl, introd. pp. liv–lv), but the number of those with a serious claim to be regarded as authorial variants can be drastically reduced by careful regard to the mechanics of scribal corruption, to the metre, sense, and style of the author, and to his argument, context, and practice of imitation—in short, the panoply of textual criticism. If the warnings of Baehrens at the outset had been heeded, less effort could have been spent over such readings as *anticipesque vivum* in *Ep.* 13. 70 or *tortam . . . et agnam* in *Ep.* 13. 101. But problems certainly remain. It is difficult, for example, to choose between *aggreget* and *applicet* in *Fasti, praef.* 1. 8; between *gloriosum neges* and *nescias gloriosum* in *Griph., praef.* 23; or between *affixit* and *suspendit* in *Griph.* 29. Ausonius says in one place (*Praef.* 3. 19) that he tended to make a myriad of corrections, and these readings could reflect 'fine tuning' of the kind that can be demonstrated at least in neo-Latin writers;[13] but the fact that a decision is hard does not mean that the choice is between authorial variants. Nothing rules out the intervention of others. Some such problems occur in works where there is evidence that they were dedicated to two individuals, in particular the *Fasti* and the *Technopaegnion*. In the first case (as argued more fully in its own introduction) it is not true that the words *exemplum iam patris habes ut* (V, not Z) were inappropriate to Gregorius; if he received the work at all, it need not have been accompanied by Z's version of the first preface. In Z's text of the *Technopaegnion*, the name of Paulinus occurs once, at the end of the poem; if it is restored, as it usually is, before the second preface, there is a conflict with 5. 2, where Pacatus is named. In fact, though the *Technopaegnion* contains numerous variants there are not many problematic ones. The case that *Praef.* 5 was a dedication of a work sent to two people is much weaker.

It has also been held that consideration of the author's personal circumstances gives support to the idea of authorial variants. Two poems are relevant here, the *Oratio* and *Epicedion*. In the *Oratio* Z lacks ll. 8–16; according to Seeck, Ausonius added these lines, which are strongly anti-Arian in character, to show his orthodoxy in the aftermath of the edict of Thessalonica and the Council of Constantinople (380/1).

[13] R. P. H. Green, 'The Text of George Buchanan's Psalm Paraphrases', *The Bibliotheck*, 13 (1986), 3–29.

He was right in his theological assessment, and the implied dating of the fuller version cannot be convincingly gainsaid; and perhaps the poet did see a need to prove his orthodoxy in the new atmosphere. But an answer can in fact be given to the rhetorical question, 'welcher Grund diese (Tilgung) hätte veranlassen können?', with which Seeck dismissed an alternative explanation, as will be seen shortly. In the *Epicedion* Z has a shorter version than V: forty-one lines as opposed to sixty-two. Brandes noted that the shorter version coalesced quite well, and a plausible case was made for seeing it as an earlier version, which Ausonius later revised. The poet could hardly have written *et semper fictae principum amicitiae* before Gratian's death, but might, it is argued, have added it afterwards. He might at first have stated that his parents had had three children, and not realized until later, when working on the *Parentalia*, that he had overlooked their first-born Aemilia, who died in infancy. Finally, there is evidence of idealization: at ll. 35–6 Z has a couplet (not in V) in which his father Julius is made to admit that he was quick to anger, but suppressed it and punished himself for his volatility; according to V (29–30) he was free from anger altogether. It is argued in the commentary that all these reconstructions are dubious. The case for authorial variants would be far stronger if the couplet exclusive to Z could be shown to be in some way typical of Ausonius— as can be shown in the quite different case of seven lines of *Ep.* 23—but (although Jachmann rather overdid his criticism of it) this evidently cannot be done. It is not good enough to say with Pastorino that only Ausonius could have made such changes. It is not a simple choice between the author himself or a leaden-fingered or leaden-minded medieval monk of the sort that even Jachmann, for all his castigation of Peiper's defective view of Ausonius' transmission in Late Antiquity, tended to see as the bogyman. The interpolator whom I detect in *Ephem.* 8. 32–3 even rose to a spondeiazon; compare *Ecl.* 19. 18–23, 21. 16. There could have been an equally sophisticated interpolator at work on the poems in Z.

It is time to return to the question of significant conjunctive errors in two or more of the three groups of manuscripts. In the editions of Schenkl and Peiper, and their followers, readings of VZ are replaced by conjectures in *Epigr.* 103. 5 and *Ep.* 2. 13; in *Griph.*, *praef.* 37 a reading of PHZ is rejected in favour of one in V. They mark a lacuna within the *Caesares*—because there are only eleven lines in the second set of monosticha—and one at the end. Schenkl emended badly in *Vers. Pasch.* 11 but drew attention to a possible problem; Peiper seems justified in

Ep. 13. 40. My text conveys several more imputations of common error—in *Versus Paschales*, *Griphus*, *Technopaegnion*, and *Ep.* 13—and the commentary records suspicions of at least two passages in each of *Protrepticus*, *Griphus*, and *Technopaegnion*. In *Ecl.* 20 and 21 there is corruption common to VPH and GW, and perhaps there is an interpolation common to all three groups in *Epigr.* 76, where the final couplet is rather untypical. Ausonius seldom moralizes in this way, but on the other hand perhaps the epigram would be even weaker if it ended two lines earlier. If any of these choices or conjectures are valid, they show that the manuscripts in question cannot descend independently from separate authorial editions: each error must have originated in a single manuscript. Our texts may still contain authorial variants, but they cannot be represented systematically in the manuscript tradition, and if they are sought at all they should be sought not by comparing the manuscripts but by scrutinizing the text as Brandes did (pp. 63–5).

In spite of Peiper's problems over a single archetype, then, the notion deserves to be reinstated and reconsidered. It is not claimed that the single archetype was similar in its arrangement to the present edition, or any other; we know too little about the circumstances, ideas, or whims of those responsible for its compilation to make such a claim. It was an archetype of epic dimensions—to the six thousand or so lines that we have should be added another thousand to cover the *Fasti* and other lost material, and the missing parts of *Bissula*, *Caesares*, and the *Ephemeris*—but unlike epic it lent itself very easily to abridgement. Editors speak both of anthologies (Schenkl, and Prete and his pupils) and excerpts (Jachmann, with some rhetorical reservations, and now P. L. Schmidt, in a very useful survey of the transmission).[14] The former term is more appropriate to V, the latter to Z and GBW. As often remarked, the collection in V begins as if carefully arranged to give a picture of the poet, and there are signs thereafter of selection purposefully performed. V lacks most of the poems that contain Greek words, and has much less erotic material than Z: single epigrams on a *moecha* and a *dyseros*, and a brief allusion to a wet dream, as opposed to *Bissula*, *Cupid* (erotic at least in the literal sense), the Eunus epigrams, and the *Cento Nuptialis*. In Z the title *Precatio Matutina* for *Ephem.* 3— prayer was indeed one of Ausonius' morning activities as presented there—and perhaps the poem *In Notarium* (here *Ephem.* 7) testify to the pruning of the *Ephemeris*; its solitary 'Eclogue', presented among

---

[14] P. L. Schmidt, in R. Herzog (ed.), *Restauration und Erneuerung: Die lateinische Literatur 284–374 n. Chr.* (Munich, 1989), 270–7.

epigrams, surely begins with *et* and so seems to have been untimely ripped from a collection of similar material; the first word of *Caes*. 94 (*proximus*) is distinctly odd unless tetrastichs on the first twelve Caesars preceded, as they do in the other manuscripts. The historical development of this *Zersplitterung* is naturally more elusive. The picture of Ausonius' travels in early medieval Europe is becoming clearer,[15] but though we can sometimes tell what was where, we cannot tell what was not. Whether *Ecl.* 9 travelled on its own to Ireland, or the *Moselle* went unaccompanied to Britain (if indeed they went there at all), or how Ausonius was read in Africa, or Gaul, or Italy, is beyond our ken.

Jachmann was right to insist on the point that according to Seeck's theory the manuscripts had escaped the normal processes of textual corruption; it is incredible that the material of Z, unobtrusive as it was, went unscathed for the thousand years between its alleged assembly in 383 and the presentation of M to Salutati a thousand years later. In places this corruption can be seen to have been progressive; and it may have begun very early, as the following tentative arguments suggest. In l. 20 of the *Protrepticus* V has *Chiron Achillem*, Z *Achillea Chiron*; Ausonius probably wrote what is in Z, following Lucan and Statius. V's variant is found in the poem at the end of the treatise of Marcellus Empiricus, who, as one would expect of a compatriot and younger contemporary, knew his Ausonius very well. If the poem was written by the doctor himself (as his preface suggests) this corruption existed within a few years of Ausonius' death. It is now time to answer Seeck's question about the reason for the omission of *Ephem.* 3. 8–16: I suggest that these theologically explicit lines, which might have offended Arians who read them and indeed devotees who did not, and could be removed with little damage to style or structure, were excised in a fifth-century version. From 418 the Visigoths occupied Bordeaux, though not all were as fanatically Arian as King Euric, the contemporary of Sidonius. Later in the same poem V and Z diverge at l. 84. The similarity of Avitus 5. 717 to Z's version does not guarantee the authenticity of Z's version, as Nardo suggested (364): it could equally well indicate a corruption in Avitus' text of Ausonius. There is also some similarity to a seemingly corrupt passage of Z (*Epigr.* 9. 3) in Corippus, *In Laudem Iustini* 3. 111; though here too the priority is not clear and the similarity not an immediately striking one. The last example comes from the end of the sixth century. The epitaph from Merovingian Gaul in the *Sylloge*

[15] For a masterly summary see M. D. Reeve, 'Ausonius', in L. D. Reynolds (ed.), *Texts and Transmission: A Survey of the Latin Classics* (Oxford, 1983), 26–8.

Elnonensis recently published by B. Bischoff, which is a pastiche of Ausonius, uses a reading of Z which is generally regarded as a corruption of what Ausonius wrote (see on *Epigr.* 13).

Such early corruption of the text is not, of course, surprising: it befell classical authors and his contemporary Claudian. But in this case it is particularly worthwhile to point to what is not abnormal, because the transmission of Ausonius has so often been regarded as a law unto itself. His transmission is indeed complex, and sometimes unusual, and in places tenebrous; but the enigmas should not be explained as the effect of a singular method of publication, but as the result of the normal processes of corruption acting on a text that was particularly vulnerable to fragmentation and misunderstanding. They are, in essence, another result of his exceptional variety.

ORDER OF POEMS IN V, Z, AND H

These lists do not indicate lacunae or the running together or separation of various works.

V	*Z* (based on C)	*H*
I. 1	XX. 1	I. 5
I. 2	XIII. 1–3, 5, 6, 8, 9, 45	IV
I. 3	XXII. 1, 3, 4	XXVII. 22, 23 (24)
II	XIII. 4, 10–27, 30–1, 33–6	App. B. 3, 4
XIV. 1–10, 12–17	I. 5	XXVI
App. A. 8	XIII. 37, 28–9, 39–41, 43, 44, 46–	App. B. 2
XIV. 18	7, 48, 50, 51–4, 56, 57, 59–79,	XXVII. 12
XX. 2	82–7, 49, 88–103, 42, 104–5,	Symm. *Ep.* 1. 25
XX. 3	32, 106–114	App. B. 1
X	IV	I. 3
XI	XXVII. 2, 4, 5 (in qua XVII 2), 17,	App. A. 6
XII	10, 19, 20, 11, 9, 6–8	XV
XIII. 58, 54–6, 8, 37, 7, 38, 13	XIV. 17	I. 5
I. 4	XXIII	VIII
XIV. 19–25	XIII. 115	IX
VI	XIV. 11	XIV. 19
IV	XIII. 116–22	XXIV
App. A. 3	II. 7	
V	XXI	
XXIV	XXV	
XXV	XV	
XXVI	XVIII	
XXIII	XXVII. 13, 17	
XXII	II. 3	
XV	V	
App. B. 2	VIII	
XXVII. 12	XIX	
Symm. *Ep.* 1. 25	XVII	
XXVII. 2–3, 13–16, 1		
III		
VII		
IX		
VIII		
XXVII. 21, 23 (24), 22		
App. B. 4		
App. B. 3		
I. 5		
XIII. 9, 10, 79–81, 44, 48, 45, 51,		
52, 46, 47, 23, 92–7, 103, 76		

NOTE

ABBREVIATIONS of journals usually follow the forms used in *L'Année philologique* but are occasionally more explicit; abbreviations of reference works, whether classical or medieval, Christian or secular, follow the familiar forms or briefer ones; abbreviations of Greek authors and their works are based in most instances on LSJ, while those of Latin ones generally match *OLD* and *TLL* but are briefer where this is reasonable and more expansive where necessary. A list of the abbreviations that I have used to denote works of Ausonius is given overleaf.

The purpose of the three short bibliographies that follow is: (1) to list the editions of Ausonius to which reference will be made, and which are the main source for certain critics' work; (2) to list articles which are relevant to the correction of Ausonius' text; (3) to give a short list of important studies, most of them referred to by author's name and/or cue-title, on Ausonius' life and background. Articles relevant to one poem only are not included here.

At pp. 721–7 there are concordances showing the numeration of the poems in various editions, and of the *Epigrams*, *Eclogues*, and *Letters*.

ABBREVIATIONS OF AUSONIUS' WORKS

Ad Patrem	*Ad Patrem de Suscepto Filio* (III)
Biss.	*Bissula* (XVII)
Caes.	*Caesares* (XXIII)
Cento	*Cento Nuptialis* (XVIII)
Cup.	*Cupido Cruciatus* (XIX)
Ecl.	*Eclogae* (XIV)
Ep.	*Epistulae* (XXVII)
Ephem.	*Ephemeris* (II)
Epiced.	*Epicedion in Patrem* (V)
Epigr.	*Epigrammata* (XIII)
Epit.	*Epitaphia Heroum qui Bello Troico Interfuerunt* (XII)
Fasti	*Fasti* (XXII)
Genethl.	*Genethliacos* (IX)
Grat. Act.	*Gratiarum Actio* (XXI)
Hered.	*De Herediolo* (VI)
Ludus	*Ludus Septem Sapientum* (XXVI)
Mos.	*Mosella* (XVI)
Ordo	*Ordo Urbium Nobilium* (XXIV)
Par.	*Parentalia* (X)
Pater ad Fil.	*Pater ad Filium* (VII)
Praef.	*Praefationes Variae* (I)
Prec.	*Precationes Variae* (XX)
Prof.	*Professores* (XI)
Protr.	*Protrepticus ad Nepotem* (VIII)
Technop.	*Technopaegnion* (XXV)
Vers. Pasch.	*Versus Paschales* (IV)

SELECT BIBLIOGRAPHY

1. EDITIONS CITED

A COMPLETE list of editions from 1472 to 1785 is offered by L. Desgraves in 'Ausone, humaniste aquitain', *RFHL*, NS 46 (1985), 161–251.

1472 Bartholomaeus Girardinus, Venice	*ed. pr.*
1490 Julius Aemilius Ferrarius, Milan	*ed. Med.* 1490
1496 Ferrarius, rev. Hieronymus Avantius, Venice	*ed. Ven.* 1496
1499 Thaddaeus Ugoletus, Parma	Ug.
1507 Hieronymus Avantius, Venice	Avant.
1511 H. Aleander and M. Hummelbergius, Paris	*ed. Par.* 1511
1513 H. Aleander and M. Homedeus, Paris	*ed. Par.* 1513
1517 J. Bade, Paris	*ed. Par.* 1517
1517 H. Avantius, Venice	*ed. Ald.* 1517
1548 G. Ducherius, Lyon	*ed. Lugd.* 1548
1551 É. Vinet, Paris	*ed. Par.* 1551
1558 E. Charpin, Lyon	*Lugd.*

Heinsius' copy (Leiden, 758. F. 11) contains many of his emendations.

1568 Th. Poelman, Antwerp	Pulm.
1575 J. J. Scaliger, Lyon	Scal.

(the copy bearing the arms of the *gens Sebisiana* contains emendations which, following Peiper (see Introd., p. lxxxviiii) I designate by *Sebis.*)

1575 É. Vinet, Bordeaux	
1580 É. Vinet, Bordeaux	Vin.
1588 J. J. Scaliger, Heidelberg	
1671 J. Tollius, Amsterdam	Toll.

This contains emendations by Acidalius, Barthius, Goropius, Graevius, Gronovius, N. Heinsius, Lipsius, and Scriverius.

1730 J. Floridus and J. B. Souchay, Paris	Flor./Souchay
1883 K. Schenkl, Berlin	Sch.

(includes conjectures by Dousa, Mommsen, and Salmasius)

1886 R. Peiper, Leipzig   Peip.
1919–21 H. G. Evelyn White, Cambridge, Mass., and
  London   EW
1934–5 M. Jasinski, Paris
1971 A. Pastorino, Turin   Pasto.
1978 S. Prete, Leipzig   Prete

2. ARTICLES AND OTHER WORKS OFFERING EMENDATIONS

ARTICLES and other works on the history of the text are listed in section 4 of the Introduction.

ACCURSIUS, M. *Diatribae in Ovidium, Ausonium, et Solinum* (Rome, 1524). [Acc.]

AXT, C. O., *Quaestiones Ausonianae maxime ad codicem Vossianum 111 spectantes* (Diss. Leipzig, 1873).

BAEHRENS, E., 'Zu Ausonius', *Jb. cl. Ph.* 22 (113) (1876), 151–9.

—— 'Zu lateinischen Dichtern', ibid. 30 (129) (1884), 843–4.

BLOMGREN, S., 'In Ausonii carmina adnotatiunculae', *Eranos*, 67 (1969), 62–70.

BOLT, H., *Silva critica ad complura auctorum veterum loca imprimis Ausonii* (Haarlem, 1766).

BRAKMAN, C., 'Ausoniana', *Mnemos.*, 2nd ser., 53 (1925), 320–40.

BRANDES, W., *Ausonianarum quaestionum specimen primum* (Diss. Brunswick, 1876).

—— 'Zu Ausonius', *Jb. cl. Ph.* 23 (115) (1877), 861–2.

—— 'Zu Ausonius', ibid., 25 (119) (1879), 318–20.

CAMPBELL, A. Y., 'Ausoniana', *CQ* 28 (1934), 45.

DEZEIMERIS, R., 'Remarques sur le texte de divers auteurs', *Actes de l'Académie nationale des sciences, belles-lettres, et arts de Bordeaux*, 41 (1879), 273–86; 45 (1883), 333–49.

ELLIS, R., 'On Ausonius', *Hermathena*, 6 (1888), 1–18.

EVELYN WHITE, H. G., 'Ausoniana', *CR* 32 (1918), 111.

GREEN, R. P. H., 'The Text of Ausonius: Fifty Emendations and Twelve', *Rh. M.*, NF 125 (1982), 343–61.

HÅKANSON, L., 'Two Critical Notes on Ausonius', *AJP* 98 (1977), 247–8.

HAUPT, M., *Opuscula* (Leipzig, 1876; repr. Hildesheim, 1967), iii. 459–60, 503–6, 581, 620–1.

HEINSIUS, N., *Adversariorum libri IV* (Harlingen, 1742). [Heins.]

KURFESS, A., 'Ad Ausonium (ed. Peiper)', *Gymnasium*, 60 (1953), 262f.

LA VILLE DE MIRMONT, H. DE, *Le Manuscrit de l'Île Barbe* (3 vols., Bordeaux and Paris, 1917–19).

LEO, F., review of W. Brandes, *Beiträge zu Ausonius*, ii. *Der jambische Senar des Ausonius, insbesondere im Ludus Septem Sapientum* (Wolfenbüttel, 1895), in *GGA* 158 (1896), 778–92.

MARKLAND, J., ap. J. Willis, 'Marklandi annotationes in Ausonium ineditae', *Rh. M.*, NF 99 (1956), 284–8.

MERTENS, M., *Quaestiones Ausonianae* (Diss. Leipzig, 1880).

—— 'Zu Ausonius', *Jb. cl. Ph.* 38 (145) (1892), 142–4.

MUELLER, H. J., 'Symbolae ad emendandos scriptores Latinos', *Programm des Friedrichs-Werderschen Gymnasiums in Berlin*, 41 (1876), 24–8.

MUELLER, L., *De re metrica poetarum Latinorum*[2] (Leipzig, 1894).

OWEN, S. G., 'Notes on Ausonius', *CQ* 27 (1933), 178–81; (no title) 28 (1934), 44–5.

PICHON, R., *Les Derniers Écrivains profanes* (Paris, 1906), 316–19. [Pichon]

PITHOU, P., *Adversariorum subsecivorum libri duo* (Basle, 1574). [Pith.]

REEVE, M. D., review of *Decimi Ausonii Burdigalensis opuscula*, ed. Sextus Prete (Leipzig: Teubner, 1978), in *Gnomon*, 52 (1980), 450.

SCALIGER, J. J., *Ausonianarum lectionum libri duo* (Lyon, 1574). [Scal.]

SCHENKL, K., 'Zur Textkritik des Ausonius', *WS* 2 (1880), 275–84.

—— 'Zu Ausonius', *Zeitschrift für die österreichischen Gymnasien*, 31 (1880), 735, 895; 32 (1881), 16, 102, 176, 260, 330, 737.

SHACKLETON BAILEY, D. R., 'Ausoniana', *AJP* 97 (1976), 248–61. [Sh. B.]

VILLANI, L., 'Per la critica di Ausonio', *SIFC* 6 (1898), 97–119.

—— 'Note al testo di Ausonio', *RFIC* 32 (1904), 267–72.

3. MAJOR STUDIES OF AUSONIUS AND RELATED TOPICS

BOLCHAZY, L. J. and SWEENEY, J. A. M., in collaboration with Antonetti, M. G., *Concordantia in Ausonium* (Hildesheim, 1982).

BOOTH, A. D., 'Notes on Ausonius' *Professores*', *Phoenix*, 32 (1978), 235–49. [Booth]

—— 'The Academic Career of Ausonius', *Phoenix*, 36 (1982), 329–43. [Booth, *Career*]

CHADWICK, N. K., *Poetry and Letters in Early Christian Gaul* (London, 1955). [Chadwick]

ÉTIENNE, R., *Bordeaux antique* (Histoire de Bordeaux, 1; Bordeaux, 1962). [Étienne]

GREEN, R. P. H., 'Prosopographical Notes on the Family and Friends of Ausonius', *BICS* 25 (1978), 19–27. [Green]

—— *The Poetry of Paulinus of Nola: A Study of His Latinity* (Brussels, 1971). [Green, *Paulinus*]

—— 'Still Waters Run Deep: A New Study of the *Professores* of Bordeaux', *CQ*, NS 35 (1985), 491–506. [Green, *Still Waters*]

HAARHOFF, T., *Schools of Gaul: A Study of Pagan and Christian Education in the Last Century of the Western Empire* (Oxford, 1920). [Haarhoff]

HEINEN, H., *Trier and das Trevererland in römischer Zeit* = Universität Trier (ed.), *2000 Jahre Trier*, i (Trier, 1985). [Heinen]

HOPKINS, M. K., 'Social Mobility in the Later Roman Empire: The Evidence of Ausonius', *CQ*, NS 11 (1961), 239–49. [Hopkins]

JONES, A. H. M., *The Later Roman Empire 284–602: A Social, Economic and Administrative Survey* (Oxford, 1973). [Jones, *LRE*]

JOUAI, L. A. A., *De magistraat Ausonius* (Nijmegen, 1938). [Jouai]

LATTIMORE, R. A., *Themes in Greek and Latin Epitaphs* (Illinois Studies in Language and Literature, 28; Urbana, 1942).

MARX, F., 'Ausonius', *RE* ii. 2562–80. [Marx, *RE*]

MATTHEWS, J. F., *Western Aristocracies and Imperial Court, AD 364–425* (Oxford, 1975). [Matthews]

OTTO, A., *Die Sprichwörter und sprichwörtlichen Redensarten der Römer* (Leipzig, 1890). [Otto]

PASTORINO, A., *Opere di Decimo Magno Ausonio* (Turin, 1971), 'Introduzione', 1–121.

PICHON, R., *Les Derniers Écrivains profanes* (Paris, 1906), 151–216, 297–315. [Pichon]

REEVE, M. D., 'Ausonius', in L. D. Reynolds (ed.), *Texts and Transmission: A Survey of the Latin Classics* (Oxford, 1983), 26–8.

WIGHTMAN, E. M., *Roman Trier and the Treveri* (London, 1970). [Wightman]

DECIMI MAGNI AUSONII

OPERA

SIGLA CODICUM

A	Brussels 10703/5
B	Brussels 5369/73
C	Padua, Capit. C. 64
D	Cambridge, Kk. v. 34
E	Paris, Lat. 18275
F	London, Brit. Lib. Harl. 2578
G	Sankt-Gallen 899
H	London, Brit. Lib. Harl. 2613
I	Wolfenbüttel, Helmst. 332
J	Darmstadt 3301
K	London, Brit. Lib. King's 31
L	Florence, Laur. LI. 13
M	Florence, Naz. Conv. Sopp. J. 6. 29
N	Paris, Lat. 7558
O	Paris, Lat. 2772
P	Paris, Lat. 8500
Q	Leiden, Voss. Lat. Q. 33
R	Zurich 62
S	Paris, Lat. 2122
T	Leiden, Voss. Lat. Q. 107
U	Vatican, Reg. Lat. 1283
V	Leiden, Voss. Lat. F. 111
W	Paris, Lat. 4887
X	Vatican, Reg. Lat. 1650
Y	Paris, Lat. 17177
Z	= CKMT (CKT, CKLT)
a	Wolfenbüttel, Gud. Lat. 145
b	London, Brit. Lib. Royal 15. B. XIX
d	Trier 1093/1694
s	*vide* pp. 55, 356
v	*vide* pp. 55, 356
λ	*vide* p. 436
χ	*vide* p. 559

DECIMI MAGNI AUSONII OPERA

I. PRAEFATIONES VARIAE

1. *Ausonius lectori salutem*

Ausonius genitor nobis, ego nomine eodem;
    qui sim, qua secta stirpe lare et patria,
ascripsi ut nosses, bone vir, quicumque fuisses,
    et notum memori me coleres animo.
Vasates patria est patri, gens Aedua matri   5
    de patre, Tarbellis sed genetrix ab Aquis,
ipse ego Burdigalae genitus: divisa per urbes
    quattuor antiquas stirpis origo meae.
hinc late fusa est cognatio. nomina multis
    ex nostra, ut placitum, ducta domo veniant: 10
derivata aliis, nobis ab stemmate primo
    et non cognati, sed genetiva placent.
sed redeo ad seriem. genitor studuit medicinae,
    disciplinarum quae dedit una deum;
nos ad grammaticen studium convertimus et mox   15
    rhetorices etiam quod satis attigimus.
nec fora non celebrata mihi, sed cura docendi
    cultior, et nomen grammatici merui,
non tam grande quidem, quo gloria nostra subiret
    Aemilium aut Scaurum Berytiumque Probum,   20
sed quo nostrates, Aquitanica nomina, multos
    collatus, sed non subditus, aspicerem.
exactisque dehinc per trina decennia fastis
    deserui doctor municipalem operam,
aurea et Augusti palatia iussus adire   25
    Augustam subolem grammaticus docui,
mox etiam rhetor; nec enim fiducia nobis

1. 1 *V*   Ausonius Lectori Salutem *V*   6 Tarbellis *Scal.*, tervellus *V*   20 Berytiumque *Lugd.*, Beritique *V*, Berytiumve *Toll.*   21 Aquitanica *Toll.*, Aquitanaque *V*
22 sed non *Vin.*, et non *V*, non et *Scal.*   24 deserui *Brandes*, adserui *V in ras.*

vana aut non solidi gloria iudicii.
cedo tamen fuerint fama potiore magistri,
    dum nulli fuerit discipulus melior.   30
Alcides Atlantis et Aeacides Chironis,
    paene Iove iste satus, filius ille Iovis,
Thessaliam Thebasque suos habuere penates:
    at meus hic toto regnat in orbe suo.
cuius ego comes et quaestor et, culmen honorum,   35
    praefectus Gallis et Libyae et Latio,
et, prior indeptus fasces Latiamque curulem,
    consul, collega posteriore, fui.
hic ergo Ausonius: sed tu ne temne, quod ultro
    patronum nostris te paro carminibus.   40

2. _Ausonius Syagrio_

Pectoris ut nostri sedem colis, alme Syagri,
    communemque habitas alter ego Ausonium,
sic etiam nostro praefatus habebere libro,
    differat ut nihilo, sit tuus anne meus.

3. _Theodosio Augusto Ausonius_

Agricolam si flava Ceres dare semina terrae,
    Gradivus iubeat si capere arma ducem,
solvere de portu classem Neptunus inermem,
    fidere tam fas est quam dubitare nefas,
insanum quamvis hiemet mare crudaque tellus   5
    seminibus, bello nec satis apta manus.
nil dubites auctore bono. mortalia quaerunt
    consilium, certus iussa capesse dei.
scribere me Augustus iubet et mea carmina poscit
    paene rogans; blando vis latet imperio.   10
non habeo ingenium, Caesar sed iussit—habebo.

---

28 vana _Lugd._, una _V_   35 ego _V_, ego et _Heins._   36 praefectus _Lugd._, praefectis _V_
39 ergo _Sebis._, ego _V_, ego sum _Heins._
    2 _V_   Ausonius Suagrio _V_
    3 _VPH_   Teudosio ā Ausonius _V_, Responsiva Ausonii ad Theodosium Augustum.
Domino meo et omnium Theodosium Augusto Ausonius tuus _P_, Theodosio Augusto Ausonius
salutem _H_   7 bono _PH_, bonum _V_   9 mea _VH_, in ea _P_   poscit _PH_, poscat _V?_
10 vis _VH^{pc}_, vix _PH^{ac}_   11 ingenium _V_, ingenio _PH_

cur me posse negem, posse quod ille putat?
invalidas vires ipse excitat et iuvat idem
    qui iubet: obsequium sufficit esse meum.
non tutum renuisse deo; laudata pudoris   15
    saepe mora est, quotiens contra parem dubites.
quin etiam non iussa parant erumpere dudum
    carmina: quis nolit Caesaris esse liber,
ne ferat indignum vatem centumque lituras,
    mutandas semper deteriore nota?   20
tu modo te iussisse, pater Romane, memento
    inque meis culpis da tibi tu veniam.

4. *Ausonius Drepanio filio*

'Cui dono lepidum novum libellum?'
Veronensis ait poeta quondam
inventoque dedit statim Nepoti.
at nos illepidum rudem libellum,
burras quisquilias ineptiasque,   5
credemus gremio cui fovendum?
inveni—trepidae silete nugae—
nec doctum minus et magis benignum
quam quem Gallia praebuit Catullo.
hoc nullus mihi carior meorum,   10
quem pluris faciunt novem sorores
quam cunctos alios Marone dempto.
'Pacatum haud dubie, poeta, dicis?'
ipse est. intrepide volate, versus,
et nidum in gremio fovete tuto.   15
hic vos diligere, hic volet tueri;
ignoscenda teget, probata tradet.
post hunc iudicium timete nullum.
        vale.

---

13 excitat *PH*, exitat *V*   14 esse *VH*, ipse *P*   15 tutum *VH*, totum *P*
17 parant *VH*, parum *P*   21 iussisse *VH*, vixisse *aut* iuxisse *P*
  4 *V*   Ausonius Drepanio Filio *V*   4 rudem *Pulm.*, rude *V*   11 pluris
Lugd., plurimis *V*   15 nidum *Scal.*, nudum *V*

5. προσωποποιία *in chartam*

Si tineas cariemque pati te, charta, necesse est,
    incipe versiculis ante perire meis.
'malo', inquis, 'tineis'. sapis, aerumnose libelle,
    perfungi mavis qui leviore malo.
ast ego damnosae nolo otia perdere Musae,   5
    iacturam somni quae parit atque olei.
'utilius dormire fuit quam perdere somnum
    atque oleum.' bene ais, causa sed ista mihi est.
irascor Proculo, cuius facundia tanta est
    quantus honos: scripsit plurima quae cohibet.   10
hunc studeo ulcisci. et prompta est ultio vati:
    qui sua non edit carmina, nostra legat.
huius in arbitrio est, seu te iuvenescere cedro
    seu iubeat duris vermibus esse cibum.
huic ego, quod nobis superest ignobilis oti,   15
    deputo, sive legat quae dabo sive tegat.

II. EPHEMERIS

I

Mane iam clarum reserat fenestras,
iam strepit nidis vigilax hirundo;
tu velut primam mediamque noctem,
    Parmeno, dormis.

dormiunt glires hiemem perennem,   5
sed cibo parcunt; tibi causa somni,
multa quod potas nimiaque tendis
    mole saginam.

5   *VPHZ (Z = CKMT)*   Eiusdem προσοποιϲια in chartam *P*, Prosopopoea in chartam Decii Ausonii *H*, Ad libellum suum quod potius velit tineas vel cariem *C*, *nullus titulus in VKMT*   1 tineas *VPHC*, sinias *K*, tinias *MT* (tiniis *in* 3)   te *om. P*   4 qui *PHCKM*, quod *V*, quam *T*   8 bene ais *VPH*, verum *Z*   sed *om. K*   9 irascor proculo *VPH*, agat irascor *Z*, Pacato irascor *Toll.*   11 hunc *VH*, hinc *PCK*[pc]*MT*   studeo *VPHCKM*, studio *T*   iam *post* et *add. Peip.*, haec *post* est *ed. pr.*   13 te *om. T*   cedro *VPHCK*, cedros *MT*[ac], cedris *T*[pc]   15 superest *VPHCKM*, prodest *T*

   II   *V*   Incipit Ephemeris id est totius diei negotium *V*
      1   4, 20 Parmeno *Lugd.*, parmino *V*   7 tendis *V*, caedis *Toll. dub.*

inde nec flexas sonus intrat aures
et locum mentis sopor altus urget　　　　　　10
nec coruscantis oculos lacessunt
　　　fulgura lucis.

annuam quondam iuveni quietem,
noctis et lucis vicibus manentem,
fabulae fingunt, cui Luna somnos　　　　　　15
　　　continuarit.

surge, nugator, lacerande virgis,
surge, ne longus tibi somnus, unde
non times, detur; rape membra molli,
　　　Parmeno, lecto.　　　　　　　　20

fors et haec somnum tibi cantilena
Sapphico suadet modulata versu;
Lesbiae depelle modum quietis,
　　　acer iambe.

2

Puer, eia, surge et calceos
et linteam da sindonem;
da, quicquid est, amictui
quod iam parasti, ut prodeam;
da rore fontano abluam　　　　　　　5
manus et os et lumina.
pateatque fac sacrarium
nullo paratu extrinsecus:
pia verba, vota innoxia
rei divinae copia est.　　　　　　　10
nec tus cremandum postulo
nec liba crusti mellei,
foculumque vivi caespitis
vanis relinquo altaribus.
deus precandus est mihi　　　　　　15
ac filius summi dei,
maiestas unius modi,

---

12 lucis *V*, solis *Markland*　　　23 Lesbiae *Pulm.*, Lesbii *V*
2　*V*　　　item Parecbasis saffico ad dimetrum *V*　　6 hos *V*　　16 hac *V in ras.*

sociata sacro spiritu—
et ecce iam vota ordior
et cogitatio numinis   20
praesentiam sentit pavens.

                                    3

Omnipotens, solo mentis mihi cognite cultu,
ignorate malis et nulli ignote piorum,
principio extremoque carens, antiquior aevo
quod fuit aut veniet, cuius formamque modumque
nec mens complecti poterit nec lingua profari,   5
cernere quem solus coramque audire iubentem
fas habet et patriam propter considere dextram
ipse opifex rerum, rebus causa ipse creandis,
ipse dei verbum, verbum deus, anticipator
mundi quem facturus erat, generatus in illo   10
tempore quo tempus nondum fuit, editus ante
quam iubar et rutilus caelum illustraret Eous;
quo sine nil actum, per quem facta omnia; cuius
in caelo solium, cui subdita terra sedenti
et mare et obscurae chaos insuperabile noctis;   15
irrequies, cuncta ipse movens, vegetator inertum,
non genito genitore deus, qui fraude superbi
offensus populi gentes in regna vocavit,
stirpis adoptivae meliore propage colendus;
cernere quem licuit proavis, quo numine viso   20
et patrem vidisse datum; contagia nostra
qui tulit et diri passus ludibria leti
esse iter aeternae docuit remeabile vitae,
nec solam remeare animam, sed corpore toto
caelestes intrare plagas et inane sepulchri   25

18 spiritu *Vin.*, spiritui *V*   *post* 21 *in marg.* pa . . . e quam spes fides *V in ras.* (*reliqua incerta*),
del. Lugd., pavet neme quam spes fides, *V teste Vin.*, paves nequicquam, spes fides *Scal.*, pavetne
quicquam spes fides *Toll.*

   3 *VNDEZ* (*Z* = *CKLT*); *in E tantum* 59–78 *et* 58   Oratio *VE*, incipit oratio sancti ausoni
N, oratio matutina ad deum omnipotentem *D*, incipit precatio matutina ad omnipotentem deum *Z*
1 solo mentis mihi cognite cultu *VN*, quem mente colo pater unice rerum *DZ* (rex *T*)
6 coramque *VNZ*, contraque *D*   8–16 *om.* *Z*   13 actum *codd.*, factum *ego dub.*
20 numine *VDCKL*, nomine *NT*   21 datum *NDZ*, datur *V*ᵖᶜ *ut vid.*   24 solam *VDZ*,
solum *N*

arcanum vacuis adopertum linquere terris.
    nate patris summi nostroque salutifer aevo,
virtutes patrias genitor cui tradidit omnes,
nil ex invidia retinens plenusque datorum,
pande viam precibus patriasque haec perfer ad aures.   30
    da, pater, invictam contra omnia crimina mentem
vipereumque nefas nocituri averte veneni.
sit satis, antiquam serpens quod perdidit Evam
deceptumque adiunxit Adam; nos sera nepotum
semina, veridicis aetas praedicta prophetis,   35
vitemus laqueos, quos letifer implicat anguis.
pande viam, quae me post vincula corporis aegri
in sublime ferat, puri qua lactea caeli
semita ventosae superat vaga nubila lunae,
qua proceres abiere pii quaque integer olim   40
raptus quadriiugo penetrat super aera curru
Elias et solido cum corpore praevius Enoch.
    da, pater, aeterni speratam luminis auram,
si lapides non iuro deos unumque verendi
suspiciens altare sacri libamina vitae   45
intemerata fero, si te dominique deique
unigenae cognosco patrem mixtumque duobus
qui super aequoreas volitabat spiritus undas.
    da, genitor, veniam, cruciataque pectora purga,
si te non pecudum fibris, non sanguine fuso   50
quaero nec arcanis numen coniecto sub extis,
si scelere abstineo errori obnoxius, et si
opto magis quam fido bonus purusque probari.
confessam dignare animam, si membra caduca
exsecror et tacitum si paenitet altaque sensus   55
formido excruciat tormentaque sera gehennae
anticipat patiturque suos mens saucia manes.
    da, pater, haec nostro fieri rata vota precatu.

---

30 haec perfer *VDL*, perfer *N*, hoc perfer *C*, hoc affer *K*, haec defer *T*   33 antiquam *codd.*, antiquus *Bolt*   perdidit *N*, prodidit *DZ*, *in V incertum*   34 adiunxit *VNZ*, infecit *D* 35 aetas *NDZ*, olim *V*   37 que *VN*, qua *DZ*   38 ferat *V*pc, feram *DCKL*, fera *NV*ac, ferar *T*   39 nubila *VD*pc*Z*, nebula *D*ac, lumina *N*   40 qua *NDZ*, quam *V* 43 speratam *NDZ*, spiratam *V*   45 suspiciens *VDZ*, suscipiens *N*   sacri *VND*, sacrae *Z* 47 mixtumque *codd.*, missumque *Graev.*   51 numen *codd.*, omen *Heins.*   52 abstineo errori obnoxius *codd.*, abstineo errorique obnoxius *C sup. lin.*, abstineo errori ipse obnoxius *ed. Par. 1513*   58 haec *VNDE*, hoc *Z*

nil metuam cupiamque nihil; satis hoc rear esse,
quod satis est. nil turpe velim nec causa pudoris 60
sim mihi. non faciam cuiquam, quae tempore eodem
nolim facta mihi. nec vero crimine laedar
nec maculer dubio; paulum distare videtur
suspectus vereque reus. male posse facultas
nulla sit et bene posse adsit tranquilla potestas. 65
sim tenui victu atque habitu, sim carus amicis
et semper genitor sine vulnere nominis huius.
non animo doleam, non corpore; cuncta quietis
fungantur membra officiis; nec saucius ullis
partibus amissum quicquam desideret usus. 70
pace fruar, securus agam, miracula terrae
nulla putem. suprema diei cum venerit hora,
nec timeat mortem bene conscia vita nec optet.
purus ab occultis cum te indulgente videbor,
omnia despiciam, fuerit cum sola voluptas 75
iudicium sperare tuum; quod dum sua differt
tempora cunctaturque dies, procul exige saevum
insidiatorem blandis erroribus anguem.
    haec pia, sed maesto trepidantia vota reatu,
nate, apud aeternum placabilis assere patrem, 80
salvator, deus ac dominus, mens, gloria, verbum,
filius ex vero verus, de lumine lumen,
aeterno cum patre manens, in saecula regnans,
consona quem celebrant modulati carmina David,
et responsuris ferit aethera vocibus Amen. 85

4

Satis precum datum deo,
quamvis satis numquam reis

61 sim *VDEZ*, sit *N*   non *V*, nec *NDEZ*   64 male *NDZ*, mala *VE*   66 amicis *VEZ*,
amicus *N*   68 quietis *codd.*, suetis *Heins.*   72 diei *VN*, di *D*, mihi *C*, dii *EKL*, diis *T*ᵐᵍ,
die *Scal.*   75 despiciam *V*ᵖᶜ*DZ*, dispiciam *V*ᵃᶜ*N*   voluptas *NDEZ*, voluntas *V*
77 cunctaturque *VN*, cunctanturque *DEZ*   saevum *VND*, saevo *CLE*, scaevo *KT*   80 nate
VN, Christe *DZ*   84 consona quem celebrant modulati carmina David (mistica quem . . . *N*)
VND (*D post versum infra memoratum*), consona quem celebrat modulato carmine plebes *DZ*
85 aethera *S. Marcianus Lat. XIV, cl. 230 (4736)*, aera *VNDZ*
    4 *V*   Egressio *V*   2 reis *V*, rei *Gron.*, a reis *Axt*

fiat precatu numinis.
habitum forensem da, puer.
dicendum amicis est 'ave   5
valeque', quod fit mutuum.
quod cum per horas quattuor

    *   *   *

inclinet ad meridiem,
monendus est iam Sosias.

5

Tempus vocandis namque amicis appetit.
ne nos vel illi demoremur prandium,
propere per aedes curre vicinas, puer.
scis ipse qui sint; iamque dum loquor redi.
quinque advocavi; sex enim convivium   5
cum rege iustum, si super, convicium est.
abiit: relicti nos sumus cum Sosia.

6

Sosia, prandendum est. quartam iam totus in horam
  sol calet; ad quintam flectitur umbra notam.
an vegeto madeant condita obsonia gustu
  (fallere namque solent) experiundo proba.
concute ferventes palmis volventibus ollas,   5
  tinge celer digitos iure calente tuos,
vibranti lambat quos umida lingua recursu

    *   *   *   *   *

3 precatu *V*, precatus *Baehrens*   numinis *V*, numini *Gron.*
  5 *V*   Locus Invitationis *V*   1 namque *V*, iamque *Salmasius*   2 illi *V*ac, illis
*V*pc
  6 *V*   Locus Ordinandi Coqui *V*   7 recursu *Scal.*, recursus *V*   *post* 7 *lac.*
Vin.

7

Puer, notarum praepetum
sollers minister, advola.
bipatens pugillar expedi,
cui multa fandi copia,
punctis peracta singulis   5
ut una vox absolvitur.
ego volvo libros uberes
instarque densae grandinis
torrente lingua perstrepo;
tibi nec aures ambigunt,   10
nec occupatur pagina,
et mota parce dextera
volat per aequor cereum.
cum maxime nunc proloquor
circumloquentis ambitu,   15
tu sensa nostri pectoris
vix dicta iam ceris tenes.
sentire tam velox mihi
vellem dedisset mens mea
quam praepetis dextrae fuga   20
tu me loquentem praevenis.
quis, quaeso, quis me prodidit?
quis ista iam dixit tibi,
quae cogitabam dicere?
quae furta corde in intimo   25
exercet ales dextera?
quis ordo rerum tam novus,
veniat in aures ut tuas
quod lingua nondum absolverit?
doctrina non hoc praestitit   30
nec ulla tam velox manus
celeripedis compendii:
natura munus hoc tibi
deusque donum tradidit,

---

7   *Z* (= *CKMT*)   De notario in scribendo velocissimo *C*, in notarium *KM*, in notarium in scribendo velocissimum *T*   1 praepetum *ed. Ven. 1496*, praereptum *C*, praeceptum *KMT*   2 solers *CKM*, solens *T*   5 peracta *CM*, proiecta *T, om. K*   7 ego volvo *Z*, evolvo *Avant.*   10 tibi *ed. Ven. 1496*, tibique *Z*   12 parce *C*, perte *K*, perce *M*, per te *T*   17 vix *CK*, vis *M*, vel *T*

quae loquerer ut scires prius   35
idemque velles quod volo.

8
*   *   *   *   *

quadrupedum et volucrum, vel cum terrena marinis
monstra admiscentur, donec purgantibus euris
difflatae liquidum tenuentur in aera nubes.
nunc fora, nunc lites, lati modo pompa theatri
visitur, et turmas equitum caedesque latronum   5
perpetior; lacerat nostros fera belua vultus
aut in sanguinea gladio grassamur harena.
per mare navifragum gradior pedes et freta cursu
transilio et subitis volito super aera pinnis.
infandas etiam veneres incestaque noctis   10
dedecora et tragicos patimur per somnia coetus.
perfugium tamen est, quotiens portenta soporum
solvit rupta pudore quies et imagine foeda
libera mens vigilat; totum bene conscia lectum
pertractat secura manus, probrosa recedit   15
culpa tori et profugi vanescunt crimina somni.
cerno triumphantes inter me plaudere; rursum
inter captivos trahor exarmatus Alanos.
templa deum sanctasque fores palatiaque aurea
specto et Sarrano videor discumbere in ostro   20
et mox fumosis conviva accumbo popinis.
    divinum perhibent vatem sub frondibus ulmi
vana ignavorum simulacra locasse soporum
et geminas numero portas: quae fornice eburno
semper fallaces glomerat super aera formas,   25
altera quae veros emittit cornea visus.
quod si de dubiis conceditur optio nobis,
deesse fidem laetis melius quam vana timeri.
ecce ego iam malim falli; nam dummodo semper
tristia vanescant, potius caruisse fruendis   30
quam trepidare malis. satis est bene, si metus absit.

8 *V*   *ante* 1 *lac. Lugd.*   10–16 *del. Schetter*   16 vanescunt *Goetz*, manusquum *V*, munus cum (crimine) *Vin.*, minuiscunt *Scal.*, iam nusquam *Pichon*, sunt nusquam *Blomgren*   22 frondibus *Lugd.*, fontibus *V*   29–33 *del. Schetter*, 32–3 *ego*

[sunt et qui fletus et gaudia controversum
coniectent varioque trahant eventa relatu.]
ite per obliquos caeli, mala somnia, mundos,
irrequieta vagi qua difflant nubila nimbi,   35
lunares habitate polos; quid nostra subitis
limina et angusti tenebrosa cubilia tecti?
me sinite ignavas placidum traducere noctes,
dum redeat roseo mihi Lucifer aureus ortu.
quod si me nullis vexatum nocte figuris   40
mollis tranquillo permulserit aere somnus,
hunc lucum, nostro viridis qui frondet in agro
ulmeus, excubiis habitandum dedico vestris.

III. AD PATREM DE SUSCEPTO FILIO

Credideram nil posse meis affectibus addi
    quo, venerande pater, diligerere magis.
accessit (grates superis medioque nepoti,
    bina dedit nostris qui iuga nominibus),   4
accessit titulus, tua quo reverentia crescat,   9
    quo doceam natum quid sit amare patrem.   10
ipse nepos te fecit avum, mihi filius idem   5
    et tibi ego: hoc nato nos sumus ambo patres.
nec iam sola mihi pietas mea suadet amorem:
    nomine te gemini iam genitoris amo.   8
quippe tibi aequatus videor, quia parvulus isto   11
    nomine honoratum me quoque nobilitat,
dein aetas quia nostra eadem: nam suppparis aevi
    sum tibi ego et possum fratris habere vicem.
nec tantum nostris spatium interponitur annis,   15
    quanta solent alios tempora dividere:
vidi ego natales fratrum distare tot annis,
    quot nostros. aevum nomina non onerant.
pulchra iuventa tibi senium sic iungit, ut aevum

32 controversum *Souchay* (contra- *Sch.*), controversorum *V*   41 somnos *Lugd.*, somnos *V*
III   *V*   Ausonius ad patrem de suscep. filio *V*   2 quo *Lugd.*, quod *V*   3 grates
superis *Gron.*, gratis super his *V*   9–10 *post* 4 *transp. Brandes*   10 quid *Pulm.*, quod *V*
11 isto *Vin. dub.*, iste *V*   13 dein *Sch.*, bon *V*, atque *Lugd.*, paene *Axt*, non *Peip.*   13 (et
32) supparis *Lugd.*, subpatris *V*   14 habere *Lugd.*, abare *V*   18 (et 26) quot *Lugd.*,
quod *V*

quod prius est maneat, quod modo ut incipiat; 20
et placuisse reor geminis aetatibus, ut se
  non festinato tempore utraque daret,
leniter haec flueret, haec non properata veniret,
  maturam frugem flore manente ferens.
annos me nescire tuos, pater optime, testor, 25
  totque putare tuos quot reor esse meos.
nesciat hos natus; numeret properantior heres,
  testamenta magis quam pia vota fovens,
exemploque docens pravo iuvenescere natos
  ut nolint patres se quoque habere senes. 30
verum ego primaevo genitus genitore fatebor
  supparis haec aevi tempora grata mihi.
debeo quod natus, suadet pia cura nepotis
  addendum patri, quo veneremur avum.
tu quoque, mi genitor, geminata vocabula gaude, 35
  nati primaevi nomine factus avus.
exiguum, quod avus: faveant pia numina divum
  deque nepote suo fiat avus proavus.
largius et poterunt producere fata senectam;
  sed rata vota reor, quae moderata, magis. 40

IV. VERSUS PASCHALES

Sancta salutiferi redeunt sollemnia Christi
et devota pii celebrant ieiunia mystae;
at nos aeternum cohibentes pectore cultum
intemeratorum vim continuamus honorum.
annua cura sacris, iugis reverentia nobis. 5
  magne pater rerum, cui terra et pontus et aer
Tartaraque et picti servit plaga lactea caeli,
noxia quem scelerum plebis tremit almaque rursum
concelebrat votis animarum turba piarum,

27 hos *Gron.*, hoc *V*   35 genitor *Lugd.*, genite *V*   37 numina *Lugd.*, nomina *V*
IV *VPHZ (Z = CKMT)*   Versus Paschales Proco dicyi *V* (*quae alii aliter emendant*), Incipiunt versus paschales decii magni Ausonii *P*, Versus Paschales Incipiunt Foeliciter *H*, Ausonius de
sanctissima paschae solemnitate *C*, pascales incipiunt *K*, incipiunt versus pascales *T*, incipiunt
pasquales *M*   5 sacris *PHZ*, sacri *V*   8 plebis *VPHMT*ᵃᶜ, plebes *CT*ᵖᶜ, plebs *K*
rursum *PHZ*, russum *V*

tu brevis hunc aevi cursum celeremque caducae   10
finem animae donas aeternae munere vitae.
tu mites legum monitus sacrosque prophetas
humano impertis generi servasque nepotes,
deceptum miseratus Adam, quem capta venenis
implicuit socium blandis erroribus Eva.   15
tu natum, pater alme, tuum, verbumque deumque,
concedis terris totum similemque paremque,
ex vero verum vivaque ab origine vivum.
ille tuis doctus monitis hoc addidit unum,
ut super aequoreas nabat qui spiritus undas   20
pigra immortali vegetaret membra lavacro.
trina fides auctore uno, spes certa salutis
hunc numerum iunctis virtutibus amplectenti.
   tale et terrenis specimen spectatur in oris
Augustus genitor, geminum sator Augustorum,   25
qui fratrem natumque pio complexus utrumque
numine partitur regnum neque dividit unum,
omnia solus habens atque omnia dilargitus.
hos igitur nobis trina pietate vigentes,
rectores terrae placidos caelique ministros,   30
Christe, apud aeternum placabilis assere patrem.

V. EPICEDION IN PATREM

Praefatio

Post deum semper patrem colui secundamque reverentiam genitori
meo debui. sequitur ergo hanc summi dei venerationem epicedion
patris mei. titulus a Graecis auctoribus, defunctorum honori dicatus,
non ambitiosus sed religiosus. quem commendo lectori meo, sive is
5 filius est seu pater sive utrumque. neque ut laudet exigo, sed ut amet
postulo; neque vero nunc patrem meum laudo, quod ille non eget et
ego functum oblectatione viventium onerare non debeo. neque dico
nisi quod agnoscunt qui parti aetatis eius interfuerunt. falsum me

---

10 celeremque *PHZ*, celebremque *V*   11 donas *codd.*, redimis *Sch.*, cumulas *vel* pensas *ego*
dub.   12 mites *VPHCKM*, mitis *T*   13 impertis *VH*, impertit *P*, impartis *Z*
16 natum . . . verbumque *ego*, verbum . . . natumque *codd.*   *post* 22 *lac. EW*   23 amplectenti *VPH*, amplectendi *Z*   27 numine *Z*, nomine *VPH*
     v   *V incipit ephicedion in patrem V*

autem morte eius obita dicere et verum tacere eiusdem piaculi existimo. imagini ipsius hi versus subscripti sunt neque minus in opuscu- 10
lorum meorum seriem relati. alia omnia mea displicent mihi, hoc
relegisse amo.

Nomen ego Ausonius; non ultimus arte medendi,
  et, mea si nosses tempora, primus eram.
vicinas urbes colui patriaque domoque:
  Vasates patria, sed lare Burdigalam.
curia me duplex et uterque senatus habebat   5
  muneris exsortem, nomine participem.
non opulens nec egens, parcus sine sordibus egi:
  victum habitum mores semper eadem habui.
sermone impromptus Latio, verum Attica lingua
  suffecit culti vocibus eloquii.   10
obtuli opem cunctis poscentibus artis inemptae
  officiumque meum cum pietate fuit.
iudicium de me studui praestare bonorum;
  ipse mihi numquam iudice me placui.
officia in multos diverso debita cultu   15
  personis meritis tempore distribui.
litibus abstinui; non auxi, non minui rem;
  indice me nullus, sed neque teste, perit.
invidi numquam; cupere atque ambire refugi;
  iurare aut falsum dicere par habui.   20
factio me sibi non, non coniuratio iunxit;
  sincero colui foedere amicitias.
felicem scivi, non qui quod vellet haberet,
  sed qui per fatum non data non cuperet.
non occursator, non garrulus, obvia cernens,   25
  valvis et velo condita non adii.
famam, quae posset vitam lacerare bonorum,
  non finxi et, veram si scierim, tacui.
ira procul, spes vana procul, procul anxia cura,
  inque bonis hominum gaudia falsa procul.   30
vitati coetus eiuratique tumultus

praef. 9 eius *del. Sch.*   11 hoc *V*, hos *Lugd.*

VZ (*Z* = *CKLT*)   1 ultimus *VCKL*, infimus *T*   2 si nosses *VKL*, si nosces *C*, si
quaeris *T*   13–16 *om. Z*   18 indice *VCKL*, iudice *T*   19–26 *om. Z*
28 veram si scierim *V*, vera si qua fuit *Z*   29–34 *om. Z*

et semper fictae principum amicitiae.
deliquisse nihil numquam laudem esse putavi
   atque bonos mores legibus antetuli.
[irasci promptus properavi condere motum 35
   atque mihi poenas pro levitate dedi.]
coniugium per lustra novem sine crimine concors
   unum habui; natos quattuor edidimus.
prima obiit lactans, at qui fuit ultimus aevi
   pubertate rudi non rudis interiit. 40
maximus ad summum columen pervenit honorum,
   praefectus Gallis et Libyae et Latio,
tranquillus, clemens, oculis voce ore serenus,
   in genitore suo mente animoque pater.
huius ego et natum et generum pro consule vidi; 45
   consul ut ipse foret, spes mihi certa fuit.
matronale decus possedit filia, cuius
   egregia et nuptae laus erat et viduae;
quae nati generique et progeneri simul omnium
   multiplici illustres vidit honore domos. 50
ipse nec affectans nec detrectator honorum
   praefectus magni nuncupor Illyrici.
haec me fortunae larga indulgentia suasit
   numine adorato vitae obitum petere,
ne fortunatae spatium inviolabile vitae 55
   fatali admorsu stringeret ulla dies.
obtinui auditaeque preces: spem vota timorem
   sopitus placido fine relinquo aliis.
inter maerentes, sed non ego maestus, amicos
   dispositis iacui funeris arbitriis. 60
nonaginta annos baculo sine, corpore toto
   exegi, cunctis integer officiis.
haec quicumque leges, non aspernabere fari:
   'talis vita tibi, qualia vota mihi.'

35–6 *om. V, del.* Pasto.   37 concors *V*, consors *Z*   38 natos quattuor edidimus *V*,
natos tris numero genui *Z*   39–40 *om. Z*   41 summum columen *VKL*, summum culmen *C*, culmen summum *T*   43 *om. Z*   49 omnium *VCL*, omnes *KT*   54 vitae
codd., mitem *Sch. dub.*   obitum *V*, abitum *C*, habitum *KLT*   56 admorsu *Z*, morsu *V*
60 iacui *Z*, tacui *V*   61 annos *VCKL*, annis *T*

VI. DE HEREDIOLO

Cum de palatio post multos annos honoratissimus, quippe iam consul, redisset ad patriam, villulam quam pater liquerat introgressus his versibus lusit Luciliano stilo.

Salve, herediolum, maiorum regna meorum,
    quod proavus, quod avus, quod pater excoluit,
quod mihi iam senior properata morte reliquit—
    eheu nolueram tam cito posse frui!
iusta quidem series patri succedere, verum   5
    esse simul dominos gratior ordo piis.
nunc labor et curae mea sunt; sola ante voluptas
    partibus in nostris, cetera patris erant.
parvum herediolum, fateor, sed nulla fuit res
    parva umquam aequanimis, adde etiam unanimis.   10
ex animo rem stare aequum puto, non animum ex re.
    cuncta cupit Croesus, Diogenes nihilum;
spargit Aristippus mediis in Syrtibus aurum,
    aurea non satis est Lydia tota Midae.
cui nullus finis cupiendi, est nullus habendi;   15
    ille opibus modus est, quem statuas animo.
verum ager iste meus quantus sit, nosce, etiam ut me
    noveris et noris te quoque, si potis es.
quamquam difficile est se noscere: γνῶθι σεαυτόν
    quam propere legimus tam cito neglegimus.   20
agri bis centum colo iugera, vinea centum
    iugeribus colitur prataque dimidio;
silva supra duplum quam prata et vinea et arvum.
    cultor agri nobis nec superest nec abest.
fons propter puteusque brevis, tam purus et amnis;   25
    naviger hic refluus me vehit ac revehit.
conduntur fructus geminum mihi semper in annum;
    cui non longa penus, huic quoque prompta fames.

VI   *V*   Incipit de erediolo *V*
    praef. 2 liquerat *V*, reliquerat *Lugd.*   2–3 Luciliano *Scal.*, Luciano *V*, Lucaniaco *Pulm.*,
Lucano *Brandes*
    3 reliquit *Sannazarius*, relinquid *V*, relinquit *Acc.*   7 curae *Acc.*, cura *V*   17 nosce
etiam ut me *Vin.* (*1580*), nosce ut etiam me *V*, nosce etiam me *Vin.* (*1551*)   19 γνῶθι σεαυτόν
Sannaz., gnoti seauton *V*   22 dimidio *Toll.*, dimidium *V*   25 tam *ego*, tum *V*

haec mihi nec procul urbe sita est, nec prorsus ad urbem,
   ne patiar turbas utque bonis potiar;   30
et quotiens mutare locum fastidia cogunt,
   transeo et alternis rure vel urbe fruor.

VII. PATER AD FILIUM

Pater ad filium, cum temporibus tyrannicis ipse Treveris remansisset et filius ad patriam profectus esset. hoc incohatum neque impletum sic de liturariis scriptum.

       *   *   *   *   *

debeo et hanc nostris, fili dulcissime, curis
historiam, quamquam titulo non digna sereno
anxia maestarum fuerit querimonia rerum.
   iam super egelidae stagnantia terga Mosellae
protulerat te, nate, ratis maestique parentis   5
oscula et amplexus discreverat invidus amnis.
solus ego et quamvis coetu celebratus amico
solus eram profugaeque dabam pia vota carinae
solus adhuc te, nate, videns, celerisque remulci
culpabam properos adverso flumine cursus.   10
quis fuit ille dies? non annus longior ille est,
Attica quem docti collegit cura Metonis.
desertus vacuis solisque exerceor oris;
nunc ego pubentes salicum diverbero frondes,
gramineos nunc frango toros viridisque per ulvas   15
lubrica substratis vestigia libro lapillis.
sic lux prima abiit, sic altera meta diei,
sic geminas alterna rotat vertigo tenebras,
sic alias, totusque mihi sic annus abibit,
restituant donec tua me tibi fata parentem.   20
hac ego condicione licet vel morte paciscar,
dum decores suprema patris tu, nate, superstes.

VII   *V*   *praef.* 2 ad patriam *Dezeimeris*, ad patrem *V*, a patre *Scal.*   liturariis *Scal.*, litterariis *V*

   ante 1 *lac. Brandes*   5 ratis *Vin.*, rates *V*   12 Metonis *Pith.*, medonis *V* 13 oris *Pith.*, aris *V*   14 diverbero *ego*, deverbero *V*   20 tua me tibi fata parentem *V*, mea te mihi vota parenti *Gron.*   21 hac *Toll.*, haec *V*   22 decores *Lugd.*, decore *V* (e *alt. in ras.*)

VIII. PROTREPTICUS AD NEPOTEM

Ausonius Hesperio filio

Libellum quem ad nepotulum meum, sororis tuae filium, instar
protreptici luseram venturus ipse praemisi legendum. hoc enim malui
quam ipse recitare, esset ut tibi censura liberior, quae duabus causis
impediri solet: quod aures nostras audita velocius quam lecta praetere-
unt et quod sinceritas iudicandi praesentia recitantis oneratur. nunc ₅
tibi utrumque integrum est, quia et legenti libera mora est et iudicaturo
non obstat nostri verecundia. sed heus tu, fili dulcissime, habeo quod
admoneam. si qua tibi in his versiculis videbuntur (nam vereor ut multa
sint) fucatius concinnata quam verius et plus coloris quam suci habere,
ipse sciens fluere permisi, venustula ut essent magis quam forticula, ₁₀
instar virginum,

> quas matres student
demissis umeris esse, vincto pectore, ut graciles sient.

nosti cetera.

superest igitur ut dicas, 'quid moraris iudicationem meam de eo ₁₅
quod ipse pronuntias esse mendosum?' dicam scilicet me huiusmodi
versibus foris erubescere, sed intra nos minus verecundari. namque ego
haec annis illius magis quam meis scripsi aut fortasse et meis: δὶς
παῖδες οἱ γέροντες. ad summam, valeat austeritas tua; mihi cum
infante. vale, fili dulcissime. ₂₀

Ad nepotem Ausonium

Sunt etiam Musis sua ludicra; mixta Camenis
otia sunt, mellite nepos, nec semper acerbi

VIII   *VPHZ* (*Z* = *CKLT*)   Incipit Protrepticus ad nepotem. Ausonius hesperio filio *V*,
incipit epistula ad hesperium filium *P*, Ausonius hesperio filio salutem *H*, Protrepticus. Ausonius
Hesperio filio suo *Z*

   praef. 2 praemisi *VPH*, promisi *Z*   4 oculos *post* quam *add. Mommsen*   6 est quia
. . . iudicaturo *om. Z*   8 in . . . ut *om. Z*   9 quam suci habere *VZ*, habere quam suci *PH*
13 demissis *HZ, Terentii codd.*, dimissis *V* (i *primum in ras.*) *P*   vincto *H, Terentii codd.*, victo *V*,
iuncto *P ut vid. CKL, om. T*   pectore *VPH*, pectore esse *CKL, om. T*   13–15 ut graciles sient
nosti cetera superest igitur ut *om. Z*   17 sed . . . ego *om. Z*   18–19 si διϲπαιδεϲ
οιτεροντεϲ *P*, αιϲιταιαεϲοιτεροναεϲε (*post octo fere litt. spatium*) *V, om. H*, dicas πλιλεϲοιτεροντεϲ
(παιλε- *K*) *CK*, dicas *LT*   20 infante *VPH*, instante ratio est *Z* (istana *T*)

   VPHZ (*Z* = *CKLT*), *E* (*1–17*)   ad nepotem Ausonium *V*, προτρεπτικοϲ ad Ausonium
nepotem *PH*, Ausonius ad nepotem suum *C*, ad nepotem Ausonius *KL*, ad nepotem Ausonius de
studio puerili *T*, Mellito nepoti Ausonius *E*   *deesse initium suspicor*

exercet pueros vox imperiosa magistri,
sed requie studiique vices rata tempora servant.
et satis est puero memori legisse libenter   5
et cessare licet; Graio schola nomine dicta est,
iusta laboriferis tribuantur ut otia musis.
quo magis alternum certus succedere ludum
disce libens; longum delenitura laborem
intervalla damus. studium puerile fatiscit   10
laeta nisi austeris varientur, festa profestis.
disce libens, tetrici nec praeceptoris habenas
detestere, nepos. numquam horrida forma magistri,
ille licet tristis senio nec voce serenus
aspera contractae minitetur iurgia frontis;   15
numquam immanis erit, placida suetudine vultus
qui semel imbuerit. rugas nutricis amabit
qui refugit matrem; pappos aviasque trementes
anteferunt patribus seri, nova cura, nepotes.
sic neque Peliaden terrebat Achillea Chiron   20
Thessalico permixtus equo, nec pinifer Atlans
Amphitryoniaden puerum, sed blandus uterque
mitibus alloquiis teneros mulcebat alumnos.
tu quoque ne metuas, quamvis schola verbere multo
increpet et truculenta senex gerat ora magister: 25
degeneres animos timor arguit. at tibi consta
intrepidus, nec te clamor plagaeque sonantes
nec matutinis agitet formido sub horis.
quod sceptrum vibrat ferulae, quod multa supellex
virgea, quod fallax scuticam praetexit aluta,   30
quod fervent trepido subsellia vestra tumultu,
pompa loci et vani fucatur scaena timoris.
haec olim genitorque tuus genetrixque secuti
securam placido mihi permulsere senectam.
tu senium, quodcumque superlabentibus annis   35
fata dabunt, qui nomen avi geris, indole prima

4 requie *Toll.*, requies *codd.*   6 graio *VPH*, grato *EZ*   8 quo *PHEZ*, quod *V*
10–12 *om. V*   16 placida suetudine *Barth.*, placita suetudine *VPH*, placet assuetudine *EZ*
17 qui *codd.*, cui *Peip.*   20 Peliaden *VPH* (-ē *H*), pellidem *C*, belliaden *KT* (-em *T*), pelli-
aden *L*, Peliden *ed. pr.*   Achillea Chiron *Z*, Chiron Achillem *VPH*   22 Amphitryoniaden
PK, -em *VCLT ut vid.*, -ē *H*   26 consta *Z*, constat *V*, constet *PH*   28 *om. T*   nec
CKL, in *VPH*   30 fallax *VPH*, mollis *Z*   32 et *codd.*, est *Sch. dub.*   fucatur *P*, fugatur
VH, fugiatur *Z*   35 superlabentibus *codd.*, super labentibus *ego dub.*   36–8 *om. H*

prime nepos, vel re vel spe mihi porge fruendum.
nunc ego te puerum, mox in iuvenalibus annis,
iamque virum cernam, si fors ita iusserit; aut si
invidia est, sperabo tamen, nec vota fatiscent,   40
ut patris utque mei non immemor ardua semper
praemia Musarum cupias facundus et olim
hac gradiare via, qua nos praecessimus et cui
proconsul genitor, praefectus avunculus instant.

    perlege, quodcumque est memorabile; prima monebo.   45
conditor Iliados et amabilis orsa Menandri
evolvenda tibi; tu flexu et acumine vocis
innumeros numeros doctis accentibus effer
affectusque impone legens; distinctio sensum
auget et ignavis dant intervalla vigorem.   50
ecquando ista meae contingent dona senectae?
quando oblita mihi tot carmina totque per aevum
conexa historiae, soccos aulaeaque regum
et melicos lyricosque modos profando novabis
obductosque seni facies puerascere sensus?   55
te praeeunte, nepos, modulata poemata Flacci
altisonumque iterum fas est didicisse Maronem.
tu quoque, qui Latium lecto sermone, Terenti,
comis et astricto percurris pulpita socco,
ad nova vix memorem diverbia coge senectam.   60
iam facinus, Catilina, tuum, Lepidique tumultum,
ab Lepido et Catulo iam res et tempora Romae
orsus bis senos seriem conecto per annos;
iam lego civili mixtum Mavorte duellum,
movit quod socio Sertorius exul Hibero.   65

    nec rudis haec avus admoneo, sed mille docendo
ingenia expertus. multos lactantibus annis
ipse alui gremioque fovens et murmura solvens
eripui tenerum blandis nutricibus aevum.
mox pueros molli monitu et formidine leni   70

37 porge *Z*, perge *VP*   39 *om. P*   40 invidia *codd.*, invidiae *Toll.*   *post* 45 perlege quodcumque est memorabile ut tibi prosit *T*   47 tu flexu et *PHZ*, flexu et *V*, flexuque et
Heins., flexu vel *L. Mueller*   51 ecquando *Scal.*, et quando *VH*, e quando *P*, haec quando *Z*
52 quando *suspectum habeo*   54 profando *V*, profanda *PH*, praefando *CK*, perfando *LT*
57 iterum fas est didicisse *VZ*, iterum edidicisse *P*, iterum fas edidicisse *H*   62–3 *post* 65 (64
om. P), *VPH*   63 conecto *V*, connecto *PHZ*, coniecto *ego dub.*   67 lactantibus *VPHKL*,
lactentibus *C*, letantibus *T*

pellexi, ut mites peterent per acerba profectus,
carpturi dulcem fructum radicis amarae.
idem vesticipes motu iam puberis aevi
ad mores artesque bonas fandique vigorem
produxi, quamquam imperium cervice negarent   75
ferre nec insertis praeberent ora lupatis.
ardua temperies, dura experientia, rarus
eventus, longo rerum spectatus ab usu,
ut regat indocilem mitis censura iuventam:
quae tolerata mihi, donec iam aerumna iuvaret   80
leniretque usu bona consuetudo laborem,
donec ad Augustae pia munera disciplinae
accirer varioque accingerer auctus honore,
aurea cum parere mihi palatia iussum.
absistat Nemesis, ferat et fortuna iocantem—   85
praesedi imperio, dum praetextatus in ostro
et sceptro et solio praefert sibi iura magistri
maioresque putat nostros Augustus honores.
quos mox sublimi maturus protulit auctu
quaestor ut Augustis patri natoque crearer,   90
ut praefecturam duplicem sellamque curulem,
ut trabeam pictamque togam, mea praemia, consul
induerem fastisque meis praelatus haberer.
his ego quaesivi meritum quam grande nepoti
consul avus, lumenque tuae praeluceo vitae.   95
quamvis et patrio iamdudum nomine clarus
posses ornatus, posses oneratus haberi,
accessit tamen ex nobis honor inclitus; hunc tu
effice ne sit onus, per te ut conixus in altum
conscendas speresque tuos te consule fasces.   100

IX. GENETHLIACOS

Carmina prima tibi cum iam puerilibus annis
traderet assidui permulcens cura magistri

72 carpturi *VPH*, capturi *Z*   80 iam *VZ*, me *PH*   81 usu *Heins.*, usum *codd.*
laborem *V*, laborum *PHZ*   86 praesedi *PHZ*, praecedi *V*   89 quos *PHZ*, quod *V*
90 augustis *PHCK* (ang- *P*), augustus *VLT*   97 oneratus *Ug.*, honoratus *VHZ*, ornatus *P*
    IX   *VPH*   Genethliacos. Ausonius Avus Ausonio Nepoti *V*, incipit eiusdem decimi magni
ausonii genethliacos ad eundem ausonium nepotem *P*, genethliacos eiusdem ad eundem *H*

imbueretque novas aures sensusque sequaces,
ut respondendas docili quoque murmure voces
emendata rudi perferret lingua palato,   5
addidimus nil triste senes, ne cura monendi
laederet aut dulcis gustus vitiaret amaris.
at modo cum motu vigeas iam puberis aevi
fortiaque a teneris possis secernere et ipse
admonitor morumque tibi fandique videri,   10
accipe non praecepta equidem, sed vota precantis
et gratantis avi festum ad sollemne nepotis.

          *   *   *   *   *

annuit ut reducem fatorum ab fine senectam
sospes agam festumque diem dubitataque cernam
sidera, deposito prope conclamatus in aevo.   15
hoc, mellite nepos, duplicato faenore partum
natali accedente tuo, munusque salutis
plenius hoc nostrae, quod iam tibi puberis aevi
crescit honos iuvenemque senex iam cerno nepotem.
sexta tibi haec primo remeat trieteris ab anno,   20
Septembres notis referens natalibus idus.
idus alma dies, geniis quoque culta deorum:
Sextiles Hecate Latonia vindicat idus,
Mercurius Maias, superorum adiunctus honori.
Octobres olim genitus Maro dedicat idus.   25
idus saepe colas bis senis mensibus omnes,
Ausonii quicumque mei celebraveris idus.
          vale, nepos dulcissime.

X. PARENTALIA

Praefatio in prosa (A)

Scio versiculis meis evenire ut fastidiose legantur: quippe sic meritum
est eorum. sed quosdam solet commendare materia et aliquotiens
fortasse lectorem solum lemma sollicitat tituli, ut festivitate persuasus

6 monendi *Avant.*, movendi *VPH*   7 dulcis *VPH*, dulces *Vin.*   11 praecepta equidem
H, praeceptequidem *V*ac, praecepta quidem *V*pc*P*   *post* 12 *lac. Vin.*   21 notis *VH*, no-
stis *P*, votis *Heins.*
          x *V*
     praef. A   3 tituli *del. Reeve*

et ineptiam ferre contentus sit. hoc opusculum nec materia amoenum
5 est nec appellatione iucundum. habet maestam religionem, qua carorum meorum obitus tristi affectione commemoro. titulus libelli est
Parentalia. antiquae appellationis hic dies et iam inde ab Numa co-
gnatorum inferiis institutus: nec quicquam sanctius habet reverentia
superstitum quam ut amissos venerabiliter recordetur.

Item praefatio versibus adnotata (B)

Nomina carorum iam condita funere iusto,
    fleta prius lacrimis, nunc memorabo modis,
nuda, sine ornatu, fandique carentia cultu:
    sufficit inferiis exsequialis honos.
nenia, funereis satis officiosa querellis,   5
    annua ne tacitum munera praetereas
quae Numa cognatis sollemnia dedicat umbris,
    ut gradus aut mortis postulat aut generis.
hoc satis est tumulis, satis et telluris egenis:
    voce ciere animas funeris instar habet.   10
gaudent compositi cineres sua nomina dici;
    frontibus hoc scriptis et monumenta iubent.
ille etiam, maesti cui defuit urna sepulchri,
    nomine ter dicto paene sepultus erit.
at tu, quicumque es, lector, qui fata meorum   15
    dignaris maestis commemorare elegis,
inconcussa tuae percurras tempora vitae
    et praeter iustum funera nulla fleas.

1. *Iulius Ausonius pater*

Primus in his pater Ausonius, quem ponere primum,
    etsi cunctetur filius, ordo iubet.
cura dei, placidae functus quod honore senectae
    undecies binas vixit Olympiadas;
omnia quae voluit qui prospera vidit; eidem   5
    optavit quicquid, contigit ut voluit,

---

    praef. B   1–4 *post* 8 *transp. Brandes*   6 tacitum *ego,* tacitus *V,* tacita *Brandes,* tacitis *Peip.,*
tacite *Jachmann*   8 mortis *V,* sortis *vel* meriti *Peip.,* mentis *Sh.B.*   aut *Lugd.* ut *V*
9 est . . . et *ego,* et . . . et *V,* est . . . est *Peip.*   18 iustum *V,* nostrum *Barth.*
    1   5 prospera vidit *V*^{pc}, properavit *V*^{ac} eidem *Toll.,* et idem *V*

non quia fatorum nimia indulgentia, sed quod
    tam moderata illi vota fuere viro;
quem sua contendit septem sapientibus aetas,
    quorum doctrinam moribus excoluit,   10
viveret ut potius quam diceret arte sophorum,
    quamquam et facundo non rudis ingenio,
praeditus et vitas hominum ratione medendi
    porrigere et fatis amplificare moras.
inde et perfunctae manet haec reverentia vitae,   15
    aetas nostra illi quod dedit hunc titulum:
ut nullum Ausonius quem sectaretur habebat,
    sic nullum qui se nunc imitetur habet.

2. *Aemilia Aeonia mater*

Proxima tu, genetrix Aeonia, sanguine mixto
    Tarbellae matris patris et Aeduici;
morigerae uxoris virtus cui contigit omnis,
    fama pudicitiae lanificaeque manus
coniugiique fides et natos cura regendi   5
    et gravitas comis laetaque serietas.
aeternum placidos manes complexa mariti,
    viva torum quondam, functa fove tumulum.

3. *Aemilius Magnus Arborius avunculus*

Culta mihi est pietas patre primum et matre vocatis;
    dicere (sed rea fit) tertius, Arborius,
quem primum memorare nefas mihi patre secundo,
    rursum non primum ponere paene nefas.
temperies adhibenda ...   5
    ante alios, quamquam patre secundus erit.
tu frater genetricis et unanimis genitori
    et mihi, cui fueris quod pater et genetrix;
qui me lactantem, puerum, iuvenemque virumque
    artibus ornasti quas didicisse iuvat.   10

---

post 12 *lac. Sch.*   13 praeditus *V*, providus *Gron.*   15 perfunctae *V*, perfuncto *Brandes*
  2 2 Aeduici *Scal.*, aeducii *V*   8 torum *V*, torum ut *Mertens*   fove *V*, foves *Heins.*
    3 1 et *Lugd.*, tum *V*   2 dicere set rea fit *V*, *alia alii*   5 *post* adhibenda *lac. V*
6 patre *V*, a patre *Toll.*   7 genitori *Gron.*, genitoris *V*   8 cui *ego*, qui *V*, quoi *Sch.*

te sibi Palladiae antetulit toga docta Tolosae,
   te Narbonensis Gallia praeposuit,
ornasti cuius Latio sermone tribunal
   et fora Hiberorum quaeque Novempopulis.
hinc tenus Europam fama crescente, petito   15
   Constantinopolis rhetore te viguit.
tu per mille modos, per mille oracula fandi
   doctus, facundus, tu celer atque memor.
tu, postquam primis placui tibi traditus annis,
   dixisti nato me satis esse tibi;   20
me tibi, me patribus clarum decus esse professus,
   dictasti fatis verba notanda meis.
ergo vale Elysiam sortitus, avuncule, sedem:
   haec tibi de Musis carmina libo tuis.

4. *Caecilius Argicius Arborius avus*

Officiosa pium ne desere, pagina, munus;
   maternum post hos commemoremus avum,
Arborium, Aeduico ductum de stemmate nomen,
   complexum multas nobilitate domus,
qua Lugdunensis provincia quaque potentes   5
   Aedues Alpino quaque Vienna iugo.
invida sed nimium generique opibusque superbis
   aerumna incubuit. namque avus et genitor
proscripti, regnum cum Victorinus haberet
   †victor† et in Tetricos reccidit imperium.   10
tum profugum in terris, per quas erumpit Aturrus
   Tarbellique furor perstrepit Oceani,
grassantis dudum Fortunae tela paventem
   pauperis Aemiliae condicio implicuit.
mox tenuis multo quaesita pecunia nisu   15
   solamen fesso, non et opes, tribuit.
tu caeli numeros et conscia sidera fati
   callebas, studium dissimulanter agens.
non ignota tibi nostrae quoque formula vitae,

---

15 tenus *V*, trans *Brandes*   petito *V*, perito *Lugd.*, perita *Brandes*   18 tu *Graev.*, tum *V*
20 nato *V*, natum *Sh. B.*
    4   10 victor *V*, ductor *Peip.*   reccidit *Sch.*, recidit *V*   13 grassantis *Lugd.*, grassantes *V*
16 fesso *Lugd.*, ferro *V ut vid.*   17 fati *Lugd.*, fatis *V*

signatis quam tu condideras tabulis, 20
prodita non umquam, sed matris cura retexit
    sedula quod timidi cura tegebat avi.
tu novies denos vitam cum duxeris annos,
    expertus Fortis tela cavenda deae,
amissum flebas post trina decennia natum 25
    saucius—hoc laevo lumine cassus eras—
dicebas sed te solacia longa fovere,
    quod mea praecipuus fata maneret honos.
et modo conciliis animarum mixte priorum
    fata tui certe nota nepotis habes. 30
sentis quod quaestor, quod te praefectus, et idem
    consul honorifico munere commemoro.

5. *Aemilia Corinthia Maura avia*

Aemiliam nunc fare aviam, pia cura nepotis,
    coniunx praedicto quae fuit Arborio.
nomen huic ioculare datum, cute fusca quod olim
    aequales inter Maura vocata fuit.
sed non atra animo, qui clarior esset olore 5
    et non calcata qui nive candidior.
haec non delictis ignoscere prompta pudendis
    ad perpendiculum seque suosque habuit;
haec me praereptum cunis et ab ubere matris
    blanda sub austeris imbuit imperiis. 10
tranquillos aviae cineres praestate, quieti
    aeternum manes, si pia verba loquor.

6. *Aemilia Hilaria matertera* [*virgo devota*]

Tuque gradu generis matertera, sed vice matris
    affectu nati commemoranda pio,
Aemilia, in cunis Hilari cognomen adepta
    quod laeta et pueri comis ad effigiem;
reddebas verum non dissimulanter ephebum, 5

21 matris *Pith.*, inatris *V*   22 quod *Heins.*, quo *V*, quam *Lugd.*   23 vitam *V*, vitae *Axt*
25 flebas *ego*, fletu *V*, flesti *Scal.*   post *V*, per *Brandes*   trina *V*, quina *Brandes*   26 hoc laevo
Sch., oclaevuo *vel* ocletuo *V* (*de lectione ambigitur*), ac laevo *Vin.*, atque uno *Toll.*, hocque tuo *Heins.*,
hoc leto *Brandes*   29 mixte *Graev.*, mixta *V*   priorum *V*, piorum *vel* piarum *Vin.*
  5 7 delictis *ego*, deliciis *V*   9 haec me *Lugd.*, haemae *V*
  6 virgo devota *del. Mertens*

more virum medicis artibus experiens.
  feminei sexus odium tibi semper, et inde
  crevit devotae virginitatis amor,
quae tibi septenos novies est culta per annos;
  quique aevi finis, ipse pudicitiae.   10
haec, quia uti mater monitis et amore fovebas,
  supremis reddo filius exsequiis.

7. *Cl. Contemtus et Iulius Calippio patrui*

Et patruos, elegea, meos reminiscere cantu:
  Contemtum, tellus quem Rutupina tegit,
magna cui et variae quaesita pecunia sortis
  heredis nullo nomine tuta perit;
raptus enim laetis et adhuc florentibus annis   5
  trans mare et ignaris fratribus oppetiit.
Iulius in longam produxit fata senectam,
  affectus damnis innumerabilibus,
qui comis blandusque et mensa commodus uncta
  heredes solo nomine nos habuit.   10
ambo pii, vultu similes, ioca seria mixti,
  aevi fortunam non habuere parem.
discreti quamquam tumulis et honore iacetis
  commune hoc verbi munus habete: vale.

8. *Attusius Lucanus Talisius socer*

Qui proceres veteremque volet celebrare senatum
  claraque ab exortu stemmata Burdigalae,
teque tuumque genus memoret, Lucane Talisi,
  moribus ornasti qui veteres proavos.
pulcher honore oris, tranquillo pectore comis,   5
  facundo quamvis maior ab ingenio;
venatu et ruris cultu victusque nitore
  omne aevum peragens, publica despiciens;
nosci inter primos cupiens, prior esse recusans,
  ipse tuo vivens segregus arbitrio.   10

9 quae *Lugd.*, qua *V*   11 uti *Lugd.*, ut *V*
  7 1 cantu *Lugd.*, cantus *V*   14 verbi *V*, cineri *Heins.*, vobis *vel* nostrum *Peip.*
  8 6 quamvis *Peip.*, civis *V*, quovis *Brandes*, cuivis *Baehrens*, cui vis *Pichon*

optabas tu me generum florente iuventa:
   optare hoc tantum, non et habere datum.
vota probant superi meritisque faventia sanctis
   implent fata, viri quod voluere boni.
et nunc perpetui sentis sub honore sepulchri,   15
   quam reverens natae quamque tui maneam.
caelebs namque gener haec nunc pia munera solvo:
   nam et caelebs numquam desinam et esse gener.

9. *Attusia Lucana Sabina uxor*

Hactenus ut caros, ita iusto funere fletos,
   functa piis cecinit nenia nostra modis.
nunc dolor atque cruces nec contrectabile fulmen,
   coniugis ereptae mors memoranda mihi.
nobilis a proavis et origine clara senatus,   5
   moribus usque bonis clara Sabina magis,
te iuvenis primis luxi deceptus in annis
   perque novem caelebs te fleo Olympiadas.
nec licet obductum senio sopire dolorem;
   semper crudescit nam mihi poena recens.   10
admittunt alii solacia temporis aegri;
   haec graviora facit vulnera longa dies.
torqueo deceptos ego vita caelibe canos,
   quoque magis solus, hoc mage maestus ago.
vulnus alit, quod muta domus silet et torus alget,   15
   quod mala non cuiquam, non bona participo.
maereo, si coniunx alii bona, maereo contra,
   si mala: ad exemplum tu mihi semper ades.
tu mihi crux ab utraque venis, sive est mala, quod tu
   dissimilis fueris, seu bona, quod similis.   20
non ego opes cassas et inania gaudia plango,
   sed iuvenis iuveni quod mihi rapta viro:
laeta, pudica, gravis, genus inclita et inclita forma,
   et dolor atque decus coniugis Ausonii.
quae modo septenos quater impletura Decembres,   25

---

16 reverens *Lugd.*, referens *V*   17 solvo *V*, solvit *Pichon*   18 desinam et *Heins.*, desinet *V*

9 3 fulmen *V*, vulnus *Peip.*   7 luxi *Scal.*, luxu *V*   10 pena *V*, plaga *Heins.*, paene *Mommsen*   13 canos *Lugd.*, canus *V*

liquisti natos, pignora nostra, duos.
illa favore dei, sicut tua vota fuerunt,
    florent, optatis accumulata bonis,
et precor ut vigeant tandemque superstite utroque
    nuntiet hoc cineri nostra favilla tuo.   30

10. *Ausonius parvulus filius*

Non ego te infletum memori fraudabo querella,
    primus, nate, meo nomine dicte puer,
murmura quem primis meditantem absolvere verbis
    indolis et plenae planximus exsequiis.
tu gremio in proavi funus commune locatus,   5
    invidiam tumuli ne paterere tui.

11. *Pastor nepos ex filio*

Tu quoque maturos, puer immature, dolores
    irrumpis, maesti luctus acerbus avi,
Pastor, care nepos, spes cuius certa fuit res,
    Hesperii patris tertia progenies.
nomen, quod casus dederat, quia fistula primum   5
    pastorale melos concinuit genito,
sero intellectum vitae brevis argumentum,
    spiritus afflatis quod fugit e calamis.
occidis emissae percussus pondere testae,
    abiecit tecto quam manus artificis.   10
non fuit artificis manus haec: manus illa cruenti
    certa fuit fati, suppositura reum.
heu, quae vota mihi, quae rumpis gaudia, Pastor!
    illa meum petiit tegula missa caput.
dignior o nostrae gemeres qui fata senectae   15
    et quererere meas maestus ad exsequias.

---

10 4 et plenae *Dousa*, et pene *V*, at *vel* ut plenae *Toll.*   exequiis *V*, obsequiis *Peip.*
11 3 fuit res *V*, fuisses *EW*   5 nomen quod *Peip.*, nomine quod *V*, nominis id *Heins.*

12. *Iulia Dryadia soror*

Si qua fuit virtus, cuperet quam femina prudens
    esse suam, soror hac Dryadia haud caruit;
quin etiam multas habuit, quas sexus habere
    fortior optaret nobilitasque virum;
docta satis vitamque colo famamque tueri,   5
    docta bonos mores ipsa suosque docens;
et verum vita cui carius, unaque cura
    nosse deum et fratrem diligere ante alios.
coniuge adhuc iuvenis caruit, sed seria vitam
    moribus austeras aequiperavit anus.   10
produxit celerem per sena decennia vitam
    inque domo ac tecto, quo pater, oppetiit.

13. *Avitianus frater*

Avitianum, Musa, germanum meum
    dona querella funebri.
minor iste natu me, sed ingenio prior
    artes paternas imbibit,
verum iuventae flore laeto perfrui   5
    aevique supra puberis
exire metas vetuit infesta Atropos—
    ⟨heu⟩ quem dolorem sauciis!   9
heu quanta vitae decora, quem cultum spei,   8
    germane, pubes deseris,   10
germane carnis lege et ortu sanguinis,
    amore paene filius.

14. *Val. Latinus Euromius gener*

O generis clari decus, o mihi funus acerbum,
    Euromi, e iuvenum lecte cohorte gener,
occidis in primae raptus mihi flore iuventae,

---

12   2 haud caruit *Peip.*, non ruit *V*, enituit *Gron.*, eminuit *Sch.*   5 colo *V*ᵖᶜ, colu *V*ᵃᶜ
9 vitam *V*, vitans *Peip.*, vitae *Sh. B.*   11 celerem *V* (b *eras. super* e *alt.*), caelebs *Heins.*, -que
hilarem *Peip.*   12 tecto *V*, lecto *Heins.*
13   8 *post* 9 *transp. Gron.*, heu (9) *addito*   9 sauciis *Scal.*, sociis *V*, aequalibus *Brakman*
8 quem cultum *V*, quam multum *Graev.*
14   Val. Latinus *Scal.*, vallatinus *V*   Euromius *Lugd.*, euronius *V*

lactantis nati vix bene note pater.
tu procerum de stirpe satus, praegressus et ipsos   5
     unde genus clarae nobilitatis erat,
ore decens, bonus ingenio, facundus et omni
     dexteritate vigens praecipuusque fide.
hoc praefecturae sedes, hoc Illyris ora
     praeside te experta est, fiscus et ipse cliens.   10
nil aevi brevitate tamen tibi laudis ademptum:
     indole maturus, funere acerbus obis.

15. *Pomponius Maximus affinis*

Et te germanum non sanguine, sed vice fratris,
     Maxime, devinctum nenia nostra canet.
coniunx namque meae tu consociate sorori
     aevi fruge tui destituis viduam.
non domus hoc tantum sensit tua, sensit acerbum   5
     saucia, pro, casum curia Burdigalae,
te primore vigens, te deficiente relabens
     inque Valentinum te moriente cadens.
heu quare nato, qui fruge et flore nepotum
     ereptus nobis, Maxime, non frueris?   10
sed frueris, divina habitat si portio manes
     quaeque futura olim gaudia nosse datur.
longior hic etiam laetorum fructus habetur,
     anticipasse diu quae modo participas.

16. *Veria Liceria uxor Arborii sororis filii*

Tu quoque, sive nurus mihi nomine vel vice natae,
     Veria, supremi carmen honoris habe.
cuius si probitas, si forma et fama fidesque
     morigerae uxoris lanificaeque manus
nunc laudanda forent, procul et de manibus imis   5
     arcessenda esset vox proavi Eusebii.
qui quoniam functo iam pridem conditus aevo
     transcripsit partes in mea verba suas,

10 cliens *Lugd.*, cluens *V*
  15   2 canet *Scal.*, canent *V*   9 qui *V*ac, quia *V*pc, cur *Toll.*, quid *Baehrens*
  16   1 sive *Peip.*, vel *V*, vera *Heins.*   vel *V*, seu *Peip.*   6 esset vox *Vin.*, uxor est *V*

accipe funereas, neptis defleta, querellas,
    coniunx Arborii commemoranda mei,   10
cui parva ingentis luctus solacia linquens
    destituis natos, quo magis excrucias.
at tibi dilecti ne desit cura mariti,
    iuncta colis thalamo nunc monumenta tuo.
hic, ubi primus hymen, sedes ibi maesta sepulchri;   15
    nupta magis dici quam tumulata potes.

17. *Pomponius Maximus Herculanus sororis filius*

Nec Herculanum genitum germana mea
modulamine nenia tristi
tacitum sine honore relinquat,
super indole cuius adulti
magnae bona copia laudis.   5
verum memorare magis quam
functum laudare decebit.
decus hoc matrisque meumque
in tempore puberis aevi
vis perculit invida fati,   10
eheu, quem, Maxime, fructum!
facunde et musice et acer,
mentem bonus, ingenio ingens,
volucer pede, corpore pulcher,
lingua catus, ore canorus,   15
cape munera tristia parentum,
lacrimabilis orsa querellae,
quae funereo modulatu
tibi maestus avunculus offert.

18. *Fl. Sanctus maritus Pudentillae quae soror Sabinae meae*

Qui ioca laetitiamque colis, qui tristia damnas,
    nec metuis quemquam nec metuendus agis,

11 ingentis *Lugd.*, ingenitis *V*   12 natos *Heins.*, nato *V*, natum *Scal.*

17   1 nec erculanum genitum germana mea *V*, nec germana genitum mea *Mommsen*, nec germana genitum te *Peip.*   11 eheu *Scal.*, aeae *V*   13 mentem *Gron.*, mente *V*   15 catus *Scal.*, facetus *V*   16 munera tristia parentum *V*, munus triste parentum *Scal.*, munera tristia patrum *Peip.*, munera prisca parentum *Ellis*, munera iusta parentum *Brakman*   18 funereo modulatu *Sch.*, funereo modulatus ore *V*, funereum modulatus *Scal.*

qui nullum insidiis captas nec lite lacessis,
    sed iustam et clemens vitam agis ⟨et⟩ sapiens,
tranquillos manes supremaque mitia Sancti   5
    ore pio et verbis advenerare bonis,
militiam nullo qui turbine sedulus egit,
    praeside laetatus quo Rutupinus ager,
octoginta annos cuius tranquilla senectus
    nullo mutavit deteriore die.   10
ergo precare favens ut qualia tempora vitae
    talia et ad manes otia Sanctus agat.

19. *Namia Pudentilla affinis*

Tuque Pudentillam verbis affare supremis,
    quae famae curam, quae probitatis habes.
nobilis haec, frugi proba laeta pudica decora
    coniugium Sancti iugiter haec habuit.
inviolata tuens castae praeconia vitae   5
    rexit opes proprias, otia agente viro,
non ideo exprobrans aut fronte obducta marito,
    quod gereret totam femina sola domum.
heu nimium iuvenis, sed laeta superstite nato
    atque viro, patiens fata suprema obiit,   10
unanimis nostrae et quondam germana Sabinae
    et mihi inoffenso nomine dicta soror.
nunc etiam manes placidos pia cura retractat
    atque Pudentillam fantis honore colit.

20. *Lucanus Talisius eorum filius*

Nec iam tu, matris spes unica, ephebe Talisi,
    consobrine meis, immemoratus eris;
ereptus primis aevi florentis in annis,
    iam tamen et coniunx, iam properate pater.

---

    18   4 iustam *Scal.*, iusta *V*   agis et sapiens *Scal.*, agis sapiens *V*, (lenem vitam) agitas sapiens *Heins.*   8 quo Rutupinus *Lugd.*, quorum tupinus *V*
    19   8 gereret *Lugd.*, generet *V*, regeret *Toll.*   13 retractat *Lugd.*, retractet *V*
    20   eorum filius *Brandes*, curam filii *V*, Attusii Lucani filius *Toll.*   1 iam tu matris (*vel* metris) *Toll.*, tantum matris *V*, tantae matris *Brandes*   ephebe Talisi *Lugd.*, ephebe talis *V*
2 meis *V*, meus *Bolt*   3 primis *Lugd.*, primus *V*

festinasse putes fatum, ne funus acerbum   5
    diceret hoc genitor, tam cito factus avus.

21. *Attusia Lucana Talisia et Minucius Regulus affines*

Notitia exilis nobis, Attusia, tecum,
    cumque tuo plane coniuge nulla fuit.
verum tu nostrae soror es germana Sabinae,
    affinis quoque ⟨tu⟩, Regule, nomen habes.
sortitos igitur tam cara vocabula nobis   5
    stringamus maesti carminis obsequio.
quamvis Santonica procul in tellure iacentes
    pervenit ad manes exsequialis honor.

22. *Severus Censor Iulianus consocer*

Desinite, o veteres, Calpurnia nomina, Frugi
    ut proprium hoc vestrae gentis habere decus;
nec solus semper censor Cato nec sibi solus
    iustus Aristides his placeant titulis.
nam sapiens quicumque fuit verumque fidemque   5
    qui coluit, comitem se tibi, Censor, agat.
tu gravis et comis cum iustitiaque remissus,
    austeris doctus iungere temperiem.
tu non ascito tibi me nec sanguine iuncto
    optasti nostras consociare domos.   10
nempe aliqua in nobis morum simulacra tuorum
    effigies nostri praebuit ingenii;
aut iam Fortunae sic se vertigo rotabat,
    ut pondus fatis tam bona vota darent.
si quid apud manes sentis, fovet hoc tibi mentem,   15
    quod fieri optaras id voluisse deum.

21   et Minucius *Heins.*, Ermin^us^cius *V*   adfines *Peip.*, adfinis *V*   4 tu *add. Lugd.*
22   4 Aristides *Lugd.*, aristidis *V*   7 comis *Lugd.*, comes *V*   10 optasti *Lugd.*,
obtatis *V*   11 aliqua *Lugd.*, aliquam *V*   15 quid *Lugd.*, qua *V*

23. Paulinus et Dryadia filii Paulini et Megentirae sororis filiae

Qui nomen vultumque patris, Pauline, gerebas,
  amissi specimen qui genitoris eras,
propter quem luctus miserae decedere matris
  coeperat, offerret cum tua forma patrem,
redderet et mores et moribus adderet illud,   5
  Paulinus caruit quo pater, eloquium,
eriperis laetis et pubescentibus annis
  crudaque adhuc matris pectora sollicitas.
flemus enim raptam thalami de sede sororem,
  heu non maturo funere, Dryadiam: 10
flemus, ego in primis, qui matris avunculus ac vos
  natorum tamquam diligo progeniem.
illa manus inter genetricis et oscula patris
  occidit, Hispana tu regione procul.
quam tener et primo, nove flos, decerperis aevo,   15
  nondum purpureas cinctus ephebe genas!
quattuor ediderat haec functa puerpera partus:
  funera sed tumulis iam geminata dedit.
sit satis hoc, Pauline pater: divisio facta est.
  debetur matri cetera progenies.   20

24. Paulinus sororis gener

Qui laetum ingenium, mores qui diligit aequos
  quique fidem sancta cum pietate colit,
Paulini manes mecum veneratus amicis
  irroret lacrimis, annua liba ferens.
aequaevus, Pauline, mihi, natamque sororis   5
  indeptus thalamo; sic mihi paene gener.
stirpis Aquitanae mater tibi; nam genitori
  Cossio Vasatum, municipale genus.
scrinia praefecti meritus, rationibus inde
  praepositus Libycis praemia opima capis: 10
nam correcturae tibi Tarraco Hibera tribunal

23-4 *fortasse permutanda*
23   Filiae *Scal.*, filia *V*   14 tu *Heins.*, tum *V*   17 haec *ego*, nunc *V*, tunc *Heins.*
functa *Peip.*, facta *V*
24   6 indeptus *Scal.*, adeptus *V*

praebuit, affectans esse clienta tibi.
tu socrum pro matre colens affinis haberi
   non poteras, nati cum fruerere loco.
inter concordes vixisti fidus amicos,   15
   duodeviginti functus Olympiadas.

25. *Aemilia Dryadia matertera*

Te quoque Dryadiam materteram,
   flebilibus modulis,
germana genitus, prope filius,
   ore pio veneror,
quam thalamo taedisque iugalibus   5
   invida mors rapuit
mutavitque torum feretri vice
   exsequialis honor.
discebas in me, matertera,
   mater uti fieres.   10
unde modo hoc maestum tibi defero
   filius officium.

26. *Iulia Cataphronia amita*

Quin et funereis amitam impertire querellis,
   Musa, Cataphroniam,
innuba devotae quae virginitatis amorem
   parcaque anus coluit,
et mihi quod potuit, quamvis de paupere summa,   5
   mater uti attribuit.
ergo commemorataque ave maestumque vocata
   pro genetrice vale.

27. *Iulia Veneria amita*

Et amita Veneria properiter abiit,
   cui mela brevicula modifica recino,

---

25 7 mutavitque *Lugd.*, mutabitque *V*
26 3 devotae quae *Scal.*, devoteque *V*   7 commemorataque *Baehrens*, commemorata *V*
27 1 abiit *ego*, obiit *V*   2 cui mela brevicula *ego*, cui brevia mela *V*, cui brevia melea
L. Mueller

cinis uti placidulus operiat amitam
celeripes et adeat anima loca Erebi.

28. *Iulia Idalia consobrina*

Parva etiam fuit Idalia,
nomine praedita quae Paphiae
et speciem meruit Veneris.
quae genita est mihi paene soror,
filia nam fuit haec amitae;   5
quam celebrat sub honore pio
nenia carmine funereo.

29. *Aemilia Melania soror*

Aemilia, ⟨o⟩, vix nota mihi soror, accipe questus,
    debent quos cineri maesta elegea tuo.
coniunxit nostras aequaeva infantia cunas,
    uno tu quamvis consule maior eras.
invida sed nimium Lachesis properata peregit   5
    tempora et ad manes funera acerba dedit.
praemissa ergo vale manesque verere parentum,
    qui maiore aevo quique minore venit.

30. *Pomponia Urbica consocrus, uxor Iuliani Censoris*

Ut generis clari, veterum sic femina morum,
    Urbica, Censoris nobilitata toro,
ingenitis pollens virtutibus auctaque et illis
    quas docuit coniunx, quas pater et genetrix,
quas habuit Tanaquil, quas Pythagorea Theano,   5

---

3 cinis uti placidulus operiat amitam *ego*, cinis ut placidulus operta vigeat *V*, cinis uti placidula supera vigeat *Scal.*, cinis uti placidula supera ea iaceat *Axt*, cinis uti placidula ea supera viguit *Sch.*, placidula supera ut ea viguit, anima *L. Mueller*, cinis ut placidulus ab opere vigeat *Peip.*, cinis uti placidulus ad opera vigeat *Brakman*   4 celeripes et adeat anima loca Erebi *ego*, celeripes et adeat loca tacita Erebi *V*, loca tacita celeripes adeat Erebi *Scal.*, celeripes adeat loca tacita Erebi *Peip.*

28   3 speciem *V*, specie *Brandes*

29   1 Aemilia o vix *Peip.* (*in app.*), Emilia mix *V*, Aemilia hos vix *Lugd.*, Aemilia et vix *Hartel*, Aemilia en vix *Brakman*   2 debent *V*, debet *Lugd.*   4 tu quamvis *ego*, quamvis tu *V*

quaeque sine exemplo pro nece functa viri;
et tibi ⟨si⟩ fatum sic permutare dedisset,
  viveret hoc nostro tempore Censor adhuc.
sed neque tu viduo longum cruciata sub aevo
  protinus optato fine secuta virum.   10
annua nunc maestis ferimus tibi iusta querellis
  cum genero et natis consocer Ausonius.

XI. COMMEMORATIO PROFESSORUM
BURDIGALENSIUM

Praefatio

Vos etiam, quos nulla mihi cognatio iunxit,
  sed fama et carae religio patriae
et studium in libris et sedula cura docendi,
  commemorabo viros morte obita celebres.
fors erit ut nostros manes sic asserat olim   5
  exemplo cupiet qui pius esse meo.

1. *Tiberius Victor Minervius orator*

Primus, Burdigalae columen, dicere, Minervi,
  alter rhetoricae Quintiliane togae,
illustres quondam quo praeceptore fuerunt
  Constantinopolis, Roma, dehinc patria,
non equidem certans cum maiestate duarum,   5
  solo sed potior nomine, quod patria.
asserat usque licet Fabium Calagurris alumnum,
  non sit Burdigalae dum cathedra inferior.
mille foro dedit hic iuvenes, bis mille senatus
  adiecit numero purpureisque togis,   10
me quoque: sed quoniam multa est praetexta, silebo
  teque canam de te, non ab honore meo.
sive panegyricos placeat contendere libros,

---

30 6 exemplo pro nece *Harrison*, exemplo in nece *V*, exemplo est in nece *Lugd.*, exemplo in vice *Heins.*, exemplo funere *Campbell*, (quasque sine) exemplo tu nece *Sh. B.*   7 si add. *Lugd.*
9 viduo *Lugd.*, biduo *V*
   XI *V*
  1 13 panegyricos . . . libros *V*, panegyricis . . . libris *Toll.*

in Panathenaicis tu numerandus eris:
seu libeat fictas ludorum evolvere lites,　　　　　　　15
　　ancipitem palmam Quintilianus habet.
dicendi torrens tibi copia, quae tamen aurum,
　　non etiam luteam volveret illuviem;
et Demosthenicum, quod ter primum ille vocavit,
　　in te sic viguit, cedat ut ipse tibi.　　　　　　　20
anne et divini bona naturalia doni
　　adiciam, memori quam fueris animo,
audita ut vel lecta semel ceu fixa teneres,
　　auribus et libris esset ut una fides?
vidimus et quondam tabulae certamine longo　　　　　25
　　omnes qui fuerant te enumerasse bolos,
alternis vicibus quos praecipitante rotatu
　　fundunt excisi per cava buxa gradus,
narrantem fido per singula puncta recursu
　　quae data, per longas quae revocata moras.　　　　30
nullo felle tibi mens livida, tum sale multo
　　lingua dicax blandis et sine lite iocis.
mensa nitens, quam non censoria regula culpet
　　nec nolit Frugi Piso vocare suam;
nonnumquam pollens natalibus et dape festa,　　　　35
　　non tamen angustas ut tenuaret opes.
quamquam heredis egens, bis sex quinquennia functus,
　　fletus es a nobis ut pater et iuvenis.
et nunc, sive aliquid post fata extrema superfit,
　　vivis adhuc aevi, quod periit, meminens;　　　　40
sive nihil superest nec habent longa otia sensus,
　　tu tibi vixisti; nos tua fama iuvat.

2. Latinus Alcimus Alethius rhetor

Nec me nepotes impii silentii
　　reum ciebunt, Alcime,
minusque dignum, non et oblitum ferent
　　tuae ministrum memoriae,

19 ter *Lugd.*, te *V*　　　23 ut *Lugd.*, aut *V*　　　26 te enumerasse *Brandes*, enumerasse *V*, te
numerasse *Baehrens*　　　27 quos *Lugd.*, quo *V*, quot *Baehrens*　　　33 culpet *Acc.*, culpat *V*
36 angustas *Lugd.*, agustas *V*　　　37 quamquam *Toll.*, tamquam *V*
　　2 Alcimus *Lugd.*, Alcinus *V*

opponit unum quem viris prioribus   5
    aetas recentis temporis,
palmae forensis et Camenarum decus,
    exemplar unum in litteris,
quas aut Athenis docta coluit Graecia
    aut Roma per Latium colit.   10
moresne fabor et tenorem regulae
    ad usque vitae terminum?
quod laude clarus, quod paratus litteris
    omnem refugisti ambitum?
te nemo gravior vel fuit comis magis   15
    aut liberalis indigis,
danda salute, si forum res posceret,
    studio docendi, si scholam.
vivent per omnem posterorum memoriam,
    quos tu †sacratae famae das†   20
et Iulianum tu magis famae dabis
    quam sceptra quae tenuit brevi.
Sallustio plus conferent libri tui
    quam consulatus addidit.
morum tuorum, decoris et facundiae   25
    formam dedisti filiis.
ignosce, nostri laesus obsequio stili:
    amoris hoc crimen tui est,
quod digna nequiens promere officium colo,
    iniuriose sedulus.   30
quiesce placidus et caduci corporis
    damnum repende gloria.

3. *Luciolus rhetor*

Rhetora Luciolum condiscipulum atque magistrum
    collegamque dehinc, nenia maesta, refer,
facundum doctumque virum, seu lege metrorum
    condita seu prosis solveret orsa modis,
eripuit patri Lachesis quem funere acerbo   5

13 paratus *V*, operatus *Sebis.*   20 sacratae famae das *V*, sacrae famae dabas *Goropius*, sacrasti litteris *Sch. dub.*   30 sedulus *Lugd.*, sedulis *V*
  3 1 condiscipulum *Vin.*, cum discipulo *V*   2 refer *Lugd.*, refert *V*

linquentem natos sexui utroque duos,
nequaquam meritis cuius responderit heres,
obscuros quamvis nunc tua fama iuvet.
mitis amice, bonus frater, fidissime coniunx,
    nate pius, genitor—paenitet ut fueris.   10
comis convivis, numquam inclamare clientes,
    ad famulos numquam tristia verba loqui.
ut placidos mores, tranquillos sic cole manes,
    et cape ab Ausonio munus: amice, vale.

4. *Attius Patera* [*pater*] *rhetor*

Aetate quamquam viceris dictos prius,
    Patera, fandi nobilis,
tamen quod aevo floruisti proximo
    iuvenisque te vidi senem,
honore maestae non carebis neniae,   5
    doctor potentum rhetorum.
tu Baiocassi stirpe Druidarum satus,
    si fama non fallit fidem,
Beleni sacratum ducis e templo genus
    et inde vobis nomina: 10
tibi Paterae—sic ministros nuncupant
    Apollinares mystici;
fratri patrique nomen a Phoebo datum
    natoque de Delphis tuo.
doctrina nulli tanta in illo tempore   15
    cursusque tot fandi et rotae;
memor, disertus, lucida facundia,
    canore, cultu praeditus,
salibus modestus felle nullo perlitis,
    vini cibique abstemius,   20
laetus, pudicus, pulcher in senio quoque, ut
    aquilae senectus aut equi.

---

6 sexui utroque *V*, sexu in utroque *Pulm.*
    4 pater *del. Vin.*   1 dictos *Vin.*, doctos *V*   7 Baiocassi *Pith.*, bagocassi *V*
8 fama *Lugd.*, famam *V*   11 sic *Lugd.*, si *V*   12 Apollinares *Graev.*, apollinaris *V*
16 tot fandi et rotae *Scal.*, rotandi et rota *V*   18 canore *Scal.*, carere *V*   cultu *Lugd.*, cultum
V   21–2 quoque ut / aquilae *V*, quoque / aquilae ut *L. Mueller*

5. *Attius Tiro Delphidius rhetor*

Facunde, docte, lingua et ingenio celer,
    iocis amoene, Delphidi,
subtextus esto flebili threno patris,
    laudi ut subibas aemulus.
tu paene ab ipsis orsus incunabulis   5
    dei poeta nobilis,
sertum coronae praeferens Olympiae,
    puer celebrasti Iovem.
mox inde cursim more torrentis freti
    epos ligasti metricum,   10
ut nullus aeque lege liber carminum
    orationem texeret.
celebrata varie cuius eloquentia
    domi forisque claruit
seu tu cohortis praesulem praetoriae   15
    provinciarum aut iudices
coleres, tuendis additus clientibus
    famae et salutis sauciis.
felix, quietis si maneres litteris,
    opus Camenarum colens,   20
nec odia magnis concitata litibus
    armaret ultor impetus,
nec inquieto temporis tyrannici
    palatio te attolleres.
dum spem remotam semper arcessis tibi,   25
    fastidiosus obviae,
tuumque mavis esse quam fati bonum,
    desiderasti plurima,
vagus per omnes dignitatum formulas
    meritusque plura quam gerens.   30
unde insecuto criminum motu gravi
    donatus aerumnis patris,
mox inde rhetor, nec docendi pertinax,
    curam fefellisti patrum;

---

5 Attius *Scal.*, Atticuș *V*   1 lingua et *Pith.*, linguae *V*   9 more *Lugd.*, ore *V*
10 ligasti *Pith.*, legasti *V*   11 aeque *V*ac, aequa *V*pc   12 orationem *Scal.*, oratione *V*
17 coleres *Scal.*, coleris *V*   clientibus *Pulm.*, cluentis *V*   18 famae *Lugd.*, fama *V*

minus malorum munere expertus dei,   35
medio quod aevi raptus es,
errore quod non deviantis filiae
poenaque laesus coniugis.

6. *Alethio Minervio* [*filio*] *rhetori*

O flos iuvenum,
spes laeta patris,
nec certa tuae
data res patriae,
rhetor Alethi.   5
tu primaevis
doctor in annis,
tempore quo te
discere adultum
non turpe foret,   10
praetextate
et praeceptor,
iam genitori
collatus eras.
ille superbae   15
moenia Romae
fama et meritis
inclitus auxit;
tu Burdigalae
laetus patriae   20
clara cohortis
vexilla regens
postque Paterae,
maior utroque.
cuncta habuisti   25
commoda fati,
non sine morsu
gravis invidiae
non mansuris

---

35 munere *Pith.*, munera *V*   37 filiae *Scal.*, filii *V*   38 poenaque *Scal.*, poeneque *V*
   6 filio *del. ego*   *de ordine versuum in commentariis disserui*   3 nec *Lugd.*, ne *V*   tuae
Lugd., tua *V*   *post* 22 post Nazarium *Toll.*   23 Paterae *Scal.*, petera *V*, Pateram *Toll.*

ornate bonis.   30
omnia praecox
fortuna tibi
dedit et rapuit.
solstitialis
velut herba solet,   35
ostentatus
raptusque simul,
pubere in aevo
deseruisti
vota tuorum   40
et rhetoricam
floris adulti
fruge carentem
et conubium
nobile soceri   45
sine pace patris
et divitias
utriusque sine
herede tuo.
quam fatiloquo   50
dicte profatu
versus Horati:
nihil est ab omni
parte beatum.

7. *Leontius grammaticus cognomento Lascivus*

Qui colis laetos hilarosque mores,
qui dies festos ioca vota ludum,
annuum functi memora Leonti
    nomine threnum.

iste, Lascivus patiens vocari,   5
nomen indignum probitate vitae

38 pubere *Lugd.*, pulvere *V*   44 conubium *Scal.*, conubio *V*   45 nobile *Scal.*, nobili *V*
soceri *Pulm.*, soceris *V*   48–9 utriusque sine / herede tuo *ego*, utriusque domus / sine herede
tuo *V*, utriusque sine / herede suo *Scal.*, utriusque sine / herede domus *Peip.*   53 nihil est ab
omni *Vin.*, nil est ab omni *V*, nihil est omni a *Scal.*, nihil esse ab omni *Heins.*, nil est omni *L. Mueller*
    7 Lascivus *Graev.*, beatus *V*

abnuit numquam, quia gratum ad aures
    esset amicas.

litteris tantum titulum assecutus,
quantus exili satis est cathedrae,   10
possit insertus numero ut videri
    grammaticorum.

tu meae semper socius iuventae,
pluribus quamvis cumulatus annis,
nunc quoque in nostris recales medullis,   15
    blande Leonti.

et iuvat tristi celebrare cura
flebilem cantum memoris querellae,
munus ingratum tibi debitumque
    carmine nostro.   20

8. *Grammaticis Graecis Burdigalensibus*

Romulum post hos prius an Corinthi,
anne Sperchei pariterque nati
Atticas Musas memorem Menesthei
    grammaticorum?

sedulum cunctis studium docendi,   5
fructus exilis tenuisque sermo,
sed, quia nostro docuere in aevo,
    commemorandi.

tertius horum mihi non magister;
ceteri primis docuere in annis,   10
ne forem vocum rudis aut loquendi,
    sed sine cultu;

obstitit nostrae quia, credo, mentis
tardior sensus neque disciplinis
appulit Graecis puerilis aevi   15
    noxius error.

11 possit *ego*, posset *V*   14 cumulatus *Lugd.*, cumulatis *V*
  8 7 quia nostro *V*, quia et nostro *Sh. B.*   9 horum *V*, quorum *Holford-Strevens*
12 cultu *V*, fructu *Baehrens*

vos levis caespes tegat et sepulchri
tecta defendant cineres opertos
ac meae vocis titulus supremum
reddat honorem.   20

9. *Iucundo grammatico Burdigalensi, fratri Leonti*

Et te, quem cathedram temere usurpasse loquuntur
  nomen grammatici nec meruisse putant,
voce ciebo tamen, simplex bone amice sodalis
  Iucunde, hoc ipso care magis studio,
quod, quamvis impar, nomen tam nobile amasti,   5
  et meritos inter commemorande viros.

10. *Grammaticis Latinis Burdigalensibus* [*Philologis*] ⟨*Macrino Sucuroni Concordio Phoebicio*⟩ *Ammonio Anastasio grammatico Pictavorum*

           Nunc ut quemque mihi
           flebilis officii
           religiosus honor
           suggeret, expediam:
           qui, quamvis humili   5
           stirpe loco ac merito,
           ingeniis hominum
           Burdigalae rudibus
(17)   introtulere tamen
(18)   grammatices studium.   10
(19)   sit Macrinus in his
(20)   (huic mea principio
(21)   credita puerities)
(34)   et libertina
(35)   Sucuro progenie,   15
(36)   sobrius et puerorum
(9)   utilis ingeniis,
(10)   et tu, Concordi,

9 6 et meritos *Lugd.*, emeritos *V*, es meritos *Scal.*

10 Grammaticis Latinis Burdigalensibus Macrino Sucuroni Concordio Phoebicio Ammonio Anastasio Grammatico Pictavorum *ego*, grammaticis latinis burdigalensibus philologis Ammonio Anastasio grammatico pictaviorum *V*, Macrino Sucuroni Concordio Phoebicio *add. Scal.* *de ordine versuum in commentariis disserui*   5 qui *Scal.*, quin *V*   15 progenie *L. Mueller*, progeniem *V*, progenies *Scal.*   16 puerorum *V*, puerum *vel* parvum *L. Mueller*

(11)	qui profugus patria	
(12)	mutasti sterilem	20
(13)	urbe alia cathedram.	
	nec reticebo senem	
	nomine Phoebicium,	
(16)	qui Beleni aedituus	
(22)	nil opis inde tulit;	25
(23)	sed tamen, ut placitum,	
(24)	stirpe satus Druidum	
	gentis Aremoricae,	
	Burdigalae cathedram	
	nati opera obtinuit.	30
(28)	permaneat series:	
(29)	religiosum etenim	
	⟨Ammonium . . .⟩	
(30)	commemorare ⟨meae⟩	
(31)	grammaticum patriae,	35
	qui rudibus pueris	
(33)	prima elementa dabat.	
(37)	doctrina exiguus,	
(38)	moribus implacidis,	
(39)	proinde ut erat meritum	40
(40)	famam habuit tenuem.	
(45)	pange et Anastasio	
	flebile, Musa, melum	
	et memora tenuem,	
	nenia, grammaticum.	45
	Burdigalae hunc genitum	
(50)	transtulit ambitio	
(44)	Pictonicaeque dedit.	
(51)	pauper ibi et tenuem	
	victum habitumque colens	50
	gloriolam exilem	
(54)	et patriae et cathedrae	
(41)	perdidit in senio.	
	sed tamen hunc noster	
(43)	commemoravit honos,	55

24 aedituus *Lugd.*, aeditus *V*   28 gentis *Lugd.*, genitis *V*   33 Ammonium *add. Sch.*
34 meae *add. Lugd.*   55 commemoravit *V*, commemorabit *Reeve*

  (55)   ne pariter tumulus
  (56)   nomen et ossa tegat.

11. *Herculano sororis filio, grammatico Burdigalensi*

Herculane, qui profectus gremio de nostro et schola
spem magis quam ⟨rem⟩ fruendam praebuisti avunculo,
particeps scholae et cathedrae paene successor meae
lubricae nisi te iuventae praecipitem flexus daret,
Pythagorei non tenentem tramitis rectam viam.   5
esto placidus et quietis manibus sedem fove,
iam mihi cognata dudum inter memoratus nomina.

12. *Thalasso grammatico Latino Burdigalensi*

Officium nomenque tuum, primaeve Thalasse,
     parvulus audivi. vix etiam memini
qua fama aut merito fueris, qua stirpe parentum;
     aetas nil de te posterior celebrat.
grammaticum iuvenem tantum te fama ferebat,   5
     tum quoque tam tenuis, quam modo nulla manet.
sed quicumque tamen, nostro quia doctor in aevo
     vixisti, hoc nostrum munus habeto: vale.

13. *Citario Siculo Syracusano grammatico Burdigalensi Graeco*

Et, Citari dilecte, mihi memorabere, dignus
     grammaticos inter qui celebrere bonos.
esset Aristarchi tibi gloria Zenodotique,
     Graios antiquus si sequeretur honos.
carminibus, quae prima tuis sunt condita in annis,   5
     concedit Cei Musa Simonidei.
urbe satus Sicula nostram peregrinus adisti,
     excultam studiis quam prope reddideras.
coniugium nanctus cito nobilis et locupletis,

---

11   2 rem *add. Pulm.*

12   1 Thalasse *Lugd.*, Thalassae *V*, Thalassi *Toll.*   3 fama *ego*, forma *V*   4 nil *Pulm.*, nihil *V*   6 quam *V*, quae *Sh. B.*

13   Siculo *V*, Sidonio *Reeve*   1 Citari *Lugd.*, cipari *V*   2 celebrere *Lugd.*, ceclare *V*   4 Graios *Sch.*, gravior *V*, Graiorum *Goropius*, clarior *Graev.*   6 Cei *Pith.*, ceu *V*   8 prope reddideras *V*, propere edideras *Baehrens*, propere dederas *Mommsen*

invidia fati non genitor moreris.   10
at nos defunctum memori celebramus honore,
   fovimus ut vivum munere amicitiae.

14. *Censorio Attico Agricio rhetori*

Eloquii merito primis aequande, fuisti,
   Agrici, positus posteriore loco;
aevo qui quoniam genitus functusque recenti,
   dilatus nobis, non et omissus eras.
quocumque in numero, tristi memorabere threno: 5
   unus honos tumuli, serus et ante datus.
tam generis tibi celsus apex quam gloria fandi,
   gloria Athenaei cognita sede loci;
Nazario et claro quondam delata Paterae
   egregie multos excoluit iuvenes.   10
coniuge nunc natisque superstitibus generoque
   maiorum manes et monumenta foves.

15. *Nepotiano grammatico eidem rhetori*

Facete, comis, animo iuvenali senex,
   cui felle nullo, melle multo mens madens
   aevum per omne nil amarum miscuit;
medella nostri, Nepotiane, pectoris,
   tam seriorum quam iocorum particeps;   5
taciturne, Amyclas qui silendo viceris,
   te fabulantem non Ulixes linqueret,
   liquit canentes qui melodas virgines;
probe et pudice parce frugi abstemie
   facunde, nulli rhetorum cedens stilo   10
   et disputator ad Cleanthen Stoicum;
Scaurum Probumque corde callens intimo
   et Epirote Cinea memor magis;
sodalis et convictor, hospes iugiter—
   parum quod hospes, mentis agitator meae.   15
consilia nullus mente tam pura dedit

---

14   *post* 8 *lac. Sch. dub.*
15 4 medella nostri *V*, nostri medella *Vin.*, medulla nostri *Heins.*   9 probe *Lugd.*,
prole *V*

vel altiore conditu texit data.
honore gesti praesidatus inclitus,
decies novenas functus annorum vices,
duos relinquens liberos mortem oppetis,   20
dolore multo tam tuorum quam meo.

16. *Aemilius Magnus Arborius rhetor Tolosae*

Inter cognatos iam fletus, avuncule, manes,
　　inter rhetoricos nunc memorandus eris.
illud opus pietas, istud reverenda virorum
　　nomina pro patriae religione habeant.
bis meritum duplici celebremus honore parentem   5
　　Arborium, Arborio patre et avo Argicio.
stemma tibi patris Aeduici, Tarbellica Maurae
　　matris origo fuit; ambo genus procerum.
nobilis et dotata uxor, domus et schola, cultae
　　principum amicitiae contigerunt iuveni,   10
dum Constantini fratres opulenta Tolosa
　　exilii specie sepositos cohibet.
Byzanti inde arcem Thressaeque Propontidis urbem
　　Constantinopolim fama tui pepulit.
illic dives opum doctoque ibi Caesare honorus   15
　　occumbis patribus, Magne, superstitibus.
in patriam sed te sedem ac monumenta tuorum
　　principis Augusti restituit pietas.
hic renovat causam lacrimis et flebile munus
　　annuus ingrata religione dies.   20

17. *Exsuperius rhetor Tolosae*

Exsuperi, memorande mihi, facunde sine arte,
incessu gravis et verbis ingentibus, ore
pulcher et ad summam motuque habituque venusto,
copia cui fandi longe pulcherrima, quam si

20 mortem *Scal.*, morte *V*
16–22　*desunt in V et plerumque in apographis; pro V usurpanda est ed. Lugd.*
16　6 Argicio *Scal.*, Arsicio *Lugd.*　　7 Aeduici *Scal.*, Hedui *Lugd.*, Haeduicum *Mommsen*
12 exilii *Lugd.*, hospitii *Sh. B.*, auxilii *Hall*　　19 hic *Sch.*, hinc *Lugd.*, nunc *Brandes*

auditu tenus acciperes, deflata placeret,   5
discussam scires solidi nihil edere sensus—
Palladiae primum toga te venerata Tolosae
mox pepulit levitate pari; Narbo inde recepit.
illic Dalmatio genitos, fatalia regum
nomina, tum pueros, grandi mercede docendi   10
formasti rhetor metam prope puberis aevi;
Caesareum qui mox indepti nomen, honorem
praesidis Hispanumque tibi tribuere tribunal.
decedens placidos mores tranquillaque vitae
tempora praedives finisti sede Cadurca.   15
sed patriae te iura vocant et origo parentum,
Burdigalae ut rursum nomen de rhetore reddas.

18. *Marcello Marcelli filio grammatico Narbonensi*

Nec te Marcello genitum, Marcelle, silebo,
    aspera quem genetrix urbe, domo pepulit,
sed fortuna potens cito reddidit omnia et auxit;
    amissam primum Narbo dedit patriam.
nobilis hic hospes Clarentius indole motus   5
    egregiam natam coniugio attribuit;
mox schola et auditor multus praetextaque pubes
    grammatici nomen divitiasque dedit.
sed numquam iugem cursum fortuna secundat,
    praesertim pravi nancta virum ingenii.   10
verum oneranda mihi non sunt, memoranda recepi
    fata; sat est dictum cuncta perisse simul,
non tamen et nomen, quo te non fraudo, receptum
    inter grammaticos praetenuis meriti.

19. *Sedatus rhetor Tolosanus*

Religio est tacitum si te, Sedate, relinquam,
    quamvis docendi munus indeptum foris.

17 5 acciperes *Pulm.*, acceperit *Lugd.*   6 scires *Scal.*, sciris *Lugd.*   7 toga te
Goethals, togatae *Lugd.*
    18 1 genitum *Graev.*, genitus *Lugd.*   3 omnia et *Pulm.*, et omnia *Lugd.*
6 egregiam *Lugd.*, egregia *Heins.*, egregio *Holford-Strevens*   11 oneranda *Scal.*, honoranda
Lugd.   14 praetenuis *Lugd.*, non tenuis *Sh. B.*
    19 2 indeptum *Dousa*, indepte *Lugd.*, indeptus *Vin.*, indepte es *Scal.*

communis patria est tecum mihi; sorte potentis
   fati Tolosam nanctus es sedem scholae.
illic coniugium natique opulensque senectus   5
   et fama, magno qualis est par rhetori.
quamvis externa tamen a regione reducit
   te patria et civem morte obita repetit,
cumque vagantem operam divisae impenderis urbi,
   arbitrium de te sumit origo suum.   10
et tua nunc suboles morem resecuta parentis
   Narbonem ac Romam nobilitat studiis;
sed †velit nolit famae†   *   *
   *   *   *   Burdigalam referet.

20. *Staphylius rhetor civis Auscius*

Hactenus observata mihi lex commemorandi
   cives, sive domi seu docuere foris.
externum sed fas coniungere civibus unum
   te, Staphyli, genitum stirpe Novempopulis.
tu mihi quod genitor, quod avunculus, unus utrumque;   5
   alter ut Ausonius, alter ut Arborius,
grammatice ad Scaurum atque Probum, promptissime rhetor,
   historiam callens Livii et Herodoti.
omnis doctrinae ratio tibi cognita, quantam
   condit sescentis Varro voluminibus.   10
aurea mens, vox suada tibi, tum sermo quietus;
   nec cunctator eras, nec properator eras.
pulchra senecta, nitens habitus, procul ira dolusque;
   et placidae vitae congrua meta fuit.

6 magno qualis est par *Scal.*, qualis est par magno *Lugd.*   9 vagantem *Scal.*, vacantem *Lugd.*
11 morem resecuta *Vin.*, morem secuta *Lugd.*, morem sectata *Pulm.*, (est . . .) moremque secuta
Scal.   13–14 sed velit nolit famae Burdigalam referet *Lugd.*, sed . . . fama velit nolit Burdigalam referet *Scal.*
   20   7–14 *habent apographa v (Vind. 3261) et s (vide Sch., pp. xxxvf.)*   Staphylius *Scal.*,
Stafilus *Lugd.*   7 grammatice *Scal.*, grammaticae *v Lugd.*   12 cunctator eras *Lugd.*,
cunctator erat *vs*   properator eras *ego*, properante sono *Lugd.*, properator erat *vs*
13 dolusque *s Lugd.*, dol *v*, dolorque *Peip.*   14 vitae *Graev.*, finis *vs Lugd.*

21. *Crispus et Urbicus grammatici Latini et Graeci*

Tu quoque in aevum, Crispe, futurum
maesti venies commemoratus
   munere threni.
qui primaevos fandique rudes
elementorum prima docebas   5
   signa novorum;
creditus olim fervere mero,
ut Vergilii Flaccique locis
   aemula ferres.
et tibi, Latiis posthabite orsis   10
Urbice, Grais celebris, carmen
   sic ἐλεγείσω.
nam tu Crispo coniuncte tuo
prosa solebas et versa loqui
   impete eodem,   15
priscos ut ⟨simul⟩ heroas olim
carmine Homeri commemoratos
   fando referres:
dulcem in paucis et Plistheniden,
et torrentis ceu Dulichii   20
   ninguida dicta,
et mellitae nectare vocis
dulce fluentia verba canentem
   Nestora regem.

ambo loqui faciles, ambo omnia carmina docti,   25
callentes μύθους, πλάσματα et historiam,
liberti ambo genus, sed quos meruisse deceret
⟨sic⟩ nasci ut cluerent patribus ingenuis.

---

21 *in versus viginti compressit Lugd.*   8 locis *Lugd.*, iocis *Heins.*   11–12 carmen sic
Scal., camoenis *Lugd.*   12 ἐλεγείσω *Lugd.*, ἐλελίσω *Scal.*, ἐλελείσω *Peip.*   13 nam *Scal.*,
namque *Lugd.*   14 versa *Vin.*, versu *Lugd.*   16 priscos ut simul (*vel* mox) heroas *Peip.*,
priscos et heroas *Lugd.*, priscos ut et heroas *Vin.*, priscos ut tris heroas *Sch.*, priscos rhetor ut
heroas *Ellis*, priscos illos heroas *Prete*   17 commemoratos *Scal.*, cum memoratos *Lugd.*
19 et ego, ut *Lugd.*   20 Dulichii *Scal.*, Dulichi *Lugd.*   23 dulce fluentia (*vel* dulcifluentia) *ego*, dulcia fatu *Lugd.*   26 μύθους πλάσματα *ego*, mythoplasmata *Lugd.*, mython
plasmata *Scal.* (μύθων πλάσματα *La V. de Mirmont*)   27 liberti ambo *Sch.*, liberi et ambo *Lugd.*
deceret *Scal.*, doceret *Lugd.*   28 sic nasci *Heins.*, nasci *Lugd.*, nascier *Pulm.*, nancisci *Scal.*
patribus ingenuis *Scal.*, paribus ingeniis *Lugd.*

22. *Victorio subdoctori sive proscholo*

Victori, studiose, memor, celer, ignoratis
    assidue in libris nec nisi operta legens,
exesas tineis opicasque evolvere chartas
    maior quam promptis cura tibi in studiis.
†quod ius pontificum†, quae foedera, stemma quod olim   5
    ante Numam fuerit sacrifici Curibus,
quid Castor cunctis de regibus ambiguis, quid
    coniugis e libris ediderit Rhodope,
quod ius pontificum, veterum quae scita Quiritum,
    quae consulta patrum, quid Draco quidve Solon   10
sanxerit et Locris dederit quae iura Zaleucus,
    sub Iove quae Minos, quae Themis ante Iovem,
nota tibi potius quam Tullius et Maro nostri
    et quicquid Latia conditur historia.
fors istos etiam tibi lectio longa dedisset,   15
    supremum Lachesis ni celerasset iter.
exili nostrae fucatus honore cathedrae,
    libato tenuis nomine grammatici,
longinquis posthac Romae defunctus in oris,
    ad quas de Siculo litore transieras.   20
sed modo nobilium memoratus in agmine gaude,
    pervenit ad manes si pia cura tuos.

23. *Dynamio Burdigalensi qui in Hispania docuit et obiit*

Sed neque te maesta, Dynami, fraudabo querella,
    municipem patriae causidicumque meae,
crimine adulterii quem saucia fama fugavit,
    parvula quem latebris fovit Ilerda suis,
quem locupletavit coniunx Hispana latentem;   5
    namque ibi mutato nomine rhetor eras,
rhetor Flavini cognomine dissimulatus,
    ne posset profugum prodere culpa suum.

22 Victorio *Scal.*, Victorino *Lugd.*   1 Victori *Scal.*, Victorine *Lugd.*   5–8 *del. Sch.*
5 quod ius *Lugd.*, quidvis *Peip.*   6 fuerit *Heins.*, fuerat *Lugd.*   sacrifici *Vin.*, sacrificii *Lugd.*,
sacrificis *Scal.*   7 quid ... quid *Peip.*, quod ... quod *Lugd.*, quod ... quot *Mommsen*
8 ediderit *Peip.*, ediderat *Lugd.*   9 veterum quae *Vin.*, veterumque *Lugd.*   12 quae
Themis *Heins.*, quid Themis *Lugd.*   18 tenuis *Scal.*, tenui *Vin. dub.*, tenuiter *Lugd.*
19 Romae *Lugd.*, Cumae *Heins.*, Troiae *Sch.*   20 ad quas *Scal.*, atque *Lugd.*

reddiderat quamvis patriae te sera voluptas,
　　mox residem rursum traxit Ilerda domus.
qualiscumque tuae fuerit fuga famaque vitae,
　　iungeris antiqua tu mihi amicitia,
officiumque meum, sensus si manibus ullus,
　　accipe iam serum morte obita, Dynami.
diversis quamvis iaceas defunctus in oris,   15
　　commemorat maestis te pia cura elegis.

24. *Acilio Glabrioni grammatico [Iun.] Burdigalensi*

Doctrinae vitaeque pari brevitate caducum,
　　Glabrio, te maestis commemorabo elegis,
stemmate nobilium deductum nomen avorum,
　　Glabrio †Aquilini† Dardana progenies.
tu quondam puero compar mihi, discipulus mox,   5
　　meque dehinc facto rhetore grammaticus,
inque foro tutela reis et cultor in agris,
　　digne diu partis qui fruerere bonis;
commode laete benigne abstemie, tam bone dandis
　　semper consiliis quam taciturne datis,   10
tam decus omne tuis quam mox dolor, omnia acerbo
　　funere praereptus, Glabrio, destituis,
uxore et natis, genitore et matre relictis,
　　eheu, quam multis perdite nominibus!
flete diu nobis, numquam satis, accipe acerbum,   15
　　Glabrio in aeternum commemorate, vale.

25. *Coronis*

Quos legis a prima deductos menide libri,
　　doctores patriae scito fuisse meae,
grammatici in studio vel rhetoris aut in utroque,
　　quos memorasse mihi morte obita satis est.
viventum illecebra est laudatio; nomina tantum   5

23　9 voluptas *V*, voluntas *Baehrens*　　　14 serum *Peip.*, verus *V*, serus *Heins.*, verum *Sch.*
　24　Iun. *del. ego*　　　4 Aquilini *V*, Acilini *Heins.*, Acili olim *Williams*, Aciliade *Holford-*
Strevens　　　5 discipulus *Lugd.*, discipulos *V*, discipulo *Scal.*　　　15 acerbum *V*, verbum
Brandes

voce ciere suis sufficiet tumulis.
  ergo, qui nostrae legis otia tristia chartae,
    eloquium ne tu quaere, sed officium,
  quo claris doctisque viris pia cura parentat,
    dum decora egregiae commeminit patriae.   10

26. †*Poeta*†

Valete, manes inclitorum rhetorum;
    valete, doctores probi,
  historia si quos vel poeticus stilus
    forumve fecit nobiles,
  medicae vel artes, dogma vel Platonicum   5
    dedit perenni gloriae;
  et si qua functis cura viventum placet
    iuvatque honor superstitum,
  accipite maestum carminis cultum mei
    textum querella flebili.   10
  sedem sepulchri servet immotus cinis,
    memoria vivat nominum,
  dum remeat illud, iudicis dono dei,
    commune cum dis saeculum.

XII. EPITAPHIA HEROUM QUI BELLO TROICO INTERFUERUNT

Ausonius lectori suo salutem

Ad rem pertinere existimavi ut vel vanum opusculum materiae con-
gruentis absolverem et libello, qui commemorationem habet eorum qui
vel peregrini ⟨Burdigalensesve Burdigalae vel⟩ Burdigalenses peregre
docuerunt, epitaphia subnecterem [scilicet titulos sepulchrales]
heroum qui bello Troico interfuerunt. quae antiqua cum apud philolo- 5
gum quendam repperissem Latino sermone converti, non ut inservirem

25   6 sufficiet V^{pc}, sufficit (*an* sufficet?) V^{ac} 10 decora *Vin.*, decor *V*
26   Poeta *V, ego suspectum habeo*   4 forumve *Graev.*, forumque *V*   5 artes *Dousa*,
artis *V*   7 functis *Heins.*, cunctis *V*   9 accipite *Pulm.*, accipe *V*   13 remeat *V*,
remeet *Heins.*   14 cum dis *V*, cunctis *Baehrens*
XII   *V*   *nullus titulus in V*

praef. 3 Burdigalensesve Burdigalae vel *add. Mommsen*, Burdigalae vel *Vin.*   4 scilicet
titulos sepulchrales *del. Vin.*   6 inservirem *V*, inservirent *Lugd.*

ordinis persequendi ⟨necessitati⟩, sed ut cohaererent libere nec aberrarent.

1. *Agamemnoni*

Rex regum Atrides, fraternae coniugis ultor,
    oppetii manibus coniugis ipse meae.
quid prodest Helenes raptum punisse dolentem,
    vindicem adulterii cum Clytemestra necet?

2. *Menelao*

Felix o Menelae, deum cui debita sedes
    decretumque piis manibus Elysium,
Tyndareo dilecte gener, dilecte Tonanti,
    coniugii vindex, ultor adulterii,
aeterno pollens aevo aeternaque iuventa,   5
    nec leti passus tempora nec senii.

3. *Aiaci*

Aiacis tumulo pariter tegor obruta Virtus,
    illacrimans bustis funeris ipsa mei,
incomptas lacerata comas, quod pravus Atrides
    cedere me instructis compulit insidiis.
iam dabo purpureum claro de sanguine florem,   5
    testantem gemitu crimina iudicii.

4. *Achilli*

Non una Aeaciden tellus habet: ossa teguntur
    litore Sigeo, crinem Larissa cremavit.
pars tumulis . . . et classe . . .,
    orbe sed in toto . . .

---

7 ordinis *V*, ordini *Scal.*   persequendi *V*, persequenti *Walther*   necessitati *add. ego*, studio *Peip.*, legi *Brakman*, operis *Prete*   7–8 cohaererent . . . aberrarent *Lugd.*, cohererem . . . aberrarem *V*, cohercerem . . . aberrarem *Peip.*   nec *V*, neve *ego dub.*

    2 2 manibus V^{ac}, moenibus V^{pc}
    3 4 instructis *V*, structis *Lugd.*
    4 2 crinem *V*, crimen *Sch.*   3 pars tumuli sentpet^{u}cpuetiusdi^{u}ctu et classe leni *V teste Sch.*, pars tumulis enecpe^{u}atpu^{c}at^{ius}dit^{u}ru et classe iera *V teste me*   4 orbe set in toto man ima (*vel* mmnnl) o^{u}m so . . . ssae lmesc *V teste Sch.*, *post* toto *nil certum mihi*

5. *Ulixi*

Conditur hoc tumulo Laerta natus Ulixes:
perlege Odyssian omnia nosse volens.

6. *Diomedi*

Conditur hic genitore bono melior Diomedes,
crimen ob uxoris pulsus dotalibus Argis
Argyripam clarosque viris qui condidit Arpos,
clarior urbe nova patriae quam sede vetusta.

7. *Antilocho*

Consiliis belloque bonus, quae copula rara est,
    carus et Atridis, carus et Aeacidis,
praemia virtutis simul et pietatis adeptus,
    servato Antilochus Nestore patre obii.
non hic ordo fuit; sed iustius ille superstes,   5
    Troia capi sine quo perfida non poterat.

8. *Nestori*

Hoc tegor in tumulo, quarti iam prodigus aevi,
    Nestor, consilio clarus et eloquio;
obiecit sese cuius pro morte peremptus
    filius et nati vulnere vivo pater.
eheu cur fatis disponere sic placet aevum,   5
    tam longum ut nobis, tam breve ut Antilocho?

9. *Pyrrho*

Orbe tegor medio, maior virtute paterna,
    quod puer et regis Pyrrhus opima tuli,
impius ante aras quem fraude peremit Orestes
    (quid mirum?) caesa iam genetrice furens.

---

5 V Ulixis epitafio add. *V*, Ulixi *Vin.*   1 conditur *V*pc, conditor *V*ac
6 1 conditur *V*pc, conditor *V*ac   2 Argis *Toll.*, agris *V*   3 clarosque *V*, clarosve
Sch.   4 quam *Lugd.*, qua *V*   vetusta *V*, vetustae *Heins.*
7 2 Atridis . . . Aeacidis *Lugd.*, atrideis . . . aeacideis *V*
9 2 et *V*, en *Mommsen*   3 Orestes *Lugd.*, orestis *V*

10. *Euryalo*

Nec me non dignum titulo Pleuronia credit,
    cui communis erat cum Diomede domus
et Sthenelo, Euryalum; nam tertius hoc ego regnum
    possedi, de quo nunc satis est tumulus.

11. *Guneo*

Gunea pontus habet, tumulus sine corpore nomen;
    fama homines inter, caelum animus repetit.
cuncta elementa duci tanto commune sepulchrum.
    quae? caelum et tellus et mare et ora virum.

12. *Protesilao*

Fatale ascriptum nomen mihi Protesilao.
    nam primus Danaum bello obii Phrygio,
audaci ingressus Sigeia litora saltu,
    captus pellacis Laertiadae insidiis;
qui ne Troianae premeret pede litora terrae   5
    ipse super proprium desiluit clipeum.
quid queror? hoc letum iam tum mea fata canebant,
    tale mihi nomen cum pater imposuit.

13. *Deiphobo*

Proditus ad poenam sceleratae fraude Lacaenae
    et deformato corpore Deiphobus
non habeo tumulum, nisi quem mihi voce vocantis
    et pius Aeneas et Maro composuit.

14. *Hectori*

Hectoris hic tumulus, cum quo sua Troia sepulta est:
    conduntur pariter, qui periere simul.

---

10   2 cui *V*, quae *EW*   3 et Sthenelo Euryalum *Sch.*, eurialo et stheneulo *V*
11   Guneo *Pulm.*, Cyneo *V*   1 Gunea *Pulm.*, cinea *V*
12   4 laertiade *V*, Lartiadae *L. Mueller*   6 desiluit *Sch.*, desiduit *V*, desiliit *Lugd.*

15. *Astyanacti*

Flos Asiae tantaque unus de gente superstes,
parvulus, Argivis sed iam de patre timendus,
hic iaceo Astyanax, Scaeis deiectus ab altis.
pro dolor! Iliaci, Neptunia moenia, muri
viderunt aliquid crudelius Hectore tracto.   5

16. *Sarpedoni*

Sarpedon Lycius, genitus Iove, numine patris
    sperabam caelum, sed tegor hoc tumulo,
sanguineis fletus lacrimis. pro ferrea fata!
    et patitur luctum qui prohibere potest.

17. *Nasti et Amphimacho*

Nastes Amphimachusque, Nomionis inclita proles,
    ductores quondam, pulvis et umbra sumus.

18. *Troilo*

Hectore prostrato nec dis nec viribus aequis
    congressus †saevo† Troilus Aeacidae,
raptatus bigis fratris coniungor honori,
    cuius ob exemplum nec mihi poena gravis.

19. *Polydoro*

Cede procul myrtumque istam fuge, nescius hospes;
    telorum seges est sanguine adulta meo.
confixus iaculis et ab ipsa caede sepultus
    condor in hoc tumulo bis Polydorus ego.
scit pius Aeneas et tu, rex impie, quod me
    Thracia poena premit, Troia cura tegit.   5

15 5 aliquid *Lugd.*, aliquod *V*
16 4 et *V*, en *Graev.*
17 1 Nastes *Lugd.*, Nastie *V*   2 ductores *Canter*, doctores *V*
18 2 saevo *Vin.*, . . . o *V*, perii *Lugd.*, iaceo *Holford-Strevens*
19 5 me *Lugd.*, maae *V*   6 Thracia *Lugd.*, triracia *V*   Troia *Vin.*, troiaque *V*, Troica
Peip. dub.

20. *Euphemo*

Euphemum Ciconum ductorem Troia tellus
    condidit hastati Martis ad effigiem.
nec satis est titulum saxo incidisse sepulchri;
    insuper et frontem mole onerant statuae.
ocius ista ruunt, quae sic cumulata locantur;   5
    maior ubi est cultus, magna ruina subest.

21. *Hippothoo et Pyleo in horto sepultis*

Hippothoum Pyleumque tenet gremio infima tellus;
    caulibus et malvis terga superna virent,
nec vexat cineres horti cultura quietos,
    dum parcente manu molle holus excolitur.

22. *Ennomo et Chromio*

Ennomus hic Chromiusque iacent, quis Mysia regnum,
    quis pater Alcinous Oceanusque atavus.
nobilitas quid tanta iuvat? quo clarius istis
    est genus, hoc mortis condicio gravior.

23. *Priamo*

Hic Priami non est tumulus nec condor in ista
    sede; caput Danai deripuere meum.
ast ego cum lacerum sine nomine funus haberem,
    confugi ad cineres Hectoreos genitor.
illic et natos Troiamque Asiamque sepultam   5
    inveni et nostrum quicquid ubique iacet.

24. *Item Priamo*

Qui tumulum Priami quaerit, legat Hectoris ante;
    ille meus, nato quem prius ipse dedi.

22 2 Alcinous *Sch.*, alcinos V^{ac}, alcinus V^{pc} *ut vid.*
23 2 deripuere *Wakefield*, diripuere V 5 natos *Scal.*, natus V, natum *Lugd.*   inveni
post sepultam V 6 nostrum V, nostri *Heins.*
24 *in duo carmina divisit Peip.*

Hectoris et patris simul est commune sepulchrum,
amborum quoniam iuncta ruina fuit.

25. *Hecubae*

Quae regina fui, quae claro nata Dymante,
   quae Priami coniunx, Hectora quae genui,
hic Hecuba iniectis perii super obruta saxis,
   sed rabie linguae me tamen ulta prius.
fidite ne regnis et prole et stirpe parentum,
   quicumque hoc nostrum σῆμα κυνὸς legitis.   5

26. *Polyxenae*

Troas Achilleo coniuncta Polyxena busto
   malueram nullo caespite functa tegi.
non bene discordes tumulos miscetis, Achivi:
   hoc violare magis quam sepelire fuit.

XIII. EPIGRAMMATA

I

Non unus vitae color est nec carminis unus   3
   lector: habet tempus pagina quaeque suum.   4
est quod mane legas, est et quod vespere. laetis   1
   seria miscuimus, temperie ut placeant.   2
hoc mitrata Venus probat, hoc galeata Minerva,   5
   Stoicus has partes, has Epicurus amat.
salva mihi veterum maneat dum regula morum,
   ludat permissis sobria Musa iocis.

---

3 patris *V*, patriae *Peip.*

25   5 stirpe parentum *Lugd.*, stirparentum *V*

XIII. **1**   *BZ (Z = CKM); in Z 6–8 tantum*   3–4 *ante* 1 *transp. ego*   2 temperie *Hartel*, tempore *B*   ut *B*, uti *Peip.*   5 mitrata *Sch.*, mirata *B*   6 amat *B*, agit *Z*   7 dum *BCM*, nostro *K*   8 ludat *C*, laudat *K*, laudet *M*, plaudat *B*   permissis *codd.*, permixtis 'in quibusdam editt.' *Toll.*

2

Cedere quae lato nescit fera saucia ferro
    armatique urget tela cruenta viri,
quam grandis parvo patitur sub vulnere mortem
    et solam leti vim probat esse manum!
mirantur casusque novos subitasque ruinas   5

*   *   *   *   *

nec contenta ictos letaliter ire per artus
    coniungit mortes una sagitta duas.
plurima communi pereunt sic fulminis ictu;
    haec quoque de caelo vulnera missa putes.   10

3

Illyricis regnator aquis, tibi, Nile, secundus,
    Danuvius laetum profero fonte caput.
salvere Augustos iubeo natumque patremque,
    armiferis alui quos ego Pannoniis.
nuntius Euxino iam nunc volo currere ponto,   5
    ut sciat hoc superum cura secunda Valens,
caede fuga flammis stratos periisse Suebos
    nec Rhenum Gallis limitis esse loco.
quod si lege maris refluus mihi curreret amnis,
    huc possem victos inde referre Gothos.   10

4

Danuvius penitis caput occultatus in oris
    totus sub vestra iam dicione fluo.
qua gelidum fontem mediis effundo Suebis,
    imperiis gravidas qua seco Pannonias,
et qua dives aquis Scythico solvo ostia ponto,   5

---

2 *Z* (= *CKLM*)   1 cedere *Laur. 33. 19*^pc *teste Sch.*, credere *CKLM*   3 grandis *T*,
teste Vin., grandes *CKLM*   paruo patitur *CK*, patitur parvo *LM*   mortem *Flor.*, mortes *Z*
5 mirantur *CLM*, miramur *K*   post 5 *lac. CK*   7 letaliter *CLM*, taliter *K*   9 sic *Z*,
si *ed. Par. 1511*
    3 *Z* (= *CKM*)   1 secundus *CK*, secundis *M*   4 armiferis *KM*, armiferos *C*
6 superum *KM*, superis *C*   10 possem *C*, posset *K*, posse *M*
    4 *Z* (= *CKMT*)   1 penitis *ed. Par. 1513*, penitus *Z*   4 qua *CKT*, quas *M*

omnia sub vestrum flumina mitto iugum.
Augusto dabitur sed proxima palma Valenti:
    inveniet fontes hic quoque, Nile, tuos.

5

Nunc te marmoreum pro sumptu fecimus; at cum
    Augustus frater remeaverit, aureus esto.

6

Quod leo tam tenui patitur sub harundine letum,
    non vires ferri sed ferientis agunt.

7

Phosphore, clamosi spatiosa per aequora circi
    septenas solitus victor obire vias,
improperanter agens primos a carcere cursus,
    fortis praegressis ut potereris equis,
(promptum et veloces erat anticipare quadrigas;   5
    victores etiam vincere laus potior),
hunc titulum vani solacia sume sepulchri
    et gradere Elysios praepes ad alipedes.
Pegasus hinc dexter currat tibi, laevus Arion
    funalis, quartum det tibi Castor equum.   10

8

Sparge mero cineres bene olentis et unguine nardi,
    hospes, et adde rosis balsama puniceis.
perpetuum mihi ver agit illacrimabilis urna
    et commutavi saecula, non obii.

  5   *Z* (= *CKM*)
  6   *EZ*   1 harundine *CM*, harundinis *K*, harundini *E*
  7   *V*   1 Phosphore *Vin.*, posp^here *V^ac*, p^rospere *V^pc*   spatiosa *Lugd.*, pavosa *V^ac*,
panosa *V^pc*, pannosa *Vin.*   2 septenas *Lugd.*, septena *V*   *post* 6 *lac. Mommsen dub.*
10 funalis *Vin.*, funise ad *V* (ise *in ras.*), funis et ad *Lugd.*, funi sed *Salmas.*, funis eat *Gron.*, fune eat
ac *Sch. dub.*, funem amet et *Peip. dub.*
  8   *VZ* (*Z* = *CKMT*) (1–3 *om. T*)   1 bene olentis et unguine nardi *Toll.*, bene olente et
unguine nardi *V*, et odoro perlue nardo *Z* (odorem *K*)   2 et *om. K*

nulla mihi veteris perierunt gaudia vitae,   5
    seu meminisse putes omnia sive nihil.

9

Fama est fictilibus cenasse Agathoclea regem
    atque abacum Samio saepe onerasse luto,
fercula gemmatis cum poneret horrida vasis
    et misceret opes pauperiemque simul.
quaerenti causam respondit, 'rex ego qui sum   5
    Sicaniae, figulo sum genitore satus.'
fortunam reverenter habe, quicumque repente
    dives ab exili progrediere loco.

10

Toxica zelotypo dedit uxor moecha marito,
    nec satis ad mortem credidit esse datum;
miscuit argenti letalia pondera vivi,
    cogeret ut celerem vis geminata necem.
dividat haec si quis, faciunt discreta venenum;   5
    antidotum sumet qui sociata bibet.
ergo inter sese dum noxia pocula certant,
    cessit letalis noxa salutiferae,
protinus et vacuos alvi petiere recessus,
    lubrica deiectis qua via nota cibis.   10
quam pia cura deum! prodest crudelior uxor,
    et cum fata volunt bina venena iuvant.

11

Vane, quid affectas faciem mihi ponere, pictor,
    ignotamque oculis sollicitare deam?
aeris et linguae sum filia, mater inanis
    indicii, vocem quae sine mente gero.

6 seu meminisse putes omnia sive nihil *V*, felix seu memini sive nihil memini *Z*
    9 *VEZ* (1–6 *om. E*)   3 fercula *VCKM*, pocula *T*   orrida *V*, aurea *Z*   4 misce-
ret *VCMT*, miscent *K*
    10 *VEZ*   1 moecha *VZ*, casta *E*   6 sumet . . . bibet *VECKM*, sumit . . . bibit *T*
8 letalis *VECKM*, mortalis *T*   noxa *VCKT*, noxia *EM*   9 alvi *VECM*, alui alii *K*, alii *T*
    11 *Z*   4 indicii *CKM*, iudicii *T*

extremos pereunte modos a fine reducens   5
    ludificata sequor verba aliena meis.
auribus in vestris habito penetrabilis echo;
    et si vis similem pingere, pinge sonum.

12

'Cuius opus?' 'Phidiae, qui signum Pallados, eius,
    quique Iovem fecit, tertia palma ego sum.
sum dea quae rara et paucis Occasio nota.'
    'quid rotulae insistis?' 'stare loco nequeo.'
'quid talaria habes?' 'volucris sum; Mercurius quae   5
    fortunare solet, trado ego, cum volui.'
'crine tegis faciem.' 'cognosci nolo.' 'sed heus tu
    occipiti calvo es.' 'ne tenear fugiens.'
'quae tibi iuncta comes?' 'dicat tibi.' 'dic, rogo, quae sis.'
    'sum dea cui nomen nec Cicero ipse dedit;   10
sum dea quae facti non factique exigo poenas,
    nempe ut paeniteat: sic Metanoea vocor.'
'tu modo dic, quid agat tecum.' 'quandoque volavi
    haec manet; hanc retinent quos ego praeterii.
tu quoque dum rogitas, dum percontando moraris,   15
    elapsam disces me tibi de manibus.'

13

Omnia quae longo vitae cupiuntur in aevo
ante quater plenum consumpsit Anicia lustrum.
infans lactavit, pubes et virgo adolevit,
nupsit concepit peperit iam mater obivit.

8 et si vis *CT*ᵖᶜ, et similem vis *T*ᵃᶜ, si quam vis *KM*
    12 *EZ*   1 cuius *ECMT*, quoius *K*   3 sum *E*ᵖᶜ*Z*, tu *E*ᵃᶜ   'sum dea.' 'quae?'
Sh. B., 'num dea?' 'quae . . .' *ego dub.*   5 quid *ECK*, quod *MT*, quo *Baehrens*   Mercurius
quae *ed. Ven. 1496*, Mercuriusque *codd.*   6 fortunare *Politianus*, fortuna *EZ*   trado *ECKM*,
tardo *T*   11 sum *CMT*, quae *EK*   facti non factique *K*, facti et non facti *CMT*, factique et
non facti *Peip.*   12 metanoea *CM*, metanea *E*, metaonea *K*ᵃᶜ, metomonea *K*ᵖᶜ, methomonea
T   13 quandoque *T*, quando *ECKM*, quando ipsa *Reeve dub.*   16 elapsam *ECT*, ella-
psam *K*, et lapsam *M*   disces *Heins.*, dices *Z*, om. *E*
    13 *VEZ*   2 anicia *VECM*, anitia *K*, Annitia *T*

quis mortem accuset, quis non accuset in ista?   5
aetatis meritis anus est, aetate puella.

14

Dicebam tibi, 'Galla, senescimus: effugit aetas.
    utere vere tuo; casta puella anus est.'
sprevisti, obrepsit non intellecta senectus
    nec revocare potes qui periere dies.
nunc piget, et quereris quod non aut ista voluntas   5
    tunc fuit aut non est nunc ea forma tibi.
da tamen amplexus oblitaque gaudia iunge;
    da fruar, etsi non quod volo, quod volui.

15

Trinacrii quondam currentem in litoris ora
    ante canes leporem caeruleus rapuit.
at lepus, 'in me omnis terrae pelagique rapina est,
    forsitan et caeli, si canis astra tenet.'

16

Quam segnis scriptor, tam lentus, Pergame, cursor
    fugisti et primo captus es in stadio.
ergo notas scripto tolerasti, Pergame, vultu
    et quas neglexit dextera frons patitur.

17

Pergame, non recte punitus fronte subisti
    supplicium, lentae quod meruere manus.
at tu, qui dominus, peccantia membra coerce;

---

    5 quis non accuset in ista *V*, complevit munia vitae *EZ* (munera *K*, tute *M*)   6 aetatis meritis anus est *V*, iam meritis anus est et adhuc *EZ*

     14   *EZ*   2 vere *Avant.*, rene *ECMT*, rena *K*   5 piget *om. M*   voluntas *M*, voluptas *ECKT*   6 tunc *CT*, tum *EKM*   8 etsi *Sch.*, et si *codd.*

     15   *Z*   2 ante *CKT*, an *M*   3 at lepus in me *CM*, aut lepus inme *K*, an lepus imae *T*

     16   *Z*   1 Quam ... tam ego, tam ... quam *codd.*   4 quas *CKM*, quam *T*

     17   *Z*   *ab epigr. superiore seiunxit Scal.*   1 punitus *C*, penitus *KMT*
3 coherce *CKM*, coherces *T*

iniustum falsos excruciare reos.
aut inscribe istam, quae non vult scribere, dextram   5
aut profugos ferri pondere necte pedes.

18

Canus rogabat Laidis noctem Myron;
   tulit repulsam protinus.
causamque sensit et caput fuligine
   fucavit atra candidum,
idemque vultu, crine non idem Myron   5
   orabat oratum prius.
sed illa formam cum capillo comparans
   similemque, non ipsum, rata,
fortasse et ipsum, sed volens ludo frui,
   sic est adorta callidum: 10
'inepte, quid me quod recusavi rogas?
   patri negavi iam tuo.'

19

Laidas et Glyceras, lascivae nomina famae,
   coniunx in nostro carmine cum legeret,
ludere me dixit falsoque in amore iocari:
   tanta illi nostra est de probitate fides.

20

Uxor, vivamus ceu viximus, et teneamus
   nomina quae primo sumpsimus in thalamo,
nec ferat ulla dies ut commutemur in aevo,
   quin tibi sim iuvenis tuque puella mihi.
Nestore sim quamvis provectior aemulaque annis   5
   vincas Cumanam tu quoque Deiphoben,

---

4 excruciare *MKT*, est cruciare *C*
  18 *Z*   1 Canus *CKMT*ᵖᶜ *ut vid.*, Ianus *T*ᵃᶜ   10 callidum *CMT*, calidum *K*
  19 *Z*   1 Laidas *codd.*, Thaidas *Heins.*   2 coniunx *CKM*, uxor *T*
  20 *EZ*   1 ceu *Heins.*, quod *ECKM*, ut *T*   viximus *ECMT*, noximus *K*
3 commutemur *CK*, commutentur *M*, commutetur *ET*   4 quin *ECK*ᵐᵍ*MT*, quam *K*
5 annis *C*, annos *EKMT*   6 deiphoben *T*, deipheben *ECM*, deyphoeben *K*

nos ignoremus quid sit matura senectus:
    scire aevi meritum, non numerare decet.

21

Qui primus, Meroe, nomen tibi condidit, ille
    Thesidae nomen condidit Hippolyto.
nam divinare est nomen componere quod sit
    fortunae et morum vel necis indicium.
Protesilae, tibi nomen sic fata dederunt,   5
    victima quod Troiae prima futurus eras;
Idmona quod vatem, medicum quod Iapyga dicunt,
    discendas artes nomina praeveniunt.
et tu sic, Meroe, non quod sis atra colore,
    ut quae Niliaca nascitur in Meroe,   10
infusum sed quod vinum non diluis undis,
    potare immixtum sueta merumque merum.

22

Me lapidem quondam Persae advexere, tropaeum
    ut fierem bello; nunc ego sum Nemesis.
ac sicut Graecis victoribus asto tropaeum,
    punio sic Persas vaniloquos Nemesis.

23

Qui laqueum collo nectebat, repperit aurum
    thesaurique loco deposuit laqueum;
at qui condiderat, postquam non repperit aurum,
    aptavit collo quem reperit laqueum.

21 *Z*   3 nam *CKM*, iam *T*   4 et *om. Scal.*   vel *CKM*, et *T*   5 fata
CKM^{pc}*T*, facta *M*^{ac}   10 ut quae *T*, ut que *KM*, et quae *C*
22 *Z*   1 advexere *CMT*, aduxere *K*   3 sic ut *CKT*, si ut *M*
23 *EZ*

24

Excipis adverso quod pectore vulnera septem,
    arma super veheris quod, Thrasybule, tua,
non dolor hic patris, Pitanae sed gloria maior;
    rarum tam pulchro funere posse frui.
quem postquam maesto socii posuere feretro,   5
    talia magnanimus reddidit orsa pater:
'flete alios: natus lacrimis non indiget ullis,
    et meus et talis et Lacedaemonius.'

25

Mater Lacaena clipeo obarmans filium
    'cum hoc', inquit, 'aut in hoc redi.'

26

Quidam superbus opibus et fastu tumens
    tantumque verbis nobilis,
spernit vigentis clara saecli nomina,
    antiqua captans stemmata,
Martem Remumque et conditorem Romulum   5
    privos parentes nuncupans.
hos ille Serum veste contexi iubet,
    hos caelat argento gravi,
ceris inurens ianuarum limina
    et atriorum pegmata: 10
credo, quod illi nec pater certus fuit
    et mater est vere lupa.

27

Laudet Achaemenias Orientis gloria telas,
    molle aurum pallis, Graecia, texe tuis,

24 *Z*   2 tua *CMT*, tria *K*   3 hic *om. T*   *post* patris *add.* est *Peip.*   Pitanae *Ug.*, pitani *CKT*, pitai *M*   6 reddidit *ego*, edidit *codd.*
    25 *Z*   1 Lacaena *ed. Par. 1511*, laceno *Z*
    26 *Z*   1 fastu *CKM*, statu *T*   3 vigentis *ed. pr.*, rigentis *codd.*   6 privos *KT*, primos *CM*   7 contexi *CKM*, contexit *T^ac*, contegi *T^pc*   9 ceris inurens *C*, cerisim urens *KT*, cerisin urens *M*
    27 *Z*   1 achaemenias *CM*, achamenias *KT*

non minus Ausoniam celebret dum fama Sabinam,
  parcentem magnis sumptibus, arte parem.

28

Sive probas Tyrio textam subtemine vestem,
  seu placet inscripti commoditas tituli,
ipsius hoc dominae concinnat utrumque venustas;
  has geminas artes una Sabina colit.

29

Licia qui texunt et carmina, carmina Musis,
  licia contribuunt, casta Minerva, tibi;
ast ego rem sociam non dissociabo Sabina,
  versibus inscripsi quae mea texta meis.

30

'Inventor primus cynices ego.' 'quae ratio istaec?
  Alcides multo dicitur esse prior.'
'Alcida quondam fueram doctore secundus:
  nunc ego sum cynices primus, et ille deus.'

31

Discipulus melior nulli meliorve magister
  εἰς ἀρετὴν συνέβη καὶ κυνικὴν σοφίην.
dicere me verum novit qui novit utrumque
  καὶ θεὸν Ἀλκείδην καὶ κύνα Διογένην.

---

3 ausoniam *CKT*, auxoniam *M*

28 *Z*   3 concinnat *CKT*, continuat *M*   venustas *CKM*, vetustas *T*
29 *Z*   4 inscripsi *KMT*, inscripsti *C*
30 *Z*
31 *Z*   1 melior nulli *CKM* (molior *K*), nulli melior *T*   4 κυνα *TM*, νυν δε *C*, νυνα

K

32

Ogygia me Bacchum vocat,
Osirin Aegyptos putat;
Mysi Phanacen nominant,
Dionyson Indi existimant;
Romana sacra Liberum,
Arabica gens Adoneum,
Lucaniacus Pantheum.

5

33

Αἰγυπτίων μὲν Ὄσιρις ἐγώ, Μυσῶν δὲ Φανάκης,
Βάκχος ἐνὶ ζωοῖσιν, ἐνὶ φθιμένοισιν Ἀδωνεύς,
πυρογενής, δικέρως, τιτανολέτης, Διόνυσος.

34

Αἲξ χίμαρος πήρη ποιμὴν ῥαβδοῦχος ἐλαίη
εἷς λίθος· ἐκ πάντων λιτὸς ἐγὼ Κορύδων.

35

Lesbia Pieriis Sappho soror addita Musis
εἴμ᾽ ἐνάτη λυρικῶν, Ἀονίδων δεκάτη.

32 Z   1 Ogygia *Lugd.*, Ogigiae *C*, Ogigie *KMT*, Ogigidae *EW*   vocat *Lugd.*, vocant
codd.   2 Osirin *Avant.*, osirim *CM*, osyrma *K*ᵃᶜ, offirma *K*ᵖᶜ, ofirma *T*   Aegyptos *C*, aegi-
ptios *KT*, egiptos *M*   putat *ed. pr.*, putant *codd.*   3 Mysi *Pulm.*, mystae *CM*, misce *K*, miste
T   Phanacen *Lugd.*, Phanacem *Z*   4 dionison *CM*, dionision *KT*   6 gens *om. M*
33 Z   1 Αιγυπτιων *CT*, Αιρυπτιων *KM*ᵖᶜ, Αιρυππιων *M*ᵃᶜ   μὲν *om. T*   φανακης *C*,
φανακην *KMT*   3 πυρογενης *C*ᵖᶜ *T*, πιρορενης *C*ᵃᶜ, πιεορενης *K*   τιτανολετης *T*, τιτανο-
δετης *C*, τιζανοδετης *K*, τικανο λετης *M*
34 Z (= CKM)   1 χιμαρος *CK*, χιμαεος *M*   πηρη *CK*, τηρη *M*   ελαιη *M*, ελλιη *C*,
εαδιη *K*   2 λιτος *ed. Par. 1513*, αλυτος *C*, αλιτος *K*, αλσσος *M*, αυτος *Pulm.*   ἐγω *ed. pr.*,
εσω *C*, ετα *K*, ετω *M*
35 Z (= CKMT)   2 ενατη *CKM*, εντοι *T*   λυρικων *T*, αυρικων *CK*, λιρικων *M*
αονιδων *T*, δονιδων *CM*, δονιλων *K*

36

Orta salo, suscepta solo, patre edita Caelo,
    Aeneadum genetrix, hic habito alma Venus.

37

Lucius una quidem, geminis sed dissita punctis
    littera; praenomen sic nota sola facit.
post M incisum est. puto sic, non tota videtur;
    dissiluit saxi fragmine laesus apex.
nec quisquam, Marius seu Marcius anne Metellus   5
    hic iaceat, certis noverit indiciis.
truncatis convulsa iacent elementa figuris,
    omnia confusis interiere notis.
miremur periisse homines? monumenta fatiscunt,
    mors etiam saxis nominibusque venit.   10

38

Me sibi et uxori et natis commune sepulchrum
    constituit seras Carus ad exsequias.
iamque diu monumenta vacant, sitque ista querella
    longior, et veniant ordine quisque suo
nascendi qui lege datus, placidumque per aevum   5
    condatur, natu qui prior, ille prior.

39

Hanc volo quae non vult, illam quae vult ego nolo:
    vincere vult animos, non sociare Venus.

---

36 *Z*

37 *VEZ*, 1–6 *om. E*   1 Lucius una quidem geminis *Z*, Una quidem geminis fulget *V*
sed *VCKM*, si *T*   2 facit *Z*, fecit *V*   3 post M *VCKT*, post in me *M*   4 laesus
VCMT, lusus *K*   5 quisquam *Z*, quisque *V*   Marius *Graev.*, marcus *codd.*   7–10 *seiunxerunt KT*   7 iacent *codd.*, latent *Baehrens*   8 omnia *codd.*, nomina *Graev.*

38 *V*   4 veniant *Heins.*, veniat *V*

39 *Z* (= *CKMT*)   1 hanc volo *codd.*, nolo ego *Sh. B.*   (illam) quae *Avant.*, quia *codd.*
2 vincere *codd.*, pascere *Desposius*   sociare *CM*, sotiare *K*, satiare *T*

40

Oblatas sperno illecebras, detrecto negatas;
    nec satiare animum nec cruciare volo.
nec bis cincta Diana placet nec nuda Cythere:
    illa voluptatis nil habet, haec nimium.
callida sed mediae Veneris mihi venditet artem   5
    femina, quae iungat quod 'volo nolo' vocant.

41

Χρηστὸς Ἀκίνδυνος αὐτοαδέλφεοι, οἰκτρὰ δὲ τέκνα,
    moribus ambo malis nomina falsa gerunt,
οὐδ᾽ οὗτος χρηστὸς οὐδ᾽ οὗτος ἀκίνδυνός ἐστιν.
    una potest ambos littera corrigere.
αἴ κεν Χρηστὸς ἔχῃ παρ᾽ ἀδελφοῦ Ἀκινδύνου ἄλφα,   5
    κίνδυνος hic fiet, frater ἄχρηστος erit.

42

Germani fratres sunt Chrestos, Acindynos alter.
    falsum nomen utrique, sed ut verum sit utrique
alpha suum Chresto det Acindynos, ipse sine alpha
    permaneat: verum nomen uterque geret.

43

'Tris uno in lecto; stuprum duo perpetiuntur
    et duo committunt.' 'Quattuor esse reor.'
'Falleris: extremis da singula crimina et illum
    bis numera medium, qui facit et patitur.'

40 *Z*   *ab epigr. superiore seiunxi ego*   1 detrecto *CMT*, detecto *K*   2 nec bis *CMT*, nobis *K*   5 vendit et *CKM*, vendicet *T*   6 quae iungat *Z*, cui iungar *Graev.* vocant *codd.*, vocet *Graev.*, vocans *Baehrens*

    41 *Z*   1 ακινδυνος *CT*, ακυννυος *K*, χρηκυναινος *M*   αὐτοαδελφεοί *Peip.*, αὐταδελφεοι *CT*, δυλδεαφεοι *K*, αυαλεαφεοι *M*   οικτρα δε *CT*, οικλαα *K*, οικλλα *M*, ἀγλαὰ *ego dub.* 3 χρηστος *CKM*, χρηστος γ᾽ *T*   ακινδυνος *CT*, ακιναυνος *K*, ακυναυ *M*   5 χρηστος εχη *T*, χρηστεαχης *CK*, χρηστ᾽ ελχης *M*   παρ᾽ ἀδελφοῦ ἀκινδύνου *Sch.*, παρακινδυνον *C*, παρακιναυυνονα *KM* (-ονονα *M*), παρ᾽ ἀδελφεον ἀκινδυνον *T*

    42 *Z*   1 Germani fratres sunt *codd.*, Germani duo sunt: hic *ego dub.*   1–2 *del. Scal.*   2 nomen utrique *CKM*, nomen uterque *T*   3 chresto *CKM*, crestos *T*

    43 *Z*   3 crimina *CKM*, carmina *T*

44

Emptis quod libris tibi bibliotheca referta est,
    doctum et grammaticum te, Philomuse, putas.
hoc genere et chordas et plectra et barbita conde;
    omnia mercatus cras citharoedus eris.

45

Rhetoris haec Rufi statua est, nil verius; ipse est,
    ipse adeo linguam non habet et cerebrum.
et riget et surda est et non videt: omnia Rufi.
    unum dissimile est: mollior ille fuit.

46

Elinguem quis te dicentis imagine pinxit?
    dic mihi, Rufe. taces? nil tibi tam simile est.

47

'Haec Rufi tabula est.' 'nil verius. ipse ubi Rufus?'
    'in cathedra.' 'quid agit?' 'hoc quod et in tabula.'

48

'Reminisco' Rufus dixit in versu suo;
    cor ergo versus, immo Rufus, non habet.

49

Qui 'reminisco' putat se dicere posse Latine,
    hic ubi 'co' scriptum est, faceret 'cor', si cor haberet.

44 VZ 2 et *om. Prete*   3 conde Z, condis V, condes *Peip.*   4 omnia $VKMT$, hoc die C

45 VZ ($Z = CKMT$; *in KT bis scriptum est, unde* K^1, K^2, T^1, T^2)   1 rhetoris $VCKT$, rectoris M ipse $K^2MT^{1ac}T^2$, ipsa CK^1T^{1pc} 3 est *om.* T^1 omnia Rufi CK^1MT^1, haec sibi constant VT^2K^2

46 VZ

47 VZ 1 haec $VCMT$, hoc K

48 VZ

49 Z 2 hic *om.* T faceret CKM, diceret T

50

Rufus vocatus rhetor olim ad nuptias,
    celebri ut fit in convivio,
grammaticae ut artis se peritum ostenderet,
    haec vota dixit nuptiis:
'et masculini et feminini gignite   5
    generisque neutri filios.'

51

'Ore pulchro et ore muto scire vis quae sim?' 'volo.'
    'imago Rufi rhetoris Pictavici.'
'diceret sed ipse vellem rhetor hoc mi.' 'non potest.'
    'cur?' 'ipse rhetor est imago imaginis.'

52

'Rhetoris haec Rufi statua est?' 'si saxea, Rufi.'
    'cur id ais?' 'semper saxeus ipse fuit.'

53

Laeta bis octono tibi iam sub consule pubes
    cingebat teneras, Glaucia adulte, genas.
et iam desieras puer anne puella videri,
    cum properata dies abstulit omne decus.
sed neque functorum socius miscebere vulgo   5
    nec metues Stygios flebilis umbra lacus,
verum aut Persephonae Cinyreius ibis Adonis
    aut Iovis Elysii tu Catamitus eris.

50 *Z*   2 in *om. CKM*   4 vota *CKT*, nota *M*
    51 *VZ*   3 diceret *CK*^ac*M*, dicerem *K*^pc*T*, dicere *V*   ipse *V*, ille *Z*   vellem *CKM*,
volens *V*, om. *T*
    52 *VZ*   2 ipse *VCKM*, ille *T*
    53 *Z*   2 cingebat *codd.*, pingebat *Markland*   6 umbra *CKM*, unda *T*
7 Cinyreius ibis *Scal.*, emire visibus *C*, crinite iussibus *K*^ac, crinite iussus *K*^pc, cinire visibus *M*,
cincte visibus *T*

54

'Dic, canis, hic cuius tumulus?' 'canis.' 'at canis hic quis?'
   'Diogenes.' 'obiit?' 'non obiit sed abit.'
'Diogenes, cui pera penus, cui dolia sedes,
   ad manes abiit?' 'Cerberus inde vetat.'
'quonam igitur?' 'clari flagrat qua stella Leonis,   5
   additus est iustae nunc canis Erigonae.'

55

Pera polenta tribon baculus scyphus, arta supellex
   ista fuit Cynici: sed putat hanc nimiam.
namque cavis manibus cernens potare bubulcum
   'cur, scyphe, te', dixit, 'gesto supervacuum?'

56

Effigiem, rex Croese, tuam, ditissime regum,
   vidit apud manes Diogenes cynicus.
'nil', inquit, 'tibi, Croese, tuum; superant mihi cuncta.
   nudus eram; sic sum. nil habui; hoc habeo.'
rex ait, 'haud egui, cum tu mendice carebas   5
   omnibus; et careo, si modo non egeo?'

57

Vivebam; sum facta silex, quae deinde polita
   Praxiteli manibus vivo iterum Niobe.

---

54 *VbdZ*   1 cuius *VbdCT*, civis *K*, canis *M*   at *VZ*, hoc *bd*   hic quis *V*ᵃᶜ?, hic quit *V*ᵖᶜ, inquit *bdZ*   2 obiit *VdZ*, obit *b*   sed *VdZ*, ast *b*   abit *CT*, abiit *VbdKM* 3 pera *Avant.*, para *V*ᵃᶜ, parva *V*ᵖᶜ*bdZ*   4 inde *codd.*, ire *Avant.*   5 quonam igitur *Z*, et quoniam *Vbd*, at quonam *Toll.*   flagrat qua *CMT*, flagrat iam *Vb*, flagrantia *d*, qua flagrat *K* 6 iustae *VZ*, inibi *bd*   Erigonae *VdZ*, Erigonem *b*

55 *Vbd*   1 pera *Lugd.*, pare *Vb*, pan *d*   tribon *V*, trifon *b*, tryphon *d*   sciphus *V*, cibus *bd*   2 Cynici set *V*, Cynicis et *bd*   nimiam *V*, nimia *bd*   4 cur sciphe te *V*, cur sum et ᵉ *b*, cur suete *d*

56 *VbdZ* (*Z = CKMT*), 3–6 *om. Z*   1 Croese *VZ*, Xerse *b*, Xerxe *d*   3 tibi *om. bd* Croese tuam superant *V*, curo tua sat superant *b*, xerxe tua superant *d*   5–6 *del. Jachmann* 6 et *codd.*, at *Sch.*   careo *codd.*, caream *ego dub.*   si *V*, sic *b*, sed *d*

57 *Z*   1 quae *CT* (e *sup. lin. C*), qua *KM*   2 praxiteli *CKM*, praxitelis *T*

reddidit artificis manus omnia, sed sine sensu:
  hunc ego, cum laesi numina, non habui.

58

Thebarum regina fui, Sipyleia cautes
  quae modo sum. laesi numina Letoidum.
bis septem natis genetrix laeta atque superba
  tot duxi mater funera quot genui.
nec satis hoc divis: duro circumdata saxo   5
  amisi humani corporis effigiem.
sed dolor obstructis quamquam vitalibus haeret
  perpetuasque rigat fonte pio lacrimas.
pro facinus! tantaene animis caelestibus irae?
  durat adhuc luctus matris, imago perit.   10

59

Armatam vidit Venerem Lacedaemone Pallas.
  'nunc certemus', ait, 'iudice vel Paride.'
cui Venus, 'armatam tu me, temeraria, temnis,
  quae quo te vici tempore nuda fui?'

60

Lais anus Veneri speculum dico; dignum habeat se
  aeterna aeternum forma ministerium.
at mihi nullus in hoc usus, quia cernere talem
  qualis sum nolo, qualis eram nequeo.

61

Istos, tergemino nasci quos cernis ab ovo,
  patribus ambiguis et matribus assere natos.

---

58 *V*   1 cautes *Lugd.*, cautis *V*   2 numina *Scal.*, nomina *V*   4 quot *V*^{pc},
quod *V*^{ac}
  59 *Z*   3 cui Venus *CMT*, tum Venus *K*
  60 *Z*   1 Veneri *CMT*, Veneris *K*   4 sum *CK*^{ac}*M*, sim *K*^{pc}*T*
  61 *Z* (= *CKM*)   1 ovo *CK*, evo *M*   2 assere natos *ed. Par. 1511*, asseveratos *CM*
(ads- *M*) ad serenatos *K*

hos genuit Nemesis, sed Leda puerpera fovit;
    Tyndareus pater his et Iuppiter—hic putat, hic scit.

62

Vera Venus Cnidiam cum vidit Cyprida, dixit,
    'vidisti nudam me, puto, Praxitele.'
'non vidi nec fas, sed ferro opus omne polimus:
    ferrum Gradivi Martis in arbitrio.
qualem igitur domino scierant placuisse Cytheren,   5
    talem fecerunt ferrea caela deam.'

63

Bucula sum caelo genitoris facta Myronis
    aerea; nec factam me puto sed genitam.
sic me taurus init, sic proxima bucula mugit,
    sic vitulus sitiens ubera nostra petit.
miraris quod fallo gregem? gregis ipse magister   5
    inter pascentes me numerare solet.

64

Ubera quid pulsas frigentia matris aenae,
    o vitule, et sucum lactis ab aere petis?
hunc quoque praestarem, si me pro parte parasset
    exteriore Myron, interiore deus.

65

Daedale, cur vana consumis in arte laborem?
    me potius clausa subice Pasiphae.

---

3 hos $K^{ac}M$, nos CK^{pc} 4 his KM, hic C scit C^{pc}, sit $C^{ac}KM$
     62 $Z (= CKMT)$ 1 cnidiam MT, enidiam K, ^gnidiam C cum CKM, dum T *in ras.*
4 arbitrio CKM, arbitrium T 5 scierant KMT, scieram C
     63 Z 1 bucula CMT, bacula K 5 quod CKM, si T
     64 Z 2 vitule CKT, bucule M ab aere CM, habere KT petis CKM, cupis T
     65 Z 2 potius CM, protinus KT clausa CMT, clause K pasiphae CT, pasiphe
M, pasiphem K

66

Illecebras verae si vis dare, Daedale, vaccae,
 viva tibi species vacca Myronis erit.

67

Aerea mugitum poterat dare vacca Myronis,
 sed timet artificis deterere ingenium.
fingi nam similem vivae quam vivere plus est,
 nec sunt facta dei mira, sed artificis.

68

Aerea bos steteram; mactata est vacca Minervae,
 sed dea proflatam transtulit hic animam.
et modo sum duplex, pars aerea, pars animata;
 haec manus artificis dicitur, illa deae.

69

Quid me, taure, paras specie deceptus inire?
 non sum ego Minoae machina Pasiphaae.

70

Necdum caduco sole, iam sub vespere
 ageret iuvencas cum domum pastor suas,
unam relinquens me minabat ut suam.

71

Unam iuvencam pastor forte amiserat
 numerumque iussus reddere

66 *Z*   *ab epigr. superiore seiunxit Brandes*   2 viva tibi *CKM*, vivat ubi *T*
67 *Z*   3 fingi *ego*, fingere *codd.*   4 nec *CKM*, haec *T*
68 *Z*   2 proflatam *CKM*, pro flatu *T*   4 haec *CMT*, nec *K*
69 *Z*   2 pasiphaae *T*, pasiphae *C*, pasiphonis *K*ᵃᶜ, pasiphe *MK*ᵖᶜ
70 *Z*   1 sub *CT*ᵖᶜ, saepe *K*, spe *MT*ᵃᶜ   3 unam *ego*, suam *codd.*
minabat *Loisel*, monebat *codd.*, movebat *Laur. 33. 19 teste Prete*
71 *Z*   2 iussus *CM*, lusus K, visus *T*

me defuisse conquerebatur, sequi
quae noluissem ceteras.

72

Vallebanae (nova res et vix credenda poetis,
    sed quae de vera promitur historia)
femineam in speciem convertit masculus ales
    pavaque de pavo constitit ante oculos.
cuncti admirantur monstrum, sed mollior agna   5

*   *   *   *   *

'quid stolidi ad speciem notae novitatis hebetis?
    an vos Nasonis carmina non legitis?
Caenida convertit proles Saturnia Consus
    ambiguoque fuit corpore Tiresias.   10
vidit semivirum fons Salmacis Hermaphroditum,
    vidit nubentem Plinius androgynum.
nec satis antiquum, quod Campana in Benevento
    unus epheborum virgo repente fuit.
nolo tamen veteris documenta arcessere famae: 15
    ecce ego sum factus femina de puero.'

73

'Pythagora Euphorbi, reparas qui semina rerum
    corporibusque novis das reduces animas,
dic, quid erit Marcus iam fata novissima functus,
    si redeat vitam rursus in aeriam?'
'quis Marcus?' 'feles nuper pullaria dictus,   5
    corrupit totum qui puerile secus,
perversae Veneris postico vulnere fossor,

---

3 defuisse *CMT*ᵖᶜ, defuisseque *KT*ᵃᶜ

72 *Z*   1 Vallebane *KTM*, Valle bane *C*   nova res *Toll.*, notares *vel* iotares *C*ᵃᶜ, nota res *C*ᵖᶜ, iocares *KMT*   5 sed *codd.*, si *Heins.*   post 5 lac. *CT*   7 quid *C*, quod *KMT* notae *CK*, nocte *M*   hebetis *ed. Par. 1513*, habetis *Z*   9 Caenida *KMT*, Caenea *C* 11 Salmacis *CM*, Salmeis *KT*   hermaphroditum *KT*, hermophroditum *CM* (hermof- *M*)

73 *Z*   1 Pythagora *KT* (Pith- *K*), Pyctagora *CM* (Pict- *M*)   euphorbi *CT*, euphorbii *K*, euphorbu *M*, Euphorbus *ego. dub.*   4 aeriam *KM*, aeream *CT*, aetheriam *Markland*

5 quis *CKMT*ᵖᶜ, quid *T*ᵃᶜ, qui *Hartel*   6 secus *K*ᵖᶜ*M*, decus *CK*ᵃᶜ*T*ᵖᶜ, gecus *T*ᵃᶜ *ut vid.*

Lucili vatis †sub pilo pullo premor†.'
'non taurus, non mulus erit, non hippocamelus,
non caper aut aries, sed scarabaeus erit.' 10

74

Lambere cum vellet mediorum membra virorum
 Castor nec posset vulgus habere domi,
repperit ut nullum fellator perderet inguen:
 uxoris coepit lingere membra suae.

75

Praeter legitimi genitalia foedera coetus
repperit obscenas veneres vitiosa libido,
Herculis heredi quam Lemnia suasit egestas,
quam toga facundi scaenis agitavit Afrani
et quam Nolanis capitalis luxus inussit. 5
Crispa tamen cunctas exercet corpore in uno:
deglubit, fellat, molitur per utramque cavernam,
ne quid inexpertum frustra moritura relinquat.

76

Abiecta in triviis inhumati glabra iacebat
 testa hominis, nudum iam cute calvitium.
fleverunt alii, fletu non motus Achillas,
 insuper et silicis verbere dissecuit.
eminus ergo icto rediit lapis ultor ab osse 5
 auctorisque sui frontem oculosque petit.

---

8 Lucili *ed. pr.*, Lucilii *Z*   sub pilo *Z*, suppilo *ed. Par. 1511*   pullo (pulo- *T*) premor *MT*,
pullo premon *C*, pullo fomorum *K*, pulliprema *Scal.*, pullipremo *L. Mueller*, culopremus *Brandes*,
pullopremus *Sch.*

74 *Z*
75 *Z*   1 genitalia *Z*, genialia *Baehrens*   2 veneres *CM*, veneris *KT*
4 facundi scaenis *ed. Par. 1511*, facundis cenis *Z*   7 deglubit *CKM*, deglutit *T*
76 *VGEZ*   4 silicis *VGECKM*, lapidis *T*   dissecuit *ed. pr.*, dissicuit *GEC in ras. KM*,
discicuit *V*, discutiit *T*   5 eminus *VECKT*, et minus *M*, non minus *G*   ergo *codd.*, en *ego
dub.*   icto *VEK*ᵃᶜ, ictu *G*, ictor *CK*ᵖᶜ*M*, ictus *T*   ab osse *VGECT*, abesse *KM*   6 auctorisque *VGCKT*, actorisque *E*, auctorique *M*

sic utinam certos manus impia dirigat ictus,
   auctorem ut feriant tela retorta suum.

77

Languenti Marco dixit Diodorus haruspex
   ad vitam non plus sex superesse dies.
sed medicus divis fatisque potentior Alcon
   falsum convicit †ilico† haruspicium.
tractavitque manum victuri, ni tetigisset: 5
   ilico nam Marco sex periere dies.

78

Alcon hesterno signum Iovis attigit. ille
   quamvis marmoreus vim patitur medici.
ecce hodie iussus transferri e sede vetusta
   effertur, quamvis sit deus atque lapis.

79

Languentem Gaium moriturum dixerat olim
   Eunomus; evasit fati ope, non medici.
paulo post ipsum videt aut vidisse putavit
   pallentem et multa mortis in effigie.
'quis tu?' 'Gaius', ait. 'vivisne?' hic abnuit. 'et quid   5
   nunc agis hic?' 'missu Ditis', ait, 'venio,
ut, quia notitiam rerumque hominumque tenerem,
   accirem medicos.' Eunomus obriguit.

---

7 certos *VGZ*, certo *E*   impia *VEZ*, imperia *G*ᵃᶜ, imperbia *G*ᵖᶜ   8 auctorem ut feriant tela retorta suum *VG*, in proprium ut redeant (redeat *K*ᵃᶜ, redeunt *K*ᵖᶜ) tela retorta caput (manu *T*) *EZ*

   77 *Z*   1 dixit *CMT*, edixit *K*   4 convicit *CMT*ᵖᶜ, convenit *KT*ᵃᶜ   ilico *codd.*, vatis *ego dub.*   5 victuri *MKT*, morituri *C*

   78 *Z*   1 hesterno *CK*, externo *MT*   3 vetusta *CMT*, vetustas *K*

   79 *VZ*   1 languentem *VCM*, languentum *KT*   Gaium *V*, e populo *Z*   olim *V*, aegrum *Z*   4 multa *codd.*, multum *Markland*   5 ait vivisne *VCKM*, ais visne *T*   hic *V*, hoc *Z*   abnuit *VCKT*, annuit *M*   et quid *V*, at quid *C, om. KMT*   6 nunc *VCK*, hunc *M*, huc *T*   missu *VCM*, emisse *K*, iussu *T*   7 ut quia *VCK*, utque *MT*, ut qui *Vind. 3261 teste Sch.*   rerumque *VCKT*, rerum *M*   tenerem *codd.*, tenerent *Markland*   8 accirem *V*, acciperem *Z*

tum Gaius, 'metuas nihil, Eunome: dixi ego et omnes
    nullum qui saperet dicere te medicum.'   10

80

Latratus catulorum, hinnitus fingis equorum,
    caprigenumque pecus lanigerosque greges
balatu assimulas, asinos quoque rudere dicas
    cum vis Arcadicum fingere, Marce, pecus.
gallorum cantus et ovantes gutture corvos   5
    et quicquid vocum belua et ales habet,
omnia cum simules ita vere, ut ficta negentur,
    non potes humanae vocis habere sonum.

81

Emendata potest quaenam vox esse magistri,
    nomen qui proprium cum vitio loquitur?
Auxilium te nempe vocas, inscite magister.
    da rectum casum: iam solicismus eris.

82

Eune, quid affectas vendentem Phyllida odores?
    diceris hanc mediam lambere, non molere.
perspice ne mercis fallant te nomina, vel ne
    aere Seplasiae decipiare cave,
dum κύσθον κόστονque putas communis odoris   5
    et nardum ac sardas esse sapore pari.

---

9 Gaius *VCMT*, gravis *K*   dixi *Z*, dico *V (pc?)*   10 qui saperet *VCK*, quis aspertum *M*,
quis asperet *T*   dicere *VCKT*, dicet *M*
    80 *V*   1 fingis *Lugd.*, fungis *V*   6 et ales *Toll.*, talis *V*
    81 *V*   3 Auxilium *Scal.*, ausilium *V*
    82 *Z*   2 diceris *CKM*, dicere *T*   4 seplasie *K in ras.*, siplasiae *C*, si plasie *M*, sic
plasie *T*   5 κυσθον κοστονque *Sch.*, cycton coctonque *C*, κυστον κοστονque *K*, kyecton
koctonque *M*ac, cyston costonque *M*pc, chytom choctom *T*   6 ac *CKM*, et *T*

83

Diversa infelix et lambit et olfacit Eunus;
    dissimilem olfactum naris et oris habet.

84

Salgama non hoc sunt quod balsama? cedite odores.
    nec male olere mihi nec bene olere placet.

85

Λαῖς ῞Ερως et ῎Ιτυς, Χείρων et ῎Ερως, ῎Ιτυς alter
    nomina si scribas, prima elementa adime,
ut facias verbum, quod tu facis, Eune magister.
    dicere me Latium non decet opprobrium.

86

Eune, quod uxoris gravidae putria inguina lambis,
    festinas γλώσσας non natis tradere natis.

87

Eunus Syriscus, inguinum ligurritor,
opicus magister (sic eum docet Phyllis),
muliebre membrum qua triangulum cernit
triquetro coactu Δ litteram ducit.
de valle femorum altrinsecus pares rugas   5

---

83   *Z*   *ab epigr. superiore seiunxit Toll.*   2 dissimilem *C,* dissimile *KMT*   olfactum *ed. Par. 1511,* olfatum *codd.*

84   *Z*   1 salgamanon hoc *CKT,* salgamon hec *M*   2 male ... bene *CKM,* bene ... male *T*

85   *Z*   1 *Graecis litteris Lugd., Latinis codd.*   eros *CMT(bis),* heros *K(bis)*   itys *C,* itis *KT,* ytis *M*   chiron *CK,* chyron *M,* chyrom *T*   ytis alter *C,* et itis (itys *M*) alter *KMT*   4 decet *CKM,* licet *T*

86   *Z*   1 putria *Avant.,* patria *CMT,* pat¹a *K*   2 festinas *CM,* festivas *K,* aestivas *T*   γλώσσας *ego,* glossas *codd.*   tradere *CKM,* credere *T*

87   *Z*   1 Syriscus *CMT,* Syrsicus *K*   3 qua triangulum *Menagius,* quadrangulum *C,* quadriangulum *KT,* quatriangulum *M,* cum quadrangulum *L. Mueller*   4 triquetro coactu *C,* trique troco actu *KM,* trique troque actu *T*ᵃᶜ (tractu *T*ᵖᶜ)   Δ *ed. Ald. 1517,* a *codd.*   litteram *CT,* littera *K,* licteram *M*   ducit *C*ᵖᶜ*T*ᵖᶜ, dicit *C*ᵃᶜ*KMT*ᵃᶜ

mediumque, fissi rima qua patet, callem
Ψ dicit esse: nam trifissilis forma est.
cui ipse linguam cum dedit suam, *Λ* est.
veramque in illis esse *Φ* notam sentit.
quid, imperite, *P* putas ibi scriptum,
ubi locari *I* convenit longum?
miselle doctor, *OY* tibi sit obsceno
tuumque nomen *Θ* sectilis signet.

10

88

Deformem quidam te dicunt, Crispa; at ego istud
nescio. si pulchra es iudice me, satis est.
quin etiam cupio, iunctus quia zelus amori est,
ut videare aliis foeda, decora mihi.

89

Sit mihi talis amica velim,
iurgia quae temere incipiat
nec studeat quasi casta loqui,
pulchra procax petulante manu,
verbera quae ferat et regerat
caesaque ad oscula confugiat.
nam nisi moribus his fuerit,
casta modesta pudenter agens,
dicere abominor, uxor erit.

5

90

Hoc quod amare vocant misce aut dissolve, Cupido:
aut neutrum flammis ure vel ure duos.

---

7 *Ψ CT*ᵖᶜ, *Y KMT*ᵃᶜ   8 *Λ Cᵃᶜ M*, A *Cᵖᶜ T*, *om. K*   10 putas ibi *CT*ᵖᶜ, puta sibi
*Kᵖᶜ MT*ᵃᶜ, puta tibi *K*ᵃᶜ   11 iota *MT*, I iota *C* (I *sup. lin.*) *K* (iota *sup. lin.*)   longum *CM*,
solum *T*, *om. K*   12 miselle *CKM*, misselle *K*, missele *T*   sit *om. T*   obsceno *CKT*,
obscena *M*   13 *Θ CMT*ᵖᶜ, *ΦΘ K, Φ* T ᵃᶜ

88 *Z*   1 Crispa; at ego *ed. Par. 1513*, Crispa ego *codd.*, Crispa sed *Reeve*   istud
*CK*ᵃᶜ *MT*, illud *K*ᵖᶜ   2 si *Brandes*, mi *codd.*   est *CMT*, es *K*   3 quin *CKM*, cum *T*
zelus *CKM*, telus *T*

89 *Z*   7 his fuerit *CM*, is fiunt *K*, hiis fuerit *T*   8 pudenter *CT*, prudenter *KM*
90 *EZ*   1 misce aut dissolve *ECT*, solve aut misce *K*, ᵖʳᵉᶜᵒʳ aut dissolve *M*, solve aut
misceto *Peip.*

91

Aut restingue ignem quo torreor, alma Dione,
    aut transire iube vel fac utrimque parem.

92

Incipe: dimidium facti est coepisse. superfit
    dimidium: rursum hoc incipe et efficies.

93

Gratia quae tarda est ingrata est gratia; namque
    cum fieri properat, gratia grata magis.

94

Si bene quid facias, facias cito; nam cito factum
    gratum erit, ingratum gratia tarda facit.

95

Deceptae felix casus se miscuit arti:
    histrio, saltabat qui Capanea, ruit.

96

Dodra ex dodrante est. sic collige: ius aqua vinum
    sal oleum panis mel piper herba, novem.

97

'Dodra vocor.' 'quae causa?' 'novem species gero.' 'quae sunt?'
    'ius aqua mel vinum panis piper herba oleum sal.'

---

91   *EZ*   1 restingue *ECKM*, restringe *T*   torreor *ECMT*, terreor *K*   2 utrimque *ECM*, utrumque *KT*

92   *VEZ*   1 superfit *VCK*, supersit *EMT*

93   *VEZ*

94   *VEZ*   1 nam cito *om. EM*   2 facit *VCM*, est *E*, venit *K*, redit *T*

95   *VZ*   2 saltabat *VCKM*, saltavit *T*

96   *VZ*   1 est *om. T*   sic *VCMT*, si *K*

97   *VZ*   2 herba *om. T*

98

Δόδρα, ποτὸν καὶ ἀριθμός, ἔχω μέλι οἶνον ἔλαιον
ἄρτον ἅλας βοτάνην ζωμὸν ὕδωρ πέπερι.

99

Iuris consulto, cui vivit adultera coniunx,
    Papia lex placuit, Iulia displicuit.
quaeritis, unde haec sit distantia? semivir ipse
    Scantiniam metuens non metuit Titiam.

100

Inguina quod calido levas tibi dropace, causa est:
    irritant vulsas levia membra lupas.
sed quod et elixo plantaria podice vellis
    et teris inclusas pumice Κλαζομενάς,
causa latet, bimarem nisi quod patientia morbum   5
    appetit et tergo femina, pube vir es.

101

Semivir uxorem duxisti, Zoile, moecham;
    o quantus fiet quaestus utrimque domi,
cum dabit uxori molitor tuus et tibi adulter,
    quantum deprensi damna pudoris emunt!
sed modo quae vobis lucrosa libido videtur,   5
    iacturam senio mox subeunte feret.
incipient operas conducti vendere moechi,
    quos modo munificos lena iuventa tenet.

---

98 *Z* (= *CKM*)   1 μελι *CK*, μεν *M*

99 *EZ* (*Z* = *CKMT*)   4 Scantiniam *CKM*, scatiniam *ET*

100 *Z*   1 calido *om. M*   3 elixo *CMT*, elisio *K*   4 et teris *CMT*, et terris *K*
inclusas *CMT*, in clusas *K*, incusas *Scal.*, incurvas *Sch.*   Κλαζομενάς *Sch.*, clazomenas *T*, claxo-
menas *CKM*

101 *EZ*   1 zoile *Z* (zoyle *M*), coile *E*   2 utrimque *ECKT*, utrumque *M*
4 quantum *codd.*, quanti *vel* quanto *Gron.*   deprensi *codd.*, depensi *Graev.*, depecti *Holford-
Strevens*   emunt *codd.*, ement *Toll.*   7–8 seiunxerunt *CKT*   7 incipient *EC*, incipiant
KMT   8 tenet *ECKM*, dabit *T*

102

'Hanc amo quae me odit, contra illam quae me amat odi.
   compone inter nos, si potes, alma Venus.'
'perfacile id faciam. mores mutabo et amores:
   oderit haec, amet haec.' 'rursus idem patiar.'
'vis ambas ut ames?' 'si diligat utraque, vellem.'   5
   'hoc tibi tu praesta, Marce: ut ameris, ama.'

103

'Suasisti, Venus, ecce, duas dyseros ut amarem.
   odit utraque; aliud da modo consilium.'
'vince datis ambas.' 'cupio, verum arta domi res.'
   'pellice promissis.' 'nulla fides inopi.'
'antestare deos.' 'non fas mihi fallere divos.'   5
   'pervigila ante fores.' 'nocte capi metuo.'
'scribe elegos.' 'nequeo, Musarum et Apollinis expers.'
   'frange fores.' 'poenas iudicii metuo.'
'stulte, ab amore mori pateris, non vis ob amorem?'
   'malo miser dici quam miser atque reus.'   10
'suasi quod potui: ⟨tu⟩ alios modo consule.' 'dic quos.'
   'quod sibi suaserunt Phaedra et Elissa dabunt,
quod Canace Phyllisque et fastidita Phaoni.'
   'hoc das consilium?' 'tale datur miseris'.

104

Doctus Hylas caestu, Phegeus catus arte palaestrae,
   clarus Olympiacis et Lycus in stadiis,
an possent omnes venturo vincere agone
   Ammonem Libyae consuluere deum.

102 *EZ*   1 illam *Peip.*, hanc *codd.*
   103 *VEZ*   *cum epigr. superiore coniunxerunt EZ*   1 ecce *V*, alma *EZ*   diseros *V*,
gliceras *CK*, cliceras *MT*, glicera *E*   2 consilium *VECMT*, concilium *K*   5 antestare
Sch., attestare *V*, Atestare *EZ*   non fas *Sch.*, nefas est *codd.*, nec fas *ed. pr.*, fasne est *H. J. Mueller*
divos *ECKT*, divo *V*, duos *M*   7–8 *om. M*   8 iudicii *VECK*, iudicis *T*   9 ob amorem *V*, ab amore *EZ*   11 quod *EZ*, quo *V*   tu *add. ed. pr.*   12 quod sibi suaserunt
phedra et ellissa dabunt *V*, phaedra et elissa (elisa *CT*) tibi dent laqueum aut gladium *EZ*
13 quod Canace phillisque et fastidiata phaonis *V* (fastidita Phaoni *Vin.*), praecipitem pelago vel
leuchados elige rupem *EZ* (pellago *K*, pelagos *T*)   14 datur *VZ*, detur *E*
   104 *Z*   1 Hylas *CKT*, chilas *M*

sed deus, ut sapiens, 'dabitur victoria vobis   5
   indubitata equidem, si caveatis', ait,
'ne quis Hylam caestu, ne quis certamine luctae
   Phegea, ne cursu te, Lyce, praetereat.'

105

Punica turgentes redimibat zona papillas
   Hermiones. zonae textum elegeon erat:
'qui legis hunc titulum, Paphie tibi mandat, ames me
   exemploque tuo neminem amare vetes.'

106

Aspice quam blandae necis ambitione fruatur
   letifera experiens gaudia pulcher Hylas.
oscula et infestos inter moriturus amores
   ancipites patitur Naidas Eumenidas.

107

Furitis, procaces Naides
   amore saevo et irrito:
ephebus iste fons erit.

108

Si cuperes alium, posses, Narcisse, potiri;
   nunc tibi amoris adest copia, fructus abest.

---

6 equidem *CKT*, quidem *M*
    105 *Z*   1 redimibat *T ut vid.*, redimebat *CKM*   2 textum elegeon *CMT*, texton ellegen (l *alt. in ras.*) *K*   *post* 2 *lac. C ut vid. KT*   3 qui *CKM*, quis *T*
    106 *Z*   4 naidas *MT*, naiadas *C*, nayadas *K*
    107 *Z*   1 Furitis *CKT*, Geritis *M?*   naides *M*, naiades *CT* (a *alt. sup. lin. T*) nayades *K*   2 saevo *CM*, scaevo *KT*   3 fons *Förster*, flos *codd.*
    108 *Z*   1 posses *KM*, possis *CT*   potiri *CKM*, videri *T*   2 amoris *CKT*, amores *M*

109

Quid non ex huius forma pateretur amator,
  ipse suam qui sic deperit effigiem?

110

Commoritur, Narcisse, tibi resonabilis Echo,
  vocis ad extremos exanimata modos,
et pereuntis adhuc gemitum resecuta querellis
  ultima nunc etiam verba loquentis amat.

111

Mercurio genitore satus, genetrice Cythere,
  nominis ut mixti, sic corporis Hermaphroditus,
concretus sexu, sed non perfectus, utroque,
  ambiguae Veneris, neutro potiendus amori.

112

Salmacis optato concreta est nympha marito;
  felix virgo, sibi si scit inesse virum.
et tu, formosae iuvenis permixte puellae,
  bis felix, unum si licet esse duos.

113

Pone arcum, Paean, celeresque reconde sagittas:
  non te virgo fugit, sed tua tela timet.

114

Invide, cur properas, cortex, operire puellam?
laurea debetur Phoebo si virgo negatur.

109   *Z*
110   *Z*
111   *Z*   2 hermaphroditus *KM*, hermophroditus *CT*
112   *Z*   4 si licet *K*, silicet *C*, scilicet *MT*
113   *Z*   1 pean *CKM*, pennam *T*
114   *Z*

115

Thermarum in solio si quis Polygitona vidit
ulcera membrorum scabie putrefacta foventem,
praeposuit cunctis spectacula talia ludis.
principio tremulis gannitibus aera pulsat
verbaque lascivos meretricum imitantia coetus   5
vibrat et obscenae numeros pruriginis implet.
bracchia deinde rotat velut enthea daemone Maenas:
pectus crura latus ventrem femora inguina suras
tergum colla umeros luteae symplegadis antrum,
tam diversa locis vaga carnificina pererrat,   10
donec marcentem calidi fervore lavacri
blandus letali solvat dulcedine morbus.
desectos sic fama viros, ubi cassa libido
femineos coetus et non sua bella lacessit,
irrita vexato consumere gaudia lecto,   15
titillata brevi cum iam sub fine voluptas
fervet et ingesto peragit ludibria morsu.
turpia non aliter Polygiton membra resolvit
et, quia debentur suprema piacula vitae,
ad Phlegethonteas sese iam praeparat undas.   20

116

Silvius ille Bonus, qui carmina nostra lacessit;
   nostra magis meruit disticha Britto Bonus.

117

'Silvius hic Bonus est.' 'quis Silvius?' 'iste Britannus.'
   'aut Britto hic non est, Silvius aut malus est.'

---

115 *Z*   2 ulcera *CMT*, vulcera *K*   3 praeposuit *CKM*, proposuit *T*
7 rotat *CKM*, vibrat *T*   9 luteae *CKM*, luctai *T ut vid.*   12 solvat *CKM*, solvit *T*
17 ingesto *CM*, ingestu *KT*, incesto *Salmasius*   18 turpia *C,* torpida *K,* turpida *MT*
19 quia *CKT*, qua *M*   20 praeparat *CM*, praeparet *KT*
116–21   *seiunxit Scal.*
116 *Z*   2–121. 2 britto *CM*, brito *KT*
117 *Z*   1 hic bonus est *CKM*, iste bonus *T*

118

Silvius esse Bonus fertur, ferturque Britannus;
    quis credat civem degenerasse bonum?

119

Nemo bonus Britto est; si simplex Silvius esse
    incipiat, simplex desinat esse bonus.

120

Silvius hic Bonus est, sed Britto est Silvius idem:
    simplicior res est, credite: Britto malus.

121

Silvi, Britto, Bonus, quamvis homo non bonus esse
    ferris nec †iungere Britto et homo†.

XIV. ECLOGAE

1. *De nominibus septem dierum*

Nomina, quae septem vertentibus apta diebus
annus habet, totidem errantes fecere planetae,
quos indefessa volvens vertigine mundus
signorum obliqua iubet in statione vagari.
primum supremumque diem radiatus habet sol.   5
proxima fraternae succedit luna coronae.
tertius assequitur Titania lumina Mavors.
Mercurius quarti sibi vindicat astra diei.

118 *Z*   1 fertur ferturque *T*, fertur *C*ᵃᶜ, Britto fertur *C*ᵖᶜ, simplex ferturque *K*, fertur pariterque *M*

119 *Z*   2 desinat *KMT*, desinet *C*

120 *Z*   1 Silvius hic *CMT*, Sic hic *K*

121 *Z*   1 Silvi *CMT*, solvi *K*, salve *ego dub.*   2 ferris *CM*, feris *KT* nec iungere *C*ᵃᶜ*MT*, nec possunt iungere *C*ᵖᶜ, nec tamen iungere *K*, nec se quit iungere *ed. Par.*

1511   brito et homo *codd.*, Brito bono *Lugd.*

XIV   Incipit eglogarum *V*, Incipit eclogarium *Scal.*

1   *V*

illustrant quintam Iovis aurea sidera zonam.
sexta salutigerum sequitur Venus alma parentem.   10
cuncta supergrediens Saturni septima lux est.
octavum instaurat revolubilis orbita solem.

2. *Monosticha de mensibus*

Primus Romanas ordiris, Iane, kalendas.
    Februa vicino mense Numa instituit.
Martius antiqui primordia protulit anni.
    fetiferum Aprilem vindicat alma Venus.
†maiorum† dictus patrum de nomine Maius.   5
    Iunius aetatis proximus est titulo.
nomine Caesareo Quintilem Iulius auget.
    Augustus nomen Caesareum sequitur.
autumnum, Pomona, tuum September opimat.
    triticeo October faenore ditat agros.   10
sidera praecipitas pelago, intempeste November.
    tu genialem hiemem, feste December, agis.

3. *Item disticha*

Iane novus, primo qui das tua nomina mensi,
    Iane bifrons, spectas tempora bina simul.
post superum cultus vicino Februa mense
    dat Numa cognatis manibus inferias.
Martius et generis Romani praesul et anni   5
    prima dabas Latiis tempora consulibus.
Aeneadum genetrix vicino nomen Aprili
    dat Venus; est Marti namque Aphrodita comes.
Maia dea an maior Maium te fecerit aetas
    ambigo: sed mensi est auctor uterque bonus.   10
Iunius hunc sequitur duplici celebrandus honore,
    seu nomen Iuno sive Iuventa dedit.
inde Dionaeo praefulgens Iulius astro

---

2   *Vb*   Monosticha de Mensibus *V*, de singulis mensibus *b*   2 instituit *b*, institiit *V*   5 maiorum *suspectum habeo*   9 pomona *V*, nam poma *b*   10 October *Lugd.*, octuber *V* (*et passim*), octimber *b*   ditat *V*, dictat *b*   11 intempeste *V*, intempesta *b*   12 tu genialem hiemem, feste December, agis *V*, imbrifer aut mensis tumque december adest *b*
    3   *V*   1 novus *Lugd.*, nove *V*   8 Aphrodita *Lugd.*, afrodicta *V*

aestatis mediae tempora certa tenet.
Augustus sequitur, cognatum a Caesare nomen,   15
     ordine sic anni proximus, ut generis.
nectuntur post hos numerumque ex ordine signant
     September, Bacchi munere praela rigans,
et qui sementis per tempora faenore laetus
     October cupidi spem fovet agricolae,   20
quique salo mergens sollemnia signa November
     praecipitat, caelo mox reditura suo.
concludens numerum genialia festa December
     promit, ut a bruma mox novus annus eat.

4. *De tribus menstruis mensuum*

Bis senas anno reparat Lucina kalendas,
et totidem medias dat currere Iuppiter idus,
nonarumque diem faciunt †infra octo secundi†.
haec sunt Romano tantum tria nomina mensi,
cetera per numeros sunt cognomenta dierum.   5

5. *Quoteni dies sint mensuum singulorum*

Implent tricenas per singula menstrua luces
Iunius Aprilisque et cum Septembre November.
unum ter denis cumulatius adde diebus
per septem menses, Iani Martisque kalendis
et quas Maius agit, quas Iulius Augustusque   5
et quas October positusque in fine December.
unus erit tantum duodetriginta dierum,
quem Numa praeposito voluit succedere Iano.
sic ter centenis decies accedere senos
quadrantemque et quinque dies sibi computat annus.   10

6. *Quo mense quotae nonae vel idus sint*

At nonas modo quarta aperit, modo sexta refert lux.
sexta refert Mai Octobris Martisque recursu

24 promit *ego*, finit *V*

    4   *V*   3 infra *V*, intra *Mommsen*, citra *ego dub.*   secundi *V*, secundam *ego dub.*

    5   *V*   3 ter denis *V*pc, terrenis *V*ac   5 quas (Iulius) *V*pc, qua *V*ac   Augustusque

Lugd., agustusque *V*   9–10 *et* 8. 17–18 *transp. Holford-Strevens, ego suspectos habeo*

    6   *V*

et qui solstitio sua tempora Iulius infert.
cetera pars mensum quartis est praedita nonis:
omnes vero idus octava luce recurrunt.   5

7. *Quotae kalendae sint mensuum singulorum*

Post idus, quas quisque suas habet ordine mensis,
diversae numero redeunt variante kalendae,
dum   *   *   rursumque iterumque vocantur,
ut tandem optati procedant temporis ortu.
ter senis unoque die genialia festa   5
porrigit ut Ianum arcessat nova bruma morantem.
hoc numero mensisque Numae redit autumnique
principium referens Bacchi September alumnus.
Iulius et Maius positusque in fine December
Octoberque die revocantur tardius uno.   10
inde die redeunt minus uno quattuor ultra,
quos numero adiciam, Sextilis, Iunius atque
Aprilis, post quos paenultima meta November.
ter quinis unoque die, Iunonie Mavors,
ut redeas referasque exordia prima cieris.   15
[hoc numero ad plenum vertens reparabitur annus.]

8. *Ratio dierum anni vertentis*

Nonaginta dies et quattuor ac medium sol
conficit, a tropico in tropicum dum permeat astrum,
octipedem in Cancrum Phrixeo ab Ariete pergens.
hoc spatio aestivi pulsusque et meta diei.
semidiemque duosque dies deciesque novenos   5
a Cancro in Chelas aequatae tempora noctis
atque dii cursu peragit sol aureus alto,
autumni aestatisque simul confinia miscens.
unde autumnales transcurrens ordine menses
ad tropicum pergit signum gelidi Capricorni,   10
octo dies decies octonis insuper addens

4 mensum *Lugd.*, mensuum *V ut vid.*
    7 *V*   3 dum rursumque iterumque vocantur (*spatio duarum litterarum inter* iterum *et* que *relicto*) *V, lac. post* dum *Sch., post* iterumque *Lugd.*   4 ortu *V*, ortus *Gron.*   10 revocantur *Gron.*, revocatur *V*   11 redeunt *Lugd.*, rediunt *V*   16 *del. ego*
    8 *V*   7 alto *Reeve*, altero *V*, altro *L. Mueller*

quadrantemque diei, quinto qui protinus anno
mense Numae extremo nomen capit embolimaei.
inde ad Agenorei festinans cornua Tauri,
scandit Lanigeri tropicum sol aureus astrum,   15
nonaginta dies decreto fine coercens.
hic tibi circus erit semper vertentibus annis
ter centum ac senis decies et quinque diebus.

9. *In quo mense quod signum sit ad cursum solis*

Principium Iani sancit tropicus Capricornus.
mense Numae [in] medio solidi stat sidus Aquari.
procedunt duplices in Martia tempora Pisces.
respicis Apriles, Aries Phrixee, kalendas.
Maius Agenorei miratur cornua Tauri.   5
Iunius aequatos caelo videt ire Laconas.
solstitio ardentis Cancri fert Iulius astrum.
Augustum mensem Leo fervidus igne perurit.
sidere, Virgo, tuo Bacchum September opimat,
aequat et October sementis tempore Libram.   10
Scorpios hibernum praeceps iubet ire Novembrem.
terminat Arquitenens medio sua signa Decembri.

10. *A solstitio in aequinoctium ratio*

Sol profectus a teporo veris aequinoctio
post semidiem postque totos nonaginta et quattuor
fervidis flagrans habenis pulsum aestivum conficit.

                    *   *   *   *   *

inde autumnus noctis horas librans aequo lumine
octo et octoginta goeris et super trihorio   5

                    *   *   *   *   *

inde floridum reflexis ver revisit oreis
additis ad hos priores goeros geminis orbibus.

12–13 *suspectos habeo*   12 diei *V*, dii *Lugd.*   13 embolimaei *Lugd.*, embolisme *V*ᵃᶜ
embolismaei *V*ᵖᶜ   17–18 *et* 5. 9–10 *transp. Holford-Strevens, ego suspectos habeo*
17 circuˢ *V*, circlus *Baehrens*   18 deᶜⁱes *V*ᵖᶜ, dies *V*ᵃᶜ *ut vid.*
     9 *V et alii, inter quos Bedae codd.*   1–3 *post* 4 *Bedae codd. et alii complures*   2 *in del.*
Buecheler
     10 *V*   3 pulsum *V*, cursum *Graev.*   *post* 3 *lac. Reeh*   *post* 5 *lac. Scal.*
6 reflexis *Canter*, reflexit *V*   7 goeros *Scal.*, goeres *V*

11. *De temporibus*

Et ternos menses et tempora quattuor anni
quattuor ista tibi subiecta monosticha dicent.
Martius, Aprilis, Maius sunt tempora veris.
Iulius, Augustus nec non et Iunius aestas.
Septembri Octobri autumnat totoque Novembri.   5
brumales Ianus, Februarius atque December.

12. *De lustralibus agonibus*

Quattuor antiquos celebravit Achaia ludos.
   caelicolum duo sunt et duo festa hominum:
sacra Iovis Phoebique Palaemonis Archemorique,
   serta quibus pinus malus oliva apium.

13. *De locis agonum*

Prima Iovi magno celebrantur Olympia Pisae,
Parnasus Clario sacravit Pythia Phoebo.
Isthmia Portuno bimarisque dicata Corinthos.
Archemori Nemeaea colunt funebria Thebae.

14. *De auctoribus agonum*

Primus Olympiacae sacravit festa coronae
Iuppiter Argivi stadia ad longissima circi.
proximus Alcides Nemeae sacravit honorem.
[haec quoque temporibus quinquennia sacra notandis.]
Isthmia Neptuno data sunt et Pythia Phoebo.   5
[ancipiti cultu divorum hominumque sepultis.]

11 *EZ (Z = CKMT)*   De temporibus *M*, De temporibus monosticha *E*, De temporibus anni *K*, De mensibus et quattuor anni temporibus *CT*   1 Et ternos *EMT*, Aeternos *CK*
3 tempora *ECMT*, tempore *K*   5 autumnat *EZ*, autumnus *ed. pr.*
    12 *V*
    13 *V*   1 celebrantur *Lugd.*, celebratur *V*   2 Clario *Lugd.*, claro *V*   3 bima-
risque dicata Corinthos *Peip. dub.*, bimaris dicata Corinthos *V*, bimaris dicat alta Corinthos *Scal.*,
bimaris dicat Acrocorinthos *Vin.*, bimaris dicat acta Corinthi *Toll.*, bimari dicat alta Corinthos
Peip.   4 Nemeaea colunt *Scal.*, nemeae colunt *V*, Nemeae recolunt *ego dub.*
    14 *V*   3 Nemeae *Lugd.*, nemeaeam *V ut vid.*, Nemeum *Vin.*   4 et 6 *del. ego, in
initium carm. sequentis transp. Sch.*, sepultis (6) *in* sepulchri *mutato*   5 Isthmia *Lugd.*, isthimia *V*
(*et 15. 3*)

15. *Quod idem qui sacri agones sunt et funebres ludi habeantur*

Tantalidae Pelopi maestum dicat Elis honorem.
Archemori Nemeaea colunt quinquennia Thebae.
Isthmia defuncto celebrata Palaemone notum.
Pythia placando Delphi statuere draconi.

16. *De feriis Romanis*

Nunc et Apollineos Tiberina per ostia ludos
   et Megalesiacae matris operta loquar,
Vulcanique dies, autumni exordia primi,
   Quinquatrusque deae Pallados expediam,
et medias idus Mai Augustique recursu,   5
   quas sibi Mercurius quasque Diana dicat,
matronae et quae sacra colant pro laude virorum,
   Mavortis primi cum rediere dies.
festa Caprotinis memorabo celebria nonis,
   cum stola matronis dempta tegit famulas.   10
[quattuor illa etiam discretis partibus anni
   solstitia et luces nocte dieque pares.]
nec Regifugium pulsis ex urbe tyrannis
   laetum Romanis fas reticere diem.
visne Opis ante sacrum vel Saturnalia dicam   15
   festaque servorum, cum famulantur eri,
et numquam certis redeuntia festa diebus,
   compita per vicos cum sua quisque colit,
aut duplicem cultum, quem Neptunalia dicunt
   et quem de Conso consiliisque vocant,   20
festa aut navigiis aut quae celebrata quadrigis
   iungunt Romanos finitimosque duces?
adiciam cultus peregrinaque sacra deorum,
   natalem Herculeum vel ratis Isiacae,
nec non lascivi Floralia laeta theatri,   25
   quae spectare volunt qui voluisse negant.
nunc etiam veteres celebrantur Equirria ludi:

15 *V*   1 dicat Elis *Vin.*, dicaehelis *V*   2 Nemeaea colunt *Scal.*, nemeae colunt *V*,
Nemeae recolunt *ego dub.*   3 notum *Scal.*, motum *V*
     16 *V*   7 matronae et quae *ego*, matroneque *V*, matronaeque ut *Lugd.*, matronae quae
Scal.   10 tegit *Heins.*, teget *V*   11–12 *del. ego*   11 anni *Lugd.*, annis *V*
     15 Opis *Scal.*, opes *V*   21 (festa) aut *Sh. B.*, haec *V*   24 Isiacae *Lugd.*, siacae *V*

prima haec Romanus nomina circus habet.
et Dionysiacos Latio cognomine ludos
　　Roma colit, Liber, cum tibi vota dicat.　　　　　30
aediles etiam plebi aedilesque curules
　　sacra sigillorum nomine dicta colunt.
et gladiatores funebria proelia notum
　　decertasse foro; nunc sibi harena suos
vindicat, extremo qui iam sub fine Decembris　　　35
　　falcigerum placant sanguine Caeligenam.

17. *De aerumnis Herculis*

Prima Cleonaei tolerata aerumna leonis.
proxima Lernaeam ferro et face contudit hydram.
mox Erymantheum vis tertia perculit aprum.
aeripedis quarto tulit aurea cornua cervi.
Stymphalidas pepulit volucres discrimine quinto　　　5
Threiciam sexto spoliavit Amazona balteo.
septima in Augei stabulis impensa laboris.
octava expulso numeratur adorea tauro.
in Diomedeis victoria nona quadrigis.
Geryone exstincto decimam dat Hiberia palmam.　　　10
undecimo mala Hesperidum destricta triumpho.
Cerberus extremi suprema est meta laboris.

18. *Hic versus sine auctore est. quo die quid demi de corpore oporteat*

Ungues Mercurio, barbam Iove, Cypride crines.

Hoc sic refellendum

Mercurius furtis probat ungues semper acutos
　articulisque aciem non sinit imminui.

30 cum *ego*, que V^{ac}, quae V^{pc}, quis *Heins.*　　　tibi ... dicat *Sch.*, sibi ... dicat *V*, sibi ... dicant
Heins.　　　31 aediles *Lugd.*, aedilis *V*　　etiam plevi *V*, plebeii etiam *Vin.*　　　36 sanguine
V^{pc}, sanguinem V^{ac}
　　17　*VbBGWEZ (Z = CKMT)*　　　1 leonis *VbBGWCKM*, laboris *ET*　　　2 lerneam
BGWEZ, leraneam *V*, lerneae *b*　　contudit *VbBGWET*, contulit *CKM*　　hydram *bBGWEZ*,
Iram *V*　　　4 cervi *VBGWEZ*, cervum *b*　　　5 discrimine *VbBGWECKM*, certamine *T*
7 Augei stabulis *VbWCMT*, angeis stabulis *BG*, ageis tabulis *E*, augaeis tabulis *K*　　8 numeratur *VBGEZ*, numerantur *bW*　　11 destricta *VBW*, districta *GEZ*, distincta *b*
　　18　*V*　　　1 furtis *Toll.*, furti *V*

barba Iovi, crinis Veneri decor; ergo necesse est
   ut nolint demi, quo sibi uterque placent.
Mavors imberbes et calvos, Luna, adamasti;   5
   non prohibent comi tum caput atque genas.
sol et Saturnus nil obstant unguibus. ergo
   non placitum divis tolle monostichium.

19. *De ambiguitate eligendae vitae*

Quod vitae sectabor iter, si plena tumultu
sunt fora, si curis domus anxia, si peregrinos
cura domus sequitur, mercantem si nova semper
damna manent, cessare vetat si turpis egestas,
si vexat labor agricolam, mare naufragus horror   5
infamat, poenaeque graves in caelibe vita
et gravior cautis custodia vana maritis,
sanguineum si Martis opus, si turpia lucra
faenoris et velox inopes usura trucidat?
omne aevum curae, cunctis sua displicet aetas.   10
sensus abest parvis lactantibus et puerorum
dura rudimenta et iuvenum temeraria pubes.
afflictat fortuna viros per bella, per aequor,
irasque insidiasque catenatosque labores
mutandos semper gravioribus. ipsa senectus   15
exspectata diu votisque optata malignis
obicit innumeris corpus lacerabile morbis.
spernimus in commune omnes praesentia; quosdam
constat nolle deos fieri. Iuturna reclamat:
'quo vitam dedit aeternam? cur mortis adempta est   20
condicio?' sic Caucasea sub rupe Prometheus
testatur Saturnigenam nec nomine cessat
incusare Iovem, data sit quod vita perennis.

---

4 nolint *Toll.*, nollent *V*   placent *V*, placet *Lugd.*   5 imberbes *V*ᵖᶜ, imvervos *V*ᵃᶜ *ut vid.*
7 nil *V*, nihil *Scal.*
    19   *VPaH*   ex graeco pythagoricon de ambiguitate eligendae vitae *V*, incipit egloga
eiusdem de ambiguitate vitae eligendae iuxta graecum . . . *P*, egloga de ambiguitate vitae eligendae
incipit *a*, aegloga eiusdem de ambiguitate vitae eligendae . . . *H*   3 sequitur *VaH*, queritur *P*
4 si *om. P*   5 horror *VaH*, error *P*   6 infamat *codd.*, infestat *vel* insanat *ego dub.*
8 si *pr. om. a*   11 lactantibus *VP*, lactentibus *aH*   14 irasque *VPH*, iras *a*
15 mutandos *PaH*, multandos *V*   16 *om. P*   18–23 *om. V*   23 incusare *H*, incur-
sare *a*, incausare *P*   sit quod *PH*, quod sit *a*

respice et ad cultus animi. sic nempe pudicum
perdidit Hippolytum non felix cura pudoris.   25
at contra illecebris maculosam degere vitam
quem iuvat, aspiciat poenas et crimina regum,
Tereos incesti vel mollis Sardanapalli.
perfidiam vitare monent tria Punica bella,
sed prohibet servare fidem deleta Saguntos.   30
vive et amicitias semper cole; crimen ob istud
Pythagoreorum periit schola docta sophorum.
hoc metuens igitur nullas cole; crimen ob istud
Timon Palladiis olim lapidatus Athenis.
dissidet ambiguis semper mens obvia votis,   35
nec voluisse homini satis est; optata recusat.
esse in honore placet; mox paenitet et dominari
ut possint, servire volunt. idem auctus honore
invidiae obicitur. pernox est cura disertis;
sed rudis ornatu vitae caret. esto patronus   40
et defende reos; sed gratia rara clientis.
esto cliens; gravis imperiis persona patroni.
exercent hunc vota patrum; mox aspera curis
sollicitudo subit.   *   *
   *   *   contemnitur orba senectus
et captatoris praeda est heredis egenus.   45
vitam parcus agas; avidi lacerabere fama.
et largitorem gravius censura notabit.
cuncta tibi adversis contraria casibus. ergo
optima Graiorum sententia: quippe homini aiunt
non nasci esse bonum aut natum cito morte potiri.   50

20. *De viro bono*

Vir bonus et sapiens, qualem vix repperit unum
milibus e cunctis hominum consultus Apollo,

25 non felix *VaH*, infelix *P*   26 at contra *PaH*, e contra *V*   degere *H*, digere *P*, ducere *a*
27 aspiciat *V*, aspice et ad *PaH* (ad *sup. lin. H*)   36 recusat *V*, recusant *PaH*   38 possint
. . . volunt *codd.*, possit . . . volet *Toll.*   44 *post* subit *lac. Sch.*   45 captatoris *VH*, captata
toris *P*, captoris *a*   egenus *PaH*, et genⁿs *V*   47 et *codd.*, at *Graev.*   notabit *aH*, notavit *V*,
notabis *P*   48 tibi *codd.*, sibi *Gron.*   adversis *VaH*, adversus *P*   50 aut natum *V*,
natum aut *PaH*

   20   *VGWYIJλ*   De viro bono. Pytagorice atioasis *V*, De institutione uiri boni *GWYJλ*,
tit. om. I   1 sapiens *VGWYJλ*, prudens *I*

iudex ipse sui totum se explorat ad unguem.
quid proceres vanique levis quid opinio vulgi

*   *   *   *   *

securus, mundi instar habens, teres atque rotundus,   5
externae ne quid labis per levia sidat.
ille, dies quam longus erit sub sidere Cancri
quantaque nox tropico se porrigit in Capricorno,
cogitat et iusto trutinae se examine pendit,
ne quid hiet, ne quid protuberet, angulus aequis   10
partibus ut coeat, nil ut deliret amussis,
sit solidum quodcumque subest, nec inania subter
indicet admotus digitis pellentibus ictus,
non prius in dulcem declinans lumina somnum
omnia quam longi reputaverit acta diei.   15
quae praetergressus, quid gestum in tempore, quid non?
cur isti facto decus afuit aut ratio illi?
quid mihi praeteritum? cur haec sententia sedit,
quam melius mutare fuit? miseratus egentem
cur aliquem fracta persensi mente dolorem?   20
quid volui, quod nolle bonum foret? utile honesto
cur malus antetuli? num dicto aut denique vultu
perstrictus quisquam? cur me natura magis quam
disciplina trahit? sic dicta et facta per omnia
ingrediens ortoque a vespere cuncta revolvens   25
offensus pravis dat palmam et praemia rectis.

21. Ναὶ καὶ οὔ

Est et non cuncti monosyllaba nota frequentant.
his demptis nil est hominum quod sermo volutet.
omnia in his et ab his sunt omnia, sive negoti
sive oti quicquam est, seu turbida sive quieta.

post 4 lac. Ribbeck, post proceres Sch. dub.   6 levia VGYJλ, devia WI
7 dies Leid. Voss. Lat. O 96, diem VGWYIJλ   12 subter VGW, subtus YIλ, om. J   13 om. λ
14 declinans VGWJ, declinatis Yλ, declinat I   16 quae Leid. Voss. Lat. O 81, quo VGWYIJλ,
quid Leid. Voss. Lat. O 96, qua Vin.   17 om. W   18/19 mihi ... quam om. G
21 quod nolle VGIJ, quid nolle WY   foret GWYIJ, feret V, furet λ   22–6 om. Y
22 num VGJλ, non WI   26 dat GI, det VWJλ

    21   VGWYIJλ   Ναι και ου pithagoricon V, Incipit de Pythagoricis diffinitionibus ναι
κε ου GWJ, De Est et Non Yλ, tit. om. I   2 post 4 transp. Ribbeck   nil VGJ, nihil WYIλ
quod YI, quo VGWλ, quos J   4 quieta Brux. 5330–2, quietis VGWYIJλ

alterutro pariter nonnumquam, saepe seorsis
obsistunt studiis, ut mores ingeniumque
et facilis vel difficilis contentio nata est.
si consentitur, mora nulla, intervenit 'est est',
sin controversum, dissensio subiciet 'non'.

hinc fora dissultant clamoribus, hinc furiosi
iurgia sunt circi, cuneati hinc lata theatri
seditio, et tales agitat quoque curia lites;
coniugia et nati cum patribus ista quietis
verba serunt studiis salva pietate loquentes.

hinc etiam placidis schola consona disciplinis,
[dogmaticas agitat placido certamine lites.]
hinc omnis certat dialectica turba sophorum.
'est lux?' 'est'. 'est ergo dies.' non convenit istuc;
nam facibus multis aut fulgoribus quotiens lux
est nocturna homini, non est lux ista diei.

est et non igitur, quotiens lucem esse fatendum est,
sed non esse diem. mille hinc certamina surgunt,
hinc pauci   *   *   *   *

    *   multi quoque talia commeditantes
murmure concluso rabiosa silentia rodunt.
qualis vita hominum, duo quam monosyllaba versant!

        5
        10
        15
        20
        25

22. *De aetatibus animantium. Hesiodion*

Ter binos deciesque novem super exit in annos
iusta senescentum quos implet vita virorum.
hos novies superat vivendo garrula cornix
et quater egreditur cornicis saecula cervus.

5 nonnumquam *WYJ*, non umquam *VIλ*, umquam *G*   6 obsistunt *VGYIJλ*, absistunt *W*
7 et *VGWYIJλ*, vel *Leid. Voss. Lat. O 96*, ut *Bondam*   facilis ... difficilis *V*, faciles ... difficiles
GWYIJλ   nata *V*, nacta *GWYIJλ*   8 si *GWYJIλ*, sic *V*   10–12 *post* 14 *transp. Buecheler*
11 lata *Sch.*, laeta *codd.*, tanta *Ribbeck*   13–16 *om. I*   15 placidis *VGWYJλ*, placitis *Leid.
Voss. Lat. O 96*   16 *del. ego*   placido *VGW*, placito *YJλ*, lento *Ribbeck*, blando *Peip. dub.*
18 est lux est est ergo dies *ego*, estne dies est ergo dies *VGWYIJλ*, est lux estne dies ergo *Leid. Voss.
Lat. F 78*, lux est estne dies ergo *Ribbeck*, si lux est, est ergo dies *Riese*, est en lux, est ergo dies *Sch.*,
est nunc lux, est ergo dies *Mommsen*   non *om. WJλ*   istuc *Leid. Voss. Lat. O 81*, istic *VGWJλ*,
ista *Y*, illud *I*   21 quotiens *codd.*, quoniam *ego dub.*   est *alt. om. WYλ*   23 hinc *Iλ*, hic
VGWY, hi *J*   pauci *VGWYJλ*, pauci et *I*, rauci *Ribbeck*, fatui *Buecheler*, ἐποχῇ *J. J. Fraenkel*
lac. post pauci *Sch.*   24 concluso *VGWλ*, concluse *YJ*, conclusa *I*

22 *VGWIJ*   De aetatibus. Hesiodion *V*, De aetatibus animantium (-tum *IJ*), Hesiodion *GWIJ*   1 Ter binos *codd.*, ter senos *Roscher*   2 iusta *VGJ*, iuxta *WI*

    alipedem cervum ter vincit corvus et illum   5
    multiplicat novies Phoenix, reparabilis ales.
    quem nos perpetuo decies praevertimus aevo,
    Nymphae Hamadryades, quarum longissima vita est.
      haec cohibet finis vivacia fata animantum.
    cetera secreti novit deus arbiter aevi.   10

23

*   *   *   *   *

    tempora quae Stilbon volvat, quae saecula Phaenon,
    quos Pyrois habeat, quos Iuppiter igne benigno
    circuitus, quali properet Venus alma recursu,
    qui Phoeben, quanti maneant Titana labores,
    donec consumpto, magnus qui dicitur, anno   5
    rursus in antiquum veniant vaga sidera cursum,
    qualia dispositi steterunt ab origine mundi.

24. *De ratione librae*

    Miraris quicumque manere ingentia mundi
    corpora, sublimi caeli circumdata gyro,
    et tantae nullam moli intercedere labem,
    accipe quod mirere magis. tenuissima tantis
    principia et nostros non admittentia visus   5
    parvarum serie constant conexa atomorum;
    sed solidum in parvis nullique secabile segmen.
    unde vigor viresque manent aeternaque rerum
    mobilitas nulloque umquam superabilis aevo.
    divinis humana licet componere. sic est   10
    as solidus, quoniam bis sex de partibus aequis
    constat et in minimis paribus tamen una manet vis.
    nam si quid numero minuatur, summa vacillet
    convulsaeque ruant labefacto corpore partes,

---

5 vincit *GWIJ*, vinxit *V*   9 finis *VW*, fines *GFJ*   10 secreti *V*, secreta *GWIJ*

   23 *V, cum praecedenti coniunctum*   1 quae Stilbon volvat *Acc.*, que stilo involvat *V*
Phaenon *Scal.*, p^{h}aeton *V*   2 quos (Iuppiter) *Acc.*, quod *V*, quot *Heins.*   7 dispositi *V*,
disposita *vel* dispositu *Buecheler*   steterunt *Baehrens*, steterant *V*

   24 *V*   De Ratione Librae *V*   8 vigor viresque *Canter*, vires virg^{o}que *V*
13 vacillet *V*, vacillent *Heins.*   14 ruant *Heins.*, ru^{un}t *V*

ut medium si quis vellat de fornice saxum   15
incumbunt cui cuncta, simul devexa sequentur
cetera communemque trahent a vertice lapsum.
non aliter libra est. si deficit uncia, totus
non erit as nomenque deunx iam cassus habebit.
nec dextans retinet nomen sextante remoto,   20
et dodrans quadrante †satus auctore carebit†
divulsusque triens prohibet persistere bessem.
iam quincunx tibi nullus erit, †si prama revellas†.
et semis qui semis erit pereuntibus assis
partibus? et qui, cuius abest pars septima, septunx?   25
libra igitur, totum si nulla in parte vacillet.
ponderis et numeri morumque operumque et aquarum
libra; nec est modulus, quem non hoc nomine signes.
telluris, medio quae pendet in aere, libra est
et solis lunaeque vias sua libra cohercet.   30
libra dii somnique pares determinat horas,
libra Caledonios sine litore continet aestus.
tu quoque certa mane morum mihi libra meorum.

25. *De ratione puerperii maturi*

Omnia quae vario rerum metimur in actu
astrorum dominatus agit terrenaque tantum
membra homini. e superis fortuna et spiritus auris
septeno moderanda choro, sed praesidet ollis
sortitus regimen nitidae sol aureus aethrae.   5
nec sola in nobis moderatur tempora vitae
dum breve solliciti spatium producimus aevi;
creditur occultosque satus et tempora vitae
materno ducenda utero formare videndo
et nondum exortae leges componere vitae.   10
namque ubi conceptus genitali insederit arvo,
haud dubium solem cuicumque insistere signo.

---

18 deficit *ego*, defuit *V*   19 deunx *Lugd.*, dunx *V*   21 satus auctore carebit *V*, carens
auctore carebit *Gron.*, resecto auctore carebit *Sch. dub.*   23 si prama rebellas *V*, si prima
revellas *Lugd.*, septena revellas *Gron.*, si gramma revellas *Peip. dub.*, septunce revulso *Sh. B. dub.*, si
gramma revellas *ego dub.*   24   qui *Hultsch*, cui *V*   25 qui, cuius abest *ego*, cuius librae *V*
31 dii *V*, die *Souchay*
25 *V*   6 solà *Toll.*, sol *V*   8 occultosque satus *Scal.*, occultosquae satos *V*
10 exortae *Scal.*, exorate *V*   11 arvo *Graev.*, albo *V*   12 haut *V*pc, aut *V*ac

qui cum vicini stationem ceperit astri,
contiguos nullum transfundit lumen in ortus.
ast ubi conversis post menstrua tempora habenis   15
scandit purpureo iam tertia sidera curru,
obliqua exilem demittit linea lucem,
aspirans tenues per inertia pondera motus.
quarta in sede viget primi indulgentia solis,
suadet et infusus teneros coalescere fetus.   20
fulgor tetragono aspectu vitale coruscat,
clarum et lene micans, quintique ⟨e⟩ cardine signi
incutit attonitam vegetato infante parentem.
nam sexto vis nulla loco, quia nulla tuendi
aequati lateris signatur regula Phoebo.   25
ast ubi signiferae media in regione cohortis
septimus accepit limes rutilantia flammis
recto castra situ, turgentis foedera partus
iam plena sub luce videt, nec fulgura parci
luminis intendens toto fovet igne coronae.   30
hinc illud, quod legitimos Lucina labores
praevenit et gravidos sentit subrepere nixus
ante exspectatum festina puerpera votum.
quod nisi septeno cum lumina fudit ab astro
impulerit tardi claustra obluctantia partus,   35
posterior nequeat, possit prior. an quia sexto
aemulus octavi conspectus inutilis astri
nescit compariles laterum formare figuras?
sed nono incumbens signo cunctantia matrum
vota levat, trigono viris sociante sequenti.   40
at si difficilis trahit Ilithyia retrorsum,
tetragono absolvet dubiarum vincla morarum.

---

17 obliqua *Lugd.*, obliquae *V*   demittit *Flor.*, dimittit *V*   19 primi *V*, prima *Sch. dub.*
20 infusus *Scal.*, infusos *V*   21 fulgor tetragono *Scal.*, fulgor tetrigono *V*, fulgore et trigono
EW   aspectu *Vin.*, aspectus *V*   22 quintique e *Sch.*, quintique *V*, quinti qui *Scal.*, quintique in *Vin.*, quintique a *Heins.*   26 signiferae ... cohortis *Scal.*, signifer ... cohortes *V*
32 subrepere *Lugd.*, subripere *V*   ante 36 *lac. ego dub.*   40 viris *V*, vires *Scal.*
41 trahit Ilithyia retrorsum *Heins.*, trahithilithisider a rᵘrsum *V*, nixus trahit Ilithyia *Scal.*, partum
trahit Ilithyia *vel* trahit Ilithyia cursum *Toll.*, rursum trahit Ilithyia *Peip.*

XV. GRIPHUS TERNARII NUMERI

Ausonius Symmacho

Latebat inter nugas meas libellus ignobilis; utinamque latuisset neque indicio suo tamquam sorex periret. hunc ego cum velut gallinaceus Euclionis situ chartei pulveris eruissem, excussum relegi atque ut avidus faenerator improbum nummum malui occupare quam condere. dein cogitans mecum, non illud Catullianum 'cui dono lepidum novum 5 libellum', sed ἀμουσότερον et verius 'cui dono illepidum, rudem libellum', non diu quaesivi; tu enim occurristi, quem ego, si mihi potestas sit ex omnibus deligendi, unum semper elegerim. misi itaque ad te haec frivola gerris Siculis vaniora, ut cum agis nihil, hoc legas et, ne nihil agas, defendas. igitur iste nugator libellus, iam diu secreta quidem, sed 10 vulgi lectione laceratus, perveniet tandem in manus tuas. quem tu aut ut Aesculapius redintegrabis ad vitam aut ut Plato iuvante Vulcano liberabis infamia, si pervenire non debet ad famam.

fuit autem ineptiolae huius ista materia. in expeditione, quod tempus, ut scis, licentiae militaris est, super mensam meam facta est 15 invitatio, non illa de Rubrii convivio, ut Graeco more biberetur, sed illa de Flacci ecloga, in qua propter mediam noctem et novam lunam et Murenae auguratum ternos ter cyathos attonitus petit vates. hunc locum de ternario numero ilico nostra illa poetica scabies coepit exsculpere, cuius morbi quoniam facile contagium est, utinam ad te 20 quoque prurigo commigret et fuco tuae emendationis adiecto impingas spongiam, quae imperfectum opus equi male spumantis absolvat. ac ne me gloriosum neges, coeptos inter prandendum versiculos ante cenae tempus absolvi, hoc est dum bibo et paulo ante quam biberem. sit ergo examen pro materia et tempore. sed tu quoque hoc ipsum paulo 25 hilarior et dilutior lege; namque iniurium est de poeta male sobrio lectorem abstemium iudicare.

neque me fallit fore aliquem qui hunc iocum nostrum acutis naribus et caperrata fronte condemnet negetque me omnia quae ad ternarium et novenarium numeros pertinent attigisse. quem ego verum dicere 30 fatebor; iuste, negabo. quippe si bonus est, quae omisi non oblita mihi

xv   *VPHZ (Z = CKLT)*   2 gallinaceus Euclionis *VPH*, gallinaceus evedionis *C*, gallina ceu seve dionis *KLT*ᵖᶜ, callonaceus vedionis *T*ᵃᶜ   6 ἀμουσοτερον *VPH*, amorcoteron *CLT* (-pon *L*), αμοιωτερον *K*   6–7 et verius ... libellum non *om. VPH*   8 deligendi *T*, deligi *VPH*, diligendi *CKL*   itaque *VPHCKL*, ergo *T*   ad te *om. P*   haec *om. Z*   9 Siculis ... ne nihil *om. VPH*   hoc *KT*, haec *CL*   11 perveniet *VPHCLT*, pervenit *K*   13 debet *VHZ*, debeat *P*   16 Rubrii *VPH*, ludibrii *Z*   ut Graeco more *om. T*   18 petit *VPH*, petii *CT*, peti *KL*   vates *HZ*, vatis *VP*   23 gloriosum neges *Z*, nescias gloriosum *VPH* 24 sit *VPHCL*, sic *K*, sed *T*   26 namque *VPHCKL*, nam *T*

sed praeterita existimet. dehinc qualiscumque est, cogitet secum quam
multa de his non repperisset si ipse quaesisset. sciat etiam me neque
omnibus erutis usum et quibusdam oblatis abusum. quam multa enim
35 de ternario sciens neglexi: tempora et personas, genera et gradus,
novem naturalia metra cum trimetris, totam grammaticam et musicam
librosque medicinae, ter maximum Hermen et amatorem primum
philosophiae Varronisque numeros, et quicquid profanum vulgus
ignorat. postremo, quod facile est, cum ipse multa invenerit, comparet
40 se atque me, occupatum cum otioso, pransum cum abstemio, iocum et
ludum meum, diligentiam et calumniam suam. alius enim alio plura
invenire potest, nemo omnia. quod si alicui et obscurus videbor, apud
eum me sic tuebere: primum eiusmodi epyllia, nisi vel obscura sint,
nihil futura; deinde numerorum naturam non esse scirpum, ut sine
45 nodo sint. postremo si etiam tibi obscurus fuero, cui nihil neque non
lectum est neque non intellectum, tum vero ego beatus quod affectavi
assequar, me ut requiras, me desideres, de me cogites. vale.

> Ter bibe vel totiens ternos; sic mystica lex est
> vel tria potanti vel ter tria multiplicanti
> imparibus novies ternis contexere coebum.
> iuris idem tribus est quod ter tribus, omnia in istis:
> forma hominis coepti plenique exactio partus   5
> quique novem novies fati tenet ultima finis.
> tris Ope progeniti fratres, tris ordine partae,
> Vesta Ceres et Iuno, secus muliebre, sorores.
> inde trisulca Iovis sunt fulmina, Cerberus inde,
> inde tridens triplexque Helenes cum fratribus ovum.   10
> ter nova Nestoreos implevit purpura fusos

33 etiam me neque *PH*, etiam me que *V*, etiam quae me neque *Z*   34 erutis *Z*, eruditis *VPH*
quam *VHZ*, quare *P*   35 neglexi *CT*, neglego *VPH*, neglexit *KL*   et personas genera *om.*
PH   36 totam *VPHCLT*, totamque *K*   37 medicinae ter maximum *Scal.*, medicinae tri-
maximum *V*, medici nostri maximi *P*, medici nostri maximum *H*, medicinos Ter maximus *CL*,
medicine ter maximus *K*, medicinos ter maximum *T*   38 philosophiae *codd.*, sophiae *Markland*   39 postremo ... comparet *om. V*   40 se atque *PHZ*, sciatque *V*   41 enim
VHZ, cui *P*   42 et *om. T*   43 me *om. V*   45–6 non lectum *VH*, neglectum *Z*,
lectum *P*   46 neque non intellectum *PHZ*, non intellectum *V*ᵖᶜ, *om. V*ᵃᶜ   vero *om. T*
47 ut *ante* desideres *VPH*, *om. Z*

3 contexere *VZ*, contere *PH*   coebum *VHCKL*, cobum *P*, coelum *T*   5 coepti *Z*,
coepit *VPH* (cepit *P*)   6 quique *VPHCKL*, quaeque *T*   7–10 *post* 17 *Acc.*   7 tris
VPZ, tres *H*   partae *Parrhasius*, parcae *VHC*, parce *PKLT*   8 secus *CKT*, decus *VPH*, sexu
L   9 Iovis *K*, Iovi *VPHCLT*   10 helenes *Z*, helene *VPH*

et totiens trino cornix vivacior aevo;
quam novies terni glomerantem saecula tractus
vincunt aeripedes ter terno Nestore cervi;
tris quorum aetates superat Phoebeius oscen;   15
quem novies senior Gangeticus anteit ales,
ales cinnameo radiatus tempora nido.
tergemina est Hecate, tria virginis ora Dianae;
tris Charites, tria fata, triplex vox, trina elementa.
tris in Trinacria Sirenes et omnia ternae,   20
tris volucres, tris semideae, tris semipuellae,
ter tribus ad palmam iussae certare Camenis,
ore manu flatu buxo fide voce canentes.
tris sophiae partes, tria Punica bella, trimenstres
annorum caelique vices noctisque per umbram   25
tergemini vigiles. ter clara instantis Eoi
signa canit serus deprenso Marte satelles.
et qui conceptus triplicatae tempore noctis
iussa quater ternis affixit opima tropaeis.
et lyrici vates numero sunt Mnemonidarum,   30
tris solas quondam tenuit quas dextera Phoebi,
sed Citheron totiens ternas ex aere sacravit
religione patrum, qui sex sprevisse timebant.
trina Tarentino celebrata trinoctia ludo,
qualia bis genito Thebis trieterica Baccho.   35
tris primas Thraecum pugnas tribus ordine bellis
Iuniadae patrio inferias misere sepulcro.
illa etiam thalamos per trina aenigmata quaerens,
qui bipes et quadrupes foret et tripes, omnia solus,
terruit Aoniam, volucris, leo, virgo, triformis   40
Sphinx, volucris pinnis, pedibus fera, fronte puella.

---

12 trino *codd.*, terno *Toll.* 14 terno *VHZ*, trino *P* 15 tris *VPH*ac*Z*, tres *H*pc
17 ales … radiatus *codd.*, tollens … radiantia *ego dub.* 19 tris *VH?*pc*CKL*, tres *PT*
trina *VPHCKL*, terna *T* 20 tris *VHZ*, tres *P* Sirenes et *Silvius*, Sirenes *Z*, Siredones
VPH, Sirenides *Voss.*, Κηληδόνες *Desposius* omnia *PHZ*, omina *V* ternae *Sch. dub.*, terna
VPH, trina *CLT*pc, trine *KT*ac 21 tris … tris … tris *VPHCLT*, tris … tres … tris *K*
27 deprenso *Z*, depenso *VPH* 28 tempore *ego*, vespere *VHZ*, trippe *P* 29 iussa quater
ternis (trinis *P*), *VPHC*pc, iussa quaternis *C*ac*K*, iussaque quaternis *LT* affixit *VPH*, suspendit
Z 30 Mnemonidarum *Heins.*, mnemosinarum *VH*, in nemo synarum *P*, nemosinarum *Z*
33 religione *codd.*, religiove *ego dub.* qui sex sprevisse *Pulm.*, qui sex praebuisse *V*, quis ex prae-
visse *PH*, quis exprevisse *CLT*, quis exposuisse *K* 36 tris *VHZ*, tres *P* Thraecum *L*,
thracum *Z*, pheacum *V*, phaecum *PH* bellis *VH*, belli *P*, sellis *Z* 37 patrio *VPH*, patri *Z*
41 pinnis *VPH*, pennis *Z*

trina in Tarpeio fulgent consortia templo.
humana efficiunt habitacula tergenus artes:
parietibus qui saxa locat, qui culmine tigna,
et qui supremo comit tectoria cultu.   45
hinc Bromii quadrantal et hinc Sicana medimna:
hoc tribus, haec geminis tribus explicat usus agendi.
in physicis tria prima: deus, mundus, data forma.
tergenus omne genus: genitor, genetrix, generatum.
per trinas species trigonorum regula currit,   50
aequilatus vel crure pari vel in omnibus impar.
tris coit in partes numerus perfectus, ut idem
†congreget et terno† per ter tria dissolvatur.
tris primus par, impar habet mediumque; sed ipse
ut tris, sic quinque et septem quoque dividit unus,   55
et numero in toto positus sub acumine centri
distinguit solidos coebo pereunte trientes,
aequipares dirimens partes ex impare terno.
et paribus triplex medium, cum quattuor et sex
bisque quaternorum secernitur omphalos idem.   60
ius triplex, tabulae quod ter sanxere quaternae:
sacrum, privatum, et populi commune quod usquam est.
interdictorum trinum genus: unde repulsus
vi fuero aut utrubi fuerit quorumve bonorum.
triplex libertas capitisque minutio triplex.   65
trinum dicendi genus est: sublime, modestum,
et tenui filo. triplex quoque forma medendi,
cui logos aut methodos cuique experientia nomen,
et medicina triplex: servare, cavere, mederi.
tris oratorum cultus: regnata colosso   70
quem Rhodos, Actaeae quem dilexistis Athenae,

43 artes *CKL*, arces *T*, artis *VPH*   44–5 qui . . . qui . . . qui *codd.*, quae . . . quae . . . quae *Scal.*   47 hoc . . . haec *VP?H*, hoc . . . hoc *Z*   49 tergenus *Lugd.*, trisgenus *PHZ*, trigenus *V*   omne genus *ego*, omnigenum *codd.*   50 regula *VPH*, linea *Z*   51 aequilatus *CKT*ᵖᶜ, aequalitus *V*, aequa latus *PHL*, equilater *T*ᵃᶜ   in *om. T*   omnibus *VPHT*, nominibus *C*ᵃᶜ*K*, nominis *C*ᵖᶜ*L*   53 congreget et terno *VH*, congreget e trino *P*, congrege ter terno *K*, cum grege ter terno *CLT*, congrege ter trino *Vin. 1551*, congrediens *vel* concretus terno *ego dub.*   54 tris *VHZ*, tres *P*   55 ut tris (tres *P*) sic *VPH*, qui medius *Z*   57 coebo *HCK*, quoebo *V*, cebo *P*, cibo *L*, coelo *T*   pereunte *Z*, pergentet *V ut vid.*, pergentes *P*, pergente *H*, emergente *Hultsch dub.*   64 vi *PHZ*, ut *V*   aut utrubi *Barb. 815, teste Sch.*, utrumvi *V*, aut rubi *PH*, aut utrobi *CL* aut ut rubi *K*, aut rabi *T*ᵃᶜ, aut robi *T*ᵖᶜ   67 tenui filo *VPHLT*, tenue philo *CK*   67–9 quoque . . . triplex *om. P (ita ut nascatur septipes versus)*   68 cui logos *Silv. dub.*, quae logos *VHZ*   70 regnata *codd.*, decorata *vel* dignata *Heins.*

et quem de scaenis tetrica ad subsellia traxit
prosa Asiae, in causis numeros imitata chororum.
Orpheos hinc tripodes, quia sunt tria: terra, aqua, flamma.
triplex sideribus positus: distantia, forma,   75
et modus. et genetrix modulorum musica triplex:
missa labris, secreta astris, vulgata theatris.
Martia Roma triplex, equitatu, plebe, senatu.
hoc numero tribus et sacro de monte tribuni.
tris equitum turmae, tria nomina nobiliorum.   80
nomina sunt chordis tria, sunt tria nomina mensi.
Geryones triplex, triplex compago Chimaerae.
Scylla triplex, commissa tribus: cane, virgine, pisce.
Gorgones Harpyiaeque et Erinyes agmine terno
et tris fatidicae, nomen commune, Sibyllae,   85
quarum tergemini, fatalia carmina, libri,
quos ter quinorum servat cultura virorum.
ter bibe. tris numerus super omnia, tris deus unus.
hic quoque ne ludus numero transcurrat inerti,
ter decies ternos habeat deciesque novenos.   90

XVI. MOSELLA

Transieram celerem nebuloso flumine Navam,
addita miratus veteri nova moenia Vingo,
aequavit Latias ubi quondam Gallia Cannas
infletaeque iacent inopes super arva catervae.
unde iter ingrediens nemorosa per avia solum   5
et nulla humani spectans vestigia cultus
praetereo arentem sitientibus undique terris
Dumnissum riguasque perenni fonte Tabernas
arvaque Sauromatum nuper metata colonis;

72 quem *Z*, quam *VPH*   de scenis *Z*, discernens *VPH* (n *alt. sup. lin. V*)   74 Orpheos *PH*, Orpheus *VZ*   flamma *V?PH*, flammae *Z*   77 missa labris *ego*, mixta libris *codd.* 82 *post* 90 *V*   Geriones *codd.* (Gery- *VH*), Geryonae *Heins.*   triplex *ed. Par. 1513*, triplices *codd.* 83 Scylla *VHLT*, Sylla *PCK*   84 arpieque *Z*, arpalicaeque *VP*, harpalyce *H*   erinyes *Avant.*, ernis *V*, erinis *P*, erinys *H*, erines *Z*   85 tris fatidicae *VPHK*, trifatidicae *CLT* (ter *sup.* tri- *T*)   86 carmina *VPHK*, crimina *CLT*   88 ter bibe *VZ*, ter bibet *PH*   tris (numerus) *HZ*, res *V?*, ter *P*   tris *VH*, tres *P*, ter *Z*
    XVI   *GXBRLF*   *181–483 om. X*   1 flumine *codd.*, lumine *Scal.*, flamine *Mommsen* 2 Vingo *Mommsen*, vico *GXBR*, mco *L*, muro *F*, Vinco *Minola*   8 Dumnissum *GBF*, Dumnisum *X*, Dumnissam *R*, Dumnixum *L*

et tandem primis Belgarum conspicor oris   10
Noiomagum, divi castra inclita Constantini.
purior hic campis aer Phoebusque sereno
lumine purpureum reserat iam sudus Olympum
nec iam consertis per mutua vincula ramis
quaeritur exclusum viridi caligine caelum,   15
sed liquidum iubar et rutilam visentibus aethram
libera perspicui non invidet aura diei.
in speciem quin me patriae cultumque nitentis
Burdigalae blando pepulerunt omnia visu:
culmina villarum pendentibus edita ripis   20
et virides Baccho colles et amoena fluenta
subterlabentis tacito rumore Mosellae.

  salve, amnis laudate agris, laudate colonis,
dignata imperio debent cui moenia Belgae,
amnis odorifero iuga vitea consite Baccho,   25
consite gramineas, amnis viridissime, ripas!
naviger ut pelagus, devexas pronus in undas
ut fluvius, vitreoque lacus imitate profundo,
et rivos trepido potes aequiperare meatu
et liquido gelidos fontes praecellere potu;   30
omnia solus habes, quae fons, quae rivus et amnis
et lacus et bivio refluus manamine pontus.
tu placidis praelapsus aquis nec murmura venti
ulla nec occulti pateris luctamina saxi,
non spirante vado rapidos properare meatus   35
cogeris; exstantes medio non aequore terras
interceptus habes, iusti ne demat honorem
nominis, exclusum si dividat insula flumen.
tu duplices sortite vias, et cum amne secundo
defluis, ut celeres feriant vada concita remi,   40
et cum per ripas nusquam cessante remulco
intendunt collo malorum vincula nautae,

---

11 noiomagum *G in ras. BRLF*, nogomagum *X*   12 campis aer *GXLF*, campus aer *B*, aer
campis *R*   17 aura *GXBLF*, aula *R*   18 quin *Peip.*, cum *codd.*, tum *Boecking*, iam *Ott-*
mann   cultumque *codd.*, cultuque *Görler*   nitentis *GB^{pc}*, nitentes *XB^{ac}RLF*, nitentia *Vollmer*
20 ripis *GXLF*, saxis *B*, villis *R*   27 devexas *GX*, devexus *BLF*, divexas *R*   28 ut
GXBLF, et *R*   imitate *GXR*, imitante *B*, imitare *LF*   29 potes *codd.*, potis *Gron.*
32 manamine *Gron.*, munimine *codd.*, molimine *Heins.*   35 spirante *G*, sperante *BRLF*,
speranti *X*   properare *G*, reparare *BR*, preparare *X*, remeare *LF*   39 sortite *GXBRF*,
sortire *L*   40 remi *GXBR*, remis *LF*   42 malorum *codd.*, mulorum *Scheffer*

ipse tuos quotiens miraris in amne recursus
legitimosque putas prope segnius ire meatus!
tu neque limigenis ripam praetexeris ulvis   45
nec piger immundo perfundis litora caeno;
sicca in primores pergunt vestigia lymphas.
i nunc, et Phrygiis sola levia consere crustis
tendens marmoreum laqueata per atria campum;
ast ego despectis quae census opesque dederunt   50
naturae mirabor opus, non cara nepotum
laetaque iacturis ubi luxuriatur egestas.
hic solidae sternunt umentia litora harenae,
nec retinent memores vestigia pressa figuras.

spectaris vitreo per levia terga profundo,   55
secreti nihil amnis habens; utque almus aperto
panditur intuitu liquidis obtutibus aer
nec placidi prohibent oculos per inania venti,
sic demersa procul durante per intima visu
cernimus arcanique patet penetrale profundi,   60
cum vada lene meant liquidarum et lapsus aquarum
prodit caerulea dispersas luce figuras,
quod sulcata levi crispatur harena meatu,
inclinata tremunt viridi quod gramina fundo;
usque sub ingenuis agitatae fontibus herbae   65
vibrantes patiuntur aquas lucetque latetque
calculus et viridem distinguit glarea muscum.
nota Caledoniis talis pictura Britannis,
cum virides algas et rubra corallia nudat
aestus et albentes, concharum germina, bacas,   70
delicias hominum, locupletibus atque sub undis
assimulant nostros imitata monilia cultus;
haud aliter placidae subter vada laeta Mosellae
detegit admixtos non concolor herba lapillos.
intentos tamen usque oculos errore fatigant   75

---

43 tuos *codd.*, tuo *Christ*   44 legitimosque *codd.*, legitimoque *Christ*   segnius *GXBR*, segnis *LF*   45 limigenis *GXB*, limigeris *R*, legenis *LF*   50 despectis *BRLF*, dispectis *G*, despectus *X*   51 cara *Heins.*, cura *codd.*, certa *Lachmann*, cruda *Hos.*, dira *Peip.*, vana *Fuchs*   56 habens *GXBLF*, habes *R*   57 intuitu *codd.*, introitu *Peip.*   obtutibus *codd.*, sub noctibus *Tränkle*   60 profundi *G*, fluenti *XBRLF*   62 dispersas *codd.*, respersas *Wakefield*   63–4 quod . . . quod *codd.*, qua . . . qua *ego dub.*   68 nota *Barth.*, tota *codd.*   talis pictura *codd.*, talis picta ora *Boecking*, tali specie ora *Speck*, talis patet ora *Peip.*   71 delicias *GB*, deliciasque *XRLF*   72 assimulant *codd.*, assimulat *Helm*

interludentes, examina lubrica, pisces.
sed neque tot species obliquatosque natatus,
quaeque per adversum succedunt agmina flumen,
nominaque et cunctos numerosae stirpis alumnos
edere fas aut ille sinit, cui cura secundae   80
sortis et aequorei cessit tutela tridentis;
tu mihi, flumineis habitatrix Nais in oris,
squamigeri gregis ede choros liquidoque sub alveo
dissere caeruleo fluitantes amne catervas.

squameus herbosas capito interlucet harenas,   85
viscere praetenero fartim congestus aristis
nec duraturus post bina trihoria mensis;
purpureisque salar stellatus tergora guttis,
et nullo spinae nociturus acumine rhedo,
effugiensque oculos celeri levis umbra natatu.   90
tuque per obliqui fauces vexate Saravi,
qua bis terna fremunt scopulosis ostia pilis,
cum defluxisti famae maioris in amnem
liberior laxos exerces, barbe, natatus;
tu melior peiore aevo, tibi contigit omni   95
spirantum ex numero non illaudata senectus.

nec te puniceo rutilantem viscere, salmo,
transierim, latae cuius vaga verbera caudae
gurgite de medio summas referuntur in undas,
occultus placido cum proditur aequore pulsus;   100
tu loricato squamosus pectore, frontem
lubricus et dubiae facturus fercula cenae,
tempora longarum fers incorrupte morarum,
praesignis maculis capitis, cui prodiga nutat
alvus opimatoque fluens abdomine venter.   105
quaeque per Illyricum, per stagna binominis Histri,
spumarum indiciis caperis, mustela, natantum,
in nostrum subvecta fretum, ne lata Mosellae

---

76 interludentes *GX*, inter ludentes *BRLF*   77 natatus *GXBLF*, meatus *R*   79 nomi-
naque et *B*, nomina quae *GLF*, nominaque *X*, nomina quae et *R*, novi nec *Bücheler*   80 aut
GXBLF, haud *R*   cura *XBRLF*, iura *G*   84 fluitantes *GR*, fluitantibus *XBLF*   catervas
GXRLF, catervis *B*   87 trihoria *GXB*, thioria *LF*, cibaria *R*   88 purpureisque *GXF*,
purpureusque *BR*, purpureasque *L*   89 rhedo *GBR*, raedo *X*, thedo *LF*   90 celeri
GXBLF, hominum *R*   93 maioris *XBRLF* (-es *X*), melioris *G*   95 omni *GXBLF*, uni *R*
101 frontem *GXBLF*, fronte *R*   102 cenae *GXBLF*, mensae *R*   103 incorrupte *GXRLF*,
incorrupta *B*   108 lata *codd.*, laeta *Tross*

flumina tam celebri defraudarentur alumno.
quis te naturae pinxit color! atra superne   110
puncta notant tergum, quae lutea circuit iris;
lubrica caeruleus perducit tergora fucus;
corporis ad medium fartim pinguescis, at illinc
usque sub extremam squalet cutis arida caudam.

    nec te, delicias mensarum, perca, silebo,   115
amnigenas inter pisces dignande marinis,
solus puniceis facilis contendere mullis;
nam neque gustus iners solidoque in corpore partes
segmentis coeunt, sed dissociantur aristis.

hic etiam Latio risus praenomine, cultor   120
stagnorum, querulis vis infestissima ranis,
lucius obscuras ulva caenoque lacunas
obsidet; hic nullos mensarum lectus ad usus
fervet fumosis olido nidore popinis.

quis non et virides, vulgi solacia, tincas   125
novit et alburnos, praedam puerilibus hamis,
stridentesque focis, obsonia plebis, alausas?
teque inter species geminas neutrumque et utrumque,
qui necdum salmo, nec iam salar, ambiguusque
amborum, medio varie intercepte sub aevo?   130
tu quoque flumineas inter memorande cohortes,
gobio, non geminis maior sine pollice palmis,
praepinguis, teres, ovipara congestior alvo
propexique iubas imitatus, gobio, barbi.

    nunc, pecus aequoreum, celebrabere, magne silure,   135
quem velut Actaeo perductum tergora olivo
amnicolam delphina reor; sic per freta magnum
laberis et longi vix corporis agmina solvis
aut brevibus deprensa vadis aut fluminis ulvis.
at cum tranquillos moliris in amne meatus,   140
te virides ripae, te caerula turba natantum,
te liquidae mirantur aquae; diffunditur alveo

111 quae *Toll.*, qua *codd.*   113 pinguescis *GXBLF*, pinguescit *R*   116 amnigenas *Boecking*, amnigenos *GXBLF*, amnigeros *R*   118 nam neque *B*, namque *GXLF*, nam quae *R* 120 (et 123) hic *GXBR*, hinc *LF*   126 novit *ego*, norit *codd.*   128 species geminas *GXBR*, geminas species *LF*   130 varie *ego*, sario *codd.*, fario *ed. Ald. 1517*   131 memorande *GXBRF*, memorante *L*, memorare *Sch. dub.*   132 geminis maior *G*, maior geminis *XBRLF* 134 imitatus *codd.*, imitaris *Lachmann*   139 deprensa *Lachmann*, defensa *codd.*   140 at *GBR*, aut *XLF*   tranquillos *codd.*, tranquillo *Christ*

aestus et extremo procurrunt margine fluctus.
talis Atlantiaco quondam ballena profundo
cum vento motuve suo telluris ad oras   145
pellitur; exclusum fundit mare magnaque surgunt
aequora vicinique timent decrescere montes.
hic tamen, hic nostrae mitis ballena Mosellae
exitio procul est magnoque honor additus amni.

   iam liquidas spectasse vias et lubrica pisces   150
agmina multiplicesque satis numerasse catervas;
inducant aliam spectacula vitea pompam,
sollicitentque vagos Baccheia munera visus,
qua sublimis apex longo super ardua tractu
et rupes et aprica iugi flexusque sinusque   155
vitibus assurgunt naturalique theatro.
Gauranum sic alma iugum vindemia vestit
et Rhodopen, proprioque nitent Pangaea Lyaeo;
sic viret Ismarius super aequora Thracia collis;
sic mea flaventem pingunt vineta Garunnam.   160
summis quippe iugis tendentis in ultima clivi
conseritur viridi fluvialis margo Lyaeo.
laeta operum plebes festinantesque coloni
vertice nunc summo properant, nunc deiuge dorso,
certantes stolidis clamoribus. inde viator   165
riparum subiecta terens, hinc navita labens,
probra canunt seris cultoribus; astrepit ollis
et rupes et silva tremens et concavus amnis.

   nec solos homines delectat scaena locorum:
hic ego et agrestes Satyros et glauca tuentes   170
Naidas extremis credam concurrere ripis,
capripedes agitat cum laeta protervia Panas
insultantque vadis trepidasque sub amne sorores
terrent, indocili pulsantes verbere fluctum.
saepe etiam mediis furata e collibus uvas   175
inter Oreiadas Panope fluvialis amicas

143 extremo *Tross*, extremi *codd.*   145 vento *codd.*, venti *Kenney*   146 fundit *codd.*,
exundat *Peip.*   149 magnoque *GXBLF*, magnusque *R*   additus *GLF*, additur *XBR*
151 multiplicesque satis numerasse *GXRLF*, multiplices satis enumerasse *B*   155 flexusque
sinusque *GXBR*, flexuque sinuque *LF* (sineque *F*)   158 pangaea *GXR*, panchea *BLF* (-eia *F*)
160 garunnam *XB*, garonnam *G*, garumnam *RLF*   166 terens *XBRLF*, tenens *G*   hinc
GBRLF, hic *X*   169 homines *Avant.*, hominum *codd.*   174 fluctum *GXBLF*, fluctus *R*
176 Oreiadas *ed. Par. 1513*, oreadas *codd.*

fugit lascivos, paganica numina, Faunos.
dicitur et, medio cum sol stetit igneus orbe,
ad commune fretum Satyros vitreasque sorores
consortes celebrare choros, cum praebuit horas   180
secretas hominum coetu flagrantior aestus;
tunc insultantes sua per freta ludere Nymphas
et Satyros mersare vadis rudibusque natandi
per medias exire manus, dum lubrica falsi
membra petunt liquidosque fovent pro corpore fluctus.   185
sed non haec spectata ulli nec cognita visu
fas mihi sit pro parte loqui; secreta tegatur
et commissa suis lateat reverentia rivis.

   illa fruenda palam species, cum glaucus opaco
respondet colli fluvius, frondere videntur   190
fluminei latices et palmite consitus amnis.
quis color ille vadis, seras cum propulit umbras
Hesperus et viridi perfundit monte Mosellam!
tota natant crispis iuga motibus et tremit absens
pampinus et vitreis vindemia turget in undis.   195
annumerat virides derisus navita vites,
navita caudiceo fluitans super aequora lembo
per medium, qua sese amni confundit imago
collis et umbrarum confinia conserit amnis.

   haec quoque quam dulces celebrant spectacula pompas, 200
remipedes medio certant cum flumine lembi
et varios ineunt flexus viridesque per oras
stringunt attonsis pubentia germina pratis!
puppibus et proris alacres gestire magistros
impubemque manum super amnica terga vagantem   205
dum spectat   *   *   *   *
       *   transire diem, sua seria ludo

178 igneus *XBRLF*, aureus *G*   179 ad *Gron.*, ut *codd.*   182 tunc *GBR*, et cum *LF*
184 dum *GRLF*, cum *B*   187 tegatur *GB*, tegantur *RLF*   188 rivis *codd.*, ripis *Boecking*
191 consitus *GBR*, constitit *LF*   192 propulit *GR*ᵖᶜ*LF*, protulit *R*ᵃᶜ*B*   193 perfundit
GBR, profundit *LF*, perfudit *Toll.*   194 motibus *R*ᵖᶜ*B*ᵖᶜ*L*, montibus *GR*ᵃᶜ*B*ᵃᶜ*F*
196 derisus *GRLF*, de rivis *B*   198 sese amni *BRLF*, sese animi *G*, se ambigui *Vollmer*, se
gemini *Coulter*   confundit *GF*, confudit *BRL*   203 germina *codd.*, gramina *Boecking*
204 alacres *GR*, alacris *BLF* (alacris . . . magister *Cannegieter*)   205 super *codd.*, sator *Knebel*
206 spectat *GBLF*, spectant *R*, specto *La V. de Mirmont*   post spectat *lac. Toll.*   transire diem
codd., transire dein *Scal.*, transire dies *Toll.*, transitque dies *Birt*, transire cliens *Bieler*   sua . . .
posthabet *codd.*, mea . . . posthabeo *La V. de Mirmont*

posthabet; excludit veteres nova gratia curas.
tales Cumano despectat in aequore ludos
Liber, sulphurei cum per iuga consita Gauri
perque vaporiferi graditur vineta Vesevi,   210
cum Venus Actiacis Augusti laeta triumphis
ludere lascivos fera proelia iussit Amores
qualia Niliacae classes Latiaeque triremes
subter Apollineae gesserunt Leucados arces,
aut Pompeiani Mylasena pericula belli   215
Euboicae referunt per Averna sonantia cumbae;
innocuos ratium pulsus pugnasque iocantes
naumachiae, Siculo qualis spectata Peloro,
caeruleus viridi reparat sub imagine pontus.
non aliam speciem petulantibus addit ephebis   220
pubertasque amnisque et picti rostra phaseli.
hos Hyperionio cum sol perfuderit aestu,
reddit nautales vitreo sub gurgite formas
et redigit pandas inversi corporis umbras,
utque agiles motus dextra laevaque frequentant   225
et commutatis alternant pondera remis,
unda refert alios, simulacra umentia, nautas.
ipsa suo gaudet simulamine nautica pubes,
fallaces fluvio mirata redire figuras.
sic ubi compositos ostentatura capillos,   230
candentem late speculi explorantis honorem
cum primum carae nutrix admovit alumnae,
laeta ignorato fruitur virguncula ludo
germanaeque putat formam spectare puellae;
oscula fulgenti dat non referenda metallo   235
aut fixas praetemptat acus aut frontis ad oram
vibratos captat digitis extendere crines:
talis ad umbrarum ludibria nautica pubes
ambiguis fruitur veri falsique figuris.
      iam vero accessus faciles qua ripa ministrat,   240

208 tales *codd.*, quales *Peip.*   215 milasena *BRL*, mylesana *G*, mille sera *F*, Mylaea *Gron.*
216 cumbae *codd.*, Cumae *Heins.*   218 qualis *Acc.*, quales *codd.*   spectata *codd.*, spectante
Lugd.   221 pubertasque amnisque *Barth.*, pubertasque amnis *codd.*, pubertas amnisque *La V.*
de Mirmont   223 nautales *codd.*, navales *Vollmer*   225 utque *GBLF*, atque *R*
230 sic ubi *codd.*, sicuti *Speck*, sicut *Tränkle*, sic est *Prete*   231 explorantis *GBR*, expectantis
LF   232 cum *codd.*, quam *Haag*, tum *Lachmann*, iam *Ottmann*   236 acus *GRLF*, avis *B*
237 vibratos *GBLF*, libratos *R*   240 faciles *G*, facilis *BRLF*

scrutatur toto populatrix turba profundo
heu male defensos penetrali flumine pisces.
hic medio procul amne trahens umentia lina
nodosis decepta plagis examina verrit;
ast hic, tranquillo qua labitur agmine flumen,   245
ducit corticeis fluitantia retia signis;
ille autem scopulis subiectas pronus in undas
inclinat lentae conexa cacumina virgae,
inductos escis iaciens letalibus hamos.
quos ignara doli postquam vaga turba natantum   250
rictibus invasit patulaeque per intima fauces
sera occultati senserunt vulnera ferri,
dum trepidant, subit indicium crispoque tremori
vibrantis saetae nutans consentit harundo,
nec mora et excussam stridenti verbere praedam   255
dexter in obliquum raptat puer; excipit ictum
spiritus, ut fractis quondam per inane flagellis
aura crepat motoque assibilat aere ventus.
exultant udae super arida saxa rapinae
luciferique pavent letalia tela diei,   260
cuique sub amne suo mansit vigor, aere nostro
segnis anhelatis vitam consumit in auris.
iam piger invalido vibratur corpore plausus,
torpida supremos patitur iam cauda tremores
nec coeunt rictus, haustas sed hiatibus auras   265
reddit mortiferos exspirans branchia flatus.
sic ubi fabriles exercet spiritus ignes
accipit alterno cohibetque foramine ventos
lanea fagineis alludens parma cavernis.
vidi egomet quosdam leti sub fine trementes   270
collegisse animas, mox in sublime citatos
cernua subiectum praeceps dare corpora in amnem,
desperatarum potientes rursus aquarum;
quos impos damni puer inconsultus ab alto
impetit et stolido captat prensare natatu.   275

---

242 defensos ... pisces *BRLF*, defensus ... piscis *G*   247 subiectas *BRLF*, deiectas *G*
248 conexa *codd.*, convexa *Vin.*   249 inductos *G*, indutos *BR*, inclytos *L*, illitos *F*
254 consentit *GB*, consensit *RLF*   257 fractis *codd.*, raptis *Peip.*, tractis *Sch.*   261 cuique *Avant.*, quique *GRLF*, quaeque *B*   268 alterno *codd.*, alternos *Fuchs*   269 parma
GRLF, parva *B*   270 leti *Ug.*, laeti *BRLF*, loeti *G*   275 stolido *GRLF*, solido *B*

sic Anthedonius Boeotia per freta Glaucus,
gramina gustatu postquam exitialia Circes
expertus carptas moribundis piscibus herbas
sumpsit, Carpathium subiit novus accola pontum.
ille hamis et rete potens, scrutator operti   280
Nereos, aequoream solitus converrere Tethyn,
inter captivas fluitavit praedo catervas.

   talia despectant longo per caerula tractu
pendentes saxis instanti culmine villae,
quas medius dirimit sinuosis flexibus errans   285
amnis, et alternas comunt praetoria ripas.
quis modo Sestiacum pelagus, Nepheleidos Helles
aequor, Abydeni freta quis miretur ephebi?
quis Chalcedonio constratum ab litore pontum,
regis opus magni, mediis euripus ubi undis   290
Europaeque Asiaeque vetat concurrere terras?
non hic dira freti rabies, non saeva furentum
proelia caurorum; licet hic commercia linguae
iungere et alterno sermonem texere pulsu.
blanda salutiferas permiscent litora voces,   295
et voces et paene manus; resonantia utrimque
verba refert mediis concurrens fluctibus echo.
quis potis innumeros cultusque habitusque retexens
pandere tectonicas per singula praedia formas?
non hoc spernat opus Gortynius aliger, aedis   300
conditor Euboicae, casus quem fingere in auro
conantem Icarios patrii pepulere dolores;
non Philo Cecropius, non qui laudatus ab hoste
clara Syracosii traxit certamina belli.
forsan et insignes hominumque operumque labores   305
hinc habuit decimo celebrata volumine Marci
hebdomas, hic clari viguere Menecratis artes
atque Ephesi spectata manus vel in arce Minervae

---

  277 Circes *Ug.*, Dirces *codd.*   281 Nereos *GRLF*, Nereus *B*   converrere *G*, convertere
BRLF   282 captivas *codd.*, captatas *ego dub.*   praedo *GRLF*, praeda *B*   284 instanti
codd., extanti *Cannegieter*   286 comunt *GR*, contra *L*, om. *BF*   288 miretur *GBR*, miratur
LF   290 magni *Scal.*, magnum *codd.*   294 pulsu *GBLF*, plausu *R*, lusu *Heins.*, dictu
Tränkle   296 voces *codd.*, visus *Markland*   298 cultusque *GBLF*, cultus *R*
306 hinc *Pulm.*, hic *codd.*   habuit *codd.*, aluit *Diggle*   Marci *Pulm.*, margei *GB*, mar *R*, mergei
L, om. *F*   307 hic *codd.*, hinc *Pulm.*   Menecratis *Scal.*, Menecratos *codd.*

Ictinus, magico cui noctua perlita fuco
allicit omne genus volucres perimitque tuendo.   310
conditor hic forsan fuerit Ptolomaidos aulae
Dinochares, quadrata cui in fastigia cono
surgit et ipsa suas consumit pyramis umbras,
iussus ob incesti qui quondam foedus amoris
Arsinoen Pharii suspendit in aere templi;   315
spirat enim tecti testudine virus achates
afflatamque trahit ferrato crine puellam.
    hos ergo aut horum similes est credere dignum
Belgarum in terris scaenas posuisse domorum,
molitos celsas, fluvii decoramina, villas.   320
haec est natura sublimis in aggere saxi,
haec procurrentis fundata crepidine ripae,
haec refugit captumque sinu sibi vindicat amnem.
illa tenens collem, qui plurimus imminet amni,
usurpat faciles per culta, per aspera visus,   325
utque suis fruitur dives speculatio terris;
illa etiam riguis humili pede condita pratis
compensat celsi bona naturalia montis
sublimique minans irrumpit in aethera tecto,
ostentans altam, Pharos ut Memphitica, turrim.   330
huic proprium clausos consaepto gurgite pisces
apricas scopulorum inter captare novales;
haec summis innixa iugis labentia subter
flumina despectu iam caligante tuetur.
atria quid memorem viridantibus assita pratis   335
innumerisque super nitentia tecta columnis?
quid quae fluminea substructa crepidine fumant
balnea, ferventi cum Mulciber haustus operto
volvit anhelatas tectoria per cava flammas,
inclusum glomerans aestu exspirante vaporem?   340
vidi ego defessos multo sudore lavacri
fastidisse lacus et frigora piscinarum

309 Ictinus *Acc.*, bictinus *G*, hictinus *BRL*, *om. F*   311 hic *BRLF*, hinc *G*   312 quadrata cui *Peip.*, quadra cui *G*, quadrae cui *B*, quadro cui *R*, cedro cui *L*, *om. F*   316 virus *Peip.*, chorus *GBLF*, totus *R*, corus *Lugd.*, clarus *Hos.*, *alia alii*   321 est *codd.*, stat *Markland* natura *codd.*, nativi *Lugd.*   326 utque *GBLF*, atque *R*   dives *BRLF*, felix *G*   327 illa ego, quin *codd.*   riguis *GRLF*, irriguis *B*   330 altam *GR*, alta *LF*, aliam *B*   331 proprium *G*^{ae}*R*, proprium est *G*^{pc}*BLF*   332 novales *codd.*, canales *Heins.*   337 substructa *GBR*, subducta *LF*   340 expirante *codd.*, spirante *Heins.*

ut vivis fruerentur aquis, mox amne refotos
plaudenti gelidum flumen pepulisse natatu.
quod si Cumanis huc afforet hospes ab oris,   345
crederet Euboicas simulacra exilia Baias
his donasse locis: tantus cultusque nitorque
allicit, et nullum parit oblectatio luxum.

  sed mihi qui tandem finis tua glauca fluenta
dicere dignandumque mari memorare Mosellam,   350
innumeri quod te diversa per ostia late
incurrunt amnes? quamquam differre meatus
possent, sed celerant in te consumere nomen.
namque et Promeae Nemesaeque adiuta meatu
Sura tuas properat non degener ire sub undas,   355
Sura interceptis tibi gratificata fluentis,
nobilius permixta tuo sub nomine, quam si
ignoranda patri confunderet ostia ponto.
te rapidus Celbis, te marmore clarus Erubris
festinant famulis quam primum allambere lymphis: 360
nobilibus Celbis celebratur piscibus, ille
praecipiti torquens cerealia saxa rotatu
stridentesque trahens per levia marmora serras
audit perpetuos ripa ex utraque tumultus.   364
nec minor hoc, tacitum qui per sola pinguia labens   370
stringit frugiferas felix Alisontia ripas.   371
praetereo exilem Lesuram tenuemque Drahonum   365
nec fastiditos Salmonae usurpo fluores;
naviger undisona dudum me mole Saravus
tota veste vocat, longum qui distulit amnem,
fessa sub Augustis ut volveret ostia muris.   369
mille alii, prout quemque suus magis impetus urget,   372
esse tui cupiunt: tantus properantibus undis
ambitus aut mores. quod si tibi, dia Mosella,
Smyrna suum vatem vel Mantua clara dedisset,   375
cederet Iliacis Simois memoratus in oris

347 tantus *codd.*, tantum *Mommsen*   350 Mosellam *GBLF*, Mosella *R*   354 Promeae
Sch., proneae *G in ras. BR*, pronea est *L*, est *F*, ⟨aquis⟩ Promae *Bergk*, ⟨aquis⟩ Promeae *Holford-*
Strevens   359 Celbis *Scal.*, gelbis *G*, belgis *BRLF*   erubris *GR*, erubrus *BLF*
361 Celbis *Scal.*, celsis *codd.*   celebratur *R*, celebratus *GBLF*   370–1 *post* 364 *transp. ego*
370 nec *GBR*, non *LF*   371 alisontia *GBLF*, alisentia *R*   365 drahonum *G*, drabonum
R, trachorum *B*, draconum *LF*   369 fessa *GBLF*, festa *R*   volveret *codd.*, solveret *Christ*
374 mores *codd.*, moles *Ug.*, amor est *Galdi*   376 oris *codd.* (horis *R*), orsis *Pichon*

nec praeferre suos auderet Thybris honores.
da veniam, da, Roma potens; pulsa, oro, facessat
invidia et Latiae Nemesis non cognita linguae:

     *   *   *   *   *

imperii sedem Romae tenuere parentes.   380
  salve, magne parens frugumque virumque, Mosella!
te clari proceres, te bello exercita pubes,
aemula te Latiae decorat facundia linguae;
quin etiam mores et laetum fronte severa
ingenium natura tuis concessit alumnis,   385
nec sola antiquos ostentat Roma Catones
aut unus tantum iusti spectator et aequi
pollet Aristides veteresque illustrat Athenas.
  verum ego quid laxis nimium spatiatus habenis
victus amore tui praeconia detero? conde,   390
Musa, chelyn, pulsis extremo carmine netis.
tempus erit cum me studiis ignobilis oti
mulcentem curas seniique aprica foventem
materiae commendet honos, cum facta viritim
Belgarum patriosque canam, decora inclita, mores.   395
mollia subtili nebunt mihi carmina filo
Pierides tenuique aptas subtemine telas
percurrent; dabitur nostris quoque purpura fusis.
quis mihi tum non dictus erit? memorabo quietos
agricolas legumque catos fandique potentes,   400
praesidium sublime reis; quos curia summos
municipum vidit proceres propriumque senatum,
quos praetextati celebris facundia ludi
contulit ad veteris praeconia Quintiliani,
quique suas rexere urbes purumque tribunal   405
sanguine et innocuas illustravere secures,
aut Italum populos aquilonigenasque Britannos
praefecturarum titulo tenuere secundo;

---

378 da Roma *G*, mihi Roma *BRLF*   *post* 379 *lac. Acc. dub.*   380 Romae tenuere parentes
codd., Romaeque tuere parentes *ed. Par. 1513*, Romae tueare parentis *Boecking*, Romae tribuere
parentes *Baehrens*, Romane tuere parentum *Peip. dub.*, Romamque tuere parentem *La V. de Mirmont*
384 severa *BRLF*, serena *G*   387 spectator *GRLF*, speculator *B*, sectator *Heins.*, servator *La
V. de Mirmont*   389 quid *B*, quod *GRLF*   390 tui *GR*, tuo *LF*, *om. B* (tuo *in mg.*)
391 chelyn *G*, chelin *RF*, chelim *BL*   netis *R^{pc}B*, neos *G*, necis *LF*, nervis *R^{ac}*   399 tum
GB, tunc *R*, tun *L*, tamen *F*   407 aut Italum *codd.*, aut qui Italum *vel* quique Italum *Prete*

quique caput rerum Romam, populumque patresque,
tantum non primo rexit sub nomine, quamvis   410
par fuerit primis: festinet solvere tandem
errorem fortuna suum libataque supplens
praemia iam veri fastigia reddat honoris
nobilibus repetenda nepotibus. at modo coeptum
detexatur opus, dilata et laude virorum   415
dicamus laeto per rura virentia tractu
felicem fluvium Rhenique sacremus in undas.

caeruleos nunc, Rhene, sinus hyaloque virentem
pande peplum spatiumque novi metare fluenti
fraternis cumulandus aquis. nec praemia in undis   420
sola, sed Augustae veniens quod moenibus urbis
spectavit iunctos natique patrisque triumphos
hostibus exactis Nicrum super et Lupodunum
et fontem Latiis ignotum annalibus Histri.
haec profligati venit modo laurea belli,   425
mox alias aliasque feret. vos pergite iuncti
et mare purpureum gemino propellite tractu.
neu vereare minor, pulcherrime Rhene, videri;
invidiae nihil hospes habet. potiere perenni
nomine; tu fratrem famae securus adopta.   430
dives aquis, dives nymphis, largitor utrique,
alveus extendet geminis divortia ripis
communesque vias diversa per ostia fundet.
accedent vires, quas Francia quasque Chamaves
Germanique tremant; tunc verus habebere limes.   435
accedet tanto geminum tibi nomen ab amni,
cumque unus de fonte fluas, dicere bicornis.

haec ego, Vivisca ducens ab origine gentem,
Belgarum hospitiis non per nova foedera notus,
Ausonius, nomen Latium, patriaque domoque   440
Gallorum extremos inter celsamque Pyrenen,
temperat ingenuos qua laeta Aquitanica mores,

---

409 populumque *ed. Par. 1517*, populique *codd.*   411 festinet *Boecking*, festinat *codd.*
413 reddat *GR*ᵖᶜ*BLF*, reddit *R*ᵃᶜ *ut vid.*   417 undas *G*, undis *BRLF*   418 nunc *codd.*,
hinc *Ermenricus*   423 Nicrum *Rhenanus*, nigrum *codd.*   et Lupodunum *Rhenanus*, et (est *F*)
luponudum *codd.*, ad Lupodunum *Mommsen*   426 mox *BRLF*, hinc *G*   433 fundet
codd., findet *Heins.*, pandet *Peip.*   436 amni *GBLF*, amne *R*   438 Vivisca *Scal.*, vivifica
codd.   439 non *GBR*, nunc *LF*   440 Latium *Avant.*, Latius *codd.*   441 pyrenen
BRL, pyrenem *GF*   442 aquitanica *G*, aquitania *BRLF* (eq- *LF*)

audax exigua fide concino. fas mihi sacrum
perstrinxisse amnem tenui libamine Musae.
nec laudem affecto, veniam peto: sunt tibi multi, 445
alme amnis, sacros qui sollicitare fluores
Aonidum totamque solent haurire Aganippen.
ast ego, quanta mihi dederit se vena liquoris,
Burdigalam cum me in patriam nidumque senectae
Augustus pater et nati, mea maxima cura, 450
fascibus Ausoniis decoratum et honore curuli
mittent emeritae post tempora disciplinae,
latius Arctoi praeconia persequar amnis.
addam urbes, tacito quas subterlaberis alveo,
moeniaque antiquis te prospectantia muris; 455
addam praesidiis dubiarum condita rerum
sed modo securis non castra sed horrea Belgis;
addam felices ripa ex utraque colonos
teque inter medios hominumque boumque labores
stringentem ripas et pinguia culta secantem. 460
non tibi se Liger anteferet, non Axona praeceps,
Matrona non, Gallis Belgisque intersita finis,
Santonico refluus non ipse Carantonus aestu;
concedet gelido Durani de monte volutus
amnis, et auriferum postponet Gallia Tarnem, 465
insanumque ruens per saxa rotantia late
in mare purpureum, dominae tamen ante Mosellae
nomine adorato, Tarbellicus ibit Aturrus.
    corniger externas celebrande Mosella per oras,
nec solis celebrande locis, ubi fonte supremo 470
exseris auratum taurinae frontis honorem,
quaque trahis placidos sinuosa per arva meatus,
vel qua Germanis sub portibus ostia solvis;
si quis honos tenui volet aspirare camenae,
perdere si quis in his dignabitur otia musis, 475

447 aganippen *RLF*, aganippem *G*, aganippe *B*   448 quanta *GBR*, tanta *LF*   mihi·*Fuchs*, mei *codd.*, (tanta) meri *Avant.*   450 Augustus pater et nati *codd.*, Augustus pater et natus *Avant.*, Augusti pater et natus *La V. de Mirmont*   452 tempora *BRLF*, munera *G*   461 axona *GLF*, auxona *B*, anxona *R*   462 finis *Pulm.*, fines *codd.*   463 refluus *Lugd.*, profluus *codd.*   464 concedet *codd.*, concedes *Scal.*   465 Tarnem *Lugd.*, Tarnen *GBR*, tandem *LF*, Tarnim *ego dub.*   468 nomine *codd.*, numine *Scal.*   Tarbellicus *Acc.*, Tarbellius *codd.*   469 celebrande *BR*, celebranda *GLF*   470 celebrande *G*ᵖᶜ*BR*, celebranda *G*ᵃᶜ*LF*   supremo *BRLF*, superno *G*   474 volet *GBLF*, valet *R*

ibis in ora hominum laetoque fovebere cantu.
te fontes vivique lacus, te caerula noscent
flumina, te veteres, pagorum gloria, luci;
te Druna, te sparsis incerta Druentia ripis
Alpinique colent fluvii duplicemque per urbem   480
qui meat et dextrae Rhodanus dat nomina ripae;
te stagnis ego caeruleis magnumque sonoris
amnibus, aequoreae te commendabo Garunnae.

XVII. BISSULA

Ausonius Paulo suo s.d.

Pervincis tandem et operta musarum mearum, quae initiorum velabat
obscuritas, quamquam non profanus irrumpis, Paule carissime. quamvis enim te non eius vulgi existimem quod Horatius arcet ingressu,
tamen sua cuique sacra, neque idem Cereri quod Libero, etiam sub
5 isdem cultoribus. poematia quae in alumnam meam luseram rudia et
incohata ad domesticae solacium cantilenae, cum sine metu ⟨laterent⟩
et arcana securitate fruerentur, proferri ad lucem caligantia coegisti.
verecundiae meae scilicet spolium concupisti aut quantum tibi in me
iuris esset ab invito indicari. ne tu Alexandri Macedonis pervicaciam
10 supergressus, qui fatalis iugi lora cum solvere non posset abscidit et
Pythiae specum quo die fas non erat patere penetravit. utere igitur ut
tuis, pari iure, sed fiducia dispari; quippe tua possunt populum non
timere, meis etiam intra me erubesco. vale.

I

Ut voluisti, Paule, cunctos Bissulae versus habes,
lusimus quos in Suebae gratiam virgunculae,
otium magis foventes quam studentes gloriae.

483   *om. LF*   garunnae *BR*, garonnae *G*
    XVII   *Z* (= *CKMT*) *tit. om. M*   1 tandem *Acc.*, tamen *codd.*   velabat *CMT*, volebat *K*
2 irrumpis *CKM*, erumpis *T*   carissime *om. M*   4 sacra neque idem *CKT*, sacrarum idem
M   4–5 sub iisdem *T*, sub hiisdem *M*, subesse *C*, sub *K*   5 poematia *CKM*, poemata
T   6 sine metu laterent et *Peip.*, sine metu et *codd.*, sine metu *Scal.*, sine metu *del. Toll.*,
semota et *Kurfess*, sine metu quiete et *Brakman*   7 proferri *CKM*, proferre *T*   8 scilicet
om. T   aut *CKM*, at *T*   9 invito indicari *CKM*, muto iudicari *T*   11 quo die *CKT*,
quod dic *M*   fas *KMT*, scis *C*   patere *MT*, parere *C*, pater *K*   13 etiam *om. M*   vale
om. K
    1   Praefacium de versibus bissulae quos ad Paulum miserat *CT*, praefatio *K*, praefacium *M*

tu molestus flagitator lege molesta carmina.
tibi quod intristi, exedendum est: sic vetus verbum iubet,   5
compedes, quas ipse fecit, ipsus ut gestet faber.

2

Carminis inculti tenuem lecture libellum,
    pone supercilium.
seria contractis expende poemata rugis:
    nos Thymelen sequimur.
Bissula in hoc schedio cantabitur, utque Cratinus   5
    admoneo ante bibas.
ieiunis nil scribo; meum post pocula si quis
    legerit hic sapiet.
sed magis hic sapiat, si dormiat et putet ista
    somnia missa sibi.   10

3

Bissula, trans gelidum stirpe et lare prosata Rhenum,
    conscia nascentis Bissula Danuvii,
capta manu, sed missa manu, dominatur in eius
    deliciis, cuius bellica praeda fuit.
matre carens, nutricis egens, †nescit ere imperium†   5

    *   *   *   *   *

fortunae ac patriae quae nulla opprobria sensit,
    ilico inexperto libera servitio,
sic Latiis mutata bonis, Germana maneret
    ut facies, oculos caerula, flava comas.   10
ambiguam modo lingua facit, modo forma puellam;
    haec Rheno genitam praedicat, haec Latio.

---

4 molesta *CKT*, molestia *M*

   2 Ad lectorem huius libelli *CT*, ad lecturum *K*, *om. M*   1 inculti *KM*, incompti *CT*
3 poemata *T*, poemate *CKM*   4 Thymelen *ed. Par. 1513*, thymelam *CKM* (tym- *C*), Tymelem
T   5 scedio *CMT*^{pc}?, sedio *KT*^{ac}?   utque Cratinus *Dezeimeris*, aut erasinus *codd.*, haud
Erasinus *Lugd. dub.*   7 ieiunis *CM*, ieiunus *KT*   9 sapiat . . . dormiat *ego*, sapiet . . .
dormiet *Z*   et *codd.*, ut *Heins.*

   3 Ubi nata sit Bissula et quomodo in manus domini venerit *CT*, *om. KM*   3 manu (sed)
CKT, manus *M*   5 nescit ere imperium *codd.* (erae *C*, here *K*), nescivit erile imperium *Scal.*,
alia alii   *post* 5 *lac. CT*   8 servitio *CMT*, scaevitio *K*

4

Delicium, blanditiae, ludus, amor, voluptas,
barbara, sed quae Latias vincis alumna pupas,
Bissula, nomen tenerae rusticulum puellae,
horridulum non solitis sed domino venustum.

5

Bissula nec ceris nec fuco imitabilis ullo
naturale decus fictae non commodat arti.
sandyx et cerusa, alias simulate puellas;
temperiem hanc vultus nescit manus. ergo age, pictor,
puniceas confunde rosas et lilia misce,   5
quique erit ex illis color aeris, ipse sit oris.

6

Pingere si nostram, pictor, meditaris alumnam,
aemula Cecropias ars imitetur apes.

XVIII. CENTO NUPTIALIS

Ausonius Paulo sal.

Perlege hoc etiam, si operae est, frivolum et nullius pretii opusculum,
quod nec labor excudit nec cura limavit, sine ingenii acumine et morae
maturitate. centonem vocant qui primi hac concinnatione luserunt.
solae memoriae negotium sparsa colligere et integrare lacerata, quod
5 ridere magis quam laudare possis. pro quo, si per Sigillaria in auctione
veniret, neque Afranius naucum daret neque ciccum suum Plautus
offerret. piget equidem Vergiliani carminis dignitatem tam ioculari

---

4 De eadem Bissula laudans eam CT^{mg}, *om.* KM   1 blandicie C^{pc}, blandie $C^{ac}K$,
blandiee *M*, blande *T*   amor voluptas *CKM*, amor atque voluptas *T*   3 tenerae *ed. Par.
1513*, terrae *codd.*

     5   de bissule imagine ad pictorem *C*, ad pictorem de bissule imagine *KMT*   1 nec
(ceris) *CKT*, ne *M*   3 sandix *C*, sandux *KT*, sandus *M*   simulate *CKM*, stimulate *T*
6 quique *CKM*, quodque *T*

     6 *om. M*   Ad pictorem de Bissula pingenda *CKT*   1 Pingere *CT*, Fingere *K*
    XVIII $Z = (CKLT)$ 5 per *om. T*   6 naucum *Salmasius*, nauci *codd.*   neque ciccum
Sch., nec citum (cicum *L*) *CKL*, neque cacum *T*   7 equidem *CKL*, enim *T*

dehonestasse materia. sed quid facerem? iussum erat, quodque est
potentissimum imperandi genus, rogabat qui iubere poterat. imperator
Valentinianus, vir meo iudicio eruditus, nuptias quondam eiusmodi 10
ludo descripserat, aptis equidem versibus et compositione festiva.
experiri deinde volens quantum nostra contentione praecelleret, simile
nos de eodem concinnare praecepit. quam scrupulosum hoc mihi fuerit
intellege. neque anteferri volebam neque posthaberi, cum aliorum
quoque iudicio detegenda esset adulatio inepta, si cederem, insolentia, 15
si ut aemulus eminerem. suscepi igitur similis recusanti feliciterque et
obnoxius gratiam tenui nec victor offendi. hoc tum die uno et addita
lucubratione properatum modo inter liturarios meos cum repperissem,
tanta mihi candoris tui et amoris fiducia est ut severitati tuae nec
ridenda subtraherem. accipe igitur opusculum de inconexis con- 20
tinuum, de diversis unum, de seriis ludicrum, de alieno nostrum, ne in
sacris et fabulis aut Thyonianum mireris aut Virbium, illum de
Dionyso, hunc de Hippolyto reformatum.

et si pateris ut doceam docendus ipse, cento quid sit absolvam. variis
de locis sensibusque diversis quaedam carminis structura solidatur, in 25
unum versum ut coeant aut caesi duo aut unus ⟨et unus⟩ sequenti cum
medio. nam duos iunctim locare ineptum est et tres una serie merae
nugae. diffinduntur autem per caesuras omnes, quas recipit versus
heroicus, convenire ut possit aut penthemimeres cum reliquo anapaestico aut trochaice cum posteriore segmento aut septem semipedes cum 30
anapaestico chorico aut * * post dactylum atque semipedem quicquid
restat hexametro, simile ut dicas ludicro, quod Graeci στομάχιον
vocavere. ossicula ea sunt: ad summam quattuordecim figuras geome-
tricas habent. sunt enim quadrilatera vel triquetra extentis lineis aut
⟨eiusdem⟩ frontis, ⟨vel aequicruria vel aequilatera, vel rectis⟩ angulis 35
vel obliquis: isoscele ipsi vel isopleura vocant, orthogonia quoque et

8–9 est potentissimum *CT*, potentissimum est *K*, potentissimum *L*   9 s. *ante* imperator *T*
16 suscepi *CLT*, suscipe *K*   17 tum die *Mommsen*, tu me *codd.*   et *om. C*   18 reperis-
sem *CKL*, comperissem *T*   21 de (diversis) *ed. Med. 1490*, sed *Z*   nostrum *CT*, meum *K ut*
vid. L   22 et *CKL*, aut *T*   Thyonianum *CLT*, Thaeonianum *K*   23 dioniso *C*, dioni-
sio *KLT* (dy- *T*)   25 structura *LT*, strictura *CK*   26 unum versum *CLT*, buum versuum *K*, unum *L. Mueller*   et unus *add. ego*   sequenti *ego*, sequens *CT*, sesque *K*, sexque *L*
medius *post* sequens *add. Mommsen*   27 tres *ed. Med. 1490*, res *codd.*   28 diffinduntur
CLT, difunduntur *K*   29 penthemimeres *KL*, penthimemeres *CT*   31 *lac. post* aut *Birt*,
ponatur *add. Peip.*, sequatur *Prete*, post bucolicon ponatur aut *Koster*   32 stomachion *CT*,
ostomachion *K*, estomachion *L*, ὀστομαχίαν *Lugd.*, στομάτιον *Scal.*   33 vocavere *KT*, vocave-
runt *CL*   34 quadrilatera vel *ego*, aequilatera vel *codd.*, aequaliter *Peip.*   35 eiusdem
add. Peip.   frontis *codd.*, rectis *Avant.*   vel aequicruria vel aequilatera vel rectis *add. ego*
36 isoscele *ed. pr.*, i soscele *C*, id est sostele (-cele *L*) *KL*, isochele *T*   ipsi *del. Scal.*   isopleura
Ug., sopleura *codd.*   vocant *del. Scal.*   orthogonia *CLK*, orthogona *T*   et *codd.*, vel *Scal.*

scalena. harum verticularum variis coagmentis simulantur species
mille formarum: elephantus belua aut aper bestia, anser volans et
mirmillo in armis, subsidens venator et latrans canis, quin et turris et
40 cantharus et alia eiusmodi innumerabilium figurarum, quae alius alio
scientius variegant. sed peritorum concinnatio miraculum est, imperi-
torum iunctura ridiculum. quo praedicto scies quod ego posteriorem
imitatus sum. hoc ergo centonis opusculum ut ille ludus tractatur, pari
modo sensus diversi ut congruant, adoptiva quae sunt ut cognata
45 videantur, aliena ne interluceant, arcessita ne vim redarguant, densa ne
supra modum protuberent, hiulca ne pateant. quae si omnia ita tibi
videbuntur ut praeceptum est, dices me composuisse centonem et,
quia sub imperatore tum merui, procedere mihi inter frequentes
stipendium iubebis; sin aliter, aere dirutum facies, ut cumulo carminis
50 in fiscum suum redacto redeant versus unde venerunt. vale.

Praefatio

Accipite haec animis laetasque advertite mentes,
ambo animis, ambo insignes praestantibus armis,
ambo florentes,   genus insuperabile bello:
tuque prior   (nam te maioribus ire per altum
auspiciis manifesta fides),   quo iustior alter   5
nec pietate fuit nec bello maior et armis,
tuque puerque tuus,   magnae spes altera Romae,
flos veterum virtusque virum,   mea maxima cura,
nomine avum referens, animo manibusque parentem.
non iniussa cano. sua cuique exorsa laborem   10
fortunamque ferent;   mihi iussa capessere fas est.

Cena Nuptialis

Exspectata dies aderat   dignisque hymenaeis
matres atque viri,   iuvenes ante ora parentum
conveniunt stratoque super discumbitur ostro.
dant famuli manibus lymphas   onerantque canistris   15

---

39 turris *CLT*, turturis *K*   40 eiusmodi *CK*, huiusmodi *LT ut vid.*   42 posteriorem
codd., posteriores *Toll.*   45 aliena *Avant.*, alienum *codd.*   interluceant *CL*, interluceat *KT*
ne (supra) *CLT*, nec *K*   48 imperatore tum *Reeve*, imperatore meo tum *ed. Lugd. 1548*, imperat metum *codd.* (mecum *K*)   49 iubebis *CLT*, videbis *K*   aliter *LT*, autem *CK*
    1 haec *CLT*, hoc *K*   15 famuli manibus *Z*, manibus famuli *GR* (m. famulae *MP*)

dona laboratae Cereris   pinguisque ferinae
viscera tosta ferunt.   series longissima rerum:
alituum pecudumque genus   capreaeque sequaces
non absunt illic   neque oves haedique petulci
et genus aequoreum,   dammae cervique fugaces.   20
ante oculos interque manus sunt   mitia poma.
postquam exempta fames et amor compressus edendi,
crateras magnos statuunt   Bacchumque ministrant.
sacra canunt,   plaudunt choreas et carmina dicunt.
nec non Threicius longa cum veste sacerdos   25
obloquitur numeris septem discrimina vocum.
at parte ex alia   biforem dat tibia cantum.
omnibus una quies operum   cunctique relictis
consurgunt mensis,   per limina laeta frequentes
discurrunt variantque vices,   populusque patresque,   30
matronae, pueri,   vocemque per ampla volutant
atria; dependent lychni laquearibus aureis.

Descriptio Egredientis Sponsae

Tandem progreditur   Veneris iustissima cura,
iam matura viro, iam plenis nubilis annis,
virginis os habitumque gerens,   cui plurimus ignem   35
subiecit rubor et calefacta per ora cucurrit,
intentos volvens oculos,   uritque videndo.
illam omnis tectis agrisque effusa iuventus
turbaque miratur matrum.   vestigia primi
alba pedis,   dederatque comam diffundere ventis.   40
fert picturatas auri subtemine vestes,
ornatus Argivae Helenae   ⟨qualisque videri⟩
caelicolis et quanta solet   Venus aurea contra,
talis erat species,   talem se laeta ferebat
ad soceros   solioque alte subnixa resedit.   45

Descriptio Egredientis Sponsi

At parte ex alia   foribus sese intulit altis
ora puer prima signans intonsa iuventa,

17 tosta *CT*, tota *KL*   19 oves *Verg.*, *T*ᵃᶜ?, aves *CLT*ᵖᶜ, cives *K*   31 pueri *KLT*, puerique *C* (que *in ras.*), *Verg.*   41 fert *Verg.*, et *Z*   42 qualisque videri *Verg.*, om. *Z*

pictus acu chlamydem   auratam, quam plurima circum
purpura maeandro duplici Meliboea cucurrit,
et tunicam, molli mater quam neverat auro: 50
os umerosque deo similis   lumenque iuventae.
qualis, ubi Oceani perfusus Lucifer unda
extulit os sacrum caelo,   sic ora ferebat,
sic oculos,   cursuque amens ad limina tendit.
illum turbat amor figitque in virgine vultus: 55
oscula libavit   dextramque amplexus inhaesit.

Oblatio Munerum

Incedunt pueri pariterque ante ora parentum
dona ferunt,   pallam signis auroque rigentem,
munera portantes, aurique eborisque talenta
et sellam   et pictum croceo velamen acantho,   60
ingens argentum mensis   colloque monile
bacatum et duplicem gemmis auroque coronam.
olli serva datur   geminique sub ubere nati,
quattuor hic iuvenes, totidem   innuptaeque puellae.
omnibus in morem tonsa coma: pectore summo   65
flexilis obtorti per collum circulus auri.

Epithalamium Utrique

Tum studio effusae matres   ad limina ducunt.
at chorus aequalis   pueri innuptaeque puellae
versibus incomptis ludunt   et carmina dicunt:
'o digno coniuncta viro,   gratissima coniunx,   70
sis felix,   primos Lucinae experta labores,
et mater.   cape Maeonii carchesia Bacchi.
sparge, marite, nuces,   cinge haec altaria vitta,
flos veterum virtusque virum: tibi ducitur uxor,
omnes ut tecum meritis pro talibus annos   75
exigat et pulchra faciat te prole parentem.
fortunati ambo,   si quid pia numina possunt;
vivite felices.   dixerunt "currite" fusis
concordes stabili fatorum numine Parcae.'

64 hic Z, huic *Scal.*, hinc *ed. Ald. 1517*   65 *lac. post* coma *ego dub.*   75 omnes *CLT,*
omnis *K*

Ingressus in Cubiculum

Postquam est in thalami pendentia pumice tecta   80
perventum,   licito tandem sermone fruuntur.
congressi iungunt dextras   stratisque reponunt.
at Cytherea novas artes   et pronuba Iuno
sollicitat suadetque ignota lacessere bella.
ille ubi complexu   molli fovet, atque repente   85
accepit solitam flammam   lectumque iugalem

          *   *   *   *   *

'o virgo, nova mi facies,   gratissima coniunx,
venisti tandem, mea sola et sera voluptas.
o dulcis coniunx, non haec sine numine divum
proveniunt.   placitone etiam pugnabis amori?'   90
talia dicentem iamdudum aversa tuetur
cunctaturque metu telumque instare tremescit
spemque metumque inter   funditque has ore loquelas:
'per te, per, qui te talem genuere, parentes,
o formose puer,   noctem non amplius unam   95
hanc tu, oro, solare inopem et   miserere precantis.
succidimus; non lingua valet, non corpore notae
sufficiunt vires, nec vox aut verba sequuntur.'
ille autem, 'causas nequiquam nectis inanes',
praecipitatque moras omnes   solvitque pudorem.   100

Parecbasis

Hactenus castis auribus audiendum mysterium nuptiale ambitu loquendi et circuitione velavi. verum quoniam et fescenninos amat celebritas nuptialis verborumque petulantiam notus vetere instituto ludus admittit, cetera quoque cubiculi et lectuli operta prodentur, ab eodem auctore collecta, ut bis erubescamus qui et Vergilium faciamus 5 impudentem. vos, si placet, hic iam legendi modum ponite; cetera curiosis relinquite.

82 reponunt Z, residunt *vel lac. Sch. dub.*   85 atque Z, ille *Verg.* (*A. 8. 388*), inde *Sch.* (*A. 8. 238 secutus*)   *post* 86 *lac. Sch.*   88 sola et sera *CLT, MR alii*, sera et sola *K, P alii* 91 aversa *CK,* adversa *LT*   92 telumque *Z, MR,* letumque *P, Rufinianus*   96 hanc *Z,* at *Verg.*

    Parecb. 4 admittit *CLT,* admittitur *K*   cubiculi et lectuli operta *KL,* cubilis et lecti operta *C,* operta cubiculi et lectuli operta *T*

Imminutio

Postquam congressi   sola sub nocte per umbram
et mentem Venus ipsa dedit,   nova proelia temptant.
tollit se arrectum,   conantem plurima frustra
occupat os faciemque,   pedem pede fervidus urget.
perfidus alta petens   ramum, qui veste latebat,   105
sanguineis ebuli bacis minioque rubentem
nudato capite   et pedibus per mutua nexis,
monstrum horrendum, informe, ingens, cui lumen ademptum,
eripit a femore et trepidanti fervidus instat.
est in secessu,   tenuis quo semita ducit,   110
ignea rima micans;   exhalat opaca mephitim.
nulli fas casto sceleratum insistere limen.
hic specus horrendum: talis sese halitus atris
faucibus effundens   nares contingit odore.
huc iuvenis nota fertur regione viarum   115
et super incumbens   nodis et cortice crudo
intorquet summis adnixus viribus hastam.
haesit virgineumque alte bibit acta cruorem.
insonuere cavae gemitumque dedere cavernae.
illa manu moriens telum trahit, ossa sed inter   120
altius ad vivum persedit   vulnere mucro.
ter sese attollens cubitoque innixa levavit,
ter revoluta toro est;   manet imperterritus ille.
nec mora nec requies,   clavumque affixus et haerens
nusquam amittebat oculosque sub astra tenebat.   125
itque reditque viam totiens   uteroque recusso
transadigit costas   et pectine pulsat eburno.
iamque fere spatio extremo fessique sub ipsam
finem adventabant: tum creber anhelitus artus
aridaque ora quatit, sudor fluit undique rivis,   130
labitur exsanguis, destillat ab inguine virus.

Contentus esto, Paule mi,
†lasciva, o Paule, pagina:†
ridere, nil ultra expeto.

109 femore *Z*, femine *Verg.*, foemine *L*   122 *om. L*   innixa *CKT*, adnixa *Verg.*
post 122 vulneris impatiens crudeli funere mucro *C*^mg*K, om. LT*   127 et *Z*, iam *Verg.*
132 paule *CKL*, o paule *T*   133 lasciva *CT*, lascive *KL*   134 expeto *CL*, expecto *KT*

sed cum legeris, adesto mihi adversum eos, qui, ut Iuvenalis ait, 'Curios
simulant et Bacchanalia vivunt', ne fortasse mores meos spectent de
carmine. 'lasciva est nobis pagina, vita proba', ut Martialis dicit.
meminerint autem, quippe eruditi, probissimo viro Plinio in poematiis
lasciviam, in moribus constitisse censuram, prurire opusculum Sul- 5
piciae, frontem caperrare, esse Apuleium in vita philosophum, in
epigrammatis amatorem, in praeceptis Ciceronis exstare severitatem,
in epistulis ad Caerelliam subesse petulantiam, Platonis Symposion
composita in ephebos epyllia continere. nam quid Anniani Fescenninos, quid antiquissimi poetae Laevii Erotopaegnion libros loquar? 10
quid Evenum, quem Menander sapientem vocavit? quid ipsum
Menandrum? quid comicos omnes? quibus severa vita est et laeta
materia. quid etiam Vergilium Parthenien dictum causa pudoris? qui in
octavo Aeneidos, cum describeret coitum Veneris atque Vulcani,
αἰσχροσεμνίαν decenter immiscuit. quid? in tertio Georgicorum de 15
summissis in gregem maritis nonne obscenam significationem honesta
verborum translatione velavit? et si quid in nostro ioco aliquorum
hominum severitas vestita condemnat, de Vergilio arcessitum sciat.
igitur cui hic ludus noster non placet, ne legerit, aut cum legerit oblivis-
catur, aut non oblitus ignoscat. etenim fabula de nuptiis est: et velit 20
nolit aliter haec sacra non constant.

XIX. CUPIDO CRUCIATUS

Ausonius Gregorio Filio sal.

En umquam vidisti tabulam pictam in pariete ...? vidisti utique et
meministi. Treveris quippe in triclinio Zoili fucata est pictura haec:
Cupidinem cruci affigunt mulieres amatrices, non istae de nostro
saeculo quae sponte peccant, sed illae heroicae quae sibi ignoscunt et
plectunt deum. quarum partem in lugentibus campis Maro noster 5
enumerat. hanc ego imaginem specie et argumento miratus sum.

3 Martialis *Pulm.*, plinius *codd.*   5–6 Sulpitiae *Toll.*, sulpici ve *C*, supplici ve *K*, sulpitive
LT (-iive *L*), Sulpitillae *Baehrens*, Sulpicillae *von Winterfeld*   6–7 in epigrammatis *T*, inepti
grammatis *CL*, inepti grammaticis *K*   7 Ciceronis *Peip.*, omnibus *Z*   *post* exstare Tullii *L*
8 cerelliam *CLT*, cerilliam *K*   11 evenum *K*, evvennum *C*, evvenum *LT*   13 Vergilium
K, Maronem *L*, *om. CT*   in *T*, *om. CKL*   15 αἰσχροσ εμνιαν *K*, δισχροσεμνιαν *C*, *om. LT*
17 ioco *CLT*, loco *K*   19 noster *CLT*, nostri *K*
   xix *Z* (= *CKLT*)   1 En umquam *CT*, o numquam *K*, en numquam *L*   tabulam *Vin.*,
nebulam *codd.*   5 plectunt *C*^{pc} *ut vid. KLT*, flectunt *C*^{ac}

denique mirandi stuporem transtuli ad ineptiam poetandi. mihi praeter
lemma nihil placet, sed commendo tibi errorem meum; naevos nostros
et cicatrices amamus, nec soli nostro vitio peccasse contenti affectamus
ut amentur. verum quid ego huic eclogae studiose patrocinor? certus
sum, quodcumque meum scieris, amabis; quod magis spero quam ut
laudes. vale ac dilige parentem.

> Aeris in campis, memorat quos Musa Maronis,
> myrteus amentes ubi lucus opacat amantes,
> orgia ducebant heroides et sua quaeque,
> ut quondam occiderant, leti argumenta gerebant,
> errantes silva in magna et sub luce maligna   5
> inter harundineasque comas gravidumque papaver
> et tacitos sine labe lacus, sine murmure rivos;
> quorum per ripas nebuloso lumine marcent
> fleti, olim regum et puerorum nomina, flores,
> mirator Narcissus et Oebalides Hyacinthus   10
> et Crocus auricomans et murice pictus Adonis
> et tragico scriptus gemitu Salaminius Aeas.
> omnia quae lacrimis et amoribus anxia maestis
> rursus in amissum revocant heroidas aevum.   15
> exercent memores obita iam morte dolores: 14
> fulmineos Semele decepta puerpera partus
> deflet et ambustas lacerans per inania cunas
> ventilat ignavum simulati fulguris ignem.
> irrita dona querens, sexu gavisa virili,
> maeret in antiquam Caenis revocata figuram.   20
> vulnera siccat adhuc Procris Cephalique cruentam
> diligit et percussa manum. fert fumida testae
> lumina Sestiaca praeceps de turre puella,
> et de nimboso saltum Leucate minatur

*   *   *   *   *

7 denique *CKL*, deinde *T*   stuporem *CT*, stupore *KL*   praeter *Ug.*, propter *CKL*, promptus *T*   8 lemma *K*, lemna *C*, lemnia *LT*   nevos *KLT*, nervos *C*   9 vicio *CKT*, iudicio *L*   12 ac *CKL*, et *T*

1 quos *ed. pr.*, quo *codd.*   maronis *ed. pr.*, Platonis *codd.*   2 opacat *CKL*, optat *T* 6 harundineasque *codd.*, amaricinasque *Heins.*   9 fleti olim *ed. pr.*, fletiolum *CKL*, fletiodum *T*, fleta olim *Baehrens*   12 gemitu salaminius *C*, gemitus alaminius *KLT* (genitus *T*) 15 *ante* 14 *transp. Sch.*   15 rursus *T*, rursum *CKL*   amissum *codd.*, antiquum *Gron.* 14 dolores *codd.*, doloris *Gron.*   17 lacerans *Scal.*, latera *C*, lacera *KLT* ambustas *codd.*, ambustos *Oudin*   cunas *CK*ᵖᶜ *ut vid. LT*, curas *K*ᵃᶜ, crines *Oudin*   22 testae *CKL*, vestem *T*ᵃᶜ, testem *T*ᵖᶜ   *post* 24 *lac. Ug.*

Harmoniae cultus Eriphyle maesta recusat,   26
infelix nato nec fortunata marito.
tota quoque aeriae Minoia fabula Cretae
picturarum instar tenui sub imagine vibrat:
Pasiphae nivei sequitur vestigia tauri,   30
licia fert glomerata manu deserta Ariadne,
respicit abiectas desperans Phaedra tabellas.
haec laqueum gerit, haec vanae simulacra coronae;
Daedaliae pudet hanc latebras subiisse iuvencae.
praereptas queritur per inania gaudia noctes   35
Laodamia duas, vivi functique mariti.
parte truces alia strictis mucronibus omnes
et Thisbe et Canace et Sidonis horret Elissa:
coniugis haec, haec patris et haec gerit hospitis ensem.
errat et ipsa, olim qualis per Latmia saxa   40
Endymioneos solita affectare sopores,
cum face et astrigero diademate Luna bicornis.
centum aliae veterum recolentes vulnera amorum
dulcibus et maestis refovent tormenta querellis.

    quas inter medias furvae caliginis umbram   45
dispulit inconsultus Amor stridentibus alis.
agnovere omnes puerum memorique recursu
communem sensere reum, quamquam umida circum
nubila et auratis fulgentia cingula bullis
et pharetram et rutilae fuscarent lampados ignem.   50
agnoscunt tamen et vanum vibrare vigorem
occipiunt hostemque unum loca non sua nactum,
cum pigros ageret densa sub nocte volatus,
facta nube premunt; trepidantem et cassa parantem
suffugia in coetum mediae traxere catervae.   55
eligitur maesto myrtus notissima luco,
invidiosa deum poenis. cruciaverat illic
spreta olim memorem Veneris Proserpina Adonin.

---

26 heriphilae *K*, eriphyles *CL*, heriphilles *T*   29 picturarum *codd.*, picturatum *Barth.*
30 Pasiphae *CT*, Pasiphe *KL*   31 glomerata *KLT*, onerata *C*   32–3 *om. K*
32 abiectas *CL*ᵃᶜ, adiectas *L*ᵖᶜ*T*   33 coronae *CL*, figurae *T*   39 et *codd.*, at *Markland*
41 solita *CL*, olita *K*, oblita *T*   affectare *codd.*, aspectare *Baehrens*   43 veterum *CKL*,
veteres *T*   49 auratis . . . bullis *Scriverius*, auratas . . . bullas *codd.*   50 fuscarent *ed. pr.*,
fugarent *codd.*   54 parantem *CLT*, parentem *K*   58 Adonin *ed. pr.*, Adoni *Z*

huius in excelso suspensum stipite Amorem
devinctum post terga manus substrictaque plantis   60
vincula maerentem nullo moderamine poenae
afficiunt. reus est sine crimine, iudice nullo
accusatur Amor. se quisque absolvere gestit,
transferat ut proprias aliena in crimina culpas.
cunctae exprobrantes tolerati insignia leti   65
expediunt: haec arma putant, haec ultio dulcis
ut quo quaeque perit studeat punire dolore.
haec laqueum tenet, haec speciem mucronis inanem
ingerit, illa cavos amnes rupemque fragosam
insanique metum pelagi et sine fluctibus aequor.   70
nonnullae flammas quatiunt trepidaeque minantur
stridentes nullo igne faces. rescindit adultum
Myrrha uterum lacrimis lucentibus inque paventem
gemmea fletiferi iaculatur sucina trunci.
quaedam ignoscentum specie ludibria tantum   75
sola volunt, stilus ut tenuis sub acumine puncti
eliciat tenerum, de quo rosa nata, cruorem
aut pubi admoveant petulantia lumina lychni.
ipsa etiam simili genetrix obnoxia culpae
alma Venus tantos penetrat secura tumultus.   80
nec circumvento properans suffragia nato
terrorem ingeminat stimulisque accendit amaris
ancipites furias natique in crimina confert
dedecus ipsa suum, quod vincula caeca mariti
deprenso Mavorte tulit, quod pube pudenda   85
Hellespontiaci ridetur forma Priapi,
quod crudelis Eryx, quod semivir Hermaphroditus.
nec satis in verbis: roseo Venus aurea serto
maerentem pulsat puerum et graviora paventem.
olli purpureum mulcato corpore rorem   90
sutilis expressit crebro rosa verbere, quae iam
tincta prius traxit rutilum magis ignea fucum.

---

62 afficiunt *codd.*, affigunt *Barth.*   63 accusatur *Baehrens*, accusatus *CKL*, accusator *T*
quisque absolvere *CKL*, quisquam solvere *T*, quaeque absolvere *Scriverius*   67 dolore *Barth.*,
dolorem *codd.*   71 trepidaeque *KT*, trepidoque *CL*   73 lucentibus *Acc.*, lugentibus
codd.   paventem *CK*, parentem *L*, pavorem *T*pc   74 fletiferi *CL*, flectiferi *KT*
75 ignoscentum *CKL*, ignoscentes *T*   76 sola *suspectum habeo*   84 suum quod *CLT*,
suumque *K*   88 nec *CKL*, hec *T*   92 prius *om. T* (*lac. quinq. litt.*)

inde truces cecidere minae vindictaque maior
crimine visa suo, Venerem factura nocentem.
ipsae intercedunt heroides et sua quaeque   95
funera crudeli malunt ascribere fato.
tum grates pia mater agit cessisse dolentes
et condonatas puero dimittere culpas.

    talia nocturnis olim simulacra figuris
exercent trepidam casso terrore quietem.   100
quae postquam multa perpessus nocte Cupido
effugit, pulsa tandem caligine somni
evolat ad superos portaque evadit eburna.

XX. PRECATIONES VARIAE

I

Phoebe potens numeris, praeses Tritonia bellis,
tu quoque ab aerio praepes Victoria lapsu,
come serenatam duplici diademate frontem
serta ferens quae dona togae, quae praemia pugnae.
bellandi fandique potens Augustus honorem   5
bis meret, ut geminet titulos qui proelia Musis
temperat et Geticum moderatur Apolline Martem.
arma inter Chunosque truces furtoque nocentes
Sauromatas, quantum cessat de tempore belli,
indulget Clariis tantum inter castra Camenis.   10
vix posuit volucres, stridentia tela, sagittas,
Musarum ad calamos fertur manus, otia nescit
et commutata meditatur harundine carmen,
sed carmen non molle modis: bella horrida Martis
Odrysii Thressaeque viraginis arma retractat.   15
exulta, Aeacide, celebraris vate superbo
rursum Romanusque tibi contingit Homerus.

---

93 *om. T*   inde CL, iam *K*   99 olim *codd.*, olli *Sch.*   102 pulsa *C*, pulsi *KLT*
somni *CKL*, fumi *T*

xx. 1   *Z* (= *CKM*) *titulus deest in Z*, De Augusto *Pulm.*   2 aerio *KM*, aereo *C*   praepes
CM, praeceps *K*   10 indulget *C*, indulge *KM*   Clariis *Scal.*, datiis *CM*, daniis *K*ac*?*, latiis
*K*pc   15 thresseque *M*, thesaeque *C*, thessaeque *K*   16 eacide *CK*, cacide *M*

2. *Precatio consulis designati*

Iane veni, novus anne, veni, renovate veni Sol,
consulis Ausonii Latiam visure curulem.
ecquid ab Augusta nunc maiestate secundum
quod mireris habes? Roma illa domusque Quirini
et toga purpurei rutilans praetexta senati　　　　　　　　5
hoc capite aeternis signat sua tempora fastis.
　　⟨Iane veni, novus anne, veni, renovate veni Sol.⟩　　6a
anne, bonis coepte auspiciis, da vere salubri
apricas ventorum animas, da roscida Cancro
solstitia et gelidum Borean Septembribus horis.
mordeat autumna frigus subtile pruina　　　　　　　　　10
et tenuata modis cesset mediocribus aestas.
　　⟨Iane veni, novus anne, veni, renovate veni Sol.⟩　　11a
sementem notus umificet, sit bruma nivalis,
dum pater antiqui renovatur Martius anni.
spiret odorato florum nova gratia Maio,
Iulius et segetes coquat et mare temperet euris,　　　　　15
Sirius ardentem non augeat igne Leonem;
discolor arboreos variet Pomona sapores,
mitiget autumnus, quod maturaverit aestas,
et genialis hiems parta sibi dote fruatur.
　　⟨Iane veni, novus anne, veni, renovate veni Sol.⟩　　19a
pacem mundus agat nec turbida sidera regnent:　　　　　20
nulla tuos, Gradive, offendat stella penates
quae non aequa tibi, non Cynthia, non celer Arcas
finitimus terris, non tu, Saturne, supremo
ultime circuitu; procul a Pyroente remotus
tranquillum properabis iter. vos comminus ite,　　　　　25
stella salutigeri Iovis et Cythereie Vesper;
nonnumquam hospitibus facilis Cyllenius adsit.
　Iane veni, novus anne, veni, renovate veni Sol.
hostibus edomitis, qua Francia mixta Suebis
certat ad obsequium Latiis ut militet armis,　　　　　　30

2　*V* Precatio consulis designati pride k. iam fascibus sumtis *V*　　　*post* 1 *lac. Peip.*
3 ecquid *Scal.*, et quid *V*　　nunc *Lugd.*, nun *V*　　　6 capite *V*, apice *Heins.*　　6a (et 11a,
19a) *add. Brandes*　　9 et gelidum *V*, egelidum *Toll.*　　10 autumna ... pruina *Heins.*,
autumnas ... pruinas *V*, autumnis ... pruinis *Peip.*, autumnum ... pruina *ego dub.*　　11 et
tenuata *V*, attenuata *Heins.*　　modis *V*, moris *Wakefield*　　22 Arcas *Gron.*, arc^{u}s *V*
23 non tu *Lugd.*, notu *V*　　27 nonnumquam *V*^{ac}, non umquam *V*^{pc}　　adsit *V*, absit *Peip.*

qua vaga Sauromates sibi iunxerat agmina Chuni,
quaque Getes sociis Histrum assultabat Alanis
(hoc mihi praepetibus Victoria nuntiat alis),
iam venit Augustus, nostros ut comat honores,
officio exornans quos participare cupisset.   35

     Iane veni, novus anne, veni, renovate veni Sol.
aurea venturo, Sol, porrige gaudia Iano:
fascibus Ausonii succedet Caesar in annum,
quintam Romulei praetextam habiturus honoris.
ecce ubi se cumulat mea purpura (mitibus audi   40
auribus hoc, Nemesis) post me dignatur oriri
Augustus consul; plus quam conferre videtur
me sibi, qui iussit nostros praecedere fasces.

     Iane veni, novus anne veni, renovate veni Sol,
coge secuturos bis sena per ostia menses.   45
tu tropicum solido da cedere, rursus et illum
terga dare, ut duplex tropico varietur ab astro
et quater a ternis properet mutatio signis.
aestivos impelle dies brumamque morantem
noctibus acceleret promissus Caesaris annus.   50
illum ego si cernam, tum terque quaterque beatus,
tunc ero bis consul, tunc tangam vertice caelum.

3. *Precatio kal. ianuariis*

Anne, bonis coepte auspiciis, felicia cernis
consulis Ausonii primordia; prome coruscum,
Sol aeterne, caput solitoque illustrior almo
lumine purpureum iubar exsere lucis eoae.
anne, pater rerum quas Iani mense bifrontis   5
volvis in hibernum glaciali fine Decembrem,
anne, veni et festum veteri novus adice Ianum.
sollemnes pervade vias bissenaque mundo
curricula aequatis varians per tempora signis

---

31 Sauromates *V*, Sauromatae *Toll.*   sibi *V*, sua *Sch. dub.*   Chuni *Vin.*, c"nis *V*, (sua . . .)
Chunis *Sch. dub.*, Chunus *Toll.*   32 Getes *Vin.*, getis *V*   46 tu *Lugd.*, ut *V*   solido *V*,
solis *Lugd.*, soli *Scal.*   rursus *Scal.*, ruris *V*   47 terga *Lugd.*, tega *V*   tropico *V*, tropicus
Scal.   48 a *Scal.*, hac *V*ᵃᶜ, ac *V*ᵖᶜ   mutatio *Scal.*, mutua *V*ᵃᶜ, mutatia *V*ᵖᶜ   51 quaterque *Lugd.*, quaetarque *V*

    3 *V*   Item precatio kal. ianuariis *V*   1 auspiciis *Lugd.*, aᵘspeciis *V*
5 anne *V*, alme *ego dub.*   6 Decembrem *Lugd.*, december *V*   7 anne *V*, alme *Peip.*

praecipitem aeterna perfer vertigine cursum,   10
sic prono raptate polo, contraria Phoebus
ut momenta ferat servata parte dierum
et novus hiberno reparet sua lumina pulsu.
menstrua terdecies redeunt dum cornua lunae,
exortus obitusque manu volvente rotabis,   15
legitimum Phoebi cohibens per signa meatum.

XXI. GRATIARUM ACTIO

I. Ago tibi gratias, imperator Auguste; si possem, etiam referrem. sed
neque tua fortuna desiderat remunerandi vicem neque nostra suggerit
restituendi facultatem. privatorum ista copia est inter se esse munificos: tua beneficia ut maiestate praecellunt, ita mutuum non reposcunt.
2 quod solum igitur nostrae opis est, gratias ago; verum ita ut apud deum 5
fieri amat, sentiendo copiosius quam loquendo. atque non in sacrario
modo imperialis oraculi, qui locus horrore tranquillo et pavore venera-
bili raro eundem animum praestat et vultum, sed usquequaque gratias
ago, tum tacitus, tum loquens, tum in coetu hominum, tum ipse
mecum, et cum voce patui et cum meditatione secessi, omni loco actu 10
habitu et tempore. nec mirum, si ego terminum non statuo tam grata
3 profitendi, cum tu finem facere nescias honorandi. quis enim locus est
aut dies qui non me huius aut similis gratulationis admoneat? admoneat autem? o inertiam significationis ignavae! quis, inquam, locus est
qui non beneficiis tuis agitet et inflammet? nullus, inquam, imperator 15
Auguste, quin admirandam speciem tuae venerationis incutiat: non
palatium, quod tu cum terribile acceperis amabile praestitisti; non
forum et basilicae, olim negotiis plena, nunc votis (votis pro tua salute
susceptis—nam de sua cui non te imperante securitas?); non curia
honorificis modo laeta decretis, olim sollicitis maesta querimoniis; non 20
publicum, in quo occursus gaudentium plurimorum neminem patitur

12 ut *Scal.*, et *V*, nec *Heins.*   16 meatum *Lugd.*, meatu *V*
XXI   *Z* (= *CKMT*)   Ausonii burdigalis vassatis medici poetae ac praeceptoris gratiarum
actio ad Gratianum imp. pro consulatu *CT*, Ausonii poetae v.c. praefecti p. et consulis ordina
domino Gratiano felicissimo Imp. Aug. gratiarum actio *K*, Incipit gratiarum actio dicta domino
Gratiano augusto sub Ausonio v c pref pret et consul ordin. *M*   3–4 esse munificos *CMT*,
munificos esse *K*   5–9 verum ita ... gratias ago *om. C*   7 modo *KM*, loco *T*
8 vultum *KM*, vultum tui *T*   9 tacitus *CKM*, tacens *T*   14 inertiam *CKM*, inertia *T*
15 agitet et *C*, agitet *KMT*   18 votis votis *CKM*, votis *T*, otiis votisque *Haupt*

solum gratulari; non domus commune secretum. lectus ipse, ad   **4**
quietem datus, beneficiorum tuorum reputatione tranquillior. somnus,
abolitor omnium, imagines tuas affert. ista autem sedes honoris, sella
curulis, gloriosa pompis imperialis officii, in cuius me fastigio ex qua
mediocritate posuisti, quotiens a me cogitatur, vincor magnitudine et
redigor ad silentium, non ingratus beneficiis sed oppressus. ades enim   **5**
locis omnibus, nec iam miramur licentiam poetarum qui omnia deo
plena dixerunt. spem superas, cupienda praevenis, vota praecurris;
quaeque animi nostri celeritas divinum instar affectat beneficiis prae-
euntibus anteceditur. praestare tibi est quam nobis optare velocius.

    II. Ago igitur gratias, optime imperator; ac si quis hunc sermonem   **6**
meum isdem verbis tam saepe repetitum inopiae loquentis assignat,
experiatur hoc idem prosequi, et nihil poterit proferre facundius.
aguntur enim gratiae non propter maiestatis ambitum neque sine   **7**
argumentis imperatori fortissimo—testis est uno pacatus anno et
Danuvii limes et Rheni; liberalissimo—ostentat hoc dives exercitus;
indulgentissimo—docet securitas erroris humani; consultissimo—probat hoc tali participe oriens ordinatus; piissimo—huius vero laudis
locupletissimum testimonium est pater divinis honoribus consecratus,
instar filii ad imperium frater ascitus, a contumelia belli patruus
vindicatus, ad praefecturae collegium filius cum patre coniunctus, ad
consulatum praeceptor electus. possum ire per omnes appellationes   **8**
tuas, quas olim virtus dedit, quas proxime fortuna concessit, quas
adhuc indulgentia divina meditatur, vocare Germanicum deditione   **9**
gentilium, Alamannicum traductione captorum, vincendo et ignoscendo
Sarmaticum, conectere omnia merita virtutis et cognomina felicitatis—
sed alia est ista materia et suo parata secreto, cum placuerit signanter et
breviter omnia quae novimus indicare neque persequi, ut qui terrarum
orbem unius tabulae ambitu circumscribunt aliquanto detrimento
magnitudinis, nullo dispendio veritatis. nunc autem, quod diei huius   **10**
proprium, de consulatu gratias agam. sed procurrunt et aliae dignitates

   1 lectus *CM*, laetus *K*, lentus *T*   3 affert *codd.*, offert *Toll.*   ista *Z*, ipsa *Acc.*
5 vincor magnitudine *codd.*, vincor rei *vel* fortunae magnitudine *Heins.*, vincor magnitudine rei
Prete   6 ingratus *codd.*, ingravatus *Dezeimeris*, oneratus *Sch.*, ligatus *Prete*, *post* beneficiis sed
ingravatus, non oneratus *add. ego dub.*   8 vota *C*^{pc}, nota *C*^{ac}*KMT*   9 divinum *codd.*,
divini *Haupt*, divum *Avant.*   11 ac *CMT*, at *K*   12 meum *KMT*, nostrum *C*
13 hoc *om. K*   prosequi *codd.*, persequi *Toll.*   15 anno *CKM*, in anno *T*   18 participe
C, perticipe *KM*, principe *T*   19 locupletissimum *CKM*, conplectissimum *T*   divinis
CMT, divinus *K*   22 electus *codd.*, evectus *Acid.*   possum *codd.*, possem *Acid.*
24 vocare *Sch.*, voco *C*, vota *K*, voca *MT*, vocarem *Acid.*   25 Alamannicum *M*, Alamanicum
CK, Alemanicum *T*   traductione *CT*, traditione *KM*   26 conectere *Sch.*, connecterem
CMT, comederem *K*

atque in vocem gratulationis erumpunt ac se prius debere profitentur:
11 tot gradus nomine comitis propter tua incrementa congesti, ex tuo
merito te ac patre principibus quaestura communis, et tui tantum
praefectura beneficii, quae et ipsa non vult vice simplici gratulari,
liberalius divisa quam iuncta, cum teneamus duo integrum, neuter 5
desideret separatum.
12 **III.** Sed illa, ut paulo ante promisi, habebunt sui muneris peculiare
secretum. consulatus hic meus orat atque obsecrat ut obnoxiam tibi uni
sinas fieri eius dignitatem quem omnibus praetulisti. quot quidem et
13 ipse sibi invenit gradus! cum clarissimo viro collega meo honore 10
coniunctus, nuncupatione praelatus, consul ego, imperator Auguste,
munere tuo non passus saepta neque campum, non suffragia, non
puncta, non loculos, qui non pressaverim manus nec salutantium
confusus occursu aut sua amicis nomina non reddiderim, aut aliena
imposuerim, qui tribus non circumivi, centurias non adulavi, vocatis 15
classibus non intremui, nihil cum sequestre deposui, cum diribitore nil
pepigi. Romanus populus, Martius campus, equester ordo, rostra,
14 ovilia, senatus, curia—unus mihi omnia Gratianus. iure meo, Auguste
maxime, affirmare possum incolumi omnium gratia qui ad hunc
honorem diversa umquam virtute venerunt venturique sunt (suus enim 20
cuique animus, suum meritum sibique mens conscia est), iure, inquam,
15 meo affirmare possum me mihi videri a ceteris esse secretum. sunt quos
votorum cruciat inanitas: non optavi; quos exercet ambitus: non petivi;
qui assiduitate exprimunt: non coegi; qui offeruntur occasione: non
affui; quos iuvat opulentia: obstat temporum disciplina; non emi, nec 25
possum continentiam iactare: non habui. unum praestare temptavi, et
hoc ipsum quasi meum vindicare non possum: in tua enim positum est
opinione, si merui.
16 **IV.** Fecisti autem et facies alios quoque consules, piissime Gratiane,
sed non et causa pari: viros gloriae militaris—habent enim tecum ut 30
semper laboris ita dignitatis plerumque consortium, virtutis quam
honoris antiquiore collegio; viros nobilitatis antiquae—dantur enim
multa nominibus et est stemma pro merito; viros fide inclitos et officiis

---

6 desideret *CM*, desiderat *KT*   7 sui muneris *om. T*   9 quot *Toll.*, quod *Z*
10 invenit *codd.*, innuit *Acid.*, iunxit *Haupt*   13 loculos *KMT*, oculos *C*   praessaverim
*C*ᵃᶜ*KMT* (press- *T*), prensaverim *C*ᵖᶜ   15 circumivi *CKM*, circuivi *T*   16 deposui
codd., disposui *Sch.*   diribitore *Lugd.*, distributore *codd.*   18 Gratianus *om. T*   19 possum *om. T*   20 enim *om. CK*   23 cruciat *CKT*, excruciat *M*   exercet *KMT*, exoret *C*
in ras.   24 offeruntur *CKM*, afferuntur *T*   27 vendicare *CM*, iudicare *KT*
29 alios quoque *CT*, alios complures quoque *K*, quoque alios *M*   32 enim *om. T*
33 stemma *Heins.*, Roma *codd.*, trabea *Unger*, fama *Peip.*

probatos—quorum me etiamsi non secerno numero, tamen, quod ad
honoris viam pertinet, ratione dispertio. quartum hunc gradum novi 17
beneficii tu, Auguste, constituis: deferre tibi ipsi quo alter ornetur,
bona animi tui ad alienam referre praestantiam, eruditionemque
naturae quam deo et patri et tibi debes ad alterius efficaciam gratius
retorquere quam verius. tua haec verba sunt a te mihi scripta: solvere te
quod debeas, et adhuc debere quod solveris. o mentis aureae dictum 18
bratteatum! o de pectore candidissimo lactei sermonis alimoniam!
quisquamne tam parcus est in ostentatione beneficii? quisquam
pondus gratiae suae vim meriti profitetur alieni? quisquam denique
quod indulget, quasi ab obnoxio deferatur, pretium mavult vocare
quam donum? certent huic sententiae veteres illi et Homerici oratores, 19
subtilis deducta oratione Menelaus et instar profundae grandinis
ductor Ithacensius et melleo delibutus eloquio iam tertiae Nestor
aetatis: sed neque ille concinnius eloquetur, qui se Laconica brevitate
collegit, nec ille contortius, qui cum sensibus verba glomeravit, nec iste
dulcius, cuius lenis oratio mulcendo potius quam extorquendo per-
suasit. solvere te dicis quod debeas, et debiturum esse cum solveris.
Auguste iuvenis, caeli tibi et humani ⟨generis⟩ rector hoc tribuat, ut 20
praelatus antiquis, quos etiam elegantia sententiae istius antecessisti,
vincas propria singulorum: in Menelao regiam dignationem, in Ulixe
prudentiam, in Nestore senectutem.

V. Subiciet aliquis: 'ista equidem adeptus es, sed effare quo merito'. 21
quid me oneras, sciscitator? rationem felicitatis nemo reddit. deus et
qui deo proximus tacito munera dispertit arbitrio et beneficiorum
suorum indignatus per homines stare iudicium, mavult de subditis
dedisse miraculum. 'quo', inquis, 'merito?' ego nullum scio, nisi quod 22
tu, piissime imperator, debere te dicis, et hoc debere latissime pertinet,
sive hoc eruditionis tuae faenus existimas, sive sine faenore gloriam
liberalitatis affectas, sive te pondere conceptae sponsionis exoneras,
seu fideicommissum patris exsolvis, seu magnanimitate caelesti, ostentatione suppressa, dei munus imitaris. debere te dicis. cui? quando? 23

2 quartum *CKM*, quantum *T*   3 tu *codd.*, tui *Toll.*   deferre *KMT*, detrahere *C in ras.*,
auferre *Graev.*, differre *Mommsen*   5 efficaciam gratius *KMT*, gratiam rectius *C*
7 debeas *KMT*, debebas *C*   8 bratteatum *CK*, bracteatum *MT*   10 pondus *om. T*
11 ab *om. T*   15 se *om. K*   16 iste *codd.*, ille *Sch. dub.*   18 debeas *C*ac*KT*, debebas
*C*pc*M*   19 generis *add. ed. pr.*   20-1 etiam *post* vincas *transp. Acid.*
20 istius *om. T*   antecessisti *CKM*, accesisti *T*   21 singulorum *om. K*   23 equidem
CKM, quidem *T*   24 sciscitator *M*, scissitator *C*, siscitator *K*, scisitator *T*
26 iudicium *CMT*, inditium *K*   29 faenus *CM*, phoenus *K*, foedus *T*   32–p. 150 1 cui?
quando? quo nomine? *CKM*, cui quomodo quando est *T*

quo nomine? lege syngrapham, nomina creditorem, accepti et expensi
24 tabulae conferantur. videbis alio summae istius transire rationem: tibi
coepit deus debere pro nobis. quid autem mihi debes, gratissime
imperator (patitur enim humanitas tua ut praeter regias virtutes privata
appellatione lauderis)? quid tu mihi debes? et contra quid non ego tibi 5
debeo? anne quod docui? hoc ego possum verius retorquere, dignum
me habitum qui docerem, tot facundia doctrinaque praestantes inclinata in me dignatione praeteritos, ut esset quem tu matura iam aetate
succinctum per omnes honorum gradus festinata bonitate proveheres;
timere ut videreris ne in me vita deficeret, dum tibi adhuc aliquid quod 10
deberes praestare superesset.
25   **VI.** Negat Cicero consularis ultra se habere quod cupiat. ego autem
iam consul et senex adhuc aviditatem meam fatebor: te videre saepius
in hoc magistratu, Gratiane, desidero, ut et sex Val. Corvini et septem
C. Marii et cognominis tui Augusti tredecim consulatus unus aequi- 15
26 peres. plures tibi potest aetas tua et fortuna praestare, verum ego in
numero parcior, quia tu in munere liberalior; ipsum enim te saepius
27 hoc honore defraudas, ut et aliis largiaris. scis enim, imperator do-
ctissime (rursum enim utar laude privata), scis, inquam, septem ac
decem Domitiani consulatus, quos ille invidia alteros provehendi 20
continuando conseruit, ita in eius aviditate derisos ut haec eum pagina
fastorum suorum, immo fastidiorum, fecerit insolentem nec potuerit
28 praestare felicem. quod si principi honoris istius temperata et quae
vocatur aurea debet esse mediocritas, quid privati status hominibus,
quid aequanimis, quid iam senibus erga se oportet esse moderaminis? 25
29 ego quidem, quod ad honores meos pertinet, et vota saturavi; tu tamen,
imperator optime, tu piissime, tu quem non fatigat liberalitas nisi
quando cessavit, tu, inquam, indulgentissime Gratiane, ut ad bene-
faciendum subito es necopinus ingenio, adhuc aliquid quod hoc
nomine mihi praestetur invenies. invenies? sic intellexere omnes, sic 30
nobis ordinem ipse fecisti, sic amicus deo es, ut a te iam impetratum sit
quod optatur, a quo et quod nondum optamus adipiscimur.

1 creditorem *codd.*, creditorum *Heins.*   3 deus debere *CKM*, debere deus *T*   4 enim
om. KT   5 quid[1] *CMT*, quod *K*   quid[2] (quod *M*) non ego tibi debeo *CMT*, quid ego non
debeo tibi *K*   ego *om. T*   14 Gratiane *CKM*, marciane *T*   Val. Corvini *CKT*, corvini
val. *M*   15 C *T*, G *CM*, Cai *K*   augusti *MT*, auguste *C*, aug *K*   16 tibi potest aetas
tua et fortuna *MT*, tibi potest aetas et fortuna tua *C*, potest tibi aetas tua et fortuna *K*   19 ac
CKT, atque *M*   20 alteros *CKM*, alios *T*   21 haec *T*, hoc *KM*, [ob] hoc *C*   24 quid
C[pc]*K*, qui *C*[ac]*MT*   25 iam *CKM*, etiam *T*   29 subito *CKM*, subdito *T*
30 nomine *om. K*   invenies. invenies *codd.*, invenis *Toll.*, invenies *Sch.*   31 ipse *om. K*

VII. Et rursum aliquis adiciet aut sermone libere aut cogitatione 30
liberius: 'nonne olim et apud veteres multi eiusdem modi doctores
fuerunt? an tu solus praeceptor Augusti?' immo ego cum multis
coniunctus officio, sed cum paucissimis secretus exemplo. nolo 31
Constantini temporum taxare collegas: Caesares docebantur. superiora
contingam. dives Seneca, nec tamen consul, arguetur rectius quam
praedicabitur non erudisse indolem Neronis, sed armasse saevitiam.
Quintilianus consularia per Clementem ornamenta sortitus honesta-
menta nominis potius videtur quam insignia potestatis habuisse. †quo
modo† Titianus magister, sed gloriosus ille municipalem scholam
apud Visontionem Lugdunumque variando non aetate equidem sed
vilitate consenuit. unica mihi [et] amplectenda est Frontonis imitatio, 32
quem tamen Augusti magistrum sic consulatus ornavit ut praefectura
non cingeret. sed consulatus ille cuius modi? ordinario suffectus,
bimenstri spatio interpositus, in sexta anni parte consumptus, quaerendum ut reliquerit tantus orator quibus consulibus gesserit consulatum.
ecce aliud quod aliquis opponat: 'in tanti ergo te oratoris fastigium 33
gloriosus attollis?' cui talia requirenti respondebo breviter: non ego me
contendo Frontoni, sed Antonino praefero Gratianum.

... Celebrant equidem sollemnes istos dies omnes ubique urbes 34
quae sub legibus agunt, et Roma de more et Constantinopolis de imita-
tione ⟨et⟩ Antiochia pro luxu et Carthago discincta et donum fluminis
Alexandria, sed Treveri principis beneficio et mox cum ipso auctore
beneficii. loca inter se distant, vota consentiunt. unus in ore omnium 35
Gratianus, potestate imperator, virtute victor, Augustus sanctitate,
pontifex religione, indulgentia pater, aetate filius, pietate utrumque.

VIII. Non possum fidei causa ostendere imagines maiorum meorum, 36
ut ait apud Sallustium Marius, nec deductum ab heroibus genus vel
deorum stemma replicare, nec ignotas opes et patrimonia sparsa sub
regnis, sed ea quae nota sunt dicere potius quam praedicare: patriam
non obscuram, familiam non paenitendam, domum innocentem,
innocentiam non coactam, angustas opes, verumtamen libris et litteris

1 et *codd.*, at *vel* sed *Acid.*, en *Sebis.*   adiciet *codd.*, obiciet *Acid. dub.*   5 taxare *ed. pr.*,
taxabe *codd.*   7 saevitiam *CM*, scevitiam *KT*   9–10 quomodo *codd.*, Commodo *Acid.
dub.*, quomodo et *Toll. dub.*   11 Visontionem *CT*, visintione *K*, insontionem *M*   12 et
om. ed. Par. 1513   amplectenda *CMT*, complectenda *K*   13 sic *C^{pc} T*, si *C^{ac}KM*
17 ergo te *CKM*, te ergo *T*   19 Frontoni *M*, frontonis *CKT*   *lac. post* Gratianum *ego*
20 celebrant equidem *Sch.*, celebrante quidem *codd.*   istos *CMT*, istas *K*   22 et *ante* Antiochia *add. Toll.*   discincta *ed. Ven. 1496*, distincta *codd.*   donum *CMT*, domum *K*
23 beneficio *CMT*, beneficiorum *K*   26 indulgentia pater *CMT*, pater indulgentia *K*
28 vel *Peip.*, ad *codd.*, vel adeo *Sch.*, aut *Brandes*   32 litteris *KMT*, liberis *C*

dilatatas, frugalitatem sine sordibus, ingenium liberale, animum non
illiberalem, victum vestitum supellectilem munda, non splendida;
veteribus ut illis consulibus (excepta quae tum †erat† bellicarum
collatione virtutum) si quis me conferre dignetur, seponat opulentiam
37 non derogaturus industriam. Verum quoniam gratiis agendis iamdu- 5
38 dum succumbo materiae, tu orationi meae, Gratiane, succede. tu,
Gratiane, qui hoc nomen sic per fortunam adeptus es ut nemo verius
ambitione quaesierit—neque enim iustius Metellus cognomento Pius
patre revocato, qui esset impius exulante, aut verius Sulla Felix, qui
felicior antequam vocaretur, quam tu, Gratianus, cui et hoc nomen est 10
39 et illa Metelli Sullaeque cognomina—tu, inquam, Gratiane, qui hoc
non singulis factis, sed perpetua grate agendi benignitate meruisti, cui
nisi ab avo deductum esset ab omnibus adderetur, tu ipse tibi, inquam,
pro me gratiam refer, tu tuaeque virtutes: bonitas, qua in omnes
prolixus es, perpetuus in me; pietas, qua orbem tuum temperas, quam 15
in ulciscendo patruo probas, tuendo in fratre cumulas, ornando in
40 praeceptore multiplicas. agat gratias clementia, quam humano generi
impertis, liberalitas qua ditas omnes, fortitudo, qua vincis, et mens ista
aurea, quam de communi deo plus quam unus hausisti. agant et pro me
gratias voces omnium Galliarum, quarum praefecto hanc honorificen- 20
tiam detulisti. ultra progredior, et hoc quia debere te dicis: agat, quae
optime agere potest, vox ista quam docui.

41   **IX.** Iamdudum autem quam grati animi, tam sermonis exigui, ut
supra dictum est, succumbo materiae, neque adhuc illa perstrinxi quae
ne infantissimus quidem, nisi idem impiissimus, eminentia per famam 25
et omnium gaudiis testata supprimeret. quae supra vires dicendi meas
posita cunctor attingere, aut ingrati crimine arguendus aut temerarii
professione culpandus; tamen alterum cum subeundum sit audaciam
42 quam malevolentiam malo reprehendi. tu, Auguste venerabilis, distri-
ctus maximo bello, assultantibus tot milibus barbarorum quibus 30
Danuvii ora praetexitur, comitia consulatus mei armatus exerces.
tributa ista, quod in urbe Sirmio geruntur, an, [ut] quod in procinctu,

---

3 erat *codd.*, erant *ed. Ald. 1517*   bellicarum *M*, belcarum *KT*, balcarum *C*   8 iustius
CKT, iustus *M*   11 sillaeque *CKM* (Syll- *K*), scillaeque *T*   13 nisi *CMT*, nisi nihil *K*
omnibus *CKT*, hominibus *M*   14 refer *CMT*, refers *K*   15 qua orbem *CMT*, quam ob
rem *K*   18 impertis *CT*, imperitis *K*, impartis *M*   qua (vincis) *CMT*, quam *K*
19 quam (de) *KMT*, qua *C*   unus *codd.*, ullus *ed. Par. 1513*   20 voces *om. M*   23 tam
T, tamen *CKM*   24 est *om. K*   succumbo materiae *CMT*, secundo me *K*   29–30 dis-
trictus *Ug.*, destrictus *CT*, detrictus *KM*   30 quibus *CKM*, quot *T*   32 Sirmio *suspectum habeo*   an quod *Acid.*, an ut quod *CT*, aut ut quod *K*, an ut quam *M*, aut quod *Prete*
procinctu *M*, praecinctu *CKT*

centuriata dicentur? an ut quondam pontificalia vocabuntur, sine
arbitrio multitudinis sacerdotum tractata collegio? sic potius, sic
vocentur quae tu pontifex maximus deo participatus habuisti. non est 43
ingenii mei, piissime imperator, talia comminisci. verba sunt litterarum
tuarum, quibus apud me auctoritatem summi numinis et tuae
voluntatis amplificas. sic enim loqueris: 'cum de consulibus in annum
creandis solus mecum volutarem, ut me nosti atque ut facere debui et
velle te scivi, consilium meum ad deum rettuli. eius auctoritati
obsecutus te consulem designavi et declaravi et priorem nuncupavi.'
cuius orationis ordo lucidior? quae doctrina tam diligens propriis 44
comitiorum verbis loqui nec vocabulis moris antiqui nomina peregrina
miscere? valete modo classes populi et urbanarum tribuum praerogativae et centuriae iure revocatae. quae comitia pleniora umquam
fuerunt quam quibus praestitit deus consilium, imperator obsequium?

    X. Et nunc ego, piissime imperator, ne fastidium auditorii sacri 45
dictorum tuorum timidus interpres offendam, divinitatis tuae proprio
cum piaculo verba transcurro. 'cum de consulibus', inquis, 'in annum 46
creandis': erudita vox et cura sollemnis! ⟨solus⟩ mecum volutarem:' o
profundi altitudo secreti! habes ergo consiliatorem et non metuis
proditorem. 'ut me nosti': quid familiarius? 'ut facere debui': quid
constantius? 'ut velle te scivi': quid dici blandius potest? 'consilium 47
meum ad deum rettuli': et quemadmodum solus, cui praesto est tam
grande consilium? an plenius cum senatu, cum equestri ordine, cum
plebe Romana, cum exercitu tuo et provinciis omnibus deliberasses?
'consilium meum ad deum rettuli': non ut, credo, novum sumeres, sed 48
ut sanctius fieret quod volebas. 'eius auctoritati obsecutus': scilicet ut
in consecrando patre, in ulciscendo patruo, in cooptando fratre fecisti.
'te consulem designavi et declaravi et priorem nuncupavi.' quis haec 49
verba te docuit? ego tam propria et tam Latina nescivi. 'designavi et
declaravi et nuncupavi.' non fit hoc temere; habet moras suas dispertitis
gradibus tam matura cunctatio. has ego litteras tuas si in omnibus pilis 50

3 vocentur *T*, vocetur *CKM*   5 quibus *CKM*, qui *T*   et *codd.*, et vim *Toll.*
7 creandis *om. T*   volutarem *CMT*, voluntarem *K*   ut ^promisisse^ me *C*   atque *del. Toll.*   et
KMT, ut *C*   8 deum *CKM*, dominum *T*   13 iure revocatae *codd.*, iure vocatae *Pulm.*,
primo vocatae *ego dub.*   15 ne *om. K*   fastidium *codd.*, fastigium *Avant.*   16 proprio
ego, prolem *CT*, proprie *K*, prope *M*, pro! levi *Peip.*   18 solus *add. Avant.*   19 secreti
CKM, consilii *T*   metuis *CMT*, mutuis *K*   20–1 ut me nosti quid familiarius, ut facere
debui, quid constantius, ut velle te scivi quid dici blandius potest *KMT*, ut promisisse (*sup. lin.*) me
nosti, ut facere debui, ut velle te scivi, quid familiarius, quid constantius, quid dici blandius potest
C   21 consilium *M*, concilium *CKT*   28 declaravi et nuncupavi *CMT*, nuncupavi et
declaravi *K*

atque porticibus, unde de plano legi possint, instar edicti pendere
mandavero, nonne tot statuis honorabor, quot fuerint paginae libel-
lorum?

51   **XI.** Sed ad blandiora festino. ab hac enim litterarum ad me datarum
parte digressus eo quoque descendisti, ut quaereres qualis ad me
trabea mitteretur. omne largitionum tuarum ministerium sollicitudine
fatigasti. non ergo supra consulatum mihi est adhibita per te cura tam
52 diligens, pro me cura tam felix? in Illyrico arma quatiuntur: tu mea
causa per Gallias civilium decorum indumenta dispensas, loricatus de
toga mea tractas, in procinctu et cum maxime dimicaturus palmatae
vestis meae ornamenta disponis, feliciter et bono omine: namque iste
habitus, ut in pace consulis est, sic in victoria triumphantis. parum est
53 si qualis ad me trabea mittatur interroges; te coram promi iubes. nec
satis habes ut largitionum ministri ex more fungantur: eligis ipse de
multis et cum elegeris munera tua verborum honore prosequeris.
'palmatam', inquis, 'tibi misi, in qua divus Constantius parens noster
intextus est.' me beatum, cuius insignibus talis cura praestatur! haec
plane, haec est picta, ut dicitur, vestis non magis auro suo quam tuis
54 verbis. sed multo plura sunt in eius ornatu, quae per te instructus
intellego. geminum quippe in uno habitu radiat nomen Augusti:
Constantius in argumento vestis intexitur, Gratianus in muneris
honore sentitur.

55   **XII.** Accessit tam impenso beneficio tuo pondus quorundam
sciscitatione cumulatum. interrogatus quem priorem decerneres
consulem nec dubitandum esse dixisti tu, et qui tecum boni sunt
dubitare non poterant. sed tamen ad hoc dictum erexerant animos, qui
libenter clarissimum virum collegam meum, quem praesentem habebat
occasio, praelatum credidissent. fatigantes tamen quod intellexerant
56 requirebant. hic tu, sicut mihi renuntiatum est, noto illo pudore tuo
paulisper haesisti, non rationis ambiguus sed eorum dubitationem
vultu et rubore condemnans, qui studium suum interpretationis errore
palpabant. deinde ilico subdidisti: 'quid de duobus consulibus
designatis quaeritis quis ordo sit nuncupationis? anne alius quam quem
57 praefectura constituit?' o felicem verecundiam tuam, cui ista popularis

---

4 datarum *CT*, daturum *KM*   5 parte *CT*, prato *K*, prate *M*   quaereres *C*pc*MT*, quae
res *C*ac*K*   6 mitteretur *CMT*, amitteretur *K*   7 per te *CMT*, pariter *K*   8 tu mea
CMT, tua me *K*   9 decorum *CT*, dequorum *K*, de quorum *M*   11 vestis *suspectum*
habuit Acid.   15 cum *om. K*   16 constantius *KT*, constantinus *CM*   17–18 haec
plane haec *CMT*, hoc plane hoc *K*   19 instructus *KMT*, instructius *C*   21 Constantius
KMT constantinus *C*   32 subdidisti *CKM*, subdisti *T*   33 alius *M*, alium *CKT*
quam quem *CMT*, quemquam *K*

ratio tam prudenter occurrit! scisti aliud, Gratiane, quod diceres: sed propter quorundam verecundiam dicere noluisti. scopulosus hic mihi locus est et propter eam quam numquam appetivi gloriam recusandus. cum prior renuntiatus sim, satis est tuum tenere iudicium: interpretes valete meritorum. neque autem ego, sacratissime imperator, in tenui **58** beneficio gradum nuncupationis amplector. non est haec gloria ignota Ciceroni: 'praetorem me', inquit, 'populus Romanus primum fecit, consulem priorem.' ex ipsa eius sententia intellegitur commendabilius ei videri ⟨uni⟩ quam pluribus esse praepositum. nulla est equidem contumelia secundi, sed in duobus gloria magna praelati.

XIII. Alexandri Macedonis hoc fertur, cum legisset illos Homericos **59** versus quibus Hectore provocante de novem ducibus qui omnes pugnare cupiebant unum deligi placeret sortis eventu, trepida ubi contentione votorum Iovem optimum maximum totus precatur exercitus ut Aiacem vel Tydei filium aut ipsum regem ditium Mycenarum sortiri patiatur Agamemnonem: 'occiderem', inquit, 'illum, qui me tertium nominasset.' o magnanimitatem fortissimi viri! nominari inter novem **60** tertius recusabat, ubi certe pluribus antecelleret quam subesset. quanta hic verecundia gravaretur posterior de duobus? est enim in hoc numero arduae plena dignationis electio. cum universis mortalibus duo qui fiant consules praeferuntur, qui alteri praeponitur non uni sed omnibus antefertur. Exspectare nunc aures praesentium scio et eminere in **61** omnium vultu intellego, quod desiderio concipiatur animorum. existimant enim, cum ea quae ad grates agendas pertinebant summatim et tenuiore filo, sicut dicitur, deducta libaverim, aliqua me etiam de maiestatis tuae laudibus debere perstringere. quamquam me istam **62** dixerim seposuisse materiam et in tempus aliud reservare, nihilominus tamen, ut nunc aliqua contingam, nutu et prope murmure cohortantur. itaque faciam, quando cogunt volentem, sed maioribus separatis tenuiora memorabo, nulla spe ad plenum exsequendi, sed universi ut intellegant eorum quae in te praedicanda sunt a me poscendam esse notitiam, ab aliis dignitatem. nec excellentia, sed cotidiana tractabo.

1 tam prudenter *CM*, tam erudentem *K*, tam pudent *T*   2–3 dicere . . . locus est *ante* occurrit *K*   6 non *codd.*, num *Ug.*   9 ei videri uni *ed. Mil. 1490*, ei videri *codd.*, uni videri *Peip.* est equidem *CM*, enim est equidem *T*, equidem est *K*   11–12 homericos versus *CM*, versus homericos *KT*   13–14 contentione *T*, conceptione *CKM*   15 sortiri *ed. pr.*, sorti *codd.* 18 quanta *CMT*, inquit *K*   20 arduae plena *codd.*, ardua plane *Acid.*   23 concipiatur $C^{pc}T$, concipiantur $C^{ac}M$, concipiant *K*   24–5 et tenuiore *Peip.*, et ore *codd.*, tenuiore *Avant.* 25 filo *CMT*, suo *K*   sicut *CMT*, sic *K*   27 seposuisse *CMT*, supposuisse *K*   31 quae *om. K*   in te praedicanda *Vat. Lat. 3152, teste Sch.*, inter praedicanda $C^{ac}KMT$, interim praedicanda C^{pc}, inter praecipua praedicanda *Peip. dub.*, inter familiaria praedicanda *EW*, interne praedicanda *Owen*, interpreti praedicanda *Brakman*, in te uno praedicanda *Prete*

63   **XIV.** Nullum tu umquam diem ab adulescentia tua nisi adorato dei
numine et reus voti et ilico absolutus egisti, lautis manibus, mente
pura, immaculabili conscientia et, quod in paucis est, cogitatione
64 sincera. cuius autem umquam egressus auspicatior fuit aut incessus
modestior aut habitudo cohibitior aut familiaris habitus condecentior 5
aut militaris accinctior? in exercendo corpore quis cursum tam
perniciter incitavit? quis palaestram tam lubricus expedivit? quis
saltum in tam sublime collegit? nemo adductius iacula contorsit, nemo
65 spicula crebrius iecit aut certius destinata percussit. mirabamur
poetam, qui infrenos dixerat Numidas, et alterum, qui ita collegerat ut 10
diceret in equitando verbera et praecepta esse fugae et praecepta
sistendi. obscurum hoc nobis legentibus erat; intelleximus te videntes,
cum idem arcum intenderes et habenas remitteres aut equum segnius
euntem verbere concitares vel eodem verbere intemperantiam coer-
ceres. qui te visi sunt hoc docuisse, non faciunt; immo qui visi sunt 15
66 docuisse nunc discunt. in cibis autem cuius sacerdotis abstinentior
caerimonia? in vino cuius senis mensa frugalior? operto conclavis tui
non sanctior ara Vestalis, non pontificis cubile castius nec pulvinar
67 flaminis tam pudicum. in officiis amicorum non dico paria reddis;
antevenis et quotiens in obsequendo praecedimus erubescis pudore 20
tam obnoxio quam in nobis esse deberet ab imperatore praeventis. in
illa vero sede, ut ex more loquimur, consistorii, ut ego sentio, sacrarii
tui, nullus umquam superiorum aut dicenda pensius cogitavit aut
consultius cogitata disposuit aut disposita maturius expedivit.
68   **XV.** Et aliqua de oratoriis virtutibus tuis dicerem, nisi vererer mihi 25
gratificari. non enim Sulpicius acrior in contionibus nec maioris
Gracchi commendabilior modestia fuit nec patris tui gravior auctoritas.
qui tenor vocis, cum incitata pronuntias, quae inflexio, cum remissa,
quae temperatio, cum utraque dispensas! quis oratorum laeta iucundius, facunda cultius, pugnantia densius, densata glomerosius aut dixit 30
69 aut, quod est liberum, cogitavit? vellem, si rerum natura pateretur,
Xenophon Attice, in aevum nostrum venires, tu, qui ad Cyri virtutes

  5 familiaris habitus *CKT*, habitus familiaris M   condecentior *KT*, decentior *CM*
6 exercendo *CMT*, exercitando *K*   cursum *CMT*, cursus *K*   8 saltum *CMT*, saltus *K*
collegit *CT*, colligit *K*, colligitur *M*   10 infrenos *CKT*, infrenes *M*   15 visi *CMT*, iussi
K   hoc *CT*, hec *M*, *om. K*   15–16 non faciunt … docuisse *om. K*   18 nec *CKM*, ne
*T*pc, non *T*ac   19 in *CMT*pc, non *KT*ac   reddis *Acid.*, reddi *codd.*   20 antevenis *CMT*,
ante veri si *K*   praecedimus *CKT*, praevenimus *M*   25 oratoriis virtutibus tuis *KT*, ora-
torii virtutibus tui *C*, oratoriis tuis virtutibus *M*   29 temperatio *CMT*, temperantia *K*
29–30 iucundius *C*, iocundius *KMT*   30 facunda *CKT*, facundia *M*   densius *codd.*, distinctius *ego dub.*   glomerosius *KMT*pc, glomeratius *CT*ac   31 liberum *codd.*, liberius *Acid.*

exsequendas votum potius quam historiam commodasti, cum diceres
non qualis esset sed qualis esse deberet. si nunc in tempora ista
procederes, in nostro Gratiano cerneres quod in Cyro tuo non videras
sed optabas. atque ista omnia, quae punctis quibusdam acuminata 70
signavi, si facundia pro voluntate suppeteret, quamquam non copiosus,
exsequerer, ubertatem stilo rerum magnitudine suggerente. sed nec
huius diei neque huius ista materiae. qui dicturi estis laudes principis
nostri, habetis velut seminarium unde orationum vestrarum iugera
compleatis; ego ista perstrinxi atque, ut sciunt omnes, possum videri
familiaris notitiae secretus interpres domestica istaec non tam praedicare quam prodere. atque ut ista dixi de cognitis mihi atque intra aulam
familiaribus, possem et foris celebrata memorare, nisi omnia omnes et
separatim sibi quisque novisset. possem pari brevitate dicere, ⟨qua⟩ 71
superiora. emendatissimi viri est pigenda non facere; at tu numquam
paenitenda fecisti et semper veniam paenitentibus obtulisti. pulchrum
est indulgere timentibus; sed tu perpetuae bonitatis edictis occurristi
omnibus, ne timerent. magnificum largiri honores; tu honoratos et
liberalitate ditasti. laudabile est imperatorem faciles interpellantibus
praebere aditus nec de occupatione causari; tu confirmas adire
cunctantes et iam querimoniis explicatis, ne quid adhuc sileatur,
interrogas.

XVI. Celebre fuit Titi Caesaris dictum, perdidisse se diem quo nihil 72
boni fecerat; sed celebre fuit quia Vespasiani successor dixerat, cuius
nimia parsimonia et austeritas vix ferenda miram fecerat filii lenitatem.
tu Valentiniano genitus, cuius alta bonitas, praesens comitas, temperata severitas fuit, parto et condito optimo reipublicae statu, intellegis
posse te esse lenissimum sine dispendio disciplinae. neque vero unum
aliquod bonum uno die praestas, sed indulgentias singulares per
singula horarum momenta multiplicas. vel illud unum cuius modi est 73
de condonatis residuis tributorum? quod tu quam cumulata bonitate
fecisti! quis umquam imperatorum hoc provinciis suis aut uberiore

1 votum potius *CMT*, potius votum *K*   cum *CMT*, quin *K*   2 sed *CMT*, si *K*
4 quae *codd.*, quasi *Ug.*, quae quasi *Toll.*   acuminata *CMT*, acᶜumᵘlata et acuminata *post* tempora
(2) *K*   5 quamquam *codd.*, et quamquam *Acid.*   copiosus *CM*, copiosius *KT*
6–7 nec . . . neque *CKM*, nec . . . nec nec *T*   10 istaec *CMT*, ista *K*   11 prodere *CMT*,
procedere *K*   12 celebrata *CM*, celebritate *KT*   13 pari *CMT*, impari *K*   qua *add.*
Acid.   14 at *CMT*, atque *K*   17 magnificum *codd.*, magnificum est *Souchay*   tu *CMT*,
cum *K*   18 liberalitate *CMT*, libertate *K*   20 cunctantes *CMT*, cunctatos *K*
22 nihil *CK*, nil *M* nⁱ *T*   24 nimia *om. T*   25 Valentiniano *M*, valentiano *CKT*
26 optimo *T*, optimae *C*, optime *KM*   27 lenissimum *CKT*, levissimum *M*   28 singulares *KT*, saeculares *CM*   29 cuiusmodi *CM*, cuius *T*, eiusmodi *K*   31 imperatorum
CMT, imperator *K*

indulgentia dedit aut certiore securitate prospexit aut prudentia consultiore munivit? fecerat et Traianus olim, sed partibus retentis non habebat tantam oblectationem concessi debiti portio quanta suberat amaritudo servati. et Antoninus indulserat, sed imperii non beneficii successor invidit, qui ex documentis tabulisque [populi] condonata 5 repetivit. tu argumenta omnia flagitandi publicitus ardere iussisti.
74 videre in suis quaeque foris omnes civitates conflagrationem salubris incendii. ardebant stirpes fraudium veterum, ardebant seminaria futurarum. iam se cum pulvere favilla miscuerat, iam nubibus fumus involverat, et adhuc obnoxii in paginis concrematis ductus apicum et 10 sestertiorum notas cum vivaci recordatione cernebant, quod meminerant et tum legi posse metuentes. quid te, imperator Auguste, indulgentius, quid potest esse consultius? quae bona praestas, efficis ne
75 caduca sint; quae mala adimis, prospicis ne possint esse recidiva. haec provincialibus indulgentiae bona: quid illa nostro ordini? quid illa 15 militibus? Antoninorum [comitas] fuit etiam in Germanicorum cohorte amicorum et legionibus familiaris humanitas, sed ego nolo benevolentiam tuam aliorum collatione praecellere; abundant in te ea bonitatis et virtutis exempla quae sequi cupiat ventura posteritas et, si rerum natura pateretur, ascribi sibi voluisset antiquitas. 20

XVII. Necesse est tamen aliquid comparari, ut possit intellegi bona
76 nostra quo praestent. aegrotantes amicos Traianus visere solebat: hactenus in eo comitas praedicanda est. tu et visere solitus et mederi praebes ministros, instruis cibos, fomenta dispensas, sumptum adicis medellarum, consolaris affectos, revalescentibus gratularis. in quot 25
77 vias de una eius humanitate progrederis! legionibus universis, ut in communi Marte evenit, si quid adversi acciderat, vidi te circumire tentoria, "satin salve?" quaerere, tractare vulnera sauciorum et ut salutiferae apponerentur medellae atque ut non cessaretur instare. vidi quosdam fastidientes cibum te commendante sumpsisse. audivi con- 30 firmantia ad salutem verba praefari, occurrere desideriis singulorum;

5 populi *CKT*, *om. M*, populo *Sch. dub.*, *qui et* populi *interpolatum suspicatur*, populis *Mommsen*, publicis *Markland*   8 seminaria *CKM*, semina *T*   9 futurarum *CMT*, futura *K* se *post* fumus *add. Sch.*   11 cum vivaci recordatione *ego*, cum vivatia (vivacia *M*) de ratione *CKM*, convivantia de ratione *T*, cum ingenti *vel* immani trepidatione *Gron.*, *alii alia*   12 et tum *ego*, lectum *codd.*   posse metuentes *Baehrens*, posse et veteres *C*, possem et veteres *KM*, posse[n]t et veteres *T*, posse etiam verentes *Acid.*, posse etiam tunc verentes *Toll.*, posse et tum verentes *Sch.*   14 recidiva *K*, rediviva *CM*, recidua *T*   15 nostro *CKT*, vestro *M*   16 comitas *del. ego*, cognita *Peip.*   in *ego*, inde *codd.*, ante *Sch.*   cohorte *codd.*, cohorti *Par.*, in cohorte *Sch.*   18 tuam *om. K*   19 quae sequi *CT*, quae si quam *K*, quae si qua *M*   21 est *om. K*   25 quot *CKT*, quod *M*   28 satin *CT*, satim *K*, satiri *M*   31 te *ante* verba *add Sch.*   praefari *KMT*, profari *C*   occurrere *CKT*, occurrente *M*, occurrere te *Sch.*

huius sarcinas mulis aulicis vehere, his specialia iumenta praebere, illis ministeria perditorum instaurare lixarum, aliorum egestatem tolerare sumptu, horum nuditatem velare vestitu; omnia agere indefesse et benigne, pietate maxima, ostentatione nulla, omnia praebere aegris, nihil exprobrare sanatis. inde cunctis salute nostra carior factus **78** meruisti ut haberes amicos obnoxios promptos devotos fideles, in aevum omne mansuros, quales caritas potius quam fortuna conciliat.

XVIII. Concludam deinceps orationem meam, piissime Auguste, **79** sermonis magis fine quam gratiae. namque illa perpetua est et spatio non transmeabili terminum calcis ignorat. flexu tamen parvo, nec a te procul, convertar ad deum. aeterne omnium genitor, ipse non genite, **80** opifex et causa mundi, principio antiquior, fine diuturnior, qui templa tibi et aras penetrabilibus initiatorum mentibus condidisti, tu Gratiano humanarum rerum domino eiusmodi semina nostri amoris inolesti, ut nihil in digressu segnior factus meminisset relicti, illustraret absentem, praesentibus anteferret, deinde quia interesse primordiis dignitatis per locorum intervalla non poterat, ad sollemnitatem condendi honoris occurreret, beneficiis ne deesset officium. quae enim umquam memo- **81** ria transcursum tantae celeritatis vel in audacibus Graecorum fabulis commenta est? Pegasus volucer actus a Lycia non ultra Ciliciam permeavit; Cyllarus atque Arion inter Argos Nemeamque senuerunt; ipsi Castorum equi, quod longissimum iter est, non nisi mutato vectore transcurrunt. tu, Gratiane, tot Romani imperii limites, tot flumina et **82** lacus, tot veterum intersaepta regnorum ab usque Thracia per totum, quam longum est, latus Illyrici, Venetiam Liguriamque et Galliam veterem, insuperabilia Rhaetiae, Rheni †accolas†, Sequanorum invia, porrecta Germaniae, celeriore transcursu quam est properatio nostri sermonis evolvis, nulla requie otii, ne somni quidem aut cibi munere liberali, ut Gallias tuas inopinatus illustres, ut consulem tuum, quamvis desideratus, anticipes, ut illam ipsam quae auras praecedere solet famam facias tardiorem. hoc senectuti meae, hoc honori a te datum. supremus ille imperii et consiliorum tuorum deus conscius et arbiter et **83**

---

1 illis *CMT*, illi *K*   5 exprobrare *CKT*ᵖᶜ, exprobare *MT*ᵃᶜ   10 flexu *CMT*, fluxu *K* 11 aeterne *CK*, O Eterne *T*, terne *M*   13 penetrabilibus *CT*, penetralibus *KM*, in penetrali-bus *Sch. dub.*   15 et *post* meminisset *T*   16 deinde *T*, dein *CKM*   18–19 umquam memoria *Sch.*, memoriam umquam memoria *codd.*, maiorum umquam memoria *Peip.* 21 Nemeamque *CKM*, nemeaeamque *T*   senuerunt *CT*, sonuerunt *K*, scaverunt *M* 22 iter est *C in ras. T*ᵖᶜ, interest *KMT*ᵃᶜ   25 longum est latus *Scal.*, longus est locus *codd.* 26 rhetiae *CT*, rethie *M*, retia *K*   accolas *CKT*, acolis *M*, aquosa *Acid.*, inaccessa *Mertens*, acclivia *Sch. dub.*, vadosa *Peip.*, alluvia *Brakman*, periculosa *ego dub.*   invia *CKT*, iniuria *M* 31 datum *CKT*, dati *M*

auctor indulsit ut sellam curulem, cuius sedem frequenter ornabis, ut praetextam meam purpurae tuae luce fucatam, ut trabeam non magis auro suo quam munere tuo splendidam, quae ab Illyrico sermonis dignitas honestavit, apud Gallias illustriora praestares, quaestorem ut
5 tuum, praefectum ut tuo praetorio, consulem tuum et, quod adhuc cunctis meis nominibus anteponis, praeceptorem tuum, quem pia voce declaraveras, iusta ratione praetuleras, liberali largitate ditaveras, Augustae dignationis officiis consecrares.

XXII. FASTI

Ausonius Hesperio filio sal.

Consulari libro subiciendi quem ego ex cunctis consulibus unum coegi Gregorio ex praef.

I

Ignota aeternae ne sint tibi tempora Romae,
 regibus et patrum ducta sub imperiis,
digessi fastos et nomina perpetis aevi,
 sparsa iacent Latiam si qua per historiam.
sit tuus hic fructus, vigilatas accipe noctes;   5
 obsequitur studio nostra lucerna tuo.
tu quoque venturos per longum consere Ianos,
 ut mea congessit pagina praeteritos.
exemplum iam patris habes, ut protinus et te
 aggreget Ausoniis purpura consulibus.   10

5 adhuc *CKM*, adhoc *T*

xxii *VZ* (*Z* = *CKMT*)   Conclusio Ausonius Esperio Filio Sal. *V*, in libro quem de fastis composuerat ad gregorium explicit *C*, consulari libro subiciendi (subicienda *K*) quem ego e cunctis consulibus unum coegi gregorio ex praef. *KM, om. T, ante* 4 *transp. Peip.*

  1 *VZ*   3 perpetis *CMT*, praepetis *VK*   5 sit *VCMT*, sic *K*   8 congessit *Z*, digessit *V*   9 exemplum iam patris habes ut *V*, exemplo confide meo sic *Z*   10 adgreget *V*, applicet *Z*

2. *Supputatio ab urbe condita in consulatum nostrum*

Annis undecies centum coniunge quaternos,
undenos unamque super trieterida necte:
haec erit aeternae series ab origine Romae.

3. *In fine eiusdem libri additi*

Hactenus ascripsi fastos. si fors volet, ultra
adiciam; si non, qui legis adicies.
scire cupis qui sim? titulum qui quartus ab imo est
quaere; leges nomen consulis Ausonii.

4. *De eodem*

Urbis ab aeternae deductam rege Quirino
annorum seriem cum, Procule, accipies,
mille annos centumque et bis fluxisse novenos
consulis Ausonii nomen ad usque leges.
fors erit ut lustrum cum se cumulaverit istis   5
confectam Proculus signet Olympiadam.

XXIII. CAESARES

Ausonius Hesperio filio

Caesareos proceres, in quorum regna secundis
consulibus dudum Romana potentia cessit,
accipe bis senos. sua quemque monosticha signant,
quorum per plenam seriem Suetonius olim
nomina res gestas vitamque obitumque peregit.   5

2 *V* supputatio ab urbe condita in consulatum nostrum *V* 2 undenos *Reland*, undecies *V*, undenis *Dezeimeris* unamque *Scal.*, unumque *V*

3 *Z* in fine eiusdem libri additi *CKM, om. T* 2 adiciam . . . adicies *M*, adiiciam . . . adiicies *C*, addiciam . . . addicies *KT*

4 *Z* De eodem *KM*, de eodem fastorum libro *C, om. T* 2 accipies *CKT*, accipias *M* 6 olympiadam *CM*, olympiedam *KT*

XXIII *VEZM²BWU*χ (*Z = CKM¹T); M²* = *recensio prior in M,* χ = *consensus quattuor codicum quos in initio commentariorum memoravi* *habet E* 1–41, *Z* 1–41, 94–117, *M²* 1–121, χ 1–122, *ceteri omnia* Ausonius hesperio filio *EM¹*, Ausonius hesperio (mesperio *V*) filio sl *VT*, Ausonius hesperio filio sal. plu. di *C*, Ausonius hesperio filio suo salutem d *K*, incipit epistula ad Hesperium filium *WU, om. M²B*χ 4 per plenam *VEZM²BU*χ, perplexam *W*

De ordine imperatorum

Primus regalem patefecit Iulius aulam
Caesar et Augusto nomen transcripsit et arcem.
privignus post hunc regnat Nero Claudius, a quo
Caesar, cognomen Caligae cui castra dederunt.
Claudius hinc potitur regno, post quem Nero saevus,   10
ultimus Aeneadum. post hunc tres, nec tribus annis:
Galba senex, frustra socio confisus inerti,
mollis Otho, infami per luxum degener aevo,
nec regno dignus nec morte Vitellius ut vir.
his decimus fatoque accitus Vespasianus   15
et Titus imperii felix brevitate. secutus
frater, quem calvum dixit sua Roma Neronem.

De aetate imperii eorum

Iulius, ut perhibent, divus trieteride regnat.
Augustus post lustra decem sex prorogat annos,
et ter septenis geminos Nero Claudius addit.   20
tertia finit hiems grassantis tempora Gai.
Claudius hebdomadam duplicem trahit et Nero dirus
tantundem, summae consul sed defuit unus.
Galba senex, Otho lascive et famose Vitelli,
tertia vos Latio regnantes nesciit aestas,   25

                    *   *   *   *   *

implet fatalem decadam sibi Vespasianus.

Monosticha de ordine imperatorum *Z*, incipiunt (*om. V*) monosticha de ordine imperiorum *VWU*, versus de nominibus duodecim Caesarum *M*², *om. EBχ*   7 arcem *VETM*²*BWU*χ, arcae *C*, are *K*, atee *M*¹, artem *Ellis*   8 regnat *om.* *M*², *sup. lin. B*   9 Caesar *VEZM*²*BWU*, Caius χ   10 saevus *VECM*¹*M*²*BWU*χ, scaevus *KT*   12 confisus *VZM*²*BWU*χ, consus *E*   13 infami *VECKTM*²*BWU*, infamis *M*¹χ   15 his *VECK TBWU*χ, hic *M*¹*M*²   17 frater *ECM*¹*TBW*χ, fratrem *VK*, erant *M*², *U incertum*

de etate imperii eorum monostica *V*, de etate imperii m. *EKM*¹, m. de aetate imperiorum in imperio *CT*, de tempore imperii eorum *M*², m. de etate imperii eorum *BW*, m. de aetate imperatorum *U*, de longitudine imperii eorum χ   21 grassantis *ego*, grassantia *KM*¹*BWU*χ, crassantia *ECTM*², transsantia (s *alt. del.?*) *V*, transacti *Heins.*   22 hebdomadam *VECKM*²*BWU*, edomadam *M*¹, ebdomam *T*, ebdomadem χ   24 lascive et χ, lascive *VECKM*¹*M*²*BWU*, lasciva *T*   25 nesciit *VC*χ (vestiit *V?*), nesciet *EKM*¹*TBU*ᵃᶜ, nesciat *M*²*WU*ᵖᶜ   aestas *C*ᵖᶜ*KTM*²*U*χ, aetas *VC*ᵃᶜ*M*²*BW*ᵃᶜ?   26 *om. codd. praeter* χ, *in quibus* interitus dignos vita properante probrosa   27 decadam *VEZBW*, decadem *M*²*U*χ

ter dominante Tito cingit nova laurea Ianum,
quindecies, saevis potitur dum frater habenis.

De obitu singulorum

Iulius interiit Caesar grassante senatu.   30
addidit Augustum divis matura senectus.
sera senex Capreis exul Nero fata peregit.
expetiit poenas de Caesare Chaerea mollis.
Claudius ambiguo conclusit fata veneno.
matricida Nero proprii vim pertulit ensis.   35
Galba senex periit saevo prostratus Othone.
mox Otho, famosus clara sed morte potitus.
prodiga succedunt perimendi sceptra Vitelli.
laudatum imperium, mors lenis Vespasiano.
at Titus, orbis amor, rapitur florentibus annis.   40
sera gravem perimunt sed iusta piacula fratrem.

Tetrasticha

Nunc et praedictos et regni sorte sequentes
    expediam, series quos tenet imperii.
incipiam ab Divo percurramque ordine cunctos,
    novi Romanae quos memor historiae.   45

Iulius Caesar

Imperium, binis fuerat sollemne quod olim
    consulibus, Caesar Iulius obtinuit.

---

28 *om. M²BWU, aliter* χ (ostensus terris Titus est brevitate bienni *et* Heu Tite monstravit terris te vita biennis)   29 dum *VEZM²BW*χ, tum *U*

De obitu singulorum monostica *VECKM*¹, m. de obitu singulorum *TBWU*, de mortibus eorum *M²*, de finibus eorum χ   30 *om. M²BWU, aliter* χ (exegit poenas de Caesare curia mollis (*cf. l.* 33))   grassante *E*, crassante *VZ*   32 sera *VECM*¹*M²BWU*χ, sacra *K, om. T* capreis *VCM*¹*M²W*χ, campis *EKBU*, in campis *T*   exul Nero *VEZM²BU*χ, ex vulnere *W* 33 *aliter* χ (ter denis periit repetito vulnere Caius), expetiit *VEZM²WU*, expendit *B*   Caesare *codd. praeter* χ, Caio *Markland*   35 proprii vim pertulit ensis (proprium *K*, tum *K*ᵃᶜ), *VEZM²BWU*, proprio se perculit ense χ   36 Othone *VM²BWU*χ, othoni *EZ*   37 sed *VEZM²WU*χ, de *B*   potitus *VZ*, secutus potitus *E*, potitur *M²BWU*χ   39 lenis *VTM² BWU*χ, leni *ECKM²*   40 orbis amor *VEM²BWU*χ, a morte *Z*

Incipiunt tetrasticha *VBWU*χ, *om. M²*   42 sorte *VM²WU*ᵖᶜ, sortes *U*ᵃᶜ?, more *B* sequentes *VM²BWU*, secutos χ

sed breve ius regni, sola trieteride gestum:
perculit armatae factio saeva togae.

Octavius Augustus

Ultor successorque dehinc Octavius, idem   50
    Caesar et Augusti nomine nobilior.
longaeva et numquam dubiis violata potestas
    in terris positum prodidit esse deum.

Tiberius Nero

Praenomen Tiberi nanctus Nero prima iuventae
    tempora laudato gessit in imperio.   55
frustra dehinc solo Caprearum clausus in antro
    quae prodit vitiis, credit operta locis.

Caesar Caligula

Post hunc castrensis caligae cognomine Caesar
    successit saevo saevior ingenio,
caedibus incestisque dehinc maculosus et omni   60
    crimine pollutum qui superavit avum.

Claudius

Claudius, irrisae privato in tempore vitae,
    in regno specimen prodidit ingenii.
libertina tamen nuptarum et crimina passus
    non faciendo nocens sed patiendo fuit.   65

Nero

Aeneadum generis qui sextus et ultimus heres,
    polluit et clausit Iulia sacra Nero.

51 et *codd.*, at *Toll.*   augusti *VWU*, augustus $M^2B\chi$ 53 prodidit *Peip.*, credidit *codd.*, reddidit *L. Mueller*, re edidit *Brakman*   esse $VM^2WU\chi$, ore *B*   55 in *om.* M^2 56 caprearum $VBU\chi$, caprarum M^2, camparum *W*   58 castrensis *codd.*, castrensi *Sch.*   Caesar *codd.*, Caius *L. Mueller*   60 incestisque *VBWU*, incertisque $M^2\chi$ 62 in *om.* U   63 ingenii *VWU*χ, imperii *B*, ingenti M^2 64 et crimina passus *V*, certa potestas *W, om.* $M^2BU\chi$ 66 heres $VBWU\chi$, heros M^2 67 sacra *codd.*, sceptra *Heins.*

nomina quot pietas, tot habet quoque crimina vitae.
disce ex Tranquillo: sed meminisse piget.

Galba

Spe frustrate senex, privatus sceptra mereri   70
visus es, imperio proditus inferior.
fama tibi melior iuveni: sed iustior ordo est
complacuisse dehinc, displicuisse prius.

Otho

Aemula polluto gesturus sceptra Neroni
obruitur celeri raptus Otho exitio.   75
fine tamen laudandus erit, qui morte decora
hoc solum fecit nobile, quod periit.

Vitellius

Vita socors, mors foeda tibi, nec digne Vitelli
qui fieres Caesar: sic sibi fata placent.
umbra tamen brevis imperii, quia praemia regni   80
saepe indignus adit, non nisi dignus habet.

Vespasianus

Quaerendi attentus, moderato commodus usu,
auget nec reprimit Vespasianus opes,
olim qui dubiam privato in tempore famam,
rarum aliis, princeps transtulit in melius.   85

---

69 sed $V\chi$, et M^2BU, me W 70 spe $V^{pc}W$, sepe V^{ac}, spem $M^2BU\chi$ mereri $VM^2WU\chi$,
teneri B 71 es $M^2BWU\chi$, et V 76 erit *codd.*, om. B (*lac. quattuor litt. post* qui), erat *ego
dub.*   78 vita socors *Reeve*, vitae sors VB, vita sors $M^2WU\chi$, vitae ut sors *Gron.*, vita excors
Sch., vita ferox *vel* atrox *Peip.*   digne $VBWU\chi$, digna M^2 79 fieres Caesar VWU, fueris
Caesar $M^2\chi$, Caesar fueris B 81 adit VW, agit B, ait $M^2U\chi$ 82 quaerendi $VM^2WU\chi$,
quaerendo B attentus $VM^2BW\chi$, intentus U commodus $VBWU$, cominus $M^2\chi$ *post*
82 *versus erasus in* V 85 rarum *Gron.*, par *codd.*

Titus

Felix imperio, felix brevitate regendi,
  expers civilis sanguinis, orbis amor,
unum dixisti moriens te crimen habere;
  sed nulli de te nos tibi credidimus.

Domitianus

Hactenus edideras dominos, gens Flavia, iustos;   90
  cur duo quae dederant tertius eripuit?
vix tanti est habuisse illos, quia dona bonorum
  sunt brevia, aeternum quae nocuere dolent.

Nerva

Proximus exstincto moderatur sceptra tyranno
  Nerva senex, princeps nomine, mente parens.   95
nulla viro suboles. imitatur adoptio prolem,
  qua legisse iuvat quem genuisse velit.

Traianus

Aggreditur regimen viridi Traianus in aevo,
  belli laude prior, cetera patris habens.
hic quoque prole carens sociat sibi sorte legendi   100
  quem fateare bonum, diffiteare parem.

Hadrianus

Aelius hinc subiit mediis praesignis in actis:
  principia et finem fama notat gravior.

---

86 imperio $VM^2BU\chi$, imperium W regendi $VM^2WU\chi$, gerendi B 89 nos *codd.*, non
Avant., nec *Mommsen*   90 dominos VWU, geminos $M^2B\chi$ 93 sunt $VBWU\chi$, sint M^2
          Nerva $M^2B\chi$, Nerva tetrarcha VWU, De Caesaribus post Tranquillum Nerva Z
94 moderatur $VZWU$, moderatus $M^2B\chi$ 96 viro *om.* M^2 (viri *manus altera*), sibi χ
97 qua . . . quem *Sch.*, quam . . . quam *codd.*, quem . . . quam *L. Mueller*   iuvat $VM^2BWU\chi$, iuvet Z
100 sorte $VZWU$, parte $M^2B\chi$ legendi VZM^2BWU, legenda χ, regendi *Heins.*   101 parem
$VZM^{2pc}WU$, patrem M $^{2ac}B\chi$ 102 hinc *codd.*, huic *vel* hunc *Heins.*   mediis $VZWU$, medius
$M^2B\chi$

orbus et hic, cui iunctus erit documenta daturus
asciti quantum praemineant genitis. 105

Antoninus Pius

Antoninus abhinc regimen capit, ille vocatu
consultisque Pius, nomen habens meriti.
filius huic fato nullus, sed lege suorum
a patria sumpsit qui regeret patriam.

M. Antoninus

Post Marco tutela datur, qui scita Platonis 110
flexit ad imperium, patre Pio melior.
successore suo moriens sed principe pravo,
hoc solo patriae, quod genuit, nocuit.

Commodus

Commodus insequitur pugnis maculosus harenae,
Thraecidico princeps bella movens gladio; 115
eliso tandem persolvit gutture poenas,
criminibus fassus matris adulterium.

Helvius Pertinax

Helvi, iudicio et consulto lecte senatus,
princeps decretis prodere, non studiis.
quod doluit male fida cohors, errore probato, 120
curia quod castris cesserat imperio.

---

104 orbus $VCK^{pc}M^1M^2WU\chi$, orbis $K^{ac}TB$ hic $VZWU\chi$, hinc M^2B cui iunctus erit $VM^2BWU\chi$, sociansque virum Z daturus $VM^2BWU\chi$, daturum Z 105 asciti $VBWU\chi$, assumpti CM^1T, adsiti K, idsciti M^2 106 regimen VZM^2BWU, regnum χ 108 suorum *codd.*, bonorum *vel* priorum *Heins.*   110 qui scita $VM^2BWU\chi$, quaesita Z 111 flexit $VM^2BWU\chi$, serus CM^1, felix KT 112 pravo $VZM^2WU\chi$, saevo B 116 persolvit *ego*, persolvens *codd.*   117 fassus $VZM^2U\chi$, falsus W, falsis B 118 senatus $VBM^2U\chi$, senati W 119 prodere *ego*, prodite *codd.*   120 probato *codd.*, probatum *Sh. B.*

Didius Iulianus

Di bene, quod sceleris Didius non gaudet opimis
    et cito peiuro praemia adempta seni.
tuque, Severe pater, titulum ne horresce novantis:
    non rapit imperium vis tua, sed recipit.   125

Severus Pertinax

Impiger egelido movet arma Severus ab Histro,
    ut parricidae regna adimat Didio.
Punica origo illi, sed qui virtute probaret
    non obstare locum, cui valet ingenium.

Bassianus Antoninus sive Caracalla

Dissimilis virtute patri et multo magis illi   130
    cuius adoptivo nomine te perhibes,
fratris morte nocens, punitus fine cruento,
    irrisu populi tu, Caracalla, magis.

Opilius Macrinus

Principis hinc custos sumptum pro Caesare ferrum
    vertit in auctorem caede Macrinus iners.   135
mox cum prole ruit. gravibus pulsare querellis
    cesset perfidiam: quae patitur meruit.

Antoninus Heliogabalus

Tune etiam Augustae sedis penetralia foedas,
    Antoninorum nomina falsa gerens?

               *   *   *   *   *

122 Di *VU*, dii *Bχ*, dic *W*   sceleris *BUχ*, celeris *W*, sceptris *V*, spoliis *Lugd*.   129 cui *ego*, cum *codd*.   132 fratris *BWU*, fratri *V*   nocens *VWU*, carens *B*   punitus *codd*., puniris *Reeve dub*.   133 tu *VBW*, tum *U*   magis *codd*., cluis *ego dub*.   134 hinc *Lugd*., hic *codd*. 137 quae *VWU*, qui *B*   138 tune *VWU*, tunc *B*

XXIV. ORDO URBIUM NOBILIUM

Roma

Prima urbes inter, divum domus, aurea Roma.

Constantinopolis et Carthago

Constantinopoli assurgit Carthago priori,
non toto cessura gradu, quia tertia dici
fastidit, non ausa locum sperare secundum,
qui fuit ante parum. vetus hanc opulentia praefert,　　　　5
hanc fortuna recens: fuit haec, subit ista novisque
excellens meritis veterem praestringit honorem
et Constantino concedere cogit Elissam.
accusat Carthago deos iam plena pudoris
nunc quoque si cedat, Romam vix passa priorem.　　　　10
componat vestros fortuna antiqua tumores:
ite pares tandem, memores quod numine divum
angustas mutastis opes et nomina, tu cum
Byzantina Lygos, tu Punica Byrsa fuisti.

Antiochia et Alexandria

Tertia Phoebeae lauri domus Antiochia,　　　　15
vellet Alexandri si quarta colonia poni.
ambarum locus unus, et has furor ambitionis
in certamen agit vitiorum. turbida vulgo
utraque et amentis populi male sana tumultu:
haec Nilo munita quod est penitusque repostis　　　　20
insinuata locis, fecunda et tuta superbit,
illa quod infidis opponitur aemula Persis.
et vos ite pares Macetumque attollite nomen.
magnus Alexander te condidit: illa Seleucum

xxiv　*VPH*　　　　Incipit ordo urbium nobilium *V*, Decii Magni cathologus urbium nobilium
P, Catalogus Urbium Nobilium eiusdem *H*　　　　3 quia *H*, qui *V*, que *P*　　　　5 fuit *VPH*, fuat
Barth.　　　ante parum *ego*, ambarum *codd.*　　　　7 praestringit *VH*, perstrinxit *P ut vid.*
10 nunc *codd.*, huic *Heins.*　　　12 quod $V^{pc}PH$, quo V^{ac}　　　13 angustas *VH*, augustas *P*
14 ligos *V*, licos *P*, lycos *H*　　　16 si *PH*, se *V*　　　17 ambitionis *VP*, ambitiones *H*
22 Persis *PH*, pressis *V*　　　23 macetumque *V*, in acetumque *P*, macedumque *H*

nuncupat, ingenitum cuius fuit ancora signum,   25
qualis inusta solet, generis nota certa; per omnem
nam subolis seriem nativa cucurrit imago.

Treveri

Armipotens dudum celebrari Gallia gestit
Trevericaeque urbis solium, quae proxima Rheno
pacis ut in mediae gremio secura quiescit,   30
imperii vires quod alit, quod vestit et armat.
lata per extentum procurrunt moenia collem:
largus tranquillo praelabitur amne Mosella,
longinqua omnigenae vectans commercia terrae.

Mediolanum

Et Mediolani mira omnia: copia rerum,   35
innumerae cultaeque domus, facunda virorum
ingenia et mores laeti, tum duplice muro
amplificata loci species populique voluptas
circus et inclusi moles cuneata theatri;
templa Palatinaeque arces opulensque moneta   40
et regio Herculei celebris sub honore lavacri;
cunctaque marmoreis ornata peristyla signis
moeniaque in valli formam circumdata limbo.
omnia quae magnis operum velut aemula formis
excellunt nec iuncta premit vicinia Romae.   45

Capua

Nec Capuam pelago cultuque penuque potentem,
deliciis opibus famaque priore silebo,
fortuna variante vices, quae freta secundis
nescivit servare modum. nunc subdita Romae

---

25 ingenitum *PH*, ingenuum *V*   26 certa *PH*, cera *V*   28 gestit *VH*, gestis *P*
32 procurrunt *P*ᵖᶜ*H*, procurrit *VP*ᵃᶜ   33 largus *PV*, largos *H*   praelavitur *VH*, perlabitur *P*
34 *post* 46 *V*   omnigenae *V*, omnigenus *PH*   35 mediolani *VH*, mediolanum *P*
37 tum *VH*ᵖᶜ *ut vid.*, cum *PH*ᵃᶜ   41 *om. P*   lavacri *ed. Par. 1513*, labavacri *V*, laveri *H*
42 peristyla *H ut vid.*, perstyla *V*, peristula *P*   43 limbo *VPH*, labro *V*ᵐᵍ, Lambro *Hopfensack*
46 pelago *codd.*, largo *Heins., alii alia*   49 nescivit *PH*, nescit *V*

aemula, nunc fidei memor, ante infida, senatum   50
sperneret an coleret dubitans, sperare curules
Campanis ausa auspiciis unoque suorum
consule, ut imperium divisi attolleret orbis.
quin etiam rerum dominam Latiique parentem
appetiit bello, ducibus non freta togatis,   55
Hannibalis iurata armis, deceptaque in hostis
servitium demens specie transivit erili,
mox ut in occasum vitiis communibus acti
corruerent Poeni luxu, Campania fastu.
heu numquam stabilem sortita superbia sedem!   60
illa potens opibusque valens, Roma altera quondam,
comere quae paribus potuit fastigia conis,
octavum reiecta locum vix paene tuetur.

Aquileia

Non erat iste locus; merito tamen aucta recenti
nona inter claras, Aquileia, cieberis urbes,   65
Itala ad Illyricos obiecta colonia montes,
moenibus et portu celeberrima. sed magis illud
eminet, extremo quod te sub tempore legit,
solveret exacto cui sera piacula lustro
Maximus, armigeri quondam sub nomine lixa.   70
felix, quae tanti spectatrix laeta triumphi
punisti Ausonio Rutupinum Marte latronem.

Arelate

Pande, duplex Arelate, tuos blanda hospita portus,
Gallula Roma Arelas, quam Narbo Martius et quam
accolit Alpinis opulenta Vienna colonis,   75
praecipitis Rhodani sic intercisa fluentis,
ut mediam facias navali ponte plateam,
per quem Romani commercia suscipis orbis

---

50 ante *Heins.*, ant *V*, aut *PH*, anne *Vin.*   51 coleret *codd.*, cuperet *Sh. B. dub.*   dubitans
codd., dubitat *Baehrens*   59 conruerent *VH*, corruerunt *P*   fastu *Lips.*, festo *VPH*, fasto *V*mg
66 Itala *V*, ista *PH*   67 illud *om. P*   69 solberet *VH*, solverit *P*   sera *V*, iusta *PH*
lustro *V*, bello *PH*   70 lixa *Suse.*, lixae *VPH*   73 pande *V*, prode *PH*   Arelate tuos *V*,
Arelate . . . (74) Roma *om. PH*, Arelas tutos *Heins.*

nec cohibes populosque alios et moenia ditas,
Gallia quis fruitur gremioque Aquitanica lato.   80

Hispalis

Clara mihi post has memorabere, nomen Hiberum,
Hispalis, aequoreus quam praeterlabitur amnis,
summittit cui tota suos Hispania fasces.
Corduba non, non arce potens tibi Tarraco certat
quaeque sinu pelagi iactat se Bracara dives.   85

Athenae

Nunc et terrigenis patribus memoremus Athenas,
Pallados et Consi quondam certaminis arcem,
paciferae primum cui contigit arbor olivae,
Attica facundae cuius mera gloria linguae,
unde per Ioniae populos et nomen Achaeum   90
†versa Graia† manus centum se effudit in urbes.

Catina et Syracusae

Quis Catinam sileat, quis quadruplices Syracusas?
hanc ambustorum fratrum pietate celebrem,
illam complexam miracula fontis et amnis,
qua maris Ionii subter vada salsa meantes   95
consociant dulces placita sibi sede liquores,
incorruptarum miscentes oscula aquarum.

Tolosa

Non umquam altricem nostri reticebo Tolosam,
coctilibus muris quam circuit ambitus ingens
perque latus pulchro praelabitur amne Garunna,   100

---

81 clara *Toll.*, cara *VH*, cura *P*   has *Ug.*, hos *codd.*   nomen *PH*, numen *V*   hiberum *V*, hibernum *P*, hybernum *H*   82 Hispalis *V*, Emerita *PH*   84 non non *H*, hinc non *V*, non *P*   87 consi *V*, cossi *PH*   arcem *VH*, artem *P*   90 per *V*, par *PH*   91 versa graia *PH*, versa grana *V*, sparsam Graia *Heins.*, Attica versa *ego dub.*   95 qua *PH*, quam *V* 99 quam *V*, quos *PH*   100 praelavitur *VH*, perlabitur *P*   garunna *V*[pc], garrunna *V*[ac], garinna *P*, garruna *H*

innumeris cultam populis, confinia propter
ninguida Pyrenes et pinea Cebennarum,
inter Aquitanas gentes et nomen Hiberum.
quae modo quadruplices ex se cum effuderit urbes,
non ulla exhaustae sentit dispendia plebis,   105
quos genuit cunctos gremio complexa colonos.

Narbo

Nec tu, Martie Narbo, silebere, nomine cuius
fusa per immensum quondam provincia regnum
obtinuit multos dominandi iure colonos.
insinuant qua se Sequanis Allobroges oris   110
excluduntque Italos Alpina cacumina fines,
qua Pyrenaicis nivibus dirimuntur Hiberi,
qua rapitur praeceps Rhodanus genitore Lemanno
interiusque premunt Aquitanica rura Cebennae
usque in Tectosages, paganica nomina, Volcas,   115
totum Narbo fuit. tu Gallia prima togati
nominis attollis Latio proconsule fasces.
quis memoret portusque tuos montesque lacusque,
quis populos vario discrimine vestis et oris?
quodque tibi Pario quondam de marmore templum   120
tantae molis erat quantam non sperneret olim
Tarquinius Catulusque iterum postremus et ille
aurea qui statuit Capitoli culmina Caesar?
te maris Eoi merces et Hiberica ditant
aequora, te classes Libyci Siculique profundi: 125
et quicquid vario per flumina, per freta cursu
advehitur, toto tibi navigat orbe cataplus.

---

102 caebennarum *VH*, Gebennarum *P*   104 urbes *PH*, urbis *V*   105 non ulla *V*, non
nulla *PH*   107 nomine *PH*, numine *V*   110 qua se Sequanis *Scal.*, que esse cavis *V*, qua
sese cavis *PH*, que se graiis *ed. Ald. 1517*, qua Sequanicis *Heins.*   112 pyrenaicis *VH*, pirenacis *P*
113 *om. PH*   114 cebennae *VH*, gebenne *P*   115 Tectosages *ego*, Teutosagos *codd.*,
Tectosagos *Turnebus*   paganica *Toll.*, paganaque *V*, panaque *PH*   Volcas *Turnebus*, belcas *V*,
belgas *H*, belcos *P*   118 quis memoret *codd.*, quid memorem *Brandes*   montesque *VP*,
montisque *H*, fontesque *Heins.*   119 quis *codd.*, quid *Brandes*   120 Pario *V*, vario *PH*
122 Catulusque *Lugd.*, getulusque *codd.* (tu *sup. lin. V*)   123 capitoli *H*, capitolii *V*, capitolia *P*
127 cataplus *VPH*, κατάπλους *Lugd.*

Burdigala

Impia iamdudum condemno silentia, quod te,
o patria, insignem Baccho fluviisque virisque,
moribus ingeniisque hominum procerumque senatu,   130
non inter primas memorem, quasi conscius urbis
exiguae immeritas dubitem contingere laudes.
non pudor hinc nobis. nec enim mihi barbara Rheni
ora nec arctoo domus est glacialis in Haemo:
Burdigala est natale solum, clementia caeli   135
mitis ubi et riguae larga indulgentia terrae,
ver longum brumaeque novo cum sole tepentes
aestifluique amnes, quorum iuga vitea subter
fervent aequoreos imitata fluenta meatus.
quadrua murorum species, sic turribus altis   140
ardua ut aerias intrent fastigia nubes.
distinctas interne vias mirere, domorum
dispositum et latas nomen servare plateas,
tum respondentes directa in compita portas
per mediumque urbis fontani fluminis alveum.   145
quem pater Oceanus refluo cum impleverit aestu,
allabi totum spectabis classibus aequor.
quid memorem Pario contectum marmore fontem
euripi fervere freto? quanta unda profundi!
quantus in amne tumor! quanto ruit agmine praeceps   150
marginis extenti bis sena per ostia cursus,
innumeros populi non umquam exhaustus ad usus!
hunc cuperes, rex Mede, tuis contingere castris,
flumina consumpto cum defecere meatu,
huius fontis aquas peregrinas ferre per urbes,   155
unum prae cunctis solitus potare Choaspen.
salve, fons ignote ortu, sacer alme perennis

---

131 urbis *P*, orbis *V*, urbes *H*   132 inmeritas *V*, munerico *P*, immerito *H*
132–4 dubitem . . . arctoo *om. PH*   134 inhemo *V*, immo *P*, in imo *H*   135 Burdigala
VH, burdegale *P*   est *codd.*, ast *Heins.*   137 brumeque novo *V*, brumaque brevis *PH*
137–8 cum sole . . . quorum *om. PH*   138 aestifluique *Vin.*, estifluitque *V*   vitea *V*, frondea
PH   140 quadrua *VP*, ardua *H*   141 aerias *VH*, aereas *P*   142 *om. PH*   distinctas *Scal.*, distincte *V*   interne *V*, in terna *Quicherat*   143 dispositum *V*, dispositu *PH*
148 contectum *V*, contectam *PH*   fontem *VP*, frontem *H*   149 unda *PH*, umbra *V*
150 *om. V*   151 cursus *PH*, cursu *V*   152 *om. P*   154 quum *V*, quam *P*, quem *H*
156 prae cunctis *Heins.*, per cuncta *V*, per cunctas *PH*   potare *Heins.*, portare *codd.*

vitree glauce profunde sonore illimis opace,
salve, urbis genius, medico potabilis haustu,
Divona Celtarum lingua, fons addite divis. 160
non Aponus potu, vitrea non luce Nemausus
purior, aequoreo non plenior amne Timavus.

hic labor extremus celebres collegerit urbes.
utque caput numeri Roma inclita, sic capite isto
Burdigala ancipiti confirmet vertice sedem. 165
haec patria est, patrias sed Roma supervenit omnes.
diligo Burdigalam, Romam colo. civis in hac sum,
consul in ambabus: cunae hic, ibi sella curulis.

XXV. TECHNOPAEGNION

1. *Ausonius Pacato Proconsuli*

Scio mihi apud alios pro laboris modulo laudem non posse procedere.
quam tamen si tu indulseris, ut ait Afranius in Thaide, 'maiorem
laudem quam laborem invenero'. quae lecturus es monosyllaba sunt,
quasi quaedam puncta sermonum, in quibus nullus facundiae locus
est, sensuum nulla conceptio, propositio, redditio, conclusio aliaque 5
sophistica, quae in uno versu esse non possunt, sed cohaerent ita ut
circuli catenarum separati. et simul ludicrum opusculum texui, ordiri
maiuscula solitus: sed 'in tenui labor, at tenuis non gloria', si
probantur. tu facies ut sint aliquid; nam sine te monosyllaba erunt vel si
quid minus. in quibus ego, quod ad usum pertinet, lusi; quod ad 10
molestiam, laboravi. libello Technopaegnii nomen dedi, ne aut ludum
laboranti aut artem crederes defuisse ludenti. vale.

160 Divona *VP*, divina *H*   divis *H*, divys *V*ᵖᶜ, dives *V*ᵃᶜ, divus *P*   161 nemausus *PH*,
nemeausus *V*   164 isto *V*, in isto *PH*   166 omnes *PH*, omnis *V*   167 civis in hac
sum *V*, civis in illa *PH*, consul in hac sum *Graev.*   168 consul in ambabus *codd.*, civis in
ambabus *Graev.*

   xxv   *VQODZ* (*Z* = *CKMT*) 2 *deest in V*; 2, 12–16 *in Q*; 1, 2, 4, 7–16 *in O*; 1, 2, 4, 14 *in D*; 1, 14 *in Z*
   1 *VQ*   Praefatio Techopaignii Ausonius Pacato proconsuli *V*, Ausonius Pacato proconsuli *Q*   1 procedere *Q*, precedere *V*   2 Thaide *Scal.*, thaidem *VQ*   3 invenero
Scal., invenio *VQ*   6 cohaerent ita *V*, cohaerentia *Q*   7 separati *V*, si parvum *Q*
8 maiuscula *V*, munuscula *Q*   laborat tenuis non *Q*, labor ac non tenuis *V*   11 techno-
paignii *Lugd.*, techopegnii *VQ* (tetho- *Q*)   12 vale *Q*, *om. V*

2

Misi ad te Technopaegnion, inertis otii mei inutile opusculum. versiculi sunt monosyllabis coepti et monosyllabis terminati. nec hic modo stetit scrupea difficultas, sed accessit ad miseriam concinnandi ut idem monosyllabon quod esset finis extremi versus principium fieret
5 insequentis. dic ergo 'o mora' et 'o poena'! rem vanam quippe curavi. exigua est, et fastiditur; inconexa, et implicatur; cum sit aliquid, vel nihili deprehenditur. laboravi tamen ut haberet aut historicon quippiam aut dialecticon; nam poeticam vel sophisticam levitatem necessitas observationis exclusit. ad summam non est quod mireris, sed
10 paucis litteris additis est cuius miserearis neque aemulari velis. et si huc quoque descenderis, maiorem molestiam capias ingenii et facundiae detrimento quam oblectationem imitationis affectu.

3

Res hominum fragiles alit et regit et perimit   fors,
fors dubia aeternumque labans, quam blanda fovet   spes,
spes nullo finita aevo, cui terminus est   mors,
mors avida, inferna mergit caligine quam   nox,
5 nox obitura vicem, remeaverit aurea cum   lux,
lux dono concessa deum, cui praevius est   Sol,
Sol, cui nec furto in Veneris latet armipotens   Mars,
Mars nullo de patre satus, quem Thraessa colit   gens,
gens infrena virum, quibus in scelus omne ruit   fas,
10 fas hominem mactare sacris: ferus iste loci   mos,
mos ferus audacis populi, quem nulla tenet   lex,
lex, naturali quam condidit imperio   ius,

2 *Z*   de monosyllabis opus *CT, om. KM,* Paulino suo *add. Ug.,* Ausonius Paulino suo *add. Lugd.*   3 modo stetit *CKM,* steti modo *T*   concinnandi *Sch.,* concitandi *Z,* cogitandi *Avant.,* conectendi *Peip.,* concatenandi *Baehrens*   5 et *om. Peip.*   6 et (implicatur) *CKM,* est et *T*   6–7 vel nihili *Scal.,* nihili vel *CMT,* nihili *K*   8 dialecticon *C,* dialeticon *KMT,* didacticon *Vin.*   9 exclusit *C*pc*KMT,* excludit *C*ac   10 et *Z,* at *ego dub.*

3 *VQODZ*   Incipit techopegnii textus *QO* (tes tus *O*), versus monosyllabis (monosyllabi *QDK*) coepti et finiti ita ut a fine versus ad principium recurratur (recurrant *V,* recurrat *QC ut vid. TD*) *codd.* (et ante coepti *add. DM,* et ante a fine *add. M,* ita . . . recurratur *om. K,* et finiti *om. T*)   1 fragiles *VQODCKM,* faciles *T*   alit et *VQOZ,* aliter *D*   regit et *VCMT,* egit et *Q,* regie et *K, om. O*   fors *VQODKM,* sors *CT* (*et in* 2)   2 quam *VODZ,* quia *Q*   3 finita aevo *VQOD,* fine aevo *C*ac*M,* sine fine aevo *C*pc*KT*   4 inferna *VODCKM,* inferni *QT*   mergit caligine quam *VQOD,* mergi ne qua *Z*   5 obitura vicem *VQO,* sortita vices *DZ*   7 in *om. ed. Mil. 1490*   latet *VQOZ,* iacet *D*   9 infrena *VQCMT,* inferna *OK,* infesta *D*

ius genitum pietate hominum, ius certa dei   **mens,**
mens, quae caelesti sensu rigat emeritum   **cor,**
cor vegetum mundi instar habens, animae vigor ac   **vis.** 15
vis tamen hic nulla est, tantum iocus et nihili   **res.**

4. *Praefatio*

Vt in vetere proverbio est, sequitur vara vibiam; similium nugarum
subtexo nequitiam. et hi versiculi monosyllabis terminantur, exordio
tamen libero, quamquam fine legitimo. sed laboravi ut quantum fieri
posset apud aures indulgentissimas absurda concinerent, insulsa
resiperent, hiulca congruerent, denique haberent et amara dulcedinem 5
et inepta venerem et aspera levitatem. quae quidem omnia, quoniam
insuavis materia devenustat, lectio benigna conciliet. tu quoque mihi
tua crede securior, quippe meliora, ut, quod per adagionem coepimus,
proverbio finiamus et 'mutuum muli scabant'.

5

Aemula dis, naturae imitatrix, omniparens   **ars,**
Pacato ut studeat ludus meus, esto operi   **dux.**
arta, inamoena licet nec congrua carminibus   **lex,**
iudice sub tanto fandi tamen accipiet   **ius.**
quippe et ridiculis data gloria, ni prohibet   **fors.** 5

13 ius (certa) *codd.*, quis *Baehrens*   14 rigat *VQOZ*, irrigat *D*   15 vigor ac *DZ*, vigor et *VQ*, vigor *O*   16 tantum *VQO*, verum *DZ*   est *om. O*   iocus et *DZ*, iocosa *V*, iccora *Q*, iuco et *O*

    4 *VQZ*   Item praefatio monosillabarum tantum in fine positarum *VQ*, versus mono-syllabis terminati exordio libero *C*, versus monosyllabis terminati exordium *T*, *om. KM* 1 proverbio *VQ*, verbo *Z*   sequitur vara bibiam *V*, vara bibiam sequitur *Q*, sequitur varai (narai *M*) ubi iam *Z*   2 hi versiculi *QZ*, in versiculi^s *V*   3–4 quantum fieri posset *ego*, quan-tum eius possent *VQ*, quantum posset videri *Z*   5 resiperent *VQ*, resipirent *C*, respirent *KMT*   hiulca ... haberent *om. VQ*   amara *VQM*, amaram *CKT*   6 inepta *VQ*, iname-nam *Z*   aspera *VQ*, asperam *Z*   levitatem *Z*, lenitatem *VQ*   8 ut *VQ*, sed ut *Z* 9 et *om. Z*   mutuum *VZ*, mutuo *Q*   muli scabant *Z*, muli scalpant *VQ*

    5 *VQODZ*   Praefatio earum monosillabarum versus *V*, praefatio versibus *QO*, praefa-cio quantum ad haec monosyllaborum genera *CT*, praefatio *KM*, *om. D*   2 studeat *codd.*, niteat *Mommsen*   ludus *VQO*, labor hic *DZ*   esto *VQZ*, est *OD*   3 arta *VDZ*, arte *QO* 4 fandi *DZ*, fando *VQO*   5 fors *VQOZ*, lex *D*

6. *De membris*

Indicat in pueris septennia prima novus   dens,
pubentes annos robustior anticipat   vox.
invicta et ventis et solibus est hominum   frons.
edurum nervi cum viscere consociant   os.
5 palpitat irrequies vegetum teres acre calens   cor,
unde vigent sensus, dominatrix quos vegetat   mens,
atque in verba refert modulata lege loquax   os.
quam validum est, hominis quota portio, caeruleum   fel!
quam tenue et molem quantam fert corpoream   crus!
10 pondere sub quanto nostrum moderatur iter   pes!

7. *De inconexis*

Saepe in coniugiis fit noxia, si nimia est,   dos.
sexus uterque potens, sed praevalet imperio   mas.
qui recte faciet, non qui dominatur, erit   rex.
vexat amicitias et foedera dissociat   lis.
5 incipe: quicquid agas, pro toto est prima operis   pars.
insinuat caelo disque inserit emeritos   laus.
et disciplinis conferta est et vitiis   urbs.
urbibus in tutis munitior urbibus est   arx.
auro magnus honos, auri pretium tamen est   aes.
10 longa dies operosa viro, sed temperies   nox,
qua caret Aethiopum plaga, pervigil, irrequies   gens,
semper ubi aeterna vertigine clara manet   lux.

8. *De dis*

Sunt et caelicolum monosyllaba. prima deum   Fas,
quae Themis est Grais, post hanc Rhea, quae Latiis   Ops,

6 *VQODZ*   De membris *VQODKM*, de membris hominum *CT*   3 invicta
VQOZ, infecta *D*   4 edurum *DZ*, et durum *VQO*   5 irrequies *VQOD*, et requies *Z*
teres acre calens *VOZ*, teres ac recalens *D*, terrae sacre calens *Q*   9 tenue et molem *VQODT*,
tenuem et mollem *CKM*

    7 *VQDZ*   De inconexis *VQDZ*   1 coniugiis *VQ*, coniugibus *DZ*   dos *DZ*, vox
VQ   7 vitiis *codd.*, studiis *ego dub.*   8 *om. D*   urbibus (in) *VQC*ᵖᶜ*KMT*, omnibus *C*ᵃᶜ
arx *CKT*, rex *VQ*, ars *M*   10 viro *VDZ*, viris *Q*   11 plaga *codd.*, vaga *Heins.*
12 aeterna *codd.*, alterna *Baehrens*   manet *VQ*, nitet *DZ*

    8 *VQDZ*   De dis *VQDKM*, de monosyllabis deorum *CT*   1 caelicolum *VDZ*,
caelicolae *Q*   prima *codd.*, priva *Scal.*   2 hanc *VQZ*, hac *D*

tum Iovis et Consi germanus, Tartareus   Dis,
et soror et coniunx fratris, regina deum,   Vis,
et qui quadriiugo curru pater invehitur   Sol, 5
quique truces belli motus ciet armipotens   Mars,
quem numquam pietas, numquam bona sollicitat   Pax.
nec cultor nemorum reticebere, Maenalide   Pan,
nec genius domuum, Larunda progenitus   Lar,
fluminibusque Italis praepollens sulphureus   Nar. 10
quaeque piat divum peiuria, nocticolor   Styx.
velivolique maris constrator leuconotos   Libs,
et numquam in dubiis hominem bona destituens   Spes.

9. *De cibis*

Nec nostros reticebo cibos, quos priscus habet   mos,
irritamentum quibus additur aequoreum   sal.
communis pecorique olim cibus atque homini   glans,
ante equidem campis quam spicea suppeteret   frux.
mox ador atque adoris de polline pultificum   far, 5
instruxit mensas quo quondam Romulidum   plebs.
hinc cibus, hinc potus, cum dilueretur aqua   puls.
est inter fruges morsu piper aequiperans   git,
et Pelusiaco de semine plana, teres   lens,
et duplici defensa putamine quinquegenus   nux, 10
quodque cibo et potu placitum, labor acer apum,   mel.
naturae liquor iste novae, cui summa natat   faex.

10. *De historiis*

Solamen tibi, Phoebe, novum dedit Oebalius   flos.
flore alio reus est Narcissi morte sacer   fons.

---

3 tum *VQZ*, tunc *D*   consi *D*ᵃᶜ*Z* (tonsi *K*), consors *VQD*ᵖᶜ   4 *om. Z*   6 truces *DZ*, trucis *VQ*   7 bona *om. VQ*   9 genius *V*ᵃᶜ*QD*, gentius *V*ᵖᶜ, genus hoc *CMT*, genus *K* 10 Nar *VQZ*, Nas *D*   11 piat *VQZ*, pias *D*   12 leuconotos *VZ*, leuco notos *D*, leucotonos *Q*   13 hominem *Toll.*, hominum *codd.*

  9 *VQDZ*   De cibis *VQDKM*, de cibis nostris *CT*   1 quos *QDZ*, quo *V* 2 aequoreum *VQC*, aequoreus *DKMT*   3 pecorique *VQD* (co *sup. lin. V*), pecorisque *Z* 4 equidem *VDZ*, etiam *Q*   6 mensas *VQDCT*, mensa *KM*   10 quinquegenus *DZ*, quinquetenis *V ut vid.*, quinquegenis *Q*

  10 *VQDZ*   De Historiis *VQDZ*   2 flore alio *VQDCMT*, Florem aliae *K*   est *DZ*, et *VQ*   morte *VQZ*, more *D*

caedis Adoneae mala gloria fulmineus   sus.
peiurum Lapitham Iunonia ludificat   nubs.
5 ludit et Aeaciden Parnasia Delphicolae   sors.
Threicium Libycum freta Cimmeriumque secat   bos.
non sine Hamadryadis fato cadit arborea   trabs.
quo generata Venus, Saturnia desecuit   falx.
sicca inter rupes Scythicas stetit alitibus   crux,
10 unde Prometheo de corpore sanguineus   ros
aspergit cautes et dira aconita creat   cos.
Ibycus ut periit, index fuit altivolans   grus.
Aeacidae ad tumulum mactata est Andromachae   glos.
tertia opima dedit spoliatus Aremoricus   Lars.
15 carcere in Argivo Philopoemena lenta adiit   mors.
sera venenato potu abstulit Hannibalem   nex.
res Asiae quantas leto dedit immeritas   fraus!
ultrix flagravit de rupibus Euboicis   fax.

11. *De gentibus*

Stat Iovis ad cyathum, generat quem Dardanius   Tros.
praepetibus pinnis super aera vectus homo   Cres.
intulit incestam tibi vim, Philomela, ferus   Thrax.
barbarus est Lydus, pellax Geta, femineus   Phryx.
5 fallaces Ligures, nullo situs in pretio   Car.
vellera depectit nemoralia vestifluus   Ser.
nota in portentis Thebana tricorporibus   Sphinx,
nota Caledoniis nuribus, muliebre secus,   strix.

---

5 eaciden *VQK* (ae- *V*), eacidem *DCMT*   sors *VQZ*, mors *D*   6 threicium (thericium *V*)
libicum freta cimeriumque secat vos (ros *Q*) *VQ*, et furiata (furcata *K*, funata *M*) oestro tranat mare
cymmerium (cimmenum *M*) bos *DZ*   7 fato *VDZ*, facto *Q*   8 quo *DZ*, quod *VQ*
9 sicca *VQ*, saeva *DCKM*, scaeva *K*   11 aconita *Z* (anc- *M*), acotina *VQ*, conita *D*   cos *om. D*
12 ibicus *VDCMT*, inclitus *aut* inditus *Q*, ibitis *K*   index *VQ*, vindex *DZ*   14 *post* 15 *V*,
om. Z   opima *D*, opicna *V*, pugna *Q*   17 *ante* 11. 7 *DZ* (*i.e. post* 11. 6 *D, post* 11. 4 *Z*)
immeritas *VQCKT*, immerita *DM*
      11   *VQDZ*   Monosyllaba Ausonii de gentibus *D*, de gentibus *KM*, de quibusdam
fabulis *CT*, *nullus titulus in VQ*   1 generat *DZ*, genera *VQ*   1–2 quem … aera *om. VQ*
2 praepetibus *DCKT*, perpetibus *M*   aera *DCKM*, aethera *T*   vectus *DZ*, victus *V*ᵃᶜ, victurus
*V*ᵖᶜ*Q*   3 incestam *VDCT*, infestam *D sup. lin.*, ingestam *KM*   vim *DZ*, um *V*, ut *VQ*
4 lydus *V*ᵃᶜ*DZ*, lydius *V*ᵖᶜ*Q*   pellax *VQD sup. lin.*, ferus *D*, servus *Z*, bellax *Toll.*   5 fallaces
Ligures, nullo situs in pretio car *VQ*, audaces licii, nullo tamen in pretio car *D*, *om. Z*   6 *om. Z*
8 caledoniis (-nus *Q*) nuribus *VQ*, et parvorum cunis *DZ*   secus *DMK*, scelus *CT*, decus *VQ*,
pecus *Flor.*

12. De vere primo

Annus ab exortu cum floriparum reserat   ver,
cuncta vigent, nemus omne viret, nitet auricomum   rus,
et passura umbras radicata exigitur   stirps.
non denso ad terram lapsu glomerata fluit   nix.
florum spirat odor, Libani ceu montis honor   tus. 5

13. Per interrogationem et responsionem

Quis subit in poenam capitali iudicio?   vas.
quod si lis fuerit nummaria, quis dabitur?   praes.
quis mirmilloni contenditur aequimanus?   Thraex.
inter virtutes quod nomen Mercurio?   fur.
turibula et paterae, quae tertia vasa deum?   lanx. 5
cincta mari quaenam tellus creat Hippocratem?   Co.
grex magis an regnum Minoida sollicitat?   grex.
quid praeter nubem Phaeacibus impositum?   mons.
dic, cessante cibo somno quis opimior est?   glis.
tergora dic clipeis accommoda quae faciat?   glus. 10
sponte ablativi casus, quis rectus erit?   spons.
quadrupes oscinibus quis iungitur auspiciis?   mus.
quid fluitat pelago quod non natat in fluvio?   pix.
bissenas partes quis continet aequipares?   as.
tertia defuerit si portio, quid reliquum?   bes. 15

14. De litteris monosyllabis Graecis ac Latinis

Dux elementorum studiis viget in Latiis   A,
et suprema notis ascribitur Argolicis   Ω,

---

12 VDZ   De vere primo V, De vere DKM, De commoditate quae tempore veris habetur CT   1 floriparum V, flore parum D, floriferum Z   2 viret VDCKM, viget T nitet om. V   3 passura DZ, fusura VD sup. lin.   radicata ego, radicatus V^ac, radicitus V^pc DZ exigitur codd., exeritur Mommsen   4 fluit VDCKT, ruit M   post 5 iam pelago volitat mercator vestifluus Ser DZ

13 VDZ   Per interrogationem et responsionem VDZ   1 poenam DZ, poena V 2 quod si ego, quid si V, quid cum DZ   3 threx D, thrax V, thres Z   4 virtutes quod VDCKT, virtute quid M, versutos quod Heins.   7–15 om. M   10 glus DCKT, glux V 11 quis DCKT, qui V   12 om. Z   auspiciis V, auspicii D   13 quid VD, quis Z 15 bes VCKT, bis D

14 V   De litteris Monosyllabis Graecis ac Latinis V

eta quod Aeolidum quodque ⟨εἰ⟩ valet, hoc Latiare   E.

praesto quod e Latium semper breve Dorica vox   E.

5 hoc tereti argutoque sono negat Attica gens: O.

ὦ quod et οὐ Graecum compensat Romula vox   O.

littera sum iotae similis, vox plena iubens   I.

Cecropiis ignota notis ferale sonans   V.

Pythagorae bivium ramis pateo ambiguis   Y.

10 vocibus in Grais numquam ultima conspicior   M.

zeta iacens, si surgat, erit nota, quae legitur   N.

Maeandrum flexusque vagos imitata vocor   Ξ.

dividuum betae monosyllabon Italicum   B.

non formam at vocem deltae gero Romuleum   D.

15 hostilis quae forma iugi est, hanc efficiet   Π.

Ausonium si pe scribas, ero Cecropium   P,

et rho quod Graecum, mutabitur in Latium   P.

malus ut antemnam fert vertice, sic ego sum   T.

spiritus hic, flatu tenuissima vivificans,   H.

20 haec tribus in Latio tantum addita nominibus   K,

praevaluit post quam gammae vice functa prius   C,

atque alium pro se titulum replicata dedit   G.

ansis cincta duabus erit cum iota, leges   Φ.

in Latio numerus denarius Argolicum   X.

25 haec gruis effigies Palamedica porrigitur   U.

coppa fui quondam Boeotia, nunc Latium   Q.

furca tricornigera specie, paene ultima sum   Ψ.

15. *Grammaticomastix*

En logodaedalias; ride modo, qui nimium   trux

---

3 εἰ *add. Peip.*, ε *Turnebus*   Latiare *Pulm.*, latiar *V*   5 negat *Scal.*, egat *V*   O *V*, οὐ *Scal.*
6 et *OY Scal.*, eoy *V* (y *sup. lin. ut vid.*), et *O Vin.*   8 ferale sonans *Sannaz.*, ferali resonans *V*
V *V*, F *ego dub.*   9 Pythagorae *Acc.*, pythagora *V*   12 vocor *Turnebus*, vagor *V*
13 betae *Acc.*, beate *V*   monosyllabon *Lugd.*, monosillabo *V*   14 at *Pulm.*, aut *V*
17 Graecum *Pulm.*, greco *V*   20 addita *Vind.* *3261*, addit *V*   22 alium . . . titulum *Vind.*
3261, alium . . . titulo *V*, aliam . . . titulo *Lipsius*   G *Mertens*, C *V*, Q *Turnebus*   23 ansis
Pulm., ansi *V*   Φ *Froehner*, Θ *codd.*, ꝗ *Peip.*, T *Schulze*   25 gruis *Acc.*, corucis *V*, crucis *Scal.*
U *ego*, Φ *V*, F *Weil*   26 coppa *Mertens*, cappa *V*
     15   *VDZ* (*Z = CKT*)   Grammaticomastix *VD* (-mastex *V*, -mestix *D*), *om. Z*
1 en *Sch.*, e *V*, et *DZ*   logodaedalias ride *ego*, loco (loca *corr.*) daedalias ride *D*, logo a daedalia
stride *V*, logo daedalia stride *C*, logodae delia st¹de *K*, loghodebalia stride *T*, logodaedalia strides
Toll.   qui *VD*, quid *Z*

frivola condemnas; nequam quoque cum pretio est   merx.
Ennius ut memorat, repleat te laetificum   gau;
livida mens hominum concretum felle coquat   pus.
dic quid significent Catalepta Maronis: in his   al 5
Celtarum posuit, sequitur non lucidius   tau,
et quod germano mixtum male letiferum   min.
imperium, litem, venerem, cur una notat   res?
estne peregrini vox nominis an Latii   sil?
lintribus in geminis constratus ponto sit an   pons? 10
Bucolico saepes dixit Maro, cur Cicero   saeps?
an Libyae ferale malum sit Romula vox   seps? 14
vox solita et cunctis notissima, si memores,   lac 12
cur condemnatur, ratio magis ut faciat   lact?
si bonus est insons, contrarius et reus est   sons? 15
dives opum cur nomen habet Iove de Stygio   dis?
unde Rudinus ait 'divum domus altisonum   cael'?
et cuius de more, quod astruit 'endo suam   do'?
aut de fronde loquens, cur dicit 'populea   fruns'?

16

sed quo progredior? quae finis, quis modus et   calx?
indulge, Pacate, bonus, doctus, facilis   vir.
totum opus hoc sparsum, crinis velut Antiphilae;   pax!

2 condemnas *DK*, condemnans *VCT*   nequam quoque *VDCK ut vid.*, nequaquam *T*, nequam quia *Sch.*, nequam quin *Blomgren*   est *om. T*   merx *DZ*, mens *V*, mers *Mertens*   3 *post* 19 *et aliter DZ*   repleat *Sch.*, replea *V ut vid.*, replet *Pulm.*   4 *om. Z*   coquat *Lugd.*, quoquat *V*, coquit *D*   5–6 dic . . . tau *V*, scire velim catalepta (-lecta *D*) legens quid significet tau *DZ*   7–9 ita ordinavit *D*, 7 *post* 9 *V*, 8 *post* 9 (*om.* 7) *Z*   7 quod *D*, quo *V*   8 una *DZ*, saepe *V*   tria *super* venerem *D*   notat *V*, notet *DZ*   9 estne *V*, sitne *DZ*   an Latii *VD*, antu *C* (antitii *in mg.*), amni *K*, anni *T*   10 in geminis constratus ponto sit *VDZ*, an geminis constratis ponto fit *Heins.*   14 *post* 11 *ego*   seps *VDT*, ses *CK*   13 condemnatur *V*, condemnetur *DCK*, condamnetur *T*   16 Iove *VD*, anne *C*, cuive *K*, curve *T*   18 astruit *DZ*, addidit *V*   19 fronde *VC^{pc}KT*, fronte *C^{ac}*   dicit *V*, dicat *DZ*   fruns *DCK*, frons *V*, frus *T*   *post* 19 et quod non numquam (umquam *K*) praesumit laetificum gau *DZ*
    16 *VDZ*   1 progredior *DZ*, praegredior *V*   2 pacate *V*, pauline *DZ*   3 velut Antiphilae *VZ*, um ut chtiphile *D*   pax *DZ*, quid *V*

XXVI. LUDUS SEPTEM SAPIENTUM

Ausonius consul Drepanio proconsuli sal.

Ignoscenda istaec an cognoscenda rearis,
    attento, Drepani, perlege iudicio.
aequanimus fiam te iudice, sive legenda
    sive tegenda putes carmina quae dedimus.
nam primum est meruisse tuum, Pacate, favorem;   5
    proxima defensi cura pudoris erit.
possum ego censuram lectoris ferre severi
    et possum modica laude placere mihi.
novit equus plausae sonitum cervicis amare,
    novit et intrepidus verbera lenta pati.   10
Maeonio qualem cultum quaesivit Homero
    censor Aristarchus normaque Zenodoti!
pone obelos igitur, primorum stigmata vatum:
    palmas non culpas esse putabo meas,
et correcta magis quam condemnata vocabo,   15
    apponet docti quae mihi lima viri.
interea arbitrii subiturus pondera tanti
    optabo ut placeam; si minus, ut lateam.

Prologus

Septem sapientes, nomen quibus istud dedit
    superior aetas nec secuta sustulit,   20
hodie in orchestram palliati prodeunt.
quid erubescis tu, togate Romule,
scaenam quod introibunt tam clari viri?
nobis pudendum hoc, non et Atticis quoque,
quibus theatrum curiae praebet vicem.   25
nostris negotis sua loca sortito data:
campus comitiis, ut conscriptis curia,

xxvi   *VPH* Ausonius Consul Drepanio proconsuli sal. *aid V*, Epistola Decii Magni Ausonii
ad Drepanium proconsulem de ludo septem sapientum *P*, Ludus Septem Sapientum ab Ausonio
ad Drepanium *H*   1 ignoscenda *VP*, agnoscenda *H*   13 primorum *V*, puriorum *PH*
stigmata vatum *Ug.*, stemma vocabo *V*, stemmata vatum *PH*   13–15 vatum ... condemnata
om. V   21 hodie *Pith.*, hodieque *VPH*   orchestram *Lugd.*, orcistram *V*, hortis tam *PH*
23 introibunt *PH*, introirunt *V*   24 non *om. V*   26 negotis *H*, negotiis *VP* (-ciis *P*)

forum atque rostra separat ius civium.
una est Athenis atque in omni Graecia
ad consulendum publici sedes loci,   30
quam in urbe nostra sero luxus condidit.
aedilis olim scaenam tabulatam dabat
subito excitatam nulla mole saxea.
Murena sic et Gallius: nota eloquor.
postquam potentes nec verentes sumptuum   35
nomen perenne crediderunt, si semel
constructa moles saxeo fundamine
in omne tempus conderet ludis locum,
cuneata crevit haec theatri immanitas.
Pompeius hanc et Balbus et Caesar dedit   40
Octavianus, concertantes sumptibus.
sed quid ego istaec? non hac ⟨de⟩ causa huc prodii,
ut expedirem quis theatra, quis forum,
quis condidisset privas partes moenium,
sed ut verendos disque laudatos viros   45
praegrederer aperiremque quid vellent sibi.
pronuntiare suas solent sententias,
quas quisque iam prudentium anteverterit.
scitis profecto quae sint: sed si memoria
rebus vetustis claudit, veniet ludius   50
edissertator harum quas teneo minus.

Ludius

Delphis Solonem scripse fama est Atticum
Γνῶθι σεαυτόν, quod est Latinum 'nosce te.'
multi hoc Laconis esse Chilonis putant.
Spartane Chilon, sit tuum necne ambigunt,   55

---

28 separat ius *Scal.*, separatis *codd.*   30 sedes *H in ras.?*, sedis *VP*   34 sic *VH*, sit *P*
eloquor *ego*, eloquar *codd.*   37 moles *H*, molis *VP*   42 quid ego *codd.*, ego quid *Scal.*
de *add. Mertens*   44 privas *V*ᵃᶜ*H*, primas *V*ᵖᶜ*P*   46 aperiremque *Peip.*, agere *codd.*, aegre
Scal., ac referrem *Toll.*, ac docerem *Sch.*, et peragerem *Baehrens*, ac peragerem *Brakman*
48 quas quisque iam prudentium *Peip.*, quas si quisquam prudentum *V*, quas quisquam prudentum
PH, quas quisque providentium *Avant.*, quas sibi iam quisque prudentum *Baehrens*, quas si prudentum quispiam *Leo*   50 cludit *codd.*, ludit *Baehrens*   ludius *PH*, ludus *V*   51 edis-
sertator *Ug.*, et dissertator *V*, edessertator *P*, edesserator *H*, edisserator *Avant.*   52 scripse
H, scribsisse *V*, scribis et *P*   atticum *PH*, anticum *V*   53 γνωθι σεαυτον *H*, gnothi seauton
VP   est Latinum *ego*, Latinum est *codd.*   54 laconis *H*ᵖᶜ, lacones *VH*ᵃᶜ, lacon *P*

quod †introfertur†: Ὅρα τέλος μακροῦ βίου,
finem intueri longae vitae quo iubes.
multi hoc Solonem dixe Croeso existimant.
et Pittacum dixisse fama est Lesbium
Γίγνωσκε καιρόν. tempus ut noris iubet,   60
sed καιρὸς iste tempestivum tempus est.
Bias Prieneus dixit οἱ πλεῖστοι κακοί,
quod est Latinum 'plures hominum sunt mali.'
sed imperitos scite quos dixit malos.
Μελέτη τὸ πᾶν est Periandri Corinthii,   65
esse meditationem totum qui putat.
Ἄριστον μέτρον esse dixit Lindius
Cleobulus, hoc est 'optimus cunctis modus.'
Thales ⟨et⟩ ἐγγύα· παρὰ δ' ἄτα protulit,
spondere qui nos, noxa quia praesto est, vetat.   70
hoc nos monere faeneratis non placet.
dixi; recedam. legifer venit Solon.

Solon

De more Graeco prodeo in scaenam Solon,
septem sapientum fama cui palmam dedit.
sed fama non est iudicii severitas: 75
neque me esse primum ⟨nec⟩ vero imum existimo,
aequalitas quod ordinem nescit pati.

---

56 introfertur *codd.*, in ore fertur *Sch. dub.*, iuxta (*vel* itidem) fertur *Peip.*, ita profertur *Pichon*,
metro fertur *Brakman*   ὁρα τελος μακρου βιου *H*, ora telos macru biu *VP*   57 quo iubes
PH, qui iubes *V*   58 solonem *VH*, solono *P^ac*, solon *P^pc*   dixe *PH*, dixisse *V*
59 fama *VH*, famam *P*   60 γιγνωσκε καιρον *Scal.*, gisnosce ceron *V*, gignoscere ceron *P*,
γνωθει καιρον *H*   61 καιρος *H*, caeros *V*, caros *P*   iste *PH*, is *V*   tempestivum *PH*, tem-
pesti unum *V*   62 Prieneus *Avant.*, prienius *V*, prineus *P*, prienaeus *H*   οἱ πλειστοι κακοι
H, oeplistoecacoae *V*, oeplistoe cacoe *P*   64 scite *ego*, scito *codd.*   65 μελετη το παν *H*,
melete to pan *VP*   est Periandri *Sch.*, periandri est *codd.*, Periandri hoc est *Mertens*, Periandri id
est *Peip.*   66 esse meditationem *Vin.*, meditationem esse *codd.*, meditationis esse *Heins.*,
meditationi inesse *Sch.*, meditationem posse *Peip.*, meditationem is esse *Mertens*   67 ἀριστον
μετρον *H*, ariston metron *VP*   dixit *Scal.*, dicit *codd.*   Lindius *Ug.*, Lidius *VH^pc*, lycdius *PH^ac*
68 Cleobulus *Ug.*, cleobolus *VH*, cleoboilus *P*   69 et *add. ego*, sed *Peip.*   εγγυα *H*, engyea
VP   παρα δ' ατα *H*, paradata *VP*, πάρεστι δ' ἄτη *Scal.*   70 quia *VH*, que *P*   praesto est
PH, presest *V*   71 faeneratis *PH*, funeratis *V*   72 dixi recedam *Scal.*, dixere quidam
codd.   76 me esse primum nec vero imum *Sch.*, m.e.p. verum unum *codd.*, m.e.p. vestrum aut
imum *Scal.*, m.e.p. horum nec imum *Toll.*, m.e.p. nec vel imum *Hartel*, m.e.p. verum horum unum
Mommsen, enim esse primum me verum unum *Peip.*, m.e.p. verum unum ex his (autumo) *Baehrens*,
esse primum verum me unum *Brakman*

recte olim ineptum Delphicus iussit deus
quaerentem, quisnam primus sapientum foret,
ut in orbe tereti nomina septem incideret,   80
ne primus esset ne vel imus quispiam.
eorum e medio prodeo gyro Solon,
ut quod dixisse Croeso regi existimor,
id omnis hominum secta sibi dictum putet.
Graece coactum ὅρα τέλος μακροῦ βίου,   85
quod longius fit, si Latine edisseras.
spectare vitae iubeo cunctos terminum;
proinde miseros aut beatos dicier,
eventa quod sunt semper ancipiti statu.
id adeo sic est. si queam, paucis loquar.   90
rex, an tyrannus, Lydiae Croesus fuit,
sibi beatus, dives insanum in modum,
lateribus aureis templa qui divis dabat.
is me evocavit. venio dicto oboediens,
meliore ut uti rege possint Lydii.   95
rogat beatum prodam, si quem noverim.
Tellena dico, civem non ignobilem:
pro patria pugnans iste vitam abiecerat.
despexit, alium quaerit. inveni Aglaum:
fines is agelli proprii numquam excesserat.   100
at ille ridens, 'quo dein me ponis loco,
beatus orbe toto qui solus vocor?'
spectandum dico terminum vitae prius,
tum iudicandum, si manet felicitas.
dictum moleste Croesus †accepit. ego†   105

---

78 iussit *Scal.*, ait *codd.*, suasit *Heins.*, monuit *Leo*   79 sapientum *VP*, sapientium *H*
80 nomina septem incideret *ego*, nominum (nomium *PH*) sertum incideret *codd.*, nomina eorum
incideret *Scal.*, nominum seriem daret *Heins.*, nomina serta incideret *Sch.*, nominum sertum inde-
ret *Peip.*   82 gyro *H*, giro *P*, ciro *V*   84 id omnis *V*, ad omnes *P*, id omnes *H*
85 coactum *Scal.*, coactum est *codd.*   ὅρα τέλος μακρου βιου *H*, ora telos machro biu *V*, ora telo-
sinat *P*   86 edisseras *H*, dixeras *V*, disseras *P*, dixeris *Vin.*   88 dicier *codd.*, dicere *Scal.*
89 eventa *PH*, evita *V*   ancipiti statu *PH*, ancipisti (anticipisti *V*ᵃᶜ) statum *V*ᵖᶜ, ancipiti in statu
Heins.   92 sibi beatus *Sh. B.*, his in beatus *V*, is beatus *PH*, his in beatis *Scal.*, visu beatus *Leo*,
nimis beatus *Badian*   94 is *PH*, his *V*   venio *Avant.*, veni *codd.*   97 tellena *PH*ᵃᶜ, tel-
lona *H*ᵖᶜ, tellana *V*, Tellumne *La V. de Mirmont dub.*   98 abiecerat *Graev.*, obiecerat *codd.*
99 inveni *codd.*, innui *Heins.*   100 is *post* fines *add. ego*, *post* proprii *Peip.*, qui *post* fines *Scal.*
101 at *VP*, ait *H*   dein *Scal.*, deinde *codd.*   105 accepit ego *VH*ᵖᶜ, accepi ego *PH*ᵃᶜ, accepit
tum ego *Lugd.*, accipit exeo *Scal.*, accepit at ego *Vin.*, accipit ast (*uel* tum) ego *ego dub.*, fert. mittit
foras *Holford-Strevens*

relinquo regem. bellum ille in Persas parat.
profectus, victus, vinctus, regi deditus.
†at ille captans funeris instar sui,†

* * * * *

qua flamma totum se per ambitum dabat
volvens in altum fumidos aestu globos.   110
ac paene sero Croesus ingenti sono,
'o vere vates', inquit, 'o Solon, Solon!'
clamore magno ter Solonem nuncupat.
qua voce Cyrus motus exstingui iubet
gyrum per omnem et destrui ardentem pyram.   115
et commodum profusus imber nubibus
repressit ignem. Croesus ad regem ilico
†per ministrorum† ducitur lectam manum.
interrogatus quem Solonem diceret
et quam ciendi causam haberet nominis,   120
seriem per omnem cuncta regi edisserit.
miseratur ille vimque fortunae videns
laudat Solonem, Croesum ⟨inde⟩ in amicis habet
vinctumque pedicis aureis secum iubet
reliquum quod esset vitae totum degere.   125
ergo duorum regum testimonio
laudatus et probatus ambobus fui.
quodque uni dictum est, quisque sibi dictum putet.
ego iam peregi, qua de causa huc prodii.
venit ecce Chilon. vos valete et plaudite.   130

107 vinctus *om. P*   *ante et post* 108 *lac. Vin.*   108 at ille captans funeris instar sui *V*, at ille captus ipse funeris instar sui *PH* (ipse *om. H*), at illico aptant funeis, instant arsui *Scal.*, at ilico aptant funeris ipsum instar sui *Sch.*, stat ille captans funeris iam instar sui *Peip.*, stat ille spectans funeris instar sui *Leo*, stat ille captus instar funeris sui *Prete*, at ille acceptans funeris ipse instar sui *ego dub.*   109 qua *V*, qui *PH*, quin *Scal.*   flamma *V*, fama *PH*   se per *PH*, semper *V* 111 ac *H*, hac *V*, at *P*   114 qua *VH*, quia *P*   115 per *codd.*, propere *Heins.* 118 per ministrorum ducitur lectam manum *codd.*, ministrorum per d.l.m. *Lugd.*, per administrum d.l.m. *Pulm.*, ministrorum perducitur l.m. *Toll.*, ministeriorum d. lecta manu *Heins.*, per administram d.l.m. *Hartel*, per militarem d.l.m. *Peip.*, per servitiorum d.l.m. *Ellis*, per mitratorum d.l.m. *Baehrens*, perducitur lecta ministrorum manu *H. J. Mueller*, per stipatorum *vel* praeter ministrum d.l.m. *ego dub.*   119 interrogatus *H*, interroga *V*, interrogatur *P*   120 ciendi *V*, sciendi *PH*   121 cuncta *P*, cunctam *VH*   122 miseratur *VP*, miseratus *H*   123 inde *add. Peip., et Pulm.*, hinc *Heins.*, iam *Sch.*   124 *om. V*   126 ergo *Heins.*, ego *codd.* 128 quodque uni dictum est *codd.*, dictum quod uni est *Heins.*   quisque sibi *VP*, sibi quisque *H* 129 huc *VP*, adhuc *H*

Chilon

Lumbi sedendo, oculi spectando dolent,
manendo Solonem, quoad sese recipiat.
hui pauca quam diu locuntur Attici!
unam trecentis versibus sententiam
tandem peregit meque respectans abit.   135
Spartanus ego sum Chilon, qui nunc prodeo.
brevitate nota, qua Lacones utimur,
commendo nostrum γνῶθι σεαυτόν—nosce te—
quod in columna iam tenetur Delphica.
labor molestus iste fructi est optimi,   140
quid ferre possis quidve non dinoscere,
noctu diuque quae geras, quae gesseris,
ad usque puncti tenuis instar quaerere.
officia cuncta, pudor, honor, constantia
in hoc et illa spreta nobis gloria.   145
dixi. valete memores. plausum non moror.

Cleobulus

Cleobulus ego sum, parvae civis insulae,
magnae sed auctor qua cluo sententiae,
ἄριστον μέτρον quem dixisse existimant.
interpretare tu, qui orchestrae proximus   150
gradibus propinquis in quattuordecim sedes:
ἄριστον μέτρον an sit optimus modus
dic. annuisti; gratiam habeo. persequar
per ordinem. iam dixit ex isto loco
Afer poeta vester 'ut ne quid nimis'   155
et noster quidam μηδὲν ἄγαν. huc pertinet
uterque sensus, Italus seu Dorius.

---

131 spectando *VPH*, exspectando *codd. Plaut. Men. 882*   132 quoad sese *VP*ᵖᶜ*H*, quoad ad
sese *P*ᵃᶜ, quoad ad se se *Peip.*, quoad is sese *Heins.*   133 hui *H*, huic *V*, hiis *P*   pauca quam
diu *Sh.B.*, quam pauca diu *codd.*, quam pauca quam diu *Avant.*, quam pauca di *Peip.*   135 abit
Scal., abiit *codd.*   137 utimur *J. C. Scaliger*, usi sunt *codd.*   138 γνωθι σεαυτον *H*, gnoti
seauton *V*, gnothi se auton *P*   140 est *codd.*, ast *Heins.*   147 cleobulus *V*, cleobus *PH*
148 qua cluo *ed. Par. 1513*, quam elevo *V*, quam cluo *H*, quam duo *P*, qui cluo *Heins.*
149 ἀριστον μετρον *H*, ariston metron *VP*   150 proximus *VH*, maximus *P*   155 Afer *H*,
affer *V*ᵃᶜ*P*, affert *V*ᵖᶜ   156 noster *VH*, vester *P*   μηδεν ἀγαν *H*, mednagam *V*, meden agan *P*

fandi tacendi somni vigiliae est modus,
beneficiorum gratiarum iniuriae
studii laborum: vita in omni quicquid est,   160
istum requirit optimae pausae modum.
dixi, recedam; sit modus. venit Thales.

Thales

Milesius Thales sum, aquam qui principem
rebus creandis dixi, ut vates Pindarus.

*   *   *   *   *

dedere piscatores extractum mari.   165
namque hi iubente Delio me legerant,
quod ille munus hoc sapienti miserat.
ego recusans non recepi et reddidi
ferendum ad alios quos priores crederem.
dein per omnes septem sapientes viros   170
missum ac remissum rursus ad me deferunt.
ego receptum consecravi Apollini.
nam si sapientem deligi Phoebus iubet,
non hominem quemquam, sed deum credi decet.
is igitur ego sum. causa sed in scaenam fuit   175
mihi prodeundi quae duobus ante me,
assertor ut sententiae fierem meae.
ea displicebit, non tamen prudentibus,
quos docuit usus et peritos reddidit.
⟨en⟩ ἐγγύα· παρὰ δ᾽ ἄτα Graece dicimus;   180
Latinum est 'sponde; noxa ⟨sed⟩ praesto tibi.'
per mille possem currere exempla ut probem
praedes vadesque paenitudinis reos,
sed nolo nominatim quemquam dicere.
sibi quisque vestrum dicat et secum putet,   185

158 vigiliae est *Toll.*, vicinus *codd.*, vigiliae is *Heins.*, vigilii is *Peip.*   163–88 *ante* 147–62 *Toll. dub.*   163 Thales sum *ed. Par. 1513*, sum Thales *codd.*   164 vates *PH*, vatis *V post* 164 *lac. Scal.*   167 ille *om. PH*   171 ac *H*, hac *V*, at *P*   deferunt *PH*, referunt *V* 173 si *VH*, his *P*   173–4 deligi ... hominem *om. V*   deligi *Toll.*, diligit *P*, diligi *H* 175 igitur *VH*, qui *P*   176 duobus *codd.*, tribus quoque *Sch. dub.*, doctoribus *Peip. dub.* 180 en *add. Sch.*, nos *add. Scal.*   ἐγγύα *H*, engia *V*, engya *P*   παρα δ᾽ ἄτα *H*, paradata *V*, parodita *P*, πάρεστι δ᾽ ἄτη *Scal.*   Graece *Peip.*, ecce *codd.*, *om. Scal.*   181 noxa set praesto tibi *Peip.*, noxa praesto tibi est *codd.*, noxia est praesto tibi *Scal.*   184 quemquam *VP*, quicquam *H*   185 quisque *V*, quisquam *PH*   vestrum *P*, verum *VH*

spondere quantis damno fuerit et malo.
gratum hoc officium maneat, ambobus tamen.
pars plaudite ergo, pars offensi explodite.

Bias

Bias Prieneus ⟨sum⟩; dixi οἱ πλεῖστοι κακοί:
Latine dictum suspicor 'plures mali.'   190
dixisse nollem: veritas odium parit.
malos sed imperitos dixi et barbaros,
qui ius ⟨et⟩ aequum ⟨et⟩ sacros mores neglegunt.
nam populus iste, quo theatrum cingitur,
totus bonorum est. hostium tellus habet,   195
dixisse quos me creditis, plures malos.
sed nemo quisquam tam malus iudex fuat
quin iam bonorum partibus se copulet.
sive ille vere bonus est seu dici studet,
iam fugit illud nomen invisum mali.   200
abeo. valete et plaudite, plures boni.

Pittacus

Mitylena ⟨ego⟩ ortus Pittacus sum Lesbius,
γίγνωσκε καιρὸν qui docui sententiam.
sed iste καιρός, tempus ut noris, monet
et esse καιρὸν tempestivum quod vocant.   205
Romana sic est vox, 'venite in tempore.'
vester quoque ille comicus Terentius
rerum omnium esse primum tempus autumat,

---

187 gratum *VH*, gradum *P*, ratum *Heins.*   maneat *Avant.* manet *codd.*   ambobus *codd.*, a
nobis *vel* iam nobis *Heins.*   189 (*et in titulo*) prieneus *V*ᵃᶜ, perieneus *V*ᵖᶜ, prineus *P*, prienaeus
H   sum *add. Scal.*, quod *Peip.*, qui *Sch. dub.*   οἱ πλεῖστοι κακοι *H*, oepliistoeacae *V*, oeplisto-
ecacoe *P*   191 dixisse *PH*, dixit *V*   191–2 nollem ... malos *om. V*   193 ius et
aequum et sacros *Avant.*, ius equum (e quum *V*) sacros *codd.*   mores *PH*, moresque *V*
196 creditis *VH*, credite *P*   197 fuat *H*, fiat *V*, fuerat *P*, cluat *Heins.*   198 quin iam bonorum *Heins.*, qui non amborum *codd.*, qui non bonorum *Avant.*   200 illud *Toll.*, illum *codd.*
201 plures *H*, pluris *VP*   202 ego *add. Mertens*, en *Heins.*   203 γίγνωσκε καιρον *Ug.*,
dinosce caeron *V*, ginosce caeron *P*, γνωθει καιρον *H*   204 sed iste καιρος *codd.* (caeros *V*,
caros *P*), sententia ista *ego dub.*   205 et *codd.*, scite Heins.   καιρον *H*, caeron *V*, ceron *P*
vocant *VH*, vocat *P*   206 sic *codd.*, sic et *Peip.*, similis *Baehrens*   venite *Toll.*, venito *Heins.*,
venit *V*, veni *PH*   207 ille *Lugd.*, sic *V sup. lin.*, *om. PH*, quippe *Baehrens*, iste *Peip.*, itidem *Sch.*,
Afer *Brakman*

ad Antiphilam quom venerat servus Dromo
nullo impeditam, temporis servans vicem.   210
reputate cuncti, quotiens offensam incidat
spectata cui non fuerit opportunitas.
tempus me abire, molestus ne sim: plaudite.

Periander

Ephyra creatus huc Periander prodeo,
μελέτη τὸ πᾶν qui dixi et dictum ⟨iam⟩ probo,   215
meditationem esse omne quod recte geras.
is quippe solus rei gerendae est efficax,
meditatur omne qui prius negotium.
adversa rerum vel secunda praedicat
meditanda cunctis comicus Terentius.   220
aedes locare, bellum gerere aut ponere,
magnas modicasque res, etiam parvas quoque
agere volentem semper meditari decet.
nam segniores omnes in coeptis novis,
meditatio si rei gerendae defuit.   225
nil est quod ampliorem curam postulet
quam cogitare quid gerendum sit dehinc.
incogitantes fors, non consilium, regit.
meditamini ut vestram rem curetis probe;   230
sed ego me †ad patres† iam recipio. plaudite.   229

---

209 quom *Sebis.*, quo *codd.*, cum *ego dub.*   dromon *V*, drimo *P*, drimon *H*   210 impeditam *VH*, impeditum *P*   211 reputate *Ug.*, reputati *VH*, reputative *P*   213 me abire
codd., monet *Peip.*   molestus ne sim *Sch.*, ne sim (si *V*) molestus *codd.*, nisi molestus est *Baehrens*
214 huc Periander *Avant.*, periander huc *codd.*   215 μελέτη το παν *H*, meleteto pan *VP*   et
dictum iam *Peip.*, et dictum *codd.*, qui dictum *Lugd.*, et qui dictum *Vin.*, et hoc dictum *Sch.*, et re
dictum *Brakman*   216 meditationem esse *codd.*, meditationem id esse *Avant.*, meditationis
esse *Heins.*, meditationi inesse *Sch.*   omne *Friedrich*, totum *VPH*, om. *Acc.*   quod *VH*, quidem
P   recte *om. Ug.*   221 aedes locare *Heins.*, locare sedes *codd.*   226 nil *V*, nihil *PH*
227 quid *VP*, quod *H*   dehinc *codd.*, rei *Heins.*   230 *ante* 229 *ego*   meditamini *VH*, meditari *P*, meditati *ed. Par. 1511*, meditaminique *Heins.*, meditando *Peip.*   ut *codd.*, et *Peip.*
vestram *del. Heins.*   probe *ego*, plublicam *V*, publicam *PH*   229 me ad patres *V*, me ad
partes *PH*, me ad plures *Leo*, meditatum *ego*

XXVII. EPISTULAE

1. *Ausonius Hesperio s.d.*

Qualis Picenae populator turdus olivae
    clunes opimat cereas,
vel qui lucentes rapuit de vitibus uvas
    pendetque nexus retibus,
quae vespertinis fluitant nebulosa sub horis   5
    vel mane tenta roscido,
tales hibernis ad te de saepibus, ipsos
    capi volentes, misimus
bis denos; tot enim crepero sub lucis eoae
    praeceps volatus intulit.   10
tum, quas vicinae suggessit praeda lacunae,
    anates maritas iunximus,
remipedes, lato populantes caerula rostro,
    et crure rubras punico,
iricolor vario pinxit quas pluma colore,   15
    collum columbis aemulas.
defrudata meae non sunt haec fercula mensae;
    vescente te fruimur magis.

        vale bene, ut valeam.

2. *Ausonius Paulo*

Tandem eluctati retinacula blanda morarum
    Burdigalae molles liquimus illecebras,
Santonicamque urbem vicino accessimus agro;
    quod tibi si gratum est, optime Paule, proba.
cornipedes rapiant imposta petorrita mulae,   5
    vel cisio triiugi, si placet, insilias,
vel celerem mannum vel ruptum terga veredum
    conscendas, propere dummodo iam venias,
instantis revocant quia nos sollemnia paschae
    libera nec nobis est mora desidiae.   10

XXVII   **1**   *V* Ausonius Hesperio s.d. *V*   12 maritas *V*, marinas *Heins.*   15 pluma *Canter*, puma *V*, pinna *Baehrens*   17 defraudata *Scal.*, debrudata *V*

  2   *VZ* (*Z* = *CKMT*). Ausonius Paulo *M*, Ausonius Axio Paulo Rhetori Sal. *V*, Ausonius Paulo suo *C*, Ausonius Paulo sal. D. *K*, Ausonius Paulo sal. *T*

perfer in excursu vel teriuga milia epodon
vel falsas lites, quas schola vestra serit.
nobiscum invenies multas, quia liquimus istic
nugarum veteres cum sale reliquias.

3. *Ausonius Paulo*

Ostrea nobilium cenis sumptuque nepotum
cognita diversoque maris defensa profundo
aut refugis nudata vadis aut scrupea subter
antra et muriceis scopulorum mersa lacunis,
quae viridis muscus, quae decolor alga recondit,   5
quae testis concreta suis ceu saxa cohaerent,
quae mutata loco, pingui mox consita limo,
nutrit secretus conclusae uliginis umor,
enumerare iubes, vetus o mihi Paule sodalis,
assuefacte meis ioculari carmine nugis.   10
aggrediar, quamvis curam non ista senilem
sollicitent frugique viro dignanda putentur.
nam mihi non Saliare epulum, non cena dapalis,
qualem Penelopae nebulonum mensa procorum
Alcinoique habuit nitidae cutis uncta iuventus.   15
enumerabo tamen famam testesque secutus
pro studiis hominum semper diversa probantum.
sed mihi prae cunctis ditissima, quae Medulorum
educat oceanus, quae Burdigalensia nomen
usque ad Caesareas tulit admiratio mensas,   20
non laudata minus nostri quam gloria vini.
haec inter cunctas palmam meruere priorem,
omnibus ex longo cedentibus; ista et opimi
visceris et nivei dulcique tenerrima suco
miscent aequoreum tenui sale tincta saporem.   25
proxima sint quamvis, sunt longe proxima multo

---

13 invenies *Z*, invenias *V*   multas *VZ*, nullas *Avant.*   14 nugarum veteres cum sale rel-
liquias *V*, vale valere si voles me vel vola *Z*

   3 *V* Ausonius Paulo *V*   2 diversoque *Pulm.*, diversaque *V*   defensa *V*, deprensa
Heins.   5 decolor *Dousa*, ᵈᵉdecor *V*   7 consita *Scal.*, consta *V*   9 mihi *V*, mi *ego
dub.*   13 Saliare *Lugd.*, soliare *V*   cena *Lugd.*, rura *V*, cura *vel* turba *Heins.*, aura *Peip.*
dapalis *Lugd.*, dapilis *V*   18 set *V*, sunt *Peip. dub.*   ditissima *V*, mitissima *Gron.*, dulcissima
Sch., lectissima *Peip.*   19 educat *Lugd.*, edocat *V*   22 cunctas *V*, cunctos *Mommsen*
26 quamvis *Heins.*, quaevis *V*   sunt *Mehler*, set *V*

ex intervallo, quae Massiliensia, portum
quae Narbo ad Veneris nutrit, cultuque carentia
Hellespontiaci quae protegit aequor Abydi,
vel quae Baianis pendent fluitantia pilis,   30
Santonico quae tecta salo, quae nota †Genonis†,
aut Eborae mixtus pelago quae protegit amnis
ut multo iaceant algarum obducta recessu;
aspera quae testis sed dulcia, carnis opimae.
sunt et Aremorici qui laudent ostrea ponti,   35
et quae Pictonici legit accola litoris, et quae
mira Caledonius nonnumquam detegit aestus.
accedunt quae fama recens Byzantia subter
litora et insanae generata Propontidis acta
Promoti celebrata ducis de nomine laudat.   40
    haec tibi non vates, non historicus neque toto
orbe vagus conviva loquor, sed tradita multis,
ut solitum quotiens dextrae invitatio mensae
sollicitat lenem comi sermone Lyaeum.
haec non per vulgum mihi cognita perque popinas   45
aut parasitorum collegia Plautinorum,
sed festos quia saepe dies partim ipse meorum
excolui inque vicem conviva vocatus adivi,
natalis si forte fuit sollemnis amico
coniugioque dapes aut sacra repotia patrum,   50
audivi meminique bonos laudare frequentes.

4. Invitatio ad Paulum

Si qua fides falsis umquam est adhibenda poetis
    nec πλάσμα semper allinunt,
Paule, Camenarum celeberrime Castaliarum
    alumne quondam, nunc pater,

27 portum *Vin.*, portu *V*   28 carentia *V*, carentis *Vin.*   29 protegit *V*, proserit *Mehler*
30 pilis *Scal.*, palis *V*   31 Genonis *V*, Salonis *Sch.*, Gelonis *Mertens*, Gelanis *La V. de Mirmont*,
Limoni *vel* Morinis *ego dub.*   32 quae *Lugd.*, qua *post* que *V*   34 sed *Heins.*, et *V*
carnis opimae *Vin.*, farris opimae *V*, farris opimi *Peip.*, σαρκὸς opimae *Sh. B.*   37 mira *V*,
mersa *Heins.*   Caledonius *V*, Caledoniis *Peip.*   39 et insanae *Heins.*, insana et *V*, et insana
Lugd., in insana *Peip. dub.*   46 collegia *Pulm.*, collecta *V*   47 ipse meorum *Lugd.*, ipsa
memorum *V*   50 coniugioque *V*, coniugiove *Sebis.*, coniugiique *ego dub.*   repotia *Lugd.*,
reportia *V*   51 bonos *Gron.*, bono *V*
    4   *Z* (= *CKMT*)   Invitatio ad Paulum *Z*   2 πλάσμα *ego*, plasma *codd.*

aut avus, aut proavis antiquior, ut fuit olim 5
    Tartesiorum regulus;
intemerata tibi maneant promissa memento.
    Phoebus iubet verum loqui;
etsi Pierias patitur lirare sorores,
    numquam ipse torquet αὔλακα. 10
te quoque ne pigeat consponsi foederis; et iam
    citus veni remo aut rota,
aequoris undosi qua multiplicata recursu
    Garunna pontum provocat,
aut iteratarum qua glarea trita viarum 15
    fert militarem ad Blaviam.
nos etenim primis sanctum post pascha diebus
    avemus agrum visere.
nam populi coetus et compita sordida rixis
    fastidientes cernimus 20
angustas fervere vias et congrege volgo
    nomen plateas perdere.
turbida congestis referitur vocibus echo:
    'tene!', 'feri!', 'duc!', 'da!', 'cave!'.
sus lutulenta fugit, rabidus canis impete saevo 25
    et impares plaustro boves.
nec prodest penetrale domus et operta subire;
    per tecta clamores meant.
haec et quae possunt placidos offendere mores
    cogunt relinqui moenia, 30
dulcia secreti repetantur ut otia ruris,
    nugis amoena seriis,
tempora disponas ubi tu tua iusque tuum sit
    ut nil agas vel quod voles.
ad quae si properas, tota cum merce tuarum 35
    veni Camenarum citus.
dactylicos, elegos, choriambum carmen, epodos,
    socci et cothurni musicam
carpentis impone tuis; nam tota supellex
    vatum piorum chartea est. 40

---

5 proavis *Avant.*, proavus *codd.*   10 αὔλακα *ed. Lugd. 1548*, aulaca *C,* aulica *KMT*
14 Carunna *CM,* Carrunna *K,* Garumna *T*   19 sordida *codd.,* turbida *Heins.*   25 saevo
CM, scaevo *KT*   28 per tecta *codd.,* per saepta *Acc.*   32 amoena *codd.,* amica et *Heins.,*
amica ac *Sch.*

nobiscum invenies κατ᾽ ἐναντία, si libet uti
non Poena, sed Graeca fide.

5. *Rescriptum Paulo*

a

Versus meos utili et conscio sibi pudore celatos carmine tuo et sermone
praemissis dum putas elici, repressisti; nam qui ipse facundus et
musicus editionis alienae prolectat audaciam, consilio quo suadet
exterret. tegat oportet auditor doctrinam suam, qui volet ad dicendum
sollicitare trepidantem, nec emerita adversum tirunculos arma con- 5
cutiat veterana calliditas. sensit hoc Venus de pulchritudinis palma diu
ambiguo ampliata iudicio. pudenter enim ut apud patrem velata
certaverat nec deterrebat aemulas ornatus aequalis; at postquam in
pastoris examen deducta est lis dearum, qualis emerserat mari aut cum
Marte convenerat, et consternavit arbitrum et contendentium certa- 10
men oppressit. ergo nisi Delirus tuus in re tenui non tenuiter laboratus
opuscula mea, quae promi studueras, retardasset, iam dudum ego ut
palmes audacior in hibernas adhuc auras improbum germen egissem,
periculum iudicii gravis inconsulta festinatione subiturus. denique
†pisonem†, quem tollenonem existimo proprie a philologis appel- 15
latum, adhibere, ut iubebas, recenti versuum tuorum lectione non
ausus, ea quae tibi iam cursim fuerant recitata transmisi. etenim hoc
poposcisti atque id ego malui, tu ut tua culpa ad eundem lapidem bis
offenderes, ego autem, quaecumque fortuna esset, semel erubescerem.
vide, mi Paule, quam ineptum lacessieris in verbis rudem, in eloquendo 20
hiulcum, a propositis discrepantem, in versibus concinnationis exper-
tem, in cavillando nec natura venustum nec arte conditum, diluti salis,
fellis ignavi, nec de mimo planipedem nec de comoediis histrionem. ac
nisi haec a nobis missa ipse lecturus esses, etiam de pronuntiatione
rideres. nunc commodiore fato sunt, quod licet apud nos genuina apud
te erunt adoptiva.

41 κατ᾽ ἐναντία *Peip.*, katenantia *CKT*, (cat- *M*, chath- *K*)   42 poena *KT*, penna *C*, poema
M, προίκα *Weil*

   5   *Z* (= *CKMT*)   Rescriptum Paulo *KM*, Rescriptum Paulo suo *CT*
a. 3 editionis *Gron.*, editioni *CM*, edictioni *KT*   9 mari *C*, marti *KMT*
15 pisonem *CKM*, pissonem *T*, dissonum *ed. pr.*, bisonum *Hartel*, pilum Graecum *ego dub.*   tollenonem *Peip.*, tolleno in *T*, tollono inde *K*, tolle nomen *CM*, κεκολλημένον *Sch. dub.*
16 adhibere *Peip.*, adcrevi *Z*, ad te mittere *Gron.*, addere *Sch.*, adhibui *Pasto.*, adicere *ego dub.*
iubebas *CT*, iubeas *KM*   recenti *codd.*, recentia *Canal*   19 *post* erubescerem XVII. 3 (*de
Bissula*) *Z*   23 comoediis *KMT*, comoedis *C*

b

vinum cum biiugo parabo plaustro,
primo tempore Santonos vehendum,
ovum tu quoque passeris marini,
quod nunc promus ait procul relictum
in fundo patriae Bigerritanae ...   5

6. ΑΥΣΟΝΙΟΣ ΠΑΥΛΩΙ

Ἑλλαδικῆς μέτοχον μούσης Latiaeque Camenae
Ἄξιον Αὐσόνιος sermone alludo bilingui.
Musae, quid facimus? τί κεναῖσιν ἐπ᾽ ἐλπίσιν αὔτως
ludimus ἀφραδίῃσιν ἐν ἤματι γηράσκοντες;
Σαντονικοῖς κάμποισιν, ὅπη κρύος ἄξενόν ἐστιν   5
erramus gelidοτρομεροὶ καὶ frigdopoetae,
Πιερίδων teneroπλοκάμων θεράποντες inertes.
πάντα δ᾽ ἔχει παγετός τε pedum καὶ κρουσμὸς ὀδόντων,
θαλπωρὴ quia nulla φοκοῦ χιονώδεῖ χώρῃ,
et duplicant frigus ψυχρὰ carmina μητιόωντες.   10
ἀρχόμενος δ᾽ ἄρα μηνὶ νέῳ Ιανοῦ τε caλένδαις
primitias Παύλῳ nostrae πέμψωμεν ἀοιδῆς.
Μνημοσύνης κρηδεμνοκόμου πολυcantica τέκνα,
ennea verbosae pinnoστέφανοί τε puellae,
ἔλθατέ μοι πολυrisae ἐπὶ σκουρώδεα μολπήν,   15
frontibus ὑμετέραις πτέρινον praeferte triumphum;
ὑμᾶς γὰρ καλέω σαλσοστιχονυγοποιητής·
Παύλῳ ἐφαρμόσσαιτε μεμιγμενοβάρβαρον ᾠδήν.

---

b. 1 vinum *CMT*, num *K*ᵃᶜ, unum *K*ᵖᶜ, virum *Peip*.   parabo plaustro *Ug*., plaustro parabo *codd*.
3 tu *codd*., tum *Heins*.   quoque *codd*., coque *Scal*.   5 Bigerritanae *Scal*., begerritanae *codd*.
   6 *Z* (= *CKM*). Αὐσόνιος Παύλῳ *CM*, om. *K*   5 ὅπη *Toll*., ὅποι *Z*, ὅπου *Sch*.   ἄξενον
Peip., ἄξυαν *Z*, ἄσπετον *Scal*., ὀξὺ (πάρεστιν) *Wilam*.   6 frigdopoetae *C*, frigidopoetae *KM*
7 teneroπλοκαμων *CM*, τενεκοπλοκαμων *K*   8 κρουσμος *K*, κροισμος *CM*, κρυμός *Scal*.,
βρυγμός *Wilam*.   9 φοκοῦ *Peip*., φοκιυ *Z*   11 caλενδες *CK*, calendes *M*
12 παυλω *CK*, paulo *M*   πέμψωμεν ἀοιδῆς *Sch*., πεμψωμεολοιδες *codd*. (-λες *M*), πεμψώμεθ᾽
ἀοιδῆς *Wilam*.   14 ennea *KM*, aenea *C*   pinnoστέφανοι *Wilam*., ριννοστεφανοι *Z*
15 ἔλθατε *Wilam*., ἐνθα τε *C*, ἐλρα τε *K*, ελεατε *M*, ἔνθ᾽ ἄγε *Scal*.   σκουρώδεα *Peip*., κουρωδεα *C*,
σκουρρολελα *K*, σκοιρρωδεα *M*, scurrώδεα *Wilam*.   17 ὑμᾶς γὰρ *Sch*., ὑματαρ *Z*   καλεω *C*,
καμεω *KM*   salsoστιχοnugoποιητής *Wilam*., σαισοστιχονυσοτιοτης *C*, -νυσοποντις *K*, -νυεοτι-
οτης *M*, καινὸς Διονυσοποιητής *Sch*., σκαιὸς Δ. *Peip*.   18 ἐφαρμόσσαιτε *Sch*., ἐφαρμοσσατε
codd. (-οσατε *C*, -οσιατε *K*)   μεμιγμενοβάρβαρον *Peip*., μεμιγμενοβαρον *Z*

οὐ γάρ μοι θέμις ἐστὶν in hac regione μένοντι
Ἄξιον ab nostris ἐπιδευέα εἶναι καμήναις: 20
κεῖνος ἐμοὶ πάντων μέτοχος, qui seria nostra,
qui ioca παντοδαπῇ novit tractare παλαίστρῃ.
καὶ νῦν sepositus μοναχῷ ἐνὶ rure Κρεβέννου
ἀσταφύλῳ ἐνὶ χώρῳ habet θυμαλγέα λέσχην
οὔτε φίλοις ἐτάροις nec mensae accommodus ulli,   25
otia θελξινόοις aeger συμμέμφεται Μούσαις.
iam satis, ὁ φίλε Παῦλε, πόνου ἀπεπειρήθημεν
ἔν τε foro causais τε καὶ ingrataisi καθέδραις,
ῥητορικοῖς λούδοισι, καὶ ἔπλετο οὐδὲν ὄνειαρ.
ἀλλ᾽ ἤδη κεῖνος μὲν ἅπας iuvenalis ἱδρώς   30
ἐκκέχυται μελέων, τρομερὴ δὲ πάρεστι senectus
καὶ minus in sumptum δαπάνας levis arca ministrat.
οὐ γὰρ ἔχει ἀπάλαμνος ἀνὴρ κοναιστωδέα lucron
κλεινικὸς οὔτε γέρων χρύσεον κερδίζεται μισθόν.
aequanimus quod si fueris ετ πάντα μελῳδειν   35
malueris, λήθη πόνου ἔσσεται ἠδὲ πενείης.
κεῖνο δὲ παγκάλλιστον, ut omnibus undique musis
σὺν φίλῳ aequaevoque τεῶν συνοπάονι μοισῶν
θυμοῦ ἀκηχεμένου solacia blanda requiras.
hic erit et fructus Δημήτερος ἀγλαοκάρπου,   40
ἔνθα σύες θαλεροί, πολυχανδέα pocula ἔνθα,
κιρνᾶν εἴ κε θέλοις νέκταρ οὐίνοιο βόνοιο.
ambo igitur nostrae παραθέλξομεν otia vitae,
    dum res et aetas et sororum
    νήματα πορφύρεα πλέκηται.   45

19 μένοντι CK, menonti M   20 εἶναι Wilam., εινε CK, ενε M, esse Scal., εἶνε ego dub.
26 aeger C, δεςερ K, λετερ M   συμμέμφεται Wilam., συμμεμφεο C, συμμενφεοτ KM, συνέμεν
φάτο Scal., συμμέμφετο Sch.   28 ingrataisi καθέδραις Scal., ingrata ες ικαθηραις C, ingrata
ες καθημραιο K, ingrata ες ικαεηλψαις M   30–45 om. K   30 ἱδρώς Toll., δρος C, iaros M
31 δὲ πάρεστι Wilam., λεπαρεcti CM   32 δαπάνας ed. Par. 1511, δαπας CM   33 οὐ γὰρ
Pulm., ουταρ CM   κοναιστώδεα lucron Sch., κοναιστωδειελlucrom C, κοιλιστωδεα λουσρονμον M
34 χρύσεον κερδίζεται μισθόν Wilam., αρυσονκερεαζετενοιμ C, -μοιν M, ἀρ᾽ ἴσον κεραιζόμενος νοῦν
Sch., χρυσέην ἐργάζετ᾽ ἀμοιβήν Peip.   35 ετ M, ες C   38 σὺν φίλῳ aequaevoque Wilam.,
συν φιαλ\|δε quaevoque C, συν φιαιαεqνενοque M, σὺν φιάλῃ vinoque Sch., σὺν φιάλῃ οἴνῳque
Peip.   43 παραθέλξομεν Sch., παραθελαξομεν CM   45 πορφύρεα Scal., πορφυρεω C,
πορφυρωη M, πορφυρέων vel πορφύρε᾽ Heraeus   πλέκηται Vin., μιταεκετατ C, ιταεκετατ M,
πλέκονται Scal., δέκηται vel ἐνδέκηται Heraeus

7. ΑΥΣΟΝΙΟΣ ΠΑΥΛΩΙ

Ῥωμαίων ὕπατος ἀρεταλόγῳ ἠδὲ ποιητῇ
Αὐσόνιος Παύλῳ· σπεῦδε φίλους ἰδέειν.

8. Ad amicum

Aequoream liqui te propter, amice, Garunnam,
   te propter campos incolo Santonicos.
congressus igitur nostros pete; si tibi cura,
   quae mihi, conspectu iam potiere meo.
sed tantum appropera quantum pote corpore et aevo;   5
   ut salvum videam, sat cito te video.
si post infaustas vigor integratus habenas
   et rediit membris iam sua mobilitas,
si riguam laetis recolis Pipleida Musis,
   iam vates et non flagrifer Αὐτομέδων,   10
pelle soporiferi senium nubemque veterni
   atque alacri mediam carpe vigore viam.
sed cisium aut pigrum cautus conscende veredum;
   non tibi sit raedae, non amor acris equi.
cantheris moneo male nota petorrita vites   15
   nec celeres mulas ipse Metiscus agas.
sic tibi sint Musae faciles, meditatio prompta
   et memor, et liquidi mel fluat eloquii;
sic, qui venalis tam longa aetate Crebennus
   non habet emptorem, sit tibi pro pretio.   20
attamen ut citius venias leviusque vehare,
   historiam mimos carmina linque domi.
grande onus in Musis; tot saecula condita chartis,
   quae sua vix tolerant tempora, nostra gravant.
nobiscum invenies ἐπέων πολυμορφέα πληθύν,   25
   γραμματικῶν τε πλοκὰς καὶ λογοδαιδαλίην,
   δάκτυλον ἡρώων καὶ ἀοιδοπόλων χορίαμβον,

7 Z (= CM)   Αὐσόνιος Παύλῳ C, om. M   1 ἀρεταλογῳ ἠδε C, ἀρεταλογα ηαε M
8 Z (= CKMT)   Ad amicum K, ad amicum ut quam primum ad se veniat CT, om. M
9 Pipleida ed. pr., pipeleida CMT, pipeltida K   10 Αὐτομεδων CKM, om. T, Automedon Vin.
15 cantheris Gron., cantheri T, eutheri C, cutheri K, enteri M   16 nec codd., ne Peip.
17 faciles C, facilis KMT   19 qui Avant., quam CKT, quem M   22 mimos KM, mim-
mos C, nummos T   25–35 om. T, 26–35 om. K   27 ἡρωων CM, ἡρῷον Vin.   ἀοιδοπόλων Salmasius, λοπολω M, λοιδοποδω C, ἀοιδόπολον Vin.

σὺν Θαλίης κώμῳ σύρματα Τερψιχόρης,
Σωταδικόν τε κίναιδον, ἰωνικὸν ἀμφοτέρωθεν,
ῥυθμῶν Πινδαρικῶν ἔννομον εὐεπίην.   30
εἰλιπόδην σκάζοντα, καὶ οὐ σκάζοντα τρίμετρον,
ὀκτὼ Θουκυδίδου, ἐννέα Ἡροδότου.
ῥητορικῶν θάημα, σοφῶν ἐρικυδέα φῦλα
πάντα μάλ᾽ ὅσσ᾽ ἐθέλεις, καὶ πλέον, εἴ κε θέλοις.
hoc tibi de nostris ἀσπαστικὸν offero libris.   35
vale; valere si voles me, iam veni.

9. Ausonius Probo praefecto praetorio
a

Oblata per antiquarios mora scio promissi mei gratiam exspectatione consumptam, Probe, vir optime; in secundis tamen habeo non fefellisse. apologos Titiani et Nepotis chronica quasi alios apologos (nam et ipsa instar sunt fabularum) ad nobilitatem tuam misi, gaudens atque etiam glorians fore aliquid quod ad institutionem tuorum sedulitatis 5 meae studio conferatur. libello tamen apologorum antetuli paucos epodos, studio in te observantiae meae impudentissimo, paucos quidem, ut ego loquax iudico; verum tu, cum legeris, etiam nimium multos putabis. adiuro benevolentiam tuam, verecundiae meae testem, eos mihi subita persuasione fluxisse. nam quis hos diu cogitaret? quod 10 sane ipsi per se probabunt. fors fuat ut, si mihi vita suppetet, aliquid rerum tuarum quamvis incultus expoliam; quod tu etsi lectum non probes, scriptum boni consulas, cumque ego imitatus sim vesaniam Choerili, tu ignoscas magnanimitate Alexandri. hi igitur, ut Plautus ait, interim erunt antelogium fabularum, garruli et deceptores, qui com- 15 positi ad honorificentiae obsequium ad aurium convicium concurrerunt. vale ac me dilige.

32 Θουκυδίδου ... Ἡροδότου *ed. pr.*, ηροδου ... τοικυδιδου *CM*   33 ῥητορικῶν *Scal.*, ῥητορικον *CM*   34 ἐθέλεις *Sch.*, ἐθελοις *C*, ἐθλοις *M*   πλέον εἴκε θέλοις *ed. pr.*, πασων ηκε θελεις *C*, παεον ηκε θελειε *M*   35 ἀσπαστικόν *ed. Par. 1513*, ἀπαστικον *CM*
     9 *Z* (= *CKMT*)   Ausonius probo praefecto praetorio *CM*, sal. d. *add. K*, sal *T*   *a.* 2 consumptam *C*, consumpta *KMT*   7 impudentissimo *Sch.*, impudentissimos *codd.*   11 suppetet *CKM*, suppeteret *T*   13 consulas *Toll.*, consules *codd.*   sim *CKM*, sum *T*   14–15 igitur ut Plautus ait interim erunt *KT*, igitur interim ut Plautus ait erunt *CM*   15 antelogium *Muretus*, antilogium *codd.*   17 ac *CKM*, et *T*

b

Perge, o libelle, Sirmium,
et dic ero meo ac tuo
ave atque salve plurimum.
quis iste sit nobis erus,
nescis, libelle? an cum scias   5
libenter audis quod iuvat?
possem absolute dicere,
sed dulcius circumloquar
diuque fando perfruar.
hunc dico qui lingua potens   10
minorem Atridam praeterit
orando pauca et musica,
qui grandines Ulixei
et mel fluentem Nestora
concinnat ore Tullii;   15
qui solus exceptis tribus
eris erorum primus est
praetorioque maximus.
dico hunc senati praesulem,
praefectum eundem et consulem;   20
nam consul aeternum cluet
collega Augusti consulis,
columen curulis Romulae
primum in secundis fascibus;
nam primus e cunctis erit   25
consul, secundus principi.
generi hic superstes aureo
satorque prolis aureae
convincit Ascraeum senem,
non esse saeclum ferreum;   30
qui vincit aevi iniuriam
stirpis novator Amniae
paribusque comit infulis

b. 9 perfruar *CKM*, profruar *T*   10 potens *CKT*, petens *M*   14 et mel fluentem *Peip.*, et mellifluentem *CM*, melle fluente *KT*[ac], melli fluentem et *T*[pc], mel et fluentem *vel* melle affluentem *Heins.*   15 concinnat ore *Avant.*, concinnatorem *codd.*   24 secundis *Vin.*, secundi *M*, seđi *T*, sede *CK* (secundi *C in mg.*)   30 esse saeclum *T*[pc], essedum *CKMT*[ac]   32 Amniae *Sch.*, ammiae *CMT*, annue *K ut vid.*, Anniae *Avant.*

Aniciorum stemmata.
Probum loquor; scis optime,   35
quem nemo fando dixerit
qui non prius laudaverit.
   perge, o libelle, et utere
   felicitate intermina.
quin et require, si sinet   40
tenore fari obnoxio:
'age vera proles Romuli,
effare causam nominis.
utrumne mores hoc tui
nomen dedere, an nomen hoc   45
secuta morum regula?
an ille venturi sciens
mundi supremus arbiter,
qualem creavit moribus
iussit vocari nomine?'   50
nomen datum praeconiis
vitaeque testimonio.
libelle felix, quem sinu
vir tantus evolvet suo
nec occupari tempora   55
grato queretur otio;
quem melleae vocis modis
leni aut susurro impertiet;
cui nigellae luminum
vacare dignabunt corae;   60
quem mente et aure consciis,
quibusdam omissis, perleget.
   perge, o libelle, et utere   64
   felicitate intermina.   65
quaecumque fortuna est tibi,   63
dic me valere et vivere,   66
dic vivere ex voto pio,
sanctis precantem vocibus,
ut, quem curulis proxima
collegio nati dedit,   70

---

34 Aniciorum *Scal.*, annitiorum *codd.*   57 quem melleae *Peip.*, quem mille *CM*, quem ille *KT*, quem mille cum *Avant.*, quem mille tum *Sch.*   59 cui *CKMT*ᵖᶜ, cuique *T*ᵃᶜ   nigellae *Peip.*, vigiles *codd.*   63 post 65 transp. ego   69 curulis *C*, curuli *KMT* (curr- *K*)

hunc rursus Augustus prior
suis perennet fascibus.
subnecte et illud leniter:
'apologos en misit tibi
ab usque Rheni limite   75
Ausonius, nomen Italum,
praeceptor Augusti tui,
Aesopiam trimetriam,
quam vertit exili stilo
pedestre concinnans opus   80
fandi Titianus artifex,
ut hic avi ac patris decus
mixto resurgens sanguine
Probianoque atque Anicio,
ut quondam in Albae moenibus   85
supremus Aenea satus
Silvios Iulis miscuit;
sic iste, qui natus tui,
flos flosculorum Romuli,
nutricis inter lemmata   90
lallique somniferos modos
suescat peritis fabulis
simul et iocari et discere.'
⟨his⟩ adde votum, quod pio
concepimus rei deo: 95
'ut genitor Augustus dedit
collegio nati Probum,
sic Gratianus hunc novum
stirpi futurae copulet.'
rata sunt futura, quae loquor;   100
sic meritaque et fatum iubent.
sed iam ut loquatur Iulius
fandi modum invita accipe,
volucripes dimetria,
aveque dicto dic vale.   105

---

77 tui *CT*^pc, sui *KMT*^ac   80 pedestre *Avant.*, pede *codd.*   82 hic *codd.*, hinc *Mommsen*
84 Probianoque atque *Vin.*, Probiano atque *codd.*, Probiano itemque *Peip.*   87 Iulis *Scal.*,
Iulius *codd.*, Iuliis *Avant.*   88 tui *KT*, tuus *CM*, tibi *Toll.*   92 peritis *CKMT*, peritus
codd. alii pauci   93 discere *KMT*, ludere *C*   94 his *add. Peip.*   101 sic meritaque et
fatum *Sch.*, sic merita et fatum *codd.*, sic merita sic fatum *Avant.*, sic merita factorum *Peip.*

10. *Ad Ursulum grammaticum Trevirorum, cuius strenas kalendis Ianuariis ab imperatore non datas reddi fecit*

Primus iucundi fuit hic tibi fructus honoris,
  Augustae faustum munus habere manus;
proximus ex longo gradus est quaestoris amici
  curam pro strenis excubuisse tuis.
ergo interceptos, regale nomisma, Philippos   5
  accipe tot numero quot duo Geryones;
quot terni biiuges demptoque triente Camenae,
  quotque super terram sidera zodiaci;
quot commissa viris Romana Albanaque fata
  quotque doces horis quotque domi resides;   10
ostia quot pro parte aperit stridentia circus,
  excepto medium quod patet ad stadium;
quot pedibus gradiuntur apes et versus Homeri
  quotque horis pelagus profluit aut refluit;
protulit in scaenam quot dramata fabellarum,   15
  Arcadiae medio qui iacet in gremio,
vel quot iuncturas geometrica forma favorum
  conserit extremis omnibus et mediis;
qui telios primus numerus solusque probatur,
  qui par atque impar partibus aequiperat;   20
bis ternos et ter binos qui conserit unus;
  qui solus totidem congeminatus habet
quot faciunt iuncti subterque supraque locati,
  qui numerant Hyadas Pleiadasque simul.

    *   *   *   *   *   25

Ursule, collega nobilis Harmonio,
Harmonio, quem Claranus, quem Scaurus et Asper,
  quem sibi conferret Varro priorque Crates,
quique sacri lacerum collegit corpus Homeri,
  quique notas spuriis versibus apposuit;   30

---

10   *Z (= CKMT)*   Ad Ursulum grammaticum Trevirorum cuius (cui *Lugd.*) strenas kalendis Ianuariis ab imperatore non datas reddi fecit (fecimus *KM*) *Z*   1 fuit *Avant.*, foret *codd.*   18 et *CKM*, aut *T*   19 qui *Sch.*, quot *codd.*   20 qui *ego*, quot *KMT*, quod *C* atque *CKT*, aut *M*   23 subterque *CKM*, subter *T*   post 24 *spatium unius versus vacuum CT, spatium nullum KM*   27 Claranus *Avant.*, daranus *CMT*, dranus *K*   28 Crates *Ug.*, grates *codd.*

Cecropiae commune decus Latiaeque Camenae,
solus qui Chium miscet et Ammineum.

11. *Ausonius Tetradio*

O qui venustos uberi facundia
  sales opimas, Tetradi,
cavesque ne sit tristis et dulci carens
  amara concinnatio,
qui felle carmen atque melle temperans   5
  torpere Musas non sinis
pariterque fucas quaeque gustu ignava sunt
  et quae sapore tristia,
rudes Camenas qui Suessae praevenis
  aevoque cedis, non stilo,   10
cur me propinquum Santonorum moenibus
  declinas, ut Lucas boves
olim resumpto praeferoces proelio
  fugit iuventus Romula?
non ⟨ut⟩ tigris te, non leonis impetu,   15
  amore sed caro expeto.
videre alumni gestio vultus mei
  et indole optata frui.
invitus olim devoravi absentiae
  necessitatem pristinae,   20
quondam docendi munere astrictum gravi
  Iculisma cum te absconderet,
et invidebam devio ac solo loco
  opus Camenarum tegi.
at nunc, frequentes atque claros nec procul   25
  cum floreas inter viros
tibique nostras ventus auras deferat
  auresque sermo verberet,
cur me supino pectoris fastu tumens
  spernis poetam consulem,   30

11   *Z* (= *CKMT*)   Ausonius Tetradio *M*, Ausonius Tetradio sal. plu. di. *C*, Ausonius
Tetradio sal. d. *K*, Ausonius Tetradio sal. *T*   1 venustos *codd.*, vetustos *L. Mueller*
3 ne sit *C*, nescit *KMT*   15 ut tigris *ed. pr.*, tigris *codd.*, tigridis *ego dub.*   21 astrictum
Scal., adstrictu *MT*, adstrictus *CK*   22 Iculisma cum *Scal.*, iculis nacum *CT*, eculisna cum
KM (tum *K*)   25 nunc *Avant.*, non *codd.*

tuique amantem teque mirantem ac tua
    desiderantem carmina
oblitus alto neglegis fastidio,
    plectendus exemplo tuo
ni stabilis aevo pectoris nostri fides   35
    quamquam recusantes amet?
vale. valere si voles me, pervola
    cum scrinio et musis tuis.

12. *Ausonius Symmacho*

Modo intellego quam mellea res sit oratio, quam delenifica et quam
suada facundia. persuasisti mihi quod epistulae meae apud Capuam
tibi redditae concinnatio inhumana non esset, sed hoc non diutius
quam dum epistulam tuam legi, quae me blanditiis inhiantem tuis velut
suco nectaris delibuta perducit. ubi vero chartulam pono et me ipsum 5
interrogo, tum apsinthium meum resipit et circumlita melle tuo pocula
deprehendo. si vero, id quod saepe facio, ad epistulam tuam redii,
rursus illicior; et rursum ille suavissimus, ille floridus tui sermonis
afflatus deposita lectione vanescit et testimonii pondus prohibet inesse
dulcedini. hoc me velut aerius bratteae fucus aut picta nebula non 10
longius quam dum videtur oblectat, chamaeleontis bestiolae vice, quae
de subiectis sumit colorem. aliud sentio ex epistula tua, aliud ex
conscientia mea. et tu me audes facundissimorum hominum laude
dignari? tu, inquam, mihi ista, qui te ultra emendationem omnium
protulisti? aut quisquam ita nitet ut comparatus tibi non sordeat? quis 15
ita ad Aesopi venustatem, quis sophisticas Isocratis conclusiones, quis
ita ad enthymemata Demosthenis aut opulentiam Tullianam aut
proprietatem nostri Maronis accedat? quis ita affectet singula ut tu
imples omnia? quid enim aliud es quam ex omni bonarum artium
ingenio collecta perfectio? haec, domine mi fili Symmache, non vereor 20
ne in te blandius dicta videantur esse quam verius. et expertus es fidem

37–8 me pervola cum scrinto *CM* (scrineo *C*), ad me pervola cum rescripto *T* (re- *in ras.?*), ad
me parvola cum scripto *K*

12   *VPH et* πρσ (*codd. Symmachi, quos in commentario nominavi*)   Ausonius Symmacho
*VP*ρ, Ausonius Symmacho suo salutem *H, om.* π   1 et *om.* ρ   3 inhumana *PH*σ,
humana *V*   5 ubi *VPH*, tibi σ   vero *H*σ, enim *V*, non *P*   6 resipit *VPH*π, respicio ρ
8 illicior et rursum *VPH*, illicio retrorsum σ   floridus *codd.*, floridissimus *Scal.*
14 omnium *PH*σ, hominum *V*   15 aut quisquam σ, quisquamne *V*, ut quisquam *PH*, an
quisquam ρ, haut quisquam *Schott*   16 ad *om. VPH*π   quis (sophisticas) *VPH*π, quis ad ρ
17 ita *om. VPH*

meam mentis atque dictorum, dum in comitatu degimus ambo aevo
dispari, ubi tu veteris militiae praemia tiro meruisti, ego tirocinium iam
veteranus exercui. in comitatu tibi verus fui, nedum me peregre
25 existimes composita fabulari; in comitatu, inquam, qui frontes hominum aperit, mentes tegit, me tibi et parentem et amicum et, si quid
utroque carius est, cariorem fuisse sensisti.

   sed abeamus ab his, ne istaec commemoratio ad illam Sosiae
formidinem videatur accedere. illud, quod paene praeterii, qua affecta-
30 tione addidisti, ut ad te didascalicum aliquod opusculum aut sermonem protrepticum mitterem? ego te docebo, docendus adhuc si essem
id aetatis ut discerem? aut ego te vegetum atque alacrem commonebo?
eadem opera et Musas hortabor ut canant, et maria ut effluant et auras
ut vigeant et ignes ut caleant admonebo et, si quid invitis quoque nobis
35 natura fit, superfluus instigator agitabo. sat est unius erroris, quod
aliquid meorum me paenitente vulgatum est, quod bona fortuna in
manus amicorum incidit. nam si contra id evenisset, nec tu mihi
persuaderes placere me posse.

   haec ad litteras tuas responsa sint. cetera quae noscere aves
40 compendi faciam; sic quoque iam longa est epistula. Iulianum tamen
familiarem domus vestrae, si quid de nobis percontandum arbitraris,
allego: simul admoneo, ut, cum causam adventus eius agnoveris, iuves
studium quod ex parte fovisti. vale.

13. *Ausonius Theoni*

Ausonius, cuius ferulam nunc sceptra verentur,
   paganum Medulis iubeo salvere Theonem.
      quid geris extremis positus telluris in oris,
      cultor harenarum vates, cui litus arandum
      Oceani finem iuxta solemque cadentem,   5
      vilis harundineis cohibet quem pergula tectis
      et tingit piceo lacrimosa colonica fumo?
   quid rerum Musaeque gerunt et cantor Apollo—
      Musae non Helicone satae nec fonte caballi,

---

22 dum *VPH*π, cum ρ   24 peregre *PH*σ, peregrem *V*   26 me tibi σ, ibi me *VPH*
29 quod *VPH*σ, quoque quod ρ   32 vegetum *VPH*σ, vegetatum ρ   33 maria ut effluant
VPH, mare ut effluat σ   35 fit *VPH*, sit σ   sat *VPH*, satis σ   37 id *om.* σ
39 noscere *PH*σ, nos *V*   aves *Vin.*, habes *codd.*

   13   *VZ* (*Z* = *CKLT*)   Ausonius Theoni *VKL*, Ausonius Theoni sal. pl. di. *CT*
2 medulis *V*, e medulis *Z*

sed quae facundo de pectore Clementini   10
inspirant vacuos aliena mente poetas,
iure quidem: nam quis malit sua carmina dici,
qui te securo possit proscindere risu?
haec quoque ne nostrum possint urgere pudorem,
tu recita; et vere poterunt tua dicta videri.   15
    quam tamen exerces Medulorum in litore vitam?
mercatusne agitas, leviore nomismate captans
insanis quod mox pretiis gravis auctio vendat?
albentis sevi globulos et pinguia cerae
pondera Naryciamque picem scissamque papyrum   20
fumantesque olidum, paganica lumina, taedas?
    an maiora gerens tota regione vagantes
persequeris fures, qui te postrema timentes
in partem praedamque vocent? tu mitis et osor
sanguinis humani condonas crimina nummis   25
erroremque vocas pretiumque imponis abactis
bubus et in partem scelerum de iudice transis?
    an cum fratre vagos dumeta per avia cervos
circumdas maculis et multa indagine pinnae?
aut spumantis apri cursum clamoribus urges   30
subsidisque ferum? moneo tamen usque recuses
stringere fulmineo venabula comminus hosti.
exemplum de fratre time, qui veste recincta
ostentat foedas prope turpia membra lacunas
perfossasque nates vicino podice nudat;   35
inde ostentator volitat, mirentur ut ipsum
Gedippa Ursinusque suus prolesque Iovini
Taurinusque ipsum priscis heroibus aequans,
qualis in Olenio victor Calydonius apro
aut Cromyoneo pubes fuit Attica monstro.   40
sed tu parce feris venatibus et fuge nota
crimina silvarum, ne sis Cinyreia proles
accedasque iterum Veneri plorandus Adonis.
sic certe crinem flavus niveusque lacertos

---

10 facundo *codd.*, fecundo *Avant.*   17 leviore numismate *Z*, lebiora nomismata *V*
18 auctio *Z*, actio *V*   19 albentis *Z*, albentes *V*   25 crimina *V*, praemia *Z*
27 bubus *VKL*, bobus *CT*   29 maculis *Z*, oculis *V*   31 ferum *ego*, fero *codd.* (ferro *K*)
33 veste recincta *Heins.*, vester eiuncta *V*, veste reducta *Z*   38 ipsum *codd.*, illum *ego dub.*
40 Cromyoneo *Peip.*, Erymantheo *VZ*   44 niveusque *C in ras.? L*, niveosque *VKT*

caesariem rutilam per candida colla refundis;   45
pectore sic tenero, plana sic iunceus alvo,
per teretes feminum gyros surasque nitentes
descendis, talos a vertice pulcher ad imos;
qualis floricoma quondam populator in Aetna
virgineas inter choreas Deoida raptam   50
sustulit emersus Stygiis fornacibus Orcus.

    an, quia venatus ob tanta pericula vitas,
piscandi traheris studio? nam tota supellex
Dumnotoni tales solita est ostendere gazas,
nodosas vestes animantum Nerinorum   55
et iacula et fundas et nomina vilica lini
colaque et insutos terrenis vermibus hamos.
his opibus confise tumes? domus omnis abundat
litoreis dives spoliis. referuntur ab unda
corroco, letalis trygon mollesque platessae,   60
urentes thynni et male tecti spina ligatri
nec duraturi post bina trihoria corvi.

    an te carminibus iuvat incestare canoras
Mnemosynes natas, aut tres aut octo sorores?
et quoniam huc ventum, si vis agnoscere quid sit   65
inter doctrinam deridendasque Camenas,
accipe congestas, mysteria frivola, nugas,
quas tamen explicitis nequeas deprendere chartis,
scillite decies nisi cor purgeris aceto
Anticyramque bibas, Samii Lucumonis acumen.   70

        aut adsit interpres tuus,
        aenigmatum qui cognitor
        fuit meorum, cum tibi
        Cadmi nigellas filias,
        Melonis albam paginam   75
        notasque furvae sepiae
        Cnidiosque nodos prodidit.

---

46 iunceus alvo *CK*, iunc^{t}us ^{in} alvo *V*, iunceris alvo *LT*   49 Aetna *T*, ethna *VCL* (h *sup. lin.*
V), henna *K*   54 Dumnotoni *Jullian*, Dumnitoni *V*, Dumnotini *Z*   56 nomina *codd.*,
nemina *Housman*   vilica lini *V*, bellicani *Z*, vilica lina *Peip.*   57 colaque *VK*, collaque *CLT*
60 letalis *V*, letalisque *Z*   61 ligatri *CT*, ligari *V*, ligatris *K*, ligati *L*   64 tres *V*, tris *Z*
68 deprendere *Z*, dependere *V*   69 *om. Z*   scillite *Scal.*, scillito *V*   nisi *Sch.*, si *V*, ni
Baehrens   cor purgeris *Scal.*, corpus geris *V*   70 anticiramque bibas *Z*, anticipesque vivum
V^{ac}, anticipesque (-etque *in mg.*) tuum *V*^{pc} *ut vid.*, anticyramve bibas *Baehrens*, anticyraeve bibas
Peip.   77 cnidiosque *C*, Gnidiosque *V*, enidiosque *K*, cardiosque *L*, crudosque *T*

nunc adsit et certe, modo
praesul creatus litteris,
enucleabit protinus   80
quod militantes scribimus.

notos fingo tibi poeta versus,
quos scis hendecasyllabos vocari,
sed nescis modulis tribus moveri.
istos composuit Phalaecus olim,   85
qui penthemimeren habent priorem
et post semipedem duos iambos.
sunt quos hexametri creant revulsi,
ut penthemimeres prior locetur,
tum quod bucolice tome relinquit.   90
sunt et quos generat puella Sappho;
quos primus regit hippius secundus,
ut claudat choriambon antibacchus.
sed iam non poteris, Theon, doceri,
nec fas est mihi regio magistro   95
plebeiam numeros docere pulpam.
verum protinus ede quod requiro;
nil quaero nisi quod labris tenetur
et quod non opicae tegunt papyri.
quas si solveris, o poeta, nugas,   100
totam trado tibi simul Vacunam
nec iam post metues ubique dictum:
'hic est ille Theon, poeta falsus,
bonorum mala carminum Laverna.'

14. *Ausonius Theoni*

a

Exspectaveram ut rescriberes ad ea quae dudum ioculariter luseram de
cessatione tua valde impia et mea efflagitatione; cuius rei munus reciprocum quoniam in me colendo fastidisti, inventa inter tineas epistula

---

80 protinus *V*, promptius *Z*   87 *om. Z*   et *post* semipedem *add. ego dub.*   90 quod
Z, quo *V*   94 poteris Theon *Toll.*, poteris te o *V*, potes ostolo *Z* (estolo *K*)   98 labris
Dezeimeris, libris *codd.*   101 totam ... vacunam *Z* (-unnam *CK*), tortam et agnam *V*
104 laverna *Z*, taberna *V*
   14   *V* Ausonius Theoni cum ei triginta ostrea grandia quidem set tam pauca misisset *V*

vetere, quam de ostreis et musculis affectata obscuritate condideram,
5 quae adulescens temere fuderam iam senior retractavi. sed in eundem
modum instaurata est satirica et ridicula concinnatio, saltem ut nunc
respondeas novissimae cantilenae, qui illam noviciam silentio conde-
mnasti.

b

Ostrea Baianis certantia, quae Medulorum
dulcibus in stagnis reflui maris aestus opimat,
accepi, dilecte Theon, numerabile munus.
verum quot fuerint subiecta monosticha signant.
quot ter luctatus cum pollice computat index;   5
Geryones quot erant, decies si multiplicentur;
ter quot erant Phrygii numerata decennia belli;
quotve dies solidi mensis tenet ignicomus sol,
cornibus a primis quot habet vaga Cynthia noctes;
singula percurrit Titan quot signa diebus,   10
quotque annis sublimis agit sua saecula Phaenon;
quot numero annorum Vestalis virgo ministrat,
Dardaniusque nepos regno quot protulit annos;
Priamidae quot erant, si bis deni retrahantur,
bisque viros numeres, qui fata Amphrysia servant;   15
quot genuit fetus Albana sub ilicibus sus,
et quot sunt asses ubi nonaginta trientes,
vel quot habet iunctos Vasatica raeda caballos.

    quod si figuras fabulis adumbratas
    numerumque doctis involutum ambagibus   20
    ignorat alto mens obesa viscere,
    numerare saltem more vulgi ut noveris,
    in se retortas explicabo summulas.

    ter denas puto quinquiesve senas,
    vel bis quinque, dehinc decem decemque,   25
    vel senas quater et bis adde ternas,

---

a. 7 novissimae *Sebis.*, notissimae *V*

b. 4 (*et usque ad* 16) quot *Lugd.*, quod *V*   6 erant *V*, erunt *ego dub.*   8 quotve dies solidi
ego, aut ter ut eolidi *V*, aut iter ut solidi *Heins.*   11 Phaenon *Scal.*, faeton *V*   13 regno
... annos *V*, regnum ... annis *ego*   14, 15 bis *Lugd.*, vis *V*   *post* 14 *lac. Sch.*
18 quot *Lugd.*, quod *V*   21 alto *V*, albo *Heins.*   24 quinquiesve *Toll.*, quinquiesque *V*

septenis quater adde ⟨et⟩ unam et unam,
aut ter quattuor adde bis novenis;   29
duc binas decies semelque denas,   28
octonas quater, hinc duae recedant,   30
binas terdecies, semel quaternas;
et sex adde novem vel octo septem,
aut septem geminis bis octo iunge,
aut—ne sim tibi pluribus molestus—
triginta numero fuere cunctae.   35

iunctus limicolis musculus ostreis
primo composuit fercula prandio,
gratus deliciis nobilium cibus
et sumptu modicus pauperibus focis.
non hic navifrago quaeritur aequore,   40
ut crescat pretium grande periculis;
sed primore vado post refugum mare
algoso legitur litore concolor.
nam testae duplicis conditur in specu,
quae ferventis aquae fota vaporibus   45
carnem lacteoli visceris indicat.
   sed damnosa nimis panditur area.
fac campum replices, Musa, papyrium,
nec iam fissipedis per calami vias
grassetur Cnidiae sulcus harundinis,   50
pingens aridulae subdita paginae
Cadmi filiolis atricoloribus;
aut cunctis pariter versibus oblinat
furvam lacticolor sphongia sepiam.
parcamus vitio Dumnotonae domus,   55
ne sit charta mihi carior ostreis.

27 adde et unam et unam *ego*, adde unum et unum *V*, addito unum et unum *Heins.*, adde unam et unam *Toll.*, adde iam unam et unam *Sch.*, adde et unum et unum *Peip.*   29 *ante* 28 *transp.* *Sch.* binas *Lugd.*, vina *V*   30 octonas *Toll.*, octonis *V*   32 adde *Lugd.*, ate *V* 33 bis *Lugd.*, qui *V*   45 quae *Lugd.*, qui *V*   48 replices *Goropius*, replice *V* 50 Cnidiae *ego*, Gnidiae *V*   54 furvam *Vin.*, fulvam *V*   55 Dumnotonae *ego*, Dumnotoni *Jullian*, dumnotinae *V*

15. *Ausonius Theoni*

Ausonius 'salve' caro mihi dico Theoni,
    versibus expediens quod volo quodve queror.
tertia fissipedes renovavit Luna iuvencas,
    ut fugitas nostram, dulcis amice, domum.
nonaginta dies sine te, carissime, traxi;   5
    huc adde aestivos: hoc mihi paene duplum est.
vis novies denos dicam deciesque novenos
    isse dies? anni portio quarta abiit.
sexaginta horas super et duo milia centum
    te sine consumpsi, quo sine et hora gravis.   10
milia bis nongenta iubet dimensio legum
    annumerata reos per tot obire dies:
iam potui Romam pedes ire pedesque reverti
    ex quo te dirimunt milia pauca mihi.
scirpea Dumnotoni tanti est habitatio vati?   15
    Pauliacos tanti non mihi villa foret.
an quia per tabulam dicto pangente notatam
    debita summa mihi est, ne repetamus, abes?
bis septem rutilos, regale nomisma, Philippos,
    ne tanti fuerint, perdere malo, Theon,   20
implicitum quam te nostris interne medullis
    defore tam longi temporis in spatio.
ergo aut praedictos iam nunc rescribe Darios
    et redime, ut mora sit libera desidiae,
aut alios a me totidem dabo, dummodo cari   25
    conspicer ora viri, pauperis usque licet.
puppe citus propera sinuosaque lintea veli
    pande; Medullini te feret aura noti
expositum subter paradas lectoque iacentem,
    corporis ut tanti non moveatur onus.   30
unus Dumnotoni te litore perferet aestus
    Condatem ad portum, si modo deproperes,

---

15 *V*   Ausonius Theoni *V*   2 expediens *Heins.*, experiens *V*   7 vis *Vin.*, bis *V*   10 hora *V*, una *Reeve*   11 nongenta *Pith.*, nonaginta *V*   dimensio *Sch.*, demensio *V*   15 Dumnotoni *Jullian*, Domnotoni *Scal.*, domnotonis *V*   17 tabulam dicto pangente notatam *Peip.*, tabula medica pugna notatam *V*, tabulam digito pugnante notatam *Toll.*, tabulam digito pangente notatam *Sch.*, tabulam quo medica pugna notata est *La V. de Mirmont*   20 ne *Pith.*, nec *V*   23 Darios *Pith.*, tarios *V*   25 alios *Pith.*, abos *V*

inque vicem veli, quotiens tua flamina cessant,
remipedem iubeas protinus ire ratem.
invenies praesto subiuncta petorrita mulis;   35
villa Lucani- mox potieris -aco.
rescisso disces componere nomine versum;
Lucili vatis sic imitator eris.

16. *Ausonius consul vatem resaluto Theonem*

Aurea mala, Theon, sed plumbea carmina mittis;
unius massae quis putet has species?
unum nomen utrisque, sed est discrimen utrisque:
poma ut mala voces, carmina vero mala.
vale, beatus nomen a divis Theon,   5
metoche sed ista saepe currentem indicat.

17. *Ausonius Pontio Paulino*

Condiderat iam solis equos Tartesia Calpe
stridebatque freto Titanius ignis Hibero;
iam succedentes quatiebat luna iuvencas,
vinceret ut tenebras radiis velut aemula fratris;
iam volucres hominumque genus superabile curis   5
mulcebant placidi tranquilla oblivia somni;
transierant idus, medius suprema December
tempora venturo properabat iungere Iano,
et nonas decimas ab se nox longa kalendas
iugiter acciri celebranda ad festa iubebat.   10

nescis, puto, quid velim tot versibus dicere. medius fidius neque ipse
bene intellego; tamen suspicor. iam prima nox erat ante diem nonum
decimum kal. Ian. cum redditae sunt mihi litterae tuae oppido quam

---

33 veli *Heins.*, venti *V*   tua *V*, tibi *Sch.*   37 disces *Heins.*, disce *V*   38 Lucili *Toll.*, Lucilii *V*

16 *V*   3 utrisque *Vin.*, utriusque *V*   utrisque *Heins.*, utrique *V in ras.*   5 beatus *V*, beatis *Scal.*   6 metoche *Vin.*, metodus *V*, μετοχή *Auratus*   currentem *Pulm.*, currente *V*

17   *Z* (= *CKMT*)   Ausonius Pontio Paulino cum ille misisset poematium versibus plurimis de regibus ex Tranquillo collectis *Z*   1 Tartesia *Vin.*, tartasia *CKM*, cartasia *T*   equos *T, om. CKM*   2 Titanius ignis *Hilberg*, Titan insignis *codd.*, Titan inclinis *Heins.*, Titan iam segnis *Peip.*   10 iubebat *CKM*, vocabant *T*   11 ipse *CKM*, ego *T*   12 erat *om. T*

litteratae. his longe iucundissimum poema subdideras, quod de tribus
15 Suetonii libris, quos ille de regibus dedit, in epitomen coegisti tanta
elegantia, solus ut mihi videare assecutus, quod contra rerum naturam
est, brevitas ut obscura non esset. in his versibus ego ista collegi:

> Europamque Asiamque, duo vel maxima terrae
> membra, quibus Libyam dubie Sallustius addit
> Europae adiunctam, possit cum tertia dici,   20
> regnatas multis, quos fama oblitterat et quos
> barbara Romanae non tradunt nomina linguae . . .

> Illibanum Numidamque Avelim Parthumque Vononem
> et Caranum, Pellaea dedit qui nomina regum,
> quique magos docuit mysteria vana Nechepsos,   25
> et qui regnavit sine nomine mox Sesoostris.

haec tu quam perite et concinne, quam modulate et dulciter, ita iuxta
naturam Romanorum accentuum enuntiasti ut tamen veris et primigeniis vocibus sua fastigia non perirent! iam quid de eloquentia dicam?
30 liquido adiurare possum nullum tibi ad poeticam facundiam Romanae
iuventutis aequari. certe ita mihi videris. si erro, pater sum, fer me et
noli exigere iudicium obstante pietate. verum ego cum pie diligam,
sincere ac severe iudico. affice me, oro, tali munere frequenter, quo et
oblector et honoror.

35   accessit tibi ad artem poeticam mellea adulatio. quid enim aliud
agunt

> audax Icario qui fecit nomina ponto
> et qui Chalcidicas moderate enavit ad arces,

nisi ut tu vegetam et sublimem alacritatem tuam temeritatem voces, me
40 vero, et consultum et quem filius debeat imitari, salutari prudentia
praeditum dicas? quod equidem contra est. nam tu summa sic appetis
ut non decidas; senectus mea satis habet si consistat.

haec ad te breviter et ilico vesperis illius secuto mane dictavi. ita
enim tabellarius tuus ut epistulam referret instabat. nam si mihi otium
45 fuerit oblectabile negotium erit ad te prolixius delirare, te ut eliciam,
mihi ut satisfaciam. vale.

14–15 quod de tribus . . . in epitomen coegisti *codd.*, quo de tribus . . . epitomen coegisti *Reifferscheid*   15 de *T, om. CKM*   17 collegi *T*, cognovi *CKM*   20 possit *CKM*, posset *T*
25 Nechepsos *Sch.*, nechepsi *codd.*   26 mox Sesoostris *CM*, mox Sesostris *K*, moxque Sesostris *T*   28–9 primigeniis *ed. Par. 1513*, primigenis *codd.*   31 videris *K*, videri *CMT*
33 ac *CM*, et *KT*   38 arces *Acc.*, arctos *T*, arcthos *CKM*   43 haec *KMT*, hoc *C*
secuto *suspectum habeo*   46 vale *om. C*

18

Paulino Ausonius: metrum sic suasit ut esses
  tu prior et nomen praegrederere meum;
quamquam et fastorum titulo prior et tua Romae
  praecessit nostrum sella curulis ebur,
et, quae iam dudum tibi palma poetica pollet,   5
  lemnisco ornata est, quo mea palma caret.
longaevae tantum superamus honore senectae.
  quid refert? cornix non ideo ante cycnum,
nec quia mille annos vivit Gangeticus ales
  vincit centum oculos, regie pavo, tuos.   10
cedimus ingenio, quantum praecedimus aevo;
  assurgit Musae nostra Camena tuae.
vive, vale et totidem venturos congere Ianos
  quot tuus aut noster conseruere patres.

19. *Ausonius Paulino*

a

Quanto me affecit beneficio non delata equidem, sed suscepta
querimonia mea, Pauline fili! veritus displicuisse oleum quod miseras,
munus iterasti; addito etiam Barcinonensis muriae condimento
cumulatius praestitisti. scis autem me id nomen muriae, quod in usu
vulgi est, nec solere nec posse dicere, cum scientissimi veterum et 5
Graeca vocabula fastidientes Latinum in gari appellatione non
habeant. sed ego, quocumque nomine liquor iste sociorum vocatur,

  iam patinas implebo meas, ut parcior ille
  maiorum mensis apalaria sucus inundet.

quid autem tam amabile tamque hospitale quam quod tu, ut me 10
participes, delicias tuas in ipsa primitiarum novitate defrudas? o melle

---

18 *Z* (= *CKLT*)   *titulum del. ego:* Ausonius Paulino *KL*, Ausonius Paulino sal. pl.
di(cit) *CT*   10 pavo *CKL*, pave *T*   13 congere *codd.*, consere *Gron.*
  19 *Z* (= *CKMT*)   Ausonius Paulino *KM*, Ausonius Paulino suo sal. pl. d. *CT*
  a. 1 delata equidem *Sch.*, delata quidem *C*, delate quidem *KM*, delate *T*   2 querimonia
mea *CM*, mea querimonia *KT*   5 scientissimi *CKM*, scientissum *T*   6 in gari *CM* (*C in
ras.?*), ignari *KT*   8 partior *C ut vid. K*, pacior *M*, pertior *T*   9 apalaria *CM*, appallaria
K, appalaria *T*, appIaria *Scal.*   10 quid *ed. Par. 1511*, quod *codd.*   hospitale *CKM*, hospita-
bile *T*   ut *CK, om. MT*

dulcior, o Gratiarum venustate festivior, o ab omnibus patrio strin-
gende complexu! sed hoc atque alia huiusmodi documenta liberalis
animi aliquis fortasse et aliquando, quamvis rarus; illud de epistu-
15 larum tuarum eruditione, de poematis iucunditate, de inventione et
concinnatione, iuro omnia nulli umquam imitabile futurum, etsi
fateatur imitandum. de quo opusculo, ut iubes, faciam: exquisitim
universa limabo et quamvis per te manus summa contigerit, caelum
superfluae expolitionis adhibebo, magis ut tibi paream quam ut
20 perfectis aliquid adiciam. interea tamen, ne sine corollario poetico
tabellarius tuus rediret, paucis iambicis praeludendum putavi, dum
illud quod a me heroico metro desideras incohatur. isti tamen—ita te et
Hesperium salvos habeam, quod spatio lucubratiunculae unius effusi
(quamquam hoc ipsi de se probabunt)—tamen nihil diligentiae
25 ulterioris habuerunt. vale.

b

Iambe, Parthis et Cydonum spiculis,
iambe, pinnis alitum velocior,
Padi ruentis impetu torrentior,
magna sonorae grandinis vi densior,
flammis corusci fulgoris vibratior,   5
iam nunc per auras Persei talaribus
petasoque ditis Arcados vectus vola.
si vera fama est Hippocrenes, quam pedis
pulsu citatam cornipes fudit fremens,
tu, fonte in ipso procreatus Pegasi,   10
primus novorum metra iunxisti pedum
sociisque Musis concinentibus novem
caedem in draconis concitasti Delium.
fer hanc salutem praepes et volucripes
Paulini ad usque moenia, Ebromagum loquor,   15
et protinus, iam si resumptis viribus
alacri refecti corporis motu viget,

13 hoc *KMT*, hec *C*   14 aliquis ... rarus *codd.*, aliquis ... rarius *Lugd.*, alicui ... rarius
Toll.   *post* fortasse imitabitur *add. Sch.*, asseret *Brakman*   17 exquisitim *T*, exquisitum *K*,
exquisitius *CM*   23 quod spacio *C*, quod spacium *KT*, quo spatio *M*
b. 1 Cidonum *Avant.*, sinodum *codd.*   4 magna *C*, magnum *KMT*   5 fulgoris *CM*,
fulminis *T*, fluminis *K*   7 vectus *CT*, vetus *M*, velotius *K*   8 Hippocrenes *Williams*,
Hyppocrene *codd.*   12 sociisque *ego*, hicque *KT*, hic *M*, hic quod *C*, illicque *Scal.*, idemque
Baehrens, iisque *Hartel*, sanctisque *Peip.*   15 Hebromagum *Scal.*, ebromanum *C*, hebroma-
gnum *KM* (ebro- *K*), hebromag^m *T*

salvere iussum mox reposce mutuum.
nihil moreris iamque dum loquor redi,
imitatus illum stirpis auctorem tuae,   20
triplici furentem qui Chimaeram incendio
supervolavit tutus igne proximo.
dic '⟨te⟩ valere', dic, 'salvere te iubet
amicus et vicinus et fautor tuus,
honoris auctor, altor ingenii tui.'   25
dic et 'magister', dic 'parens', dic omnia
blanda atque sancta caritatis nomina,
'ave'que dicto, dic 'vale' et actutum redi.
quod si rogabit, quid super scriptis novis
maturus aevi nec rudis diiudicem,   30
nescire dices, sed paratum iam fore
heroicorum versuum plenum essedum.
cui subiugabo de molarum ambagibus,
qui machinali saxa volvunt pondere,
tripedes caballos terga ruptos verbere,   35
his ut vehantur tres sodales nuntii.
fors et rogabit, quos sodales dixeris
simul venire: dic 'trinodem dactylum
vidi paratum crucianti cantherio;
spondeus illi lentipes ibat comes,   40
paribus moratur qui locis cursum meum,
mihique similis, semper adversus tamen,
nec par nec impar, qui trochaeus dicitur.'
haec fare cursim nec moratus pervola,
aliquid reportans interim munusculi   45
de largitate musici promptarii.

20. *Ausonius Paulino*

a

Multas et frequentes mihi gratiae tuae causas et occasio subinde nata
concinnat et naturae tuae facilitas benigna conciliat, Pauline fili. nam

22 tutus *ed. pr.*, totus *codd.*   23 te *ante* valere *add. Sch.*, multum *ante* iubet *Leo* valere *in*
celere *mutato*   28 et actutum *codd.*, actutum et *L. Mueller*, actutum *Sch. dub.*
   20   *Z* (= *CKMT*)   Ausonius Paulino *M*, Ausonius Paulino sal. *K*, Ausonius Paulino
suo sal. pl. dic. *CT*
   a. 2 concinnat et *Avant.*, concinnate *CMT* (-ante *K*)

quia nihil poscente me abnuis, magis acuis procaciam quam retundis,
ut nunc quoque in causa Philonis procuratoris quondam mei experiere,
5 qui apud Ebromagum conditis mercibus quas per agros diversos
coemit, concesso ab hominibus tuis usus hospitio, immature peri-
clitatur expelli. quod nisi indulseris rogante me, ut et mora habitandi
ad commodum suum utatur et nauso aliave qua navi usque ad oppidum
praebita frugis aliquantum nostrae devehi possit, Lucaniacus ut inopia
10 liberetur mature, tota illa familia hominis litterati non ad Tullii
frumentariam sed ad Curculionem Plauti pertinebit. hoc quo facilius
impetrarem aut quo maiorem verereris molestiam si negares, concin-
natam iambis signatamque ad te epistulam misi, ne subornatum diceres
tabellarium si ad te sine signi fide veniret. signavi autem non, ut
15 Plautus ait, 'per ceram et lignum litterasque interpretes', sed per poeti-
cum characterem, ut magis notam inustam quam signum impressum
iudicares.

b

Philon, meis qui vilicatus praediis,
    ut ipse vult, ἐπίτροπος
(nam gloriosum Graeculus nomen putat
    quod sermo fucat Dorius),
suis querellis asserit nostras preces,   5
    quas ipse lentus prosequor.
videbis ipsum, qualis astet comminus,
    imago fortunae suae,
canus comosus hispidus trux atribux,
    Terentianus Phormio,   10
horrens capillis ut marinus asperis
    echinus aut versus mei.
hic saepe falsus messibus vegrandibus,
    nomen perosus vilici,
semente sera sive multum praecoqua,   15
    et siderali inscitia

---

9 devehi *CKM*, advehi *T*   11 curculionem *Vat. Lat. 3152, alii*, culionem *CKMT*
12 verereris *C*, vereris *KT*, verreris *M*   13 iambis *C*, iambi *KMT*   15 lignum *codd.* (lig^m
KT), linum *Plauti codd.*   16 characterem ut magis notam inustam quam *Mommsen*, characterem magis nota minus tamquam *codd.*, characterem magis notam inustam quam *Peip.*

   b. 2 ἐπίτροπος *T*, ἐπιτρωωση *CKM*   9 atribux *Z*, acribux *Peip.*   13–18 *fortasse sic*
transponenda: 13, 16, 15, 18, 17, 14   15 praecoqua *C*, prequoqna *KT*, pre quoqua *M*

caelum lacessens seque culpae subtrahens
  reos peregit caelites.
non cultor instans, non arator gnaruris,
  promusque quam condus magis,   20
terram infidelem nec feracem criminans
  negotiari maluit;
mercatur ⟨in⟩ quoquo foro venalium,
  mutator ad Graecam fidem,
sapiensque supra Graeciae septem viros   25
  octavus accessit σοφός.
et nunc paravit triticum casco sale
  novusque pollet ἔμπορος.
adit inquilinos rura vicos oppida
  soli et sali commercio;   30
acatis phaselis lintribus stlattis †rate†
  Tarnim et Garunnam permeat
ac lucra damnis, damna mutans fraudibus
  se ditat et me pauperat.
is nunc ad usque vectus Ebromagum tuam   35
  sedem locavit mercibus,
ut inde nauso devehat ⟨cibaria⟩
  nostros in usus, ut refert.
hunc ergo paucis ne graveris hospitem

          *   *   *   *   *
                                                               40
adiutus ut mox navis auxilio tuae
  ad usque portus oppidi
iam iam Perusina, iam Saguntina fame
  Lucaniacum liberet.
hoc si impetratum munus abs te accepero,   45
  prior colere quam Ceres;
Triptolemon olim, sive Epimeniden vocant

---

23 mercatur in quoquo foro venalium *Vin.*, mercatur quo foro (ferro *M*) venalium *CKM*, merca-
turque foro venalium *T*, mercaturit quoquo foro venalium *J. C. Scaliger*, mercator quolibet foro
venalium *Peip.*, mercator et quae sunt foro venalium *Leo*   24 mutator *Toll.*, mutatur *codd.*,
mutatus *Sch.*   26 σοφός *ego*, sophos *codd.*   28 ἔμπορος *ego*, emporus *codd.*
31 rate *codd.*, ratibus *ego dub.*, scaphis *anon.*   32 garunnam *CT*, garunnam *KM*   *post* 36
lac. Sch., post 36 *et post* 37 *Scal.*   37 cibaria *add. Peip.*, -ur triticum *Sch. dub.*, sive navi *post* nauso
Scal.   40 *lac. T*   41 adiutus *codd.*, adactus *Peip.*, advectus *Baehrens*, adlatus *Sch.*
43 Perusina iam *Baehrens*, peresam iam *CK*, pares samiam *M*, peresaniam *T*, Perusina et *Avant.*
47 sive Epimenidem *Schott*, sive meden (medem *T*) quem *codd.*

aut viliconem Buzygen,
tuo locabo postferendos numini:
nam munus hoc fiet tuum.   50

21. *Ad Paulinum*

Quarta tibi haec notos detexit epistula questus,
Pauline, et blando residem sermone lacessit;
officium sed nulla pium mihi pagina reddit,
fausta salutigeris ascribens orsa libellis.
unde istam meruit non felix charta repulsam,   5
spernit tam longo cessatio quam tua fastu?
hostis ab hoste tamen per barbara verba salutem
accipit et 'salve' mediis intervenit armis.
respondent et saxa homini, et percussus ab antris
sermo redit, redit et nemorum vocalis imago.   10
litorei clamant scopuli, dant murmura rivi,
Hyblaeis apibus saepes depasta susurrat.
est et harundineis modulatio musica ripis
cumque suis loquitur tremulum coma pinea ventis,
incubuit foliis quotiens levis eurus acutis.   15
nil mutum natura dedit. non aeris ales   17
quadrupedesve silent, habet et sua sibila serpens   18
et pecus aequoreum tenui vice vocis anhelat.   19
Dindyma Gargarico respondent cantica luco;   16
cymbala dant flictu sonitum, dant pulpita saltu   20
icta pedum, tentis reboant cava tympana tergis;
Isiacos agitant Mareotica sistra tumultus;
nec Dodonaei cessat tinnitus aeni,
in numerum quotiens radiis ferientibus ictae
respondent dociles moderato verbere pelves.   25

---

48 viliconem *ego*, Tullianum *codd.*, viliconum *Peip.*   Buzygen *Avant.*, buzirem *T*, buzizen *CM*,
burirem *K*   49 numini *Baehrens*, nomini *codd.*
  21   *VNPSA*   Cum Pontius Paulinus iunior quartis iam litteris non respondisset, sic ad
eum scriptum est *V*, incipit Ausoni ad Paulinum *N*, incipit alia eiusdem ad eundem *P*, incipiunt
versus Ausoni ad Paulinum *SA*   4 ascribens *VP*, rescribens *S*, et scribens *NA*   6 cessatio quam tua *VNPS*, tua quam cessatio *A*   9 homini et percussus *VNP*, homini percussus
SA   12 Hyblaeis apibus saepes depasta susurrat *VP*, somniferumque canit saepes depasta
susurrum *NSA*   14 cumque suis loquitur tremulum coma *VP*, atque arguta suis loquitur
coma *NSA*   16 post 19 *transp. ego*   Dindyma Gargarico *VP*, Dindymaque ideo *NSA*
(-quae *S*, ido *A*)   22 isiacos *VP*, isiacosque *NSA* (isac- *S*)   25 moderato *NPSA*, modulato *V*

tu velut Oebaliis habites taciturnus Amyclis
aut tua Sigalion Aegyptius oscula signet,
obnixum, Pauline, taces. agnosco pudorem,
quod vitium fovet ipsa suum cessatio iugis.
dumque pudet tacuisse diu, placet officiorum   30
non servare vices, et amant longa otia culpam.
    quis prohibet 'salve' atque 'vale' brevitate parata
scribere felicesque notas mandare libellis?
non ego longinquos ut texat pagina versus
postulo multiplicique oneret sermone tabellas.   35
una fuit tantum, qua respondere Lacones,
littera, et irato regi placuere negantes.
est etenim comis brevitas. sic fama renatum
Pythagoram docuisse refert: cum multa loquaces
ambiguis sererent verbis, contra omnia solum   40
'est' respondebat vel 'non'. o certa loquendi
regula! nam brevius nihil est et plenius istis,
quae firmata probant aut infirmata relidunt.
nemo silens placuit, multi brevitate loquendi.
    verum ego quo stulte dudum spatiosa locutus   45
provehor? ut diversa sibi vicinaque culpa est!
multa loquens et cuncta silens non ambo placemus;
nec possum reticere, iugum quod libera numquam
fert pietas nec amat blandis postponere verum.
vertisti, Pauline, tuos, dulcissime, mores: 50
Vasconei saltus et ninguida Pyrenaei
hospitia et nostri facit hoc oblivio caeli.
imprecer ex merito quid non tibi, Hiberia tellus?
te populent Poeni, te perfidus Hannibal urat,
te belli sedem repetat Sertorius exul.   55
ergo meum patriaeque decus columenque senati
Birbilis aut haerens scopulis Calagurris habebit
aut quae deiectis iuga per scruposa ruinis
arida torrentem Sicorim despectat Ilerda?
hic trabeam, Pauline, tuam Latiamque curulem   60
constituis patriosque istic sepelibis honores?

---

28 agnosco *VPNS*, cognosco *A*   31 culpam *codd.*, culpae *Brandes*   33 felicesque
VNP, felicisque *SA*   35 oneret *codd.*, oneres *Scal.*   49 postponere *VP*, deponere *NA*,
disponere *S*ᵖᶜ, quod ponere *S*ᵃᶜ   51 vasconei saltus *N*, vasconis hoc saltus *VSA*, vascones
hoc saltus *P*   53 ex *VNPS*, et *A*   56 senati *NPA*, senatus *VS*

quis tamen iste tibi tam longa silentia suasit?
impius ut nullos hic vocem vertat in usus;
gaudia non illum vegetent, non dulcia vatum
carmina, non blandae modulatio flexa querellae;   65
non fera, non illum pecudes, non mulceat ales,
non quae pastorum nemoralibus abdita lucis
solatur nostras echo resecuta loquellas;
tristis, egens, deserta colat tacitusque pererret
Alpini convexa iugi, ceu dicitur olim   70
mentis inops coetus hominum et vestigia vitans
avia perlustrasse vagus loca Bellerophontes.
haec precor, hanc vocem, Boeotia numina, Musae,
accipite et Latiis vatem revocate Camenis.

22. *Ad Paulinum*

Proxima quae nostrae fuerat querimonia chartae
credideram quod te, Pauline, inflectere posset
eliceretque tuam blanda obiurgatio vocem.
sed tu, iuratis velut alta silentia sacris
devotus teneas, perstas in lege tacendi.   5
non licet? anne pudet, si quis tibi iure paterno
vivat amicus adhuc, maneasque obnoxius heres?
ignavos agitet talis timor; at tibi nullus
sit metus et morem missae acceptaeque salutis
audacter retine. vel si tibi proditor instat   10
aut quaesitoris gravior censura timetur,
occurre ingenio, quo saepe occulta teguntur.
Threicii quondam quam saeva licentia regis
fecerat elinguem, per licia texta querellas
edidit et tacitis mandavit crimina telis.   15
et pudibunda suos malo commisit amores

---

62 iste *VNPA*, ista *S*   68 nostras echo (etho *P*) resecuta loquelas *VP*, nostras et ore secuta
loquelas *S*, nostra setore secuta loquelas *A*, tacitas defixo in pectore curas *N*   69 colat *VPSA*,
colas *N*   70 alpini convexa iugi *NSA*, alpinis conexa (conn- *P*) iugis *VP*   73 numina
VN, nomina *PSA*

22   *VNPHSA*   Item ad eundem Pontium Paulinum epistula subinde scripta *V*, item
Ausonii ad Paulinum *N*, epistola decii magni Ausonii ad Paulinum *P*, epistola eiusdem metrica ad
Paulinum Presbyterum nondum Episcopum *H*, incipiunt Ausonii ad Paulinum *SA*   3 tuam
... vocem *VPH*, tuas ... musas *NSA*   7 heres *VNPH*, aeris *S*, eris *A*   8 at *N*, ac
VPHSA

virgo nec erubuit tacituro conscia pomo.
depressis scrobibus vitium regale minister
credidit idque diu texit fidissima tellus;
inspirata dehinc vento cantavit harundo.   20
lacte incide notas: arescens charta tenebit
semper inaspicuas, prodentur scripta favillis.
vel Lacedaemoniam scytalen imitare, libelli
segmina Pergamei tereti circumdata ligno
perpetuo inscribens versu, qui deinde solutus   25
non respondentes sparso dabit ordine formas
donec consimilis ligni replicetur in orbem.
innumeras possum celandi ostendere formas
et clandestinas veterum reserare loquellas,
si prodi, Pauline, times nostraeque vereris   30
crimen amicitiae. Tanaquil tua nesciat istud;
tu contemne alios nec dedignare parentem
affari verbis. ego sum tuus altor et ille
praeceptor primus, primus largitor honorum,
primus in Aonidum qui te collegia duxi.   35

23. Ad Paulinum

Discutimus, Pauline, iugum, quod certa fovebat
temperies, leve quod positu et tolerabile iunctis
tractabat paribus concordia mitis habenis,
quod per tam longam seriem redeuntibus annis
fabula non umquam, numquam querimonia movit,   5
discutimus, sed tu tantum reus; ast ego semper
contenta cervice feram. consorte laborum
destituor, nec tam promptum gestata duobus
deficiente alio solum perferre iugalem;

---

17 tacituro *VNH*^{pc}*S*, tacitura *PH*^{ac}, taciturno *A*   19 idque *VNPH*, atque *SA*
21 incide *VNHS*, incides *P*, incido *A*   22 inaspicuas *NSA*, inaspicuis *VPH* (-ausp- *PH*)
favillis *VPH*, favilli *N*, favillas *SA*   25 deinde solutus *VP*, deinde solutis *N*, dein solutus *H*,
dum resolutus *SA*   33 altor *VSA*, auctor *NPH*   34 primus primus *NSA*, primus
veterum *V*, primus *P*, primusque tibi *H*

   23   (*VPH*) *NSA* (*om.* 1–22 *N*)   *lectiones codicum VPH quae ad Ep.* 24 *potius spectant uncis*
inclusi   item Ausoni ad Paulinum *SA*   1 certa *SA*, (nota *VPH*)   2 positu *S*, possit
A, positum *VPH*   et *om. A*   tolerabile *SA*, (venerabile *VPH*)   iunctis *VP*, cunctis *H*, vinctis
SA   4 redeuntibus *SA*, (volventibus *VPH*)   5 *aliter VPH*   6 *aliter VPH* (= 24. 19–
20)   8 tam *codd.*, iam *Heins.*   gestata *V*, gesta *PH*, testata *SA*   9 *aliter VPH* (= 24. 23)

non animus viresque labant, sed iniqua ferendo   10
condicio est oneri, cum munus utrumque relicto
ingruit acceduntque alienae pondera librae.
sic pars aegra hominis trahit ad contagia sanum
corpus et exigui quamvis discrimine membri
tota per innumeros artus compago vacillat.   15
obruar usque tamen, veteris ne desit amici
me durante fides memorique ut fixa sub aevo
restituant profugum solacia cassa sodalem.
impie, Pirithoo disiungere Thesea posses
Euryalumque suo socium secernere Niso;   20
te suadente fugam Pylades liquisset Oresten
nec custodisset Siculus vadimonia Damon.
agnoscisne tuam, Ponti dulcissime, culpam?
nam mihi certa fides nec commutabilis umquam
Paulini illius veteris reverentia durat   25
quaeque meoque tuoque fuit concordia patri;
si tendi facilis cuiquam fuit arcus Ulixi
aut praeter dominum vibrabilis ornus Achilli,
nos quoque tam longo mens altera foedere solvet.
      sed cur tam maesto sero tristia carmina versu   30
et non in meliora animus se vota propinquat?
sit procul iste metus: certa est fiducia nobis,
si genitor natusque dei pia verba volentum
accipiat, nostro reddi te posse precatu,
ne sparsam raptamque domum lacerataque centum   35
per dominos veteris Paulini regna fleamus
teque vagum toto, quam longa Hispania, tractu
immemorem veterum peregrinis fidere amicis.
accurre, o nostrum decus, o mea maxima cura,
votis ominibusque bonis precibusque vocatus;   40
appropera, dum tu iuvenis, dum nostra senectus
servat inexhaustum tibi gratificata vigorem.
      en erit ut nostras hic nuntius excitet aures?
'ecce tuus Paulinus adest! iam ninguida linquit

---

11 cum munus *A*, communis *S*, cum pondus *VPH*   16–22 *nihil tale VPH*   19 posses
Graev., possis *SA*   21 fugam *codd.*, fugax *ego dub.*   23–42 *om. SA*   23 agnoscisne
VN, agnoscesne *PH*   27 Ulixi *NPH*, Ulixei *V*   29 mens altera *N*, Rhamnusia *VPH*
(-am *P*)   31 animus *VN*, animos *PH*   33 volentum *VPH*, voventum *N*   43–52 *om.*
H   43 *aliter VNP* (= 24. 115)   aures *S*, auras *A*

oppida Hiberorum, Tarbellica iam tenet arva;   45
Ebromagi iam tecta subit, iam praedia fratris
vicina ingreditur, iam labitur amne secundo,
iamque in conspectu est, iam prora obvertitur amni
ingressusque sui celebrata per ostia portus
praevertit cunctos ut te amplectatur amicos,   50
et sua praeteriens iam iam tua limina pulsat!'
credimus, an qui amant ipsi sibi somnia fingunt?

24. *Alia ad eundem*

Discutimus, Pauline, iugum, quod nota fovebat
temperies, leve quod positu et venerabile iunctis
tractabat paribus concordia mitis habenis,
quod per tam longam seriem volventibus annis
nulla querella loco pepulit, non ira nec error,   5
nec quae compositis malesuade credula causis
concinnat veri similes suspicio culpas;
tam placidum, tam mite iugum, quod utrique parentes
ad senium nostri traxere ab origine vitae
impositumque piis heredibus usque manere   10
optarunt dum longa dies dissolveret aevum.
et mansit, dum laeta fides nec cura laborat
officii servare vices, sed sponte feruntur
incustoditum sibi continuantia cursum.
hoc tam mite iugum docili cervice subirent   15
Martis equi stabuloque feri Diomedis abacti
et qui mutatis ignoti Solis habenis
fulmineum Phaethonta Pado mersere iugales.
discutitur, Pauline, tamen, nec culpa duorum
ista, sed unius tantum tua; namque ego semper   20

---

50 *aliter VNP* (= 24. 122)

24 *VPHN* (*om.* 1–94 *N*) (*SA*)   *lectiones codicum SA quae ad Ep. 23 potius spectant uncis inclusi* incipit alia ad eundem cum ille ad alia magis responderet neque se benturum polliceretur *V*, ad Paulinum Ausonius *N*, alia epistola eiusdem ad eundem *P*, alia epistola ad eundem Paulinum *H*   1 nota *VPH*, (certa *SA*)   2 positu *S*, possit *A*, positum *VPH*   et *om. A*   venerabile *VPH*, (tolerabile *SA*)   iunctis *VP*, cunctis *H*, vinctis *SA*   4 volventibus *VPH*, (redeuntibus *SA*)   5 *aliter SA*   6–18 *nihil tale SA*   6 nec quae *H*, nec que *V*, neque *P*   compositis *PH*, compositus *V*   7 similes *Heins.*, similis *VPH*   8 placidum *Avant.*, placitum *VH*, placite *P*   utrique *Graev.*, uterque *VPH*   9 nostri *VP*, nostrum *H*   13 officii *codd.*, officiis *Sh. B.*   17 ignoti *PH*, ignotis *V*   19–20 *aliter SA* (= 23. 6–7)

contenta cervice feram. consorte laborum
destituor, nec tam promptum gestata duobus
unum deficiente pari perferre sodalem;
non animus viresque labant, sed iniqua ferendo
condicio est oneri, cum munus utrumque relicto   25
. ingruit acceduntque alienae pondera librae.
sic pars aegra hominis trahit ad contagia sanum
corpus et exigui quamvis discrimine membri
tota per innumeros artus compago vacillat.
quantum oblectamen populi, quae vota bonorum   30
sperato fraudata bono! gratantia cuncti
verba loquebantur, iam nomina nostra parabant
inserere antiquis aevi melioris amicis.
cedebat Pylades, Phrygii quoque gloria Nisi
iam minor et promissa obiens vadimonia Damon.   35
nos documenta magis felicia, qualia magnus
Scipio longaevique dedit sapientia Laeli;
nos studiis animisque isdem miracula cunctis,
hoc maiora, pares fuimus quod dispare in aevo.
ocius illa iugi fatalis solvere lora   40
Pellaeum potuisse ducem reor, abdita opertis
principiis et utroque caput celantia nodo.
grande aliquod verbum nimirum diximus, ut se
inferret nimiis vindex Rhamnusia votis:
Arsacidae ut quondam regis non laeta triumphis   45
grandia verba premens ultrix dea Medica belli
sistere Cecropidum in terris monumenta paranti
obstitit et Graio iam iam figenda tropaeo
ultro etiam victis Nemesis stetit Attica Persis.
quae tibi Romulidas proceres vexare libido est?   50
in Medos Arabasque tuos per nubila et atrum
perge chaos: Romana procul tibi nomina sunto.
illic quaere alios oppugnatura sodales,
livor ubi iste tuus ferrugineumque venenum
opportuna tuis inimicat pectora fucis;   55
Paulinum Ausoniumque, viros quos sacra Quirini

22 tam *codd.*, iam *Heins.*   gesta *V*, gesta *PH*, testata *SA*   23 *aliter SA* (= 23. 9)
25 cum munus *A*, communis *S*, cum pondus *VPH*   30–114 *nihil tale SA*   39 maiora *PH*,
maiore *V*   43 diximus *Vind. 3261*, duximus *VPH*   46 dea medica *V*, dementica *PH*
47 paranti *Vind. 3261*, parenti *VH*, parent *P*   49 *om. P*

purpura et auratus trabeae velavit amictus,
non decet insidiis peregrinae cedere divae.
    quid queror Eoique insector crimina monstri?
occidui me ripa Tagi, me Punica laedit   60
Barcino, me bimaris iuga ninguida Pyrenaei

*   *   *   *   *

moenibus et patrio forsan quoque vestis et oris

*   *   *   *   *

quemque suo longe dirimat provincia tractu
trans montes solemque alium, trans flumina et urbes
et quod terrarum caelique extenditur inter   65
Emeritensis Anae lataeque fluenta Garunnae.
quod si intervalli spatium tolerabile limes
poneret exiguus (quamvis longa omnia credant
qui simul esse volunt), faceret tamen ipsa propinquos
cura locos, mediis iungens distantia verbis: 70
Santonus ut sibi Burdigalam, mox iungit Aginnum
illa sibi et populos Aquitanica rura colentes,
utque duplex Arelas Alpinae tecta Viennae
Narbonemque pari spatio sibi conserit et mox
quinquiplicem socias tibi, Martie Narbo, Tolosam.   75
hoc mihi si spatium vicinis moenibus esset,
tunc ego te ut nostris aptum complecterer ulnis
afflaretque tuas aures nostrae aura loquellae.
nunc tibi trans Alpes et marmoream Pyrenen
Caesarea est Augusta domus, Tyrrhenica propter   80
Tarraco et ostrifero superaddita Barcino ponto:
me iuga Burdigalae, trino me flumina coetu
secernunt turbis popularibus otiaque inter
vitiferi exercent colles laetumque colonis
uber agri, tum prata virentia, tum nemus umbris   85
mobilibus celebrique frequens ecclesia vico,

61 Barcino *V*, Barcilo *PH*   *lac. ante et post* 62 *Sch.*   63 quemque *VPH*, quaeque *Toll.*,
cumque *Heins.*   suo longe *Toll.*, suae longo *VPH*   66 Emeritensis Anae *Heins.*, emeriten-
ṣịsanae *V*, emeritensane *P*, emeritemsane *H*   garunne *PH* (-une *P*), tarunne *V*   70 cura
PH, cara *V*   locos *ed. Lugd. 1548*, locis *V*, locus *PH*   77 ut nostris aptum *PH*, ut nostris
actum *V*, ut nostris artum *Oudendorp*, nostris tamquam *ego dub.*   80 Caesarea est Augusta
domus *Peip.*, Caesareae Augustae domus *VPH*, Caesareae Augustae domus est *Vin.*   82 me
iuga *VPH*, teriuga *Vin.*   Burdigalae *VH*, Burdigala *P*   83-4 *om. P*   86 celebrique *V*,
celerique *PH*

totque mea in Novaro sibi proxima praedia pago,
dispositis totum vicibus variata per annum,
egelidae ut tepeant hiemes rabidosque per aestus
aspirent tenues frigus subtile Aquilones.   90
te sine sed nullus grata vice provenit annus:
ver pluvium sine flore fugit, Canis aestifer ardet,
nulla autumnales variat Pomona sapores
effusaque hiemem contristat Aquarius unda.
agnoscisne tuam, Ponti dulcissime, culpam?   95
nam mihi certa fides nec commutabilis umquam
Paulini illius veteris reverentia durat
quaeque meoque tuoque fuit concordia patri;
si tendi facilis cuiquam fuit arcus Ulixi
aut praeter dominum vibrabilis ornus Achilli,   100
nos quoque tam longo Rhamnusia foedere solvet.
    sed cur tam maesto sero tristia carmina versu
et non in meliora animus se vota propinquat?
sit procul iste metus: certa est fiducia nobis,
si genitor natusque dei pia verba volentum   105
accipiat, nostro reddi te posse precatu,
ne sparsam raptamque domum lacerataque centum
per dominos veteris Paulini regna fleamus
teque vagum toto, quam longa Hispania, tractu
immemorem veterum peregrinis fidere amicis.   110
accurre, o nostrum decus, o mea maxima cura,
votis ominibusque bonis precibusque vocatus;
appropera, dum tu iuvenis, dum nostra senectus
servat inexhaustum tibi gratificata vigorem.
ecquando iste meas impellet nuntius aures?   115
'ecce tuus Paulinus adest! iam ninguida linquit
oppida Hiberorum, Tarbellica iam tenet arva;
Ebromagi iam tecta subit, iam praedia fratris
vicina ingreditur, iam labitur amne secundo,
iamque in conspectu est, iam prora obvertitur amni   120
ingressusque sui celebrata per ostia portus

88 dispositis *ed. Lugd. 1548*, dispositi *VPH*   89 egelidae *H*, agelitae *V*, et gelide *P*
95 agnoscisne *VN*, agnoscesne *PH*   99 Ulixi *NPH*, Ulixei *V*   101 Rhamnusia *VPH*
(-am *P*), mens altera *N*   103 animus *VN*, animos *PH*   105 volentum *VPH*, voventum *N*
115–24 *om. H*   115 *aliter SA* (= 23. 43)   ecquando *Avant.*, et quando *VNP*   impellet *VP*,
implevit *N*, implebit *Brandes*

totum occursantis populi praevertitur agmen,
et sua praeteriens iam iam tua limina pulsat!'
credimus, an qui amant ipsi sibi somnia fingunt?

122 *aliter SA* (= 23. 50)

COMMENTARY

I. VARIOUS PREFACES

1. *To the Reader*

This poem comes at the beginning of V, and it is highly probable that Ausonius intended it to be a preface to a collection of his works. In content it rather resembles a *sphragis* or 'seal-poem' such as is frequently placed by classical poets at the end of a longer poem or series of poems (Verg. *G.* 4. 559–66, Prop. 1. 22, Ov. *Trist.* 4. 10), and the word *ascripsi* in l. 3 could be used to support this conception of it. But although he follows this practice in *Mos.* 438–83, Ausonius is not one to be bound by convention. The personal comments interwoven with the autobiographical detail suggest a *captatio benevolentiae*, and the appeal to the general reader as *patronus* recalls the prose preface, which was used by his favourite poets Statius and Martial among others; see in general T. Janson, *Latin Prose Prefaces* (Stockholm, 1964). The application of such techniques to verse is seen in the first poem of Prudentius, a devoted imitator of Ausonius, and the address to the general reader—a feature not common in classical writers but from Apuleius onwards no less popular than the traditional address to an individual—is used for dedicatory purposes by Martial (1. 1. 4) and Luxorius (*AL* 287 Riese, 282 Sh. B.).

It is quite unclear which works of Ausonius this poem was designed to accompany. The poem was composed after Ausonius became consul in 379 and before Gratian's death in 383, and perhaps before a rescript of 382 (see on l. 35); the poet's euphoria and his apparently close relationship with the emperor suggest the earlier part of that period. It would be rash to identify them with the *opusculorum meorum series* mentioned in *Epiced., praef.* 10–11 or the works that Theodosius had read (App. B. 1). Nor, as argued elsewhere, is it right to suppose that they complemented a collection of material written not later than 383, as Seeck suggested. Many works were of course available by this date: Ausonius might have disregarded some of them as unworthy, but there would be no need to exclude such works as *Cupido* or *Griphus* which are dedicated or presented to individuals. It is conceivable that the poem was designed to stand as a preface to all Ausonius' works, past, present, and future. If so, then his plans were thrown into confusion by Gratian's premature death.

The poem begins with a bare statement of name and lineage, as in a public record. Lines 5–12 indicate his ancestry, with a short digression emphasizing its mediocrity; the central section outlines his teaching career, first at Bordeaux (13–22), and then at court (23–34); a few lines (35–8) before the brief conclusion (39–40) sketch his political eminence. The contrasts implicit in the symmetry of these sections are reinforced by verbal oppositions, as between the proper names which refer to Gaul (5–8) and those which refer to more famous places (33), and by variation of short sentence and period. The style is on the whole subdued and matter of fact, with occasional modulations into a higher key (23, 31) of the sort that Ausonius does so well. Echoes and imitations of classical writers are conspicuously absent, and the hexameters are composed less strictly than usual. There is a calculated *humilitas* in the poem, which is a good example of Ausonius' simpler style and also of the image he likes to project.

2. secta: 'walk of life', 'profession', as in *Ludus* 84 *omnis hominum secta*, not 'way of life' (Florus 1. 47. 2, *Pan. Lat.* 2(12). 12. 3) or 'rank' (EW).

   A. is regularly indifferent to the Ovidian practice of ending a pentameter only with a word of two syllables; approximately one line in four ends differently. Among his contemporaries Paulinus and Prudentius are equally lax; Claudian and Rutilius are more strict.

3. bone vir: with these words the reader is thanked in advance for his readiness to make his acquaintance and 'honour him with a place in his memory' (EW).

   quicumque fuisses: 'whoever you may be'. The subjunctive mood is usual in later Latin in indefinite clauses of this kind, though here it might have been induced by the final clause. For the use of the pluperfect tense instead of the imperfect see H. Blase, in G. Landgraf (ed.), *Syntax des einfachen Satzes* (Leipzig, 1903), 226–32. The usage may have been modelled, consciously or unconsciously, on Vergil's *huic me, quaecumque fuisset, addixi* (*A.* 3. 652–3), where the pluperfect is due to the virtual reported speech.

5. Vasates: Bazas, some 50 km. south-east of Bordeaux, was one of the main towns of the province of Novempopuli (Amm. 15. 11. 14).

5–6. gens Aedua . . . : 'my mother's race was the Aedui, if reckoned through the father, but her mother was from Tarbellae Aquae' (modern Dax). A. is surprisingly reticent about his mother (see on *Par.* 2); but the fortunes of his maternal grandfather are the subject of *Par.* 4, and his maternal grandmother (*genetrix* here) is mentioned in ll. 11–15 of that poem and in *Par.* 5.

6. For *Tarbellus* as an adjective, cf. *Par.* 2. 2, 4. 12, Tib. 1. 7. 9; at *Prof.* 16. 7, *Mos.* 468, and *Ep.* 23. 45 (= 24. 117), A. uses *Tarbellicus*.

7. urbes: this seems an excessive description for some of these places, but his grandfather's birthplace was probably counted as Augustodunum (Autun), which comprised a large area for administrative purposes (A. Déléage, *La Capitation au Bas-Empire* (Mâcon, 1945), 209–10).

9–12. 'So my blood-relationships are widely spread. Let many derive their names, as the fashion is, from my house; but while others rejoice in names drawn from outside sources, I prefer those drawn from the direct line, names acquired by birth, not those of a relative by marriage.' The digression begins after *cognatio*; hence a full stop should be placed there, with Schenkl and Pastorino.

10. ut placitum: perhaps 'if so they please' (EW, followed as often by Pastorino), but it seems more in line with A.'s *pietas* and the point of the following couplet to translate 'as the fashion is' (compare the slightly sceptical *Prof.* 10. 26), which shifts the implied criticism away from his family. We do not know of any relatives of A. who took extra names in this way; but it is mainly his elder or coeval relatives that appear in *Par.*, and names are not always given in full.

11. stemmate primo: *stemma* refers to a part, not the whole, of the family tree: cf. *Par.* 4. 3 *Aeduico ductum de stemmate nomen*, and Stat. *S.* 4. 4. 75. *primo* is to be explained by the legal notion of *primus gradus superioris ordinis* (father and mother): see *Dig.* 38. 10. 1 (Gaius) and 38. 10. 10. 12 (Paulus).

12. genetiva: cf. Ov. *Pont.* 3. 2. 107 *adiectique . . . genetiva ad nomina Cottae*.

A. puts on a bold front to cover his lack of distinguished ancestors, and emphasizes again (cf. ·l. 1) his contentment with the name of his father, although his father was of very low birth and owed virtually all his renown to his son. He implicitly disparages the aristocratic habit of accumulating names and implied pedigrees, as in *Epigr.* 26. One contemporary example out of many is A.'s colleague as consul in 379, Quintus Clodius Hermogenianus Olybrius, the son of Clodius Celsinus Adelphius (*PLRE* i. 640).

13. sed redeo ad seriem: the phrase is reproduced by Paulinus of Pella in *Euch.* 113; cf. Vict. 3. 210–11. For *series* in the sense of 'narrative', 'order of treatment', cf. *Prof.* 10. 31, PN *c.* 20. 27, Prud. *Per.* 10. 1113; it does not mean 'lineage' here, as stated by Booth 241 n. 20.

The ending of the hexameter is untypical of Ausonius' general usage, and tonally significant, as in l. 15.

14. deum: Aesculapius, a latecomer to the ranks of the Roman pantheon, is imagined as having been deified for his services to medicine; he was made, not born, a god, unlike Apollo, also a healer, or Minerva, patroness of the arts in general. Alliteration emphasizes the point.

15. grammaticen: cf. *Prof.* 10. 10 *grammatices*; but *grammatica* is used in *Griph.*, *praef.* 36 (prose), and *Epigr.* 50. 3 (iambics).

16. This statement need not be taken as mere modesty: A. may well have spent less time on rhetoric, or found it less congenial. See Green, *Still Waters*, 500 and Booth, *Career*, 338.

    rhetorices: but *rhetoricam* in *Prof.* 6. 41.

    quod satis: cf. *quod modo* in *Ad Patrem* 20.

17–18. sed cura docendi cultior: probably 'but the responsibility of teaching was practised more by me', with an anomalous use of the participle, which loses its verbal force when subjected to degrees of comparison (*GL* iii. 160. 6–15, iv. 539. 34–5, v. 37. 32–4). The meaning of *cultior* is not 'more elegant', an unlikely sentiment in view of the prestige of the lawcourts, obvious in the *Professores* (e.g. 2. 7, 5. 13–18), or 'more successful', for which *Prof.* 8. 12 (*sine cultu*), itself difficult, would be the only parallel in sense.

19. quo: most unusual for *ut* in a consecutive clause; it is later so used with *tam* by Fulgentius (14. 13, 83. 11 Helm).

20. Berytiumque: this emendation of V's *Beritique*, which is metrically and syntactically impossible, is certain. The *y* is long in Prisc. *Perieg.* 853, and in Greek, but short in Avien. *Orb. Terr.* 1070; in these matters A. is a law unto himself, shortening vowels of Greek names on some ten occasions. Tollius' *-ve* is not necessary; cf. *Epigr.* 21. 4 (*et . . . vel*) and Verg. *A.* 5. 68 (*aut . . . -que*).

These three *grammatici* of the first and second centuries AD were famous for their commentaries and textual work. The writings of Aemilius Asper (mentioned again in *Ep.* 10. 27) were available to those reading Vergil and Sallust, to judge from Jer. *In Ruf.* 1. 16; see A. Tomsin, *Étude sur le commentaire virgilien d'Aemilius Asper* (Paris, 1952), esp. 119–23. Terentius Scaurus and Valerius Probus are quoted by various grammarians of the time. A. links the last two again in *Prof.* 15. 12 and 20. 7 in flattering comparisons; but there is no sure indication anywhere that he knows their work.

21. Aquitanica: V's *Aquitanaque* is awkward after *nostrates* and makes *multos* very difficult. Tollius' *Aquitanica* gives a typical usage of *nomen* (*Mos.* 440, *Ep.* 9*b*. 76) and the Vergilian arrangement of two phrases in apposition which A. favours, especially in *Mos.* Here the figure is used to ennoble his colleagues at Bordeaux.

22. sed non: V has *et non*, which is dubious on metrical grounds and probably a corruption of *set non*. Scaliger's *non et* gives the wrong sense, for in this construction *et* is equivalent to *etiam* (*TLL* v/2. 911. 76–912. 6; *Par.* 4. 16, *Prof.* 2. 3, 14. 4).

aspicerem: 'look in the face', on equal terms (cf. Cic. *Phil.* 2. 76, Nepos, *Epam.* 8. 3, Suet. *Aug.* 16. 2). In Libanius, *Or.* 36. 10 Förster a proud sophist forbids his colleagues to raise their eyes in his presence.

There seems to be an echo of Lucan 8. 758 *admotus Magnum nec subditus accipit ignis*, from a passage A. knew well.

23. The tone rises markedly as A. comes, at what is nearly the mid-point of the poem, to the summit of his career. The use of *fasti* as a simple measurement of time is very rare: cf. Hor. *S.* 1. 3. 112 and perhaps Hor. *Ep.* 2. 1. 48, and Optat. 4. 1. The analogous use of *consul* in *Par.* 29. 4 also has special point in its context.

24. municipalem: 'provincial', but the pejorative tone inherent in the word (cf. *Grat. Act.* 31, Sid. *Ep.* 4. 3. 10, *c.* 9. 309) should not be exaggerated; A. had the warmest feelings for Bordeaux, and it was an important centre (Green, *Still Waters*, 493–5). There are probably no overtones to *deserui* (which is certainly the correct reading).

For municipal teaching in general, see Haarhoff 119–24 and S. Bonner, *Education in Ancient Rome* (London, 1977), 146–62.

25–6. aurea et Augusti . . . : the assonance is notable, and echoed in *Augustam* of the next line. *Augusti* refers to Valentinian I, *Augustam subolem* to his son Gratian, who had become Augustus in 367 at the early age of eight. The date of A.'s appointment is uncertain; precision should not be expected in such matters (cf. *Mos.* 450), and he may have been summoned before 367, or even before autumn 365, when Valentinian moved to Paris. In *Ordo* 35–45 he shows some knowledge of Milan, the previous *palatium*. See Jouai 47–50.

25. palatia: always so scanned by A. (cf. *Ephem.* 8. 19, *Protr.* 84), perhaps following Martial (1. 70. 5, 7. 28. 5, 9. 101. 13).

27-8. nec enim fiducia . . . : 'nor was their confidence in me idle, or my distinction the result of a weak judgement'. Not 'my confidence', because A. has not yet presented his promotion as deserved.

28. vana: corrupted in V to *una*, which gives no sense.

29-30. 'There may have been—I admit it—teachers of greater repute, but no one has had a better pupil.' He refers not to Gratian's intellectual or moral qualities, though these are praised in *Grat. Act.*, but to his status and power. The self-presentation is notably less aggressive than that in *Grat. Act.* 30–3, where A. is defending his right to be consul and his almost unique status as *ad consulatum praeceptor electus*.

There is a similar use of *dum* ('as long as I may maintain that') in *Prof.* 1. 7–8 and *Pan. Lat.* 2(12). 4. 4; the parataxis with *cedo* seems to be unique (*TLL* iii. 728. 57–8), unless *cedo insani* is to be read with Sh. B. in PN *c.* 25. 137 (*AJP* 97 (1976), 15).

31. In a powerful, resonant line A. takes examples from the remote past in order to enhance Gratian's qualities by comparison. The legend that Heracles took over Atlas' burden of the sky had been interpreted to mean that Atlas educated him in astronomy (DS 4. 27, Serv. on *A.* 1. 741); Achilles' education was a common motif (Z. Pavlovskis, *PP* 20 (1965), 281–97).

33. penates: a deliberately humorous anachronism, as in Ov. *M.* 1. 174.

34. meus hic: casual words, which emphasize the writer's familiarity with the emperor, and contrast with the following words, which echo Ov. *Am.* 1. 8. 42 *regnat in urbe sui*.

toto regnat in orbe suo: strictly speaking, the Western half of the empire, for there was no time in or after 379 at which Gratian was sole emperor. After Adrianople the child Valentinian II was for a few months his only co-regent, but A.'s words should not be pressed. There is a discussion of this passage and similar ones by G. Gottlieb, *Ambrosius von Mailand und Kaiser Gratian* (Göttingen, 1973), 34.

35. ego: the unusual scansion of this word can be paralleled by that of *duo* in *Ep.* 17. 18 (Paulinus), and perhaps Prop. 4. 2. 3; there is no need for Heinsius' *ego et*, which would be less appropriate to the gradation of honours.

comes: a rank formally created by Constantine (Jones, *LRE* 104–5). A. was probably a *comes tertii ordinis* initially; he gained the honour, which he also mentions in *Ep.* 12, some time before 370 (Jouai 68–70).

quaestor: a position of great importance (see *RE* xxiv. 820–3 and

J. Harries, *JRS* 78 (1988), 148–72), bestowed on A. before Valentinian's death in 375 (*Protr.* 90). Symmachus described A. at this time as *consilii regalis particeps . . . precum arbiter legum conditor* (*Ep.* 1. 23. 3).

The treatment of the final syllable of *quaestor* at the hephthemimeral caesura before *et* may be influenced by such passages as Verg. *A.* 12. 550 *equum domitor et fortis Asilas.*

culmen honorum: the praetorian prefecture, as in *Epiced.* 41–2. Elsewhere A. regards the consulship as the climax of his career (*Protr.* 91–3, *Ep.* 11. 30, *Ep.* 18. 3–4). These texts may all have been written after 1 April 382, when it was decreed (*C. Th.* 6. 6. 1) that the consulship had priority; but the change in emphasis could equally well be due to poetic convenience or antiquarian sentiment.

36. A. was at first *praefectus praetorio Galliarum* (which included Britain and Spain); his sphere was subsequently extended to Africa and Italy (for *Libya* cf. *Ep.* 17. 19, for *Latium*, *Prof.* 2. 10). For this double prefecture (*Protr.* 91), held in conjunction with his son Hesperius (*Grat. Act.* 11), see *PLRE* i. 140, with the clarifications of Green 24. The date is 377/8 (see on *Epiced.* 45–6).

37–8. His seniority to his colleague Quintus Clodius Hermogenianus Olybrius—also vauntingly emphasized in *Prec.* 2. 43—was more than a technicality; in *Grat. Act.* 55–8, he thanks Gratian effusively for ensuring that the honour fell to him.

The consulship is described by its traditional insignia, as in *Protr.* 91 and *Ep.* 18. 4; the epithet *Latiam* (cf. Stat. *S.* 4. 1. 5, also with *curules*), appears again in *Prec.* 2. 2.

39. hic ergo Ausonius: A. is unlikely to have written *ego*, with hiatus, for which there is no certain parallel, since *Epigr.* 88. 1 *Crispa: ego istud* is easily emended. *ego* is not demanded by *tu*: the pronoun is commonly used with the imperative, as in *Protr.* 47.

sed tu ne temne: cf. Verg. *A.* 7. 236. After the parade of his success this plea is somewhat ironical, and there is certainly a jocular note in l. 40, as the consular who had so much patronage in his gift, and exercised it, now begs the reader's favour. Other passages, such as the Prefaces to *Epiced.* and *Par.*, indicate a genuine diffidence.

2. *To Syagrius*

This piece follows the preface to the general reader in V. It may well be a second preface to the collection which that poem was designed to introduce, rather than a displaced fragment (like the epigrams introducing the lost *Fasti* or *Praef.* 4 and 5) put here for convenience by an editor or scribe. It is Ausonius' regular practice to present single works to individuals, but these four lines differ from the usual dedication in that they contain neither a résumé (like the *Caesares*) nor a request for correction (like the *Ludus*). The exceptional warmth of the address, notably in the development of the *alter ego* theme, also suggests that Ausonius has rather more to offer. It may be significant that he describes the work that he is dedicating not in his usual way as a *libellus* but as a *liber*. This word is used in *Praef.* 3. 18 of unspecified *carmina*, and in *Prof.* 25. 1 of the *Professores*; but the fact that the *Parentalia*, similar in length, is described by *libellus* in its prose preface warns against assuming a clear distinction. Ausonius could well have added this honorific epigram to the collection that he produced in the early 380s, which was the time of Syagrius' greatest distinction; the fact that Syagrius is never mentioned again could be explained by his death (so *PLRE*) or estrangement, perhaps under Maximus. A parallel to the multiple dedication could be found in his *Fasti*, where there are four prefaces altogether, and in the *Bissula* and *Technopaegnion*; in Luxorius (*AL* 287–8 Riese and Happ, who helpfully retains the numbering in his new edition (Stuttgart, 1986), 282–3 Sh. B.), there are two prefaces, one to Faustus and one to the general reader.

Ausonius' bosom friend must be either the consul of 381 or the consul of 382; no one else need be considered, for Ausonius knew well how to use his poetry to develop or maintain contact with influential people, and this poem fits the pattern. It would be extremely difficult to decide between them even if the careers of the two consuls (who cannot be identical) were easier to disentangle; but there is discrepancy at important points between the analysis in *PLRE*, based on the arguments of J. R. Martindale in *Historia*, 16 (1967), 254–6, and that of A. Demandt in *BZ* 64 (1971), 38–45, where the evidence is well set out. Ausonius could well have had a long acquaintance with the Syagrius described by Ammianus (28. 2. 5–9) as *notarium, postea praefectum et consulem*, who as the only survivor of an expedition across the Rhine in about 370 incurred the displeasure of Valentinian; but as both consuls may in fact have been prefects, this is little help. He would have had much in common with the poet and prefect Syagrius whose descendants and memory were revered by Sidonius, but the latter's words in *Ep.* 7. 12 do not allow a clear distinction to be made, and in any case both consuls could well have been Ausonius' compatriots. If *PLRE* and Demandt are correct in identifying Syagrius *proconsul Africae* with the consul of 382, he would be closely linked to Ausonius' circle, for the proconsulship followed those of Hesperius and Thalassius and fell within the period of Ausonius' ascendancy. But it is not unlikely that both men were well known to him. The consul of 381 should perhaps be preferred on the grounds of his apparent seniority, making him closer to Ausonius in age and status.

1. **alme:** the epithet is rather unexpected here. A. applies it elsewhere to deities, pagan or Christian, and rivers, which are also sacred for him; other writers occasionally apply it to holy people and emperors (*TLL* i. 1703. 75–9). He may be alluding to some kindness received many years ago in Trier; the notary Syagrius would not have had much opportunity after his disgrace

to help A., and may indeed have owed his reinstatement to him. Or perhaps A. is simply hoping for favour.

3. praefatus habebere: the phrase is used to emphasize a lasting situation as in *Protr.* 93 *praelatus haberer*; see *TLL* vi/3. 2459. 72–2460. 4.

4. A similar point is made in the first preface to *Bissula*, where he rebukes Paulus for forcing his poem into the open, and in *Ep.* 13. 9–15, where he accuses Theon of plagiarism and challenges him to appropriate his verse-epistle as well; but here there is no affectation of modesty.

3. *To the Emperor Theodosius*

In V this poem follows the two previous ones, but its location in P and H is rather different. It may in fact never have served as a preface at all; Ausonius or an editor might have placed it near the head of the collection to add prestige. It is a reply to the letter written to Ausonius by Theodosius (App. B. 1), in which the emperor asked to see some of his poetry and reminded him of the eagerness of earlier poets to offer their works to Augustus. The context and date of this approach can only be guessed. He might have written between 388 and 391, during the three years he spent in the west, or perhaps between 392 and 394, when Ausonius' support against Eugenius would be very welcome. It was in the later part of his reign that Ausonius' close friends Drepanius Pacatus and Paulinus delivered panegyrics in his honour. The friendship, if that is the right word—his words *illius privatae inter nos caritatis*, to which Ausonius does not react, ring somewhat hollow—may have been an old one. Theodosius was a native of Spain, and they had common friends (Matthews 95).

It is not known if he wrote anything in response to the invitation, apart from this ambivalent reply. He was no doubt right to suspect that Theodosius' intention was to commission poetry, but there is no evidence that he ever made a special collection or dedicated anything to him. The nearest he gets to praising Theodosius is the damning reference to Maximus in *Ordo* 72, but the poem as a whole is a personal view of the empire and if there is any ulterior motive it is to promote the interests of Gaul. The present poem professes a ready mind, but is in spirit a *recusatio*. Ausonius could not, like the Augustan poets, claim that he was being asked for a kind of poetry unsuited to his talents, for Theodosius was not specific; and it would hardly have gone down well if he had pretended that Phoebus or his Muse had forbidden him. Instead he stresses the power of Theodosius' divine command in the first eight lines, and returns to the point in l. 15, after outlining his dilemma; the situation is resolved, and his modesty safeguarded, by the eagerness of the poems themselves to become the emperor's property. He will have to bear the responsibility. For this concluding point Ausonius seems indebted to the elder Pliny; elsewhere in the poem there is a plethora of verbal echoes of classical poets, ranging from the dubious or insignificant to purposeful reminiscences of famous passages of Vergil. The pagan references in the three introductory exempla will not have worried Theodosius any more than similar things in Claudian worried Honorius later, when the dynasty had found its court poet.

1. For *flava Ceres*, cf. Verg. *G.* 1. 96, and later poets; the line-ending *semina terrae* is found in Tib. 1. 7. 31 and *Moretum* 69, both of which he seems to have known (cf. *Ephem.* 3. 72, *Mos.* 133).

3. inermem: used of unrigged ships by Florus 2. 13. 20.

5. insanum ... hiemet mare: cf. Hor. *S.* 2. 2. 17 *hiemat mare*, Sen. *Agam.* 540 and *Med.* 765 for *insanum mare*.

5–6. crudaque tellus seminibus: the epithet means 'unploughed' in Colum. 2. 10. 29, 3. 13. 5, 9. 4. 4, but the exceptional dative *seminibus* here demands the sense 'unprepared for', an extension of the meaning 'unripe'.

8. iussa capesse: a very appropriate echo of Verg. *A.* 1. 77 *mihi iussa capessere fas est* (where Aeolus acknowledges Juno's authority). The contrasts between *mortalia* (hesitant human efforts) and *iussa ... dei* and between *quaerunt* and *certus* are enhanced by the pattern of alliteration.

10. paene rogans: cf. *Cento, praef.* 8–9 *iussum erat; quodque est potentissimum imperandi genus, rogabat qui iubere poterat* (Valentinian).

13. invalidas vires: cf. Ov. *Tr.* 1. 5. 72 *invalidae vires* (in a comparison of himself with Ulysses).

14. esse: P's *ipse* gives very poor sense and is clearly caused by *ipse* in l. 13.

16. contra: for the scansion cf. *nonaginta* in *Ecl.* 8. 1 and *frustra* in *Caes.* 55. A. is not following early Latin writers in this matter: the shortening of final *a* after a stressed syllable is found in other poets of his period. Servius on *A.* 2. 651 *nos contra effusi* found it necessary to state that the second syllable was long.

17. erumpere: *TLL* compares Cic. *Phil.* 2. 100 *unde ista* (*chirographa*) *erumpunt?*

19. This is based on Mart. 1. 3. 9–11, where the poet rebukes his book for its rash desire to face the Roman public: *sed tu ne totiens domini patiare lituras, neve notet lusus tristis harundo tuos, aetherias, lascive, cupis volitare per auras.* A personal comment follows in l. 20.

21. A. here exploits two powerful phrases of Vergil to flatter Theodosius: *pater Romanus* (*A.* 9. 449), which he presumably took as a reference to Roman emperors, and *tu regere imperio populos, Romane, memento* (*A.* 6. 851).

22. A deliberate and careful reworking of a theme in the elder Pliny's address to Vespasian in the preface to his *Natural History* (4): *hanc* (*audaciam*) *igitur tibi imputabis et in nostra culpa tibi ignosces.* The unexpected *tibi* here takes up *tu* and *te* from l. 21, and the witty contrast with *meis* is further reinforced by the collocation *tibi tu.*

4. *To Drepanius*

In V this dedicatory poem follows the *Epitaphia* and precedes the poem *De ambiguitate eligendae vitae* and other 'eclogues'. But it can hardly be considered as an introduction to them as it is by Peiper and Prete, because its author is so disparaging (4–5, 7). Elsewhere he uses *nugae* of his *Technopaegnion*, the puzzles in *Ep*. 13. 67–104, and perhaps the *Griphus*, but here he goes much further, and the *Eclogues*, which are serious and sometimes sophisticated, cannot be meant. Nor can anything else in the extant poems be identified with the *jeu d'esprit* here offered to Drepanius.

Drepanius Pacatus also received the *Technopaegnion* and *Ludus*, and was asked to read them critically before either suppressing them or letting them reach a wider public. The same function is envisaged here (17). In the heading of the first preface to the *Technopaegnion* and the *Ludus* he is described as *proconsul*; if this is accurate, and not an editorial addition (cf. *Fasti*, *praef*. 1), then it is possible that all these works are very late ones. For his career see *PLRE* i. 272.

Ausonius begins by quoting complete the first line of Catullus' first poem, and continues in a Catullan style (for *illepidum* in l. 4 cf. Cat. 10. 4, 36. 17; for *ineptias* in l. 5 cf. Cat. 14*b*. 1), but the poem develops into a dialogue with his anxious verses, who are reassured that they will be in good hands. The hendecasyllabic metre, remarked in a marginal note in V, is used elsewhere only in *Ep*. 13.

1. It is clear from *invento* and *credemus* that A. took *dono* in Cat. 1. 1 as deliberative, and this interpretation has generally been followed. The line is similarly used in the prose preface to the *Griphus* (5–6), addressed to Symmachus.

3. **Nepoti:** for the identification of Cornelius Nepos see *RE* iv. 1408–17 (Cornelius 275), and Fordyce ad loc. A. sent a copy of his *Chronica* to Petronius Probus (*Ep*. 9).

5. **burras:** the word is also found in the plural in the glosses of ps.-Placidus (*CGL* iv. 8. 20, *GL* iv. 55. 16), in the phrase *burrae Vatroniae*. It was traced back by Lindsay to Lucilius or Afranius 'or anyone you please' (*CQ* 23 (1929), 31–2)—but not a comedian Vatronius, as suggested by Buecheler in *Rh. M.*, NF 33 (1878), 309–10. The sense of the word in its early Latin context seems very different from the sense needed here or that given by the glossator (*fatuae vel stupidae*), and A.'s source for it may well be common speech, for the word has survived in his sense as *borra* in Italian and Spanish. The literal meaning is '(coarse) wool' or 'fluff': cf. *AL* 390. 5 Riese (386. 5 Sh. B.).

6. **cui:** an iambus also probably in *Ep*. 9*b*. 59 and possibly in *Par*. 7. 3, *Epigr*. 87. 8, and *Mos*. 312, where the word is elided; in *Par*. 27. 2 (proceleusmatics) and *Ephem*. 1. 15 (sapphics) its two syllables are both short. It is treated as

iambic by Terentianus Maurus (1533) and Prudentius (*Cath.* 2. 90 and *Symm.* 2. 114).

8. doctum . . . benignum: cf. Cat. 1. 3–7. Pacatus is described as *doctus* again in *Ludus, praef.* 16.

9. Gallia: Nepos was a native of Cisalpine Gaul, Drepanius of Aquitaine.

12. Marone dempto: this praise is restrained by contemporary standards—A. was compared to Vergil by Symmachus (*Ep.* 1. 14. 5) and Paulinus (*c.* 11 (= App. B. 4). 39–40)—but no coolness is intended.

17. For *ignoscenda* cf. *Ludus* 1, for *probata, Technop.* 1. 8–9 *si probantur.*

18. Cf. Mart. 3. 2. 12 *illo vindice nec Probum timeto.*

   vale: *extra metrum* as in *Genethl.* and *Ep.* 1.

5. *Address to his Screed*

This piece is found in the middle of Z's series of epigrams (hence it is *Epigr.* 35 in Schenkl) and at the beginning of V's shorter series; in P it is found between the *Griphus* and various letters, in H it introduces a limited collection of Ausonius' works. It has no special title in V and Z; PH point to the Greek title which I have used. Peiper and Prete place it at the beginning of the epigrams, and by doing so undoubtedly give it more point than Schenkl, but there are various objections to this. Its position in Z need not be taken as evidence that it originally stood with the epigrams; the remnants of the *Fasti* are found there too. In V, as in H, it could have been put where it is by an editor or scribe to introduce a selection whose design has nothing to do with the author. It would be odd, even in this playful context, for Ausonius to claim that he had used up so much midnight oil over epigrams; he was a quick writer (cf. *Ep.* 19*a*. 22–3 and *Griph., praef.* 23–4) and they cannot have taken him long to compose. In *Prof.* 25. 7 the word *otia* (5) is used of more elaborate compositions. It would also be strange if an established poet were diffident about the quality of such slight poems; he does seem genuinely hesitant in other cases, but this is because of the novelty of what he has concocted. By this time he was an experienced and accomplished epigrammatist. Indeed, the date of this poem (Proculus was at the height of his influence in the early 380s; see on ll. 9 and 10) is suspiciously late for an introduction to the epigrams, of which some were very early and none needs to be dated after 375. It is true that the *Griphus* was *vulgi lectione laceratus* when Symmachus was asked to criticize it, but that process, whatever exactly is meant, probably lasted only a few months.

   The work is undoubtedly an epigram in form, and shows the same witty use of dialogue as some of the best epigrams, but it introduced something rather more substantial. Like the previous preface (also a dialogue), it is a fragment of a work no longer traceable. It is pointless to conjecture what that was: the other two works that Proculus Gregorius received were the *Fasti* and the *Cupido Cruciatus*, as similar as chalk and cheese.

1. **tineas cariemque:** combined in Vitruv. 2. 9. 13 and Plin. *NH* 16. 197, both extolling the virtues of cedar-oil, and Varro, *Men.* 227.

3. **sapis:** cf. Mart. 3. 2. 6 (addressing a *libellus*) *Faustini fugis in sinum? sapisti.*

4. **qui:** this has better authority than *quod* and gives good sense. An abbreviation may have been misunderstood.

5. **otia perdere:** cf. *Mos.* 475 *perdere si quis in his dignabitur otia Musis* (of the reader's time).

6. **olei:** cf. Otto 253–4. In extant versions of the adage this word is always combined with another noun, such as *opera*, but *somnus* is not so used elsewhere.

7. Cf. Hor. *Ep.* 2. 2. 54 *ni melius dormire putem quam scribere versus.*

8. **bene ais:** so VPH; Z has *verum.* As 'yes indeed' this would give good sense, but the expression is confined to the comedians and in this context would be strange. It may have been interpolated after *b* of *bene* was confused with *v*.

9. **irascor Proculo:** Proculus Gregorius was a man of importance in the early 380s (see *PLRE* i. 404) but nothing is known of his writings or literary interests from A. or elsewhere. Z gives *agat irascor*, and Tollius suggested *Pacato irascor*, an emendation welcomed by Brandes and others who saw V and Z as separate authorial editions. Pacatus was renowned for his *facundia* (*Pan. Lat.* 2(12) is an extant example) and for his poetry (*Praef.* 4), and A. sent him various poems to criticize (cf. l. 16). But it is not easy to see why only *agat* should remain; Brandes's suggestion that *acat* was written above the central letters of *Proculo* ignores the order of the words. If A. or anyone else had wished to change the name, surely a marginal note would have been used.

11. **ulcisci. et:** the hiatus here could be removed by adding Peiper's *iam*, preferable to the less elegant *haec* of the *ed. pr.*, which interrupts the anaphora in ll. 11–15, or by changing *et* to *nam*. But hiatus at this point in the hexameter appears in *Ephem.* 3. 52 *abstineo errori* and *Cup.* 38 *Canace et*, where it is less easy to remove, and it should perhaps be allowed to remain here.

For a similar attitude, cf. *Biss.* 1. 4–6 and *Ep.* 13. 12–13; A.'s friends have brought upon themselves the annoyance or embarrassment of reading the poems.

13. **iuvenescere cedro:** the protective cedar-oil symbolizes their worthiness, as in Hor. *AP* 332, Ov. *Tr.* 1. 1. 7, and Pers. 1. 42, but the notion goes rather awkwardly with *iuvenescere*, perhaps a plant metaphor (*TLL* vii/2. 732. 11–15) such as is used in *Ep.* 5. 13.

15. **quod . . . oti:** cf. *Mos.* 392 and Verg. *G.* 4. 564; and Hor. *Ep.* 1. 18. 108 *quod superest aevi.*

15–16. All his future work will be sent to Proculus for his critical opinion; this is a sweeping commitment, but there is a similar exaggeration (and a rather hollow one) in *Griph., praef.* 7–8 *quem . . . semper elegerim.* It is suggested in *TLL* v/1. 624. 18–19 that *castigando* is to be supplied, so that future compositions will be part of the continuing *ultio*. The double *sive*-clause would then have to be taken to show A.'s indifference to his friend's reaction, which would rather undermine the aim of the punishment in l. 12 (*legat*). Lines 13–14 suggest that A. is really interested in his friend's critical opinion and advice, and his language resembles that of passages where that is certainly the case. For *legat*, cf. *cognoscenda* in *Ludus* 1 and for *tegat* cf. *Praef.* 4. 17.

II. THE DAILY ROUND

V's prefatory material is followed by the *Ephemeris*, glossed as *id est totius diei negotium*. The work is incomplete: the cook's preparation of lunch comes to an abrupt end in mid-sentence, to be followed by a poem on dreams, of which the beginning is lost. The latter fragment could indeed be part of a completely different work, but makes a very suitable ending to the day. The other manuscripts have no *Ephemeris*, but Z presents a free-standing *precatio matutina* in a slightly different form. Z is the only source for the poem *in notarium*, which is found between its epigrams and the *Gratiarum Actio*; it concludes the Schenkl–Pastorino set of epigrams, but is much more at home in the *Ephemeris*, where it fits very well into the pattern of Ausonius' life, the *mise en scène* (poems 1, 2, 4, 5, and 6 begin with an address to a slave), and the polymetric format. Even so, the daily round remains rather thin, even for a lover of *otium*; the lunch in particular is a sad loss. It is not easy to decide what period of Ausonius' life is here represented. There is no hint of court life and perhaps a counter-indication in 8. 19. The writer's general confidence and his firm religious position incline to a later rather than an earlier date. Mertens (*Jb. cl. Ph.* 34(141) (1890), 785–90) drew attention to the Alani (also present in *Prec.* 2. 32, dated 379), who are more likely to be mentioned after Adrianople had opened Roman eyes and further weakened the Roman frontier. The work may therefore be contemporary with *Epiced.* and *Hered.*, in which Ausonius is seeking to redefine his image after his long absence at court.

The *Ephemeris* is less documentary than Pliny's essays (*Ep.* 1. 9, 3. 1, 9. 36), and fuller than those found in Martial (4. 78, 82; cf. *AL* 26 Riese (13 Sh. B.)); it is distinguished by its polymetry and dramatic presentation. As suggested by Brandes in *Beiträge zu Ausonius*, iv (Wolfenbüttel, 1909), it could have been designed as a mime. Brandes considered that his idea was supported by the confused note in V where the lacuna begins: *hic minus abet finem causae superi⟨ori⟩s et initium sequentis ephemeris*. The opposition of *mimus* (which Brandes read for *minus*) to *ephemeris* does not help the case, and the note is more likely to be an attempt to mark the lacuna (with *minus* equivalent to *non*; see now the parallel adduced by C. Vecce, *Iacopo Sannazaro in Francia* (Padua, 1988), 73–4) than evidence, however garbled, that *minus* is the authentic title. But, although R. E. Ottmann (*Woch. f. kl. Ph.* 26 (1909), 1146–9) and M. Galdi (*AAN* 12 (1931), 83–9) were sceptical, the idea is not unreasonable, in view of the everyday theme, the stock characters, the changing scenes marked by different metres, and a beginning which closely resembles Herondas' eighth mime. Such a mime would not be intended for general entertainment—public mimes were deplored—but for private enjoyment, like the *mimiambi* of Pliny's friend Romanus (*Ep.* 6. 21). One might think of drawing-room drama like the *Delirus* mentioned in *Ep.* 5*a* (cf. *Ep.* 8. 22) or the anonymous *Querolus* of a slightly later date, or of classroom drama. A. C. Dionisotti has recently made the attractive suggestion that the *Ephemeris* 'may be a literary reworking of the school colloquia of his day' (*JRS* 72 (1982), 125), which indeed offer striking similarities to poems 2 and 4–6. It is possible that the *Oratio*, which dominates the extant collection and must have been prominent even in the complete version, was a later addition, but this cannot be proved; Z's title quoted earlier seems to imply that it was derived from the *Ephemeris*, and Seeck's contention that the short version in E was an early one has nothing to commend it. The suggestion of J. K. Wagner, in his *Quaestiones neotericae imprimis ad Ausonium pertinentes* (Leipzig, 1907), 45–6, that the work is modelled on Serenus' *Opuscula Ruralia* receives little support from the extant fragments. In individual poems there is a wide variety of stylistic models. It is a lively and colourful piece, which has attracted a number of translators: in English, P. S. Wild in *CJ* 46 (1951), 373–6, R. E. Braun in *Arion*, 1/2 (1962), 80–3, and J. Lindsay in his *Patchwork Quilt* (London, 1930). The dramatic nature of the work is ill served by the headings to each section, which are probably interpolations. The justification of *parecbasis* before 2 is hard to see, unless it is intended as a variation on *egressus* (4) or simply as 'pause' in the action (as in the *Cento*), while *locus invitationis* (5) and *locus ordinandi coqui* (6) are unworthy of Ausonius.

I

The setting of the poem is established by the first word, *mane*, and the verbal and contextual echo of Persius' third satire. The beginning also recalls Herondas' eighth mime ('The Dream'); and in l. 10 of this there is a reference to Endymion, as below in ll. 13–16. The wealth of echoes in the poem, which reach their climax in the two central stanzas, is typical of the *Ephemeris*, and makes this poem much more than a simple imitation of Horace, who is the metrical inspiration (see on ll. 13–16). Sapphics are not common in Ausonius; elsewhere only in *Prof.* 7–8.

1. To rouse his slave, whose name Parmeno (4, 20) is derived from Terence (*Eunuchus* and *Hecyra*), A. borrows the words *iam clarum mane fenestras intrat* from Pers. 3. 1–2, fitting them into the sapphic metre and neatly changing to *reserat*, which seems to refer to the shutters of a house.

2. **strepit:** the swallow was noisy (Verg. *G.* 4. 307), and noted for its morning

song (Apul. *Flor.* 13). For the plural *nidis* cf. Juv. 14. 80; for *vigilax* ('awake', not 'watchful'), cf. Ov. *M.* 11. 597 *vigil ales*.

4. Cf. Hor. *c.* 1. 25. 8 *Lydia, dormis.*

5–6. A. now tries Martial on him: *tota mihi dormitur hiems et pinguior illo tempore sum quo me nil nisi somnus alit* (13. 59, accompanying a present of *glires*). *perennis* is similarly used in Ov. *Her.* 14. 74 (*nox perennis* in the Hypermestra story, alluded to below), Prud. *Per.* 13. 43 (*diem perennem* in a theological sense), Claud. 30. 264.

7–8. nimiaque tendis mole saginam: because of the ablatives it is unlikely that A. wrote *caedis*, recalling Pl. *Most.* 65 (*saginam caedite*), as suggested by Tollius and argued by G. Goetz in *Acta Soc. phil. Lips.* 4 (1875), 354–6. For *sagina* of the human body cf. Justin 21. 2. 1 and 38. 8. 9, and Amm. 22. 12. 6. There is an ironical contrast with the tiny *glires*, and a foretaste of the sarcasm meted out to Theon in *Epp.* 15 and 16. The words *moles* and *multa potas* are deliberately crude.

9–10. The style becomes more grandiloquent. *flexas* is an ornamental epithet (cf. Cic. *ND* 2. 144), describing ears in general; *locum mentis* is probably facetious, as in Pl. *Men.* 1014 (*oculi locus*), and Ov. *M.* 8. 805 (*ventris erat pro ventre locus*), but other parallels are serious: see Prud. *Cath.* 6. 131 (*cordis*) and 9. 63 (*ventris*). For *sopor urget* cf. Hor. *c.* 1. 24. 5–6.

11–12. coruscantis ... fulgura lucis: cf. Lucretius' *claraeque coruscis ful-guribus . . . taedae* (5. 295–6), *solis fulgura* (2. 164), and Horace's *fulmina lucis* (*c.* 1. 12. 60). Markland suggested *solis* for *lucis*, but *lucis* with *coruscantis* is not weak, and its repetition in l. 14 is no objection (cf. *Mos.* 198–9, *Par.* 18. 2, 4). There are no parallels in A.'s sapphics to the treatment of the last syllable of *coruscantis*, which must be genitive, but similar licence is found at *Par.* 6. 10, *Prof.* 20. 6, *Epit.* 22. 2, and *Epigr.* 24. 8.

13–16. This stanza is intelligently built on the Horatian model, especially in the gradual unfolding of the sentence and the derivation of a cautionary tale from a myth whose truth is not explicitly claimed. The single word in the fourth line is found in Hor. *c.* 2. 6. 8, and the coincidence of the end of a sentence with that of the sapphic stanza is found throughout his *c.* 2. 16. For the scansion of *cui* as a pyrrhic cf. Mart. 8. 52. 3 and 11. 72. 2.

The story of Endymion is hardly a deterrent for the lie-abed; he was lulled into a permanent sleep by the adoring moon, a slumber which remained 'throughout all successions of day and night'; *annuam* is 'every year', hence 'continuous', taking up *perennem* above (5). For the development of the myth see Roscher s.v., *RE* v. 2557–60, and E. S. Le Comte, *Endymion in England* (New York, 1944), 1–39.

17–19. An exact quotation of Horace's words in *c.* 3. 11. 37–8: *surge . . . surge, ne longus tibi somnus, unde non times, detur.*

17. nugator: in classical usage this usually means one whose words are empty, in Christian usage (Prud. *Cath.* 2. 32, *Psych.* 433) one who is concerned with worldly things. Glosses offer *nequam*, which is the right sense here.

21-4. A. appeals to the original purposes of his metres, as the metre of invective perfected by Archilochus (Hor. *AP* 79) takes over. In *Ep. 9b* iambic dimeters are used for a very different purpose.

22. Imitated by Eugenius of Toledo: *Sapphico tristis modulante versu* (*c.* 101. 3).

2

Ausonius dresses, with the help of his slave (1–6), prepares to pray (7–14), and slips into prayer (15–21). The metre of this simpler piece is the less common iambic dimeter, for which Terentianus Maurus cited Archilochus, Horace (*Epod.* 1), and the books of Avitus Alfius (2439); cf. Marianus in *FPL* (Morel/Buechner) p. 175 and Gell. 19. 11. 4. Ausonius could perhaps have been influenced by Ambrosian hymns at this date.

1. calceos: outdoor wear. One did not appear in *soleae* in public (Cic. *Verr.* 2. 5. 86, *Pis.* 13).

2. sindonem: a rare word; cf. Mart. 4. 19. 12 and the poor Latin of *CGL* v. 245. 1 *sindonis amictoria linea quibus operiuntur humeri*.

3. The unusual *amictui* is an affectation typical of A.'s treatment of ordinary subjects. Cf. Apul. *M.* 1. 23 *oleum unctui et lintea tersui et cetera huic eidem usui profer*, and later Sid. *Ep.* 8. 3. 5.

5-6. The elevated words for 'water', 'face', and 'eyes', and the Vergilian construction (*A.* 4. 683–4 *date . . . abluam*, 6. 883–4 *date . . . spargam*) serve to dignify the commonplace.

7. pateatque fac: this paratactic use is humbler, perhaps because he is now thinking of prayer. Cf. *Ephem.* 7. 19 and *Ep.* 8. 15.

   sacrarium: a private chapel. The word is used here as more intelligible to a wide audience than *oratorium*; A. goes on to make clear its differences from a pagan *sacrarium* (Tac. *A.* 2. 41, *Dig.* 1. 8. 9) or *lararium* (*HA Marc. Ant.* 3. 5, *Sev. Alex.* 29. 2, 31. 4). This is one of the earliest passages to mention such a chapel, along with Amm. 15. 5. 31 (*aedicula*); see also E. Griffe, *La Gaule chrétienne à l'époque romaine* (Paris, 1964), iii. 291–8, M. J. Pattist, *Ausonius als Christen* (Amsterdam and Paris, 1925), 58–9. It was overlooked by E. Mâle, *La Fin du paganisme et les plus anciennes basiliques chrétiennes* (Paris, 1950), 62–4. *sacrarium* is used of Gratian's consistory in *Grat. Act.* 2, 67.

8-9. A. makes a virtue of simplicity in worship, as noted by P. Fabbri, *Atene e Roma*, 17 (1914), 378–83. But rather than be described as a Protestant, he should be seen as following an old tradition, which he would have known from Lucr. 5. 1198–203, Pers. 2. 52–75, and elsewhere. In l. 9 the juxtaposition of *verba* and *vota* emphasizes his view of the essentials of religion, and draws attention to the adjectives. *pia verba*, as in *Par.* 5. 12, means both 'ritually correct' and 'kind', to judge from the prayer that follows, while *innoxia* points to the latter. Such an interpretation of 'true sacrifice' is common among early Christians; see Min. Fel. 32. 2, Lact. *DI* 6. 25. 7, Arn. 4. 30, *AL* 893. 117–20. Riese (Endelechius).

10. A spondee in the second foot of an iambic dimeter is found also in l. 17 below and *Ep.* 9*b*. 22, 74, 84.

11–14. The traditional appurtenances of pagan religion are explicitly repudiated. Incense was considered a pagan thing by the early church (e.g. Arn. 6. 27), and banned along with pagan worship in general by Theodosius' decree of 392 (*C. Th.* 16. 10. 12). See E. G. C. F. Atchley, *A History of the Use of Incense in Divine Worship* (London, 1909). Honey-cakes, a common offering, are further disparaged by the addition of *crusti*.

13–14. 'and I leave fire to the vain altars of fresh-cut turf'. *focus* denotes the fire kept for the *lares* in the *lararium*; *foculus* is usually a portable stove (G. Wissowa, *Religion und Kultus der Römer* (Munich, 1902), 351–2) but here the diminutive is used pejoratively. Altars of turf are mentioned frequently in pagan literature (e.g. Hor. *c.* 1. 19. 13, 3. 8. 4, Ov. *M.* 4. 753), and in Christian polemic (Tert. *Apol.* 25. 13, *C. Th.* 16. 10. 12); more references in Mayor on Juv. 12. 2. The meaning 'fire of (i.e. placed upon) living turf', although it is supported by the rhythm, creates problems: why should A. abjure this particular kind of sacrifice? The words *vivi caespitis* are more acceptable as a derisive qualification of *vanis altaribus. vanis* here is virtually 'pagan', as in *Ep.* 17. 25.

17. unius modi: 'of one nature'. Quite orthodox, and denying the once popular 'modalist' theory of the Trinity which saw the three persons as modes of one being (G. Bardy, in *DTC* x. 2193–209, s.v. Monarchianisme).

18. sacro: in Christian writers who write for Christians *sancto* is more usual (Green, *Paulinus*, 74).

V's *spiritui* is metrically dubious and the ablative form should be preferred.

19. In trying to express the mystery of the Trinity he is already praying.

20–1. 'and my meditation feels the presence of the deity with fear'. For the omission of the expected adjective, cf. *Mos.* 188; here it may indicate a mystical union of minds. *numinis* is not necessarily vague; it is used like *deus* (15). For the synizesis in *cogitatio* (not a split anapaest, *tĭŏ nŭ-*) cf. *Epiced.* 49 *omnium* and *Technop.* 14. 7 *iotae*, *Ep.* 9*b*. 87 *Silvios*.

In the margin of V, written over an extensive erasure, is a further line, which according to Vinet read *pavet neme quam spes fides*; it is now much less clear. Scaliger read *paves nequicquam* and Tollius *pavetne quicquam*. The line destroys the continuity between poems which is created elsewhere (1. 23–4, 4. 9, 5. 7), and breaks into the awesome atmosphere which prepares for the magnificent opening of the next poem. It is probably an interpolated comment on *pavens*.

3

This poem, which stands out in the extant *Ephemeris* by virtue of its length and elaboration, was doubtless intended as an emphatic statement of faith and the most important part of Ausonius' self-presentation. There is no good evidence that it existed in a shorter form in the poet's lifetime; the version given by E, which Seeck (*GGA* 149 (1887), 497–520) saw as the original form, would be weak as a self-contained unit, and the only parallel to such a string of petitions would be PN *c.* 4 (in fact the work of Paulinus of Pella, as shown by P. Courcelle, *VC* 1 (1947), 101–13), which derives material from the whole of this poem. In Z ll. 8–16 are absent; as argued in the notes, these are more likely to have been excised by a theologically sensitive editor in Arian Gaul than added, or removed, at some stage by their author.

The authenticity of the piece has been doubted, because it is attributed to Paulinus in Vind. 3261; hence its appearance in Hartel's edition of Paulinus and Walsh's translation of the poems (*ACW* 40). In view of the evidence of Ausonius' manuscripts and its undoubted conformity to the plan of the *Ephemeris* and to Ausonius' ethical ideals as expressed elsewhere, this is quite untenable; see L. Villani, *REA* 8 (1906), 325–9. Even Z, which has no *Ephemeris*, testifies to its provenance in the title *precatio matutina*. The religious depth of the prayer may have surprised some scribes and scholars, but assessments of Ausonius' beliefs must take full account of it.

This prayer, then, gives undeniable evidence of Ausonius' deep and varied religious knowledge (which is well brought out by P. Langlois in *R. Ph.* 43 (1969), 39–58 and J. Martin in *BAGB* 30 (1971), 369–82) and of his aspirations to live a Christian life, which are expressed with typical modesty. It also gives a new dimension to his originality as a poet and his later influence. He is the first poet, as far as we know, to compose a non-liturgical Christian prayer, and it is obvious that this powerful composition influenced subsequent Christian writers. Clear signs of Ausonius' structure and diction appear in the prayers of Prudentius (*Ham.* 931–66), Victorius (*Alithia, praef.*), Sedulius (*CP* 1. 60–102), and Merobaudes (*De Christo*), as well as in the compositions of his pupil Paulinus of Nola, who began by writing separate prayers before reverting to the 'epic' type within a narrative (Green, *Paulinus*, 26–8). For his material Ausonius draws liberally on the Bible, and in at least one place on the Nicene Creed; there are many parallels with various Church Fathers, and signs of Neoplatonist influence, such as the use of *mens* (81) to describe Christ in the Godhead. Christian doctrine is presented accurately and uncompromisingly with no loss of poetic vigour. Like most Christian poets he borrows words from pagan literature (such as *natus, salutifer, unigena*), but he does not avoid neologisms.

As already noted, the manuscripts have versions of varying length: V with N and D has the longest version, Z omits ll. 8–16, and E has only ll. 59–78 and 58. Their readings also differ significantly in various places. In l. 1 the second half as given by VN differs from that of DZ; in l. 84, VN have a different version of the whole line from Z, while D gives both. There are also variants in ll. 35 (*aetas* NDZ, *olim* V) and 80 (*nate* VN, *Christe* DZ). It can be argued with some cogency (see notes) that in ll. 1 and 80 V's reading is more likely to be what Ausonius wrote. In l. 35 V seems to be in error; in l. 84 perhaps the reading of Z is a simplification.

The structure of the prayer is as follows. The invocation occupies ll. 1–26, and may be divided into ll. 1–16 (creation) and 17–26 (salvation history) or 1–7 (God the Father) and 8–26 (God the Son). There is a short introduction to the petitions (ll. 27–30), which are then divided into four sections by the recurring *da* at ll. 31, 43, 49, 58. Lines 79–85 provide a closing doxology.

1. **Omnipotens:** equally pagan and Christian.

   mentis . . . cultu: these words continue the theme of true worship from the previous poem. The alternative in DZ *quem mente colo, pater unice rerum* does not provide that continuity, and is less majestic in style where a majestic beginning is certainly intended; whereas in VN the opening vocatives, not changing to relative clauses until l. 4, are carefully and powerfully structured. The alteration may be based on *magne pater rerum* in *Vers. Pasch.* 6; perhaps *solo* caused offence, though the point is characteristic of A. (see on *Ephem.* 2. 8–9).

3. **principio extremoque carens:** a commonplace, found also in e.g. Min. Fel. 18. 7, Hil. *Trin.* 2. 6, Prud. *Cath.* 4. 8 (*expers principii, carensque fine*), Merob. *de Chr.* 23–4.

3–4. **antiquior aevo . . . :** probably 'older than past ages and more lasting than future ages' rather than 'older than the totality of past and future time', which would be an unusual expression. The zeugma implied by the former interpretation is not too severe, and there are parallels to the idea in Merob. *de Chr.* 1 *cunctisque antiquior annis* and in *Grat. Act.* 80 *principio antiquior, fine diuturnior*.

4. **modumque:** 'size', rather than 'nature' as in *Ephem.* 2. 17. A. is dealing with basic attributes at this stage, rather than denying that God can be described at all.

5. Paulinus imitated this line in *c.* 29. 16 *quae nec mens humana capit nec lingua profari* (of the deeds of God). The future tense is potential.

6. **coramque:** *coram* gives a sense of intimacy (cf. Cic. *Acad.* 1. 13, Hor. *Ep.* 1. 7. 38), which in the context is more fitting than D's *contra*, probably an error of transcription. It is to be taken with *cernere* as well as *audire*, to contrast with the indirect perception of God in l. 20; cf. Verg. *A.* 2. 538–9 *coram me cernere letum fecisti*. God commands through his son, the Word, as in Tert. *Apol.* 17. 1 and Min. Fel. 18. 7.

7–8. **patriam . . . dextram:** like *considere*, a biblicism.

8. ipse opifex rerum: an echo of Ovid (*M.* 1. 79) and Lucan (10. 267). *opifex* is also used in *Grat. Act.* 80, Merob. *de Chr.* 9, and elsewhere.

8–16. Lines 8–16 are absent in Z, and have been seen as evidence of either an earlier or a later version by A.; they are certainly authentic (see also on 11–12). Their omission would gravely weaken the structure of the description of the deity, for there is careful design in the way that the descriptions of Father and Son each begin with vocatives and continue with relative clauses; furthermore, the shorter version leaves a lacuna between the activity of God in creation and that of Christ in history which in the longer version is filled by the mediating section on Christ's role in creation. The lines in question are notable for their emphatic treatment of a controversial point, the pre-existence of Christ, and Arian influence, dominant after the barbarian occupation of Gaul, may have caused the omission. A.'s grandson, Paulinus of Pella, might have had the opportunity (he was identified as the editor by F. Della Corte; see Pastorino, *Maia*, NS 14 (1962), 240–1) but was no friend of the unorthodox. It is less likely that A. suppressed them, or that scribal error is responsible. For the possibility of doctrinally motivated interference with another text (that of Prudentius), see F. Klingner in *Gnomon*, 6 (1930), 41–3 and W. Schmid, *VC* 7 (1953), 171–86.

8–9. Repeated *ipse* emphasizes Christ's own work in creation (Col. 1: 16, Hil. *Trin.* 2. 18–20), and that he is both the Word of God and God the Word, as in John 1: 1. Cf. *Vers. Pasch.* 16.

9–10. anticipator: the *hapax legomenon* enlivens the theology and refers to his pre-existence, an important point (Clem. Alex. *Strom.* 7. 1. 2) especially in contemporary debate (Hil. *Trin.* 2. 17, Ambr. *De Fide* 1. 9. 58–9); a formulation condemned by the opponents of Arianism (e.g. in AD 325) was 'there was a time when Christ was not'. See also Prud. *Cath.* 3. 4–5 and Vict. *Praef.* 8 with P. F. Hovingh's commentary (Groningen, 1955).

11–12. In this poetic rephrasing of the previous point *iubar et rutilus* echoes *Mos.* 16 *sed liquidum iubar et rutilam visentibus aethram*; *rutilus . . . Eous* recurs in *de Rosis* [App. A. 3]. 45.

13. quo: Christ, described in the relative clauses which continue to the end of the paragraph and match those used of the Father in ll. 4, 6. For the doctrine, cf. John 1: 3, to which A. is very close; perhaps indeed he wrote *factum*, not *actum*.

14–15. Hebrew and classical phrases again come together. *sedenti*, like *considere* above, is a Hebrew conception (OT references in Langlois); *chaos insuperabile noctis* recalls Seneca's *noctis aeternae chaos* (*Herc.* 610, Hercules conquering Hades, and *Med.* 9, a prayer) but hell, not primeval chaos, is meant here. Though subject to God, it defied his creating power. For *chaos* cf. also Prud. *Cath.* 5. 3, 9. 81 (identical with the first passage of Seneca), 12. 40, *Apoth.* 750.

16. irrequies: a very rare word, used again by A. in *Technop.* 6. 5, 7. 11. The point is made, polemically, in Min. Fel. 10. 5, with *inquietus*.

　　vegetator: cf. ps.-Orient. 3. 35, Jer. *In Esaiam* 16. 57. 16 (of the Spirit).

17. non genito genitore: cf. *genitor ipse non genite* in *Grat. Act.* 80, a passage with many similarities to this prayer, and Prud. *Apoth.* 269 *non genitus genitor generaverit.*

19. Adoption in a theological sense is a Pauline concept; so is the metaphor of grafting (Rom. 11: 17–24) hinted at in *propages* (which seems to be preferred to *propago* for metrical reasons). Also important are the classical overtones of *stirps* and *propago*, reinforced by an apt borrowing from Verg. *A.* 7. 578 *Teucros in regna vocari.* The Jews are treated with little sympathy by Paulinus in *c.* 6.

20. proavis: an unusual description of the apostles and their contemporaries, who saw Christ in the flesh (cf. John 12: 45, 14: 9).

　　quo numine viso: cf. Verg. *A.* 1. 8 *quo numine laeso* and Claud. *c.m.* 32. 7 *numine viso*, which, if genuine, is likely to be an imitation. *numen* is rare in most Christian authors (Green, *Latomus*, 32 (1973), 79–81).

21. datum: not *datur*, which seems to be the corrected reading of V, because he has in mind the time of Christ's presence on earth.

21–2. contagia nostra qui tulit: this could mean either that he endured the 'contagion' of the human condition (cf. PN *cc.* 16. 262, 31. 17) during his life, or that he bore, in his death, the effects of sin. Parallels such as PN *c.* 26. 200 *gessit peccata* and Jer. *Ep.* 54. 14 *delicta portavit*, and A.'s usual standards of orthodoxy, support the latter.

22. diri passus ludibria leti: alliteration reinforces a powerful phrase. *ludibria* refers to the scorn he suffered in his death (cf. Juvenc. 4. 650 and later Geoffrey of Vinsauf, *Poetria Nova*, 1207–8 *ludibria passus conticuit*), and perhaps also indicates that his death, because of the resurrection, was illusory (cf. *Epigr.* 115. 17). Both notions may be present in Lucan 9. 14 *risitque sui ludibria trunci*, and they are well brought out here by Walsh's 'mockery'.

23. 'taught that the way to eternal life was again open' or 'had returned' (since the Fall, or the age of the heroes of ll. 40–2). There is probably no potential force in the word *remeabile*, which is used similarly in Stat. *Th.* 4. 537 (*saxum*), Prud. *Apoth.* 1049 (*e tumulo cum iam remeabilis adstat*), Tert. *Res.* 1. 5 (*anima*) and ps.-Orient. 3. 59. In A. cf. *Epiced.* 55, *Ecl.* 22. 6, *Ep.* 17. 5 for similar words.

24. solam: cf. l. 1, and *Hered.* 7; *solum* (N) should not be read. The line may be imitated by Sedulius in *CP* 5. 159 *non solas . . . sed corpore toto*.

25. For *caelestes plagas* cf. Ov. *M.* 12. 40; for *inane sepulchri* cf. Ov. *M.* 6. 568. Prudentius later adapted *arcanum . . . adopertum* (*Symm.* 2. 926). The doctrine of bodily resurrection is stated vigorously.

27. nate . . . salutifer: most Christian poets had no scruples about using words applied to traditional gods and heroes (cf. *genitor* in ll. 17, 28). *salutifer*, used by Ovid in *M.* 15. 744 of Aesculapius, and *M.* 15. 632 of Delphi, is found again in *Vers. Pasch.* 1.

   nostro: the sixth age of history according to the Christians, which had begun with the advent of Christ; see R. A. Markus, *Saeculum: History and Society in the Theology of St Augustine* (Cambridge, 1970), 17–21.

28. **virtutes patrias:** a highly apposite quotation (for a reader of the time) of Verg. *E.* 4. 17 *pacatumque reget patriis virtutibus orbem*; cf. Juvenc. 3. 20.

29. This line reinforces *omnes* (cf. *totum* in *Vers. Pasch.* 17). God the Father begrudges nothing to Christ (and so to man), but remains full of gifts (or grace), as in Clem. Alex. *Strom.* 7. 2. 7 and Prud. *Ham.* 682 (God is not *avarus*); the notion goes back to Plato (*Tim.* 29E).

31. This sonorous line is echoed by Paulinus of Pella in *Euch.* 602 *da precor intrepidam contra omnia tristia mentem*. Alliteration of *n* and *m* is followed in l. 32 by alliteration of *n* and *v* and in l. 33 by sibilants.

32. **vipereumque:** the serpentine image of the evil power was very common; it continues up to the awkward metaphor of l. 36.

   nocituri: 'harmful'; cf. *Mos.* 89 *nociturus acumine rhedo*.

33. **sit satis:** a common formula in prayers and requests. Cf. *Ciris* 455 *sit satis hoc*, Prop. 1. 17. 10 *sat tibi sit*, Stat. *Th.* 4. 831 *sufficiat*, and Prud. *Cath.* 3. 181 *sit satis*, in a very similar passage.

   antiquam: the emendation *antiquus* (cf. Rev. 12: 9, 20: 2) would distort the point that Eve's sin occurred long ago and should no longer be visited upon man.

   perdidit: *prodidit* (DZ) would give an unusual nuance to the temptation narrative: Eve was deceived, not betrayed. V does not differentiate between *per-* and *pro-* in abbreviation.

34. **adiunxit:** this reading has greater manuscript authority; the alteration *infecit* (D) could be a tendentious one, an attempt further to discredit the female. For various conceptions of the Fall see J. M. Evans, *Paradise Lost and the Genesis Tradition* (Oxford, 1968).

   The scansion of *Adam* in Latin varies: the first syllable is long in Arator 2. 437 and sometimes in Paulinus (Green, *Paulinus*, 125), short here and in *Vers. Pasch.* 14.

34–5. **sera nepotum semina:** modelled on Vergil's *seris . . . nepotibus* (*G.* 2. 58), this implies a long, vaguely defined, stretch of time and evokes, like *proavis* (20), the Christian family. The age referred to is the age begun by Christ (see on *nostro*, l. 27), who has undone the work of the devil in Adam. The reading *olim*, exclusive to V, is less appropriate and could be a stopgap.

35. **veridicis . . . prophetis:** a neologism (from the Greek) is qualified by a word often used in religious contexts (e.g. Cic. *Div.* 1. 101, Lucr. 6. 6, Mart. 5. 1. 3).

36. Langlois quotes Ps. 24(25): 15; cf. also 2 Tim. 2: 26. For *laqueos* cf. Juvenc. 3. 12, 402; 4. 98, 730.

37. quae: *qua* of DZ comes from *qua* in the following line, and led to *feram* (*ferar* in T) in l. 38. Here it is unsuitable because resurrection is not to be seen as one's own act; the relatively passive role is appropriate to a lesser person than Elijah.

   post vincula corporis aegri: not a contradiction, in Christian terms, of the doctrine of the resurrection of the body expressed in l. 24, for the Christians believed that the body was renewed, after functioning on earth as a prison (P. Courcelle, *REL* 43 (1965), 406–43).

38. puri qua lactea caeli: the Milky Way was commonly seen as the destination of the righteous (Cic. *Rep.* 6. 16, Drac. *Rom.* 5. 325–9, *CE* 740. 4, and see *RE* vii. 563–71 s.v. Galaxias). The language used here recalls Stat. *Th.* 9. 641 *interior caeli qua semita ducit* and perhaps Ovid's *caelo . . . sereno* in his account of the Milky Way (*M.* 1. 168). A. uses *plaga lactea caeli* of heaven in *Vers. Pasch.* 7.

39. ventosae . . . vaga nubila lunae: the moon was the boundary of the mutable and immutable, and the mutability of the sublunary region is emphasized by reference to winds and wandering clouds. For the connection between the moon and the place of the dead, which is here repudiated, see E. Norden, *P. Vergilii Maronis Aeneis VI*, Einleitung, 23–6 and Tert. *Anim.* 54. 2 with Waszink's note.

   N's *lumina* (cf. Stat. *Th.* 3. 63 *vaga lumina*) is suspicious before *lunae*, and gives poor sense.

40–2. The trail was blazed by the worthies of the Old and New Testaments and other Christian leaders, in particular Elijah (4(2) Kgs. 2: 11, and often in art, as on the doors of S. Sabina in Rome) and Enoch, the first man recorded as having made the journey (*praevius*) (Gen. 5: 24). They are mentioned together in Avitus 4. 178–84, and regularly seen in the 'witnesses' of Rev. 11: 3. The adjectives *integer* and *solido* emphasize that it was a bodily journey—they did not see death—and in l. 41 the epic phrase *quadriiugo . . . curru* (cf. Verg. *A.* 12. 162 and Ov. *M.* 9. 272) contrasts with *simulatio quadriiugorum* in Juvenc. 2. 546.

41. penetrat: the present tense is surprising, and may be modelled on Verg. *A.* 7. 363. A contracted form of the perfect is quite unlikely.

43. speratam . . . auram: *speratam* draws the focus back to the worshipper, and is preferable to *spiratam* (V), an easy corruption perhaps helped by *auram*. The reference is to heaven, but Markland's emendation *aulam* is less suitable than *auram*, which is paralleled by Varro, *Men.* 139B *solis . . . aura* and Lact. *Phoenix* 44 *luminis aura*.

44. lapides: statues, not amulets or the like. Pagans were often charged with worshipping stones: e.g. Tatian, *Orat.* 4, Tert. *Idol.* 4. 3, Prud. *Symm.* 1. 206 and *Per.* 3. 82, Paul. Petr. 1. 196.

44–6. 'and if looking upwards to the single altar of the awesome shrine I bring the perfect offering of my life'. Z's reading *sacrae* is suspicious because of *vitae*, and it is doubtful if A. would have so described his life; *verendi* would be an unlikely title of God. *suscipiens* (N) is a common error. In his pointed use of *sacri* and *altare* (for which compare the uses of *ara* for heaven noted in Green, *Paulinus*, 76), A. rejects common ideas of sacrifice (as in Min. Fel. 32. 1–3), making it plain that life and worship are one (cf. *Ephem.* 2. 9–10).

47. unigenae: the word is favoured by Christians, notwithstanding its use by classical writers, both in verse and prose.

  cognosco: 'acknowledge', in a Christian sense (*TLL* iii. 1503. 60–82).

47–8. mixtumque: rightly defended by F. Capponi, *Helmantica*, 28 (1977), 45–9. Graevius' emendation *missumque* receives some support from Prud. *Cath.* 6. 8 *deus ex utroque missus*, but it is unlikely that A. would have brought in the doctrine of the Double Procession, even if it was known to him; he tends to stick to what is orthodox and familiar. For the role of the Holy Spirit, cf. Gen. 1: 2, poetically re-expressed also in *Vers. Pasch.* 20 *ut super aequoreas nabat qui spiritus undas*, Prud. *Apoth.* 667–8 *qui spiritus olim . . . volitabat in undis*.

49. cruciataque: tormented by remorse for sin.

50. pecudum fibris: cf. Stat. *S.* 4. 8. 2, Sil. 9. 15.

  sanguine fuso: the blood of sacrifice. The phrase recurs in Orient. 1. 65.

51. numen: Heinsius' *omen* would be inappropriate, and the contrast with *te* in l. 50 would be weak. Cf. Stat. *Th.* 8. 178 *caesis saliat quod numen in extis*, but the phrase here is sarcastic.

52. abstineo errori: hiatus seems to be admitted occasionally by A. (see on *Praef.* 5. 11), and the text seems correct here. Accursius' *errorique*, ascribed to a *vetus codex*, gives poor syntax and metre; *errori ipse* (Aleander) is pointless. There is probably an imitation of Juvenc. 4. 29 *errori obnoxia*. The paradoxical contrast between *scelus* (wrongdoing) and *error* (original sin) may be responsible for the anomaly.

55. tacitum: for this adverbial form cf. *Mos.* 466 *insanum*, *Par.* 26. 7 *maestum*, *Ep.* 21. 28 *obnixum*. Add to Neue³ ii. 579–85 also Prud. *Psych.* 296 *indomitum*, *Cath.* 7. 78 *pulchrum*, Cypr. *Gen.* 149 *rectum*, Claud. 3. 65 *cruentum*.

57. Vergil's striking phrase *quisque suos patimur manis* (*A.* 6. 743) is boldly applied to Christian repentance. The pagan *manes* are often found in *Par.* and *Prof.*, even of Christians.

  saucia: probably both 'guilty' (cf. *Prof.* 5. 18) and 'distressed' (cf. *Par.* 15. 6); both senses can be seen in Prud. *Per.* 5. 201.

59. nil metuam cupiamque nihil: cf. Hor. *Ep.* 1. 16. 65 *qui cupiet metuet quoque* and Verg. *A.* 6. 733 *hinc metuunt cupiuntque*. For these ethical ideas in the Christian tradition, see H. Hagendahl, *Latin Fathers and the Classics* (Göteborg, 1958), 331–46. Fear and desire are connected in that possessions are the result of desire and the cause of fear.

61. sim: this, and not *sit*, should be read, following such usages as *sum causa* *pudoris* (Ov. *Tr.* 5. 11. 5); (*matri*) *sim causa doloris* (Verg. *A.* 9. 216); *cum sis tibi causa doloris* (ps.-Cato, *Dist.* 2. 30. 2).

non (V) is preferable to *nec*; it begins the last of three parallel cola in the sentence in ll. 59–62. Anticipation of *nec* in ll. 62–3 caused the error.

tempore eodem: the phrase adds a touch of precision to the injunction 'do as you would be done by' (Matt. 7: 12, Luc. 6: 31). The phrase ends a hexameter line in Verg. *G.* 1. 483.

62. crimine laedar: cf. Eugenius of Toledo, *c.* 1. 13.

63. paulum distare: cf. Hor. *c.* 4. 9. 29–30 *paulum sepultae distat inertiae celata virtus*.

64–5. This request is echoed in the derivative prayer of Paulinus of Pella (= PN *c.* 4. 6), a passage which confirms the readings *male* and *bene*. The sense of *bene posse* is 'to be able to do good', to which there is no close parallel in the instances collected in *TLL* ii. 2106. 46–2107. 2. For *posse facultas*—which Sh. B. restores in Paulinus of Pella (*AJP* 97 (1976), 4)—cf. Stat. *Th.* 10. 130.

66. tenui victu atque habitu: cf. *Epiced.* 8 and *Prof.* 10. 49–50.

carus amicis: also found in Hor. *S.* 1. 6. 70, and given by the manuscripts of ps.-Cato, *Dist.* 1. 40. 1.

67. It is not clear whether estrangement, shame (cf. *Prof.* 3. 10), bereavement, or anything else that could hurt a father is meant. A.'s children were still alive at the time of writing, with the exception of the Ausonius of *Par.* 11, who had died very young, perhaps forty years earlier.

68. quietis: 'their peaceable functions', recalling *tranquilla* in l. 65. The need for emendation, such as Heinsius' *suetis*, is not obvious.

69–70. 'nor let physical disability in any part make me feel the loss of anything'. A very contorted expression of a simple wish for soundness of limb. Cf. Ov. *M.* 12. 206 *nec saucius ullis*, and Man. 4. 276 *desiderat usus*.

71–2. miracula terrae nulla putem: 'may I think (have reason to think) that there are no fearful happenings on earth'. This sense of *miracula* is found in Sedulius, *CP* 4. 146 *imperiosa . . . miracula* (cf. *OP* 4. 13 *tremenda . . . imperia*), and in the Vulgate (*TLL* viii. 1059. 18–25, with comparable uses of *mirabilis* and *miror*). The immediate context suggests that A. does not mean a spiritual attitude such as the Stoic *nil admirari* (Hor. *Ep.* 1. 6. 1) but freedom from material problems and worries; his peace of mind depends on externals. Christian 'miracles' are not relevant.

72. suprema diei cum venerit hora: modelled on Tibullus' *suprema mihi cum venerit hora* (1. 1. 59). For *mihi* A. has substituted the genitive singular of *dies*, in the sense of *tempus vitae* (Serv. on *A.* 10. 466; *TLL* v/1. 1033. 14–28), which is used with *hora* in Sen. *HO* 1987. VN have *diei*, while the other manuscripts support *dii* (C's *mihi* can be ignored). In three other passages, all transmitted by V alone, disyllabic *diei* is found once (*Ecl.* 8. 12) and *dii* twice (*Ecl.* 8. 7 and 24. 31, the latter perhaps following a manuscript of Verg. *G.* 1. 208). Since the form *requie* or perhaps *requies* is used for the genitive in

Protr. 4, it would be rash to impose a single form on A. He uses trisyllabic *diei* seven times.

For similar 'Christianizing' of Tibullus, see O. Weinreich, *Hermes*, 62 (1927), 114–23.

73. Cf. Martial's sentiment *summum nec metuas diem nec optas* (10. 47. 13).

74-6. 'but since through your favour I shall be found innocent of secret sins [cf. Ps. 18(19): 13 and *TLL* ix/2. 371. 74–372. 12] may I despise all things, since my only pleasure will then be to hope for your judgement'. For the causal use of *cum* and indicative in late Latin, see LHS 625. If *cum* in l. 74 is translated 'when', the exhortation refers to the relatively distant future; this seems unlikely in the context of the whole paragraph. In l. 75 'despise' (*despiciam*) is more meaningful than 'perceive' (*dispiciam*); and since *omnia* must refer primarily to pleasures, *voluptas* is preferable to *voluntas*. Cf. v. 11 of the psalm quoted above: (*iudicia domini*) *desiderabilia super aurum et lapidem pretiosum, et dulciora super mel et favum*. It is the prayer of a Christian assured of eventual justification through God's grace, but not yet sinless, who cannot confidently hope for death or the last day, which is still seen as imminent (cf. PN *c.* 10 [= App. B. 3]. 293–304).

77. saevum: stronger and more apt than *scaevum*, which might be derived from KT's *scaevo*. The confusion is very common.

78. insidiatorem: cf. Jer. *Tract. in Ps.* 128. 2, of the devil, Prud. *Ham.* 129, of Marcion's god, Claud. 22. 120, Hor. *S.* 2. 5. 25, and classical prose authors.

80. nate: DZ give *Christe*, but the name is not mentioned elsewhere in the poem, and *nate* neatly encloses the line with *patrem* (cf. *Ad Patrem* 33–4). The source of the variant may be *Christe* in *Vers. Pasch.* 31, which is otherwise an exact duplicate of this line.

assere: for *assero* in the context of Christian prayer, cf. PN *c.* 26. 214, 27. 636, and Leo M. *Ep.* 45. 3. A. uses it in another context in *Ep.* 20*b*. 5.

81. mens: a Neoplatonic concept (see Aug. *CD* 10. 28 and Vict. *Praef.* 17 with Hovingh). The word gives a nuance of the Greek λόγος which was not apparent in *verbum*, but it is a rare description of Christ; other users are PN in *c.* 10 [= App. B. 3]. 48) and Silvius in his poem *De Cognomentis Salvatoris* (*AL* 689a. 5 Riese). It was also applied to the sun as *mens mundi* (Cic. *Rep.* 6. 17, Amm. 21. 1. 11, Macrob. *Sat.* 1. 19. 9).

gloria: cf. John 1: 14.

82. 'The true son of a true father, light of light': like *Vers. Pasch.* 18, a variation on the formula of the Nicene Creed (drawn up in 325) φῶς ἐκ φωτός, θεὸς ἀληθινὸς ἐκ θεοῦ ἀληθινοῦ. The meaning is that Christ is no less truly God and no less the true light than the Father. In a similar doxology Sedulius has *et totum commune Patris, de lumine lumen* (*CP* 1. 313).

83. in saecula regnans: cf. Juvenc. 4. 812 *in saecula regnat*.

84-5. 'whom the harmonious songs of tuneful David' [considered as the author of the Psalms] praise, and the Amen strikes the heavens from voices which will eternally respond'. DZ offer a different version of l. 84: *consona quem celebrat modulato carmine plebes* (but D has the other version too). The introduction here of a congregation is unsuited to a poem which has stressed the wider perspectives of sacred history and eternity; the line may well be a variant designed to replace the unusual *modulati* (active) and the indeclinable *David*. (For *modulatus* in A., cf. *Protr.* 56 *modulata poemata*, *Technop.* 6. 7 *modulata lege*; there is a clear parallel to its active use in Apul. *Plat.* 1. 14 *modulatus et musicus*). It is not likely that a passage in a poem of Paulinus (*c.* 6. 23–4), which includes *David* and *consona . . . modulamina*, caused A. to alter an earlier version (Z), as argued by Pastorino in *Maia*, NS 14 (1962), 64–6. The similar passage in Avitus 5. 717 *consona quo celebrat persultans turba tropaeum* may show, as argued by Nardo in *AIV* 125 (1967), 364, that he knew Z's version, but does not demonstrate its authenticity.

The reading *mystica* of N (cf. *mystae* in *Vers. Pasch.* 2) seems to be an aberration.

85. aethera: the usual reading *aera* regularly denotes the abode of the devil in Christian thinking (e.g. Eph. 2: 2, Aug. *CD* 14. 3) and is therefore suspicious in this most theological of his poems; its meaning is clear in *Vers. Pasch.* 6–7, where it is contrasted with *terra, pontus, tartara*, and *plaga lactea caeli*. The reading *aethera*, reported from the sixteenth-century manuscript S. Marcianus Lat. XIV, 230 (4736), where it is more probably a corruption than a correction, gives a neat adaptation of the hyperbole of Verg. *A.* 5. 140–1 *ferit aethera clamor nauticus*.

4

After prayer, the *salutatio*.

1. As A. returns to his unassuming iambic dimeter after the grandeur of the *Oratio*, his brief *satis precum datum deo* is almost ironical. Some have also felt it to be too brusque for a Christian, but the qualification in ll. 2–3 need not be insincere (cf. Verg. *A.* 2. 291 *sat patriae Priamoque datum*, Ov. *Tr.* 4. 10. 91 *manibus hoc satis est*).

2–3. 'although full amends are never made by [or 'for'] guilty mortals by prayer to the deity'. The point is not that one can never pray enough (so EW and Gronovius before him); *satis fieri* cannot provide that meaning. There is no need for *a* (Axt) before *reis*, which may be taken as a dative of the agent. *numinis* should stand; Gronovius' *numini* is not needed.

4. habitum forensem: cf. Cic. *Fin.* 2. 77, and Suet. *Aug.* 73; Ammianus notes that the Huns had no such distinction (31. 2. 5).

5–6. These lines describe, in very summary form (for *ave valeque* as the summary of a greeting, cf. *Ep.* 19*b*. 28) the early-morning *salutatio*, a continuing feature of Roman life, of which Jerome complains in *Ep.* 43. 2, and Orientius makes fun in *Comm.* 2. 99–102.

7. After this line one line (probably no more) has fallen out, for *inclino* used impersonally of time is unparalleled and unlikely, and *per* would be awkward in the text as it stands. EW's *cursum citatis sol equis* does not suit the simple style.

8. **inclinet ad meridiem:** whatever preceded, this is an unusual phrase, for *inclinare* implies *post meridiem* (as in Horace's *inclinare meridiem* (*c.* 3. 28. 5) and Juv. 3. 316).

9. **Sosias:** the cook, named after a slave in Plautus' *Amphitruo* and a freedman in Terence's *Andria*. He is in fact given instructions in II. 6.

5

The Greek Anthology includes three epigrams not unlike this poem: 5. 181 and 185, by Asclepiades, and 5. 183 by Posidippus, where a slave is ordered to provide for a meal. In *AP* 5. 183 the time of the meal is the fifth hour, as here and in Sid. *Ep.* 2. 9. 6.

1. **namque:** postponed six times in A. But Salmasius' *iamque* could well be correct.

2. **nos vel illi:** V's alteration *illis* makes *vel* pointless.

4. A short, sharp line reflects his haste. *iamque . . . redi* recurs in the instructions given in *Ep.* 19*b*. 19.

5–6. Moderation was proper at midday (Hor. *S.* 1. 6. 127–8, Cic. *Phil.* 2. 101) and was an important part of A.'s self-presentation. According to Gellius (13. 11. 2, quoting Varro) numbers at a banquet should not go below three or above nine; in *HA Verus* 5. 1 seven is ideal, nine excessive (let alone twelve). There *convicium* may mean 'reproach', rather than 'uproar', but in *Ep.* 9*a*. 16 the word denotes a tiresome noise and may do so here. For the *rex mensae* (or *arbiter bibendi*) cf. Macrob. *Sat.* 2. 1. 3.

7. The scene is described for the reader's benefit, as it often is in Plautus for the audience's (e.g. *Men.* 550, 698, 957).

6

This piece, in which A. supervises the cook's preparations for lunch, is incomplete. The elegiac metre, and the pompous and elaborate style (especially in ll. 3–6), promise a more substantial poem; perhaps it included a characterization of the cook as in comedy. There is a memorable burlesque of a kitchen scene in Ambrose, *De Elia et Ieiunio*, 8. 24–5; the humour is more restrained in PN *Ep.* 23. 7–9.

2. umbra: the shadow of the *gnomon* or *umbilicus*; cf. Pers. 3. 4 *quinta . . . umbra*.

3. madeant: cf. Pl. *Men.* 326, and for a hot *prandium*, id., *Bacch.* 716, *Cas.* 149, *Poen.* 759.

4. A tactful way of addressing one's chef, for which the model is Mart. 12. 14. 6 *fallere plana solent* (to an unwary rider), from an epigram also used in *Ep.* 8. 13–16.

    experiundo: an archaism used also by Symmachus in *Ep.* 1. 19. 1 (*experiundo probe*) and 1. 42. 1, both written to A.

5. There is some obscurity in this elevated description of the commonplace. Presumably Sosias is meant to stir the pots holding a spoon, rather than risk blisters by shaking them. There is a similar expression in Anthimius, *De Observ. Cib.* 3 *agitando ollam frequenter manibus*, presumably the equivalent of 35 *agitet cum spatula*.

6. celer: a common epic use of the adjective: cf. Ov. *M.* 2. 119 and 838, and *citus* in *Ep.* 4. 12, 36, *Ep.* 15. 27, and Verg. *A.* 1. 301 with Austin's note.

7. The mock-heroic tone continues with the connective *quos*, the ornamental epithet *umida*, the adaptation of *lingua vibrante* (Lucr. 3. 657; cf. Verg. *A.* 2. 211), and the elevated word *recursu*. V's *recursus* is a mistake, whatever the lacuna held. The sentence is incomplete: the instructions (*lambat* is jussive) no doubt continued.

7

As stated earlier, it is not certain that this poem formed part of the *Ephemeris*, since in Z it follows the epigrams, but the metre and topic make it appropriate here.

This is one of several passages in ancient literature which treat the awesome mysteries of stenography. Seneca (*Ep.* 90. 25) sees it as one of the wonders of civilization; Augustine assures Christian readers that the art is not diabolical (*DDC* 2. 26. 40(103)). Manilius describes it with fascination (4. 197–9): *hinc et scriptor erit velox, cui littera verbum est quique notis linguam superet cursimque loquentis excipiat longas nova per compendia voces*. Similarly Martial (14. 208): *currant verba licet, manus est velocior illis, nondum lingua suum, dextra peregit opus*.

Jerome begins *Ep.* 118 in a similar vein, and the short *Ep.* 333 of Basil, also addressing a slave, uses the notion of 'winged words'. Ausonius' poem is notably similar, both in metre and wording (*perstrepo, compendia, currenti stilo*), to the epitaph of a stenographer named Xanthias found in Cologne (*CE* 219: see J. Klinkenberg, *Archiv für Stenographie*, 55 (1903), 57–64), which according to Dessau was not later than the age of Hadrian. It was suggested by M. Rubensohn (*Archiv für Stenographie*, 53 (1901), 26–34) that Ausonius saw it in Cologne, and this is not impossible. But the two poems may well have a common model or models, especially in view of the popularity of the theme.

For shorthand in general, see *RE* xi. 2217–31 and H. C. Teitler, *Notarii and*

Excerptores (Amsterdam, 1985). Its practitioners grew numerous and important; see Mart. 10. 62. 4–5; J. H. W. G. Liebeschuetz, *Antioch* (Oxford, 1972), 242–3; F. van der Meer, *Augustine the Bishop* (Eng. tr., London, 1961), 414. This secretary is more appreciated than the one described in *Epigr.* 16–17 or the martyr Cassianus (Prud. *Per.* 9), who taught the subject.

1. praepetum: this word, a correction of Avantius, is used of shorthand notes by Prud. *Per.* 9. 24. There is a further joke in *advola*.

3. bipatens: a commonplace subject is again treated with grandiloquence; Vergil had used this rare word of the doors of a palace and of heaven (*A.* 2. 330 and 10. 5).

4–6. 'which possesses a great facility for communication [the phrase is used in another sense in *Prof.* 1. 17 and Verg. *A.* 1. 520], created by single marks as an individual word is completed'. *copia* should not be taken as the subject of *absolvitur* (EW, Jasinski, Pastorino), because even allowing for exaggeration by the poet a *pugillar* would take far more time to cover than a single word would take to write, and there would then be little point in *singulis. punctum* is the mark for each word, not a dot as in *Epigr.* 37. 1 (in *Prof.* 1. 29 the meaning is uncertain).

5. T's *proiecta* is not to be rejected on metrical grounds (cf. *Ephem.* 2. 10) but gives no clear sense.

7. ego volvo: he unrolls large books and his scribe takes notes. *evolvo* is unacceptable because *ego* is needed to contrast with *tibi* in l. 10.

8. grandinis: cf. *Ep.* 9*b*. 13.

9. perstrepo: a pejorative word, to undercut the description of his eloquence (cf. Ter. *Eun.* 600, Ambr. *De Fide* 5. 16. 192, Aug. *Util. Cred.* 7. 16, *CE* 219. 8), and one that suits *torrente*.

10. Z's *tibique* would be weak even without *ego* in l. 7.

13. aequor cereum: Charisius quotes the comedian Titinius for the phrase *campum cereum arare* (*GL* i. 55. 6, p. 69. 4 Barwick); there is a similarly highflown description in *Ep.* 14*b*. 48–56.

14. cum maxime nunc: 'at this very moment', for the usual *nunc cum maxime*. This and the following line do not describe the circumlocution that is common in A.'s writing (though the same word is used in *Ep.* 9*b*. 8), for he would not want this to be pruned, but rather the faltering search for the right phrase.

For *sensa*, cf. *Pan. Lat.* 9(4). 6. 2, Macrob. *Sat.* 1. 24. 14, M. Cap. 1. 91, Aug. *Conf.* 1. 6. 10; it is common in late Latin.

18–21. 'I wish my mind had allowed me to conceive ideas as quickly as you anticipate my words with the speed of your flying hand.' *velox* is pr·bably an adverbial form like *tacitum* (*Ephem.* 3. 55), to be understood with *sentire*, rather than part of the object of *dedisset*, which would normally be expressed in the dative or accusative, or an epithet of substantival *sentire*, a usage occasionally found at this time (*ALL* 3. 81–3), but not present in A.; and it is unlikely to qualify *mens mea*. In l. 31 *tam velox* is more straightforward.

25. corde ... intimo: cf. *Prof.* 15. 12. *cor* is often used of the mind, but *corde intimo* (or *imo*) usually signals emotion: Verg. *A.* 10. 464–5 (grief); Sil. 10. 545 (fear); Sil. 13. 319, *C. Th.* 9. 38. 3 (religious feeling).

26. ales: 'winged' for speed in writing and in robbing the mind of its thoughts; he may be suggesting a comparison with the winged Hermes.

27. ordo rerum: 'state of affairs', as in Pl. *Trin.* 451.

31–2. These lines should be taken as a second subject of *praestitit*, and not as a separate sentence with *est* omitted. The explanation for his skill is to be found neither in education nor in apprenticeship.

32. celeripedis: cf. *Par.* 27. 4 and *lentipes* in *Ep.* 19*b*. 40. In earlier Latin at *Inc. trag.* 218 and Cic. *Att.* 9. 7. 1. The resolution of the first foot here is expressive.

33–4. Like any supernatural knowledge (cf. *Par.* 15. 11), his stenographer's special gift seems to A. to be divine. *natura* and *deus* are equivalent.

8

Although one cannot be certain that this poem, which follows II. 6 in V after a lacuna, is part of the *Ephemeris*, a poem on sleep and dreams is highly appropriate as the final item, and the note of self-justification is again prominent. The missing part may have been of considerable length, describing his retirement to bed and the advent of the dreams of various shapes which are being described in a simile as the extant portion begins.

The main point of the poem as it stands is the weirdness and variety of dreams (cf. Hor. *AP* 7 *aegri somnia*, Tib. 2. 1. 90, Jer. *In Ruf.* 1. 31); there is no attempt to explain them as fantasies (Lucr. 4. 1011–36) or recollections of one's waking life, a feature prominent in poems on this subject; see *AL* 650–2 Riese, Accius, *Praetextae* 29–30, cf. Fronto *de Fer. Als.* 3. 12 (p. 233 van den Hout[2]), and in general *RE* viA. 2233–45 s.v. Traumdeutung. It seems that Ausonius accepts them as prophetic, following the Stoics and others (see E. R. Dodds, *Pagan and Christian in an Age of Anxiety* (Cambridge, 1968), 38–53), and there is perhaps a hint of the Christian view (e.g. Prud. *Cath.* 6. 49–56) that the good are forewarned of the future but the bad are terrified. Both the suffering and reversals of ll. 5–8 are themes of the dream of St Perpetua in prison; and in ll. 14–15 there is another sign of Christian belief. The topic was one of great interest to contemporaries, as is shown by Synesius' work on dreams (*PG* 66. 1281–319) and his determination to record them, and by Macrobius' careful classifications (*Somn.* 1. 3. 1–10, with J. H. Waszink, *Mnemos.*, 3rd ser. 9 (1941), 65–85).

It is not proposed to use the dreams recorded here as a 'right royal road to the unconscious' in the Freudian manner. Even if they were experienced by Ausonius, they have obviously been adapted to a literary framework.

1. When the poem begins in mid-sentence, A. seems not to be speaking directly of dreams; the words *eurus*, *aera*, and *nubes* suggest a comparison with clouds, as things seen in his dreams take on curious shapes like mixtures of animals and birds, or of land animals and sea-creatures, as clouds do (cf. Philostratus, *Vit. Apoll.* 2. 22). The simile is apt and natural; cf. Macrob. *Somn.* 1. 3. 7 *in quadam, ut aiunt, prima somni nebula.*

3-4. Both *tenuentur in aera* and *nunc fora nunc lites* resemble phrases from the early work of Paulinus of Nola: *tenuatus ad ima* and *hinc odia hinc lites* (*cc.* 1. 7, 6. 244, the former written before 389, the latter not long after). It is probable that they originate with A.

4. *fora* recalls the market-place, full of admirers; *lites* signifies the courtrooms where A. pleaded, and *pompa theatri* perhaps public ceremony. In contrast to ll. 5-8, A. is at the peak of his fortune. The line is modelled on Ov. *Pont.* 1. 8. 35 *nunc fora, nunc aedes, nunc marmore tecta theatra.*

5-6. turmas ... perpetior: he is fighting against, and of course being beaten by, the Roman cavalry; then as a civilian he experiences the ever-present danger of brigands (Amm. 28. 2. 10).

7. sanguinea: he has overcome his adversary in the arena, a reversal of his treatment by the beast in the previous line. For gladiatorial shows cf. Aug. *Conf.* 6. 8. 13 and Prud. *Symm.* 2. 1091–132; G. Ville, 'Les Jeux de gladiateurs dans l'empire chrétien', *Mélanges d'archéologie et d'histoire de l'École Française de Rome*, 72 (1960), 274–335, esp. 312–31; A. Chastagnol, *Le Sénat romain sous le règne d'Odoacre* (Bonn, 1966), 20–3.

8-9. This miracle (or miracles, if one includes safety from shipwreck), expressed in epic language with *navifragum* and *gradior*, is perhaps a further piece of Christian colouring. The words *freta cursu transilio* are not a repetition of the previous item, if taken in their primary senses. Jerome's example in *In Ruf.* 1. 31 is similar: *quotiens* (*vidi me*) *volare super terras, et montes ac maria natatu aeris transfretare.*

10-16. These lines are condemned by W. Schetter (*Rh. M.*, NF 104 (1961), 366–78) as an interpolation for the following reasons: *etiam* breaks up the brisk succession of images; this description is too long; it awakes the victim; and it is the only erotic poem in V. It is likely, however, that another long passage preceded the first line of the extant poem; and the simile there certainly does not match the neatness of ll. 4–9, 17–21 that Schetter sees as dominating the poem. The relative length of the passage may possibly be explained by its design as a centrepiece, around which the shorter dreams were to be arranged. Since l. 3 implied an end to dreaming, the awakening in l. 13 is not anomalous. V is not entirely lacking in material of an erotic nature, and in any case A.'s treatment of the theme is hardly more erotic than Augustine's (see on ll. 14–15).

11. tragicos ... coetus: for *tragicus*, cf. Juv. 2. 29 (*concubitus*); for *coetus* in place of *coitus*, cf. *Epigr.* 75. 1, 115. 5, 14, and references in *TLL* iii. 1444. 43–56 from Silver Age and Christian writers.

12–16. For the aftermath, cf. Lucr. 4. 1035–6 and Hor. *S.* 1. 5. 84–5. With the rare plural *soporum* (cf. l. 23) A. generalizes and moves the focus from himself.

13. The spondaic beginning and the trochaic and dactylic sequel (cf. ll. 2–3) express the rude awakening. *rupta quies* may be an echo of Stat. *Th.* 2. 125 *illi rupta quies*.

14–15. *bene conscia* (cf. *Ephem.* 3. 73) and *secura* emphasize that A. attaches no lasting guilt to the phenomenon (although pagan philosophers did: see M. Weidhorn, *H. Th. R.* 58 (1965), 69–90, esp. 72–9, who treats A. as an unusual pagan and omits Aug. *Conf.* 10. 30. 41).

16. vanescunt: the best emendation offered for V's corrupt *manusquum*, for which *manus* in l. 15 may be responsible. *manus cum crimine* (Vinet) is weak; *iam nusquam* (Pichon) and *sunt nusquam* (Blomgren), assuming the soundness of V's *quam*, are not entirely suitable with *crimina*; Scaliger's *minuiscunt* and Peiper's *manascunt* are quite unlikely. The repetition of *vanescunt* in l. 30 is not an objection to Goetz's reading, but may even commend it.

17–18. A. is next a soldier in a triumphal procession (still occasionally held, see *RE* viiA/1. 499–500; cf. *Mos.* 422n.) and then a captive in another procession of vanquished Alans. A. is careful to depict these formidable and dangerous barbarians as captives; compare the Sarmatians in *Mos.* 9. For the rhythm, cf. Stat. *Th.* 3. 303 *agar exarmatus ad umbras*.

19. deum: A. uses this form of the genitive plural of *deus* eight times (four times in *Technop.*), and *divum*, *superum*, and *virum* almost as frequently; *Danaum* (*Epit.* 12. 2), *Italum* (*Mos.* 407), and *geminum* (*Vers. Pasch.* 25) are each found once.

    sanctasque fores: either a temple or the imperial palace, but probably the latter, as in Claud 5. 142 *sacrasque fores*. A. does not conceal the awesomeness of the imperial consistory (*Grat. Act.* 2).

    palatiaque aurea: cf. *Epiced.* 49 (*omnium*), *Mos.* 83, 142, 454 (*alveo*) for the synizesis, and *Praef.* 1. 25 for the phrase.

20. Luxury is described in Vergilian terms: *Sarrano . . . ostro* from *G.* 2. 506 and *discumbitur ostro* from *A.* 1. 700; cf. also Stat. *S.* 4. 2. 10 *videor discumbere*.

21. fumosis conviva accumbo popinis: cf. Hor. *Ep.* 1. 5. 1 *conviva recumbere* and *Mos.* 124 *fumosis . . . popinis*. See T. Kleberg, *Hôtels, restaurants et cabarets dans l'antiquité romaine* (Uppsala, 1957), 16–17, 29, 114; L. Casson, *Travel in the Ancient World* (London, 1974), 213.

22. divinum . . . vatem: cf. Serv. on *A.* 3. 463 *poeta divinus*.

    perhibent: there is a confusion here between recalling a commonplace and making a specific quotation, perhaps helped by Vergil's *ferunt* in *A.* 6. 284 (quoted below); A. of course knew Vergil very closely and at first hand. Two passages underlie the picture here: *ulmus opaca, ingens, quam sedem somnia* *vulgo vana tenere ferunt foliisque sub omnibus haerent* (*A.* 6. 283–4), and *sunt geminae Somni portae; quarum altera fertur cornea, qua veris facilis datur exitus umbris, altera candenti perfecta nitens elephanto, sed falsa ad caelum mittunt insomnia manes* (*A.* 6. 893–6).

The appendix to Schetter's article cited above makes stylistic comparisons between Homer (*Od.* 19. 562–7), Vergil, and this passage.

23. vana: if the text is sound, A. applies this to all dreams; in Vergil, and in
l. 28 below, it denotes a particular kind of dream. Perhaps A. wrote *una.*

ignavorum: for Homer's ἀμήχανοι and ἀμενηνῶν (*Od.* 19. 560, 562).

25. glomerat super aera: 'sends into the lower air in crowds'. The closest
parallel, and perhaps A.'s model, since it follows one of the passages he
quotes, is Verg. *A.* 6. 310–11 *ad terram . . . glomerantur aves. super aera* corresponds to *ad caelum* in Verg. *A.* 6. 896.

27–8. 'But if a choice is given me on these doubtful matters, I should think it
better for the happy dreams to lack credibility than for empty dreams to
cause me fear.' The choice is between dreams from either of the two gates,
and A. opts for the false; he will thus forgo the pleasure that might come from
happy dreams (knowing them to be unreal) but at the same time will be free
of baseless fears.

29–33. Schetter (see on 10–16) omits the sentence in ll. 29–31 on the grounds
that it is repetitious and stylistically uncharacteristic; but it is needed to
explain the rather obscure ll. 27–8 and make clear A.'s preference (*vana* is
made more intelligible by *tristia* and *malis*). The style becomes plain, to
express A.'s own opinion; *ecce* is paralleled in *Ephem.* 2. 19. A. draws an
implication which surprises him: he is opting to be temporarily deceived by
the dreams (before he realizes they are all false), and to exclude possible
benefits.

Lines 32–3, however, Schetter was right to condemn; this very common
piece of doctrine (cf. Lucan 7. 21–2, Plin. *Ep.* 1. 18. 2, Apul. *M.* 4. 27,
Querolus, pp. 24–5 Ranstrand) is of no use here, since A. seems quite sure
which dreams are *mala*, and has assumed above that their obvious meaning
is the only possible one.

29–31. nam dummodo ... malis: 'for as long as sad ones disappear' (on
waking), 'it is better to lack those which will be enjoyed' (true and happy
ones) 'than to fear because of bad ones' (whether real or not). A.'s main aim is
the avoidance of unhappiness, as in *Ephem.* 3. 58–72.

34. per: 'to', as in *Ep.* 24. 51, PN *c.* 10 [= App. B. 3]. 313.

obliquos ... mundos: the vicinity of the moon, source of dreams (M.
Cap. 2. 151). For *obliquus* cf. Lucan 1. 78, M. Cap. 8. 814, 849; *mundus* in the
plural is very rare, and almost confined to philosophical discourse, but cf.
Lucan 6. 696. The regions below the moon (*lunares . . . polos*), and the moon
itself, were seen as the abode of demons (Aug. *CD* 8. 14, Calcidius, *Comm. in
Tim.* 131–5), who could cause troublesome dreams (Min. Fel. 27. 2). For

earlier pagan notions, cf. Plut. *Mor.* 942D–F, Apuleius, *De Deo Socratis*, and J. Beaujeu, *Apulée, opuscules philosophiques* (Paris, 1973), 183–201.

35. vagi ... nimbi: cf. *Ephem.* 3. 39.

37. angusti ... tecti: cf. Verg. *A.* 8. 366 (Evander's hut, where Aeneas slept). A. tries to disown the wealth that might cause nightmares (cf. *Ephem.* 3. 59 and the *angustas opes* of *Grat. Act.* 36).

39. Lucifer aureus: cf. Tiberianus, fr. 5 *aureos subducit ignes sudus ora Lucifer.*

40. A further possibility (cf. l. 27), to have no dreams at all.

41. tranquillo ... aere: 'still air', following the Aristotelian notion (*Div. Somn.* 464A) of dreams as disturbances of the air.

42. The grove promised to them is one of elms, in accordance with the Vergilian picture (*A.* 6. 283). It is a decoy, a reward, and a thank-offering (like the grove in Calp. 2. 54–5 which Idas promises to a god who will return his Crocale). The language recalls a dedication to Priapus in Cat. fr. 1 *hunc lucum ... dedico*, but the words were no doubt familiar.

III. TO HIS FATHER ON THE BIRTH OF A SON

This poem is among the earliest of Ausonius' extant compositions, and perhaps the earliest of all. His wife Sabina seems to have died within the period 343–50 (*Par.* 9. 8), after bearing at least three children. She died at the age of 27 (*Par.* 9. 25), and thus cannot have had her first child before the early 330s. The poet's assurances of filial devotion, which suggest a date when the memory of Ausonius' absence at Toulouse with Arborius was still fresh, point the same way. Though addressed to his father—and the main purpose seems to be to anticipate any feelings of grandfatherly obsolescence—the poem was probably not intended solely for one *sermone impromptus Latio* (*Epiced.* 9).

In V the poem is found among the letters, but it does not have the form of a letter. There is a typical independence of traditional forms, as well as the strongly personal focus and the emphasis on moderation that characterizes much of Ausonius' work. The poet's skill in using alliteration (18, 24), in arranging words within the line (33–4), and in devising word-play (8, 31, 40) is already highly developed; if an early style is to be seen anywhere here it is in the tightly articulated elaboration of ideas and the rather intense repetition of certain words, notably *aevum, geminus/geminare, nomen, pius/pietas, reor*, and *tempus*, as well as those which denote family relationships.

Ausonius' delight in his son, like his happiness with Sabina celebrated in *Epigr.* 20, was soon cut short: the boy died in infancy (*Par.* 10).

1. credideram: cf. *Ep.* 22. 2 and Mart. 1. 42. 4, and the common *putaram*. The tense is not epistolary.

3. grates: used without a verb by PN *cc.* 17. 281, 27. 334, and Boeth. *Cons.* 1. *pr.* 6. 50.

    medioque: 'instrument', EW; but the next line suggests that the point is that the baby provides a new link between the *Ausonii*. For the sense of 'intermediary', cf. Sid. *Ep.* 7. 2. 7 and Const. *Vit. Germ.* 28. The notion that he is shared by both men (cf. Stat. *Ach.* 1. 590, Juvenc. 4. 17) may also be present.

9–10. Unless *accessit* in l. 3 is a scribal error, which is unlikely since it follows *magis* in l. 2 very aptly, the transposition of this couplet is unavoidable; the alternative is a clumsy parenthesis, as in Pastorino's text. In the new order *tua quo reverentia crescat* ('my reverence for you . . .') takes up *venerande* and *diligerere magis* in l. 2, and l. 10 is explained by the four lines which follow.

10. quid: V's *quod* is impossible.

5. ipse nepos: small as he is.

6. ambo patres: echoed perhaps in PN *c.* 21. 291, an elaborate description of relationships within the monastic family.

8. gemini . . . genitoris: 'a twin father', a deliberate paradox explained by *aequatus.*

11–12. isto nomine: 'with this name', as usual in A., or perhaps 'that name of yours' (cf. PN *c.* 10 [= App. B. 3]. 138). V's *iste* has little point, and *nomine* needs qualification.

13. dein: the best emendation yet offered for V's *bon*, this puts a strong emphasis on the second reason, which is to be treated at length. *atque* of the Lyons edition reads like a stopgap; Axt's *paene* is awkward because some connection is required between the two *quia*-clauses; Peiper's *non* would be a strange way to introduce the new theme.

    The difference in age was relatively small, perhaps no more than 20 years.

15–16. For *tantum . . . spatium* taken up by *quanta . . . tempora* cf. Cic. *Div. in Caec.* 41 *illius mihi temporis venit in mentem, quo die . . . dicendum sit.*

18. aevum nomina non onerant: names in themselves are no reason for feeling old.

22. utraque: for such prosody in A. cf. *Epigr.* 103. 2 (*utraque*) and *Epiced.* 8 (*eadem*); in Prud. *Per.* 3. 80 *utraque* so scanned occurs twice.

23. flueret, haec: for the lengthening of a syllable before *h* cf. *Hered.* 28, *Par.* 8. 17, *Prof.* 8. 9 (pentameter, hexameter, and sapphic hendecasyllable respectively).

27. hos: V's *hoc* is unlikely to be correct, because of *numeret.*

27–8. The sentiment may have been suggested by Stat. *S.* 5. 3. 254–5 *sed me pietas numerare dolorque non sinit*, or Ov. *F.* 2. 625, but the theme of *captatio* is treated in an original way. The ethical point is reinforced by the rare comparative *properantior* with its expressive short syllables, and by the zeugma in l. 28, which gives prominence to *testamenta.*

30. se: used for emphasis, as in PN *c.* 10 [= App. B. 3]. 65–6 and Vict. 1. 331.

31. primaevo: elsewhere in A. the word covers a wide range, from infants to young adults (as in *Prof.* 12. 1), but the variation between this line and l. 36 is remarkable.

supparis aevi: repeated from l. 13.

33–4. The idea of a son's devotion brings the writer back to the new child, in a couplet notable for its careful deployment of the words denoting the relationships involved. 'My sacred responsibility for your grandson persuades me that what I owe as a son should be added by me now that I am a father, so that we may revere the grandfather.' *patri* is best taken as a dative of the agent, giving with *natus* a neat contrast of the new father's roles; *nepotis* and *avum* at the ends of the lines provide a further contrast. A.'s own care for his son enhances his gratitude to his father, and this should be shown in their joint respect to the grandfather. The sentence is repunctuated by Sh. B. with a single comma at the end of l. 33, but his translation 'my affection for the grandson urges my duty as a son, so that I have to honour the grandfather in addition to the father' is awkward and opaque.

37. exiguum, quod: cf. Claud. 22. 236 (with *putat*) and the commoner *parum quod* (*Prof.* 15. 15); in other similar usages *quod* means 'what' (*TLL* v/2. 1472. 50–61).

40. Moderate desires are a theme of his father's obituary in *Par.* 1.

IV. EASTER VERSES

This short prayer, which on the evidence of ll. 25–7 should be dated between 371 and 375, probably preceded the *Oratio* by several years. It is the work of a devoted and informed Christian who is not afraid to apply his poetic talents to a demanding theme. Starting from the baptismal fast before Easter, the poem develops into an elaborate description of the Trinity and ends as a prayer for the imperial family. The exact context of the poem is not clear; it is not intended as part of the liturgical ritual, for no parallel of any kind can be found before Constantine Porphyrogenitus, *Book of Ceremonies* 1. 40, cited by Charlet (see below). Nor is it known what led Ausonius to grace the occasion with verse, as he did his consulship several years later. If there is any hint to be won from the puzzling words *proco dicti* in V's heading, they have yet to surrender it: the work was unlikely to have been written for a private individual, whether Probus (Heinsius), the consuls, or anyone else; if Ausonius had been referring to the consuls of 368 (P. Langlois in *R. Ph.* 43 (1969), 41 and others) he would surely have called them *Augusti*. Peiper's *Augusto* (explained in his apparatus) is not unreasonable, but the uncertainty remains. The poem may have been written to celebrate a baptism in the imperial family; Valentinian II, born in 371, was never baptized (Ambr. *De Ob. Val.* 51), but in any case an adult member of the ruling house would be a more likely candidate (see Jones, *LRE* 981).

In a recent analysis of the poem, entitled 'Théologie, politique et rhétorique: la célébration poétique de Pâques à la cour de Valentinien et d'Honorius, d'après Ausone (*Versus Paschales*) et Claudien (*de Salvatore*)', in *La poesia tardo-antica: tra retorica, teologia e politica* (Messina, 1984), 259–87, J.-L. Charlet has argued that Ausonius subordinates theology to politics, and that his Christianity appears 'très mondain et très opportuniste' as he uses his rhetorical ability to apply Trinitarian theology to the political situation. It is quite true, as Charlet points out, that there is almost nothing that relates to the paschal mystery, and that the poet's interest in the figure of Christ is confined to his position within the godhead, but in a poem where the focus is on baptism—a point seemingly missed by Charlet and all commentators since Tollius (p. 795)—the emphasis on the Trinity is entirely appropriate. This emphasis is not the result of political calculation; the lines about the imperial house, prominent and striking as they are, have been over-emphasized and misunderstood. As explained below, Ausonius is not setting up an earthly trinity (since the Augusti as there described are four in number). The stylistic elaboration of the whole poem does not betray a lack of commitment to the ostensible theme; on the contrary, it dignifies it. Such artistry is matched in the *Oratio* (*Ephem.* 3), which was an important part of the writer's self-presentation and was taken as a model by later Christian poets.

Like the *Oratio*, the poem is carefully constructed (see M. Swoboda, *Eos*, 69 (1981), 88). There is a central core of detailed theology, emphasized by the threefold anaphora of *tu*, a device also used to effect in the *Moselle*; the word introduces sections of two, four, and then six lines. Thematically speaking, the setting is presented in ll. 1–5; ll. 6–11 make an imposing address to the God of the universe; ll. 12–15 sketch the development of salvation after the Fall; ll. 16–19 and 19–23 introduce the Son and Holy Spirit, leading to the theme of baptism and a confession of faith. The final section, emphasized by such devices as the weighty line-endings (25, 28) and carefully balanced lines (28, 30), leads into the final prayer. In some important ways the poem anticipates Claudian's *De Salvatore* (*c.m.* 32), which takes the Incarnation as its main theme and adds a couplet wishing Honorius many more celebrations of Easter: see Charlet 274–87.

1. **salutiferi:** used of Aesculapius by Ovid (*M.* 15. 744) and of other deities in inscriptions cited in *OLD*. The word is quite common in both pagan and Christian writers.

    sollemnia Christi: A. mentions Easter elsewhere in *Epp.* 2. 9 *sollemnia paschae*, 4. 17 *sanctum . . . pascha*, in connection with his private worship at Bordeaux.

2. **pii celebrant ieiunia mystae:** the language is thoroughly classical (cf. Ov. *F.* 4. 536–7 *ieiunia . . . mystae*; Sen. *Herc.* 847 *noctem celebrare mystae*), but the reference is to Christian baptism, which took place at Easter after catechu-

mens had fasted for several days (*RAC* vii. 481). The borrowing of *mystae* was not common among Christian writers; the word is used respectfully of a devout Christian in Jer. *Ep.* 66. 9. 3 (in its Greek form), but scornfully in Ruf. *In Or. Greg. Naz.* 1. 49. 2 (CSEL 46. 40), *Hist.* 2. 13. 8.

3–4. There is a mild contrast in *at nos* (cf. *Praef.* 4. 4, *Prof.* 13. 11); what follows may express the same distrust of ceremony that A. professes in *Ephem.* 2, but in this public context is more likely to refer to regular year-round worship. It is not known if or when A. was baptized—the word *intemeratorum* might indicate either the avoidance of post-baptismal sin or purity attained without baptism—but the evidence of the *Oratio* suggests that he was not.

4. intemeratorum: cf. Verg. *A.* 3. 177–8 *munera libo intemerata focis,* an apposite quotation. The word is similarly deployed in Stat. *Th.* 2. 724 *intemeratarum volucer rapit axis equarum.* It recurs in *Ephem.* 3. 46 but is very rare in other Christian writers; Rufinus uses it rather similarly at *Hist.* 5. 24. 2 *intemeratum paschae colimus diem.*

5. sacris: 'rites', as often in A.; there is not a contrast with *nobis.*

6. magne pater rerum: again essentially classical (for *pater rerum* cf. Verg. *G.* 4. 382 and Sen. *HO* 1587), but also used by Juvenc. 1. 16 and PN *c.* 6. 1.

   terra et pontus et aer: cf. Lucan 9. 578 *estne dei sedes, nisi terra et pontus et aer?*

7. Heaven (cf. *Ephem.* 3. 38–9) is added to the traditional fourfold division (Verg. *A.* 12. 203–5), and colourfully presented as in *Ephem.* 3. 12. Ovid used *pictos* of the rainbow (*M.* 14. 838); for *plaga lactea caeli* cf. Stat. *S.* 1. 2. 51.

8. plebis: so most of the manuscripts; the form is matched by *ratis* in *Pater ad Fil.* 5. Both passages are notably elevated in tone.

8–9. almaque . . . piarum: the saints above (cf. *CE* 740. 4, Prud. *Per.* 5. 287; and the religiously neutral *Par.* 4. 29). There is a slight contrast in *rursum*: it would be wrong to emend to *sursum*, which is used in a moral sense, mainly with *corda*, as in the liturgy.

11. donas: this reading may well be correct in spite of the awkwardness with *finem*; the zeugma would not be untypical (cf. *Ad Patrem* 28). Schenkl's *redimis* is quite unlikely for metrical reasons; if emendation is needed, then *cumulas, pensas,* or perhaps the palaeographically similar *claras* would be preferable.

12. mites legum monitus: the position of the phrase suggests the law of the Old Testament, regularly linked with the prophets, but *mites* may refer to its reinterpretation in the New (cf. Matt. 11: 29–30). The plural is unusual in this context—in a fragment of Hilary (CSEL 65, p. 87. 18) it refers to the whole of Scripture—and should be seen as an example of A.'s independence in religious matters.

13. nepotes: cf. *Ephem.* 3. 34–5 *nos sera nepotum semina* (of his own generation).

14–15. The story of Adam and Eve is also found in *Ephem.* 3. 33–6. Here the omission of the serpent is remarkable, especially as the words *venenis,* *implicuit*, and *blandis erroribus* clearly point to it. Since he later went so far as to see the serpent as an *insidiator* who could lay traps (*Ephem.* 3. 36, 78) it is unlikely that he found the image embarrassing, but here he may be treating it as an allegory and transferring the serpent's role to Eve.

16. natum: the manuscripts have *verbum* here and *natumque deumque* at the end of the line. It is then hard to see why *similemque paremque* are masculine; sometimes A. seems to hesitate between synonyms of different gender (*Ep.* 3. 22), but never so drastically as this. The emendation gives a typically neat juxtaposition in *natum pater*, and the collocation *verbumque deumque* is close to the Johannine Christology by which A. is clearly influenced (John 1: 1; *Ephem.* 3. 9).

   pater alme: the phrase and its influence are discussed on p. 269 of Charlet's article, and in his book *L'Influence d'Ausone sur la poésie de Prudence* (Aix-en-Provence and Paris, 1980), 46–7.

17. totum: the point is made more fully in *Ephem.* 3. 28.

   similemque: Greek ὅμοιος, the key word in Arian Christology, which Valens favoured; but the context makes clear that this is not A.'s allegiance. In the *Oratio*, probably subsequent to the Council of Constantinople, A. is carefully and emphatically orthodox (8–16).

18. The first phrase in this line derives from a clause of the Nicene Creed (quoted on *Ephem.* 3. 82), the second is an original variation of the words *genitum, non factum*. The notion may have been suggested by John 1: 4 *in ipso vita erat*, and the point is an apt one in the context of baptism and the Fall: cf. *immortali* in l. 21.

19. *unum* emphasizes the activity of the Holy Spirit (John 14: 16–17), which is then described in words appropriate to the baptismal context.

20. Cf. Gen. 1: 2 *et spiritus dei ferebatur super aquas* (also paraphrased in *Ephem.* 3. 48). Pastorino draws attention to a similar allusion to Creation in the *benedictio fontis* in the sacrament of Baptism; the history of the modern form is traced in *DACL* s.v. Bénédiction de l'Eau.

21. Baptism is expressed in predominantly Christian language. For *immortali* cf. Firm. Mat., *De Errore* 18. 2, 18. 8, and 21. 3 (of the eucharistic elements); *lavacro* is the biblical (Titus 3: 5) and 'popular' word, which was not generally replaced by *baptisma* until after Augustine's time (C. Mohrmann, *Études sur le latin des chrétiens* (Rome, 1961–5), ii. 26, iii. 49–50). The verb *vegeto* was used in a similar sense by Apuleius in *M.* 11. 1 and at *De Mundo* 10, and later by Augustine of the spirit giving life to the body (*Serm.* 268. 2, *Tr. in Ioh.* 27. 5, 6).

23. iunctis virtutibus: the virtues of the believer, which are prominent in the *Oratio*, and not the powers of the Trinity (EW).

24–5. Cf. Verg. *G.* 2. 241 *tale dabit specimen*, but here *specimen* is 'likeness' or 'approximation' as in *Par.* 23. 2. The point of the comparison, summed up in l. 28, is the essential unity, unaffected by the distribution of power, in both the Godhead and the imperial family. In *Pan. Lat.* 7(6). 5–6 a similar point is made about the division of power; there Maximian is compared to the ever-giving, never-failing ocean.

25. geminum sator Augustorum: a remarkable and imposing phrase. A. often uses the alternative form of the genitive plural, but elsewhere perhaps only in accordance with precedent (*Danaum*, *deum*, *Italum*, *superum*, *virum*: see on *Ephem.* 8. 19). The word *sator* ('father', like *genitor*) is chosen because of its poetic colour and also perhaps to hint at a comparison with deity. It is followed by the second of three spondeiazon endings within six lines, a most unusual concentration.

The second son, named Valentinian like his father, was born in 371 and not in fact made Augustus until after his father's death in 375; there is a tactful independence of strict detail as in *Mos.* 450.

26. fratrem: Valens, with whom Valentinian on his accession shared his power (Amm. 26. 4. 3).

natumque . . . utrumque: Gratian and Valentinian II, the two Augusti already mentioned; they had no specific territorial responsibility. EW, Jasinski, and Pastorino find it necessary to ignore *utrumque*; this in A. regularly means 'both' (e.g. *Epiced.* 5, ibid., *praef.* 5, *Prof.* 20. 5), and here must qualify *natum* and not *regnum*, which would be extremely difficult.

28. omnia solus habens: cf. *Mos.* 31 *omnia solus habes*.

29. trina pietate: their devotion to their three partners is threefold; the phrase also alludes to the triple holiness of the godhead. In *Grat. Act.* the *pietas* of Gratian is mentioned constantly.

30. caelique ministros: a development of the Pauline notion that a judge or magistrate is *dei minister* (Rom. 13: 4). There is no evidence to show how Valentinian and the other emperors saw themselves in this respect, but the concept seems more restrained than that of the *rex* as *vicarius dei* (Ambrosiaster, *Quaest.* 91). Valentinian also had a moderate attitude towards the authority of bishops; see Sozomen 6. 7, quoted by S. L. Greenslade, *Church and State from Constantine to Theodosius* (London, 1954), 29.

31. Almost identical with *Ephem.* 3. 80.

V. AN OBITUARY OF HIS FATHER

Ausonius senior (henceforth called Julius to avoid confusion) died in 377 or 378 (see on 45–6), and doubtless this poem was written shortly afterwards. Like the *Parentalia* it has a short, unaffected introduction in prose, written for the general reader when the poem was incorporated with the rest of Ausonius' works. It seems that the poem began as an *elogium* composed to stand beneath the *imago*, in the traditional way (cf. Liv. 4. 16. 4, 8. 40. 4); although somewhat longer than might be expected it has nothing except the title in common with the *epicedia* of Statius (*S.* 2. 1, 5. 3, 5). Ausonius disclaims any intention to entertain by giving a *laudatio*, and it is comparable with some of the better sepulchral epitaphs. In its expression of an ethical standpoint it recalls some of Martial's poems (2. 90, 10. 47), but in its detailed portrayal of a doctor's standards (the later poem on a doctor by Leontius Scholasticus (*AP* 16. 272) is very brief) and in the mixture of pagan and Christian ideals, at many points indistinguishable, it is unique. These ideals and the emphasis on personal contentment are of course those of the writer, and one cannot tell if his father shared them; success had come to him very late, and the circumstances of his earlier life may have been adverse. His brother Contemtus (*Par.* 7. 3) looks like a very different character. For the general picture of contentment (and also the form of the poem) the inscription of the 'Harvester of Mactor' from Central Tunisia offers a rare contemporary parallel (*CIL* viii. 11824). The address to the reader is common; cf. *AP* 7. 460 (Callimachus); Lattimore 267–75.

The preface is transmitted by V only, the rest by both V and Z. Z lacks ll. 13–16, 19–26, 29–34, 39–40, and 43, but has a couplet of its own in ll. 35–6. There are differences of reading in ll. 28 and 38, which are here explained not as authorial variants but as scribal corruption of various kinds. It looks as if the abridgement of the poem by the omission of eighteen lines preceded the interpolation of ll. 35–6, and the loss of ll. 39–40 followed from the error in l. 38.

The poem may be divided into four main sections. Lines 1–16 present Julius' personal life (name and domicile, professional standing, medical principles); 17–36 his ethical standards (mainly personal in 17–24, mainly social in 25–36); 37–52 his family and its most eminent member; 53–62 his death, with an epigrammatical farewell and summary in 63–4.

There is a translation of the poem into German by A. Önnerfors in his *Vaterporträts in der römischen Poesie unter besonderer Berücksichtigung von Horaz, Statius und Ausonius* (Stockholm, 1974), with copious footnotes and a discussion of the structure at 143–8.

Preface

2. hanc summi dei venerationem: the *Versus Paschales*. The work which immediately precedes in V is the spurious prayer in rhopalic verses (App. A. 2).

3. titulus a Graecis auctoribus: see *RE* vi. 112–13 and *OCD* s.v. epicedium. The Latin word is very rare.

4. non ambitiosus sed religiosus: the preface to *Par.* makes a similar point. A. does not seek praise either for his poem or for his father; in the words of *Prof.* 25. 5, *viventum illecebra est laudatio.* He is thinking of the *laudatio funebris* or perhaps the *epicedia* of Statius (*S.* 2. 1, 5. 3, 5).

8–10. falsum . . . existimo: the two sins against faithful description are falsehood and omission; cf. Amm. 31. 16. 9, echoing the 'laws of history' of Cic. *De Or.* 2. 62, and *Querolus*, p. 11. 22–3 Ranstrand.

9. morte eius obita: *eius* should probably be retained, although it makes the phrase difficult, and is repeated in *eiusdem* (l. 9); a general statement is unlikely in the context.

eiusdem piaculi: 'equally sinful'. Cf. Salv. *De Gub. Dei* 3. 57 *immanis piaculi crimen*.

11. seriem: this is the only place in which A. mentions a collection of his works. It is impossible to divine exactly what was included.

alia omnia: there is a similar note of self-criticism and dissatisfaction in the prefaces to *Par.* and *Cup.*

12. relegisse: the perfect infinitive with *amo* is rare; cf. Hor. *S.* 1. 10. 60, Sil. 2. 72.

1. The brevity is characteristic, and reminiscent of the personal introduction in *Praef.* 1. 1. The absence of any reference to Julius' father here and in *Par.* 1 is very surprising, and strongly suggests that there was something to conceal (Green 24, Hopkins 241).

nomen: 'by name', a peculiar usage of A.; cf. *Ep.* 3. 19 *Burdigalensia nomen*. It is not to be explained by ellipse of such a word as *habeo*, which does not occur in his work, or by the influence of Greek ὄνομα, an idiom which he may not have known, but by the analogy of *genus* in such phrases as *Cressa genus* (Verg. *A.* 5. 285) and *clarusque genus* in a contemporary epitaph (*CIL* vi. 1756 b 5): see C. F. W. Mueller, *Syntax des Nominativs und Accusativs im Lateinischen* (Leipzig and Berlin, 1908), 112. The reading *nomen Achaemenides* in Verg. *A.* 3. 614, known to Tiberius Donatus, may also have contributed.

ultimus: rarer in this sense than *infimus* (T), this is guaranteed by the contrast with *primus*.

2. nosses: the combination of moods is not a difficulty. C's *nosces* is impossible; T's *quaeris* gives inferior sense and is clearly interpolated. A. is thinking of the reader whose memory might not reach back that far.

The general level of medical expertise in Julius' day is not easy to assess, but A.'s statement may be accepted. In Eunapius' praises of doctors (*VS* 499), there is only one from Gaul, and he is barely mentioned. In contrast to the generally favourable attitude of Jerome (A. S. Pease, *HSCPh* 25 (1914), 73–86), the comments of the locally born Paulinus of Nola (*c.* 20. 257–63) seem rather sour, even allowing for their rhetorical context; and the writings of Marcellus Empiricus, a compatriot and younger contemporary, are, in the words of *OCD*, 'a semi-insane assembly of folly and superstition'. See also Haarhoff 87–9.

3. patriaque domoque: cf. *Mos.* 440 and Ov. *Her.* 12. 161, where the words are part of an ablative absolute.

5–6. *curia* and *senatus* both denote the town councils of Bazas and Bordeaux; they are synonyms, as in *Mos.* 401–2. Julius seems to have enjoyed some kind of honorary status; doctors were exempt from the arduous and unpopular tasks of a *curialis* or town councillor, as laid down in the earlier laws in *C. Th.* 13. 3.

7. Perhaps this point was prompted by the repute of *curiales* as either oppressed or oppressors (Jones, *LRE* 755–7).

parcus: cf. *Prof.* 1. 33–4 and 15. 9.

8. habitum: the medical profession was conscious of dress (ps.-Hippocrates, *Precepts* 10); as was society in general. For the church cf. Jer. *Ep.* 52. 9, PN *Ep.* 29. 12, and for the government *C. Th.* 14. 10. 1 and Amm. 30. 8. 10 (Valentinian I hated the well-dressed). A. shows his sensitivity to it in *Ep.* 24. 62, and in *Ordo* 119; see also *Ephem.* 3. 66 and *Grat. Act.* 36 *victum vestitum supellectilem munda.*

eadem: probably the accusative plural (like *munda* above): for the scansion cf. Prud. *Per.* 1. 3 (*eadem*), *Ad Patrem* 22 (*utraque*). The ablative case seems unlikely: parallels are very rare (*TLL* vii/1. 208. 63–6).

9–10. This may mean that Julius had not acquired the degree of eloquence and articulacy in Latin (*impromptus* is coupled with *infacundus* in Liv. 7. 4. 5 and *promptus* with *facilis* in Suet. *Tit.* 3. 2) that was required by protocol and for which Aquitaine was famous (Sulp. *Dial.* 1. 27); but there may be *suppressio veri* here, and it is quite possible that his native language was not Latin. His Greek was evidently not much better (for *sufficiens sermo* cf. Amm. 16. 5. 7, Julian's Latin), but evidently good enough for professional purposes. (As in *Ep.* 20*b*. 4 *sermo Dorius*, the reference is not to a particular dialect.) His native language was probably Celtic, for which there is contemporary evidence in Sulp. *Dial.* 1. 27. 1–4, Paul. Petr. 6. 99, Sid. *Ep.* 3. 3. 2; see also J. Sofer, *Zeitschrift für keltische Philologie*, 22 (1941), 93–132 and R. MacMullen, *AJP* 87 (1966), 14–17.

11. obtuli opem: such elisions are rare in A. (Green, *Paulinus*, 110–11).

inemptae: 'natural' according to Önnerfors, by whom the word is carefully discussed (pp. 124–5 n. 107); but 'freely given' would have more point.

13–14. The omission of ll. 13–16 in Z is not likely to be the result of error (such as confusion of *officium* in ll. 12, 15); deliberate abbreviation is more probable.

14. ipse mihi numquam . . . placui: cf. *CE* 1988. 16.

15–16. 'I distributed my services among many, with different attention according to their rank, requirements, and conditions.' *persona* recalls the biblical phrase *personarum acceptio* (Eph. 6: 9; Jas. 2: 1; cf. Largus, *Ep. Ded.* 7); *tempore* echoes the emphasis on opportune treatment in ps.-Hippocrates, *Precepts* 1; *meritis* could mean 'social status', as in *Protr.* 94, but, since the point has been already made, 'requirements' seems more likely. Although Julius has stated that he served everyone, following the aim of Valentinian I (*C. Th.* 13. 3. 8) that doctors should attend to the poor as well as the rich, there was scope for diversity of treatment, as assumed by Plin. *Ep.* 8. 24. 5 and Origen, *Cels.* 7. 59.

For medical ideals in general, see A. R. Hands, *Charities and Social Aid in Greece and Rome* (London, 1968), 131–41.

17. litibus abstinui: a traditional feature of the quiet life, e.g. Mart. 2. 90. 10, 10. 47. 5. The early Christian experience was rather different (Min. Fel. 28, Tert. *Idol.* 17. 3).

   non auxi, non minui rem: Hor. *S.* 2. 6. 6–7, schol. Juv. 1. 95.

18. indice: active delation, in contrast with *teste*. T's *iudice* is an obvious error.

19–26. These lines are omitted by Z, in spite of the close connection of ll. 25–6 with 27–8. The similarity of ll. 18 and 27 may have impressed the reviser more.

20. 'I regarded speaking falsely and swearing as equally bad.' Oaths of any kind were disapproved by various schools of thought: by Pythagoras (DL 8. 22) and Epictetus (*Ench.* 33. 5), as well as Christians (Lact. *Epit.* 59. 1, Aug. *Ep.* 47. 2, *Serm.* 180). It is true that the oath might still be required in public life (*C. Th.* 2. 9. 3, of 395), but Julius is presented as an 'over-achiever' (to use current parlance).

21. sibi non, non . . . : found in the same position in the line in the different context of Hor. *S.* 1. 4. 35.

23–4. A similar sentiment is implied in *Prof.* 5. 27 *tuumque mavis esse quam fati bonum*. Fate and the divine are virtually synonymous to A. (*Par.* 8. 13–14).

25. 'Not a toady, not a gossip, seeing only what was in front of my eyes.' Marx's translation (*Rh. M.*, NF 80 (1931), 392) of *obvia cernens* as 'ich sah die Hindernisse' is far less suitable. *occursator* is not attested elsewhere, but *occursatio* is found in Cic. *Planc.* 29, *Mil.* 95, and denotes the enthusiastic and self-interested support of a political candidate.

26. valvis et velo condita: these words have a proverbial ring, as Önnerfors suggests, and Themistius' words προθύρων καὶ παραπετασμάτων (*Or.* 11. 142C, dated to 373 or 374, in a similar context) may be further evidence of it.

28. veram si scierim: Z has *vera si qua fuit*. The unmetrical *vera*, although it has had its defenders, is presumably a corruption of *veram*, and this version should not be rejected on metrical grounds; but V's *si scierim* is more logical than *si qua fuit*, and the verb can be paralleled by Quint. 1. 2. 7 *gaudemus si quid licentius dixerint*.

   The couplet refers to the penultimate clause of the Hippocratic Oath.

29–30. Z omits ll. 29–34. Although *saut du même au même* might seem a likely cause (cf. *irasci* in 35), it is difficult to believe that the couplets 29–30 and 35–6 ever stood together, and it is much more likely that ll. 35–6 were interpolated in Z after the loss of ll. 29–34.

30. bonis hominum: 'the things men count good' rather than 'other men's goods'; A. would surely have used a stronger word than *falsa* to condemn that, and it is more in keeping with the image of almost puritanical contentment.

31–2. 'I always avoided cabals, forswore seditions and false friendships with the great.' *fictae* must be taken as an adjective, unlike *vitati* and *eiurati*, and *semper*, in spite of the word-order, should apply not to *fictae* but to the main verbs (cf. *Ephem.* 3. 67, *Protr.* 41, Hor. *c.* 2. 8. 15), for A., apparently the friend of three emperors and the intimate associate of one of them, could hardly have spoken, or made his father speak, of 'friendships with the great, which are always false'. Yet that is the plain sense of the words, and there may be corruption. If so, the solution is unlikely to be Bickel's emendation φυκταί (*Rh. M.*, NF 86 (1937), 287–8), recalling the theme *vive et amicitias regum fuge* of *AL* 407–8 Riese (403–4 Sh. B.); the Greek word here is improbable, and the philosophy quite unexpected. Perhaps the couplet is a later addition; there is little here that was not said in ll. 21–2. In that case V as well as Z has suffered interpolation here.

The phrase *principum amicitiae* is borrowed from Horace (*c.* 2. 1. 4).

33–4. Also Horatian: cf. *vitavi denique culpam, non laudem merui* (*AP* 267–8, of poetry), and *quid leges sine moribus vanae proficiunt?* (*c.* 3. 24. 35–6).

35–6. 'Quick to anger, I have always hastened to check my impulse and have inflicted penalties on myself for my capriciousness' (*levitas* is paired with *iracundia* in Cic. *Sest.* 141). This couplet, which recalls Hor. *Ep.* 1. 20. 25, does not fit the picture of an effortlessly self-controlled man which pervades the poem (even in Z's shorter version), and should be rejected. There is a clear contradiction with l. 29 *ira procul*. . . although editors before Pastorino were happy to admit it into their text; its position too is surprising. It might conceivably be an expansion of ll. 29–30, truncated by haplography to *ira procul*.

37. lustra novem: probably 45 years, but there is no decisive use of *lustrum* to be found in A.'s works, and he seems to be inconsistent. In *Ordo* 69 he refers to a five-year period; in *Fasti* 4. 5–6 a *lustrum* is equivalent to an Olympiad. In *Epigr.* 13 Anicia lived for less than four *lustra*; the title, which is probably not A.'s, gives her 16 years, and this certainly has more point than 20. In *Caes.* 19 it is not certain whether Augustus' reign is reckoned from 43 or 31 BC; the former is more probable, making the *lustrum* five years.

sine crimine: a common claim on gravestones: see Lattimore 290 and G. W. Williams, *JRS* 48 (1958), 24 n. 31. It is followed by the equally conventional *concors*—not Z's *consors*, defended by Seeck, *GGA* 149 (1887), 509 n. 1, which would be unparalleled and is a frequent corruption (*TLL* iv. 486. 26–7). Nothing is said of A.'s mother, a very shadowy figure even in *Par.* 2.

38. unum: the position of this word emphasizes Julius' sense of rectitude in marrying only once. This was a common ideal: cf. Plut. *Mor.* 289B (*Quaest. Rom.* 105), Amm. 25. 4. 2 (Julian) *inviolata castitate enituit*, Aug. *De Bono Viduitatis*, Sid. *Ep.* 7. 9. 18; *RAC* iii. 1016–24, M. Humbert, *Le Remariage à Rome* (Milan, 1972), 59–75, 307–26.

quattuor edidimus: Z's reading *tris numero genui* is a gross error; see ll. 39–41 and 47. It is very difficult to believe (though Seeck and Pastorino did so) that A., such a thorough enumerator of people and things, could forget a sibling, even Aemilia, who died *vix nota mihi* (*Par.* 29. 1); he surely did not need to be reminded of this by his 'research' for the *Parentalia* (Bowersock). The most likely explanation of the variant is careless inference from ll. 39–41, if 39–40 were still in place, or perhaps misunderstanding of ll. 41–7 (*maximus . . . natum . . . filia*, where *natum* does not refer to a son of Julius).

39–40. The omission of this couplet by Z is not easy to explain, except as an accident. It is not likely to be deliberate, as Z's earlier omissions may be, though conceivably it was rejected in a vain attempt to improve the mathematics, if *tris* was already present. It refers to Melania, a year older than A., lamented in *Par.* 29, and the last-born child, Avitianus (*Par.* 13), who had followed his father's profession with great promise (*non rudis*) until his early death.

41. maximus ad summum columen: the writer himself, eldest of those who survived infancy—but the meaning 'greatest' may also be intended. The more forceful word order *maximus ad summum* (VCK) and the form *columen* (VK), which is commoner than *culmen* in A. (cf. *Prof.* 1. 1, *Ep.* 9*b*. 23, 21. 56, a quotation) should be preferred. The phrasing is similar to that of *Praef.* 1. 35 (*culmen honorum*), and the next line identical with *Praef.* 1. 36.

43–4. A. takes the opportunity to give a character-sketch of himself, stressing qualities that recur often in *Par.* and *Prof.*, as does the rather dry method of enumerating them.

44–5. 'A father to his father in mind and spirit'. The manuscripts (misreported by Prete) have *pater*, and there is no reason to accept Peiper's *puer*, as Jachmann and Prete do; there is a neat contrast between *in genitore* and *pater*, and cf. *Caes.* 95 *mente parens*. The ablative *genitore* is not analogous to such idioms as *in rege tamen pater est* (Ov. *M.* 13. 187) cited by Önnerfors, but is used in place of the accusative, as often (see Hartel's index to Paulinus s.v. *in*).

45–6. A.'s son was Hesperius, and his son-in-law Thalassius, whom his daughter had married after the death of Euromius, himself an eminent man (*Par.* 14). Both son and son-in-law were proconsuls of Africa; Thalassius succeeded Hesperius there probably in 377 (see *PLRE* i. 877–8) after being *vicarius* of Macedonia. Hesperius subsequently became prefect of Gaul, and was in post by early 378 (*PLRE* i. 427–8). This prefecture, which for some months was shared with A. (cf. l. 42), is not mentioned, either in the interests of brevity or because Julius did not live to see it. The exact date of his death cannot be determined. The 'certain hope' of A.'s consulship is no guide, as it could have been entertained long before he took up the office (cf. *Mos.* 451 and *Prec.* 2. 41–2, which alludes to Gratian's later consulship). It would not be surprising if in l. 42 A. had anachronistically obtruded his own prefecture, which did not begin before August 378 (see *PLRE* i. 140); in which case Julius may well have died in 377, not 378.

47-8. filia: the last child of Julius' marriage, Dryadia, who lost her husband at an early age (*Par.* 12 and 15).

49. nati: probably Arborius, mentioned very briefly (because he was still alive) in the heading of his wife's epitaph (*Par.* 16); their other known son, Herculanus, was no credit to them (*Par.* 17, *Prof.* 11). Arborius was *comes sacrarum largitionum* in 379 and prefect of Rome in 380; he is mentioned as a Christian by Sulp. *Vit. Mart.* 19. 1-2, and perhaps in Ambr. *Off.* 3. 48. For a fuller discussion see on *Par.* 15. 9 and *PLRE* i. 97-8, Seeck, *Hermes*, 18 (1883), 296, Green 21-3, and Booth, *Career*, 333 n. 17, with objections that are sound but not inescapable.

generique: Paulinus, the husband of Dryadia's daughter Megentira (*Par.* 24); he rose to be a governor of Spain (ibid. 11-12).

progeneri: this relation may be the husband of the surviving daughter of the above-mentioned Paulinus (*Par.* 24).

simul omnium: 'all together', emphasizing the results of his powerful patronage. A.'s hexameters rarely end with two disyllabic words in this way. For the synizesis, cf. *Ephem.* 8. 19.

50. vidit: she may well have died by this time; she lived to the age of 60 (*Par.* 12. 11). *Pace* Booth, *Career*, 333 n. 17, nothing here implies that she survived her father.

51. nec detrectator honorum: a surprising and deliberate contrast to the hero of conventional panegyric who professes hesitation and unworthiness to accept recognition and responsibility (Claud. 17. 245, PN *c.* 6. 93, *Pan. Lat.* 2(12). 12. 1-2), like some in real life (*Expositio Totius Mundi* 55 (SC 124. 194)).

52. The allocation of such an important office (cf. *magni* and the pompous *nuncupor*) as the prefecture of Illyricum to an inexperienced man of over 80 calls for explanation. It was probably not honorary (E. Stein, *Byzantion*, 9 (1934), 338-9), because the sphere of command was specified, but may have been so bestowed in an attempt to check the influence of Petronius Probus, which had covered Illyricum, Italy, and Africa from 368 to 375, or to secure Illyricum for Gratian. He may have held it for a few months only in 377 (see Green 24).

53. But cf. *Par.* 1. 7 *non quia fatorum nimia indulgentia.*

54. numine adorato: cf. *adorato dei numine* in *Grat. Act.* 63 (of daily worship) and Amm. 25. 3. 19 *sempiternum veneror numen* (of the dying Julian). Since the first words of this work (*Post deum*) it has been implied that he was a Christian.

vitae obitum: this reading (V) is the most likely. KLT's *habitum* gives no sense; C's *abitum* gives an expression not attested at this time. The repetition of *vitae* in l. 55 is no problem (cf. *amni/amnis* in *Mos.* 198-9); the phrase *vitae obitum* is difficult, but *obitus* may here be taken as equivalent to *finis*. Schenkl's *mitem* (from his apparatus), for which one might adduce *miti obitu* in Tac. *A.* 3. 19. 3, is palaeographically close but would be redundant before the next couplet. The point is surely that Julius sought death (presumably in prayer) before illness, injury, bereavement, or other misfortune could intervene.

55. inviolabile: 'inviolate', with no notion of potentiality; see on *Ephem.* 3. 23.

56. admorsu: Z's reading is commended against V's *morsu* by the word's relative rarity (but cf. Verg. *G.* 2. 379), and by Symmachus' use of it in *Ep.* 1. 31. 2, a letter sent to A.; for this phenomenon cf. *Ephem.* 6. 4 and *Ep.* 1. 9. It alludes to the metaphorical tooth of envy, a force to which various misfortunes are ascribed (e.g. *Par.* 4. 7, 10. 6, *Prof.* 13. 10).

57–8. Hope, desire, and fear, all inspired by the uncertainty of the future, are no longer his concern.

59–60. Careful arrangement of words enhances the picture of a well-planned funeral and a calm approach to death. For the phrasing of l. 59 cf. Hor. *c.* 3. 5. 47 *interque maerentis amicos.* In l. 60 *iacui* (Z) captures his last moments; *tacui* (V) would be a unique equivalent of the euphemism *quievit.*

61. nonaginta annos: according to *Par.* 1. 4 he lived for twenty-two Olympiads. Either phrase (or both) could be a round number, demanded by metre.

62. officiis: 'bodily functions', as in *Ephem.* 3. 68–9 *cuncta quietis fungantur membra officiis.*

63. haec quicumque leges: this address to the reader, typical of epitaphs and common in *Par.*, was probably made when the poem was added to the *opusculorum . . . series.*

   aspernabere: like *tu ne temne* (*Praef.* 1. 39), an ironically deferential command not to despise the perfect life of the deceased. His epitaph in *Par.* 1 ends with an equally grand tribute, also epigrammatically expressed.

VI. ON HIS LITTLE INHERITANCE

This poem is found only in V, where it stands between two quite unconnected poems *de ratione puerperii maturi* (*Ecl.* 25) and *Versus paschales* (IV). It is preceded by an introductory note which refers to Ausonius in the third person; this is not his manner, and as in VII must be the work of an editor. We are told that the poem was written on Ausonius' return from the imperial palace as consul; the date is probably the latter part of 379, after he had delivered his *Gratiarum Actio* in Trier. He is known to have been in Bordeaux during that year (Paul. Pell. *Euch.* 48–9).

   The work begins with a touch of the *epibaterion* by addressing the estate and expressing his mixed feelings at having inherited it. Half-way through, the poem develops into a statement of his moderation, based on the very dubious premiss that this is his only property (see below). In its treatment of the theme of wealth and character the poem may be influenced by Stat. *S.* 1. 3, a poem which he knew well and drew on in his *Moselle*, but the ethical tone is that of Horatian *sermo* (cf. *S.* 2. 6, *Ep.* 1. 16, *Ep.* 1. 18. 108–12). Along with the regular features of his simple style—frequent ellipse, assonance, plays on words—there are other, less common features: archaisms (12 *nihilum*, 18 *potis es*), unusual endings to the hexameters, and a Greek phrase (also used by Juvenal). It may have been these things that led the editor to call the style Lucilian; perhaps Ausonius himself had so described it. Elsewhere he appeals to Lucilian precedent for his tmesis in *Ep.* 15. 36, and seems to quote a phrase of Lucilius in *Epigr.* 73. 8. Like Lactantius (*DI* 6. 5. 2–3) and Jerome (*Ep.* 7. 5), he probably gained his knowledge from an anthology or from isolated quotations.

The *herediolum* was almost certainly located at or near Bazas, close to the Garonne (cf. ll. 25–6). Ausonius' father, who at least initially was not rich, lived there (*Epiced.* 4), and in *c.* 10 [= App. B. 3]. 248 Paulinus implies that Ausonius later lived there too. The same passage also indicates that Ausonius (a decade later) owned or at least had access to several villas, as seen by Étienne 351–61. In *REA* 62 (1960), 113–26, A. Loyen refutes the contention of P. Grimal in *REA* 55 (1953), 113–25 that he possessed only a single villa, but may put the number of villas too high since like Étienne he ignores the possibility that some of the references in his list (124–5) could refer to the same villa. The conclusions of P. Bistaudeau (*Caesarodunum*, 15 bis (1980), 477–87) about the location of this villa and others depend on a rather incautious treatment of the evidence.

Introduction

2. villulam: the diminutive (cf. Hor. *S.* 1. 5. 45, 2. 3. 10) matches the title *herediolum*, but was also used of substantial properties; in the *Life of Melania* 1. 18 (Latin version) sixty *villulae* have 400 slaves each.

lusit: A. restricts the word to humorous or light-hearted compositions, which this is not. The writer used it in the sense of a literary exercise.

2–3. Luciliano stilo: the word *Lucilianus*, here restored by Scaliger from *Luciano* in V, is often corrupted; see L. Mueller, *Lucilius* (Leipzig, 1872), 126–7, 147, Petr. *Sat.* 4. No other emendation has such probability: a reference to one of A.'s villas in *Lucaniaco* goes ill with *stilo* (Poelman; Axt suggested the impossible *villa*, an ablative in apposition); Brandes's *Lucano* ('Horatian', because Horace is *Calaber* in Mart. 5. 30. 2, 8. 18. 5) is too obscure, and the various suggestions of Dezeimeris, such as *cyanostylo*, too fanciful.

1. maiorum regna meorum: although *regnum* here signifies possession, as in Verg. *E.* 1. 69, Vict. 1. 306, rather than size, there may well be irony in its use immediately after *herediolum*.

2. A. gives the clear impression of referring here to his father's ancestors, not mentioned in either *Par.* or *Epiced.* If his father was not freeborn, they could not have been its owners, but may have worked the estate. Alternatively, his father might have acquired it by marriage or inheritance from his wife's father, but that side of the family was poor (*Par.* 4. 14), and A.'s mother was from Tarbellae, so that any such villa would probably be near the Pyrenees; this would be difficult in view of ll. 26–30.

3. iam senior: for his age, see on *Epiced.* 61. Perhaps a deliberate Vergilianism (*A.* 5. 179, 6. 304).

properata morte reliquit: cf. Juvenc. 4. 16. To a loving son (*Ad Patrem* 25–8, *Epiced.* 44) and an unavoidably absent one, any death is 'hasty' (cf. *Par.* 29. 5, Ov. *Tr.* 3. 3. 34, [Tib]. 3. 7. 205). The perfect tense was rightly adopted by Sannazaro.

7–8. A less pious cause for grief. The phrase *labor et curae* is Ovidian (*Tr.* 5. 5. 47), as is the end of l. 8: cf. *Her.* 6. 124 *cetera patris habent*. V's *cura* in l. 7 is impossible.

9. The unusual ending *nulla fuit res* leads to a passage modelled on satire; for this 'preparatory' technique see Green, *CQ*, NS 27 (1977), 448.

10. aequanimis: a favourite word of A., who uses it in three other places (*Grat. Act.* 28, *Ludus*, 3, *Ep.* 6. 35). Elsewhere it is most rare; *TLL* cites *CE* 1233. 10 (of uncertain date) and Boethius, an imitator (*Cons.* 2. *pr.* 4. 71).

adde etiam: cf. *Ep.* 15. 6 *huc adde aestivos*; Sen. *Agam.* 293 *si parum est, adde et nepos*; *HA Did.* 7. 2 *adde et Severum*.

11. A rather artificial link is provided by *aequum*, picking up *aequanimis.* 'I think it right for one's wealth to be governed by one's mind, not one's mind by one's wealth'; if the latter happens, one's ambitions grow out of control (14). The line is not unlike Horace's *et mihi res, non me rebus subiungere conor* (*Ep.* 1. 1. 19), where Horace has just described himself as a follower of Aristippus, about to be mentioned here.

12. Croesus' wealth was not so governed, but Diogenes' was, and he was the happier. The comparison is also used in *Epigr.* 56, where the same scansion of *Diogenes* is found.

13. Two such stories about Aristippus are told in *DL* 2. 77 (from Bion): one describes an event at sea (no location is stated), the other is also found in Hor. *S.* 2. 3. 100–2. See G. W. Robinson, *HSCPh* 26 (1915), 168–9.

14. aurea: both 'rich', as in Grat. *Cyn.* 316 (*Lydia*) *fluminis aurea venis*, and 'golden', from the touch of Midas. For *Lydia tota* cf. Ov. *M.* 6. 146.

The symmetry of this couplet (*Aristippus . . . aurum, aurea . . . Midae*) is typically skilful. Cf. ll. 21–3, *Ad Patrem* 33–4, *Mos.* 31–2.

15. This simply constructed line assumes that one can acquire wealth easily if one so wishes (an interesting comment from an ex-courtier). The idea of possessing everything, here phrased so as to contradict conventional moralizing (cf. Lucr. 5. 1432–3, Hor. *S.* 1. 1. 92), is a deliberate *reductio ad* *absurdum.* The language of *AL* 485. 83 Riese *cui nec finis adest cupiendi* is very similar, and strongly suggests imitation.

17–18. As shown in the introduction, A. acquired numerous estates, and it is unlikely that at the height of his power he owned only one. Nothing is known about the size of the others.

    nosce, etiam ut me: V reads *nosce ut etiam me*, which does not scan. Vinet's later correction, retaining *ut*, and with it a greater element of doubt (cf. *si potis es*), is better than his initial one.

19. For the adage in Greek letters, cf. *Ludus* 53 and Juv. 11. 27; for its life in Late Antiquity and afterwards, see P. Courcelle, *Connais-toi toi-même* (3 vols., Paris, 1974–5). For the metre, cf. Ter. Maur. 887 (*GL* vi. 351) *quando μνήμην atque μνᾶσθαι dictitatque Μνεσθέα*.

20. legimus ... neglegimus: for this simple pun, cf. *Griph.*, *praef.* 45–6; for the assonance, cf. ll. 15 and 24 of this poem.

22. dimidio: V's *dimidium* is impossible.

23. arvum: this takes up *agri*, as the chiastic arrangement of *vinea* and *prata* in ll. 21–3 shows, so that the property comprises over 700 *iugera* of woodland, 200 of pastureland, 100 of vineyards, and 50 of meadowland. For the importance of trees and vines, see Jones, *LRE* 768. The whole estate (between 600 and 700 acres) was well above the property qualification for a decurion (25 *iugera*, according to *C. Th.* 12. 1. 33, of 342), but less than half of the recorded wealth of some decurions of Tralles in Asia Minor, calculated by A. H. M. Jones, *JRS* 43 (1953), 52. We recall that Julius was *non opulens nec egens* (*Epiced.* 7).

24. A. presents himself as economical, and a good manager, although *Ep.* 20 might suggest otherwise.

25. puteusque brevis: 'the small well' brings to mind the farm of Juvenal's poor emigrant from Rome (3. 226).

    tam purus et amnis: V's *tum* makes only the river clear, but it is more important that a well should be fresh, like Horace's *fons* in *Ep.* 1. 16. 12–13. The difficulty is not overcome by P. Grimal (*REA* 55 (1953), 125), who punctuates after *purus* and not after *amnis*, for then *hic* in l. 25 has no reference; it cannot be deictic.

26. refluus: 'tidal', it describes the Garonne (as here) in *Ordo* 146, the Charente in *Mos.* 463, the sea in Paul. Pell. *Euch.* 45, the Jordan in Prud. *Ham.* 482.

27. geminum ... in annum: for two years, indicating ample buildings, assured plenty, and wise provision, rather than imminent danger (C. Jullian, *RH* 48 (1892), 15). The Roman army, with many more mouths to feed, kept one year's supply (G. E. Rickman, *Roman Granaries and Store Buildings* (Cambridge, 1971), 288); so did the towns, according to Galen, *De Rebus Boni Malique Suci* 1 (vi. 749 Kühn).

28. longa penus: modelled on Verg. *A.* 1. 703–4, *quibus ordine longam cura* *penum struere*, where the reading *longam* was known to Gellius (4. 1. 15) and Charisius (*GL* i. 74. 30), though it is not present in extant manuscripts.

For the prosody of *penus huic*, see on *Ad Patrem* 23.

29. haec: this refers back to the villa.

30. A. graphically describes the *turbae* of the city in *Ep.* 4. 19–28, and complains of its attractions in *Ep.* 2. 1–2. Like the old man in Ter. *Eun.* 971–3 and many others, he had the best of both worlds.

VII. FATHER TO SON

The editorial note that introduces this fragment provides valuable information about the occasion of the poem and the state in which Ausonius left it. The usurper referred to (cf. *Prof.* 5. 23 for the expression) must be Maximus, whose five-year reign began in 383 with the murder of Gratian. Though Ausonius' political stance in this period may not have been so simple as his outburst in *Ordo* 72 suggests, he may well have viewed Maximus' advance to power with horror and great personal apprehension. It has been suggested that Hesperius was going to seek reinforcements (see A. Önnerfors in U. J. Stache *et al.* (eds.), *Kontinuität und Wandel* (Hildesheim, 1986), 264–72, and in K. Sallmann and R. Schnur (eds.), *Acta Treverica, 1981* (Leichlingen, 1984), 95–9, where his *oratiuncula* is followed by some immediate reactions from the audience). This might be so, but according to the editor's note (where *ad patriam*, contrasting with *Treveris*, is the likeliest reading), Hesperius was returning to Bordeaux. For another discussion of the context—which sees the mission of Hesperius as a diplomatic one, after Gratian's death—see G. W. Bowersock in F. Paschoud (ed.), *Colloque genevois sur Symmaque* (Paris, 1986), 8–12. Our knowledge of Ausonius' relations with Valentinian I is illumined by a work (the *Cento*) that he retrieved from his *liturarii* or rough notes; but this highly personal work was left unrevised. Ausonius had more to explain than this particular episode (note *et* in l. 1); what he had on his mind was much less trivial than the topic of his one extant letter to Hesperius (*Ep.* 1), but can only be guessed at.

This poem is often classed as a letter, and A. might have begun with correspondence in mind; but the opening words of the fragment and its high style suggest something more ambitious. There is a remarkable intensity of sentiment and expression, as Ausonius describes himself desperately scrambling to the water's edge to watch the boat disappear upstream and then wistfully longing for reunion, even if it has to be in death. The poem is similar in tone to the letters that recalled Paulinus, and reminiscent in certain respects of the *Moselle* and *Eclogues*, but the style is essentially that of high epic, with a well worn apostrophe in l. 11 and threefold repetition of *solus* in ll. 7–9, of *sic* in ll. 17–19, and of *te* (*tu*) *nate*, which echoes plangently through the passage.

In *REL* 64 (1986), 207–9 Ch.-M. Ternes makes a few observations on this poem.

1. debeo ... curis: the story is demanded by his anxieties, either in the past (he feels he has to ventilate his distress) or in the present (he needs to explain himself).

4. egelidae: cf. *Caes.* 126 (of the Danube), and *Ep.* 24. 89 (*hiemes*). In *Mos.* 30 A. remarks on the cold water of the Moselle, which he later (453) describes as *Arctoi ... amnis. stagnantia* probably means 'flooded' (spring floods would be meant), although like the sedge in l. 15 this phenomenon is not mentioned in his poem in praise of the river. Bowersock, who places the episode in the winter of 383/4, ignores this detail.

5. ratis: V's *rates* is paralleled in two grammarians (*GL* iv. 29. 10, vi. 480. 10) and very rarely in manuscripts (Neue³ i. 285). It may be influenced by *nate*, but in this highly wrought poem could be authentic.

6. discreverat: for the rare form, cf. Verg. *A.* 4. 264 and 11. 75.

7–9. The strikingly solemn feature of thrice repeated *solus* (cf. *sic* in ll. 17–19) is achieved not without difficulty. The expression *solus ego et ... solus eram* is weak; without *et* the repetition of *solus* would be easier (for *ego* as an iamb, cf. *Praef.* 1. 35). Alternatively, *solus ego (et ... solus) eram.*

8. profugaeque: 'retreating', as in *Ephem.* 8. 16. There is no hint of cowardice.

9. celerisque remulci: cf. *Mos.* 41.

11. quis fuit ille dies: a phrase of high epic. Cf. Lucan 2. 99, Stat. *Th.* 1. 166, 12. 698 (at the poem's climax). Its use in Ov. *Am.* 3. 12. 1 suggests that it had appeared earlier in the genre.

11–12. non annus longior ille est ... : with a possible recollection of Verg. *E.* 7. 43 *si mihi non haec lux toto iam longior anno est*, A. recalls the Metonic cycle of 19 years, for which see *RE* xv. 1458–66. Cicero also uses it for purposes of hyperbole in *Att.* 12. 3. 2.

13. exerceor: cf. Verg. *A.* 6. 739 (*poenis*) and Plin. *Ep.* 6. 6. 2 (*spe*); the absolute use is noteworthy.

   oris: cf. *Mos.* 82 and 202. V's *aris* is impossible.

14. The words *pubentes* (Verg. *A.* 4. 514, Stat. *S.* 3. 3. 129) and *diverbero* (Lucr. 2. 152, Verg. *A.* 5. 503 and 6. 294) both recall epic. *deverbero* (V) is quite unlikely.

15. gramineos nunc frango toros: conflated from various phrases in poets well known to A. *frangere toros* occurs in Mart. 2. 59. 3 and 4. 8. 6, and *gramineos ... toros* in Stat. *Th.* 1. 583, where *torus* is 'couch'; for the meaning 'bank' cf. Verg. *A.* 6. 674 and Stat. *Th.* 4. 820, with *riparum.*

   viridisque per ulvas: cf. Verg. *E.* 8. 87 *viridi ... in ulva.* Analogies to this form of the accusative in A. are found also in *Genethl.* 7 (V) and *Ep.* 24. 7 (VPH) but in those places might be due to assimilation; here there is no such explanation and it seems to have been chosen for stylistic enhancement.

meta diei: cf. *Ecl.* 8. 4, Vict. 1. 60, Apul. *M.* 10. 35 *ultimam diei metam.*

18. **vertigo:** a favourite word of A., used to describe the passage of time or heavenly bodies; it is so used in Gell. 14. 1. 26 and is not uncommon in Late Antiquity (e.g. *Pan. Lat.* 2(12). 10. 1, Prud. *Psych.* 414).

20. There is no need for Gronovius' drastic changes here, or any others. The writer focuses on Hesperius' fortunes (*tua fata*) because he himself is the less mobile of the two. As Bowersock suggests, he may have envisaged a reunion in Trier.

21-2. The idea of reunion in death, perhaps suggested by *fata*, enters rather brusquely, and the syntax is harsh; the passage might have been awaiting revision. There is no object for *paciscar*, as *haec* must be emended to *hac*; and *morte* is difficult, especially with an ablative preceding. Although one might expect A. to have stated with whom or what the bargain was made (this is usually done by *cum* and ablative), *morte* is probably ablative of price (cf. Liv. 9. 43. 6 and other passages). For *licet* cf. *Prof.* 1. 7 *asserat usque licet.*

22. **decores:** the verb *decoro*, common in such contexts, is used with *suprema* in Damasus, *Inscr.* 20. 4 (Ihm), as emended by Gruter.

VIII. *PROTREPTICUS* FOR HIS GRANDSON

In Peiper and EW this piece is included among the letters; the prose portion is indeed a letter, but, like various others, only a covering letter for a more substantial piece. This may be classed as a *protrepticus*, following the manuscripts and the author's words *instar protreptici luseram* in ll. 1–2. It is quite unlike other examples of the genre, such as the serious exhortations to philosophy or religion written by Aristotle, Cicero (the *Hortensius* which strongly influenced Augustine), and Clement of Alexandria, or those later written by Paulinus (Green, *Paulinus*, 38–9). The verb seems to indicate playfulness rather than an exercise (cf. on *Hered.*, *praef.*), and he later claims that it is appropriate to a child. Yet no concessions are made to a child's understanding, and perhaps the work was intended principally for Hesperius' enjoyment, to be passed on only in a simplified form. In a number of places Ausonius spreads his wings and develops a theme more fully than his purpose requires. The description of the fearsome classroom (cf. Aug. *Conf.* 1. 9. 15–16, *CD* 22. 22, Prud. *Praef.* 7–8) and the parade of his own success seem more likely to discourage than to stimulate a student. Great prominence is given to the formidable appearance of the teacher; this reads like an uncomplimentary vignette of a familiar person, or a caricature applicable to actual contemporaries. Perhaps Ausonius is in fact describing or at least including himself, and suggesting that the boy is too timorous and diffident. The poem could be meant as a report to Hesperius as well as a stimulus to the child.

The pupil bore the name of his grandfather Ausonius, and was the son of

Hesperius' sister (Ausonius' daughter), whose name is not known. Euromius, her first husband, died in mid-career, as recorded in *Par.* 14; he cannot be the *genitor* of l. 44, since his career did not include the proconsulship, and so is unlikely to be referred to in ll. 33 and 41. His widow married again, becoming the wife of Thalassius, who is mentioned as Ausonius' *gener* in *Epiced.* 45 and attested as proconsul of Africa. Thalassius is also probably the *gener* mentioned in *Par.* 30. 12, son of Severus Censor Iulianus and Pomponia Urbica. Two credible pieces of evidence confirm that the child of this poem is Thalassius' son and not the son of Euromius. One is the name Censorius Magnus Ausonius given in MS Harl. 2599, the other the description of this poem in the list of Mansionario (App. C): *item ad Hesperium filium suum et ad Deoforium Ausonium nepotem*, where *Censorium* should be read for *Deoforium* as I suggested in *BICS* 25 (1978), 27. The child is thus an elder brother of Paulinus of Pella, perhaps the one mentioned in *Euch.* 248–53. In *prime nepos* (37), the meaning 'first' is required by the context. The son of Euromius was certainly older, but he seems to be ignored here, perhaps because he was an adult by this time. The date of the poem is *c.*380 or soon afterwards; Ausonius mentions his own consulship and uses the present tense for the careers of Hesperius and Thalassius, which reached their climax in the later 370s.

This work is transmitted by VPH and Z. In the letter Z has some large lacunae; in the *Protrepticus* itself there are a few small but problematic divergences.

Letter to his son Hesperius

2. **protreptici:** P has the word in Greek, but its ending is Latin, and since there is nothing to suggest that A. is being macaronic here, the Latin form of V and Z should be preferred.

4–5. There is some compression, for readers depend at least partly on their eyes, whether or not their reading is aloud; but the sense is clear. A similar point is made in different words and a different context in Hor. *AP* 180–1.

6. **libera mora:** cf. *Ep.* 15. 24.

7–8. **heus tu . . . habeo quod admoneam:** a passage which will quote Latin comedy is appropriately introduced. For the interjection, cf. Pl. *Curc.* 185 and 391, where it is used to attract attention, Cic. *Att.* 15. 11. 4, Plin. *Ep.* 1. 15; for the following words, cf. Ter. *Andr.* 918 *habeo . . . quod moneam*, which supports *quod* against *quid.*

8–9. **vereor ut multa sint:** the rendering 'I fear they are not many', with *ut* taken in the normal way, makes good sense; A. claims only a few passages of stylistic polish. The words *fuco* and *fucus* (the adverb here is unique) are sometimes complimentary in A. (cf. *Ep.* 11. 7, *Griph., praef.* 21), and he is not apologizing for this characteristic, but modestly admitting that he is neither as factually correct as the child demands, nor as ornate as he would like. The translation of EW assumes that *ut* stands for *ne*, a rare and controversial usage discussed in KS ii. 256.

The word-order *habere quam suci* (PH), though it gives a good clausula, is unlikely because of the agreement of VZ.

10. venustula ... forticula: these diminutives continue the note of modesty and are well suited to the context: *venustula* is Plautine (*Asin.* 223), and *forticula* corresponds to *pugilem* in Ter. *Eun.* 315.

12. quas matres student ... : A. reproduces exactly Chaerea's disapproving description of the 'mother's girls' in Ter. *Eun.* 313–4, but the comparison is not altogether happy. Both have *sucus* (*Eun.* 318), but while the girls are thin, drooping and half-starved, A.'s verses are prolix and ornate; *fluere* (cf. on *Mos.* 104–5) implies the opposite of *graciles*.

14. nosti cetera: 'you know the rest of the context'; cf. Cic. *Fam.* 7. 28. 2 and *Planc.* 59, also after brief quotations.

15. quid moraris: 'why do you care about' makes better sense than 'why are you waiting for' or 'delaying', since A. is not waiting, and has been brief by his standards. In this idiom *nil moror* is the usual form; here the question implies a negative.

17. foris ... verecundari: cf. *Biss.*, *praef.* 12–13. For *intra nos* ('between you and me'), cf. Sen. *Ep.* 12. 2 and (with *vos*) Plin. *Ep.* 3. 10. 4.

18–19. For the proverb, see Otto 316–17 (both Greek and Latin). P's Greek is virtually correct; CK are not far away; V is garbled, and T, as elsewhere, omits it entirely, as do L and H.

19–20. mihi cum infante: in this construction ellipse is normally found only with *nihil* or *quid?* (*TLL* iv. 1374. 2–32), but here it may be justified by the strong contrast of *tua* and *mihi*, as in Cic. *TD* 1. 17 *tu ut videtur: nos ad audiendum parati sumus.* Z's *ratio est*, to which I know of only one parallel (Claud. *c.m.* 13. 1 *quae tibi cum pedibus ratio?*), is less succinct, and seems to be a gloss.

To his grandson Ausonius

Work is alleviated by play, so work hard (1–11); do not be deterred by the appearance of the teacher (12–23) or by the noise and atmosphere (24–32); follow the family's example, and respect my hopes for you (33–44). An interesting syllabus is provided in ll. 45–65: it begins with Greek authors (Thalassius had served in Macedonia, and his son Paulinus of Pella is known to have read Greek texts), but Roman authors predominate. Lines 66–93 argue from the writer's experience of teaching both locally (66–79) and at the imperial court (80–93). There is a final exhortation to follow this example in ll. 94–100.

The beginning of the poem is rather abrupt, especially when compared with the *Genethliacos*; there is no justification for this either in the covering letter or in the rest of this elaborate poem. Perhaps a few lines have been lost.

Moreover, the emphasis on leisure, and the implicit exhortation to watch the clock, are not an important part of the poem's message.

1. 'The Muses too have their fun', but in the next clause *Camenae* symbolize work.

2. **mellite:** used again in *Genethl.* 16.

4. **requie:** the manuscripts read *requies*. This is not likely to be nominative (cf. *Griph.* 25 *annorum caelique vices*) but might be genitive (cf. Gell. 9. 14. 7, where Verg. *G.* 1. 208 is quoted with *dies*). However, since A. seems not to use *dies* as a genitive (see on *Ephem.* 3. 72), *requie* should be preferred here. It is found in Sall. *H.* 1. 142; for other such words see Neue³ i. 572. It is rarer than *requiei* (Ambr. *Parad.* 3. 19) and *requietis* (Macrob. *Somn.* 1. 17. 11), both of which are cited by Probus in *GL* iv. 18. 15.

6. **Graio:** Z's *grato* would be meaningful, but is clearly less apposite. There is an echo of *Graio . . . nomine dictae* (Verg. *A.* 3. 210).

6–7. The Latin here is deliberately ambiguous. Although it conveys the true meaning of *schola*, A. would presumably wish the boy to understand it thus: 'school was called by a Greek name, to remind us that well-deserved leisure should be given to' (or conceivably 'by', but cf. l. 1) 'the patient Muses', as a reward for work. Indeed his reasoning demands such a euphemistic interpretation.

9. **disce libens:** cf. 'Hibernicus Exul', *c.* 11. 1 (*MGH, PLAC* i. 403); in *c.* 9. 5 he quotes *Mos.* 248.

   longum delenitura laborem: the long syllables of *delenitura*, and the alliteration, serve to intensify his exhortation.

10. **damus:** A. is part of the system (cf. ll. 66–76).

12. **habenas:** an uncommon metaphor in this context. The closest parallels seem to be Ov. *AA* 3. 467 and Sid. *c.* 22. 7, where it is used of poetic inspiration. A reference to the *scutica* (30) would be premature.

13–15. **numquam horrida . . . frontis:** 'your teacher's appearance is never a thing to be afraid of, although he is grim with old age and not gentle with his voice, and repeatedly threatens harsh rebukes'. (For *contractae . . . frontis* cf. Hor. *S.* 2. 2. 125.) The sense requires a different punctuation of these lines from that usually given. A full stop after l. 13 creates a short and patently incorrect statement, but if ll. 13 and 14 are run together A. is seen to be aware of the contradiction between *horrida* and *tristis* and to be explaining it rather than ignoring it. He moves from the particular (13–15) to the general (16–19) and because of this transition a stronger stop is necessary after l. 15 than the usual comma.

16–17. 'He will never be an ogre, who has imbued your eyes with soothing familiarity.' EZ's brief sentence with *placet* complicates the sense and syntax, and is a natural corruption of a hard reading; Barth's correction *placida* and VPH's *suetudine* are supported, *pace* Sh. B. (*AJP* 97 (1976), 259), by *blanda suetudine* in A's imitator and grandson Paulinus of Pella, *Euch.* 179 (cf. l. 281; he is the only other writer to use *suetudo*). For the use of *imbuere* cf. Quint. 11. 3. 24 (*nec imbuatur ea consuetudine*) and Lact. *DI* 6. 20. 13 (*hac consuetudine imbuti*); these parallels also suggest that *cultus* should be taken as an accusative and not as a genitive after *suetudine* or as a nominative. (There is thus no need for Peiper's *cui*.) There is an echo of Hor. *AP* 331 *cum semel imbuerit* and a recollection of Quint. 1. 2. 18 *assuescat . . . non reformidare*, although Quintilian's ideal master was more gentle (2. 2. 5). Teachers of the young were proverbially grim-looking: cf. Suet. *Nero* 37. 1 *tristior et paedagogi vultus* and Lydus in Plautus' *Bacchides*.

19. patribus: 'parents': cf. *Prof.* 16. 16, *Ecl.* 19. 43.

   seri, nova cura, nepotes: the poetic arrangement of *nova cura* within the phrase (cf. on *Praef.* 1. 21) and the echoes of Vergil's *seris. . . nepotibus* and *cura nepotis* (*G.* 2. 58, *A.* 3. 505) prepare for the epic *exempla* in 20–2.

20–3. The following humorous comparisons recall those in *Praef.* 1. 31–4; the first may derive from Stat. *S.* 2. 1. 88–9.

20. Peliaden: most editors retain this reading, given or suggested by the manuscripts, but whether it refers to Chiron's mountain or to Achilles' father (as a home-made Latinization of Hom. *Il.* 1. 1) it is inept. A. seems prepared to invent new forms (*Oreiadas* in *Mos.* 176, *Cromyoneo* in *Ep.* 13. 40), but this is a more serious matter. The patronymic *Peliden*, given by the *ed. pr.*, is not normally accompanied by the name.

   Achillea Chiron: the rarity of this form of the accusative in Latin (cf. Lucan 10. 523, of *Achillas*) commends this reading, as does the parallel in Stat. *S.* 2. 1. 89 *Pelea Chiron*, from a passage A. uses elsewhere (*Caes.* 97). But *Chiron Achillem* (VPH) is not ruled out by the scansion of *Chiron*, since although there is no exact parallel his practice is variable in such matters. The same reading is found in *AL* 719e. 1 (Riese), a poem which quotes A. in many places; it is attached to the treatise of Marcellus Empiricus and may well be his work. If so, we have very early testimony to a variant.

21. permixtus equo: cf. Man. 1. 270 *mixtus equo* (Sagittarius), Ov. *F.* 5. 380 *corpore mixtus equi* (Chiron).

   pinifer Atlans: A. creates one of the most fearful schoolmasters known to mankind by transferring Vergil's description of the mountain (*piniferum caput*, *A.* 4. 249) to the person. It is an Ovidian type of joke; cf. *M.* 4. 657–62, 11. 157–8.

24–8. A. returns to the classroom, and difficulties not faced by Achilles and Hercules. T's *ferox* is an error arising from confusion of *s* and *f* (and led to *ferat* for *gerat*); the age of the master is brought in here to explain his appearance (cf. l. 14). A line of Aldhelm *nam truculenta ferox flammarum pabula torret* (*De Virg.* 1106) shows a fortuitous similarity.

26. degeneres . . . arguit: from Verg. *A.* 4. 13.

at tibi consta: cf. Hor. *Ep.* 1. 14. 16, and for the rhythm, but not the sense, cf. Hor. *AP* 127 *et sibi constet.*

28. nec: CKL obviously preserve the true reading.

Teaching was apparently done entirely in the mornings: Mart. 12. 57. 5, Apul. *M.* 10. 5, and Aug. *Conf.* 6. 11. 18; see H. I. Marrou, *A History of Education in Antiquity* (London, 1956), 363, quoting *CGL* iii. 637–59, and S. Bonner, *Education in Ancient Rome* (London, 1977), 138–9. Early rising and harsh treatment are combined in Ov. *Am.* 1. 13. 17–18, Mart. 9. 68.

29. sceptrum ... ferulae: based on *ferulaeque tristes, sceptra paedagogorum* (Mart. 10. 62. 10); *supellex virgea* is drawn from a completely, and amusingly, different context in Vergil (*G.* 1. 165); *praetexit aluta* recalls *subtexit aluta* (Juv. 7. 192), less aptly. Here *aluta* is a leather holder (it is a purse in Juv. 14. 282). Neither *fallax* (VPH) nor *mollis* (Z) seems entirely apt: it would deceive no one, and unless an antithesis is intended there is no point in mentioning its softness. *mollis* could be a gloss; *fallax* may have been created by *supellex*. In such a minatory context perhaps *fallax* is more suitable.

31. Cf. *Griph.* 72 *tetrica ad subsellia*, of a rhetor's school, which would be no less noisy, but for different reasons (Aug. *Util. Cred.* 7. 16).

32. The phrase *pompa loci* is borrowed by Prud. *Per.* 12. 47, followed by *est*, which Schenkl suggested here. But the whole sentence from l. 29 on recalls Stat. *Th.* 11. 81–3 *quodcumque... quod... quod... meae vires, mea laeta insignia.*

33–4. A. mentions his daughter's education without any indication that it was unusual. The daughter of Nazarius (cf. *Prof.* 14. 9) was her father's equal in eloquence, according to Jerome (*Chron.* s.a. 336). For other evidence see Haarhoff 205–9.

34. securam placido: cf. *Culex* 97.

senectam: contrasted with *senium*. A. was probably not more than 50 years old when his children's education was completed.

35. superlabentibus annis: the verb is less suitable here than in Sen. *Ep.* 90. 42 (*sidera*) or Sid. *Ep.* 1. 2. 5 (*digito*). The phrase means little more than *labentibus annis*, which it echoes (Verg. *A.* 2. 14), unless *super-* is meant to indicate their accumulation over and above what was normal. Perhaps the word should be divided.

37. For the play *re/spe* cf. *Par.* 11. 3, *Prof.* 11. 2.

porge: cf. Pl. *Ps.* 708. *perge* (VP) makes no sense.

38. nunc: the first of three stages, which are similarly described in *Par.* 3. 9. *iuvenalibus... annis* occurs later in Claud. 17. 60.

39. si fors ita iusserit: cf. Hor. *S.* 2. 1. 59, identical except for *seu* in place of *si*.

40. invidia est: cf. *Epiced.* 55–6. The parallels to this usage (such as Verg. *A.* 4. 349–50 *quae... invidia est?*) are not sufficiently close or numerous to rule out Tollius' *invidiae est.*

41–2. ardua semper praemia Musarum cupias: in A.'s career these included both the enjoyment of literature and the political recognition earned by his teaching (cf. l. 92 *mea praemia*). *semper* qualifies *cupias*, not *ardua*; cf. *Epiced.* 32.

44. Cf. Verg. *A.* 12. 440 *et pater Aeneas et avunculus excitet Hector*, spoken by Aeneas to his son. *proconsul* and *praefectus* correctly describe the peaks of their achievement (cf. *Epiced.* 45).

45–65. A useful background to the following advice is provided by ch. 16 of S. Bonner's *Education in Ancient Rome* (London, 1977).

45. prima monebo: 'I shall tell you the most important'. T repeats the line with the unmetrical and feeble ending *ut tibi prosit*, a reading explained by M. Boas in *Berl. phil. Woch.* 35 (1915), 1165–8 as based on 'Cato'. Prete rejects both versions on the authority of Accursius.

46. The first items of the reading list are clothed in borrowed language, for effect; *conditor Iliados* comes from Juv. 11. 180, *orsa Menandri* from Stat. *S.* 2. 1. 114, and *amabilis* may derive from Ov. *Tr.* 2. 369 *fabula iucundi nulla est sine amore Menandri*. Menander, it seems, was studied by Sidonius and his son (*Ep.* 4. 12. 1); see P. Courcelle, *Les Lettres grecques en Occident de Macrobe à Cassiodore* (Paris, 1948), 237–9.

Iliados et: a very rare licence in A.'s hexameters; cf. *Ep.* 7. 1 (Greek).

47. There is no need to emend *tu flexu et* of all manuscripts except V (which omits *tu*), for *tu* is purposeful (cf. *Prof.* 25. 8, Verg. *A.* 5. 691, Stat. *S.* 2. 3. 48), and the elision not untypical (cf. *Prof.* 20. 8 *Livii et*). For *flexus* ('tone'), cf. Quint. 1. 8. 3, 1. 11. 12; for *acumine*, M. Cap. 9. 932, Aug. *De Mus.* 1. 1.

48. innumeros numeros: the change to Latin writers is heralded by these words, not appropriate to Menander, which derive from Plautus' epitaph recorded in Gell. 1. 24. 3, and refer to his metres. On their significance here, and the following list, see W. Ferrari, *SIFC* 16 (1940), 189–93.

49. distinctio: cf. Quint. 1. 5. 27 (break between words), 11. 3. 37–8 (in verse), Aug. *DDC* 3. 2. 3–5 (3–9) (between phrases), and Jer. *Ep.* 60. 11. 2.

50. ignavis: cf. *Ep.* 11. 7.

51. The list continues with a wistful look towards the future, similar to that in *Ep.* 24. 115 *ecquando iste meas impellet nuntius aures?*, which points to the correct text here.

52. quando oblita mihi tot carmina: from Verg. *E.* 9. 53. *quando* is awkward and suspicious after *ecquando* in l. 51 and by repetition may have replaced another word such as *tunc* (Vergil's line begins with *nunc*).

53. conexa historiae: this refers either to the practice of historians in starting where their predecessors left off (e.g. Pliny and Ammianus) or to the continuous accounts of epitomators such as Florus and Eutropius.

soccos aulaeaque regum: the symbol of the comic actor, followed by a less common one for tragedy (cf. Apul. *M.* 1. 8 *aulaeum tragicum*).

54. melicos lyricosque: no distinction is intended (cf. Marius Victorinus in *GL* vi. 50. 25–6). The reference is probably not to Greek poets, but Roman;

especially Horace, but also perhaps Catullus, Martial, and later poets (in selection). Ovid and the other elegists seem to be excluded from the youngster's studies.

profando: a short first syllable is normal in Latin (cf. *Ephem.* 3. 5), but V's text should be accepted because the irregularity is typical of A. (cf. l. 71, the opposite process), and the other manuscript readings are impossible.

55. puerascere: cf. Claud. Mam., *Stat. An.* 1. 1, and the commoner *repuerascere* in Symm. *Ep.*4. 20. 2, where Symmachus is speaking of his son's education.

56. praeeunte: the word's religious overtones are taken up in *fas est* (57).

56–7. Horace is characterized by the adaptation of a phrase he used of others (*immodulata poemata*, *AP* 263), Vergil by the passage of Juvenal already used in l. 46 (ll. 180).

57. didicisse: *edidicisse* (PH) would contradict *iterum*—something learnt thoroughly cannot be learnt twice. Abbreviated *est* is responsible.

58–9. These two lines are closely modelled on comments of Cicero and Horace. The first line of Cicero's tribute, quoted by Suetonius, in his *Life of Terence* 5, *tu quoque, qui solus lecto sermone, Terenti*, is changed with *Latium* (cf. *Prof.* 2. 10) for *solus*; a new verb, *comis*, perhaps suggested by Cicero's *quiddam come*, is added. Horace's criticism of Plautus, *quam non adstricto percurrat pulpita socco* (*Ep.* 2. 1. 174), is reversed by omitting *non. pulpita socco* is found later in Claud. 17. 314.

The use of Terence in Late Antiquity has been studied by H. Marti in U. Reinhardt and K. Sallmann (eds.), *Musa iocosa: Arbeiten über Humor und Witz, Komik und Komödie der Antike Andreas Thierfelder zum siebzigsten Geburtstag am 15. Juni 1973* (Hildesheim, 1974), 158–78.

61–5. As the future turns to the present in his imagination (cf. *Ep.* 24. 116–24) he sees himself reading Sallust, the most popular historian of his day (Jer. *In Ruf.* 1. 16), and following the insurrections of Catiline (63 BC) and Lepidus (78 BC) and the twelve years (78–67 BC) covered by Sallust's *Histories*. A. seems to be quoting the opening words of the *Histories*: *res populi Romani M. Lepido Q. Catulo consulibus ac deinde militiae et domi gestas composui*. This passage is the only evidence for the extent of the work, which was probably cut short by Sallust's death. The contemporary epitome by Exuperantius concentrates on the earlier half, and ends with Sertorius' defeat.

62–3. The misplacing of these lines in VPH is due to homoearchon in ll. 61 and 64.

63. conecto: not an apt word for reading a systematic account; it is more appropriate in l. 53. *coniecto* ('imaginatively reconstruct') may be the correct reading; the error might be due to *conexa* in l. 53 or the similar spelling.

64. Mavorte duellum: these two unexpected words add grandeur to the conflict. The longer form *Mavorte* is used for 'war' (cf. Stat. *Th.* 3. 598, *S.* 5. 2. 34) and not, as is usual, for the god; *duellum* is not uncommon in late poets.

65. Sertorius prolonged the war against Sulla and Pompey until 72 BC, using bases in Spain; the language recalls Lucan 2. 549 *quique feros movit Sertorius exul Hiberos.* A. is still thinking of Sallust, and does not refer to the whole series of civil wars.

66. nec rudis: from his pretence of ignorance A. turns abruptly to his own experience in training 'a thousand minds' (cf. *Prof.* 1. 9; not of course an exact figure).

68. For *murmura solvens* cf. *Par.* 10. 3 and *murmura . . . resolvens* (Stat. *S.* 5. 5. 82).

69. eripui: the severity of the teacher's work is not minimized: *formidine* (70), *acerba* (71), *amarae* (72) continue the tone. But here, as in Jer. *In Ruf.* 1. 30 *de aviae sinu tractum esse captivum*, there may be a deliberate touch of melodrama.
   aevum: abstract for concrete, as often.

71. profectus: the shortening of the first syllable is anomalous; cf. l. 54 *profando.*

72. carpturi: more expressive in the context than Z's commoner *capturi.* The line presents a common view of education, sometimes ascribed to Isocrates (Aphthonius, *Progymn.* 3, ps.-Cato, *Monost.* 40, *GL* i. 310. 2–17, and Jer. *In Hierem.* 1. 7. 4).

73. motu: probably an agricultural metaphor; cf. Colum. 4. 28. 2 ('stages' or perhaps 'impulses') and Cic. *TD* 5. 37 (plants grow *interiore quodam motu*). For *pueris aevi* cf. *Genethl.* 8 (again with *motu*) and *Prof.* 17. 9.

75–6. Based on Verg. *G.* 3. 207–8 *prensique negabunt verbera lenta pati et duris parere lupatis.*

77–9. Apparently a general statement, and none too well expressed. 'Only by severe self-control and strenuous toil, and with rare success, as observation from long practice shows, can gentle correction guide unruly youth.' *spectatus* goes with all three subjects; *ut regat* is more likely to be a final clause than a clause explaining *eventus.* Line 78 may echo Sil. 16. 332 *longo sonipes spectatus in aevo.*

80. donec iam ... iuvaret: *donec iam* appears to be rare: cf. Ter. *Hec.* 126, Celsus 8. 4. 22, 8. 9. 1. *me* for *iam* would have less force (PH).

81. usu ... laborem: *usum* of the manuscripts is difficult with PHZ's *laborum* and impossible with V's *laborem.* Heinsius' *usu*, with *laborem*, gives good sense: cf. *Pan. Lat.* 7(6). 11. 8 *magnum laborem consuetudo non sentit*, and *AL* 716. 67 Riese. Here the sentiment is not entirely happy in the context, for he goes on to stress his reward.

82. Augustae ... disciplinae: 'the sacred office of teaching the Augustus', for which see *Praef.* 1. 25–6. *pius* here is equivalent to *sacer*, which is regularly applied to emperors.

83. accingerer: rare in this sense (cf. Tac. *A.* 6. 32, Amm. 27. 2. 1) and perhaps chosen for assonance beside *accirer*; cf. *Augustae . . . auctus . . . aurea* in ll. 82–4, and *Praef.* 1. 25–6.

84. For the accusative and infinitive, cf. *Interp. Paul. Sent.* 1. 9. 7 *eos . . . iussum est* *imputari. iussa* might have been felt to be strange with *palatia*; *iussum* is imperious, as in *Cento, praef.* 8 *iussum erat.*

85. As in *Prec.* 2. 40–1 and *Ep.* 24. 44, A. remembers the vengefulness of Nemesis towards the boastful; cf. Liban. 1. 1. Fortune is less frequently seen as punitive, but cf. Lucan 8. 21–2, Stat. *Th.* 6. 691–2.

86. praesedi imperio: *praecedi* (V) would give very poor sense and syntax. A. boasts that he had authority not only over the Empire but also over Gratian, the embodiment of supreme power.

praetextatus: the young Augustus could wear both the youth's bordered toga (cf. *Prof.* 6. 11) and the imperial purple (*ostro*). There is notable assonance in 86–7, and a slight zeugma, for *in*, though commonly used of dress, is unusual with *sceptro.* The words *sceptro et solio* recur in *Pan. Lat.* 2(12). 8. 2, perhaps a direct imitation.

89. maturus: in 375, the latest date at which A. could be called *quaestor* to Valentinian I, Gratian was only 16.

90–3. For the offices, cf. *Praef.* 1. 35–6n.

92. trabeam pictamque togam: these both refer to the same robe, to judge from *Grat. Act.* 51–4. For *trabea* cf. *Ep.* 21. 60, 24. 57.

93. praelatus haberer: cf. *Praef.* 2. 3n. for the periphrasis, and *Praef.* 1. 37–8 for the honour to which it refers.

94. meritum: 'rank', as often in late Latin (*TLL* viii. 820. 8–33).

97. oneratus: a correction of Ugoletus, referring to the responsibilities of eminence (cf. Plin. *Ep.* 8. 24. 8). There is an echo of Juv. 3. 272 *possis ignavus haberi.*

98. hunc: for this anticipatory predicate cf. *Grat. Act.* 74 *quae bona praestas, efficis ne caduca sint*, and *TLL* v/2. 177. 38–44.

99. The second pun, on *onus* and *honor*, was a perennial one: e.g. Ov. *Her.* 9. 31, Quint. 4. *praef.* 2, Sid. *Ep.* 7. 17. 2 (v. 14).

99–100. The repetition of *con-* adds to the notion of effort, reinforcing with yet more assonance the point of the poem.

IX. BIRTHDAY GREETINGS

This genre was very popular with Latin writers. Horace, Tibullus, Ovid, Persius, Statius, and Martial, who contributes to Ausonius' conclusion here (see on 23–4), wrote *genethliaca* in honour of various people, and with varying advice; Paulinus of Nola was to give the genre a Christian turn (Green, *Paulinus*, 29–34). This poem was written for the sixteenth or nineteenth birthday (see on 20) of a grandson also called Ausonius (27), who is identified by PH with the beneficiary of the previous poem. This identification can be accepted in spite of the apparent difficulty in l. 6, for A. did not add to the advice of his grandson's tutor but helped indirectly by writing to his uncle Hesperius. There are notable similarities in expression between the two poems in ll. 8 (*motu . . . puberis aevi*: cf. *Protr.* 73), 10 (cf. 74) and 16 (*mellite nepos*: cf. 2). The boy is now several years older, away from the *grammaticus*—with whom his brother Paulinus of Pella seems to have stayed from his fifth to his fifteenth year (*Euch.* 72–80, 119–21)—and so the poem is among Ausonius' latest compositions. As noted (not without exaggeration) by G. W. Bowersock in F. Paschoud (ed.), *Colloque genevois sur Symmaque* (Paris, 1986), 6–7, Ausonius' own circumstances have changed since he wrote the *Protrepticus*.

The lengthy introduction arouses expectations of a longer and weightier work than we have, and the lacuna has swallowed a large part of the poem. The rhetor's advice would have been most illuminating. In the second part of what remains Ausonius expresses his joy at recovering from a dangerous illness to see his grandson flourishing, and offers his good wishes not just to the boy but to all who join the celebration.

1. **carmina prima:** probably poems, not songs: cf. Quint. 1. 1. 36.
3. **sequaces:** in this sense cf. Calp. 1. 31 (*oculo*), Plin. *Pan.* 45. 5 (of people, qualified by *ut ita dicam*), Pan. Lat. 2(12). 15. 1.
5. **perferret** is the reading of PH; V's abbreviation may represent either that or *proferret*. While *voces proferre* is an acceptable phrase, *perferret* is the *mot juste*: cf. Quint. 11. 3. 33 *plerisque extremas syllabas non perferentibus*, Juv. 7. 152–3 *nam quaecumque sedens modo legerat haec eadem stans perferet*.
6. **senes:** proverbially glum: cf. *Grat. Act.* 66, *Cat.* 5. 2, Ov. *F.* 4. 310, Sen. *Phaed.* 453.
7. **dulcis:** this is the reading of all three manuscripts; but the form is rare in A. (cf. *Pater ad Fil.* 15) and corruption of *dulces* is not unlikely.
9. For *secernere* of moral discrimination cf. Hor. *S.* 1. 3. 113, 1. 6. 63; *tener* ('childish': cf. *Protr.* 23 and 69) is unusual in such a phrase.
10. **admonitor:** an uncommon word, used by Ov. *M.* 4. 664. *TLL* i. 769. 21 omits this reference.

    A. seems to use both *equidem* and *quidem* frequently, but after *non* in an antithesis as here *equidem* is preferred: cf. *Prof.* 1. 5, where it is guaranteed by metre, *Grat. Act.* 31, and *Ep.* 19a. 1. Like Cicero (*Ad Q. F.* 1. 1. 18) and Pliny (*Ep.* 8. 24. 1), he claims not to be laying down the law.
13. **annuit:** the subject was probably *deus* (cf. e.g. Plin. *Ep.* 7. 24. 3). Scaliger's *annuito* would be quite uncharacteristic; it is a desperate attempt to close what was probably a large gap.

    fatorum ab fine: cf. *Griph.* 6 *fati . . . finis*, *Ecl.* 22. 9 *haec cohibet finis . . . fata*, *Caes.* 34 *conclusit fata*.
14–15. **dubitataque cernam sidera:** cf. Stat. *S.* 1. 4. 3 *dubitataque sidera cernit*.
15. 'having been almost lamented as dead'. Variations of the *ab urbe condita* construction are common in late Latin, but not with *in*; cf. Min. Fel. 6. 2 and Claud. 3. 169. For two classical examples see KS i. 767.

16. duplicato faenore: cf. Prop. 3. 1. 22 *duplici faenore reddet Honos*; Symm. *Ep.*
7. 60. 1 *duplex fenus imposuit.*

20–1. On 13 September he was either 16 or 19; *remeat* could be either 'come
round again' or 'come to an end'; the former is more likely (cf. Sen. *Phaedr.*
315), and is not contradicted by any other evidence.

21. notis: although this gives adequate sense as 'often celebrated', Heinsius'
votis (a participle) would be more expressive and may be the correct reading.
There is a similar textual problem in PN *c*. 10 [= App. B 3]. 266), where *voti*
gives best sense.

22. The Ides are 'observed in honour of the gods' *genii* too'. For birthdays of
Greek and Roman gods see *RE* vii. 1140, 1148; a Christian attitude is
expressed in Tert. *Idol.* 10. 4. The *genius* of a god is often invoked in inscriptions (*TLL* vi/2. 1834. 59–80).

23–7. The poem ends with an imitation of Martial's poem in honour of Vergil
(12. 67): *Maiae Mercurium creastis Idus, Augustis redit Idibus Diana, Octobres Maro
consecravit Idus. Idus saepe colas et has et illas qui magni celebras Maronis Idus.*
    The Ides of August was the birthday of Diana (here identified with
Hecate, daughter of Latona, as in Stat. *S.* 3. 1. 60 *Hecateidas Idus*); the Ides of
May was the day on which, according to Liv. 2. 21. 7, a temple was founded
to Mercury, who was thus, in A.'s words, 'included among the honoured
ranks of gods' (cf. *Epit.* 18. 3 *fratris coniungor honori*, and Amm. 26. 5. 1).

23. vindicat: cf. *Ecl.* 1. 8, 2. 4, and Ov. *F.* 1. 55 *vindicat Ausonias Iunonis cura
Kalendas.*

25. For *dedico* in the sense of 'hallow', as here, cf. Jer. *Ep.* 22. 18. 3 (virginity),
Sedul. *OP* 5. 15 (crucifixion).

26–7. Going beyond Martial, A. hopes that anyone who is kind enough to
celebrate his grandson's birthday may enjoy many happy returns not only of
that day (cf. Symm. *Ep.* 6. 81) but of the Ides of all months.

X. PARENTALIA

As Ausonius makes clear in the first of two prefaces, he took the title for this
commemoration of deceased relatives from the ancient Roman festival. He
probably began work on it not long after the death of his father (377/8), perhaps
in the wake of the *Epicedion*, and had written most of it before he addressed
himself to the *Professores*; this second sequence can be dated to the mid-380s or
later (but probably not as late as the date in *RE*, which is based on an impossible interpretation of *Prof.* 5. 23). It seems never to have received the *summa
manus*. The fact that it lacks a general *envoi* like the one that concludes the
Professores is not significant, but the last six poems in V, our only witness, seem
to be out of place, and this cannot be blamed on the transmission. The opening
words of *Par.* 25 *te quoque* do not suit their present position; the poem would be

more apt after *Par.* 13, concluding the obituaries of the inner family. It is also surprising that the lady commemorated in *Par.* 30 was not united with her husband in *Par.* 22. Poems 25–8 are in unusual metres, differing markedly from those that precede, which with two exceptions (*Par.* 13 and 17) are in elegiacs; it seems that after beginning in the traditional metre of epitaphs Ausonius had second thoughts, and preferred the metrical variety that distinguishes the earlier *Professores*. Why these six poems were never integrated into the main body of the sequence can only be guessed: he may have found other works, such as the *Ordo* and *Technopaegnion*, less emotionally demanding.

The remainder show clear principles of arrangement. Ausonius naturally began with his father, and then commemorated his mother, his highly regarded uncle Arborius, and other maternal relatives. He remembers his father's two brothers in 7 (and two sisters in 26–7), but nowhere mentions his father's ancestors (see on *Epiced.* 1). Then come Ausonius' father-in-law, and his wife, son, and grandson, followed by his sister, brother, and son-in-law. Next a group of his sister's relatives (15–17), four relatives of his wife (18–21), his *consocer* (father of Thalassius, his daughter's second husband), whose wife comes later in 30; then, in 24 and 23—which seem to be in the wrong order—his sister's son-in-law and her grandchildren. As Ausonius claims in the second preface, the demands of affinity and chronology are reconciled as far as possible. The groups just described are determined by family relationships, but chronology largely decides the order of the different groups (so his maternal grandfather precedes his wife and children), and the order within each group (as, for example, in 18–20). It was obviously impossible to produce an absolutely chronological order without ignoring family nuclei. Avitianus (13) and Aemilia (25), for example, died many years before their sister Dryadia and indeed before their father Julius.

There is thus a natural mix of age, sex, and accomplishments, and this is enhanced by the poet's care to vary his introductory formulae and general expression. The poems are also diversified in content. Besides lamentation, which is usually restrained but dominates the vivid and effective poem (9) in which he remembers his wife Sabina, there is usually a list of virtues or a description of character. Historical detail and anecdote are almost entirely absent; there are glimpses of a wider world in 15 and 16, but unfortunately they are not developed. As one would expect of the writer of the *Epicedion*, a work that is described as *non ambitiosus sed religiosus*, a rhetorical approach was largely avoided. The poems are subdued in style, with few echoes and a generally plain vocabulary, and the presentation of biographical detail does not follow a traditional schema. Ausonius often calls the poems *neniae*, but this is not intended as a formal description. They contain little of the praise of the dead that the term implied (cf. Fest. 155 L, Sen. *Apocol.* 12. 3, Cic. *De Leg.* 2. 24. 62); still less are they *epicedia*, being much shorter even than Ausonius' restrained version. Their closest affinities are with the more polished kinds of sepulchral epitaph and the funerary poems of Martial, but the idea of a sequence is almost certainly Ausonius' own. So too is the tactful mixture, or ambiguity, of religious ideas: the dead, often addressed as *manes*, are unaware, with a few significant exceptions, of the world they have left. There is certainly no trace of the homiletic or triumphant tones common in Christian funerary inscriptions.

The *Parentalia* have been analysed from various points of view. The excellent study by M. K. Hopkins of both *Parentalia* and *Professores* in *CQ*, NS 11 (1961), 239–49 shows among other things how Ausonius' own social outlook emerges. R. Étienne examined them from a demographic point of view in *Bordeaux antique*, 362–72 and *Annales de démographie historique* (Paris, 1964), 15–25, both now available with some additions in *RFHL*, NS 46 (1985), 1–98. G. Guastella has drawn attention to the importance of uncles, which he claims as a feature of Ausonius' Celtic heritage, in *MD* 4 (1980), 97–124. There are less specialized studies by C. Favez in *MH* 3 (1946), 118–31 and F. E. Consolino in *SCO* 26 (1977), 105–27; the latter comments interestingly on the introduction of realistic and autobiographical elements into the tradition. Family trees are provided by Hopkins and Étienne, and by EW and Pastorino in their editions, but not here; hardly any of the relationships are controversial.

Preface in prose (A)

The first of two prefaces modestly explains in a subdued and relatively informal style the title and scope of the work.

1. **scio ... legantur:** in addition to the affected modesty of *versiculis* in l. 1 and *ineptiam* in l. 4, there may well be a note of genuine feeling here, as A. reviews the reception of his earlier work.

1–2. **sic meritum est:** for comparable uses of *sic*, cf. *Epigr.* 56. 4, *Ludus* 90 and 206 (with *esse*).

3. **tituli:** this is otiose and spoils a common clausula; as Reeve, citing *Epit.*, *praef.* 4, has observed, it may well be a gloss. For two distinct senses of *lemma*, cf. *Ep.* 9*b*. 90 and *Cup.*, *praef.* 8.

   festivitate: such works are the *Cupido Cruciatus*, in whose title A. himself admitted to finding pleasure (*praef.* 7–8), *Technopaegnion*, *Ludus Septem Sapientum*, and perhaps the *Ephemeris*. Various examples from other authors are given in Gell. *praef.* 4–9 and Plin. *NH praef.* 26 (who defends his straightforwardness).

7. **antiquae appellationis hic dies:** cf. Val. Max. 4. 3 *Ext.* 4 *sordidae appellationis* and Plin. *NH* 3. 28 *barbarae appellationis*. A. probably means 13 February, mentioned by the calendar of AD 354 and that of Polemius Silvius (*CIL* i². 258f.), or perhaps 21 February, the last day of the original celebration, or the *cara cognatio* or *caristia* (22 February), which was gradually replaced by the Christian feast of *Cathedra Petri*.

7–8. et iam inde ... institutus: its origin is ascribed to Aeneas in Verg. *A.* 5. 44–60, Ov. *F.* 2. 543–4. Numa was famous as a religious innovator, and especially for the inauguration of the month February, to which A. frequently refers in the *Eclogues* (2. 2, 3. 3–4, 7. 7, 8. 13, 9. 2). Some saw the month as etymologically connected with the festival (Plut. *Numa* 19. 5, Lyd. *De Mens.* 4. 25; cf. *Ecl.* 3. 3–4).

Preface in verse (B)

1. **Nomina carorum:** to be translated here as 'dear persons', to suit *condita*: cf. *Ep.* 24. 52. Elsewhere the word *nomina* may have an extra connotation of 'famous', as in *Par.* 22. 1 *Calpurnia nomina* and *Praef.* 1. 21 *Aquitanica nomina*.
3. **nuda:** a proleptic use; cf. *Mos.* 40. This is not a *laudatio funebris*, and the reader should not be disappointed by the brevity and lack of *cultus fandi*.
4. **exsequialis honos:** used again of the poems in *Par.* 21. 8, and of a funeral in *Par.* 25. 8. Cf. Stat. *Th.* 7. 90 *honor exsequialis.*
5–6. **nenia ... :** 'my dirge, you were solicitous enough in your laments during the funerals: do not neglect your annual duty in silence'. V's *tacitus* would have to refer to an 'ideal' second person, giving the strange implication that the *nenia* in general is a model for brief but adequate laments, and making l. 5 the principal statement. Brandes's *tacita* has no sound metrical parallel; Peiper's *tacitis*, if it qualified *querellis*, would make a strained contrast with *funereis*, and as a periphrasis for 'dead' it would be unusual. I suggest *tacitum*, the common adverbial form of which A. is fond (cf. *Ephem.* 3. 55 n. and *Par.* 26. 7); it is closer to V than Jachmann's *tacite*.
6. For *annua* cf. Mart. 10. 61. 4 *annua iusta*. The poems are not usually so conceived: see on *Par.* 24. 4.
8. 'as the order of death and the proximity of the relationship require'. The line is difficult, because it qualifies a negative 'do not neglect' in l. 6 and because of *gradus ... mortis*, which has disturbed commentators. EW's explanation of the transmitted text is inadequate, but the line does in fact give an accurate description of the arrangement of the poems, in which the demands of chronology and kinship have to be reconciled (as indicated above in the introduction). Sh. B. believed that A. meant the quality of the deceased, and not, as usually thought, the order of their deaths, and emended to *mentis*; this reasoning is followed by Håkanson, who adopts Peiper's *meriti* (*AJP* 98 (1977), 247). The verbal parallel in Hor. *c.* 1. 3. 17 *mortis quem timuit gradum?* helps to guarantee the phrase's authenticity here. The zeugma caused by the use of *gradus* with both *mortis* and *generis* (for the latter, cf. *Par.* 6. 1) is typical.

Lines 5–8 interrupt the argument that commemoration is simple, which continues in l. 9 (where *hoc* refers forward to l. 10, not back). Brandes thought that the transposition of these lines to the beginning of the poem would improve the sense, and suggested that these were variants between which the author had not yet decided; but although l. 9 would follow well enough from l. 4, the sudden introduction of *nenia* at the beginning of the poem (and the series) would be surprising, and the detailed programme sketched in l. 8 would be followed by the very general statement of intention in ll. 1–4. The sequence of thought in V is in fact reasonable: a general statement of four lines, then an appeal to the *nenia* which continues to l. 14, and finally an address to the reader in ll. 15–18.

9. The repetition of *satis* makes a double *et* very unlikely; the change of V's first *et* to *est* restores what seems required by sense and style. *et* before *telluris egenis* is 'even' (cf. l. 13), an extra illustration of the point, albeit relevant to few if any of the following cases. *tumulis* of course refers to the occupants (*compositi cineres* in l. 11).

10. voce ciere: cf. Verg. *A.* 3. 68, in a similar context.

12. See Lattimore 230–4, and for literary adaptations Ov. *Tr.* 3. 3. 75–6 and Lucan 8. 821–2. The wish in ll. 17–18 is also a commonplace: Lattimore 235–7.

13. urna sepulchri: 'an urn which is a tomb', a genitive of definition (LHS 63); cf. *Prof.* 7. 18, *Biss.*, *praef.* 6.

14. paene sepultus: 'as good as buried'. A. may have in mind Deiphobus (Verg. *A.* 6. 494–510), for whom he wrote an epitaph in *Epit.* 13.

18. praeter iustum: based on Mart. 6. 28. 10 *qui fles talia, nil fleas, viator*, but with extra point. The meaning is not, as generally understood, 'normal deaths'—which might be both numerous and distressing—but the reader's own. The concept of witnessing one's own funeral or death is of course not flippant, as it is in Sen. *Apocol.* 12, nor is there a hint of a belief in awareness of this world after death, which is rare in these poems. If the point is pressed, one can mourn or otherwise react to one's own death in anticipation, as A.'s father did (*Epiced.* 59), albeit without sorrow. Barth's *nostrum* would introduce an unexpected, and weaker, sentiment, not to be justified by the personal reference in the introduction to the *Professores*. *iustum* recalls *iusto* in l. 1.

1. *Julius Ausonius, my father*

1. This poem, like the *Epicedion in Patrem*, begins in a rather low key. The ellipse of *est* and the strong alliteration are typical.

1–2. quem ... iubet: the presence of this general statement here might suggest reluctance were it not for the glowing memorial of the *Epicedion*. Others too had strong claims (cf. *Par.* 3. 2–4, *Prof.* 20. 5–6).

2. ordo: 'natural order'; cf. *Ephem.* 7. 27.

3. cura dei: Vergil's phrase *cura deum* (*A.* 3. 476; cf. Ov. *Am.* 3. 9. 17) has undergone a significant change.

X. Parentalia 303

4. undecies binas ... Olympiadas: cf. *Par.* 9. 8 and Mart. 7. 40. 6. His exact
age at death is not known; cf. *Epiced.* 61 n.

5–6. The simple idea (cf. *et cui... omnia contigerant* Ov. *M.* 11. 267–8) is elaborated by *prospera* and *ut voluit* rather as in *Ephem.* 3. 61. *eidem*, a simple correction of the intolerable *et idem*, complicates the sentence, but not impossibly.
The relative clauses introduced by *qui* (5) and *quem* (9) are typical; cf. *Par.*
3. 9.

7. fatorum ... indulgentia: cf. *Epiced.* 53.

9–10. In this comparison with the Seven Sages there seems to be a deliberate
reversal of the common phrase *excolere doctrina* (e.g. Cic. *TD* 1. 4, *Arch.* 12).
For a similar exaggeration cf. *Prof.* 13. 8 (*urbem*) *excultam studiis quam prope
reddideras*, and Claud. 10. 328 *ornatur fortuna viro*.

12. By describing his father's intellect (cf. Liv. 28. 25. 14) and not his speech,
and alluding to the well-worn contrast of *ars* and *ingenium* (e.g. Ov. *Tr.*
2. 424), he glosses over a point made more directly in *Epiced.* 9–10.

13. This line is joined to l. 12 by *et... et*, and only a comma should be printed
between them, even though the couplet is a little awkward after *diceret*.
Although *praeditus* with the infinitive is unique (cf. *Prof.* 3. 11 for another
unexpected infinitive) there is no need to suppose a lacuna with Schenkl or
to emend, with Gronovius, to *providus*, which is no easier.

15. perfunctae ... vitae: cf. *Par.* 16. 7, PN *c.* 16. 229, both with *aevum*.

17–18. This compliment—that Julius had had nobody to follow as a beginner,
and now had no rival—was a commonplace, at least when applied to Homer:
cf. Vell. 1. 5. 2 and *AL* 713 Riese, a poem attributed to Alcimus, perhaps the
honorand of *Prof.* 2. The *Epicedion* begins with an equally extravagant claim.

2. *Aemilia Aeonia, my mother*

The tribute to his mother is remarkably brief and rather conventional. The
explanation is not that she died young (she did not: cf. *Epiced.* 37), but probably
that Ausonius left home early (*Par.* 5. 9) for Toulouse and Arborius. He owed
his upbringing more to his maternal grandmother (*Par.* 5) and various aunts
(*Par.* 6 and 26). At least one of Sidonius' children was brought up by her aunts
(*Ep.* 5. 16. 5).

1–2. This alliance between a lady from the Tarbelli and a man from Eastern
Gaul is explained in *Par.* 4. For the adjective *Tarbellus* see *Praef.* 1. 6 n.

4. lanificaeque manus: for this continuing ideal cf. Ter. *Andr.* 75, *CE* 52. 8,
237. 2, 1988. 14, Jer. *Ep.* 107. 10, Einhard, *Vita Caroli* 19.

5. coniugiique fides: cf. Sen. *Agam.* 80 and Sedul. *CP* 1. 267. For similar
sentiments, cf. Lattimore 275–80, and for *natos cura regendi*, ibid. 276, 292.

6. Combinations of these qualities seem to have made a strong impression on the writer, and on others: cf. *Par.* 7. 11, 9. 23, Nepos, *Att.* 15, Paul. Petr. 5. 363. *serietas* is rare; Sidonius uses it in verse, at *c.* 23. 440.

7. aeternum: cf. *Par.* 5. 11–12 *quieti aeternum manes*, but here *aeternum* modifies *complexa.* The repose of the dead is taken for granted when a quiet personality or a quiet life is concerned (cf. *Par.* 19. 13); elsewhere it is prayed for (e.g. *Prof.* 11. 6).

8. The expression is highly elliptical, but acceptable on the analogy of *Prof.* 3. 13 *ut placidos mores, tranquillos sic cole manes.* Mertens's *ut* would be metrically acceptable, but is not required.

Joint burials were common: Lattimore 247–50.

3. *Aemilius Magnus Arborius, my uncle*

Ausonius' great debt to Arborius is clear from this poem and *Prof.* 16, a further tribute. This lament is distinguished by language notably more colourful than usual—*ornasti* (10), *viguit* (16), *oracula* (17), *Elysiam . . . sedem* (23), *Musis* (24)— and by echoes of earlier writers, which are relatively rare in most of the *Parentalia.* Arborius' career, here described with none of the tragic details of *Prof.* 16, forms a centrepiece (11–18), which is linked to the introduction and the farewell by passages emphasizing his special connection with his nephew. For various biographical details see Green 20–1.

2. 'you are mentioned third, Arborius (but now my piety becomes guilty)', guilty of belittling him: cf. *nec patris inculti pietas rea* (PN *c.* 11 [= App. B. 4]. 26). V's reading has been emended in many ways, but *dicere* should be understood as a rare example of the second person singular of the present indicative passive as in Pl. *Rud.* 876, Ter. *Phorm.* 854, Prop. 3. 22. 6, Juv. 6. 29; Neue³ iii. 209–10. It might, alternatively, be an imperative (cf. *Prof.* 5. 3), but this way of beginning a poem is less common. The address to the deceased is a regular feature (*Prof.* 1. 1, 13. 1, 14. 1), as is the indiscriminate use of nominative and vocative (cf. *Par.* 17. 12–13, 20. 3–4, *Prof.* 3. 9), which also occurs in epitaphs (e.g. *CE* 2121. 9).

5. V lacks the end of the line. A reconstruction should contain an element of contrast and a third-person subject; hence I should prefer *tamen, primusque vocandus* (with *voco* as 'invoke' as in l. 1) to Tollius' *igitur memorabere primus* (with *eris* in l. 6) and EW's *et proximus ille vocandus.*

6. patre secundus: for the unusual construction with *secundus*, cf. Prud. *Ham.* 38. Tollius' *a patre* would create a commoner usage (cf. *Prec.* 2. 3), but A. avoids such elisions (Green, *Paulinus*, 118).

7–10. 'You were my mother's brother and of one mind with my father, and with me, to whom you were what a father and a mother are.' In l. 7 V's *genitoris* is an obvious corruption and *genitori* the obvious replacement. In l. 8 I read *cui* (Schenkl's *quoi* is a form not demonstrably used by A.) for *qui* of V, which is awkward (EW's translation 'and to me who were as my father and my mother' illustrates the difficulty well). For the elliptical relative clause *quod pater et genetrix* cf. *Praef.* 1. 16 and *Ad Patrem* 3. 20. *pater* and *genetrix* take up *genetricis* and *genitori* chiastically (cf. *Hered.* 21–3, *Mos.* 27–32).

9. As in *Par.* 1. 5 and 9 *qui* refers loosely to the subject of the poem. For *lactantem* cf. *Protr.* 67; *iuvenemque virumque* is an echo of Ov. *Am.* 3. 7. 19, which combines with the Ovidian imitations in the next line.

10. The description of the liberal arts derives from two passages of Ovid: *ingenuas didicisse . . . artes* (*Pont.* 2. 9. 47) and *ne didicisse iuvet* (*AA* 1. 428). After some early instruction at Bordeaux (see e.g. *Prof.* 3. 1, 8. 10–16, 24. 5) A. may have continued under his uncle's tuition for most of his boyhood, for Arborius did not receive his new post (l. 16) until A. was in his twenties.

11. toga docta: probably the city's administration, not the academic profession. The local senate is complimented on its learning, and the city on its patronage of the arts (for *Palladiae* cf. Mart. 9. 99. 3 and later Sid. *c.* 7. 436).

   The elision in the middle of the line is extremely rare in A. (cf. *Ordo* 2), but the text seems sound.

12. praeposuit: he was chosen to represent the province in court (in cases of the kind described in *Prof.* 5. 15–18) on particular occasions. Matthews (p. 82) and Pastorino, following Seeck in *RE*, see him as a governor, but the following lines seem to rule this out; a governor would have little opportunity to shine as a public speaker, whereas a teacher could combine both functions. See Green 20.

13. Latio sermone: a compliment. There is a contrast with *Gallia* (l. 12) and *Hiberorum* (l. 14).

14. His activity in Spanish courts and those of the province of Novempopuli, situated between the Garonne and the Pyrenees, probably consisted of specific commissions that did not require prolonged absence from his teaching at Toulouse.

15. tenus Europam: for *tenus* preceding an accusative see E. Wölfflin, *ALL* i. 422–4. It should not be replaced by *trans* (Brandes); Europa is the province in the diocese of Thrace in which Constantinople stood (Amm. 27. 4. 12 and other contemporary documents). The wider connotations of the word add to the resonance of the phrase, but do not affect its meaning.

   petito: to be taken with *rhetore te* in the next line. It is a little awkward, but not excessively so for A.; it implies that he was sought after—an extra compliment—whereas *perito* (*Lugd.*) and *perita* (Brandes) are weak. The appointment was probably made by the emperor Constantine himself, at a date soon after the city's inauguration in 330; he was no doubt helped by the imperial contacts mentioned in *Prof.* 16. See in general J. W. H. Walden, *The Universities of Ancient Greece* (London, 1912), 130–61.

17. modos: used of an orator again in *Prof.* 3. 4; cf. *canorus* in *Prof.* 4. 18.

   oracula fandi: 'divine utterances' or 'pronouncements'. For the singular *oraculum* (of the emperor as a source of law), cf. *Grat. Act.* 2, Symm. *Rel.* 19. 10, 27. 2, and for the plural, the Greek χρησμούς (deliverances of an orator-philosopher) in Eunap. *VS* 504.

18. **tu:** cf. *Par.* 4. 17 and 23; *tum* (V) would have little point here.

　　celer atque memor: these qualities are mentioned in *Prof.* 5. 1, 22. 1 (*celer*); ibid. 1. 22, 4. 17, 22. 1 (*memor*), and they are noted in Julian and Valentinian by Eutropius (10. 16. 1) and Ammianus (30. 9. 4) respectively. On the importance of the latter, cf. H. Caplan, *Of Eloquence* (Ithaca, 1970), 196–246.

20. 'you said that you were content now that I had been born'. This suggests that he had no sons of his own, contrary to one view in *PLRE* i (cf. nos. 98 and 99), which sees him as probably the father of Arborius, prefect of the city in 380 (see on *Epiced.* 49). In *Prof.* 16. 9 A. mentions a wife but no sons. There is no need to make it explicit that he considered A. as a son, as argued by Sh. B., who emends to *natum me.* For the sentiment cf. Plin. *Pan.* 22. 3 *alii se satis vixisse te viso . . . praedicabant.*

21. **patribus:** probably 'parents', as in *Protr.* 19, *Prof.* 16. 16; but perhaps 'ancestors'.

22. **dictasti fatis:** cf. Stat. *Th.* 11. 617–19 (of a god). Arborius' words deserved the attention even of the Fates.

24. The final offering is from the Muses, who had been Arborius' gifts to his nephew (*tuis*); cf. *Mos.* 444 *libamine Musae.*

4. *Caecilius Argicius Arborius, my grandfather*

The name Argicius, also found in *Prof.* 16. 6, has been changed to the commoner Agricius by Salmasius and Mommsen (cf. *Prof.* 14, title), but there are similar place-names; cf. A. Dauzat, *La Toponymie française* (Paris, 1946), 131–5.

　　This is a less happy poem: in the long narrative violent words stand out, such as *perstrepit* (12), *tela* (13, 24), and *saucius* (26), but the grandson's anticipated career is a consolation.

1. **pagina:** this type of opening is common: cf. *Par.* 7. 1 (*elegea*), 26. 2 (*Musa*), *Prof.* 3. 2 (*nenia*). For *officiosa* cf. *Par.*, *praef.* B. 5.

3. **nomen:** used in apposition to the actual name as in *Mos.* 440, *Ep.* 16. 5, Ov. *F.* 6. 803.

6. **Aedues** is a very rare form, adapted or perhaps invented for metrical convenience.

　　Alpino . . . iugo: somewhat inexact, since the town of Vienne was built on terraces in a narrow valley surrounded by the Alps. It is not likely that *iugo* is an exaggeration as in *Ep.* 24. 82 *iuga Burdigalae.*

7. **invida:** *invidia* is often blamed for premature or unexpected disaster in

these poems; cf. *Par.* 10. 6, 17. 10, 29. 5, *Prof.* 13. 12. *nimium* modifies *invida*, not *superbis*, which is unlikely to be critical.

8. avus et genitor: Caecilius' grandfather and father, and not, as often assumed, A.'s grandfather (Caecilius) and his (i.e. Caecilius') father. Caecilius' son Arborius, mentioned in the previous poem, was a *iuvenis* in the 320s (*Prof.* 16. 10) and probably born in the last decade of the third century; his father is thus more likely to have been an infant (or unborn) than a man old enough to be proscribed himself at the time of the Gallic Empire. He outlived his son Arborius by thirty years if the interpretation of ll. 23–6 is correct; this suggests, though it does not require, a date of birth later than the 260s. See Green 19–20.

The occasion of these proscriptions was the siege and capture of Autun, which took place during the reign of Claudius (268–70), to whom the loyal Gauls appealed (*Pan. Lat.* 5(8). 2. 5). Victorinus was the successor of Postumus, who had established himself as emperor in Gaul a decade earlier. The date of Caecilius' escape is not clear, but since Tetricus probably succeeded in 270, the accepted date of 269 may well be correct. See P. Le Gentilhomme, *REA* 45 (1943), 233–40, and now J. F. Drinkwater, *The Gallic Empire: Separatism and Continuity in the North-Western Provinces of the Roman Empire AD 260–74* (Historia Einzelschriften, 52; Stuttgart, 1987), 80–1, 106, 179.

10. †victor†: this reading arouses strong suspicion, offering a pun more crudely expressed than usual (*Par.* 11. 5–8, *Grat. Act.* 38, *Ep.* 9*b.* 35–7). Peiper suggested *ductor*, and Schenkl the clumsy *quo victo in*; but the word lost by dittography may have been condemnatory.

reccidit: this common form should replace V's *recidit*. For the combination of a perfect indicative with an imperfect subjunctive after *cum* cf. Liv. 29. 37. 8 *cum . . . ventum est atque praeco cunctaretur*; here metre demands it, and A. may have been unsure of the precise facts.

Tetricos: father and son; see *PLRE* i. 885.

11. Aturrus: spelt as here in *Mos.* 466–8. It is called *Aturus* by Lucan (1. 420), *Atyr* by Vibius Sequester (*Flum.* 20).

13. He was in no less danger in the west of Gaul: Tetricus, governor of Aquitaine, had been made emperor at Bordeaux, and a few years later the city was one of those destroyed by the barbarian invasions (*HA Probus* 13. 6).

14. Aemiliae: the poet's grandmother, described in the next poem.

16. non et opes: the family's recovery was slow. In these poems A. shows a consistent interest in marriage as a source of wealth.

17. The suspect art of astrology is dignified by a quotation from Verg. *A.* 4. 519–20 *conscia fati sidera*, copied by Man. 1. 1–2; for *caeli numeros* cf. Lucan 1. 641 *numerisque moventibus astra* (*sequentibus* Bentley, following Stat. *Th.* 4. 411 *numerisque sequentibus astra*), and later Sid. *c.* 15. 79 *numeris perquirit et astris*. Such forms of divination were feared and proscribed by pagan and

Christian emperors alike: see A. A. Barb in A. Momigliano (ed.), *The Conflict between Paganism and Christianity in the Fourth Century* (Oxford, 1963), 100–25. There is no evidence of Druidism here, as claimed by E. Bachelier, *Ogam*, 12 (1960), 92–3.

21–2. The actual calculation was never revealed, but A.'s grandmother discovered its purport. In l. 22 *quod* for V's *quo* is needed to express this; *quam Lugd.*) would create a contradiction.

23. 'when you had lived your life for ninety years'; presumably at the time of his death. V's *vitam* is paralleled by *qui sex menses vitam ducunt* (Lucil. fr. 663 Marx (652 Krenkel)); *vitae*, suggested by Axt, is no easier. The use of the perfect subjunctive after *cum* in this sense is unusual.

24. Fortis ... deae: *Fors* is rarely mentioned in Latin literature without the addition of *Fortuna*; in Ov. *F.* 6. 775 *deam . . . Fortem* is used shortly after *Fors Fortuna*. Here *deae*, and *Fortunae* in l. 13, make the meaning clear. The reference in this strong phrase is not to his death, as supposed by Booth 246 n. 34, but to the calamity about to be mentioned.

25. flebas: V's *fletu* cannot stand, for a verb is required; Scaliger's (and Vinet's) *flesti* is a less suitable companion for *dicebas*, which closely follows.

   post trina decennia: alterations of this phrase have been numerous (Brandes and Peiper suggested *per*, Brandes *quina*, Seeck the unmetrical *vicennia*, while Schenkl made *post* adverbial), but they are unnecessary. The imitation in Paul. Pell. *Euch.* 232 *post trina decennia* gives strong support, there are no substantial historical difficulties, and the emendation to *flebas* makes the retention of *post* easier.

   Was he lost after thirty years, or still bewailed after thirty years? The latter suits *solacia longa* very well: when Caecilius was at the end of his life, after thirty years' lamentation for his son, who died probably in 337 (this is not surprising when compared with A.'s own grief for his wife as presented in *Par.* 9), he will have had fairly clear indications of the greatness that was coming to A., already imperial tutor and perhaps *comes*, and his predictions would not have seemed unwarranted. The alternative interpretation assumes that Caecilius made his predictions fairly soon after Arborius' death, when A. was a teacher unknown outside Bordeaux; and that there was a gap in age of some sixty years, more or less, between the nonagenarian father and his young son. This is not impossible, but less likely. Moreover, it compresses Arborius' career into thirty years and makes him not much older than A., who was his pupil. See Green 20.

26. hoc laevo: so Schenkl; Vinet was the first to derive *laevo* from V's unclear reading. The phrase resembles Quint. 6 *praef.* 6 *alterum ex duobus eruit lumen* (a passage which is echoed also in *Par.* 9. 3) and Vell. 2. 52. 3 *effossumque alterum Romani imperii lumen*; cf. also Jer. *Ep.* 3. 3. Brandes's *hoc leto* is possible but weaker; Tollius' *atque uno* diverges too far.

lumine cassus: cf. Verg. *A.* 2. 85 *cassum lumine* (with Austin ad loc.), Stat. *Th.* 2. 15 *lumine cassis.*

28. praecipuus . . . honos: A. probably means the consulship; see on *Praef.* 1. 35. The ambiguity suits a prophecy.

29. mixte: *mixta* (V) gives no sense; the vocative is characteristic.

priorum: an echo of Vergil's *amoena piorum concilia* (*A.* 5. 734–5); but the text is surely sound. There is a contrast between the past generations among whom Caecilius now dwells, and the present one, of which he is aware by virtue of his special gift. It is because of this talent that he can be conceived as still sentient; A. is rarely so certain, and the commonplace *sensus si manibus ullus* (*Prof.* 23. 13) is more typical.

30. nota . . . habes: cf. Cic. *Or.* 112 *habeas notiora* and Sen. *Ep.* 79. 15.

31. sentis quod . . . : this usage occasionally replaces the accusative and infinitive in A.: cf. *Prof.* 2. 13, *Ep.* 22. 2, perhaps *Mos.* 63–4.

32. The words *consul honorifico* at the climax of this brief *cursus honorum* make an impressive ending.

5. *Aemilia Corinthia Maura, my grandmother*

1. pia cura: cf. *Prof.* 22. 22, 23. 16, *Ad Patrem* 33.

3. huic: this scansion is found from Statius onwards, but only here in A.

4. aequales inter: from others she would not have taken this nickname, or *signum*, kindly, to judge from ll. 7–8, which suggest a more sinister interpretation.

5. clarior: 'purer'. The meaning of *clarus*, not usually applied to *animus* (in Sall. *BJ* 1. 3 it means 'great') is shown by the next line, which is derived from Ovid's (*pectora*) . . . *et non calcata candidiora nive* (*Pont.* 2. 5. 38). It is applied to *cycnus* in Sen. *Agam.* 678.

7. delictis: this gives better sense than the unexpectedly vivid *deliciis*; *blanda* in l. 10 shows that Aemilia was not entirely a killjoy. Cf. Sen. *Ben.* 3. 16. 4 *delictorum . . . pudor.*

8. ad perpendiculum: 'to the straight and narrow'. Cf. Amm. 21. 16. 3 (where fairness is emphasized), 29. 2. 16 (of outstanding virtue), 14. 8. 11 (of close rivalry).

9. The conventional *praereptum* (cf. *Prof.* 24. 12), and Vergil's *ab ubere matris* (*G.* 3. 187; cf. *A.* 6. 428), suggest bereavement, but in fact refer to A.'s education at Toulouse, which was distant enough to exclude parental influence. For the exaggeration, cf. Jer. *In Ruf.* 1. 30, quoted on *Protr.* 69.

10. imbuit: 'taught', along with others, notably Arborius (*Par.* 3). There is a characteristic contrast (cf. *Par.* 2. 6) in *blanda sub austeris.*

6. *Aemilia Hilaria, my aunt*

The words *virgo devota* in the title are out of place, since the titles of the *Parentalia* usually give only the name and relationship; they are the interpolation of a Christian enthusiast based on l. 8.

1. gradu generis: cf. *Par.*, *praef.* B. 8.

4. This is a poor explanation of the masculine name Hilarius; for girls are as jolly and endearing as boys in the cradle (if not more so, because of their greater strength at this stage), and it is hard to see why these qualities should be thought to have earned her a masculine name (*comitas* is not an exclusively masculine quality; cf. 2. 6). There is no question of an amusing explanation of a rare name, for Hilaria was common; see I. Kajanto, *The Latin Cognomina* (Helsinki, 1965), 261. A. may be referring to a biological indeterminacy, which, as may be inferred from the following lines, affected her whole life: she may have been a hermaphrodite, whom her nephew describes with tact and sympathy. See Green 22.

For *ad effigiem*, cf. Plin. *NH* 5. 62, Tert. *De Anim.* 23.

5–6. 'You gave the impression of a real youth, and did not pretend otherwise, being active in the art of medicine like men.' There is no lacuna, as supposed by EW in one of his rare disagreements with Peiper: it would destroy the neat progression *puer*, *ephebus*, *vir*, words which A. uses precisely (cf. *Par.* 20. 1, 23. 16).

6. experiens: used with the ablative in Isid. *Etym.* 16. 23. 2 and Oros. 1. 19. 5 (comparative and superlative respectively). The only other references to medicine in these poems are in *Par.* 1 and 13 (A.'s father and brother) and *Prof.* 26. 5. In other contexts a few women doctors are attested: see *ILS* 7802–6, and J. F. Gardner, *Women in Roman Law and Society* (London, 1987), 240–1.

7. feminei sexus: 'female sexuality', rather than 'the feminine sex', which she would best have avoided by being a solitary.

8. devotae: not necessarily inspired by religion; in the early fourth century the force of religious belief in this respect would be weaker than it became later; there are few references before this date (e.g. Tert. *Praescr. Her.* 40. 5—'the Devil's virgins'). Cf. P. Martino, *Ausone et les commencements du christianisme en Gaule* (Algiers, 1906), better than M. Pattist, *Ausonius als Christen*, 62 n. 1 and R. Lorenz, *ZKG* 77 (1966), 1–61, who are rather brief on Gaul, and R. Metz, *Studia Anselmiana*, 46 (1961), 109–32, who omits this passage.

10. An awkward way of describing her lifelong abstinence. It is true that death may be regarded as the end of *pudicitia* (as of *impudicitia*), but one wonders if A. meant more than this. Perhaps he had cause to assert that it had not ended sooner. Even if she were a Christian, a reference to the consummation of her condition as bride of Christ (see G. W. H. Lampe, *A Patristic Greek Lexicon* (Oxford, 1961–8), s.v. νύμφη) is inconceivable; Jerome might call Eustochium's mother *socrus Dei* as well as *sponsa* (*Ep.* 22. 2, 20), but he was condemned for his bad taste (Rufin. *Apol.* 2. 10).

finis, ipse: a rare metrical licence; cf. *Prof.* 20. 6, *Epit.* 22. 2, *Epigr.* 24. 8 and perhaps 6; in sapphics, *Ephem.* 1. 11, in hexameters, *Protr.* 46.

12. **supremis ... exsequiis:** 'as a last rite', a 'final' dative like *amictui dare* (*Ephem.* 2. 3). *exsequiae* can mean 'earthly remains' (Eutrop. 7. 18, 9. 2), but this would be difficult with *supremis* (for which cf. *Par.* 19. 1).

7. *Claudius Contemtus and Julius Calippio, my father's brothers*

For the name Contemtus (sometimes emended to Contentus), cf. I. Kajanto, *The Latin Cognomina*, 70, 287; Cataphronia (*Par.* 26) is similar in meaning.

2. **tellus ... Rutupina:** this probably refers to Britain as a whole, as in *Par.* 18. 8 and *Ordo* 72.

3–4. As in *Par.* 4. 15 A. shows great interest in the acquisition of wealth, and corresponding disappointment that the money was lost because of his intestacy and sudden death in a remote place. There could be a euphemism in *variae*.

    cui: two syllables, as in *Ephem.* 1. 15 and *Ep.* 9*b*. 59; such elision, whether of a long or short syllable, is not uncommon.

5. **raptus:** this may signify merely the cruelty of fate, and it would be unwise to connect it with any known disturbance (see S. Frere, *Britannia* (London, 1974), 387–99), especially in view of the wide possibilities of date. He may have died at any time in the first half of the century; Julius, A.'s father and Claudius' other brother, was born *c.*290.

7–10. Julius Calippio, with four lines to his brother's five, provides a contrast not made explicit until *fortunam non ... parem* in l. 12 but implied in the structure and subject-matter: one uncle had money but no heirs, the other heirs but no money. *innumerabilibus* emphasizes the gravity of such losses to a family that was not rich at this time.

    For *fata producere*, cf. Aur. Vict. *Caes.* 14. 8 (*fatum*).

9. **mensa ... uncta:** cf. Mart. 5. 44. 7, Petr. *Sat.* 43. 4, Sid. *Ep.* 2. 9. 10.

10. **nos:** the poet, and probably his sister.

11. **ioca seria mixti:** cf. Otto 176–7. For such use of the passive, a common feature of later Latin, see LHS 290–1 and J. Svennung, *Wortstudien zu den spätlateinischen Oribasiusrezenzionen* (Uppsala, 1932), 137–8.

14. In the common *envoi*, emphasized by the sudden joint address in the second person, and the singular *vale*, *verbi* makes an excellent contrast with *tumulis* and *honore*, and Peiper's *vobis* or *nostrum*, assuming a misread abbreviation, is most unlikely.

8. *Attusius Lucanus Talisius, my father-in-law*

1–2. A. favours such an appeal to the general reader when he turns to another part of the family.

4. moribus ornasti: a Horatian touch (*Ep.* 2. 1. 2, of Augustus), but with a rather different meaning; Attusius added morality to nobility. This commonplace (see E. R. Curtius, *European Literature and the Latin Middle Ages* (Eng. tr., Princeton, 1952), 179–80) is frequently used, especially of the noble families into which his family married (*Par.* 9. 6, 14. 5–6), as if the writer were, or expected his readers to be, suspicious of high birth.

5. Physical appearance is also mentioned in *Par.* 14. 7, 17. 14, and *Prof.* 4. 21.

6. quamvis: Peiper's correction of V's *civis*, translated by Pastorino as 'come cittadino', a detail which is out of place in this eulogy (cf. l. 8), gives better sense than Pichon's suggestion *cui vis*, which would fit an active politician better than an inactive aristocrat, or Brandes's *quovis* ('than anyone'), which, quite apart from the awkwardness of the ablatives, would be tactless, even if l. 9 gives some support. As in *Par.* 1. 12 (also *facundo . . . ingenio*, preceded by *quamquam*) there may have been little evidence of his ability.

9. prior: cf. *Par.* 15. 7 *primore*.

10. segregus: a much less common word than *segrex*. *disgregae* is found at M. Cap. 9. 892.

11. florente iuventa: this has more point if it refers to Attusius; he may well have been relatively young, since Sabina died at the age of 27 after several years of marriage. For the phrase, cf. Hor. *AP* 115, Sil. 16. 455: it is borrowed from A. by Claudian (28. 580), as shown by the preceding word *generum*.

13–14. A similar point is made in the similar context of *Par.* 22. 14–16, but the gods, here equivalent to *fata*, are not mentioned there.

15. et nunc . . . sentis: a unique example of such confidence, if the clairvoyant honorand of *Par.* 4. 30 is excepted; it is a consolation and an honour. *honore* echoes *honore* in l. 5 and perhaps underlines an important theme of the poem.

17. caelebs: by its placing (cf. *Epiced.* 38) and repetition this word emphasizes his fidelity.

    gener haec: see on *Ad. Patrem* 23.

18. desinam et: V's *desinet*, with a transition to the third person (whether this is made in l. 18, or in l. 17 with Pichon's *solvit*), is not likely, and makes l. 18 rather feeble. Heinsius' *desinam et* gives it some point: A. will remain *caelebs* as surely as he will remain *gener*. Pastorino prints *desinet et esse*.

9. *Attusia Lucana Sabina, my wife*

Ausonius mentions Sabina also in *Epigr.* 20—which is particularly touching when read with this lament—and in *Epigr.* 27, 29. From l. 8 it may be deduced that she died not later than 350; she was then 27 years old (see l. 25). In this poem alliteration is used to great effect (1–3, 13–14, 27–8); echoes of classical poetry are commoner (7, 9, 24, 25) and well chosen; the language has vivid (13, 15) and violent elements (3, 19). In ll. 22–6 there is a cluster of figures of speech rare or unique in the elegies. Because of the intense and pervasive personal focus the structure is not easy to summarize; after a brief description (5–6), the poet's grief dominates the poem until l. 22, where after further description his thoughts move to their children, returning finally to his deathless love in the last line.

1–2. iusto funere: this here denotes a natural death after a full life, and not, as usual, burial rites: cf. *Par.*, *praef.* B. 1, 18.

3. nec contrectabile fulmen: a bold juxtaposition, in which the adjective may be translated 'that cannot be mentioned' or 'treated' (in the sense of discussed), notwithstanding *memoranda* in l. 4. But the force of the literal image ('untouchable') should not be ignored, especially after the arresting mixture of abstract and concrete in *dolor atque cruces*.

The phrase goes beyond Ov. *Pont.* 2. 2. 57–8 *vulneris id genus est quod, cum sanabile non sit, non contrectari tutius esse puto*, and the various expressions of grief in the preface to book 6 of Quintilian, which A. knew (cf. *Par.* 4. 26). Peiper's *vulnus* for *fulmen* (Quint. 6, *praef.* 10) would gravely weaken the effect.

5–6. This echoes the opening lines of the previous poem.

6. usque, as in *Ep.* 15. 26 and 23. 16, has adversative force (see *ALL* v. 451). V's reading *moribus usque* (misreported by Prete) should be retained. The name *Sabina* (cf. Otto 304) is cleverly placed.

7–9. Vergilian language emphasizes the poet's grief: Dido spoke of being cheated (*deceptam*) by her first husband's death (*A.* 4. 17), and the indignant Juno of a veiled distress (*obductum ... dolorem*: *A.* 10. 64).

10. poena: 'pain', as in *Epit.* 19. 6 and *Ecl.* 19. 6 *poenaeque graves in caelibe vita*. Emendation is not necessary. *recens* is proleptic: 'with all the force of a recent pain', 'afresh'.

13. torqueo ... canos: a bold and graphic description, though hardly credible.

14. mage: frequent in late Latin, both in prose (notably that of Sidonius) and verse.

19. tu mihi crux ab utraque venis: in this vivid and surprising phrase *crux* is again most effectively deployed (cf. l. 3).

21–2. A. does not lament the loss of wealth, a thing of no consequence now, or the absence of empty joys (cf. *Epiced.* 30 *gaudia falsa procul* for this sentiment), but her congenial companionship, expressed in the polyptoton (a very rare figure in A.) *iuvenis iuveni*.

23. genus ... forma: an unusual variation of accusative (cf. e.g. Verg. *A.* 5. 285, 8. 114, Ov. *F.* 4. 66) and the commoner ablative.

24. et dolor atque decus: from Vergil's apostrophe to the dead Pallas in *A.* 10. 507.

25. Cf. Hor. *Ep.* 1. 20. 27 *quater undenos . . . implevisse Decembris*; *impletura* derives from Mart. 5. 34. 5, a similar context.

26. natos, pignora nostra, duos: this arrangement of words, favoured else-where (see on *Praef.* 1. 21), is rare in these elegies (cf. *Prof.* 17. 9–10, not entirely similar).

One of the children was Hesperius; the other, a daughter whose name is not known, had married the talented Euromius (*Par.* 14) and then Thalas-sius. For their careers see on *Epiced.* 45–6.

10. *Ausonius, my infant son*

There is, again, a poignant contrast between earlier rejoicing (in the poem *Ad Patrem*) and this *querella*.

1. This short poem begins with a strong appeal to the emotions, enhanced by allusion; the rare *infletum* recalls Verg. *A.* 11. 372, as does *Mos.* 4, and *memori . . . querella* Hor. *c.* 3. 11. 51–2 *memorem . . . querelam.*

3–4. 'whom we mourned in a funeral just as he was trying to put an end to infantile prattle with his first words, a child of full intelligence'. For such a description of infancy, cf. *Protr.* 68, Stat. *S.* 5. 5. 82, Min. Fel. 2. 1.

et plenae is the simplest correction of *et pene* in V, giving good sense and characteristic alliteration; Tollius' *at* is too strong, and his *ut* would be awkward. *TLL* gives no exact parallel to *plena indoles*, but elsewhere A. has *indole cuius adulti* (*Par.* 17. 4), and *indole maturus* (*Par.* 14. 12), which do not exclude its use of an infant. *exsequiis* is surprising on its own, but expressive— he received a funeral just like an adult—and easier than Peiper's *obsequiis.*

5. proavi: this should be taken in its exact sense, like other such words in the poems. It probably refers to one of his mother's noble grandfathers, and not to Caecilius (a grandfather of A.), who seems to have died *c.* 370 (see on *Par.* 4. 25) and so later than this child; the poet's other grandfather is nowhere mentioned.

funus commune: a common grave; cf. *Par.* 2. 8. Unless A. invents the explanation in l. 6, the purpose here was to turn aside the child's sad fate after death.

6. According to a widespread belief in the ancient world such unfortunate children lived out their lost years in agony. It is alluded to in Verg. *A.* 6. 426–9, Plut. *Mor.* 590 F, Tert. *De Anim.* 56. 2, and discussed by A. D. Nock, 'Tertullian and Ahori', in *Essays on Religion and the Ancient World* (Oxford, 1972), 712–19. A.'s underworld is not a savage place, but like Vergil he appeals obliquely to the belief to intensify the pathos.

11. *Pastor, my son's son*

1. In *maturos* (referring to poems 1–8) there is a contrast with both *immature* and *acerbus*. As *Par.* 6. 4–5 shows, *puer* may denote any age from infancy to puberty.
2. **irrumpis:** the emendations of Heinsius, Peiper, and Schenkl 'ne font que gâter le texte' (in the words of La Ville de Mirmont); cf. Cic. *Lig.* 13 *in nostrum fletum irrumpes*, Tac. *A.* 4. 67. 1 *ne quis quietem eius irrumperet*, Stat. *Th.* 10. 810 *inrumpis maestas . . . umbras.*
3. For the pun cf. *Protr.* 37, *Prof.* 11. 2.
5–8. **nomen . . . :** V's *nomine* is difficult because of its separation from the name Pastor, with which it would have to be taken, with a comma after l. 4; Peiper's *nomen* restores elegance. The predicate comes in l. 7.
   This explanation of the name is serious, and typical: cf. *Epit.* 12. 7–8, *Epigr.* 21, *Ep.* 9b. 42–50. Pastor may have been a *signum*, preferred to his family names.
7. Ovid ends a line with the word *argumentum* at *M.* 6. 69, 13. 684.
9. **occidis:** the present tense is used for vividness as in *Par.* 14. 3, 15. 4. Pastor perhaps met his death while playing on a building-site or where repairs were taking place. Others killed by falling tiles (whether dislodged, discarded, or directed) include the victim of *CE* 1060 and Pyrrhus of Epirus (Plut. *Pyrrh.* 34. 2); cf. Ov. *Ibis* 299–300, and the French expression 'quelle tuile'.
11–12. **manus . . . fati:** a remarkable anticipation of a modern cliché, generated by the context. *artificis manus* echoes Optat. 20b. 18; cf. Tib. 1. 8. 12.
13. **rumpis:** a rare and expressive use, which echoes *irrumpis* in l. 2.
15–16. The same point is made in *AP* 7. 701 (Diodorus *grammaticus*: Gow-Page, *GP* 238) and 7. 361, Verg. *A.* 11. 160–1, Stat. *S.* 2. 1. 174–8. For *fata senectae*, Tib. 1. 4. 31, Prop. 1. 19. 17, 2. 13. 47, but the meaning here is 'my death in old age'.

12. *Julia Dryadia, my sister*

This is one of the duller portraits; perhaps she made little impression on her brother except as a paragon of virtue and sisterly devotion.

2. **haud caruit:** Peiper's correction of V's *non ruit* (before *non* was deleted) is very probable, with *non* glossing *haud*, and *caruit* suffering decapitation. It is a weak phrase, but so is *habere* in l. 3; cf. *Epiced.* 47 *possedit* (also of Dryadia), *Par.* 30. 5 *habuit*.
5. **colo:** this is the corrected reading of V, and was found by grammarians in Verg. *A.* 8. 409 *tolerare colo vitam*, which is one source for A.'s phrase, along with *vitam famamque tueri* (Hor. *S.* 1. 4. 118). By her distaff, a symbol of domestic devotion, she protected her own good name as well as her livelihood.

7. verum: 'the truth'.

8. nosse deum: perhaps a sign of Christianity; the words are used by Hilary, *De Mart. Macc.* 251 and Paul. Petr. 2. 424. *fratrem* is her real brother Ausonius, because of *ante alios*; cf. *Epiced.*, *praef.* 1 *post deum semper patrem colui.*

9–10. Like her brother, she lost her spouse when young, and had no thoughts of remarrying (see on *Epiced.* 38). For the conventional picture of crabbed old age in l. 10, cf. *Genethl.* 6, and for this contrast of young and old, cf. *Epigr.* 13. 6.

    seria vitam: V's reading is by no means certain. The formal parallels such as *genus inclita* (9. 23), *mentem bonus* (17. 13), and other examples given by S. Blomgren, *Eranos* 67 (1969), 64 are not entirely analogous. The repetition of *vitam* is not in itself a cause for suspicion—cf. *Mos.* 198–9 and ll. 2 and 9 of this poem (*caruit*)—but the word is otiose. Sh. B.'s *vitae* (which might echo Juv. 6. O. 18), though easier to justify in grammatical terms, does not remove the problem. Peiper, with *vitans* here and *hilarem* in l. 11 (see below) makes her a mixture of gaiety and seriousness like her mother (*Par.* 2. 6), but seriousness alone is the keynote of this poem.

11. produxit celerem: an oxymoron, expressing the unobtrusiveness of her life which made it seem to slip by quickly, or the apparent brevity of virtuous lives (cf. Stat. *S.* 3. 3. 20, Apul. *Flor.* 9). Emendation is not needed: Heinsius' *caelebs* is weak, and *celebem*, suggested by Baehrens and Mueller, is metrically unacceptable; *celebrem*, like Peiper's *-que hilarem*, would not suit the rest of the poem.

12. tecto: cf. Cic. 2 *Verr.* 4. 25 *tecto ac domo* (the words are frequently combined: *TLL* v/1. 1965. 64–8). The tautology, surprising in this style, emphasizes her homely virtues. Heinsius suggested *lecto*, but such a circumstance would hardly be notable in a humble family; the deaths of emperors were another matter (Suet. *Aug.* 100).

13. *Avitianus, my brother*

The metre changes from the elegiac couplet to a combination of iambic trimeter and dimeter also used in *Prof.* 4–5, *Ep.* 20*b*. This is necessary to accommodate the name.

3. ingenio prior: in *Epiced.* 40 he is called *non rudis.*

4. artes paternas: medicine.

5. iuventae flore: cf. *florente iuventa* (*Par.* 8. 11), *flore iuventae* (*Par.* 14. 3), Sen. *Phaedr.* 627.

6. This line adds precision to the previous phrase. A.'s brother died in early puberty (*Epiced.* 40); cf. *pueris aevi* in *Genethl.* 18.

7. Atropos: cf. *Par.* 29. 5, also of a young death.

9–8. heu quem dolorem sauciis: this line, with *sociis*, is found after *heu* *quanta . . . spei* in V; haplography of *heu* caused the error, and the line was put in after *quem cultum spei*. Unless there is deeper corruption, l. 9 must be taken as an independent exclamation, in the form restored by Gronovius, for *dolorem* cannot be an object of *deseris*. There are parallels to *sauciis* in *Par.* 15. 6, *Ephem.* 3. 57, and it is a neat change; there is no call for Brakman's *aequalibus*. For *cultum spei* cf. *carminis cultum mei* (*Prof.* 26. 9); his family's hopes were an honour to him.

10. germane, pubes deseris: Peiper's punctuation is preferable to Schenkl's (*germane pubes, deseris*).

14. *Valerius Latinus Euromius, my son-in-law*

For an abbreviation in the title, cf. *Par.* 18; a name Vallatinus is not likely. The reading Euromius (cf. l. 2) is more likely than Euronius. The name of Ausonius' daughter whom he married is unknown.

1. The first line makes an abrupt contrast of his good birth and his early death, which is accentuated by the unusual pause after the third foot and repeated *o*. For *funus acerbum* (echoed in l. 12), which is frequent in such contexts as this, cf. Verg. *A.* 6. 429, 11. 28, and Lattimore 187.

3. flore iuventae: cf. Stat. *Th.* 7. 301, Orient. 2. 231.

5. praegressus: the verb here means 'excel', a rare sense (cf. 'Sall.' *Ep. ad Caes.* 1. 2, Stat. *S.* 4. 1. 33, *Th.* 3. 601. He may mean 'excel in deeds', as in the last mentioned passage, or 'excel in morality' (cf. *Par.* 8. 4).

8. dexteritate: 'humanity'. The word is found with *humanitas* in Liv. 37. 7. 15, Gell. 13. 17. 1.

9. The posts mentioned are in order of importance, leading to a climax with *et ipse*, and the unusual *cliens* (Claud. 17. 26). Accordingly *praefecturae sedes* cannot denote an actual prefecture, but must mean the office of an assessor, part of a prefect's staff (Jones, *LRE* 500–1). Next came the governorship of Dalmatia (Illyricum was a prefecture); the final post was either *advocatus fisci* or *patronus fisci*, probably the latter, because *cliens* may imply *patronus* (though it need not do: cf. *Par.* 24. 12) and l. 11 indicates that he was at the peak of his career.

15. *Pomponius Maximus, my sister's husband*

1. vice fratris: with *devinctum*. Cf. *vice matris* (6. 1); *vice natae* (16. 1). Line 3 gives the exact relationship.

6. pro: V as a rule makes no distinction between its abbreviations for *pro* and *per*, but the latter cannot be correct. The use of *pro* is modelled on such classical usages as *et mea, pro, nullo pondere verba cadunt* (Ov. *Her.* 3. 98), but it seems to be generally found only in short phrases in Late Antiquity, apart from Claud. 18. 140–1; later in *MGH*, *PLAC* i. 475. 24 (Theodulf), iii. 568. 21 (Milo).

7. primore: either the annual office mentioned in *Ordo* 168 (where A. calls himself consul at Bordeaux) or, more probably, since a longer period of time is implied, the leader of the *curia* (cf. *C. Th.* 12. 1. 189, of 436, *primus curiae*; and *C. Th.* 12. 1. 127, of 392, *quicumque . . . primum obtinuerit locum*) or perhaps one of the *principales* known best from Antioch (J. H. W. G. Liebeschuetz, *Antioch* (Oxford, 1972), 172–4) but also attested in Gaul (*C. Th.* 12. 1. 171, of 409). These may be the *proceres* of 14. 5 and *Mos.* 402. Dryadia, like her daughter in the previous poem, had made a socially advantageous marriage.

8. The date and other details of this occurrence, a rare glimpse into local government in the West, are not known. Pomponius' death occurred in the middle of the century; Dryadia, probably born soon after 310 (the approximate birth date of her brother), was widowed while *iuvenis* (12. 9). For a possible context see Green, *Still Waters*, 505; Booth, *Career*, 342.

9. 'O why, Maximus, do you not enjoy the fame of your son, who were snatched from us while enjoying the promise and maturity of grandsons?' The ablative case in *fruge* and *flore* has a rather awkward function here, being equivalent to 'while enjoying' or depending on *frueris*, to be understood this time in a positive sense, but this interpretation is better than taking *qui* as 'why?', against A.'s usage, or emending to *cur* with Tollius or *quid* with Baehrens; the change of word would be surprising and the question a rather feeble one. The implication is that although the grandchildren were fully grown (*flore et fruge*) the son became famous late in life, and his fame had not been witnessed by his father. In the heading of the next poem he is named Arborius, and there is a strong case for identifying him with Arborius 3 of *PLRE* i. 97–8, *praefectus urbis* in 380, who intervened in a famine (Ambr. *Off.* 3. 46–8) and is later mentioned as a prefect by Sulpicius (*Vit. Mart.* 19. 1–2). Ambrose's reference seems to be to a Magnus (O. Seeck, *Hermes* 18 (1883), 296 and Green 21–2), which links him further to this family. He also describes him as *senex*: in view of *Protr.* 34 this is no problem, especially as Ambrose was writing several years later. It seems from *Par.* 3. 20 that A.'s uncle Arborius, whom some see as the father of this Arborius, was childless. See also *Epiced.* 49n. The other son of Dryadia and Pomponius, Herculanus of *Par.* 17 and *Prof.* 11, was no credit to the family.

11. divina . . . portio: 'a share of immortality'; a variation of the usual formula, such as *si quid apud manes sentis* (*Par.* 22. 15).

manes: cf. *Par.* 16. 5, 22. 15, *Prof.* 26. 1.

13–14. A stronger assumption: the father did in fact enjoy his son's fame by anticipation, and continues to do so.

16. *Veria Liceria, wife of Arborius, my sister's son*

1. In this poem the title is precise, and the text of the poem more vague: *nurus*, normally meaning 'daughter-in-law', will not do, and *neptis*, used in l. 9, is inexact; hence the phrase *vice natae*, which is also complimentary. The first *vel* in this line as V has it should be emended with Peiper to *sive*: the combination is common in late Latin (LHS 522). Scaliger's *vel nuruis* and Heinsius' *vera nurus* are impossible.

4. Similar to the praises of A.'s mother in *Par.* 2. 3–4, but strengthened by the pervasive alliteration of *f*, *l*, and *m*.

5. imis: 'the lowest shades', because Eusebius was a distant ancestor—at least her great-grandfather. Not surprisingly, he cannot be identified, unless, as I tentatively suggested in *CQ*, NS 31 (1981), 230, he is the historian Eusebius of Nantes, whom A. may have used in the lost parts of the *Caesares*.

6. esset vox: the prosody of V's *uxor est* is tolerable (cf. *Praef.* 1. 35) but the mood, tense, and position of *est* are not. *qui* in l. 7 points clearly to Eusebius the orator.

11. Another echo (cf. *Par.* 9. 24) of the death of Pallas: *solacia luctus exigua ingentis* (Verg. *A.* 11. 62–3). Here the consolation is provided by the children, of whom we know little or nothing: a daughter of Arborius was dedicated to be a Christian virgin by her father (Sulp. *Vit. Mart.* 19. 2), and it may have been another of his daughters who brought Dryadia an illustrious *progener* (*Epiced.* 49).

12. natos: the *nepotes* of *Par.* 15. 9.

14–15. Her tomb was apparently close to the house in which they had their first taste of marriage (for *primus hymen*, cf. Stat. *Th.* 3. 691).

17. *Pomponius Maximus Herculanus, my sister's son*

As in *Prof.* 11, Herculanus has a metre peculiar to himself: after l. 1 it is the anapaestic dimeter catalectic, or paroemiac, rare in Latin, especially in series (D. S. Raven, *Latin Metre* (London, 1965), 117), and not used elsewhere by Ausonius.

1. The first line as presented in V is an iambic trimeter, with a spondee in the fourth foot (cf. *Epigr.* 71. 1 n.). This makes it possible to introduce the honorand's name, a necessary part of each poem (cf. *Par.*, *praef.* B. 11–12), and to explain the relationship with precision. Changes of metre, albeit less sudden, occur in *Prof.* 19, 21, and probably in *Prof.* 6. 53–4. Emendation is not needed: it is not plausible to assume, as Mommsen and Peiper do, both the intrusion of the name and a transposition, and *mea* (Mommsen) cannot be scanned as a monosyllable here, even if *suas* is in *Ludus* 47.

3. tacitum . . . relinquat: cf. Vergil's praise of Cato and Cossus in *A.* 6. 841.

6–7. The poet's reluctance to praise him may be due to other reasons, made clearer in *Prof.* 11.

9. puberis aevi: for the expression cf. *Genethl.* 18 and *Par.* 13. 6. A date in his late teens would also be suitable here.

10. invida: cf. on *Par.* 10. 6. His life was evidently cut short by tragedy, but not before he had chosen the slippery ways of youth (*Prof.* 11).

11. A difficult line. It can hardly be taken as an independent exclamation, or, as editors have done, with what follows; unless a line is lost, it is best taken in apposition to l. 8. *aeae* (V) is a doubtful form (cf. *CGL* v. 5. 8), and Greek αἰαί would be surprising here; although A. does use Greek words, he tends to introduce them only in appropriate contexts.

12. musice: 'melodious'; a description of his oratory like the other words in this line (and l. 15).

13. mentem bonus: *mente* cannot stand, but *mentem* is a characteristic variation, and its juxtaposition with *ingenio ingens* (cf. *ingenium ingens*, Hor. *S.* 1. 3. 33) recalls *Par.* 9. 23 *genus inclita et inclita forma.*

14. volucer pede: both dancing (Canal and Pastorino) and running (EW and Jasinski) would be unexpected; but the latter seems more likely. Hunting (*Par.* 8. 7) is the only other athletic pursuit mentioned in these poems.

15. Scaliger restored *catus*, corrupted in V.

16. tristia parentum: *tristia* here is matched by *omnia* (*Ecl.* 20. 24), and is more effective than *prisca* (Ellis) or *iusta* (Brakman); *parentum* ('as given to ancestors'), apt in a periphrasis for the rites of the *Parentalia*, should be retained.

18. modulatu: the scribe of V seems to have been deceived by the word's rarity (cf. Sen. *Herc.* 263).

18. *Flavius Sanctus, husband of Pudentilla, the sister of my wife Sabina*

The title contains a characteristic ellipse in *quae soror* (cf. *Praef.* 1. 16).

1. As in *Par.* 8. 1 the general reader is addressed, with the flourish that indicates the change to another part of the family.

   colis: virtually 'praise', as in Sen. *Ben.* 5. 10. 4 *laudatur et inter maxima humani generis bona fides colitur.*

3. lite: perhaps 'litigation' (cf. *Epiced.* 17), not 'quarrel', as in *Prof.* 1. 32, in view of the public virtues indicated in *iustam* and *clemens.*

4. agis ⟨et⟩: the neatest correction, to which *agis* in l. 2 is no objection.

5. tranquillos: A. anticipates his prayer at the end (cf. also l. 9 for the word) in his certainty that such a placid man has found appropriately placid repose.

6. pio ... advenerare bonis: probably designed as a fitting play on the name *Sanctus. adveneror* is rare, but evidently current (Symm. *Ep.* 10. 10. 3).

7. An adaptation of Ovid's *militiae turbine factus eques* (*Am.* 3. 15. 6), with the significant addition of *nullo. militia* had come to be applied to essentially non-military functions (see Jones, *LRE* 377–8, *Ep.* 12. 23, 13. 81), including the tasks of the *praeses* or governor.

8. **Rutupinus ager:** a British province (cf. *Par.* 7. 2), perhaps that of Maxima, centred on London. Although this was governed by a *consularis* at the time to which the *Notitia Dignitatum* refers, Sanctus may have been its *praeses* in the earlier part of the century, since he was born *c.*300 or perhaps earlier on the evidence of l. 9.

9–10. As in *Epiced.* 53–8, a quiet old age is recorded almost with surprise. His wife's death did not mar his old age because she died a *iuvenis* (*Par.* 19. 9), and his son died early (*Par.* 20. 3–4).

11. **favens:** for its ritual connotations, cf. Sen. *Med.* 58 *cum populis rite faventibus.*

12. **agat:** the fourth occurrence of this word in the poem; this is perhaps meant to suggest a rather insouciant life. It is used yet again in *Par.* 19. 6 *otia agente viro.*

19. *Namia Pudentilla, my sister-in-law*

1. Namia's elegy is closely attached to her husband's. Like his, it begins with a general introduction, addressed to all conscientious women.

3–8. The description in l. 3 is similar in form and content to her sister's in *Par.* 9. 23, but *frugi* is new. The following lines emphasize her faithfulness to a rather idle husband, and hint that she fully lived up to her name.

7. **fronte obducta:** the same words as in Hor. *Epod.* 13. 5 (*obducta . . . fronte*) and Juv. 9. 2 (*fronte obducta*); in both *obducta* is ablative.

8. For *gereret*, easily restored from V's *generet*, cf. *TLL* vi/2. 1940. 63–73, attesting *gero* in the sense of *guberno*; but *gero* is often confused with the increasingly popular *rego* (see E. Löfstedt, *Philologischer Kommentar zur Peregrinatio Aetheriae* (Uppsala, 1936), 276), which Tollius suggested here.

10. **patiens:** 'patiently', reflecting her life, or alluding to illness. For *fata suprema*, cf. *Prof.* 1. 39 *fata extrema.*

11. **quondam germana:** cf. Ov. *Her.* 5. 113.

12. **inoffenso nomine:** for reasons best known to himself A. makes the point that the name of sister (or perhaps her name Pudentilla) was never disgraced by any unseemly conduct.

14. **fantis honore:** as stated in *Par., praef.*B. 10, it is enough to address and name the dead; in this case the name is itself a tribute, as hinted in l. 5.

20. *Lucanus Talisius, their son*

eorum filius is Brandes's certain correction of V's *cura filii*; their son follows them, as *Par.* 10 follows *Par.* 9. Prete revived Tollius' emendation *Attusii Lucani filius*, but the relationship described in ll. 1–2, and the position of this poem, speak against it. The boy had the name of his maternal grandfather *Attusius Lucanus Talisius* (8).

1. **iam tu:** this is Tollius' correction of V's meaningless *tantum matris*; Brandes's *tantae* would not be in A.'s manner, and does not seem merited.

   ephebe: used precisely and accurately in *Par.* 6. 5 and *Par.* 23. 16, where the lad is stated to be beardless. He could legally have married (cf. l. 4) at the age of 14 (Gaius, *Inst.* 1. 22 *pr.*).

2. **consobrine meis:** cf. *filiis* (cf. *Par.* 9. 26). This expresses the exact relationship: they were cousins of A.'s two children. The ellipse is unobjectionable and there is no need for Tollius' *metris* in l. 1. If Bolt's *meus* is read (as it is in *TLL* iv. 474. 31) *consobrine* has to be taken in a unique sense.

4. **properate pater:** 'an early father'. For the notion and perhaps the model, cf. Stat. *S.* 3. 3. 21 *nigrasque putat properasse sorores*.

21. *Attusia Lucana Talisia and Minucius Regulus, relatives by marriage*

Heinsius' correction *et Minucius* for *Erminuscius* (V) is surely correct, but Peiper's *adfines* for *adfinis* is less certain. They were both relatives of Ausonius by marriage, but since the woman's relationship to his wife is quite clear, it is possible that the title specified only that Regulus was an *affinis*.

4. *tu* is almost certainly the omitted word.

7. The poem, like the previous one, ends with something of an epigram. The distance between Bordeaux and Saintes was a real bar to mortal travel (cf. *Ep.* 11. 19–24), but not, A. hopes, to these wishes.

22. *Severus Censor Julianus, my fellow father-in-law*

Severus is the father of Thalassius, who married Ausonius' daughter; his wife is commemorated in *Par.* 30. The poem begins with an unusual flourish which is appropriate to the honorand, as well as indicating a transition to another branch of the family.

1–2. For the arrangement of words in l. 1 see on *Praef.* 1. 21. Though the epithet *veteres* does not entail this, the once great family seems to have died out: they are attested in the second century (*PIR* ii. 71, 76), but after that the only evidence is that of the untrustworthy *HA* (*Tyr. Trig.* 21. 1, *Gall.* 2. 2).

3–4. These names recur in *Mos.* 386–8: here Cato the censor provides a typical pun.

5–6. **fuit** is a gnomic perfect, as is *coluit*, which here means 'practise', not 'praise' as in *Par.* 18. 1, 24. 2. The end of this sentence is rather unexpected, as the paragon suddenly becomes Censor, not Cato.

7. Cf. *Par.* 2. 6 *gravitas comis*.

9–10. As in *Par.* 8. 11, A. is flattered by the great man's wish, especially as they were not associated or related in any way; here too the father-in-law did not see the wish fulfilled (l. 16).

11–12. An explanation apparently both flattering and boastful, but, as in ll. 5–6 above and 13–14 below, there may be a hint of irony. The qualities of frugality (in men), strict justice (cf. *Par.* 5. 7–8), and censoriousness are not his favourites. *nempe aliqua* is vague and casual.

13. The wheel of Fortune, described with *vertigo* (see on *Pater ad Fil.* 18) and the verb *rotare* (a favourite usage of Seneca), is awkwardly combined with a belief in prayer (cf. *Par.* 8. 13–14), a further link with that poem.

23. *Paulinus and Dryadia, children of Paulinus and Megentira, my sister's daughter*

Several points suggest that poem 24 was intended to stand before this one in spite of the manuscript order, which is followed here with strong reservations. It is usual for Ausonius to address a deceased parent before his or her departed child or children (cf. *Par.* 8–9; 12–17; 18–20), and not, at least in the last case, because of chronological order; in 23 Paulinus is addressed as if already familiar to the reader; and 24 begins with the general *qui* . . . formula, which elsewhere denotes a transition to another part of the family (cf. *Par.* 8, 18). The order of the poems could have been inadvertently changed in transmission, especially as both begin with *qui* . . . , but since poems 25–30 are clearly misplaced because of the author's indecision it is possible that these two were left by Ausonius in this order pending final revision, which never took place.

This poem is notable for its strong emotion, attributable to their very recent deaths, which quickly followed that of Paulinus.

2. specimen: the image of what cannot be seen (Prud. *Apoth.* 18).

6. The lack of a desirable quality is rarely mentioned in the *Parentalia*, but the *Professores* are more critical.

8. crudaque adhuc: the adjective is used by classical writers (e.g. Ov. *Pont.* 1. 3. 16 and *Tr.* 3. 11. 19, Plin. *Ep.* 5. 16. 11) with *vulnus*; here the epithet is transferred, as in Pers. 5. 162 *crudum . . . unguen arrodens*, Symm. *Rel.* 11 *crudo adhuc dolore*. Here *adhuc* is explained by what follows.

9. thalami de sede: probably an exaggeration, as l. 13 suggests that she was still betrothed. Death in such circumstances was a frequent theme: *AP* 7. 182, 186, 188, 604, 711, 712, 8. 122, *CE* 640. 4.

15. The son's death is depicted with a metaphor based on Verg. *A.* 9. 435–6 *purpureus veluti cum flos succisus aratro languescit moriens*; cf. also Cat. 11. 22–4.

17. haec: V's *nunc* is out of place with the pluperfect tense and cannot be taken with *facta*; with *functa* it would be unusually cacophonous. Heinsius' *tunc* is pointless because of the reference to the present situation. Along with Peiper's *functa* for the weak and therefore dubious *facta*, I suggest *haec*, marking the return to Megentira; for the lengthening of the syllable before it, cf. *Ad Patrem* 23.

19. This plea develops a commonplace: cf. *AP* 7. 464, 465 (Gow–Page, *HE* 29, 106) and *CE* 2080. 7–8, which all refer to death in childbirth.

24. *Paulinus, my sister's son-in-law*

2. For *fidem*, cf. *Par.* 14. 8 and 22. 5, of a magistrate; but *fidus* in l. 15 points to private life. *colit* seems to be 'praises', as in *Par.* 18. 1.

4. annua: one of the few references outside the prefaces to the annual character of the festival (*Par.* 30. 11, *Prof.* 7. 3, 16. 20 are the others). It may here indicate a recent death: Paulinus was a close contemporary (cf. *aequaevus* in l. 5; in 29. 3 the word is used quite precisely), and died at the age of 72.

6. indeptus: a certain correction (cf. *Prof.* 17. 12, 19. 2), corrupted in V to the more familiar *adeptus*.

paene gener: as in *Par.* 15. 1, 28. 4 Latin is unequal to the relationship.

7–8. 'whereas your father had Cossio of the Vasates' (as a *patria*) 'and a municipal family'. (He resembled A.'s father in both respects.) Cossio is a rare name (Ptol. *Geogr.* 2. 7. 11); *Vasates* is preferred in *Praef.* 1. 5 and by Paulinus in *c.* 10 [= App. B. 3]. 248). For *municipale genus* ('curial status'), cf. *municipalis* in *C. Th.* 8. 12. 3, 12. 1. 62, *CJ* 1. 17. 2. 8*c*, Isid. *Etym.* 9. 4. 22 *municipales originales cives et in loco officium gerentes. nam* has a slightly adversative force; cf. *Praef.* 1. 6 (*sed* in a similar context) and *TLL* v/2. 589. 68–590. 37.

9–10. scrinia: the prefect's bureaux, or financial department, managed by an *officialis.* Paulinus' next title was that of *rationalis summarum Africae* (see *Not. Dign. Occ.* 11. 15) or *rationalis rei privatae* with reference to part or the whole of Africa (cf. the title of *C. Th.* 10. 8. 4; Jones, *LRE* 412–13, 425).

11. His *praemia opima* consisted of the governorship of the Spanish province of Tarraconensis, and the punctuation should indicate this. The title of *corrector* was regularly applied to certain provinces in Italy, Achaea, and Asia; it is also found in Illyricum, Paphlagonia, and Egypt on occasion (*RE* iv. 1651), but not in Spain. A.'s knowledge of Spain may have been poor, but in view of their apparently close friendship his memory ought to be sound. Other offices are specified as closely as possible (cf. *Par.* 14. 9–10, 18. 8), and it could be that special circumstances influenced the title; Tarraconensis was later made consular (*CIL* ii. 4911) and its status before that may have varied.

12. clienta: cf. *Par.* 14. 10, Claud. 17. 26 (*cliens*). There is a similar use of *clienta* in a poem written in honour of a governor in Gaul, Valerius Dalmatius (*PLRE* i. 241), printed in *Fontes Iuris Romani Antiqui*, ed. C. G. Bruns, i[7]. 327, l. 16; as Mommsen pointed out in *SPAW* 1902/2. 839, this was influenced by A.

16. duodeviginti: elsewhere synizesis of *duo-* seems to be confined to the comedians.

25. *Aemilia Dryadia, my maternal aunt*

The choice metres of this and the next three poems may have been intended to leaven the preceding series of elegiacs, since as stated above they would naturally be located elsewhere, as would *Par.* 29 and 30. Here we have a combination of dactylic tetrameter and hemiepes.

2. flebilibus modulis: cf. Hor. *c.* 2. 9. 9 *flebilibus modis*; it is not a comment on this particular metre.

3. Cf. *Par.* 17. 1 *genitum germana* and *Par.* 13. 12 *paene filius*. In l. 11 A. is simply her *filius*.

5–8. Cf. on *Par.* 23. 9. In ll. 7–8 there is unusual elaboration as *honor exsequialis* (cf. on *Par.*, *praef.* B. 4) is made the subject and *feretri vice* is preferred to *feretro*.

9–10. For *disco ut*, which is very rare, see *TLL* v/1. 1334. 33–4 (omitting this passage).

26. *Julia Cataphronia, my paternal aunt*

A hexameter is followed by a hemiepes, as in Hor. *c.* 4. 7.

3. devotae . . . virginitatis: cf. *Par.* 6. 8 and n., Verg. *A.* 11. 583–4 (of Camilla) *virginitatis amorem . . . colit.*

4. paupere: her brother (*Epiced.* 5) was a little better off.

7–8. ave . . . vale: a neat adaptation of a common formula (cf. Cat. 101. 10, Verg. *A.* 11. 97–8). Hiatus before *ave* is unlikely. The word is more likely to have followed *-que* (Baehrens) than *et* (Mueller).

maestumque: see on *Ephem.* 3. 55.

27. *Julia Veneria, my paternal aunt*

The name *Veneria* need not belong to a pagan (I. Kajanto, *The Latin Cognomina*, 58, 214); both Julius' sisters could have been Christians.

A most unusual metre, consisting of fourteen short syllables and a final *anceps*, which may be called a tetrameter proceleusmatic catalectic (cf. *GL* vi. 53. 11–12), rather than a type of anapaestic metre, as by D. Raven, *Latin Metre*, 117 and A. Cameron, *HSCPh* 84 (1980), 170, who follows Peiper's defective text. The model is a poem of Septimius Serenus, from which two single lines are extant: *animula miserula properiter obiit* and *perit abit avipedis animula leporis* (Morel-Buechner, *FPL*, p. 178). These lines (in common with the Greek examples given on p. 152 of Cameron's article) have word-breaks after the fourth, eighth, and twelfth syllables; it is likely that Ausonius' lines did too.

This *tour de force* attracts special vocabulary: the archaic *properiter*; the unique *placidulus* and *modifica* ('making music'); and *celeripes*, for which see on *Ephem.* 7. 32.

1. abiit: this is more likely than V's *obiit* because it suits the idea of her journey (l. 4) better. In Serenus A. may have read *abiit*, which is found in the manuscripts of Nonius (831 L), or *abit*, but *obiit* or *obit* is attested in the manuscripts of Diomedes (*GL* i. 513. 11).

2. cui: to be scanned as in *Ephem.* 1. 15, to avoid a long syllable. Rather than the unique *melea*, conjectured by L. Mueller to give the extra syllable required by the metre, I suggest *cui mela brevicula* (for *mela*, cf. M. Cap. 2. 107, 117, 9. 912), for the sake of the usual diaereses.

3. uti: *ut* would give a long syllable, manifestly against the poet's intention; the scansion of *uti* follows the treatment of *ubi*, *nisi*, *quasi* (cf. perhaps Vict. 3. 192).

operiat amitam: my suggestion for V's *operta vigeat*, which is unmetrical and because of *vigeat* untypical of A.'s sentiments. The commonplace *post fata vigent* may have contributed to the corruption. The notion is unusual, but this poem admits eccentric ideas like *celeripes* and *loca Erebi*. One may compare *CE* 1017. 1–2 *quos tegit atra cinis* and, although they are not exactly similar, *cineres opertos* (Hor. *c.* 2. 8. 9 and *Prof.* 8. 18); *nec cinis . . . compescuit umbram* (Lucan 9. 2); *sedem sepulchri servet immotus cinis* (*Prof.* 26. 11). The repetition of *amita* is no objection; this is typical. Other emendations do not give good sense: Scaliger suggested *supera* (with *uti placidula*), of which the meaning is 'on the earth'; the missing syllable was supplied by Axt, with *supera ea* (*iaceat*). L. Mueller excised *uti* as metrically impossible, and improbably considered *cinis* as an interpolation due to *recino*, reading *placidula supera ut ea viguit anima*, but *anima viguit* is a strange phrase to use of life on earth, and there is no break after the eighth syllable. Peiper's *ab opere* ('from her labours' or 'by my work' (Cameron)) is rather surprising, as is Brakman's *ad opera*, adopted by Prete and Pastorino.

4. To preserve the metre (V has one long syllable) I read *anima* for *tacita* and transpose *loca*. Scaliger's reading gives no break after the eighth syllable; Peiper's has no connective.

celeripes: cf. *Griph.* 39 *qui bipes et quadrupes foret et tripes*, perhaps by analogy with *praepes*, used in close proximity to *alipedes* in *Epigr.* 7. 8 and to *volucripes* in *Ep.* 19*b*. 14; only *lentipes* in *Ep.* 19*b*. 40 is scanned in accordance with classical models (Verg. *A.* 4. 135, 11. 600, Hor. *S.* 1. 3. 13).

Erebus: unique in these poems, as is *Elysiam . . . sedem* in *Par.* 3. 23; death is a journey in *Prof.* 22. 16 and *Epigr.* 7. 8.

28. *Julia Idalia, my cousin*

The daughter of Veneria (6), as her name suggests. *Idalia*, like *Paphia* (2), was a cult-title of Venus.

The metre is the dactylic trimeter hypercatalectic.

1. 'Also there was little Idalia', or perhaps 'little Idalia has also died'.
3. 'deserved the beauty of Venus too', presumably because she showed early signs of it. Brandes's *specie* ('earned the name of the goddess also because of her beauty') is difficult; *parva* implies she did not grow to maturity.
4. paene soror: cf. *Par.* 19. 12, 24. 6.
6. quam: refers not to *amitae* (as Schenkl's punctuation might imply), but to Idalia.

29. *Aemilia Melania, my sister*

As in 10 and 11, two very early deaths are mentioned together. Aemilia is referred to in *Epiced.* 39.

1. A word has been lost before *vix* (*mix* V). The best supplement is Peiper's *o* (in his apparatus but not his text), which A. reserves for particularly touching contexts (cf. *Par.* 11. 5, 14. 1). *hos* (*Lugd.*) is unlikely; *et* (Hartel) is not usually postponed at the beginning of a poem; *en* (Brakman) would be unusual for the elegies.
2. elegea: the plural of *elegeon*, which means 'couplet' in *Epigr.* 105. 2; cf. Apul. *Apol.* 10. The plural *debent* can therefore be retained, notwithstanding the singular in *Par.* 7. 1.
4. uno . . . consule: this method of denoting a year (cf. *Epigr.* 53. 1, *Caes.* 23, Mart. 8. 45. 4, Sen. *Ep.* 4. 4) increases the pathos by suggesting a contrast with her brother's eventual success.
   The metre of *uno quamvis tu* (V) is unusual, and the last two words should be transposed.
5. Cf. *invida sed nimium . . . aerumna* in *Par.* 4. 7–8, *invida . . . Lachesis* in Mart. 10. 53. 3. *properata* has the sense of 'premature': cf. *Par.* 20. 4, *Hered.* 3.
6. Cf. *Par.* 23. 18 *funera sed tumulis iam geminata dedit.*

30. *Pomponia Urbica, wife of Julianus, my fellow father-in-law*

Pomponia's husband, Julianus, is commemorated in 22, and it is strange that this poem does not follow it immediately. She might have died very recently, so that the poem could not be incorporated in its proper place. The possibility of a late date, and certain features of the poem (in ll. 5–8), give some plausibility to an identification with the Urbica stoned in 385 as a Priscillianist (Prosper, *Chron.* s.a.), as argued in Green 22. Étienne (p. 269) with typical confidence makes her the daughter of Urbicus in *Prof.* 21, but it was a common name (Kajanto, *The Latin Cognomina*, 311). The *pater* and *genetrix* of l. 4 are unknown.

1. As usual, it is stressed that the families associated with the author are distinguished not only by nobility but good character (cf. *Par.* 8. 4, 9. 6, 14. 5).

3. **pollens:** 'possessed of', 'enjoying'; cf. *Epit.* 2. 5 *aeterno pollens aevo.*

5. Urbica is compared to Tanaquil, who is a paragon in Sid. *Ep.* 5. 7. 7, *c.* 24. 39 and Sen. *Matrim.* fr. 79 Haase, quoted by Jerome, *C. Iovin.* 1. 49, but treated less kindly in Juv. 6. 566; see on *Ep.* 22. 31. Here there is no hint of a domineering nature, but Tanaquil's interest in the occult may be relevant, especially in view of the next comparison.

   Pythagorea Theano: sometimes the sage's wife, sometimes his pupil: see *RE* va. 1379–81.

6. **sine exemplo:** Alcestis' action had no precedent; but in contexts of persecution it was less remarkable.

   pro nece: a correction made independently by E. Harrison (*PCPhS* 1924, 27) and S. G. Owen (*CQ* 27 (1933), 178–9, 28 (1934), 45–6) for V's *in nece*, which gives no sense and creates hiatus. The remedy of the Lyon edition, which supplied *est*, is inelegant. Heinsius' *in vice* is not Ausonian, and doubtful Latin; *pro vice* would also be untypical. The phrase in PN *c.* 31. 191 *morte mea functus* is a theological and rhetorical flourish and not normal Latin: it should not be used to buttress *funere* (A. Y. Campbell, *CQ* 28 (1934), 45) or Sh. B.'s (*quasque...*) *tu nece.* To refer to Alcestis in this oblique way would be very harsh in a poem addressed to Urbica.

7–8. Perhaps a hint that she courted martyrdom; the detail is surprising.

9–10. For *viduo ... sub aevo,* cf. *Ep.* 23. 17; and for the form *longum*, *Ephem.* 3. 55.

11. **annua:** perhaps a sign of recent death, as suggested on *Par.* 24. 4.

12. **genero et natis:** A. and his son-in-law Thalassius (her son), and the children of Thalassius (or less probably A.'s children).

XI. PROFESSORES

The title given to this work in V is *Commemoratio Professorum Burdigalensium*. This tallies with *doctores patriae* in Ausonius' farewell (25. 2), but is less precise than the summary in the preface to the *Epitaphia*, where Ausonius makes it clear that some taught elsewhere (cf. *Prof.* 20. 1–2). Here the shorter and more convenient title of *Professores* will be used. It appears from the short preface written to link the two sequences that it was composed soon after the main body of the *Parentalia*; in 5. 37–8 there is a reference to an event of 385 or 386 (see note), and the same passage might be taken as evidence, though much less securely, that they were finished by 388. The idea of such a series may have come to him much earlier; in his *Moselle* (403–4) Ausonius declared an intention to sing the praises of the rhetors of Trier. But the present poem deals only with the dead, and its writer claims that his object is not to praise, but, as in the *Parentalia*, simply to commemorate (25. 5–6). It may have been inspired by Suetonius' *De Grammaticis et Rhetoribus*, as argued by H. Szelest in *Živa antika*, 25 (1975), 433–42, but the similarities are slight.

Ausonius begins with the most famous men of an earlier generation, all rhetors, and then, in 7, turns to *grammatici*; in 14 he reverts to rhetors, those of a more recent age; then he commemorates rhetors who flourished in Toulouse and elsewhere. The two closing poems (perhaps in fact a single polymetric poem), are intended as a summary and as a final farewell. The last four commemorations are a very interesting mixture: the first two of them are surprisingly elaborate, and the last two recall apparently close friends of the author. Glabrio could well have been placed earlier, but the case for incompleteness of arrangement is weaker here than in the *Parentalia*. The order within these broad groups is naturally more fluid than it is in the *Parentalia*: 5 and 6, for example, are linked by similar careers, 7 and 8 for metrical reasons. There is a greater metrical variety in the *Professores* than the *Parentalia*, at least in the first half; all but three of the last twelve revert to the elegiac metre. In terms of general content and religious assumptions the *Professores* are broadly similar to the *Parentalia*, and like the earlier series they should not be analysed in rhetorical terms. As Booth saw (236 n. 9), there is little trace of a rhetorical framework, and Szelest is unable to demonstrate the effect of rhetorical prescriptions upon the poems, which she calls *laudationes* (*Eos*, 63 (1975), 75–87). On the whole the commemorations are less solemn; there are references to conviviality, wine, and wit, as well as more plentiful and varied recollection of classical authors. They are also more candid, as emerges clearly from a comparison of *Par.* 17 and *Prof.* 11, both about Herculanus, and from *Prof.* 9, 17, and 18. There is generally more historical detail, and some comment, but Ausonius shows restraint in his treatment of a recent event which aroused very strong feelings, the execution of Delphidius' wife as a Priscillianist (5. 35–8).

The *Professores*, like the *Parentalia*, have been intensively studied as social and historical documents. The study of M. K. Hopkins in *CQ*, NS 11 (1961), 239–49 is particularly illuminating on questions of status and social mobility. As well as the studies of Szelest already mentioned, the poems have been discussed by C. Favez in *Latomus*, 7 (1948), 223–33 and J. Hatinguais in *REA* 55 (1953), 379–87, who briefly surveys the 'vertus universitaires' and compares the repertoire of the professional orator. Educational matters are discussed by A. D. Booth in his study of Ausonius' academic career (*Phoenix*, 36 (1982), 329–43), and by me in *CQ*, NS 35 (1985), 491–506. Booth argues that there existed only a single chair of rhetoric; if there were two, as I have maintained, it is possible to detect two opposing camps and rather more conflict (as one would expect in such a situation) than the blandness of the poems initially suggests. Both writers have examined various prosopographical points in their earlier articles. The wider context is studied by R. A. Kaster, *Guardians of Language: The Grammarian and Society in Late Antiquity* (Berkeley and Los Angeles, 1988).

The poems are transmitted in V only, but the page containing *Prof.* 16–22 was lost soon after 1557. The text of those poems must therefore be based on the Lyon edition, which (as Scaliger and others sometimes had cause to complain elsewhere) can be wayward. For ll. 7–14 of *Prof.* 20 two apographa offer useful assistance.

Preface

2. fama: both 'reputation' and 'hearsay'; some, in spite of l. 4, were not famous at all.

4. morte obita: to be taken with *commemorabo*, not *celebres*.

5. fors erit ut: cf. *Fasti* 4. 5; a rare variant of *fors fuat an/ut* of Plautus, Terence, and their imitator Symmachus, and a false archaism, like Gellius' *fors fuit ut* (12. 8. 2), *fors sit ut* (1. 3. 2).

5–6. This recalls, and is probably inspired by, the end of an epitaph in Martial: *cum mihi supremos Lachesis perneverit annos, non aliter cineres mando iacere meos* (1. 88. 9–10). The verse preface to *Par.* also ended with an adaptation of Martial.

1. *Tiberius Victor Minervius, orator*

Minervius owes his prominent position to his fame. The data in l. 4 need not be taken chronologically, but it is likely that after teaching Ausonius he followed Arborius to Constantinople, and then went to Rome; here he could possibly have taught Symmachus, who refers with respect to his Gallic teacher (*Ep.* 9. 88. 3). Jerome tells us that Minervius was teaching in Rome in 353 (*Chron.* s.a.). Matthews 62, 85–6 tentatively identifies him with a consular Minervius who took part in an embassy to Valentinian in 371, but consular honours are not mentioned here, although often considered relevant, and his character as sketched in l. 42 speaks against it.

This unusually long poem has a tripartite structure: ll. 1–12 form an introduction and present his fame in general terms; ll. 13–30, the centrepiece, ending with an anecdote, describe his eloquence and memory; ll. 31–42 review his character.

2. This line is modelled on Martial's address to Quintilian in 2. 90. 2 *gloria Romanae, Quintiliane, togae*. It is not implied that Tiberius spoke in court, and A.

nowhere says that he did, except perhaps in the title, but the functions of *rhetor* and advocate were often performed by the same person (*Par.* 3. 11–16).

The reputation of Quintilian, to whom Minervius is compared again in l. 16, was high in Late Antiquity: see *Mos.* 404, Jer. *Epp.* 70. 5. 3, 125. 12, Sid. *c.* 2. 191, 9. 317, *Ep.* 5. 10. 3, and the introduction to F. H. Colson's edition of Quintilian, Book 1 (Cambridge, 1924), pp. xliii–liii.

6. quod patria: cf. *Par.* 9. 20 *quod similis.*

7–8. For the form of this comparison, cf. *Praef.* 1. 29–30; and for *usque* used adversatively, *Par.* 9. 6n. Jerome (*Chron.* s.a. AD 88) confirms Quintilian's birthplace. This passage does not demonstrate that a single chair existed in Bordeaux, as argued by Booth, *Career*, 335–6: see Green, *Still Waters*, 495–6.

9. foro dedit: cf. *Prof.* 2. 21 (*famae*), *Prof.* 26. 6 (*gloriae*), and *Ep.* 9*b.* 70, 96–7 (*collegio*).

    mille . . . bis mille: these are round figures (cf. *Par.* 3. 17) and should not be used to estimate either the numbers of the student body in any city or the size of the Roman senate, although this has been done (see A. Chastagnol, *Le Sénat romain sous le règne d'Odoacre* (Antiquitas 3/3; Bonn, 1966), 45); nor indeed his personal income (Étienne, *RFHL*, NS 46 (1985), 33).

10. purpureisque togis: cf. *Prec.* 2. 5 *toga purpurei rutilans praetexta senati.* This is treated in *RE* xxiii. 2011–16 and M. Reinhold, *History of Purple as a Status Symbol in Antiquity* (Brussels, 1970), esp. 59–66. For entry to the senate at this period, see A. Chastagnol, 'Les Modes de recrutement du Sénat au IVᵉ siècle après J.-C.', in C. Nicolet (ed.), *Recherches sur les structures sociales dans l'Antiquité classique* (Paris, 1970), 187–211.

11. The most likely interpretation of the text as it stands is 'but because my senatorial career is a manifold subject, I will be silent'. *multa* is unusual, the nearest parallel being *oratio multa* (*TLL* viii. 1608. 43–52). The sense is unlikely to be 'a frequent topic', and it is less satisfactory to refer *praetexta* to A.'s own students because of the tense of *est*. If A. meant 'since there are many senators, of whom I am but one', his expression is rather compressed and his attitude unexpectedly humble. Gronovius suggested *nota* for *multa*, but A. would not be put off by that. The line is similar to, and probably an imitation of, Stat. *Th.* 7. 210 *te quoque — sed quoniam vetus excidit ira, silebo.*

    Booth's argument (*Career*, 336) that A. does not here claim to have been his pupil is unconvincing (Green, *Still Waters*, 498).

13–14. panegyricos . . . libros: Tollius' emendation *panegyricis . . . libris* is not required, since *contendere* may be used with the accusative alone as 'offer in comparison'. The doyen of such orators is Isocrates, who delivered his *Panathenaicus* in 339 BC, and is mentioned by A. as a master of his art in *Ep.* 12. 20; speeches with that name were later composed by Alexander of Seleucia, Antipater (Philostr. *VS* 572–3, 607), Aelius Aristides, and doubtless many others.

15. fictas ludorum . . . lites: *controversiae*; see *Ep.* 2. 12.

16. Inspired by Juv. 11. 181, a passage also imitated in *Protr.* 57: (*Maronis*) *altisoni dubiam facientia carmina palmam.*

17–18. dicendi torrens tibi copia: from Juv. 10. 9 *torrens dicendi copia*, with a typical qualification to avoid the ambiguity inherent in *fluere* (cf. Cic. *De Or.* 3. 190, Hor. *S.* 1. 4. 11) and the metaphor of a stream (cf. Cic. *Orat.* 39, Hor. *c.* 4. 2. 5–8). Philostratus (*VS* 564) compares the eloquence of Herodes to gold dust in a river.

19–20. Demosthenicum: 'Demosthenes' great quality' (A. leaves out the *illud*, which one would expect—e.g. Quint. 1. 3. 13 *illud Vergilianum*) was *actio.* The version here differs from that in Cicero, who states on various occasions that Demosthenes gave *actio* the first, second, and third place when asked what were the three most important things in oratory (*De Or.* 3. 213, *Brut.* 142, *Orat.* 56; cf. Quint. 11. 3. 6). The extravagance of *cedat ut ipse tibi* in l. 20 can be matched by that of PN *c.* 11 [= App. B. 4]. 38–9.

21–2. Memory is often called 'divine' in the sense of 'superhuman' (Cic. *De Or.* 2. 360, *Brut.* 265, *Luc.* 2. 1. 2); Quintilian did not entirely agree (11. 2. 1–10). For the phrase *bona naturalia* cf. *Mos.* 328.

23. ut: a necessary and obvious correction of V's *aut.*

25–30. This anecdote is similar to Quintilian's story of Scaevola, who, returning home after losing a game of *duodecim scripta*, recollected all the moves until he could see his mistake (11. 2. 38); cf. Cic. *De Or.* 1. 217, Val. Max. 8. 8. 2, *AL* 193 Riese (184 Sh. B.). This model suggests that here too the game is *duodecim scripta* (reconstructed in *RE* xiii. 1979–85), as does the use of a die, which excludes *ludus latrunculorum*, of which there is an account in Ov. *Tr.* 2. 475–82. Here pieces are said to be moved, given up, and regained (*dare* and *reducere* are used in Cic. ap. Non. 170. 22, *revocare* in Ov. *Tr.* 2. 479). The *puncta* (29) are problematic: Nonius glosses them as *scripta*, which is unhelpful (170. 22); on the basis of other uses the word should mean 'dot' or 'die' (*Ephem.* 7. 5, Suet. *Nero* 30. 3, Mart. 14. 17. 1). An offshoot of this game was the game called *tabula*, first certainly attested in Agathias (*AP* 9. 482. 27); *tabulae* in l. 25 may refer to this, but it would be more typical of A. to use a periphrasis and not mention the current name. (Palladas invents a Muse called Tabliope (*AP* 11. 373), but this does not prove that the game evolved earlier). See also R. G. Austin, *GR* 4 (1934), 24–34, 76–82.

26. te enumerasse: *te* needs to be expressed, but *enumerasse* should be retained.

    bolos: a Plautine usage found in late Latin only in glosses (*CGL* iv. 212. 33, 593. 40, v. 272. 9).

27. quos: Baehrens's *quot* for V's *quo* may be right, but *qui* in l. 26 supports *quos.*

27–30. A. adopts a lofty style for this everyday subject: '. . . the throws which, made by alternate players, were cast out of the incised steps in the hollow box by vigorous shaking, telling us with faithful recollection to the very last dot which pieces were given up, which won back after long delays' (but *puncta* may conceal an unknown technicality). The 'incised steps' were the features that gave it its Greek name of *pyrgus* (Martial used *turricula* in 14. 16): cf. Sid. *Ep.* 8. 12. 5, *AL* 193. 1 Riese (183. 1 Sh. B.). For the phrase *cava buxa* cf. Prop. 4. 8. 42, for the rare *rotatu* Stat. *Ach.* 2. 131 (417), and for *recursus* in this sense *Cup.* 47.

31. nullo felle tibi mens livida: the whole clause is negatived by *nullo*, as he can hardly have had *livor* without *fel*.

sale multo: cf. Hor. *S.* 1. 10. 3 (of Lucilius).

33. mensa nitens: also Horatian (*S.* 2. 2. 4), but qualified, to stress his propriety.

censoria regula culpet: the strictness of censors was a mere memory, as in Amm. 18. 1. 4, Jer. *Ep.* 61. 2. 5, Rutil. 1. 605; hence *culpet*, not *culpat*.

36. A. admired both conviviality (e.g. *Par.* 7. 9) and canny use of money (e.g. *Par.* 19. 3).

37–8. His only known son predeceased him (*Prof.* 6), but he was lamented both as a father and as a young man (cf. *HA Pius* 12. 4 *periit anno septuagesimo sed quasi adulescens desideratus est.*)

tamquam (V) would suggest *captatio*, and give an entirely undesired impression; with *quamquam* the phrase reflects the writer's general attitude and makes a contrast with *pater*.

39–40. sive aliquid . . . superfit: the phrasing may be based on a favourite passage of Lucan. In 8. 652 *fata extrema* means 'death', unlike Verg. *A.* 9. 204; and the similar sentiment in 8. 749 *si quid sensus post fata relictum* may also contribute. For *superfit*, very rare in this sense, cf. *Epigr.* 92. 1.

The suggestion that he is still aware of this world is an honour (*Par.* 8. 15–16, 15. 11–14), qualified by the customary doubt (*Par.* 15. 11, 22. 15).

40. meminens: the participle is commoner in late Latin (notably in Sidonius) than previously (*TLL* viii. 646. 6–8).

42. For the phrase *tibi vivere* cf. Sen. *Epp.* 48. 2, 55. 4, Ov. *Tr.* 3. 4. 5, *AL* 408. 8 Riese (404. 8 Sh. B.), and Hor. *Ep.* 1. 18. 107, with which passage this one has a superficial affinity.

nos tua fama iuvat: his world-wide reputation did much for the standing of Bordeaux.

2. *Latinus Alcimus Alethius, rhetor*

According to Jerome's *Chronicle* this man taught in Aquitaine in the year 355. The date is misleadingly precise but compatible with Ausonius' evidence that he praised Julian and Sallustius (21–4). He is one of the famous orators mentioned in Sid. *Ep.* 8. 11. 2, and is credited with forensic *fortitudo* (ibid. 5. 10. 3). These pieces of information suggest that he owes his prominence in this series, like Minervius, to his fame; chronological order seems to begin with the next poem. He was probably not related to Alethius Minervius in *Prof.* 6 (the son of Tiberius Minervius), or to Val. Latinus Euromius of *Par.* 14. He may well be the author of *AL* 233 Riese (225 Sh. B.), 713–15, 740, the first of which resembles *Mos.* 377–8, and of certain *libri*—perhaps *dictiones* or *controversiae*—in the Carolingian Library (see B. Bischoff in *Karl der Große* (Düsseldorf, 1965), ii. 259–60).

1. nepotes: not posterity in general but his grandsons, contemporary with A.; his sons are mentioned in l. 26, and another rhetor's children in *Prof.* 3. 7 (cf. *Prof.* 1. 37). The obliqueness of the opening may signify a certain coolness: Green, *Still Waters*, 502.

    impii: commemoration is an act of *pietas* (cf. *Prof., praef.* 6).

2. reum ciebunt: a rare variation of *citare reum.* There seems to be no parallel for *ciere* in this sense, but the reversion to the basic verb poses no problem.

5. unum: the point, as in l. 8, is not that he was the only such person, but that he alone could match them all; cf. *Par.* 1. 9.

13. quod: 'that' (following *fabor*); see on *Par.* 4. 31.

    paratus litteris: cf. Cic. *Phil.* 5. 43 *studio paratior.* Emendation is not required.

15. gravior ... comis: cf. *Par.* 2. 6, 22. 7. Cf. *HA Hadrian* 14. 11 *severus comis, gravis lascivus.*

16–17. liberalis indigis: he was evidently prepared to waive the fees on which he largely depended (Green, *Still Waters*, 504).

20. †sacratae famae das†: V's reading is a corruption, probably due to the influence of the next line. It is not likely that A. repeated an expression closely, and therefore Goropius' *sacrae famae dabas* should not be accepted. Schenkl's *sacrasti litteris* is more likely.

21–2. The flattery of Alethius seems to be combined with an unfavourable judgement on Julian's reign, which would come naturally to the servant of Valentinian and Gratian. A. never mentions the Apostate elsewhere.

23. Sallustio: this is Flavius Sallustius, praetorian prefect of Gaul in 361–3 and fellow consul with Julian in 363, a rare privilege for a *privatus* (Amm. 23. 1. 1). He is probably to be seen as the author of the work *On the Gods and the Universe*, which shows sympathy with Julian (G. Rochefort, *REG* 69 (1956), 50–66; Étienne, *REA* 65 (1963), 104–13).

27–30. An unusual apology, indicating A.'s admiration.

30. iniuriose sedulus: a neat Horatian touch (cf. *c.* 3. 11. 35 *splendide mendax, Epod.* 17. 34 *iniuriosis*), but the repetition of the syllable *se* reduces its elegance.

31–2. It is usual for the dead to be bidden to be still; exceptions are *Par.* 2. 7, 18. 5, 19. 13, which recall unusually placid characters. *repende* implies some slight self-awareness, but hardly more than *fove* in *Par.* 2. 8; there may be a slight gradation in the award of 'after-life' according to fame (in the *Professores*, cf. 1. 39–40) or affection (in the *Parentalia*).

3. *Luciolus, rhetor*

The heading, and so probably the writer's memory, preserves only one name, as in several of the later elegies. Luciolus can be roughly dated by ll. 1–2; he seems a little older than Ausonius and so was born in about 300 or soon afterwards.

1. Rhetora: the only occurrence of this form in A.; cf. Mart. 2. 64. 1.

    magistrum: if he was not a teacher of A., the word would have little point before *collegam*; presumably he taught him before he left for Toulouse.

2. dehinc ... refer: the imperative is more likely than the indicative *refert* (V) at the beginning of the poem (cf. the openings of *Par.* 4, 5, 13, 26). *dehinc* should be taken closely with it (cf. Pl. *Asin.* 858, Symm. *Ep.* 1. 31. 2), to give the usual element of connection between poems, and not with *collegamque*, notwithstanding *Prof.* 24. 6, where it is closely attached to *meque ... facto rhetore.*

3–4. The ending of l. 4, and the context, recall Stat. *S.* 1. 4. 28–9 *plana solutis quom struis orsa modis*; but *solvere* here is 'utter', as in Sen. *Med.* 114 *solvat turba iocos.*

5. quem: like *cuius* in l. 7, the relative pronoun loosely continues the description, as in *Par.* 1. 5 and elsewhere.

6. sexui utroque: 'leaving two to each sex'. V's form *utroque* can be paralleled by Apul. *Plat.* 2. 13 and Tert. *Test. Anim.* 4. 1, and should be accepted. Poelman's *sexu in utroque* would hardly be easier. For the elision, see Green, *Paulinus*, 111.

7. responderit: 'will be found to have matched', when the effects of their father's fame are removed. For *meritis respondere*, cf. Hor. *Ep.* 2. 1. 9–10; *heres* is a generalizing singular, as in Hor. *Ep.* 1. 5. 13, for here it refers to at least the two sons (cf. l. 8, *obscuros*).

9–10. After describing various happy relationships, with a typical combination of nominatives and vocatives, A. cannot find a word for his unhappy experiences as father. The cause of this disappointment is quite unclear; it was not simply their obscurity.

10. *ut* for *quod* after *paenitet* appears to be unique.

11–12. A. seems not to use historical infinitives, and these infinitives seem to depend on *comis*; this is difficult, but cf. *Par.* 1. 13–14 (*praeditus*). There are formal parallels in *comisque videri* (Stat. *S.* 2. 1. 168), where *videri* is a Graecism; *blandum ... ducere* (Hor. *c.* 1. 12. 11–12) and, with a negative, *solvere nulli lentus* (Lucil. 414–15 Marx (416–17 Krenkel)). It is conceivable that there is a misunderstanding of Ter. *Ad.* 864 *clemens, placidus, nulli laedere os, adridere omnibus.* There is a distant echo of Prop. 4. 7. 23 *quisquam inclamavit euntis*, and perhaps A. is imitated in *HA Alex.* 44. 1 *in conviviis comis ita ut quisque posceret quid vellet.*

13. sic cole manes: a difficult notion, for *manes* in these poems denotes the shadowy remains of the individual or else the collected spirits of the dead, which it cannot do here. The meaning is not 'worship' as in *CE* 106. 1. A. may be thinking of Verg. *A.* 6. 743, which he adapted for his own purposes in *Ephem.* 3. 57. The first clause is no problem: cf. Sall. *C.* 9. 1 *boni mores colebantur.*

4. *Attius Patera, rhetor*

V has *Pater* after *Patera*, which is factually correct (cf. *Prof.* 5. 3), but suspicious: elsewhere only those who follow their relatives have such descriptions (*Prof.* 11, 18). Either dittography or interpolation (cf. poem 6) could be responsible.

Patera's *floruit* (Jerome or at least his scribes called him Pater) is given as 336 at Jer. *Chron.*, s.a.; he taught before Jerome's birth (*Ep.* 120, *praef.* 2), which Prosper dates to 331. This is accepted by J. N. D. Kelly, *Jerome* (London, 1975), 337–9, but a much later date is preferred by others, including A. D. Booth, *Phoenix* 33 (1979), 346–53.

1. dictos prius: cf. *Par.* 5. 2 *praedicto.*
2. fandi nobilis: cf. *insignes libidinum* (Tert. *Pall.* 4. 5). The adjective is also used of his son (*Prof.* 5. 6).
6. potentum rhetorum: conceivably these included Symmachus (cf. *Ep.* 9. 88. 3).
7–8. 'sprung from a family of Druids from Bayeux, if hearsay does not belie our trust in it'. A.'s lack of commitment to this material makes it very doubtful evidence for the survival of Druidism, for which there is little evidence after Claudius' suppression of it in the first century AD; the references in *HA Sev. Alex.* 60. 6, *Aur.* 44. 4, *Car.* 14. 2 were perhaps suggested by Tac. *H.* 4. 54 and must be treated with suspicion. Although it is affirmed by J.-J. Hatt (*Celts and Gallo-Romans* (London, 1970), 300) that 'The druids officially reappear in Gallic society in the 4th century', Patera's claim may have been as fanciful as many claims in formerly Celtic countries today. The alliteration of l. 8 is striking, and perhaps stresses the writer's reservations.
9. The god Belenus is mainly associated with the district around Aquileia in North Italy in extant inscriptions, and in Tert. *Apol.* 24. 7, but there is evidence in France too (see J. Gourvest, *Ogam*, 6 (1954), 257–62). The equation with Apollo, assumed in the following lines, is attested in *HA Max. Duo* 22. 1–2. This passage does not actually identify Druidism with the cult of Belenus, as suggested by Hatt, *REA* 67 (1965), 85–6, for ll. 7 and 9 may refer to different ancestors. Other evidence to identify them is lacking.
11–12. A. presumably refers to the title *pater*, common in pagan religion (e.g. in Mithraism, Jer. *Ep.* 107. 2) as well as in Christianity; but Hatt traces it, in spite of *ministros*, to *patera* (*REA* 67 (1965), 86), a word glossed in *Technop.*

13. 5 as *vasa deum*. Neither explanation does justice to the second syllable of the name, which is long. The name may very well be Gaulish; see A. Holder, *Alt-celtischer Sprachschatz*, ii (Leipzig, 1904), 952.

ministros ... Apollinares: the priests of Apollo-Belenus. The form *Apollinaris* is unlikely here (cf. *Pater ad Fil.* 15 n.).

12. mystici: a common and religiously neutral term, used for a Mithraic priest in *CE* 1529 B 5 (an almost contemporary inscription) and later of a Christian priest (*CE* 705. 3); *mystes* is applied by A. to Christians in *Vers. Pasch.* 2.

13. His brother's name was probably Phoebicius like his father's (*Prof.* 10. 23); his son, commemorated in the next poem, was Delphidius.

16. cursusque tot fandi et rotae: Scaliger's emendation. For *cursus . . . fandi* cf. Cic. *Orat.* 178 (rhythm); the vivid metaphor of *rotae* is used later of Vergil's style by Sidonius (*Ep.* 9. 15. 1, v. 49).

18. canore, cultu: excellent early emendations of V's *carere cultum*. For *canor*, cf. *Par.* 17. 15.

19. For harmless wit, the opposite of *salibus suffusis felle* (Ov. *Tr.* 2. 565), cf. *Prof.* 1. 31–2, 15. 2.

20. abstemius: cf. *Prof.* 15. 9 (Nepotianus), 24. 9 (Glabrio).

21. quoque ut: for the elision cf. PN *c.* 10 [= App. B. 3]. 37. Emendation is unnecessary.

22. aquilae senectus aut equi: the eagle was proverbially famous for its fine appearance in old age (cf. PN *c.* 24. 851–72), but also for its hunger (verified by Arist. *Hist. Anim.* 9. 32; cf. Plin. *NH* 10. 15 and Otto 32) and thirst (Ter. *Heaut.* 521), but A. seems unaware of this and so ends with an unfortunate *sous-entendre*. For the horse, see Plut. *Mor.* 785 D, and E. L. Leutsch–F. G. Schneidewin, *Paroemiographi Graeci* (Göttingen, 1839), i. 422.

5. *Attius Tiro Delphidius, rhetor*

Delphidius' *floruit* is placed by Jerome (*Chron.* s.a.) in 355, nineteen years after his father's. He dazzled Gaul with his prose and verse in Jerome's youth (*Ep.* 120, *praef.* 2); Ausonius' contemporary Pacatus described him as *clarus vates* (*Pan. Lat.* 2(12). 29. 2), and he was remembered for the abundance of his style by Sidonius (*Ep.* 5. 10. 3). His death is dated by H. Chadwick (*Priscillian of Ávila* (Oxford, 1976), 37) to the early 380s, and by Booth (239) to the late 370s, but the last lines of the poem give only a *terminus ante quem*.

1. celer: cf. *Par.* 3. 18. Otherwise he is very similar to his father.

3. subtextus esto: cf. *affata . . . esto* (M. Cap. 7. 731), *esto affatus* (Tiberianus 4. 4), Ov. *M.* 4. 154, 6. 138, *Tr.* 1. 3. 34, 4. 8. 51.

threno: cf. *Prof.* 7. 4, 21. 3; the word is discussed by H. Szelest, *Eos*, 63 (1975), 84.

7–8. He may have gained his success in the Capitoline Games, but it is not certain that they still existed (*RE* iii. 1527–9). There is no reason why he should not have competed further afield. In the late Empire many cities had Olympic Games and competitions in prose and verse (A. H. M. Jones, *The Greek City from Alexander to Justinian* (Oxford, 1940), 233, J. H. W. G. Liebeschuetz, *Antioch* (Oxford, 1972), 138, A. Cameron, *Historia*, 14 (1965), 484–5).

9. more torrentis freti: cf. *torrentis aquae . . . more* (Verg. *A.* 10. 603–4), and perhaps *more torrentis* (Sen. *Med.* 694).

10. ligasti: cf. Jer. *Praef. in Esaiam*, Sid. *Ep.* 4. 3. 10 and, later, Hrotswitha, 114. 16 Strecker, Alan of Lille, *Anticlaudianus*, bk. 7, dist. 5. It is the opposite of *oratio soluta* and not disparaging; indeed the tone here recalls the fulsomely described feats of extempore declamation that bespangle the text of Eunapius' *Vitae Sophistarum*.

11–12. aeque: Sh. B. adopts *aequa*, the corrected reading in V, and with V's *oratione* in the next line translates 'equal things in prose'. *oratione*, however, is weak after *lege liber carminum*, whereas Scaliger's *orationem* gives a clear contrast with *epos metricum* (panegyric and epic). *aeque* ('equally well': cf. Hor. *c.* 3. 7. 26–8) should be retained; it might just as easily have been mistakenly assimilated to the case of *lege* as corrupted by its ending.

15–17. Praetorian prefects are described in terms of their earlier and much less extensive task of commanding a general's bodyguard; provincial governors had been called *iudices* since Diocletian's separation of their military and administrative functions.

17. coleres: a subjunctive of repeated action, unusual even at this time in a conditional clause.

    additus: for the construction cf. Amm. 25. 8. 12, Claud. *c.m.* 31. 30.

18. sauciis: cf. *neque absolutus neque damnatus Servilius de repetundis saucius* (Caelius ap. Cic. *Fam.* 8. 8. 3). It is used with the genitive in Apul. *M.* 2. 15, Arator 1. 776.

19. maneres: this refers to the past, as is shown by the following verbs *armaret* and *attolleres*, equivalent to pluperfects; for the confusion, common in later poets, cf. *Ludus* 38. It is conceivable that a recollection of Verg. *A.* 8. 643 *at tu dictis, Albane, maneres* (in fact a jussive subjunctive) contributed.

21–2. This could refer equally well to Delphidius, seeking to avenge old scores (Booth), or to his enemies; these could include Numerius, an ex-governor of Narbonese Gaul, whom he had prosecuted vehemently but unsuccessfully before the emperor Julian (Amm. 18. 1. 4). For *armare* cf. *Grat. Act.* 31 (*saevitiam*), Vict. 1. 490 (*odium*).

23. temporis tyrannici: the identity of the usurper has been disputed, and scholars have seen three possible candidates: Magnentius, who was proclaimed Augustus in 350 after Constans' death and lasted until 353; Procopius, who held Constantinople for a few months before his death in 366, claiming to be Julian's rightful heir; and Maximus, who usurped in 383, to be defeated in 388 (Mertens, *Jb. cl. Ph.* 34(141) (1890), 790). Maximus is clearly far too late, and Magnentius is ruled out by Jerome's date for Delphidius' *floruit*, which would then come after his disgrace and at a time of failure. The correct identification is surely with Procopius (Green 23 and Booth 237–8, esp. n. 10). Delphidius was in all probability one of the Gauls promoted by Procopius and spared after his death (cf. Amm. 26. 7. 4 and 10. 8).

24. palatio te attolleres: he became one of the *palatini*, or members of the imperial service (also known as the *comitatus*).

25. The condemnation begins with a well worn piece of moralizing (cf. Lucr. 3. 957, 1082–4, Hor. *S.* 1. 2. 107–8, Ov. *Am.* 2. 9. 9–10), expressed in A.'s own words, perhaps with a reference to Constantinople in *remotam*. There may be overtones of machination in *arcesso*, which is not elsewhere applied to hopes; cf. Sen. *Dial.* 5. 12. 1 of anger which is fostered, not spontaneous.

27. tuumque ... fati: cf. *Epiced.* 24 *qui per fatum non data non cuperet.*

29. formulas: mere 'forms', without substance; the diminutive may be used scornfully. In the titles of Cassiod. *Var.* 6–7 the word means something like 'specification'.

30. meritusque: 'acquire', not 'deserve'; cf. *meritum* in *Protr.* 94 ('status'). His titles entailed not so much administration and hard work as prestige and perhaps immunity.

32. Perhaps a pathetic speech on his behalf by the influential Attius Patera. *donatus* is closely paralleled by Sen. *Clem.* 2. 6. 2. *donabit maternis lacrimis filium*; for *motu*, cf. *TLL* viii. 1535. 76–1536. 8.

34. patrum: probably 'senators', and members of the local *curia*, who appointed him, but perhaps 'fathers' of children, which would give a telling contrast with *patris* in l. 32 (Green, *Still Waters*, 504).

35. munere ... dei: 'the gift of God', tactfully vague (unlike PN *c.* 10 [= App. B. 3]. 27). Delphidius is likely to have been a pagan, like his ancestors, especially if he supported Procopius.

37–8. He was spared the execution of his wife Euchrotia and the condemnation of their daughter Procula (hence *filiae*) for their association with the proscribed Christian sect of Priscillianism (Sulp. *Chron.* 2. 48, 51; Prosper, *Chron.* s.a. 385) which spread from Spain to Gaul in the early 380s (Matthews 160–71). The exact date cannot be determined: see H. Chadwick, *Priscillian of Ávila*, 132–8, who prefers 386. According to Chadwick (p. 37) and Booth (p. 239) A. refers to sexual scandal about Procula (cf. Sulp. *Chron.* 2. 48. 3), but neither *errore* nor *deviantis* implies this; he treats this recent memory with restraint, unlike Pacatus a few years later (*Pan Lat.* 2(12). 29).

A member of this family is later found in Jerome's entourage of devoted virgins (Jer. *Ep.* 120).

6. *Alethius Minervius, rhetor*

With this poem the dative becomes commoner in titles; whoever wrote them—
there is at least one detail that could not be inferred from the text—is not consistent.

It is a natural inference from ll. 15–24 that this teacher was the son of the
great Minervius of *Prof.* 1, whom he predeceased (cf. l. 37) after succeeding to
his chair, perhaps in the 340s when his father left. The word *filio* in the title may
reflect this, but as it stands is meaningless, and hardly authentic. The nomen-
clature given here makes it quite unlikely that he is Delphidius' son; and
Alcimus Alethius (*Prof.* 2) did not, apparently, teach in Rome. He owes his
position here partly to chronology, and partly perhaps to his similarity to Delphidius, who also died before his time.

In V the poem is presented in four sections, as follows:

(i)		(ii)	
O flos iubenum		Tu primevis	
Spes leta patris		Doctor in annis	
Ne certa tua		Tempore quo te	
Data res patriae		Discere adultum	15
Rhetor Alethi	5	Non turpe foret	
Maior utroquae		Praetextate	
Tu burdigalae		Iam genitori	
Laetus patriae		Conlatus eras	
Clara cohortis		Ille superve	20
Vixilla regens	10	Moenia romae	
Cuncta abuisti		Fama et meritis	

(iii)		(iv)	
Commoda fati		Inclitus auxit	
Postque petera		Gravis invidiae	40
Et preceptor	25	Et retoricam	
Pulvere in aevo		Floris adulti	
Deseruisti		Fruge carentem	
Vota tuorum		Et conubio	
Non mansuris		Nobili soceris	45
Ornate bonis	30	Sine pace patris	
Omnia precox		Et divitias	
Fortuna tibi		Utriusque domus	
Dedit et rapuit		Sine herede tuo	
Solstitialis		Quam fatiloquo	50
Velut herba solet	35	Dicte profatu	
Ostentatus		Versus orati	
Raptusque simul		Nil est ab omni	
Non sine morsu		Parte beatum	

(i) and (ii) occupy the bottom of the left-hand column in V, (iii) and (iv) the top half of the right-hand column. The numbering of the sections is mine, and requires justification, since their order cannot be decided by appealing to anything comparable in V: *Prof.* 10 is entirely written in a right-hand column. The lines have been numbered twice in V by later hands: the first numbering (partly erased) assumes the order (i), (ii), (iii), (iv), the second the order (i), (iii), (ii), (iv). Although in fact *commoda fati* surely does follow *cuncta habuisti*, the first arrangement should be preferred, because that way fewer transpositions are necessary.

My numbering of V above corresponds to this earlier arrangement, which is also followed by Schenkl, but not by Peiper and La Ville de Mirmont. In the text I have renumbered the lines in the interests of clarity: this practice is irregular, but so is the fate of this irregular poem.

The dislocation suffered by the poem may be summarized as follows: ll. 6–17 (as in my version), excluding l. 12, were placed after ll. 19–22; ll. 23–8 were misplaced (as were ll. 38–40), and split up. The unravelling is mainly the work of Scaliger and Tollius, of whom the former achieved sense, the latter economy. According to the original order, as interpreted above, their sequences, and mine, are (Scaliger: 38, 40 *desunt*) 1–4, 29–30, 36–7, 34–5, 5, 7–10, 26, 24, 6, 12–13, 25, 14–16, 11, 23, 17–22, 39, 42, 28, 41, 43, 44–9, 27, 31–3, 50–4; (Tollius) 1–5, 12–22, 39, 7–10, 24, 6, 38, 40, 11, 23, 29–37, 26–8, 41–54; (Green) 1–5, 12–17, 25, 18–22, 39, 7–10, 24, 6, 11, 23, 38, 40, 29–37, 26–8, 41–54.

The metre is the anapaestic monometer (cf. Julian, *Caesares* 318D); it does not prevent the writer from echoing earlier writers frequently. Series of similar short lines may be found in late Latin in Boeth. *Cons.* 1. metr. 7, Ennod. *c.* 1. 7. 69–80, Columban (*MGH Ep.* iii. 186), Alcuin, *c.* 54 (all adonics); M. Cap. 2. 125–6 (adonics and anacreontics); Ps.-Paulinus (*CSEL* 30. 344; anacreontics).

1. flos: cf. *Par.* 23. 15, but used rather differently.

3–4. *patriae* is contrasted with *patris*, *spes* with *res* (as in *Protr.* 37 and *Prof.* 11. 2).

6. primaevis: cf. *Prof.* 12. 1, of a *grammaticus iuvenis*, and *Ad Patrem* 31; elsewhere of infants. Like *praetextate* in l. 11, it is an exaggeration, as *adultum* (9) shows. Booth (n. 22) assembles evidence of other early beginners.

11–12. The line *et praeceptor* fits excellently here, and no equally appropriate place has been found; it sums up the point with a sonorous antithesis.

15. ille: Minervius, his father, who, as we are told in *Prof.* 1. 4, taught at Constantinople, Rome, and Bordeaux. *moenia* and *inclitus* add stature to the comparison.

19–24. 'You at Bordeaux, happily guiding the famous standards of your father's army of students, and afterwards those of Patera, were greater than either'. The words *postque Paterae* (-*am*, Tollius, Prete, and Pastorino) have been variously located. Tollius suggested that they immediately followed a line *post Nazarium* (cf. *Prof.* 14. 9), which would certainly make smoother Latin. They have been placed after *laetus patriae* (Schenkl, Pastorino), giving poor sense; after *collatus eras* (Peiper), yet ll. 13–17 are continuous in the manuscript, and the inclusion of Patera is sudden; before *tu Burdigalae* (Prete), destroying the antithesis of *ille* and *tu*. The new order avoids the separation of ll. 19–22, which are continuous in V; for further discussion of this interpretation and its historical implications, see Green, *Still Waters*, 496–7.

Patera evidently returned to Bordeaux after teaching in Rome (Jer. *Chron.* s.a. 336) and enjoyed a vigorous old age, during which he became known to A. Minervius could have succeeded *c.* 350.

27. morsu: cf. *Epiced.* 56, and for *invidia*, *Par.* 10. 6, 29. 5.

34–7. Echoes of Plautus and Vergil intensify the tragedy of his career. In Pl. *Ps.* 38–9 Calidorus says *quasi solstitialis herba paullisper fui*—a rare metaphor, perhaps paralleled only in the Psalms (89: 6, 102: 15)—and this is here followed by an echo of Vergil's encomium of Marcellus: *ostendent terris hunc tantum fata, nec ultra esse sinent* (*A.* 6. 869–70).

38. pubere in aevo: cf. *Par.* 13. 6; but there is exaggeration here.

39–40. For *desero* cf. *Par.* 13. 10 (with *vitae decora* and *cultum spei*), Ov. *Pont.* 4. 6. 16 (*spem*), Sen. *Tro.* 770 (*vota*).

42–3. floris adulti fruge: cf. *Par.* 15. 9.

44–6. 'and a noble alliance with a father-in-law, to your father's chagrin'. *soceri* is emphasized because the choice was primarily his (cf. *Par.* 8. 11, 22. 9–10). His own father seems to have been inconsolable: *sine pace patris* as 'made without a father's consent' would give difficult syntax and inferior relevance, as does EW's 'marred by your father's restlessness'. There is no mention of this matter in *Prof.* 1; such details are not stressed (cf. *Prof.* 5. 32, 4; *Par.* 20, 18).

48–9. In ll. 48–9 V gives *utriusque domus* and the unmetrical *sine herede tuo*, for which there is no justification. *domus*, which Peiper moves to the following line to replace *tuo*, was probably an interpolation; *utriusque* (referring to the fathers) should be followed by *sine*. The corruption may have begun when *sine* was placed on the same line as *herede tuo*.

The money was lost through intestacy: a typical observation (cf. *Par.* 7. 4, 10; *Prof.* 1. 37).

50–2. 'With what prophetic utterance was that verse of Horace spoken (*c.* 2. 16. 27–8 *nihil est ab omni parte beatum*). The apostrophe is less exceptional in Latin than it would be in English, and such a high-flown address, uncharacteristic of A., may perhaps be allowed in a demanding metre. The alternative would be to assume a sudden change of metre (if not an error) to accommodate genitive *versus*, which would hardly be justified by l. 53, where A. changes to sapphics. V's reading *nil est ab omni* is impossible in anapaests, but only *nil* should be emended: Mueller's *nil est omni* and Heinsius' *nil ex omni* would be more distant from Horace than A. tends to be in a quotation. The passage is discussed by M. I. Rebelo Gonçalves in *Euphrosyne*, 3 (1961), 241–4; her emendations of l. 52 *haec Flacci vox* and *vox Venusini* (which would require *dicta* for *dicte* in l. 51) would keep the anapaests intact, but are unnecessarily bold.

fatiloquo is rare (Liv. 1. 7. 8, Apul. *Flor.* 15), as is *profatu*.

7. *Leontius Lascivus*, grammaticus

Ausonius now turns to *grammatici*, who, as would be expected from the numbers given in *C. Th.* 14. 9. 3, are more numerous. Among the earlier ones Leontius has pride of place as a close friend in his early days. The *cognomentum* Lascivus (V carelessly—or euphemistically?—gives *Beatus* in spite of ll. 5 and 6) was a *signum* like Maura (*Par.* 5) and perhaps Minervius (*Prof.* 1 and 6). Leontius has been identified by Dezeimeris with the Leontius of Bordeaux who set up a tombstone, now fragmentary, for a 7-year-old girl (*CIL* xiii. 911), but its date could as easily be fifth as fourth century, and since Leontius was a common name (Kajanto, *The Latin Cognomina*, 261), the identification is very uncertain.

The metre is apt, and echoes of Horace are used to good effect.

1–2. The address to a particular type of general reader marks the transition to a new group, as in *Par.* 8, 18, 24. This line is in fact close to *Par.* 18. 1 *qui ioca laetitiamque colis.*

2. vota: perhaps marriage ceremonies or public celebrations which included prayers for the imperial house.

3. annuum: see on *Par.* 24. 4. Here it may be a sign of special affection, as in *Prof.* 16. 20.

4. Cf. *carmine threnum* in Eugen. *c.* 17. 12, a similar poem, and *Prof.* 21. 3 *munere threni*. For *threnus* see on 5. 3.

5. Leontius would have appreciated this parody of Horace's grave *patiens vocari Caesaris ultor* (*c.* 1. 2. 43–4).

7–8. gratum ad aures esset amicas: *gratus ad* is unique, according to *TLL* vi. 2. 2262. 49. Cf. Hor. *Carm. Saec.* 71–2 *amicas . . . auris.*

9–12. There is little to say about his merits as a teacher. Indeed, it is not certain from 9–10 that he actually held a *cathedra*—he might have had exclusively 'private' pupils—or that he was a *grammaticus* at all; he owes his place to A.'s affection (13–16).

11. possit: the present tense is required, for A. is considering not his membership of the profession while he lived, but his right to be included in the present list (cf. *Prof.* 8. 7–8, 12. 7–8).

12. For the single word, cf. *Ephem.* 1. 16n.

17–18. et iuvat: an unusual sentiment, emphasized by an oxymoron. *memoris querellae* is Horatian (*c.* 3. 11. 51–2, used already in *Par.* 10. 1).

8. *Various Greek* grammatici *of Bordeaux*

If this title was provided by Ausonius, as is probable, it is perhaps deliberately teasing; if it is not his, it is prudently evasive about the number of teachers. Citarius (13) and Urbicus (21) also taught Greek.

1. Romulum post hos prius an . . . : a parody of Horace, who in *c.* 1. 12. 33–40 wonders whom he should praise after the gods and heroes. It is an apt expression of the inferiority of *grammatici* to *rhetores*, but adds lustre to Leontius. The impressive names Romulus, Corinthus, and Spercheus (a river in Thessaly) add to the mock heroic tone. Romulus is taken by some, including *PLRE* i. 771, to be a grammarian; but the meaning is probably 'a Roman' (so Booth 242–3).

2. anne Sperchei: for the prosody, cf. *Prof.* 13. 3 *gloria Zenodotique.*

6. tenuisque sermo: 'small reputation'; cf. *Prof.* 10. 41, 12. 6.

7. quia nostro: a unique metrical licence, for *quia* is never treated as an iambic word. Sh. B. suggests *quia et*, but the need for *et* is not obvious. Cf. 12. 7–8 *nostro quia doctor in aevo vixisti.*

9. tertius: Mnestheus, who was younger (l. 2). The lengthening of its final syllable has no parallel in A.'s few sapphics, though it can be matched at the mid-point of the pentameter. Perhaps he wrote *quorum*.

12. sed sine cultu is unusual, meaning literally 'but without imparting refinement' (qualifying *docuere*); as in *Praef.* 1. 18 (*cultior*) more of the verbal force remains than would be expected. Emendation has not solved the problem: *sic* (Peiper) makes it possible to link *cultu* with *loquendi* (cf. *Par.*, *praef.* B. 3), but lacks point; *fructu* (Baehrens) gives good sense but the corruption would be difficult to explain. For the rhythm cf. Horace's *non sine questu* (*c.* 1. 25. 16).

13–16. Similar confessions were made by Libanius, who disliked studies until he was 15 (*Or.* 1. 4–5) and Augustine (*Conf.* 1. 14. 23). Greek teachers were in short supply (*C. Th.* 13. 3. 11) and the quality may have been low. With the help of Citarius (*Prof.* 13) and perhaps Urbicus (*Prof.* 21) A. later made up for his deficiency, as his letters to Paulus (esp. *Ep.* 6–8) and various translations show.

15. appulit: not used elsewhere intransitively in this sense, according to *TLL* ii. 276. 64–9.

17. vos levis caespes tegat: an adaptation of the commonplace *sit tibi terra levis.*

18. cineres opertos: cf. Hor. *c.* 2. 8. 9.

19. meae vocis titulus: 'the name that I pronounce'. *titulus* refers to the name on the epitaph (e.g. Plin. *Ep.* 6. 10. 3, Juv. 6. 230), which is here pronounced by the poet as he promised in *Par.*, *praef.* B. 9–12.

9. *Iucundus, the* grammaticus *of Bordeaux, brother of Leontius*

The title gives a detail not stated in the poem but which is unlikely to have been invented by a scribe. The obscure Iucundus, like his brother Leontius Lascivus (an older companion of the young Ausonius), had died long ago and was almost forgotten. He is separated from his brother because *Prof.* 8 with its initial flourish seemed more appropriate after 7; Iucundus had even less merit.

1. usurpasse: he did not oust someone else, but set up as a private teacher in spite of negligible qualifications.

3. voce ciebo: cf. *Par.*, *praef.* B. 10.

4. Iucunde: a pun, neatly following the list of his qualities; it should be printed as a name, since the deceased are always addressed. Cf. *Maxime* in *Par.* 17. 11, *Lascivus* in *Prof.* 7. 5.

6. V's *emeritos* is weak, and rather loosely joined to what precedes; *et meritos* (*Lugd.*) joins the phrase to l. 4 and repeats an important point from l. 2. The grammar of Scaliger's *es meritos* is highly dubious (see on *Prof.* 19. 2).

10. *The Latin* grammatici *of Bordeaux Macrinus, Sucuro, Concordius, Phoebicius, Ammonius, and Anastasius,* grammaticus *of Poitiers.*

V's title is in two parts: *grammaticis . . . philologis* stands at the head of the whole and *Ammonio . . . Pictaviorum* at the head of the second of the two thin columns in which it is written. Peiper argued that *Ammonius* was originally part of the text but then became part of the title; he omits the name, leaving only that of Anastasius, who was from Poitiers. But the placing of the second part of the title need cause no surprise (at the end of this poem we find in the second column the title of *Prof.* 11); and Peiper fails to explain why the name Ammonius is in the dative. A better explanation of Ammonius' disappearance from the text would be accidental omission, such as we have in l. 34, or physical damage. Booth (p. 243) would have an anonymous reference to the group of teachers from Bordeaux, flatteringly described by *philologis*, followed by a reference to the 'foreigner' Ammonius Anastasius, with a name lost before l. 42; but the omission of the names, whether by Ausonius or a compatriot editing the poems, would be surprising. If Ammonius was named in the title, then all the others from Bordeaux should have been named too; confusion of *philologis* and *Phoebicius* may have caused their disappearance. The honourable description *philologis* is surprising (see on *Ep.* 5*a*. 15) and awkward with *grammaticis*: it seems to be an interpolation.

This poem is less severely dislocated than *Prof.* 6, because of the small sections into which it is naturally divided by the teachers' names; the modern editor's task is for the most part to rearrange sections, not single lines. As in 6, I have found Schenkl's text more economical in its alterations, and I have again

used in my apparatus and commentary the revised numbering, while leaving
V's numbering in brackets by the text. It is clear that ll. 9–13 were wrongly
placed after ll. 17–24; ll. 14–16 migrated to the latter half of the poem, where
they separate ll. 25–37 from ll. 38–41; the remaining lines are in the correct
order apart from ll. 53–5 and l. 48, which are found between ll. 41 and 42. Line
34 suffered damage and l. 33 was lost.

The order seems to be chronological; Macrinus operated (at least on
Ausonius) between 310 and 320; Phoebicius, the father of Attius Patera—who
flourished *c.*336 (cf. *Prof.* 4)—gained the post with his son's help. The others
cannot be dated.

The metre is the hemiepes or first half of a dactylic hexameter. All but ten
lines are totally dactylic; l. 14 is totally spondaic.

9. introtulere: the shortening of the *o* is most remarkable. One may compare
the treatment of *profando* and *profectus* in *Protr.* 54. 71.

11. Macrinus: this is a commoner name than *Matrinus* (V), which is probably
a corruption.

13. puerities: cf. the scansion of *duodeviginti* (*Par.* 24. 16). The ending is also
anomalous.

14–15. et libertina ... progenie: a feature noted elsewhere only at *Prof.*
21. 27, and so presumably unusual. Sucuro (a unique name) was either a
slave, who had descendants that were *liberti*, or born into a freedman family;
the fact that *progenies* means 'offspring' or 'descendants' elsewhere in A.
favours the former interpretation, but the phrase occurs in a law of 529 (*CJ*
1. 4. 24) in the sense of 'ancestors'. V's *progeniem* is more likely to derive from
progenie than *progenies*.

16. puerorum: there is one other example of hypermetric elision in A.'s text,
altero at *Ecl.* 8. 7; but *alto* (Reeve) may be correct there. Perhaps *puerum*
should be read; although there is only one analogy in classical verse (Pl.
Truc. 763), A. has the unparalleled *geminum* in *Vers. Pasch.* 25, as well as the
commoner *deum*, *virum*, and *Italum*.

19. profugus patria: he probably left Bordeaux for another city, not the
reverse, for newcomers to Bordeaux are usually signalled as such (e.g. *Prof.*
13) and he would hardly be described as having 'a poorly paid job in another
city' if he had come to Bordeaux. As in ll. 48–53, A. likes to think of those
who leave Bordeaux, unless they became very famous, as having less success.
See Green, *Still Waters*, 501. *profugus* need not be literally meant (as in *Prof.*
23. 8); Scots abroad may be known as 'exiles'.

20. For *sterilis*, cf. *exilis* (*Prof.* 7. 10, *tenuis* (*Prof.* 22. 18); it is used only of *grammatici*, who were less well paid than *rhetores* (*C. Th.* 13. 3. 11).

23. Phoebicius: cf. *Prof.* 4. 13 for the name and *Prof.* 4. 9 for Belenus.

26. ut placitum: 'as you chose to think'; a little sceptical, as in *Praef.* 1. 10.

28. Aremoricae: more precisely, a family of Bayeux (*Prof.* 4. 7). For the
adjective cf. *Ep.* 3. 35.

31. permaneat series: 'let my enumeration continue'; for *series*, see on
Praef. 1. 13. EW's 'long may his line endure' is an inappropriate sentiment.

32–41. The name of Ammonius has fallen out; it cannot have been omitted
by the poet, and the prosodical difficulty would not have worried him.
religiosum etenim (32) should be taken as the beginning of the sentence,
followed by the name and a missing word, with *commemorare meae* in the
next line.

43. Musa melum: the address to the Muse (cf. *Par.* 13. 1, of his brother)
gives a transient note of elevation to the fugitive Anastasius, who in ll. 49–
53 is treated with some sympathy.

48. Pictonicaeque: this form, found also in PN *c.* 10 [= App. B. 3]. 249, is
less common at this period than *Pictavi* and its derivatives (*RE* xx. 1203–
13).

50. habitumque: probably 'style of dress', 'appearance', as in *Prof.* 20. 13,
Epiced. 8.

55. commemoravit: the perfect tense may be defended by citing the perfect
participles in *Par.* 26. 7, *Prof.* 22. 21, 24. 16; the future tense, suggested here
by Reeve, is not found in these poems, except in the second person.

11. *Herculanus, my sister's son,* grammaticus *at Bordeaux*

The poet's nephew Herculanus, like his uncle Arborius (*Prof.* 16), appears in
both series. This poem is more critical than *Par.* 17, but ends on a quiet note.

   The metre is the trochaic septenarius, found also in *Ecl.* 10 and *Biss.* 2, and
common in late Latin: it is used by the author of the *Pervigilium Veneris*, by
Tiberianus, Prudentius, Dracontius, and others.

1. gremio de nostro et schola: the words indicate A.'s special feeling of
responsibility. *gremio* is perhaps a tribrach (there is a possible example in
iambics at 15. 1); but it may equally well be an anapaest, as in the fifth foot
of *Perv. Ven.* 55, 62.

2. For the pun, cf. *Prof.* 6. 2–4; the restoration of *rem* is certain.

3. particeps: perhaps an assistant, like Victorius (*Prof.* 22), and not a full
grammaticus as stated in the title. He was expected to take his uncle's chair
in due course (cf. *Prof.* 6. 20–4).

4–5. He followed the wrong fork of the Pythagorean Y (cf. *Technop.* 14. 9), to
vice rather than to virtue. A. also alludes to Pythagoras in *Par.* 30. 5, *Ep.*
21. 38–41, *Ecl.* 19. 32, and perhaps *Ecl.* 20 and 21. See also the references in
J. H. D. Scourfield, *CQ,* NS 37 (1987), 495 n. 38.

   For *flexus* of age, cf. Cic. *Cael.* 75 (in a metaphor from racing), *De Or.* 1. 1.

7. iam ... dudum: only a few years before, at most.

12. *Thalassus, Latin* grammaticus *of Bordeaux*

The name is Thalassus (Peiper); V's *Thalassae* in l. 1 points to *Thalasse*, not *Thalassi*, as in Tollius and Schenkl. He was not the same man as Ausonius' son-in-law, and probably no relation. He died young (*primaeve*, cf. *Prof.* 6. 6), when or even before Ausonius was *parvulus*, and was perhaps the first of the *Professores* to die. A very shadowy figure, he completes the roll of *grammatici* who were born and taught mainly at Bordeaux.

3. fama: my correction of V's *forma*. Physical characteristics are rarely mentioned (cf. *Par.* 8. 5, 17. 14, *Prof.* 17. 2–3, but these are people well known to the writer), and it would be surprising if he gave prominence to them here, especially after l. 1. He seems to rely on other methods of remembering the obscurer teachers. *fama* fits *merito* well; cf. *Prof.* 6. 17, 10. 40–1. Its repetition in l. 5 is typical.

    stirpe parentum: cf. Verg. *A.* 3. 94.
5–6. tam ... quam (cf. *Prof.* 14. 7) are equivalent to *cum ... tum* (LHS 590–1); *tam ... quae* (Sh. B.) would be less elegant.
7. quicumque: for the ellipse, cf. *Prof.* 14. 5.
8. A similar ending to those of *Par.* 7, *Prof.* 3. For *habeto*, cf. 11. 6 *esto*.

13. *Citarius, the Greek* grammaticus *at Bordeaux, who was a Sicilian from Syracuse*

PLRE i. 205 suggests an identification with *Citheri rhetoris* of *AL* 484*b*, which is not ruled out by the prosody (cf. the Greek Cyterius of Firmus, *Ep.* 2, quoted in *PLRE* ii. 339), but this man is noted for his Greek poetry. Reeve, suspicious of *Siculo*, also cited Citerius Sidonius to whom some witnesses ascribe *AL* 393 Riese (389 Sh. B.), but cf. Amm. 24. 2. 16 *Polybio, Megalopolitano Arcade*, probably Cic. *Sest.* 80 *Titio Sabino homini Reatino*, and Jer. *Chron.* s.a. AD 88 *Quintilianus ex Hispania Calagurritanus.*

2. The verb mangled in V must be *celebrere*.
    bonos: not the mediocre teachers just mentioned, but, as the later context shows, the great *grammatici* of the past; cf. *Praef.* 1. 19–20.
3. Aristarchus and Zenodotus, the famous critics of Alexandria, figure as symbols of scholarship in *Ludus* 12 and *Ep.* 10. 29–30; Jerome praises Pammachius in *Ep.* 57. 12. 2 as *nostrorum temporum Aristarche*. For the scansion of *gloria* before *z*, cf. *Epigr.* 10. 1, *Ludus* 12.
4. Graios: Schenkl's correction *Graios* for V's *gravior*, giving a necessary object to *sequeretur*, is the most suitable; a comparative, such as Graevius' *clarior*, or *grandior* ('great' in a positive sense) is impossible with *honos* if *antiquus* remains, and unlikely if taken with *gloria*. *Graiorum* (Goropius) is

weak. A. tactfully ascribes Citarius' relative obscurity to the general decline of the Greeks.

5. prima: probably 'early'. Like Delphidius, he was a precocious poet.

6. Simonidei: perhaps the poems showed *in commovenda miseratione virtus* (Quint. 10. 1. 64), for which he was famous. Jerome compares him to the Psalmist (*Ep.* 53. 8. 17), and Ammianus (wrongly) attributes a story to him (14. 6. 7). For the scansion, and this form of the genitive, cf. *Ep.* 9*b*. 13.

8. 'which through your studies you had almost made a place of (Greek) culture' (*sc.* at the time of your death). Bordeaux, to which *quam* refers, was not well endowed with Greek teachers (*Prof.* 8. 10–12), and A. is hardly exaggerating. The point that Citarius' studies were in Greek did not need to be repeated.

9. Such success is often noted.

10. invidia fati: for the phrase, cf. Mart. 12. 14. 8, and for the notion, *Par.* 10. 6.

12. munere amicitiae: their friendship may have done much for A.'s own Greek.

14. *Censorius Atticus Agricius, rhetor*

Agricius' fame, stated in l. 1, was known to Sidonius a century later (*Ep.* 5. 10. 3); Agroecius is an alternative spelling, explicitly preferred to Agricius by the grammarian Agroecius, possibly a relative, in *GL* vii. 114. 7. The name Agricia is found in *CIL* xiii. 2405 from Narbonne; for a contemporary presbyter Agroecius, see H. Chadwick, *Priscillian of Ávila*, 147–8. The leading official of the pretender Jovinus called Agroetius (Greg. Tur. *Hist. Franc.* 2. 9) might be a son. If this professor was related to the writer's grandson Censorius (cf. *Protr.* (introd.) and *Par.* 22), we should probably have been told.

1–2. fuisti: to be taken with *positus*, not *aequande*; cf. *vocata fuit* in *Par.* 5. 4. His death was too recent for him to be placed before the *grammatici*.

7–8. Athenaei . . . loci: it is unlikely that A. means by *Athenaei . . . loci* a cultural centre or place for recitation such as the one established by Hadrian at Rome or the one later attested in Gaul (Sid. *Ep.* 4. 8. 5, 9. 9. 13), because there is no precise indication of place; and it would be pointless to use the word in a generalized sense here as Jerome does in *Comm. in Gal.* 3. 1, *Ep.* 66. 9. 2. A. might mean Bordeaux, as a 'second Athens' (EW), but this would be a sudden and surprising description. Censorius is not likely to have taught in Athens, since his family seem well known to A., but Athens may be meant, with 'glory' referring to oratory in general (cf. *Ordo* 89). The notion may have been suggested by a phrase of Symmachus, *novus Athenaei hospes* (*Ep.* 1. 15. 2, written to A. some years earlier), who likewise plays on a name, in this case that of the rhetor Palladius; it is not certain, *pace* K. Thraede (*Rh. M.*, NF 111 (1968), 288–9) that Rome is meant there (cf. Symm. *Ep.* 9. 89. 2 *non* *solum Romae sed in Athenaeo quoque nostro*). See Green, *Still Waters*, 498–9; Booth 243–4.

For the repetition of *gloria*, cf. *Mos.* 25–6 (*amnis*).

9–10. The glory was given to Nazarius and Patera, but not by Censorius, since Nazarius' panegyric and *floruit* are dated to the early 320s, and this would set Censorius almost before A.'s birth, contradicting l. 3; datives of the agent are even less likely. The abstract subject *gloria* is quite typical; Schenkl's lacuna and Vinet's *qui* are unnecessary.

Nazarius was the author of a panegyric in honour of Constantine (*Pan. Lat.* 4(10)); although he is nowhere associated with Bordeaux, he could have taught there too early in the century to be known to the poet (Green, *Still Waters*, 499). For Patera, see *Prof.* 4. He is nowhere credited with expertise in Greek, but his son may have known the language well (*Prof.* 5. 7–8, 23–4). Censorius succeeded Nazarius and Patera in a general sense, but perhaps their chair came to him too (Green, *Still Waters*, 502).

11–12. The final couplet mentions numerous relatives; like the previous poem, this one ends on a note that is more typical of *Par.*

15. *Nepotianus,* grammaticus *and rhetor*

Nepotianus has been identified by G. Caputo (*REA* 53 (1951), 234–47) with the *praeses* of Tripolitania whose military deeds are recorded in an inscription found at Lepcis Magna (*AE* 64 (1952), no. 173). The name there is Flavius Nepotianus (not a common one; Kajanto, *The Latin Cognomina*, 304), the date uncertain. Caputo suggested a date in the late 370s, when Africa is known to have been restive, following the incident of Amm. 28. 6, and when Ausonius' patronage was at its height; both Hesperius his son and Thalassius his son-in-law served there. If Nepotianus' governorship fell in that period, he must have been a very old governor (he died aged 90) but the age of Julius Ausonius when prefect of Illyricum shows that this is not an insuperable objection. The fact that his *praesidatus* is mentioned just before his death is not relevant to the date, since such honours gravitate towards the end of these poems for other reasons. The identification is plausible, but far from certain.

For the first and only time in *Par.* and *Prof.* iambic trimeters are used.

1. animo: perhaps three short syllables: cf. *Prof.* 11. 1 n. But since A. evidently has some spondees in even feet of the iambic trimeter (cf. on *Par.* 17. 1, *Ep.* 19*b*. 23), and certain examples of such treatment of *o* in the dative and ablative singular (gerunds excepted) have not been found in the best authors of this period, it is better taken as anapaestic. See Lucian Mueller, *De re metrica*², 417, D. Norberg, *Introduction à l'étude de la versification médiévale* (Stockholm, 1958), who finds it from Hrotswitha onwards.

2–3. Cf. *Prof.* 1. 31–2, where *nullo felle* is followed by *sale multo*; *fel* and *mel* are combined in Pl. *Cas.* 223, *Truc.* 178–9, and Apul. *Flor.* 18. For *felle . . . madens*, cf. Tib. 2. 4. 12 and later Cypr. *Num.* 348.

4. medella: Heinsius' *medulla* would be an untypically strong expression of affection, and *medulla* is nowhere else used in this way.

Nepotiane: the second vowel of this word, though obviously long by nature as in *nepotis*, must be taken as short. A. rarely treats the vowels of Latin names in this way (cf. *Epigr.* 99. 4 *Scantiniam*, *Caes.* 15, 26, 39, 83 *Vespasianus*, *Ordo* 110 *Sequanis*), except where he has the authority of poetic precedent, and he could easily have avoided a problem here. Emendation has not supplied a solution: Vinet's transposition *nostri medella* creates a split anapaest, to which the only parallels in A. are from the eccentric *Ludus*.

5. Cf. *Par.* 7. 11 *ioca seria mixti.*

6. taciturne: in view of l. 17 this includes confidentiality, as in Ter. *Andr.* 34.

   Amyclas: Vergil's reference to 'silent' Amyclae (*A.* 10. 564), for which Servius gave no fewer than five explanations, fascinated later writers: cf. *Ep.* 21. 26, *Perv. Ven.* 92, Sid. *Ep.* 8. 6. 9.

7–8. Closely modelled on Martial 3. 64, especially l. 6 *si fabulantem Canium reliquisset.* Though generally a quiet man, when in full flow (cf. ll. 10–11) he surpassed the tuneful Sirens.

8. melodas: modelled on the Greek, the word is confined to late Latin poetry.

9. For *Frugi*, cf. *Prof.* 1. 33–4, *Par.* 19. 3, and for *abstemie Prof.* 4. 20, 24. 9. In the company of close friends like A. his austerity may have been relaxed (cf. l. 14).

10. 'inferior to no orator, whatever his style'.

11. ad: cf. *Prof.* 20. 7. The closest uses in earlier writers seem to be Cic. 2 *Verr.* 2. 5. 25 *non ad Q. Maximi sapientiam . . .*, Liv. 22. 22. 15 *homini non ad cetera Punica ingenia callido.*

   Cleanthen Stoicum: for the Greek ending, cf. *Protr.* 20, 22. The Stoics were well known for logic and argument, but Cleanthes is a strange example to choose, for among his writings, listed in DL 7. 174–5, logic occupies a very small place, and he is better known as the 'theologian' of Stoicism. It seems that he is a mere name to A., as to Venantius Fortunatus in his contemptuous list in *c.* 7. 12. 25–6, and to Claudian in 17. 88, a passage discussed by A. Cameron, *Poetry and Propaganda at the Court of Honorius* (Oxford, 1970), 323–6.

12. Scaurum Probumque: also coupled in *Prof.* 20. 7, *Praef.* 1. 20.

13. Epirote Cinea: a spondee in the second foot is not impossible for A., but it is more probable that with typical independence he treats the third syllable as short. Cineas, an envoy sent by Pyrrhus to Rome, was credited with remembering the names of all the senators after a single interview (Plin. *NH* 7. 88; cf. Cic. *TD* 1. 59). Ammianus also mentions the occasion (16. 10. 5).

15. For *parum quod*, cf. *Ad Patrem* 37.

agitator: a Platonic notion (cf. *Phaedr.* 246–54), found in Ambr. *De Isaac* 8. 65, Apul. *Plat.* 1. 9, and Macrob. *Somn.* 2. 15. 6.

17. conditu: unique in this sense. For this virtue cf. *Prof.* 24. 10.

20. liberos: one of these may later have been a bishop (Greg. Tur. *Hist. Franc.* 1. 46; see Green 23).

mortem oppetis: V has *morte*, for which there seems to be no valid parallel: in Prud. *Per.* 10. 65 there is an (emphatic) adjective, and the writer of *CE* 522. 1 was a poor guide to his own language.

16. *Aemilius Magnus Arborius, rhetor at Toulouse*

Ausonius now turns from the *rhetores* of Bordeaux to those who were born there but taught elsewhere; pride of place is awarded to his uncle Arborius, already the subject of *Par.* 3.

1. cognatos . . . manes: cf. *Par.*, *praef.* B. 7 *cognatis . . . umbris.*

2. memorandus eris: present and future are both used with the gerundive to express the future passive (LHS 312–13).

5. bis: with *meritum*, not *celebremus*. Arborius was like a *pater et genetrix* to A. (*Par.* 3. 8); hence *parentem* here.

6. Arborio patre et avo Argicio: the first of these is commemorated in *Par.* 4, as Caecilius Argicius Arborius. Argicius *avus* is the unnamed *genitor* of *Par.* 4. 8.

7–8. Cf. *Par.* 4. 11–12, *Par.* 5. The reading *Aeduici* is not certain: for *Hedui* of the Lyon edition (on which we depend at this point because a folium is missing in V) Mommsen suggested *Haeduicum* (cf. *Par.* 4. 3 *Aeduico . . . stemmate*). This is slightly less elegant, and not so easy as *Tarbellica . . . origo*; the jingle *tibi . . . Haeduici* is characteristic (Green, *Paulinus*, 116; cf. *Prof.* 17. 1). For *stemma* cf. *Praef.* 1. 11, *Par.* 4. 3, *Prof.* 24. 3.

8. ambo genus procerum: 'both of curial stock', like *Par.* 24. 8 *municipale genus.*

9–10. cultae . . . principum amicitiae: for the enjambment cf. *Prof.* 17. 2–3; *cultae* is probably 'which he fostered'. This line is well designed to express his eminence, for *principum amicitiae* comes from Horace (*c.* 2. 1. 4) and the short *e* of *contigerunt* from classical epic and elegiac poetry. There may well be a deliberate echo of *Epiced.* 32 (*principum amicitiae*), if indeed A. wrote these words.

No children are included among this list of blessings; cf. *Par.* 3. 20.

11–12. This couplet must surely be meant to explain *principum amicitiae*. Étienne argues that it would have been foolish to befriend these exiles (340); it was indeed a risk, but one which paid handsomely in the short term. Constantine's half-brothers Dalmatius, Hannibalianus, and Julius Constantius (father of the emperor Julian) may all be referred to here, or at least

Dalmatius, who is mentioned in *Prof.* 17. 9, and one other. When Dalmatius and Julius returned to favour (they were consuls in 333 and 335 respectively), Arborius prospered. *exilii specie* is awkward if the sense is not so much 'apparent exile', as 'virtual exile'; but the language may be deliberately tactful or designed to suggest a pleasant sojourn. The emendations of Sh. B. (*hospitii*) and Hall (*auxilii*, palaeographically attractive, but a rather surprising detail, in *CQ* NS 29 (1979), 227) are not required.

13. Two impressive phrases describe the Eastern capital: for *Thressa*, cf. Sen. *Thy.* 812 and *HO* 1032, of Mounts Ossa and Rhodope.

15. dives opum: another phrase with powerful overtones (e.g. Verg. *A.* 1. 14, 2. 22).

    Caesare: in view of Arborius' stated connections the most obvious identification (suggested by Fleury but since ignored) is with Dalmatius the younger, son of the above-mentioned Dalmatius and Caesar from 335. The sons of Constantine would have needed tutors at a rather earlier date, before Arborius' fame could have reached the city, which was inaugurated in 330. There is no evidence for Dalmatius' age at this time; his half-brothers Crispus, Constantine, Constans, and Constantius were made Caesars early in their lives.

    honorus: 'honoured', not a common sense; cf. Stat. *Th.* 5. 40, PN *c.* 10 [= App. B. 3]. 310.

16. occumbis: Dalmatius and his family were murdered in 337, in a coup which extinguished Constantine's half-brothers and their families except for Julian and Gallus; as a close associate Arborius may have suffered the same fate, along with various others (cf. Jer. *Chron.* s.a. 338, Amm. 25. 3. 23).

    patribus: perhaps his father and grandfather, mentioned above, or, more probably, his parents (cf. *Protr.* 19, *Ecl.* 19. 43). His father's bereavement is described in *Par.* 4. 23–6.

    Magne: an apostrophe using the most expressive of his names; cf. *Par.* 17. 11 *Maxime.*

17. monumenta tuorum: perhaps a family tomb (cf. *Prof.* 14. 12).

18. Augusti: this emperor cannot be identified. There is no reason why he should be the Caesar of l. 15, as urged by Booth (245); on the interpretation given above, it is impossible. After 337 the title of Augustus was held by Constans, Constantine II, and Constantius I; Constantine was responsible for Gaul until his defeat and death in 340; Constans then replaced him.

19. hic: in place of the difficult *hinc*, *hic* gives good sense as 'here, at Bordeaux'; the presence of his body reminds them of their grief, here intensified by *ingrata*, an unusually strong word. Brandes's *nunc* would also be appropriate.

17. *Exsuperius, rhetor at Toulouse*

Though born at Bordeaux (ll. 16–17), he had little to do with the city, and not much with Toulouse either (the title is misleading). He was evidently less able than Arborius, and his power is here ascribed to opportunism; this may reflect rivalry with the poet's uncle, who cultivated the same patch, but according to Booth (*Career*, 331–2), Ausonius is spiteful because he himself had been a rival candidate for Exsuperius' chair. This could explain the mockery of his oratorical style. The hexameter is used only for this commemoration, perhaps for the sake of particular effects.

1–3. The description begins ambiguously with *sine arte*, and *incessu gravis* is not uncomplimentary (cf. *Grat. Act.* 64 *incessus moderatior* and Cic. *Sest.* 105), but the repeated *in-*, and the breaks after *gravis* and *ingentibus*, convey an impression of clumsiness, which undercuts *venusto* in l. 3. The use of the ideal second person within the apostrophe may serve the same purpose; but cf. *Epigr.* 80. 3. For *motus*, cf. Cic. *Brut.* 116.

4–6. His *copia fandi* (cf. *Ephem.* 7. 4), at first sight the most winsome of his characteristics, turns into a condemnation. *deflata* ('expressed', 'enunciated') is rare in this sense; in Ambr. *Ep.* 47. 2 it is contrasted with *abscondere*.

6. discussam: 'if closely examined'. Schenkl and Sh. B. are right to object to a full stop after this line, in spite of a similar anacoluthon in *Mos.* 131–4; the straggling structure may have been deliberately designed *ad hominem*.

7–8. The alliteration of *t* and *p* reinforces A.'s scorn. Cf. *Par.* 3. 11 *te sibi Palladiae antetulit toga docta Tolosae*.

9. Dalmatio genitos: the sons of the Dalmatius befriended by Arborius (*Prof.* 16. 11), namely Dalmatius and Hannibalianus. It is not stated why the sons of Dalmatius were living at Narbo when their father lived in Toulouse (*Prof.* 16. 11); perhaps they were allowed to move more freely within the area.

9–10. fatalia regum nomina: a powerful phrase, undermined somewhat by the deliberately excessive and clumsy enjambment. Hannibalianus (to pass over the historical associations of his name) was later the king of Armenia (*PLRE* i. 407) before his death in 337, here indicated by *fatalia*.

10. grandi mercede: not of course mere fees, but the honours about to be described.

12. Caesareum ... nomen: the appellation of Caesar, which only Dalmatius is known to have received (in 335). Perhaps the two men are conflated for the sake of effect, as in l. 9 (*regum*).

12–13. A single honour is meant: the governorship of one of the five Spanish provinces, all of which were held by a *praeses* at this time.

14–15. mores ... finisti: a strange expression, recalling *Par.* 6. 10 (*finis ... pudicitiae*). For the form *finisti* cf. Cic. *Fam.* 15. 9. 2, Sil. 16. 149.

15. sede Cadurca: the place of his retirement was the modern Cahors, between Bordeaux and Narbonne. See *RE* iii. 1171 for forms of the name.

17. nomen de rhetore: 'your reputation as rhetor'.

18. *Marcellus, son of Marcellus,* grammaticus *of Narbonne*

Born at Bordeaux, Marcellus spent most of his life at Narbo, and therefore follows Exsuperius. It would be rash to make him a relative of the medical writer and administrator of that name from Bordeaux (for whom see *PLRE* i. 551–2 and Matthews, *Latomus*, 30 (1970), 1081–3).

1. nec te . . . silebo: an echo of Horace (*c.* 1. 12. 21) begins the poem. There is deliberate irony, as in *Marcello genitum*. Cf. too Verg. *A.* 10. 793, Hor. *c.* 4. 9. 31.

2. aspera . . . genetrix: a domestic detail would be untypical, and this should be taken as an ironic reference to Bordeaux, reinforced by the pointed redeployment of Verg. *A.* 1. 600 (Dido's hospitality).

5. Clarentius: otherwise unknown.

6. egregiam: Heinsius' *egregia* avoids awkward (but not unparalleled) assonance with *natam*, but creates new difficulties. Although such a description of his *indoles* (cf. *Par.* 17. 4 and *Prof.* 11, of Herculanus) would not actually contradict ll. 10 and 14, the brusquely presented contrast would be very surprising; the unqualified *indole* ('promise': cf. *Par.* 17. 4) is easier. Wives are not usually praised in *Prof.*; A. presumably wished to dissociate her from her unworthy husband. Perhaps *egregio* should be read: a splendid alliance for such an unworthy person.

7–8. He did well, like Arborius (cf. *Prof.* 16. 9–10); *nomen* is not derogatory, as is clear from l. 13. The phrase *auditor . . . pubes* forms a hendiadys.

11–12. The stated purpose of the series is a useful excuse, as in *Par.* 17. 6–7.

14. praetenuis (very rare outside the Elder Pliny) inflicts a final blow. *prae-* would be a strange replacement for an omitted *non*, which Sh. B. suggests that A. wrote.

19. *Sedatus, rhetor at Toulouse*

For the first six lines there is an alternation of hexameter and iambic trimeter, unique in Ausonius; then, as in *Prof.* 21, the poet reverts to the elegiac couplet.

1. Apart from *religio est . . . si* (a very rare usage) the line resembles Verg. *A.* 6. 841 and *Par.* 17. 3.

2. indeptum: the unmetrical *indepte* (*Lugd.*) cannot be read, even with *es* as Scaliger did. The evidence given for a vocative as predicate by C. F. W. Mueller, *Syntax des Nominativs und Akkusativs im Lateinischen*, which consists of this passage, *Prof.* 9. 6 (in Scaliger's text), and Paul. Pell. *Euch.* 566 as emended by Brandes, is valueless.

3–4. sorte potentis fati: as in the previous poem the reason for departure is vague.

9. vagantem: but not a 'wandering scholar'; he seems to have settled at Toulouse.

    divisae: cf. Nem. *Cyn.* 225 *divisa Britannia* ('distant'), based on *toto divisos orbe Britannos* (Verg. *E.* 1. 66).

11. morem resecuta: *secuta* is clearly unacceptable. Poelman's *sectata* is rather too strong; Scaliger's *est* (for *et*), followed by *moremque secuta*, gives poor sense. Vinet's *resecuta*, which perhaps suffered from haplography after *morem*, is found elsewhere in A. (cf. *Epigr.* 110. 3, *Ep.* 21. 68), albeit in the different sense of 'echo'.

12. Romam nobilitat: cf. *Prof.* 1. 3–4, 6. 15–18; a rare tribute.

13–14. At least half of this couplet is missing: it is quite unlikely that we have a pentameter not preceded by a hexameter, as in PN *c.* 25. 239–41, or a further change of metre, and the sense of what remains is unclear. The subject of *referet* has probably been lost. Editors have followed Scaliger's reconstruction, in which *fama* (for *famae*) is the subject of *referet*, but this is far from certain. Sedatus senior has been consistently referred to in the second person, and so he is not likely to be the subject here. The verbs may refer to the son, but it is unusual for a poem not to return to the principal honorand in the closing lines. What A. wrote was probably similar in sense to ll. 9–10, but further than that one cannot go.

20. *Staphylius, rhetor, citizen of Auch*

In ll. 7–14 of this poem the evidence for the readings of V is augmented by two apographa of Sannazaro's excerpts of V; one is Vind. 3261, the other, of uncertain origin but acquired by Aleander and later by Schenkl, is perhaps now at Leiden (Schenkl, introd., pp. xxxiv f., Reeve, *Gnomon*, 52 (1980), 448).

Auch lies between Bordeaux and Toulouse, and was one of the two main towns in Novempopuli (Amm. 15. 11. 14).

4. stirpe Novempopulis: 'a family from Novempopuli'. The Latin is awkward, not unlike *sacrifici Curibus* in *Prof.* 22. 6 and *paganum Medulis* in *Ep.* 13. 2.

5. utrumque: 'both together' (cf. *Epiced., praef.* 5); in *Par.* 3. 8 Arborius is described as *quod pater et genetrix*. The circumstances are not known: perhaps Staphylius shared the work of Arborius when A. was in Toulouse, or, as Booth suggests (*Career*, 332), A. went to Auch after Toulouse, staying there from *c.* 330 to 336.

6. Ausonius, alter: for the short syllable before the central caesura, cf. *Par.* 6. 10n.

7. Similar to *Prof.* 15. 11–12 both in the use of *ad* and in the conjunction of Scaurus and Probus, who are exemplars also in *Praef.* 1. 20.

8. As well as expertise in grammar and rhetoric (not often found together) Staphylius evidently had an interest in Greek and Roman history. Although the historians, especially Sallust, were commonly read (cf. *Protr.* 61–5), this speciality was rare, and elsewhere A. claims such knowledge only for the minor figures Victorius (*Prof.* 22. 14) and Urbicus and Crispus (*Prof.* 21. 26). The references to Livy and Herodotus need not imply an acquaintance with their texts; A. could mean as in *Prof.* 22. 14 just the events that they described (or even less than that). For Livy at this period see L. D. Reynolds in *Texts and Transmission* (Oxford, 1983), 207. Herodotus was offered to A.'s friend Paulus (*Ep.* 8. 32); the extent of Jerome's knowledge of him is discussed by P. Courcelle, *Les Lettres grecques en Occident de Macrobe à Cassiodore*, 68–9.

9. omnis ... quantam: close, but not exact, parallels are Ter. *Heaut.* 810 *omnes di deae quantumst*, Phorm. 853 *omnium quantumst qui vivont*, and PN *Ep.* 34. 5 *totus ipse quantus est bonitas et beatitudo est.*

10. sescentis: an indefinitely large number is meant, but the figure may not be far from the truth, if we can believe Varro's alleged claim to have written seventy times seven books by his seventy-seventh year (Gell. 3. 10. 17). Perhaps l. 9 points to the *disciplinarum libri* (nine books on the nine arts), but a greater range was available: A. says he used Varro's work on number in the *Griphus* (*praef.* 38); Augustine quotes him frequently in *De Civitate Dei*; Sidonius implies the continued existence of his works in *Ep.* 2. 9. 4 and 8. 6. 18 (*Varronem logistoricum*).

11. aurea mens: cf. *Grat. Act.* 18 and 40.

12. nec properator eras: the two *apographa* offer *nec cunctator erat nec properator erat*, but because of *tibi*, *eras* is more likely than *erat*. The Lyon edition reads *nec properante sono*, which is not elegant in this context, and less likely to represent what V had. The repetition of *eras* is weak, and weaker than the repetition in *Epit.* 7. 2 or anything in the classical elegists; cf. Ovid, *Her.* 2. 40, 4. 144, 13. 166, Prop. 2. 9. 36, 2. 16. 2.

13. pulchra senecta: cf. *Prof.* 4. 21–2.

procul ira dolusque: cf. *Epiced.* 29, *Prof.* 1. 31–2. The Lyon edition and s here read *dolus*; v gives *dol.* There is no need for Peiper's *dolorque* ('resentment'); A. often praises candour elsewhere, and the combination is matched by Verg. *A.* 1. 130 *doli ... et irae*.

14. vitae: *finis* is an intrusive gloss.

congrua meta fuit: cf. *conveniens vitae mors fuit ista tuae* (Ov. *Am.* 2. 10. 38), parodying a conventional formula.

21. *Crispus and Urbicus*, grammatici *in Latin and Greek*

Two men of lesser status, but highly praised. Both of them apparently taught both languages, with Urbicus better at Greek, Crispus at Latin. Like those who follow them, they operated in Bordeaux; they may belong to a later generation than the *grammatici* mentioned earlier.

Metrically speaking this is a virtuoso performance: two anapaestic dimeters are followed by an adonaic until l. 24, and then two elegiac couplets close the piece. The correct format was restored by Vinet after the Lyon edition had printed each adonaic together with the preceding line, giving a combination of anapaestic dimeter and anapaestic trimeter which is strange in itself and made more improbable by the hiatus between ll. 14 and 15. Vinet's numbering is used here.

1. **aevum ... futurum:** perhaps an unconscious Christianism (e.g. Tert. *Pudic.* 13. 19), used in a non-Christian way.

4. **fandique rudes:** cf. Stat. *Th.* 2. 391, *Prof.* 8. 11 *vocum rudis aut loquendi.*

8. **locis:** in his cups he could emulate well-known passages of Vergil and Horace (cf. Quint. 1. 1. 36). Most editors, excluding EW and Pastorino (in his translation), accept Heinsius' *iocis*, but it is not easy to see to what it would refer, or why these authors were chosen.

11-12. **carmen sic ἐλεγείσω:** *carmen sic* is Scaliger's correction of *camoenis.* The verb given by the Lyon edition may be explained as the future of ἐλεγείω, based on the Latin *elegea*, which A. uses at *Par.* 29. 2; there are stranger things in *Ep.* 6. But ἐλεγίζω is a possibility, and perhaps a better one than ἐλελίζω, of which only the middle voice has an appropriate sense.

14. **versa:** unusual for 'verse'; cf. Apul. *Flor.* 18 *prorsa et vorsa facundia.* The archaism *vorsa*, suggested by Schenkl, would be untypical of A.

15. **impete:** common in late Latin (especially Dracontius), as it is earlier.

16. **ut** must be read, not *et*, because of *referres*; Prete omits either word in order to accommodate *illos.* The best supplement yet offered is Peiper's *simul*; the comparison of one modern to several of the ancients is a favourite one (cf. *Prof.* 2. 5-6, *Ep.* 9b. 10-18). Schenkl's *tris* is rather plain, like Peiper's *mox*, and *rhetor* (Ellis) perhaps too frivolous.

   heroas: the prosody is unusual for A. (cf. *Ep.* 13. 38 *heroibus*, 19b. 32 *heroicorum*), but *heros* is found with the second vowel short in Prud. *Per.* 10. 52, 457. Its place immediately before *olim* is guaranteed by the regular division within each line. For the three orators from Homer, see *Ep.* 9b. 11-14 and *Grat. Act.* 19.

19. **et:** *ut* is impossible to justify; it is omitted in the translations of EW, Jasinski, and Pastorino. *ut* (16) or *ceu* (20) may be responsible.

   Plistheniden: cf. *Plisthenius* (of Menelaus' brother Agamemnon) in Ov. *Rem.* 778.

20-1. Cf. Juv. 10. 128 *torrentem*, of Demosthenes, and Hom. *Il.* 3. 222 (quoted on *Ep.* 9*b*. 13). *ceu* should be taken with *torrentis*; it softens the unusual comparison of Odysseus with a bursting stream, and eases its combination with a different metaphor.

23. dulce fluentia: my correction of *dulcia fatu* given by the Lyon edition, in which *fatu* is inelegant with *canentem*. For the phrase one may compare *et mel fluentem Nestora* (*Ep.* 9*b*. 14); for the metre, l. 16, where there may well be another double dactyl, albeit spread over different metra. Or the true reading may be *dulcifluentia*, a unique formation like Dracontius' *dulcifluus* (*DLD* 1. 166), with striking language used to rework the old theme.

26. μύθους, πλάσματα: F. H. Colson was surely right (on Quint. 1. 8. 18) to suggest the traditional threefold division of *historiae* given in Sext. Emp. *Adv. Gram.* 263-4 and used in Quint. 2. 4. 2; so μύθους should be read in preference to Scaliger's *mython plasmata*, generally adopted (La Ville de Mirmont wrote μύθων πλάσματα). Line 12 justifies the Greek here; but *historiam* is too common not to be written in Latin.

27-8. 'Both freedmen by birth, but men who would fittingly have gained birth into a family where they would be known by the names of freeborn fathers.' The Latin is highly corrupt in the Lyon edition. Its *liberi et* was rightly replaced with *liberti ambo* by Schenkl, for it yields no sense, except in Scaliger's contrived story of exposure, or with Ellis's unexpected *nasci ut non*. *doceret* must surely be replaced by *deceret*; for the general form of the observation, cf. *Caes.* 128-9 *sed qui virtute probaret*. In the following line *sic* before *nasci* (Heinsius) seems a better remedy for the metre than *nascier* (Poelman), a form not used by A., or *nancisci* (Scaliger), clumsy and unsuitable because it is not used of acquisition by birth. Finally, *ingenuis* must replace *ingeniis*, and *patribus* replace *paribus*, to give sense and to contrast with *liberti*. For *clueo* cf. Pl. *Men.* 854 *qui cluet Cycno patre*.

22. Victorius, usher or assistant

In this elaborate tribute Ausonius exaggerates out of affection for a man who was his own assistant. The job of *proscholus* (the word could be a gloss here) was a very lowly one: Augustine speaks of it as a job for the very poor (*Serm.* 178. 7). The commoner name Victorinus is given by the Lyon edition, but cannot be accommodated in l. 1 without assuming drastic dislocation.

1-2. The common *celer* and *memor* are enclosed by *studiose* and *assidue*, unique in these poems; the metrical peculiarity of *ignoratis* emphasizes the poem's leitmotif of abstruse knowledge.

3. For *opicus* as 'abstruse', cf. *Epigr.* 87. 2, *Ep.* 13. 99.

5. †**quod ius pontificum**†: these words are repeated in l. 9, where they fit more easily: here they are most unlikely. Although the priestly books were closely associated with the ancient treaties of Rome in Hor. *Ep.* 2. 1. 24–6, *foedera regum . . . pontificum libros*, Quint. 8. 2. 12 *commentarios . . . pontificum et vetustissima foedera*, here the unqualified phrase *quae foedera*, which cannot be taken with *pontificum*, is very abrupt. Something like *nam veterum regum* or *priscorum regum* would be expected before it. Brandes suggested that ll. 5–8 and 9–12 were designed as alternatives but that A. never made the choice between them—and it would not be an easy choice on grounds of content, although Schenkl and Prete believed that ll. 5–8 were meant to disappear; but both contribute to his exaggeration, the one with examples of antique history, the other with archives of early jurisprudence, and the accumulation of examples has some point.

6. It seems that the unique word *sacrifex*—Lucan uses *sacrificus* of Numa (9. 478)—was used to emphasize the obscurity of the question, unless perhaps *sacrificis* should be read. For Numa's birthplace cf. Liv. 1. 18. 1, Verg. *A.* 6. 810–11.

  In l. 6 *fuerit* and in l. 8 *ediderit* are needed for *fuerat* and *ediderat*.

7. Castor of Rhodes was a younger contemporary of Cicero; his most famous work was the *Chronica* beginning with the fall of Troy and continuing to 60 BC (Jacoby, *FGrH* 250). The title is given by the *Suda* (s.v. Κάστωρ) as χρονικὰ ἀγνοήματα; this may perhaps be reflected in *ambiguis* here, but A. may mean other kinds of uncertainty. It was superseded by the work of Eusebius, and by A.'s time was certainly obscure.

7–8. The precise meaning of *ediderit* and the identity of Rhodope are quite unclear. Castor's wife died with him according to Strabo 12. 5. 3 and the *Suda* (see also *RE* x. 2347–57); in any case, the desultory nature of A.'s examples makes it likely that *coniugis* refers to someone quite different. This time the poet seems to have chosen an example beyond the reach of modern scholarship, unless he refers to the Rhodope to whom one of the fictitious letters of Theano was addressed; see R. Hercher, *Epistolographi Graeci* (Paris, 1873), 607. A. may have known more about popular versions of Pythagoreanism than we do (cf. *Par.* 30. 6); on the other hand, nothing is said about a husband, and a φιλόσοφος is not entirely appropriate in this context.

9–11. For *ius pontificum* see *RE* x. 1286–9. *veterum . . . scita Quiritum* refers to *plebis scita*, followed in l. 10 by *senatusconsulta*; only specialists would know the details.

11. iura Zaleucus: Zaleucus was the lawgiver of Italian Locri (*RE* ix A/2. 2298–301). For the scansion cf. *Prof.* 13. 3.

12. The detail *sub Iove* is included for the sake of antithesis. According to Homer (*Il.* 15. 87–99, 20. 4, *Od.* 2. 68) and Ovid (*M.* 1. 321, 379) Themis was his contemporary, and according to Hes. *Theog.* 901 and Amm. 21. 1. 8, she was his wife. But here the idea of her as natural, eternal law prevails over the mythology. *quid* seems to be an error based on l. 10.

18. tenuis: a better emendation of *tenuiter* than Vinet's *tenui*, since he was not a full *grammaticus*, as *exili*, *fucatus*, and *libato* make clear.

19. Romae: often changed by editors (to *Cumae* by Heinsius and Peiper, to *Troiae* by Schenkl, who obelized it), but the use of *orae* can be paralleled in *Prof.* 23. 15 (inland Ilerda). Unlike other visitors from Bordeaux, he did not improve the eternal city.

21. nobilium: cf. *Prof.* 9. 5.

22. As in *Par.* 21. 7–8, A. pretends to doubt if his words can reach so far.

23. *Dynamius of Bordeaux, who taught and died in Spain*

Dynamius taught rhetoric in Spain under an assumed name; before that he was a *causidicus*. Any doubts about his right to be included are covered by their friendship.

3. crimine adulterii: cf. Juvenc. 3. 478 *crimen adulterii. saucia* leaves open the question of his guilt (cf. *Prof.* 5. 18).

4. parvula . . . Ilerda: an obscure refuge (cf. *Ep.* 21. 58–9).

9. sera voluptas: 'a late impulse'. Baehrens's *voluntas* may be correct, but the circumstances are totally unclear, and the echo of Verg. *A.* 8. 581 *mea sola et sera voluptas*, although different in sense, supports V's text.

11. tuae . . . vitae: to contrast with *morte obita* in l. 14.

14. serum: V has *verus*, which is awkward and can hardly mean 'under your real name'. *verum* is weak; *serus* (Heinsius) less apt than Peiper's *serum*. The point is not that circumstances made it later than it would otherwise have been; for similar uses in connection with death, cf. *Ephem.* 3. 56, *Epigr.* 38. 2. In *Prof.* 14. 6 *serus* refers to the order of the poems.

15–16. defunctus in oris and **pia cura** were used in the previous poem (19, 22); *maestis . . . elegis* are used at the beginning of the next one.

24. *Acilius Glabrio*, grammaticus *of Bordeaux*

Holders of this great name were probably few at this time: see M. T. W. Arnheim, *The Senatorial Aristocracy in the Later Roman Empire* (Oxford, 1972), 68–9, 107–9 for the early fifth century.

In the title the abbreviation *Iun.* is strangely misplaced between *grammatico* and *Burdigalensi*, and may well be an interpolated inference from the poem, which dwells affectionately on his tragically early death many years ago.

1. caducum: cf. Verg. *A.* 6. 481, Optat. 6. 25; used rather differently in Verg. *A.* 10. 622–3 *tempusque caduco oratur iuveni.*

**3. Cf. *Par.* 4. 3 *Arborium Aeduico ductum de stemmate nomen*, Verg. *A.* 10. 618, Ov. *F.* 6. 803, Sil. 2. 178.

4. Glabrio †Aquilini†: V's reading introduces another, unconnected, family; Heinsius' *Acilini* is a speculative form of the name. Possibly *Aciliade*. G. W. Williams suggested *Glabrio Acili, olim*, but the elisions are harsh.

The claim of the Acilii to Trojan origin is corroborated by Herodian in 2. 3. 4. Similar claims were still made: cf. *Epigr.* 26. 5–6, Jer. *Ep.* 108. 4.

5. compar mihi: 'a comrade'; A. would not be so tactless as to say that Glabrio was his equal. The dative can be paralleled in *AL* 287. 3 Riese (282. 3 Sh. B.).

discipulus gives easier Latin than Scaliger's *discipulo*, which is awkward if meant to stand for *condiscipulus* (which A. used in a similar comparison in *Prof.* 3. 1) and makes separate stages out of *puero* and *discipulo*. If A. was several years older, he could have been both a playmate and (later) a teacher of Glabrio after his years in Toulouse. See Green, *Still Waters*, 499–500.

7–8. Cf. Hor. *c.* 2. 1. 13 *maestis praesidium reis.* Like Arborius, Glabrio transferred with ease from schoolteaching to pleading in court. Agriculture is a rarer accomplishment, attributed elsewhere only to A.'s father-in-law (*Par.* 8. 7).

9–10. tam bone . . . datis: cf. *Prof.* 15. 16–17, and Hor. *c.* 3. 4. 41–2 *consilium et datis et dato gaudetis almae.*

11. This line echoes Vergil's *dolor atque decus* (*A.* 10. 507), used in *Par.* 9. 24 of A.'s wife, and his *tu decus omne tuis* (*E.* 5. 34); *mox* is 'soon afterwards'.

14. multis . . . nominibus: 'by many relations', each with his or her own name. Cf. *Par.*, *praef.* B. 1, *Prof.* 11. 6.

15–16. The repeated *acerbum* (cf. l. 11), here in striking assonance with *accipe*, and the rare *in aeternum* (cf. *Par.* 5. 12) combine with *vale* to make a poignant conclusion. *acerbum . . . vale* is most unusual; elsewhere *munus* is used before *vale* (*Par.* 7. 14, *Prof.* 12. 8). *verbum* (Brandes) would be less suitable.

25. Colophon

The word *coronis* denotes a flourish of the pen at the end of a work; it was apparently first used in Latin by Martial (10. 1. 1).

1. menide: this word, not found elsewhere, is to be explained with Vinet as a Latinization of the first word of Homer's *Iliad*, in the sense of 'beginning'. The suggestion of Turnebus that it is a counterpart of *coronis* (a moon-shaped flourish) has no ancient support: the opposite of *coronis* is simply ἀρχή in Plut. *Mor.* 334c.

libri: each series was a *liber*, or *libellus* (*Par.*, *praef.* A. 6).

5. Cf. *Epiced.*, *praef.* 7 *et ego functum oblectatione viventium onerare non debeo.*

7. otia tristia chartae: for *otia* referring to compositions, cf. Ov. *Tr.* 1. 7. 26, 2. 224, *AL* 83. 2 Riese (71. 2 Sh. B.).

9. parentat: a neat reference to the *Parentalia*, summing up both series.

26. *The Poet*

The heading *Poeta* is strange: this is not of course the poet's own intended epitaph, and it may have been written by a scribe who thought that this apparently separate poem needed its own title. In fact the following lines may be part of the *Coronis*, making a typical polymetric poem. The surprising choice of subjects—history, jurisprudence, medicine, philosophy—is perhaps intended to complement *Prof.* 25. 3.

3. historia: mentioned only in *Prof.* 20. 8, 21. 26.

4. forumve: especially those named in *Prof.* 23, 24, *Par.* 3 (Arborius).

5. medicae . . . artes: V's genitive *artis* would have to be taken with *dogma* (cf. *AL* 159. 2 Riese (148. 2 Sh. B.) *dogma salutiferum*), which would be awkward. The equally common plural should be read.

> **dogma . . . Platonicum:** cf. *dogmata Socratus* in Paul. Pell. *Euch.* 73. Philosophy appears only in *Prof.* 15. 11; perhaps A. has in mind a recent accession of expertise, if only the teacher of Paulinus of Pella.

7. functis: *cunctis* gives no sense and was obviously generated by *cura*.

11. Alliteration dignifies his *requiescant in pace*; so too does *immotus*, replacing the frequent *placidus* or *quietus*.

13–14. The final picture is one of hope which goes beyond his earlier conceptions of the dead. It is not necessary to see here Christian ideas of resurrection and judgement; the use of *saeculum* and the sentiment of l. 14 are certainly not Christian. In that line V's *cum dis* can be illustrated by Cic. *TD* 1. 76, but this reading is difficult because of the preceding *dei* and foreign to A.'s outlook elsewhere; Baehrens's *cunctis*, though it strikes an appropriately optimistic note, is hard to parallel outside the speculative theology of Origen. In any case, a reunion of professors alone would be more apt.

XII. EPITAPHS OF HEROES WHO TOOK PART IN THE TROJAN WAR

In V, the only manuscript to preserve them, the twenty-six epitaphs printed here are immediately followed by several miscellaneous epitaphs, some of which are also to be found among the collection of epigrams in Z; since these are not *epitaphia heroum qui Troico bello interfuerunt* (*praef.* 4–5) they are included among the epigrams in this edition.

In his preface Ausonius tells us that he considered it appropriate to complete the *Epitaphia* and append them to the *Parentalia* and *Professores* because of their general similarity. They may have been started much earlier; there is the same devotion to the challenge of translating Greek poems that gave rise to many of his epigrams, which are relatively early and may date from the time when he was learning Greek, after his schooldays were over (*Prof.* 8. 12). It is likely that he made use of the so-called *Peplos* ascribed to Aristotle (V. Rose, *Aristotelis Fragmenta* (Leipzig, 1886), 397–407; Th. Bergk, *Poetae Lyrici Graeci*, ii. 338–59), or a very similar collection: thirteen of the heroes commemorated there appear in Ausonius, and three of his poems (2, 3, 11) are particularly close. But since others suggest a Greek model not extant (10, 12, 20), and some are based entirely on Latin sources, it would be rash to think of the *Peplos* as the source of the whole series. It looks as if Ausonius in his preface has greatly over-simplified his procedure; perhaps his memory failed him. The *philologus* in whose writings he found his starting-point is often identified with Porphyry, who is known from Eustathius (on Hom. *Il.* 2. 557; van der Valk, p. 439. 25–30) to have introduced some of these poems into his commentaries on Homer. If that is correct, Ausonius may have been reluctant to name the anti-Christian writer; or perhaps he simply saw no need to cite his source, whoever it was, by name, or was unable to recall it.

At the end of the short preface Ausonius describes how he treated his models. Although the text and its meaning are not entirely clear, he seems to be saying that he did not follow their order from beginning to end but sought to present a unified whole. He may in fact have opted for a collection of twenty-four items, to match the contents of the Homeric epics, with twelve poems on each side; but there are poems on thirteen Trojans, including Astyanax, Hecuba, and Polyxena, who are not exactly heroes. As in the *Parentalia*, the arrangement of the series is imperfect, but probably for a different reason; in his old age he may have overlooked the fact that this much earlier draft lacked the *summa manus*. As in many of the *Epigrams*, he has chosen to be an independent translator, expanding the original and sometimes preferring the hexameter to the elegiac couplets of his model. His own contribution is very clear in various moralizing touches, in his playing with names, and in the numerous echoes of Latin writers, which are especially frequent in the poems on Trojan heroes. Vergil is most prominent; the influence of Seneca, sporadic elsewhere, is also conspicuous in various places, as shown by E. Fantham, *Seneca's Troades* (Princeton, 1982).

Five of the poems are translated by P. Murray in *Arion*, 2/4 (1963), 62.

Preface

1. **vel vanum opusculum:** cf. *Technop.* 2. 5 *rem vanam quippe curavi*; here the epithet distinguishes these poems from *Par.* and *Prof.* The use of *vel* is typical; cf. *Griph., praef.* 42, and also Cic. *De Or.* 2. 119 *ingeni vel mediocris*, followed by adversative *autem*. The meaning here is something like 'admittedly'.

3. **vel peregrini ⟨Burdigalensesve Burdigalae vel⟩ Burdigalenses peregre:** V's text is clearly inadequate here, and Vinet's supplement would apply

to only a few of the *Professores*. I have adopted Mommsen's emendation, reported by Schenkl; it seems that the copyist's eye passed from one *Burdigalenses* to the other. For *-ve* within a phrase introduced by *vel*, cf. Cic. *Top.* 86 *ad motum animi vel gignendum vel sedandum planeve tollendum.* The supplement *Burdigalae vel Burdigalenses Burdigalae vel* would also fit the facts, but would be clumsy, and harder to justify.

4. The words *scilicet titulos sepulchrales* were rightly exposed as a gloss by Vinet. A. does not use *scilicet* in this way, and no explanation of the word *epitaphia* is needed.

5. **quae antiqua:** for the position of the epithet cf. *Prof.* 13. 5 *carminibus quae prima . . .* and *Ep.* 3. 19 *quae Burdigalensia nomen. . . .*

5–6. **philologum:** the word is used of scholars in general in *Ep.* 5a. 15, and perhaps of the *grammatici* in *Prof.* 10 (title). It is not certain who is referred to: see introduction.

7. ⟨**necessitati**⟩: this is more suitable than *studio*, which Peiper tentatively offered for the lacuna he diagnosed. Brakman suggested *legi*, but it is not clear why the process of following the whole series should be so described. Scaliger's emendation *ordini*, with or without a supplement (such as Prete's *operis*) gives difficult Latin. The suggestion of F. Walter (*Philol.* 80 (1925), 439–40) that A. wrote *persequenti* (referring to his source) and meant *ordinis* as accusative plural is quite implausible.

7–8. **cohaererent libere nec aberrarent:** V's *cohererem* is impossible, and Peiper's *cohercerem libere* a most unlikely phrase, which could not mean 'paraphrase freely' (EW). The endings of both verbs, it seems, were assimilated to *inservirem*. *libere* remains a difficulty, since it does not mean 'loosely'; *libro* or *libello* ('as a book') would be difficult, but the solution may be *serie*, *sibi*, or even *inter se*.

7. **nec:** *neve* would improve the rhythm, but *neu* in *Mos.* 428 is the only parallel in A.

1. *Agamemnon*

This poem is quite unlike his epitaph in *Peplos* 1.

1. **Rex regum:** a favourite phrase of Seneca (*Agam.*, 39, 291, *Thy.* 912); it is also used by Cic. *Fam.* 9. 14. 2 (Agamemnon) and Man. 2. 2 (Priam).
4. **Clytemestra:** the prosody is typically lax.

2. *Menelaus*

Very close to *Peplos* 3:

> Ὄλβιος ὦ Μενέλαε, σύ τ' ἀθάνατος καὶ ἀγήρως
> ἐν μακάρων νήσοις, γαμβρὲ Διὸς μεγάλου.

A. uses most of this, but expands it and adds details from the prophecy in Hom.
Od. 4. 561–9.

1. After a very similar beginning A. adds a phrase of his own and in the next
line turns to Homer, from whom he derives *decretum* (cf. *Od.* 4. 561
θέσφατον) and *Elysium* (*Od.* 4. 563).

3. Menelaus' relationship to Zeus, mentioned both in the *Odyssey* (4. 569) and
in the Greek epigram, is treated in the manner of *Epigr.* 61. 4, but without
frivolity.

5–6. With typical assonance and antithesis this couplet develops the two
adjectives in the second half of l. 1 of his model.

3. *Ajax*

Peplos 7 (= *AP* 7. 145, Asclepiades 29 in Gow–Page, *HE*) is the starting point:

> Ἅδ' ἐγὼ ἁ τλάμων Ἀρετὰ παρὰ τῷδε κάθημαι
> Αἴαντος τύμβῳ κειραμένα πλοκάμους,
> θυμὸν ἄχει μεγάλῳ βεβλημένα, εἰ παρ' Ἀχαιοῖς
> ἁ δολόφρων Ἀπάτα κρέσσον ἐμοῦ δύναται.

In the second half of his version A. turns to the *armorum iudicium* (Ov. *M.* 13. 1–
398), to which his original only alludes.

3–4. **quod pravus Atrides ...**: by leaving the decision to the assembly of
Greek leaders (Ov. *M.* 12. 625–7). But since Ajax does not single out
Agamemnon for blame there, A. may have a different source; this is probably
not Sophocles, where Ajax rages against the Atreidae (*Ajax* 445–9).

4. **instructis ... insidiis:** cf. Cat. 21. 7. There is no need to substitute the
commoner *struo* (Ov. *M.* 1. 198, Stat. *Th.* 2. 501–2).

5–6. For the use of this motif, cf. *Cup.* 12 and Ov. *M.* 13. 394–5 *purpureum ...*
florem.

4. *Achilles*

The *Peplos* is not used here.

1–2. **ossa teguntur litore Sigeo:** in some versions (including that of Hom.
Od. 24. 35–84) he was buried near the Hellespont, in others on the island of
Leuce in the Euxine (*RE* i. 240).

2. **crinem Larisa cremavit:** nothing is known about the burning of his hair at
Larissa, or in Thessaly generally (for the place-name cf. Verg. *A.* 2. 197
Larisaeus Achilles), and the idea is a strange one. It is not explained by any-
thing in *RE* s.v. Haaropfer (vii. 2105–9) or in R. Sommer, *Das Haar in Religion*

und Aberglauben der Griechen (Münster, 1912); for a summary of Greek practice see Pease on Verg. *A.* 4. 698 (another unusual rite). Hair was cut and dedicated on reaching manhood; Achilles would have done this had he not gone to Troy and given it to be cremated with the body of Patroclus (Hom. *Il.* 23. 144–53). It is regularly shorn by mourners in Homer; and it is left on the tomb or sometimes (Eur. *IT* 821) given as a memorial by one who expects to die. It is hard to see how A. could have misunderstood normal Greek usage, and he or his source may be describing an actual rite or tradition, as suggested by R. Ellis in *J. Ph.* 17 (1888), 128–32. Since the hair is regarded as a substitute for the person, such ritual burning is quite credible. Other celebrations of Achilles' death are collected in *RE* i. 222–4; Thessalian obsequies for Achilles take a very different form in Philostr. *Heroicus* 53.

3–4. Much of these two lines is unclear; the damage is apparently due to a combination of careless erasure and degeneration of the parchment. Unless perhaps the passage is examined with ultra-violet light, not available to me in Leiden, it may prove impossible to improve on Schenkl's readings. It is possible that the root of the trouble was confusion between *tumulis* in *Epit.* 4 and *tumulo* in *Epit.* 5; Schenkl's reading of l. 4 is not incompatible with *omnia nosse volens* (*Epit.* 5. 2). Line 3 might then have been affected by the erasure of l. 4. There is little point in recording or suggesting supplements, though EW as usual sees that as part of his task.

pars tumulis . . . et classe . . . : this much is clear, but the final letter of *tumulis* may belong to the following word. *classe* no doubt began the fifth foot: A. may have referred here to Achilles' funeral by the ships (Hom. *Od.* 24. 43). My reading of the remainder is close to Schenkl's, but like him I have failed to make sense of it.

4. orbe sed in toto . . . : the first half of the line, which recalls Ov. *M.* 12. 617, is not in doubt, but to me the remainder was even less legible than it was to Schenkl, who again was baffled. The apparent absence of downstrokes, at least until the end of the line, rules out Heinsius' supplement but not necessarily Vinet's *Homerus*.

5. *Ulysses*

V's heading, probably to be expanded as *versus Ulixis epitaphio additus* or *addendus*, must have been written by a scribe who thought he was *adding* material about Ulysses. If the epitaphs of Achilles and Ulysses were confused as suggested above, he may have written this heading when he realized that this was a separate poem; if so, the heading was overlooked when *Epit.* 4 was corrected.

The epitaph is remarkably brief. Ulysses is portrayed in a poor light elsewhere (*Epit.* 3 and 12. 4), and the dismissive technique of l. 2 recalls the treatment of Nero in *Caes.* 69. Since Ausonius commends Ulysses elsewhere, at least for his oratory, this detail may be taken from his source, which is not *Peplos* 12.

2. Odyssian: one might compare *Protr.* 46 (a hexameter) *Iliados et* for the lengthening of the final syllable of a Greek word; but since that is not unlike other examples in A. (cf. *Par.* 6. 10n.), we may have here a false quantity or an error in inflection, as perhaps in *Cup.* 24 (*Leucate*).

6. *Diomedes*

The treatment has nothing in common with *Peplos* 14; the influence of Latin authors is notable.

1. genitore bono melior Diomedes: cf. Hor. *c.* 1. 15. 28 *Tydides melior patre*, with Nisbet–Hubbard ad loc., and Hom. *Il.* 14. 113.
2. crimen ob uxoris: for the unfaithfulness of Aegialeia, see Serv. on *A.* 11. 269 and schol. Hom. *Il.* 5. 412.
    dotalibus Argis: cf. Stat. *Th.* 2. 112 *dotalesque Argi*; Tydeus married the daughter of Adrastus.
3. Argyripam ... Argos: cf. Verg. *A.* 11. 246 *urbem Argyripam* and 250 *Arpos*, two names for the same place (Strabo 6. 3. 9, Serv. ad loc.).
4. sede vetusta: cf. *Epigr.* 78. 3. *vetustae* (Heinsius) might be correct, but A. may well have preferred the assonance with *nova*.

7. *Antilochus*

Peplos 11 also emphasizes his virtue in rescuing his father; but there is no similarity of expression, and more than a hint of padding in Ausonius' version.

1. This combination is not rare in panegyric: see E. R. Curtius, *European Literature and the Latin Middle Ages*, 170–3. A. applies it to Gratian in *Prec.* 1. 5 *bellandi fandique potens*.
3-4. The story is told in Pind. *Pyth.* 6. 28–42, and Quint. Sm. 2. 244–66; cf. Hom. *Od.* 3. 111–12. His *pietas* is also noted in Xen. *Cyn.* 1. 14.
5. For the theme, cf. *Par.* 11. 15–16.
6. perfida: cf. Verg. *A.* 5. 811 *periurae ... Troiae* and *G.* 1. 502, *A.* 4. 542. A. may be thinking of Nestor's advice in general, or perhaps his part in setting up the raid which resulted in the capture of Rhesus' horses (Hom. *Il.* 10. 203–17).

8. *Nestor*

This poem is very different from the couplets in the *Peplos* (9 and 10) and from *AP* 7. 144.

1. **quarti iam prodigus aevi:** elsewhere A. allots him three generations (see on *Griph.* 11); here he is well into a fourth. The use of *prodigus* here is different from that in such passages as Hor. *c.* 1. 12. 37–8 (see Nisbet–Hubbard ad loc.), since Nestor has not sacrificed his life or lives. Together with the unexpected present tense of *vivo* in l. 4, this suggests that A. is taking the common notion of the dead speaking from the tomb one step further and presenting Nestor as in some sense still alive within his tomb, in contrast to Antilochus, whose death he laments (*peremptus* 3; for *eheu* of the mourner, cf. *Par.* 17. 11). The present tense *placet* in 5 may also be significant, and it would be no problem to supply first *sit* and then *fuerit* in 6 (cf. *Par.* 2. 8, *Prof.* 3. 13).

9. *Pyrrhus*

Not in the *Peplos*.

1. **orbe tegor medio:** he was killed at Delphi, the centre of the world (Ov. *M.* 15. 630–1 *mediamque tenentis orbis humum Delphos adeunt*); for a discussion of the circumstances see *RE* xv. 2458–9.

   maior virtute paterna: he is warmly praised by Odysseus to his father in Hom. *Od.* 11. 510–37, and the comparison is evoked in Verg. *A.* 2. 549 in his reply to Priam just before he kills him. The impression of boastfulness is increased by *puer* in the next line and the claim that he could be killed only by a madman and a deceiver.
2. **regis opima:** cf. Sen. *Herc.* 48 *et opima victi regis ad superos refert*, and *Technop.* 10. 15 (on Roman history).
3. Cf. Verg. *A.* 3. 330–2 *ast illum ereptae magno flammatus amore coniugis et scelerum furiis agitatus Orestes excipit incautum patriasque obtruncat ad aras*; A. omits the difficult *patrias* in l. 332 (see R. D. Williams ad loc.). *fraude* corresponds to *incautum*. He has the audacity to complain that he died like his own victim Priam.

10. *Euryalus*

This poem does not resemble the distich in the *Peplos* (35) on 'Sthenelus and Euryalus, who lie in Argos'. It is hardly an original composition, and must derive from a Greek poem designed to give prominence to Euryalus, the least well known of the three warriors who left Argos for Troy together (Hom. *Il.* 2. 559–68).

For Diomedes and Sthenelus cf. Hom. *Il.* 4. 405–18, Hor. *c.* 1. 15. 24, Stat. *Ach.* 1. 469, Hyg. *Fab.* 175; for Sthenelus and Euryalus cf. Eur. *IA* 244–7.

1. **Pleuronia:** Argos or part of the Argolid, according to Jasinski (with no confirmatory evidence), but in spite of the difficulties involved it is more likely to be Pleuron, for which cf. Ov. *M.* 7. 382, Stat. *Th.* 2. 727 (the origin of Tydeus), Sen. *Tro.* 827.

3. **et Sthenelo Euryalum:** this is Schenkl's correction of V's *eurialo et stheneulo*, which reads rather like a garbled heading and is incompatible with the use of the first person (a problem which EW's *quae* in l. 2 does not solve). The postponement of *Euryalum*, in apposition with *me*, is difficult; it would be no easier to read *Euryalus nam tertius*, because the name is not usually left until the last sentence.

3–4. **hoc . . . regnum:** this story is not known from elsewhere. According to Hyg. *Fab.* 175 Diomedes was accompanied by Sthenelus on an expedition to Aetolia to restore his father to the throne; Sthenelus could have succeeded (but Pleuron is not among the various locations of his tomb, for which see *RE* iiiA. 2473), to be followed in due course by Euryalus. According to Apollodorus (1. 8. 5), citing the *Alcmaeonis*, the victims of Tydeus at Calydon included Euryalus and Sthenelaus; this can have no bearing on A.'s version except to show that the names were associated with the area.

11. *Guneus*

This obscure hero is mentioned in Hom. *Il.* 2. 748 and Eur. *IA* 278–9, and is commemorated in Peplos 32 in the following words:

> Σῆμα τὸ μὲν Γουνῆος ὁρᾷς, ψυχὴ δὲ θανόντος
> ἀέρ᾽ ἐς ὑγρὸν ἔβη, σῶμα δὲ πόντος ἔχει.

The lively development in the second couplet is probably due to Ausonius himself.

1. **Gunea pontus habet:** perhaps in some version he was drowned at Caphaereus with other returning Greeks (cf. U. von Wilamowitz-Moellendorff in *Hermes*, 30 (1895), 196); but according to Apollod. *Epit.* 6. 15 he was not, and Lycophron places the shipwreck after his arrival at Libya (*Alexandra* 897–8).
   sine corpore nomen: cf. Verg. *A.* 2. 558 *sine nomine corpus*.

3. **commune sepulchrum:** cf. Lucr. 5. 259 (in this position), and Cat. 68. 89.

4. **ora virum:** cf. Enn. ap. Cic. *TD* 1. 15. 34, and *Mos.* 476.

12. *Protesilaus*

There is nothing similar in *Peplos* 49. The discussion of the name is typical

(*Par.* 11. 5–8, *Epigr.* 21, *Ep.* 9*b*. 44–52), but the detail about Ulysses is unlikely to be his invention (see below).

1. **Fatale ... nomen:** in Hom. *Il.* 2. 698–702 and elsewhere the name is connected with the words πρῶτος and λαός, not with σαλεύω or the Latin *salio* (T. Mantero, in *Mythos: Scripta in honorem M. Untersteiner* (Genoa, 1970), 189–90 n. 12.

3. **Sigeia:** for the form and scansion cf. Ov. *M.* 13. 3 (with *litora*).

4. **pellacis:** cf. Verg. *A.* 2. 90 *pellacis Ulixi*; *Technop.* 11. 4 *pellax Geta.*

   Laertiadae: the first syllable may be taken as a diphthong, like *Phaethon* in Man. 1. 736, and the word should not be spelt *Lartiadae*, a form found only in Republican Latin (Pl. *Bacch.* 946, *Inc. trag.* 90, Cic. *Att.* 7. 1. 9, Quint. 6. 3. 96 quoting from Cicero).

5–6. For this story, which occurs nowhere else in ancient authors, see T. Montero in the article cited above and *GIF* 26 (1974), 181–6, where hints of it are detected in Philostr., *Heroicus* 12, Ov. *Her.* 13. 94, *Tr.* 5. 14. 39–40. It seems to be referred to also by Symmachus in *Or.* 2. 8 *aiunt heroas ad Troiam classe delatos ignoti litoris timuisse contactum, donec formidata responsa vel strenuus temeritate iniret vel fraude versutus eluderet.* This was delivered when A. was in Trier; Symmachus may well have brought the story to his notice, or vice versa.

13. *Deiphobus*

The first of the Trojans in this collection. His epitaph is based on the account in Verg. *A.* 6. 494–534. Line 1 recalls *scelus exitiale Lacaenae* (6. 511), and l. 3 *voce vocavi* (505) as well as the cenotaph of 505–6.

14. *Hector*

The Trojan leader receives but a single couplet; this is in no way disparaging, but rather an attempt to emulate the many epigrammatic treatments of the theme that existed: see Housman on Man. 2. 3. He may have known *AP* 7. 138–9 (Aceratus 1 in Page, *FGE*) which begins Ἕκτορι μὲν Τροίη συγκάτθανεν, as well as various Latin versions, including Sen. *Tro.* 128–9 *summusque dies Hectoris idem patriaeque fuit.*

15. *Astyanax*

Echoes of Latin authors are particularly prominent in these five hexameter lines.

1. **Flos Asiae:** cf. Juv. 5. 56.

2. **de patre:** because of his father's name and might. Peiper and Fantham cite Sen. *Tro.* 767 *o Danaum timor.*

3. **Scaeis:** for the ellipse of *portis*, cf. Prop. 3. 9. 39 *Scaeas et Pergama Apollinis arces.*

4. **Iliaci, Neptunia moenia, muri:** cf. Prop. 3. 9. 41 *moenia . . . Neptunia* and, for the figure, *Mos.* 70.

4-5. A combination of Sen. *Tro.* 784 *flebilius aliquid Hectoris magni nece muri videbunt* and Stat. *Ach.* 1. 6 *Hectore tracto.*

16. *Sarpedon*

This is based not on *Peplos* 58 but on Hom. *Il.* 16. 439–507; it takes *Lycius* from Ov. *M.* 13. 255 and *genitus Iove* from Verg. *A.* 10. 471 *Sarpedon, mea progenies* (spoken by Jupiter).

3. **ferrea fata:** used later by Prud. *Symm.* 2. 463.
   sanguineis . . . lacrimis: Hom. *Il.* 16. 459.

17. *Nastes and Amphimachus*

The couplet is little more than a translation of a line from Homer (*Il.* 2. 871 Νάστης Ἀμφίμαχός τε, Νομίονος ἀγλαὰ τέκνα) and a hemistich from Horace (*c.* 4. 7. 16).

18. *Troilus*

This epitaph is assembled from different passages of Vergil, but given an original ending.

1. **nec dis nec viribus aequis:** the words come from Verg. *A.* 5. 809 (of Aeneas): *Pelidae tunc ego forti congressum Aenean nec dis nec viribus aequis nube cava rapui,* rather than the description of Troilus in *A.* 1. 475 *infelix puer atque impar congressus Achilli.*

2. **saevo:** this word is not certain; only the last letter is legible in V. This makes a narrative verb unlikely, but *iaceo* is possible.

3. **raptatus bigis:** cf. Verg. *A.* 2. 272 (of Hector).

19. *Polydorus*

Again the epitaph is virtually a pastiche of Vergil.

1. **myrtumque istam fuge:** cf. Verg. *A.* 3. 23 *myrtus* and 44 *fuge.*
   nescius hospes: a general formula (Lattimore 230–4), but also one which evokes Aeneas.

2–3. Cf. Verg. *A.* 3. 45–6 *nam Polydorus ego. hic confixum ferrea texit telorum seges et iaculis increvit acutis.* Phrases from these two lines are used in various ways.

4. bis: cf. Verg. *A.* 3. 67–8 (the second burial).

5. scit . . . quod: for the construction, see on *Par.* 4. 31.

6. Troia cura: V's *troiaque* is improbable because of the sharp antithesis; *Troia* is a likelier remedy than *Troica* (cf. *Epit.* 20. 1, which resembles Cat. 65. 7), notwithstanding *Praef.* 1. 21.

20. *Euphemus*

Also described as leader of the Cicones in Hom. *Il.* 2. 846–7. The detail of his burial, which is central to this poem, is not known from elsewhere; Ausonius may be rendering a lost Greek epigram.

2. hastati: cf. Stat. *Th.* 2. 718 (of Bellona).

21. *Hippothous and Pylaeus*

Leaders of the Pelasgi, these are known from Hom. *Il.* 2. 842, and may have been included in the *Peplos.* On *Od.* 11. 538 (p. 1698) Eustathius cites the following: νώτῳ μὲν μαλάχην καὶ ἀσφόδελον πολύριζον, κόλπῳ δὲ τὸν δεῖνα ἔχω. It was suggested by Curtius (*CIG* iv. 8429) that Eustathius derived this epigram (like others) from Porphyry, who as already mentioned quoted from the *Peplos* in his Homeric commentaries. Following Ausonius, he reconstructed the pentameter as κόλπῳ δ᾽ Ἱππόθοόν τ᾽ ἠδὲ Πύλαιον ἔχω. The formula will in fact have been a standard one; it is applied to Oedipus on vases from Magna Graecia (Louvre CA 308, Naples 2868: see A. D. Trendall, *The Red-Figured Vases of Lucania, Campania, and Sicily* (Oxford, 1967), i. 110 and 114, nos. 572 and 592), datable to the early fourth century BC, where the second line is κόλπῳ δ᾽ Οἰδιπόδαν Λαΐου υἱὸν ἔχω.

3. cineres . . . quietos: cf. *Par.* 5. 11–12 *tranquillos aviae cineres praestate, quieti aeternum manes.*

4. molle holus: cf. Mart. 3. 89. 1 *mollibus . . . malvis.*

22. *Ennomus and Chromius*

Ennomus and Chromis are introduced in Hom. *Il.* 2. 858, as leaders of the Mysians, and the poet foretells the former's death. Various Chromii die in the course of the *Iliad* (5. 159–65, 677, 8. 275), but our man must be the Chromius who accompanies Ennomus (again οἰωνιστής) and Hector in *Il.* 17. 218. How or when they died we are not told.

2. The genealogy is a surprising one. Alcinous seems to be confused with Arsinous, who is attested in Apollod. *Epitome* 3. 35; cf. *Ilias Latina* 246 *Arsinooque sati Chromiusque atque Ennomus*, where the name was restored by Vollmer. Oceanus is apparently seen as ancestor of Poseidon (perhaps on the analogy of Pontus, father of Nereus), who according to Hom. *Od.* 7. 66 was Alcinous' grandfather. For other genealogies, cf. *RE* i. 1544–7.

For the short syllable at the caesura, cf. *Par.* 6. 10.

23. *Priam*

According to Vergil (*A.* 2. 557–8), Priam's decapitated body was left on the shore; nothing is said about burial. Ausonius must be using or inventing a sequel to the story; according to ll. 1–2 (*ista sede*) a cenotaph was made, but Priam in fact found refuge in his son Hector's tomb. *AP* 7. 136 (Antipater 55 in Gow–Page, *GP*) is not close.

2. deripuere: so Wakefield and Baehrens for *diripuere*; cf. Verg. *A.* 10. 414 *dextram . . . deripit.*

3. lacerum sine nomine funus: cf. Verg. *A.* 2. 558 *sine nomine corpus*, already used in *Epit.* 11. 1, and *A.* 9. 491 *funus lacerum tellus habet?*

5–6. This couplet develops the point already used in Hector's epitaph (*Epit.* 14) that all Troy is there.

24. *Priam*

It is unlikely that Ausonius meant both poems to stand in the final version; this one seems to be a refinement of the other. Priam has no tomb, except Hector's; that is his tomb, since all Troy is buried there.

Peiper made the second couplet of this poem into a separate epigram on Hector, emending *patris* in l. 3 to *patriae*. Each couplet might form a not unworthy epigram, but there is no problem in seeing the four lines as one poem. Peiper does not explain why an epigram on Hector should have stood here.

25. *Hecuba*

Priam's wife is hardly a *heros*, but closely connected with the saga; the poem was surely intended to follow the epitaphs of the other Trojans.

1. Dymante: cf. Hom. *Il.* 16. 717–18, Ov. *M.* 11. 761, 13. 620. In Eur. *Hec.* 3, Verg. *A.* 7. 320, 10. 705 her father is Cisseus.

3. For the story see Ov. *M.* 13. 565–71, where she is stoned by Thracians and reacts like a dog; she is stoned by Greeks (presumably the army) according to schol. Eur. *Hec.* 1261.

iniectis perii super obruta saxis: cf. Prop. 4. 4. 91 *ingestis comitum super obruit armis* (of Tarpeia).

5. **fidite ne regnis:** cf. Sen. *Tro.* 1 *quicumque regno fidit.*

   et stirpe parentum: Verg. *A.* 3. 94.

6. **σῆμα κυνὸς:** Eur. *Hec.* 1273 κυνὸς ταλαίνης σῆμα, ναυτίλοις τέκμαρ. The landmark was still known (Amm. 22. 8. 4).

26. Polyxena

In this epigram Polyxena, Priam's daughter sacrificed to Achilles, is portrayed as an unwilling victim; this version, which is not that of Euripides (*Hec.* 342–78), is shared with Sen. *Tro.* 1157–9 (see Fantham ad loc.). There are sexual overtones to *violare* (cf. Hyg. *Fab.* 110 for the story that Achilles loved her), and her point is that she suffers a fate far worse than mere burial.

XIII. THE EPIGRAMS

For Ausonius' epigrams we are heavily dependent on Z; V contains less than a quarter of them. The present collection follows Z very closely. It includes certain poems which earlier editors, with V, inappropriately added to the epitaphs of those who were present at Troy; and like Schenkl's edition it presents the epigrams in the order in which they appear in Z, with six exceptions, duly noted in the commentary, where pairs or short sequences of poems seem to have been split up. I have admitted the poems on Polygiton and Silvius, which are in Z, but not among its epigrams; not, however, *de temporibus anni* (*Ecl.* 11) and *In Notarium* (*Ephem.* 7), which are adjacent to these two. The reader will find elsewhere *Phoebe potens . . . (Prec.* 1), which some have taken to be the first poem in Z's series; the poem *si tineas . . . (Praef.* 1. 5), which has a dubious claim to be an introduction to the epigrams; and the poems which originally accompanied the *Fasti* and stand near the beginning of the epigrams in Z. The six poems found in V and not in Z have been placed in appropriate positions (7, 38, 55, 58, 80, 81). Various other epigrams included in earlier editions and in the appendices of later ones can be found in Appendix A. 4, with the exception of those now known as *Epigrammata Bobiensia* and attributed to Naucellius or others; see F. Munari, *Epigrammata Bobiensia* (Rome, 1955), W. Speyer, *Naucellius und sein Kreis* (Munich, 1959), and W. Schmid's long review of Speyer in *Gnomon*, 32 (1960), 340–60. This appendix also includes four poems recently claimed for Ausonius.

Z's collection reveals some traces of systematic arrangement. After the truncated introduction there is a series of poems in praise of *Augusti*, and later there are closely knit series on Rufus the *grammaticus*, Eunus the *ligurritor*, and Myron's *bucula*. There are also more loosely connected collections of poems about mythological figures, and a gathering of Greek poems. Certain themes, such as the statue of *Liber Pantheus* or the *dodra*, gave rise to two or three poems. It is not unreasonable to see some less formal groupings too; so, for example, 16 and 17 are linked with 15 by the motif of running, and 27–9 to 26 by the theme of embroidery. But while such links often explain the immediate order, they do not add up to an overall structure, nor do they necessarily represent the author's own ideas. When Seeck (*GGA* 1887, 513–14) found evidence of 'meist dichterische Absicht' he was trying to prove a point about Z; but the drastic separation of a few poems from other, very similar, ones is surely the result of accident rather than design, especially since it occurs so sporadically. It was fanciful of him to see a link between the philosophy of the 'happy man' in 8 and the lesson of Agathocles (9), or to imagine that Anicia achieved so much before her early death (13) because she seized her opportunities (cf. 12). No doubt she just did what she was told.

After the poems on the military exploits of the *Augusti* chronological indications are sparse. Sabina, who is mentioned in a few epigrams, died before 350, and it is likely that one of these (19) refers to Ausonius' practice of adapting Greek epigrams. Perhaps one should see all his poems based on Greek models—these need not include the ones which resemble epigrams of Palladas (50, 52)—as relatively early works, in which Ausonius developed a skill not acquired during his formal education (*Prof.* 8. 12). The whole collection could have been put together during his time at court. This would explain the prominence enjoyed by the *Augusti* in the collection; but of course it is always possible that they might have been considered an appropriate opening even if the collection was assembled by Ausonius or someone else much later.

With some striking exceptions, such as the personal poems, the topics of this collection are familiar ones. There are numerous ἐκφράσεις and epitaphs; there are several poems on the dilemmas of love or bizarre sexual habits, and occasional moralizing poems; there are various kinds of *Spottepigramme* (see H. Szelest in *Eos*, 64 (1976), 33–42), some of them perhaps directed at real people. Almost a quarter of the poems are more or less closely modelled on Greek epigrams (including one or two whose models are no longer extant), and this feature of his work has attracted most attention. Besides the pioneering work of F. Stahl, *De Ausonianis studiis poetarum Graecorum* (Diss. Kiel, 1886), there are brief but useful studies by F. Munari (*SIFC*, NS 27–8 (1956), 308–14), D. L. Page (*The Epigrams of Rufinus* (Cambridge, 1978), 19–21), and M. Lausberg (*Das Einzeldistichon: Studien zum antiken Epigramm* (Munich, 1982), 468–9), and a longer, but by no means complete, one by F. Benedetti, *La tecnica del 'vertere' negli epigrammi di Ausonio* (Florence, 1980), which should be read together with the comments of A. Traina in *RFIC* 110 (1982), 111–15. There is also a valuable study of Ausonius' technique by M. Lossau in *Maia*, NS 41 (1989), 125–42, based on *Epigr.* 62. Sometimes Ausonius exploits an old theme in a new way; where a direct comparison can be made, he is generally less concise than his models, but some of his versions are very lively, especially those in dialogue form. His own Greek writing (a dozen lines or so) is competent but unambitious; he seems to hazard a pun in 34, and its obscurity may not be his fault.

The influence of Martial is less conspicuous than that of Greek epigrammatists. As in other works, there are frequent similarities of theme, word, and phrase, but for the most part Ausonius does not imitate or emulate him. Sometimes we find a name from Martial (Castor, Philomusus) integrated closely with a novel theme; Eunus becomes a character instead of a mere name; and a very different poem is built upon the motto *Marce, ut ameris, ama* (102). In its metrical variety his collection bears a superficial resemblance to a book of Martial, but it is probable that Ausonius followed his own imaginative inclinations in matters of metre, as well as the tendency of his age towards hexameters. He does not match Martial for sustained vivacity; his work is more notable for the occasional surprise. In general his claims to distinctiveness are the occasional references to his own household (rightly stressed in Munari's brief survey of late-antique Latin epigrammatists, *Philol.* 102 (1958), 127–39), his mixtures of Greek and Latin, the incorporation of themes and phrases from a wide range of Latin authors, and various types of ambiguity, ingenuity, and wit.

This edition of the epigrams begins with a transposition and ends with an obelos, but elsewhere the transmitted text seems in generally better shape. In Z there is a tendency to run poems together, and on two occasions I have felt it necessary to separate poems hitherto printed as one. (The evidential value of headings in these matters is nil: the occasional title may be Ausonian, but most are certainly later, and so they do not appear in my text.) There are various divergences between Z and V in the twenty-two poems that they both provide, but few between Z and E, which has nineteen epigrams (none of them shared with V alone). B has the opening epigram, and is in fact the only witness to the first five lines; G has *Epigr.* 76. A few poems also circulated separately (9, 54–6, 76). The influence of the collection may be traced with the help of G. Bernt, *Das lateinische Epigramm im Übergang von der Spätantike zum frühen Mittelalter* (Munich, 1968), and the works of J. Hutton on the Greek Anthology in Italy and France (Ithaca, 1935 and 1946 respectively); for Spain see A. Giulian, 'Martial and the Epigram in Spain in the Sixteenth and Seventeenth Centuries' (Diss., University of Pennsylvania, 1930).

Z stands for CKMT, CKLT, or CKT, as indicated in the *apparatus.*

I

This poem is preserved entire only by B, together with the title *commendatio codicis*; only the last three lines are given by Z, where they are attached to the poem *Phoebe potens numeris* (*Prec.* 1). Its programmatic nature makes it an appropriate introduction, but it is not addressed to a particular individual, as

many of Ausonius' introductions are. This function may have been performed
by a poem now lost; there are difficulties in casting the poem *si tineas . . .* in this
role (see *Praef.* 1. 5).

3–4. With its general statement this couplet makes a more suitable opening to
the poem than *est quod mane legas, est et quod vespere* in l. 1, which surely takes
its point from l. 4; and with the new order the policy of mixing serious and
amusing poems announced in ll. 1–2 is immediately justified in ll. 5–6.
    nec carminis unus lector: the reader of his poetry is not a man or
woman of a single mood, just as the tenor of life (cf. Hor. *S.* 2. 1. 60, Stat. *S.* 2.
praef. 2 for *color*) is not invariable. The diversity of his readers is a subsidiary
point, and the goddesses and philosophers of ll. 5–6 do not represent readers,
but attitudes.
1. est et quod vespere: in the evening even a Cato or a Pliny relaxes (Mart.
10. 20). This passage, and the highly apologetic ending of the poem, make it
unlikely that A. here refers to what Martial meant by *nocturna . . . pagina* in
11. 17. 1, as suggested by N. M. Kay in *Martial, Book XI: A Commentary*
(London, 1985), 104.
2. temperie: Hartel's *temperie*, reinforcing the previous words, gives excellent
sense; cf. Mart. 1. *praef.* 1, albeit a different kind of mixture. Peiper repaired
the metre with *uti* for *ut*, but B's *tempore* is difficult, even if *tempus* has
preceded. The similar word clearly caused a scribal error.
5. mitrata: Schenkl's neat emendation of the weak *mirata*. Though not used
of Venus elsewhere, it has the right overtones (see Courtney on Juv. 3. 66 and
Serv. on *A.* 4. 216 *mitras proprie meretricum*) and contrasts effectively with
galeata, for which cf. Cic. *ND* 1. 100.
    For the rest of the line cf. Prop. 1. 2. 30 *omnia quaeque Venus, quaeque
Minerva probat.*
7. regula morum: the phrase is found in Mart. 11. 2. 3, expressing a very
different attitude. A. also uses the phrase in *Ep.* 9*b.* 46.
8. ludat: each manuscript has a different reading here, but the choice is
effectively between C's *ludat*, with *iocis* an ablative, and B's *plaudat*, with *iocis*
a dative. Since A. uses the singular *Musa* of the poetic impulse (usually his
own), and not of an independent being who could pass judgement on the
poet, *plaudat* is unlikely. *sobria* thus refers to his own writing; with *permissis*
(equivalent to *honestis* as in Sen. *Dial.* 6. 3. 3) it reinforces l. 7 and contrasts
neatly with *ludat* and *iocis*, which enclose the line. This statement should be
compared with the apologia at the end of the *Cento*, where A. insists that
obscene poetry is not an indication of moral laxity; here such an argument is
hinted at in l. 7, but the adjectives in l. 8 proclaim that his verses will in any
case be restrained or at least follow traditional lines. The early reading
permixtis gives better logic but weakens the apologia.

2

The following nine lines are unlikely to belong to a single poem; two or perhaps three are involved. Line 5 could be the beginning of a new poem, and the *sagitta* of ll. 6–10 is not the same as the weapon of ll. 1–3. The verses were presumably written to accompany a picture illustrating the skill of Gratian (cf. *de caelo* in l. 10), whose achievements during practice are lauded in *Grat. Act.* 64 and *Epit. de Caes.* 47. 4, or perhaps another member of the imperial house. Similar themes may be found in Martial's *Spectaculorum Liber* and in *AL* 304 Riese (299 Sh. B.).

1. **lato . . . ferro:** cf. Verg. *A.* 4. 131 *lato venabula ferro*. A similar weapon should be meant here, and in l. 2 (the implanted spear).
3. **grandis . . . mortem:** the reading *grandes . . . mortes* is very dubious, and *grandis*, given by T according to early editors, should be read. It is not clear what the force of *grandes* would be, and although *mortes* has point in l. 8 it has none here.
4. 'and proves that an unaided hand has lethal power'. The sentiment is not too weak to be the end of an epigram.
7. For a medieval warrior who could pierce seven men with one shot (before having some of them taken to the kitchen), see *MGH*, *PMLA* iv/1, p. 83, l. 109.
9. **sic:** 'in the same way'; this should be retained. The arrows are not *de caelo* because they are like thunderbolts, as *si* would imply; the point is that both kinds of missile have a divine origin.

3

This and the following poem celebrate Valentinian's victory over the Germans in 368 (*Mos.* 423–4), but also include laudatory references to his brother Valens. They may have been written to stand beneath a representation of the river-god (cf. *AP* 9. 709), who as elsewhere speaks in the first person (cf. *AP* 9. 707).

1. **regnator:** cf. Verg. *A.* 8. 77, of the Tiber.
3. **natumque patremque:** cf. *Mos.* 422 *natique patrisque triumphos*.
4. Valentinian was born at Cibalae, Gratian at Sirmium, both in Pannonia II. For *alui* of a river cf. *Ordo* 31.
6. **cura secunda:** although Valens had received his power from his brother and was a convinced Arian, the words need not be taken to imply inferiority in merit or status.
7. **Suebos:** *RE* iva. 564–79; also mentioned in *Biss.* 1. 2, *Prec.* 2. 29.
9. **refluus:** cf. *Hered.* 26, *Mos.* 463, but with the vital difference that the central and upper Danube, unlike the rivers near Bordeaux, were not tidal.

10. In the years 367–8 Valens led expeditions across the Danube, with little success; in 369, after crossing at Noviodunum near its mouth, he routed the Gruthungi (Amm. 27. 5. 6). Only the last of the campaigns could be called a victory, and the simultaneity of the brothers' victories is thus contrived. A. may have anticipated events in the East; but *possem* is not to be taken as a wish with EW. Valens spent the winters at Marcianopolis between 367 and 370; Valentinian returned to Trier after his victory.

4

1. caput occultatus: such a phrase is used of rivers by Tib. 1. 7. 24, Ov. *M.* 2. 255 with *occulo*.

4. Cf. Verg. *A.* 4. 229–30 *gravidam imperiis . . . Italiam*. A.'s words refer to the Pannonian origins of Valentinian, but there may also be a hint of future expeditions from the imperial headquarters at Sirmium, which was close to the confluence of Danube and Drava. By using *seco* he makes the point that the Danube, like the Rhine (*Epigr.* 3. 8), is no longer a boundary, and that Pannonia included its northern bank.

5. For *dives aquis* cf. *Mos.* 431; and for *solvo ostia*, *Mos.* 473.

7. proxima: probably 'next' in time; there is a certain ambiguity in *proxima* (cf. *palmam . . . priorem* in *Ep.* 3. 22), and the total improbability of an expedition into Africa serves to subordinate Valens here. For this panegyrical motif cf. Hor. *c.* 4. 14. 45–6 and Claud. 7. 206–7, later addressed to the sons of Theodosius.

5

According to the heading of CKM, which is hardly a mere guess, this was written *Valentiniano Iuniori in signum marmoreum*. This can only be Valentinian II, born in 371 and made Augustus in 375; he was naturally not prominent in the lifetime of Gratian, and the circumstances of this poem are obscure. Since their father is not mentioned, the date may well be after 375, and the most likely context is the prelude to Gratian's campaign of 378 (Amm. 31. 10), mentioned also in *Prec.* 2. 29–33, from which booty could be expected.

The couplet is modelled on Verg. *E.* 7. 35–6 *nunc te marmoreum pro tempore fecimus; at tu, si fetura gregem suppleverit, aureus esto*. The fact that Vergil referred to Priapus is not significant here, and the epigram is in no way derogatory. According to Amm. 30. 10. 6 relations between the brothers were close.

1. pro sumptu: Vergil's *pro tempore* would have been suitable, but A. chooses to underline the thrift of the administration.

6

This is a tribute to Gratian's skilful archery, like *Epigr.* 2. A context is offered by some of the manuscripts (*de leone una tantum sagitta a Gratiano occiso* C, *picturae subditi ubi leo a Gratiano occisus est* K, and with different word-order M), but the divergence of these headings, and the absence of a heading in E, make it unlikely that Ausonius supplied one.

1. tenui . . . harundine: similar to Verg. *E.* 6. 8, where *harundo* is 'pipe'. Both senses are used in *Prec.* 1. 13.

7

This poem is contained only in V, where it is combined inappropriately with the *Epitaphia*; its title *iussu Augusti equo admirabili* links it with these courtly poems. Nothing is known of the circumstances in which it was written. It is part of a long tradition of such poetry: see *AP* 7. 189–216 (212 commemorates a race-horse) and O. Herlinger, *Totenklage um Tiere* (Stuttgart, 1930). Pliny states that Germanicus wrote a poem to commemorate one of Caesar's favourite horses (*NH* 8. 155).

1. Phosphore: the name is not attested elsewhere (even in the long list of names in *CIL* vi. 10053), but is entirely suitable; the morning star, like other heavenly bodies, was often regarded as horse-drawn (e.g. Stat. *S.* 2. 6. 79; cf. Mart. 8. 21) and consequently fast.

   clamosi . . . circi: cf. Mart. 10. 53. 1, and Corippus, *Laud. Just.* 2. 326.

   spatiosa per aequora: *spatiosa* is an emendation of V's uncertain reading, which followed the detachment of initial *s*. The phrase occurs in the same sense in Nem. *Cyn.* 269; A. quotes the immediately preceding line of Nemesianus in *Grat. Act.* 65.

2. septenas . . . vias: the regular course of seven laps; cf. Varro ap. Gell. 3. 10. 16, Prop. 2. 25. 26, Sen. *Ep.* 30. 13.

3. improperanter: the word is found nowhere else.

5–6. The horse was also quite capable of leading the field from the start. This couplet is best taken with Schenkl as a parenthesis.

8. praepes ad alipedes: unusual and purposeful assonance. There is a similar pun in *Ep.* 19*b*. 14 *praepes et volucripes*; but A. uses *praepes* in more familiar ways in *Prec.* 1. 2, 2. 33.

9–10. As Gronovius explained, in this Elysian *quadriga* Pegasus is to be imagined on the right of Phosphorus, Arion (cf. *Grat. Act.* 81 n.) as a trace-horse on his left, and Cyllarus, the horse of Castor, as a tracehorse on Pegasus' right.

10. funalis: V gives *funise ad. funalis* (Vinet) may have been corrupted to *funis*, and the preposition then added to restore the metre. Gronovius' *funis eat* was followed by Schenkl and Peiper, but there is no sure evidence that *funis* was used for *funalis* (even in *CIL* vi. 37834, l. 46). Salmasius' emendation *funi sed* makes too strong a contrast; Unger's *funi is eat* (*Philol.* 4 (1849), 733) is unclear and unexplained as well as metrically and stylistically doubtful, and the suggestions of Schenkl and Peiper are equally implausible. Nardo's *funis ad* would be weak.

8

This poem occurs both in V (among the *Epitaphia*) and in Z; there are notable divergences in the first and last lines.

1. **bene olentis et unguine nardi:** V's reading, with Tollius' correction of *olente*, should be preferred to *odoro perlue nardo* (Z), which may be a simplification or an attempt at correction.
2. **rosis:** for roses on graves, cf. *ILS* 8369–74 and J. M. C. Toynbee, *Death and Burial in the Roman World* (London, 1971), 62–3.
3. **perpetuum ... ver agit:** cf. Juv. 7. 208 *in urna perpetuum ver*, and Cat. 68. 16 *cum aetas florida ver ageret*.
   illacrimabilis: 'unwept', as in Hor. *c.* 4. 9. 26, not Hor. *c.* 2. 14. 6 (and LS); this is part of his good fortune.
5. **perierunt gaudia vitae:** cf. Cat. 68. 23, 95 *perierunt gaudia nostra*.
6. Z's version gives the right sense—since he still enjoys what he enjoyed in life, memory of the past is not important—but the loose syntax of *felix* is unacceptable.

9

This epigram is a *chreia*, based on an ostentatious habit of the tyrant Agathocles which is described, with some differences, by Plutarch in *Mor.* 176E and 544B– C. It is quoted by John of Salisbury (*Pol.* 5. 17: 586D), and later appeared in 'Caecilius Balbus', in a version which shares *aurea* with Z in l. 3. The last two lines, which draw a moral with unusual directness (and were to appeal to Ben Jonson) occur as an independent poem in E.

1. **fictilibus cenasse:** cf. Juv. 3. 168, and similar stories in Plin. *NH* 33. 142, Val. Max. 7. 5. 1.
2. **Samio ... luto:** an unusual description, and an effective one in the context. (In Apul. *Apol.* 14. 5, quoted by *TLL*, the emphasis is on the material, not the finished product.)
3. **horrida:** the contrast of the next line suggests that *horrida* (V), not *aurea* (Z), should be read. The latter would have to mean 'excellent' (meals)—difficult

in view of *gemmatis*, with which *aureus* is often found—unless *poneret* were changed to *apponeret*. Such a reading may underlie Corippus, *Laud. Just.* 3. 111 *aurea purpureis adponunt fercula mensis*, but such an echo would not prove its authenticity. *aurea* may have been suggested to a scribe by *gemmatis*, or by other versions of the story (Plutarch speaks of gold cups among earthenware ones), but once the aspirate was lost the words could easily be confused.

8. loco: cf. *Caes.* 129, *Prof.* 10. 6. A faulty memory or a gloss might be responsible for *domo* in the version of John of Salisbury, who diverges also in ll. 1 (*fictilibus cenasse ferunt*) and 6 (*Siciliae*).

10

The word *Eumpinam* in V's heading (those in EZ are quite different) is clearly corrupt. Even if the heading were the work of Ausonius, which is not likely, it would be surprising to find there a name which is not in the text. *impiam* would suit the sentiments of the last couplet, or perhaps Tollius' *veneficam*.

1. zelotypo . . . marito: Apul. *M.* 9. 16.

5. dividat: i.e. 'uses separately'.

6. Pliny the Elder knew that certain poisons were not virulent when mixed (*NH* 27. 5) but does not mention mercury; Martial makes an epigram out of Mithridates' habit of drinking poison to improve his resistance to it (5. 76).

8. letalis noxa salutiferae: a deliberate and amusing oxymoron in which *noxa* should not be suspected either because of *noxia* above or because of the *prima facie* difficulty in sense.

11–12. For the equivalence of gods and Fate in A. cf. *Par.* 8. 13–14, 22. 13–16.

11

After an elegant description of Echo Ausonius neatly makes the point that the painter is wasting his time (cf. *Biss.* 6. 1–2, *AP* 11. 433). There is no detailed resemblance to the poems entitled εἰς ἄγαλμα Ἠχοῦς in the Greek Anthology (16. 153–6).

3. filia . . . : for this metaphorical use—not without a hint of Echo's previous form—cf. Hor. *c.* 1. 14. 12, Mart. 13. 35, 103. Symphosius uses it in a riddle (*AL* 286. 13. 1 Riese, 281. 13. 1 Sh. B.) and there is a suggestion of a riddle here and in *Ep.* 13. 74.

7. penetrabilis: the word describes a sound in Apul. *M.* 5. 7 *sono penetrabili vocis*, but the point here is her incorporeality (cf. Ov. *M* 3. 401 *sonus est qui vivit in illa*).

12

This epigram, the first of many in dialogue form, describes statues of *Occasio* and *Metanoea*. In some respects it resembles a poem in which Posidippus describes a statue of καιρός by Lysippus (*AP* 16. 275; Posidippus 19 in Gow–Page, *HE*; cf. also Phaedrus 5. 8), but the imitation is not close. This statue is ascribed to Phidias (cf. Mart. 9. 44. 6 for the change of name), and Metanoea, the subject of a picture by Apelles (Lucian 15. 5; cf. 36. 42), is an addition. As in the Greek epigram, Ausonius' statue has *talaria* and is bald on the back of its head; but it does not stand on tiptoe or hold a razor. See further Benedetti 110–25.

3. sum dea quae … : Sh. B. suggested '*sum dea.*' '*quae?*', but the other questions are evoked by the spectator's observation. If anything is suspect, it is *sum*, and a surprised question '*num dea?*', following on from the opening couplet and followed by either '*quae?*', or '*quae …*', giving the answer in a relative clause, would certainly be more lively.

4. rotulae: a detail not present in the Greek epigram but found in the description by Callistratus in *Stat.* 6. 2. This feature is related to Fortune's wheel (cf. Ov. *Tr.* 5. 8. 7 and *Pont.* 2. 3. 56), but is not to be identified with it.

5–6. Mercurius quae fortunare solet: the correction *fortunare*, which Benedetti rightly claims for Politian, has generally been accepted: cf. Hor. *Ep.* 1. 11. 22 and in particular Pers. 2. 44–5 *Mercuriumque arcessis fibra: da fortunare Penates.* But the emendations *et fortuna* and *vel fortuna* also deserve consideration: Mercury and Fortuna are often associated (Roscher i. 1536–7), and Fortune may be winged (Hor. *c.* 3. 29. 53–4, Fronto, *Ad M. Ant. de Orat.* 5 (p. 155. 2–3 van den Hout[2])), although she seems never to be equipped with *talaria*.

6. trado ego cum volui: there is no point in *tardo* (Schenkl, with T). Her wings enable *Occasio*, like Mercury, to intervene quickly and with apparent arbitrariness to dispense the divine gifts.

8. occipiti calvo: cf. Pers. 1. 62 *occipiti caeco*, and ps.-Cato, *Dist.* 2. 26. 2 *post est Occasio calva.*

10. nec Cicero ipse: not even the learned Cicero. This observation, true of extant Cicero, may well be a secondhand one; A. occasionally quotes from certain speeches but shows no sign of familiarity with the philosophical works. The term *paenitentia* is in fact common in other writers; but this is here disregarded, perhaps because it was in no sense a divinity to the Romans or because of the Christian connotations it had acquired. In *DI* 6. 24. 6, quoted by Benedetti, Lactantius suggests *resipiscentia* as an equivalent, but this never became current.

11. facti non factique: so K; the other manuscripts leave an unlikely hiatus. But *-que* might have been lost after the first *facti*, as Peiper thought.

16. disces: more appropriate than *dices*.

13

This poem is found in V (among the *Epitaphia*), E, and Z; there are easily explained divergences in the last couplet. The titles are simply inferences from the poem: V has *in tumulum sedecennis matronae*, EZ *Epitaphium Anitiae*. The name was common in certain aristocratic families at the time, and seems not to have a literary origin; this Anicia could be a contemporary, related perhaps to Petronius Probus or more probably to Paulinus, with whom Ausonius' connection went back a long way (*Ep.* 24. 8–14).

2. ante quater plenum ... lustrum: a strange expression, with *plenum* treated as if it were a participle. A. may have in mind Stat. *Th.* 5. 466 *iam plena quater quinquennia vergunt*, or Ov. *M.* 7. 531 *luna quater plenum tenuata retexuit orbem*, in which *quater* modifies the main verb. For *lustrum*, which is here more likely to be four years (as assumed in the heading) than five, see on *Epiced.* 37.

5. quis non accuset in ista: EZ's weak reading *complevit munia vitae* is probably free composition to remedy a line that seemed defective or had suffered from haplography.

6. aetatis meritis: 'in terms of the achievements of maturity'. The use of *meritum* is typical (cf. *Protr.* 94), and there is a close parallel in *aevi meritum* in *Epigr.* 20. 8. The less forcible version in EZ was produced after the loss of *aetatis*.

This passage is one of several imitated in the second epitaph of the *Sylloge Elnonensis* published by B. Bischoff in *Anecdota novissima* (Stuttgart, 1984), 142–9. It is likely that l. 21 *ante decies plenum compliveras omnia lustrum* was influenced by a version similar to that of EZ, as pointed out by W. D. Lebek in *ZPE* 69 (1987), 101–5, but his argument that Z's reading is superior and authentic is not convincing. Bischoff dates the epitaph to 575–85 and the manuscript to about 800.

14

The starting-point of this epigram is *AP* 5. 21 (Rufinus; see D. Page, *The Epigrams of Rufinus* (Cambridge, 1978), 55, 78) but the influence of Roman poetry is strong thereafter. Prodice becomes Galla (frequent in Martial: Ausonius may have 4. 38 in mind), and the abuse of the Greek poem—a feature later developed by Ennodius in *c.* 2. 97. 4, who also uses the name Galla—is replaced by a neat comparison of the woman's former charms with her present state. Benedetti here concentrates on detailed commentary (63–73); see also Munari 308–9, and the study of P. Carletti Colafrancesco in *Invigilata lucernis*, I

(1979), 49–75, which focuses on its structure, its treatment of a familiar theme, and patristic uses of *renes*.

1. Cf. *AP* 5. 21. 1 Οὐκ ἔλεγον, Προδίκη, "γηράσκομεν"; οὐ προεφώνουν;

2. utere vere tuo: Avantius' *vere* is certainly to be accepted; the manuscripts' *rene* could easily have arisen from *revere*. The fact that *ren* is not one of the monosyllables that A. uses in *Technop.* (although it would be very apposite to the section *de membris*) suggests that he would not have considered using the singular form here even if the meaning seemed suitable. For *ver*, very appropriate to a poem on the common theme of the brevity of youth, cf. Apul. *Apol.* 9 *tu mihi des . . . tuum ver* (in an amatory poem which A. may have known); for the whole expression cf. Tib. 1. 8. 47–8 *at tu dum primi floret tibi temporis aetas utere.* G. Stramondo's *aevo* (*Quaderni catanesi di studi classici e medievali*, 9 (1983), 41–56) is absurdly unmetrical.

3. Cf. Juv. 9. 129 *obrepit non intellecta senectus.*

5–6. Cf. Ter. *Hec.* 74–5 *cur non aut istaec mihi aetas et forma est aut tibi haec sententia?*

7. gaudia iunge: for the notion cf. Ov. *Ars* 2. 481 *cum quo sua gaudia iungat.*

8. There is no need for punctuation after *da*, whether strong (Schenkl) or weak (Peiper): cf. *Ephem.* 2. 5 *da rore fontano abluam*; Pl. *Curc.* 313, Verg. *A.* 4. 683–4. There is a superficial similarity to Mart. 6. 40. 4 *hanc volo, te volui*, but A.'s point is more subtle.

15

A loose version of *AP* 9. 18 (Germanicus: Page, *FGE* 558), with a detail from *AP* 9. 17 on which it depends. *AP* 9. 371 has the same theme, as does *Epigr. Bob.* 29, derived from Ausonius. The model runs:

> Ἐκ κυνὸς εἷλε κύων με. τί τὸ ξένον; εἰς ἐμὲ θῆρες
> ὑγροὶ καὶ πεζοὶ θυμὸν ἔχουσιν ἕνα.
> αἰθέρα λοιπὸν ἔχοιτε, λαγοί, βατόν· ἀλλὰ φοβοῦμαι,
> οὐρανέ· καὶ σὺ φέρεις ἀστερόεντα κύνα.

Benedetti's discussion (91–7) is rich on the zoological background, but misguidedly pursues a fish known as *lepus*.

1. Trinacrii: the choice of location seems to have been suggested by Verg. *A.* 3. 429–32: *praestat Trinacrii metas lustrare Pachyni . . . quam semel informem vasto vidisse sub antro Scyllam et caeruleis canibus resonantia saxa*, where A. may have associated *canibus* with the fish. The phrase *litoris ora* (*G.* 2. 44, *A.* 3. 396) adds to the Vergilian colouring.

2. caeruleus: cf. εἰνάλιος in *AP* 9. 17. 4. The animal is the *marinus canis*, a dogfish or shark, but the exact species cannot be identified (*TLL* iii. 107. 47–55).

3. in me ... rapina: a difficult phrase. Line 1 of *AP* 9. 18 εἰς ἐμὲ suggests that *me* is accusative, and so does *Epigr. Bob.* 29. 1; if so, *rapina* must mean something like 'predatory attacks', which would seem to be unparalleled. The sense 'their plunder consists in me' is hardly more difficult. The animal's vulnerability is substantiated by Herodotus 3. 108. 3 and Plin. *NH* 8. 219.

4. Cf. Cic. *Arat.* 121–4 *levipes Lupus. Hic fugit . . . nam Canis infesto sequitur vestigia cursu.*

16–17

These two epigrams, run together in Z, were separated by Scaliger; the two parts do not contradict each other, but 16. 4 suggests a conclusion and 17. 1 a new beginning. They are probably original (Martial mentions a fugitive only in passing in 3. 91. 3, which is very different); the name Pergamus is a characteristic *nom parlant*. On this type of punishment see C. P. Jones in *JRS* 77 (1987), 139–55; for shorthand-writers see the introduction to *Ephem.* 7, where Ausonius expresses great respect for his *notarius*.

16

1. Quam ... tam ...: since the main point of the first sentence is that he ran as slowly as he wrote, not the reverse, transposition seems necessary. Cf. *Hered.* 20 *quam propere legimus, tam cito neglegimus* and *Grat. Act.* 41 *quam grati animi, tam sermonis exigui.*

17

1. non recte: 'inappropriately', but also 'unjustly'; the wrong limb suffered. The point is underlined by *peccantia membra* (3), and made quite explicit in l. 4.

18

This iambic poem is probably a rendering of a lost Greek epigram. The names are unusual for Ausonius; they belong to the prostitute Lais and the sculptor Myron of classical Greece, who could well have met in fifth-century Athens during Myron's old age (for the chronology, see Plin. *NH* 34. 49 on Myron; *RE* xii. 515 on this Lais). The reaction of Apelles to the young Lais was a matter for anecdote (Athen. 588 C–D); in this poem and presumably also its original there was a less successful meeting.

A similar joke is told in the *HA* (*Hadr.* 20. 8) to illustrate the wit of the emperor Hadrian. He is said to have replied in almost the same words (see below) to an elderly petitioner who after a rebuff disguised himself and tried again. This story cannot be drawn from Ausonius' source (as was concluded on less convincing grounds by B. Baldwin in *Gymnasium*, 88 (1981), 438) and this poem should take its place with other echoes or imitations of Ausonius in *HA* (see Green, *CQ*, NS 31 (1981), 234 n. 37).

12. Cf. *HA Hadr.* 20. 8 *iam hoc patri tuo negavi.*

19

This epigram is linked to the preceding one by the name Lais; but the *coniunx* may be taken as Ausonius' real wife Sabina (cf. *Epigr.* 20, 27–9), evidently a woman of some education (*Epigr.* 28–9).

1. Laidas et Glyceras: generalizing plurals. For Lais cf. *Epigr.* 18. 1, 60. 1. The preceding epigram may well be one of those to which A. refers here, whatever the original order. The name Glycera, common in Horace and elsewhere (see Nisbet–Hubbard on *c.* 1. 19. 5), is not found in the extant poems (in 103. 1 *dyseros* is the correct reading), but might have been used in an early poem; in any case, its literary associations are what matters in this context. There is no merit in Heinsius' *Thaidas* for *Laidas*, following Mart. 14. 187. 2; A. has no reason to allude to comedy.

20

This poem makes a touching contrast with Sabina's epitaph in *Par.* 9, where their youth is also emphasized.

1. vivamus: cf. Cat. 5. 1. Here it is preceded by the carefully placed *uxor.*
   ceu: Heinsius' emendation for the unmetrical *ut* or the impossible *quod*; the latter has replaced *ceu* in some manuscripts of Ov. *M.* 11. 26. Cf. *Ep.* 21. 70–2 *ceu dicitur olim . . . perlustrasse.*
6. Cumanam . . . Deiphoben: cf. Verg. *A.* 6. 36 for her name; *A.* 6. 321, 628, Ov. *M.* 14. 144–53, and other references assembled in *RE* iiA. 2078–9 for her age. The sentiment is not unlike that of Propertius 2. 2. 16; the Sibyl's famous death-wish (Petr. *Sat.* 48. 8) is also relevant in a poem that concentrates on life and vivacity.
8. aevi meritum: for the phrase cf. *Epigr.* 13. 6n., but the expression here is more difficult. The point seems to be that they should be aware of each other's status (as defined by rites of passage such as parenthood), but not their exact age. Similar sentiments are expressed in *Ad Patrem* 27, and in *Consol. ad Liviam* 447–8 and Curt. *Alex.* 9. 25 (twice).

21

A rather laboured joke on the name Meroe (a witch and *caupona* in Apul. *M.* 1. 7). The names of real persons were treated with more sensitivity: cf. *Par.* 5 (Maura) and *Par.* 11 (Pastor).

1. **qui primus . . . ille:** cf. *Ep.* 9*b*. 47–8 *ille venturi sciens mundi supremus arbiter*, where a similar point is being made. The parents who chose her name were prophesying (*divinare* in l. 3) in accordance with divine decrees. Similarly Jerome in *Ep.* 123. 1. 2.

2. **Thesidae:** cf. Ov. *Her.* 4. 65.

5–6. **Protesilae:** cf. *Epit.* 12.

7. For Idmon cf. Sen. *Med.* 652 (*Idmonem, quamvis bene fata nosset*) and Hyg. *Fab.* 14. 11; for Iapyx, Verg. *A.* 12. 391–7.

12. **immixtum:** a very rare word, previously used by Apuleius of wine in *M.* 7. 12. The pun on *merum* which hammers home the explanation seems to be unique: a weaker form of it is seen in *Epigr.* 86. 2 *non natis . . . natis* ('unborn children', perhaps a teacher's joke).

22

A close rendering of *AP* 16. 263 (anon.: Page, *FGE* 377):

> Πρίν με λίθον Πέρσαι δεῦρ᾽ ἤγαγον, ὄφρα τρόπαιον
> στήσωνται νίκας· εἰμὶ δὲ νῦν Νέμεσις.
> ἀμφοτέροις δ᾽ ἔστηκα, καὶ Ἑλλήνεσσι τρόπαιον
> νίκας καὶ Πέρσαις τοῦ πολέμου Νέμεσις.

The endings of all four lines are cleverly reproduced in the Latin, but Ausonius does not emulate the use of ἵστημι, and replaces καὶ . . . καὶ with *sicut . . . sic*. The sin of the Persians was not to make war, as in the original, but their boastfulness (*vaniloquos*), a detail prominent in *Ep.* 24. 45–9, where A. reverts to the theme. See Benedetti 137–9.

The statue is described by Pausanias in 1. 33. 2–3 and the cult discussed in *RE* xvi. 2346.

23

A four-line imitation of two very compressed epigrams, *AP* 9. 44 and 45 (Flaccus 8 and 9 in Gow–Page, *GP*):

> χρυσὸν ἀνὴρ εὑρὼν ἔλιπεν βρόχον· αὐτὰρ ὁ χρυσὸν
> ὃν λίπεν οὐχ εὑρὼν ἧψεν ὃν εὗρε βρόχον.
>
> χρυσὸν ἀνὴρ ὁ μὲν εὗρεν, ὁ δ᾽ ὤλεσεν· ὧν ὁ μὲν εὑρὼν
> ῥίψεν, ὁ δ᾽ οὐχ εὑρὼν λυγρὸν ἔδησε βρόχον.

In an article in *Mélanges H. Grégoire* (Brussels, 1949–53), iii. 417–67, O. Weinreich discussed the authorship of the Greek poems (as Gow–Page also do), and presented various imitations of the poems, to which one may add the efforts of Wyatt and Coleridge, quoted in the Loeb edition of *AP*. As in *Epigr.* 22 Ausonius selects his line endings carefully; for these and other matters see Benedetti 102–7.

24

Based on *AP* 7. 229 (Dioscurides 30 in Gow–Page, *HE*):

> Τᾷ Πιτάνᾳ Θρασύβουλος ἐπ᾽ ἀσπίδος ἤλυθεν ἄπνους,
>   ἑπτὰ πρὸς Ἀργείων τραύματα δεξάμενος,
> δεικνὺς πρόσθια πάντα· τὸν αἱματόεντα δ᾽ ὁ πρέσβυς
>   παῖδ᾽ ἐπὶ πυρκαϊὴν Τύννιχος εἶπε τιθείς·
> "δειλοὶ κλαιέσθωσαν· ἐγὼ δὲ σέ, τέκνον, ἄδακρυς
>   θάψω, τὸν καὶ ἐμὸν καὶ Λακεδαιμόνιον."

Ausonius provides less background information, giving the son's name but not the father's, and stresses the son's feats rather than the father's attitude. By beginning the sentence with *quod*-clauses (cf. *Protr.* 29–32) he is able to build up to a climax in *gloria maior*; this is a Roman notion—and according to *Ludus* 145 something that the Spartans disdained—and as Benedetti has shown (16–27) the tone of Vergilian epic pervades the poem.

3. patris: the case against Peiper's *est* was well made by Villani (*SIFC* 6 (1898), 117); it would also blunt the typical contrast (cf. *Epigr.* 21. 7). For *Pitanae* see Gow–Page ad loc.

6. reddidit: the manuscripts' *edidit* leaves a short syllable before the central caesura, which can be paralleled elsewhere (see *Par.* 6. 10n.) but is rare; so close to l. 8, where the anomaly seems justified, it would be especially harsh. The conjecture *reddidit* may be defended here on the grounds that his reaction (as implied in ll. 3 and 5) contrasts with that of the others, although he is not replying to anything in the poem.

8. talis et: the effective repetition of *et* should not be compromised for metrical reasons, although elsewhere A. uses *vel* for *et* (cf. *Epigr.* 21. 4).

25

An iambic couplet on a similar theme, related in Plut. *Mor.* 241 F (where there is almost a pentameter), schol. Thuc. 2. 39, Stob. *Flor.* 3. 7. 30 (Hense). The heading *ex graeco traductum de matre magnanima* suggests that the source was a Greek epigram.

26

The fact that the man ridiculed here is not named suggests a real-life situation, and the compliment in l. 3 *vigentis . . . saecli* a courtly one. A Greek source is quite unlikely. Ausonius is ambivalent about aristocratic pretensions (cf. *Praef.* 1. 10, *Prof.* 24. 4), but what he attacks here is the unrestrained advertisement of an exaggerated genealogy. In *Anazetesis*, 6–7 (1982), 100–4 L. M. Bracciali Magnini notes the influence of Juvenal's eighth satire.

7. Serum veste: for *Serica veste.* The origins of Rome might have been embroidered pictorially, or in words: see on *Epigr.* 28. 2.

12. lupa: an old joke. See Liv. 1. 4. 7 for a particular example, and *TLL* vii/2. 1859. 11–24 for the full story.

27–29

Three poems praising the skill shown by his wife Sabina in embroidering her garments and composing suitable verse. 28 and 29 do not follow 27 in Z, but occur later.

27

3. Ausoniam: this contrasts with *Achaemenias* and *Graecia*, but is also of course particularly appropriate to the writer's wife (cf. *Mos.* 440, *Ep.* 9*b.* 76).
 dum: for such a comparison, see on *Prof.* 1. 7–8.

28

1. Cf. *Pan. Messallae* 121 *fulgentem Tyrio subtemine vestem.*
2. inscripti . . . tituli: the verses of *Epigr.* 29. 4. The practice of embroidering verses is seldom attested (in *RE* s.v. Stickerei only *Epigr.* 105 and its model are cited) but the story of Philomela, in which Apollodorus (3. 14. 8) speaks of γράμματα, suggests that it would not be surprising.

29

2. contribuunt: 'dedicate'.

30–31

Two poems on Antisthenes, the founder of the Cynic sect, run together in Z and entitled *Antisthenis cynici imagini subditi.*

30

1. cynices: the word is unattested in Latin, but need not be spelt in Greek; *Cynicus* is common.
2. Alcides: for Hercules as an exponent and patron of Cynicism, see DL 6. 71, Lucian 27. 8, Julian 187C, and D. R. Dudley, *A History of Cynicism* (London, 1937), 13.
4. A god cannot be a Cynic.

31

4. Διογένην: for the scansion, cf. *Epigr.* 54. 2, 3, 56. 2; it is so used in Greek epic and tragic lyric.

32–33

The next two poems are clearly designed as a pair, although the second occurs much later in Z; they both describe a statue of Bacchus Pantheus in Ausonius' villa Lucaniacus. Like other such statues (*RE* xviii. 2. 743, citing *CIL* ix. 3145 and xiv. 2865), this one portrayed Bacchus with the attributes of other gods, as indicated in the heading *mixobarbaron Liberi Patris Signo Marmoreo in villa nostra omnium deorum argumenta habenti* (*habentis* T), which is evidently a note by the author. It is likely that *mixobarbaron*, for which the attractive emendation *mixobarbaro* was suggested in *RE* (loc. cit.) also refers to the mixture of outlandish and familiar deities. There is a parallel in the word μεμιγμενοβάρβαρον in *Ep.* 6. 18, which refers to the mixture of Greek and Latin words and inflections in the poem, but it is unlikely that such a linguistic mixture is meant here; although certain words could be comfortably written as Greek (*Ogygia, Aegyptos, Mysi, Dionyson*) there is no sign at all in the manuscripts that this was intended. The first poem is entirely Latin, the second entirely Greek.

The first poem has been discussed by H. Wagenvoort in a paper entitled 'De Ausonio poeta doctrina Orphica imbuto' in *Studi classici in onore di Quintino Cataudella* (Catania, 1972), iii. 587–91. Although the frequency of Ausonius' references to Pythagoreanism is overstated, it is true that some acquaintance with Orphic learning (cf. *Griph.* 74) or at least a knowledge of certain common identifications is shown here. Whether Ausonius was a devotee is another question; we do not know why, how, or when the object was acquired. It was suggested by Brandes in his *Beiträge zu Ausonius*, i (Wolfenbüttel, 1895), 5–12 that the rhyme-scheme shows eastern influence, mediated through the recently returned Hilary of Poitiers; but Ausonius was continually experimenting in such matters (cf. *Ep.* 19*b*. 2–5), and neither Brandes's dating nor his conclusion that the poet was not a Christian in the early 360s can be accepted as more than an interesting speculation.

The second poem is metrically less ambitious, drawing on a Greek epigram and resembling in its concatenation of epithets various Homeric and Orphic hymns.

32

1. **Ogygia ... vocat:** there is no point in the plural *Ogygiae* offered by the manuscripts; a singular is supported by the following line, where the text seems more certain. The correct reading may be *Ogygie* (for the word cf. Hom. *Od.* 1. 85, where a different place is meant, and Strabo 9. 2. 18 Ὠγυγία; for the metre cf. *Ephem.* 2. 10 n.), but the adjective *Ogygius* is quite common; it is used of Bacchus in Ov. *Her.* 10. 48. The diction is deliberately exotic, and the Theban connection highlights the theme of death and resurrection found also in the cults of Osiris and Adonis.

2. Cf. Hdt. 2. 42. 2.

3. Mysi: this is needed to balance the other national names, and *mystae* would be very vague here (in *Vers. Pasch.* 2 it is used of Christians, in *Prof.* 4. 12 of Apolline priests). Wagenvoort (see introduction to 32–3) assumed that the Mysians of Asia Minor were meant, because of Orpheus' Anatolian connections, but A. may mean the Moesians (cf. Ov. *Pont.* 4. 9. 77 for the form, and *RE* xv. 2347–50), who adjoined the Thracians; according to Macrob. *Sat.* 1. 18. 12, quoting Alexander of Aphrodisias, the Orphic Phanes was identified by the Thracians with Dionysus.

Phanacen: cf. *Epigr.* 33. 1. Apparently an alternative form of *Phanes*, peculiar to A.; no deity of that name is known. The Greek form of the ending, which A. tends to prefer, should be read here. For Phanes in general, see M. L. West, *The Orphic Poems* (Oxford, 1983), *passim.*

4. Dionyson Indi: cf. Arrian, *Anab.* 5. 1. 1–2, Mela 3. 66, and *RE* v. 1039–40.

6. Arabica gens Adoneum: Adonis is generally connected with Syria (Strabo 16. 2. 18, Lucian 44) and not with Arabia. As in *Ep.* 24. 51 (referring to Nemesis), A. is more concerned with finding an exotic and remote origin than with strict accuracy; but he may have in mind Ov. *M.* 10. 476–502 (Adonis' birth in Sabaea).

For the older form *Adoneum*, metrically convenient but also stylistically effective, cf. Pl. *Men.* 144 (the preceding line is quoted in *Cup.*, *praef.*) 1 and Cat. 29. 8.

33

1. Μυσῶν: see on *Epigr.* 32. 3.

2. Cf. *AP* 7. 670 (Page, *FGE* 162) ἐνὶ ζωοῖσιν ἑῷος . . . ἕσπερος ἐν φθιμένοις. The connection of Bacchus with the dead, and the resurrection of Adonis, a feature he shares with Dionysus, are here ignored for the sake of antithesis. For Adonis' connection with the lower world, cf. *Cup.* 58n. and Theocr. 15. 136–44.

3. πυρογένης: 'fire-born' (cf. *limigena, Mos.* 45), with lengthening of the first syllable. Since such arbitrary lengthening (as opposed to shortening) of a Greek vowel is not in A.'s manner, he may have been influenced by the epigram of the emperor Julian in *AP* 9. 368 (Page, *FGE* 571) on Gallic beer ('wheat-born'), which puns on both senses.

δικέρως: used of Pan in *H. Hom.* 19. 2, *AP* 6. 32; of the moon in Orph. fr. 274. For Bacchus in the form of a bull, see Nisbet–Hubbard on Hor. *c.* 2. 19. 29.

τιτανολέτης: the word is unique, but compare γιγαντολέτης, also of Dionysus, in *AP* 9. 524. 4 and τιτανοκράτωρ and γιγαντολέτωρ in Lucian 25. 4. Dionysus was dismembered by the Titans, but survived and took part in their punishment with Zeus and others.

34

This distich describes a statue of a common type (A. Grabar, *Christian Icono-graphy* (London, 1980), 35–6), which may, like those of *Epigr.* 32–3, 36, have stood in Ausonius' villa. Cf. *AP* 14. 104 (a picture of a goatherd).

1. **Αἴξ χίμαρος:** to be taken together, like ποιμὴν ῥαβδοῦχος.
   πήρη: cf. Theocr. 1. 49, and Gow ad loc.
2. **εἰς λίθος:** two epigrams in the Greek Anthology (9. 759–60) begin in this way; they describe statues of charioteers.

   λιτός: this emendation has been generally accepted (it at least gives a typical pun), but the sense is far from clear; perhaps 'as a result of all these things I am still poor' or 'tiny'. Poelman claimed to have found αὐτος in a manuscript; that too is difficult.

35

For similar descriptions of Sappho and the Muses cf. *AP* 7. 14, 9. 66 (Antipater 11–12 in Gow–Page, *HE*), 9. 506, 9. 571 (*FGE* 342), and other poems cited by O. Weinreich in his *Studien zu Martial* (Stuttgart, 1928), 19.

2. **ἐνάτη λυρικῶν:** cf. *Protr.* 54, *Griph.* 30.

36

With a common pun and a phrase of Lucretius (1. 1) this distich describes a statue of Venus which probably stood in Ausonius' villa.

1. **Caelo:** Venus is made the daughter of Caelus in Cic. *ND* 3. 59; for other references see Pease ad loc. There is a close similarity to the invocation of Venus in *AL* 720. 4–5 *semine caeli, parturiente salo*; the rare adjective *aestifluus* (*Ordo* 138) may also come to A. from this source (l. 3).

   It was suggested by O. Hey in *ALL* 14 (1906), 112 that the initial consonant of *Caelo* might be soft, and A. Becker (*ALL* 15 (1908), 146) carried the investigation of Gallic authors further. But firm evidence of palatalization does not come until later (V. Väänänen, *Introduction au latin vulgaire* (Paris, 1963), 56), and the evidence of this line is little better than that of, say, Tac. *H.* 5. 7 *solo caeloque*. The *annominatio* of *salum* and *solum* (cf. *Ep.* 20b. 30) was probably ornament enough for A.

37

This poem, which draws a trite conclusion from unusual subject-matter, is joined to *Epigr.* 8 in V's *Epitaphia*; in Z it has the heading *de nomine cuiusdam*

Lucii sculpto in marmore. The opening is rather brusque, however the first line is read, and the poem itself may have been truncated.

1. The name is not found in V, which has *fulget* after *geminis.* This seems to be a stopgap; it would be a strange point, and indeed at odds with the general picture of decay. Without Lucius' name the sense is obscure, and editors who follow V have been obliged somewhat desperately to insert the letter L (with no metrical value) after *sic* in l. 2. The contrast between *una* and *geminis* is typical (*Epigr.* 28. 4).

   puto sic: 'at least I think so'; cf. Ter. *Heaut.* 607 *ego sic putavi.* But *puto sed* may be right.

   tota: sc. *littera,* in spite of *incisum;* cf. *Ep.* 3. 22, where *cunctas* follows *ostrea, Epigr.* 42. 3, and section 14 of the *Technopaegnion.*

3. **M:** this should probably be read neither as *m,* which along with other *semivocales* Terentianus Maurus feels unable to express in verse (*GL* vi. 332, ll. 222–35), nor as *em,* which would not scan (though A. might perhaps have taken a liberty here), but as *imme.* A papyrus from Antinoe gives the Greek name as ιμμε; see A. E. Gordon, *The Letter Names of the Latin Alphabet* (University of California Publications in Classical Philology, 9; 1973), 25, W. S. Allen, *Vox Latina*[2] (Cambridge, 1988), 114 n. 1, and compare Italian *emme,* Spanish *eme.* One manuscript (M) actually has *in me.*

4. The top of the *M* was no longer visible. There is no need for an illustration of this in the text (as in Peiper and Prete); indeed, since *M* in l. 3 counts as a syllable, it is quite unlikely.

5-6. A further observation; what followed *M* was unknown, presumably lost with the top right-hand corner. *Marius* is Gronovius' emendation for *Marcus,* which, as a *praenomen,* would not follow *Lucius.* Abbreviations for these names are not attested (except for *Marcius, GL* iv. 310. 24–5, 324. 2 and *Not. Tir.* (ed. Schmitz), Tab. 117. 5), and are not meant here.

7-8. The language becomes prolix, as A. moralizes and seeks words with a more general application, but is clear enough. Baehrens's emendation *latent* for *iacent,* which occurs frequently in such contexts, does not help, and Gronovius' *nomina* in l. 8 for *omnia* would be a weak anticipation of *nominibus* in l. 11.

9-10. For the general notion, cf. Juv. 10. 146 *quandoquidem data sunt ipsis quoque fata sepulchris,* Ov. *F.* 5. 131–2 *sed multa vetustas destruit, et saxo longa senecta nocet;* other treatments of this commonplace, from the literature of encomium and consolation, are given by Tollius and Peiper.

38

This is not in Z; in V it is next but one to 37 (7 intervenes). It is based on *AP* 7. 228 (anon. 44 in Gow–Page, *HE*):

Αὐτῷ καὶ τεκέεσσι γυναικί τε τύμβον ἔδειμεν
Ἀνδροτίων· οὔπω δ᾽ οὐδ᾽ ἑνός εἰμι τάφος.
οὕτω καὶ μείναιμι πολὺν χρόνον, εἰ δ᾽ ἄρα καὶ δεῖ,
δεξαίμην ἐν ἐμοὶ τοὺς προτέρους προτέρους.

Ausonius' poem ends with a similar conceit but is longer; the polysyndeton of 3–6 is inelegant, and the general sentiment is somewhat undermined by the use of *querella* in l. 3. The name comes from Martial (10. 77. 1, 12. 25. 5) or the poet's imagination.

4. veniant: *veniat* is unlikely on metrical grounds, and the use of the plural quite acceptable here (KS ii. 22–4). Such confusion is common in V.
 ordine quisque suo: Stat. *S.* 5. 1. 181 *salvo tamen ordine*; cf. *Epit.* 7. 5, *Hered.* 5–6.
5. placidumque per aevum: *per* seems to be 'in the course of', as if a quiet life is continued after death (cf. *Par.* 5. 11–12, 19. 13).

39–40

A single poem in Z and previous editions. The misgivings of Sh. B. (*AJP* 99 (1978), 179–80) and others disappear if one makes two epigrams: their first lines do not have to be reconciled and the opposition *satiare ... cruciare* does not lamely follow that of *vincere* and *sociare*. The first poem is an anguished complaint (cf. *Epigr.* 102–3), the second is one expressing sexual preferences, as in *AP* 5. 42, 12. 200, Mart. 1. 57, 5. 83, 9. 32. As Benedetti remarks (73–8), Ausonius is here closer to Martial.

39

2. vincere ... sociare: the problem here was T's *satiare*, unsuspected because it seemed to have the support of *Epigr.* 40. 2 and Mart. 1. 57. 6 (see below). What Venus wants is not a marriage of minds but their subjugation.

40

2. Cf. Mart. 1. 57. 6 *nec volo quod cruciat nec volo quod satiat* and 4. 38 *satiatur amor nisi gaudia torquent*.
3. bis cincta Diana: perhaps a reference to the hunting tunic which gave her the name χιτώνη (Call. *H.* 3. 11, 225). In Ovid she is *incincta* (*Her.* 4. 87) and *succincta* (e.g. *M.* 3. 156).
6. quae iungat quod 'volo nolo' vocant: 'who combines (as they say) "I will and I won't"', the *mediae Veneris ... artem* of l. 5. The use of *vocant* (cf. *Epigr.* 90. 1) suggests that *volo nolo* is proverbial, but it is not attested in this form

(*velim nolim* and the like are a different matter). Baehrens suggested *quod volo 'nolo' vocans*, which is no easier; nor is Graevius' more extensive change *cui iungar... vocet*, which he supported by reference to l. 1 of *Epigr.* 39.

41–42

Two poems, the first partly in Greek, which play on the names of two brothers Chrestus and Akindynos. The first of these names is a common one (and occurs in Mart. 9. 27), the second rare (*AP* 11. 429, *PLRE* i. 11; this consul is certainly not meant here). There is no close parallel, but a number of epigrams in *AP* 11 jest in a broadly similar way (181, 182, 197, 222, 231) and a joke is made out of the names of two brothers called Ἀμφότερος and Ἑκάτερος in Plut. *Mor.* 177F.

41

1. αὐτοαδέλφεοι: if this is correct, the untoward form is used *metri causa*.

οἰκτρὰ δὲ τέκνα: so CT; the adjective could mean 'miserable' in the sense of 'contemptible', as in Porph. *Contra Christ.* 23. 23 (p. 55 Harnack) and Eust. *Od.* 1691. 34, as expounded in Stephanus' lexicon. But perhaps A. used the Homeric phrase ἀγλαὰ τέκνα, with of course heavy sarcasm.

3. οὗτος ... οὗτος: influenced by the common Latin *hic ... hic* (cf. *Epigr.* 61. 4).

χρηστὸς: T's γ' looks like a stopgap to improve the metre; A. might have stooped to such an expedient, but *Ep.* 7. 1 suggests that he may have felt no need to do so here.

42

In this poem a single pentameter follows three hexameters. Parallels to this kind of oddity are not uncommon (see Page, *FGE* 116, *AL* 487 Riese, *CIL* vi. 37965, *CE* 428, 500, PN *c.* 25—a poem in elegiacs which ends with four pentameters), but one does not expect it in Ausonius, in spite of sudden surprises in other metres at *Par.* 17. 1–2, *Prof.* 6. 52–3, *Ep.* 14*b.* 19. Scaliger may well have been right to reject the first couplet; the first line is marred by the use of *alter* (which cannot be justified by *Epigr.* 85. 1 but could be based on it), while the second is suspiciously close in expression to *Ep.* 16. 3. The distich would then begin abruptly, but this happens in *Epigr.* 69–71, 83, where preceding poems make the context quite clear.

1. Z's line is hardly grammatical; *alter* demands a previous *hic* or *unus*. Unless the first couplet is spurious, as suggested above, the replacement of *fratres sunt* by *duo sunt: hic* may be necessary; *fratres* could be a gloss.

3. alpha suum ... sine alpha: *alpha* is usually indeclinable, but see on *Epigr.* 87. 13 Θ *sectilis.*

43

For this epigram Ausonius seems to have used two epigrams of Strato, *AP* 11. 225:

> Ἡ κλίνη πάσχοντας ἔχει δύο καὶ δύο δρῶντας,
> οὓς σὺ δοκεῖς πάντας τέσσαρας· εἰσὶ δὲ τρεῖς.
> ἢν δὲ πύθῃ, πῶς τοῦτο; τὸν ἐν μέσσῳ δὶς ἀρίθμει
> κοινὰ πρὸς ἀμφοτέρους ἔργα σαλευόμενον.

and 12. 210:

> τρεῖς ἀρίθμει τοὺς πάντας ὑπὲρ λέχος, ὧν δύο δρῶσιν
> καὶ δύο πάσχουσιν. θαῦμα δοκῶ τι λέγειν;
> καὶ μὴν οὐ ψεῦδος· δυσὶν εἷς μέσσος γὰρ ὑπουργεῖ
> τέρπων ἐξόπιθεν, πρόσθε δὲ τερπόμενος.

He creates a dialogue with a neatly expressed conclusion, but there is a heaviness in *perpetiuntur* (cf. Curt. 10. 1. 3) and *crimina*. The epigram has been studied by M. Lossau in *Verführung zur Geschichte: Festschrift zum 500. Jahrestag der Eröffnung einer Universität in Trier* (1973), 20–34. See also Benedetti 62–3, and, on the theme of *symplegmata*, Kay on Mart. 11. 81–2.

44

To embody this kind of ostentation, mocked by Seneca (*Dial.* 9. 7) and satirized by Lucian (31: πρὸς τὸν ἀπαίδευτον καὶ πολλὰ βιβλία ὠνούμενον), Ausonius has chosen the appropriate name of Philomusus, which Martial used in other contexts (3. 10, 7. 76, 9. 35, 11. 63). The point of ll. 3–4 is made by Horace (*S.* 2. 3. 104–8), but with a different purpose.

3. **barbita:** a unique form, though the singular *barbiton* is not unusual in late Greek and Latin.
   conde: the imperative, corresponding to a conditional clause (cf. *Epigr.* 81. 4), should be read, not the present or future indicative.
4. **citharoedus eris:** cf. Mart. 3. 4. 8 *citharoedus erit* (in a different context).

45–52

All but two poems (49, 50) in this polymetric set on Rufus the rhetor are found in V as well as in Z; poem 45 occurs twice in KT, once near the beginning and once near the end of the series. Several of them resemble various Greek poems, and the name is used in a similar context in *AP* 11. 143. 6 (Lucillius). Since in 51 he describes Rufus as an inhabitant (or native) of Poitiers, it is possible that he had a particular teacher in mind.

1. **nil verius:** cf. οὐδὲν ὁμοιοτέρον in *AP* 11. 151. 2, 16. 318. 2.

   ipse est: 'it's him'; *ipsa* would give poor sense as a nominative, and in view of the Greek parallels just mentioned is unlikely to be ablative. In l. 2 *ipse* is not a mere repetition but means 'the man himself'.

3. **omnia Rufi:** this reading, that of Z, makes a good contrast with *unum dissimile est*; V's *haec sibi constant* may have been intended to mean 'these (qualities of the statue) fit Rufus', with a use of *sibi* not found in A.

46

Cf. *AP* 16. 318 (anon):

> Τίς σὲ τὸν οὐ λαλέοντα τύπῳ ῥητῆρος ἔγραψε;
> σιγᾷς, οὐ λαλέεις· οὐδὲν ὁμοιότερον.

47

This epigram, joined to 46 in Z, is not based on a Greek model, except perhaps for *nil verius* (see on *Epigr.* 45. 1); it may be derived from Mart. 11. 102. 3–4 *est ita si taceas et si tam muta recumbas quam silet in cera vultus et in tabula.*

2. **agit:** cf. *Ad Patrem* 23 n.

48

1. **Reminisco:** cf. Priscian in *GL* ii. 396. 20 (an older, and obsolete, form).
2. A comma (Peiper, Prete) is necessary after *Rufus*; *non habet*, not *habet*, must be supplied with *versus*.

49

A hexameter variation on the theme, presumably directed at Rufus like 48, although it lacks his name and is found much later in the series.

50

A similar joke is made in *AP* 9. 489 by Palladas, and it is not chronologically impossible that Ausonius was aware of it; but the theme is such an obvious one that it is fruitless to discuss if one writer imitated the other. See Benedetti 125–31.

51

Here Ausonius exploits the convention by which works of art address the reader (cf. *Epigr.* 3, 4, 12), and combines two metres that he occasionally uses elsewhere.

2. **Pictavici:** a very rare form; contemporaries use *Pictavus* (Amm. 15. 11. 13, Sulp. *Vit. Mart.* 5). Elsewhere (*Prof.* 10. 48, *Ep.* 3. 36) A. has *Pictonicus*.

3. ipse: *ille* (Z) can hardly be read here, but it might have intruded from the next line, where it would make better sense.

    imago imaginis: cf. ὁ δὲ ῥήτωρ, ῥήτορος εἰκών in both *AP* 11. 145. 2, 151. 1.

52

Palladas made a similar joke about a certain Gessius (*AP* 16. 317), but the resemblance is not close (Benedetti 128–9). As Kay points out (on Mart. 11. 9), there is a parody of the common convention of praising a work of art for its realism; but Rufus is an unusual case.

53

This poem was transferred by Schenkl from Z's epigrams to the *Epitaphia*; but Glaucias was certainly not at Troy. The poem was inspired by the poems in which Statius (*S.* 2. 1) and Martial (6. 28) in their very different ways lamented the passing of Melior's favourite, Glaucias.

1. **bis octono . . . consule:** for the expression cf. Stat. *S.* 4. 1. 1 (of Domitian's consulships). He was older than Melior's Glaucias, and perhaps the same age as Anicia (*Epigr.* 13).

        octono: equivalent to *octavo*: cf. *Ecl.* 25. 34 (*septeno*) and Housman on Man. 4. 451.
2. **cingebat:** Markland suggested *pingebat*, but cf. *Par.* 23. 16 *nondum purpureas cinctus ephebe genas*. A. may have read *cingere* in Mart. 9. 76. 4.
3. **puer anne puella videri:** 'to look like either a boy or a girl', in other words, to be indistinguishable. The expression is unusual, but essentially similar to the common usage exemplified by *duos anne tres* (Suet. *Tib.* 55) or *rex an tyrannus* (*Ludus* 91). Ovid's simpler phrase *poteratque puer iuvenisque videri* (*M.* 3. 352) may have prompted the expression.
7. **Persephonae Cinyreius ibis Adonis:** cf. (Bion) *Epit. Adonidis* 54–5, Apollod. 3. 14. 4; for the epithet, garbled in the manuscripts, cf. Ov. *M.* 10. 712, 730, and *Ep.* 13. 42.
8. **Iovis Elysii:** Pluto; cf. *Iovi Stygio* in Verg. *A.* 4. 638, with Pease's note. The epithet is an unusual one in this context, but cf. *Epigr.* 7. 8 (an equine Elysium).

54–56

Three poems about the Cynic Diogenes. All three are in manuscripts b and d as well as V, which has them in its *Epitaphia*; 54 and 56 are in Z.

54

This seems to be modelled on *AP* 7. 64 (anon.):

> "Εἰπέ, κύον, τίνος ἀνδρὸς ἐφεστὼς σῆμα φυλάσσεις;"
> "τοῦ Κυνός." "ἀλλὰ τίς ἦν οὗτος ἀνὴρ ὁ Κύων;"
> "Διογένης." "γένος εἰπέ." "Σινωπεύς." "ὃς πίθον ᾤκει;"
> "καὶ μάλα· νῦν δὲ θανὼν ἀστέρας οἶκον ἔχει."

3. **pera:** a certain emendation; cf. Petr. *Sat.* 14. 2, v. 3 *cynica . . . pera* and Apul. *Flor.* 14 (with *baculum*).

4. **inde:** highly idiomatic (cf. Cels. 2. 10. 4, Plin. *NH* 3. 147), but vulnerable to scribal corruption, this should certainly be retained.

5. In Z the line begins with *quonam igitur*, in Vbd with *et quoniam*, for which Tollius read *at quonam*. It is possible that *at* was lost after *vetat* in l. 3, and the line repaired with the stopgap *igitur*, but *igitur* could have been dropped as apparently incompatible with *quoniam*, and *et* inserted. Z's reading seems more idiomatic (cf. Hor. *S.* 2. 3. 158, Pers. 1. 98, 5. 172); later in the line Z's *qua* is certainly right as against *iam* of Vb (and implied by d).

5–6. **Leonis ... Erigonae:** Sirius the dog-star is usually mentioned along with Lepus (cf. *Epigr.* 15. 4), but the zodiacal signs (cf. Man. 5. 206–69) are more appropriate, since Leo recalls Hercules and Erigone was a moral paragon (cf. Man. 2. 31–2 *pietate ad sidera ductam Erigonen*). A. may also have had in mind Verg. *G.* 1. 33 (Virgo and Scorpio).

55

A well-known anecdote, treated by Antiphilus of Byzantium (*AP* 16. 333: Antiphilus 45 in Gow–Page, *GP*) and also told in DL 6. 37 and Sen. *Ep.* 90. 14. A. may have derived *cavis manibus* and *supervacuum* from Seneca (who has *cava manu . . . supervacuas*); only Antiphilus mentions the cowherd.

1. For similar verses, cf. *AP* 7. 65–8. The extreme rarity of *tribon* in Latin suggests a Greek poem that began πήρη, μάζα, τρίβων, βάκτρον, σκύφος.

56

This is similar in some ways to *AP* 9. 145 (Page, *FGE* 348):

> Ἐλθὼν εἰς Ἀίδην, ὅτε δὴ σοφὸν ἤνυσε γῆρας,
> Διογένης ὁ κύων Κροῖσον ἰδὼν ἐγέλα,
> καὶ στρώσας ὁ γέρων τὸ τριβώνιον ἐγγὺς ἐκείνου,
> τοῦ πολὺν ἐκ ποταμοῦ χρυσὸν ἀφυσσαμένου,
> εἶπεν "ἐμοὶ καὶ νῦν πλείων τόπος· ὅσσα γὰρ εἶχον,
> πάντα φέρω σὺν ἐμοί, Κροῖσε, σὺ δ' οὐδὲν ἔχεις."

The final couplet of this is close to ll. 3–4 of Ausonius, but it should not be inferred with Jachmann (90–1/513) that the last two lines of the Latin epigram are interpolated. It would not be surprising if Ausonius (or even a Greek poet) had decided that for once Croesus should have the last word. In *Epigr.* 57 he goes beyond his apparent model, albeit more elegantly than here. The point of the final couplet may not be as blunt as Jachmann thought (see below). Z has only the first two lines.

1. **Croese:** the variant *Xerxe* is of no significance.
5–6. I have followed in its main lines EW's punctuation and interpretation of this couplet. He translates: 'The king replied: "I wanted for nothing when you, you beggar, lacked everything: and do I lack if I need nothing now?"' (but *si modo* is more likely to mean 'provided that', or 'given the fact that'). The distinction between *careo* and *egeo* may be supported by a phrase in *Epiced., praef.* 6 *quod ille non eget* (sc. *laudatione*), where the point is surely that Ausonius senior feels no need of praise now that he is dead, not that he does not lack praise in his present state or did not lack it during his long life (true as these propositions may be). Alternatively, perhaps *omnibus at caream, si modo non egeo*: 'may I go without everything, as long as I feel no lack'. Schenkl's interpretation *omnibus at careo? si modo non egeo* is not clear, and the emendations noted by him (Baehrens's *en* for *et*, Mommsen's *sit* for *si*) do not seem to help.

57

The first couplet of this epigram resembles *AP* 16. 129 (anon.):

> Ἐκ ζωῆς με θεοὶ τεῦξαν λίθον· ἐκ δὲ λίθοιο
> ζωὴν Πραξιτέλης ἔμπαλιν εἰργάσατο.

The second includes an echo of Verg. *A.* 1. 8 and a pun in *sine sensu*, which could have had a Greek model involving νοῦς.

58

This poem, transferred here from the *Epitaphia* (it occurs in V only), is strongly Latinized, with echoes of Vergil's proem in ll. 2 (cf. *Epigr.* 57. 4) and 9. The fourteen children, the phrase *amisi . . . effigiem* in l. 6, and the conceit in ll. 7–10 make Ovid (*M.* 6. 146–312) the likely source.

1. **Sipyleia:** cf. Stat. *S.* 5. 1. 33.
7. Cf. Ov. *M.* 6. 309–10 *inter quoque viscera saxum est. flet tamen . . .*

59

A number of Greek epigrams on this theme are extant, the closest being *AP* 16. 174 (anon.):

Παλλὰς τὰν Κυθέρειαν ἔνοπλον ἔειπεν ἰδοῦσα·
"Κύπρι, θέλεις οὕτως ἐς κρίσιν ἐρχόμεθα;"
ἡ δ' ἀπαλὸν γελάσασα, "τί μοι σάκος ἀντίον αἴρειν;
εἰ γυμνὴ νικῶ, πῶς ὅταν ὅπλα λάβω;"

The statue at Sparta was famous (Paus. 3. 15. 10; cf. Plut. *Mor.* 371 F and O. Broneer, *The Armed Aphrodite* (Berkeley, 1930)), and according to Quintilian (2. 4. 26) his teachers used to ask his class to explain *cur armata apud Lacedaemonios Venus*. It is hardly likely that the epigram is generated by this exercise, as asserted by M. Galdi in *AAN* 12 (1931–2), 135–9. This and other matters are discussed by Benedetti, 83–91. For later developments see E. Wind, *Pagan Mysteries in the Renaissance* (London, 1967), 91–6.

60

This is very similar to the last two lines of *AP* 6. 1 (Plato: Page, *FGE* 166–7):

τῇ Παφίῃ τὸ κάτοπτρον· ἐπεὶ τοίη μὲν ὁρᾶσθαι
οὐκ ἐθέλω, οἵη δ' ἦν πάρος οὐ δύναμαι.

Ausonius develops these with a typical play in *aeterna aeternum* (cf. *Epit.* 2. 5 and for the polyptoton, which is rare, *Par.* 9. 22) and weak padding in l. 3.

61

It has been suggested that this poem on Castor, Pollux, and Helen was inspired by a mosaic found near the Kornmarkt at Trier (M. Cagiano de Azevedo in *Mélanges d'histoire ancienne et d'archéologie offerts à Paul Collart* (Lausanne and Paris, 1976), 89–91; cf. Heinen 359–61). This mosaic is in fact complex and difficult to interpret (see Heinen's bibliography on p. 421), and the simple detail of this epigram could easily have been taken from literary sources alone, as in the case of other such poems. A. does not use *cernis* elsewhere, but in such contexts it is a commonplace.

3. See *RE* xvi. 2342–4 for the role of Nemesis and *RE* v. 1112–13 (s.v. Dioskuren) for their parentage.
4. The difference between the treatment here and that of Gorgias, *Helen* 3, could hardly be greater.

62

The theme is found in several poems of the Greek Anthology (*AP* 16. 159–70). Ausonius is particularly close to the last two lines of *AP* 16. 160, ascribed to Plato (Page, *FGE* 180–1):

Πραξιτέλης οὐκ εἶδεν ἃ μὴ θέμις· ἀλλ᾽ ὁ σίδηρος
ἔξεσεν οἷ᾽ ἂν Ἄρης ἤθελε τὴν Παφίην.

See Benedetti 56–62.

1. **Cnidiam:** cf. *AP* 16. 162. 1 and Plin. *NH* 36. 20.
2. Cf. ποῦ γυμνὴν εἰδέ με Πραξιτέλης; in both *AP* 16. 160. 4 and 16. 162. 2.
5. **domino:** Mars is both the master of the chisels and the lover of Venus (cf. Ov. *AA* 1. 314).

63–71

A series of poems on another favourite theme of the Greek Anthology, Myron's heifer (*AP* 9. 713–42, 793–8: see Gow–Page, *HE* 63–4). For Ausonius' versions, see Benedetti 50–6, and O. Fua, 'L'idea dell'opera d'arte "vivente" e la *bucula* di Mirone nell'epigramma greco e latino', *RCCM* 15 (1973), 49–55.

63

Various poems seem to contribute to this; they are cited in the notes.

2. **nec factam me puto sed genitam:** an echo of the Nicene Creed, in which the Greek words used of Christ γεννηθέντα, οὐ ποιηθέντα are translated *natum* (or sometimes *genitum*) *non factum*, was detected here by C. Weyman (*Beiträge zur Geschichte der christlich-lateinischen Poesie* (Munich, 1926), 90–2). A. could well have been acquainted with the creed at the time when he wrote this, but his words are more likely to be simply a rendering of *AP* 9. 726. 2 ἁ δὲ Μύρωνος χεὶρ οὐ πλάσεν, ἀλλ᾽ ἔτεκεν. As in *Epigr.* 67. 4, there may be no theological significance, and it would be rash to detect a note of burlesque or even, as Weyman does, bad taste. The echo might even be an unconscious one.
3–4. Cf. *AP* 9. 730 (Demetrius of Bithynia; Page, *FGE* 37):

Ἤν μ᾽ ἐσίδῃ μόσχος, μυκήσεται· ἢν δέ γε ταῦρος,
βήσεται· ἢν δὲ νομεύς, εἰς ἀγέλαν ἐλάσει.

4. Cf. Mart. 6. 38. 8 *sic vitulus molli proelia fronte cupit.*

64

Compare *AP* 9. 721 (Antipater of Sidon 37 in Gow–Page, *HE*), with its briefer questions and neat answer:

Μόσχε, τί μοι λαγόνεσσι προσέρχεαι; ἐς τί δὲ μυκᾷ;
ἁ τέχνα μαζοῖς οὐκ ἐνέθηκε γάλα.

2. sucum lactis: cf. Hor. *c.* 3. 3. 34–5 *nectaris sucos.*

65–66

I have made two poems out of the four lines that stand together in Z and in previous editions, as was suggested by Brandes in *Beiträge zu Ausonius*, iv (Wolfenbüttel, 1908), 18. The point of the first two lines is clear, and they do not need further explanation; the repetition of *Daedale* and the change from *me* to *vacca Myronis* would be unlikely within a single poem. Poem 69 is also a distich on Daedalus, and again the reference of *me* is not stated explicitly within the poem.

67

The point of this epigram seems without parallel; the rare use of *detero*, based on Hor. *c.* 1. 6. 12, is also found at *Mos.* 390, but such a detail does not rule out a Greek model.

3. fingi: Z's *fingere* is difficult, as Souchay realized, and I suggest *fingi*, which a scribe could easily have assimilated to the active forms surrounding it.
4. The suggestion of a theological point here is probably unintentional: cf. *Epigr.* 63. 2.

68

If, as Gow–Page suggest (*HE* 63), Myron's cow was a votive offering, sacrifices may well have taken place nearby.

4. Cf. *Par.* 11. 11–12 *non fuit artificis manus haec; manus illa cruenti certa fuit fati.*

69

1. Cf. *AP* 9. 730, quoted on *Epigr.* 63. 3–4.

70

For the metre, cf. *Prof.* 15.

1. caduco sole: apparently a unique use of *caducus.*
3. unam: *suam* here gives poor sense, and may well have been corrupted after *suas.*
   minabat: 'tried to lead', the correction of A. Loisel, recorded by his friend Cujacius; *minare* is a rare vulgarism, like *testa* in *Epigr.* 76. 2 (it is found in the Vulgate and schol. Juv. 6. 526). It is preferable to *movebat*, read in Laur. 33. 19, according to Prete; the manuscripts' *monebat* is much less appropriate.

71

1. **pastor forte:** there are spondees in the fourth foot of iambic trimeters at
Par. 17. 1, *Prof.* 15. 1, *Ep.* 19*b*. 23, 39, and a resolved spondee in the second
foot at *Ep.* 20*b*. 43. Emendations such as *Damo* or *Corydo* for *pastor* (Leo), or
olim for *forte*, are unnecessary. But if *unam* is the true reading in *Epigr.* 70. 3,
it might have led to dislocation here; A. might have written *Forte ex iuvencis
pastor unam amiserat* (as tentatively suggested to me by Reeve). *unam* in this
position seems unduly emphatic, and such homoeoteleuton is rare.

72

An unusual type of poem which describes the sudden sex-change of a peacock;
this is explained with much learning by a lad who then (it seems) reveals his
own metamorphosis.

1. **Vallebanae:** this place is unknown. The reference to Beneventum in l. 13
neither supports nor excludes an Italian location; but its qualification
Campana suggests that *Vallebana* is less remote, and Gaul is in any case the
most probable area. Vinet suggested a *Vallis bona* 'in Alpibus', presumably
Valbonne (Alpes-Maritimes); the Spanish places Vallbona and Vallibona are
less likely to have been known to him, though such a story could have
crossed the Pyrenees. But all these would entail reading *Valle Bonae* here;
Vauban (Saône-et-Loire), implying *Vallebannum or *Vallebannis, of which
Vallebana might be a by-form, perhaps deserves consideration.

   nova res: Tollius' very probable correction of *iocares*; cf. *novitatis* in l. 7.
4. **pava:** not attested in Latin; a nonce-word would be amusing here, but
modern Spanish has the word *pava*.
5. **mollior agna:** this proverbial phrase (Mart. 5. 37. 2, Juv. 8. 15) here refers
to a boy (cf. l. 16), or perhaps a girl who looked like a boy (cf. *Epigr.* 53. 3).
The missing pentameter may have made this clear, but the last line of the
poem is clearly meant to give an unexpected revelation.
7. **hebetis:** for this sense of the verb, cf. Ven. *Vit. Mart.* 2. 293.
8-11. This is the only place in which A. mentions Ovid. The following
passages are referred to: *M.* 12. 189–209, in l. 9; *M.* 3. 323–31, in l. 10; and *M.*
4. 285–388 (with 383 for *Hermaphroditus*, 386 for *semivir*) in l. 11.
9. **proles Saturnia Consus:** Neptune; cf. *Ecl.* 16. 19–20. For *proles Saturnia* cf.
Ov. *M.* 14. 320.
12. The source is apparently Plin. *NH* 7. 36 *ipse in Africa vidi mutatum in marem
nuptiarum die L. Consitium civem Thysdritanum*, at the end of a chapter devoted
to such things and reproduced by Gell. 9. 4. 13–15. A. is using *androgynum*
loosely.
13. **Campana in Benevento:** feminine gender is attested by the gloss on

Beneventus in *CGL* iv. 26. 39; for the form cf. Ravennas 276. 9 Pinder and Appian *BC* 4. 3.

73

A rather lengthy treatment of a simple joke, not without erudition.

1. **Pythagora Euphorbi:** the genitive is surprising, and perhaps *Euphorbus* should be read. Pythagoras claimed to be a reincarnation, not a son, of Euphorbus (e.g. Ov. *M.* 15. 161); Tertullian calls him *Pythagoran Euphorbum* (*De Anim.* 31. 3) and Persius describes Ennius as *Maeonides Quintus* (6. 11).

4. **aeriam:** cf. Ov. *M.* 14. 127 (*aerias . . . ad auras*); Markland's *aetheriam* is not required.

5. **feles . . . pullaria:** cf. Pl. *Pers.* 751 *feles virginaria*; *Rud.* 748 *feles virginalis*. For *pullarius* cf. Petr. *Sat.* 43. 8 (a probable emendation) and *CGL* ii. 392. 6 (= παιδεραστής).

6. **puerile secus:** an odd phrase, but an apt one; the nouns *genus* or *decus* would be less effective.

7. **postico vulnere:** Marx compared Sall. *H.* 3. 98. 20 (152. 14–15 Maurenbrecher) *perverso vulnere*, where the context is unclear; in Varro, *Men.* 430 *posticum* is probably a noun.

   fossor: the noun in this sense is unique; for the verb and its compounds see J. N. Adams, *The Latin Sexual Vocabulary* (London, 1982), 151–2.

8. **†sub pilo pullo premor†:** the text is far from certain. In their editions of Lucilius, Marx (fr. 967) and Krenkel (fr. 975) regard the phrase *subpilo pullo premoque* as the beginning of a trochaic septenarius, and take the words as nouns in the nominative case (like *comedo, combibo*, and others), with the respective meanings 'Enthaarer', 'Knabenschänder', 'Bespringer'. *pullo* is interpreted as equivalent to *pullarius* (cf. l. 5) and *premo* explained with reference to *Dea Prema* in Aug. *CD* 6. 9; but a compound such as *pulliprema, pullipremus*, or *culopremus*, as offered by various critics, should not be ruled out.

   For Lucilius in A., see *Hered., praef.* n.

9. **hippocamelus:** a nonce-word denoting a mixture of two lustful animals, perhaps inspired by the compound in Lucilius fr. 1126 Marx (1141 Krenkel).

74

This *fellator* bears the significant name of Castor (Plin. *NH* 32. 36, Juv. 12. 34–6 with Courtney ad loc.); the beaver was thought to lack testicles. Martial uses it with no apparent overtones in 7. 98.

1. **mediorum membra virorum:** see Adams, *The Latin Sexual Vocabulary*, 46–7.

75

If the title of this poem *subscripta picturae mulieris impudicae* is correct, and the poem describes the picture faithfully, the picture was remarkably explicit.

1. **genitalia foedera:** in contrast to *obscenas veneres* in l. 2, and reinforcing *legitimi . . . coetus*, where the adjective means 'normal', as in *Mos.* 44. It may be adapted from Stat. *Th.* 3. 300 *genialia foedera* (of marriage), but *genialia* (Baehrens) should not be read; although the sense would remain clear enough, *genitalia* expresses the contrast more accurately (H. D. Jocelyn, *LCM* 4/5 (1979), 90).

   coetus: this is used for the more usual *coitus*, as elsewhere in A. (*Ephem.* 8. 11, *Epigr.* 115. 5, 14).
2. **vitiosa libido:** cf. Hor. *Ep.* 1. 1. 85.
3. After receiving Hercules' arrows (Soph. *Phil.* 802, Ov. *M.* 13. 401, Hyg. *Fab.* 36) Philoctetes had to retire to Lemnos because of his wound; the isolation, according to A., drove him to masturbate. Like the point in Mart. 2. 84. 1–2 (his homosexuality, a punishment for later killing Paris), this may go back to Greek comedy.
4. Pederasty, according to Quint. 10. 1. 100; this may be virtually all A. knew about Afranius (cf. *Technop.* 1. 2). The words *scaenis agitavit* are based on Verg. *A.* 4. 471.
5. **Nolanis:** cf. Porphyrio on Hor. *S.* 1. 5. 62, about Campanians in general, and Fest. 204. 30–2 L., who links the word *obscenus* with the Osci.

   capitalis luxus inussit: both a condemnation and a pun.
7. **deglubit:** this passage is used by R. J. Penella (*Hermes*, 104 (1976), 118–20) and H. D. Jocelyn (see on l. 1) to elucidate *glubit* in Cat. 58. 5; O. Skutsch (*LCM* 5/1 (1980), 21) denies its relevance.

   per utramque cavernam: see Penella, art. cit., n. 8.
8. This is identical with Verg. *A.* 4. 415; outside his *Cento* A. very rarely quotes complete lines of the poet. A solemn effect is sought in *Mos.* 460, the opposite here.

76

This poem, transmitted by E and G as well as V, is a much less flowery version of *AP* 9. 159 (Page, *FGE* 367):

> Κρανίον ἐν τριόδοισι κατοιχομένου τις ἐσαθρῶν
>   εἰκόνα τὴν κοινὴν οὐκ ἐδάκρυσε βίου·
> δεξιτερὴν δ᾽ ἔρριψεν ἐπὶ χθόνα, καὶ λίθον ἧκεν
>   κωφὸν μὲν δοκέοντ᾽, ἀλλὰ πνέοντα δίκης.

ὀστέον ὡς γὰρ ἔπληξεν, ἀφήλατο, καὶ τὸν ἀφέντα
πήρωσεν, γλυκεροῦ βλέμματος ὀρφανίσας.
†καὶ πάλιν εἰς Ἀΐδην κωλάζετο†, τὴν ἰδίην δὲ
ἔκλαυσεν χειρῶν εὔστοχον ἀφροσύνην.

Page denies that Ausonius' poem is a rendering of this Greek epigram; but it could well be an adaptation of it, with a pointed use of a name found in Martial (3. 91, 7. 57), for which see below. For a typically full commentary, see Benedetti 27–41.

2. **testa:** a vulgar usage, also found in verse at Prud. *Per.* 10. 762; Benedetti goes too far in calling it 'uso stupefacente' (30).
3. **Achillas:** following a suggestion of Munari (*SIFC* 27–8 (1956), 308 n. 1), Benedetti argues for an allusion to Pompey's assassin (Lucan 8. 538, 618). This is very likely: A. chooses his names carefully, and he knew at least this part of Lucan well. There may be another historical allusion (in the name Eunus) in 87.
5. **ergo:** a strange connective here; perhaps *en* should be read.
6. **auctorisque:** E's *actorisque* would remove the rather inelegant repetition, but the word is very rare in this sense, and the usage in Stat. *Ach.* 2. 134 *flexae Balearicus actor habenae* is not entirely parallel. For *auctor* cf. Verg. *A.* 9. 748, which had many imitators.
8. **auctorem ... suum:** EZ give *in proprium ut redeant tela retorta caput*, where *proprium* seems unnecessarily emphatic and the ambiguity of *caput* ('head' and 'source') is inelegant. The line may have been rewritten after the loss of *auctoremque* by haplography. Benedetti compares Claud. 7. 94–5 *revolutaque tela vertit in auctores*. The whole couplet is not above suspicion; moralizing is rare in A. and barely present in the Greek.

77

Jokes against doctors and seers are common in epigram (F. J. Brecht, *Philol.*, Suppl. 22/2 (1950), 1–114); this poem, like *AP* 11. 114, targets both. Unlike the Greek epigrammatist, Ausonius compares their effects on a third person. He also changes the seer's name Diophantus to the commoner Diodorus, and the doctor's name Hermogenes to Alcon; Pliny mentions a *vulnerum medicus* of that name in the context of a complaint about the avarice of doctors in *NH* 29. 22, but the details are not close enough to suggest a direct connection. On this and other matters, see Munari 309–10, Benedetti 41–8.

4. **†ilico†:** metrically improbable and highly suspect because of *ilico* in l. 6. Perhaps *vatis*.

78

A further joke against the medical profession, made more lightly in *AP* 11. 113 (Nicarchus):

> τοῦ λιθίνου Διὸς ἐχθὲς ὁ κλινικὸς ἥψατο Μᾶρκος·
> καὶ λίθος ὢν καὶ Ζεὺς σήμερον ἐκφέρεται.

1. **Alcon:** from Mart. 6. 70. 6, 11. 84. 5.
4. **effertur:** both 'removed' (as explained in l. 3) and 'taken to burial', like the Greek ἐκφέρω, which does not, as Benedetti (44) maintains, seem to mean 'carry in procession' as well. See Munari 310 n. 1.

79

A witty poem, based on a fable of Aesop (168 Halm; Babrius, *Mythiambi* 75); Ausonius introduces some deft Vergilian touches. A doctor named Eunomus is mentioned in Galen xiii. 850–2 Kühn; as in 77 we have a Greek doctor and a Roman victim.

1. Z's version of this line is padded (*e populo*) and tautologous (*aegrum*).
   Gaius: the disyllabic scansion (also in ll. 5, 9) is noteworthy.
2. **evasit:** EW's 'slipped away' is evasive; he lived, and took amusing revenge.
3. **videt aut vidisse putavit:** cf. Verg. *A.* 6. 454 (with *putat*), a nicely judged atmospheric touch.
4. **multa mortis in effigie:** 'very deathlike'; a phrase with formal similarities to Verg. *A.* 2. 369 *plurima mortis imago* and Cic. *De Orat.* 1. 193 *plurima . . . antiquitatis effigies*, but difficult nevertheless. Markland's *multum* does not help.
7. **rerumque hominumque:** an imposing phrase; cf. *hominum rerumque* in Verg. *A.* 10. 18, 12. 829.
9. **dixi:** 'I told him' (Dis).

80

This poem, which gently derides a versatile mimic, abounds in echoes of Latin poets—a fact which suggests that the idea originated with Ausonius. It was imitated by Eugenius of Toledo (*c.* 41; *AL* 730 Riese), who concentrates on matching abstruse verbs to a long list of animals.

2. Cf. Verg. *A.* 3. 221 *caprigenumque pecus* and *G.* 3. 287 *lanigeros . . . greges*; Ovid has *lanigerosque greges* at *M.* 6. 395.

3–4. Cf. Pers. 3. 9 *ut Arcadiae pecuaria rudere credas*; *dicas* is also read, and A.'s testimony can cautiously be claimed for it, along with the testimony of others who quote the line.

5. Cf. Verg. *G.* 1. 423 *ovantes gutture corvi*.

81

This epigram is a grammatical joke rather than an attack on Auxilius, as Szelest would have it (*Eos*, 64 (1976), 35). The name is attested in *CIL* v. 5788.

4. solicismos: for the iotacism, cf. *Ep.* 10. 19 *telios*.

82–87

Eunus, who is mocked by name in five of the next six poems, is the most fully realized character in the *Epigrams*. A schoolteacher like Rufus (*Epigr.* 45–52), he is more notable for his sexual predilections than his learning, and has an unnamed wife as well as a mistress called Phyllis. In 87 he is described as a Syrian; this is appropriate for one with a knowledge of Greek, but there may also be an allusion to the Syrian Eunus, leader of a slave revolt in Sicily in the 130s BC, whose habit of breathing fire has been compared to the activity of Ausonius' *ligurritor* by J. N. Adams, *Latomus*, 42 (1983), 95–109. There are allusions to Campania, or at least to the Campanian vice (see on *Epigr.* 87. 2), but the poem need not be set there; Syrians were common in Gaul (Salv. *Gub.* 4. 69, and various inscriptions).

82

1. vendentem . . . odores: cf. Hor. *Ep.* 2. 1. 269 *vicum vendentem tus et odores*.

4. Seplasiae: originally a street in Capua where unguents were sold (RE iiA. 1546), but the name had doubtless gained a more general application, like the word *seplasiarius*.

5. κύσθον κόστονque: the confusion in the manuscripts suggests that A. wrote both words in Greek. For the first one cf. Eupolis fr. 247 Kassel–Austin, Ar. *Ach.* 782, *Thesm.* 1114; the second is common in both languages.

6. sardas: not attested in a relevant sense, but apt and sufficiently close to give a further pun.

83

This also refers to Phyllis.

84

This poem resembles the final couplet of 82, but seems to have no connection either with Eunus or with sex. Turnebus' link between *salgama* and the plant *cisthus* (cf. *Epigr.* 82. 5) is botanically invalid. The point (also made in Mart. 6. 55, without the pun) is not appropriate to Eunus, who is sensitive to smells.

1. **salgama:** Colum. 10. 117, 12. 4. 4, 12. 9. 2.

85

For essentially similar riddles see *AP* 11. 222, *Priapea* 54, 67; and K. Ohlert, *Philol.* 56 (1897), 614–15.

4. A. does in fact use the corresponding Latin word in *Epigr.* 82. 2, 83. 1. As Adams points out, this could be taken as A.'s motto, although not intended as one; he avoids colloquialisms in his sexual language.

86

Another joke about Eunus' weird preferences in sex and scholarship.

1. **putria inguina:** cf. Hor. *Epod.* 8. 7 *mammae putres.*
2. **γλώσσας:** the Latin word, given by the manuscripts, does not mean 'tongue'; the Greek is suitably ambiguous. Greek words occur frequently in the *Epigrams* and other works of A., and tend to be garbled or simplified in transmission.

87

For this most unusual development of a sexual theme Ausonius chooses the choliambic metre, which he uses elsewhere only in a single line (*Ep.* 14*b*. 19). The recondite detail is expounded by Adams in *Latomus*, 42 (1983), 95–109; this article is helpful but at times unnecessarily complicated.

1. **Syriscus:** cf. Ter. *Eun.* 772, 775, *Ad.* 763 (for the slave Syrus), and Mart. 5. 70. 2. See also the introductory note to *Epigr.* 82–7, and Adams 98–100.
2. **opicus magister:** elsewhere in A. the epithet describes texts (*Prof.* 22. 3, *Ep.* 13. 99) and means 'obscure' or 'obsolete'; in view of *Epigr.* 86. 2 a meaning like 'bookish' would not be inappropriate here. But the meaning 'ignorant' (of more everyday matters) or 'boorish' should also be understood, and perhaps there is an allusion to the Osci (Fest. 204. 30–2 L.), who with the Campanians were branded as *obsceni* and *ore immundi* (Porph. on Hor. *S.* 1. 5. 62; Adams 100; cf. *Epigr.* 75. 5 n.).

   sic eum docet Phyllis: he needs Phyllis' instruction in such things. For *eum* Adams reads *enim*, following a suggestion of H. D. Jocelyn; this is possible, but the sense 'reveals to us' is not required. Epigrammatists, even voyeuristic ones, need not and do not divulge their sources.

3. qua triangulum: an emendation by the seventeenth-century scholar Ménage, resurrected by Dezeimeris, which neatly overcomes the difficulty of *quadriangulum* and removes the harsh asyndeton of ll. 3–4.

4. triquetro coactu: so the archetype of Z. In T *coactu* became *que actu* (cf. Drac. *DLD* 3. 10) and was corrected to *tractu*, which indeed seems the *mot juste* (cf. Prop. 4. 3. 5); *tractu triquetro* would give good sense. The noun *coactus* means 'compulsion' or 'compression', and is out of place or at least extremely strained in a geometrical description.

   Δ: cf. Ar. *Lys.* 151.

6. For *fissi* cf. Cels. 5. 20. 5 (of the anus); for *rima* cf. Cento 111, Juv. 3. 97.

7. trifissilis: cf. *tricornigera* in *Technop.* 14. 27. The description here is too vague to be a useful addition to the evidence for the form of the letter given by V. Gardthausen in *Griechische Paläographie*, i (Leipzig, 1911), pls. 1–2; but see Adams 104.

10–11. Line 10 ought to signify Eunus' preference, and l. 11 normal intercourse, with the letters rho and iota—which he sees according to Adams as 'directives'—standing for the tongue and penis respectively. Adams would reverse these roles, but the scrotum, even if it could contribute to a rho, is irrelevant, and iota a poor approximation to the flexible tongue, which curls when it meets its object. It is surely more, not less, far-fetched to make Eunus imagine himself in l. 10 as a *fututor*, and the difficulty of Adams's interpretation is further demonstrated by his loose paraphrase, which fails to do justice to *convenit* in l. 11.

12. or: for the use of this letter in gestures and graffiti, and its form, see Adams 103. I suspect a threat involving the word εὐνοῦχος and the man's name.

13. Θ sectilis: the letter represents death (Isid. *Etym.* 1. 24. 1), and was also used by scholars as a critical sign (*GL* vii. 536. 18, Sid. *c.* 9. 334–5). As in the previous line a sexual threat may be implied; cf. *Priapea* 54. 1, where *CD* corresponds to Θ here.

   For the gender of *theta*, cf. *Technop.* 14 *passim* and *Epigr.* 42. 3, a passage not used by D. Bain in *Latomus*, 43 (1984), 598–9 when answering his own point as raised in n. 38 of Adams's article.

88

The name Crispa is also used in 75.

1. Crispa at ego istud: so the edition of 1513, to avoid Z's hiatus. Reeve prefers *Crispa sed istud*.

2. si: Z's *mi*, together with following *me*, is very strong, surprisingly so after *nescio*; Brandes's *si* with *est*, not K's *es*, after *satis* makes the sentence logically and stylistically smoother.

3-4. Cf. [Tib.] 3. 19. 5-6 *atque utinam posses uni mihi bella videri, displiceas aliis.*

89

A lively description of an ideal mistress. The metre is found elsewhere in Ausonius only in *Par.* 28.

9. dicere abominor: the infinitive with *abominor* is rare (cf. Sen. *Ben.* 7. 8. 2 and Prud. *Per.* 5. 180).

90

Similar to *AP* 5. 68 (Polemon 3 in Gow–Page, *GP*):

> Ἢ τὸ φιλεῖν περίγραψον, Ἔρως, ὅλον, ἢ τὸ φιλεῖσθαι
> πρόσθες, ἵν' ἢ λύσῃς τὸν πόθον ἢ κεράσῃς.

91

A close imitation of an epigram by Rufinus (*AP* 5. 88; Page, *The Epigrams of Rufinus*, 64, 100).

> Εἰ δυσὶν οὐκ ἴσχυσας ἴσην φλόγα, πυρφόρε, καῦσαι,
> τὴν ἑνὶ καιομένην ἢ σβέσον ἢ μετάθες.

1. alma Dione: cf. Ov. *AA* 3. 3 and 769.

92

A joke based on the commonplace phrase attested in Lucian 32. 3 and alluded to in Hor. *Ep.* 1. 2. 40-1 *dimidium facti qui coepit habet: sapere aude; incipe.* This epigram may have been written as a dialogue.

93

This and 94 take a commonplace theme, often treated and referred to in various ways (*AP* 10. 30; Mart. 6. 30, 7. 43, Sen. *Ben.* 2. 1, 5). The origin of the Greek version given in the heading ἁ χάρις ἁ βραδύπους ἄχαρις χάρις is not known; Stephanus (s.v. ἄχαρις) cites a similar pentameter line with ἐστι after ἄχαρις, but gives no source; it may in fact derive from an edition of Ausonius.

1. namque: adversative, as in *Par.* 24. 7.

94

2. facit: the word was evidently missing in the archetype of EZ. CT rightly opted for *facit*, which goes well with *factum*.

95

A couplet inspired by details of *AP* 11. 254 (Lucillius), a longer poem. Ugoletus' additions are betrayed by *saxeus* and *dissecuit*, taken from other epigrams.

2. Capanea: for this form, cf. Hom. *Il.* 2. 564 (the genitive).

96–98

Three poems, two in Latin and one in Greek, on an otherwise unknown drink (98. 2) known as *dodra*. Because of its nine ingredients Ausonius derives it from *dodrans*, which signifies three-quarters or nine *unciae*. Since the recipe is vague about the ingredients and silent about the quantities, it cannot be reconstructed; it is more complex, and more substantial (because of the bread, unless this was merely an accompaniment) than *conditum*.

99

An unusual and thoroughly Roman poem about a pederastic lawyer. Because he was married, he welcomed the *lex Papia* (cf. Suet. *Nero* 10) or *lex Papia Poppaea* of AD 9, which encouraged marriage, but had reason to fear the *lex Iulia* of 18 BC against adultery, since although perfectly aware of what his wife was up to he had not divorced and charged her as the law demanded. He was worried by the earlier *lex Scantinia* against homosexuality, but stood to gain from the *lex Titia* (late Republican but of uncertain date), which allowed magistrates to appoint tutors to *impuberes* (Gaius, *Inst.* 1. 185 and ps.-Ulpian, *Regulae* 11. 18). It was suggested by W. Hottentot in *Mnemos.*, 4th ser., 37 (1984), 148–51 that this last law was chosen not because of its actual stipulations but because of its associative overtones, which include an obscene meaning of *titos* in Pers. 1. 20, but this is far-fetched. A reference to the actual law, even if it was little known, makes perfectly good sense.

1. vivit: since she still lived, and had not suffered the harsh punishments of enclosure in a sack or burning prescribed by the letter of the law (*C. Th.* 11. 36. 4), he was guilty of *lenocinium*, according to *Dig.* 48. 5. 2. 2.
4. Scantiniam: the first *i* is long in Juv. 2. 44, Prud. *Per.* 10. 204 (both passages also mention the *Lex Iulia*).

100

A joke about an unnamed bisexual.

1. **dropace:** cf. Mart. 3. 74. 1, 10. 65. 8.
3. **elixo plantaria podice vellis:** cf. Pers. 4. 39–40 *quinque palaestritae licet haec plantaria vellant, elixasque nates labefactent forcipe adunca.*
4. **inclusas:** perhaps 'innermost'; emendation seems unnecessary.

Κλαζομενάς: a unique description of the anus, no doubt ultimately derived from Greek comedy or epigram. Hesychius mentions an excretory joke s.v. *Κλαζομένιοι.*
5. **bimarem:** the word means 'bordering on two seas' in *Ecl.* 13. 3, *Ep.* 24. 61, and elsewhere in Latin. The Ionian town was on an island joined by a causeway to the mainland, but there is also at least a hint of the word *mas:* see J. M. Stowasser in *Commentationes Woelfflinianae* (Leipzig, 1891), 28.

101

Zoilus appears in various contexts in *AP* (11. 82, 12. 76) and Martial (see Friedlaender on 2. 16, and his introduction, p. 22).

3. **molitor:** the noun is unique, the verb common.
4. **quantum:** for this usage see M. S. Smith on Petr. *Sat.* 43. 4 and E. Löfstedt on *Hist. Apoll.* 8 in *Spätlateinische Studien* (Uppsala, 1907), 80–3.

deprensi damna pudoris: *deprensi* can hardly be taken as genitive singular; Gronovius took it as masculine plural, so that they pay 'tantum quanto qui deprehenduntur moechi solent redimere infamiam vel amissum pudorem'. Graevius' *depensi* may be correct, but has no close parallel; *depecti* would be better. Cf. Ov. *AA* 1. 100 for *damna pudoris.*
8. Cf. Claud. 10. 25 *lena . . . pictura.*

102

The dilemma propounded in the first line is solved with a piece of advice taken from Mart. 6. 11. 10.

1. **illam** should be read with Peiper to avoid hiatus: cf. *Epigr.* 39. 1 *illam quae vult ego nolo.*

103

This poem is joined with the previous one in Z; in V it is separate, and entitled *dyseros.*

1. **dyseros:** the word means 'gauche' in Theocr. 1. 85, and this sense is appropriate here. It is not likely that it is a corruption of *Glyceras* (Z); that reading has plausibility because of *Epigr.* 19. 1, where it is a generalizing plural, but two potential mistresses of the same name would be strange, and such a metonymy without parallel. It was the unfamiliar *dyseros* that suffered corruption. The two ladies are anonymous, like those in *Epigr.* 39 and 102.

2. **utraque:** for the scansion cf. *Ad Patrem* 22.

5. **non fas:** the manuscripts' reading *nefas est* is metrically impossible for A., and Schenkl's emendation the most satisfactory.

11. ⟨**tu**⟩ **alios:** as in *Protr.* 47 *tu* must have fallen out, perhaps by haplography.

12–13. EZ's version is not appropriate to *consule*, and in spite of the need to supply *consilium* V's more allusive version is to be preferred.

14. I have adopted Pichon's punctuation. If the whole line is given to the *dyseros*, then the conclusion is weak, for he has already as good as acknowledged himself to be *miser* in l. 10. The point is the cruelty of Venus, also evident in *Cup.*, where the heroines will reappear.

104

This epigram closely follows *AP* 11. 163 (Lucillius):

> Πρὸς τὸν μάντιν Ὄλυμπον Ὀνήσιμος ἦλθ' ὁ παλαιστής
> καὶ πένταθλος Ὕλας καὶ σταδιεὺς Μενεκλῆς,
> τίς μέλλει νικᾶν αὐτῶν τὸν ἀγῶνα θέλοντες
> γνῶναι· κἀκεῖνος τοῖς ἱεροῖς ἐνιδών
> "πάντες", ἔφη, "νικᾶτε, μόνον μή τις σὲ παρέλθῃ,
> καὶ σὲ καταστρέψῃ, καὶ σὲ παρατροχάσῃ".

Ausonius keeps the name Hylas, but replaces the other two with Phegeus, who wrestled with Turnus' chariot in Verg. *A.* 12. 371–82, and Lycus, described in Verg. *A.* 9. 556 as *pedibus longe melior*. See Munari 311–12.

1. **catus arte palaestrae:** cf. Hor. *c.* 1. 10. 3–4 *catus et decorae more palaestrae*.

105

Based on *AP* 5. 158 (Asclepiades 4 in Gow–Page, *HE*):

> Ἑρμιόνῃ πιθανῇ ποτ' ἐγὼ συνέπαιζον, ἐχούσῃ
> ζώνιον ἐξ ἀνθέων ποικίλον, ὦ Παφίη,
> χρύσεα γράμματ' ἔχον· "διόλου" δ' ἐγέγραπτο, "φίλει με·
> καὶ μὴ λυπηθῇς, ἤν τις ἔχῃ μ' ἕτερος".

2. **elegeon:** cf. *Par.* 29. 2.

106

The first of a series of nine epigrams on mythological themes.

1. **necis ambitione:** cf. Claud. *c.m.* 30. 165–6 *mortis ambitione*.
2. **pulcher Hylas:** cf. Mart. 3. 19. 4.
4. 'he experiences the ambivalent Naiads as Eumenides'.

107

A second poem on Hylas, with an effective change of metre.

3. **fons:** this emendation was suggested by R. Förster in *Jb. cl. Ph.* 33(135) (1887), 784. Hylas did not become a flower like Narcissus in the next poem and others, but a fountain: cf. Val. Fl. 4. 26–9, Plin. *NH* 5. 144 *amnis Hylas* and Hesychius s.v. Ὕλας· κρήνας Κιανοί.

108

There are epigrams on Narcissus in *AL* 145–7 Riese (134–6 Sh. B.).

109

This is, or at least imitates, a *subscriptio* of a painting, as *sic* (l. 2) shows.

110

A witty poem about Narcissus and Echo, ending with a neat *double entendre*.

1. **resonabilis Echo:** from Ov. *M.* 3. 358.

111

For Hermaphroditus and Salmacis see Ov. *M.* 4. 285–388. But Ausonius is independent.

4. **neutro:** cf. *Prof.* 3. 6 n.

112

4. The hyperbole of *bis felix* is cruelly reversed, and its hollowness exposed, by the starkly expressed impossibility of *unum si licet esse duos*.

113

Derived from Ov. *M.* 1. 452–567, but there is a hint of Juv. 6. 172 *parce, precor, Paean, et tu, dea, pone sagittas.*

114

2. laurea: both 'laurel' and 'victory'.

115

This poem, together with the set on Silvius, is separated from the other epigrams in Z. Though rather longer, it is broadly similar in tone to other epigrams; neither its metre, nor its fulness of description, nor the epic formula *sic fama* (Stat. *Th.* 5. 426, 6. 893), which is mock-heroic, is sufficient to disqualify it.

4. gannitibus: used in a sexual sense in Mart. 5. 60. 2, Apul. *M.* 2. 15, 10. 22.
6. numeros ... implet: cf. Juv. 6. 249 *atque omnes implet numeros.* The metaphor is from wrestling (Quint. 12. 2. 12).
8–9. Such an extended asyndeton is very rare in A., and highly effective here.
9. symplegadis: cf. Mart. 11. 99. 5 *symplegade culi.*
13. desectos: for this sense of the verb, cf. Ambrosiaster, *In Gal.* 1. 6 and *Lex Visigothorum* 8. 4. 4 (*MGH, Legum Sectio* 1, p. 332).
14. bella lacessit: cf. Verg. *A.* 11. 254 *ignota lacessere bella,* on which this phrase is based: 'arouses thoughts of struggles that are not for them'.
18. turpia: *torpida* (K: MT have *turpida*) is unsuitable, unless the epithet is taken predicatively; the point of the simile is the relief of his condition.
19–20. The compulsive scratching prepares him for the torments of Phlegethon, which does not seem to have the restorative qualities of Ov. *M.* 5. 544, 15. 532. *quia* in l. 19 makes the line unnecessarily solemn, and M's *qua* might be more appropriate.
20. Phlegethonteas: this form is found in Claud. *DRP* 1. 88; Ovid uses *Phlegethontide* with *unda* and *lympha* in the passages cited above.

116–121

The epigrams end with a set of six distichs, run together in Z, which attack a Briton called Silvius Bonus who had allegedly criticized Ausonius' poems. Peiper suggested that he was the bishop of Trier called Brittonius or Britto (see H. Chadwick, *Priscillian of Ávila* (Oxford, 1976), 42 n. 1) who received Ithacius in 383 and died a little later. It is indeed possible that a local bishop was dissatisfied with the relative neutrality of the court in the 370s, and he might have found fault with some of a courtier's poems; but the fact is that the name was Silvius Bonus. However, a real person and a real situation may lie behind these unusually vituperative squibs.

116

With a comma at the end of l. 1, the epigram ends rather weakly; as punctuated here, it gives the point 'but it is Britto Bonus that has earned my distichs': those names will be the target.

118

1. ferturque: lost by haplography, and variously replaced: cf. *Ep.* 22. 34.

119

'If Silvius began to be a sincere person, a sincere person would cease to be a good one.' The word *simplex* is chosen for the assonance.

121

The point of this distich is quite obscure, because of serious corruption. The vocative is strange and the remainder of the sentence lacks a main verb: one could supply *es* ('Silvius, you are . . .'), but the answer may be to replace *Silvi* with *salve*. The second line is defective; there was clearly a lacuna in the archetype of Z, which C filled with *possunt*. At the end of the line the manuscripts' reading *et homo* has generally been emended to *bono*, perhaps rashly: the point may have been that a Briton is not even a (decent) human being.

XIV. THE ECLOGUES

This collection of twenty-five poems is made up of two groups that occur separately in V. One group, which consists of 1–18, follows the *Ephemeris* (with the exception of 11, only found in Z). The first of these poems has the heading *incipit eclogarum*, for which the omission of *liber* is a more likely explanation than corruption of *eclogarium* (Scaliger). The other group, preceded by *Praef.* 4, follows the *Epitaphia* in V, and is variously placed in the shorter collections of PaH, G, and W. The two sets are more similar to each other than to any other extant poems of Ausonius, but they do not have much in common. F. Marx (*RE* ii. 2573) suggested that they were designed by their author as two books, but such an arrangement seems too neat for Ausonius. Even the similar length of the two sets may be fortuitous, not only because of lacunae in the second but because Ausonius may also have written on the months of the Hebrews and

Athenians, as asserted by Mansionario (App. C). Their combination here is largely a matter of editorial convenience, supported to some extent by precedents. Among later editors, Peiper and Prete offer a similar collection, but put 19–25 first, with *Praef.* 4 to introduce them, whereas Schenkl treated 17 and 19–25 as discrete items and kept them apart from his *Eclogues*. It is also convenient to retain the traditional title, and this does occur occasionally in the manuscripts; besides the evidence of V quoted above, PaH use it of 19, and G and W of 20 and 21 in *subscriptiones*. The title is unlikely to derive from Ausonius himself. He uses the word *ecloga* of his *Cupido Cruciatus* (*Cup.*, *praef.* 10), a little dismissively, and also of an ode of Horace (*Griph.*, *praef.* 17), works which are utterly different from these, and indeed from each other. If he had dressed them up for posterity he would probably have chosen something less ordinary. Other poems of this kind—which can be traced back at least to Florus (*AL* 88 Riese, 76 Sh. B.) and continue well into the Middle Ages (see Riese on *AL* 680, 741)—do not have a generic name.

The first group, mostly in hexameters but with five in elegiacs and one in trochaic septenarii, is concerned mainly with the calendar. Its subjects are the days of the week (1), the months (2–7), the seasons (8–11), Greek games (12–15), and Roman festivals (16). The poem *De Aerumnis Herculis* (17) has a rather different theme but is similar in its approach to 1 and 9, and the final poem (18) returns to the days of the week. V also transmits a fragment of Q. Cicero (App. A. 8), which was evidently copied out by Ausonius when working on the poems and also suggests that he did not oversee the final collection. The second group offers a greater sophistication of style and theme: with the exception of 22, little more than a translation of a snippet of Hesiod, they deal attractively, imaginatively, and superficially with philosophical (19–21) and scientific (23–5) subjects. All are in hexameters, which are skilfully accommodated to the various demands of didactic exposition and in places assume the tone of epic or satire.

None of Ausonius' poems is more difficult to date than these. We happen to have a *terminus ante quem* of 390, when a phrase was quoted by Drepanius (see on 1. 3), but there is little else that can be used as evidence. Some of the poems contain material that is similar to various items in the Calendar of Philocalus prepared in 354 (studied in detail by H. Stern, *Le Calendrier de 354: Étude sur son texte et ses illustrations* (Paris, 1953)), but there appear to be no traces of influence in either direction. Others display the fascination with Greek verse which is conspicuous in his epigrams, but they are more ambitious, and more adroit in the way they adapt the words of earlier Latin poets. There are very tenuous links with the *Precatio* of 379 (see on *Ecl.* 1. 10) and the *Griphus* (*Ecl.* 22. 6). Building on the investigations of R. H. Reeh, *De Varrone et Suetonio quaestiones Ausonianae* (Diss. Halle, 1916), one might suggest that the *Eclogues*, *Griphus*, and *Moselle* were composed together at roughly the same time at Trier, and that Ausonius there had access to Varro; but it must be recognized in dealing with lowly matters of general knowledge that source-criticism, like radar, has its limitations.

All but one of the poems (11) are in V; it is the only witness to seventeen of them. Its titles are used except where I have indicated otherwise. Numbers 11 and 17 are found in EZ; 17 and 20–2 in GW; 17 in B; 19 in PH and the closely related a; 2 and 17 in b. Three of the poems were extremely popular: 17 had a vigorous independent existence and 20 and 21 were included in the *iuvenalis ludi libellus* attributed to Vergil. Two poems were associated with Bede: one (9) was quoted by him in *De Temporum Ratione* 16, the other (22) was bound in with his genuine works (see C. W. Jones, *Bedae Pseudepigrapha* (Ithaca, 1939), 93).

1. *On the names of the seven days*

This poem explains the planetary names given to the days of the week (see *RE* vii. 2556–61, xx. 2143–7) in an elaborate style, marked by the careful variation of expression and the use of choice epithets (for *radiatus* in l. 5, cf. Lucr. 5. 462; for *Titania* in l. 7, cf. Verg. *A.* 6. 725; for *revolubilis* in l. 12, cf. Man. 1. 330). *AL* 488 Riese may be an imitation.

2. errantes ... planetae: the *figura etymologica* is rare in A.; cf. *Mos.* 129–30 *ambiguusque amborum . . . varie* (an emendation), *Ordo* 160 *Divona . . . fons addite divis*, and *Ecl.* 23. 7.

3. indefessa ... vertigine: cf. *Pan. Lat.* 2(12). 10. 1 *ut indefessa vertigo caelum rotat*, spoken by A.'s friend Pacatus, who doubtless borrowed from this stately line; so too, it seems, did the author of *AL* 680 Riese *vertigine volvitur annus*. Germanicus used *indefessa* of the stars (*Arat.* 18; imitated in *AL* 486. 5 Riese); the line-ending *vertigine mundi* in Stat. *Th.* 10. 918 may also have contributed.

4. The zodiac; cf. Verg. *G.* 1. 239 *obliquus qua se signorum verteret ordo.*

5. The week begins emphatically with Sunday; this is not the case in the Calendar of 354, where Saturn comes first.

7. assequitur: rare and late in the sense 'follow', according to *TLL* ii. 862. 8–16.

10–11. salutigerum: the allusion is not to *Iuppiter salutaris* (LS, citing Cic. *De Fin.* 3. 66), but to astrological belief, as in Cic. *Rep.* 6. 17 and *Prec.* 2. 26. There is a further similarity to that poem of A. in *cuncta supergrediens*; cf. 23–4 *Saturne, supremo ultime circuitu.*

2. *Monostichs on the months*

Both the theme and this rendering of it were popular. Riese's *Latin Anthology* includes several such poems in monostichs (394 = 390 Sh. B., 490*a*), distichs (117 = 106 Sh. B., 665, 874*a*), and tetrastichs (395 = 391 Sh. B.), from before this time (665: see A. E. Housman in *CQ* 26 (1932), 130 = *Classical Papers* (Cambridge, 1972), iii. 1186), and after it (874*a*). They have now been presented together by E. M. Courtney in *MH* 45 (1988), 33–57. There is also at least one in Greek (*AP* 9. 384 (anon.). The dozens of manuscripts of this poem listed by Riese on *AL* 639 and by Prete (introd., pp. lxxviii f.) attest its popularity but do not assist in establishing the text. The common alternative version of l. 12, which most of them share with b, cannot be authentic.

The iconography is discussed by H. Stern, op. cit. 394.

1. kalendas: 'months', as in *Ecl.* 5. 4 and Ov. *F.* 3. 99.

2. Februa: Ov. *F.* 2. 19, 5. 423; for Numa's role see Ogilvie on Liv. 1. 19. 6–7.

4. fetiferum: found elsewhere only in Plin. *NH* 7. 33.

5. †maiorum†: it seems that either *maiorum* or *patrum* is a gloss. Although found in close proximity to *Maius* in Ov. *F.* 5. 427, *maiorum* is more likely to have intruded; it may have ousted *insequitur*. For the story, cf. Ov. *F.* 5. 71–4.

9. Pomona: cf. *Prec.* 2. 17, *Ep.* 24. 93.

11. sidera praecipitas: notably Orion and the Kids (Theocr. 7. 53–4, with Gow's note, Hor. *c.* 1. 28. 21, Man. 1. 365), whose matutinal settings occur at this time.

12. genialem hiemem: cf. Verg. *G.* 1. 302 *invitat genialis hiems.*

3. *Distichs on the months*

A longer version, which gives the poet scope for alternative explanations (cf. Cens. *De Die Nat.* 22. 9–17, Serv. on *G.* 1. 43) and Vergilian echoes (2, 13, 20).

1. Iane novus: V reads *nove*, but A. seems not to lengthen a vowel before initial mute (or fricative) and liquid, except in the special cases of *Technop.* 10. 7, 15. 19 (*Ordo* 91 seems corrupt). The combination of nominative and vocative forms is common; the closest parallels are *Prof.* 3. 10 *nate pius* and *Prec.* 2. 1 *novus anne.*

3. The rites of the god Februus, identified with Pluto by Serv. *G.* 1. 43 and Isid. *Etym.* 5. 33. 4, are implicitly contrasted with the worship of Janus.

4. Cf. *Par., praef.* A. 7–8.

7–8. Three explanations are adumbrated here: cf. (i) Ov. *F.* 1. 39–40 (*haec generis princeps*); (ii) Ov. *F.* 4. 61–2 (*Veneris mensem Graio sermone notatum*), Macrob. *Sat.* 1. 12. 8; (iii) Ov. *F.* 4. 130 (*Marti continuata suo est*).

9–10. On Maia see Ov. *F.* 6. 35 and H. H. Scullard, *Festivals and Ceremonies of the Roman Republic* (London, 1981), 122. Later in the line V's reading *Maium* should stand.

   te fecerit aetas: cf. Verg. *E.* 4. 37.

12. For the second of these explanations cf. Ov. *F.* 6. 88 *Iunius est iuvenum*, and l. 6 of the previous poem.

13. Cf. Verg. *E.* 9. 47 *ecce Dionaei processit Caesaris astrum*; the *sidus Iulium* was in fact a comet.

15. cognatum a: the preposition would be more appropriate after a participle such as *deductum*, but the text is probably not at fault.

20. Cf. Verg. *G.* 1. 47–8 *avari agricolae.*

24. promit: my emendation of V's *finit* which gives poor sense, since as stated in *Ecl.* 2. 12 December brings the festival; it is particularly suspicious after *concludens.* Abbreviated *pro-* may have been confused with *f.*

4. *On the three named days of the months*

As Ovid pointed out (*F.* 1. 55–7), Juno was goddess of the Kalends, Jupiter god of the Ides; the Nones had no patron.

3. †infra octo secundi†: the Latin is extremely difficult, as Vinet realized. Souchay tried to make light of the darkness by interpreting the words to mean the numbers 4 and 6, comparing *Ecl.* 6. 1, but this is very strained, and A. is surely referring to the first of Varro's two explanations (the Nones are nine days before the Ides: *LL* 6. 28), and not the interval between Kalends and Nones. The words can hardly mean 'eight successive days before' (sc. the Ides), as EW translates, since *infra* does not mean 'before' and *secundi* is not used to refer to several things in succession. Perhaps *citra* should be read (cf. Gell. 12. 13. 14 on such words), and *secundam* (cf. *quartis . . . nonis* in *Ecl.* 6. 4): 'the interval of eight days before it creates the Nones, the second named day'.

4. Romano: hardly necessary in the context, and perhaps a hint that A. was interested in the months used by other nations (see App. C).

5. *On the number of days in each month*

'Thirty days hath September . . .'

1. menstrua: as a noun this is found only in the heading of *Ecl.* 4 and the different context of Vulg. *Jer.* 2. 24.

7. duodetriginta: the scansion presumably follows that of *duodenus* in classical writers, not the exceptional *Par.* 24. 16, where *duo* must be read as one long syllable. For the treatment of the final vowel, cf. *nonaginta* in *Ecl.* 8. 1.

9–10. Cf. Ov. *F.* 3. 163–4 for the rendering of the total number in verse. One expects the round number 365, since no fractions are used in this poem: ll. 17–18 of *Ecl.* 8 would fit better here than they do in that poem, and *tibi* (17) would match *adde* in l. 3 above. But the present distich may be a gloss, like *Ecl.* 7. 16: these poems rarely end with a summary or summation.

6. *On the incidence of the Nones and Ides in each month*

How to remember the Ides and Kalends of various months.

1. quarta: reckoned exclusively from the Kalends, as in l. 4 (which means 'the Nones which are on the fifth day').

3. solstitio: 'at the solstice', approximately (cf. *Ecl.* 9. 7).

7. *On the number of days in each month between Ides and Kalends*

On the number of days between the Ides and the following Kalends.

3. A few words of this introductory embellishment have been lost; the various suggestions are listed by Prete. *rursum* and *iterum* may have stood together as in Sil. 8. 9 *iterumque et rursus* and Stat. *Th.* 7. 399 *iterum rursusque*; it is much less probable that they were separated, as in Ov. *M.* 3. 684 (without *-que*).

4. ortu: there is no problem here, and no need for Gronovius' *ortus*.

5. genialia festa: unless he is speaking loosely, this may be taken to mean the Saturnalia (for its precise length cf. Macrob. *Sat.* 1. 10. 23–4), the following cooling-off period, and the preparations for the New Year. It appears from *Ep.* 17. 7–10, where A. ignores the Saturnalia in favour of the Kalends of January, that his own celebrations were briefer.

6. nova bruma: the winter which renews the year (cf. *Ecl.* 3. 24, Ov. *F.* 1. 163, Varro, *LL* 6. 8).

10. revocantur tardius uno: the gap between Ides and Kalends is smaller by one day, but it is not true to say that the day on which the Kalends begin to be summoned once more (cf. *Ep.* 17. 9–10) is later: in one sense it is the same day, in another it is earlier, because nearer the Kalends. Unless A. wrote the opposite of *tardius* (but no emendation has suggested itself), he has chosen a strange way to express the difference between *a.d. XIX Kal.* and *a.d. XVIII Kal.*

The plural verb is more likely than V's singular.

14. Iunonie Mavors: see Ov. *F.* 5. 255–8 for his birth.

15. exordia prima: the original New Year.

16. This is a strange conclusion, and perhaps a clumsy interpolation. The line would be no better at the beginning or at the similarly worded end of the next poem, but might conceivably have stood there before l. 17, in anaphora.

8. *A calculation of the days in the course of the year*

This calculation of the days in each season is very close to that in Plin. *NH* 18. 220–3, who gives $92\frac{1}{2}$ (presumably; there is a lacuna) $+ 88\frac{1}{8} + 90\frac{1}{8} + 94\frac{1}{2}$, as does Calcidius, *Comm. in Tim.* 78; Varro's method of computation in *RR* 1. 28 is different (91 + 94 + 91 + 89). For various epithets Ausonius draws on the long tradition of didactic verse, including the *Aratea* of Germanicus (l. 14).

2. a tropico in tropicum: like Manilius (2. 178, 3. 621–2) and others A. uses the word of equinoxes as well as solstices.

3. octipedem: cf. Ov. *F*. 1. 313, Prop. 4. 1. 150.

    Phrixeo ab: a rare example of correption before hiatus (cf. *Ecl.* 22. 8, based on Plato, and *Ep.* 23. 52 = 24. 124, a quotation from Vergil), followed by the common synizesis in *Ariete.* The correption may be modelled on Verg. *G.* 1. 281 and *A.* 5. 261, or, as the parallel passages quoted above suggest, taken over directly from a lost work—perhaps that of Q. Cicero quoted in App. A. 8.

4. pulsusque et meta diei: *pulsus* (cf. *Ecl.* 10. 3 and *Prec.* 3. 13, Avien. *Arat.* 654–5 and 974–5) seems to be used as a synonym of *meta*, which is used of the longest day as in Lucr. 5. 617 *cancri se ut vertat metas ad solstitialis.*

6–7. An awkward paraphrase, clumsy in comparison with the following expressions from the fragment of Q. Cicero which A. had on his desk: *curriculumque Aries aequat noctisque dieique* and *aequatque diurna tempora nocturnis* (App. A. 8. 2, 8). For the use of *tempora* with an explanatory genitive cf. *haec supparis aevi tempora* in *Ad Patrem* 32.

7. dii: V has *dii* here and in *Ecl.* 24. 31, which is close to Verg. *G.* 1. 208; A. may have read *dii* there with Charisius (*GL* i. 126. 31, p. 161. 9 Barwick), or in Verg. *A.* 1. 636, where it is better attested. In l. 12 of this poem, and in *Ephem.* 3. 72 (with P), V gives *diei*, as it does in the passage of Q. Cicero quoted above.

    alto: so Reeve for V's *altero.* There is only one possible case of hyper-metre in A., and that a very uncertain one in a different metre, *puerorum* in *Prof.* 10. 16; and syncope (Mueller) is quite unlikely. The sun is not higher or more majestic (*aureus*) after the equinox, but the heat makes it seem so.

12–13. 'and a quarter of the day, which, inserted at the end of February every fourth year, is termed "intercalary"'. A strange way to put it, and the lines may be spurious; their absence would improve the arithmetic of the poem, the total number of days in l. 18 being 365, not $365\frac{1}{4}$.

13. embolimaei: the word is unique, unless it is read with some manuscripts in Solin. 1. 1. 42. In V it has been assimilated to the Greek form.

14. Cf. Germanicus fr. 4. 145 *hinc et Agenorei stellantia cornua Tauri* (also in *Ecl.* 9. 5).

17–18. See on 5. 9–10.

17. circus: cf. Cic. *ND* 2. 44, *Rep.* 6. 15; there is no need for Baehrens's *circlus* (from the different context of Verg. *G.* 3. 166).

9. *On the sign of the zodiac through which the sun passes in each month*

Here the signs are linked with the months: l. 12 acknowledges that such a system cannot be exact. This poem was quoted by Bede in *De Temporum Ratione* 16, beginning with Aries and ending with Pisces; he ascribed it to *quidam veterum*. This version, like Ausonius', was much copied, even in mosaic (see Riese on *AL* 640).

1. sancit: for the expression cf. *dedicat Idus* in *Genethl.* 25.

2. medio: with Buecheler I omit *in*: cf. l. 12.

    solidi: this technical term recurs in *Prec.* 2. 46. The stars in each quarter of the zodiac were termed *tropicus, solidus, biformis* (Ptol. *Tetr.* 1. 12; A. Bouché-Leclercq, *L'Astrologie grecque* (Paris, 1899), 152–3).

6. Laconas: i.e. Gemini; cf. Mart. *Spect.* 26. 5.

10. aequat ... Libram: a strikingly bold phrase, referring both to the constellation and, with the same inaccuracy as in l. 7, to the equinox.

10. *A calculation from solstice to equinox*

The theme of *Ecl.* 8 is here treated very differently, without the zodiacal signs and in a different metre. The trochaic septenarii (cf. *Prof.* 11, *Biss.* 1) elicit some rather unusual language in *teporo, trihorium* (cf. *Mos.* 87), and *oreis*.

There must be two lacunae, not one as usually printed. As Reeh (see introduction) rightly saw (78 n. 1), there is an omission after l. 3, where *pulsus* as in *Ecl.* 8. 4 indicates the solstice. The sense of ll. 4–5 is also incomplete.

5. goeris: this spelling is found also in Cypr. *Deut.* 119 and Non. 30. 23 L; cf. *coebo* in *Griph.* 3, 57.

6. oreis: archaic and rare.

7. This journey is completed in 90 days, about two more than the previous one (l. 5; cf. *Ecl.* 8. 16).

11. *On the seasons*

This is not found in V, but in E and Z, unaccompanied by any similar material. It is typically Ausonian (cf. *Ep.* 14*b*. 4 for *subiecta monosticha*), and though less impersonal than the previous poems—cf. *tibi* (2)—is certainly to be included.

1. et ternos menses: 'groups of three months', or seasons. The reading *aeternos* is pointless and absurd; *et* indicates that the poem once followed a poem of a similar type.

5. autumnat: cf. Plin. *NH* 2. 124, 136.

12. On the Greek games

Ausonius was doubtless aware that Statius had treated the theme in *Th.* 6. 5–
14, where only one prize is specified, but his poem is in fact very close to a
Greek epigram (*AP* 9. 357 (anon.)) and possibly a direct translation:

> Τέσσαρές εἰσιν ἀγῶνες ἀν᾽ Ἑλλάδα, τέσσαρες ἱροί,
> οἱ δύο μὲν θνητῶν, οἱ δύο δ᾽ ἀθανάτων.
> Ζηνός, Λητοΐδαο, Παλαίμονος, Ἀρχεμόροιο,
> ἆθλα δὲ τῶν κότινος, μῆλα, σέλινα, πίτυς.

3. **Palaemonis:** see Apollod. 3. 4. 3 with Frazer's note, *RE* Suppl. ix. 514–15.
   Archemorique: cf. Prop. 2. 34. 38, Stat. *Th.* 4. 719–20; *RE* ii. 456–7.
4. **pinus:** awarded at the Isthmian festival; see Plut. *Mor.* 675 D–E, Paus.
   8. 48. 2, Courtney on Juv. 8. 226 (on the use of celery there as well as pine).
   malus: taken from the Greek model quoted above; cf. also Lucian 37. 9,
   16, *IG* iii. 116. 1. First oak (Ov. *M.* 1. 449–51), and then laurel was normally
   the prize at the Pythian games.
   oliva: awarded at Olympia.
   apium: the Nemean garland; cf. Plin. *NH* 19. 158, Hyg. *Fab.* 74. 3, and
   scholiasts.

13. On the venues of the games

The topic is not so much the location of the games as the gods honoured
thereby.

2. **Parnasus ... sacravit:** simply a variation of expression (cf. *Griph.* 32
   Citheron ... sacravit). *Clario* is a certain correction.
3. **Portuno:** see Ov. *F.* 6. 546–7, Serv. on *A.* 5. 241 for the identification with
   Palaemon; for the sources which ascribe the institution of the Games to him
   see *RE* ix. 2248.
   bimarisque: this is Peiper's tentative correction of V's *bimaris dicata
   Corinthos.* The hendiadys is not surprising given the search for *variatio*; this
   reading retains the standard epithet of Corinth (Hor. *c.* 1. 7. 2, Ov. *M.* 5. 407),
   avoids the present tense (cf. l. 2), and is easily explained by omission of -*que*.
   Peiper's other suggestion *bimari* is inappropriate to *Portuno*. If the words
   dicata Corinthos hide a corruption, the remedy is more likely to be *dicat
   Acrocorinthos* (Vinet: cf. Stat. *Th.* 7. 106) than Scaliger's *dicat alta Corinthos*
   (the extra epithet is unlikely) or *dicat acta Corinthi* (Tollius); but to mention
   the citadel would be irrelevant.
4. **Nemeaea colunt quinquennia:** there seems to be no close parallel to this
   sense of *colo* (see *TLL* iii. 1682. 64–6), but A's applications of the word are

diverse and sometimes unusual (cf. *Prof.* 3. 13n.). *Nemeae recolunt* would be easier, but it seems more probable that we have, in reverse, the same confusion as in *Ecl.* 14. 3. Theban involvement may have been suggested by Stat. *Th.* 6. 14, where Thebes bewails Leucothea and Palaemon; but here Thebes commemorates the son of a Theban ally, whose obsequies begin Statius' sixth book.

14. *On the founders of the games*

On the mythical founders of the games.

2. 'by the longest track in the world of Greek athletics'. On the Olympic stade see Gell. 1. 1.

3. Alcides: Hercules is named as their founder in various scholiasts quoted in *RE* xvi. 2323–4.

   Nemeae: A. seems to have used the locative case here, as in *Ecl.* 13. 1 (*Pisae*). Vinet's *Nemeum* is a very rare form, but not impossible.

4. This line, and l. 6, are out of place here. Schenkl put them at the beginning of 15, emending *sepultis* in l. 6 to *sepulchri*, but that poem was surely a tetrastich too. They should be seen as a clumsy and inaccurate gloss.

5. Neptuno: see *RE* ix. 2248.

15. *On the sacred contests as funerary games*

On the mortals commemorated by the games.

2. Nemeaea colunt quinquennia: see on *Ecl.* 13. 4.

4. Cf. Hyg. *Fab.* 140 *ludosque funebres ei fecit, qui ludi Pythia dicuntur.*

16. *On the Roman festivals*

In this study of the festivals and entertainments of the Roman year Ausonius spreads his wings somewhat and writes in a mock-didactic style as he does in *Ep.* 13. He is likely to have drawn, indirectly at least, on Suetonius' *Ludicra Historia* (A. Reifferscheid, *Suetonii Reliquiae* (Leipzig, 1860), 322–45; A. Wallace-Hadrill, *Suetonius* (London, 1983), 44–8, 127–8), as F. Marx suggested in *RE* ii. 2572 and R. Reeh argued in *De Varrone et Suetonio quaestiones Ausonianae* (Diss. Halle, 1916), 78–91. The arrangement and expression, and perhaps the misunderstandings, are his own. The poem is not a 'pieux rappel' of past festivals, since its contents are broadly comparable to those of Late Roman calendars, as shown by H. Stern (*Le Calendrier de 354: Étude sur son texte et ses illustrations* (Paris, 1953), 101–2) in a study which supplements in various ways the learned handbook of H. H. Scullard, *Festivals and Ceremonies of the Roman Republic* (London,

1981), to which I have made frequent reference in the notes. On stylistic criteria one can distinguish three sections (1–14; 15–22; 23–36), of which the third is a rather disjointed hotchpotch until it concludes appropriately with the end of the year.

1. Apollineos . . . ludos: the *ludi Apollinares* of 6–13 July (Scullard 159–60, *RE* Suppl. v. 621–4). In Rome they were not held near the Tiber mouth but on the Campus Martius; A. is not likely to have been so inaccurate, even if his direct knowledge of the area was negligible. Perhaps he knew of a celebration at Ostia.

2. Megalesiacae matris: the *Megalensia* of 4–10 April (Scullard 100–1, *RE* Suppl. v. 626–7).

3. Vulcanique dies: the *Vulcanalia* of 23 August (Scullard 178–80, *RE* xiv. 951–2).

4. Quinquatrus: held on 19 March and sacred at first to Mars and then to Minerva (Ov. *F.* 3. 809–10, Scullard 92–4, *RE* xxiv. 1149–50).

5–6. idus Mai Augustique recursu: Scullard 122, 173–4.

7–8. The *Matronalia* were held on 1 March: cf. Ov. *F.* 3. 167–258; Scullard 85–7, *RE* xiv. 2306–9. The words *pro laude virorum* ('for their husbands' valour') and the emphatic *Mavors* make a misleading connection with war. The couplet should surely be linked to the previous one by an *et* taking up *et* in l. 5.

9–10. Caprotinis . . . nonis: 7 July (Scullard 161–2, *RE* iii. 1551–3). The story behind the custom is given in Plut. *Cam.* 33, *Rom.* 29, Macrob. *Sat.* 1. 11. 35–6.

11–12. Although appropriate in content to the poem as a whole (Stern 107–8) these two lines are out of place here, unclear in syntax, and poorly expressed; it is unlikely that A. would have written *quattuor . . . solstitia* or *luces nocte dieque pares.* They should be deleted as an interpolation.

13. Regifugium: 24 February (Scullard 81–2, *RE* iA. 469–72). A. adds the popular explanation; cf. Ov. *F.* 2. 685–852 and the calendar of Silvius (*CIL* i². 258–9) ad loc.

15. Opis . . . sacrum: the *Opalia* of 19 December (Scullard 207, *RE* xviii/ 1. 539); not the festival of 25 August (Scullard 181). According to Macrobius (*Sat.* 1. 10. 18–22) the *Opalia* coincided with the original day of the *Saturnalia*; a similar statement in A.'s source would explain his jocular question.

15–16. Saturnalia . . . festaque servorum: the *Saturnalia* of 17–23 December (Scullard 205–9, *RE* iiA. 201–11). In the calendar of Silvius there is a single entry *feriae servorum* on the 17th.

17–18. The *Compitalia* usually took place on 3–5 January, though as *feriae conceptivae* they had no fixed date (Macrob. *Sat.* 1. 16. 6; Scullard 58–60, *RE* iv. 791–2).

19–20. duplicem cultum . . . : for the identification of Consus and Neptune see *Epigr.* 72. 9. A. refers here to the *consualia* of 21 August (Scullard 177–8; cf. p. 205 for a later celebration) and the *Neptunalia* of 23 July (Scullard 168, *RE* xvi. 2521–3). Only the *Consualia* were linked with the Rape of the Sabines (this is discussed by Ogilvie on Livy 1. 9); the common derivation of *Consus* from *consilium* (*RE* iv. 1111–12) also derives from that event according to Börner (on Ov. *F.* 3. 199).

21–2. I adopt *aut* for V's *haec* with Sh. B. The resulting syntax, with *festa* in apposition to what has gone before, is more appropriate to this long period; the position of *quae* after the second *aut* is unusual but not impossible.

   navigiis: perhaps *naumachiae*; a confusion with the festival of Isis, as suggested by Reeh, is not likely.

23–4. Little is known of the *natalis Herculis*, except that the date was given as 1 February in the calendar of 354 (*CIL* i². 258). The words here suggest something more exotic than a Greek rite, and he may be thinking of the identification of Hercules with Melqart, for which see Euseb. *Praep. Ev.* 38A and J. Bayet, *Les Origines de l'Hercule romain* (Paris, 1926).

24. ratis Isiacae: the *Ploiaphesia* or *Isidis navigium* of 5 March (R. E. Witt, *Isis in the Graeco-Roman World* (London, 1971), 165–84; *RE* ix. 2129–30).

25–6. The Floralia took place between 28 April and 3 May (Scullard 110–11, *RE* vi. 2749–52). For its notoriety cf. Ov. *F.* 5. 331–2, Mart. 1. *praef.*, Lact. *DI* 1. 20. 10; such remarks on the hypocrisy of its critics were doubtless common.

27. Equirria: held on 27 February and 14 March (Ov. *F.* 2. 857–64, 3. 517–22, Tert. *Spect.* 5; Scullard 82, 89, *RE* vi. 271–2).

28. prima: 'original', not 'chief' (EW). They were instituted by Romulus and usually held in the Campus Martius (Fest. 71, 117 L; Varro *LL* 6. 13). *circus* denotes racing in general.

29–30. The *Liberalia* of 17 March (Ov. *F.* 3. 713–90; Scullard 91–2, *RE* xiii. 81–2).

30. V's reading *quae sibi vota dicat* gives a rather strange expression. I suggest *cum* for *quae*, with Heinsius' *tibi*; this could have been corrupted by a recollection of *sibi . . . dicat* in l. 6.

31–2. Even the aediles visit and tacitly approve the *Sigillaria*. It is not clear if this was a festival (Suetonius perhaps saw it as such: cf. *Claud.* 5. 1), or just a market which took place at the end of the *Saturnalia* (Macrob. *Sat.* 1. 10. 24, 1. 11. 46–50; *RE* iiA. 2278).

33–6 The gladiatorial games at the Septimontium exhibited by the quaestors (discussed in *CIL* i². 336), which still continued (Prud. *Symm.* 2. 1091–132); see on *Ephem.* 8. 7. The link with Saturn (made also in Lact. *DI* 6. 20. 35) is disputed by G. Ville, in *MEFR* 72 (1960), 276–90. The first such *munera*, referred to in *Griph.* 35–6, took place *in foro boario*, according to Val. Max. 2. 4. 7.

36. falcigerum . . . Caeligenam: cf. Sil. 17. 417 for *falciger*, a rare variation on the Ovidian *falcifer*; for *Caeligena* cf. Varro, *LL* 5. 62, where it is used of Victoria and Venus.

17. *On the travails of Hercules*

An extremely popular little poem, well represented both in Ausonius' manuscripts and elsewhere (H. Walther, *Initia carminum ac versuum medii aevi posterioris Latinorum* (Göttingen, 1959), no. 14546). There are similar lists in *AP* 16. 91–3 and (with nine labours) in Mart. 9. 101. 4–10, but Ausonius is independent in matters of arrangement, expression, and stylistic variation. For the order of the labours in other writers, see L. Preller and C. Robert, *Griechische Mythologie* (Berlin, 1921), ii. 431–40; *RE* Suppl. iii. 1021–2. Sidonius later treated the theme (9. 94–100, 13. 1–20, and, with amazing compression, 15. 140–3).

1. Cleonaei: Lucan 4. 612, Mart. 5. 71. 3.
2. ferro et face: for plays on these words cf. Verg. *A.* 4. 626, Sen. *Tro.* 1073, Sil. 5. 636, Stat. *Th.* 9. 19.
4. Cf. Sil. 3. 39 *aeripedis ramos superantia cornua cervi*. In Verg. *A.* 6. 802 the animal is as usual a hind; like *aurea* (cf. *AP* 16. 92 χρυσόκερων) this goes back to Pind. *Ol.* 3. 52–3.
6. balteo: for the synizesis cf. Verg. *A.* 10. 496.
12. The theft of Cerberus—which is often the penultimate labour, not the final one—is not unsuitably presented with heavy tautology, as if to emphasize effort and exhaustion.

18. *Refutation of an anonymous line that stipulates on which day the various parts of the body should be trimmed*

This light and clever poem refutes an anonymous monostich of which the origin is quite unknown. The refutation is complete in the first four lines; the last four suggest more auspicious days and bring in all seven planets.

5. Mavors imberbes: perhaps as god of war. Apollo, but not Mars, was regularly portrayed as beardless.
   calvos, Luna, adamasti: as shown by D. Kuijper, *Mnemos.*, 4th ser., 6 (1953), 229–30, this refers to Isis, often identified with the moon (Plut. *Mor.* 372 D, Apul. *M.* 11. 3).

19. *On the difficulty of choosing one's way of life*

This poem is an expanded version of *AP* 9. 359 (Posidippus 22 in Gow–Page, *HE*), a well-known epigram of highly obscure origin (ibid. ii. 502) which received a reply in kind from Metrodorus (*AP* 9. 360) and the compliment of an erotic parody from Agathias (*AP* 5. 302). The word *Pythagoricon* in V's title, which could be authentic, is not likely to be an ascription of authorship, nor is it warranted by ll. 31–2 alone; it probably alludes to the *Pythagoreus trames* of *Prof.* 11. 5. PaH give the opening words of the Greek poem in their title; this is one of the features that links a to the lost *Veronensis*.

The Greek epigram runs as follows in the text of Gow and Page:

> Ποίην τις βιότοιο τάμοι τρίβον; εἰν ἀγορῇ μέν
> νείκεα καὶ χαλεπαὶ πρήξιες· ἐν δὲ δόμοις
> φροντίδες· ἐν δ' ἀγροῖς καμάτων ἅλις, ἐν δὲ θαλάσσῃ
> τάρβος· ἐπὶ ξείνης δ', ἢν μὲν ἔχῃς τι, δέος,
> ἢν δ' ἀπορῇς, ἀνιηρόν. ἔχεις γάμον; οὐκ ἀμέριμνος
> ἔσσεαι. οὐ γαμέεις; ζήσει ἐρημότερος.
> τέκνα πόνοι, πήρωσις ἄπαις βίος. αἱ νεότητες
> ἄφρονες, αἱ πολιαὶ δ' ἔμπαλιν ἀδρανέες.
> ἢν ἄρα τοῖν δοιοῖν ἑνὸς αἵρεσις, ἢ τὸ γενέσθαι
> μηδέποτ' ἢ τὸ θανεῖν αὐτίκα τικτόμενον.

Ausonius has treated these lines with unusual freedom. The extreme concision of the Greek is beyond him, but he compensates with colour and *variatio*. By virtue of the subject-matter and his metrical technique (note the line-endings in 2, 28, 37, 49) he approximates more closely than elsewhere to the tone of classical Latin satire, but there is the usual wide range of verbal echoes. The poem falls into four main sections: ll. 1–9 review the hazards of various professions; ll. 10–17 illustrate the problems of the various ages of mankind and the universal tendency to protest against one's lot; ll. 24–34 warn of the misfortunes that come alike to the chaste and the unrestrained, the gregarious and the recluse; and ll. 35–47 exemplify the double-edged nature of human wishes. It concludes like its Greek model with the pessimistic conclusion that the best thing is not to be born, or else to die immediately (48–50).

There is a less adventurous version of the Greek in the *Epigrammata Bobiensia* (25).

2. peregrinos: for *peregrinantes*.

3–4. mercantem … manent: an original touch, utilizing Hor. *S.* 1. 1. 4–8.

4. turpis egestas: Verg. *A.* 6. 276.

5–6. mare naufragus horror infamat: here *horror* denotes the perilous turmoil of the sea (cf. Avien. *Arat.* 1397), even if it was suggested by τάρβος in the original. The manuscripts' *infamat* is suspicious: A. is concentrating not on the general impression of the dangers involved but on the experiences of those engaged in them; and although rocks may be notorious (cf. Hor. *c.* 1. 3. 20 *infamis scopulos*), the sea can hardly be so described. The correct verb may be *infestat*, or the unparalleled *insanat*; A. applies *insanus* to the sea in *Praef.* 3. 5, *Ep.* 3. 39.

6. In *Par.* 9 A. used the words *poena* (10) and *caelibe vita* (13) of his own bereavement. Here, perhaps many years earlier, he makes the married man more anxious than the single man, unlike the Greek epigrammatist: perhaps he had Juvenal in mind.

9. trucidat: used with *faenus* in Cic. *Cael.* 42, Liv. 6. 37. 2.

12. dura rudimenta: cf. Verg. *A.* 11. 157. This agrees with the grim picture of education given in the *Protrepticus*.

14. From Verg. *A.* 7. 326 *iraeque insidiaeque*, Mart. 1. 15. 7 *catenatique labores.*

16. votisque … malignis: 'malevolent prayers', 'prayers showing ill will towards themselves', an imaginative development of Juv. 10. 111 *numinibus vota exaudita malignis.*

17. lacerabile: this word is not found elsewhere.

18–23. These lines are omitted by V, and their relevance to the main point is dubious, as Reeve observed. But the illogicality seems to be Ausonian; the passage includes the typical compound *Saturnigena*—cf. *Caeligenam* (*Ecl.* 16. 36), *limigenis* (*Mos.* 45)—which is used later by Sidonius (*c.* 9. 135). The commonplace *spernimus … praesentia* (cf. Lucr. 3. 957 *praesentia temnis*, and Kenney ad loc.) is certainly irrelevant to the argument, but there is point in the statement that even eternal life displeases (cf. l. 10), and these sentiments anticipate the gloomy conclusion.

23. See Aesch. *PV* 753–4 and Hes. *Theog.* 524–5 for his eternal liver.

24. cultus animi: 'mental' or 'moral dispositions', a rare usage perhaps similar in meaning to Sen. *Ep.* 115. 2 *oratio cultus animi est.*

25. non felix cura: imitated by Paul. Pell. *Euch.* 233, describing a critical stage in his life. He also borrows *mens obvia votis* from l. 35 in *Euch.* 278.

26. at contra: V has *e contra*, which is common at this time but seems confined to prose.

28. Tereos: not his metamorphosis (cf. Ov. *M.* 6. 671–4) but his suicide, related in Paus. 1. 41. 9.

   Sardanapalli: see *RE* iA. 2436–57 for his life and death.

31. vive et amicitias semper cole: similar to the opening line of *AL* 407 Riese (403 Sh. B.) *vive et amicitias regum fuge* and the reply in *AL* 408 (404). Various features suggest that *AL* 407 was written by someone familiar with A.'s work: the use of *cole* in l. 7, the phrases *nobilitate domos* in l. 6 (cf. *Par.* 4. 4) and *magna ruina* in 10 (*Epit.* 20. 6). It is quite unlikely to be by A. himself, but he could be the imitator.

31–2. It was the cultivation of a closed society that led to the downfall of the original Pythagorean school (Iambl. *Vit. Pyth.* 254–64, and more briefly DL 8. 39, Justin 20. 4. 14–16; cf. *RE* xxiv. 210–19).

34. The stoning of Timon is not attested elsewhere; according to Neanthes of Cyzicus (quoted in the scholion on Ar. *Lys.* 808) he died from a septic wound. Perhaps a writer of Greek comedy had him suffer the fate with which he threatened others (Lucian 25. 34, 45, 58).

36. recusat: perhaps *recusant* (PaH).

37–8. It was not unknown for free men to arrange self-enslavement in order to gain the position of *servus actor*; see *Dig.* 28. 3. 6. 5. The plurals *possint* and *volunt* should stand; the plural is effective here, and the number of the verbs need not be assimilated to either *homini* (36) or *idem* (38).

38–9. idem ... obicitur: 'the man ennobled by public office is also exposed to envy'.

43–5. In these lines, in which A. returns to the framework of the Greek epigram, there is a double contrast, firstly between the emotions of a person who longs to be a parent and then becomes one, and secondly between parents and the childless. The drawbacks of old age to those with heirs (cf. *Ad Patrem* 27–8) are not mentioned; it would be very difficult to see in *curis* the cares both of the old and of the young parent, and *contemnitur* resists emendation. Schenkl's lacuna is the most likely remedy.

43. vota patrum: 'wishes typical of parents' (for *patrum* so used cf. *Protr.* 19, *Prof.* 16. 16); in other words, the desire for children.

44. orba senectus: cf. Ov. *AA* 2. 271.

49–50. A very common sentiment; besides A.'s model see Theognis 425–8 with the *testimonia* cited in *Iambi et elegi Graeci*[2], ed. M. L. West (Oxford, 1989), Cic. *TD* 1. 114–16, Plin. *NH* 7. 4.

In PaH the poem is followed by two interpolated comments; the first a Greek distich which expresses the same sentiment as ll. 48–50, the second a refutation in ten hexameters by a medieval Christian.

20. *On the good man*

The theme of this poem is summed up in the first sentence: *vir bonus et sapiens ... iudex ipse sui totum se explorat ad unguem.* It is another free development of some lines of Greek verse, in this case the often quoted lines of the anonymous χρυσᾶ ἔπη ascribed to Pythagoras (see A. Nauck, *Iamblichi de Vita Pythagorica Liber* (St Petersburg, 1884, 201–42; *Theognis*, ed. D. C. Young (Leipzig, 1971), 86–94), which are reproduced on l. 14 below. The third line was used by Themistius in his panegyric of the emperor Gratian (175 A), but Ausonius is not thinking of Gratian or any particular individual, except perhaps himself, and he did not need to be led to these verses by Themistius.

V's title again claims a Pythagorean connection, and this is undeniable. There is at the same time a pervasive Stoic colouring, well brought out in the thorough analysis of S. Koster in *Hermes*, 102 (1974), 590–619, to which the reader will be frequently referred for the philosophical background. At the end of this illuminating commentary Koster suggests among other things that perhaps Ausonius' aim was to create a new paradox, based on the contrast between sage and learner, or σοφός and φιλόσοφος, or ideal and reality, but the true explanation may be a less exciting one. Ausonius appears to know very little about philosophy (see the brief survey of E. G. Schmidt in *Studii clasice*, 3 (1961), 413–20), and elsewhere shows next to no interest in the philosophical issues of the schools; here perhaps he is simply grafting the well-known Pythagorean verses on to a basically Horatian stock, with no concern for the philosophical consequences. The result is an undemanding work of popular philosophy, just as the Middle Ages took it to be. Although his *Oratio* (*Ephem.* 3) shows a similar sort of interest in the details of personal conduct, it should not be taken as reflecting the author's personal practice or ideals.

As well as VGW I have used IJY and λ. J and Y are respectively H and S in Clausen's edition in the OCT of the Appendix Vergiliana. I is H in Reeve at *Texts and Transmission*, 437–8. λ is the so-called *iuvenalis ludi libellus* and here denotes a consensus of the five manuscripts detailed by Clausen; where they disagree in a significant way, λ is not cited. The title used here is that of V.

1. vir bonus et sapiens: the phrase is used by Horace in *Ep.* 1. 7. 22, 1. 16. 73; cf. 1. 4. 5, 1. 16. 20 *sapiente bonoque.* These and other passages are expounded by Koster 593–5.

1–2. qualem . . . Apollo: cf. Plat. *Apol.* 21 A and later writers.

3. iudex ipse sui: cf. Cic. *Off.* 1. 114 *suum quisque igitur noscat ingenium acremque se et bonorum et vitiorum suorum iudicem praebeat.*

4–5. The text cannot be accepted as it stands. The words in l. 4 may depend on *securus* in l. 5 (cf. Hor. *c.* 1. 26. 5–6, Pers. 6. 12–13), but the lack of a verb or two verbs cannot be overcome by emendation or put down to ellipse, which would be too severe. Schenkl marked a lacuna after *proceres*, but probably one whole line has been lost.

For the distinction between *proceres* and *vulgi* cf. Ov. *M.* 3. 530, 8. 527, Plin. *NH* 19. 53; and for the general sense Hor. *c.* 3. 3. 1–4.

5. The Horatian concept of the *teres atque rotundus* (*S.* 2. 7. 86) is combined with the notion of the human being as microcosm (cf. Firm. Mat., *Math.* 3, *praef.* 2); for the notion of the world as spherical, see Pease on Cic. *ND* 1. 18.

7. dies quam longus erit: cf. *Grat. Act.* 82 *per totum, quam longum est, latus* and *Ep.* 23. 37 (= 24. 109) *toto, quam longa Hispania, tractu.*

    sub sidere Cancri: Verg. *E.* 10. 68.

9. trutinae: the metaphor is common (but not of self-examination): Cic. *De Or.* 2. 159, Hor. *S.* 1. 3. 72, *Ep.* 2. 1. 30, Pers. 1. 6–7; these uses suggest that Koster's analysis (602–3) may be over-precise.

10–13. A mason's set square (*amussis*) applied to a well-built structure will show the angle bisected exactly by the bob ('so that the angle may be formed by equal parts'), and its horizontal will correspond to the levels of the wall (*nil ut deliret*): Koster 603–4.

There is no need to change the accepted punctuation so that it reflects the change of metaphor. If, as Koster suggested (605), there were a full stop in l. 9, the following sentence would become very difficult, even with *declinat* in l. 14 (which Koster implies but does not discuss).

12–13. Rather prolix: cf. Lucr. 3. 873 and Pers. 5. 25 *quid solidum crepet.*

14. Here A. begins his translation and adaptation of the Greek, which in Young's text reads:

> Μὴ δ᾽ ὕπνον μαλακοῖσιν ἐπ᾽ ὄμμασι προσδέξασθαι,
> πρὶν τῶν ἡμερινῶν ἔργων τρὶς ἕκαστον ἐπελθεῖν·
> πῇ παρέβην; τί δ᾽ ἔρεξα; τί μοι δέον οὐκ ἐτελέσθη;
> ἀρξάμενος δ᾽ ἀπὸ πρώτου ἐπέξιθι καὶ μετέπειτα
> δειλὰ μὲν ἐκπρήξας ἐπιπλήσσεο, χρηστὰ δὲ τέρπευ.

The first line is rendered with a recollection of Cat. 64. 91–2 *non prius . . . declinavit lumina quam . . .* and Verg. *A.* 4. 185 *dulci declinat lumina somno.*

For the practice of self-examination see Koster's detailed discussion, pp. 606–8, and add Plin. *Ep.* 1. 9; it is described as Pythagorean by Cicero in *Cato* 38.

16. A. continues with *praetergressus*—which in the context seems to mean 'knowingly passed over' in contrast to *praeteritum* in 18—for παρέβην. Although *qua* would be closer to the Greek πῇ, that is not the dominant consideration; *quae* gives better Latin. The words *in tempore* are an addition to the original, recalling in their extra precision the added detail in *Ephem.* 3. 61; here, as noted by Koster (610), they underline something important in Stoic ethics, as A. may have realized.

17–18. decus: for this important point see Cic. *Off.* 1. 93–149. The expression may be influenced by Verg. *A.* 7. 498 *deus afuit.* In the next line there is a clear borrowing of Verg. *A.* 11. 551 *vix haec sententia sedit*, as A. begins to expand the original in typical fashion.

20. The notorious Stoic attitude to compassion (Cic. *Mur.* 61–2) is ironically emphasized with the use of *fracta* and *persensi.*

21–2. Cf. Cic. *Off.*, bk. 3.

23–4. natura magis quam disciplina: this is not incompatible with Stoic orthodoxy; *natura* stands for 'empirische Menschennatur', *disciplina* for the teaching of philosophical schools (Koster 614–15).

24. omnia: for the synizesis, cf. *Epiced.* 49 *omnium*, *Par.* 17. 16 *tristia*, *Ep.* 3. 28 *carentia.*

25. cuncta revolvens: cf. Lucan 8. 316.

26. The conclusion is weak. *palmam et praemia* could be defended as a hendiadys, but one expects the line to end with a stronger, and neater, antithesis. I's *poenam* for *palmam* is little improvement and brings complications; Prete's *veniam* (before *pravis*) would be quite inappropriate.

21. *Yes and no*

Like the preceding poem, this is found in the Vergilian Appendix as well as VGW. In V the title is ναὶ καὶ οὔ *pitagoricon*; other manuscripts of Ausonius show traces of Greek. It refers to what in *Ep.* 21. 41–2 Ausonius calls the *certa loquendi regula* of the Pythagoreans; there he praises their simplicity, but in this poem he tries to show the care with which the words must be used and the controversy which they often arouse. An introductory section (1–9) explaining the words' importance develops into a sketch of the various disputes that may be generated in public life, in families, and in schools; Ausonius then takes a specific problem before ending with what may have been a summary of lay and philosophical attitudes. The poem shows little stylistic elaboration, and little imitation, but there is a studied informality about the line-endings (6, 8, 9, 10, 15, 19, 23), and a prominent quotation of Pers. 3. 81 in the penultimate line. Perhaps it was inspired by a lost Greek epigram, but the treatment is rather heavy.

The text was in a poor condition before V, the earliest of the manuscripts, was written. One line (16) appears to be interpolated; a corruption in l. 18 has spoilt the example of invalid inference; and there is surely a lacuna, perhaps a large one, near the end. The correct order of the lines is not beyond dispute.

2. This general statement would be unsuitable after l. 4, where Ribbeck placed it, as that line introduces with *seu turbida sive quieta* a new and structurally important point (10–14).

5–7. 'Using one word or the other people sometimes demur in unison; but often they dissent with conflicting passions, in accordance with their character and abilities, and an easy or difficult argument arises.' If *alterutro* is taken as equivalent to *invicem* (*TLL* i. 1760. 15–20), 'with each other', *pariter* and the contrasting *seorsis . . . studiis* have no point; if it is taken as dative (as in Ven. *c.* 8. 2. 11 and 12; cf. *Prof.* 3. 6 *utroque*) the result would be nonsense, since two or more people cannot disagree *separately* with one or the other word. For *obsisto* cf. Cic. *ND* 1. 98.

seorsis: used by Terentianus (698, 2539) and later five times by the poet Cyprian, who imitates a number of A.'s usages.

In l. 7 I follow V's text, and take *facilis* and *difficilis* as nominatives. The meaning given by the other manuscripts, followed by Schenkl, Peiper, and Prete, is more difficult ('depending on whether the argument has found characters and intellects that are easy-going or intractable'). In this version *ut* (or *vel*) is substituted by editors for *et*, and the abstract subject of *nancta est* is awkward; the plural *ingenia* would be more appropriate in l. 6.

8–9. These simple statements seem out of place here. They might have originally stood after l. 4 (and been overlooked because of *sive*), or even earlier.

10–12. Buecheler placed these lines after l. 14, which attaches them more closely to *hinc . . . hinc* in ll. 15 and 17, but l. 13 would not be a good sequel to l. 9 (or 7), where there is mention of discord and passion. The anaphoric force of *hinc* in l. 10 can be sustained until l. 15 if lighter punctuation is used after l. 12. In ll. 10–17 there is a chiastic arrangement of sentences indicating violent or mild disagreement.

11. lata: so Schenkl; Clausen credits Sedlmeyer with this small change (cf. *Mos.* 108). Although *laeta . . . seditio* could be defended as a paradox, not unlike *Mos.* 52 *laetaque iacturis*, and has been explained with the help of Mart. *Spect.* 20. 3 *litem . . . iocosam* (G. Salanitro, *Athenaeum*, 50 (1972), 415–17), *lata* surely refers to the size of the theatre as in *Ephem.* 8. 4 *nunc fora nunc lites lati modo pompa theatri*. The adjective *cuneatus* is used to describe a theatre at *Ludus* 39, *Ordo* 39.

13. patribus: see on *Ecl.* 19. 43.

16. This line is intolerably weak, not only because of *placido*, which has received various treatment at the hands of editors (see Prete), but also because of *agitat . . . lites*, a phrase already used in l. 12; moreover, the sense conflicts with l. 15. It was presumably interpolated because the sense of l. 15 seemed defective; but in fact there is a simple contrast between the unison of the elementary school and the agitated disputes of philosophers.

18. The error being illustrated consists in the inference 'if *lux*, then *dies*'; A. is making use of a stock example from Stoic logic (DL 7. 71–81, Sext. Emp. *Adv. Math.* 8. 108–17, 8. 413–43, references I owe to Professor I. G. Kidd). *lux* must certainly be restored in the text. It is not easy to see how V's reading could have resulted from *si lux est est ergo dies* (Riese), still less from *lux est estne dies ergo* (Ribbeck, close to a late manuscript); Schenkl's *est en lux . . .* is closer, but *en*, a popular word with A.'s textual critics, is especially unlikely here. The corruption of what I have printed is easily explained as an unintelligent attempt to repair the metre after one *est* had been lost by haplography.

21. quotiens: perhaps *quoniam* was written originally, and corrupted under the influence of *quotiens* in l. 19.

23. A lacuna must surely be marked here. The line has proved impossible to interpret, and a poem which emphasizes strife and altercation can hardly have ended so quickly and on such a subdued note; it is likely that lines developing the theme of *certamina* have been lost, probably after *pauci. pauci* itself is suspicious between *mille* and *multi*; Ribbeck's *rauci* may be correct. The Greek word ἐποχῇ suggested by J. J. Fraenkel (*Mnemos.*, 4th ser., 12 (1959), 73–4), though philosophically acceptable, is inappropriate to this kind of poem. A. is unlikely to have used it in a Latinized form, which is very dubious (cf. Cic. *Acad.* 2. 57, 148).

22. *On the ages of living beings. From Hesiod*

A fairly close translation of the following lines from Hesiod, which are printed with *testimonia* in the edition of R. Merkelbach and M. L. West (Oxford, 1967), fr. 304:

> ἐννέα τοι ζώει γενεὰς λακέρυζα κορώνη
> ἀνδρῶν ἡβώντων· ἔλαφος δέ τε τετρακόρωνος·
> τρεῖς δ᾽ ἐλάφους ὁ κόραξ γηράσκεται. αὐτὰρ ὁ φοίνιξ
> ἐννέα τοὺς κόρακας· δέκα δ᾽ ἡμεῖς τοὺς φοίνικας,
> νύμφαι ἐϋπλόκαμοι, κοῦραι Διὸς αἰγιόχοιο.

This is quoted by Plutarch in *Mor.* 415, who also mentions the reading γηρώντων in l. 2. Ausonius' version is less free than the previous Eclogues, but has room for echoes of Latin poetry (Ov. *Am.* 3. 5. 22, *M.* 2. 547–8 for *garrula cornix* in l. 3, Lucr. 6. 765 for *alipedem cervum* in l. 5). He added his own ending and perhaps a short introduction. The poem was imitated by the writer of *Epigr. Bob.* 62.

The piece is transmitted by GWIJ as well as V.

1. Ter binos: *ter senos* was suggested by W. H. Roscher (*Philol.* 67 (1908), 158–60) in order to make the number conform to the figure in Plutarch's commentary on the passage and similar ones elsewhere; but A. might well have thought a lifespan of 96 years more realistic.

1–2. If the text is sound, the subject of *exit* must be *iusta . . . vita*, making *quos implet* weak. A contrast may be intended between the *iusta . . . vita* of old men and exceptional lives which may 'spill over' into 96 years (cf. Lucan 1. 668 for this meaning), but this is far from clear. Perhaps a line including a phrase like *humanum aevum* has been lost at the beginning of the poem.

2. senescentum: A. read γηρώντων, not ἡβώντων.

6. Phoenix, reparabilis ales: here the adjective means 'self-renewing'; cf. Ov. *M.* 15. 392 *quae reparet seque ipsa reseminet ales.* A. describes the process in *Griph.* 16–17 and refers to the bird in *Ep.* 18. 9.

8. Nymphae Hamadryades: for Hesiod's ἐϋπλόκαμοι, with prosodic hiatus, as in *Ecl.* 8. 3. Here A. follows *AP* 9. 823 (Plato: *FGE* 175). For the age of Hamadryads, regarded as long-lived already in *H. Hom.* 5. 258–61, see *RE* vii. 2287–92.

10. arbiter aevi: cf. *sator aevi* in Sil. 9. 306, 16. 664.

23

These seven lines are found in V alone, attached to the *Hesiodion*. They should be separated from it because their subject-matter is very different, and because there is nothing arcane, as l. 10 would otherwise imply, about the planetary cycles and the Great Year, which the ancients understood as well as they did the lives of animals. The idea of Schmidt (see on the next poem) that they were interpolated in order to form a bridge to *Ecl.* 24 is quite implausible.

1. **Stilbon ... Phaenon:** cf. Cic. *ND* 2. 52–3 with Pease; Apul. *Mun.* 2.

   igne benigno: cf. Cic. *Rep.* 6. 17 *prosperus et salutaris ille fulgor, qui dicitur Iovis* and Hor. *c.* 2. 17. 22 with Nisbet–Hubbard. Similar astrological material is used in *Prec.* 2. 20–7.
5. **magnus qui dicitur anno:** see Pease on Cic. *ND* 2. 51.
7. **dispositi ... mundi:** a *figura etymologica* (cf. on *Ecl.* 1. 2): Pliny states that the word *mundus* derives from *perfecta absolutaque elegantia* (*NH* 2. 8). Claudian imitates in 3. 4 *dispositi ... foedera mundi. dispositus* is treated as an adjective in the similar contexts of Lact. *De Ira* 10. 41 (*opus mundi*) and Priscillian, *Tract.* 5. 86 (*operis*).

   steterunt (Baehrens) is needed for *steterant*.

24. *On the nature of the libra*

A remarkably diverse and desultory poem, the *De Ratione Librae* begins with the order of the universe and ends on a note of personal ethics; what commended the theme to Ausonius was no doubt the challenge posed by the fractions of the *libra* or *as* which form the centrepiece. His ingenious lines can be paralleled in various contexts: Varro's treatment of the relevant words (*LL* 5. 172), Horace's analogy from the schoolroom (*AP* 327–30), and the treatises of various metrological writers assembled in the edition of F. Hultsch (Leipzig, 1866), including the *Carmen de Ponderibus* (esp. lines 41–55) of indeterminable date (*AL* 486 Riese). Varro's *De Disciplinis* is identified as the source by Reeh (chap. 2), and his *Atticus de Numeris* by E. G. Schmidt in 'Das Gedicht des Ausonius de Ratione Librae und der Isorrhopie-Gedanke', in J. Mau and E. G. Schmidt (eds.), *Isonomia: Studien zur Gleichheitsvorstellung im griechischen Denken* (Berlin (DDR), 1964), 111–28. Many of the detailed arguments of Schmidt are fragile and speculative, and he underestimates the possibility that some of the material is the writer's own. What he calls 'das Isorrhopie-Prinzip' is not uncommon in literature (e.g. Ov. *M.* 1. 12–13, Min. Fel. 5. 7), while the detail of l. 32 which he describes as a fable or a *gelehrte Einzelheit* (116) is a piece of general knowledge which, like much else in the *Eclogues*, need not detain the *Quellenforscher*.

The poem is transmitted in V alone; in at least three places it has gone seriously astray. The interesting symbols (recorded by Peiper ad loc., but not by Hultsch) which it gives in the margin are not likely to be an integral part of the poem, as Reeh maintained.

2. **sublimi ... gyro:** cf. Man. 1. 592 (of the pole); here it refers to the zodiac, as in Sen. *NQ* 7. 12. 8.
3. **labem:** the closest analogy is Lucr. 2. 1145. Other Lucretian vocabulary is found in ll. 5 (*principia*), 9 (*mobilitas*), but the overall style is A.'s own.
7. **nullique secabile segmen:** the adjective is used of atoms by Lactantius in

Epit. 31 and *De Ira* 10. 8. *segmen* in this sense is unique, but the figure is rare in A., and the expression could well be borrowed.

10. divinis humana licet componere: cf. Verg. *G.* 4. 176 *si parva licet componere magnis.*

15. The same analogy is applied in ps.-Aristotle, *De Mundo* 399B and, more briefly, in Sen. *Ep.* 95. 53. Schmidt concludes that A. derived it from a source intermediate between them in time; but he presses the detail too far and underrates A.'s originality.

18. deficit: more likely than V's *defuit.*

19. nomenque . . . habebit: 'and, now defective, will be called a *deunx*'.

20–2. In these lines A. is not concerned with the loss of a single *uncia* or with the destruction of the *as.*

21. †satus auctore carebit†: it is difficult to see any justification for the description of the *quadrans* as the 'author of its being' (EW), accepted by Sh. B. and others, and all three words must be suspect. Gronovius' correction, *carens* for *satus*, accepted by Schenkl and Prete, is not likely in such a carefully written passage, unless perhaps *carebit* is an error for *peribit* or something similar. Schenkl's tentative *resecto* is dubious rhythmically and does not overcome the problem of *auctore.*

23. †prama†: a *vox nihili* produced by scribal corruption. The context gives little hint as to its correct replacement. Gronovius' *septena revellas* is not satisfactory: the meaning of *septena* is quite unclear. The *septunx*, whose presence was suggested by Sh. B., is mentioned in l. 25 and is in any case too high a fraction to be subtracted from the *quincunx*; negative numbers may be ruled out. The *gramma*, which Peiper introduced, is equivalent to $\frac{1}{24}$ *uncia*, and this seems too small; perhaps A. wrote *gamma*, used in certain signs for the *uncia* (Isid. *Etym.* 16. 27. 4): cf. Hor. *AP* 327–8 *si de quincunce remota est uncia . . .*

24. qui: so Hultsch, for V's *cui*. EW reads *cui* but translates 'how'.

25. Gronovius described this line as *insanum et intolerabile*, which like the Gordian knot needed the sword of Alexander. It is certainly pointless to ask 'of what *libra* is the *septunx* a seventh part?' I suggest that *qui* was omitted before *cuius*, and that *librae* replaced *abest* to heal the metre or because of a copyist's error: 'and how will a *septunx* lacking a seventh part (of itself) remain a *septunx*?'

27. The second half of this carefully built line is a little obscure. In fact *morum* is explained by l. 33, *operum* refers to buildings, and *aquarum* to liquid measure or perhaps the tides (32). As Bede was to point out, the word could be used *ad quaevis corpora sive tempora demetienda* (*De Temporum Ratione* 4).

31. libra dii somnique: cf. Verg. *G.* 1. 208. For *dii* see on *Ecl.* 8. 7.

32. The point is that the tides stop without the help of the shore, which is in many places low-lying. This is as true of Aquitaine as of Britain, but the remoter location and its elevated epithet (cf. *Mos.* 68) give a more impressive picture.

33. tu: addressed to the *libra*, not to a friend (EW).

25. *On the nature of timely childbirth*

The subject of this unusual and technically ambitious poem is also expounded in Censorinus, *De Die Natali* 8, where Censorinus gives the Chaldean explanation of why childbirth occurs in the seventh, ninth, or tenth months of pregnancy; this is likely to be based closely on Varro (so Reeh). Varro may also be the direct source of this poem, in which Ausonius is not concerned with expounding basic principles but with describing the various stages of the sun's influence. In such a technical matter the innovations of Ausonius, who was no astrologer (in spite of H. de La Ville de Mirmont, *L'Astrologie chez les Gallo-Romains* (Bordeaux and Paris, 1904), 32–51), can safely be limited to matters of poetic style.

The astrological theory that underlies the poem is similar to that of horoscopes, but the identity of the particular signs is irrelevant. In a horoscope it is the equilateral configurations based on the sign dominant at birth (or conception) that matter; here it is the relation of the sign in which the sun stands at a given time to the sign in which it stood when conception occurred (*locus conceptionis*). If a line drawn between these two positions can form part of an equilateral figure when joined to any other sign, the sun is influential, especially if the figure is a triangle or quadrilateral: hence the supreme importance of the fourth, fifth, ninth, and tenth signs. The hexagon is seen as having little or no influence, the dodecahedron is ignored. In Ausonius and Censorinus, but not in all writers, the seventh sign, which gives a direct aspect, is very influential.

This poetic exposition is clear, well structured, and carefully written in a style distinguished by epic colouring such as *conversis... habenis* (15: cf. Verg. *A.* 11. 713), *purpureo curru* (16), *signiferae... cohortis* (26), and *rutilantia... castra* (27–8). The text is not problematic until the last seven lines.

3–4. 'From the upper air come our fortune and our life, which will be governed by the sevenfold harmony of the planets.'

4. ollis: cf. *Mos.* 167, *Cup.* 90.

7. breve solliciti: cf. Sen. *Dial.* 10. 16. 1 *brevissima et sollicitissima aetas, Ep.* 114. 27 *brevis aevi et huius incerti*; not so much a personal comment as a vision of human life against the background of the abiding serenity of the planets.

8. tempora vitae: repeated from l. 6 to make the contrast between ll. 7 and 9 quite clear.

    exortae: usually of human birth (e.g. Lucr. 1. 5, 23).

11. genitali ... arvo: cf. Verg. *G.* 3. 135; in this style V's *alvo* is unlikely.

14. Its position is too close to the first sign to form an equilateral figure.

17. obliqua ... linea: the change of subject, made for stylistic reasons, brings a loss of clarity. The point is that the line is one that can generate a regular oblique-angled figure (cf. *Cento*, *praef.* 36), in fact a hexagon. At the next sign the sun creates a square.

19. primi: perhaps 'supreme', or adverbially 'for the first time' (cf. *Ecl.* 13. 1 for a similar difficulty).

21–2. fulgor tetragono aspectu: EW reads *fulgore et trigono* and V's *aspectus*, but that would be an unsuitable subject for *coruscat*, and emendation of *tetragono* is only needed if *qui* is read in the next line.

22. quintique ⟨e⟩ cardine: the word missing in V after *quintique* is surely *e*, which gives the source of influence and is palaeographically most probable. *qui* is ruled out because elsewhere the poet indicates the progression from one stage to another very clearly and as early as possible.

24—5. Cf. Cens. *De Die Nat.* 8. 10 *eius* (*a loco sexto conspectus*) *enim linea nullius polygoni efficit latus*, and l. 38 below. In *Griph.* 50, where its sense is different, *regula* is glossed in Z by *linea*.

27. limes: cf. Gell. 2. 22. 3.

33. votum: the answer to her prayer.

34. septeno: equivalent to *septimo*; cf. on *Epigr.* 53. 1.

36. posterior nequeat, possit prior: the sense is clear, and the antithesis would be typical, but the Latin is difficult. Neither Desposius' *posterior nequit ut* ('although') nor *pote quod prior*, which occurred to me, seems satisfactory. Perhaps the answer is to postulate a lacuna in which the problem was posed; this could help to explain the sudden *an quia . . .?*

37. octavi conspectus inutilis astri: according to the common belief, as stated in Gell. 3. 16. 1. (The matter is discussed in the rest of Gellius' chapter.)

41. trahit Ilithyia retrorsum: I tentatively print Heinsius' reading. The name caused problems, and at the end of the line *sidera rursum* provided a futile illusion of sense. Some have supposed that an object should be supplied (*nixum* Scaliger, *partum* Tollius, perhaps *trepidam*) before *trahit*, leaving *Ilithyia* at the end of the line as in Ov. *Am.* 2. 13. 21, *M.* 9. 283; Peiper offered *rursum trahit Ilithyia*, which explains *rursum* but assumes dislocation as well. Intransitive *trahit* is no problem, but Tollius' *cursum trahit Ilithyia*, or even *trahit Ilithyia recursum* (the goddess has, in a sense, already approached once), deserves consideration.

XV. THE RIDDLE OF THE NUMBER THREE

The title given to this poem by the manuscripts, and probably by its author too, is puzzling. Although Ausonius was perfectly capable of composing riddles of the usual kind (*Epigr.* 85, *Technop.* 13), he has not done so here, and indeed his chosen topic (*locus de ternario numero*, *praef.* 19) would have made it rather difficult. The only true riddle in this poem is the famous riddle of the Sphinx (40-1), and that is included not for the well-known answer but because of the triple nature of the question. He does indeed say, anticipating criticisms of obscurity from some readers, that such *epyllia* have no point unless they are obscure (*praef.* 43), but clearly his main aim was not to tease the reader. There is not very much in the poem that would not be obvious and familiar to a well-educated contemporary; the style is only a little more difficult than usual, and that is because of the work's compression and hasty composition. It may have been a challenge to compile, but is seldom problematic to the reader. Possibly Ausonius was referring to the literal sense of *griphus* as 'net' and implying that he was trying to 'catch' a large number of threefold things in it, but this meaning is not exploited anywhere, and in fact he admits that there are many omissions and that many sources are left untapped.

The work began as an entertainment over dinner one evening in Trier. Perhaps one should imagine discussions, or even whole *noctes Trevericae*, on such matters as the number of Muses or Sibyls. After allowing various people to read the poem, Ausonius sent it to Symmachus, probably a year or two after Symmachus' departure (*c.*370). He says that when given an unrestricted choice he has always chosen Symmachus for such an honour, and so it is unlikely to be later than the letter in which Symmachus complained that the *Moselle*, although circulating freely, had not reached him (*Ep.* 1. 14). This would have been extremely tactless, as realized by G. W. Bowersock in F. Paschoud (ed.), *Colloque genevois sur Symmaque* (Paris, 1986), 3. Like other friends to whom Ausonius sent frivolous pieces, Symmachus is asked to sit in judgement and do what he thinks fit. He is not expected to make serious criticisms; the work is primarily a *mnemosynon*, an excuse to keep in touch. Indeed, Ausonius disparages his work with unusual vigour. He was not overawed by Symmachus, nor is he angling for compliments; he has obvious reservations about the poem. It was compiled in haste and liquor, and should be read in the same spirit. The *libellus* is *ignobilis* and *nugator*, and its contents are described not only by the common *iocus* and *nugae* but by the unique diminutive *ineptiola* (*praef.* 14). Even allowing for the state of the text and the nature of the subject, the poem falls below his usual standards; the expression is often difficult, transitions weak or non-existent, and the order haphazard. Myth is the predominant subject from ll. 7 to 42, and again in ll. 82–5, but it is mixed with other matters, notably history. Lines 43–7 deal with common or garden topics; then we find physics (48–9), mathematics (50–60: a passage of more than Cimmerian darkness in the opinion of Vinet), law (61–5), and oratory (66–73). This is interrupted by medicine (67–9), and followed by cosmology (74–5), music (76–7), and a medley including material from social history and myth (78–87). Before the coda which takes the poem to a fitting 90 lines there is a reference to the Trinity, not mocking or blasphemous, but typical of the author's broad-minded urbanity.

The notes present concise collections of parallels and explanatory matter for all but the most familiar items. These are not intended as a pointer to the writer's sources: as in the *Eclogues*, there is a danger of pressing such an investigation too far and underestimating the extent to which Ausonius could rely on his memory and on general knowledge. Both the basic idea and the material with which to clothe it came easily to a *grammaticus*, as shorter passages in Servius (on *E.* 8. 75) and Martianus Capella (7. 733) testify. It would be absurd to suggest any serious affinity with philosophical investigations of the number three, and it is perhaps beside the point to adduce works of Varro, whether the *Hebdomades* (M. Schmidt, *Rh. M.* 20 (1865), 298–9) or others. The obscure writer Demetrius, who is known from Pliny (*NH* 28. 64) to have written on the number four, was probably quite unknown to Ausonius and his coterie. A short poem ascribed to Ambrose and transmitted in manuscripts of Aldhelm shows a marked similarity (C. Weyman, *Beiträge zur Geschichte der christlich-lateinischen Poesie* (Munich, 1926), 43–6), and is almost certainly an imitation, perhaps even a riposte.

The work is found in VPH and CKLT. There are some more or less problematic disagreements between them; more seriously, there are numerous places where the poem's general appearance of complexity and erudition seems to have deterred editors from dealing with readings which would surely have received short shrift in other contexts.

Preface

2–4. Allusion to the comic poets is a prominent feature of the correspondence of A. and Symmachus (cf. *Ep.* 12. 28–9 and *AC* 49 (1980), 200). Here a quotation of Ter. *Eun.* 1024 *egomet meo indicio miser quasi sorex hodie perii* is followed by a reference to the scene in Plautus' *Aulularia* where Euclio reports the death of the cockerel that began to dig near the buried gold (460–72). The incongruity of the comparisons is deliberate.

3. chartei: cf. *Ep.* 4. 40 and Varro, *Men.* 519.

5–8. The opening line of Catullus' first poem is also used in *Praef.* 4. The Greek word ἀμουσότερον is thrown back at A. by Symmachus in *Ep.* 1. 14. 2, where he complains that he had not seen a copy of the *Moselle*; the slur that he imagines there was not intended, for A.'s modesty is typical.

9. gerris Siculis: the origins of this phrase are discussed in *ALL* 10. 377–81.

10. defendas: Symmachus is later requested to 'defend' A. against criticism (one may compare Stat. *S.* 4. *praef.*), but if A. meant that here, the request is made very briefly and brusquely, and Pastorino may be right to translate 'evitare così di non aver niente da fare'; cf. Cic. 2 *Verr.* 5. 59 *quae defenderet ne provincia spoliaretur*. But the verb is suspect here because of the unusual clausula; one would expect a verb which gave a pun or at least more pronounced assonance, such as perhaps *protegas*.

12. Aesculapius: he raised Hippolytus from the dead (Verg. *A.* 7. 769; cf. *Cento, praef.* 22–3).

Plato: see DL 3. 5, who states that he burnt his tragedies with an invocation to Hephaestus, and Apul. *Apol.* 10.

15. licentiae militaris: the phrase is found in Cic. 2 *Verr.* 4. 116 and various historians (*TLL* viii. 954. 83–955. 2). As members of the imperial entourage they were *milites* (cf. *Par.* 18. 7, *Ep.* 13. 81 *quod militantes scribimus*), whether or not they actually took part in a military expedition.

16. illa . . . biberetur: by this allusion to Cic. 2 *Verr.* 1. 66 *Rubrius istius comites invitat . . . fit sermo inter eos et invitatio ut Graeco more biberetur* A. means that their drinking did not go to unseemly lengths. The interpretation *grandibus . . . poculis et meracis potionibus* is rejected by ps.-Asconius ad loc. (*Ciceronis orationum scholiastae*, ii. 240–1 Stangl), who explains that Greeks first drank separate toasts of *merum* to their gods and their friends; but there would be little point in that here. The Greek habit of discussing warfare at a party which Ammianus mentions in 18. 5. 8 is not meant either.

16–17. illa de Flacci ecloga: *c.* 3. 19. 9–15 *da lunae propere novae, da noctis mediae, da, puer, auguris Murenae . . . ternos ter cyathos attonitus petet vates.* The reading *petit* should not be taken as evidence of what A. read; it is a conscious adaptation. The word *ecloga* is used of a Horatian ode by Porphyry on *c.* 4. 4. 1 and by Varius Fortunatianus in *GL* vi. 300. 29, 302. 10, 303. 23.

20. exsculpere: used of letter-writing by Ambrose (*Ep.* 26. 1) and Symmachus (*Ep.* 8. 21. 1; dated to 399 by Seeck, so that conscious borrowing from this passage is unlikely). Two meanings are subtly combined by A.: the detrimental effect of eczema or rust and the artistic effect of the sculptor's chisel.

21–2. impingas spongiam: according to Pliny (*NH* 35. 104), who uses the same two words, this was done by the painter Protogenes when trying to depict a dog's nose, and by Nealcas in his painting of a horse. Cf. also Val. Max. 8. 11. *Ext.* 7.

22–3. ne me gloriosum neges: unless there is an unrecoverable allusion here, *neges* (Z) seems more apt, for Symmachus would have had ample opportunity to discover if A. was boastful or not (cf. *Ep.* 12. 21ff.).

23–4. coeptos . . . absolvi: for A.'s speed in composition, cf. *Cento, praef.* 17 and *Ep.* 19*a.* 18–23, which alludes to Stat. *S.* 1. *praef.*

26. dilutior: cf. Tert. *De Test. Anim.* 4. This precondition is stressed in the preface to Symphosius' riddles (*AL* 286 Riese, 281 Sh. B.).

28. acutis naribus: Hor. *S.* 1. 3. 29–30.

29. caperrata fronte: cf. Varro, *Men.* 134 (in the accusative case) and Apul. *M.* 9. 16 (with *supercilium*); A. uses it again in the apology at the end of his *Cento* (l. 6). It was frowned upon as an archaism by Martianus Capella (5. 509).

35. neglexi: more appropriate than *neglego* (VPH), especially since the poem had been written some time previously.

tempora . . . gradus: tenses (e.g. *GL* i. 335. 20, ii. 405. 8), persons, genders, and grades of comparison; these were usually reckoned as three in number (*GL* i. 112. 15 = p. 144. 1 Barwick, 324. 16), but sometimes as four (*GL* v. 38. 30–1); both classifications are mentioned in v. 151. 18–19.

36. novem naturalia metra: dactyl, iamb, trochee, choriamb, anapaest, greater and lesser ionic, paeon, and either antispastic or proceleusmatic (*GL* i. 501. 16–28, iii. 459. 8–10, vi. 52. 21–5, 69. 21–70. 3). 'Marius Victorinus' (Apthonius) calls them *prototypa* or *protoformia*, Priscian *generalia*.

37. librosque medicinae: the reading of both Z and PH (*medici* followed by abbreviated *nostri*) cannot be admitted, since the form *medicinos* is not attested, and the adjective is restricted to *ars* or similar words (*res, disciplina*; see *TLL* viii. 542. 50–9). The error might have occurred independently, under the influence of *libros*.

ter maximum: this form (Z) is preferred by Latin writers when they do not use the form *Trismegistus* (Lact. *DI* 1. 7. 2, *De Ira* 11. 12; Amm. 21. 14. 5). The surrounding items suggest that A. refers to the works and not just the name. Although triads are found in the *Asclepius* (1. 3a; 3. 17a–c), they are not prominent, and A. may have assumed that the name derived from a threefold explanation of the world, like John Malalas later (see *Hermetica*, ed. W. Scott (Oxford, 1936), iv. 233. 5) or that the writings must be germane to his purpose in some unspecified way.

37–8. amatorem primum philosophiae: Pythagoras (DL, *prol.* 12, Cic. *TD* 5. 3. 8), who was famous for his treatment of number. A. mentions him often (see on *Ecl.* 19–21), but his acquaintance seems superficial, and he may not have had in mind any specific items such as the triad mentioned in Arist. *De Caelo* 1. 1 (268A).

Markland's *sophiae* may be correct; it is certainly more accurate.

38. Varronisque numeros: whether A. had studied their contents or not, he probably refers to either Varro's work *De Principiis Numerorum* (for which see F. Ritschl, *Opuscula*, iii (Leipzig, 1877), 442–3), or the section on *arithmetica* within his *De Disciplinis* (so Reeh 52), or both. He knew of Varro's fascination with numbers from other sources (cf. *Ephem.* 5. 5–6, *Mos.* 306).

profanum vulgus: this allusion to Hor. *c.* 3. 1. 1 brings out A.'s enthusiasm for the esoteric nature of his writing, also seen in some of his letters.

43. epyllia: seemingly used as a disparaging term for short poems in hexameters. The *Cento* is so described, but not *Cupid*.

44. scirpum: an allusion to the proverb *in scirpo nodum quaerere* (Otto 312–13). A. was probably unaware of the meaning 'riddle' (Gell. 12. 6. 1) ascribed to some early writers.

47. Cf. Ter. *Eun.* 193–4 *dies noctesque me ames me desideres, me somnies me expectes de me cogites.* This supports Z's omission of *ut* before *desideres*; one would expect *ut* to be used either once or thrice.

1. ternos: the noun *cyathos* is easily understood from Hor. *c.* 3. 19. 11–12, quoted in the introduction, which provides A.'s starting-point.

mystica: this should not be associated with Bacchus (so *TLL*) or any other pagan deity (cf. M. Cap. 2. 102), or with Christianity (cf. l. 88), although similar usages are found (Ambr. *Expos. in Luc.* 2. 29).

lex: cf. Petr. *Sat.* 136. 11 *tribus potionibus e lege siccatis.* According to Pliny (*NH* 28. 64) Demetrius in his book on the number four explained *quare quaterni cyathi sextariive non essent potandi.*

3. 'to form the cube with nine times unequal three'. A bizarre line: there seems no point in stressing that three is an odd number, and it is surprising that the cubed number twenty-seven is used to explain the significance of three when the cube is so rarely mentioned (only in the difficult and perhaps corrupt l. 57). Editors see a reference to the fact that the cube of three is the first prime number that is odd (M. Cap. 2. 105) but that is not what the line says. Since we know the poem originally had ninety lines, a lacuna would have to be balanced by an interpolation elsewhere, and vice versa.

coebum: cf. l. 57 and *goero* in *Ecl.* 10. 5, 7.

5. **forma hominis coepti:** cf. *Ecl.* 25. 15–18.

exactio: the noun is unique in this sense; the verb is used of parturition by Julius Valerius 1. 6.

6. 'and the end, nine times nine, which holds the limit of our destiny'. The numeral is used as a singular noun as in l. 54 *tris primus par, impar habet mediumque.* According to Censorinus, with whom A. shares the subject-matter of *Ecl.* 25, Plato gave this figure (*De Die Nat.* 15. 2); others say that Plato died at that age (Sen. *Ep.* 58. 31, Aug. *CD* 8. 11; 81 or 84 at DL 3. 3).

7. **tris:** this form is given for the nominative plural masculine or feminine in ll. 19, 20, 21, 24, 54, 70, 80, 85, and 88 by almost all the manuscripts; *tres* is given by P in ll. 19, 20, 54, and 88, by H in l. 7, by T in l. 19, and by K once in l. 21. It seems that A. chose *tris* not only for the accusative (which is unusual for him) but also for the nominative plural. The form seems very rare, and consistent corruption of *tres* cannot be ruled out.

The three sons of Rhea (cf. *Technop.* 8. 2–3) were Hades, Poseidon, and Zeus.

ordine: so Hes. *Theog.* 453–4, Ov. *F.* 6. 285–6, and other writers.

7–10. Accursius placed these verses after l. 17; this certainly gives a better train of thought, but in this poem A. is not systematic.

10. This version, also used in *Epigr.* 61, is found in Servius on *A.* 3. 328 and scholia on various Greek writers given in *RE* v. 1113.

Helenes: so Z; A. generally prefers Greek endings.

11–12. The calculation should be compared with that in *Ecl.* 22. There the crow is said to live nine times as long as a long-lived man; here it lives either nine times as long as Nestor did, or thrice his threefold span. A. often refers to Nestor's great age (*Epit.* 8. 1 *quarti iam prodigus aevi, Grat. Act.* 19 *iam tertiae Nestor aetatis* and 20, *Epigr.* 20. 5), but it is not immediately clear if he thought of him as living three generations or three *saecla*, as numerous Latin writers seem to do (see Nisbet–Hubbard on Hor. *c.* 2. 9. 13. The latter solution is suggested by *fusi*—such calculations are based on a very optimistic assumption about man's *iusta uita* (cf. *Ecl.* 22. 1–2)—and confirmed by ll. 13–14.

11. purpura: the threads are elsewhere either golden (for good luck) or black (for bad): see *RE* xv. 2482. The idea may have come to A. when he had written *dabitur nostris quoque purpura fusis* in *Mos.* 398, where *purpura* refers to genre. In *Ep.* 6. 45, perhaps written much later, A. translates *atra* in Hor. *c.* 2. 3. 16 by πορφύρεα, but this is the opposite of *purpura* here.

12. tractus: a normal generation, here 32 years to judge from *Ecl.* 22.

14. aeripedes: cf. Verg. *A.* 6. 802, Sil. 3. 39, Mart. 9. 101. 7. In *Ecl.* 22. 5 *alipes* is used, but there is no need to suppose that A. misunderstood *aeripes* as some grammarians did (*GL* i. 279. 7, p. 367. 19 Barwick; i. 442. 22, v. 298. 6).

ter terno Nestore: the difference is 81 generations or 2,592 years, because in *Ecl.* 22. 4 the deer lives four times as long as the crow (3,456 years).

15. Phoebeius oscen: the raven (*ales* ... *Phoebeius* in Ov. *M.* 2. 544–5). The only other evidence for the gender of *oscen* is Varro, *LL* 6. 76, where *quae* is read, and Charisius (*GL* i. 139. 11, p. 176. 15–17 Barwick), according to whom Pliny quoted Cicero for masculine *oscinis*.

16. Gangeticus ... ales: cf. *Ep.* 18. 9.

anteit: this form is elsewhere in Latin always disyllabic.

16–17. ales: for the epanalepsis cf. *Mos.* 195–6.

17. The effulgence of the phoenix (Lact. *De Phoen.* 139 *radiata corona*; Claud. 22. 419–20) and the nest which it built as death approached (Ov. *M.* 15. 395–400, Plin. *NH* 10. 3–6, Lact. *De Phoen.* 83) are often mentioned in ancient descriptions, but never so closely as this; as the text stands, the picture borders on the absurd, since the ablatives cannot be dissociated from *radiatus tempora*. Scaliger replaced *nido* by *nimbo*, but this should be qualified by an adjective denoting colour; A. surely uses *cinnameo* of odour, as Apuleius had before him. Although epanalepsis can be paralleled in A. (see previous n.), the second *ales* may by dittography have ousted a verb such as *tollens*, in which case *radiantia* might be read for *radiatus*.

18. From Verg. *A.* 4. 511, with *tergemina est* for *tergeminamque*. The *tria ora* faced three ways (Ov. *F.* 1. 141, with Frazer); Servius ad loc. adds some less likely explanations.

19. tris Charites: Hes. *Theog.* 907–8 and later writers.

triplex vox: *gravis*, *media* (or *inflexa*), *acuta* (Cic. *Orat.* 57, Quint. 2. 8. 15, 5. 10. 125).

trina elementa: the commonest classification was the fourfold division of Empedocles; but three elements (cf. l. 74 below) are given or implied by Lucr. 5. 93, Ov. *F.* 5. 11, Plin. *NH* 15. 108, and Oros. *Apol.* 9. 5. Twofold and fivefold divisions are also attested (*TLL* v/2. 346. 13–63, 347. 61–74).

20. Sirenes et omnia ternae: the word *Siredones* read by VPH is not attested elsewhere, and was rightly dethroned by La Ville de Mirmont in *REG* 31

(1918), 83–7. The emendation Κηληδόνες (Desposius) is unlikely because of its great rarity and because a Greek word would be out of place. The phrase *et omnia* (or *et omina*) *terna/trina* would be meaningless and interrupt the description, and I adopt *ternae*, suggested by Schenkl. The function of *et* is to join *tris* (three in number) and *ternae* (threefold in nature); *omnia* shows that they are not merely tripartite (like the Sphinx), but birds, girls, and deities in all respects.

22–3. For the story see G. Weicker, *Der Seelenvogel in der alten Literatur und Kunst* (Leipzig, 1902), 76–7. There seems to be no evidence for a prize; after their defeat the Sirens forfeited their wings (Paus. 9. 34. 3; cf. *Ep.* 6. 16). The details of l. 23, typically arranged in chiasmus (cf. *Mos.* 31–2, *Cup.* 30–4), are added to bring in the detail of threefold music-making attested in Aug. *DDC* 2. 18. 28(70).

24. tris sophiae partes: natural philosophy, moral philosophy, and logic.

26. tergemini vigiles: the *tresviri nocturni, qui ab eo quod excubias agebant, nocturni dicti sunt* (Paul. *Dig.* 1. 15. 1). They were forerunners of the *tresviri capitales*: cf. Liv. 9. 46. 3, 39. 14. 10, and see *RE* viiA. 518.

26–7. The common reckoning based on cockcrow (cf. Lucian 80. 11. 3 and Theocr. 24. 64 for the third cockcrow, and in general Plin. *NH* 10. 46) is combined with a reference to Alektryon, the accomplice of Mars, who failed to warn his master. For this later addition to the story of Mars' adultery with Venus see Lucian 22. 3, ps.-Liban. *Narrationes* 8. 49 Förster, and Eustathius on *Od.* 8. 302.

28–9. The theme of nocturnal adultery links this to what precedes, but the formal connection is weak. If a line has been lost (cf. l. 3n.) then the verb of the relative clause would be not *conceptus*, with an ellipse unusual for A., but *affixit*.

    triplicatae tempore noctis: the manuscripts' *vespere* gives a strange expression, not to be defended by Sall. *BJ* 106. 2 *diei vesper erat*; it is probably a gloss on *tempore noctis*.

29. affixit: it is not easy to choose between this and Z's *suspendit*, but preference should be given to the former, which is used with the dative in *Cup.*, *praef.* 3; and *figo* is so used in the similar context of *Ep.* 24. 48. *suspendo* is used with *in* at *Cup.* 59. The corruption in the first half of the line in Z is due to haplography.

    opima: cf. *Epit.* 9. 2n.

30. Cf. *Epigr.* 35. The manuscripts' *Mnemosynarum* cannot stand. A. may, as Heinsius suggested, have written *Mnemonidarum*, overlooking the fact that its nominative singular ought to be masculine *Mnemonides* (cf. Hor. *S.* 1. 1. 100 *Tyndaridarum*); for similar liberties, cf. *Protr.* 20, *Cup.* 24, PN *c.* 10 [= App. B. 3]. 112. In *M.* 5. 268, 280 Ovid uses *Mnemonidas* and *Mnemonides*, which are third-declension forms.

31. A well-known statue of Apollo made for the Delians by Angelion and

Tectaeus showed the three Graces in his hand (Paus. 9. 35. 3 with Frazer's note, Plut. *De Mus.* 14 (*Mor.* 1136A), Macrob. *Sat.* 1. 17. 13). Although such representations of other deities were known, it is likely that A. is misled, perhaps because he likes to associate Apollo and the Muses (cf. *Ep.* 4. 8–10). In *Ep.* 13. 64 he speaks of *aut tres aut octo Camenas*; for their numbers see *RE* xvi. 687–91.

32. The account of the transition from three Muses to nine is unclear, and seems to combine different explanations. There is clearly an allusion in *ex aere* to the Varronian explanation that three smiths each made three (Aug. *DDC* 2. 17. 27(68)); while l. 33 suggests that the change was made for prudential reasons, as hinted by Paus. 9. 29. 3. These are not mutually exclusive, at least in A.'s version, but the conjecture *religiove* deserves consideration; *religione patrum*, however, is Vergilian (*A.* 2. 715, 8. 598). Cithaeron (which A. scans with typical freedom) is frequently personified in Latin poetry (Verg. *G.* 3. 43 and several times in Statius); cf. *Ecl.* 13. 2 *Parnasus . . . sacravit.*

34. trina . . . : 'threefold are . . .'. The *ludi Tarentini* held on the Campus Martius lasted for three nights (Val. Max. 2. 4. 5 (a long account) and Censorinus, *De Die Nat.* 17. 8).

35. For *bis genito* cf. Ov. *M.* 3. 317, *Tr.* 5. 3. 26; for the line-ending cf. Verg. *A.* 4. 302, Ov. *Rem.* 593.

36–7. The first gladiatorial contests were instituted by the sons of Junius Brutus (*Iuniadae*) for their father in 264 BC (Liv. *Per.* 16, Val. Max. 2. 4. 7, Serv. on *A.* 3. 67). The notion *pugnas . . . misere* is difficult, and although *mitto* is common with *inferias, iussere* or other emendations should be considered.

41. pedibus: the most distinctive feature of the Sphinx's lower body.

42. The temple of Jupiter, Juno, and Minerva. The expression may be influenced by Cat. 64. 387 *templo in fulgente.*

43. tergenus: a striking adjective, used again in l. 49.

44–5. qui . . . qui . . . qui . . . : Scaliger suggested *quae* in each place, but the loose grammar is not a difficulty, at least in this poem.

45. tectoria: plasterwork, not tiles (EW); A. is not moving upwards, and *cultu* does not mean 'covering'. Z's *fucat*, which would refer to painting, is probably a gloss.

46. Bromii quadrantal: more commonly known as *amphora*, according to Maec. *Iur.* 79 (writing two centuries earlier); hence the connection with Bacchus.

  Sicana medimna: for the adjective cf. Polyb. 2. 15. 1, and for the measure *RE* xv. 89–90. The scansion of *Sicana* appears to be unique.

47. An obscure line is used to present something very simple; the point is that everyday usage explains them as or breaks them down into three and six *modii* respectively. The *quadrantal* was equivalent to the *trimodium* (Plin. *NH* 33. 20), the *medimnum* to six *modii* (Cic. 2. *Verr.* 3. 110). Z's reading *hoc . . . hoc* is less suitable than *hoc . . . haec* (VP?H).

48. A Platonic triad: cf. Aetius, *Placita* 1. 3. 21 Diels, Apul. *Plat.* 1. 5, and Ambr. *Hex.* 1. 1. 1. For *mundus* as equivalent to *materia*, cf. *Asclepius* 1. 3a, and for *data* meaning 'pre-existent', cf. Sen. *NQ, praef.* 16.

49. tergenus omne genus: 'every family includes three classes'. *omne genus* is my tentative emendation of *omnigenum*, which would be very difficult.

50–1. The need to versify the technical vocabulary used in the classification of triangles evidently obliges A. to invent a metrically acceptable synonym of *aequilaterus*: if *aequilatus* (and not *aequilater*) is what he wrote, it is likely to be neuter, as if *trigonum* had preceded. But *aequa latus*, agreeing with *regula* but referring to a *species*, could be right here. *regula* is unusual in this sense; *linea* (Z) would be impossible.

52. tris coit in partes numerus perfectus: as Scaliger saw, the number six is meant here, as in *Ep.* 10. 19. In *Speculum*, 18 (1943), 247–8 (in English) and *Isis*, 42 (1951), 302–3 (in French) M. Françon gave good reason for not following M. Cap. 7. 733, cited by Tollius and others in defence of three, but accepting the usual definition of a perfect number as one which is equivalent to the sum of its factors, which seems to be meant here. *coit in* is very strange Latin: while the verb may be taken as equivalent to *constare* in *Ecl.* 20. 10–11 *angulus aequis partibus ut coeat*, the present usage seems self-contradictory.

53. †congreget et terno†: a corrupt and obscure passage. Editors have generally followed Scaliger's *congrege ter terno* (also but unknown to him the reading of K), but the sense of the rare *congrege* is not clear and certainly very different from that in *Ep.* 4. 21 *congrege vulgo*. Six added to nine obviously contains three threes, and multiplied by nine it can of course be divided by thrice three, but these points seem too elementary even for A. to make (cf. *Ep.* 10. 23). A better sense ('factorized by thrice three') could be given to *dissolvatur* if the number was nine, and this points to a phrase such as *concrescens terno* (the verb is used by Boethius in *De Arithmetica*) or *congrediens terno*. The fact that three is composed of one and two means that when three is added the total may be expressed as thrice three.

54. tris primus par, impar habet mediumque: 'three is the first number to contain an even number, an odd number, and a *medium*'. The number one is so called because it 'intervenes' between any two integers.

54–5. The number one is *medius* in another sense, because it divides these and other odd numbers (cf. M. Cap. 7. 733, Macrob. *Somn.* 1. 6. 23). The words *qui medius* which Z has at the beginning of l. 55 for *ut tris* may have originated as an explanatory gloss.

56–8. The subject is once again *tris*: when placed beneath the centre of nine units arranged in line it distinguishes 'whole thirds', in other words thirds of nine, which are whole numbers. A.'s fondness for decorative antithesis emerges even here, and again in the next line (*aequipares . . . impare*).

56. numero in toto: evidently nine, the 'entire number' in the sense that it is the highest number in the calculations so far. *nono* for *toto* would be more intelligible, but seems not to be used for *novenario* or *novem* (*nonus* in M. Cap. 7. 778 is highly doubtful).

57. coebo pereunte: unlike V's *coebo pergente*, the reading of Z yields some sense, if it is translated 'with the disappearance of the cube'; in visual terms the cube, which must be eight, disappears as we form three groups of three. Elsewhere the cube is found only in the difficult l. 3. The detail is puzzling, but perhaps no more so than what surrounds it. At the end of a letter to Schenkl reproduced in his *index nominum et rerum* s.v. numerus perfectus—on which EW based his unconvincing explanation of this passage—F. Hultsch declared: 'hätte man es mit einem Dichter zu thun, der klar und deutlich schreiben will, so würde die Conjektur *coebo emergente* am nächsten liegen'.

59. et paribus triplex medium: 'even numbers too have a threefold centre'; so eighteen, described in a typically abstruse way as $4 + 6 + 2 \times 4$, has a centre (*omphalos*) which consists of thrice two.

62. Cf. Quint. 2. 4. 33 *nam et genera sunt tria, sacri, publici, privati iuris*.

63. interdictorum trinum genus . . . : this follows the second of the classifications given in Gaius, *Inst.* 4. 143–54: *sequens in eo est divisio, quod vel adipiscendae possessionis causa comparata sunt vel retinendae vel reciperandae* (cf. *Dig.* 43. 1. 1), which are then illustrated by the interdicts *quorum bonorum* (144), *uti possidetis* and *utrubi* (148), and *unde . . . vi* (154).

65. triplex libertas: by *census*, *vindicta*, or *testamentum* (Cic. *Top.* 2. 10).
   capitisque minutio triplex: known as *maxima*, *minor* (or *media*), and *minima* (Gaius, *Inst.* 1. 159–64, Paul. *Dig.* 4. 5. 11, Just. *Inst.* 1. 16).

66–7. The common distinction of the *genera dicendi* (Cic. *Orat.* 20–2, Quint. 12. 10. 58) is versified with the help of *modestum* for *temperatum* or *modicum* (Cic. *Orat.* 98) and a periphrasis with *filum* (cf. Cic. *Orat.* 124 *tenue filum*, Hor. *Ep.* 2. 1. 225 *tenui . . . filo* and Cic. *De Or.* 2. 93 *uberiore filo*), also used in *Grat. Act.* 61 (with *sicut dicitur*).

67–8. Cf. Galen 16. 83 Kühn, Jer. *Ep.* 53. 6, *Contra Pelag.* 21; the line is imitated in the poem which follows the work of Marcellus E piricus, l. 6: *quod logos aut methodus simplexque empirica pangit*.

70–1. For the Rhodian style cf. Cic. *Orat.* 25, *Brut.* 51, and Quint. 12. 10. 18.

72–3. Cf. Cic. *Orat.* 230 *Asiaticos maxime numero servientes*, and *Orat.* 27 *more Asiatico canere*. Quintilian's comparison with the theatre in 2. 10. 8 is meant to criticize ostentation, not rhythm.

74. The tripods of Orpheus are not known from any other source. They are usually, and probably rightly, taken as a book or books, like those of the same name known to have been written by Nausiphanes (DL 10. 14) and Andron (DL 1. 30). In *Aglaophamus* (Königsberg, 1829), i. 386–7—a reference I owe to Professor M. L. West—C. A. Lobeck suggested that A. was alluding to a work which interpreted the legs of the tripod as the three elements. Pythagorean interest in the Delphic tripods is attested by Iamblichus, *Vit. Pyth.* 18. 82 and Hesychius s.v. Τρίοψ, and this work may be traced to the neo-Pythagorean milieu (M. L. West, *The Orphic Poems* (Oxford, 1983), 29–33).

The postulation of earth, water, and fire as the three original elements is ascribed to Onomacritus (for whom see West 249–51) by Sextus Empiricus in *Pyrrh.* 3. 30 (O. Kern, *Orphicorum Fragmenta* (Berlin, 1922), 55–6); this work has been identified with the τριασμοί or τριαγμοί mentioned by the *Suda* (Diels–Kranz, *Die Fragmente der Vorsokratiker*, Orpheus A 1, l. 10).

75. As punctuated by Tollius and his followers, this line gives poor sense. Unless one accepts with Pastorino (who is following Vinet and La Ville de Mirmont as he often does) the dubious and rather technical explanation that position, distance, and form were all triple—which he understandably sees as an enigma—the translator has to slip in a word such as 'classification'. The easiest remedy is to add to this sentence *et modus* from l. 76, where with the normal punctuation it is redundant. It is strained but not impossible to say that distance, form (constellation), and magnitude constitute a star's position; *positus* may have ousted a word such as *habitus*, *ratio*, or *species* after being added by a scribe who thought the sense ended with the line.

77. missa labris: vocal music-making. The manuscripts' *mixta libris* has been accepted by all editors but satisfactorily explained by none; excellent sense is given by two easy changes. The words *mixta* and *missa* are often confused, and *libris* was written for *labris* in *Ep.* 13. 98. A. thus refers to the threefold division of music—human, instrumental, celestial—found in Boeth. *De Mus.* 1. 1, but interprets *musica humana* more mundanely. His source can only be guessed; perhaps it was Varro. Boethius seems to have used Nicomachus of Gerasa's lost *Isagoge Musica*: see J. Caldwell in M. Gibson (ed.), *Boethius: His Life, Thought, and Influence* (Oxford, 1981), 139–42, and H. Chadwick, *Boethius* (Oxford, 1981), 85.

vulgata theatris: Augustine refers to *theatricas nugas* when speaking of lyres and organs (*DDC* 2. 18. 28).

79. tribus: for the etymology, cf. Colum. 5. 1. 7, *Dig.* 1. 2. 20.

80. equitum turmae: see Liv. 1. 13. 8. Servius so interprets Vergil's *tres equitum numero turmae* (*A.* 5. 560).

tria nomina nobiliorum: cf. Quint. 7. 3. 27, Juv. 5. 127.

81. nomina sunt chordis tria: *nete*, *mese*, *hypate* (Plat. *Rep.* 443 D, ps.-Censorinus, fr. 12. 3). A. uses *netis* in *Mos.* 391.

tria nomina mensi: the *menstrua mensuum* in the title of *Ecl.* 4.

82. Geryones triplex: at *Ecl.* 17. 10, as in earlier authors, *Geryones* is treated as a singular; the plurals in *Ep.* 10. 6, 14*b*. 6 are a mathematical joke, and cannot be used to justify *triplices* here. In *CIL* iv. 2440 the word denotes human beings, not the monster. It may have been added by a scribe unfamiliar with classical usage.

triplex compago Chimaerae: cf. Hom. *Il.* 6. 181, Ov. *M.* 9. 647–8, and *Ep.* 19*b*. 21.

83. Scylla triplex: this is based on Verg. *A.* 3. 424–8. The monster is *biformis* in Verg. *A.* 6. 286, *multiplex* in Min. Fel. 20. 3.

84. Gorgones Harpyiaeque: cf. Verg. *A.* 6. 289. The Gorgons were three in number according to Hes. *Theog.* 276, and the Harpies three in Hyg. *Fab.* 14. 18. As S. G. Owen observed (*CQ* 27 (1933), 179) it is inconceivable that A. refers to the three women known to myth as Harpalyce, who would form an incongruous trio.

    Erinyes agmine terno: three in Eur. *Tro.* 457 and Apollod. 1. 1. 4, where they are named as Allecto, Tisiphone, and Megaera.

85. Numerous Sibyls are attested (*RE* iiA. 2075–6); Varro listed ten, according to Lact. *DI* 1. 6. 7–17. They are referred to as three in number by schol. Ar. *Aves* 962 and Solin. 2. 18; A. probably had some such classification in mind, rather than a particular group in art (Plin. *NH* 34. 22, cited by Peiper). A. Kurfess suggested Tib. 2. 5. 68–9 as a source (*Rh. M.*, NF 97 (1954), 191–2), but the passage mentions four in all.

    For the expression cf. Stat. *S.* 3. 5. 97 *fatidicae . . . Sibyllae.*

86–7. The three volumes sold to Tarquin (*DH* 4. 62. 1–6, Plin. *NH* 13. 88, Gell. 1. 19, Serv. on *A.* 6. 72) were later replaced by others, as A. doubtless knew; the present tense used in l. 87 should not be pressed.

90. deciesque: although *-ve* (Tollius) is commoner in such calculations, *-que* is used in *Ep.* 10. 8–14.

    A poem of 100 verses by Walafrid Strabo (*MGH*, *PLMA* ii. 388–90) ends in a similar way.

XVI. THE MOSELLE

The *Moselle* was written at a time when Ausonius could describe himself as *Belgarum hospitiis non per nova foedera notus* and was an established member of Valentinian's court. We do not know when he began it, but the date of its completion can be determined fairly closely. The best indication is the opaque reference in ll. 409–11 to Petronius Probus, who was consul with Gratian in 371. The allusion to his consulship can certainly be accepted, but, as has been argued by Green, *RPL* 1 (1978), 89–94, the identification is not so straightforward as to exclude others, and the words do not need to be interpreted as a public tribute to an imminent or current consulship; a slightly later date would not be impossible. The reference in l. 450 to *Augustus pater et nati* may indicate but does not require a date subsequent to the birth of Valentinian II in July 371. A date in or close to 371 suits the report in ll. 422–4 of the victory of Valentinian and Gratian over the Alemanni at Solicinium in 368, which does not read like recent news. The journey described in the opening lines should not be treated as a historical event.

    In spite of the circumstances of the poet, and these political allusions (which are almost all confined to one section), the poem is remarkably free from conventional panegyric. One of the river's claims to fame is admittedly the above-mentioned imperial triumph, but in the poem the river is seldom associated with the city of Trier, which was the imperial capital. Indeed, the city is nowhere named, although it receives its due in the *Ordo Urbium Nobilium*. There is certainly a feeling of pride in the power of Rome that produced such security and prosperity; but this is taken for granted, and is not to be thought of as the primary purpose of the poem. There are only two direct allusions to Valentinian (422, 450), and few indirect ones. Other emperors are mentioned or evoked more often. The first sign of human civilization to present itself in the Moselle valley is the stronghold of Neumagen, ascribed to Constantine in l. 11; the mention of Arles at the end of the poem (480–1) would have recalled the same emperor. The *nova moenia* referred to in l. 2 were in fact the work of Julian; the settlement of *coloni* (9) and the establishment of fortified *horrea* (457n.) are also probably the work of one of Valentinian's predecessors. There is, however, no sign of a critical or disparaging attitude to Valentinian, either by general implication or in particular references; the description of the dangerous Hunsrück in the opening paragraph, and the phrase *tunc verus habebere limes* in l. 435, are to be explained in other ways, as the commentary will show. Valentinian, whose role was to carry the battle across the Rhine, maintains the peace which others had established.

It is highly probable that the poem was written with the emperor's encouragement. But there is no evidence to support the drastic view of Marx (*Rh. M.*, NF 80 (1931), 376–7) that it was 'eine hochpolitische Auslassung aus der nächsten Nähe des Kaisers selbst, dem jeder Vers vor der Veröffentlichung zur Begutachtung vorgelegen hat, und dessen Mißfallen oder gar Zorn zu erregen Besitz und Leben kosten könnte'. The poet's paymaster was certainly an uncouth and aggressive emperor, but he was no censor. He was clearly prepared to give the poet a free rein. A development of Marx's theory has been recently made by Ternes, who maintained (*REL* 48 (1970), 376–97) that the poet received a commission to draw an idealizing veil over the decaying region, but executed his task half-heartedly. Neither proposition is easy to verify. It is not clear what Ternes meant by 'des vers qui grincent, des élisions qui surprennent', for he writes as smoothly as most classical poets; while the incongruities and exaggerations are characteristic of the age. R. Martin has pointed out (*REL* 63 (1985), 242–4) that it is typical of ancient poetry to subordinate description to epideixis. As for Ternes's contention that the area was in a state of decay, the archaeological evidence, conveniently assembled by Wightman, offers little support; this part of the Moseltal may have been ruinous in the 270s and the 470s, but not in the time of Ausonius. There is indisputably an element of idealization, but this is as likely to be the result of the poet's enthusiasm—he hardly felt himself an exile from civilization, as Martin argues—as an attempt to cover up the truth. Nor is it plausible that the poem was intended to encourage settlement in the Moselle valley, either by Romans or Germans (Wightman 165, Ternes 393–4). Ausonius is describing, not advertising, his villas, and denounces luxury in ll. 51–2; throughout the poem he exalts the world of nature and likes to present human beings as unwelcome intruders. The *Moselle* is affected but little by social or political motives; they are overestimated even by Martin. In the words of Heinen, an interpreter of the poem not only well able to assess the economic background but also sensitive to the insights of recent literary studies, 'Die *Mosella* ist kein Produkt grobschlächtiger Propaganda, sondern ein feinsinniges, facettenreiches Kunstwerk spätantiker Spiritualität' (357).

There is much more to be said for a view of the poem closer to that scornfully dismissed by Marx when he declared that it would be wrong to consider the *Moselle* as 'ein Erzeugnis poetischer Kurzweil, bestimmt für sentimentale Freunde der Dichtkunst und der ländlichen Natur'. The visual impact of the river and its gorge is obviously the poet's principal concern; his purpose is well summed up by the words *naturae mirabor opus* (51), a phrase which seems to be programmatic. A preoccupation with the river itself is obvious from beginning to end. The first main section describes the general qualities of the river, such as its perspicuity and its calmness, and pays little attention to man and his works: there are oars (40), a towrope (41), and footprints (54), but no people as such. The world of the fish is self-contained, although the fish are from time to time seen in gastronomic terms; man's intrusion (especially at ll. 240–82) is presented in their perspective. The young angler of l. 275 is stupid, like the traveller of l. 165; sailors are baffled by the reflections (227–9), and the solitary sailor in his dinghy is dwarfed by the majestic evening scene (196–7). With these significant exceptions the human world is excluded from the central picture and confined for the most part, as it were, to the 'frame', that is, the clearly marked introduction and conclusion. Even there (399–414) the local inhabitants are mentioned in what is in effect a *recusatio* or at least a polite postponement of their claims. At the poem's climax, although Ausonius expresses the hope that his poem will find human readers, he places far more emphasis upon its reception by the other rivers of Gaul (477–83). A similar strategy is pursued in the similes. There are geographical comparisons—with the seashore of Britain, the vine-covered slopes of Thrace or the Garonne, the occasional whale in the Bay of Biscay—and comparisons with domestic objects such as a mirror, a whip, or a pair of bellows; one simile presents a series of *naumachiae*—not battles but representations of battles, their participants not men but *amoretti*. This concentration upon the natural world is remarkable not only against the background of contemporary rhetorical prescription, in which the praise of man occupies a dominant place, but also in the context of ancient literature in general.

Original also, it seems, is Ausonius' theme. Broadly speaking, the poem stands in the tradition of didactic and descriptive poetry, and the debt to

Vergil's *Georgics*, especially the *laudes Italiae*, and Statius' *Silvae*, especially 1. 3 on Manilius Vopiscus' villa at Tivoli, is quite clear. But there seems to be no precedent for the choice of a river as a theme for a major poem. Descriptions of rivers were not uncommon in classical literature: Horace gives as examples of a 'purple patch' *et properantis aquae per amoenos ambitus agros aut flumen Rhenum* (*AP* 17–18) and mentions rivers in the context of *res gestae* (*Ep.* 2. 1. 252); Quintilian touches on the theme of *descriptio regionum* in his treatment of digressions (4. 3. 12). But like Sidonius later, who mentions *fluvios . . . poetarum carminibus illustres* (*Ep.* 1. 5. 1), they are thinking of the part played by such descriptions within a larger whole. In such contexts it is particular and curious facts about a river that tend to be remarked upon and sometimes elaborated: the presence of gold, the remoteness of its sources, the occurrence of floods (especially in the case of the Nile), or various mythological connections (Prop. 2. 34. 33–4). Seneca speaks of the river Maeander as *poetarum omnium exercitatio et ludus* (*Ep.* 104. 15); there is evidence of this in his *Hercules* (684–5), in Ovid's simile in *M.* 8. 162–6, and Propertius 2. 34. 35–6. Yet the extensive windings of the Moselle below Neumagen are almost entirely neglected by Ausonius, who makes only two passing references to them (285, 472). He obviously prefers to avoid the commonplace. It is also noteworthy that the rhetorical treatises that have come to share Menander's name have nothing to say about the praise of rivers, although there are sections devoted to the praise of harbours, lands, and cities. This might be an accident of transmission, but it looks rather as if rivers were not considered suitable topics in their own right. The rhetor Hermogenes (*Progymn.* 7) suggests that rivers may be the subject of an encomium, but seems to be a lone voice among rhetoricians, and gives no practical advice. When Ausonius himself speaks of poets who write about the Moselle (445–7)—with a note of mild contempt tempered by modest self-disparagement—he may be referring to a local, contemporary school of poets: in other words, his own pupils.

The *Moselle* cannot easily be categorized in terms of the common rhetorical or poetic genres of antiquity. When Hosius investigated this aspect of it (*Philol.* 81 (1926), 192–201) he found abundant evidence of rhetorical techniques and of themes present in earlier poets, but could not declare that Ausonius was systematically following a particular schema. There is no attempt to exploit the strict divisions of the formal panegyric; an analysis in terms of origins and virtues would not be inconceivable, but Ausonius' framework is quite different. In his contribution to M. Fuhrmann (ed.), *Christianisme et formes littéraires de l'Antiquité tardive en Occident* (Geneva, 1977), 438–52, J. Fontaine advanced the claims of the hymn, appealing to a definition of Isidore (*Etym.* 6. 19. 17). There are indeed some hymnic features (see on 31, 381, 382–8, 477–8) but they are not specific to the genre or sufficiently numerous to prove the point. Moreover, the river is seldom regarded as divine, at least until the last thirty lines, and traditional imagery associated with river-gods rarely appears. The poem might be claimed for the broad category denoted by the term *ecphrasis*, but this has little effect on its form, except perhaps in the methodical progress and orderly transitions of the description. The poem is sometimes classified as a *hodoeporicon* or travel-poem, as by L. Illuminati, *La satira odeporica latina* (Milan, 1938), but the narrator's journey ends as early as l. 11, and is never recalled or continued. There is a little more plausibility in the suggestion made by John in his commentary that the poem is an *epibaterion*; but while it is certainly true that the poem begins with the joyful return of a traveller, the treatment of the remainder owes nothing to extant prescriptions for that genre.

Ausonius' originality in his conception of the poem is matched by a striking originality in content. The various scenes or tableaux are based largely upon his own observation; this can be demonstrated for the catalogue of fish by a discussion of possible sources (see on ll. 75–149), and for the description of the landscape by the experience of any summer visitor. Some of them are presented with remarkable vigour and independence, especially the evocation of twilight in ll. 189–99 and the description of the catching and landing of a fish in ll. 250–66. Thoroughness and precision distinguish these and other descriptions in Ausonius, who has an eye for minute detail and depicts what he sees and (less often) what he hears systematically and vividly. Sometimes this painstaking approach brings redundance of language, as in the description of the hypocaust in ll. 337–40, or in the passage where he claims that the river is free from eyots (35–8). In 219–29 there is a searching after words to denote reflection, following *respondet* in l. 190, and in ll. 257–8 a cluster of words for 'air'. An opportunity for the use of an adjective is rarely missed, and it is not surprising that the range of appropriate colour-words is quickly exhausted. The texture of Ausonius' writing is rich, and the pace leisurely. Meticulous attention is given to the structure of a line, as may be seen in ll. 5–11, in ll. 23–32, and in the last sentence of the poem. His devotion to the Vergilian type of apposition exemplified in such lines as l. 70 (*albentes, concharum germina, bacas*) is arguably excessive, but he makes restrained and skilful use of other structural devices such as anaphora and repetition. As for matters of metre, there is little that is unusual in the poem's caesurae or elisions, but notable variation in other respects. The analyses of G. E. Duckworth in his *Vergil and Classical Hexameter Poetry* (Ann Arbor, 1969) reveal a very high degree of variation in the combinations of dactyl and spondee in the first four feet. At the end of the line there are seven instances of unusually long words (11, 129, 342, 404, 423, 447, 452), four of them names, and a deliberate concentration towards the end of the poem. Ausonius had a highly developed feeling for sound and rhythm; as well as frequent alliteration there is occasional exploitation of rhyme as in ll. 61, 273, and 351, and the exquisitely calculated echo of ll. 165 and 167.

The vocabulary of this poem is for the most part classical, but includes some newly created words, such as *manamen* (32), *deiugis* (164), and the compounds *limigena* (45), *remipes* (201), *aquilonigena* (407). The fish catalogue contains numerous words used rarely or never by other poets; elsewhere one finds *branchia* (266), *speculatio* (326), and *oblectatio* (348). There is evidence of a note-worthy feeling for the multivalence of words, as in ll. 48 (*sola*), 49 (*campum*), 162 (*conseritur*), and 191 (*latices*). The diction of classical poets, as the commentary will show, is used no less extensively by Ausonius in this poem than elsewhere, and no less skilfully. Hosius was being hasty and insensitive when he charged the poet with compiling 'ein aus Reminiscenzen an antike Muster zusammenge-stoppeltes Flickwerk' (on ll. 77ff.); the concentration of echoes at certain points is a deliberate technique (*CQ*, NS 27 (1977), 449), often used to create an impres-sive opening to an important section as in 75–84, 240–2, 287–94, or 389–95. Various passages are devoid of such borrowing (so 250–8), and sometimes the poet recalls a passage only to diverge conspicuously from it (292–7). His exploita-tion of earlier poets is often bold and imaginative; notable examples of this, ana-lysed in the commentary, may be found in ll. 26, 32 (notably *bivio*), and 260 (*tela diei*). It should not always be assumed that the original context is significant: it is not easy to see why in l. 349 the poet should recall Verg. *A.* 6. 327, or why an echo of Creusa's speech (*A.* 2. 779) should be recalled in the exordium of the catalogue of fish. In cases like these the danger of misplaced ingenuity is obvious.

The early history of the text, and the oldest manuscripts, have been described elsewhere. There are two small lacunae, but the text is essentially sound. XBRLF share a common error at l. 60, and probably at ll. 132 and 378. In various other places editors have perhaps been wrong to prefer readings of G (93, 247, 326, 384, 426, 452, 470), as will be argued in the notes. BR agree at l. 35 in the error *reparare* where X has *preparare*, an earlier form of the corruption, and the source of LF the further corruption *remeare*; cf. at l. 249 (lacking in X, which stops at l. 180) *indutos* BR, *inclytos* L, *illitos* F. At l. 20 both B and R seem to have encountered a lacuna, which the source of LF filled correctly. B has significant errors in common with LF at 47, 113, 158, 224, 272, 307 (corrected in F), and 357, but also several of its own. R agrees with LF only in the insignifi-cant errors *consensit* (254) and *laudatur* (303). The stemma is as follows:

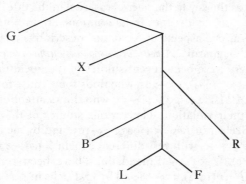

The *Moselle* has been edited far more often than Ausonius' other works, and there are numerous commentaries. The earliest and longest is that of M. Freher (Heidelberg, 1619), heavily indebted to Scaliger. In the eighteenth century J. F. Christ presented his version of the text in the Excursus to his *Villaticum* (Leipzig, 1746), and there are interesting suggestions by H. Cannegieter in *Miscellaneae Observationes*, x (Amsterdam, 1739), 161–200, and by G. Wakefield in his edition of Lucretius (London, 1796). Then there are the editions of L. Tross (Hamm, 1821) and E. Boecking (Berlin, 1828 and later), who sometimes quotes Lachmann. The most useful of them all is certainly that of C. Hosius (Marburg, 1894, reprinted most recently in 1967) which for all its compression is full of valuable criticism, interpretation, and comparison; the brief commentaries of R. E. Ottmann (Trier, 1895), W. John (Trier, 1932; repr. with additions by W. Binsfeld, 1980), E. H. Blakeney (London, 1933), E. Cesareo (Palermo, 1942), A. Marsili (Turin, 1957), and Ch.-M. Ternes (Paris, 1972) have their value, as do the longer studies of H. de La Ville de Mirmont (Bordeaux and Paris, 1889; Paris, 1892). F. Vollmer made some useful observations in *SBAW* 1909/9. 14–20. The important articles of Hosius and Marx have already been mentioned; the latter's harsh view of the poem's origin was accepted apparently without demur, but his analysis of the poem's structure, which is straightforward enough, elicited responses from L. Deubner (*Philol.* 89 (1934), 253–8) and John (*Hermes*, 78 (1943), 97–105). More recently there have been unconvincing attempts to detect more or less ingenious patterns by D. Korzenewski (*Rh. M.*, NF 106 (1963), 80–95) and Ternes (*REL* 48 (1970), 376–97); a more influential aspect of Ternes's article, and Martin's reply, have already been discussed. Ausonius' use of classical echoes has been investigated by M. R. Posani in *SIFC* 34 (1962), 31–69, on which I have commented in *CQ*, NS 27 (1977), 441–52. Further developments were made by W. Görler, who saw in the poem a systematic attempt to recall Vergil's picture of Campania and Elysium (*Hermes*, 97 (1969), 94–114), and by J. Fontaine, who in a paper already cited studied with typical eloquence the 'unité et diversité du mélange des genres et des tons'. The phrase *ambiguis... veri falsique figuris* (239), which Fontaine took rather arbitrarily as the key to the poem, was used in the title of D. Stutzinger's study of maritime (*sic*) landscapes in late-antique art and literature (*JbAC* 30 (1987), 99–117). Various aspects of Ausonius' descriptive technique were well captured by D. Gagliardi, *Aspetti della poesia latina tardoantica* (Palermo, 1972), 65–89. There have been recent studies of the poem in English by E. J. Kenney in *GR*, NS 31 (1984), 190–202, who finds some cause to admire it, and by M. Roberts in *TAPA* 114 (1984), 343–53, who draws attention to the theme of boundaries and their violation. The various studies of the poem have been surveyed by H. Szelest in *Eos*, 75 (1987), 95–105, and by me in *Illinois Classical Studies*, 14 (1989), 303–16, with very different conclusions; see also C. Newlands in *TAPA* 118 (1988), 403–19. Emendations have been recently offered by H. Tränkle in *MH* 31 (1974), 155–68 and by H. Fuchs in *MH* 32 (1975), 173–82.

Numerous translations exist: the latest one in English is that of H. Isbell in *The Last Poets of Imperial Rome* (Harmondsworth, 1971), 52–64, which does scant justice to Ausonius' detail and stylishness.

1–22. Ausonius does not begin his poem in the Moselle valley, but imagines himself making a journey, or relives and extensively retouches one that he actually made, from Bingen on the Rhine over the wooded Hunsrück to the Moselle, which presents itself dramatically at Neumagen. He is thus able to create a set of striking contrasts—between Nahe and Moselle, Hunsrück and Moseltal, desolation and civilization, darkness and light—and to enhance the impact of the river when it suddenly appears. The impression is heightened by clear recollections of Vergil, and in particular his description of Aeneas' arrival at Cumae. The passage has a clear structure: four lines describe the uncongenial environment in which the journey starts, then seven lines the actual journey; ll. 12–17 give his first impressions, and are followed by an ingenious summary of the poem, and an almost cheeky comparison with his *patria*.

1. Transieram . . . : A. launches his longest and most elaborate poem with a personal and almost casual narrative. This is a carefully calculated opening, comparable to that of *De Rosis* (App. A. 3) and Wordsworth's famous poem on daffodils; it is certainly not the result of scribal omission, as suggested by Fuchs. If in fact he made this journey he would surely have travelled in an official capacity and with a military escort; it is inconceivable that such an important person should be unaccompanied, in view of the danger of bandits (cf. Amm. 28. 2. 10) and the proximity of the Rhine frontier.

The verb *transieram* is used in the narrative of a journey in Ov. *M.* 1. 216, with *ingredior* (cf. l. 5) three lines later.

celerem: in contrast with the Moselle (cf. ll. 22, 35).

nebuloso: probably 'misty', because of the emphasis on clear skies later in this section, rather than 'murky' (though this would contrast with ll. 28, 55–60, and would have a parallel in M. Cap. 1. 14). The word refers to the ambient atmosphere of the Euxine in Amm. 22. 8. 46. Hosius and Marx (375) supposed that morning mists were meant and that the journey occupied a single day, but even with the advantages of the public post it would be a very long day's haul (see Jones, *LRE* 402–3, and O. Perler, *Les Voyages de saint Augustin* (Paris, 1969), 31–2 for relevant data). Although there is a reference to evening in ll. 192–3 it is most unlikely that the poem purports to describe the experiences of a single day; other vignettes apply to various times of day, or to none in particular.

flumine: there is a partial parallel to this in Verg. *A.* 2. 305 *rapidus montano flumine torrens*, which seems to be echoed here. The figure was referred to by Postgate as 'disjunctiveness'; see Nisbet–Hubbard on Hor. *c.* 2. 3. 12 and Sh. B., *Propertiana*, 33–4 (including examples from Prudentius). Scaliger's *lumine* (cf. *Cup.* 8) would detract from the contrast between the two rivers: the light of the Moselle is revealed only gradually. Mommsen's *flamine* is too strong, and awkward with *nebuloso*.

The notable alliteration of *m* and *n* in this line is typical.

2. **addita:** this was probably done by Julian in 359 after a barbarian attack (Amm. 18. 2. 4), and the walls will subsequently have been part of Valentinian's frontier defences (Amm. 28. 2. 1). In *miratus* there might be a reference to an official inspection of the frontier, as suggested by Marx.

veteri nova moenia Vingo: elsewhere the place-name usually ends in *-ium* or *-io* (*TLL* ii. 1992. 59–69), but *Bingum* is found in Ravennas 227. 7; *Vinco*, suggested by the historian Minola, would be unique. The confusion of *c* and *g* is common (cf. ll. 359, 423). Its epithet *veteri*, besides contrasting with *nova*, prepares the reader for the historical detail of l. 3. In *nova moenia* there could be a very apt reminiscence of Ov. *M.* 14. 82, *F.* 2. 481, which refer to the walls built by Aeneas and Romulus respectively; it is one of the poet's aims to present the area as the new centre of the Roman world (cf. ll. 378–80).

3. The battle of Bingen took place in AD 70, when Julius Tutor, leader of the Treveri, was defeated by Sextilius Felix, one of Vespasian's commanders (Tac. *H.* 4. 70). In spite of the martial repute of the Treveri (Caes. *BG* 2. 24. 4, 5. 3. 1; cf. l. 382), the battle involved neither fierce fighting nor large numbers, and Tutor's defeat was a small step towards the return to stability in the Empire. There may be an undercurrent of local feeling here—the defeat was certainly a shock to morale at the time—but the exaggeration is not untypical. Ammianus used the comparison more aptly of the battle of Adrianople (31. 13. 19).

4. A. borrows words rich in pathos from similar descriptions in Vergil: *infleta* (*A.* 11. 372) and *inops* (*A.* 6. 325) stress the misfortune of improper burial. In using this topos A. shows less restraint than Vergil (*G.* 1. 493–6) and Prudentius (*Symm.* 2. 718–20), who refer to recent battles; his exaggeration is exceeded by Sidonius, who in *Ep.* 1. 5. 7 imagines that the river Metaurus still ran red with Punic blood.

5. **unde iter ingrediens:** similar to Sil. 15. 503 and Juvenc. 2. 99; the similarity to Verg. *A.* 3. 507 *unde iter Italiam*, suggested by Görler, is less striking.

iter . . . solum: this road was in fact an important artery. It can still be traced: see J. Hagen, *Die Römerstraße der Rheinprovinz* (Bonn, 1931), 330–45.

6. **humani . . . vestigia cultus:** cf. Curt. 5. 6. 13 *omnia vasta atque sine ullo humani cultus vestigio*. There is some archaeological evidence (Wightman 163–4) that the countryside was inhabited at the time; but settlement was sparse (so H. Merten in Heinen 427).

arentem sitientibus: cf. Ov. *M.* 14. 277 *arenti sitientes*.

8. **Dumnissum:** this form, given by GBF, is the most likely one; the

readings of XR are close. There is no other evidence except in the Peutinger Table, which has *Dumno*. The place is to be identified with Kirchberg, on a waterless ridge (Wightman 130, 137).

Tabernas: not mentioned in other ancient sources; there is a lacuna in the Peutinger Table at this point. It is certainly not modern Bernkastel (Jasinski and EW), for the river has not yet been reached; either Belginum near Wederath (Heinen 54–5 (with map), 131) or a settlement on the site of the modern Heidenpütz (A. Haffner, *Kurtrierisches Jahrbuch*, 10 (1970), 203–21; Wightman, 130–1) is more likely. In *perenni fonte* there is a contrast with Dumnissus, and also a euphemism: the ground is marshy (Wightman 131).

9. It had long been Roman policy to promote settlements of invading tribes such as the Sarmatians (Heinen 287); the date of this one cannot be determined. In 334, according to *Anon. Vales.* 6. 32, 300,000 of this tribe were settled in Thrace, Macedonia, and Italy, and the *coloni* might conceivably be a small detachment of these (*nuper* does not tell against this, given the wide time-scale of the opening paragraph). A more likely context is the reign of Constantius, who was called *Sarmaticus* for the second time in 358 (Amm. 17. 13. 25); a panegyrist refers vaguely to his *Sarmaticae expeditiones* (*Pan. Lat.* 8(5). 5. 1). Ammianus' account of the tribe's recent history is confused: see A. Mócsy, *Pannonia and Upper Moesia* (London, 1974), 286–90. If Mócsy is right to link this settlement with the disturbances of 365 (Amm. 26. 4. 5), there could be a passing compliment to Valentinian here. The location cannot be established exactly; Hosius briefly presents the toponomastic evidence and earlier suggestions.

metata colonis: cf. PN *c.* 28. 88; this is one of very few passages recalled by Paulinus in later life.

10. Evidently the narrator here leaves the province of *Germania Prima* and enters *Belgica Prima*; there is no exact evidence to the contrary (*RE* iii. 206 and Heinen 130–1), and it is not implausible.

The language bears a notable similarity to Verg. *A.* 6. 2 *et tandem Euboicis Cumarum allabitur oris*; according to Görler (112–13) this is part of a consistent attempt to reproduce the landscape and associations of Campania as presented by Vergil. The rhythm of Verg. *A.* 3. 131 is also similar.

11. Noiomagum: for *Noviomagum*. For X's corruption cf. *Prof.* 4. 7. The word is emphatically placed; the line ends impressively with a spondeiazon. Neumagen, at the confluence of Dhron and Moselle, may have become a major stronghold during Constantine's campaigns in the area, but an earlier date is more likely (Wightman 173).

divi: this posthumous title was awarded to the earlier Christian emperors, as to pagan ones: *ILS* 706–7, Symm. *Rel.* 40. 2, Eutrop. 10. 18. 2.

12–13. The first impression of the Moselle valley is conveyed with the help of Vergil's description of Elysium in *A.* 6. 640–1 *largior hic campos aether et lumine vestit purpureo*. Vergil's *aether* has become *aer*; *campos* is retained although less appropriate to the environs of Neumagen. Mythological allusions, not common in this poem, are used to enhance the effect.

These lines were imitated by Walafrid Strabo in *De Cultura Hortorum* 4. 26: *purior aura diem cum iam reserare serenum.*

14–15. In Verg. *A.* 11. 187 (*conditur . . . caligine caelum*) the sky is hidden by the smoke of funeral pyres; Görler also notes the similarity of Ov. *M.* 10. 53 *per muta silentia trames* (the context is Orpheus' ascent from Hades), which is followed in the next line by *caligine.* In Rutil. 1. 193–200, probably an imitation, Rome is distinguished by a similar brightness, undimmed by smoke. The picture of the dark woods is confirmed by the observations of R. Pilkington, *Small Boat on the Moselle* (London, 1968), 53.

16. iubar et rutilam . . . aethram: cf. *Ephem.* 3. 12, where the words *iubar et rutilus . . . Eous* illuminate a theological doctrine.

17. For *aura,* cf. *Ephem.* 3. 43 and Verg. *A.* 6. 204.

18–19. 'Indeed everything affected me with its charming prospect after the manner and appearance of my own fatherland, sparkling Bordeaux.' The manuscripts' *cum* seems impossible; in this inverted usage it should indicate a sudden happening, which can hardly be intended here. *quin* (Peiper) is very neat; whereas *tum* (Boecking) and *iam* (Ottmann) are rather too flat. *nitentes* of most manuscripts is an error due to the common confusion of *i* and *e.* The epithet *nitens* is used of Bordeaux by Paulinus in *c.* 10 [= App. B. 3]. 240–1), perhaps with this passage in mind. There is no need to adopt Vollmer's *nitentia,* with synizesis as in *Ep.* 3. 28; Vollmer's objection to the awkward use of two adjectives with *Burdigalae* disappears if *patriae* is taken as a noun.

The use of *in speciem* has expanded from 'so as to give the impression of' in classical Latin (e.g. *inque chori ludunt speciem,* Ov. *M.* 3. 685) to 'in the same way as', 'like' (e.g. *in speciem alicuius numinis votis excipitur,* Amm. 22. 9. 14); the addition of *cultum* creates quite a harsh zeugma, but this is not unusual in A., and the words *species* and *cultus* were commonly combined in other contexts (Stat. *S.* 2. 2. 41, 3. 5. 89, Sen. *Dial.* 9. 9. 7). Görler's *cultuque* would be a colourless qualification of *nitentis.* For *pepulerunt,* cf. Cic. *Cael.* 36, Liv. 30. 14. 3.

Vollmer's observation that this is the opposite of a compliment to the Moselle is of course true, but not a valid objection to the text as it stands. There are similar comparisons in ll. 160, 483.

20–2. A concise preview in three finely ordered lines of the contents of the poem, which are given in reverse order: 'the roofs of villas thrust up from the overhanging banks' (cf. ll. 283–348); 'the hills green with vines' (cf. 152–99), and 'the beautiful stream of the Moselle gliding beneath with quiet murmur' (cf. ll. 23–54).

culmina villarum: cf. Sil. 15. 534 and the imitation in Ven. *c.* 10. 9. 17 *inter villarum fumantia culmina ripis.*

pendentibus edita ripis: cf. *pendentes saxis* (of villas) in l. 284, whence B's *saxis* here, which is an attempt to fill a lacuna or else a correction of *villis* in the exemplar of BR. Görler, like Markland before him, supported *saxis*, but the archetype clearly read *ripis*. This refers as in l. 26 and elsewhere to the whole gorge; the word is qualified by *pendens* in Ov. *AA.* 1. 620.

22. subterlabentis . . . Mosellae: for the verb cf. Verg. *G.* 2. 157. The rare *rumor* may be inspired by Verg. *A.* 8. 90. It is an impressive line to end the opening section: the name is postponed as in hymns and various other contexts.

23–54. In this section Ausonius summarizes the virtues of the Moselle. As Servius said of Vergil's *laus Italiae* (*G.* 2. 136), *exsequitur secundum praecepta rhetorica: nam dicit eam et habere bona omnia et carere malis universis.* A hymnic note (also present in Verg. *G.* 2. 173) is added by *salve*—though this is also a greeting—and by the repeated *tu*, which is used to distinguish the river's laudable features. The poet mentions in ll. 23–32 various general qualities: in ll. 33–8, its even flow; in ll. 39–44, its usefulness for travel and transport; and in ll. 45–54, its clarity. The two central sections have six lines each, the outer ones ten, and there is a notable elaboration of structure, especially in the outer parts. After ll. 23–6 have given an ascending tricolon with variation between vocatives and a relative clause, the comparison is carefully constructed so that ll. 31–2 repeat the five elements of ll. 27–30 in almost exactly the reverse order (cf. *Hered.* 21–3). In the last section five lines contrasting nature and luxury are enclosed within five lines of description.

23. laudate agris: the river irrigates, and indeed sometimes floods, the fields (cf. l. 327 and *Pater ad Fil.* 4). The expression suggests personification (Ternes), as does the enthusiasm of the tributaries in 351–4.

25. odorifero . . . Baccho: cf. Verg. *G.* 4. 279, Ov. *F.* 3. 301 (both with *odorato*).

iuga . . . consite: not a common construction in A., but cf. *ripam praetexeris* (45) and *Epit.* 3. 3 *lacerata comas. iuga* is commonly used for the higher parts of the Moselle gorge.

26. consite: cf. ll. 196–7 for the repetition, which is one of many Vergilian features in this poem.

From Vergil's *viridissima gramine ripa* (*G.* 3. 144), and perhaps Stat. *Th.* 9. 492 (used in l. 322), A. forms a line full of significance. *ripas* stresses that even the firm banks (45) may be cultivated, and *gramineas* suggests their suitability for vines (cf. Verg. *G.* 2. 219), while *viridissime* points forward to the passages which describe the clarity of reflections (cf. l. 28, and especially ll. 189–99).

27. devexas pronus in undas: for *devexas* (BLF's *devexus* is a palpable corruption), cf. Verg. *G.* 4. 293. The rest of the phrase echoes Lucan 3. 40 *pronus in undas* (of the sun); but for *pronus* of a river cf. Verg. *G.* 1. 203, and its less violent imitation in Rutil. 1. 339. Ammianus combines two of the words in (*iugum*) *prona humilitate devexum* (15. 10. 4).

28. vitreoque: used here, and in l. 55, to express the river's purity. See M. L.

Trowbridge, *Illinois Studies in Language and Literature*, 13 (1930), 297–307 and
D. B. Harden, *GR* 3 (1934), 140–9.

   imitate: the mixture of nominative and vocative is found throughout this
passage and elsewhere (e.g. 102–3, *Par.* 3. 2 n.); it is quite unlikely that B's
difficult *imitante* is the correct reading, as suggested by Prete in his *apparatus*.
29. rivos trepido: an apt reminiscence of Hor. *c.* 2. 3. 12.

   potes: Gronovius' suggestion *potis* has been accepted by many editors;
such a rare word would be easily corrupted. It is used by A. in a formulaic
phrase in *Mos.* 298 and the 'Lucilian' *Hered.* 18. But, as Hosius pointed out, its
use here is anomalous, and *potes* does not impair the sense or structure. The
river can be fast (depending on the season), but is usually gentle (see on l. 35).
30. gelidos: the conventional epithet (e.g. Verg. *E.* 10. 42) indicates a quality
more welcome in southerly climes; here the river's purity, not its coldness, is
the major point.
31. omnia solus habes: there are, as Görler notes (106 n. 1), hymnic and
rhetorical overtones. The phrase recurs in Venantius (*c.* 7. 7. 4).
32. bivio refluus manamine pontus: the elaborate sentence ends with an
elaborately constructed phrase, designed to anticipate ll. 43–4. The rare
adjective *bivio* has more point than it had in either Verg. *A.* 11. 516 (*bivias...
fauces*) or (if it should be read here) Val. Fl. 5. 394. Its application to the sea
may have been suggested by Verg. *A.* 9. 238 *qui patet in bivio portae quae proxima
ponto*, which is creatively adapted.

   Gronovius' conjecture *manamine*, though a *hapax legomenon*, should be
accepted without reservation, for such nouns are typical (cf. *luctamina* (34),
simulamine (228)). Schissel's defence of *munimine* as *via bis munita* (*Rh. M.*, NF
75 (1926), 127) is unconvincing, and a reference to the *portus Iulius* (Görler
107: cf. Verg. *G.* 2. 161–3) would be out of place in this concise catalogue of
general qualities; *molimine* (Heinsius) would also be inappropriate.
33. murmura venti: this is not contradicted by *placidi ... venti* in l. 58;
murmura denotes a louder sound than English 'murmur'.
34. luctamina: 'opposition', a usage probably derived from Verg. *A.* 8. 89
remo ut luctamen abesset, where it means, more normally, 'exertion'.
35. non spirante vado: inspired by Vergil, or at least A.'s text of *A.* 10. 291,
where the reading *qua vada non spirant* has considerable support, and was
known to Servius. The reading *sperante* (for the corruption cf. *Ephem.* 3. 43) is
impossible.

   properare: this reading of G is confirmed by *rapidos*; for the redundance
cf. ll. 12–17, 38, and 40. It was corrupted to *preparare* (X), then to BR's
reparare, which gives no sense, and to *remeare* in LF because of the following
word.

   Venantius had a different experience of rocks in the Moselle (*c.* 10. 9. 7–
10), but further up the river, near Metz; A. confines himself to the stretch
between Trier and Koblenz.

36. Cf. Lucr. 4. 397 *exstantesque procul medio de gurgite montes.* As in ll. 100, 197 there is an implicit comparison with the sea, with which the river is directly compared in ll. 27, 350.

37-8. For a similar conceit, cf. Sil. 4. 645, Plin. *Ep.* 5. 6. 12; in *Ep.* 4. 22 A. says that the broad squares of Bordeaux 'lose their name' because of the crowds. For *demat honorem,* cf. Ov. *M.* 13. 16.

38. exclusum: this reinforces the idea of *dividat,* as *concita* reinforces *feriant* in l. 40. There is an imitation in Ven. *c.* 10. 9. 15 *inde per exclusas cauta rate pergimus undas.*

39-40. amne ... defluis: cf. Verg. *G.* 3. 447, *A.* 8. 549 *secundo defluit amni.*

40. celeres ... remi: the use of *remi* here (*remis* of LF is an error) is a good example of the way in which A. avoids a personal subject: cf. *vestigia* in l. 47. Fuchs suggested *feriunt* for *feriant,* but the subjunctive is not a difficulty.

42. malorum: the manuscripts' reading is illustrated, and supported, by a stone relief from Neumagen (Wightman, pl. 16*b*; see also L. Casson, *JRS* 55 (1965), 36–7). There are verbal echoes of Stat. *S.* 3. 2. 26–7 *tendite mali vincula,* and Verg. *A.* 2. 236–7 *vincula collo intendunt.* In Hor. *S.* 1. 5. 18 *retinacula mulae,* which Schenkl cited in favour of *mulorum,* offered by J. Scheffer in his *De militia navali veterum* (Uppsala, 1654), 326, there is no verbal similarity.

43-4. 'how often do you wonder at your about-turn in your own stream and think that your regular current goes, so to speak, too slowly'. These two lines, the main clause of the sentence begun in l. 39 as punctuated by Schenkl and Sh. B., refer to the previous means of transport (*cum ... cum ...*), but in the reverse order (cf. 31–2). As in 432–3, which have also been misunderstood, A. is describing separate and contrasting features, without making this clear (as Propertius does in the similar couplet at 1. 14. 3–4 *et modo tam celeres mireris currere lintres et modo tam tardas funibus ire ratis*). The point of l. 43 is encapsulated in the paradox *in amne recursus.* Like other writers, A. regularly uses *recursus* of an ebb tide; it does not refer to the river's meanders (cf. Plin. *NH* 5. 110), as EW and others believed. These are not an advantageous feature, and are hardly mentioned in the poem (285, 472). Sh. B.'s *tuo* would weaken the paradox of l. 43, and *recursus* needs the epithet more than *amne* does. It is possible that the poet imitates *Ciris* 81–2 *heu quotiens mirata ... ipsa suos, quotiens ...* (cf. 150n.).

Line 44 makes the point that its normal current, praised in the previous sentence, seems too slow when compared with the fast-travelling boats. There is a not dissimilar idea in *Pan. Lat.* 6(7). 18. 3 *amnis numquam fuisse tardior videbatur* (to the impatient sailors). There is no need for Christ's emendation *legitimoque.*

45. limigenis: cf. *limicola* in *Ep.* 14*b.* 36, also a *hapax legomenon.* It is a typical formation (cf. 116n.), and R's *limigeris* is much less likely.

46. perfundis litora: cf. Sil. 15. 300–1 *litora bello perfudit.*

47. In this memorable picture (continued in l. 53) there is no borrowing from

the description of solid sand in Ov. *M.* 11. 232–3 or the more pedestrian Ov.
M. 2. 871. The line is echoed in Cypr. *Jesus Nave* 89 *nuda in primori mergunt
vestigia ripa.* For the line-ending cf. Cat. 64. 162 *vestigia lymphis.*

48. i nunc et . . . : the objector who is dismissed in this common way (see Jahn
on Pers. 4. 19 and E. B. Lease, *AJP* 19 (1898), 59–69) is here more imaginary
and more abruptly introduced than usual. As remarked by R. Mayer, *Agon*, 2
(1968), 72, the words should not begin a new paragraph; ll. 53–4 round off the
comparison and a new theme begins with l. 55.

The combination *i nunc et Phrygiae* is found in the quite different context of
Ov. *Her.* 16. 57.

Phrygiis . . . crustis: Phrygia was the source of a stone often used in
opulent buildings (Hor. *c.* 3. 1. 41, Stat. *S.* 1. 2. 148, 1. 5. 37); *crustae* are
facings used on cheaper stone.

49. laqueata per atria: cf. Hor. *c.* 2. 16. 11–12 *curas laqueata circum tecta
volantis.* The words *crustae* and *(tecta) laquearia* are combined in *Pan. Lat.*
3(11). 11. 4, written a few years earlier.

campum: unlike *sola* in the previous line (for which cf. Cic. *Par.* 6. 3. 49,
Ov. *M.* 15. 672, both with *marmoreus*), this is a novel usage. The word is used
in a similar sense in Sid. *Ep.* 2. 2. 3, 2. 10. 4, v. 20 in descriptions of villas, passages which are probably based on this; the other reference in *TLL*
(iii. 215. 33–40) is to an unbuilt site. Both *sola* and *campum* imply their natural
counterparts; they are mere imitations of nature.

50. dederunt: the reference is general ('have given to man', 'give'), not
personal.

51–2. 'I shall marvel at Nature's work, and not at the life where the hard-won
poverty of spendthrifts, happy in its losses, runs riot.' The position of *non*
makes it likely that it qualifies the whole *ubi* clause and that it is not to be
taken closely with *luxuriatur. cura* has often been suspected: 'anxiety for
descendants' is the opposite of what is required, and 'anxiety for spendthrifts' seems an impossibly oblique description of the world of luxury;
'anxiety of spendthrifts' would contradict *laeta*; 'ces recherches des dissi-
pateurs' (Corpet) is awkward, and the word can hardly mean 'luxury', as
Jasinski and Pastorino suppose. If it referred to detailed and extravagant
building-plans devised by spendthrifts, the sentiment would conflict with
ll. 318–40, where elaborate villas are admired. Editors have seen the need for
an adjective here and many suggestions have been made; I adopt *cara*, resurrected from Heinsius' copy of A. by H. de La Ville de Mirmont in *Annales de
la Faculté de Bordeaux*, NS 4 (1887), 3. It is an ironical comment on the poverty
which has been brought by so much expenditure, and fitly accompanies the
paradox of *laetaque iacturis.*

The phrase *mirantur opus* occurs twice in Stat. *S.* 3. 1, at ll. 19 and 135.

53–4. No impression at all is made on the sand; the meaning is not, as *nec
retinent* might suggest, that the mark is absorbed, for this can only happen on

a wet surface. For *umentia litora* cf. Verg. *A.* 7. 763–4, for *vestigia pressa* cf. Serenus, *Lib. Med.* 483.

54. memores: cf. Hor. *c.* 1. 13. 12 *impressit memorem dente labris notam.*

55–74. The detailed description of the river begins with its bed, which can be clearly seen—a point confirmed in ll. 68–72 by the first of many striking similes. This section is notably original in expression, with no borrowing from such passages as Ov. *M.* 5. 587–9 or Pliny's description of Clitumnus (*Ep.* 8. 8). It made a clear impression on ancient writers, as it has on modern critics: it was imitated by Claudian, describing Lake Pergus (*DRP* 2. 114–17), by Rutilius (2. 13–14: see on l. 63), and perhaps by the author of *AL* 718 Riese (18–19: see on ll. 55, 63).

55. A. begins with a recapitulation of earlier themes. *vitreo... profundo* recalls l. 28, and *levia* the pavements of l. 48; the clarity of the water is compared to the clarity of the air as described in ll. 12–17.

    Cf. *AL* 718. 18 Riese *glaucum per levia dorsa profundum.*

56–7. 'and just as the healthy air with its limpid appearance is open to the unfettered gaze'. *intuitus* is used as a quality of the thing seen (cf. Prud. *Psych.* 486 *capit intuitu*, 'deceives by appearance', and the common use of the noun *visus*), *obtutus* of the observer. Similar tautologies involving these or related words are collected in *TLL* ix/2. 305. 46–57. There is no need for emendation, such as the anonymous *obtentibus* or Tränkle's *liquidis sub noctibus*, adopted by Prete; since the emphasis is on light, this would be quite inappropriate.

59–60. Verg. *A.* 2. 440-1 (*sic... cernimus*) is superficially similar.

60. The religious language is emphasized by the alliteration of *p*, which *fluenti* (XBRLF) impairs. G's reading is confirmed by the imitation in Claud. 22. 444–5 *penetrale profundum panditur* (which is imitated in turn by Ennod. *c.* 1. 5. 39). *arcani* qualifies *profundi* in Stat. *Th.* 9. 243.

61. A sonorous line, based partly on Ov. *M.* 8. 736 *faciem liquidarum imitatus aquarum.*

62. dispersas ... figuras: Wakefield's *respersas* would introduce a notion at variance with the previous emphasis on clear light, and seems unnecessary. *figuras* refers to the silhouetted shapes of fish, which have yet to be introduced, and not, in general, to 'Bilder' (Hosius), which is not a meaning of the word.

63–4. The two clauses with *quod* are usually seen as further objects to *prodit*; this is rather inelegant, and *prodit* then has little force. Perhaps they are in fact subjects to *prodit*, in which case punctuation is needed after l. 61; the redundance of *meant... lapsus* would not be too difficult. Alternatively, *qua* might be read in both places for *quod*; repeated *qua* is a favourite construction (e.g. *Par.* 4. 5–6, *Prec.* 2. 31–2, *Ordo* 112–13).

63. There is an imitation in Rutil. 2. 13–14 *arridet placidum radiis crispantibus aequor et sulcata levi murmurat unda sono* and some similarity in *AL* 718. 19 Riese *ac tantum tremulo crispentur caerula motu.*

65. ingenuis: 'pure'; cf. Firm. Mat. *De Err.* 28. 1 and *Pan. Lat.* 5(8). 10. 2. The sense 'native' (as in Lucr. 1. 230), espoused by Barth, seems impossible.

66. The sonorous combination of *luceo* and *lateo* was used by Martial of amber (4. 32. 1); here it evokes the appearance and disappearance of objects in moving water lit by the sun.

68. nota: this is the correction of Barth and others (cf. *Technop.* 11. 8 in V) for *tota* of the manuscripts, which is grammatically awkward with *talis pictura*. There is no parallel in A. to *pictura* in this transferred sense, but the views of the Moselle are later presented as *spectacula* (152–6). The phrase *talis pictura* is neat, and should not be replaced by the clumsy emendations *talis picta ora* (Boecking) or *tali specie ora* (Speck) or by Peiper's *talis patet ora*. The colours of the ensuing description are fittingly vivid.

   Caledoniis: like Lucan (6. 68) and perhaps Martial (10. 44. 1) A. does not refer specifically to the north of Britain, but uses the word for special effect; his ordinary word is *Rutupinus* (*Par.* 7. 2, 18. 8).

70. albentes, concharum germina, bacas: for grandiloquence on the same theme, cf. *Epp.* 3, 14*b*. The enclosure of a word or pair of words by a noun and its adjective in apposition, a Vergilian trait, is common in this poem (76, 125, 127) and sometimes used elsewhere (e.g. *Praef.* 1. 21).

71. delicias hominum: cf. Juv. 6. 47 *delicias hominis*. A connective particle in these circumstances would be unusual, and XRLF's -*que* is probably influenced by *atque*.

   locupletibus: rather exaggerated, for according to Amm. 23. 6. 88 British stones were of inferior value (cf. Tac. *Agr.* 12. 6).

72. Helm's *assimulat* would be attractive if *imitata* could be used absolutely ('our own decorations, (which are) artificial necklaces'); but it is probably part of the subject of *assimulant*, with typical redundance.

73–4. The point is the similarity of visual effect, not the presence of precious stones in the river, for which there is no evidence either in the poem or elsewhere. In this case it is the movement of the grasses that reveals the stones; for *non concolor herba* cf. *Ep.* 3. 5.

75–149. Attention is soon drawn to the fish. This long section, perhaps the best-known feature of the poem, is a striking adaptation of the didactic tradition, in which such 'catalogues' are not unusual. It is also strongly influenced by 'scatter' mosaics of fish and aquatic animals; see J. M. C. Toynbee, *Animals in Roman Life and Art* (London, 1973), 212–14. There is no hint of a literary parody, either of the Homeric catalogue of ships, as suggested by W.-H. Friedrich in *Gnomon*, 9 (1933), 617, or of anything else; indeed, the abundance of literary echoes in the introduction marks it as highly serious. As has been pointed out already, Hosius' condemnation of the work as a pastiche of literary reminiscences is wide of the mark. Certainly Ausonius uses the diction of classical poets from time to time, but there is good evidence of personal observation, notably in the case of the pike and barbel.

Support for such an adverse judgement has sometimes been found in a letter written to Ausonius by Symmachus (*Ep.* 1. 14), where after complaining that he has not received a copy of the work Symmachus asks *quando tibi hi pisces in libro nati sunt, qui in ferculis non fuerunt?* But he spent less time in the region than Ausonius, and may have had only a gastronomical interest, unlike his friend. These fish include several which would hardly have been served to members of the imperial court.

It seems unlikely that Ausonius drew on a textbook, though he may have known Apuleius' treatise (*Apol.* 38). There is no sign of Aristotle, Athenaeus, the Elder Pliny, or Solinus, but we find hints of Oppian and a few borrowings from the fragmentary *Halieutica* ascribed to Ovid. This work, like the lost *Halieutica* of Nemesianus and the work of his fellow-countryman Apuleius, was largely concerned with different sorts of fish. All these writers use a scientific approach which is foreign to Ausonius, who tends to mention form, colour, habitat, and various salient features with no attempt at classification. Ausonius' fish, like those in many mosaics, are not difficult to identify, except for the *rhedo* and *mustela.* The present writer, not a specialist in these matters, has used D'Arcy W. Thompson, *A Glossary of Greek Fishes* (London, 1947), the *Encyclopaedia Britannica*, and, most usefully, Alwyne Wheeler, *The Fishes of the British Isles and North-West Europe* (London, 1969), referred to in the notes as AW. Unlike some previous commentators, I have not approached either Reuter's correspondent or the president of the relevant angling club; and as for autopsy, the only fish I have glimpsed in the now murky river was a nondescript specimen.

Stylistically speaking, the section is carefully arranged. Lines 85–96 emphasize the chub and barbel, with three lesser fish in between: ll. 97–114 describe the salmon and *mustela* at some length; ll. 115–34 deal with perch and pike, three lesser fish, and the salmon-trout and the gudgeon; ll. 135–49 reach a climax with a powerful description of the sheat-fish.

75. errore: cf. Stat. *Th.* 5. 437 *visus errore lacessunt* and the imitation of Paul. Petr. 6. 78 *oculos visu ulteriore fatigat.*

76. interludentes: an expressive use of a very rare word.

77. sed neque tot species: inspired by Vergil's treatment of wines in *G.* 2. 103–4 *sed neque quam multae species nec nomina quae sint est numerus*, which is adapted a little awkwardly to the present context; it is not so much the variety of the fish as religious scruple that deters the poet (80). But the text seems sound: see on l. 79.

obliquatosque natatus: an effective, though irrelevant, description of the sudden turns of fishes. The rare and largely Statian *natatus* (cf. l. 90) of the archetype should be preferred to R's *meatus*, notwithstanding Amm. 16. 12. 57, 30. 1. 9 *obliquatis meatibus.* Ammianus could have taken the phrase from elsewhere: cf. *Pan. Lat.* 8(5). 8. 1 *obliquis meatibus.*

79. nominaque et: this is the reading of B; GLF have *nomina quae*, X *nominaque*, and R *nomina quae et*. Following an unpublished suggestion of Buecheler, Vollmer emended to *novi nec*, which he considered more appropriate to the context and more faithful to the archetype. It is not likely, however, that A. would have declared his ignorance before invoking the Naiad; that is not the usual reason for such an address, and there is no such statement in Stat. *S*. 1. 5. 1–6, to which Vollmer appeals. Rather there is a contrast between what is unlawful for the human poet (80) and what a divine being may do. Admittedly some stylistic inelegance attends *nominaque*, but the explanation is to be found in the poet's attempt to reconcile two different contexts, that of Vergil (quoted on l. 77), who has just made an enumeration, and that of Statius, who seeks divine help. In the words of Korzeniewski (*Rh. M.*, NF 106 (1963), 94 n. 31) A. combines 'können' and 'dürfen' (as Oppian does, though not so closely, in his prooemium). Palaeographically speaking, it is as easy to believe that *et* was lost as to believe that an original *novi nec* became *novi neque* and thence *nominaque*. The elision of *nominaque* can be paralleled in *Ephem*. 8. 19, *Genethl*. 9, and *Ordo* 43.

alumnos: the closest parallel is Cic. *Div*. 1. 15 (verse), of frogs; the word generally refers to men or gods. Silius used the line-endings *stirpis alumnos* twice (1. 106, 514).

80. edere fas aut ille sinit: the echo of Verg. *A*. 2. 779 *fas, aut ille sinit superi regnator Olympi* confirms the archetype's *aut* against R's *haud*.

80–1. For *cura* in l. 80 G's *iura* may be correct, following Verg. *G*. 1. 269 *fas et iura sinunt*, with *cura* a corruption due to *cui* and commended by *tutela*; but *cessit* slightly strengthens the case for the singular, and the final letter of *cui*, or the intervention of the Vergilian echo, could be responsible for *iura*.

The poet accumulates echoes of earlier poets, for solemn effect: Lucan 4. 110–11 *sic sorte secunda aequorei rector facias, Neptune, tridentis*; Stat. *S*. 3. 2. 14 *regni cessit fortuna secundi*; perhaps Ov. *M*. 5. 368 *cui triplicis cessit fortuna novissima regni*.

82. In keeping with the scale and content of the poem A. calls on a minor deity to be his guide. In *F*. 3. 261 Ovid invoked the nymph Egeria; Naiads helped Statius describe the *balnea* in *S*. 1. 5. 6; but Oppian sought Poseidon's permission before immersing himself (*Hal*. 1. 73–9).

habitatrix is not found before this in extant Latin.

83. squamigeri gregis . . . choros: a suitably elevated expression. Lucretius uses *squamiger* as a noun, but it is found qualifying *grex* in Man. 5. 659–60; *chorus* is rarely used of animals.

alveo: two syllables as in 142, *Ordo* 145, Verg. *A*. 6. 412, 7. 303.

84. fluitantes . . . catervas: cf. Petron 124. 281 *fluitantes . . . catervas*. The error in the source of XBRLF has been partially corrected, perhaps under the influence of *harenas* (85).

85. capito: the chub; for the identification see Hosius and D'Arcy Thompson s.v. It owes its precedence here not to a pun on *caput* (Hosius) but to its colour (it is silvery-yellow ventrally, with yellow fins, AW 208), which attracts the observer. Its habitat is described in the words of [Ov.] *Hal.* 118 *herbosa . . . harena*, with a mild contrast in *squameus herbosa*.

interlucet: the verb is used by A., intransitively, in *Cento, praef.* 45; there are parallels to its use with the accusative in Val. Fl. 4. 662 *tenebras nimbosque intermicat ignis*, where the verb should not be split nor the line, with Schenkl, condemned, and in uses of *interiaceo*. There is a remarkable echo of *inter-ludentes* (76). Editors have generally printed *inter lucet* (with little manuscript support), awkwardly separating *inter* from both *herbosas* and *harenas*.

86. The gourmet's point of view is immediately apparent. The line contains some very rare words: *fartim*, used twice by Apuleius (and also perhaps in his treatise on fish), and by Lucilius; and *praetener*, found twice in the elder Pliny (but not in ichthyological contexts). The meaning 'fishbone' for *arista* (modern French *arête*) cannot be traced earlier than this, but occurs later in Marc. Emp. 15. 103, Greg. Tur. *Vit. Mart.* 3. 1.

87. For *nec duraturus*, cf. Lucan 4. 53 (*pruinae*); *trihoria*, corrupted to *cibaria* in R, is exclusive to A. (cf. *Ep.* 13. 62).

88. salar: the trout, which is not a Mediterranean fish. It is described in words used by Ovid of the gecko (*M.* 5. 461 *variis stellatus corpora guttis*). *purpureis* here denotes its black and red spots; *purpureus* (BR) would be less accurate. The word *salar* is used later in Sid. *Ep.* 2. 2. 12.

89. rhedo: much harder to identify. The word occurs elsewhere only in the list of Polemius Silvius (*MGH, AA* ix. 544. 18), and the description here is highly ambivalent. It could be taken to imply that the fish has no bone, or no fins, or no spines, or that it has them, but that they are not sharp, or are easily extracted before eating (in contrast perhaps to l. 86). Some fishes have no bone, but a skeleton of cartilage; they are mainly marine, and Pliny's list (*NH* 9. 78) contains nothing resembling the *rhedo*. No help is provided by verbal parallels, such as [Ov.] *Hal.* 130 *et spina nocuus non gobius ulli*, where the writer describes from the angler's point of view the goby, which has salient and at first sight menacing spines, or *Hal.* 116 *et captus diro nociturus scorpios ictu*. A.'s vague description would fit the rudd, as suggested by D'Arcy Thompson to Blakeney, which has 'a sharp keel, covered with scales, along the belly' (AW 202) or the burbot (in parts of Germany *Rutte* according to Oken), which has pelvic and dorsal fins (AW 283), but not the roach (EW).

90. celeri levis: there is a neat combination of sound and sense in an aptly dactylic line. R's *hominum* for *celeri* is a crude stopgap. The *umbra*, mentioned in [Ov.] *Hal.* 111–12 *corporis umbrae liventis*, is Izaak Walton's 'umber', the modern scientist's *Thymallus thymallus* (AW 143), the modern angler's 'grayling'.

91–6. The barbel receives a longer and more imposing description, articulated with the help of repeated *tu*. The language emphasizes the natural forces in which it revelled: *vexate per* is noteworthy and expressive, as is the use of *scopulosis* for a structure of more or less dressed stone (cf. *saxea pila* in Verg. *A.* 9. 711); perhaps the meaning is 'projecting like rocks'. The observation is accurate: it lives 'in the deep water in weir pools or obstructions in the river' (AW 180). A. could well have seen it at the confluence of Saar and Moselle, near Konz, where he probably stayed in the summer of 371 (see on l. 369) and at other times.

93. famae maioris in amnem: from Lucan 1. 400 (referring to the Rhone). G's *melioris* comes from Verg. *A.* 4. 221, a less apposite context; a misleading recollection, or the ending of *famae*, may have caused the corruption.

95–6. The barbel improves with age—the only living thing which does, the poet adds gloomily. For *peiore aevo*, cf. Ov. *Pont.* 1. 4. 1 *deterior . . . aetas* and the once common *mala aetas.*

omni: this was read by the archetype, and follows Verg. *A.* 1. 170–1 *omni ex numero*; R's *uni* seems to be a simplification. Cyprian uses the phrase *spirantum ex numero* in *Exod.* 1282.

97–8. nec te . . . transierim: a Vergilian formula of transition; cf. *G.* 2. 101–2 (close to the passage echoed in l. 77) and *A.* 10. 185–6.

puniceo rutilantem: both words refer to the salmon's flesh (cf. *Ep.* 1. 14 *et crure rubras punico*); its exterior is grey, or mottled.

98. verbera caudae: cf. [Ov.] *Hal.* 13 and Hor. *S.* 2. 7. 49 (a different context).

99. gurgite de medio: cf. Lucr. 4. 397 (quoted on l. 36) and Verg. *G.* 4. 524. As in Stat. *Th.* 9. 246 *summa per aequora, summas* denotes the surface, not the edge of the stream; this would make *proditur* weak and give the rather absurd idea of a salmon creating a wake that extended to the bank. It is a further tribute to the river's calmness.

101. loricato: this choice metaphor denotes its 'scales between the rear edge of its adipose fin and lateral line' (AW 150).

101–2. frontem lubricus: cf. *Par.* 17. 13 *mentem bonus* (where V has the unmetrical *mente*) for the accusative of respect, and *Par.* 9. 23 *genus inclita et inclita forma* for the variation.

102. dubiae . . . cenae: cf. Ter. *Phorm.* 342, Hor. *S.* 2. 2. 77. Pliny had noted the Aquitanians' taste for salmon (*NH* 9. 68), which is not a Mediterranean fish.

103. incorrupte: the vocative is characteristic (cf. l. 28) and gives better sense than B's *incorrupta.*

104. cui: this relates to the fish, not to *capitis*. The description of the belly 'nodding to the head' would be bizarre even of a leaping salmon, and such an athletic picture is made unlikely both by the general nature of the river and by the language of l. 105, where there may be a reminiscence of Juv. 4. 107 *venter . . . abdomine tardus* and where *fluens* means 'flabby', as in Cic. *Pis.* 25, Verg. *G.* 3. 524, and Aug. *CD* 7. 26.

106. Both expressions refer to the same river, as in *Epigr.* 3. 1–2. For *binominis* of the Danube, cf. Ov. *Pont.* 1. 8. 11, Stat. *S.* 5. 1. 89, Sil. 1. 326, and *RE*

iv. 2103–8. Hosius takes this passage as proof that A. derived his knowledge from books.

107. mustela: in spite of the detailed description, this fish is hard to identify. The word also means 'weasel', suggesting a likeness in shape; the modern French *motelle* and similar derivatives (see L. Roule, *Les Poissons des eaux douces de la France* (Paris, 1925), s.v.) may mean 'burbot' or 'eel-pout', but neither of these is so remarkable as the fish described here (AW 283, 447). D'Arcy Thompson's 'sturgeon' must be dismissed because he has taken his information from ll. 101–5, where the masculine gender clearly points to the salmon. Most probable is the lamprey (usually *muraena* in Latin), suggested by Scaliger and others, which is 'olive brown above (becoming yellow with maturity) with dense black mottling, ventrally a whitish grey' (AW 28). Emendation is not called for: it is unlikely that *mustela* could have arisen from *murena*, although it was a better-known creature to medieval writers. The modern murena (AW 226) would fit the description, but it is marine.

108. subvecta: this implies that it had come from the Danube, presumably with human help. John sees a compliment to Valentinian.

    lata: the Moselle's size is sufficient for, and worthy of, this impressive fish.

110. As elsewhere (cf. ll. 165, 167) a bucolic diaeresis is used to good effect.

111. The manuscripts' *qua* would imply a single yellow circle on the back, a most unusual feature; Tollius' *quae*, which surrounds each of the various *puncta* with a circle, is more likely.

113. fartim: cf. on l. 86.

115–16. For the formula of transition, cf. *Prof.* 18. 1 n. The description of the perch is short, but the comparison with sea-fish is intended as a great honour (27, 135); so too is the comparison with mullets, traditionally the height of luxury, but by this time less highly valued than previously (Macrob. *Sat.* 3. 16. 9).

116. amnigenas: this reading, known to Vinet, is supported by Val. Fl. 5. 602 *amnigenam . . . Choaspen.* In A., as elsewhere, *-genus* denotes 'kind' (*omnigenus*, *quinquegenus*) and *-gena* origin (*aquilonigena*, *Saturnigena*).

    dignande: masculine, like *solus*, as if *piscis* had preceded. Cf. *Ep.* 3. 22.

117. facilis contendere: for the infinitive, cf. Lucan 10. 310 *facilem tibi cedere ripam* and Stat. *S.* 2. 4. 31–2 *monstrataque reddere verba tam facilis.*

118–19. 'Its taste is by no means insipid' (cf. Hor. *S.* 2. 4. 41) 'and in its firm flesh the portions are compacted into segments, although separated by bones.' A searching for antithesis dominates the last phrase, which would be true of many fish, and the whole sentence is a weak sequel to 116–17. For *arista*, cf. on l. 86.

    neque: not often followed by *-que*, but there is a parallel in Paul. Pell. *Euch.* 487–8.

120. hic: 'in this area', like *hic* in l. 123.

Latio risus praenomine: the Roman names *Iulus* and *Aulus* also resembled those of fish, a little less closely (Plin. *NH* 32. 94, 103).

120–1. cultor stagnorum: the humble fish is ennobled by the use of *cultor*, often used of divine beings (Pl. *Amph.* 1065, Cat. 61. 2, Verg. *G.* 1. 14). AW confirms the picture: 'the normal feeding behaviour of the pike is to lie concealed among the weeds, or close to some obstruction in the water, until a passing fish comes close enough to be seized' (166–7).

121. For the description of frogs, cf. Colum. 10. 12, Verg. *G.* 1. 378; for *vis* (perhaps humorous here), cf. Verg. *A.* 4. 132, Hor. *Epod.* 6. 6.

123. obsidet: cf. Plin. *NH* 11. 62 *stagna rivosque obsident* (of frogs).

124. fumosis . . . popinis: cf. *Ephem.* 8. 21, Hor. *S.* 2. 4. 62.

125–30. The tench, bleak, and shad (all mentioned in Polemius Silvius, c. 18, and identifiable from derivative words) are dignified in various ways, including the Vergilian type of apposition noted on l. 70.

126. novit: there seems to be no warrant for the future perfect *norit* given by the manuscripts here. In the second half of the line there is an echo of Lucan 5. 526 *praedam civilibus armis*.

128. neutrumque et utrumque: cf. Ov. *M.* 4. 379 *neutrumque et utrumque videtur*.

129–30. ambiguusque amborum: 'that might be called by either name', as in l. 239 *ambiguis . . . veri falsique figuris*; cf. also Man. 4. 795 *ambiguum sidus terraeque marisque*.

130. varie: neither the manuscripts' reading *sario* (in X corrected from *sarie*) nor the form *fario* preferred by most early editors (and hence adopted by Linnaeus for the brown trout) is attested elsewhere; but *varius* was used by Ambr. *Hex.* 5. 3. 7 and stated by Isid. *Etym.* 12. 6. 6 to denote the fish commonly known as *tructa*. Corruption could easily have occurred because of *salmo*, *salar*, and *medio*. For the vocative form, see Serv. on *A.* 8. 77 and Gell. 14. 5, discussed by L. A. Holford-Strevens in *LCM* 9/10 (1984), 149–50. A. has *abstemie* in *Prof.* 24. 9 and *impie* in *Ep.* 23. 19, but no such nouns.

medio . . . sub aevo: the salmon-trout is in fact intermediate in size, not age; A. confuses three species of fish.

131–4. As given in the manuscripts, this sentence lacks a main verb. Lachmann suggested *imitaris* in l. 134, but then *-que* at the beginning of that line becomes a problem, and awkwardly requires *es* to be supplied with *congestior*; *memorande* in l. 131 cannot stand for *memorandus es* (see on *Prof.* 19. 2). Schenkl's tentative solution was to read *memorare* in 131, to which there is a probable parallel in *Par.* 3. 2; but A. may have been imitating *inter memorande* from Ov. *Pont.* 4. 13. 1. The syntax is loose elsewhere in this section (88–90, 106), and there is a parallel (including, as it happens, *memorande*) in *Prof.* 17. 1–6, where, however, the inelegance may have a purpose and is to some extent repaired by ll. 7–8. But *gobio* in l. 132—which could easily have been a marginal gloss—may have ousted a verb such as *dicere* (cf. *Par.* 3. 2).

132. The size of the fish—it is usually less than 6 in. long (AW 182)—is indicated accurately but rather strangely; perhaps the poet recalled seeing one held in the hand. As if to compensate for its size, or more probably to make it worthy of its position in the catalogue, it is dignified by the unusual *inter memorande* (see above), by the poetic usages *flumineas* and *cohortes* (cf. *catervas* in l. 84), and, if the text is correct, by the repetition of its name and by the alliteration in l. 132, where the word-order of G is to be preferred.

133. ovipara congestior alvo: perhaps a detail derived from Apuleius, who used the adjective in his treatise on the subject (cf. *Apol.* 38) and may have invented it. The unusual *congestior* could conceivably be his also, since in l. 86 *congestus* is found with his favourite *fartim*. The eggs which 'are shed at night, and adhere to plants and stones' (AW 182) could well have been noticed by A. himself, but he might have needed a textbook to refer him to the right fish.

There is an echo of *Moretum* 34 *compressior alvo*.

134. It has a barbel at each corner of its mouth (cf. Juv. 6. 40 on 'bearded' mullets), and is compared with the fish called the barbel; *propexus*, normally used of beards (Verg. *A.* 10. 838 and later poets) is transferred to the fish named after them.

135–49. From such a tiny fish we move to the climax of the catalogue. The *silurus* is the sheat-fish (alias wels or catfish), not the sturgeon (usually *acipenser* in Latin), as some, including Pastorino, have taken it. The deliberately paradoxical description of it as a 'river-dwelling dolphin' (for the adjective cf. Ov. *M.* 10. 96) indicates a less distinctive fish than the sturgeon, which is scaly, not smooth, and inhabits the sea. Gastronomically it is less attractive than the sturgeon, whose culinary virtues would surely have been mentioned. The way in which A. seeks to play down any suggestion that it is fierce fits the carnivorous sheat-fish, which is also larger than the sturgeon and may attain a length of 5 m. According to AW (221) the preferred habitat of the sheat-fish is 'a soft bottom, usually of mud, but sometimes of sand, and it lives in holes in the river bed under overhangs of the banks, or under obstructions' (cf. 139); its colour is 'usually olive green on the back and sides ... the sides have a bronze sheen' (cf. 136). Today its habitat is mainly Eastern Europe, but it could have been more widespread in ancient times.

There is a very different and quite unrelated encomium of the *silurus* in the newly discovered fragment of Greek comedy known as the *Comoedia Dukiana.*

135. pecus aequoreum: cf. *Ep.* 21. 19 (of fish in general), and Verg. *G.* 3. 243 *genus aequoreum.* But the meaning of *aequoreum* here is probably 'as large as a sea-beast' (Hosius).

137. magnum: 'mightily'; cf. on *Ephem.* 3. 55, *Mos.* 482. Verg. *G.* 3. 28 *magnumque fluentem*, though grammatically different, may have influenced the construction.

138. et longi ... solvis: 'with difficulty do you free the coils of your long body'; this is modelled on the snake in Verg. *G.* 3. 423–4 *extremaeque agmina caudae solvuntur*. Hosius retains *defensa* and takes *vix* as 'hardly ever', 'unwillingly', preferring the picture of the fish staying in its lair by the bank (cf. Verg. *G.* 3. 544 *defensa*); but this makes a poor sequel to *laberis*, and such a large fish in a peaceful stream needs no defence. Lachmann's emendation *deprensa* in l. 139 is strongly supported by Claud. 20. 430 *iam brevibus deprensa vadis*, describing a stranded whale.

139. For *brevibus . . . vadis* cf. Verg. *A.* 5. 221, and for *fluminis ulvis*, Ov. *M.* 8. 655.

140. at: this marks the climax of the description; *aut* (XLF) is due to *aut* in l. 139.

141. The triple use of *te* (cf. also 382–3, 477–9), a feature originally hymnic, is used by A. to mark a climax. Each one introduces a different element of the scene, each has its own adjective. The third element formally resembles its counterpart at Verg. *A.* 7. 759–60 *te liquidi flevere lacus*, but takes its tone from Verg. *A.* 8. 91 *mirantur et undae* (a further echo of Aeneas' voyage up the Tiber).

143. extremo: this emendation greatly improves the sense and restores a common phrase (Ov. *Am.* 1. 11. 22, *Nux* 62; cf. Stat. *Th.* 10. 524).

144–7. A forceful simile: *Atlantiaco* is rare (cf. Sil. 13. 200), as is the beast itself (*quondam*). There is more than an echo of a Vergilian storm (*A.* 3. 196–202) in *mare magnaque surgunt aequora*, a reminiscence of Ovid in *telluris ad oras* (*M.* 3. 597), and a borrowing from Statius in *miranturque suum decrescere montem* (*Ach.* 1. 462). This perhaps caused the strange use of *timent decrescere* (for *ne . . .*) in 147: cf. l. 428.

145. vento: E. J. Kenney (*PCPhS*, NS 22 (1976), 54) considers it 'more than probable that this is a corruption due to the adjacent ablatives and that the original reading was the more exquisite and euphonious *venti*'. There would be parallels in *Ep.* 21. 56 (based on Ov. *M.* 8. 91) and *Par.* 17. 8; but A. is fond of rhyme between caesurae (Green, *Paulinus*, 116).

146. fundit: the subject is again the whale, and there is no need to emend; if there were, then *effundit*, though prosaic, would be preferable to Peiper's *exundat* or Prete's *emundat*.

148–9. As he returns in his usual fashion (cf. 238–9, 280–2) from a simile to his main theme before moving on to another topic, A. takes the opportunity to correct any impression that the *silurus* is dangerous.

149. magnoque: the reading of the archetype should be preferred to R's *magnusque*, a corruption probably due to *honor*. Confirmation is offered by Stat. *Ach.* 1. 655 *magno . . . addita ponto*. As Hosius explains, 'nur so bedeutende Ströme, wie die Mosel, verdienen die Ehre, einen solchen Bewohner zu haben'. Similar expressions are noted by Nisbet–Hubbard on Hor. *c.* 2. 19. 13.

additus: this reading is more suitable than *additur* (XBR).

150–68. With a characteristically clear transition, the focus changes, and the

following section presents the first of a series of *spectacula*, concentrating on
the vine-clad slopes. There is an effective contrast at a stylistic level between
the majestic panorama of ll. 150–6 and man's boorish intervention in ll. 163–
8; the central section evokes for comparison similar scenes, suitably updated
and including Ausonius' *patria*.

150. The preceding section is summarized and dismissed in an elegant
tricolon in which the Lucretian phrase *liquidas . . . vias* (1. 373) is followed by
lubrica pisces agmina in a variation of the familiar Vergilian construction; the
final element may be inspired by *Ciris* 85 *multiplici . . . caterva*.

151. B's *enumerasse* does not suit the pretence of an unfinished catalogue, and
it is unlikely that A. dispensed with a connective.

153–6. The grammatical structure of l. 152 is repeated almost exactly in l. 153;
but the remainder of the sentence is finely done, with polysyndeton leading
up to the weighty ending of l. 156.

153. sollicitentque: used without the pejorative overtones of Sen. *Ep.* 88. 7
and Paulinus' echo of the passage in *c.* 10 [= App. B. 3]. 177).

    vagos . . . visus: the phrase recurs in Rutil. 1. 95 (also denoting amaze-
ment) and Paul. Petr. 5. 224. For the scansion of *Baccheia*, cf. Verg. *G.* 2. 454,
and for its use with *munera*, *CE* 280. 1.

154. For *sublimis apex* cf. Stat. *Th.* 2. 35, Juv. 12. 72; for *longo . . . tractu* (reused in
l. 283), cf. Ov. *M.* 2. 320 *longoque per aera tractu.* In *super ardua* there may also
be an echo of Verg. *A.* 7. 562. The whole line is echoed in Ven. *c.* 3. 7. 31 *in
medium turritus apex super ardua tendit* (of a church).

155. aprica iugi: a bold usage, in which an element of paradox derives from the
associations of *iuga*. For *aprica*, cf. Plin. *NH* 21. 43 (with *Alpium*) and Solin. 2. 2
(*collium*), and for the singular, the less striking *convexa iugi* in *Ep.* 21. 70.

    flexusque sinusque: the two words are used of a mountain crest, as here,
in Curt. 3. 4. 6 *velut sinu quodam flexuque curvatum*, and in Liv. 27. 47. 10 of a
stream.

156. 'rise up with vines in a natural theatre'; there is a typical zeugma. For the
construction cf. Sil. 16. 556 *insurgens cono*, perhaps imitated in 312–13. Ovid
has *naturalique* in this position in *M.* 10. 117.

    The idea of a natural theatre is found in Amm. 27. 4. 5, M. Cap. 6. 638, and
Claud. *c.m.* 31. 6, and before them in Verg. *A.* 5. 288, Sen. *Tro.* 1125. Various
views are presented as *spectacula* (152, 169, 200).

157–60. In the following similes three mountains in Thrace are enclosed by one
in Italy and by the gorge of A.'s beloved Garonne. Gaurus in Campania was
famous (e.g. Stat. *Th.* 8. 545 (also a simile), Symm. *Ep.* 1. 8); of the remainder
only Ismarus had made its name in classical literature for wine (Verg. *G.* 2. 37).
The others are usually represented in literature as notoriously wild and connected with the exotic stories of Orpheus (Verg. *E.* 6. 30, *G.* 4. 462) or Bacchus
(Stat. *Th.* 2. 81–8 and 4. 653–8)—hence *proprio* here. With the foundation of
Constantinople they had become part of the civilized world.

158. nitent: used of Bordeaux in l. 18; here it may also recall the ancient mines. BLF's *Panchaea* is quite out of place.

159. aequora: implicitly compared with the placid Moselle (cf. ll. 36, 100, 197).

160. mea: those of his *patria*, not his own; for the use of the possessive pronoun, cf. *Ep.* 23. 49 *sui...portus*. Only a small area of his property near the Garonne was devoted to vines (*Hered.* 23).

    flaventem: this refers to the cultivated banks of the river (cf. Verg. *G.* 4. 126), or perhaps to their reflection in the river, but there is an implicit comparison of Garonne and Tiber, of which the adjective *flavus* was used by Vergil (*A.* 7. 31), Horace (*c.* 1. 2. 13, 1. 8. 8), and others.

    Garunnam: taking into account the evidence from elsewhere in A.'s manuscripts, I follow the reading of XB; G has *Garonnam*, RLF *Garumnam*. In l. 483, where XLF are wanting, BR have *Garunnae*, G *Garonnae*. In *Ordo* 100 and *Ep.* 24. 66 VPH have or point to *Garunna*; in *Epp.* 4. 14, 8. 1, and 20. 32 it is read by CT, and once by M as well.

161-2. 'Indeed, the river bank' (of the Moselle) 'is sown with green grapes up to the topmost peaks of the slope that stretches into the far distance.' *conseritur* may also mean 'join' as in ll. 48 and 199—the structure of the sentence reinforces this, beginning as it does with *summis ... iugis* and ending with *margo* (cf. 20, 26)—but 'sown' (cf. ll. 25, 191) gives a better primary meaning. There is an echo of Lucan 4. 147 *tendit in ultima mundi*, apparently overlooked by Hosius, who gives less convincing parallels to justify his own construing of the words (*in ultima clivi tendentis summis iugis*); *tendo in* is not uncommon.

162. Lyaeo: cf. l. 158; the repetition is characteristic.

163. laeta operum: modelled on Vergil's *laeta laborum* (*A.* 11. 73).

    plebes ... coloni: the words indicate different social classes, at least at a later date (Sid. *Ep.* 5. 19. 2). The status of *coloni* is illuminated by *CJ* 11. 53. 1 (an exactly contemporary law which relates to Illyricum), and Jones, *LRE* 792–5.

164. deiuge dorso: a neat phrase, emphasized by alliteration. *deiuge* is a *hapax legomenon*, modelled on *declivis*; there are comparable uses of *dorsum* in Claud. *c.m.* 26. 54, PN *c.* 28. 273.

165-8. Their echoing cries (one of the few sounds in the poem) resound in the natural theatre. There are suggestions of pastoral (note *silva* in l. 168) and a 'bucolic' caesura, which will be echoed with brilliant effect in l. 167. The first appearance of man, a rude intruder, is carefully stylized.

166. terens: this is more appropriate to *labens* and the general picture of activity than G's *tenens*.

167. probra canunt: this notion may have been suggested by the abusive wayfarer of Hor. *S.* 1. 7. 30–1. The origins of such cries, which are uttered in derision of the late vine-dresser who will not complete his task before the arrival of the cuckoo, are explained by Pliny (*NH* 18. 249); the season envisaged in this vignette may thus be spring. Cf. also Sen. *Apocol.* 2, where the *serus vindemitor* is gathering grapes, and Varro, *Men.* 363 (rustic songs at harvest). For the euphemistic *canunt*, cf. Ov. *F.* 3. 676.

 ollis: this form, known to him from classical epic, is used twice elsewhere by A. (*Ecl.* 25. 4, *Cup.* 90) and occasionally by other late Latin writers (Prudentius has five examples).

168. silva tremens: cf. Stat. *Th.* 4. 221, but here it denotes the vines ruffled by the echo. For *concavus amnis*, also used with the echo in mind, cf. *Cup.* 69 (*cavos amnes*) and Verg. *G.* 1. 326, 4. 427 (*cava flumina*).

169–88. Though formally linked to what precedes, this section transports us to a different world, and presents two mythological scenes, which are based on a fancy of Statius (*S.* 2. 2. 100–6) in his description of Pollius Felix' riverside villa. Ausonius adds among other things a reference to the popular belief in the *Mittagsgeist*, but the tone is essentially playful, and the passage functions as a light diversion from detailed description.

169. scaena: 'backdrop'. The metaphor is discussed by G. W. Williams in his *Tradition and Originality in Roman Poetry* (Oxford, 1968), 642–3, with particular attention to Verg. *A.* 1. 164. For later Latin one may compare Symm. *Or.* 2. 20 (*murorum*), Oros. *Adv. Pag.* 7. 38. 5 (*scelerum*), Claud. *c.m.* 26. 45, and Sid. *Ep.* 7. 1. 3.

170. glauca tuentes: an adaptation of the common *glaucus* which is applied to river or sea beings (Verg. *A.* 12. 885, Stat. *Th.* 9. 351); the construction follows such phrases as *torva tuentem* of Verg. *A.* 6. 467.

172. capripedes: applied to *Panes* by Propertius in 3. 17. 34, as here, and to satyrs by Lucretius in 4. 580. The latter passage, not unlike that of Statius quoted above, was evidently not used by A.

 protervia: an unusual word, metrically convenient: *TLL* has fourteen other uses in late authors, from both prose and verse.

174. fluctum: obviously the reading of the archetype. Cf. Verg. *A.* 10. 207–8 *fluctum verberat.*

176. Oreiadas: this unique form must be read in preference to the manuscripts' *Oreadas*, as it is quite improbable that A. should treat the penultimate syllable as long. Analogies are provided by *Naiadum* (Verg. *E.* 6. 21) and *Naiades* (Ov. *M.* 14. 328), beside forms derived from *Nais*.

 Panope fluvialis: elsewhere associated with the sea (Hom. *Il.* 18. 45, Hes. *Theog.* 250, Verg. *G.* 1. 437, *A.* 5. 240, 825), as *fluvialis* acknowledges; cf. l. 137 *amnicolam delphina.*

177. paganica numina Faunos: derived from Verg. *G.* 1. 10 *praesentia numina Fauni*, and probably the model of Claud. 28. 200 *rustica numina Faunos*. A. used a similar phrase in *Ordo* 115, if Tollius' *paganica nomina* is correct.

178. igneus: this is more appropriate than G's *aureus*, since *igneus* denotes the sun's heat, whereas *aureus* both in A. (*Ecl.* 8. 7 and 15) and in Vergil (*G.* 1. 232,

4. 51) emphasizes the sun's majesty and its domination of the heavens. The line is based on *sol medium caeli conscenderat igneus orbem* (Verg. *A.* 8. 97); cf. *G.* 4. 426 *medium sol igneus orbem hauserat.*

The belief that deities could safely emerge at midday, when mortals were supposed to be at rest (cf. 181), was widespread: cf. Ov. *F.* 4. 761–2, Ps. 90(91). 6 *meridianus daemon*, Greg. Tur. *Hist. Franc.* 8. 33, *Miracl.* 4. 36; Roscher, s.v. meridianus daemon, traces it to modern times.

179. ad: the manuscripts' *ut* would have to be taken as 'as if it were . . .' and *consortes . . . choros* as a phrase in apposition to the subject of *celebrare*, which would be inelegant and unlikely. In Sen. *HO* 593 *choros* is clearly the object of *celebrare.* For *fretum*, cf. ll. 108, 137, 182.

vitreasque sorores: a common epithet of the river (28, 195, 223) is transferred to the nymphs, following Horace's description of Circe (*c.* 1. 17. 20).

183–5. For the theme cf. Ov. *M.* 1. 705–6, and the variations in Nem. *Ecl.* 3. 56–7 and Claud. 10. 136–9. The phrase *rudibusque natandi* is based on Stat. *S.* 2. 3. 37 *nandi rudis.*

186. cognita visu: there is a distinction between watching (*spectata*) and glimpsing. The phrase is inspired by Stat. *S.* 3. 3. 112 *mihi cognita visu*, and subsequently imitated by Claud. *DRP* 1. 160–1 *Aetnaeos apices solo cognoscere visu, non aditu temptare licet.*

187. With a formal phrase (cf. Verg. *A.* 6. 266 *sit mihi fas audita loqui*, Ov. *Her.* 15. 63 *fas sit mihi visa referre*), A. seeks pardon for sacrilegious intrusion: he divulges only what he has heard (178), and only a part of it. For this meaning of *pro parte* cf. *Dig.* 5. 2. 24 (Ulpian).

188. The unqualified *reverentia* is mysterious, and deliberately so. There is not an allusion to a particular deity, nor a personification as in Ov. *F.* 5. 23, where *Reverentia* and *Honor* are parents of *Maiestas.* The closest parallel is in Vict. 1. 215, who uses *maiestas* alone to refer to divine power. The common use of abstract nouns to make a deferential address in Late Antiquity makes the phrase easier to understand; the expected epithet or qualification is omitted. Cf. also *Ephem.* 2. 20, in a numinous context. M. Zicari (*Philol.* 102 (1958), 155) read RLF's *tegantur* (which was probably induced by *secreta*) and *lateant*, and suggested that *reverentia* was an adjective, passive in sense as in Florus 2. 34. 66; but this interpretation offers no less difficulty.

rivis: the plural is unusual; cf. Hor. *c.* 3. 13. 7, of the waters of a fountain), and *Aetna* 123, evidently of a river. There is notable alliteration, which would be weakened by Boecking's *ripis.*

189–99. The following short but elaborate passage gives an exquisite picture of the Moselle at evening, when the shadows are long. The scene, more familiar to the inhabitant of Northern Europe than to one of Mediterranean lands, is represented with great skill and imagination, a fine example of what the rhetor Hermogenes meant by τὴν ὄψιν μηχανᾶσθαι (*Rhet. Gr.* ii. 16. 34, p. 23. 11 Rabe). Ausonius shows great originality, and goes far beyond earlier descriptions of reflections such as that in Verg. *A.* 8. 96 (interpreted with Servius), or the various treatments by Statius (*S.* 1. 3. 18–19, 2. 2. 48–9, 2. 3. 1–5, *Th.* 5. 51–2). In a notable passage of his 'Windsor Forest' (209–16), quoted by EW and by Kenney (*GR*, NS 31 (1984), 201), who makes brief comparisons in favour of Ausonius, Alexander Pope gave a clear testimony to his admiration of the passage, and many others have been strongly impressed by it.

190. respondet colli fluvius: a bold usage; the subject is usually the thing reflected (Lucr. 4. 167, 213) or the image, as in Stat. *S.* 1. 3. 18–19 *fallax respon- sat imago frondibus* and Apul. *Apol.* 15.

191. latices: not used by A. elsewhere. Perhaps there is a deliberate confusion of wine and water, reality and reflection, as in *palmite consitus amnis.*

192. quis color: cf. Verg. *G.* 2. 178 (but not an exclamation).

    seras cum propulit umbras: *propulit* is a more suitable verb than *protulit* (BR^{ac}); cf. Lucr. 4. 286 and Gell. 2. 22. 24. Boethius seems to imitate the phrase in *Cons.* 4. *metr.* 6. 14 *vesper seras nuntiat umbras.*

193. perfundit monte Mosellam: an arresting description, enhanced by the paradox and exaggeration of *monte* (elsewhere A. prefers the less exalted *iugum*) and emphasized by alliteration. The present tense is required.

194. natant: used of a reflected object by Stat. *S.* 2. 2. 49.

    iuga motibus et tremit absens: the expressive rhythm and sound recall Lucr. 3. 489 *agit, ingemit et tremit artus* (of an epileptic) and Verg. *G.* 3. 84 *micat auribus et tremit artus* (of an impatient horse). In l. 168 *tremo* was used of the vines; here it applies to the reflection (cf. Val. Fl. 5. 108, of a shadow). Pope boldly reproduced *absens* in his line 'And absent trees that tremble in the floods', but the usage is happier in Latin (cf. Stat. *Th.* 6. 401, Val. Fl. 3. 589). The reading *montibus* is obviously a corruption.

195. turget: Pastorino is probably correct to take this as referring to their apparent enlargement in the water (cf. Macrob. *Sat.* 7. 14. 1), especially since the phrase would otherwise be a weak repetition of ll. 190–1.

196. annumerat: perhaps a verbal recollection of Pliny's description of the river Clitumnus (*Ep.* 8. 8. 4) *perspicuus amnis velut mersas viridi imagine ad- numerat.*

    derisus navita: like the people mentioned in ll. 165 and 275, the sailor who boggles at their reflection is 'stupid' (cf. Varro, *Men.* 51 *senem . . . derisissi- mum*, Prud. *Per.* 10. 249), not 'derided' by anyone in particular. For the repetition of *navita* cf. ll. 25–6; as elsewhere, an ordinary person or thing receives stylistic enhancement.

197. caudiceo . . . lembo: this phrase, with a unique adjective, refers to a *caudica*, mentioned in Gellius' list of vessels in 10. 25. 5 and described in Isid. *Etym.* 19. 1. 27 as holding four to ten men and made from a single piece of wood. It is to be distinguished from the *caudicaria*, a heavy transport vessel with planking reminiscent of a *codex* (Non. 858 L.; L. Casson in *JRS* 55

(1965), 36–9), which is preferred by Hosius and other editors. The words *lembo* and *fluitans*, clearly inappropriate to a large vessel, emphasize the insignificance of man and boat. Marx needlessly supposed (381) that only a barbarian could be meant.

198. amni: in order to enhance the verisimilitude of the reflection, this is made to refer not to the whole stream but to its unshadowed part; the point is clarified by reiteration in l. 199, where *umbrarum* denotes the reflection (so Kenney, 202). The repetition of *amnis* is typical (cf. 158/162) and there is no need for Vollmer's *se ambigui* for *amni*, which would bring a loss of subtlety, or for his pupil C. Coulter's *se gemini*, for which he gave no explanation.

    confundit: as in l. 193, the perfect tense (BRL) would be inappropriate. The repetition of *con-* is typical: cf. *Protr.* 99–100 and *Ep.* 5. 12–13.

200–39. The haunting picture of twilight gives way to a pageant of workaday life. This contains two notable similes: the first, which is long and complex, compares the view enjoyed by someone looking down on the river to the view that might be seen by Bacchus looking down on Lake Avernus; the second compares the reactions of sailors who can see their reflections to those of a young girl using a mirror for the first time. Both contribute to the general theme of peaceful Nature, the first by carefully distancing the world of harsh reality, the second by reproducing a familiar domestic scene.

201. remipedes: used in the same way in *Ep.* 15. 34; cf. *Ep.* 1. 13 (of ducks).

    lembi: small boats (Amm. 17. 13. 17, PN *App.* 1. 22) but ones which could be used for fighting (*Pan. Lat.* 3(11). 8. 3, Sid. *c.* 7. 371); thus appropriate both to this picture of small craft (see 225–9) and to the following comparison.

202. The line echoes *inde alios ineunt cursus* (Verg. *A.* 5. 583) from the cavalry manœuvres of the *lusus Troiae* and *et longos superant flexus* (Verg. *A.* 8. 95), from the voyage up the Tiber. A. is referring to the traffic of the Moselle, not a festival such as the *Neptunalia* (suggested by John and Pastorino), or the *ludi Actienses*, or the *maiuma*, a licentious cavalcade on the Tiber (suggested by La Ville de Mirmont). Grandiose comparisons are often used to dignify the everyday occurrences which are central to the poem.

    oras: the parts of the river in which reflected vines can be seen.

203. pubentia germina: vegetation of all kinds is meant, but especially vines (cf. l. 26). *gramina* (Boecking) would be less apt.

204–7. As presented by the manuscripts, this sentence is syntactically unacceptable, for no subject for *spectat* and *posthabet* is expressed, and *transire diem* follows the previous statements most awkwardly. R's *spectant* is no help, being clearly impossible if *posthabet* is to follow. BLF's *alacris* was retained by Cannegieter, who read *magister* in l. 204, but the word-order is too complicated. Many attempts have been made to find a subject and eliminate *diem* so that *transire* may connect with *impubemque manum*: by taking *dies* as 'workers' (M. Galdi, *RIGI* 16 (1932), 125), a very doubtful usage; by emending *diem* to *cliens* (L. Bieler, *Rh. M.*, NF 86 (1937), 285–7, followed by Prete), an unexpected word in this context; by emending *diem* or *super* to *sator* (Knebel, in a review of Boecking, and Eskuche quoted by Hosius), out of place if vine-dressers are at work (167). La Ville de Mirmont's *specto . . . mea posthabeo* is quite unlikely. Hosius, reading *transitque dies* (accusative) on Birt's suggestion, supposed an oversight caused by the incorporation of the Vergilian echo; this would be quite uncharacteristic, and would not solve the problem. Neither does Scaliger's *dein* for *diem* or Gronovius' *qui* for *dum*. Tollius was probably right to suggest a lacuna after *spectat*; various supplements are listed by Pastorino in his *nota critica*.

205. impubemque manum: cf. *impubesque manus* (Verg. *A.* 7. 382), of boys watching a top.

    amnica: the first known use of this word in poetry; it is later used in lyric metres by Prudentius (*Per.* 7. 81) and Sidonius (*Ep.* 2. 10. 4, v. 27).

206–7. sua seria ludo posthabet: a striking echo of *posthabui . . . mea seria ludo* (Verg. *E.* 7. 17). Here *ludus* is something like 'the entertainment'.

207. veteres nova gratia curas: his 'new pleasure' drives out and verbally contrasts with his 'former cares', workaday tasks that were probably indicated in the lacuna. *nova gratia* (Stat. *S.* 3. 4. 59) became a popular phrase in Christian poets; add Prud. *Apoth.* 880 to Hosius' small collection.

208. tales: cf. l. 68 for a simile so introduced; Peiper's *quales* is an unnecessary complication. In l. 213 *qualia* has a different function.

209. sulphurei: 'volcanic', like *vaporiferi* in the next line. The latter word was applied by Statius (*Th.* 6. 716) and the former by Claudian (*DRP* 1. 177) to Mt. Etna. Fertile vineyards on Vesuvius are attested by Strabo (247). For *Gauri*, see on l. 157; it was noted by Symm. *Ep.* 1. 8 as volcanic.

    consita: 'sown with vines' (cf. 25–6).

210. graditur: a verbal echo of Vergil's simile describing Apollo's appearance on Mt. Cynthus (*A.* 4. 147–9).

211. Venus: as an ancestress of the Julio-Claudians, who had a temple on the Lucrine lake (Stat. *S.* 3. 1. 150) she would have a natural interest in a mock-battle of Actium. Her sailors here are *amoretti*, often depicted in wall-paintings and mosaic. Horace imagines a friend staging a representation of the battle of Actium in his grounds (*Ep.* 1. 18. 61–4); for the public *naumachia* in general, see *RE* xv. 1970–4.

212. A clever combination of echoes gives the required tone: cf. Ov. *AA* 3. 357 *proelia ludat* (a board game); Sil. 1. 266 *fera proelia*; Mart. 14. 79. 1 *ludite lascivi*. Claudian imitates in 17. 331 (*lascivi . . . lembi*), Rutilius in 1. 379 (*ludere lascivos*).

213. qualia: this indicates what was represented in these mock battles, with an apt echo of Lucan 3. 529 *cornua Romanae classis validaeque triremes*.

214. Apollineae . . . Leucados: on the island of Leucas, near Actium, was a temple of Apollo (Strabo 452), which was associated with the victory by Propertius (3. 11. 69) and gave Apollo his epithet *Leucadius* (Ov. *Tr.* 3. 1. 42, 5. 2. 76).

215–16. This clause, parallel with ll. 211–14, describes the second kind of mock battle seen by Bacchus; it is not governed by *qualia* in l. 213.

Mylasena: this epithet refers elsewhere to the inhabitants of Mylasa, a town in Caria a few miles inland (Liv. 38. 39. 8, 45. 25. 11). There is no reason why A. should have placed a battle near here, or why a scribe should have introduced the name. The adjective must here refer to Mylae, the site of a hard-fought battle between Sextus Pompeius and Agrippa in 36 BC (Appian *BC* 5. 105–8, Dio 49. 1–10). The word *Mylaea*, conjectured by Gronovius, is not found in Latin, but could easily have been derived from *Mylae* in Sil. 14. 202 if A. had known it. For similar confusion, cf. *Ordo* 90; Housman on Man. 4. 767 discusses the matter and documents Lucan's confusion of Phocis and Phocaea.

216. Euboicae . . . cumbae: vessels from nearby Cumae (cf. Verg. *A.* 6. 2), a colony of Chalcis in Euboea; in other words, local ones. A. makes great play with adjectives here. He might have written *Cumae*, as suggested by Heinsius, and this could easily have been corrupted to *cumbae*; but *cumbae* could be used both to denote warships (Avien. *Arat.* 757) and to recall humbler vessels, like other words in this passage (201, 221).

per Averna sonantia: from Verg. *A.* 3. 442 *divinosque locos et Averna sonantia silvis*, referring to the echoing woods of Avernus at the entrance to the underworld, which were removed by Agrippa to make such displays possible. But the sounds indicated here are military ones.

217. pulsus: 'charges', as in Cic. *De Or.* 1. 153 *impetu pulsuque remorum*, and Caes. *BG* 3. 13. 5 (with *celeritate*); or, less probably, 'crashes', as Sidonius (*Ep.* 2. 2. 19 *iucunda ludentum naufragia*) may have interpreted it. In 28. 638–9 Claudian uses *sub imagine* and *innocuos* in a similar context; further evidence (cf. l. 212 n.) of his interest in this passage.

218. Siculo qualis spectata Peloro: this short clause describes a third kind of *naumachia*, one which represented the battle of Naulochus, part of the same war as Mylae (*RE* xvi. 1968–9). The infelicity of *naumachiae . . . qualis* ('of a mock battle representing the real battle which . . .') is slight. The three lines 217–19 form an independent sentence, in which, as often happens, the simile is further developed. There are various objections to the reading *quales spectante*: *quales* would be very late in the sentence; it would be awkward so far after *tales* (208); there are obvious geographical difficulties in imagining Sicily as looking over the waves to the Campanian coast, or rather the land-locked Avernus, which cannot be explained by reference to the traditional conception of Sicily as looking to Italy (Solin. 5. 2, M. Cap. 6. 646), or as error (cf. *Ordo* 85), or as exaggeration; and the point of the oblique geographical reference would be unclear.

219. reparat: 'reflects'; like *redigit* in l. 225, a rare usage occasioned by the need for synonyms.

221. amnisque: *amnis* of the manuscripts is on metrical grounds most unlikely; Barth's correction produces a series of subjects in polysyndeton similar to that in l. 168.

picti rostra phaseli: *rostra* (which is to be taken as accusative, not nominative) means 'bows' (Verg. *A.* 10. 157, Sen. *Ep.* 76. 13), but there is a hint of warfare which suits the preceding similes. In Verg. *G.* 4. 289 vessels on the Nile are described as *pictis . . . phaselis.*

222. Hyperionio . . . aestu: in the heat of the day, though perhaps not the actual midday (cf. l. 181). The adjective is one favoured in Silver Latin epic.

223. nautales: a *hapax legomenon.* Vollmer's emendation *navales* may be correct, since *nautas* (227) could easily be the cause of corruption. But the focus is on the sailors and not their ships, and the repetition is not a problem, as Vollmer thought, but typical (cf. 227–8). The fact that *navales* is used by Ermenricus in his pastiche at *MGH Ep.* v. 578. 75–84 is of little weight.

225. utque . . . frequentant: R's *atque* misses the point. Ermenricus (see above) gives the subjunctive, common in such clauses (cf. l. 222), but the manuscript consensus should not be overridden. There is an echo of Verg. *A.* 6. 486 *dextra laevaque frequentes.*

It is not clear whether we are to imagine several sailors, each in charge of one oar, or a variety of boats with single oarsmen who change position as they row with each oar in turn.

228. simulamine: very rare; cf. Ov. *M.* 10. 727.

230–7. This long simile takes the trite theme of a mirror, which is treated in *AL* 519–30; the nurse is conventional elsewhere (e.g. Prop. 4. 7. 76). It may have been suggested by a representation of a toilet scene such as that cited by Ternes in his commentary (E. Esperandieu, *Recueil général des bas-reliefs, statues, et bustes de la Gaule romaine* (Paris, 1913), v/1. 310–12, no. 4156), which was found locally and is helpfully described by J. von Elbe, *Roman Germany: A Guide to Sites and Museums* (Mainz, 1977), 287.

'So is it when, before displaying her well-arranged hair (when for the first time a nurse has offered her dear child the dazzling compliment of a search-ing mirror), the girl delightedly plays with this unfamiliar toy and thinks that she sees the beautiful image of a twin sister; she gives kisses, not to be returned, to the bright metal, or tests the immovable hairpins, or endeavours to pull the curled locks to the tip of her forehead with her fingers.'

The simile is a little awkward, and the interpretation adopted here assumes an anacoluthon. This could be avoided if *ubi* were seen as govern-ing the sentence (apart from the parenthesis) as far as *puellae*, and the remainder taken as the main clause; but this would be clumsy. Moreover, the primary point of comparison is the mental reaction of ll. 233–4 and not the following actions (235–7), and so a break after *puellae* is desirable. Various emendations have been offered, none of them convincing. For *sic ubi* (which is perhaps supported by *sic ubi* in l. 267) Speck suggested *sicuti*, but this is very doubtful on metrical grounds (cf. *Par.* 27. 3n.); the clumsy *sic est* (Prete, allegedly following Tross), emphasizes the wrong point; Tränkle's *sicut* would be better, but the word is rarely used in similes by classical poets. Others have proposed corrections of *cum*, but these are rather awkward within a temporal clause. The clause beginning *cum primum* may be lightened by taking *ostentatura* of the *virguncula*, not the nurse ('before displaying' rather than 'in order to show her'). The transmitted text is probably sound. A.'s previous simile was difficult, as those of his models sometimes are; cf. Verg. *A.* 9. 59–64, Stat. *Ach.* 2. 184–8 (1. 858–62).

234. putat spectare: for the omission of the pronoun in this style, cf. Verg. *A.* 6. 454, Stat. *Th.* 7. 116.

235. referenda: equivalent to a future participle passive, as often. Her kisses would never be reciprocated. For the notion of 'returning' kisses, cf. Ov. *M.* 8. 211–12 *dedit oscula nato non iterum repetenda suo* and 10. 256 *oscula dat reddique putat.*

   oscula ... metallo: cf. Prud. *Per.* 11. 193 *oscula perspicuo figunt impressa metallo.*

237. For *vibratos ... crines*, cf. Verg. *A.* 12. 99–100; for *digitis extendere*, cf. Juv. 2. 107.

240–82. Ausonius now turns to the business of fishing, and brings us closer to the shore. After describing three methods of fishing he gives two vivid pictures, one presenting the moment of capture, the other an angler's ignominious mishap. Both seem quite original; the first may be inspired to some degree by Sen. *Herc.* 155–8, but its expression, empathy, and detail are his own. There is no borrowing from Ovid (e.g. *M.* 3. 586–7, 13. 922–3), except in the simile, and only the slightest evidence of Oppian's treatment (3. 72–91). It is not known if the *Halieutica* ascribed to Ovid took up this aspect. Throughout the section the poet writes so as to turn our sympathies to the fish.

240. accessus faciles: cf. Lucan 3. 44 *accessus faciles*; *facilis* (BRLF) is unlikely as an epithet of *ripa* (Lucan 10. 310 *facilem tibi cedere ripam* is not comparable), and the accusative plural form *-is* is very rare in A. (see on *Pater ad Fil.* 15).

241. This strongly alliterative line is built out of phrases from Statius; *populatrix ... profundi* of the monster Scylla (*S.* 3. 2. 86); *scrutatoresque profundi* of fishermen (*S.* 3. 1. 84); cf. *devexa profundi scrutantem delphina* (*Th.* 9. 243–4).

242. defensos ... pisces: G's nominative singular would be impossible. There is an echo of Ov. *M.* 15. 770 *nunc male defensae* (Troy). The fish are described with notable pathos and religious feeling (cf. l. 60 for *penetrale*).

243–4. The first method is that of dragging (from a boat), described with the help of Vergil's *umentia lina* (*G.* 1. 142). In the next line *nodosis ... plagis* recalls Ovid's *nodosasque ... plagas* (*F.* 6. 110).

244. decepta: cf. Ov. *M.* 3. 587–8, Sen. *Herc.* 156, *AL* 199 Riese (190 Sh. B.). 75.

245. The *qua*-clause is vague, but probably refers to parts of the stream where the current is less strong. Hosius explains that the fisherman ties one end of the net to the bank and traces a circle with the other end so that the fish are caught in the net. This is supported by the corks, which also function as *signa* (246). Sidonius seems to imitate in *Ep.* 2. 2. 12.

agmine: cf. Cypr. *Jesus Nave* 9, Avien. *Descr.* 1072. It goes back to Verg. *A.* 2. 782, Enn. *Ann.* 163 Skutsch.

247. subiectas: cf. l. 272 and Ov. *M.* 13. 438 *exanimem scopulo subiectas misit in undas. deiectas* (G) is very rare in this sense and would mean 'low' rather than 'beneath him'. The scribe may have recalled *devexas pronus in undas* (27).

248. conexa cacumina virgae: many editors, since Vinet, have read *convexa*, which gives a strange description of a fish-hook; the smallest things to which *convexus* is applied seem to be *cornua* (Plin. *NH* 11. 125) and *stirpes* (Apul. *M.* 6. 12). The phrase would be even more awkward if applied to the rod. With *virgae* taken as dative, the transmitted reading provides a satisfactory picture of rod and hook, with the line—often not clearly visible to the observer— understood in *conexa*. Various parallels confirm: *conexa cacumina caelo* in Sil. 3. 675; (*hamusque*) . . . *stamine saetarum conexus* in Juvenc. 3. 391–2; cf. Stat. *S.* 5. 4. 18 *cacumine virgae*. There are apparent imitations in Cypr. *Gen.* 1468, Boeth. *Cons.* 3. *metr.* 2. 28, and Hibernicus Exul 9. 5 (*MGH PLAC* i. 403). Aldhelm has *convexa cacumina* in his riddle on a fish (*Aenigmata* 71. 5) but the sense is quite different.

249. inductos: it is not easy to choose between *inductos* (G), and *indutos* (BR, and corrupted in LF). The latter is supported perhaps by *insutos vermibus hamos* (*Ep.* 13. 57), where A. borders on the euphuistic. This carefully arranged line rounds off the description of fishing methods, and gives variety to the couplets of ll. 243–6.

250. vaga turba: used differently by Ov. *M.* 13. 221; the adjective is used of fish in Hor. *S.* 2. 4. 77.

253–8. A fine and original description: 'and as they quiver, the signal reaches him, and the tossing rod responds to the jerky trembling of the shaking fly; immediately the skilful boy draws his plunder sideways, and it is thrown out with a whistling thwack; a swishing follows the blow, just as sometimes when whips are cracked in the thin air the air sings and the wind hisses in the disturbed atmosphere.'

253. dum trepidant: although a single fish is being described, the plural (cf. *turba*) should be retained; the singular is not used until l. 262. The phrase occurs in Verg. *A.* 9. 418, and *dum trepidat* in *A.* 12. 737.

subit indicium: this might mean that the bob goes under the water, with the extra weight (so Jasinski and Pastorino), but this would be more difficult.

256. excipit ictum: cf. Arator 2. 562.

257. spiritus: unusual and effective, this expresses the noise of a sudden rush of air. Propertius used the word of a sob in 1. 16. 32, Prudentius of the human ability to blow and whistle in *Apoth.* 842.

fractis . . . flagellis: the phrase is readily intelligible, but there seem to be no earlier parallels; the point is not that the noise is discontinuous, as in *fractos sonitus . . . tubarum* (Verg. *G.* 4. 72), but that it resembles the breaking or cracking of more familiar objects. The manuscripts are probably sound; they receive support from Sid. *c.* 22. 190 *fractoque flagello* (although *flagellum* there has a different sense), and perhaps from Drac. *DLD* 3. 18, where *per inane flagella* (similar to Lucan 6. 731 *per inane flagellis*) follows *fragore* in the previous line. In Prud. *Apoth.* 476 both *tracto* and *fracto* are read with *flagello*.

258. assibilat: used of inanimate nature in Claud. 10. 68.

259. The ironic undertones of *exultant* (also used of a captive fish in Sen. *NQ* 3. 18. 4) increase our sympathy, and the fish's ordeal is expressed in a characteristic antithesis of *udae* and *arida*. The spondaic first half of the line contrasts with the dactylic second half, in which short *a* is prominent. For *rapinae*, cf. Mart. 10. 87. 18 *piscator ferat aequorum rapinas*.

260. luciferique . . . letalia tela diei: an ingenious adaptation of Lucretius' *lucida tela diei* (1. 147). A. has already stressed that it is above all the air that is fatal; but he may have recalled Homer's simile in *Od.* 22. 388, where the bright sun kills the fish.

261-2. 'the fish, which retained its vigour in its own stream, is sluggish in our atmosphere and wastes its life in the air which it can only gasp at' or 'by breathing out the air' (cf. *Genethl.* 15 n.). Avantius' *cuique* must be read; *quique . . . vigor* would be impossible. The rhythm of Stat. *Th.* 9. 529 *quique sub amne diu stupuit cruor, aere nudo* is similar.

266. mortiferos exspirans branchia flatus: cf. Oppian, *Hal.* 4. 682, of trapped fish, στονόεσσαν ἀποπνεύσαντες ἀϋτμήν. The singular *branchia* is used perhaps only here and in Vulg. Tobias 6. 4.

267-9. 'Just so, when a breath of air plays upon a blacksmith's fire, does the woollen shield, touching the beechwood caverns, admit and hold back the air with the alternate opening and closing of a hole.' The 'shield'—this is probably not a technical term but a typical piece of grandiloquence—is a valve; the 'caverns' are the hollow interior of the bellows. This appears to be the earliest detailed description of ancient hand-bellows (cf. R. J. Forbes, *Studies in Ancient Technology* (Leiden, 1964), viii. 115), which were similar to simple domestic ones today. The valve admits air when the handles are opened wide; then it admits no new air (*cohibet*) until the user, expelling the air and opening the handles, decides otherwise. As Hosius points out, this description is not entirely accurate; as so often human agency is played down, which causes problems here. The phrase *alterno . . . foramine* is unclear, but there is no need to suppose a number of holes with EW, or to read *alternos* with Fuchs.

Both the idea of this remarkable simile and its detail seem to have originated with A. Earlier descriptions are much briefer: cf. Verg. *G.* 4. 171-2, *A.* 8. 449-50, *Aetna* 563-4. It was used metaphorically of poetic creation in Hor. *S.* 1. 4. 19, Pers. 5. 11.

alludens: cf. Val. Fl. 6. 665, of a wind.

269. fagineis: like many words in *-eus* this is both technical (Cato *RR* 21. 4) and poetic (Ov. *M.* 8. 653, *Her.* 5. 87, *F.* 4. 656). Cf. *flumineus* in l. 82.

270. vidi egomet: a formula borrowed from Vergil (*A.* 3. 623) and Horace (*S.* 1. 8. 23) to claim the authority of personal testimony and lead the section to its graphic climax, as in l. 341.

   leti sub fine: a genitive of definition (cf. *Par.*, *praef.* B. 13), and not an exaggerated expression like *fatorum ab fine* (*Pater ad Fil.* 13) or Ammianus' *nascendi primitiis* (31. 2. 2).

273. desperatarum: A. seldom has a single word filling the first half of the hexameter; here it is particularly effective.

274. impos damni: 'unable to bear his loss'. Most unusual, but surely correct; *impos animi* would be metrically impossible, notwithstanding Pl. *Cas.* 629. There are parallels of a sort to this sense of *impos* in *TLL* vii/1. 666. 15–21, which gives later uses of *impos* with gerund or gerundive, and perhaps in Apul. *Socr.* 3 *impos veritatis*, if *impos* there means 'unable to recognize' rather than 'devoid of'. The word *impos* is echoed by *impetit* in the next line.

276. Anthedonius . . . Glaucus: Glaucus of Anthedon noticed that some fish that he had caught recovered their strength from the grass on which they were lying. Led by curiosity to try it himself, he became a deity of the Aegean Sea (*Carpathium . . . pontum* in l. 279). This part of his story is narrated very briefly by Ovid in *M.* 13. 904–5; there is an echo of his phrase *novus incola ponti* (904). *novus accola* recurs in Vict. 2. 171.

277. exitialia: in other versions the herbs were not baneful, except to Glaucus' human form. But in Ov. *Ibis* 554 Glaucus' fate, described broadly as it is here, is seen as unpleasant, and Circe's sinister reputation (cf. Prop. 2. 1. 53 *seu mihi Circaeo pereundum est gramine*) may have contributed. There is no hint here of the stories that he was mad (Nicander, ap. Athenaeus 297A) or frustrated (schol. Plat. *Rep.* 611D), or a monster (Strabo 405, Verg. *A.* 5. 823).

   Circes: the corruption *Dirces* is interesting; there are similar mythological errors in *Ep.* 13. 40 and (in VPH) *Griph.* 36.

280. ille: A. usually rounds off his similes carefully, but here it is not clear that we return to the boy; the ignominy of *fluitavit* suits him better than Glaucus (at least Ovid's Glaucus), and the mock-heroic language does not exclude him; but the run of the passage favours Glaucus.

281. converrere: a violent word (Avien. *Arat.* 1458, 1584, *Pan. Lat.* 2(12). 26. 4, Amm. 31. 10. 1), corrupted in BRLF to the senseless *convertere*. Along with the expressive words *potens*, *scrutator* (cf. l. 241), *praedo*, and the dignified reference to the deities, it underlines the lad's sacrilege; not even the *silurus* had destroyed the river's peace.

282. captivas: presumably 'once captive' if the text is sound; a rather puzzling expression. Perhaps *captatas* should be read.

283–317. In l. 283 *talia* sums up everything from l. 200, and the transition is typically clear. But the introduction of two themes—the buildings and the river that divides them—is surprising, even though they are visually inseparable. This may be done in order to avoid the trite theme of meanders, or to cut down the material as the end of the description approaches. Both themes are exalted by the use of comparisons, and Statius is particularly conspicuous. A fuller description of the villas follows at ll. 318–47.

284. Their roofs jut out over the stream; *exstanti* would be easier Latin, but an indirect object for *instanti* is readily understood. For *pendentes saxis* cf. Sen. *Herc.* 155 *pendens scopulis*.

285. medius dirimit: cf. Lucan 4. 18.

    sinuosis flexibus: cf. Sil. 15. 621 *sinuosis flexibus amnis*; and Plin. *NH* 5. 113 *sinuosus flexibus* of the river Maeander. There may be an adaptation of this passage in Claud. 28. 175 *sinuatis flexibus*; Orientius has *sinuosis flexibus* in 2. 305.

286. et alternas comunt praetoria ripas: the phrase is awkward after *quas*, and lame after the much longer sentence ll. 283–6; it weakly repeats what has been implied already. But the text of the archetype seems sound, and is to some extent guaranteed by the echo of Stat. *S.* 1. 3. 25 *alternas servant praetoria ripas*, identical except for *comunt*. A lacuna seems unlikely. *praetoria*, as often, means 'stately homes'; but in view of the approaching comparison in ll. 287–91, there may be a hint here of the imperial palaces that lined the Bosphorus, which is referred to in the following lines.

287–8. The excellence of the Moselle is brought out by imitations of Ov. *M.* 11. 195 *pontum Nepheleidos Helles* and Stat. *S.* 1. 3. 27–8 *Sestiacos nunc fama sinus pelagusque natatum iactet et audaci victos delphinas ephebo*, the latter from a similar context.

288. Abydeni . . . ephebi: Leander, who swam from Abydos to see his beloved Hero, and was eventually drowned. He is called *Abydenus iuvenis* in Stat. *S.* 1. 2. 87, and alluded to in *S.* 1. 3. 28 (quoted above). Helle's brother Phrixus, whose name also was used to denote the strait (Stat. *Ach.* 1. 28–9 and 1. 409, quoted on l. 291 below), was not specifically associated with Abydos.

289. The Bosphorus was bridged by the engineers of King Darius on his way to Scythia (Hdt. 4. 85), but this bridge seems to be confused with the more famous bridge of boats over the Hellespont made by Xerxes on his way to Greece, which began at Abydos. It is not likely that *Chalcedonio . . . litore* refers to the whole coastline from Chalcedon to the Hellespont, or that A. was wrong about the location of Chalcedon, opposite the new Rome.

290. magni: this form identifies *regis*, whereas *magnum* of the manuscripts is weak.

    euripus: used of this strait by Plin. *NH* 4. 75.

    ubi undis: an unusual elision for this poem, but there are parallels elsewhere (Green, *Paulinus*, 111).

291–3. The language of l. 291 is based on Stat. *Ach.* 1. 409–10 *Phrixi qua semita iungi Europamque Asiamque vetat, Th.* 11. 438 *vetuit concurrere montis*; ll. 292–3 are modelled on Stat. *S.* 1. 3. 29–31 *hic aeterna quies, nullis hic iura procellis, numquam fervor aquis. datur hic transmittere visus, et voces et paene manus.* A. reproduces the end of this passage closely (undeterred by the exaggeration involved) but otherwise takes care to rephrase it in his own words.

292–3. furentum proelia caurorum: cf. Verg. *G.* 1. 318 *ventorum . . . proelia*, Sil. 14. 74 *caurosque furentis.*

293–4. licet hic . . . : a similar claim is made by Plin. *NH* 6. 2: dialogue between continents is possible on a windless day.

 commercia linguae iungere: cf. Stat. *Th.* 2. 512 *commercia iungere linguae.*

294. pulsu: this indicates the speaker's effort and the disturbance of the calm air, but the use is a strange one. Emendation has yet to find a convincing alternative: *lusu* (Heinsius) is unlikely of general conversation and *dictu* (Tränkle) rather weak. R's *plausu* does not suit *sermonem.*

295. blanda salutiferas: echoed in Bede, *Vita Cuthberti* 10. 39. *salutifero* is used in a similar sense by Paulinus in *c.* 10 [= App. B. 3]. 5.

296. et voces et paene manus: Markland proposed *visus* for *voces*, but this would greatly weaken the progression, and the repeated *voces* should stand. It emphasizes the echo, which has already been implied in 167–8. Evidently A. found Statius' *visus* too weak.

297. echo: for Venantius (*c.* 10. 9. 53–62) it amplified the on-board entertainment.

298–9. The next subsection, following from the mention of villas in l. 284 and *praetoria* in l. 286, opens strongly with echoes of Lucr. 5. 1 *quis potis . . . ?* (from Enn. *Ann.* 164 Skutsch) and Verg. *G.* 1. 52 *cultusque habitusque*, which supports GBLF's text.

299. tectonicas: a very rare word (*TLL* slips offer only *Pass. Thom.* 133. 5, 134. 4), used here as an alternative to the unmetrical *architectonicus.*

300. Gortynius aliger: Daedalus, who used artificial wings to escape from Crete, and eventually reached Cumae, where he built a temple (Verg. *A.* 6. 18–19). Pausanias mentioned six works of architecture attributed to him (9. 40. 3).

301–2. casus . . . dolores: cf. Verg. *A.* 6. 32–3 *bis conatus erat casus effingere in auro, bis patriae cecidere manus*; the expression may also be influenced by Val. Fl. 2. 609 *patrii rediere dolores.*

303. Philo Cecropius: his main work was the arsenal at Athens, which was completed in 330 BC and lasted until the invasion of Sulla in 87 BC; it was known in ancient times from the designer's own specification (Cic. *De Or.* 1. 62, Vitruv. 7. *praef.* 12).

303–4. The engineer who was praised by his enemy and 'prolonged the famous struggles of the Syracusan war' was Archimedes, for whom the Roman general Marcellus showed great respect (Liv. 25. 31. 9–10). A. may be recalling the words of Quintilian *Archimedes unus obsidionem Syracusarum in longius traxit* (1. 10. 48); he ends with *certamina belli* from Verg. *A.* 10. 146.

305–7. 'Perhaps the group of seven celebrated in the tenth book of Marcus took from here the famous works of men and laborious edifices.' *operumque labores* is an adaptation, mediated perhaps by Hor. *S.* 2. 6. 21 *operum primos vitaeque labores*, of Vergil's phrase *artificumque manus . . . operumque laborem* (*A.* 1. 455; the meaning is clearer in *A.* 1. 507, *G.* 2. 155). The sense of *operum* is not 'labourers' in Vergil (see *LCM* 7/8 (1982), 116), and because of *hominumque* such an interpretation, which is apparently offered also by Hosius, would here be weak. Cyprian (*Num.* 674) uses Vergil's phrase in a similar way.

306. hinc: this is necessary because the manuscripts' *hic* makes poor sense, and is surely derived from *hic* in l. 307 (cf. ll. 120, 123, 166). The phrase is paralleled, if not imitated, by *hinc habet* in ps.-Cypr. *De Sodoma* 107. J. Diggle's *hic aluit* (*PCPhS*, NS 22 (1976), 54–5), is less likely palaeographically, and there is no good parallel for *alo* with such an object. It also underestimates the exaggeration.

    Marci: M. Terentius Varro, as is made clear by what follows. It is quite unlikely that A. used the false archaism *Marcei* (cf. *CIL* i. 1014), suggested by GB's *margei*. The work referred to is the *Imagines* or *Hebdomades*, in which pictures of famous people were accompanied by an account of their achievements, and by *elogia* (Symm. *Ep.* 1. 4. 1). Gellius (3. 10. 1) gives us the work's name; Pliny (*NH* 35. 11) the information that it treated 700 persons. These were probably distributed between fourteen books, each containing seven groups of seven; the remaining fourteen individuals, if indeed Pliny's figure is an exact one, would be introductory, perhaps one to each book: see F. Ritschl, *Opuscula*, iii (Leipzig, 1877), 508–22. A. mentions seven great architects in all, and they may be the seven Greek ones celebrated by Varro. He may have known the work closely; see on this point R. Reeh, *De Varrone et Suetonio quaestiones Ausonianae* (Diss. Halle, 1916). Pliny's list of architects is similar, but not identical: it includes four of them but also contains a different one (*NH* 7. 125); although evidently familiar to A., he is unlikely to have been his source here.

307. Menecratis: the manuscripts give *Menecratos*, which is neither Greek nor Latin. No architect of this name is known—the notion that a Menecrates was responsible for the Pergamene altar is quite speculative (*RE* xv. 803)—and Metagenes (Vitruv. 7. *praef.* 12, 16), the son of Chersiphon, may be meant. The confusion, whether in A.'s mind or his source, is not easy to account for. He is unlikely to have been misled by a recollection of Stat. *S.* 4. 8. 3 *clari genus ecce Menecratis*, where Menecrates is obviously a friend of Statius.

308. The reference is to Chersiphron, or Cresiphon (so manuscripts of Vitruvius, at 3. 2. 7, 7. *praef.* 12, 10. 2. 11–12), whose 'workmanship admired at Ephesus' was the old temple of Artemis, built before 546 BC (Plin. *NH* 7. 125, 36. 95, Strabo 640).

308–9. vel in arce Minervae Ictinus . . . : understand *spectatus.* Ictinus was the architect of the Parthenon on the Athenian acropolis (for *arce Minervae* cf. Verg. *A.* 3. 531); the owl is elsewhere ascribed to his collaborator Phidias (Hesychius, s.v. γλαύξ ἐν πόλει, Dio Chrys. 12. 6). It was believed that real owls could attract other birds, which made them useful in hunting (Aelian, *Anim.* 1. 29, Pall. 10. 12; cf. Arist. *Hist. Anim.* 609A on their 'admiration' for the owl); A. attributes this capacity to the work of art, as was commonly done in praise of lifelike artefacts. In view of the owl's reputation (*RE* vi. 1064–71) it is not surprising that he also brings in magic, but it is an unnecessary complication. There may also be an allusion to the part of Athens fatal to birds (Lucr. 6. 749–55, Philostr. *Vit. Apoll.* 2. 10).

perlita fuco: cf. Amm. 26. 10. 10 *fuco perliti . . . (iudices).*

310. omne genus volucres: 'all kinds of birds'. To C. F. W. Mueller, *Syntax des Nominativs und Akkusativs im Lateinischen*, 162–3, quoting from all periods, add *Pass. Perp.* 11. 5, Aug. *Ps. contra Don.* 1. 5.

311. hic: more appropriate than *hinc* ('D. was here', not 'came from here'); cf. *hic . . . viguere* in l. 307.

312. Dinochares: according to some manuscripts of Plin. *NH* 7. 125 it was Dinochares who laid out Alexandria; others, including Solinus (32. 41), give the name as Dinocrates (Vitruv. 2. *praef.* 1–4, Val. Max. 1. 4. 7. *Ext.* 1, Amm. 22. 16. 7), which is more probable (*RE* iv. 2392–3). Presumably a manuscript of Varro is responsible. But it may be A. himself who confuses Dinochares with Timochares (or Timocrates) who according to Pliny (*NH* 34. 148) began Arsinoe's temple in Alexandria and designed the magnetic device about to be mentioned. This commemorated the marriage of Ptolemy II Philadelphus and his sister Arsinoe soon after 280 BC.

312–13. 'whose four-sided pyramid rises into a summit with a cone, and eats up its own shadow'. The famous monument by Arsinoe's temple (314–15) was in fact an obelisk (Plin. *NH* 36. 68); it seems to be confused here with a pyramid. Although *quadrata* would suit either 'obelisk' or 'pyramid', the point that it casts no shadow in certain conditions certainly indicates the latter (for this feature, see *AL* 417. 4 Riese (415. 4 Sh. B.), Amm. 22. 15. 29, Cassiod. *Var.* 7. 15. 4, Isid. *Etym.* 15. 11. 4).

312. quadrata: Boecking's emendation for the various metrically impossible readings of the manuscripts. But his word-order *cui quadrata* is not necessary, since elision of disyllabic *cui* can be matched in *Par.* 7. 3. For the expression cf. *fastigia coni* (Lucr. 4. 429) and *insurgens cono* (Sil. 16. 556); this passage may be the model of *quadrum . . . conum* (given by some manuscripts at Prud. *Psych.* 870–1), and *recto . . . surgere cono* (Cypr. *Gen.* 1132).

315. aere: in modern terms, the 'clerestory'; cf. Plin. *NH* 34. 148 *ut in eo simulacrum e ferro pendere in aere videretur* and perhaps Verg. *G.* 2. 123–4 *aera . . . summum arboris* (imitated in Val. Fl. 6. 261), where Servius glosses the word by *cacumen*.

316. spirat: a metaphor for magnetic influence also found in Claudian's poem on the subject (*c.m.* 29. 33–7).

tecti testudine: cf. Verg. *A.* 1. 505 *media testudine templi.*

virus: this is Peiper's emendation of *chorus* (GBLF) and *totus* (R). If he used the passage of Pliny quoted above, A. might well have found it in his text, at 34. 147. Although *vires* is supported by *vim* in the text of Isidore *Etym.* 16. 21. 4, *virus* is a favourite word of Pliny's (cf. 34. 120, 160, 177, in various comparable senses), and he may have restricted *vis* or *vires* in this sense to the ablative case (cf. 34. 148, 36. 128), which *virus* lacks. Other emendations of this passage, which tend to be far-fetched or grammatically awkward, may be found in Pastorino's *nota critica*, with the exception of Hosius' weak *clarus* and the rare word *florus* ('bright'), recently suggested by W.-H. Friedrich (*Dauer im Wechsel* (Göttingen, 1977), 269); this is unlikely since the magnet was probably inconspicuous.

achates: the agate is not elsewhere credited with magnetic power, although many miraculous qualities were ascribed to it: Plin. *NH* 37. 139–42, Solin. 5. 25, Isid. *Etym.* 16. 11. 1, Marbod, *Liber Lapidum* 2. 14 (PL 171. 1741), Hildegard of Bingen, *Physica* 4. 16 (PL 197. 1260). Marbod assigned to it the power of repelling *virus*; there may be grounds here for supposing that it was considered in some way akin (rather like the adamant, which according to Pliny repels magnetic force, but was later considered magnetic (as in the Old French *Eneas*, 460). Conceivably Vergil's well-known phrase *fidus Achates* or Lucan's *sibi non segnis Achates* (10. 115) contributed to the notion.

Similar devices in various places are attested in Ampelius, *Liber Memorialis* 8. 17, Rufinus, *HE* 2. 23, Augustine, *CD* 21. 6, ps.-Prosper, *De Prom. et Praed. Dei* 3. 38. 42 (PL 51. 834), and Cassiodorus, *Var.* 1. 45. 10. The medieval writer who claimed to have seen such a thing in Trier (*Gesta Treverorum*, *MGH Scriptores* viii. 132. 14–16) is misunderstanding this poem, as he regularly does (e.g. at ll. 3, 362, 394), and his testimony can safely be ignored.

318–48. The following description of individual villas is quite similar in its method and structure to the review of fishing techniques in ll. 240–9: first there is an enumeration, then more detail, and finally a specific picture, introduced by *vidi ego* (341). Today's reader is reminded of the medieval castles that dot the banks of the Moselle and the Rhine; the houses that stood there in the fourth century may have been less imposing. For plans of some of the ancient villas in the vicinity see Wightman 139–72.

319–20. scaenas ... domorum: cf. Symm. *Or.* 2. 20 *scaena murorum*, and 169 n. With the rare *decoramen* (Sil. 16. 268), deployed in the familiar form of apposition (cf. l. 70), it provides an impressive introduction.

321. 'This one is naturally placed high on an outcrop of rock'; it is not itself a tall building. Markland's *stat*, stronger than *est*, receives support from *stabat* in Statius' line quoted on l. 322; but *nativi* has less point than *natura*.

322. Modelled on Stat. *Th.* 9. 492 *stabat gramineae producta crepidine ripae.*

323-4. Villas of similar shape existed at Nennig (Wightman 145-7), Aquincum, and elsewhere, though these were not so close to the river. These lines echo Vergil to good effect, and without undermining the basic realism: *refugit* recalls Verg. *A.* 3. 536 *refugitque ab litore templum,* and *qui plurimus imminet amni A.* 1. 419-20 *collem, qui plurimus urbi imminet* (Carthage).

326. The point of *utque* is that the rich panorama may be enjoyed even though it is not part of the property; R's *atque* is much weaker. *dives* is a bold epithet for *speculatio* (cf. Amm. 26. 10. 4, 27. 2. 4), which continues the military metaphor in *tenens* (324); G's *felix* is less effective, and may have originated as a gloss.

327. illa: the manuscripts' *quin,* a natural addition to *etiam,* seems out of place, for it gives no indication that we are turning to a new villa; all the others are introduced by *haec* or *illa.*

pede: 'plot of land', as in Sen. *Dial.* 9. 10. 4 *quamvis angustam pedem* (cf. Varro, *LL* 5. 95), or perhaps 'foothill' as in Amm. 14. 8. 10.

330. altam: B's *aliam* is pointless, and an obvious error.

331-2. 'This one has the special advantage of catching the fish trapped in its enclosed weir, among the sunny fields on the rocks.' There are echoes of this passage in Avitus' account of the world's creation: *clausi vasto sub gurgite pisces* (1. 35), and perhaps in Sedul. *CP* 5. 394 *gurgite clauso.*

331. proprium: although *est* has good manuscript authority, it should be omitted on stylistic grounds.

332. scopulorum ... novales: there is a parallel in *Ep.* 3. 4 *scopulorum ... lacunis* ('rock pools'); the sense is given by the model in Stat. *S.* 2. 2. 98-9 *pontoque novalia ... iniecta. canales* (Heinsius) could not denote pools, and is no less difficult. The strange expression is used to stress the intensive cultivation of the entire banks (e.g. l. 162).

334. despectu iam caligante: cf. Sil. 3. 492-3 *caligat in altis obtutus saxis.*

335. assita: 'next to'; cf. Apul. *Flor.* 2 *neque longule dissita neque proxume assita.*

336. innumerisque ... columnis: cf. Stat. *S.* 1. 2. 152.

337-40. 'Why should I tell of the baths constructed on a jutting rock in the river, which steam when Vulcan, pouring from the hot interior, rolls the panting flames through the hollow walls, concentrating the compressed steam with its radiating heat?' In less luxuriant language: the fire is distributed from the furnace (*operto*) through ducts in the wall (*tectoria* can be applied to walls: cf. *RE* ix. 334-5 for pipes in the wall), to create a steamy atmosphere (*aestu exspirante*) in the *calidarium.* The first line is derived from Stat. *S.* 1. 3. 43-4 *an quae graminea suscepta crepidine fumant balnea et impositum rivis algentibus ignem* (cf. *Th.* 9. 492, quoted on l. 322); cf. also Sil. 5. 513-14 *torquet Vulcanus anhelos cum fervore globos flammarum,* 14. 450 *glomerabat Mulciber aestus.* In *anhelatas* (339) A. uses a favourite metaphor of Ovid (*M.* 7. 115-16, *Her.* 12. 15, *F.* 4. 492). The subject was later developed in *Epigr. Bob.* 48 and Sid. *c.* 19.

337. substructa: a variation of Statius' *suscepta* (cf. *comunt* for *servant* in l. 286). The closest parallel seems to be Liv. 6. 4. 12 *Capitolium quoque saxo quadrato substructum est*, but A. does not imply engineering.

340. exspirante: cf. Lucr. 6. 640 *exspirent ignes*, and Verg. *A.* 3. 580 *flammam exspirare*; it gives a typical contrast with *inclusum*, which describes the heat exuded by the pent-up steam. Heinsius' emendation is not called for.

342. The echo of Hor. *Ep.* 1. 3. 11 *fastidire lacus* and the unusual ending make an impressive line, in which A. once more stresses a preference for what is natural.

343. vivis . . . aquis: cf. Varro, *LL* 5. 123, Tert. *Pudic.* 5. 10.

344. plaudenti: cf. Stat. *S.* 1. 3. 73–4 *natatu plaudit.*

345–6. The line and the idea are derived from Stat. *S.* 1. 5. 60–1 *nec si Baianis veniat novus hospes ab oris, talia despiciet.* The comparison was trite, but still topical: cf. Eunap. *VS* 459. 2, Cassiod. *Var.* 9. 6 (recommending them in the year 527). For *Euboicas* see l. 216n.

346. exilia: 'on a small scale', for *parva* in Statius' comparison (*S.* 1. 5. 62); A. still has in mind private buildings and not a large public one, such as the *Barbarathermen* in Trier.

347–8. tantus . . . : this qualification, required because of the notoriety of Baiae (Sen. *Ep.* 51), recalls Stat. *S.* 1. 3. 92–3 *sanusque nitor luxuque carentes deliciae*; cf. also ll. 18, 158 for *nitor.* Mommsen's *tantum* could also qualify the clause *et nullum . . . luxum* which is otherwise left hanging, but the loosely attached phrase is paralleled in l. 388, and *tantus* is found in this position in l. 373.

349–80. His series of pictures complete, Ausonius launches into his conclusion. The river is glorified by its many tributaries, eager to join and replenish the Moselle, which is compared once more to the sea. The larger rivers Sauer, with its own tributaries, and Saar enclose the list; prominence is given also to Kyll, Ruwer, and Elz. The climax points to the confluence of Moselle and Saar at Contionacum, where the poem may have been written.

349. qui . . . finis: cf. Verg. *A.* 12. 793 *quae iam finis erit?* The infinitive after *finis* is perhaps unique: it is transmitted in Liv. 25. 11. 10 but not certain.

   glauca fluenta: the similarity to *rauca fluenta* (Verg. *A.* 6. 327) has haunted recent scholars and elicited various explanations.   Posani (41) sensed a feeling of foreboding, Görler (103) a return to the underlying contrast of Elysium and Hades. But these interpretations are difficult to reconcile with the context, and the phrase may be used without any such purpose, as in Cypr. *Exod.* 52. For *glauca* cf. l. 189 and *Ordo* 158 (the Garonne); the phrase is borrowed by Sedul. *CP* 3. 227 *glaucisque fluentis.*

350–2. These lines include some notable sound-effects: alliteration in l. 350; internal rhyme of *te* and *late* in l. 351; repetition of *in-* at the beginning of ll. 351 and 352.

350. dignandumque: the river has masculine gender in ll. 381 and 469, as here, and feminine gender in ll. 73, 148, 374, 467. For the variation cf. Ov. *F.* 2. 389 and 4. 68 (*Albula*).

Mosellam: R's vocative could well be correct, but the reading of the archetype is not precluded by the pervasive use of the second person.

352. differre meatus: Pastorino's translation 'seguire altra direzione', though similar to the sense required in l. 368, is less suitable here than the commoner meaning 'delay'; there is a contrast with *celerare* (353), *properat* (355), and *festinant* (360).

353. The infinitive is used with *celerant* in Sid. *Ep.* 9. 9. 8 and perhaps Coripp. *Iohann.* 6. 39. For the notion of tributaries losing their name in a larger river, cf. Ov. *F.* 4. 338, Lucan 4. 23, Sil. 3. 454, Amm. 23. 6. 73.

354. Promeae Nemesaeque: the Prüm and Nims. This passage is the only evidence for their names in antiquity. The reading *Promeae* seems certain (see *RE* xxiii. 650–1), but the later development of the name indicates short vowels in the first two syllables. Though Bergk's *Promae* is unlikely, his *aquis* (cf. Amm. 22. 15. 10 *Nilus . . . aquis externis adiutus*), with anapaestic *Promeae*, should be considered. But the *variatio* of *aquis* and *meatu* is a little surprising, and A. is prepared to do occasional violence to proper names (cf. *Prof.* 15. 4n.).

355. non degener: the Sauer is 'no mean river' but is not being compared with the Moselle.

357. The only line in this poem to end with two monosyllables.

358. patri confunderet ostia ponto: for this use of *ostia*, cf. ll. 351, 369, 473; the verb is used in Amm. 16. 3. 1 *Mosella confunditur Rheno. patri . . . ponto* is a variation on Vergil's *Oceanumque patrem* (*G.* 4. 382).

359. Further downstream are the Kyll and Ruwer, which join the Moselle on opposite sides. The form *Celbis* is more probable than G's *Gelbis*: there is a pun or even a *figura etymologica* in l. 361. For the confusion of *c* and *g* in proper names, cf. ll. 2, 423. The form *Erubrus* (BLF) is probably due to homoeoteleuton with *clarus*; it is less likely that the ending has been wrongly assimilated to that of *Celbis*.

marmore clarus: since there was no local supply of marble—the statement in the *Gesta Treverorum* 132. 24 (see l. 316n.) is again valueless—it could have been imported for buildings such as those already described. But another kind of stone may be meant, such as the *candidus lapis* found among the Belgae (Plin. *NH* 36. 159), or a local greenish basalt (Heinen 308).

360. famulis . . . lymphis: based on Ov. *F.* 1. 286 *tradiderat famulas iam tibi Rhenus aquas*.

allambere: used of water also in Paul. Petr. 6. 73, a passage which may be based on the *Moselle*; cf. *naviger* in l. 76, *Mos.* 27, *divortia* in l. 77, *Mos.* 432.

361. celebratur: more likely than *celebratus*, because of *audit* in l. 364.

362. praecipiti . . . rotatu: echoed by Vict. 2. 264. For *cerealia saxa* (millstones), cf. *cerealiaque arma* in Verg. *A.* 1. 177. Traces of ancient mills have

been found near the Moselle (Heinen 305); Hosius notes that mills were
numerous up to his time.

363. stridentesque ... serras: cf. Lucr. 2. 410 *serrae stridentis.* Sawmills are
meant here: see *RE* iiA. 1738–42, and in particular Ö. Wikander, *Opuscula
Romana*, 17 (Skrifter utgivna av Svenska Institutet i Rom, 46; Stockholm,
1989), 185–90, who discusses their exact location, explains how they worked,
and surely puts an end to the debate about the authenticity of the passage.

370–1. This distich is manifestly out of place in the manuscripts, for the Saar is
certainly the main tributary, and A. presents it as such. Hosius cites Symmachus' description of the Neckar as *par maximis* (*Or.* 2. 24) but there is no
point in magnifying the Alisontia here; nor is it likely that A. is misinformed.
In the new order, created by my transposition, A. dismisses minor rivers (of
which the Alisontia is certainly one) before reaching a climax with the Saar,
as in his earlier treatment of lesser fish and the *silurus*; and *tacitum* (cf. *Ephem.*
3. 55 for the form) contrasts with *rapidus* (359) and *tumultus* (364).

The Alisontia has been identified as either the Alzette or the Elz. The
Alzette is not a tributary of the Moselle, but of the Sauer, whose tributaries
have been already mentioned; the Elz, or Elzbach, flows into the Moselle
(not far from Koblenz), and is therefore more likely. Boecking and Hosius
support the claims of the latter with a reference to the *Chronicon Gottwicense*
(*Prodr.* iv. 750). The geographical details given here do not help: *sola pinguia*
could refer equally well to parts of Luxemburg or to the Maifeld. The
identity of the river does not affect the case for the transposition.

nec minor hoc: cf. Lucan 2. 416 *non minor hic Nilo*, 418 *non minor hic Histro*,
both referring to the Po.

365. Drahonum: G's reading is close to the modern name Dhron, and the
others are easily explained as corruptions. The Lieser and Salm join the
Moselle from the opposite side, also near Neumagen.

366. fastiditos: this reinforces *nec usurpo* (cf. ll. 38, 40). Even if A. had some
reason to scorn it this would hardly be relevant here.

fluores: cf. 446, and Apul. *Flor.* 10.

367. A. excuses his haste; his attention is drawn by the Saar (impressively
introduced with poetic adjectives and alliteration), which recalls him to the
neighbourhood of Trier. A similar excuse is made, again with *dudum*, in *Ordo*
28, as he turns to Trier.

mole: cf. Verg. *A.* 1. 134, 5. 790, of a raging sea; the Saar was a turbulent
river (cf. l. 92 *fremunt*).

368. tota veste vocat: cf. Verg. *A.* 8. 712, of the Nile.

distulit: the meaning is not so much 'prolong' (EW), which would
suggest an unbecoming sluggishness, as 'divert'—its windings (cf. l. 91) give
some point to the conceit—as in Hyg. *Fab.* 63, Claud. 2. 27.

369. fessa is certainly right as against *festa* of R; there is a significant echo of
Ov. *M.* 1. 582 *fessas erroribus undas*, of the rivers of Thessaly.

369. Augustis ... muris: probably Contionacum, where Valentinian resided from July to September 371 (*C. Th.* 2. 4. 3, 4. 6. 4, 9. 3. 5, 11. 1. 17), no doubt with A. in attendance. This place is generally identified with a villa at Konz (see Wightman 167, Matthews 53 n. 3, Heinen 289), where the rivers join. Heinen (289 n. 10) suggests that Trier was meant, but the confluence was familiar to A. (91–2), and imprecision or 'dichterische Umschreibung' is unlikely.

   volveret ostia: the verb should not be emended to the easier *solveret* (cf. l. 473, *Epigr.* 4. 5, Lucan 3. 231); the phrase is no more difficult than *confunderet ostia* in l. 358, and arguably indeed a fitting word, which would neatly describe its final flourish at its destination. Venantius also used it of the Saar, albeit in an easier construction (*c.* 10. 9. 18).

372. This line is reminiscent of Ov. *M.* 1. 581 *moxque amnes alii, qui qua tulit impetus illos* (the following line was used in l. 370) and perhaps Lucan 1. 491 *quo quemque fugae tulit impetus urget.* The awkward addition of *magis* indicates that none lacks enthusiasm, but some have an abundance of it; for its use with *prout* cf. Sen. *Dial.* 4. 19. 1, which is less compressed.

374. ambitus aut mores: 'mutual rivalry or natural impulse'. There is no clear precedent for this personifying use of *ambitus* (Hor. *AP* 17 is quite different), but the usage here is easily understood. For *mores*, cf. Lucr. 1. 296 (of winds and rivers) and Stat. *S.* 3. 2. 87 *quos tibi ... gerat Hadria mores.* There is a typical zeugma, for as Sh. B. points out *tanti mores* cannot mean 'such their character'; but there is no need to emend *aut* to *hi* or translate 'so powerful their (good) morals'. Nor is there any need for the emendation *aut amor est*, offered first by M. Galdi (*RIGI* 16 (1932), 126) and then by Tränkle (167) and E. Badian (*AJP* 98 (1977), 139–40), or Ugoletus' *moles.* The personification is more explicit in Claud. 28. 514 *humanos properant imitari flumina mores*, where *properant* suggests imitation.

   dia: a choice epithet, fittingly placed before the mention of the two great poets. It was in fact used of rivers by Homer (*Il.* 2. 522, 12. 21) but not by Vergil (*A.* 11. 657). Here E. Jung detects an evocation of the river-goddess (*REL* 47 (1968), 440) and speculates that it is a 'décalque d'une expression gauloise'.

375. Smyrna: on Homer's birthplace see *RE* viii. 2194–9.

376. Iliacis Simois memoratus in oris: rather awkward, but supported by Verg. *A.* 2. 117 (*Iliacas ... oras*) and 7. 564 (*memoratus in oris*); for the brachylogy cf. Sall. *H.* 2. 47. 3 *omnia memorata apud inferos supplicia.*

378. da veniam, da: the repeated *da* (G) is stronger than *mihi* (BRLF) and so more likely here; *mihi* may have been a stopgap supplied after omission of *da.* There is an interesting similarity to a couplet on the poet Lucan in *AL* 233 Riese (225 Sh. B.): *Mantua, da veniam, fama sacrata perenni: sit fas Thessaliam post Simoenta legi.* If the Alcimus to whom the poem was ascribed in some sources is the teacher of *Prof.* 2, A. is probably the imitator.

379. Latiae ... linguae: this detail, noted by Pliny (*NH* 11. 251, 28. 22), is
mentioned either to excuse incorrect invocation or to imply that it should
leave Romans alone (cf. *Ep.* 24. 43–52).

The bold claim which ll. 378–9 seek to excuse is not to be found in the text
as it stands. The assertion made in ll. 374–7 is conditional, and not sufficiently bold; the bare statement of l. 380 is surely too cryptic, though
Hosius hesitantly defends it and Pastorino accepts it, translating 'non è più il
tempo . . .'. Baehrens emended to *tribuere*, 'gave to Rome', others to *tuere* or
tueare, so that Nemesis, or perhaps Rome, is being addressed: Peiper
suggested *Romane tuere parentum*, La Ville de Mirmont *Romamque tuere
parentem* and Boecking *Romae tueare parentis*. But it seems more satisfactory
to postulate a lacuna, perhaps of two or three lines; it is unlikely to be longer,
as Tränkle suggested, for A. is concluding the poem. This will have
contrasted Rome and Trier and claimed the latter as in some sense a new
Rome (cf. *Ordo* 61, 74, and *Belgica Roma* in l. 2 of the epitaph from Trier
published by F. Vollmer in *Trierer Zeitschrift*, 1 (1926), 26–30).

Nemesis has indeed intervened.

381–8. The opening word *salve* recalls the initial greeting in l. 23; here the poet
imitates Verg. *G.* 2. 173–4 *salve magna parens frugum, Saturnia tellus, magna
virum*, and develops the last point. It is interesting that the inhabitants'
character forms the climax of this tribute to the region.

382. bello exercita pubes: cf. Caes. *BG* 8. 25. 2 *cotidianis exercita bellis*, Lucan
1. 441 *laetatus converti proelia Trevir*. Their military situation had changed
little, for they still occupied strategic and valuable territory.

383. Gallic eloquence is praised in Symm. *Ep.* 9. 88. 3, Jer. *Ep.* 125. 6. 1, and
illustrated by several of the *Panegyrici Latini*, some of which were delivered in
Trier. There is a particular point in *aemula*: Gaul had once been, and could
still be, looked down upon (Mart. 9. 32. 6, Firm. Mat. *Math.* 1. 2. 3, Julian, *Ep.*
1). An echo of Ovid reinforces it: *Latiae facundia linguae* (*Pont.* 2. 3. 75). Cf.
also Ov. *Tr.* 4. 4. 5 *patriae facundia linguae*.

384. mores et laetum ... ingenium: *mores laeti* are praised in *Ordo* 37, and
laetitia in various elegies of the *Parentalia* and *Professores*. It is interesting that
character forms the climax of A.'s tribute (cf. l. 395).

severa: this suits the following examples better than *serena* (G), which
may have been wrongly restored from Verg. *A.* 4. 477 (*fronte serenat*). A.
adapts Stat. *S.* 1. 3. 91–2 *virtusque serena fronte gravis*, and makes a similar
point in *Par.* 2. 6. His phrase may be imitated by Prudentius at *Psych.* 165
fronte severus.

386–8. The same *exempla* are adduced in *Par.* 22. 3–4.

387. iusti spectator et aequi: the meaning is not 'judge', as in Liv. 42. 34. 7,
Symm. *Ep.* 2. 2, but 'observer', as in Apul. *Plat.* 2. 11 *ille virtutis spectator*. This
corresponds to a common meaning of *specto*, and emendation is not required.

iusti and *aequi* are conventionally combined as in Hor. *S.* 1. 3. 98, *CE* 1320. 1.

389–417. An extended *recusatio*, promising a longer and better poem; at its climax (410–14) there is a subtle reference to an important individual, less specific than usually supposed. Heinen gives a brief exposition of these lines (pp. 312–15), and observes that locals seem to have had mainly civil careers (pp. 324–5).

390. The line is constructed out of Verg. *A.* 12. 29 *victus amore tui* and Hor. *c.* 1. 6. 11–12 *laudes egregii Caesaris et tuas . . . deterere.*

390–1. The invocation of the Muse, who appears nowhere else in the poem, raises the tone in preparation for the general panegyric that follows. The phrase *pulsis . . . netis* refers forward, not back, gracefully adding lustre to the people he will obliquely praise.

391. netis: from the Greek word (νεάτη, νήτη), denoting the bottom string— that is, the one with the highest pitch—on a lyre (cf. Oribas. *Coll. Med.* 6. 10. 23, M. Cap. 9. 962). It accounts for the readings of GLF better than the easier *nervis* (R[ac]), for which cf. Ov. *M.* 10. 16.

392–5. A modest claim to recognition, gracefully linked to the merits of his subject, and expressed with an abundance of literary echoes. The programme given here, whether seriously intended or not, was never fulfilled.

392. tempus erit cum me: identical with Tib. 1. 4. 79, but in fact inspired by Stat. *Th.* 1. 32 *tempus erit cum . . . facta canam.* It is linked with Verg. *G.* 4. 564 *studiis . . . ignobilis oti* which A. uses again in *Praef.* 5. 15. In l. 393 the phrase *mulcentem curas* is Statian (cf. *curas mulcere aestusque levare*, also of poetic activity in *S.* 3. 1. 63) and there is a notable adaptation of Persius' *aprici . . . senes* (5. 179). The line is enclosed by participles in the Vergilian manner (cf. l. 460, identical with *A.* 8. 63). In l. 395 *decora inclita* derives from Stat. *Ach.* 1. 775 (2. 101).

396–8. For similar metaphors of weaving applied to poetry cf. Hor. *Ep.* 2. 1. 225 *tenui deducta poemata filo*, *Culex* 35 *mollia sed tenui decurrens carmina versu. telas percurrent* is based on Verg. *G.* 1. 294, *A.* 7. 14, but Vergil's *pectine* is replaced by *subtemine*, which must be taken with *aptas*. As in l. 444, *tenui* is used as an expression of modesty; it does not totally exclude the *maior stilus* of panegyric, hinted at in *purpura.*

399. quietos: the same word is used of the peasantry in an exactly contemporary constitution of 370 addressed to the senate, which set up *defensores civitatis* for each community, *ut innocens et quieta rusticitas peculiaris patrocinii beneficio fruatur* (*C. Th.* 1. 29. 5).

401. praesidium sublime reis: an echo of Hor. *c.* 2. 1. 13 *insigne maestis praesidium reis.*

401–2. For local nobles, see K. F. Stroheker, *Der senatorische Adel im spätantiken Gallien* (Darmstadt, 1970), 19. A. refers to the senate of Bordeaux in *Par.* 8. 1, 15. 6, *Ordo* 130.

404. Quintiliani: cf. *Prof.* 1. 16n.

405. quique suas rexere urbes: if *suas urbes* denotes their places of birth this would imply a breach of the law passed in 175 after the usurpation of Avidius Cassius (Dio 72. 31), still important enough for Synesius (*Ep.* 73) to complain of its violation. But the attachment might well be one based on patronage (see Matthews 26 on the false implications of the common title *patronus originalis*); or alternatively *suas* might mean no more than 'in their charge', for which cf. *Ep.* 15. 33, 24. 121.

405–6. purumque . . . secures: the double predicate emphasizes an important point: they brought themselves credit by keeping the instruments of justice unsullied by human blood. This idea goes back at least to Sen. *HO* 1561 *laudis est purum tenuisse ferrum*, and the claim was often made by both pagans and Christians: cf. Lact. *DI* 5. 11. 13, Ambr. *Ep.* 25, Them. *Or.* 5. 66D, PN *c.* 21. 396, and Rutil. 1. 159–60, who high-mindedly adapts it.

407–8. He refers to vicars, the deputies of a prefect, who had less extensive jurisdiction. Why the dioceses of Italy and Britain are chosen is not clear; perhaps it was to make a contrast with *suas. . . urbes* and stress the superiority of the Gauls who ruled over them. Few vicars of Italy and Britain are known (*PRLE* i. 1079–80), but the context makes it unlikely that A. has individuals in mind. Boecking's suggestion that he refers to Cataphronius, vicar of Italy apparently in 376/7 (perhaps a relative of his grandmother Cataphronia, *Par.* 26), seems chronologically impossible. The omission of prefects from this passage is surprising, especially since Claudius Mamertinus (prefect of Italy and Africa 362–5), who delivered *Pan. Lat.* 3(11), came from Trier. But he was a supporter of Julian, and may have been dead for some years (*PLRE* i. 540–1). Perhaps A. was concerned not to eclipse the *éminence grise* who follows.

407. aquilonigenasque: a highly impressive *hapax legomenon*.

409. The climax is built out of phrases from Ovid and Vergil: *caput rerum, Romanam . . . urbem* (*M.* 15. 736) and *populumque patresque* (*A.* 4. 682).

410. The language is deliberately unclear. If *tantum non* qualifies *primo*, it would be implied that this person's position was second only to the emperor's; if it qualifies *rexit*, it would be implied that he enjoyed considerable power, and a leading position. The words fit various magistracies: that of *praefectus urbis*, or consul (cf. *Caes.* 1. 1–2 *secundis consulibus*), or perhaps *vicarius urbis* or *praefectus annonae*. Since both city prefecture and consulate were held by Petronius Probus (in 368–70 and 371 respectively), it is generally thought that he is meant. Probus' birthplace is unknown; but he may have held the fictive citizenship of many places, and in any case A. assimilates local men and those at court (cf. 382–3). Probus himself, because of similar language in ll. 21–3 and 96–9 of *Ep.* 9b, which A. sent to him, would have no doubt; but the reference could be seen as a more open one, and may have been designed so as to allow other dignitaries to see themselves here.

The deliberate and cautious ambiguity has some bearing on the dating of the poem, for if Probus was not meant to be generally recognized the poem need not be so close to his consulship as it is usually thought to be. See *RPL* 1 (1978), 89–94.

411. par fuerit primis: as consul in 371, Probus was virtually equal to Gratian, his colleague; but *primis* could be taken more broadly, as referring to the leading lights and not only the *Augusti*.

411–14. Again there is studied ambiguity. The new honour might be seen as a prefecture for a consul, or a consulship for a prefect, or a repetition of either honour; it certainly need not refer to a consul-designate, as Vollmer supposed.

411. festinet: *festinat* cannot stand; it was wrongly assimilated to *reddat*.

414–15. coeptum detexatur opus: close to *Ciris* 9 *coeptum detexere munus*.

416. laeto . . . tractu: cf. ll. 154, 283.

417. undas: the accusative seems more appropriate, in spite of Man. 1. 369, because A., as *vates*, is in some sense overseeing the fusion of the two rivers. The usage is naturally hard to parallel: of two analogous uses of *consecro* in *TLL* (iv. 383. 2–7) only one is relevant, and that is a Graecism.

418–37. Ausonius now addresses the Rhine, asking it to receive kindly and ungrudgingly a river which brings with it the might and prestige generated by the recent Roman triumph over the barbarians. The union of great rivers will provide the true explanation of the title *bicornis*, often applied to the Rhine. The poet's standpoint is not only linked to the present by the topical references of ll. 422–5, but is also in some way a prophetic one, since the joining of the rivers and the widening of the single river after Koblenz are seen as future events which will take place in response to his exhortation. It is therefore unwise to suppose that the future tense in l. 435 implies that the present defences are inadequate.

418–19. hyaloque virentem pande peplum: a gesture of open welcome (cf. l. 368). For *hyaloque* cf. Verg. *G.* 4. 335 (of wool for the sea-nymphs' garments).

419–20. spatiumque novi metare fluenti: cf. Sid. *c.* 2. 274 *metato spatio castrorum.* The Rhine widens considerably below Koblenz.

420. fraternis: the idea of rivers as brothers is also found in Stat. *Th.* 9. 449 (Ismenus and Asopus) and Sid. *c.* 22. 112 (Garonne and Dordogne).

422. natique patrisque triumphos: this phrase relates to Valentinian's victory over the Alemanni in 368; though still very young, Gratian participated in the campaign (Amm. 27. 10. 6–7). A. may refer to a triumph of the traditional kind, but there seems to be no certain evidence for such triumphs outside Rome and Constantinople (*RE* viiA/1. 499–500).

423. Nicrum: *Nicrum* is the form found in Amm. 28. 2. 2, *Pan. Lat.* 6(7). 13. 2, Sid. *c.* 7. 324; *Nigrum* appears in Symm. *Or.* 2. 24 and *HA Probus* 13. 7. It was suggested by O. Springer, *Die Flußnamen Badens und Württembergs* (Stuttgart,

1930), 58–60, that *Nigrum* is a piece of popular etymology, but scribal corruption is more likely to be responsible for the variation here, as in ll. 359, 361.

et Lupodunum: it is unlikely that A. wrote not *et* but *ad*, as Mommsen
suggested; in the absence of information to the contrary one would expect to
hear of enemies driven far and wide, not to a particular place.

The site of the battle, which according to Amm. 27. 10. 8 took place at
Solicinium, has not been identified beyond doubt (though Sülchen is
accepted by Ternes): see E. Demougeot, *RH* 236 (1966), 32 n. 5. Lupodunum
is the modern Ladenburg (*CIL* xiii. 6421), near Heidelberg.

424. The Danube's source was known to the Romans (Plin. *NH* 4. 79), but not
prominent in their military history (*annalibus*). The poet adopts the triumphalist note of Hor. *c.* 4. 14. 45–76.

425. laurea belli: cf. Claud. 15. 13.

426. mox: preferable to G's *hinc*, which may well be due to *haec* in l. 425; if the
enemy has been defeated, there need be no future victories in the same area.
The subject of *feret* is the River Moselle, which will bring such tidings to the
Rhine from the capital, Trier. There were in fact further operations against
the Alemanni, but no resounding victories.

   iuncti: their stately progress—in contrast to the haste of the Moselle's
tributaries—matches the joint triumphs of the *Augusti* (422).

427. et mare purpureum: from Verg. *G.* 4. 373, an imitation of Homer. With
propellite it creates a vigorous and majestic phrase, perhaps inspired by
Lucan's description of the Ganges in 3. 232 *adversum fluctus impellit in Eurum*
(a passage used also in l. 473).

428. neu vereare minor . . . videri: for the infinitive, cf. l. 147. *minor* means
'the lesser partner'.

429. invidiae nihil hospes habet: in this phrase *hospes* has been variously
translated as 'host' or 'guest', but it is difficult to see why the Moselle, for
which the Rhine has just been told to make room, should feel *invidia* as a
'guest'. Perhaps the meaning is 'has nothing invidious about it', but the statement 'a host has no grudges' (EW) makes a tactful exhortation to the Rhine.

429–30. potiere perenni nomine: the Rhine's immortal name will be a
reward for this hospitality. This assurance recalls Jupiter's promise in the
Aeneid about the future of the Latin name (12. 823–4, 835), and Lucan's boast
on his own and Caesar's behalf in 9. 982–6.

430. famae securus: cf. Ov. *Tr.* 1. 1. 49.

   adopta: apparently used of the Rhine and its tributaries in Amm. 15. 4. 2.

431. For repeated *dives* cf. Verg. *A.* 9. 26 *dives equum, dives pictai vestis et auri*; cf.
Hor. *AP* 421, *S.* 1. 2. 13. The adjective is used with *largitor aquarum* in Stat.
Th. 7. 730; cf. Stat. *Th.* 4. 832.

432. This line has been taken to refer to the bifurcation of the lower Rhine
shortly before it enters the sea, for which *divortium* is used in *Pan. Lat.*
8(5). 8. 1, 6(7). 6. 4; the context of *divortia* in *CIL* vi. 1207, also cited by

Hosius, is not clear. This interpretation gives *geminis . . . ripis* the difficult sense of 'between two sets of banks' rather than 'between two banks', for which there is an eloquent parallel in Claud. 21. 233 *geminas . . . ripas* (referring to the Rhine). The point of *geminas* here is that the single set of banks belongs to two rivers, the united Rhine and Moselle. *divortia* is used of single rivers in Amm. 15. 4. 3 (the Rhine below Lake Constance) and Paul. Petr. 6. 77 (the Loire)—both writers knew the poem well and could be following this passage—and Lucan uses it in a similar way in 2. 404 *gemini . . . divortia ponti* and 2. 580. The division of the Rhine is certainly meant in l. 433. There is a similar difficulty in ll. 43–4.

433. vias . . . fundet: there seems to be no exact parallel but *confunderet ostia* (358) is not dissimilar; applied to a watercourse, the expression is not difficult. If emendation is necessary, *undas* for *vias*, assuming an error caused by *vires*, might be suggested; Heinsius' *findet* (cf. Verg. *G.* 2. 79, *A.* 6. 540) should also be considered, and is more likely than *pandet* (Peiper).

434. accedent vires . . . : the notion goes beyond Stat. *Th.* 9. 449–50 *frater tacitas Asopos eunti conciliat viris* (a river's waves), on which it may be based. As the river brings majesty to the Rhine (421–7), so it brings strength which holds in subjection the tribes of Holland and North Germany. John saw here a fusion of the river-god with *Victoria*, but the concept may not be as clear as that.

    Francia: mentioned again in *Prec.* 2. 29, Claud. 21. 237.

    The *Chamaves* (usually *Chamavi*) and the Franks, who lived near them, had invaded together in 358 (Amm. 17. 8. 3–5); they were repulsed by Julian, and later by Valentinian, to judge from his title *Francicus* (*CIL* vi. 1175).

435. Germanique: a particular tribe seems to be meant; this may be an early example of the use of *Germani* for the Franks attested in Jer. *Vit. Hil.* 22. If so, A. is wrong to present them as separate tribes, whether he does this out of confusion or for effect.

    tunc verus habebere limes: the context does not favour the suggestion that this is indirectly critical of the present situation (Ternes 389); the future tenses are required by the poet's rhetorical stance, as already explained. The security of the frontier is as real as the description of the river as *bicornis* or the confluence of the two rivers.

436. accedet: for the repetition of this word, cf. *Ad Patrem* 3~5.

    geminum . . . nomen: 'a double name' (cf. l. 106, on the Danube) and perhaps also 'a name with double meaning', referring to the description *bicornis* (as in l. 21 the name comes last). This was a regular name for rivers in general, seen as bulls (Ov. *M.* 11. 763, Stat. *Th.* 2. 217), but became established as an epithet of the Rhine, following Vergil's use of it in *A.* 8. 727; cf. *Pan. Lat.* 6(7). 11. 5, Symm. *Or.* 2. 4, 3. 9, Jer. *In Esaiam* 18. 66. 20. (A different aetiology is found in *Pan. Lat.* 6(7). 13. 2, where *sua cornua* refers to the two mouths.) In the cosmography of Julius Honorius, dated to the fifth century, Bicornis is clearly a name; it is almost one here and in Symm. *Or.* 2. 4, 3. 9.

438–68. This section includes a *sphragis*, or personal signature, reminiscent of that in Verg. *G.* 4. 559–66, and goes on to suggest further and higher themes; the final elaborate and powerful sentence (461–8), replete with Vergilian expressions, forecasts that the Moselle will then be supreme among Gallic rivers.

438. Vivisca: this correction, which according to Scaliger's own testimony was first made by Vinet, gives the tribal name (usually *Bituriges Vivisci*) mentioned in Ptol. 2. 7. 7, Plin. *NH* 4. 108, Strabo 190, and numerous inscriptions. Together with *haec ego* (the verb follows six lines later), it creates a sudden and short-lived change in tone. There is a Vergilian echo in *origine gentem* (*G.* 3. 122, 3. 473).

439. non per nova foedera: cf. *nec novus hospes* (Stat. *S.* 3. 2. 123). A. had spent about five years in the region by this time.

440. Ausonius, nomen Latium: the manuscripts read *Latius*, but *Latium* is needed: cf. *Ecl.* 3. 15, *Ordo* 81, *Ep.* 9*b*. 76 *Ausonius, nomen Italum*.

441. Pyrenen: the scansion of Lucan 4. 83 rather than that of Lucan 1. 689 (and *Ep.* 24. 79).

442. temperat ingenuos ... mores: 'mixes honourable character', not 'mellows the native temper' (EW), since A. would hardly wish to imply that the Aquitanian, or even the Gallic, character was naturally harsh.

   Aquitanica: this form, used of the province, is read by VPH in *Ordo* 80. The scansion is unusual: Tibullus (1. 7. 3, 2. 1. 33) and A. elsewhere (*Par.* 24. 7, *Ordo* 103) treat the first *i* as long; Sidonius follows A. here in *Ep.* 2. 10. 4, v. 17.

443. audax: an echo of Verg. *G.* 4. 565, which refers to the *Eclogues*.

   fas mihi ... : understand *est*, not *sit*; cf. Hor. *c.* 2. 19. 9, Sil. 1. 19, Grattius, *Cyn.* 99. The combined authority of Muses and imperial court (hinted at in *sacrum*) makes him bolder than he was in ll. 80–1 and 187.

444. libamine Musae: 'an offering of poetry', as in *Par.* 3. 24; cf. Nemes. *Cyn.* 76 *libabunt carmina Musae*.

445. nec ... peto: cf. Ov. *Tr.* 1. 7. 31 *et veniam pro laude peto* (of his poetry); Hor. *Ep.* 2. 1. 78 *non veniam antiquis, sed honorem et praemia posci*.

446. alme: cf. *Ordo* 157 (the Divona at Bordeaux) and Lucr. 2. 390.

446–7. The tone of *sollicitare* (cf. Stat. *S.* 1. 5. 20) and *totam* is somewhat pejorative, and the colourless *solent* makes a contrast with the unpremeditated paths of true inspiration. The poet is critical, but the criticism covers himself too and he does not dissociate himself entirely from this school of poets; they may be imitators, or even pupils who at his bidding wrote exercises on the theme.

448. The clause that begins with *quanta* is unusual; cf. *ego enim, quantum auguror coniectura, quantaque ingenia in nostris hominibus esse video, non despero* (Cic. *De Or.* 1. 95), where, however, the preceding *quantum*, which is less rare (e.g. Sall. *BJ* 31. 22), makes the sentence easier.

mihi: better than the manuscripts' *mei*, which seems at variance with *se dederit*. Avantius saw the problem, but his *meri* has little point.

vena liquoris: used similarly in Hor. *c.* 2. 18. 10, Ov. *Pont.* 4. 2. 20 and *Tr.* 3. 7. 16 *fecundae vena . . . aquae*, which may have suggested the unique *liquoris*.

449. nidumque senectae: cf. Plin. *Ep.* 6. 10. 1 *senectutis suae nidulum.*

450. Augustus pater et nati: to emend is unwise. If the poem was written before the birth of Valentinian II in July 371 A. might well have tactfully ('prophylaktisch' in a phrase of Thraede (*Rh. M.*, NF 111 (1968), 260–1 n. 1)) included more than the one son Gratian in his reference to the future—a possibility which also frustrates any attempt to derive an exact date from this line. The word *Augustus* should be retained, although Gratian had been Augustus as well as his father for some time; it may be taken with *nati* as well as with *pater* even though a second son would be unlikely to take the title for many years.

mea maxima cura: cf. *Ep.* 23. 39 (= 24. 111) of his pupil and protégé Paulinus, and *Cento* 8. The expression is Vergilian (*A.* 1. 678, of Ascanius). A. would have had good reason to assume that he would be tutor to any new sons as he had been to Gratian, but the phrase is not specific.

451. A. looks forward to a consulship, referring to it as usual by its insignia (cf. *Protr.* 91–2, *Ep.* 18. 4) and making the familiar pun on his name. It seems that his designation had been made well in advance; cf. *Prec.* 2. 41–2, *Fasti* 4. 5–6; Sulp. *Chron.* 2. 41. 1 (as here, in recognition of a special task); Symm. *Or.* 5. 4 (a praetorship). Alternatively, as Ternes suggested following H.-G. Pflaum and A. Chastagnol, A. may mean *adlectio inter consulares*, a regular reward for retired *palatini* (Jones, *LRE* 541 and n. 48); this would be less honorific. Perhaps his confidence is justified by the fact that he had enjoyed a suffect consulship; there is no evidence for this, but the honour is regularly ignored if followed by an ordinary consulship.

452. tempora: this gives better sense than *munera*, and the phrase is paralleled to some extent by *Ad Patrem* 32 *supparis haec aevi tempora*. G's *munera* could be due to *Protr.* 82, *Augustae pia munera disciplinae.*

453. Arctoi: the Moselle is here seen from the point of view of Mediterranean writers, who used the adjective of the Rhine (Lucan 1. 371) or of rivers in the same area (Mart. 4. 11. 8, Stat. *S.* 5. 2. 133). A. used it of Thracian Haemus in *Ordo* 134, Claudian of the Danube (8. 629, preceded by *largius*, which suggests imitation). The word does not imply that he regarded himself as exiled 'dans un pays lontain et terriblement nordique', as Martin states (251).

454. addam urbes: an echo of Verg. *G.* 3. 30, which refers to cities conquered by Augustus. In this case, they are cities protected by Roman power; if the point is pressed, the reference must be to the old cities in the Moselle valley, such as Neumagen, and perhaps those in the rest of Belgic territory. Four cities from Belgica I are noted by the *Notitia Galliarum* (5. 1).

subterlaberis recalls *fluminaque antiquos subterlabentia muros* (Verg. *G.* 2. 157), also an important context, and l. 22.

456–7. Fortifications set up in time of crisis serve as granaries now that the danger is past. A. refers to numerous fortifications in the area (Wightman 172–3) which offered shelter to troops and travelling officials and safe storage for supplies (Wightman 175; Heinen 281–2, 297; G. E. Rickman, *Roman Granaries and Store Buildings* (Cambridge, 1971), 264–70).

458. felices ripa ex utraque colonos: including barbarian settlers such as the Sarmatians of l. 9. These were known as *laeti* (*RE* xii. 446–7); the word is originally German. In *felices* there is a seriously intended pun or a *figura etymologica*. A. may be seeking to match Vergil's line *bisque triumphatas utroque ab litore gentis* (Verg. *G.* 3. 33), with peace (cf. l. 454) again emphasized.

459. hominumque boumque labores: from Verg. *G.* 1. 118.

460. The river receives the special compliment of a whole line from Vergil (*A.* 8. 63); one, moreover, that described the Tiber.

461. Liger: the Loire, Gaul's longest river, begins the list.

    Axona praeceps: the Aisne, a tributary of the Seine, which rises not far from the Moselle, in the Vosges. Caesar noted its shallows (*BG* 2. 9. 4); Venantius its turbulence (*c.* 7. 4. 13).

462. Matrona: the Marne, another tributary of the Seine. The topography of the frontier is confirmed by Amm. 15. 11. 3, following Caes. *BG* 1. 1. 2, and by the distribution of the cities mentioned later in *Notitia Galliarum* 6.

    finis: so Poelman, for the manuscripts' *fines*.

463. ipse: not even the Charente, 'flowing back with the surging tides from Saintonge' (cf. *Ep.* 4. 13–14, where the Garonne confronts the sea), which emptied into the Garonne and might expect A.'s patriotic support, could vaunt itself above the Moselle. The tidal Garonne is described in his own way by Claudian at 5. 113–14. The manuscripts' reading *profluus* (common in late Latin) is not metrically impossible (cf. *Protr.* 71 and Green, *Paulinus*, 123), but *refluus* (Vinet) recalls his description of the river near his home (*Hered.* 26), and is more suitable with *aestu*.

464. Durani: genitive, as in e.g. *Eridani . . . amnis* (Verg. *A.* 6. 659). There is no call for Scaliger's *concedes* (accepted by Peiper without any note in his *apparatus* and by Prete). The Dordogne flows from the Puy de Sancy, France's highest mountain outside the Alps, to join the Charente not far from Bordeaux.

465. auriferum: there is no other evidence that gold could be found in the Tarn. E. Desjardins (*Géographie de la Gaule romaine* (Paris, 1876), i. 148 n. 2) suggested that the nearby Ariège derived its name from *aurigera*, but did not explain the sound-changes, or why anyone but a poet should have given it such a name in the first place. Strabo mentions gold-mines among the Tarbelli (190) and Diodorus gold in unspecified Gallic rivers (5. 27. 1).

    Tarnem: or perhaps *Tarnim* (cf. *Ep.* 20*b.* 32). Pliny has *Tarne* (ablative) in *NH* 4. 109, Sidonius *Tarnis* (genitive) in *c.* 24. 45, *Ep.* 5. 13. 1. The word is not used by Greek writers.

466–8. For the River Adour, cf. *Par.* 4. 11. Here, at his climax, A. lavishes Vergilian phrases upon it: *insanus* (*E.* 9. 43; cf. *Ep.* 3. 39, *Cup.* 70); *saxa rotantia late* (*A.* 10. 362); *mare purpureum* (*G.* 4. 373, of the Po; cf. 427).

468. nomine: here the choice between *nomine* and *numine* (Vinet), perennially confused, is difficult. The manuscripts' reading *nomine* receives some support from Claud. 10. 278 *nomen adorabunt* and Prud. *Symm.* 1. 495 *nomen adoravit*; A. uses *numine* with *adorato* in *Epiced.* 54, but of the Godhead revered by his father.

    Tarbellicus: cf. *Prof.* 16. 7 and *Ep.* 23. 45 (= 24. 117); *Tarbellus* is used elsewhere (*Praef.* 1. 6, *Par.* 2. 2, 4. 12), but not *Tarbellius* of the manuscripts.

469–83. Ausonius ends the poem on a very elevated note by addressing the Moselle, clad in the full regalia of a river-god, and promising it fame if his poetry is heeded. More rivers of Gaul are introduced, and the poet ends patriotically and rather impishly with the Garonne.

469. corniger: used by Vergil of the Tiber (*A.* 8. 77; cf. *G.* 4. 371 of the Po). It must be followed by the masculine *celebrande* (BR).

470. fonte supremo: 'at your furthest source'. A. emphasizes its length; G's *superno* would be much less relevant.

471. The line is a compound of Verg. *G.* 4. 371 *et gemina auratus taurino cornua vultu*, Ov. *F.* 6. 197 *taurinae cornua frontis* (of the constellation), and Stat. *Th.* 9. 705 *frontis . . . honorem.* The reference is to ornaments on the horns of a sacrificial bull, and not to gold in the river (which would have been mentioned in the poem if it had been thought to be present).

472. This is one of only two lines in the poem that mention the Moselle's meanderings (cf. l. 285); *sinuosa* is unexpectedly used of the curved outline of the fields adjoining the river. *trahis . . . meatus* (cf. l. 140) points to the same feature.

473. Germanis sub portibus: since the Moselle does not end at Koblenz (418–33), this means the mouths of the Rhine (cf. l. 433), or rather the Moselle-Rhine or *bicornis. Germanis* may refer again to the Franks (cf. 435); for *portibus* cf. Ov. *Her.* 14. 107, *Am.* 2. 13. 10. For *ostia solvis*, cf. *Epigr.* 4. 5, Lucan 3. 231.

474. volet: supported against R's *valet* by sense, syntax, and stemma.

477. vivique lacus: lakes of fresh water, as in Verg. *G.* 2. 469.

478. veteres, pagorum gloria, luci: cf. Stat. *Th.* 12. 51–2 *lucorum gloria, magnae . . . trabes;* Juv. 7. 118 *virides, scalarum gloria, palmae.* There is a hint of what was later called pagan religion.

479. sparsis . . . ripis: cf. Lucan 10. 310 *spargens facilem tibi cedere ripam.* The Durance, now dammed, was notorious: Livy (21. 31. 10–11) and Silius (3. 468–76, where it is masculine) tell of the havoc it created in Hannibal's army, and Ammianus (15. 10. 11) describes it as *gurgitibus vagis intutum.*

480–1. A. finishes with the Rhône and its great city of Arles, which he also described in *Ordo* 73–80. Both there and in *Ep.* 24. 73 he uses the adjective *duplex*, which probably refers to a suburb across the river (L. A. Constans, *Arles antique* (Paris, 1921), 332–8). The words *dextrae . . . ripae* hardly warrant the suggestion of J. Rougé (*Recherches sur l'organisation du commerce maritime en Méditerranée sous l'empire romain* (Paris, 1966), 155) that *duplex* refers to two ports, one on each side of the bridge. Although there is no evidence for the actual name given to the right bank between the settlement of *Rhodanusia* several centuries before and that of *Trencatalias* in the Middle Ages (Constans 332–3), *dextra ripa* should probably be understood as the current name (as in Narbo, *CIL* xii. 4398); it was given by the Rhône in the same way as the Seine now gives its name to the 'Left Bank', the Jordan to the 'West Bank', and the Thames to the 'South Bank'.

482. magnumque sonoris ... amnibus: cf. Verg. *A.* 12. 139 *stagnis ... fluminibusque sonoris*; for *magnum*, cf. 137 n.

483. To conclude the poem A. commends the river to his beloved Garonne; *aequoreae* is literally 'tidal' (cf. *Ep.* 8. 1 and *Ordo* 82 n.), but also implies that it is in no way inferior. The *Moselle*, like the *Ordo Urbium Nobilium*, thus ends with his *patria*.

XVII. BISSULA

The German girl about whom Ausonius wrote this attractive set of poems was probably captured in 368 (see on 3. 2), but the poems may not have been completed until some time later. They are dedicated to Paulus, a close friend to whom he wrote *Ep.* 2–8, and may well be a product of Ausonius' later years in Bordeaux as some, perhaps all, of those letters are. In the extant *Bissula* introductory material bulks large: after an introductory letter there are two prefatory poems, one to Paulus and one to the general reader, preparing him for something indecorous but giving little hint of what the sequence contained when complete. The poems exhibit a lively variation of approach and a remarkable diversity of metre, which may have been maintained over a dozen or more short poems, to give an effect not unlike that of the polymetric *Ephemeris* or *Professores*. The set begins with a poem in trochaic tetrameters, not uncommon in Late Antiquity, and this is followed by an epodic metre as in Hor. *c.* 4. 7; after that a poem in an asclepiadic metre is surrounded by one in elegiacs and one in hexameters. The most prominent classical author is Martial, as illustrated by H. Szelest, *Eos*, 76 (1988), 81–6, but the most notable feature of its poetic genealogy is a conspicuous borrowing from the *Priapea* (2. 1–2). Since the other two parallels suggested by V. Buchheit (*Studien zur Corpus Priapeum* (Munich, 1962), 122) are unconvincing, it remains an open question in what context Ausonius found the two lines that he quotes. As a more general inspiration Domitius Marsus was suggested by F. Della Corte in *Romanobarbarica*, 2 (1977), 17–25, but this is a shot in the dark.

These poems are transmitted in Z; the lacuna after 3. 5 is the only major blemish in what is left.

There is a free translation in H. Isbell's *The Last Poets of Imperial Rome* (Harmondsworth, 1971), 47–9, and a number of less recent ones in German.

Preface

1. pervincis tandem: the manuscripts give *tamen*, which seems out of place at the beginning of a letter. There are parallels in Ov. *Her.* 11. 1 and perhaps Cic. *Att.* 12. 2 (Sh. B. reads *tantum*), but it is not clear why it should have been used here.

There is the same pretence of reluctance in *Ep.* 5*a.* 1–6, where A. sends Paulus a copy of a playlet. The metaphor of mysteries is used by A. elsewhere (*Ep.* 13. 67 *mysteria*, *Griph.*, *praef* 38 *profanum vulgus*, but without reference to Horace); it is possible that there is also a hint of the intimacies which the missing parts of the sequence may have contained.

5. poematia: more dignified than *nugae*, this word denotes something intermediate between epigram and *ecloga*. A. uses it in the *Cento* of Pliny's poems, and in *Ep.* 4. 14. 9, 4. 27. 1 Pliny remarks on the use of the word by others.

6. ad domesticae solacium cantilenae: *solacium* does not imply any loss or disappointment beyond the common run of everyday problems; cf. *Mos.* 393 *mulcentem curas*, Verg. *G.* 1. 293 *cantu solata laborem*. The genitive is explanatory, like *carminis* in 2. 1.

⟨**laterent**⟩: Peiper's insertion of this verb (cf. *Griph.*, *praef.* 1) creates a smoother expression than the removal of *et* (Scaliger) or *sine metu* (Tollius, who suspected a gloss). A. Kurfess emended to *semota* (*Mnemos.*, 2nd ser., 41 (1913), 394); this word is not used by A., and makes an unwieldly phrase. There is nothing to commend Brakman's *quiete*.

9. ne: 'indeed'; used only here.

Alexandri Macedonis: a humorously exaggerated comparison; cf. *Ep.* 5*a.* 6–11. This story is told in Plut. *Alex.* 14. 4 and Arrian, *Anab.* 2. 3. 7 (see Bosworth ad loc.), but A. may have used a source no longer extant, as he does in *Grat. Act.* 59. The allusion to the Gordian knot recurs in *Ep.* 24. 40.

11–12. utere igitur ut tuis: it is notable that their author does not regret sending them (cf. *Ep.* 5*a.* 17–19) as elsewhere (cf. *Praef.* 4. 17, 5. 15), or put any restrictions on their diffusion.

12. fiducia dispari: cf. Ov. *M.* 9. 721 *sed erat fiducia dispar*.

I

A further address to Paulus. Its vocabulary has a strong flavour of early Latin; it is surprising that only a single foot (albeit the first) suggests the trochaic septenarius familiar from comedy as opposed to the trochaic tetrameter. Cf. *Prof.* 11, *Ecl.* 10.

2. Suebae: see on *Epigr.* 3. 7.

4. molesta: not in the sense of *Technop.* 1. 11 (difficult to write), but in the sense of *Ep.* 20a. 12 (tiresome to read).

5. An adaptation of Ter. *Phorm.* 318 *tute hoc intristi: tibi omne est exedendum.*
  vetus verbum: for the phrase, cf. Pl. *Merc.* 771, Ter. *Ad.* 803.

6. compedes ...: this proverb is not attested in Latin (see Otto 128); a Greek equivalent is found in Theognis 539 πέδας χαλκεύεται αὑτῷ. The word *ipsus* suggests that A. used an early Latin writer as his model or source.

2

To the general reader, based partly on Martial's dedicatory poem to Domitian (1. 4).

1–2. The opening words are very close to those with which the *Priapea* begin: *carminis incompti lusus lecture procaces conveniens Latio pone supercilium.* The last two words are also found in Mart. 1. 4. 2.
  A. uses *incultus* (KM) elsewhere and not *incomptus* (CT); the latter may have been imported from the source by a scribe.

3–4. Cf. Mart. 1. 4. 5–6 *qua Thymelen spectas derisoremque Latinum, illa fronte precor carmina nostra legas.* There is another reference to Thymele, probably a stock character in mime, in Juv. 8. 197; the epithets *thymelicus* and *thymelica* refer to actor and actress in *C. Th.* 15. 7. 12, 15. 7. 5, and in contemporary Greek: cf. Jul. *Ep.* 89*b*, *CJ* 1. 4. 14.
  contractis ... rugis: for the phrase cf. Varro, *RR* 1. 2. 26, schol. Juv. 6. 144.

5. utque Cratinus: *aut Erasinus* of the manuscripts is unintelligible (Scaliger was driven to suggest that it was the name of a *mimus*), and *haud Erasinus* (Poelman, following a suggestion in the edition of 1558) not much better: it would be a strange symbol for epic. Cratinus' drunkenness was well known; see Ar. *Peace* 703, *Knights* 526–30, *AP* 13. 29 (Nicaenetus 5 in Gow–Page, *HE*). If he is making use of Cratinus' often quoted line ὕδωρ δὲ πίνων οὐδὲν ἂν τέκοις σοφόν (fr. 203 Kassel–Austin) he is mistaken in applying it to the reader; if he is following Hor. *Ep.* 1. 19. 1–3, he badly misunderstands Horace's point.

6. Similar advice is given in *Griph. praef.* 25–7.

7. ieiunis: for the sense 'thirsty', cf. Prop. 3. 15. 18.

3

Bissula's origin, status, and typically Germanic appearance.

2. conscia nascentis ... Danuvii: cf. Lucan 1. 20 *nascenti conscia Nilo.* The
exaggeration recalls *Epigr.* 3. 2, 4. 1–2, and in all probability refers to the
same expedition, that of 368 (*Mos.* 423–4 and n.).

3. The unusual *missa manu* (for *manu missa* or *emissa manu*) gives a contrast with
capta manu, which is continued in *dominatur* and *bellica praeda.*

5. †nescit ere imperium†: these words, which end the line in V, are clearly
corrupt; the only restoration that has any plausibility is Scaliger's *nescivit erile
imperium*, but *imperium* may have come at the end of l. 6. A. uses *erus* in *Ecl.*
16. 16, *Ep.* 9*b.* 17.

9. sapiat, si dormiat et putet: Z's *sapiet si dormiet* is impossible before *putet.*
Tollius (and others) placed a colon after *dormiet*, Heinsius altered *et* to *ut*,
but neither expedient gives such idiomatic Latin as the emendation *sapiat, si
dormiat*, assuming corruption engendered by the previous line.

10. For both characteristics cf. Tac. *Germ.* 4, Juv. 13. 164–5.

4

The change of metre brings a change in register: both *delicium* and *pupa* are
common in inscriptions. Martial uses *pupa* of people, but not *delicium.*

3. nomen: as her German name Holder suggested *Bisilo*, for which Kurfess
devised an obscene meaning in *Gymnasium*, 60 (1953), 263. For the construction cf. *Mos.* 440 *Ausonius nomen Latium* and *Ep.* 9*b.* 76.
    rusticulum: Mart. 10. 20. 2.

5

The address to the painter (l. 4) is conventional (*Anacreontea* 16, 17, *AL* 23
Riese, 10 Sh. B), but here the point is the impossibility of the task. The mixture
is a common one, and Verg. *A.* 12. 68–9 perhaps the best-known example. For
puniceas, cf. Hor. *c.* 4. 10. 4 (*rosa*) and Verg. *E.* 5. 17 (*rosetis*).

6. color aeris: for the sheen of roses cf. *De Rosis* [App. A. 3]. 17–20).

6

A similar poem, probably incomplete.

2. Cecropias ars imitetur apes: EW declares that 'doubtless the painter was
directed to ransack all the flowers for suitable colours'. The contradiction
with the previous poem is not fatal to this interpretation, but the meaning is

far from clear; perhaps the missing lines contained a reference to the sweet-
ness of the finished product. It is not likely that the allusion is to the impossibility of counting the bees (Mart. 6. 34. 4) or to the common metaphor for
poetic composition (Lucr. 3. 11–12, Hor. *c.* 4. 2. 27–32, Sen. *Ep.* 84. 3); the
explanation offered by M. von Albrecht, *Römische Poesie: Texte und Interpretationen* (Heidelberg, 1977), 129–31, is not convincing.

XVIII. NUPTIAL CENTO

Like the *Griphus*, the *Cento Nuptialis* originated at court. As Ausonius explains
in the course of a lengthy preface, Valentinian had himself compiled such a *jeu
d'esprit* and invited him to compete; so he took up the challenge, tactfully taking
care neither to lose nor to win too clearly. No doubt it was later touched up and
expanded. The first section of the *cento* suggests that it was composed with
Gratian's wedding in mind; this would give a date of *c.*374 (Amm. 29. 6. 7). This
fact would naturally have been passed over in silence when Ausonius sent it to
his friend Paulus several years later.

The cento may have originated in Hellenistic times (*RE* iii. 1929–32), but the
first of the sixteen extant Latin centos (see P. Ermini, *Il Centone di Proba* (Rome,
1909), 41–55) was written in the second century AD. Some of them deal with
mythological themes, such as Hosidius Geta's *Medea*, or Christian doctrine
(the *cento* of Proba); in terms of subject-matter the closest one to this is perhaps
AL 8 Riese, *De Alea*. Ausonius describes the rules of the game at some length,
revelling in complex detail and in fact going beyond a simple explanation of his
own procedures. He himself frequently uses whole lines, even two consecutive
ones (25–6, 75–6, 97–8), though he describes this as *ineptum*. Most often he
combines two half-lines, almost invariably splitting them at a strong caesura; in
about twenty cases he continues into the next Vergilian line. His knowledge of
Vergil is both wide and accurate. The *Aeneid* is, not surprisingly, used
proportionately to its length more than the *Eclogues* and *Georgics*, and its first
book is most prominent. There are small discrepancies with his text in ll. 31,
85, 96, 122, and 127, and perhaps 64; these are explained by the demands of style
and content except in the case of l. 122, where there is no obvious reason, and
perhaps l. 90. Ausonius has rightly been used as a witness to Vergil in ll. 15, 88,
and 92; in l. 63 editors need not worry about T's *ubera*, which would carry little
weight even if it had not been corrected.

Six roughly symmetrical sections form the core of the *epithalamium*; they are
preceded by a *praefatio* in verse, and followed by a much longer section desig-
nated *imminutio* (for the verb cf. Apul. *Flor.* 14, Lact. *DI* 1. 10. 11, and *De Mort.
Pers.* 38. 4). This has its own introduction (for *parecbasis* cf. Quint. 4. 3. 12) and
is followed by a long apologia. It would not have surprised Ausonius that the
imminutio has attracted most attention and comment. Notwithstanding the thin

veil of allegory it is one of the most detailed descriptions of sexual intercourse in Latin literature, and also one of the most violent. The frankness is found in some of his epigrams; the violence, which is not, could have been a concession to Valentinian's tastes. In his apologia Ausonius' main concern is to prove that he himself is above reproach, even if his writing is not, and in his own original way (see Z. Pavlovskis, *RIL* 101 (1967), 548) he follows the path of Catullus (16. 5–11, quoted for a similar purpose by Plin. *Ep.* 4. 14. 5), Ovid (*Tr.* 2. 354), and Martial (1. 4. 8).

Sexual jokes using Homeric language on a small scale may be found in the Greek Anthology (11. 338, 12. 4, 12. 251), and Latin scholars show that there was a fascination with *cacemphata* in Vergil (Quint. 8. 3. 47, Diomedes in *GL* i. 451. 3 ff.). In most of his details Ausonius has been anticipated by Martial, the authors of the *Priapea*, and various others, as has been demonstrated by J. N. Adams in a line-by-line study of the *imminutio* (*SIFC*, NS 53 (1981), 199–215). It is of course impossible to prove direct influence in a poem of this kind; and in such matters double meanings arise naturally. The reader is referred to Adams's article for further detail, with the one *caveat* that it seems unlikely that *irrumatio* is meant in l. 104. Otherwise the meaning is clear enough. In the commentary I have confined myself to noting the Vergilian references and discussing the text where necessary.

The poem is transmitted in Z. The technicalities of the prose passages have caused serious corruption (ignored in the survey of D. F. Bright, *Illinois Classical Studies*, 9 (1984), 79–90), but as one would expect the verse is generally sound. Most of the rare errors can be easily corrected from the manuscripts of Vergil, which are referred to by the *sigla* used in Mynors' edition or, where there is no disagreement, as 'Verg.'. There seems to be a lacuna after l. 86, and perhaps there has been telescoping in ll. 65 and 82. Other centos are more problematic; the problems are well illustrated by F. E. Consolino, *Atene e Roma*, NS 28 (1983), 133–51.

1. **perlege hoc etiam:** an unusually direct opening for such a letter, but the two men were close friends, and these communications were part of a regular exchange.
3. **centonem vocant:** the term *cento* is not found in this sense before A., but Tertullian speaks of *Homerocentones* in *Praescr. Her.* 39. 5; it may have been current long before that.
4. **integrare:** 'unite', as in Donatus on *A.* 12. 505.
5. **Sigillaria:** see on *Ecl.* 16. 32. Terracotta dolls (*sigilla*) were traditionally sold as gifts (Macrob. *Sat.* 1. 10. 24, 11. 46–50).
6. **neque Afranius naucum daret:** the manuscripts' *nauci* is ungrammatical, and it seems that the more familiar genitive outsted *naucum*. One cannot be sure of the exact phrase used by Afranius, let alone its context; the verb was not necessarily *daret*, as Ribbeck assumed (fr. 431).

6–7. ciccum suum Plautus offerret: cf. Pl. *Rud.* 580 *ciccum non interduim*, fr. 119 *ciccum non interduo*.

9–10. imperator Valentinianus: before these words T has *s*, which gave rise to *sanctus* in various editions. It is more likely to signify *scilicet*, but should be ignored. The new sentence probably begins with *imperator*.

10. vir meo iudicio eruditus: a carefully qualified judgement, but cf. *Epitome de Caes.* 45. 5 *sollers ingenio*.

13. scrupulosum: 'difficult' or 'tricky', not, as usual, 'careful'.

15. detegenda esset: the gerundive functions as a future participle, as often: cf. Eutrop. 4. 5 *et cum tradendus Romanis esset, venenum bibit*.

17. tum die: Mommsen's correction of *tu me*, with *tum* contrasting with *modo*.

18. lucubratione: he took a little longer for this than for the *Griphus* (*praef.* 23–4) and the poem mentioned in *Ep.* 19*a*. 23.

    liturarios: 'rough drafts'. This passage and the heading to *Pater ad Filium* are the only places where the word is found.

22. Thyonianum: this name is found elsewhere only in Cat. 27. 7. This passage is unlikely to have been misunderstood by A.; his epithet may derive from a scholar's attempt to discriminate between the various Dionysi (cf. Cic. *ND* 3. 58 with Pease ad loc.) or to distinguish between Dionysus before and after his rebirth. His treatment by the Titans and his rebirth are alluded to in *Griph.* 35; for a discussion of the myth see M. L. West, *The Orphic Poems* (Oxford, 1983), 161–3.

    Virbium: Verg. *A.* 7. 761–77, Ov. *M.* 15. 543–4.

24. doceam docendus ipse: cf. Hor. *Ep.* 1. 17. 3; used again in *Ep.* 12. 31–2.

26. caesi: sc. *versus*: 'part of a line', or 'half-line'. The verb is used in this connection by 'Marius Victorinus' (Apthonius) in *GL* vi. 70. 22–4.

26–7. unus ⟨et unus⟩ sequenti cum medio: the words in this tentative reconstruction mean 'one half-line and one accompanied by the following half-line'. (For *unus et unus* cf. *Ep.* 14*b*. 27, and for *medius* cf. *Ecl.* 8. 1). This arrangement is used at least eight times. If A. did write this, his expression is clumsy, because of course these make more than one line in total; but it certainly gives better sense than the readings of CT *unus et sequens cum medio* and K *unus et sesque cum medio* (L has *sexque* for *sesque*)—unless, as Reeve suspects, there was corruption earlier (*Rh. M.*, NF 121 (1978), 361 n. 43). The last three words are in effect ignored in the compressed explanation of C. O. Zuretti (*SIFC* 6 (1904), 319), who apparently takes the phrase to refer to three consecutive Vergilian half-lines, two in one line and one in a second line. Villani, who understood *versus* with both *unus* and *sequens*, repunctuated the text so that the next sentence began *cum medio nam . . .*, but the postponement of *nam* is surprising in prose and the emphasis given to *cum medio* unwarranted. Mommsen's addition of *medius* after *sequens* has been influential, but again, at least in EW's interpretation, *unus* has to be taken as one verse, and not one half-line as the words before it surely require. The corruption here may be deeper than usually thought.

31. **anapaestico chorico:** the commonest kind of anapaestic choral form, *animus male fortis* as in the example of Servius (*GL* iv. 462. 1–2), not *audax nimium qui freta primus*, to which Diomedes gave the same name (*GL* i. 511. 23–34).

There must be a lacuna before *post dactylum*, for the following words cannot be taken with *convenire*, especially in such a carefully structured passage. Peiper's supplement *ponatur* is more likely than Prete's *sequatur*, and S. Koster's *post bucolicen sequatur aut* (*Tessera: Sechs Beiträge zur Poesie und poetischen Theorie der Antike* (Erlangen, 1983), 69–71) likelier than either; but there are more precise ways of specifying the last two feet of the hexameter than by saying *quicquid restat hexametro*. In order to describe his practice exactly A. should have brought in the molossus, which he uses in ll. 60, 71, and 81.

32. **στομάχιον:** this name is attested in a work of Archimedes extant in Greek and Arabic versions (see the edition of J. L. Heiberg (Leipzig, 1913), ii. 416–24) and in the title of a poem of Ennodius (*c.* 2. 133 Hartel). It is explained by Heiberg in *Hermes*, 42 (1907), 240–1 as 'Neckspiel' or 'brain-teaser'. Whatever the truth of this, this reading should be preferred to *ostomachion* or *ostomachian*, which EW translates 'a battle of bones'. Elsewhere this educational toy is described as *loculus Archimedius* (*GL* vi. 100. 23–4, 271. 26); in both places it is used to explain metre, as here.

34–6. **sunt enim . . . obliquis:** a very corrupt passage, but one which can be restored with the help of the above-mentioned descriptions (EW gives a helpful exposition of Archimedes at i. 395–7) and the following sentence, in which A. gives the Greek equivalents of certain terms. (This should not be dismissed as a gloss; compare the way in which he explains a Latin technical term in *Ep.* 5*a*. 15.) There seem to be three major corruptions. Firstly, *aequilatera* is out of place before *triquetra*; it may well have ousted *quadrilatera*, which is needed in any description of this puzzle. Secondly, in *extentis lineis aut frontis*; unless perhaps this is more severely corrupted, Peiper's *eiusdem*—possibly overlooked in abbreviated form after *aut* or *vel*—may be adopted. The point is that some figures are formed by extending the lines of other figures, and some share a side (*frons*) with others. Finally, the description lacks any reference to isosceles and equilateral triangles, or to right-angled triangles; this can be restored by adding the words *vel aequicruria vel aequilatera, vel rectis* before *angulis*. These will have been lost when the scribe's eye passed immediately from *frontis* to *rectis*.

36. **obliquis:** an oblique angle is either acute or obtuse, but ancient testimony to this usage is sparse: Vitruvius uses it of a rhombus in 10. 11. 4, and in *AL* 673. 2 *oblicus . . . locus* describes the angle between the legs of a man who could ride pregnant mares without causing damage.

42. posteriorem: i.e. *iunctura*; but Tollius' plural may be correct.

45-6. densa ... pateant: in other words to avoid tautology (not excessive concision and obscurity as supposed by R. Lammachia, *Atene e Roma*, NS 3 (1958), 213), or gaps in the sense.

48. imperatore tum: so Reeve, for the sake of the rhythm; Z has *imperat metum*. Although A. could well have called Valentinian *meus*, the word *meo*, usually printed, is not necessary for the metaphor.

49. aere dirutum: a military metaphor (like *procedere* above: cf. Liv. 5. 7. 12 etc.), as used in Cic. 2 *Verr.* 5. 33, where *frequens* is also found, Plin. *NH* 34. 1, Festus 61 L.

1. *A.* 5. 304.   **2.** *A.* 11. 291.

3. *E.* 7. 4; *A.* 4. 40.   **4.** *A.* 6. 834; *A.* 3. 374.

5. *A.* 3. 375; *A.* 1. 544.   **6.** *A.* 1. 545.

7. *A.* 4. 94; *A.* 12. 168.   **8.** *A.* 8. 500; *A.* 1. 678.

9. *A.* 12. 348.   **10.** *E.* 6. 9; *A.* 10. 111.

11. *A.* 10. 112; *A.* 1. 77.   **12.** *A.* 5. 104; *A.* 11. 355.

13. *A.* 6. 306; *G.* 4. 477.   **14.** *A.* 1. 700.

15. *A.* 1. 701; *A.* 8. 180. Most early witnesses read *manibus famuli* or *manibus famulae* (MP) in *A.* 1. 701.

16. *A.* 8. 181; *A.* 1. 215.   **17.** *A.* 8. 180; *A.* 1. 641.

18. *A.* 8. 27; *G.* 2. 374.

19. *G.* 2. 471 (*non absunt; illic*); *G.* 4. 10.

20. *G.* 3. 243; *G.* 3. 539.   **21.** *A.* 11. 311, *E.* 1. 80.

22. *A.* 8. 184.   **23.** *A.* 1. 724; *A.* 8. 181.

24. *A.* 2. 239; *A.* 6. 644.   **25-6.** *A.* 6. 645-6.

27. *A.* 10. 362; *A.* 9. 618.   **28.** *G.* 4. 184; *A.* 8. 109.

29. *A.* 8. 110; *A.* 1. 707.   **30.** *A.* 9. 164; *A.* 9. 192.

31. *A.* 11. 476 (*matronae puerique*); *A.* 1. 725.

32. *A.* 1. 726.   **33.** *A.* 4. 136; *A.* 10. 132.

34. *A.* 7. 53.   **35.** *A.* 1. 315; *A.* 12. 65.

36. *A.* 12. 66.   **37.** *A.* 7. 251; *G.* 3. 215.

38. *A.* 7. 812.   **39.** *A.* 7. 813; *A.* 5. 566.

40. *A.* 5. 567; *A.* 1. 319.

41. *A.* 3. 483. A.'s manuscripts erroneously give *et* for *fert*.

42. *A.* 1. 650; *A.* 2. 591. The lacuna is easily filled.

43. *A.* 2. 592; *A.* 10. 16.   **44.** *A.* 6. 208; *A.* 1. 503.

45. *A.* 2. 457; *A.* 1. 506.   **46.** *A.* 10. 362; *A.* 11. 36.

47. *A.* 9. 181.   **48.** *A.* 9. 582; *A.* 5. 250.

49. *A.* 5. 251.   **50.** *A.* 10. 818.

51. *A.* 1. 589; *A.* 1. 590.   **52.** *A.* 8. 589.

53. *A.* 8. 591; *A.* 3. 490.   **54.** *A.* 3. 490; *A.* 2. 321.

55. *A.* 12. 70.   **56.** *A.* 1. 256; *A.* 8. 124.

57. *A.* 5. 553.

58. *A.* 5. 101; *A.* 1. 648.

59. *A.* 11. 333.

60. *A.* 11. 334; *A.* 1. 711.

61. *A.* 1. 640; *A.* 1. 654.

62. *A.* 1. 655.

63. *A.* 5. 284; *A.* 5. 285 (*ubera* MP²R).

64. *A.* 10. 518; *A.* 2. 238. Perhaps A. wrote *huic* as Scaliger suggested.

65. *A.* 5. 556; *A.* 5. 558. As the text stands, there is an error of prosody which would be uncharacteristic of A. Perhaps he read and wrote *tonsa est coma*, as Servius (who glosses *tonsa* with *composita*) may have done; see R. D. Williams ad loc. Alternatively, there may be a lacuna after *coma*; the line might have continued *pressa corona* (the remainder of *A.* 5. 556), to be followed perhaps by *aureus ex umeris erat arcus* (*A.* 11. 774). This would have made a suitable present for Gratian (cf. *Epigr.* 2).

66. *A.* 5. 559.

67. *A.* 12. 131; *A.* 10. 117.

68. *G.* 4. 460; *A.* 6. 307.

69. *G.* 2. 386; *A.* 6. 644.

70. *E.* 8. 32; *A.* 10. 607.

71. *A.* 1. 330; *G.* 4. 340.

72. *G.* 4. 380.

73. *E.* 8. 30; *E.* 8. 64.

74. *A.* 8. 500; *E.* 8. 29.

75. *A.* 1. 74.

76. *A.* 1. 75.

77. *A.* 9. 446; *A.* 4. 382.

78. *A.* 3. 493; *E.* 4. 46.

79. *E.* 4. 47.

80. *G.* 4. 374.

81. *G.* 4. 375; *A.* 8. 468.

82. *A.* 8. 467; *A.* 4. 392. As it stands, this line is unacceptable, since *reponunt* has no object. There is probably a lacuna; A. may have written *mediisque residunt* (the remainder of *A.* 8. 467), which a scribe confused with *stratisque reponunt* a line or two further on. Schenkl's hybrid *stratisque residunt* is unlikely.

83. *A.* 1. 657; *A.* 4. 166.

84. *A.* 11. 254.

85. *A.* 1. 715; *A.* 8. 388 *molli fovet. ille repente.* If the manuscripts' *atque* represents what A. wrote, then he altered the original for stylistic reasons, as in l. 127 and perhaps l. 96. Schenkl suggested *inde* (from *A.* 8. 238); A. does not elsewhere draw on three lines of Vergil in one line, but such contamination is not impossible.

86. *A.* 8. 389; *A.* 4. 496. As it stands, the sentence lacks a verb of saying, which one would expect except in a short sentence like *A.* 10. 441, and the double object with *accepit* would be difficult. It is very probable that there is a lacuna at this point. Schenkl suggested *tum breviter super aspiciens sic fatur ad aurem* (*A.* 10. 251; *A.* 5. 547), I offer *desuper ostentat* (or *observans oculis*) *fatur devinctus amore* (*A.* 6. 678/*A.* 11. 726; *A.* 8. 394).

87. *A.* 6. 104; *A.* 10. 607.

88. *A.* 6. 687; *A.* 8. 581. In the latter place Vergil's manuscripts are not unanimous; Pbr have *mea sera et sola voluptas*, and it is so quoted by Servius on *A.* 9. 480.

89. *A.* 2. 777.

90. *A.* 12. 428; *A.* 4. 38. A. might have written *proveniunt* by mistake for *eveniunt*, which follows *non haec sine numine divum* (*A.* 2. 777), used in l. 89.

91. *A.* 4. 362.

92. *A.* 12. 916. Mynors reads *letumque*, following P and the quotation by Rufinianus (C. Halm, *Rhetores Latini Minores* (Leipzig, 1863), 58. 6).

93. *A.* 1. 218; *A.* 5. 842.

94. *A.* 10. 597.   **95.** *E.* 2. 17; *A.* 1. 683.

96. *A.* 9. 290; *A.* 10. 598. In the first passage Vergil wrote *at tu oro . . .*, according to the best manuscripts; A. may be altering this for his own reasons, but he may have known the reading *hanc* (acuv).

97-8. *A.* 12. 911-12.   **99.** *A.* 9. 219.

100. *A.* 12. 699; *A.* 4. 55.

101. *A.* 11. 631; *A.* 6. 268. Vergil's line begins *tertia sed postquam congressi*.

102. *G.* 3. 267; *A.* 3. 240.   **103.** *A.* 10. 892; *A.* 9. 398.

104. *A.* 10. 699; *A.* 12. 748.   **105.** *A.* 7. 362; *A.* 6. 406.

106. *E.* 10. 27.   **107.** *A.* 12. 312; *A.* 7. 66.

108. *A.* 3. 658.

109. *A.* 10. 788. *femine* has much better support in Vergil.

110. *A.* 1. 159; *A.* 11. 524.   **111.** *A.* 8. 392; *A.* 7. 84.

112. *A.* 6. 563.   **113.** *A.* 7. 568; *A.* 6. 240.

114. *A.* 6. 241; *A.* 7. 480.   **115.** *A.* 11. 530.

116. *A.* 5. 858; *A.* 9. 743.   **117.** *A.* 9. 744.

118. *A.* 11. 804.   **119.** *A.* 2. 53.

120. *A.* 11. 816.   **121.** *G.* 3. 442; *A.* 11. 817.

122. *A.* 4. 690. Vergil wrote *adnixa*, A. *innixa*; the change makes no difference to the meaning, and may have been inadvertent.

The line *vulneris impatiens crudeli funere mucro* given by some manuscripts after l. 122 cannot have been part of the narrative.

123. *A.* 4. 691; *A.* 10. 770.   **124.** *G.* 3. 110; *A.* 5. 852.

125. *A.* 5. 853.   **126.** *A.* 6. 122; *A.* 2. 52.

127. *A.* 12. 276; *A.* 6. 647. In the latter passage Vergil has *iam* before *pectine*; A. needed *et* for stylistic reasons. *et* is also found in the quotation in schol. Pers. 6. 5, perhaps by assimilation to Persius' *et*.

128. *A.* 5. 327.   **129.** *A.* 5. 328; *A.* 5. 199.

130. *A.* 5. 200.   **131.** *A.* 11. 818; *G.* 3. 281.

133. †**lasciva, O Paule, pagina**†: this line is highly suspicious, because of the repeated vocative and because one expects a contrast between *pagina* and *vita* as in the passage of Martial quoted below. It is not likely to be interpolated; l. 134 would not follow suitably from l. 132. A lacuna after l. 132 is a possibility.

1-2. 'Curios . . . vivunt': Juv. 2. 3.

3. ut Martialis dicit: A. has just quoted the words of Martial (1. 4. 8), not Pliny. The mistake was surely made by a scribe with his eye on *Plinius* below.

4-5. Plinio in poematiis lasciviam: in *Ep.* 4. 14. 4 Pliny justifies his poems—

which, he later says, many would call *poematia*—by asking his correspondent to consider *summos illos et gravissimos viros, qui talia scripserunt, non modo lascivia rerum, sed ne verbis quidem nudis abstinuisse.*

5–6. prurire opusculum Sulpiciae, frontem caperrare: this judgement is probably based on Mart. 10. 35, 38, where Sulpicia comes across as a frank writer on erotic matters but a faithful wife (cf. Sid. *c.* 9. 261). Baehrens suggested *Sulpitillae* and P. von Winterfeld *Sulpicillae* (*Schedae criticae in scriptores et poetas Romanos* (Berlin, 1895), 40–1), which is the form used by Fulgentius in *Myth.* 1. 4. But the manuscript readings cannot be held to support this form rather than *Sulpiciae*, and the diminutive would not be typical of A. For the writer and various works attached to her name, some of which entered Ugoletus' edition, see *RE* ivA. 880–2.

6. frontem caperrare: cf. *Griph., praef.* 29.

   Apuleium: see *Apol.* 9 for his epigrams.

7. in praeceptis . . . severitatem: L wrote *Tullii* after *exstare*, but on stylistic grounds Peiper's substitution of *Ciceronis* for *omnibus* is better, especially as *omnibus* is unnecessary.

8. in epistulis ad Caerelliam: Dio (46. 18. 4) records the allegation made by Calenus that Cicero courted Caerellia in his letters and had an affair with her. This is not suggested by the reference to her in his surviving letters, or by the single extant fragment (Quint. 6. 3. 112).

8–9. Platonis Symposium . . . continere: if the text is sound, as it seems to be, A. apparently laboured under a grave misapprehension; it is not known why he associated the epigrams (which he knew well: see on *Epigr.* 33. 2, *Ecl.* 22. 8) with this dialogue.

9. epyllia: cf. *Griph. Praef.* 43, a very different work.

9–10. Anniani Fescenninos: for the scanty fragments, see Morel–Buechner, *FPL* 170–1.

10. antiquissimi poetae Laevii Erotopaegnion: Morel–Buechner, *FPL* 69–77. The epithet is meant to suggest a character of traditional virtue.

11. Evenum: presumably the writer of love-poetry cited by Artemidorus, *Oneirocr.* 1. 4, and perhaps the sophist of that name (*RE* vi. 976). The evidence for writers named Evenus is difficult to interpret: Bergk (*PLG* ii. 269–78) denied that any such writer could have been praised by Menander, but see Gow–Page in *GP* ii. 289.

12. Menandrum, quid comicos omnes?: cf. Ov. *Tr.* 2. 369–70, but the similarity is not close; A. makes no use of this apologia. Menander and the other comedians may have been suggested by nothing more than the mention of Menander's praise of Evenus in A.'s source, whatever that was.

13. Vergilium Parthenien dictum: see the lives of Donatus (11) and Servius. Although A. generally prefers the name *Maro* to *Vergilius*, he uses the latter twice in this piece, and also the adjective *Vergilianus*. I therefore follow K, not L; the other manuscripts have nothing.

14. coitum Veneris atque Vulcani: *A.* 8. 404–6. According to Gellius (9. 10. 1) the restraint of the passage was praised by Annianus (with the words *verecunda verborum translatione*, similar to those below), but Cornutus found the word *membra* in poor taste.

15. αἰσχροσεμνίαν: perhaps invented by A., like the word *Technopaegnion* and the less serious hybrids of *Ep.* 6.

15–16. de summissis in gregem maritis: Verg. *G.* 3. 123–37. The use of *summitto* may have been suggested by *E.* 1. 45 (cf. *G.* 3. 73 and 159).

18. vestita: unique in this sense, but most appropriate.

XIX. CUPID IN TORMENT

In this poem Ausonius recalls a wall-painting which had impressed him in Trier. The freshness of detail suggests that it was written when he was there, between about 365 and 375, but it may not have been completed until some years later. He sent it to Gregorius Proculus, who had been at Trier with him, but apparently finds it necessary to remind him of the subject-matter. A likely occasion is the beginning of the 380s, when Ausonius was in partial retirement and when Gregorius, at the height of his power, received his *Fasti*. The author's low valuation of his poem is reminiscent of the sombre introduction to the *Parentalia*, begun soon after his father's death in 377 or 378.

There is no need to doubt that Ausonius describes an actual picture, and that he does so with his usual thoroughness. He may well have made additions of his own, but it is not difficult to reconstruct what he saw, and to locate it in its artistic context with the help of the copiously documented study of W. Fauth in *Gräzer Beiträge*, 2 (1974), 39–60. There are four scenes, perhaps corresponding to three or four pictures on the walls of Zoilus' *triclinium*. First the melancholy heroines, against a dark and gloomy backcloth; then the ill-advised arrival of Cupid; then his vigorous chastisement, aided and abetted by Venus; and finally his escape, in a clever denouement which may be the poet's invention. Various heroines, including four of those mentioned here, were portrayed with their symbols in Polygnotus' picture in the Lesche at Delphi (Paus. 10. 29. 3–7); five heroines are presented in a cycle of paintings found near the villa of Tor Marancio in Rome (W. Helbig, *Führer durch die öffentlichen Sammlungen klassischer Altertümer in Rom* (Tübingen, 1963), i. 353–5). The flowers may have been depicted as in the wall-painting reproduced in F. Cumont, *Recherches sur le symbolisme funéraire des Romains* (Paris, 1942), 345. Eros, usually the tormentor, is here tormented; he is portrayed as bound in various forms of art (Fauth 47–50) and epigram (*AP* 5. 179, 16. 195–9). Venus, often at odds with her son (cf. Apoll. Rhod. 3. 91–9), takes on the role elsewhere given to Psyche (Apul. *M.* 5. 30) or Nemesis (C. Bonner, *Studies in Magical Amulets* (Ann Arbor, 1950), 121).

Fauth pointed out many analogies with mystery cults, and the parallel which

Ausonius draws between Eros and Adonis is particularly interesting (for documentation, see Fauth 59–60). But the religious overtones of the picture, at least in this description of it, are few and unimportant. The arrival of Eros, for example, has more in common with the literary conceit of his 'truancy' (Moschus 1) than with his function as *psychopompos*. Clearly Ausonius was mainly concerned with the literary possibilities. This does not mean that the conception of the poem as playful and gently ironical, which Fauth was anxious to refute, should be accepted. The reassertion of this view by R: M. Lucifora in *AAPPel.* 54 (1977–8), 305–18, heavily influenced by Gagliardi's generalizations about Late Antique verse, leans too heavily on an untenable interpretation of *nebula picta* (see below) and an exaggerated opposition of 'pure erudition' and pathos. Fauth himself does not exclude what he calls 'das Imaginär-Phantastische', but does not allow it to dominate the poem. In formal terms, what we have is a straightforward *ecphrasis* in narrative form, which forsakes the pointed style of the descriptive epigrams and avoids the mannerizing style of Modestinus (*AL* 273 Riese, 267 Sh. B.) and Philostratus (*Imag.* 1. 6). The sixth book of the *Aeneid* provides the basic framework, and most of the named heroines are taken from the *lugentes campi* which form the backcloth. The influence of Vergil is conspicuous in other ways: here if anywhere outside the *Cento Nuptialis* one may see the technique of the centonist, but as usual Ausonius imitates thoughtfully. Ovid is also prominent, and there are echoes of other poets. In *AAPPel.* 55 (1979), 261–71 R. M. Lucifora mixes some new *loci similes* with others regularly noted by editors. There is now a useful study of Ausonius' debt to Vergil, Ovid, and Statius by L. Vannucci in *Atene e Roma*, NS 34 (1989), 39–54.

In spite of his debt to these two masters of narrative verse Ausonius' treatment of the story displays a notable lack of vigour. The pace is slow, the expression is full, and opportunities for dramatic impact are wasted. On the other hand, the descriptions, as one would expect of the writer of the *Moselle*, are well judged, their carefully wrought phrases enhanced with alliteration, *hapax legomena*, and rhythmic variation, and their tone sensitively adapted to the portrayal of atmosphere and the controlled articulation of undulating emotions.

The poem and its short preface are transmitted by Z; there are few textual difficulties. The title used here is that given by KL; the others are less succinct.

1. en umquam vidisti tabulam pictam in pariete . . .?: A recollection of Pl. *Men.* 143 *dic mi, en umquam tu vidisti tabulam pictam in pariete*, where *en umquam* was restored by Brix from this passage. A.'s manuscripts give *nebulam*, which has been defended with reference to *Ep.* 12. 10 *picta nebula*, but notwithstanding *aeris in campis* (l. 1) it makes no sense for the poet to describe his theme as in some way a painted or tinted cloud. The question is a strange one, even allowing for the allusion, but has more point if, as the punctuation here is meant to indicate, A. expects his reader to remember that the next line in Plautus gave more detail and to wonder what picture or pictures might be meant here.

2. Zoili: certainly not the butt of *Epigr.* 101, where the name comes from Martial, but presumably a real person. The name should not be considered as merely literary, or as a pseudonym: it is occasionally attested in this period (see *PLRE* i. 994, ii. 1204–5; none of these can be referred to here).

7. poetandi: a rare word (Enn. *Sat.* 64 V and Fronto, *Ep. ad Caes.* 2. 10. 2, p. 30 van den Hout²), here used in self-deprecation.

8–9. naevos . . . amamus: perhaps a proverbial phrase, but not found else-where. It is a variant of the commonplace that lovers dote on the deformities of the beloved: Cic. *ND* 1. 79, Fronto, *Ad Ant. Imp.* 1. 2. 6 (p. 89 van den Hout²), cf. Hor. *S.* 1. 3. 38–40.

10. eclogae: the word is applied by A. to his own work only here; in *Griph., praef.* 17 he so describes a Horatian ode. The word was also used in Statius' prefaces to refer to *Silvae* 3. 5, 4. 8, and applied by Pliny to his own poems (*Ep.* 4. 14. 9). See *RE* v. 1930–1.

12. parentem: this name is used of A. by Paulinus, Symmachus, and Theodosius.

1. Aeris in campis: Vergil used the phrase of Elysium in *A.* 6. 887; it is help-fully discussed by Austin ad loc. This detail is important for the denouement of the poem, since for A. *aer* was the place of dreams (*Ephem.* 8. 25; cf. M. Cap. 2. 151), but the point is not, as Lucifora asserted, to remove all con-sistency from his picture or to envelop the poem in a blanket of ambiguity.

 memorat quos Musa Maronis: cf. Verg. *A.* 1. 8 *Musa, mihi causas memora.*

2. amentes . . . amantes: for the pun cf. Pl. *Merc.* 82, Ter. *Andr.* 218, Apul. *Apol.* 84.

3. orgia ducebant: the meaning of this phrase is unclear. There is no close parallel in Vergil: in *A.* 6. 517–18 *euhantis orgia circum ducebat Phrygias* it is obvious that *orgia* is not the object, but this passage may have suggested the phrase; *A.* 8. 665 *ducebant sacra* is also similar. The *orgia* here do not seem to be the same as *leti argumenta*, which the artist added to identify his heroines. The word *orgia* is seldom used without a deity being specified or implied: here it is hardly Amor that they are honouring, as Souchay suggested, but it may be Pluto, or Persephone.

5. Cf. Verg. *A.* 6. 451 *errabat silva in magna*, 6. 270 *sub luce maligna.*

6. gravidumque papaver: the epithet evokes both the poppy's appearance and its soporific effect.

7. labe: cf. Arn. *Nat.* 5. 40, and Vict. 2. 393.

 sine murmure: the Styx is a noisy river in Verg. *A.* 6. 327, and in Sen. *Herc.* 713 Styx is quiet, Acheron noisy; cf. Ov. *M.* 4. 433 *per muta silentia* (of Hades). A.'s choice is dictated by dramatic considerations; Cupid's arrival will be heard as well as seen.

fleti: cf. Apul. *M.* 7. 27 *mater . . . fleta et lacrimosa.*

9. olim: to be taken closely with *regum* ('former kings'); cf. *Ep. 20b.* 47, and the few examples in *TLL* ix/2. 563. 33–8.

10. Narcissus: cf. Ov. *M.* 3. 339–510 and Hyg. *Fab.* 271 (with Adonis and Hyacinthus); he is the subject of *Epigr.* 110. 1.

Oebalides Hyacinthus: the story is told in Ov. *M.* 10. 162–219, and the same epithet used there at l. 196. A. alludes also in *Technop.* 10. 1 *Oebalius flos.*

11. Crocus auricomans: a metamorphosis passed over in Ov. *M.* 4. 283, and but briefly mentioned in *F.* 5. 227, and Plin. *NH* 16. 154. The adjective is unique.

murice pictus Adonis: the anemone (cf. Ov. *M.* 10. 710–39); in no extant source did Adonis give his name to the flower.

12. For the transformation of Ajax see Ov. *M.* 13. 391–8. The words *Salaminius Aeas* are also found in *Ilias Lat.* 198, but the two writers may be independent; A. too knew his Homer.

14–15. Schenkl's transposition of these lines seems unavoidable, and is certainly better than any of the remedies reported by Tollius. Line 15 cannot lead into a catalogue, and the subject of *exercere dolores* should be personal, as in Ov. *M.* 12. 534 *ferro exercere dolorem,* 583 *exercet memores . . . iras.*

16. See Ov. *M.* 3. 253–315 for Juno's deception and its result. Bacchus' epithet *fulmineus* comes from Stat. *Th.* 10. 424.

17. ambustas lacerans . . . cunas: a difficult passage, which rightly troubled early editors. Schenkl was not, as he claimed, the *primus inventor* of the emendation *crines:* it originated with François Oudin (*Memoires de Trevoux,* 1714, 496–502 = *Journal des Sçavans,* 57 (1715), 590–5). It was further discussed by Ravion de Varennes and Oudin in *Memoires de Trevoux,* 1717, 1181–99 = *Journal des Sçavans,* 63 (1718), 197–216, and thereafter by Souchay. It would be pertinent (with *ambustos*), but is less apposite than the expressions of grief which follow. A cradle has no part in the myth, but the word may be a euphemism devised by the poet. The phrase *per inania* (cf. Man. 1. 176, 4. 590), which should go with *lacerans,* emphasizes that she is partly disembodied, rather like Cynthia in Prop. 4. 7.

19–20. Caenis: cf. Verg. *A.* 6. 448 *iuvenis quondam, nunc femina, Caeneus rursus et in veterem fato revoluta figuram.* Perhaps A. found *revocata* (the reading of R) in Vergil, but it is no less likely that he adapted *revoluta.* There is a fuller treatment in Ov. *M.* 12. 189–209, 459–535; A. alludes in *Epigr.* 72. 9.

For *irrita dona querens* cf. Verg. *G.* 4. 519–20. She mourns not the manner of her death, but her return to womanhood.

21. Procris: Verg. *A.* 6. 445 (with *A.* 10. 834 for *vulnera siccat*), Ov. *M.* 7. 796–862.

22–3. Hero: not mentioned by Vergil, but described in Vergilian language: *fert fumida* (*A.* 9. 75) and the rare use of *testa* (*G.* 1. 391). The tower was presumably in the background, and *praeceps* (cf. Verg. *E.* 8. 59) is the poet's addition. The epithet *Sestiaca*, also used in *Mos.* 287, derives from Stat. *S.* 1. 3. 27.

24–5. Cf. Verg. *A.* 3. 274 *Leucatae nimbosa cacumina montis*, but A. treats the proper name as if it were third-declension, for which there is no other evidence, the usage in Serv. on *A.* 3. 279 (*pace* LS) being indeterminate. Sappho's name and further description were doubtless given in the line that is obviously missing after l. 24.

26–7. Eriphyle: Verg. *A.* 6. 445–6 *maestamque Eriphylen.* Line 27 combines Ov. *M.* 4. 323 *et frater felix et fortunata profecto* and Lucan 8. 89 *infelix coniunx et nulli laeta marito.*

28. aeriae: according to Plin. *NH* 4. 58 and later writers *Aeria* was an early name of Crete.

29. picturarum instar: a very difficult phrase, especially since the reader is reminded of the picture by *tenui sub imagine*; it is eased only slightly if the point is taken to be that the equivalent of a whole series of pictures has been deftly presented. Barth's *picturatum instar* ('a pictorial equivalent') is not impossible; A. is one of three writers mentioned in *TLL* who use an adjective with *instar* (cf. *Grat. Act.* 5 *divinum instar*).

30. The first two of the heroines of the Cretan saga are named in Verg. *A.* 6. 24–9; Pasiphae appears also in Verg. *E.* 6. 46 (whence *nivei*), and in the *lugentes campi* along with Phaedra (*A.* 6. 447, 445).

33–4. The symbols of their deaths are given in reverse order (cf. *Mos.* 31–2, *Hered.* 23–4). Ariadne's crown is the one promised by Theseus (*vanae*), not the one received from Bacchus and later placed in the sky (Ov. *F.* 3. 459–516).

For *simulacra coronae* cf. Stat. *S.* 3. 1. 153.

35–6. Laodamia (Verg. *A.* 6. 447) enjoyed her husband's presence for one night before he departed for Troy (cf. *Epit.* 12) and for one day (or three hours in other accounts: see *RE* xxiii. 934–5) after his death.

37–9. A more aggressive note is struck with *truces, strictis mucronibus* (Verg. *A.* 2. 449), and the verb *horret* (cf. Tac. *H.* 2. 88). This is not the Vergilian picture of Dido; perhaps fittingly, her epithet is Ovidian (*M.* 14. 80).

38. Canace et: for the hiatus cf. *Praef.* 5. 11, *Ephem.* 3. 52.

39. coniugis: presumably Pyramus, rather than Aeneas, though marriage is not mentioned in Ov. *M.* 4. 55–166; he was not a *hospes.*

patris: Aeolus, the father of Canace, who sent her the sword (Ov. *Her.* 11. 95–8) with which she killed herself.

40–2. With a neat reference to the Vergilian Dido (cf. *A.* 6. 451 *errabat*) A. passes to the final member of this gathering, who looks down with a sympathy drawn from her own experiences (*RE* v. 2557–60, *Ephem.* 1. 15). The Moon is described with a rich literary palette: an evocative use of *Latmia saxa* (Cat. 66. 5–6, Ov. *Her.* 17. 61–2), the rare and perhaps unique adjective *Endymioneus*, the typically Ausonian plural *sopores* (cf. *Ephem.* 8. 12), the

Statian epithet *astriger* (*Th.* 8. 315, 10. 828), and the Horatian *bicornis* (*CS* 35). The verb *affectare*, which need not be emended, supplies an amatory tone.

46. stridentibus alis: cf. Verg. *A.* 1. 397.

48. umida circum: cf. Verg. *A.* 2. 605.

49–50. The studded belt, one of the things that gives Cupid away, is unusual. It is fittingly described with a recollection of the belt of Pallas (Verg. *A.* 12. 942: *fulserunt cingula bullis*). The detail of the gold is provided by *A.* 9. 359 (which confirms the text); Cupid's quiver is studded with gold in Philost. *Imag.* 1. 6. 2.

In l. 50 there may be an echo of Avien. *Arat.* 1752 *nec caligo inhibet rutilantis lampados ignes* (probably written before this: see J. F. Matthews, *Historia*, 16 (1967), 485–8).

52. occipiunt: a rare archaism, used later by Cyprian.

54. A combination of a Vergilian half-line (*A.* 12. 254) with one modelled on Ov. *M.* 8. 363 *trepidantem et terga parantem* (*vertere*), itself based on Vergil *A.* 4. 390, *cunctantem et multa parantem* (*dicere*).

56–7. The conflict of Persephone and Aphrodite is well known (Apollod. 3. 14. 4, Just. Martyr, *Apol.* 1. 25), but not the punishment of Adonis; this is not incompatible with the familiar myth, but could have been invented by A. as a counterpart to the torment of Cupid.

56. deum poenis: cf. Verg. *A.* 6. 565, where the plurals have more point.

60. Cf. Verg. *A.* 2. 57 *manus . . . post terga revinctum.*

60–1. substrictaque plantis vincula: it is not uncommon for the usual and expected construction of such a verb to be reversed; cf. Verg. *A.* 5. 403 *intendere bracchia tergo.*

61–2. nullo moderamine poenae afficiunt: 'they injure him with no attempt to regulate the penalty'. The emendation *affigunt* is not required; for this meaning of *afficio*, cf. Ambr. *Off.* 1. 180 *quid autem excelsius et magnificentius quam exercere mentem, afficere carnem et in servitudinem redigere ut oboediat imperio*; Lact. *DI* 7. 21. 1, *HA Marc. Ant.* 3. 7.

63. quisque: this form is found referring to feminines in Pl. *Poen.* 107 (with *quamque* in the preceding line) and Ter. *Hec.* 216, but because *quaeque* is used of the heroines in l. 67, it is very odd here. Perhaps Cupid is included, or even mankind in general (cf. Sall. *BJ* 1. 4); but the form could well be due to a scribe, as Scriverius thought.

66. haec . . . haec: for the repetition of *haec* in different cases, cf. Verg. *A.* 8. 362–3, Prop. 1. 13. 9–14.

67. punire dolore: the expression *punire dolorem*, generally printed here, is attested (cf. Cic. *De Or.* 1. 220), but has little point.

68–70. The noose is Phaedra's, the rocks are Sappho's, and the rough sea Hero's; the swords belong to various women. The streams—whose conventional epithet (cf. *Mos.* 168n.) is used not without irony—may be linked with Thisbe (*RE* viA. 286–7), and the calm sea with Alcyone (Ov. *M.* 11. 731, 745–6).

69. Cf. Val. Fl. 4. 71 *congeminant amnes rupesque fragorem.*

72–4. Myrrha, not mentioned earlier, who lay with her father Cinyras and after her metamorphosis into a tree (Ov. *M.* 10. 298–518) gave birth to Adonis. She throws droplets of myrrh (cf. Ov. *F.* 1. 339 *lacrimatas cortice myrrhas*), though the recollection of *sucina gemma* (Mart. 4. 59. 2) suggests amber. The metamorphosis is well captured with *fletiferi . . . trunci*; the epithet is unique.

72. adultum: cf. *Priap.* 85. 11 *adulta lacte portat ubera.*

76. sola: strange after *tantum*; perhaps A. wrote *saeva.*

77. de quo rosa nata: elsewhere roses grow from the spilt blood of Venus: Aphthon. *Progymn.* 2, *AL* 874*b* Riese, *Perv. Ven.* 23.

78. For this kind of punishment cf. Ar. *Clouds* 1083–4, *Thesm.* 537–8.

82. The first half of this line repeats Verg. *A.* 7. 578 *terrorem ingeminat*, the second combines Verg. *A.* 11. 337 *stimulisque agitabat amaris* with *A.* 10. 368 *dictis . . . accendit amaris.*

83. ancipites: 'dangerous' (because liable to turn against her), rather than 'slackening' (EW).

84–5. Cf. Hom. *Od.* 8. 267–366, Ov. *M.* 4. 171–89. A. refers to the story at *Griph.* 27 and *Ep.* 5*a.* 10.

86. Hellespontiaci . . . Priapi: for the epithet, cf. Verg. *G.* 4. 111, for the genealogy cf. Paus. 9. 31. 2, *RE* xxii. 1916.

87. crudelis Eryx: cf. Verg. *A.* 5. 402 *acer Eryx*; he was the brother of Aeneas (Verg. *A.* 5. 412, DS 4. 83. 1).

    Hermaphroditus: see Ov. *M.* 4. 285–388; the subject of *Epigr.* 111.

88. roseo Venus aurea serto: besides the obvious contrast of colour terms, there is a contrast between the traditional dignity of the goddess (cf. Hom. *Il.* 3. 64, Verg. *A.* 10. 16) and this aggressive behaviour.

90. olli: cf. *Ecl.* 25. 4, *Mos.* 167; it is used in this position at Verg. *A.* 1. 254 (a more sublime confrontation).

93. cecidere minae: cf. Stat. *Th.* 11. 313.

99. olim: 'sometimes'; for this meaning cf. Verg. *G.* 4. 421, *A.* 3. 541.

103. portaque evadit eburna: cf. Verg. *A.* 6. 898 *portaque emittit eburna.*

XX. VARIOUS PRAYERS

I

This piece begins as a prayer and goes on to praise and illustrate Gratian's abilities both as poet and as general. It is usually classed with the epigrams (1 Schenkl, 26 Peiper and Prete), and regarded as some kind of introduction to the whole collection, or a part of it, but without good reason. In Z it is the first poem of the whole collection, and has no title of its own; it is followed immediately by the last three lines of *Epigr.* 1. Clearly the archetype suffered damage, perhaps the loss of a page, and the poem's position may therefore be misleading. Nothing in its form and content suggests an epigram or an introductory poem. The implied prayer for victory and the Thracian theme ascribed to Gratian make it likely that it was written when Gratian was or was thought to be in Thrace, a few months before the prayer that follows.

1. **praeses Tritonia bellis:** cf. Verg. *A.* 11. 483 *armipotens, praeses belli, Tritonia virgo.*

2. **ab aerio praepes Victoria lapsu:** presumably 'victory, swift because of your passage through the air'; cf. *Prec.* 2. 33, and Verg. *A.* 6. 15, which it imitates. The epithet *praepes* was applied to Victoria by Matius according to Gell. 7. 6. 5, where the meaning of the adjective is discussed; there it meant 'winged'. See also *Epigr.* 7. 8 n., Amm. 18. 6. 3.

5. **bellandi fandique potens:** cf. *Epit.* 7. 1 *consiliis belloque bonus.*

7. **Geticum . . . Martem:** not just 'Gothic war'; cf. *Technop.* 3. 8 *Mars . . . quem Thressa colit gens.*

8. **furtoque nocentes:** an allusion to the notorious tactics of the Scythians (Hor. *c.* 1. 35. 9, 4. 14. 42), but supported by Amm. 16. 10. 20 *Sarmatas, latrocinandi peritissimum genus.*

10. **Clariis . . . Camenis:** the epithet is used in *Ecl.* 13. 2 of Phoebus, often mentioned together with the Muses. K's correction *Latiis*, a word used by A. in *Ep.* 6. 1, offers an apt contrast with the barbarian environment, but is less likely to have been corrupted to *datiis.*

13. **commutata meditatur harundine carmen:** the pastoral allusion (cf. Verg. *E.* 6. 8) creates a neat pun but requires the immediate modification of *non molle* in l. 14. For Gratian's skill in archery, see *Epigr.* 2, 6, *Grat. Act.* 64.

15. **Thressaeque viraginis:** Penthesilea.

2. *Prayer of the Consul Designate*

The occasion of this elaborate poem was the eve of Ausonius' inauguration as consul for 379. No doubt poets had often written such poems for their patrons—Statius' poem for Domitian's seventeenth consulship (*S.* 4. 1) is an extant example—just as Claudian was to do later, but as both poet and consul Ausonius was in an unusual position. As in the *Gratiarum Actio* he loyally emphasizes recent imperial achievements and his pleasure that Gratian will follow him as consul, as well as praying for clement weather, fertile crops, and favourable planetary conjunctions. The poem seems to be designed for a public occasion, and the refrain, a feature previously found in love-poetry and bucolic, may have been chosen to that end, as it is in the poem-epistle of Angilbert to the Carolingian court (*MGH PLAC* i. 360–3; Green, *Seven Versions of Carolingian Pastoral* (Reading, 1980), 52–62).

In V, the only manuscript, the first line is repeated after ll. 27, 35, and 43, dividing the second half of the poem into strophes. Such an arrangement is likely to have been used in the first half too, with a refrain after ll. 6, 11, and 19, as suggested by Brandes in *Commentationes Woelfflinianae* (Leipzig, 1891), 142. Brandes also drew vivid attention to the difficulties raised by Peiper's Procrustean division of the poem into seven-line strophes, which obliged him to emulate Sciron to boot and expel l. 45 into the next poem. The less rigid schema, comparable to that of Vergil's eighth eclogue, should certainly be preferred.

2. Ausonii Latiam: cf. *Mos.* 440.

4. domusque Quirini: cf. *Ordo* 1 *divum domus aurea Roma*; Quirinus is mentioned in the similar context of *Ep.* 24. 56.

5. purpurei ... senati: the adjective comes from Stat. *S.* 2. 7. 47. A. also uses the form *senati* in the flattering context of *Ep.* 9*b.* 19 and in the earnest appeal to Paulinus in *Ep.* 21. 56, but prefers *senatus* elsewhere.

6. 'with this supreme magistracy Rome marks her years on the eternal Fasti' (cf. Ov. *F.* 2. 7, Claud. 8. 155). The consulship may be markedly inferior in status to the *Augusta maiestas* but holds an important place in the *Fasti* as the supreme office (cf. *TLL* iii. 422. 35–71 for this usage). Heinsius' *apice* is used in a similar way in Late Antiquity, but of various magistracies; it cannot be ruled out.

8–9. roscida Cancro solstitia: cf. Verg. *G.* 1. 100–1 *umida solstitia atque hiemes orate serenas, agricolae.*

9. et gelidum Borean: cf. Ov. *Am.* 2. 11. 10 *et gelidum Borean egelidumque Notum.* Tollius conjectured *egelidum*, which is elsewhere corrupted to *et gelidum*; but A. uses that to mean 'very cold' in *Caes.* 126, *Ep.* 24. 89, and the resulting asyndeton would be more difficult here than Tollius realized.

   Septembribus horis: cf. Hor. *Ep.* 1. 16. 16, also indicating the dangers of autumn.

10. autumna ... pruina: it is hard to defend V's *autumnas ... pruinas*, and I have printed Heinsius' simple correction. But *mordeo* rarely lacks an object in this sense (it is used adjectivally in *De Rosis* [App. A. 3]. 1), and A. may have written *autumnum ... pruina*; there is a comparable assimilation of endings in the manuscripts in *Ep.* 22. 22.

11. et tenuata: perhaps *attenuata* (Heinsius).

   modis ... mediocribus: equivalent to *mediocriter*; for the phrase see *TLL* viii. 1277. 63–1278. 2. A slight reduction of the normal temperature is what is desired, not a series of short respites (Wakefield). Horace's phrase *modis tenuata parvis* (*c.* 3. 3. 72), though quite different in meaning, may have suggested A.'s phrase.

12. umificet: unique.

15. Cf. Mart. 10. 62. 7 *tostamque fervens Iulius coquit messem.*

17. discolor ... Pomona: for Pomona, cf. *Ecl.* 2. 9, *Ep.* 24. 93 (also with the plural *sapores*). The epithet recalls the fruit and leaves of autumn, and matches *variet.*

19. genialis hiems: cf. Verg. *G.* 1. 302.

21-7. A. here uses the astrologers' distinction between benevolent and malevolent planets (omitting the sun, which already has an important place in the poem) and their notion of 'houses' (*domicilia*, here *penates*), that is, the signs of the zodiac in which the planets were considered to dwell. The good or bad fortune of the individual, and here the empire, was thought to be determined by the nature and condition of the 'host' planet and the visiting planet, as explained in Firm. Mat. *Math.* 2. 20. 6. Since Mars was by nature malevolent (Ptol. *Tetr.* 1. 5, Sext. Emp. *Adv. Math.* 5. 29–40) success demands that he be neutralized in his own months by an equal planetary force (*aequa*, l. 22); this cannot be supplied by Saturn, who is also malevolent, or the moon (regarded as benevolent by Ptolemy but not here), or the fickle Mercury. The conjunction of the benevolent Jupiter and Venus would bring prosperity, and the presence of Mercury with one of them would do no harm, because Mercury's effect depends on that of the associated planet (Ptol. *Tetr.* 1. 5).

22. celer Arcas: Mercury; *celer Cyllenius* in a similar but less detailed passage of Lucan (1. 662) which A. may have in mind. For various ancient views of its distance from earth, see A. Bouché-Leclercq, *L'Astrologie grecque* (Paris, 1899), 104–23.

23-4. Saturne supremo ultime circuitu: cf. *Ecl.* 1. 11.

27. nonnumquam ... adsit: V's corrected reading *non umquam* is impossible; the planet could not in the nature of things be expected to be continually absent. A similar objection applies to *absit*, read by Peiper with *non umquam*.

   hospitibus facilis: for *hospes* cf. Firm. Mat. *Math.* 1. 20. 8.

29-32. With a characteristic use of repeated *qua* (cf. *Par.* 4. 5–6, *Mos.* 472–3), which enables him to be imprecise about the actual victors, A. surveys the northern frontiers.

29-30. In 378 Gratian defeated the Lentienses at Horbourg (Amm. 31. 10) and the barbarians promised recruits. They were an Alemannic people, but the poet prefers the metrically easier *Francia* (cf. *Mos.* 434) and *Suebi* (cf. *Epigr.* 3. 7, 4. 3), as Claudian did after him (18. 394, 21. 190, in both cases followed by *Germania*).

31. The Sarmatians were one of the tribes who suffered most from the Huns, but on this occasion may have appealed to them for help against the Goths, as suggested by O. Maenchen-Helfen, *The World of the Huns* (Berkeley, 1973), 35. Gratian won the title *Sarmaticus* according to *Grat. Act.* 9 and *CIL* vi. 1175; he may have defeated them before taking on the Alemanni (a victory is vaguely reported by Socrates 5. 6) or when he was prevented from joining Valens at Adrianople, as conjectured by Maenchen-Helfen (p. 32). Theodosius seems to have defeated some Sarmatians at the same time (cf. *Pan. Lat.* 2(12). 10 and Theodoret 5. 5; for the date of this see G. Kaufmann, *Philol.* 31 (1872), 473–80).

Chuni: this is the simplest emendation of V's *cunis*; after *Sauromates* (cf. Ov. *Tr.* 3. 12. 30) the singular is to be expected. Schenkl retained *Chunis* but had to change *sibi* to *sua*; Tollius read *Sauromatae* (genitive) . . . *Chunus*.

32–3. The third and by implication the most recent victory was the repulse of some Goths and Alans soon after the Roman defeat at Adrianople. They had in fact advanced to Constantinople, but A. seeks to give the impression that the theatre is still the Danube basin, and that the resounding Gothic victory of August 378 had not occurred.

34–5. Gratian was in fact in Sirmium at this time (cf. *Grat. Act.*, introd.).

39. quintam: following consulships in 366, 371, 374, and 377.

Romulei . . . honoris: perhaps a reference to the *trabea Quirini* (cf. *Ep.* 24. 56–7), for which see Fordyce on Verg. *A.* 7. 187–8, but A. may mean simply the consulship.

40–1. Fleury justly commented that there was no warrant for A. either to give himself airs or to fear Nemesis because of what is said here. As in *Ep.* 18. 1 he is putting unjustified weight on the order in which consulships were held. The claim which immediately follows the prayer to Nemesis—that Gratian ranks A. higher than himself (cf. *Protr.* 87–8)—is in fact more immodest but like certain statements in the *Gratiarum Actio* lapses into tactful obscurity.

se cumulat: the closest parallel is Ov. *Rem.* 541, where the meaning is 'glut oneself'; here the sense is 'reaches its climax' or 'is exalted'.

46–7. This passage is based on the classification of the zodiacal signs as *tropicus, solidus* (cf. *Ecl.* 9. 2), and *duplex* or *biformis* (both words are used in Firm. Mat. *Math.* 2. 10. 5), which is found in Ptol. *Tetr.* 1. 12 and implied by Man. 2. 175–96. Editors should not have adopted Scaliger's emendation *soli*, which he might not have made after he had begun to consider the subject-matter of Manilius.

48. ternis . . . signis: the seasons, as in *Ecl.* 11. 1.

51. Cf. Verg. *A.* 1. 94 *terque quaterque beati* and Ov. *M.* 7. 61 *et vertice sidera tangam.* For other forms of the phrase see Otto 63.

3. *Prayer on the Kalends of January*

Two of Ausonius' favourite themes, the Roman year and his own consulship, dominate this prayer. It is a sequel to the preceding one, but less imposing and too brief for a public ceremony. There are hints, but only hints, of Gratian's forthcoming consulship in *praecipitem* (10) and *prono* (11). Though carefully written, it ends feebly, and may be a fragment or an unfinished work.

2. primordia: cf. Tac. *Ann.* 1. 7, *CIL* ix. 1540 (both in the singular).

4. iubar exsere: used later by PN *c.* 19. 222.

5. bifrontis: Verg. *A.* 7. 180, 12. 198.

7. anne: perhaps *alme* (Peiper); but if correction is necessary, *alme* for *anne* in

l. 5 is more likely (cf. *Vers. Pasch.* 16 *pater alme*, and *Vers. Pasch.* 6 *magne pater rerum*).

8–13. The consul bids the year perform for the world (*mundo*, l. 8) what regularly happens, just as in *Mos.* 417–27 he enjoins the Moselle to merge with the Rhine; and in order to elevate what is essentially simple he creates a typical antithesis between *aequatis* (giving equal time to each sign) and *varians* (moving from sign to sign).

12. servata parte dierum: increasing the daylight at the end of the year, once the 'contrary motion' has begun at the solstice.

13. pulsu: cf. *Ecl.* 8. 4n.

14. Cf. Vitruv. 9. 1. 6 *quem circulum luna terdecies in XII mensibus percurrit.*

16. per signa: the zodiac, as in *Ecl.* 1. 4.

XXI. SPEECH OF THANKSGIVING

This formal speech of thanksgiving to the emperor, the climax of Ausonius' consulship, was delivered in the imperial palace at Trier—perhaps in the much-restored building now known as the Basilica (Wightman 108, Heinen 274–6)—some time in the second half of 379. On the eve of his inauguration (*Prec.* 2. 34) Ausonius had imagined Gratian as already on his way from the Danube front, but because of more pressing concerns the emperor did not arrive until later summer. He was in Milan on 3 August (*C. Th.* 16. 5. 5) and in Trier by 14 September (*C. Th.* 13. 3. 12), so that a date in August is possible; it would give some point to the flamboyant account of Gratian's speedy journey across Europe (82), but in such a rhetorical context such evidence cannot be pressed. Ausonius had relinquished his Gallic prefecture by early December (*C. Th.* 11. 31. 7), and the speech was probably, but not certainly, delivered before then (cf. 11, 40). It is unlikely that Gratian kept him waiting longer than necessary, though it is true that he had far more important things on his mind (Matthews 98).

Of the many such speeches delivered by consuls during the Empire only two others have survived, the *Panegyricus* delivered by Pliny in 100 and Mamertinus' address to Julian in 362 (*Pan. Lat.* 3(11)). Both of these, it may be assumed, were familiar to Ausonius, and he may well have known Fronto's lost speech as well. Many of his points are conventional: the fear of seeming ungrateful (Plin. *Pan.* 3. 5, Symm. *Or.* 2. 1), the impossibility of giving adequate thanks (*Pan. Lat.* 3(11). 32), the hope that the emperor will be consul many times (Plin. *Pan.* 79. 1), the relief of being spared the sordid and tiresome rigmarole of electioneering as it was under the Republic (*Pan. Lat.* 3(11). 19. 1, Symm. *Or.* 4. 7). The lack of originality is not surprising; in such a speech the demands of political ceremonial were paramount, as Heinen rightly says (246–7). But it is notable that there is rather more emphasis than usual on the consul, and less on the emperor and his recent activity. The reasons for this are no doubt partly personal—for all his habitual self-abasement Ausonius had a strong streak of vanity, and he may well have perceived similarities in character between himself and his pupil Gratian—but various political considerations also play a part. It is clear from other sources (conveniently collected by Seeck in *RE* vii. 1832–3), that Gratian's qualities were not those of a military leader or statesman. Moreover, it was only a year since the battle of Adrianople, when a Roman army had been defeated and a Roman emperor killed by the Goths. Whatever Gratian's reasons for not helping his uncle, this did him no credit. Here the disaster is minimized and the barbarian threat virtually ignored, except in the one place where it can be put to rhetorical advantage (42). Greater prominence is given to reconstruction, as if Gratian were responsible and not the newly elected emperor Theodosius. Any suspicion of friction or disagreement within the imperial family is blotted out by the pervasive aura of *pietas*, but Ausonius does not shrink from revealing that there had been a complete change of atmosphere when Gratian succeeded his father four years previously. The imperial achievements adumbrated early in the speech suggest the statesman, but Ausonius later focuses explicitly on Gratian's eirenic and everyday virtues, which he enhances by tendentious comparison. This emphasis reflects the demands of the political situation, rather than any Christian qualms about the genre of panegyric as suggested by S. MacCormack, in T. A. Dorey (ed.), *Empire and Aftermath, Silver Latin II* (London, 1975), 169. Ausonius' religious stance is, as elsewhere, tolerant but not neutral; he makes undisguised references to Gratian's pontificate and in general treats religious matters in carefully chosen language.

In the study just mentioned MacCormack notes that later panegyrists tend to drop imagery of the kind that was effectively deployed by those who spoke under the Tetrarchy. In Ausonius' speech there is indeed a general dearth of imagery, but he does make a memorable picture out of Gratian's cancellation of debts by graphically portraying the feelings of the onlookers as the incinerated records were wafted sky-high with the smoke of the bonfires. Other Ausonian characteristics are more prominent. His fondness for enumeration is put to good use in parading Gratian's virtues, and his feeling for structure produces impressive periods, varied occasionally by parataxis in the Symmachean manner; the care that creates smooth hexameters elsewhere is here bestowed on clausulae, which clearly reflect the practice of his time (see S. M. Oberhelman in *CQ*, NS 38 (1988), 228–42, and his various earlier studies with R. G. Hall). The *grammaticus* is also well represented in the speech. He subjects Gratian's prose to a detailed and enthusiastic commentary, and sometimes feigns displeasure with his own choice of words. He introduces quotations from Vergil, Horace, and Nemesianus, and makes effective use of Sallust and especially Cicero, with whose sentiments he could identify as a *novus homo* himself. As in Themistius' Ἐρωτικός of a few years earlier, a wide range of learning, both historical and mythological, is displayed in numerous comparisons.

For various reasons the structure of the speech is not completely clear. Ausonius begins by stressing the difficulty of giving thanks, and then turns to a summary of Gratian's virtues; this is followed (12–20) by an assessment of the emperor's part in his own distinction. In the following brief sections, which present his particular merits (21–4), his lack of further personal ambition (25–9), and a comparison of himself with earlier teachers who attained the consulship (30–3), he underplays his own role as teacher and adviser and moves naturally into encomium. This is more direct in the second half, where he illustrates the emperor's concern for him (41–60), and then, in apparent deference to the expectations of his audience, exemplifies Gratian's virtues (61–78). The work ends with a prayer and an elaborately constructed conclusion.

A problem is raised by §§ 34–6, in which a comparison of various capitals is immediately followed by a description of Ausonius' humble background. At the beginning and end of this passage there are difficult transitions, and in the first case at least a lacuna seems very likely. It is possible that a few pages of the speech have been lost by deliberate abbreviation. Otherwise the text is in good shape, but not so good as to justify its neglect by critics since Haupt and Unger. As elsewhere, previous editors of Ausonius have paid undue attention to T, and they may also have underestimated the amount of glossing in Z's text.

1. **Ago tibi gratias:** this disarmingly simple opening, in striking contrast to the involved exordia of many contemporary panegyrics, reflects the relationship of confident intimacy betwen writer and emperor. It is repeated in the next section in a novel development of the *inopia loquendi* theme which is prominent in such speeches.

   remunerandi vicem: compare the end of Mamertinus' *Gratiarum Actio* to Julian (*Pan. Lat.* 3(11). 32) *absit, Auguste . . . ut . . . exspectes vicem beneficii.*

2. **ut . . . fieri amat:** a Sallustian phrase (noted as a Graecism by Quint. 9. 3. 17), taken up by various writers, including Symmachus and Ammianus.

   sacrario . . . imperialis oraculi: the consistory is described as *sacrarium* in §67; this phrase denotes the whole *palatium*, in which the speech was delivered. Cf. *Pan. Lat.* 6(7). 16. 1 *Palatini sacrarii*, and for *oraculum* cf. Symm. *Rel.* 22.

   tacitus: it seems surprising that A. did not write *tacens* here, but it would be even more surprising if *tacitus* of CKM were a corruption of it.

3. **agitet et inflammet:** the most likely arrangement here is two verbs joined by a copula as in C; asyndeton of either two or, assuming the loss of such a word as *excitet* (cf. Cic. *Phil.* 6. 18), three verbs would be uncharacteristic.

   non palatium . . . : what follows is based on Cic. *Cat.* 4. 2 *ego sum ille consul, patres conscripti, cui non forum, in quo omnis aequitas continetur, non campus, consularibus auspiciis consecratus, non curia, summum auxilium omnium gentium, non domus, commune perfugium, non lectus, ad quietem datus, non denique haec sedes* *honoris umquam vacua mortis periculo atque insidiis fuit.* The inappropriate *campus* is omitted, and *palatium, publicum*, and *somnus* added; in the expansion of each element there are remarkably forthright contrasts between the fearsomeness and discontent of the previous reign and the popularity and happiness of Gratian's. Such comparisons were conventional (E. Champlin, *Fronto and Antonine Rome* (Cambridge, Mass., 1980), 83–4), but here A. indicates a real transformation, in which he had played a large part.

votis (votis . . .): this reading gives excellent sense, and there is no need to emend. Similar repetition, albeit in questions, occurs at §§ 3 (*admoneat*), 29 (*invenies*). The sentiment resembles that of Plin. *Pan.* 94. 2 *non enim pacem, non concordiam, non securitatem, non opes oramus, non honores; simplex cunctaque ista complexum omnium votum est, salus principis.* Pastorino sees a tribute to Gratian's concern for the administration of justice.

4. abolitor: attested elsewhere only in Tert. *De Cult. Fem.* 3.

magnitudine: there are analogous uses of a bare but effective abstract noun to enhance an element of mystery or majesty in § 7 below (*maiestatis*), *Ephem.* 2. 20, *Mos.* 188, and the text is probably sound.

ingratus: Z's reading gives good sense (cf. for the theme *Pan. Lat.* 2(12). 24. 2; 3(11). 1. 2, quoted on § 41), but has been thought to make a poor contrast with *oppressus*. Dezeimeris and Peiper emended to *ingravatus*, Schenkl to *oneratus*, Prete to *ligatus*. If indeed greater concinnity is required, the best sense might be given by a combination: *non ingratus, sed ingravatus, non oneratus sed oppressus.*

5. omnia deo plena: cf. Verg. *E.* 3. 60 *Iovis omnia plena*; cf. Verg. *G.* 4. 221–2 and behind both, Arat. *Phaen.* 2–4. The same point is made, much less concisely, in *Pan. Lat.* 11(3). 14. 2 *illud quod de vestro cecinit poeta Romanus Iove, Iovis omnia esse ⟨plena⟩ . . .* (four lines of exposition follow) *id nunc ego de utroque vestrum audeo praedicare.*

quaeque . . . affectat: there is a similar use of *instar* in PN *c.* 24. 875 *sacrum potentis explicant instar crucis*, and none of the hitherto suggested emendations creates an easier phrase. A similar point is made in praise of Maximianus in *Pan. Lat.* 11(3). 8. 5, and by A. of his stenographer in *Ephem.* 7. 34.

7. testis est . . . : the phrase recalls Cicero's well-known survey of the achievements of Pompey in *Imp. Pomp.* 30–2. For Gratian's achievements see *Prec.* 2. 29–32 nn.

liberalissimo: the speaker's family background inclined him to frugality (cf. §§ 36–7), but public expenditure was another matter; Vespasian's *parsimonia* is condemned in § 72.

indulgentissimo: cf. *indulgentia divina* below, and §§ 29, 35 (of Gratian). Religious matters may be meant; an edict of toleration was issued from Sirmium in 378 (it is mentioned in *C. Th.* 16. 5. 5, Socrates 5. 2, Sozomen 7. 1). By the time that A. spoke, it had been already replaced by the harsher measure just cited, which was delivered on 3 August 379. He must have known about it, and the phrase could easily have been omitted when he spoke.

participe: this reading has generally been ignored in favour of T's *principe*, which would make a strangely oblique tribute to Gratian. It applies very well to Theodosius (made *Augustus* in January 379), whose vigorous activity in the Danubian area had already justified his election.

pater divinis honoribus consecratus: cf. Amm. 30. 10. 1.

instar filii . . . frater ascitus: a disingenuous phrase which implies that the young Valentinian II, only four when he succeeded his father in 375, was something less than an independent *Augustus*, and that his elevation was due to Gratian. His stepbrother neither instigated it, nor (at first) welcomed it, but at least demonstrated *pietas* in accepting what had happened (Amm. 30. 10. 6, Socr. 4. 31, Soz. 6. 36).

a contumelia belli patruus vindicatus: in these few words A. dismisses the defeat at Adrianople, which Ammianus was to compare with the defeat at Cannae (31. 13. 19).

filius cum patre coniunctus: A. and his son Hesperius were prefects of Gaul and then of Italy and Africa (and perhaps also Illyricum) in 378–9; see also § 11 n., and § 40, where Gaul alone is mentioned.

9. vocare: *voca* of the manuscripts is impossible, *voco* highly unlikely, and *vocarem* difficult, since it cannot be conditional. The present infinitive should be read also for *conecterem* below.

Germanicum . . . Alamannicum: these titles are attested in an inscription of 370 (*CIL* vi. 1175), and were doubtless bestowed after the victory at Solicinium (*Mos.* 423–4 n.); but A. must also have the recent rout of the Alemanni in mind (*Prec.* 2. 29–30). The phrase *traductione captorum* (*traditione* is due to *deditione*) is better explained by Amm. 31. 10. 17 than by the earlier triumph at Trier (*Mos.* 422).

vincendo et ignoscendo Sarmaticum: see Themistius 179C and *Prec.* 2. 31.

suo parata secreto: perhaps 'reserved for special treatment in private', but it is not clear why such public distinctions could not be treated in public. There is a similar use of *secretum* in § 12, referring back to this passage; other topics are postponed in §§62, 70.

ut qui terrarum orbem . . .: this analogy is used by Florus (*Intr.* 3) of his epitome and by Jerome of his obituary of Nepotianus in *Ep.* 60. 7. 3.

11. Other distinctions, also paraded in his preface (*Praef.* 1. 35–8), must be mentioned first. His *comitatus* is here seen as a reward for educating Gratian (for *incrementa* so used cf. Sen. *Dial.* 11. 3. 1; it can hardly refer to Gratian's 'rank', as asserted by Booth (248 n. 41), in view of the plural *gradus*). His quaestorship was evidently received before November 375. This shared prefecture is the only one attested in ancient sources; but if it was unique, as argued by A. H. M. Jones, *JRS* 54 (1964), 78–89, he would surely have made

more of it. It was a more generous gift than it would have been if united
(*iuncta*) in the power of a single prefect, because the two of them hold a complete prefecture and neither has reason to regret the absence of a separate
part of it. Such an imposing sentence is unlikely to end with a short main
clause as in the texts of Peiper and Prete; CM's *desideret* should be read,
parallel to and contrasting with *teneamus*, as implied by Pastorino's translation but not his text, which perpetuates an apparent misprint in Schenkl.

12. **sui muneris peculiare secretum:** 'the private treatment appropriate to
their tributes'. He apparently refers back to §9, where he spoke of Gratian's
achievements, and not, as here, his own career. No doubt at this turning-
point in his fortunes he wished to remind Gratian, intimately but earnestly,
of the decade of success they had enjoyed together.

   quot . . . invenit gradus: *gradus* is used as in §11 but with a deliberate
and rather awkward paradox as various features of his consulship are
assimilated to the grades or divisions in the rank of *comes.* The bold personification of *invenit* ('has devised'), which does not require emendation, has
been anticipated in §10.

13. **nuncupatione praelatus:** he likes to emphasize this small but real
distinction between him and his colleague (see Plut. *Mor.* 470C and Fest.
154 L.; and cf. §§55–8, 80, 83, *Praef.* 1. 38).

   consul ego . . . : it was customary to compare the easy creation of consuls
under the Late Empire with the conflict and hassle of Republican procedure: cf. Symm. *Or.* 4. 7, *Pan. Lat.* 3(11). 19. 1. For the details given here,
which were probably obscure to all but antiquarians at the time (A. himself
seems unaware that *saepta* and *ovilia* were synonymous), see L. R. Taylor,
Roman Voting Assemblies (Ann Arbor, 1966), 34 (for *puncta*), 55 (for the rare
loculi), and in general pp. 47–58.

   pressaverim: this and not the easier *prensaverim* was presented by the
archetype. The latter is used in *Pan. Lat.* 3(11). 16. 1, but here there may be a
touch of humour, as there certainly is in the treatment of the *nomenclator*, on
which A.'s joke is no doubt an old one (cf. Sen. *Ep.* 27. 5, *Ben.* 1. 3. 10, Plin.
NH 29. 19; cf. *HA Hadr.* 20. 9, Macrob. *Sat.* 2. 4. 15).

   cum sequestre deposui: this is dubious Latin, and Schenkl's *disposui*
(paralleled in one early version of Gen. 26: 28 with *pactum*) may be correct.

   diribitore: the commoner word *distributore*, given by the manuscripts,
was never a technical term, and the words seem to have been confused, as in
Cic. *Pis.* 36, where all manuscripts but one have *distributores. diribitio* is found
in Symm. *Or.* 4. 7.

15. **ambitus . . . assiduitate . . . occasione:** imitated in *Pan. Lat.* 2(12). 12. 1 *te
nec ambitus nec occasio nec propinquitas creaverunt* (addressed to Theodosius). The
similarity of Amm. 26. 2. 2 *votorum inanitas cruciabat* is even more striking.

   obstat temporum disciplina: these words interrupt the flow of this
elaborate sentence, to make the point that the present regime is not influ-

enced by money; A. takes the opportunity to vaunt his relative poverty, as in
§36.

16. stemma: Gronovius realized that *Roma* here was quite unsuitable, since it
is not just the aristocratic inhabitants of Rome who are disparaged, and
suggested *prosapia, genus,* or *fortuna*; but Heinsius' *stemma* is more likely. If its
initial consonants were lost after *est, Roma* may have been restored in a vain
attempt to make sense.

17. deferre: the reading of the archetype (C's *detrahere* is an intrusive gloss)
should be retained; a parallel is provided by Arator 2. 388 *sed non defertur
honori quod cogit formido loqui.*

 eruditionemque naturae: cf. *Cento, praef.* 10 *Valentinianus, vir meo iudicio
eruditus.*

18. bratteatum: cf. Sen. *Ep.* 115. 9 *istorum . . . bratteata felicitas est.* Here it
complements *aurea mens* (cf. §40, *Prof.* 20. 11), and is of course not pejorative.

 lactei: the overtones of this word are complex. It recalls Quintilian's
judgement on Livy (10. 1. 32, echoed by Jer. *Ep.* 53. 1. 3), but also has biblical
antecedents (e.g. 1 Pet. 2: 2; Ambr. *Bon. Mort.* 5. 20, on *Cant.* 5: 1); and
candidissimo suggests moral purity.

19. subtilis deducta oratione Menelaus: Menelaus' style is likened to the
genus tenue (cf. *Griph.* 66–7). The comparison with the three Homeric orators
is made also in *Prof.* 21. 16–24, *Ep.* 9*b.* 11–14.

 tertiae Nestor aetatis: see on *Griph.* 11, 14.

 contortius: 'more vigorously'. This is not the sense of the adverb elsewhere, but the verb is applied to forceful speech or speakers in Cic. *Orat.* 234
(of Demosthenes; echoed in Jer. *Ep.* 130. 6), Quint. 9. 4. 116.

20. humani ⟨generis⟩ rector: the resemblance between this phrase, a
religiously neutral periphrasis, and Sall. *BJ* 2. 3 *animus . . . rector humani
generis* is probably fortuitous.

21. sciscitator: cf. Mart. 3. 82. 16 and Amm. 22. 16. 16. The convention of
answering imaginary critics is also used in *Pan. Lat.* 3(11). 15. 4.

 rationem felicitatis nemo reddit: perhaps proverbial; cf. Tac. *H.* 4. 14
victoriae rationem non reddi.

 et qui deo proximus: like God (cf. *amicus deo* §29, *deo participatus* §42),
the emperor may choose to produce miracles from among his inferiors, to
prevent human beings from forming a fixed impression of his favours or (as
St Paul put it), to confound the wise (1 Cor. 1: 27).

22. fideicommissum: it seems from *Mos.* 451 that A. was even then confident
of becoming consul.

23. lege syngrapham, nomina creditorem: an essentially forensic technique (e.g. Cic. *Pro Rosc. Com.* 13).

 alio: probably the adverb; see *TLL* i. 1590. 28–39. (For *alio* as dative, see
Neue[3] ii. 536.)

 tibi coepit deus debere pro nobis: the debt is so great. Like the appeal
to Gratian's virtues to help his speech in §§ 37–40, it is a strange conceit.

24. enim: omitted by KT, but surely required. In the parenthesis at § 27 all manuscripts give *enim*; in § 14 *CK* omit it.

25. Negat Cicero . . . : editors refer to *Planc.* 60 *honorum populi finis est consulatus*, where the remark is not a personal one, but a general observation. It is more likely that A. is adapting to his own purpose the sentiment of Cic. *Cat.* 3. 26 or more probably (because of *consulari*) that of *Cat.* 4. 3, which Cicero recalls in *Phil.* 2. 119.

    te videre saepius: cf. Plin. *Pan.* 79. 1, emphasizing the restraint of Trajan, who had been consul twice. Gratian, twenty years old, had been consul four times (see *Prec.* 2. 39).

    sex Val. Corvini: see Cic. *Sen.* 60, *RE* vii/2. 2413–18 (Valerius 137).

    septem C. Marii: in 107, 104–100, and 86 BC.

    Augusti: Suet. *Aug.* 26.

27. continuando conseruit: cf. Plin. *Pan.* 58 and Suet. *Dom.* 13. For the emphatic repeated prefix, cf. *Protr.* 99–100.

    pagina fastorum: cf. *CIL* vi. 1679. 7 *fastorum paginis*, Juv. 10. 57–8 *honorum pagina*, Liv. 9. 18. 12 *paginas in . . . fastis.* Pliny used *fastidium* of imperial arrogance in *Pan.* 24. 5.

28. aurea . . . mediocritas: cf. Hor. *c.* 2. 10. 5. A. treats the phrase as proverbial.

29. nisi quando cessavit: liberality is only tiresome to Gratian if it ceases or lacks scope.

    invenies. invenies?: cf. *admoneat. admoneat autem?* in § 3. Where Gratian is concerned the use of the future tense is inappropriate.

31. nolo . . . docebantur: three imperial tutors from the relevant period are known: Arborius (*Prof.* 16), Exsuperius (*Prof.* 17), and Lactantius the Christian writer and tutor of Crispus. None of these was *consul ordinarius*, but suffect consulships cannot be ruled out. A. dismisses them because they taught *Caesares* and not *Augusti*.

    dives Seneca, nec tamen consul: Seneca was in fact suffect consul in AD 56. It would be rash to infer A.'s opinion of him from a passage governed by its rhetorical context, but it does seem different from that expressed in Themistius 173 B, and Aur. Vict. 5. 2 (on the *quinquennium Neronis*). See W. Trillitzsch, *Seneca im literarischen Urteil der Antike* (Amsterdam, 1971), i. 187–8.

    Quintilianus . . . sortitus: this is the only direct evidence for this honour (see *RE* vi. 1850–1), which must have occurred before the death of Clemens in 95. Quintilian had been appointed teacher to his sons, who had been designated as Domitian's successors (Suet. *Dom.* 15. 1, Quint. 4. *praef.* 2).

    †quo modo† Titianus magister . . . : *quo modo* cannot be accepted on its own. It could hardly mean 'in the same way' or 'so too' (EW), and is stylistically unacceptable. Acidalius' *Commodo* is historically inappropriate. Tollius' *et* does little if anything to ease the problem, which goes far deeper.

There is no need to treat *sed gloriosus ille* as a parenthesis; it was probably the antithesis of a sentence that set forth Titianus' distinction.

For the identity of Titianus, see *HA Max*. 27. 5, with R. Syme, *Ammianus and the Historia Augusta* (Oxford, 1968), 185–6 and *RE* x. 843 (Julius 513). His disgrace may well have followed the fall of Maximinus in 238. A.'s opinion of his character could be based on the prologue to his fables (see *Ep. 9b.* 79–81), or conceivably on local tradition.

vilitate consenuit: cf. §81. A scornful comment by one who enjoyed a politically vigorous old age.

32. Frontonis: consul in July and August 143, four or five years after being appointed as Marcus' tutor (*RE* iv. 1314–15 (Cornelius 157), E. Champlin, *Fronto and Antonine Rome*, 168 n. 20).

quaerendum ... consulatum: very similar to a quip on Caninius' brief consulship ascribed to Cicero in Macrob. *Sat.* 2. 3. 6, and surely based on it; in what context A. found it is unclear.

33. non ego ... Gratianum: the imagined critic's indignant question, which pointedly took up *gloriosus* and *tantus orator*, is unlikely to have received such a brusque reply as this, *breviter* notwithstanding. As in *Praef.* 1. 29–34 praise of Gratian will naturally have followed, leading to the theme that Gratian was celebrated by the whole of the civilized world. The lacuna will also have explained *istos dies* (perhaps they are the days when he became *Augustus* and when he succeeded his father, which both fall in the later part of the year, perhaps close to the date of the speech). Accidental damage is less likely than deliberate abbreviation.

34. et Roma ... Alexandria: this rapid survey is intended as a tribute to Trier. Antioch is seen as the epitome of oriental luxury, and Carthage as dissolute (the Vergilian epithet used in *A.* 8. 724 is interpreted here as it was by Servius on *A.* 1. 210); it is possible that in this brief σύγκρισις the description of Alexandria, derived from Hdt. 2. 5. 1 (of Egypt), is meant to suggest precariousness or impermanence.

35. pontifex religione: A. would hardly have written this (or even *pontificalia* in §42) if Gratian had already refused the pontifical robe (cf. Zos. 4. 36. 5). This was probably done at the end of his principate, as argued by A. D. E. Cameron, *JRS* 58 (1968), 96–9.

36. non possum ...: an abbreviated adaptation of words given to Marius in Sall. *BJ* 85. 29 *non possum fidei causa imagines neque triumphos aut consulatus maiorum meorum ostentare*.

vel deorum stemma: *ad* of the manuscripts probably derived from abbreviated *vel*. For the phrase *deorum stemma*, cf. *Prof.* 24. 3 *stemmate nobilium ... avorum*.

ignotas: 'enormous'; cf. Verg. *A.* 1. 359, *ignotum argenti pondus et auri*, as understood by Donatus and Servius, and Mart. *Spect.* 15. 5 *ignota ... mole leonem*.

patrimonia sparsa sub regnis: cf. Amm. 27. 11. 1 *orbi Romano, per quem universum paene patrimonia sparsa possedit.* Here *sub* surprises, but the text seems sound. For *regna*, cf. §82 below, and Sen. *Ben.* 7. 10. 5.

A. follows this exaggerated description of wealth and lineage with a sober but artful presentation of his own background, which may be compared with the image he offers in the *Ephemeris*, *Epicedion*, and *Herediolum.* It is studied in Section 2 of the Introduction.

veteribus ut illis consulibus: the contemporaries of Marius or probably those of the Republic in general; they surpassed him only in military prowess and wealth.

quae tum †erat†: the manuscripts' *erat* and Avantius' *erant* are not only weak but inappropriate; A. would not wish to imply that military prowess no longer existed, and indeed Gratian's military qualities have already been praised. A phrase or part of a verb (perhaps *crebruerant*: they were more common then) seems to have been lost after *tum.*

38. Metellus cognomento Pius: see *RE* iii. 1218–21 (Caecilius Metellus 97–8) for the primary sources and E. S. Gruen, *Latomus*, 24 (1965), 576–80 for a reconstruction of the episode. The description of Sulla shows that the meaning of *esset* is not 'would have been' (EW) but 'was': the clause is concessive or perhaps causal, explaining why Metellus is not superior. The judgement is a rhetorical fiction devised to support the comparison.

Sulla Felix: cf. Sall. *BJ* 95. 4 *illi felicissimo omnium ante civilem victoriam*; Plin. *NH* 7. 137 *o prava interpretatio et futuro tempore infelix*; and the first line of the anonymous poem quoted in Suet. *Tib.* 59. 2, *Aspice felicem sibi, non tibi, Romule, Sullam.* For the name, see J. P. V. D. Balsdon, *JRS* 41 (1951), 1–10.

39. avo: for Gratian's grandfather see Amm. 30. 7. 2–3, *Epit. de Caes.* 45. 2.

The following appeal to Gratian's virtues is essentially a repetition of the praises in §7, but *bonitas* is an addition. The examples of *pietas* are reduced (there is no mention of the late Valentinian I), and the tributes to Gratian's bravery, leniency, and liberality are shortened and generalized. By emphasizing his pupil's *aurea mens* (cf. §18) A. discreetly draws attention to his own role.

40. communi deo: cf. PN *c.* 10 [= App. B. 3]. 328).

omnium Galliarum: A. enjoyed, or had recently enjoyed, a much wider authority as prefect (cf. *Praef.* 1. 36, *Epiced.* 42) but confines himself here to his wider *patria*, of which Trier was a part.

41. aut ingrati ... culpandus: another theme that can be paralleled in Mamertinus' address to Julian: ... *ut mihi aut indiserti aut ingrati esset fama subeunda, malui eloquentiam potius quam pietatis erga te officium meum desiderari* (*Pan. Lat.* 3(11). 1. 2). Cf. §4.

42. assultantibus ... praetexitur: cf. *Prec.* 2. 32. The barbarian presence is emphasized here, to heighten Gratian's kindness, but it is still located by implication near the Danube frontier.

quibus: T's *quot* is surely a corruption.

comitia ... exerces: this and the passage that follows seems less than fully serious, because of the confusion of the various *comitia*, all long obsolete, and the strange notions in §44.

tributa ista, quod in urbe Sirmio geruntur: the point of this fanciful suggestion is not clear. Perhaps A. recalls that at Rome the *comitia tributa* met within the wall, but the *comitia centuriata* in the Campus Martius (cf. *in procinctu*); or he may be thinking of the undue influence which the urban tribes were thought to have (perhaps wrongly: see L. R. Taylor, *Roman Voting Assemblies*, 67). In either case the explanatory *Sirmio* does not help the argument; but a consideration of the rhythm suggests that it was added by the speaker, not an interpolator.

an [ut] quod in procinctu, centuriata dicentur: because of the military nature of the *centuriae*. *ut* is due to anticipation.

pontificalia: for their true character cf. Cic. *Cael.* 19 with Austin ad loc.; Taylor 82.

43. **ut me nosti atque ut facere debui et velle te scivi:** in C *promisisse* is written before *me*, but a long verb is not likely to have fallen out twice, and the later comment *quid familiarius* favours *ut me nosti*. Because of *atque*, *ut* (C) before *velle* is unlikely; Tollius deleted *atque*, but if this sentence had to be matched with the detailed quotations that follow it would be easier to read *et* in §46 for *ut*.

44. **urbanarum tribuum praerogativae:** the urban tribes were listed before the rural tribes (Varro, *LL* 5. 56, *CIL* vi. 10211), and if Cicero can be trusted enjoyed a measure of priority (*Leg. Ag.* 2. 79). The term *praerogativa* denoted the century (Cic. *Planc.* 49), or less accurately the tribe (cf. ps.-Ascon. pp. 214–15 Stangl), which was given the first vote in the *comitia centuriata*, where the urban tribes were in fact at a marked disadvantage (Taylor 92).

iure revocatae: the common term is *iure vocatae* (Liv. 5. 18. 2, 27. 6. 3; ps.-Ascon., loc. cit.), but this would give a most improbable clausula. The expression given by the manuscripts seems to have no parallel, but since A. is using words here with little regard for their precise meaning, even nonsense cannot be ruled out. But perhaps *iure* originated as a gloss on the rarer *primo* (cf. Liv. 10. 22. 1), and then replaced it.

45. **fastidium ... offendam:** cf. M. Cap. 3. 263 *ne ... fastidium superae beatitatis incurram*. Avantius' generally accepted emendation *fastigium* is not necessary, and with it goes Seston's argument, doubted by Heinen on other grounds (246–7), that the speech was delivered in front of the consistory (in R. Louis (ed.), *Mémorial d'un voyage d'études en Rhénanie* (Paris, 1953), 214).

proprio cum piaculo: contrasting with *divinitatis tuae*. The readings of KM are not far from *proprio*. CT's *prolem* may have stemmed from a misreading of superscript *i* in an abbreviation; it certainly does not justify Peiper's *pro! levi*.

46. ⟨**solus**⟩: omitted because of *sollemnis.*

48. cooptando fratre: cf. Amm. 30. 10. 4, where the same verb is used, and § 7 above.

50. unde de plano legi possint: cf. *Dig.* 14. 3. 11.

51. ad blandiora festino: cf. Tert. *Ad Nat.* 2. 10. 1 *ad foediora festino*; such transitions may have been common.

> **trabea:** cf. *Protr.* 92.

> **omne ... ministerium:** the *scrinium vestiarii sacri*, part of the office of the *comes sacrarum largitionum* (Jones, *LRE* 427–8). Such garments were kept in the Capitol at Rome (PN *c.* 10 [=App. B. 3]. 252–5), *HA Prob.* 7. 4–5, *Gord.* 4. 4), and others presumably at Constantinople; this one may have been stored at Sirmium, where Constantius, consul ten times in all, spent many years.

52. palmatae vestis meae: Acidalius suspected that *vestis* was a gloss, but it is found with *palmata* in Val. Max. 9. 1. 5, Suet. *Claud.* 17. 3. A. does not use this term elsewhere; Paulinus uses it in *c.* 10 [=App. B. 3]. 253).

53. parens noster: the title may be purely honorific, but he was in fact the father of Gratian's wife Constantia (Amm. 21. 15. 6).

> **picta ... auro:** for the gold in the triumphal robe, see Polyb. 6. 53. 7, and Th. Mommsen, *Römisches Staatsrecht* (Leipzig, 1887), 410 n. 2.

54. in argumento vestis intexitur: Constantius was symbolically present. In Ov. *M.* 6. 69, *argumentum* denotes a literal meaning woven into the robe.

55. The following passage, perhaps based on a report from Hesperius, gives a fascinating insight into court intrigue at Sirmium. As Olybrius and his supporters pressed their own case, the apparently hesitant and embarrassed Gratian no doubt received help from A.'s sympathizers. This issue was not the only cause of friction; Hesperius took over the *praefectura Orientis* from Olybrius in 379 (*C. Th.* 13. 1. 11), and the winter that followed the battle of Adrianople was doubtless the occasion for profound debate and reappraisal (Matthews 98).

56. studium suum ... palpabant: the verb can hardly mean 'conceal' (*TLL*), because of the directness of *requirebant* above; rather 'promote' or 'foster', as in Prud. *Psych.* 234 and Cassian, *Coll.* 16. 15 (*vitium palpant et nutriunt*).

> **quem praefectura constituit:** this probably indicates that Olybrius began his prefecture (which according to *CIL* vi. 1714 fell between his prefectures of Rome in 369–70 and his consulship) after A. began his. This interpretation of Gratian's words creates no difficulty (O. Seeck, *Regesten der Kaiser und Päpste* (Stuttgart, 1919), 425, followed by *PLRE* i. 641), but it could have been A.'s double prefecture, not his chronological priority, that tipped the balance.

57. popularis: 'generally acceptable', 'plausible', contrasting with the other reason (*aliud*), which we are left to infer from the words *interpretes valete meritorum.*

scopulosus hic mihi locus est: a quotation from Cic. *In Caec.* 36, which was used also by Quint. *Decl.* 259. 12 and in *Pan. Lat.* 2(12). 24. 2.

58. Ciceroni: an allusion to two sentences of his *In Pisonem*: *me cum quaestorem in primis, aedilem priorem, praetorem primum cunctis suffragiis populus Romanus faciebat* (2) and *me cuncta Italia, me omnes ordines, me universa civitas non prius tabella quam voce priorem consulem declaravit* (3). They are restructured to emphasize A.'s point, and quoted with a freedom that seems to be acknowledged in the words *ex ipsa eius sententia*.

ei videri ⟨uni⟩: the sense is defective without *uni*, which should precede *quam pluribus*.

59. Alexandri Macedonis: this anecdote is not attested elsewhere, but the Homeric motif and the note of fierce competitiveness are quite in keeping with the general tradition. It is unlikely to have been invented for the occasion, especially since the details do not fit particularly well; the translation, however, may be the speaker's. What roused Alexander was the thought that a commander should only be mentioned third, as Agamemnon was by the common soldiers in Hom. *Il.* 7. 178–80; a far cry from the autocratic *nominatio* of the Late Empire.

illos Homericos versus: for the word-order adopted here (that of CM) cf. *Homerici oratores* in § 19 and *illa poetica scabies* in *Griph.*, *praef.* 19. The lines are as follows:

Ζεῦ πάτερ, ἢ Αἴαντα λαχεῖν, ἢ Τυδέος υἱόν,
ἢ αὐτὸν βασιλῆα πολυχρύσοιο Μυκήνης.

60. arduae: virtually 'official' or 'imperial', as in Claud. 10. 27, 21. 295, 24. 104. Cf. *Augustae dignationis* in § 83.

61. et tenuiore filo: the manuscripts have *et ore filo*. Avantius' *tenuiore* is extremely probable (cf. *Griph.* 67 and Hor. *Ep.* 2. 1. 225 *tenui deducta poemata filo*), notwithstanding *tenuiora* below; but *et* should be retained, since it is not likely that it was written by mistake.

62. dixerim: in § 9.

tenuiora: cf. *Epit. de Caes.* 48. 18 *iam illa minutiora et, ut dicitur, intra aulam* (of Theodosius); such things, the author says, attract the inquisitive eyes and ears of mankind.

in te: Schenkl's neat emendation of *inter* gives excellent sense; there is no reason to add *uno* as Prete did. Since the distinction is between bare knowledge (*notitia*) and stylish presentation (*dignitas*) of all his virtues there is no need for a word or phrase to fit Gratian's less exalted qualities, such as *inter familiaria* (EW) or *interne* (Owen), which is based on the correction *intus* found in a few manuscripts. Peiper's *inter praecipua* has little point, and Brakman's *interpreti* does not suit the sense, for it is used of A.'s own intimate role in § 70.

63–4. The virtues here enumerated are all confirmed elsewhere. There was no doubt about Gratian's intimate devotion to Christianity (Ruf. *HE* 11. 13), but the language used is carefully neutral or at least traditional. In the description of Gratian's public appearance there may be an apologetic motive, for he was criticized for wearing barbarian dress (*Epit. de Caes.* 47. 6). His athletic prowess is noted by Amm. 31. 10 (unsympathetically), *Epit. de Caes.* 47. 4, and Ruf. *HE* 11. 13.

adorato dei numine: cf. *Epiced.* 54, *Mos.* 468.

lautis manibus: a neat combination of Christian phraseology (*TLL* vii/2. 1051. 32–48) and pagan practice (*TLL* viii. 365. 57–62).

immaculabili: a word found only in Christian writers (Aug. *Ps.* 140. 10, *Serm.* 51. 2. 3, *CIL* v. 6250, Evod. *De Fid.* 18), but not necessarily an established 'Christianism'.

64. incessus modestior: cf. Sen. *Ep.* 40. 14.

habitudo ... habitus: for the play on these words cf. Apul. *M.* 9. 39.

65. mirabamur poetam ... et alterum: he quotes Verg. *A.* 4. 41 *et Numidae infreni* and Nemes. *Cyn.* 268 *verbera sunt praecepta fugae, sunt verbera freni*; they are cited anonymously as the genre requires. The earlier quotations from Cicero (§ 25) and Sallust's Marius (§ 36) are another matter: A. identified strongly with these *novi homines*. A. assumes that Nemesianus was writing from observation (*ita collegerat*).

intemperantiam: Souchay suggested *intemperantem*, perhaps rightly.

66. conclavis tui: cf. Amm. 30. 6. 3 (the death of Valentinian).

non sanctior Ara Vestalis ... : the first item was probably commonplace (cf. *Pan. Lat.* 3(11). 13. 3 *sit lectulus ... Vestalium toris purior*), but not the others. *pontificis cubile* does not usually refer to public religion, and *pulvinar flaminis* seems inept, since only divinities and emperors (cf. Amm. 19. 11. 12, Suet. *Dom.* 13. 1) had *pulvinaria*.

67. sacrarii: used in this way in *C. Th.* 9. 40. 11, 12. 12. 8 (singular), and *Pan. Lat.* 11(3). 11. 3, *C. Th.* 12. 12. 16 (plural).

68. Gratian's oratorical abilities are praised in comparison with a rather incongruous triad; since Cicero has already been used in the speech it seemed inadvisable to adduce either him or his overshadowed contemporaries here. Ser. Sulpicius Galba (*RE* iva. 766–7) was similarly described in Cic. *Brut.* 86, *De Or.* 2. 88, 3. 31, and highly regarded by Cicero (*Brut.* 82, 295, 333) and others; the elder Gracchus was commended in Cic. *Leg. Ag.* 2. 31 for his *pudor* and Plut. *Tib. Gr.* 2. 3 for his general character, but judged less eminent in *Brut.* 333. Valentinian I was less than outstanding as a speaker, but had his merits (*Epit. de Caes.* 45. 5, Amm. 30. 9. 4).

tenor: contrasted with *impetus* in Sen. *Ep.* 46. 2; here there is a contrast with *inflexio* (variation), for which cf. Cic. *Part.* 22 and Jul. Vict. *Rhet.* 24 (443. 13–14 Halm).

pugnantia densius: *densius* is suspect because it is followed by *densata* (there is no good reason for the repetition) and because of the sense. A word such as *distinctius* (cf. Plin. *Ep.* 8. 14. 6 *distinctio pugnantium sententiarum*, or perhaps *contortius* (used in § 19; cf. *acrior* above) is more likely. One of Gratian's intellectual achievements, according to *Epit. de Caes.* 47. 4, was *explicare controversias rhetorum more.*

glomerosius: *glomeratius* (CTᵖᶜ) would recall *glomeravit* (§ 19, of Odysseus), and *glomeratus* is generally commoner than *glomerosus*, albeit not in this form. But it could be the result of corruption after *densata*.

69. Xenophon: cf. Cic. *Ep. Q. Fr.* 1. 1. 8(23) *Cyrus ille a Xenophonte non ad historiae fidem scriptus sed ad effigiem iusti imperi.*

70. copiosus: this reading is supported by the rhythm. Even if he had the necessary eloquence, he would not speak at length.

seminarium: cf. for the metaphor Cic. *Pis.* 97 *ex illo fonte et seminario triumphorum.*

72. Celebre fuit Titi Caesaris dictum . . . : a loose paraphrase of Suet. *Tit.* 8, *atque etiam recordatus quondam super cenam, quod nihil cuiquam toto die praestitisset, memorabilem illam meritoque laudatam vocem edidit: amici, diem perdidi.* Themistius also alludes to it in his panegyric of Gratian (174 c). After the excessively austere Vespasian (cf. *Caes.* 81) the generosity, perhaps indulgence, of Titus was welcome; Gratian, by contrast, followed an even-handed emperor and inherited sound finances. This picture of Valentinian hardly matches that found in § 3 and Ammianus 30. 8. 2; the speaker's own feelings are subordinated to the demands of the comparison.

When praising Julian Ammianus mentions Titus (for his *prudentia*), Trajan, Antoninus (i.e. Pius), and Marcus (16. 1. 4); these all occur in the following sections of this speech, and were no doubt conventional exemplars.

73. illud unum . . . de condonatis residuis tributorum: for the use of *illud*, cf. *Ep.* 19a. 14–16; *unum* contrasts with *multiplicas*. This measure was probably an early one, but there is no other evidence for it. The generosity of Trajan and Marcus is better attested: Pliny details Trajan's remissions of the *vicesima hereditatum* in *Pan.* 37–40, and Marcus' remissions are mentioned by Dio (*epit.*) 72. 32. 2, and *HA Marc. Ant.* 23. 3. There seems to be no evidence of Commodus' reaction; what A. says is inherently not unlikely.

[populi]: M lacks the word, and I hesitantly follow Schenkl in deleting it. It cannot easily be taken with *condonata*, and the emendations *populis* and *populo* do not make the Latin satisfactory; it goes better with the preceding nouns, as realized by Markland, who emended to *publicis*, but the detail seems unnecessary.

74. seminaria: so CKM; the word has already been used in § 70. T's *semina* might be thought to make a better contrast with *stirpes*, but is more likely to be a corruption.

fumus involverat: Schenkl repeats *se* after *fumus*, where iterated *s* might account for its loss; but the rhythm is against it. There is no need to add it after *iam*, a more likely position, either.

cum vivaci recordatione: cf. *Pan. Lat.* 2(12). 3. 4 *cum per se vivax sit recordatio calamitatum*, which its author, Drepanius Pacatus, could have borrowed from this passage. What is needed is an adverbial qualification of *cernebant*, as was realized by Scaliger and Gronovius; their emendations of *vivatia* were, however, unconvincing. Unger's *adaeratione* has proved tempting: there was clearly scope for harsh or unscrupulous assessments of money equivalents, as recognized by Ammianus in his description of Valens as *in adaerandis reliquorum debitis non molestus* (31. 14. 2), but even if such a phrase is admissible on grammatical grounds it would detract from the vividness of *ductus apicum* and *notas*. This is probably not 'la prima attestazione del vocabolo *adaeratio*', as argued by F. Broilo, *RIF* 102 (1974), 189–97. *adoratione* (Haupt, Schenkl) is not suitable.

quod meminerant et tum legi posse metuentes: I suggest *et tum* for *lectum*, which has little point and was probably influenced by *legi*, and adopt Baehrens's excellent *posse metuentes* for the manuscripts' *possem* (*posse* C) *et veteres*; clausulae of this kind are frequent in the speech. For the infinitive *posse*, cf. *Mos.* 147, 428.

75. Antoninorum [comitas] . . . humanitas: the text of this passage is doubtful. Peiper replaced *comitas* by *cognita*, but the expression *cognita fuit* would be uncharacteristic. Unless there is a lacuna, in which another emperor was mentioned (such as Hadrian: cf. *HA Hadr.* 10. 2, Dio 69. 9), the solution may be to delete *comitas*, which could well be a gloss interpolated under the influence of *comitas* in §§ 72 and 76 to clarify the beginning of the sentence. *inde* is also difficult: *ante* (Schenkl) is otiose, and *in* much more probable.

In *Ep. ad Caes.* 4. 1 (pp. 53–4 van den Hout[2]) Fronto instructs Marcus how to treat his *cohors amicorum*, and the advice was doubtless taken. It is unlikely, however, that even Pius, in whose reign the Germans were relatively quiet, had Germans among his *amici*; A. may be thinking of the cohort of German *custodes*, not attested after the first century (*RE* iv. 1900–3), or perhaps the Germans who were used as mercenaries according to *HA Marc. Ant.* 21. There may be deliberate exaggeration to help rebut the charge that Gratian was too favourable to barbarians (*Epit. de Caes.* 47. 6).

76. Traianus: Plin. *Pan.* 13. 3; Eutrop. 8. 4.

tu et visere solitus et mederi: cf. Themistius 174A ἀκεῖται δὲ καὶ βεβλημένους.

77. vidi: cf. *Mos.* 270, 341. Autopsy is not seriously implied by this common motif.

verba praefari: cf. Aur. Vict. 29. 5 *cum perculsi milites ad solandum imperatorem multa praefarentur*. It is not necessary to add *te* before this phrase or after *occurrere*.

79. spatio non transmeabili: because the extent of Gratian's kindnesses cannot be covered. The adjective is very rare: *TLL* slips give only Oros. 6. 9. 6.

80. Prayers are also found in the panegyrics of Pliny (*Pan.* 94) and in *Pan. Lat.* 12(9). 26. Certain details, including the play between *genitor* and *genite*, the use of the word *opifex*, and the description of God's eternity, resemble details of *Ephem.* 3 (3–4, 8, 17), and A.'s characteristic attitude towards the externals of religion is also apparent here. The Christian tone is not obtrusive, and these words might have been less offensive to pagans than to any Arians who were present.

penetrabilibus: perhaps 'receptive', but the choice between the words *penetralis* and *penetrabilis*, often confused in manuscripts, is not an easy one. *penetralibus* might be seen as an entirely characteristic adaptation of the common *penetralia mentis*, but the longer word is more prone to corruption.

initiatorum: the word is sometimes used of Christian baptism, but that is unlikely here. For A.'s attitude to baptism see *Vers. Pasch.* 1–4, 21.

condendi honoris: the meaning is vague, perhaps deliberately so. It would be more diplomatic for the speaker to see in Gratian's presence the legitimation (to use an appropriately vague modern term) of his office rather than its termination (EW); the latter sense of the verb is rare and restricted. Either interpretation would give good contrast with *primordiis*, for which cf. *Prec.* 3. 2.

81. quae . . . umquam memoria: the manuscripts' *memoriam* before *umquam* is due to dittography. Peiper offered *maiorum*, but in this sense *memoria* does not need any such qualification (cf. Amm. 28. 4. 32, 31. 14. 8).

audacibus Graecorum fabulis: for the contrast with myth cf. *Pan. Lat.* 2(12). 4. 4, 10(2). 1. 3, 11(3). 8. 4; but in these passages they are not dismissed as being Greek, and editors may be right to detect a hint of Juvenal's *Graecia mendax* (10. 174).

Pegasus: rejecting any idea of divinization, A. follows the version in which Pegasus, unwinged, fell bodily to earth near Tarsus in Cilicia (schol. Dionys. Per. 870), not far from the Aleian plains (Hdt. 6. 95. 1), where Bellerophon wandered distraught (Hom. *Il.* 6. 201–2, cf. *Ep.* 21. 70–2).

Cyllarus atque Arion: used together for a similar purpose in Stat. *S.* 1. 1. 52–4, *Pan. Lat.* 6(7). 8. 5, Claud. 8. 555–7; cf. *Epigr.* 7. 9–10. Cyllarus was the steed of Pollux according to Verg. *G.* 3. 90, but Castor's elsewhere (e.g. Sen. *Phaedr.* 810–11). Arion, already legendary for his speed in Hom. *Il.* 23. 346, was the Spartan-born horse of the Argive Adrastus (Prop. 2. 34. 37, Stat. *Th.* 6. 301–14, 11. 443). The idea that he went ingloriously to grass near Argos may be an *ad hoc* invention; it recalls the way in which A. dismissed Titianus in §31.

ipsi Castorum equi . . . transcurrunt: cf. Apollod. 3. 11. 2 with Frazer's note, Verg. *A.* 6. 121–2, and Hyg. 80. 5, perhaps an interpolation based on Vergil.

82–3. The speech ends with a very elaborate description of Gratian's journey to Trier. There is a similar account of an imperial journey in *Pan. Lat.*

11(3). 9, which also includes a comparison with *Fama*, and the theme may have been common. The words *ab usque Thracia* suggest that the starting-point was Constantinople, and this is supported by a short fragment of John of Antioch (fr. 185 Müller in *FHG* iv. 608), according to which Gratian went there after Adrianople and issued his religious legislation. From Thessalonica (*C. Th.* 10. 1. 12), Gratian passed by way of Aquileia (*C. Th.* 13. 1. 11) to Italy; then from Milan (*C. Th.* 16. 5. 5) he struck north over the Splügen pass to the upper Rhine, which he could have followed as far as Strasburg, through the province Maxima Sequanorum. He had other concerns besides seeing the consul, but neither his itinerary nor his speed (cf. *Pan. Lat.* 2(12). 39) implies military campaigns, as has been supposed.

Rheni †accolas†: no convincing remedy has yet been suggested. Something stronger than *aquosa* (Acidalius), *acclivia* (Schenkl), *vadosa* (Peiper), *alluvia* (Brakman) is required, and *inaccessa* (Mertens) seems unsuitable. Perhaps *periculosa*: *per-* might have been dropped if mistaken for the preposition.

evolvis: cf. Sulp. *Dial.* 2. 2. 3 *prius . . . quam medium viae spatium vir . . . beatus evolveret.*

83. The elaborate final paragraph recapitulates various themes of the speech: Gratian's closeness to the deity, the hope that he will take more consulships, his generous bestowal of various political honours and other enrichments upon his tutor, and the distinction which he added to A.'s consulship by giving him precedence over his colleague and by coming to Gaul in person. In this last point there is a rare trace of Gallic patriotism.

XXII. FASTI

All that remains of Ausonius' *Fasti* (the name is derived from 1. 3; cf. 3. 1) is four short poems. V has the first two, immediately after the *conclusio* of the *Caesares*, and Z the first, third, and fourth, among its epigrams. None of them, with the possible exception of the second, was an integral part of the *Fasti*; their purpose is to describe and dedicate the work. In V the first poem bears a greeting to his son Hesperius, in Z it is preceded by a longer note, which states that the verses were to be added to a *consularis liber* and implies that the work was composed or destined for Gregorius (Gregorius Proculus, dedicatee of *Cupid*). Peiper moved Z's heading and prefaced it to the fourth poem (where C has *de eodem fastorum libro*, KM *de eodem*, and T nothing); Jachmann concurred. But there is nothing in the first poem, even *patris* (cf. *Cup.*, *praef.* 12, where Gregorius is told *dilige parentem*), that debars it from being intended for Gregorius. The heading should not be transposed, unless perhaps so that it precedes the greeting to Hesperius. The purpose of this evidently authorial note was to remind its writer of the origin and correct location of those fragments; the address to

Hesperius—which need not be suspected although it occurs also before the *Caesares*—is a salutation of the familiar kind. If Ausonius' plans for Gregorius were overtaken by events, as suggested below, Hesperius may have been its only recipient, but there is no problem in supposing that the work was sent to both men. It is not necessary to argue, as EW and others have done, that two versions of the first poem were made to suit the two recipients; for *patris* (as has been seen) is not inappropriate in a note to Gregorius, and the alternative version in 1. 9 *exemplo confide meo sic* could well, like the variant *applicet* in 1. 10, be the work of a scribe, not the author. The functions of the other three poems are more straightforward. The second poem summarizes the chronological range of the work. The third seems to be aimed at the general reader; and the fourth addresses Gregorius. The overlap between these two does not disqualify them from standing together, especially as their common theme is the author's consulship. Cassiodorus was more modest in his own chronicle (*MGH AA* 11. 161), when he referred to Eutharic's consulship.

In spite of the title, the references to *fasti* already mentioned, and the description as *consularis liber*, the work began with Romulus (1. 2, 4. 1). The seven kings may have been treated singly, but not even Ausonius, whether he wrote in prose or verse, would have tackled the multitude of consuls in the same way. He must have been selective. When he reached his own times, there were problems of a different kind, and to minimize offence he may have concentrated on members of the imperial house. Even so it was a time-consuming endeavour, as he implies in 1. 5. Given Ausonius' tastes, the work is not likely to have been written in prose, and we should envisage a lengthy poem—either in hexameters, which would be appropriately weighty, or in iambic trimeters, as used by Apollodorus of Athens (Gell. 17. 4. 5), which would be easier—which was not discursive but designed to display a dexterity in accommodating proper names such as he admired in Paulinus' *De Regibus* (*Ep.* 17. 27–9). Such an ambitious work may never have been completed to his satisfaction (it seems to lack a suitable title); but its loss may be due to the fact that it was too bulky and forbidding even for generations which valued chronography.

It was surely Ausonius' consulship in 379 that provided the incentive for this enterprise, and he probably began it not long afterwards. The fact that his *titulus* (cf. *Ep.* 18. 3) was to be found 'fourth from bottom' (3. 3n.) indicates a terminal date of 380 or conceivably 382; the earlier year, graced as it was by the consulships of Gratian and Theodosius, is more likely. Peiper suggested 383; this date is supported by *PLRE* i. 404, where the poem is set within the short period of the year 383 between Gregorius' prefecture and Maximus' usurpation in August. But if Ausonius wrote in 383, he chose a very tentative way of referring to Gregorius' consulship, which was evidently expected to come to pass in the following year; and if he knew of Maximus' uprising, the reference is strangely pusillanimous. The best explanation of his prophecy, at once provisional and precise, is that he is hinting at something already arranged privately with the emperor. In the event Gregorius never held the consulship, and seems to have progressed no further than the prefecture already mentioned. What spoilt the plan need not have been the usurpation of Maximus but might have been his friend's fall from favour (or death), or even his own political eclipse. The note about the ex-prefect (which must have been written some time later) takes on extra relevance, and poignancy, against such a background.

1

2. **patrum ... sub imperiis:** a rather strange phrase, but no more so than *Caesareos proceres* (*Caes.* 1).

3. **perpetis:** 'continuous'. *praepes*, though a favourite word, would have little point here; he emphasizes the effort involved.

5. **vigilatas:** used of literary compositions by Stat. *Th.* 12. 811, Juv. 7. 27, and with *noctes* in Ov. *AA* 1. 735, in a different context.

6. **lucerna:** in the fragment of Cinna (fr. 11. 1) quoted by Isidore in *Etym.* 6. 12. 2 this is found with *invigilare* or *vigilare*.

8. **congessit:** more appropriate to the analogy than *digessit*, which was probably written in V because of *digessit* in l. 3. The words *congero* and *consero* are contrasted in *Ep.* 18. 13–14, a similar (but more realistic) wish.

9. **exemplum iam patris habes:** cf. *Ep.* 13. 33 *exemplum de fratre time*, and the challenge to his grandson in *Protr.* 94–100. The meaning of Z's reading is less clear, and the sentiment arguably lacking in tact, because it might suggest that influence was enough; in *Protr.* 99 A. did not minimize the need for energy.

10. **aggreget:** between this and Z's *applicet* it is impossible to adjudicate with confidence. Neither is found elsewhere in A. Perhaps *aggreget* is the more likely, and *applicet* a gloss.

2

1-2. This typically contorted calculation contains an almost certain error, which can hardly be scribal, since the figures are repeated in 4. 3–4. The total is 1,118 years: assuming, as one surely must, that A. employs the familiar Varronian date used by Jerome, Orosius, and other contemporaries, this points to AD 364 or 365, which is impossible. It is unthinkable that he refers to a suffect consulship, or a local honour held in Bordeaux, as argued by E. Corsini, *Epistula de Burdigalensi Ausonii consulatu* (Pisa, 1764), or that *Ausonii* in 4. 4 should be replaced by *Augusti*, sc. Gratian, consul in 366 (F. Della Corte, in *Studi di storiografia antica in memoria di Leonardo Ferrero* (Turin, 1971), 203–8). The discrepancy of fourteen or fifteen years could be accounted for by supposing that A. misunderstood a detail in the chronology of Castor, whether he used it directly (cf. *Prof.* 22. 7) or indirectly. Castor took the chronology of the Republic down to 61 BC, the year before Julius Caesar's first consulship; I suggest that the years between that date and the beginning of his dictatorship (dated in *Caes.* 18 by implication to 46 BC) were overlooked by A. Other such mistakes in late authors have different explanations: see Th. Mommsen, *Die römische Chronologie bis auf Caesar* (Berlin, 1859), 130–2.

2. undenos unamque: V gives nonsense, repeating *undecies* from the previous line. The correction was made by P. Reland in *Fasti Consulares* (Utrecht, 1715), 464–5. Scaliger saw the need for *unamque*.

3

3. quartus ab imo est: 'fourth from bottom'. He will have been followed by his colleague Olybrius (quite properly: cf. *Praef.* 1. 38, *Grat. Act.* 55–8) and by the imperial consuls of 380. If there were two consuls per line, and A. occupied the fourth line up, the year would be 382; this is much less likely.

4

5. For *fors erit ut* cf. *Prof.*, *praef.* 5. The unusual phrase that follows may be reflected in (or even modelled on) ps.-PN 33. 117 *nam tua* (sc. *vita*) *viginti lustro cumulaverat annos.* Here *lustrum* (cf. *Epiced.* 37n.) denotes the five years 379–83; but in the next line the same period is referred to for the sake of variety as an Olympiad.

6. Olympiadam: cf. *Caes.* 22, 27 for the form. Elsewhere A. uses only the plural *Olympiadas*.

The historical implications of this couplet have been discussed in the introduction to the *Fasti*.

XXIII. THE ROMAN EMPERORS

The *Caesares* (this is its customary title, at least in modern times) consists of three sets of monostichs, on the twelve emperors treated by Suetonius, and twenty-four tetrastichs, which begin with Julius Caesar and end with Elagabalus. Each of the two sections has a preface in verse; the first consists of five hexameters, the second of two elegiac couplets. Ausonius says in the latter preface that he has treated all the emperors he knew, and so, as Souchay and Schenkl long ago realized, it is unlikely that the series he compiled ended where it does now or that no more is lost than the last couplet on Elagabalus. This gains some support from the following entry in Giovanni Mansionario's list of Ausonius' writings (App. C): *item ad eundem de imperatoribus res novas molitis a Decio usque ad Dioclecianum versu iambico trimetro iuxta libros Eusebii Nannetici ystorici.* This notice, although surprising in some respects, could well indicate an authentic work (see *CQ*, NS 31 (1981), 226–36), and one may go further and suppose a set of as many as two dozen poems, all of them perhaps in the iambic metre, extending from Alexander Severus to Ausonius' own time, or as far as prudence recommended.

It is not clear exactly when the *Caesares* was written. There is no compelling reason to assume, with Peiper, that it was composed in the early 380s, or to date it with R. Syme, *Emperors and Biography* (Oxford, 1971), 94, to 379 or soon after. The writings of contemporaries offer little or no help, least of all Julian's very different *Caesares*, and the work seems entirely devoid of topical allusions. But perhaps a significant argument may be drawn from the various references to adoption. It is difficult to believe that Ausonius could have written so un-equivocally about the superiority of adopted emperors to those born to the purple before the death of Gratian, the son of Valentinian I. Though Valen-tinian II lived until 392, he could safely be ignored; Theodosius, though not adopted in this sense, would have had no reason to feel slighted. If written after 383 the work might have ended with Gratian, or perhaps, on a triumphalist note (cf. *Ordo* 69–72), with Magnus Maximus, defeated in 388. By this time Hesperius, to whom the poems are presented, was well into middle age, but they are written not to educate but to entertain.

Ausonius' work is not a versified history, but a set of epigrams written on a topic that fascinated and challenged him. He does not claim or even disclaim erudition; his goal is brevity, and apparently wit, though his search for point and antithesis is not always successful. The poems are demonstrations of poetic dexterity, exercises similar in purpose to the paraphrase of Suetonius' *De Regibus* which Paulinus prepared, on Ausonius' suggestion, at about the same time. The historian finds no new information here, and few perpendible observations. Ausonius is favourable to Julius and to Augustus, and there are no surprises in his treatment of the Julio-Claudians and Flavians; he is perhaps less fulsome about Trajan than might be expected, and ambivalent towards Hadrian; the first two Antonines are praised, their degenerate successors deplored. Most notable among these largely predictable attitudes is the unreserved enthusiasm for Septimius Severus, which, *pace* Syme, *Emperors and Biography* 93, is unique. The emperor's rise from lowly origins seems to have struck a personal chord. More generally, Ausonius remarks, as Tacitus had done in his own way, that the senate had yielded the right of choice to the army, but he clearly disapproves of prefects or others who rise against their patrons. A moral viewpoint colours his verdicts throughout.

Ausonius implies that he wrote from memory: this is plausible. In such circumstances the investigation of sources must proceed with more than usual caution. The lives of Suetonius obviously underlie the earlier poems, and some things are derived, whether directly or indirectly, from Tacitus' *Annals* and

Histories. There is little to suggest that he used Plutarch or Herodian; a few items which are shared with Dio alone among extant historians could well have come to him from another source. Nothing of significance links him closely with the recent histories of Aurelius Victor or Eutropius or with the *Epitome de Caesaribus*, written in the following decade, or with the sources postulated for them. There are some intriguing parallels with the *Historia Augusta*, which, it seems, was compiled soon afterwards, towards the end of the fourth century (cf. *Epigr.* 18n.). These do not shed any light on Marius Maximus, as has some- times been supposed (on this see *CQ*, NS 31 (1981), 226–36); but it is possible that Ausonius was a direct influence on the frivolous and imaginative compiler of the *HA*, as argued on non-verbal grounds by Tony Honoré in *JRS* 77 (1987), 168–70. The *loci similes* on which the above judgements are based are given in the notes, which do not as a rule document commonplace material or include references to writers who duplicate Suetonius.

The popularity of the *Caesares* is shown by the extensive manuscript tradi- tion. They appear entire in Ausonius' manuscripts V, B, and W; E has the monostichs only, Z the monostichs and the six tetrastichs from Nerva to Commodus. In M, just before the items that belong to the Z tradition, there is a quite different recension of the *Caesares*, close in many respects to that of B, and also complete. Many manuscripts of Suetonius and Sidonius (see Prete in *RFHL* 46 (1985), 144–54), also include the *Caesares*; to represent these I have used U (Vat. Reg. 1283) and χ, which denotes readings shared by Flor. Laur. 64. 9, Laur. 89 inf. 8, Glasg. Hunt. 413 and Naples, Bibl. Naz. 125. The authentic version of l. 30 is lacking in $M^2BWU\chi$; there is a quite different verse in χ. Line 26 is omitted in all manuscripts except χ, where again a verse has been interpolated. This error, and perhaps *Caesare* in l. 30, shows that V and EZ had a common archetype, and rules out the hypothesis that V and Z represent separate authorial editions, as suggested by F. Della Corte in S. Boldrini *et al.* (eds.), *Atti del Convegno Gli Storiografi latini tramandati in frammenti = Stud. Urb.* 49/1 (1975), 483–91. There is little disagreement among the manuscripts about individual titles, and their testimony is generally accept- able; the titles closely match the forms given within the poems, but could not in every case have been derived from them by a scribe. They seem to be from Ausonius' hand, like the titles in the *Parentalia* and *Professores* of the same period. The strange heading *tetrarcha* (*vel sim.*) before the tetrastich of Nerva (see Green, *CQ*, NS 31 (1981), 227–8), may be the remnant of a heading *tetrasticha post Suetonium*. Its absence from Z is not significant.

1. **Caesareos proceres:** a surprising periphrasis, since in all periods of Latin the noun is used to denote either senators—sometimes in contrast to emperors, as in Tac. *A.* 3. 76. 1 and Victor 36. 1—or leaders or chiefs of various kinds, usually seen collectively (so in *Ephem.* 3. 40 the patriarchs and prophets are seen as one celestial assembly). The form of the phrase may

have been suggested by Statius' *Romuleos proceres* (*S.* 4. 2. 32), like *Romulidas proceres* in *Ep.* 24. 50.

regna: in this work *regnum* is used eight times (almost as often as *imperium*), *regnare* thrice, *regalis* once. They are frequent in *Grat. Act.*, and current in late Latin generally.

1–2. secundis consulibus: cf. *Par.* 3. 3 *patre secundo.*

3. sua quemque monosticha signant: cf. Ep. 14*b*. 4 *subiecta monosticha signant.* The short phrase here contrasts effectively with the fullness of ll. 4–5.

6. primus: so in Suetonius, Julian (308 D), and Jerome (*Chron.* s.a. 49 BC), but Victor and the *Epitome* begin with Augustus.

> **regalem patefecit ... aulam:** 'opened the way to imperial power'. The expression *regalis aula* is common at this time: cf. Ambr. *Noe* 7. 17, Amm. 30. 9. 2, Jer. *Ep.* 79. 1.

7. nomen transcripsit et arcem: this may be modelled on Verg. *A.* 7. 422 *et tua Dardaniis transcribi sceptra colonis.* The verb is used of adoption in *HA Ael.* 2. 6, but this is not implied here. Though *Romani moris verbum* (Serv. on *A.* 5. 750), the word has no legal implications here; cf. *Par.* 16. 8. For *arcem,* a metonymy like *aula* above, cf. Claud. 18. 171 and Christian writers.

9. Caesar: rightly maintained by Tollius against the reading *Gaius* of later manuscripts (for the scansion cf. *Epigr.* 79. 1, 5, 9); cf. 21, 33 n., 58. The name is used in Suet. *Calig.*, *passim*, and Eutrop. 7. 12; cf. Tac. *A.* 1. 69. 4 *Caesaremque Caligulam appellari velit.* Ambiguity does not worry A.; he calls Tiberius both Claudius Nero and Nero (8, 20, 33).

> **Caligae:** probably genitive, as in l. 58, and not dative. Cf. *Par.* 6. 3 *Hilari cognomen* and Suet. *Calig.* 9. 1 *Caligulae cognomen castrensi ioco traxit.*

11. ultimus Aeneadum: Dio quotes the Greek phrase ἔσχατος Αἰνεαδῶν from an oracular response that he believed to be current at the end of the reign, and links it to the Julian house (62. 18. 4 (Xiph.)). A. may be translating Dio, but a Latin source is no less likely. Such phrases were not uncommon: Brutus was called the last of the Romans by Cremutius Cordus (Tac. *A.* 4. 34. 1, Suet. *Tib.* 61. 3), and Procopius considered that the title could be given to either Aetius or Bonifatius (*Vand.* 1. 3. 15).

12. socio ... inerti: probably Piso Licinianus, whom he adopted, rather than Cornelius Laco, his praetorian prefect. A. was particularly interested in adoptions, and Piso is also mentioned by Victor (6. 2) and Orosius (7. 8. 1) in their brief accounts. It is true that Tacitus describes Laco as *ignavissimus,* and also refers to him in the words *contemptu inertiae* (*H.* 1. 6. 1); but he remarks of Piso that he did nothing in public between his adoption and death except make a speech (*H.* 1. 19. 1). Tacitus also says that Galba did not trust the urban soldiers (*H.* 1. 14. 1); and he usually mentions Laco together with Vinius.

13. mollis: cf. Eutrop. 7. 17. 2 *in privata vita mollis*; Tacitus (*H.* 1. 22. 1) and others deny that he was effeminate in mind.

14. morte ... ut vir: 'of a man's death'; unusually compressed, but surely sound. His cowardly attempts to hide from his enemies are described by Tac. *H.* 3. 84. 4–5, Suet. *Vit.* 16 and 17; cf. Tac. *H.* 2. 31. 1.

15. fatoque accitus: Suetonius notes various omens (*Vesp.* 5) and the emperor's belief in his horoscope (*Vesp.* 25); cf. Tac. *H.* 2. 78, Victor 9. 4.

    Vespasianus: the first *a* is long in *CIL* xii. 3166, xiv. 3608 (ll. 30, 37).

16. imperii felix brevitate: the ablative is causal, as in Verg. *A.* 3. 480 *felix nati pietate.* Dio declared that Titus died at the peak of his fortune, and contrasts him with the long-lived Augustus (66. 18. 4–5 (Xiph.)). This notice is not discussed by B. W. Jones in *The Emperor Titus* (London, 1984), who judges rather differently (157).

17. calvum ... Neronem: from Juv. 4. 38; cf. Suet. *Dom.* 18.

18. Iulius, ut perhibent, divus: for *perhibent* cf. *Ephem.* 8. 22, where it is otiose. Here the phrase might be taken as mere padding, perhaps intended to give an impression of learning lightly borne; but A. may have wished to justify his use of *divus*, the official title used again in l. 44; cf. S. Weinstock, *Divus Iulius* (Oxford, 1971), 391.

    trieteride: reckoned from the beginning of his ten-year dictatorship in 46 BC (Dio 43. 14. 4).

19. post lustra decem sex prorogat annos: A.'s use of *lustrum* is not consistent (cf. *Epiced.* 37n.), but it probably denotes five years here. It is more likely that A. is reckoning from the battle of Philippi (or the formation of the second triumvirate) than from the battle of Actium: both Eutropius (7. 8. 2) and the author of the *Epitome* (1. 30) say that he ruled for twelve years with Antony, and a further forty-four alone. The expression is less elegant than in Sil. 11. 588 *ut longa imperia atque armatos proroget annos*, on which it seems to be based.

20. Victor (3. 1) and the *Epitome* (2. 1) agree; Eutropius (7. 11. 3) states that he died in his twenty-third year, Dio is more precise (58. 28. 5).

21. tertia ... hiems: Gaius in fact died in the fourth winter of his principate, on 24 January, after nearly four years in power. The error may be due to the use of synecdoche, as Fleury suggested, or to the careless use of a source (H. Armini, *Svensk humanistisk tidskrift*, 2 (1914–24), 276).

    grassantis: cf. Suet. *Cal.* 34. 1, 56. 1. The manuscripts' *grassantia* is unacceptable with such a neutral word as *tempora*.

22. hebdomadam duplicem trahit: the epitomators say that he ruled fourteen years, Suetonius that he died in the fourteenth year of his rule (*Claud.* 45). The verb may mean 'dragged out' as in Tac. *A.* 14. 48. 4 and elsewhere.

23. There is a similar use of *consul* in *Par.* 29. 4. The figure of thirteen is given also by the *Epitome* (5. 1); Suetonius implies fourteen (*Nero* 51), and Eutropius more precisely places his death in his fourteenth year.

24. lascive et: the unmetrical reading of most manuscripts is easily healed by adding *et* with χ, but *lascivus Otho* would not be impossible; cf. *Par.* 3. 1–2n. for the nominative. For other descriptions of Otho's nature cf. Suet. *Otho* 2. 1, Tac. *H.* 1. 13. 3.

25. A line has surely fallen out after l. 25, for in the other sets of monostichs there are twelve lines for the twelve emperors, although not one line to each. If the missing line began *ternaque* (perhaps referring to their three names), as does the line that follows Verg. *A.* 1. 265 *tertia dum Latio regnantem viderit aestas*, which is the model of l. 25, its loss is easily explained.

27. fatalem decadam sibi: cf. 15 n. for *fatalem. decadam* is rarer than *decadem*, but has better manuscript authority: cf. *hebdomadam* in l. 22. Victor (10. 5) and the *Epitome* (9. 1) also give a round ten years.

28. Titus' principate in fact included only two Januaries: the error is due to stylistic elaboration (cf. 21), or perhaps to his sources; Victor (10. 5) and Eutropius (7. 22. 1) give Titus two years and about nine months, several too many. The custom of decking Janus with a laurel wreath seems to be mentioned elsewhere only by Sid. *c.* 2. 8–9, but should not be dismissed as invention or anachronism. Such a ceremony could have been part of the celebrations denoted by the phrase *annum intrare* (Mart. 10. 10. 1 *laurigeris annum qui fascibus intras* and Stat. *S.* 4. 1. 20), and it was a common custom to bedeck doors with laurel (M. P. Nilsson, *ARW* 19 (1919), 61–2). For the celebrations in general, see H. S. Versnel, *Triumphus* (Leiden, 1970), 302–3.

29. dum: U's *tum*, championed by Heinsius and preferred by Schenkl, Peiper, and Prete, gives a far less suitable expression: Domitian did not take hold of the reins of power fifteen times.

30. grassante senatu: cf. Justin 16. 4. 12 *grassanti in populum senatui.*

32. sera ... fata peregit: 'lived out his later years'. In these monostichs the focus is not always on the manner of death (cf. ll. 31, 38), and the meaning 'ended his life, too late', is less likely.

   exul: a voluntary exile; the word is usually qualified in this sense, as in Ov. *M.* 15. 61–2 *exul sponte erat.*

33. Caesare: the emendation of Markland (revealed in *Rh. M.*, NF 99 (1956), 286) and L. Mueller (*Jb. cl. Ph.* 12(93) (1866), 866–8) of *Caesare* to *Gaio* was acclaimed as 'very brilliant' by J. Willis in his *Latin Textual Criticism* (Urbana, 1972), 71–2, but whether put down to an omitted or misinterpreted abbreviation (Willis), or to homoearcton, it is for reasons explained on l. 9 less than compelling. *Gai* is certain in l. 21; but in the tetrastichs *Caesar* is again transmitted, both at l. 58 and in the title.

34. ambiguo ... veneno: Pastorino sees an allusion to Suetonius' comment that his sources disagreed about the exact details (*Claud.* 44. 2); and this would create a characteristic contrast with the previous line. But elsewhere the adjective is used of things that are indeterminate or unclear (such as Bissula's nationality in *Biss.* 3. 11, or a fish in *Mos.* 129) and the meaning is rather that the poison, though suspected as always, escaped notice.

35. matricida: the prosody (cf. *parricida* in l. 127) is imitated by Sidonius in *c.* 5. 290.

36. saevo ... Othone: cf. Tac. *H.* 2. 31. 1. EZ have *Othoni*, which could be right.

37. mox Otho, famosus ... : repunctuation adds point.

38. perimendi: this word might mean either 'soon to die', or 'deserving to be killed'; the latter use is less typical of A., but would be matched by *laudandus* in l. 76.

   mors lenis: perhaps based on Vespasian's well-known jokes (Suet. *Vesp.* 23. 4, 24).

40. orbis amor: cf. *amor ac deliciae generis humani* (Suet. *Tit.* 1. 1). It looks as if Z's reading *a morte* is essentially an error of perseveration, which perhaps arose from confusion with *mors* above; *orbis* was then rejected as redundant.

41. Cf. *Ordo* 69 *solveret exacto cui sera piacula lustro.*

44. incipiam ab Divo: EW compares Vergil's *ab Iove principium Musae* (*E.* 3. 60); a rare poetic flourish for these concise and factual poems. For *Divo* cf. 18n.

48. sola trieteride: cf. 18n.

49. armatae ... togae: another striking description of his assassins (cf. l. 30); it achieves its paradoxical point by negating the conventional distinction between *arma* and *toga*.

50. Ultor: cf. his *Res Gestae* 2, Hor. *c.* 1. 2. 44, Ov. *F.* 3. 709–10.

   Octavius: this name is not used in the sources, but occurs in Juv. 8. 242. Later emperors may have raised similar metrical problems.

51. nomine nobilior: for such assonance cf. *Ad Patrem* 12, *Prof.* 9. 5, 24. 3, *Griph.* 80.

53. prodidit: the manuscripts' *credidit* is impossible, and Prete's small change *credit, at* gives nonsense. The verb *prodo* is a favourite one in these poems, and the corruption may have been caused by *credit* at the end of the next quatrain (cf. ll. 105, 109). The point (which was made very briefly in l. 31) is that his long peaceful rule made him at least to some extent like the deity; similar comparisons of deity and emperor are made in *Grat. Act.* The germ of the idea should probably be sought in contemporary panegyric rather than in earlier tributes such that of Hor. *c.* 1. 2. 41–4 (which is not close). L. Mueller's *reddidit* is highly unlikely because of *esse*, and Brakman's *re edidit* imports a harsh and unparalleled elision.

54–5. The couplet recalls Tacitus' judgement in *A.* 6. 51. 3 *egregium vita famaque quoad privatus vel in imperiis sub Augusto fuit*; the allusion is to commands which he held before his withdrawal to Rhodes.

56. frustra dehinc: probably sound, although *frustra* is otiose. It should be scanned like *frustra* in Prud. *Per.* 1. 13 and *contra* in *Praef.* 3. 16; *dehinc* is regularly an iambus in A.

solo ... antro: from the writer's imagination, or perhaps a misunderstanding of Suet. *Tib.* 43. 2. Cf. Tac. *A.* 4. 67. 3 (*duodecim villarum*) and 6. 1. 1 (*saxa ... et solitudinem maris*).

57. quae prodit vitiis: as elsewhere, the attempt to create an antithesis is unhappy. A. might mean that his character or deeds had already been revealed by vice, or that they were now, in spite of his precautions, manifested in vice; the latter interpretation is more likely. Behind it lies the condemnation of Suet. *Tib.* 42 *cuncta simul vitia male diu dissimulata tandem profudit* or Tac. *A.* 4. 67. 3 *occultiores in luxus et malum otium resolutus*: cf. Victor 2. 2 *Capreas insulam quaesiverat flagitiis obtentui.*

58. castrensis: this reading should be maintained (Villani 104–5), notwithstanding l. 9. The alliteration of this line owes much to Suetonius (quoted on l. 9).

59. saevo saevior: his *saevitia*, emphasized here by an unusual figure of speech, is amply documented in Suet. *Calig.* 27, 32, 34.

60. For *caedibus incestisque* cf. Suet. *Calig.* 23–4.

61. pollutum ... avum: the comparison with Tiberius, the adoptive father of Germanicus, Caligula's father, is also made by Dio (59. 5. 1), Eutropius (7. 12. 1), and Zosimus (1. 6. 2). *pollutum* may be used absolutely as in l. 74.

62. irrisae ... vitae: genitive of description (cf. Suet. *Tib.* 52 *fluxioris ... vitae*); though he was indeed derided by Gaius, his general demeanour is meant. The phrase is not, as the usual punctuation of this line might suggest, dependent on *specimen*, which here means not 'pattern' (EW) but 'evidence'.

64. et crimina passus: all manuscripts except V and W have a lacuna here. W's *certa potestas* looks like a desperate stopgap; but V's reading is both historically apt (cf. Dio 60. 8. 4 for such a summary) and stylistically unexceptionable (cf. *Par.* 18. 2–4, *Mos.* 196–7 for repetition of an important word). For *libertina* as an adjective, cf. Calp. *Decl.* 14 (*patrimonium*) and Mart. 5. 13. 6 (*opes*).

67. Iulia sacra: the metaphor is a natural one for a late Latin writer. For *polluit* cf. l. 61 and *HA Elag.* 2. 4 *quamvis sanctum illud Antoninorum nomen polluerit.*

68. Reminiscent of Suetonius' comment *nullum adeo necessitudinis genus est, quod non scelere perculerit* (*Nero* 35. 4).

69. sed: W's *me*, perhaps due to dittography, is not apt; *et* is ruled out not by the hiatus, but by the sense. A. is not declaring his own aversion to Nero (like Victor in 5. 4 *namque eo dedecore reliquum vitae egit, ut pigeat pudeatque memorare*), but warning the reader.

70. Spe: Pastorino, following La Ville de Mirmont as he often does, has *spem*, with various manuscripts; at this time *frustrate* is more likely to be a passive, and the easier reading of VW should be preferred. Although Galba disappointed others, as we are reminded in what immediately follows, he must himself have hoped for greater success than he in fact achieved.

71. es: the contrast between *privatus* and *imperio* would be weakened by reading *et* with V. The words are modelled on Tacitus' famous summary of Galba's abilities in *H.* 1. 49. 4 *maior privato visus dum privatus fuit et omnium consensu capax imperii nisi imperasset.*

72. iustior ordo: cf. *Hered.* 6 *gratior ordo.*

74. Suetonius notes a similarity of character between Nero and Otho (*Otho* 2. 2), Dio (61. 11. 2) and Victor (7. 1) their early friendship.

76. erit: the future tense is used again in l. 104, but *erat* may be right.

76–7. This striking judgement goes beyond Suetonius' comment *mors minime congruens vitae* (*Otho* 12. 2) and reflects A.'s greater condemnation as seen in l. 13. Editors quote *hoc solo imitatus virum* from Justin's account of Sardana-pallus' self-immolation (1. 3. 5); the line is imitated in the unusually vehement medieval epitaph on Hincmar (*MGH PLMA* iii. 553) and mis-quoted by Samuel Johnson (*Ep.* 427). Line 113 is notably similar to l. 77.

78. Vita socors: Reeve's certain emendation of the manuscripts' *vitae sors* or *vita sors.* There is no evidence of its prosody before Prud. *Cath.* 1. 34 (*socors*), and *Apoth.* 126 (*socordia*), where the first vowel is short. The adjective is used of Vitellius by Tacitus at *H.* 3. 36. 2 (cf. *socordia* in 2. 73. 1, 2. 98. 2), and of Claudius by Sid. *Ep.* 5. 7. 6, perhaps in imitation of this passage. Other suggestions may be forgotten, including Sh. B.'s amusing *suis*, based on Tac. *H.* 3. 36. 1, where the *ignava animalia* are according to Wellesley hares and rabbits, or dormice.

nec digne: since *socors* is surely nominative, not vocative, *nec* must be taken as equivalent to *non.* The closest parallel is Tert. *Pall.* 4. 1 *nec honestis*: for others see E. Löfstedt, *Syntactica* (Lund, 1928), i. 265–8 and A. H. Salonius, *Vitae Patrum* (Lund, 1920), 337–8. It would be wrong to supply *es* with *digne*; see on *Prof.* 19. 2.

81. non nisi dignus habet: hardly consistent with some of the other comments. He is presented as unworthy in l. 14 too.

82. Quaerendi attentus: cf. Hor. *S.* 2. 6. 82 *attentus quaesitis*; for the genitive cf. Val. Max. 2. 5. 5 *continentiae*, Sen. *Clem.* 2. 5. 3 *communis boni. pecuniae cupiditas* was his only fault, according to Suetonius (*Vesp.* 16. 1), and the epitomators agree.

moderato commodus usu: cf. Suet. *Vesp.* 16. 3 *male partis optime usus est.* The judgement is gentler here than in *Grat. Act.* 72, where in a comparison with Valentinian A. emphasizes his austerity.

84–5. Based on Tac. *H.* 1. 50. 4 *et ambigua de Vespasiano fama, solusque omnium ante se principum in melius mutatus est.*

86–9. The tribute to Titus is made up of the judgement already presented in l. 16, and three snippets from Suetonius. The detail *expers civilis sanguinis* (cf. *Mos.* 405–6) comes from *Tit.* 9. 1, *orbis amor* from *Tit.* 1. 1 (cf. 40), and the third line from *Tit.* 10. 1 *neque enim exstare ullum suum factum paenitendum excepto dumtaxat uno.*

89. nos: this reading may be retained if *nulli* is treated as adverbial ('not at all'), as in Apul. *M.* 7. 17 *nullus tamen desinebat. . . obtundere* and Comm. *Instr.* 1. 17. 17 *maiestas tamen illorum nulla locuta est*; the emphatic *nos* is justified by *te* and *tibi*. *nulli nos* could not mean *nemo nostrum* as Canal maintained, and since Ugoletus suggested *non* for *nos* it has been usual to take *nulli* as dative and *non tibi* in parenthesis as 'not (even) you', a notion better expressed with Mommsen's *nec*. But A. is countering Titus' own opinion, not a general one, and that should have the priority; had he written 'we do not believe you, or indeed anyone else', it would be a different matter. The phrase may be a proverbial one; cf. Prop. 4. 2. 20 *de se narranti tu modo crede deo*, Prud. *Ham.* 682 *de te tibi credere.*

90–3. This quatrain is based on two lines preserved by the scholiast on Juv. 4. 38 and there ascribed to Martial: *Flavia gens, quantum tibi tertius abstulit heres! paene fuit tanti, non habuisse duos* (to be found at the end of the *Spectacula* (*OCT*, Teubner) or book 11 (Friedländer)). Presumably A. found this poem somewhere in his text of Martial, which he knew well. The epigram is developed in a typically Ausonian manner: *hactenus. . . iustos* recalls *Par.* 9. 1 and *eripuit* occurs in various elegies; the contrasting clauses introduced by *quia* are matched in 80–1. The final couplet, for which EW quotes Shakespeare, *Julius Caesar* III. ii. 81–2, may originate with A.; it is not a common sentiment in antiquity.

94. tyranno: cf. Victor 12. 2, Eutrop. 8. 1. 1, *Epit.* 11. 11.

95. mente parens: cf. *Epiced.* 44, Plin. *Pan.* 6. 1 *imperator et parens generis humani.*

97. With repeated *quam*, as in the manuscripts, the line is very weak; it has more point if the first is emended to *qua*, the second to *quem* with Schenkl. L. Mueller (*Rh. M.*, NF 25 (1870), 635) read *quem. . . quam*, but the exclamation is uncharacteristic. Z's *iuvet* was wrongly assimilated to *uelit*. The infinitive *legisse* is explained by Stat. *S.* 2. 1. 87 *natos genuisse necesse est, elegisse iuvat.* For similar observations see Tac. *H.* 1. 16; Plin. *Pan.* 7. 7, 89. 2.

98. viridi . . . aevo: cf. Ov. *Tr.* 4. 10. 17.

100. sociat sibi sorte legendi: whether Trajan had in fact adopted Hadrian was unclear at the time, and has always remained so (see W. Weber in *CAH* xi. 299–300, R. Syme, *Tacitus* (Oxford, 1958), 232–3 and 240–1). It may be rash to seek a clear meaning here, but *sorte legendi* (cf. *regni sorte* in l. 42) seems to be a periphrasis for *legendo*, and to denote more than his entry into a marriage alliance (*HA Hadr.* 2. 10).

102–3. Cf. Dio (Xiph.) 69. 2. 5, 23. 2 (referring to his executions).

104. cui iunctus erit documenta daturus: cf. *documenta dature* in Ov. *M.* 3. 579. The alternative in Z, *sociansque virum . . . daturum*, gives a very weak connection with what precedes; the corruption was probably helped by *sociare* above.

105. asciti: A. uses this word elsewhere (*Par.* 22. 9, *Grat. Act.* 7), but not *assumpti* (CM¹T), and that reading may be influenced by *sumpsit* in l. 109.

106. abhinc: 'next'. Victor favours the word in this sense (13. 12, 24. 9, 37. 5).

108. lege suorum: like his three imperial predecessors.

109. a patria sumpsit: echoing a commonplace found in Tac. *H.* 1. 15 and developed by Pliny at *Pan.* 7. 5. According to others Hadrian had already indicated the succession (*HA Hadr.* 24. 1, Victor 16. 1).

110. qui scita Platonis: the uncommon *scita* led to the error *quaesita* in Z. Plato may represent philosophy in general, as in *Prof.* 26. 5, but he is important in the emperor's *Meditations*, and Marcus is compared with him in *HA Marc. Ant.* 19. 12. Plato's renowned saying about philosophers and kings, cited in *HA Marc. Ant.* 27. 7, may also be relevant here.

113. Cf. *HA Sev.* 21. 5 *quid Marco felicius fuisset, si Commodum non reliquisset heredem?*

114–15. The indignity of Commodus' notorious gladiatorial combats is emphasized by the contrast between *Thraecidico ... gladio*—this is the weapon of a *Thraex* (cf. Plin. *NH* 33. 129) and has nothing to do with an Amazon or even Commodus' nickname *Amazonius* (so EW, conflating *HA Comm.* 11. 9 and 12. 9–12)—and *princeps*, and by the calculated inappropriateness of *bella movens*.

116. persolvit: the participle here is clumsy, and may well be corrupt; the remedy is not to supply *est* with *fassus*. According to all sources he was strangled by the athlete Narcissus.

117. The meaning is that his character reflected his mother's turpitude; in *criminibus* there need not be a reference (as argued by R. Syme in *Bonner HA-Colloquium 1970* (1972), 293–5) to the allegation that Commodus' true father was a gladiator with whom his mother Faustina had committed adultery (*HA Marc. Ant.* 19. 1). Such a notion would contradict *genuit* in l. 113, and one would not expect Commodus' taste for gladiatorial combat to be described by *criminibus*.

118. senatus: *senati*, read by W alone, is used by A. in *Prec.* 2. 5, *Ep.* 9b. 19, 21. 56, where there is a clear honorific purpose, and thrice elsewhere. Here there seems no good reason to go against the majority of the manuscripts.

119. decretis prodere, non studiis: *prodere* is my emendation of *prodite*, which is difficult if *quod* in l. 120 is correct (*te* or *quam* would be easier). For *prodere* cf. *Par.* 3. 2 *dicere*; *proderis, haud* might be suggested, but this use of *haud* seems to be confined to early Latin (*TLL* vi/3. 2564. 18–28). *decretis* refers back to l. 118, *studiis* means 'your own enthusiasm'. According to most sources, including Marius Maximus (*HA Helv.* 15. 8), Helvius Pertinax accepted the senate's nomination with reluctance.

120–1. A difficult couplet. The meaning seems to be that the praetorians resented (and undid) the appointment after their mistake, or rather the senate's, had been made plain; because (A. adds by way of explanation) the senate had yielded to the military in creating emperors. (This point may have been added to prepare the way for the apology for Severus.) Sh. B. suggested *probatum* (sc. *est*) for *probato*, but what precedes is still clumsy; and the commonplace (Tac. *H.* 1. 4. 2, *A.* 12. 69. 2) that the senate had yielded to the military in such matters did not require proof.

120. male fida: cf. *peiuro* in l. 123.

122. Di bene, quod . . . : cf. Mart. 11. 53. 5.

   sceleris: the reading of UBχ; W has *celeris*, V *sceptris*. A. like many others uses *opima* of trophies (*Epit.* 9. 2, *Griph.* 29, *Technop.* 10. 15) and this is an easy extension which can perhaps be justified by Ov. *M.* 8. 87 *spolium sceleris* (where *celeris* is also read). V's *sceptris* or *sceptri* would be much more difficult; the intrusion of the word into such a context is understandable.

   Didius: the first *i* is long in Ov. *F.* 6. 568; Greek evidence points both ways.

122–3. Like the epitomators, A. clearly implicates Didius in the murder; Dio and Herodian do not.

123. adempta: Prete's *dempta* seems not to be a conscious emendation, and is unlikely to be a *felix culpa* because of *adimat* in l. 127.

124–9. A. shows remarkable enthusiasm for Severus; even Victor, the emperor's compatriot, had reservations, especially about the manner of Didius' death, and the *Epitome* (20) is not entirely favourable, though fulsome in places. Severus' accession is a deliverance (122 *Di bene*) and a restoration (125); in contrast to the *parricida* (127) he is seen as benevolent (124 *pater*), and the charge of usurpation is refuted in spite of A.'s hostility to usurpers elsewhere. For *novantis* cf. Tac. *A.* 4. 18. 2, *Pan. Lat.* 8(5). 13. 2, and *CQ*, NS 31 (1981), 229.

   The statement in *HA Sev.* 4. 1 that Severus was esteemed by the Gauls as no one else could be based simply on this passage.

126. egelido . . . ab Histro: from Carnuntum, according to *HA Sev.* 5. 2. The adjective, used again in *Pater ad Fil.* 4, *Ep.* 24. 89, is derived from Verg. *A.* 8. 610.

127. parricidae: cf. Dio 74. 13. 3 (of Didius), *Pan. Lat.* 2(12). 12. 2 and 30. 3 (of Magnus Maximus). For the prosody, cf. l. 35 *matricida*.

128–9. His foreign extraction is attested by a variety of sources; the matter is thoroughly discussed by T. D. Barnes, *Historia*, 16 (1967), 87–107. The sentiment is common enough (Tollius cited Dio 68. 4. 2 and other passages) but it is likely that social status is also implied; Severus was not well born according to Victor 20. 28, *HA Sev. Alex.* 5. 4. As noted in *CQ*, NS 31 (1981), 235–6, there is a significant verbal similarity to *Prof.* 21. 27–8, written at about the same time.

129. cui: more likely than *cum*, surely affected by *locum*.

130. multo magis illi: for the rhythm cf. *Epiced.* 49, *Epigr.* 56. 3, 97. 1.

131. He had in fact received the name of Antoninus from Severus (*HA Sev.* 16. 3–4), as A. may have known.

132. He killed his brother Geta according to *Epit.* 21. 3, *HA Geta* 6. 1, *Carac.* 2. 4, and was later killed by Martialis (*HA Carac.* 7. 2).

133. In this line *magis* is unlikely to refer to magicians (cf. Herod. 4. 12. 3–4), as Accursius supposed. The word is not above suspicion, and may have replaced *cluis*, unless the main verb which the quatrain badly needs is found in *puniris* (suggested by Reeve for *punitus*). But it has point if its function is to contrast two names (cf. l. 131) or two punishments (cf. l. 132). The latter interpretation would be rather paradoxical; the former ('you are more truly Caracalla in popular derision') receives support from Dio's statement in 79. 9. 3 that he was hated by the people after his death and called some much less complimentary names than Antoninus, including *Caracallus*. Although this is at variance with the commoner idea that Caracalla was a nickname from admiring soldiers, A. has been seen to share Dio's viewpoints elsewhere.

134. hinc: cf. l. 102.

134–5. Caracalla's praetorian prefect Macrinus engineered his death while they were campaigning in Parthia; even this murder typified the general idleness (Herod. 5. 2. 4, 5. 3. 1, 5. 4. 2) shown during his brief rule.

135. vertit in auctorem: cf. Ov. *F.* 5. 42, Paul. Petr. 6. 258.

136. prole: Diadumenus (also known as Diadumenianus), who was joint emperor.

pulsare querellis: cf. Stat. *Th.* 8. 249 and *S.* 5. 1. 22, Juvenc. 1. 266.

138. Augustae: cf. *HA Carac.* 9. 2, *Geta* 2. 2, where it is stated that he inherited the name Antoninus as he did the name Augustus, and *Sev.* 19. 3.

139. Elagabalus is described as a false Antoninus at *HA Elag.* 33. 8 and regularly in Dio, and is often called the last of the Antonines in the *HA* (*Macr.* 7. 8, *Elag.* 18. 1, 33. 8). The poet referred to in *HA Macr.* 14. 2–4 is unlikely to be A.—though he might have been modelled on him—for it includes Verus, not present in these poems.

The missing couplet must have contained his name, with or without prosodic distortion (in *HA Macr.* 11. 6 the first *a* is long). The phrase *Elio nam gabalus* (Morel–Buechner, *FPL*, inc. fr. 59) cannot be part of it since A. would not have resorted to tmesis, which he saves for frivolous contexts (*Ep.* 15. 36).

The lines added by Dousa and ascribed (it seems) to V are not in the manuscript.

XXIV. THE SERIES OF FAMOUS CITIES

The title *Ordo Urbium Nobilium* is V's; P and H have *catalogus urbium nobilium*, which is less likely to be authentic, since the ranking of cities is a prominent feature. Ausonius uses *numerus* in l. 164 and speaks of *claras. . .urbes* in l. 65, but it is unlikely that either of these points to his chosen title. The aim of this sequence is not to portray the leading cities of his day, as declared by

H. Szelest in *Eos*, 61 (1973), 109–22 (among others), but to include cities with the greatest claim to fame, whether past or present. The first place, naturally, goes to Rome, albeit with only a single line of description; the second place is shared by the newly powerful Constantinople and the once mighty Carthage. The third goes to Alexandria and Antioch, though the writer deplores their unruly populations. Then Trier, followed by Milan, and two more Italian cities, Capua and Aquileia, associated with threats from Carthage and Britain respectively; then Arles—the 'Gallic Rome'—and various cities of Spain; Athens, and the Sicilian towns of Catania and Syracuse; and finally Toulouse, Narbonne, and Bordeaux. The East is poorly represented, and there is an obvious bias towards Gaul. The elaborate and elevated lines devoted to Bordeaux—which make up about a quarter of the whole—end with a flattering comparison of it with Rome, and a frank confession of Ausonius' divided loyalties.

In her detailed study of this poem, published under the surprising title *Die 'Tres Galliae' und das 'Imperium' im 4. Jahrhundert* (Zurich, 1969), Regula Beck argued that the work was written to draw attention to the resources of Gaul and to thank Theodosius for overcoming Maximus. The unusually strong reference to Maximus (72) should not be played down, but its position near the centre of the work need not be significant, since it is seldom if ever that Ausonius demonstrably uses such a technique. The close relationship of Ausonius and Theodosius' encomiast Pacatus, also adduced by Beck, is likewise undeniable; but their works, even if exactly contemporary, need not have the same purpose. Politics may have been Pacatus' *métier*; his octogenarian friend more likely kept his distance. There is in fact not much in these poems that is directly encomiastic, though Szelest may underestimate it by confining it to three cities. As elsewhere, Menander is seldom relevant, and a comparison with *laudes urbium* or with the handful of relevant Greek epigrams which adopt rhetorical attitudes (see Szelest 113–16) shows that Ausonius' approach is essentially a descriptive one. He deals variously with character and climate, geography and trade, history and myth (there is a useful analysis by A. Calderini in *RIL* 77 (1943–4), 431–41), and he does so unsystematically and eclectically, following no set pattern but indulging his own literary or personal whim. An interesting element, brought out by Szelest, is the importance of the cities to the wider environment; one can detect the standpoint of a Roman official. The *Ordo* is one of Ausonius' most attractive 'catalogues', combining an element of personal comment, an eye for distinctive material, and a flexible and vivid style of presentation.

The sources are correspondingly various. Clearly there is an input of personal observation: Ausonius was well acquainted with Bordeaux, Narbonne, Toulouse, and Trier, and perhaps Milan too. Hearsay could also have contributed, at least in the case of the riotous Eastern cities and perhaps Braga. Literary sources play a small part. Some information may have come through

Cicero (notably on Capua, for which Silius Italicus was not used), but echoes of prose authors can be misleading. It should not be assumed, for example (as some editions might be taken to imply), that Ausonius needed to search through Pliny for the ancient name of Byzantium. The desultory nature of the descriptions make it unlikely that he followed a handbook of any kind. Vergil as usual is the main fount of poetic inspiration. It is also noteworthy that Ausonius refers economically and eloquently to his *Moselle*. In some places the *Ordo* attains the richness of that work, and near its climax has an almost hymnic quality. But more usually it is in a lower key, and in the loose structure of individual poems and the various ways of introducing them it resembles the *Parentalia* and *Professores*, written at about the same time, during the last decade of his life (the comment on Maximus' fall in 388 gives a *terminus post quem*).

The relevant manuscripts are VPH. The version in T was added by a later hand from the edition of Ferrari (1490), as shown by M. D. Reeve in *Prometheus*, 3 (1977), 112–14. The critic's main task is to adjudicate between V and the source of PH; the archetype is relatively free from error, but a few problems remain. The archetype may have lacked headings to each section—V's titles are squeezed into the margin, P's are sometimes inept, H has none—but Ausonius probably intended them, as in the contemporary *Caesares* and *Parentalia*.

Rome

The brevity of this description may be due to the sheer wealth of material, rather than any personal feeling. It is short but majestic.

1. **divum domus:** used by Vergil of Ilium (*A.* 2. 241), and before that by Ennius (*Ann.* 586 Skutsch), perhaps in his description of the gods' assembly in *Annales*, book 1, as suggested by Skutsch ad loc. A. may have been aware of the context; see on *Technop.* 15. 17–18.

   aurea Roma: cf. Juvenc., *Praef.* 2, Ov. *AA.* 3. 113, Mart. 9. 59. 2.

Constantinople and Carthage

Adjudication between Rome's old enemy and the new capital is impossible.

2. **assurgit:** this personification (cf. Verg. *G.* 2. 98, *Pan. Lat.* 2(12). 4. 4) helps to dramatize the conflict between the two cities.
5. **qui fuit ante parum:** 'which was previously not enough for her'. I suggest that *ante* was abbreviated to *an*, and that this led to the superficially apposite *ambarum* (cf. l. 17), which in fact feebly anticipates the resolution of their claims in l. 11. The transmitted reading gives very poor sense, for *fuit* is not applicable to Constantinople. Barth's *fuat* is a word used elsewhere by A. only in the phrase *fors fuat ut* (*Ep.* 9a. 11), and for Plautine colour in *Ludus* 197.

7. praestringit: cf. Quint. 10. 1. 92 *ceterarum fulgore virtutum laus ista praestringitur.*

8. An abnormal accumulation of assonance (cf. *Mos.* 199n.), followed in ll. 9–10 by notable alliteration.

9. deos: unspecific, as usual, and not meant to recall past or present gods of Carthage.

10. nunc: the sense is quite adequate, and *nunc* should not be replaced by Heinsius' *huic.* But *priorem* is not temporal: it means 'as her superior'.

12. ite pares: cf. Ov. *F.* 6. 99 *ite pares a me* (the Judgement of Paris). The assonance (which editors have needlessly emphasized by punctuation), is picked up by *opes* in l. 13.

14. Byzantina Lygos: cf. Plin. *NH* 4. 46. *Byzantina* is used for contrast with *Punica.*

    Byrsa: cf. Verg. *A.* 1. 367, with Servius, and Liv. 34. 62. 12.

Antioch and Alexandria

Ausonius' distaste is clear in this uninformative sketch. The dignified *agon* of the previous two cities gives way to a more sordid quarrel.

15. Tertia: sc. *esset.* The suburb of Daphne at Antioch was sacred to Apollo, but saw little worship in A.'s time, especially after the fire of 362 (Amm. 22. 13. 1; cf. Liban, *Or.* 60, esp. 5). For details of the cult see G. Downey, *A History of Antioch in Syria* (Princeton, 1961), 82–6. According to Pliny (*NH* 5. 79) the city was also named *Epi Daphnes.*

17–18. Their disorder is underlined by the emphatically placed *vitiorum,* which cannot be linked with *vulgo.* Alexandria was particularly notorious in this respect (cf. Amm. 22. 11. 4, *HA Tyr. Trig.* 22, *Firmus* 8. 7, mentioning Egypt's *fecunditas*); for Antioch see Julian's *Misopogon* and J. H. W. G. Liebeschuetz, *Antioch* (Oxford, 1972), 124–6. A. may be influenced by the Riot of the Statues in 387, for which see Liebeschuetz 104–5, Jones, *LRE* 163 and n.

20. penitusque repostis: cf. Verg. *A.* 6. 59–60 *penitusque repostas Massylum gentis.*

22. Antioch was the base for the campaigns of Constantius and Julian against the Persians, who are described as in Hor. *c.* 4. 15. 23 *infidive Persae.*

25–7. Cf. Justin 15. 4. 5, 9: *in femore Seleuci nata cum ipso parvulo fuit . . . Originis eius argumentum etiam in posteris mansit, siquidem filii nepotesque eius anchoram in femore veluti notam generis naturalem habuere.*

25. ingenitum: the reading of PH seems more suitable than V's *ingenuum*; cf. *Par.* 30. 3 (*virtutibus*), Quint. 2. 16. 14 (the natural weapons of animals), Solin. 32. 17 (a mark on Apis like a crescent moon).

26. qualis inusta solet: for the ellipse of the verb, cf. Sen. *Dial.* 6. 3. 4 *qualis* *vivus solebat.* The words *generis nota certa* do not belong to the clause, in spite of Verg. *G.* 3. 158 *notas et nomina gentis inurunt*; the next sentence makes plain that it belongs to the Seleucids.

Trier

A city high in the writer's affection, introduced with an almost apologetic *dudum* (cf. *Mos.* 367), and described with great care: note the golden lines 32–4, each of them beginning with the same sound. This sketch includes more detail; the reader is referred as appropriate to Wightman and Heinen. The veracity of the poem is discussed by Heinen at p. 255.

28. Armipotens: this epithet, previously used by Statius (*S.* 3. 2. 20) of Ausonia and by Ulpian (*Dig.* 50. 15. 1) of Tyre, is here particularly well suited to Trier (cf. *Mos.* 382 n.).

29. solium: cf. *Protr.* 87, *Pan. Lat.* 3(11). 23. 4.

30. pacis . . . in gremio: adapted by Claudian in 15. 51 *gremium pacis servile.*

31. quod alit, quod vestit et armat: for corn, see G. E. Rickman, *Roman Granaries and Store Buildings* (Cambridge, 1971), 264–5; it was also imported (Amm. 18. 2. 3). Factories at Trier are mentioned in *Not. Dign. Occ.* 9. 37–8, 11. 58, 77; see also Wightman 67, 117–19, Heinen 305–6, 414–15 (for bibliography).

32. For the walls of Trier see Wightman 92–8 and Heinen 110–11. They were unusually extensive (Wightman 93) and rose up the surrounding hills to the east and south-east (Wightman, fig. 12, p. 121; Heinen 111).

33. The language recalls the *Moselle*; for *tranquillus* cf. *Mos.* 245, for *praelabor* cf. *Mos.* 33, for *largus* cf. *Mos.* 431. For the river's gender see on *Mos.* 350.

34. longinqua omnigenae: cf. Wightman 48–50 (tombstones of merchants from Trier), Heinen 309. The careful deployment of adjectives here points to V's *omnigenae* (cf. Verg. *A.* 8. 698) not *omne genus* (cf. *Mos.* 310) which might be derived from PH's *omnigenus.*

Milan

The tribute to the inhabitants in l. 37 (cf. *Mos.* 384–5) and the attention devoted to the architecture suggest personal knowledge. In general see A. Calderini, in *Storia di Milano*, i (Milan, 1953), 524–69, and now F. Della Corte, *Cultura e scuola*, 23/4(92) (1984), 49–55. The omission of the amphitheatre need not mean, as argued by D. Kinney, *Journ. Soc. Archit. Hist.* 31 (1972), 100–2 and by R. Krautheimer, *Three Christian Capitals* (Berkeley, 1983), 88, that it was no longer standing. Stone from it was used for the platform of S. Lorenzo.

35. Mediolanum: the *o* was normally short, as Greek sources make clear. Similar prosodical licence is found at ll. 92, 110, and 114, and regularly in other poems of A.

37. For *tum* cf. l. 144. The new wall is discussed by Calderini 489–93.

39. For the circus see Calderini 530–5, and for the theatre id. 524–30. They may have been included within the new wall, as suggested by J. C. G. A. Hopfensack in his edition of the poem (Kleve, 1843). Centres of popular entertainment were often located close to imperial palaces (A. Cameron, *Circus Factions* (Oxford, 1976), 182; M. Vickers, *JRS* 62 (1972), 32 n. 57).

    cuneata: used also in *Ludus* 39, and by Sidonius later in *Ep.* 9. 14. 2. Cf. Verg. *A.* 5. 664 *cuneosque theatri.*

40. templa Palatinaeque arces: pagan temples, Christian churches, and the imperial palace (Calderini 548–57).

    opulensque moneta: this is not mentioned in *Notitia Dignitatum*, for reasons explained by J. P. C. Kent in *Essays in Roman Coinage Presented to Harold Mattingly* (Oxford, 1956), 190–204, but it is known that coins were produced there by Valentinian I (Jones, *LRE* 437). See also Calderini 699–719, esp. pp. 710–16.

41. Herculei . . . lavacri: baths built by Maximian, alias Herculius, to whom Milan owed much of its public architecture (Victor 39. 45). For their location see Calderini 542–8.

42. peristyla: for the prosody, cf. *Praef.* 1. 20 *Berytiumque.*

43. circumdata limbo: the manuscripts present *limbo*, which is supported by classical uses (Verg. *A.* 4. 137, Ov. *M.* 6. 127); for this meaning cf. Oros. 1. 2. 1 *Oceani limbo circumsaeptum,* Jordanes, *Get.* 1. 4. Perhaps A. meant to suggest an atmosphere of security by using a domestic word. The margin of V offers *labro,* which does not give better sense. Hopfensack suggested *Lambro* (cf. Plin. *NH* 3. 118, 131) but a river seems to be ruled out by the analogy of a *vallum.*

44–5. All these buildings (for *omnia quae* cf. *Cup.* 13) rival each other, as it were; if the comparison were with Rome, *velut* would not be needed. The close proximity of Rome does not detract from them.

Capua

This city owes its place to its ambitions during the Second Punic War, related at some length.

46. pelago: this has often been considered inappropriate to Capua, whose links with the sea were indirect; but sea-borne imports and exports doubtless played a part in its prosperity, albeit a lesser one than agriculture. In Florus 1. 16. 6 it is one of the cities *ad mare.* Since Schenkl obelized the word, many suggestions have been offered, none of them better than Heinsius' *largo*, and some bordering on the absurd, such as Peiper's *pol agri*. A. is unlikely to have used *pago* (La Ville de Mirmont) or *ampelino* (Campbell); and *positu* (Owen) and *perquam* (Brakman) are not palaeographically close. *campi*, giving a *figura etymologica* (cf. Liv. 4. 37. 1), and a typical zeugma, would be more apt than these, but the intrusion of *pelago* remains hard to explain, except perhaps as a stopgap if *campi* was lost after *Capuam*. However, there is a similarly structured collection of six ablatives in 129–30, and agriculture is indicated clearly enough by *cultuque penuque*. ·

48–9. Cf. Verg. *A.* 10. 501 *nescia mens hominum fati sortisque futurae et servare modum rebus sublata secundis.*

49–51. 'Now Rome's rival is submissive, now it is loyal; but previously it was treacherous, when it hesitated whether to defy or to court the senate.' Heinsius' *ante* gives good sense; the rambling sentence is not untypical. P's *aut*, championed by Brakman and Sh. B. (who also unnecessarily suggests *cuperet* for *coleret*), gives no indication that her treachery lay in the past. The hesitation is described in a graphic account by Livy (23. 2–10); cf. also Cic. *Leg. Ag.* 2. 95. For *aemula* cf. Hor. *Epod.* 16. 5 *aemula nec virtus Capuae* and Florus 1. 16. 6 *Capua, quondam inter tres maximas numerata.*

52. There is striking assonance in *ausa auspiciis.*

54. rerum dominam: cf. Verg. *A.* 1. 282 *rerum dominos*, Ov. *M.* 15. 447 *dominam rerum.*

56. Hannibalis iurata armis: the phrase is in close contrast with *ducibus non freta togatis*, and should not be separated from it by the punctuation, as it is in Peiper and Prete.

58–9. ut . . . corruerent: a result of the alliance. The perfect indicative is read by P, and often printed, with a full stop after *erili*, but this causes problems later. Lines 61–3 describe the present situation, not the sequel to their downfall.

59. Poeni luxu, Campania fastu: Lipsius' *fastu* is a necessary and obvious emendation of *festo*. The antithesis may be derived from Cic. *Leg. Ag.* 1. 20, 2. 95, which make much of the *luxuries* which destroyed the previously unconquered Hannibal and the *arrogantia* and *superbia* of Capua (for which cf. also Cic. *Pis.* 24, *Post Red. Sen.* 17, Liv. 9. 6. 5, Gell. 1. 24. 2).

60. This line should not be printed as a parenthesis; it is a free-standing exclamation, emphasizing with remarkable alliteration the result of pride.

61. Roma altera: cf. Cic. *Leg. Ag.* 1. 24, 2. 86, *Phil.* 12. 7.

62. This line does not present Capua as a helmeted goddess (so, it seems, EW), but refers to its buildings: there is an implicit comparison with Milan. *conus* is used in this sense by Sulp. *Dial.* 2. 8. 4, and by Sidonius describing his *balineum* (*Ep.* 2. 2. 5, *c.* 18. 3). For the line-ending cf. Lucr. 4. 429, *Mos.* 312.

63. vix paene: also found in this order in Avit. *c.* 4. 9.

Aquileia

A strategically placed city which had grown steadily under the Empire: see A. Calderini, *Aquileia romana* (Milan, 1930; Rome, 1972), 11–78 and the lavish book edited by B. F. Tamaro and others, *Da Aquileia a Venezia* (Milan, 1980), 568–605. There was also a very recent claim to fame.

64. Non erat iste locus: there was no settlement here until the abortive foundation made by the Gauls shortly before the Romans established their colony in 181 BC (Liv. 39. 54–5).

merito ... recenti: a comparison with 6–7 *novisque* ... *meritis* suggests that the growth of the city is meant here, and not its very recent role in 'punishing' Maximus, which is introduced by *sed magis* in l. 67.

67. moenibus et portu celeberrima: cf. Amm. 21. 11. 2 *uberem situ et opibus, murisque circumdatam validis*, and Calderini, *Aquileia romana*, introd., pp. xc–xciv for the walls and pp. xcix–cv for the harbour.

68. extremo ... tempore: 'finally', as in Nepos, *Dat.* 10. 1, *Eum.* 5. 3.

69. sera piacula: V's *sera* contributes to the sense, *iusta* (PH) does not. Both epithets qualify *piacula* in *Caes.* 41; *iusta*, which there immediately precedes the noun, is more likely to be interpolated in this passage.

lustro: five years after his usurpation, in 388. PH's reading *bello* would be not only weak but inappropriate; the fighting was brief.

70. armigeri ... lixa: Maximus is here accused of masquerading as an armour-bearer; various references in Ammianus and Corippus (*Iohannis*) show that *armigeri* played a vital role in the immediate vicinity of the commander. Perhaps he claimed to have served the father of Theodosius in this way; according to Pacatus in *Pan. Lat.* 2(12). 24. 1 he vaunted such a connection. This is here countered by the strongly insinuating *lixa* (*lixae* of the manuscripts is nonsense), which is also used by Pacatus (*Pan. Lat.* 2(12). 31. 1) who describes Maximus as *ille quondam domus tuae neglegentissimus vernula mensularumque servilium statarius lixa*. In fact he may have led an army in his own right in Northern Britain (*MGH AA* ix. 646. 7).

72. punisti: cf. *Pan. Lat.* 2(12). 32. 1 *supplicium* and 38. 4 *poenam*.

Ausonio Rutupinum: the adjectives have a propagandistic purpose. The grandiose *Ausonio* contrasts with A.'s ordinary adjective for 'British' (cf. *Par.* 7. 2, 18. 8, and *Mos.* 68n.), which is combined with the derogatory *latronem* (cf. *Pan. Lat.* 2(12). 26. 2, 30. 2). Theodosius had in fact marched from the East, with a motley force that included many barbarians (*Pan. Lat.* 2(12). 32. 4–5, Ambr. *Ep.* 40. 22). The *patria* of both men was Spain.

Arles

The focus here is on its unusual bridge of boats and wide communications. In general see L. A. Constans, *Arles antique* (Paris, 1921).

73. duplex Arelate: cf. *Mos.* 480–1. In the next line the later form Arelas is used, for which cf. Prud. *Per.* 4. 35, Oros. 1. 2. 65; both forms are mentioned by the grammarian Consentius, perhaps of the fifth century AD (*GL* v. 346. 7). The repeated name caused telescoping in PH.

hospita: used of places by Ov. *Pont.* 4. 14. 60, Stat. *S.* 5. 3. 168.

74. Gallula Roma: probably A.'s own coinage, in which the diminutive is significant. Cf. *Roma altera* in l. 61 and *Belgica Roma* in an inscription discussed by F. Vollmer and H. Rubenbauer, *TZ* 1 (1926), 26–30.

74-5. Narbonne is the subject of a poem later (107–27), but Vienne, though (like Lyon and Autun) an important city in Eastern Gaul, had too little history to be included.

77. 'so that you make a central street by means of a bridge of boats'. Such bridges were usually built for military purposes, but the existence of such a bridge at Arles is confirmed by Cassiod., *Var.* 8. 10. 6 *Arelatus est civitas supra undas Rhodani constituta, quae in orientis prospectum tabulatum pontem per nuncupati fluminis dorsa transmittit.* There were stone abutments from each bank (see L. Constans, *Arles antique*, 341–5), between which the bridge of boats extended, allowing transport ships to continue up the river (*nec cohibes*). Such a bridge was used until modern times (Constans 345 nn. 2–3). The bridge of boats depicted in a mosaic at Ostia (see G. Becatti (ed.), *Scavi di Ostia* (Rome, 1961), iv. 74, v. pl. clxxiv), is more likely to depict the Nile than the Rhône, as often maintained: the three rivers there may be symbolic of a large number.

79. populosque alios: even Trier, according to *Descriptio Totius Orbis* 58.

Aquitanica: cf. *Mos.* 442 n.

80. quis: this refers to *commercia*: for such leap-frogging cf. Verg. *A.* 8. 118, Claud. 2. 17.

Seville

The bare comparison with other Spanish cities suggests a lack of information.

81. Clara: this emendation of Tollius (cf. *claras... urbes* in 65) is preferable to the archetype's *cara*. This would not be the place to express affection, and if anything he disliked the place (see R. Étienne in *Mélanges ... Carcopino* (Paris, 1966), 319–32). Paulinus' departure, which caused him to curse Spain, could have already taken place.

82. Hispalis: so V, as in its title; PH read *Emerita*. (P's title is *de tarrachonia*; this is not a desperate compromise but a mistake, like its *de Vienna* at the head of the previous section.) *Hispalis* is strongly supported by the words *nomen Hiberum* (cf. *Ausonius nomen Latium* in *Mos.* 440n.); it is a typically Spanish name, similar to *Hispania*, but Emerita is not. Moreover, A. seems to use *aequoreus* of broad and turbulent rivers (the violent Timavus in l. 162, and the Garonne in *Mos.* 483, *Ep.* 8. 1); this suits the estuarial Guadalquivir at Seville but not the Guadiana at Mérida, which though much broader has little flow. The use of Guadiana and Garonne together in *Ep.* 24. 66 is not relevant, for they are not there being compared. There is some evidence that Hispalis was the seat of the *vicarius* in that *C. Th.* 3. 5. 6 (335) was sent there; but, as Étienne points out in his argument for Emerita (*Mélanges* ... *Carcopino*, 327–30), this is not compelling. There is no evidence, either in the *Laterculus* of Polemius Silvius cited by Étienne, or elsewhere, that Emerita had precedence, and even if it did, A. is not following a political framework here, for there is no city from the province *Carthaginensis*. Nor is he concerned to give a geographical spread of cities (cf. ll. 92–7 on Sicily). The omission of Emerita is indeed surprising; unless perhaps there is a lacuna, it should be explained by inadvertence or ignorance (of which Paulinus later accused him in *c.* 10 [= App. B. 3]. 227. (It is also odd that Braga is said to command a bay.) The variant in PH looks like the work of a Spanish scribe (perhaps an expatriate, as the scribe of V probably was), but his date is quite unclear: Seville remained important throughout the Middle Ages.

Athens

Ausonius concentrates on her famous oratory and wide settlement.

86. terrigenis patribus: for this claim cf. Cic. *Flac.* 62.

87. Consi: equated with Neptune in *Ecl.* 16. 20, hence with Poseidon here.
   certaminis arcem: the Latin is awkward, and not above suspicion.

88. paciferae ... olivae: Athena's gift, described in the words of Verg. *A.* 8. 116.

89. Attica: not entirely happy here, whether or not *Attica* is read in l. 91; it may have ousted an adjective (?*inclita*), though the Latin of l. 88 and the rest of this line looks elegant enough.

90. Ioniae populos: the Ionians of Asia Minor. For the confusion of names, see Housman on Man. 4. 767.
   nomen Achaeum: 'the Greek world'; cf. l. 103 *nomen Hiberum*. Athenian colonies and cleruchies are meant.

91. †versa Graia† manus: this, the reading of the source of VPH, is suspect because of the prosody, to which the only parallels are the dubious *nove primo* in *Ecl.* 3. 1 and the special case in *Technop.* 10. 7, and because *Graia* is unexpected in a context where it seems that Athens and Greece are in contrast. Heinsius suggested *sparsam*, but an accusative is not likely; I suggest *Attica versa manus*, assuming *Graia* to be a stopgap after the loss of *Attica* by haplography. The repetition of the adjective creates a problem, but *Attica* is actually much more difficult in l. 89, where it may have displaced something quite different; *versa* is at first sight awkward, but *per* may be taken as *ad* (cf. *Ep.* 24. 51).

Catania and Syracuse

Syracuse has a strong claim; Catania, though rich in Cicero's time (2 *Verr.* 3. 103) and a colony of Augustus, had little to recommend it apart from its myth. Did Citarius (*Prof.* 13) mislead Ausonius?

92. Catinam: the myth of the two brothers who rescued their parents during an eruption was well known: Val. Max. 5. 4. *Ext.* 4, Sen. *Ben.* 3. 37. 2, 6. 36. 1, *Aetna* 624–45. Claudian wrote a poem about a statue there (*c.m.* 17).

    quadruplices Syracusas: perhaps from Cic. 2. *Verr.* 4. 118 *ea tanta est urbs ut ex quattuor urbibus maximis constare dicatur.* Strabo, adding Epipolae, makes it a pentapolis (270).

94. fontis et amnis: Arethusa and Alpheus, which according to Verg. *A.* 3. 694–6 (cf. Ov. *M.* 5. 572–641) both flowed beneath the sea from the Peloponnese without being contaminated by it (cf. Verg. *E.* 10. 4–5)—a point made here in the contrast of *vada salsa* (cf. Verg. *A.* 5. 158) with *dulces* and *incorruptarum.*

Toulouse

A city which A. knew well; he records his debt in the first line (cf. *Par.* 3. 7–12). See in general M. Labrousse, *Toulouse antique* (Paris, 1968).

99. coctilibus muris: from Ov. *M.* 4. 58 (Semiramis' wall around Babylon) but not simply a literary phrase. The walls were of Pyrenaean stone and dressed with brick; Labrousse 261 and n. 184.

    ambitus ingens: its area of 90 ha. was unusually large for a Gallic city, an indication that the walls were older than most (Labrousse 274–5).

100. Garunna: see on *Mos.* 160 for the form. The river is ennobled by the epithet *pulchro*, which Vergil used of the Ganges (*G.* 2. 137), and by *praelabitur*, used in *Mos.* 33.

101. innumeris . . . populis: the population is discussed in Labrousse 375–8.

102. Pyrenes: cf. *Mos.* 441, *Ep.* 24. 79.

    Cebennarum: the singular is used in l. 114, with different scansion.

103. Aquitanas gentes: cf. Tib. 1. 7. 3 *Aquitanas . . . gentes.*

104. quadruplices . . . urbes: four suburbs which lay within the wall, as suggested by E. Griffe, *BLE* 3 (1947), 129–37 and accepted by Labrousse (302). They were presumably enclosed by the wall when it was built in the second or early third century, a date which within the broad time-scale of these poems is recent (*modo*). Cf. *Ep*. 24. 75 *quinquiplicem . . . Tolosam.*

106. colonos: probably 'inhabitants' rather than 'farmers' (with land outside the wall). Peiper's *colono* (present also in his apparatus, so no misprint) is a strange aberration.

Narbonne

Ausonius necessarily concentrates on its former glories: its extensive domain and its huge Capitol.

108. provincia: the original province now comprised three: *Narbonensis I*, *Narbonensis II*, and *Viennensis.*

110. qua se Sequanis: Scaliger's emendation is closer than others, including Heinsius' *qua Sequanicis*, to the manuscript readings, especially that of PH. The fact that a long *e* in *Sequanus* is present in Latin poets (Lucan 1. 425, Mart. 4. 19. 1, Sid. *c.* 5. 208) and implied by the name Seine is no impediment: see on l. 35. Ugoletus' *qua se Graiis* (meaning the *Alpes Graiae*) is a strange expression and would refer to exactly the same region as the following line does.

112. Pyrenaicis: an irregular formation, and not found elsewhere. This does not disqualify it, and the dactylic line is quite typical, but Ugoletus' *Pyrenaeis* may be right (cf. *Ep*. 24. 61 for the noun *Pyrenaeum*).

113. genitore Lemanno: the use of *genitor* is metaphorical, not mythological, and differs in sense from earlier conceptions, such as Sil. 12. 540 *genitorem Thybrim* and Stat. *Ach.* 1. 138–9 *genitor . . . Pontus*, where Pontus refers to the ocean (cf. Verg. *G.* 4. 382). If A. thought that the river rose in Lake Geneva, he was misinformed.

114. interiusque: 'on the landward side', 'further inland'. Cf. Mela 1. 32, 97.

115. Tectosages, paganica nomina, Volcas: I accept Tollius' correction for V's *paganaque* (*panaque* PH) and print the usual form of the names. As Tollius remarked, A. uses *paganica* in similar phrases at *Mos.* 177 and *Ep*. 13. 21; cf. *Praef.* 1. 21. No ancient writer speaks of them as separate tribes: Ptolemy (2. 10. 6), Caesar (*BG* 6. 24. 2), and Pliny (*NH* 3. 36) speak of the Volcae Tectosages, and Strabo of the section of the Volcae known as Tectosages (187) (the other branch were the Arecomigi). It is in any case difficult to see why A. should wish to distinguish between two tribes.

118. quis memoret: 'who could relate' (in detail)?

    montesque lacusque: the surrounding mountains and the lagoons between Narbonne and the sea. Cf. Stat. *Th.* 4. 700 *fontesque lacusque.*

119. oris: probably language rather than appearance; cf. l. 101. Strabo noted that Narbonne had more foreigners and merchants than Nîmes, but fewer citizens (186).

120–3. The Capitol of Narbonne, evidently no longer standing in A.'s time, was unusually large, twice the size of the Maison Carrée at Nîmes (A. Grenier, *Manuel d'archéologie gallo-romaine*, iii: *L'Architecture* (Paris, 1958–60), 1. 275) and half the size of the Capitoline temple at Rome. It was made of Carrara marble (Grenier iii/1. 275); hence *Pario ... de marmore* is a purely literary reminiscence (cf. Ov. *Pont.* 4. 8. 31–2 *de Pario ... templum marmore* and Nisbet–Hubbard on Hor. *c.* 1. 19. 6).

121. tantae molis erat: Verg. *A.* 1. 33.

121–3. The first Capitoline temple was vowed by Tarquinius Priscus and almost completed by Tarquinius Superbus; when that was burnt down it was restored by Lutatius Catulus in 69 BC; after a short-lived restoration by Vespasian, not mentioned here, it was sumptuously rebuilt by Domitian (Tac. *H.* 3. 72, 4. 53; Suet. *Dom.* 6). Plutarch vouches for the gilding (*Publicola* 15), as do Zosimus (5. 38. 5) and Procopius (*Vand.* 1. 5. 4) who report its later despoliation.

124. maris Eoi: here the Eastern Mediterranean is meant.

125. Cf. Mart. 13. 80. 1 *Siculo ... profundo.*

127. cataplus: cf. Mart. 12. 74. 1, perhaps the source of the word here.

Bordeaux

A long and affectionate picture of Bordeaux in his own time which concentrates on its climate, its architecture, its harbour, and its fountain; see Étienne 203–94.

129–30. For the vines of Bordeaux cf. *Mos.* 160, *Ep.* 3. 21; for its rivers, cf. *Ep.* 24. 82; for its inhabitants' character, *Mos.* 442, and for local senates, cf. *Epiced.* 5, *Par.* 8. 1.

132. contingere: according to EW, followed by Pastorino, the word carries an implication of defilement or degradation; but this is not the case in *Grat. Act.* 31, 62.

133–4. barbara Rheni ora: twenty years had elapsed since the writing of the *Moselle*, and in any case such a rhetorical comparison should not be pressed.

135. natale solum: cf. Ov. *M.* 7. 52, *Pont.* 1. 3. 35, Stat. *S.* 3. 5. 82.

135–7. The climate of Bordeaux is also praised in *Ep.* 24. 88–90. Here A. exploits Hor. *c.* 2. 6. 17–18 *ver ubi longum tepidasque ... brumas*, Verg. *G.* 1. 288 *cum sole novo.*

138. aestifluique: 'tidal'. The word is used in the so-called *Ponticon* (*AL* 720 Riese), which shares other features with A. (see on *Epigr.* 36).

  iuga vitea: cf. *Mos.* 25; for *iuga* in Bordeaux, cf. *Ep.* 24. 82n.

140. quadrua: cf. *De Rosis* [App. A. 3.]. 5, Prud. *Psych.* 843.

140–1. Perhaps meant to recall the buildings of Carthage as described by

Vergil: *minaeque murorum ingentes aequataque machina caelo* (*A.* 4. 88–9). For *aeriae... nubes* cf. [Tib.] 3. 6. 28.

142. distinctas interne: the text is not in serious doubt. A. means that for all their orderly arrangement the streets possessed individual character. *distincte* in V, the only witness here, is the result of assimilation. Poelman's *distinctu interiore* is needlessly distant from the manuscript; Pastorino makes no attempt to supply corroboration for Quicherat's *in terna* (*Thes. Poet.* s.v. 'interne'), which he adopts, while translating *interne. interne* (used again in *Ep.* 15. 21) is an adverb like *superne* (F. Leo, *ALL* 10 (1896), 436); A. may have found it in his text of Verg. *A.* 1. 455, as argued in *LCM* 7/8 (October 1982), 116–18.

mirere: six times in Manilius.

143. latas nomen servare plateas: cf. *Ep.* 4. 22 *nomen plateas perdere.*

144. respondentes ... portas: Étienne used this passage to identify gates facing the modern *places* of Puy Paulin and Saint-Projet (208–11).

145. fontani fluminis: the Devèze, which formed the harbour (see C. Jullian, *Histoire de la Gaule* (Paris, 1909–26), viii. 226, Étienne 211–12). Paulinus of Pella confirms that the harbour led into the centre of the city (*Euch.* 46–7).

146. pater Oceanus: cf. Verg. *G.* 4. 382.

147. Based closely on Verg. *A.* 10. 269 *totumque adlabi classibus aequor*; it refers not only to the habour, but the *aequorea... Garunna* beyond.

149. euripi: cf. *Mos.* 290.

quanta unda profundi: *umbra*, which Pastorino and Prete read, is certainly *lectio difficilior*, but very hard to justify. The point is surely the depth of the harbour and the volume of water, stressed in the clauses that follow.

150–1. 'with what force' (cf. *Mos.* 150) 'does its precipitate flow rush through the twelve outfalls of its extended rim' (a retaining wall with conduits). *cursus* (PH) goes well with *praeceps* and gives an elegant variation of subject in this triad of exclamations; V's *cursu* is difficult because of *agmine*.

153–4. Cf. Juv. 10. 177, referring to various passages in book 7 of Herodotus.

155–6. Cf. Hdt. 1. 188. 1, Plin. *NH* 31. 35.

156. prae cunctis ... potare: the manuscript reading *per cunctas... portare* is rather lame after *ferre per urbes*; A. does indeed repeat himself, but never so closely. Heinsius' multiple emendation is very satisfactory.

157–8. A line composed of several adjectives is rare in A. but common in Sidonius and Venantius.

158. vitree: cf. Prud. *Cath.* 10. 1 *ignee*; Sed. *CP* 1. 268 *lignee.*

illimis: cf. Ov. *M.* 3. 407, and later ps.-Cypr. *de pascha* 28, *AL* 523. 1 Riese, Sid. *Ep.* 1. 5. 6.

160. Divona ... divis: a *figura etymologica* which explains a local name by a Latin word, as Vergil's often do; according to A. Holder (*Alt-celtischer Sprachschatz*, i (Leipzig, 1896), s.v. Devona) the root of the Celtic name means 'divine' or 'bright'. A. probably knew the language quite well, as his father seems to have done (*Epiced.* 9–10 n.), but his evidence should not be accepted without reservation: in *Mos.* 361 he may be offering *celebratur* as an explanation of *Celbis*, and in *Mos.* 458 *felices* may allude to German *laeti*.

addite divis: cf. Verg. *A.* 8. 301 (of Hercules).

161–2. Both fountain and estuary are included in this comparison, with the former more prominent. Aponus and Timavus are mentioned together in Lucan 7. 193–4, but are well chosen here. The Aponus was a popular spa (cf. l. 159), to judge from Claud. *c.m.* 26, and is also mentioned in Mart. 6. 42. 4; the Timavus (see next n.) has features of both fountain and estuary. The Nemausus was less well known, at least in literature, but various inscriptions found within or close to the nymphaeum (inside the modern Jardin de la Fontaine) testify to its local popularity (*CIL* xii. 3093–102).

162. aequoreo non plenior amne Timavus: the turbulent emergence of this underground river through nine or, according to others, seven exits (for which *fons* is used in Verg. *A.* 1. 244; cf. Lucan 3. 263) is compared by Vergil to the sea (see Austin on *A.* 1. 246). According to ancient authorities, at least one of these streams was drinkable (Strabo 214–15).

163. hic labor extremus: identical with Verg. *A.* 3. 714, in a different context; cf. Verg. *E.* 10. 1.

collegerit: for this usage, with active verbs, cf. *Pan. Lat.* 2(12). 47. 1–2, Aug. *DDC* 2. 1. 2(2).

164. capite isto: given the normal meaning of *caput* in rhetorical contexts, this use of it is disingenuous, if not frivolous; a literary work, especially an *ordo*, is not like a piece of rope with two *capita* (*Ep.* 24. 42).

165. ancipiti . . . vertice: 'leaving the primacy uncertain'.

166. supervenit: 'transcends'; cf. Stat. *Ach.* 1. 148.

167. colo: 'cherish'; cf. *Par.* 18. 1.

167–8. civis in hac sum, consul in ambabus: other uses of *civis* in A. (*Prof.* 19. 8, 20. 2–3) show that local citizenship is meant, not Roman citizenship, which was almost universal. *hac* and *hic* refer to Bordeaux (cf. LS s.v. *hic* D. 2); Graevius was wrong to exchange *civis* and *consul*, and it would be wrong to adopt *illa* (PH) for *hac sum*.

XXV. TECHNOPAEGNION

Although the title has been used as a general term for figural poetry (so *RE*), the work is unique and its title evidently home-made. In the first main section each monosyllable at the end of a verse is made to begin the next one; the other sections contain lines that all end with monosyllables, ingeniously arranged by themes. Ausonius uses almost all the monosyllabic nouns in the language; absent are *daps, gryps, lynx, par, splen, vas* (*vasis*), and *frons* (*frondis*), except in the by-form *fruns* (15. 19). The final monosyllable is often preceded by a rare or unique compound adjective such as *pultificus*, *floriparus*, *Delphicola*, *Maenalides*, *quinquegenus*, *vestifluus*, and *laetificus*. There is slight modification of Ausonius' normal prosody (e.g. at 10. 7, 14. 25).

Some see the work as a masterpiece of ingenuity; others as a piece of contemptible frivolity. At least it should not be dismissed as puerile: it was dedicated to Drepanius Pacatus, proconsul in 390, and probably composed at a time when its author was at least 80. In the first of three prose prefaces, Pacatus is asked to approve or improve it. The second preface, which has no addressee, introduces only the first section of verse; it cannot have accompanied the first preface, but might have been sent to Pacatus on an earlier occasion. Its recipient is often taken to be Paulinus on the strength of the reading of DZ in 16. 2, but other explanations of this are possible, and it may be doubted whether the straight-faced Paulinus would have seemed an appropriate addressee at any time. The third preface is complementary to the second one, and is followed by five verses of prefatory matter which form a dedication to Pacatus. The work may have been sent to another person at an earlier stage, and may derive from schoolroom material, but as it stands it is a product of Ausonius' dotage.

The manuscript tradition is of exceptional interest. The work is found not only in V (entire, apart from section 2) and Z (lacking sections 1 and 14) but also in O (sections 3, 5, 6), Q (sections 1 and 3–11), and D (all but 1, 2, 4, and 14). Q shares at least one significant error with V, but is not derived from it; the same may be true of O. D has nearly all the distinctive readings of Z, and often preserves lines not present in Z; moreover, as in *Ephem.* 3, it also gives readings exclusive to V, viz. *pellax* in 11. 4 and *fusura* in 12. 3. VQ and DZ may be linked by significant errors in 6. 6 (*vegetat*), 7. 7 (*vitiis*), and 12. 3 (*radicitus*); 15. 14 is surely misplaced, and 8. 11–13 and 10. 17–18 may be too. In a work of this nature both dislocation and omission are very likely, and there may have been even more drastic corruption. The variants in DZ, which some have seen as authorial, can for the most part be easily explained as mechanical errors or purposeful reworking of the text; and V is of course not immune to corruption. The manuscripts do not support the idea of two authorial versions, either in the prefaces—where V has the first, Z the second, but both the third—or in the hexameters; it is much more likely that the two versions go back to a single archetype.

I

This letter covers the whole work.

3. **invenero:** Scaliger's emendation creates an iambic senarius and accords with early Latin idiom: cf. Afran. 22 Diehl (*narravero*) and Ter. *Andr.* 381 (*invenerit*). This line of Afranius no doubt derives from a grammarian. Nonius quotes another fragment of his *Thais* at 830. 6 L.

4. **puncta:** cf. *Epigr.* 37. 1; *GL* i. 437. 24, vi. 23. 1. The meaning is discussed by W. L. Lorimer, *CR* 54 (1940), 77–9, in connection with Cic. *Par.*, *pr.* 2.

5. **sensuum nulla conceptio:** 'no articulation of ideas'; cf. M. Cap. 5. 537 *in unius conceptionis sententiam conglobari.* The words that follow suggest the *epichirema*, analysed by Julius Victor (*Rhet. Min.* 410 Halm) and Cassiodorus (*Inst.* 2. 15) into *propositio*, *assumptio*, and *conclusio*; but *redditio* there is used differently. *sophistica* is not pejorative: cf. *Ep.* 12. 16. *sophisticas Isocratis conclusiones.*

7. **circuli catenarum separati:** perhaps an unexpected use of conventional terminology; Rutilius Lupus explained ἐπιπλοκή by reference to the links in a chain (1. 13; *Rhet. Min.* 8 Halm).

8. **in tenui labor, at tenuis non gloria:** from Verg. *G.* 4. 6; since A. usually quotes as precisely as sense and rhythm allow, Q's version is preferable to V's.

2

The function of this letter is to introduce section 3.

3. **scrupea:** used similarly by Tert. *Pall.* 4, Juvenc. 1. 684; a noun *scrupeam* is found in Accius (fr. 421 Warmington).

   concinnandi: this verb, also corrupted in *Ep.* 9*b.* 15, and *concinnatio* are favourite words of A. Baehrens's *concatenandi* and Peiper's *conectendi* cannot be right; the difficulty of joining the lines is described later.

5. **dic ergo . . . :** cf. *Protr.*, *praef.* 15 *superest igitur, ut dicas* . . .

6–7. **vel nihili:** CMT have *nihili vel*, K *nihili.* Cf. Apul. *Apol.* 67 *quae omnia tam falsa, tam nihili, tam inania ostendam.*

7–8. **historicon . . . dialecticon:** for the form *historicon* cf. Varro, *RR* 2. 1. 2; *dialecticon* appears to be unique. Nothing in the manuscripts suggests that they should be written in Greek.

8. **levitatem:** 'polish' or 'stylishness' (including smoothness of sound, which the word usually denotes).

10. **miserearis:** although *miseror* is used by A. elsewhere (*Vers. Pasch.* 14, *Ecl.* 20. 19, *Lud.* 122) except in a quotation of Vergil (*Cento* 96), and *misereris* would go well with *mireris*, the non-participial forms are used seldom, if ever, with the genitive (*TLL* viii. 1133. 18–26), and *misereris* would be rhythmically inferior.

   et: perhaps *at* should be read.

3

The cumbersome title of this piece is a later addition.

1. **res . . . fragiles:** cf. Cic. *Lael.* 102.

3. **finita:** presumably corrupted first to *fine* and then to *sine fine* by ancestors of Z.

4. **mergit caligine quam:** Z's reading (*mergi ne qua*) is due to homoeoteleu-ton. *caligi* was omitted after *mergit* had become *mergi* and *ne* had been detached from *caligine*.

5. **obitura vicem:** this ambiguous phrase was perhaps used instead of the inappropriate *obitura diem* ('pass away'). It goes better with *remeaverit* ('comes round again') than the more familiar but rather vague *sortita vices* in DZ (Verg. *A.* 3. 376, 634).

6. **praevius:** cf. Cic. *Alcyon.* fr. 2, Ov. *Her.* 17. 112 (both *praevius Aurorae*). A Christian allegory, as suggested by Canal, is very unlikely.

7. A. refers to the story again in *Ep.* 5*a*. 9–11; cf. Verg. *G.* 4. 346 and Lucr. 1. 32–7, recalled by *armipotens*. For *Veneris furtum*, cf. Ov. *Her.* 16. 141, *Tr.* 2. 440.

8. **Mars nullo de patre satus:** see Ov. *F.* 5. 229–58.
   Thraessa colit gens: cf. Verg. *G.* 4. 462, *A.* 3. 13, 12. 331–5.

9. **infrena:** from Verg. *A.* 4. 41 (cited in *Grat. Act.* 65).

12. **naturali ... imperio ius:** for the notion cf. Cic. *Part.* 130 *ut nostros mores legesque tueamur, quodam modo naturali iure praescriptum est*; and Juv. 15. 138 *naturae ... imperio*.

13. **ius genitum pietate hominum:** I have found no closer parallel for this than Cic. *TD* 1. 64 *ius hominum quod situm est in generis humani societate*; but for law as *certa dei mens* cf. Cic. *Leg.* 2. 8, 11.

14. **emeritum:** 'deserving', as in 7. 6 below.

15. **mundi instar habens:** cf. on *Ecl.* 20. 5.
    ac: so DZ; VQ have *et* which recurs in 16, O nothing.

16. **tantum:** so VQ, but their *est* is awkward. *verum* (DZ) gives acceptable Latin, but may be an attempt to simplify.

4

This letter introduces the remainder of the poem, with a plea for indulgence and reciprocation. The recipient may be Pacatus (cf. 5. 2).

1. **sequitur vara vibiam:** in the four glosses which attest this proverb (*CGL* iv. 188.35 (in a), v. 488. 29, 518. 5, 613. 28) *vara* and *vibia* are explained vaguely as two *perticae inter se conligatae* which support an *asser*. *vibia* is not found else-where, but perhaps it is a rod supported by *vara* (a forked stick).

3. **legitimo:** following the *lex operis*. The clause is weakly repetitive.

3–4. **quantum fieri posset:** it is difficult to justify either *eius*, which follows *quantum* in VQ, or *videri*, which follows *posset* in Z. The former may be a gloss on *aures*, the latter a corruption of *fieri*.

6. **inepta:** Z's *inamenam*, superficially more suitable to *venerem*, is probably derived from 5. 3 below.
   levitatem: a better contrast with *aspera* than *lenitatem*. Cf. 2. 11.

9. mutuum muli scabant: in V the commoner *scalpant* was substituted. Cf. Symm. *Ep.* 1. 31. 1, 10. 1. 3, Non. 231 L.

5

A short metrical introduction like that in *Biss.* 1, after a prose preface.

2. studeat: apparently 'strive to please', a rare meaning of *studeat* (cf. Caec. fr. 201 Ribbeck (191 Warmington)), chosen for the contrast with *ludus.* Emendation should not lose the oxymoron.

    ludus: *labor hic* (DZ), perhaps suggested by *operi*, misses the point. In the first two lines A. elaborates on his title, and *ludus* (cf. 1. 13) is needed to contrast with *ars*, extravagantly invoked in the previous line.

6. *Parts of the Body*

1. Cf. Varro ap. Gell. 3. 10. 12.
4. edurum: cf. Verg. *G.* 4. 145 and perhaps 2. 65.
5. For *irrequies*, cf. 7. 11 below and *Ephem.* 3. 16 (with *vegetator* in the same line); for *teres* cf. *Ecl.* 20. 5, similar to 3. 15 above. There is a longer string of adjectives in *Ordo* 157–8.
6. dominatrix: cf. Tert. *De Anim.* 22. 2.

    vegetat: the word is not above suspicion, because of *vegetum* in the previous line and because the roles of heart and mind are not clearly differentiated. The first objection would be met by *agitat*, but perhaps one should not expect a consistent psychology here.

8. quota portio: cf. Juv. 3. 61.

    caeruleum: for the usual *nigrum* or *atrum.*

7. *Miscellaneous Matters*

1. coniugiis: more likely than *coniugibus* (DZ).
3. Cf. Hor. *Ep.* 1. 1. 59–60 *at pueri ludentes 'rex eris' aiunt, 'si recte facies'*, based on an old proverb according to Isidore (*Etym.* 9. 3. 4).
5. See on *Epigr.* 92.
7. disciplinis: a strange word for 'virtues' (EW and Pastorino), and a strange partner for *vitiis.* Perhaps the latter is a corruption of *studiis.*
8. Omitted by D, because of *urbibus* after *urbs.*
11. qua caret Aethiopum plaga: this may be simply an inference from the darkness of their skin and the nature of their climate, like Isidore's *iugis aestus* (*Etym.* 14. 5. 14), or perhaps a misunderstanding of Lucan 2. 587 *umbras numquam flectente Syene*, discussed in Macrob. *Somn.* 2. 7. 16. Scaliger used

this passage misguidedly or disingenuously in a scientific controversy: see A. Grafton, *Joseph Scaliger* (Oxford, 1983), 213.

12. manet: more appropriate than *nitet* (DZ), this contrasts with *vertigine*, for which cf. *Prec.* 3. 10, *Ecl.* 1. 3.

8. *The Gods*

1. prima: the feminine anticipates *Themis.* Cf. *Prof.* 22. 12 *Themis ante Iovem.*

2. Rhea: probably two short syllables.

   quae Latiis Ops: cf. *Ecl.* 16. 15, *Griph.* 7.

3. Consi: Poseidon, as in *Ordo* 87.

4. This line is omitted because of homoeoteleuton by Z.

   regina deum, Vis: Juno is called *et soror et coniunx* in Verg. *A.* 1. 47; *regina deum* in Verg. *A.* 1. 9, 7. 620; and *vis* in Verg. *A.* 7. 432, according to one of the explanations given by Servius ad loc.

5. quadriiugo curru: cf. *Ephem.* 3. 41.

9. genius . . . Lar: the identification is ascribed by Censorinus to *multi veteres* (*De Die Natali* 3. 2). Larunda is the mother of the Lares in Lact. *DI* 1. 20. 35.

10. praepollens sulphureus Nar: cf. Verg. *A.* 7. 517 for the adjective. A tributary of the Tiber and about 130 km. long, the Nar was hardly pre-eminent among the rivers of the peninsula. Perhaps A. means its sanctity, associating it with Albunea, *nemorum quae maxima sacro fonte sonat* (Verg. *A.* 7. 82–3).

11. piat: 'punishes'; cf. Verg. *A.* 6. 323–4. D reads *pias*, which matches *reticebere* above; but the anacoluthon may be accepted. Perhaps the line originally followed l. 7.

   nocticolor: quoted by Gellius (19. 7. 6) from Laevius (fr. 9 Morel–Buechner).

12. velivolique maris: cf. Verg. *A.* 1. 224 *mare velivolum.*

   constrator: a *hapax legomenon.*

   leuconotos Libs: *leuconotos* is distinguished from *Libs* (or *Africus*) in Sen. *NQ* 5. 16. 3, and is used of southerly winds that do not bring rain (Hor. *c.* 1. 7. 15–16; cf. Plin. *NH* 2. 126). See respectively *RE* xii. 2284–6, xiii. 141–3; also now the diagram and discussion in I. G. Kidd, *Posidonius, II: The Commentary* (Cambridge, 1988), i. 520. Whatever system A. may have used, it is surprising that he assimilates them, but it would be more surprising if by *leuconotos* he meant 'white-backed' (EW). It is, however, more likely to be used as an adjective than as a noun.

13. hominem: so Tollius. An object is required for *destituens*, and *dubiis* can stand alone (cf. *Caes.* 52).

9. *Items of Food*

2. irritamentum: cf. Sall. *BJ* 89. 7 *neque salem neque alia irritamenta gulae.*

3. glans: cf. Lucr. 5. 939, Verg. *G.* 1. 8, 1. 148–9.

4. spicea ... frux: for the adjective cf. Verg. *G.* 1. 314 *spicea iam campis cum messis inhorruit*, and Hor. *c.s.* 30. The noun is absent from classical Latin; Ennius used it, but not in this sense (*Ann.* 314, 423 Skutsch).

5. adoris: for the prosody of this form cf. Gannius fr. 2 Morel–Buechner.

6. On the early Roman diet see Plin. *NH* 18. 83–4.

8. git: black cummin, noted for its asperity (Plin. *NH* 20. 182).

9. Pelusiaco: from Verg. *G.* 1. 228 *Pelusiacae ... lentis.* Pliny mentions two kinds, one of them *rotundius nigriusque* (*NH* 18. 123).

10. duplici ... putamine: cf. Plin. *NH* 15. 89 (of the walnut).

quinquegenus: cf. *tergenus* in *Griph.* 49. Pliny mentions five kinds of nut, namely walnuts, hazels, almonds, pistachio nuts, and chestnuts, in *NH* 15. 89–94.

12. The reason for this is discussed in Macrob. *Sat.* 7. 12. 8.

10. *Myth and History*

1. Oebalius flos: the *hyacinthus.* Cf. Ov. *M.* 13. 395–6 and *Cup.* 10.

2. 'A sacred' (or perhaps 'accursed') 'spring with another flower is guilty of the death of Narcissus.' It is easier to take *reus* with *morte* than with *flore*; the latter is a loose ablative like that in *Par.* 15. 9–10. For the story cf. Ov. *M.* 3. 407–510; A. alludes in *Cup.* 10, *Epigr.* 108–10.

3. Adoneae: cf. *CIL* vi. 21521 b 16.

4. nubs: quoted by Servius on Verg. *A.* 10. 636 from Livius Andronicus. The story is told by him on *A.* 6. 601.

5. Based on the often quoted reply of the Delphic oracle to Pyrrhus: *aio te Aeacida Romanos vincere posse* (Enn. *Ann.* 167 Skutsch).

6. The line is awkward in the version of VQ, and metrical demands have clearly distorted the order of Io's travels; but the blander line in DZ omits what to a Latin reader was the best-known fact (Ov. *M.* 1. 728, Val. Fl. 4. 346–7), and may be a deliberate simplification. For her earlier travels see Aesch. *Suppl.* 540–64, *PV* 707–35, Apollod. 2. 1. 3.

7. See *RE* xvii. 1541–2 and Bömer on Ov. *F.* 4. 229–32.

8. Saturnia ... falx: see Servius on Verg. *G.* 2. 406.

9. sicca ... crux: *saeva* (DZ) is weak. Christian adaptations are discussed by P. Mastandrea in *AIV* 134 (1975–6), 81–94, who speculates about the contribution of mime.

10. sanguineus ros: cf. Verg. *A.* 12. 339–40, Stat. *Th.* 5. 590, both in the plural.

10–11. The story that aconites grew from Prometheus' blood on the bare rock is not found elsewhere: they are regularly derived from the saliva of Cerberus (Ov. *M.* 7. 408–9, Serv. on Verg. *G.* 2. 152; and see *RE* i. 1181–2). According to Ap. Rhod. 3. 845, Prop. 1. 12. 10, and Val. Fl. 7. 356, Prometheus' blood produced a powerful drug but not a poison. A.'s remarkable use of *cos* shows that he is developing one of the explanations mentioned by Pliny in *NH* 27. 10 which linked *aconita* with *cos* as well as *cautes*.

12. The tale is narrated in Plut. *Mor.* 509F and *Suda* s.v. Ἴβυκος; there are allusions in *AP* 7. 745 (Antipater of Sidon) and Stat. *S.* 5. 3. 152–3.

index: more accurate than *vindex* (DZ); there are classical analogies to this scansion of *periit*.

altivolans: cf. Enn. *Ann.* 76 Skutsch (birds), Lucr. 5. 433 (the sun).

13. For Polyxena's death at Achilles' tomb see *Epit.* 26 and Ov. *M.* 13. 448–80.

14–15. I follow here the order of D (Z omits 14). In V l. 14 separates Philopoemen and Hannibal, whose deaths must go together.

14. The three victors who gained the *spolia opima* are given in Liv. 1. 10. 7, Prop. 4. 10, and Ampelius 21; cf. Verg. *A.* 6. 859. Marcellus' victim, given in Latin sources as Viridomarus or Virdomarus, is here described as a Gallic chieftain in a bold periphrasis like that of *Ep.* 13. 70 *Samii Lucumonis* (Pythagoras). The fact that Consus' *spolia* were taken from an Etruscan named Lars Tolumnius is probably incidental; A. refers to only one event. It is not impossible to fit all three names Acron, Aremoricus (or even Virdomarus), and Lars into a hexameter, but this would mean drastic surgery, and require *ternaque* for *tertia*.

15. Philopoemen was given poison in a Messenian prison in about 183 BC. *lenta* denotes not a lingering death—according to Liv. 39. 50. 8, Plut. *Phil.* 20 the poison took effect quickly—but his death after a long life of almost constant warfare.

16. Hannibal died by his own hand, perhaps in the same year (Liv. 39. 51, Nepos, *Han.* 12. 5, Plut. *Flam.* 20).

17. This line, based on the first two lines of Verg. *A.* 3, may be misplaced in VQ, and is certainly misplaced in DZ (after 11. 7); along with l. 18, it might have stood earlier.

18. ultrix . . . fax: cf. Verg. *A.* 11. 260 *Euboicae cautes ultorque Caphereus*, Prop. 4. 1. 115–16 *ultores . . . ignis*.

11. *Nationalities*

VQ have no title here, but *de gentibus* is offered by D and KM.

1. generat . . . Tros: Hom. *Il.* 5. 265–6, 20. 232–3.
2. praepetibus pinnis: from Verg. *A.* 6. 15.
   Cres: cf. *Gortynius aliger* in *Mos.* 300; he was in fact Athenian.
3. ferus Thrax: Tereus.
4. barbarus est Lydus: cf. Pl. *Bacch.* 121 *O Lyde, es barbarus*, to which A. is presumably referring.
   pellax: so VQ and D *sup. lin.* This very rare adjective is also used in *Epit.*

12. 4 (of Odysseus, as in Verg. *A.* 2. 90); here it is applied to the character in Terence's *Phormio* (Geta of *Adelphoe* was less of a trickster). D also reads *ferus*, a corruption of *servus* (Z), which is probably a gloss. Although *servus* has a certain plausibility beside *barbarus* and *femineus*, A. is thinking of character, not social status. The reference is not to the Goths of A.'s time.

femineus Phryx: cf. Verg. *A.* 12. 99 *semiviri Phrygis*.

5. **fallaces Ligures:** cf. Verg. *A.* 11. 701; Servius ad loc. quotes Cato. D gives *audaces Licii* here, and Z omits the line. The Lycians are geographically close to the Carians, but are less prominent in literature. Perhaps both versions are authentic, and half a line has been lost.

situs: D's *tamen* fits its own version but not V's. But *situs* is difficult; perhaps A. wrote *nullatenus*.

Car: cf. Cic. *Flac.* 65 and Otto 75–6.

6. This line occurs in VQ only; in DZ the words *vestifluus Ser* are part of a very different version, which is much less aptly placed after 12. 5. The line is based on Verg. *G.* 2. 121 *velleraque ut foliis depectant tenuia Seres*, preceded by *nemora*. For singular *Ser* cf. Sen. *HO* 667.

More than any other passage in ancient Latin literature this evokes the traditional picture of the Chinese in long flowing robes: see for example the painting reproduced in E. H. Gombrich, *The Story of Art* (London[12], 1972), 108, which is almost contemporary with this poem. A. might have seen such an artefact. On Sino-Roman contacts in general, see M. Wheeler, *Rome beyond the Imperial Frontiers* (London, 1954), 172–5 (to which Dr C. J. Carter has drawn my attention).

7–8. The presence of these lines here may be justified by *Thebana* and *Caledoniis*; but they may be the remnant of a small section on portents which included *gryps* and *lynx* and even *splen* and *ren*.

in portentis . . . tricorporibus: such as Geryon with his three torsos (cf. Verg. *A.* 6. 289 *tricorporis umbrae*, Sil. 13. 201), the Chimaera (cf. *Ep.* 19*b.* 21), and the Sphinx (cf. *Griph.* 40–1).

8. **strix:** for *striges* see Ov. *F.* 6. 131–40, Stat. *Th.* 1. 597–604. DZ's version is more explicit; perhaps the allusion to British lasses—presumably naïve mothers fearful for their infants—seemed too oblique. *striges* would flourish in such a dark country.

12. *The Beginnings of Spring*

1. **floriparum:** corrupted in D to *flore parum*, in Z to *floriferum*. Cf. *Mos.* 133 *oviparus*.

2. Cf. Verg. *E.* 7. 59 *nemus omne virebit*, *A.* 6. 141 *auricomos . . . fetus*.

3. **passura:** the reading of DZ, to be derived from *pando*, not *patior*. A very rare word—indeed this form seems to be unique—and so more likely than V's *fusura* (also given by D *sup lin.*).

radicata: my emendation of *radicitus*, which implies violent removal. It is very rare outside Columella, Pliny, and Palladius, but appears in Sidonius, a frequent imitator (*Ep.* 5. 10. 4).

exigitur: another technical term, otherwise confined to Columella in this sense. Mommsen's *exeritur* is only a little more common.

13. *Question and Answer*

1. Cf. Fest. 519 L. *vadem sponsorem significat datum in re capitali.*

2. quod si: *quid* of all manuscripts is pointless; *quod* is not. But it is possible that A. wrote *sed cum*, which after the intrusion of *quid* from l. 1 became *quid si* in V and *quid cum* in DZ.

3. mirmilloni: these fighters (*RE* xvi. 664–7) are paired with *Thraeces* in Cic. *Phil.* 6. 13, Suet. *Dom.* 10. 1, and inscriptions.

    aequimanus: 'on equal terms', as in *aequa manu* (Sall. *C.* 39. 4), not 'ambidextrous', as it is defined in Isid. *Etym.* 10. 21 and glosses, including the one in Symm. *Ep.* 9. 110. Ambidexterity is irrelevant to a *Thraex*, who held a shield in one hand and a sword in the other.

4. inter virtutes: a strange expression. Hardly 'amongst good folk' (EW), or 'in terms of the virtues', or 'among the heavenly powers'. Heinsius' *inter versutos* is no easier.

6. Co: this rare form given by the manuscripts is found as a separate word from *Cos* in Jerome's *Liber interpretationis Hebraicorum nominum* (CCSL 72. 144–5). It is presumably used because its homophone *cos* has appeared in 10. 11.

8. From Hom. *Od.* 8. 564–9, 13. 175–7.

9. glis: cf. *Ephem.* 1. 5, Serv. on *A.* 12. 9, and Isid. *Etym.* 12. 3. 6.

10. glus: cf. Marc. *De Med.* 27. 82.

11. spons: cf. Charisius, *GL* i. 49. 16 (p. 60, 24 Barwick).

12. mus: cf. Plin. *NH* 8. 221.

13. pix: because, according to Jasinski, only seagoing vessels were coated with it. This seems correct; cf. schol. Ar. *Plut.* 1093, Plin. *NH* 16. 56. It is less likely to mean mineral pitch or asphalt, often found on lakes, such as the Dead Sea; this was also known to occur in springs, and hence in rivers (Plin. *NH* 35. 179, Strabo 743).

14. For the *unciae* cf. *Ecl.* 24. 11–12.

    aequipares: used in *Griph.* 58, Apul. *Flor.* 3, and Sid. *Ep.* 8. 6. 1.

14. *The Monosyllabic Letters of Greek and Latin*

In this section, as here reconstructed, A. uses the names of all the Greek letters except *A, Θ, K, Λ, Σ*, and (it seems) *T*, and of all the Latin letters except F (unless it is read in l. 9), L, M, N, R, S, and X. It was pointed out by W. Schulze

(*BSB* 1904, 760–85; *Kleine Schriften* (Göttingen, 1933), 444–67)—on the basis of a
slightly different text—that Ausonius omitted the so-called Latin *semivocales*,
which according to the traditional definition did not make syllables and had
not received syllabified names like *mutae*. Names of the kind suggested at *Epigr.*
37. 3 were obviously inadmissible.

3. The Greek omitted by V is presumably εἶ, since names of letters, not
symbols, are used in mid-line. Cf. l. 6.

4. semper breve: if these words are taken with *E*, enclosing the appositional
phrase, *Dorica vox*, they are inaccurate, because Latin E could be long; if with
e Latium ('whenever it is short'), inelegant. It seems best to assume that *breve*
qualifies *e Latium*, and *semper* modifies the verb, as in *Ephem.* 3. 67 and
perhaps *Epiced.* 32.

5. tereti argutoque: for *teres* cf. Gell. 13. 21. 15 *Ciceroni mollius teretiusque visum
. . . fretu scribere quam freto*. For *O* as the Greek negative, cf. *Ep.* 21. 36–7 and
LSJ s.v. οὐ G. *fin.*

6. et oὖ Graecum: this reading, with the name of the letter, is closer to V than
Vinet's *et O*.

7. iotae: for the synizesis cf. l. 23.

8. ferale sonans V: so V. It is easy to exemplify the description from such
passages as Verg. *A.* 4. 460–1, 6. 426, but grammarians never make the
association; and it might be objected that U is indicated in l. 25. F was
described by Cicero as *insuavissima littera* (*Orat.* 163) and as *tristis et horrida* by
Quintilian (12. 10. 29). A. might have ignored or overlooked the letter wau,
which F resembles, but F belongs to the category of 'continuants', which is
not otherwise represented in this section.

9. Pythagorae bivium: cf. *Prof.* 11. 5. For *ramos* cf. Pers. 3. 56.

10. Cf. Quint. 12. 10. 31 *in quam nullum Graece verbum cadit.*

11. A similar point is made in Arist. *Met.* 985ᵇ17, about Ι, the earlier form of *Z*,
and *H*.

12. vocor: so Turnebus for *vagor*, which can hardly stand after *vagos*. The form
of the letter became progressively more sinuous after the classical period.

13. dividuum: 'half', because it is a monosyllable; cf. Donatus on Ter. *Ad.* 241
and Ennod. *Ep.* 3. 2. 2, echoing Hor. *c.* 1. 3. 8.

15. hostilis . . . iugi: cf. Liv. 3. 28. 11 and Fest. 92 L. Canter suggested the
very rare *hastilis*, perhaps *acute nimis* as Tollius put it.

16. pe: cf. *GL* iv. 50. 8 (Probus).

18. T: perhaps meant to serve as both Latin and Greek, but (homophonous)
tau occurs in 15. 6.

19. Cf. Quint. 1. 5. 19, Gell. 2. 3. 1, and *GL* vii. 13. 8, but there is an unexpected
hint of St Paul's well-known phrase *spiritus vivificat* (2 Cor. 3: 6).

20. tribus: *kalumnia, kaput,* and *kalendas* (*GL* i. 424. 27–9, vii. 53. 7, M. Cap.
3. 253).

22. 'and folded inward, has produced another symbol for itself, namely G'.

23. As seen by W. Fröhner (*Philol.* Supplementband 5 (1889), 32–3), the description indicates Φ. V's Θ is impossible because it is a disyllable like *zeta* in l. 11; cf. *Epigr.* 87. 13. ⟩ (Peiper) is quite unlikely for reasons given by Schulze, *Kleine Schriften*, 452 n. 3; his own Latin T is unlikely because *iota* leads one to expect a Greek letter and because *ansae* are usually semicircular and joined to a vessel in two places.

24. The same point is made in the *Aenigmata Eusebii* (CCSL 133. 224).

25. **gruis:** V gives *corucis*. Scaliger read *crucis*, comparing the lower parts of phi to a cross; no less implausibly H. Weil (*R. Ph.* 9 (1885), 103–5) suggested wau (digamma). Accursius' *gruis* can be satisfactorily explained (see below).

   effigies: perhaps *effigie* (Tollius).

   U: in various extant sources (see *RE* xviii/1. 2505–6) Palamedes is said to have invented the letters *HZΠΥΦΧΨΩ*; all these are excluded here. U is the letter meant by Martial in 9. 12. 7, 13. 75. 2, when he speaks of V or U as the letter traced by cranes, and of the crane as the bird of Palamedes. Admittedly he refers in the latter passage to a flock of cranes in flight, as does Philostratus in *Heroicus* 33. 10, but a single bird might also suggest the letter; see the *Encyclopaedia Britannica*, *Macropaedia*, viii. 445 on courtship displays. The scansion of *porrigitur* is no problem (cf. Verg. *A.* 4. 222). The line may be displaced; it would naturally follow l. 8 or 9.

26. **coppa:** Quint. 1. 4. 9; *GL* vii. 16. 3. By *Boeotia* A. simply means 'Greek' (cf. 2, 4, 16, 24). This line too may be wrongly placed.

27. **tricornigera:** cf. Ov. *Ep.* 13. 33 *bicorniger*. The letter is described in *Epigr.* 87. 7 as *trifissilis*.

15. *A Scourge for Grammarians*

The title is similar to Ὁμηρομάστιξ (Galen 10. 19, *Suda* s.v.) and ῥητορομάστιξ (DL 2. 64), and should perhaps be written in Greek; the absence of a title in Z lends some support to this.

1. **en logodaedalias; ride modo:** Schenkl's *en* (cf. Ep. 9*b*. 74) gives better sense than either *e* in V or *et* in DZ. For *logodaedalias* cf. *Ep.* 8. 26 (written in Greek); it derives ultimately from Plat. *Phaedr.* 266ε, cited in Cic. *Orat.* 39. Although the prosody of *logodaedalia stride* could be defended, the verb does not seem to be used of critical disapproval, and *ride* suits l. 3.

   qui: not the general reader, but Pacatus. Z's *quid* may be correct, making a question.

   trux: in this section A. does not confine himself to nouns.

2. **nequam quoque cum pretio est merx:** 'even useless goods have their value'. For *merx* (*mens* V) Mertens suggested *mers*. In 19 A. prefers *fruns* to *frons* but has an obvious reason for doing so.

3. Omitted in DZ, which after l. 19 have *et quod nonnumquam praesumit laetificum gau*; whoever wrote it resorted to clumsy padding and put it with the other Ennian material. The line is needed here to contrast with l. 4, which is in D but not Z.

repleat te laetificum gau: only the last of these words is certainly from Ennius. *laetificum* has a poor claim (see H. D. Jocelyn, *The Tragedies of Ennius* (Cambridge, 1967), 285); and it is typical of A. *gau* is otherwise not attested for Ennius but can be accepted as analogous to *cael* and *do* below. It is not likely to be a parody of *volup*, as suggested by S. Timpanaro in *SIFC* 22 (1947), 193–6; the point would be very obscure.

5–6. These lines are reduced to one in DZ: *scire velim catalepta legens quid significet tau*. Whether or not this was intended to meet the objection that *al* is not found in *Catalepton* 2, it seems to miss the point, which is that the *Catalepta* provide a precedent; A. is asking his critic to admit the similarity. Such a justification follows the *Cento*.

al: not found in the manuscripts of the *Catalepta* or those of Quintilian, who quotes the poem in 8. 3. 28. The text of the third line is very doubtful, but it is hard to fit in *al* before *tau*. It may have entered A.'s source as a marginal gloss, deriving from some such comment as *al.* (i.e. *alii*) *Celticum*; see R. E. H. Westendorp Boerma, *P. Vergili Maronis . . . Catalepton* (Assen, 1949), i. 22.

non lucidius tau: on *tau Gallicum* see N. W. de Witt in *AJP* 33 (1912), 318 and T. Frank in *AJP* 56 (1935), 254–6. It would be surprising if A. and his readers had no knowledge of this, as he implies, and it is doubtful if he means the letter (see 14. 18n.); the word *Gallicum* may have been absent from his text of the *Catalepta*.

7. This line must follow l. 6, as it does in D (Z omits it), since *min* is also found in *Catalepton* 2. 3. It paraphrases *verba miscuit fratri* in l. 5; *letiferum* is suggested by Quintilian's explanation. It is not clear that the poisonous substance *minium* is meant (cf. Plin. *NH* 33. 124); what, if anything, *min* signified to A. is quite unclear.

8. Suspicious, and perhaps interpolated: it breaks up the sequence of exotic words *al*, *tau*, *min*, and *sil* and the semantic question is out of place. But *res*, although it occupies a special place in section 3, should have been reused somewhere, like the other words in that section.

una: 'alone', 'unqualified'; *saepe* in V derives from *saepes* below.

9. estne: DZ read *sitne*, and subsequently have subjunctive forms wherever metre allows, in keeping with their *scire velim* in 5/6.

sil: 'hartwort'; cf. Plin. *NH* 20. 36. The Greek equivalent seems to be σίλι.

10. In this difficult line *constratus* takes its gender by attraction from *ponto*, but there is no need to alter, or to adopt Heinsius' threefold emendation *lintribus an geminis constratis ponto fit an pons*. There is an echo of *Mos.* 289 *constratum . . . pontum*. For *ponto* cf. Caes. *BC* 3. 29. 3; Gell. 10. 25. 5.

11. Bucolico: Verg. *E.* 1. 53. The form *saeps* is otherwise attested only in Varro, *RR* 1. 14. 2.

14. This line, ending in *seps* (cf. Lucan 9. 723), is surely misplaced in the manuscripts. The subjunctive *sit* can be explained by *cur*; *an* may have replaced *aut*, which would link it closely to l. 12.

12–13. A. argues for common usage against *ratio* (analogy). On this point see the texts assembled in *TLL* vii/2. 815. 11–41. In l. 12 the emendation *memor es* of M. Bonaria (*Latomus*, 44 (1985), 882) does not solve a problem or improve the sense.

15. sons: Fest. 383 L.; *non legi*, says Probus in *GL* iv. 28. 27.

16. Cf. Verg. *A.* 1. 14 *dives opum*, 4. 638 *Iove de Stygio*. In Quint. 1. 6. 34 *Ditis* is derived from the contrary *dives*.

17. Rudinus: see *Ann.* 525 Skutsch, Cic. *Arch.* 22.

divum domus altisonum cael: *Ann.* 586 Skutsch, with full commentary.

18. cuius de more: Homer, as A. doubtless knew, and Hellenistic poets (Skutsch ad loc.).

astruit: so DZ; V's *addidit* may well be a gloss. Skutsch argues (on *Ann.* 587) that the verb has little point unless A. found the second quoted phrase in the same context, and that this was Book 1 of the *Annales* (p. 19); but he does not effectively rebut the contention of C. Rigobon (*RFIC* NS 4 (1926), 523–36), that A.'s knowledge of Ennius comes from a grammatical work.

endo suam do: for *endo* see Skutsch on *Ann.* 272, and for *do*, *Ann.* 587.

19. populea fruns: the form *fruns* is more likely than *frons*; see Skutsch on *Ann.* 245. It seems that the nominative singular form was not to be found in Ennius; A. may have had in mind a phrase *populeas inter frundes* (cf. Verg. *A.* 10. 190). *Pace* L. Havet (*R. Ph.* 15 (1891), 69) *populea* is nominative: for the prosody cf. 10. 7.

16. (*Conclusion*)

1. For the concluding formulae, cf. *Ep.* 21. 45–6, *Mos.* 349.

2. Pacate: DZ have *Pauline*. Since *Pauline* occurs in this position eight times in A., scribal error should not be ruled out; or perhaps A. actually wrote *Pauline* here but overlooked it when dedicating the work to Pacatus (cf. 5. 2), in which case V's *Pacate* here would be due to a corrector. In any case one is not compelled to infer that more than one authorial edition existed.

3. pax: 'enough!' The conclusion, greatly admired by Scaliger, is based on Ter. *Heaut.* 290–1.

XXVI. THE PLAY OF THE SEVEN WISE MEN

This imaginative *mise en scène* of a well-worn theme was, like the *Techno-paegnion*, presented to Drepanius the proconsul, and is likely to be of similar date, though it may have been devised for classroom purposes much earlier. Rather than treat the theme in the dry manner of some of his *Eclogues*—cf. too *AL* 351 Riese (346 Sh. B.), 882, Hyginus 221—Ausonius decided to clothe it in an original format. It purports to be a *fabula palliata* (l. 21); whether it owes anything to classroom convention or popular drama is quite unclear. Ausonius enjoyed a close verbal knowledge of Plautus and Terence and a vivid memory of various scenes, but had very little idea of dramatic composition or staging; with no living theatrical tradition to help him, he produced a work in which the didactic and indeed the familiar enumerative element predominates, and one perhaps less attractive than either his own *Ephemeris* or the much longer *Querolus sive Aulularia* of the same period. The similarity between the *Ludus* and various fifteenth-century *Fastnachtspiele*, reported by F. Leo in his important review-article in *GGA* 158 (1896), 778–92, needs further investigation.

The piece is set in one of the theatres at Rome, a stone theatre, with fourteen rows reserved for *equites*. The incongruity of Greek characters and Roman audience is not minimized; indeed the *prologus* dwells on the contrast between Greek and Roman attitudes to the theatre. The next speaker is the surprising and unparalleled *ludius*, who reminds the audience of the various sayings. The Sages then enter the orchestra in turn and give a brief exposition of their apophthegms; these are assigned broadly speaking in accordance with tradition, but no particular source can be detected. Apart from the sour comment of Chilon about Solon's verbosity, there is virtually no interaction between them. Ausonius is not concerned with dramatic or historical realism: one sage addresses a spectator, and two of them refer explicitly to Terence. There may have been a conclusion, but as transmitted the playlet ends with Periander, who, like various others, requests applause for his speech.

In language and metre the models are Plautus and Terence. Ausonius appropriates a whole line of Plautus in l. 131, and recalls lines of Terence in ll. 155, 191, 207–10, and 220. He uses archaic forms such as *scripse* (52), *dixe* (58), *fructi* (140), and *fuat* (197), and words such as *commodum* (116), *hui* (133), and *incogitantes* (228), which are common in early Latin but not confined to it. The iambic senarii used throughout the play are clearly constructed on very different principles from his other iambics, but because of the poor state of the text it is not easy to work out what exactly they were or how faithful he is to Plautine or Terentian practice. Hiatus occurs in the line that he takes from Plautus (131), but although found in a dozen places in the manuscripts it can generally be put down to transposition or omission, errors which are often in evidence. It seems that as elsewhere he allows it very sparingly. 'Split anapaests', though fewer of these are transmitted, are harder to remove; Leo, who wished to banish them entirely so that Ausonius would conform to the 'archaistische Technik' that he saw in earlier Late Antique writers, had to resort frequently to drastic emendation or postulate iambic shortening. Ausonius seems unaware of various other points: he has a tribrach as the first foot in ll. 21 and 223, and iambic words before a final iambic word in ll. 72, 112, and 162; *sacros* is a spondee in l. 193. Greek words are treated not accentually as suggested by Brandes (*Beiträge zu Ausonius*, ii (Wolfenbüttel, 1895), 29), but quantitatively, as one would expect of a writer who composed *Ep.* 6 and several Greek poems in traditional metres. The sayings are carefully introduced and there is no need for attention to be drawn to them in this way, as Brandes maintained.

The *Ludus* is transmitted in V, P, and H. These contain a multitude of minor errors and several major ones, and none of Ausonius' poems offers a greater challenge to the textual critic. Whether or not Drepanius graced the original text with *obeli* (cf. l. 13), they cannot be avoided in the transmitted text.

1–2. The play on *ignosco* and *cognosco*, found in Terence at *Eun.* 42, *Heaut.* 218, is reinforced by a further play between *legenda* and *tegenda* in ll. 3–4 and the assonance of *placeam* and *lateam* in l. 18. Drepanius is given a similar choice in similar language in *Praef.* 4.

The first line is imitated in the poem that follows the treatise of Marcellus Empiricus *agnoscenda magis seu exercenda rearis* (69), where the clauses depend on *discernere*; here the disjunctive question is used as if *iudica* or a similar verb were to follow.

9–10. Based on verbatim quotations of Verg. *G.* 3. 186, 208.

11. Maeonio . . . Homero: a significant echo of Hor. *c.* 4. 9. 5–6 *Maeonius . . . Homerus.*

cultum: the preceding words *laude* (8) and *plausae* (9) support the sense 'honour', rather than EW's 'finish' or Jachmann's 'Schmuck'. In themselves critical signs do not add elegance, and the notion of ornament is perhaps too frivolous.

12. These two critics are also mentioned in *Prof.* 13. 3.

13. obelos: cf. Jer. *Ep.* 112. 19, Isid. *Etym.* 1. 21. 3–4.

13–16. 'So place your daggers, the critical signs imposed on classical poets; I shall consider them my trophies, not signs of error, and what the refined taste of a learned man appends to my text I will call corrections, not condemnations.' The single couplet in V is surely the result of *saut du même au même*, as in ll. 174–5 and *Ordo* 73–4; the root of the trouble, as realized by H. Zimmer (*Hermes* 29 (1894), 317) and Nardo (337–47), is the similarity of *stemmata* and *condemnata*. The singular *stemma* was subsequently written before *vocabo* to repair the metre. For *stemmata* we should probably read *stigmata* with Ugoletus; it is unlikely that *stemma* is equivalent to *asteriscus*, as argued by Zimmer, and the word would be harsh even if *cultum* in l. 11 were taken in Jachmann's sense. The synizesis *puriorum* cannot be accepted; in any case *primorum* gives a better meaning. The participles in l. 15 may be equivalent to present (active) participles like those in *Cup.* 9 and *Par.* 7. 11 (see J. Svennung, *Wortstudien zu den spätlateinischen Oribasiusrezensionen* (Uppsala, 1932), 137–40, and LHS 291); or the fault may be in the confusion of signs with passages marked by them, or in a lax use of the relative pronoun, though the passage is not so obviously ragged as those cited by E. Löfstedt in *Vermischte Studien zur lateinischen Sprachkunde und Syntax* (Lund, 1936), 142–4.

21. hodie: the manuscripts' *hodieque* has no obvious point, and is metrically difficult. For the tribrach in this place, cf. l. 223.

    orchestram: cf. *GL* i. 490. 6–7 (where *planipedes* used to perform) and Isid. *Etym.* 18. 43–4.

24. As noted by Nepos, *Praef.* 5, Liv. 24. 24. 3.

26. negotis: probably intended as an archaism.

28. separat ius: Scaliger's neat correction of *separatis*.

29–30. For the various meeting-places of the *ecclesia* see *RE* v. 2167–8.

32. scaenam tabulatam: a stage of wooden boards. Cf. Tac. *A.* 14. 20. 2 and Serv. on Verg. *G.* 3. 24; for *tabulatam* cf. Cassiod. *Var.* 8. 10. 6, *CJ* 8. 11. 21, Fest. 11 L.

34. The imposing productions of Murena (whose aedileship is disputed) are attested by Cic. *Mur.* 38; those of Gallius (aedile in 67 BC) perhaps by Asconius 78–9. See *RE* vii. 672 (Gallius 6).

    nota eloquor: this phrase has more point if it refers to the compressed sentence that precedes, and not the account of stone theatres that follows it.

39. cuneata: cf. *Ecl.* 21. 11, *Ordo* 39.

40–1. The theatre of Pompey (Tac. *A.* 14. 20. 2) was dedicated in 52 BC, and that of Balbus in 13 BC; the third is the theatre of Marcellus, begun by Julius Caesar and completed by Augustus in 13 or 11 BC. This allusion does not prove that they were still in place, as assumed by S. B. Platner and T. Ashby, *A Topographical Dictionary of Ancient Rome* (Oxford, 1929), 513. See also M. Bieber, *The History of the Greek and Roman Theater* (Princeton, 1961), 181–4.

42. sed quid ego: cf. Ter. *Andr.* 886. For the dactyl, cf. ll. 53 (Greek words), 98.

    hac ⟨de⟩ causa: hiatus is unlikely; cf. *qua de causa* in l. 129.

46. aperiremque: the best correction yet offered for the manuscripts' *agere*, which could well have derived from a misunderstood abbreviation. The word is used in closely similar contexts in Pl. *Trin.* 17 and Ter. *Ad.* 23. Baehrens's *(et) peragerem* is not appropriate to a brief preview; the verb is used of the verbose Solon in l. 135.

47. suas: probably a monosyllable.

48. 'which each of the Sages was first to make'. The text followed here is Peiper's. V's *si* causes difficulty, and *quisquis* may have replaced *quisque iam* (cf. l. 185), though admittedly *iam* (a favourite stopgap of Peiper's) has little function here. To read *providentium* is not the answer: *prudens* is a more suitable synonym for *sapiens*. The reference can hardly be to the audience, as Leo and others have supposed; they cannot anticipate the wise men.

50. ludius: elsewhere a dancer; there is no parallel for such a speaker in Roman drama. In the prologues of Plautus' *Asinaria* and *Poenulus* a *praeco* is mentioned, but he is off-stage. A. goes to some length to bring *ludius* in, making the hitherto knowledgeable *prologus* confess his ignorance, but why he does so is not clear. The explanation of *ludius* as 'conférencier' by H. Marti in *Musa iocosa* (Hildesheim, 1974), 169, does not help.

51. edissertator: the noun is unique, but Plautus and others use the verb *edisserto*.

52. scripse: cf. l. 58 *dixe*, and Pl. *Poen.* 961, Ter. *Hec.* 845.

53. γνῶθι σεαυτόν: as transmitted, the line is a syllable short; γνῶθι is, correctly, a trochee in l. 138 and *Hered.* 19. Presumably one should read *quod est Latinum*, a formula used in l. 63.

54. multi: almost all extant sources agree (but according to DL 1. 40 Thales made it his own). Cf. 137–9.

56. †introfertur†: this word lacks point, and so too do the various emendations; why say of this tag in particular *in ore fertur* (Schenkl), or *metro fertur* (Brakman)? Conceivably the truth was ousted by a gloss *controversum*, from which a vain attempt was made to extract a metrical and meaningful reading.

57. quo iubes: *qui* as nominative is difficult, and as ablative it would have no parallel in A.: *qui* should not be so explained (as it is in Schenkl's index) in ll. 66, 70, and *quivis* in *Par.* 8. 6 is an undesirable emendation.

61. tempestivum tempus: cf. Pl. *Truc.* 61 *tempestivo temperent*.

64. imperitos: perhaps 'uneducated'; cf. ll. 179, 192–3.
  scite: though rare, this form is more likely than *scito*. The maxims themselves have the singular, but the plural is used for explanatory material.

65. est Periandri: so Schenkl, to avoid hiatus.

66. esse meditationem: transposition again removes the hiatus, and, unlike other emendations, provides a neat and literal translation of the Greek such as A. supplies elsewhere (except in l. 87, deliberately prolix).

69. ⟨et⟩: there is no obvious reason for Peiper's *set* (or *sed*).

71. faeneratis: money-lenders.

72. dixi; recedam: cf. l. 162; a neat repair by Scaliger.

74. fama: in extant versions Solon is not pre-eminent among the sages; but he was the best-known.

76. ⟨nec⟩ vero imum: in the manuscripts *unum* is awkward with *primum*, whereas *imum* gives an excellent contrast and typical assonance. *nec* has surely fallen out, and should be accompanied by *vero*, not *verum*.

78–81. This story is told nowhere else: the question resembles Chaerephon's question about Socrates (Plat. *Apol.* 21 A), but the reply is totally different. For the various versions of the sages' rivalry, see *RE* iiA. 2248–51.

78. iussit: *ait* may have arisen from *Delphicussit.* For the syntax, cf. 60 *tempus ut noris iubet.*

80. nomina septem incideret: the reading of the archetype *nominum sertum* is very strange Latin, and could only be accommodated by changing the plausible verb *incideret.* Schenkl's *nomina serta* is no easier. There is no call for *serie* or *seriem* (Heinsius, with *daret*). *nomina septem* might have been corrupted by the incorporation of a gloss to *nomina vii septem* and then to what the manuscripts give.

83. existimor: cf. 52–8. A. may have been aware of the chronological problem.

85. coactum: if ὅρα is an iambus, as, *pace* Brandes, it should be and seems to be in l. 56, then *coactum est* cannot stand. A Latin word is elided before a Greek one in l. 189; cf. Pl. *Pseud.* 1010.

86. edisseras: cf. l. 121. This word is not uncommon in iambics; *disseras* (P), though used in *Mos.* 84, is rather rare in verse.

88–9. 'and that men should be called wretched or happy accordingly, because their future lives are always uncertain'. For the asyndeton cf. ll. 103–4, 141–3. V's *evita* is dubious because it is singular (*edisseras* in l. 86 is indefinite); cf. 64 n. The form in *-ier* is not used elsewhere by A., but would be highly appropriate in this style.

89. ancipiti statu: cf. Sen. *Phoen.* 629 *ancipiti in loco est*, but *in* is not necessary here.

92. sibi beatus: 'happy in his own eyes': so Sh. B. The corruption of *nimis* (E. Badian, *AJP* 98 (1977), 139) or *visu* (Leo) would be less easy to explain.

93. An embellishment of Herodotus' story that golden bricks were sent to Delphi (1. 50. 2); no source mentions golden temples.

94–5. Herodotus says that he paid a visit (1. 30. 1), Diodorus (9. 26. 1) that he was sent for by Croesus, Plutarch (*Solon* 27. 2) that he was invited.

97. Tellena: Greek writers have Tellos (*Telles* in Page, *FGE*, p. 487 is a misprint). Perhaps A. or his source confused him with Tellen of *AP* 7. 719.

98. abiecerat: more appropriate, as Graevius argued, than *obiecerat.*

99–100. Aglaum: this name does not occur in Herodotus (where Cleobis and Biton follow Tellos) but is found in Paus. 8. 24. 13 (in the description of Psophis), Val. Max. 7. 1. 2, Plin. *NH* 7. 151 (in the context of Gyges' enquiry at Delphi), schol. Juv. 14. 120. A.'s words are very close to those of Valerius Maximus: *terminos agelli sui numquam excesserat.* The word *is* which Peiper inserted after *proprii* in l. 100 might be better placed after *fines.*

105. †accepit ego†: even if this was metrically acceptable to A., the present tense is surely required, and *ego* seems unnecessarily emphatic. Scaliger's *accipit. exeo* violates Herrmann's Law, and A. offers no parallel to it. *tum* and *ast* (cf. *Ep.* 23. 6) seem too heavy for this context. A more drastic remedy is attractive: perhaps *fert*—the verb one would expect—and what followed it (e.g. *mittit foras*) was carelessly replaced by repeated *felicitas*, and that, when seen to be wrong, by free composition.

107. The form of this line makes it unique in A., and the comedians have nothing closer than Ter. *Ad.* 474 *ignotumst, tacitumst, creditumst* (which I owe to Dr A. S. Gratwick).

108. †at ille captans funeris instar sui†: so V. A. was probably unaware of what is now called *locus Iacobsohnianus* (cf. e.g. Pl. *Asin.* 250 and l. 201 n.), and so P's *ipse* should perhaps follow *funeris*. PH's *captus*, however, reads like a simplification and is redundant. *instar* is the direct object of a verb (*affecto*) in *Grat. Act.* 5 and could be so used here, but what is the verb, and what is the line intended to mean? Before this time *capto* does not mean 'see' but 'try to see' (so *TLL* iii. 377. 13–16), and there seems to be no parallel to modern Spanish *catar* before Isid. *Etym.* 12. 2. 38 (*cattat, id est videt*). Leo suggested *spectans*, with Peiper's *stat* for *at*; although what Croesus saw in fact bore no resemblance to his eventual death, which was evidently a peaceful one, it could be said to be tantamount to his death until his reprieve changed matters. I suggest a reference to Cyrus' premonition of his own death (cf. Hdt. 1. 86. 6, where he is said to have brooded on such things); since the circumstances of his death at the hands of the violent Queen Tomyris are well known at this time (e.g. Amm. 23. 6. 7, Sid. *c.* 9. 34–7), the point would be the thought of a violent death inflicted by a vengeful foe. Scaliger's reconstruction of the line is highly implausible, and the versions of Schenkl and Prete very obscure.

109. totum . . . per ambitum: cf. Amm. 31. 10. 12, where *per ambitum* means 'round about', 'in the vicinity', and *gyrum per omnem* in l. 115, where Heinsius unnecessarily suggested *propere* for *per*.

111–13. Lines 111–12 were condemned by Leo as incompatible with l. 113, but it would be easier to accept the interpolation of l. 113 than his suspicions of drastic corruption or authorial confusion. In fact A. could easily have allowed (especially in Solon's case) the redundance of *ingenti . . . sono* and *clamore . . . magno*; and *ter*, assuming it does not mean 'for a third time', might mean 'three times altogether'.

118. †per ministrorum†: this unmetrical reading has been tackled in various ways. Transposition has not yielded a satisfactory line, either in the version of the 1558 edition (*per ducitur*), or in Tollius' (*perducitur*), or in H. J. Mueller's more drastic rearrangement. Others have supposed *ministrorum* to be a gloss, replacing *servitiorum* (Ellis) or *mitratorum* (Baehrens) or perhaps *stipatorum*, or a corruption of *administrum* (Poelman), *ministeriorum* (Heinsius), or *militarem* (Peiper). Perhaps *ministrum* (genitive plural, cf. Stat. *S.* 3. 1. 86) should be read, with *praeter* before it; he is led past the bodyguard by a Persian equivalent of the late imperial *cubicularius*.

123. ⟨inde⟩: a more likely supplement than *iam*.

124. Croesus' chains were sent to Delphi according to Hdt. 1. 90. 2; A. embellishes, as in l. 93.

126. ergo: more suitable in this summary than *ego*, which occurs in l. 129.

131. A verbatim quotation of Pl. *Men.* 882, where *spectando* is correctly restored for the manuscripts' *exspectando*.

132. Conflated from Pl. *Men.* 883 *manendo medicum dum se ex opere recipiat*, and Ter. *Phorm.* 462 *percontatum ibo ad portum quoad se recipiat*. The manuscript text can stand if *quoad* is taken as disyllabic; cf. *dein* in l. 170 and trisyllabic *proinde* in l. 88. With *ad* (preceding either *sese* or *se se*), which P at first wrote, the sense might be 'come to himself' (so EW, with an unconvincing explanation); but in fact Chilon does not see Solon as acting out of character, as the following line shows.

133. 'Alas, what a long time Athenians take to say a few things.' So Sh. B., transposing *pauca* and *quam*. Cf. Cic. *Att.* 13*a*. 21. 2 *hui quam diu de nugis! Hui* is not to be taken *extra metrum* as Scaliger suggested; nor is it a disyllable, and synizesis of *diu* is not likely.

134. trecentis versibus: cf. Pl. *Persa* 410.

135. abit: perfect, as in Pl. *Men.* 450, Ter. *Ad.* 782, and other passages.

139. in columna ... Delphica: cf. Varro, *Men.* 320, DS 9. 10. 1, and F. Schultz, *Philol.* 24 (1866), 193–200.

141. For this interpretation of the phrase, cf. Xen. *Mem.* 4. 2. 25 and other passages assembled by E. G. Wilkins in her dissertation *'Know Thyself' in Greek and Latin Literature* (Chicago, 1917), 23–32; see also P. Courcelle, *Connais-toi toi-même de Socrate à Saint Bernard* (Paris, 1974), 143–4. For *ad usque puncti tenuis instar* ('down to the last jot') cf. *tenuis puncti* in *Cup.* 76, *puncti instar* in Cic. *TD* 1. 40, Amm. 15. 1. 4.

145. illa spreta nobis gloria: Chilon draws a contrast between Spartan and Roman (Republican) values. A. may be thinking of the Spartans' reluctance to engage in foreign conquest and their tendency to suspect those who did, or of their lack of social ostentation (cf. ll. 35–41).

148. cluo: A.'s usual form, but the comedians use *clueo*.

150. tu ... qui sedes: for such interaction with the audience, cf. Pl. *Truc.* 4–6 (*annuont ... abnuont*).

151. quattuordecim: for the scansion cf. Skutsch on Enn. *Ann.* 600.

155. 'ut ne quid nimis': Ter. *Andr.* 61.

156. noster quidam: editors have seen a reference to Eur. *Hippol.* 264–5, but A. knew little if anything of Greek tragedy, and may here refer to another sage. The phrase is certainly older than Euripides.

157. Dorius: cf. *Technop.* 14. 4, *Ep.* 20*b*. 4.

158. vigiliae est: the manuscripts have *vicinus*. At some stage there was confusion of *c* and *g* and the ending was influenced by *modus*. The form *vigilii* is unlikely.

163. Thales sum: not *sum Thales*, with shortening of the second syllable of the name (Schenkl and Peiper) or of *sum* (Leo).

163-4. Apparently a garbled reference to Pindar, *Ol.* 1. 1, unless the lacuna has swallowed the quotation.

164-74. The first few lines of Thales' story are lost. A. follows the version in which Apollo's help was invoked and he adjudicated in favour of 'the wisest'; but he gives a different sequel. Thales usually, but not always, occupies the central place in the story, as here. See *RE* iiA. 2248–51.

170. dein: cf. Ter. Maur. 1412 for the scansion.

176. duobus ante me: but three speakers have preceded. There does not seem to be any dramatic point in this discrepancy: each of them was an *assertor sententiae suae.* A satisfactory emendation has yet to be made. Tollius, and Schenkl after him, suggested *inter alia* that the speeches of Cleobulus and Thales have changed places, and that Bias' name should replace Thales' in l. 162; but it is fitting that Thales, a highly regarded sage who after Solon has the longest speech, should be central. Perhaps A. failed to harmonize first and second thoughts; there is perhaps supporting evidence of hesitation in ll. 52–8.

180. A word has dropped out before the Greek; most likely *en*. Later in the line *Graece* should be read for *ecce*.

181. noxa ⟨sed⟩ praesto tibi: Peiper's version is most faithful to the Greek, and so to A.'s regular practice.

183. praedes vadesque: cf. *Technop.* 13. 1–2.

    paenitudinis reos: a strange phrase, albeit less bizarre than EW's translation. *paenitudo* is found once in early Latin (Pacuvius, *trag.* 313) but is common in Late Antiquity.

184. A pointed rejection of τὸ ὀνομαστὶ κωμῳδεῖν, and perhaps another ironical contrast of Greek practice—which A. would know from Hor. *S.* 1. 4. 1–5 and perhaps other Latin sources—with Roman.

186. quantis: only here in A. in the sense 'how many'.

189. Prieneus ⟨sum⟩; dixi: for *sum*, cf. ll. 136, 147, 163, and 202. *Prieneus* is a trisyllable as in l. 62 and *dixi* elides before the Greek word as in l. 85.

191. veritas odium parit: Ter. *Andr.* 68.

195-6. 'enemy territory contains the majority of bad men, whom you believe that I spoke of'. As in l. 83, the sage oddly leaves the attribution of his tag unconfirmed. P's *credite*, espoused by Sh. B., would be very awkward inside the relative clause.

200. illud: *illum* gives poor sense.

201. abeo. valete: cf. Pl. *Capt.* 67.

    plaudite, plures boni: cf. *Technop.* 10. 7, 15. 19 (both times before the final monosyllable), and perhaps *Ecl.* 3. 1; there are sporadic examples of such lengthening from Catullus on. Perhaps the point is to draw attention to the witticism *plures boni. o* is used to heighten the tone in l. 112 and would be unjustified here.

202. ⟨**ego**⟩: this supplement is supported by l. 147.

204–5. The sense of these lines would be greatly improved if *sententia ista* were written for *sed iste* καιρὸς and, as Heinsius suggested, *scite* for *et*.

206. venite in tempore: neither V's *venit* nor PH's *veni* is metrical; the simplest correction is *venite*. The phrase *veni in tempore* is found in Ter. *Andr.* 758, and *in tempore . . . veni* in *Heaut.* 364 (both in the perfect tense), but there is no compelling reason to read *veni*, or to maintain (as is done by Marti in *Musa iocosa*, 169) that A. is misquoting Terence; though about to cite him, he is here citing a *Romana vox*. Peiper's *et* after *sic* is awkward; Baehrens's *similis* for *sic* makes for smoother Latin, but for *sic* cf. l. 34 and *Par., praef.* A. 1.

207. Something has been lost between *quoque* and *comicus*; it is not *sic* (added in V), but could be *ille*, although there is no pronoun in l. 155 *Afer poeta vester*.

208–10. A misunderstanding of Ter. *Heaut.* 364–5 *in tempore ad eam veni, quod rerum omniumst primum*, where *tempore* is not the antecedent of *quod*. Moreover, the speaker is actually Syrus and he is speaking of Bacchis.

209. quom: unlikely in other poems, but perhaps correct here.

213. The most economical remedy is to transpose *molestus* with Schenkl; cf. Pl. *Cist.* 465, *Truc.* 919. The resulting 'split anapaest' is not anomalous, and a similar phrase is used in *Ep.* 14*b.* 34. But Baehrens's *nisi molestum est* could also be right.

215. ⟨**iam**⟩: so Peiper. Unless hiatus is allowed, the manuscripts are a syllable short.

216. The manuscripts offer a literal translation, but in an unmetrical line. The substitution of *omne* for *totum* (made by W.-H. Friedrich, and reported by B. Snell, *Leben und Meinungen der Sieben Weisen* (Munich, 1943), 171) provides good sense and metre; recollection of *totum* in the earlier translation (66) may have caused the mistake. *totum* was omitted by Heinsius, and *recte* by Ugoletus, but to the detriment of the sense.

219–20. Presumably a reference to Ter. *Phorm.* 241–2 *quam ob rem omnis cum secundae res sunt maxume, tum maxume meditari secum oportet quo pacto advorsam aerumnam ferant*.

221. aedes locare: *sedes* of the manuscripts is difficult whether taken as 'house' (so EW) or as 'colonies' (more apt in the mouth of a tyrant); a formal parallel exists in Verg. *A.* 1. 247–8 *sedesque locavit Teucrorum*, but there the context leaves the sense in no doubt.

228. Cf. *vitam regit fortuna, non sapientia* cited in Cic. *TD* 5. 25, which translates a well-known Greek tag.

230. This line and l. 229 seem to have changed places; *sed ego . . .* should surely follow *meditamini*, and *plaudite* should end the speech, especially if the whole work ended here. To heal the metre I suggest *probe* (cf. Ter. *Andr.* 847 *curasti* *probe*) for *publicam*, not so very different in abbreviated form. Heinsius omitted *vestram*, but the emphasis is highly apposite.

229. †**me ad partes**†: the sense of *patres* (V) or *partes* (PH) is quite unclear; Leo's *ad plures* would be more apt, but in a play one expects actors to retire to the wings, not to the underworld. Since the relevant tag is often worked into the farewell (162, 201, 213), the true reading may be *meditatum*. The line would run *sed ego meditatum iam recipio; plaudite. me* is not required (OLD *recipio* 12 b).

XXVII. LETTERS

This collection of twenty-four letters from Ausonius' hand (which excludes letters dedicating extant poems to individuals and certain poems written to or for members of his family) begins with a letter to his son Hesperius, and continues with seven to Paulus, single ones to Probus, Ursulus, Tetradius and Symmachus, four to Theon, and eight to Paulinus. In two cases we are able to see both sides of the correspondence: the letter of Symmachus which elicited *Ep.* 12, and the two extant replies of Paulinus, which are, like those of Ausonius, in poetic form and constitute the earliest examples of a correspondence in verse, are printed in App. B. There are no extant letters from Paulus and Theon to Ausonius, but there is no reason to doubt that they kept their end up. The letters to Probus and Ursulus are replies to letters or communications of some kind; no doubt Hesperius and Tetradius reciprocated in some way.

Ausonius' use of the letter is highly flexible and unconventional. In his letter to Probus, he is very conscious of protocol, and when writing to Symmachus he follows his correspondent's conventions, but elsewhere the form is pliant and distinctive. He owes nothing to the poems in the form of a letter composed by Lucilius, Catullus (68), and Propertius (1. 11, 2. 19), and only the occasional verbal detail recalls the letter collections of Horace and Ovid. The letters of Cicero, Seneca, the Younger Pliny, and Fronto exercise minimal influence. Ausonius' letters serve everyday purposes—presenting and acknowledging gifts, making invitations, maintaining contact, answering requests, solving problems—but these functions are performed with great verve and imagination, and all the letters, except those that earnestly appeal to the absent Paulinus, demonstrate his many-sided learning, lively humour, and great metrical versatility: in a word, his *poeticus character*. The writer's personality is also prominent. With the rhetor Axius Paulus, who shared his delight in Greek and Roman literature, he seems very friendly and spontaneous; to Theon, whom he portrays as a corpulent littérateur living like a lord in the remoteness of Médoc, he appears rather condescending. Something of the same jovial *hauteur* is evident in the letters to the teachers Ursulus and Tetradius. Towards Petronius Probus he is all deference; towards Symmachus, with whom he developed a friendship strong enough to survive various misunderstandings, much more relaxed. The four earlier letters to Paulinus suggest tensions which make the final separation not entirely surprising. In the celebrated later ones Ausonius does not show imperceptiveness, as often thought, but a deep dedication to his concept of *amicitia* and the epistolary conventions which fostered it. He adheres to them even in a crisis; Paulinus keeps the outward form but replies in a totally different spirit.

Letters 4–11 and 17–20 are found only in Z, 1, 3, and 14–16 only in V; 2 and 13 occur in both V and Z. For letter 12 we have VPH and manuscripts of Symmachus; for 21–4 VPH, N, and SA, which are manuscripts of Paulinus. There is little difficulty in adjudicating between V and Z; a greater problem arises from the great divergence between VPH and SA, and is here solved in a novel way. In so far as the letters to Paulus precede those to Theon and the single letters (excepting the one to Hesperius) occur centrally, my order follows Z; like other editors, I have put the letters to Paulinus together. The manuscript headings reproduced in the text are as a rule chosen for their brevity.

1. *To Hesperius*

This letter accompanied a gift of twelve thrushes and some drakes, which are described with notable elaboration (see A. Pastorino in *GIF* 21 (1969), 277–80). The metre is that of Hor. *Epod.* 14–15.

1–2. The opening is modelled closely on Martial: cf. 9. 54. 1 *si mihi Picena palleret turdus oliva*, 7. 27. 1 *populator* (of a boar), and perhaps 13. 5. 1 *cerea*.

5. nebulosa: cf. the Greek νεφέλαι (Ar. *Av.* 194, 528). Pliny remarks on the fineness of nets in *NH* 19. 11.

6. The point is not, as supposed by Chadwick 58, that they had become taut with dew at dawn; the birds are trapped in the dim light as they seek to assuage their hunger. On this and similar passages see F. Capponi, *Latomus*, 22 (1963), 750–3, and Kay on *retia rara* in Mart. 11. 21. 5.

8. capi volentes: cf. Juv. 4. 69 *ipse capi voluit*, Claud. 24. 342.

9. crepero: a rare word, perhaps suggested by Symm. *Ep.* 1. 13. 2.

13. remipedes: cf. Varro, *Men.* 489 (*anates remipedas*); A. uses it of boats in *Mos.* 201 and *Ep.* 15. 34.

14. et crure rubras punico: for such expressions cf. *Mos.* 97, Ov. *Am.* 2. 6. 22, Mart. 5. 8. 5.

15–16. Lucretius describes the varying colours of a pigeon's neck in 2. 801–5, also using the singular *collum*; the distributive singular is rather rare and is here chosen for the assonance. *iricolor* is a *hapax legomenon* like *atricolor* and *lacticolor* in *Ep.* 14*b*. 50, 52; it jars with *colore* at the end of the line.

17–18. Perhaps a common theme in such letters: cf. *Ep.* 19. 13–14, Fronto, *Ad*

Ant. Imp. 1. 5. 2 (p. 92 van den Hout²). For *defrudo* with the dative, cf. Petr.
Sat. 69. 2, Ennod. *Dict.* 11. 4, and *Ep.* 5. 21.

2. *To Paulus*

This letter invites Axius Paulus the rhetor to his villa in Saintonge (probably
Lucaniacus). It is embellished with facetiously elaborate advice on methods of
transport.

1. For *tandem eluctati* cf. Lucan 2. 219 *tandem Tyrrhenas vix eluctatus in undas*;
Stat. *S.* 2. 3. 57 *tandem eluctata sub auras.* There is a less attractive picture of
town life in *Ep.* 4. 19–28.

5. Both *cornipedes* (Verg. *A.* 6. 591, 7. 779) and *imposta* strike an elevated note, to
be neatly undercut at the end of the line by *mulae.* For their speed, cf. Plin.
NH 8. 174. The fact that *petorrita* were of Gallic origin (Gell. 15. 30. 7, Fest.
227 L.), like the *cisium* (*CGL* v. 658. 20) and *mannus* (*GL* v. 364. 9), does not
seem significant here; they were common generally.

6. cisio: a particularly fast form of transport (cf. Sen. *Ep.* 72. 2, *Catalepton*
10. 3); this is reinforced by the initial dactyls and the verb *insilias.*

7. ruptum terga veredum: cf. *Ep.* 8. 13 *pigrum . . . veredum* and *Ep.* 19*b.* 35
caballos terga ruptos verbere. The animal was used as a post-horse (*CJ*
12. 50(51). 4, 7) and in hunting (Mart. 12. 14. 1 *parcius utaris moneo rapiente
veredo*); it could be fast.

9. A. evidently preferred to celebrate Easter at Bordeaux, rather than at
Saintes or in the nearby *ecclesia* mentioned in *Ep.* 24. 86, or his private chapel
(*Ephem.* 2. 7). Venantius may echo the line in *c.* 9. 3. 13 *revocant paschalia.*

10. libera . . . mora desidiae: also in *Ep.* 15. 24. Perhaps in pointed contrast
to *mora libera mortis* in Verg. *A.* 12. 74.

12. falsas lites: *controversiae*, as in *Prof.* 1. 15.

13. multas: there is no need to suppose that VZ have erred. *istic*, as at this date
we should expect, is 'here'; the trifles in question had never been taken to the
city to be shared with colleagues there. A. usually promises an exchange on
such occasions (cf. on *Ep.* 4. 41–2).

14. The unmetrical reading of Z intrudes from *Ep.* 8. 36; perhaps a scribe
recalled that passage, which is similar (cf. *nobiscum invenies* in l. 25).

3. *To Paulus*

This letter, perhaps written to thank Paulus for a present, is a parody of a
didactic poem, in the tradition of the 'gastronomical Baedeker' (*OCD*, s.v.
Archestratus), to which Ennius and Horace contributed; see also Coleman on
Stat. *S.* 4. 6. 8–7. After a long preface (1–17), there is a detailed treatment of the

subject (18–40), and a disquisition on his sources (41–51). It was written in the late 380s (cf. l. 40n.).

2. diversoque maris defensa profundo: oysters from the 'remote' open sea are rare, as Pliny (*NH* 32. 59) knew. Heinsius' *deprensa* is not needed; *protegit* is used in ll. 29, 32, and here *defensa* gives a mild contrast with *cognita*, like that of *nudata* and *mersa* in 3–4.

4. muriceis: cf. Optat. 18. 25 (of colour); cf. Plin. *NH* 20. 262 (*muricatis*). For *scopulorum . . . lacunis* cf. *Mos.* 332 *scopulorum . . . novales*.

5. muscus: cf. *Mos.* 67, *RE* xvi. 232–6.

    decolor: V's *dedecor* has some plausibility (cf. Verg. *E.* 7. 40), but *decolor* shows a typical concern with colour: cf. *Mos.* 74 *non concolor herba* and *Ep.* 14*b.* 43 *algoso . . . litore concolor*.

7. mutata loco: cf. Plin. *NH* 32. 61. Sidonius gives *opimata vivariis ostrea* as one of Bordeaux's attractions (*Ep.* 8. 12. 1).

8. umor: cf. Plin. *NH* 9. 107, 32. 60 (*saliva*).

9. enumerare iubes: A. jokingly casts himself in the role of poet commissioned by his patron (cf. e.g. Verg. *G.* 3. 41, Plin. *Ep.* 6. 15. 1). Also typical of elevated poetry is the postponement of the main verb (Verg. *G.* 1. 1–5, Man. 1. 1–4), and the lengthy exposition of the theme (Lucan 1. 1–7).

11. aggrediar: after a deflating line, this word gives a mock-heroic statement of literary resolve. It is frequent in serious contexts (e.g. Tac. *H.* 1. 2. 1, Aug. *DDC* 2. 42. 63 (152), Drac. *Rom.* 8. 3, Paul. Petr. 1. 315).

13. For *Saliare epulum* see Cic. *Att.* 5. 9. 1, Hor. *c.* 1. 37. 2, and Fest. 439 L.; for *cena dapalis*, cf. Symm. *Ep.* 1. 23. 2 (sent to A.), Non. 134 L.

14–15. Modelled on Hor. *Ep.* 1. 2. 28–9 *sponsi Penelopae nebulones Alcinoique in cute curanda plus aequo operata iuventus*.

18. There is no need to emend *ditissima* to suit *mihi*, or to replace *sed*, for which Peiper read *sunt. Medulorum* (cf. *Ep.* 14*b.* 1) may qualify *Oceanus*, but is more probably part of the predicate, like *Burdigalensia* in l. 19 and *Massiliensia* and *mira* in l. 37.

19. For the abnormal but certainly authentic use of *nomen*, cf. *Epiced.* 1n.

20. Caesareas . . . mensas: probably an allusion to a recent visit. Theodosius, who had connections with Spain and Gaul (Matthews 93–6), is the most likely candidate.

21. nostri . . . vini: for the wines of Bordeaux, not mentioned before A., see Étienne 92–3, 224.

22. cunctas: as if *ostreas*, not *ostrea*, had preceded; so in Prud. *Symm.* 2. 854 *altera* follows *iter*. Mommsen's *cunctos* would contradict l. 17.

26. quamvis, sunt: *quamvis* must be read for *quaevis*, and Mehler's *sunt* (*Mnemos*, 2nd ser., 6 (1878), 411–12) is a very likely correction of V's *set*, which would give a faltering train of thought.

26–7. longe proxima multo ex intervallo: cf. Verg. *A.* 5. 320 *longo sed proximus intervallo*.

27–8. portum ... ad Veneris: modern Port-Vendres.

28. cultuque carentia: 'natural'. Hypermetric elision occurs very seldom, if at all, in A. (see on *Prof.* 10. 16, *Ecl.* 8. 7), but synizesis can be matched by *Ephem.* 8. 19 (*aurea*) and *Par.* 17. 16 (*tristia*). Vinet's weak *carentis* is not required.

29. protegit: Mehler suggested *proserit*, but *protegit* is supported and not undermined by the repetition in l. 32. The oysters are protected from disturbance while they grow.

   Abydi: cf. Cat. fr. 1. 3–4, Verg. *G.* 1. 207.

30. pilis: this is based on Verg. *A.* 9. 710–11. *Baiarum ... saxea pila*; *palis* (V) is impossible. For the oysters of Baiae cf. *Ep.* 14*b.* 1.

31. †Genonis†: the only known Genoni lived on the borders of Noricum and Illyricum, in the modern Val di Non. The Geloni (Mertens) were a barbarian tribe in the Ukraine. Mommsen, tentatively supported by Schenkl, suggested *Salonis* (in Dalmatia), which suits Pliny's mention of Illyrian oysters in *NH* 32. 60. La Ville de Mirmont offered *Gelanis* (in Sicily), a suitable but unattested area. But a place in Gaul is suggested by *Santonico*—perhaps *Morinis*, or *Limoni* ('at Poitiers').

32. Eborae: in Spain, at the mouth of the Baetis.

34. A typically weak contrast: cf. *Mos.* 118–19. *sed* is needed, not V's *et* (cf. *Praef.* 1. 22).

   carnis: cf. Plin. *NH* 9. 86, 32. 60. Sh. B.'s emendation σαρκός would be tempting if Greek words were used elsewhere in this poem, and if A. was not pretending to a high style.

35. Aremorici: used precisely; in *Technop.* 10. 15 it means 'Gallic'. In *Not. Dign. Occ.* 37 *Aremorica* extends as far south as Aquitaine.

37. Caledonius: cf. *Ecl.* 24. 32 *Caledonios ... aestus* and *Mos.* 68. Here too the shores of the whole island are probably meant.

39. insanae: this should apply to water (*Praef.* 3. 5; Verg. *E.* 9. 43, Rutil. 1. 539), not to a beach as in V.

40. Promoti: A. makes very few references to prominent public figures; this is probably a compliment to one of the commanders of the army sent against Maximus, especially if l. 20 refers to Theodosius. See *PLRE* i. 750–1.

41. For *vates* cf. Plin. *NH* 11. 219 (*medicinae*), Val. Max. 8. 12. 1 (*legum*).

43. dextrae: 'of good omen', so 'respectable', or else 'kindly', 'generous', cf. Greek δεξιός and *dexteritas* (see *Par.* 14. 8n.); the accumulation of synonyms in this clause would be typical of A., and would emphasize the familiar theme of a relaxed dinner-party.

46. The parties of Plautine parasites echo Horace's scornful words *Ambubaiarum collegia, pharmacopolae* (*S.* 1. 2. 1). Cf. also Apul. *Apol.* 100 *temulentum illud collegium, parasitos tuos*.

48. excolui: Stat. *S.* 3. 1. 60 (*Idus*), PN *c.* 21. 144 (*dies sacratos*).
50. coniugioque: a loose ablative, as often (e.g. *Ep.* 2. 3, 12. 2); the genitive would give symmetry with *patrum.*

    sacra repotia patrum: see schol. Hor. *S.* 2. 2. 60 (a passage that A. may have in mind), *RE* iA. 613–14.

4. *Invitation to Paulus*

An invitation spiced with Greek phrases and echoes of Latin authors, especially Horace. There is a vivid picture of life in Bordeaux in 19–28. Ausonius uses the same metre as in *Ep.* 1.

1. falsis ... poetis: a description that some used seriously, such as Philastrius, *Div. Haeres. Liber* 125. 3 (CSEL 38. 90).
2. πλάσμα: as in ll. 10 and 41, the Greek was lost in transmission. The word here means 'fiction', as in *Prof.* 21. 26, Paul. Pell. *Euch.* 73.
4. pater: Paulus now creates Muses (i.e. poetry) himself.
6. Tartesiorum regulus: Arganthonius, whose age was variously reckoned.
7. maneant ... memento: cf. *Ep.* 8. 15 *moneo ... vites* and *Biss.* 2. 6 *admoneo ... ante bibas*; it contrasts in tone with *intemerata*, found with *fides* in Verg. *A.* 2. 143.
9–10. lirare: seemingly taken as a synonym of *delirare*, with a pun on the senses 'deviate' (*Ecl.* 20. 11) and 'rave' (like a poet). It was often misunderstood (*TLL* vii/2. 1495. 56–63), but not in this way. The former sense is taken up in *torquet* αὔλακα, also a pun; cf. Ar. *Thesm.* 782, *AP* 6. 68 (Julian of Egypt), and the observations of K. Thraede, *Studien zur Sprache und Stil des Prudentius* (Hypomnemata, 13; Göttingen, 1965), 109–13.
13–14. Not a description to comfort faint hearts, especially if the associations of Verg. *A.* 4. 313 *undosum ... aequor* are considered.
14. Garunna: see on *Mos.* 160.
15–16. The road which led from Bordeaux to Blaye, a garrison of the *dux tractus Aremoricani et Nervicani* (*Not. Dign. Occ.* 37), is described with skilful alliteration.
17. pascha: cf. *Ep.* 2. 9.
19. sordida: 'contemptible'. Heinsius' *turbida* would be easier, and its occurrence in l. 23 is not a fatal objection.
21. congrege: cf. perhaps *Griph.* 53; it is borrowed by the writer of *Perioch. Od.* 24 [App. A. 6] and a number of times by the poet Cyprian.
22. plateas: cf. *Ordo* 143, where they live up to their name.
24. There are similar lines in Pl. *Pseud.* 139, Mart. 5. 25. 2, 8. 44. 9.
25–8. A reworking of Horace's description in *Ep.* 2. 2. 74–5 ... *plaustris, hac rabiosa fugit canis, hac lutulenta ruit sus. impete* may be used to recall Lucretius,

who wrote, in a different context, *inter saepta meant voces et clausa domorum transvolitant* (1. 354–5); but there is no need to replace *tecta* here.

29. Cf. Hor. *Epod.* 16. 35 *haec et quae poterunt reditus abscindere dulcis.*

32. nugis amoena seriis: a typical oxymoron. Emendation is not required: cf. *CE* 967. 1 *rosa amoena homini est.*

35–6. An apt echo of Hor. *c.* 4. 12. 21–2: *ad quae si properas gaudia, cum tua velox merce veni.* Original compositions are meant here.

37. Dactyls and choriambs are mentioned again in the similar context of *Ep.* 8. 27, *epodi* in *Ep.* 2. 11.

40. For *chartea* cf. *Griph.*, *praef.* 3. There may be a hint of Paulus' poverty.

41. κατ' ἐναντία: 'in return' or 'to match'. Although there is no close parallel (in Plat. *Tim.* 39 B κατὰ τὰ ἐναντία means 'in opposite directions'), this phrase is better than Schenkl's κατεναντία or κατενόπλια read by Erasmus (*Adagia*, 1. 8) and resurrected in Latin garb by Weil (*R. Ph.* 1 (1887), 197–9).

42. Graeca fide: 'cash down' (cf. Pl. *Asin.* 199). A.'s poems will only be available on these terms; any alternative to this would be perfidy (*Poena fides*). For the spondaic second foot cf. *Ephem.* 2. 17, *Ep.* 19*b.* 74, 76. The final word *fide* recalls *fides* in l. 1, as *vatum piorum* (40) answers *falsis . . . poetis* in l. 1.

5. Reply to Paulus

In this long and flowery prose letter Ausonius explains his reason for sending a poem which Paulus already knew. Only five puzzling lines of the poem remain.

a

2–3. facundus et musicus: cf. *Par.* 17. 12.

   editionis . . . audaciam: 'incites another to rash publication'.

9–10. A. alludes to the second of these themes in *Griph.* 26–7, *Technop.* 3. 7. Here the comparisons are rather comical.

11. Delirus tuus: perhaps a short sketch like the contemporary *Querolus*, edited by G. Ranstrand in *Acta Universitatis Gotoburgensis*, 57 (Stockholm, 1951). Paulus' effort was in verse.

   in re tenui non tenuiter laboratus: cf. Verg. *G.* 4. 6 *in tenui labor.*

15–16. †pisonem† quem tollenonem existimo . . . appellatum: the difficulty of this passage lies in the equation of *pisonem* and *tollenonem* (a probable reconstruction of Peiper). The former usually means 'mortar' (Marc. *De Med.* 8. 32), the latter denotes a reciprocating device such as a swing-beam. Many editors have seen an allusion to the next letter or a similar macaronic poem, and have tried to emend accordingly. Pastorino, in an unusually long critical note, saw an allusion to the *Bissula*, part of which is actually embedded in this letter in Z, and which is dedicated to Paulus in a letter quite similar to this one; he argued that in *tollenonem* there was the idea of recovering something from a well and suggested that Paulus had used such a phrase as *conicere in puteum*, proverbial for 'reject'. This is very speculative, and leaves *pisonem* unexplained. My own suggestion is that *pisonem* is a gloss for *pilum graecum*, which is coupled with *tolleno* in the *Astraba* attributed to Plautus (Gell. 11. 7. 5), as quoted by Festus s.v. *reciprocari* (342 L.): *quasi tolleno aut pilum Graecum reciproceis plana via.* A *tolleno* was used for irrigation (Plin. *NH* 19. 60) or war; Livy (24. 34. 10) describes an early application of it to warfare by Archimedes in defence of Syracuse, which may have led to its use in the play cited above and its quaint name of 'Greek pestle', which was not accepted by *philologi*. Perhaps it was used by our learned correspondents to describe their arcane procedures (cf. *munus reciprocum* in *Ep.* 14a. 2–3); the epithet 'Greek' (cf. *Graeca fide* at *Ep.* 4. 42) could hint at their expertise in both languages.

16. adhibere: the manuscripts' *adcrevi* is impossible, and the sense clearly requires an infinitive such as Peiper's *adhibere*, Schenkl's *addere*, or the palaeographically closer *adicere*.

18–19. ad eundem lapidem bis offenderes: Otto 186.

20. After *erubescerem* the manuscripts present one of the poems on Bissula, also dedicated to Paulus; Pastorino believes this to be no accident. But the various criticisms made in the long sentence that begins with *vide* do not suit that poem, and the poem at the end of this letter would then have no function. Dislocation of the text is perhaps more likely, though very odd. The preface of *Bissula* ends with the word *erubesco* but it is the second, not the first, poem that is found here.

   ineptum is an adverb of a type common in A. (*Ephem.* 3. 55), but in view of the following words might be a corruption of *inepte*. For *hiulcus* cf. *Technop.* 4. 6, for *concinnatio* cf. *Ep.* 19a. 16; for *sal* and *fel*, *Prof.* 1. 31.

23. de mimo . . . histrionem: *de* seems to mean 'in respect of'. G. Hermann (*Opuscula* (Leipzig, 1834), v. 254–5) preferred something like 'in comparison with', reading *comoedis* and noting the distinction of *comoedus* and *histrio* in Cic. *Rosc. Com.* 30; but such a distinction between *mimus* and *planipes* is unknown.

b

The remnant of Ausonius' hendecasyllabic poem has some features of an invitation: travel (1), a destination (2), and part of a menu.

1. vinum, not *virum*, is likely, because of l. 3. Ugoletus' word-order is the only possible one, for A. (unlike Boethius later) regularly has a short seventh syllable.

2. primo tempore: 'at the earliest opportunity', like *primo quoque tempore*.

3. ovum . . . passeris marini: almost certainly a form of cup (EW); Pliny

(*NH* 10. 2) mentions their use as vases. They were also useful as an antidote to sunstroke, ibid. 28. 66, but not as food, Galen vi. 706 Kühn. Accordingly *quoque.* is preferable to Scaliger's *coque.* The phrase *passer marinus* was perhaps archaic (cf. Pl. *Pers.* 199) or quaint, and had been replaced in common speech by *struthocamelus* (Fest. 248 L.).

4. **promus ait:** perhaps he was the bearer of this letter.

5. **Bigerritanae:** in the region of Bigorre, where A. too had property (PN *c.* 10 [= App. B. 3]. 246).

6. *To Paulus*

Other poems contain sporadic Greek words, and *Epigr.* 31, 35, and 41 have alternate lines of Greek and Latin, but this letter is unique in Ausonius, and indeed in extant ancient literature. The two languages are mixed with great ingenuity: Latin words are written as Greek, with Greek inflexions (see ll. 5, 15, 20, 29, 42), or in Latin with Greek inflexions (11, 28); occasionally Greek words are written as Latin (14), but there seem to be no Greek words with Latin inflexions. There are mongrel compounds (6, 13, 14) and sesquipedalian ones worthy of Aristophanes (17, 18); and although the inventiveness flags a little in the second half, the poem ends with a rendering of Horace into Greek. The manuscripts CKM have coped reasonably well with this scribal nightmare; T, whose text derives from the edition of Ferrari (see M. D. Reeve, *Prometheus* 3 (1977), 114), can be ignored. It is possible that Greek is under-represented, as in l. 31; but the opposite has occurred at ll. 11, 14, 26. This macaronic masterpiece attracted the attention of Wilamowitz, *Hermes,* 19 (1884), 461–3, and H. Weil, *Album gratulatorium in honorem H. van Herwerden* (Utrecht, 1902), 238–54.

For the history of macaronic poetry of this kind, see W. Heraeus, *Rh. M.* NF 79 (1930), 253–78, the notes of W. B. Sedgwick and B. W. Mitchell in *Classical Weekly,* 29 (1931), 157, 184, and pp. 119–21 of Pastorino's introduction.

Beneath the bravura is a simple invitation to Saintonge.

1. The Greek Muse and Latin *Camenae* (combined less eccentrically in *Protr.* 1 and *Ep.* 21. 73–4), are neatly placed at the head of the poem which they jointly inspire.

3-4. The contemptuous αὖτως and ἀφραδίῃσιν are epic; ἐν ἤματι γηράσκοντες comes from Theocr. 12. 2. It was used similarly by Julian in *Ep.* 52 (374 C).

5. **Σαντονικοῖς κάμποισιν:** cf. *Ep.* 2. 3. The noun is spelt wholly in Greek, but not the adjective.

ἄξενον: *inhospitum.* Peiper's emendation is closest to Z's ἄξυαν, and has most point.

6. **frigdopoetae:** so C, with a contraction in the first element, common in vulgar Latin but here used for metrical reasons. There is no manuscript

support for -ποιηταί (cf. 1. 17, *Ep.* 7. 1); *frigidopηκτοί* (Wilamowitz) would blur a characteristic *double entendre* (as perhaps in *erramus*).

7. τενεροπλοκάμων: cf. Hom. *Il.* 19. 126 λιπαροπλόκαμος. For the poet as θεράπων cf. *H. Hom.* 32. 20, Hes. *Theog.* 100, Ar. *Av.* 909.

8. κρουσμός: a very rare word but a natural formation from κρούω. There is no need for Scaliger's awkward κρυμός or for Wilamowitz's βρυγμός (from Matthew's Gospel), or for the Homeric κόμπος ὀδόντων.

9. φοκοῦ: Latin *foci*.

11. Ιανοῦ τε καλένδαις: M writes the whole of the first word in Greek, but then the first letter could not be consonantal. M's *calendes* seems to err in the other direction.

12. πέμψωμεν ἀοιδῆς: a genitive is required by *primitias* and *nostrae*, and the first person plural can be accepted; the singular ἀρχόμενος is an *ad sensum* construction.

13-18. With a riot of home-made adjectives and a touch of self-criticism in *verbosae* A. calls on the Muses to supply Paulus' New Year present.

14. pinnoστέφανοι: Wilamowitz's correction of Z's ῥιννοστέφανοι is supported by l. 16; this refers to the wings which the Sirens threw off when defeated by the Muses, who wore them as a trophy (see on *Griph.* 22–3).

15. 'I pray you, laughter-loving Muses, enter upon a joking song.' Any reconstruction with ἔνθ' ἄγε (Scaliger: C corrects to ἔνθα τε) is grammatically dubious and departs from Z. σκουρώδεα (cf. l. 33 κουαιστώδεα) is a Graecized form of *scurrilem*.

17. σαλσοστιχονυγοποιητής: so Wilamowitz, but partly in Latin. This is closer to CM than the reconstructions of Schenkl and Peiper, and picks up elements from other letters (cf. *sale* in *Ep.* 2. 14, and the self-deprecation of 3. 10).

18. The verb is an epic form, used in Hom. *Il.* 19. 385. The compound adjective gives the viewpoint of the Greek Muses.

19-21. There are various grammatical surprises here: the accusative and infinitive after θέμις μοι, *ab* and the ablative with ἐπιδευής, and perhaps κεῖνος taking up Ἄξιον, unless it begins a new sentence.

εἶναι: for the scansion, cf. ll. 26 and 34. But the truth may be εἶνε, a mixture.

22. παλαίστρη: 'struggle of wits'.

23. μοναχῷ: 'deserted', like Latin *solus* (cf. *Ep.* 11. 23). A religious allusion was suggested by S. Pricoco in *La poesia tardoantica: tra retorica, teologia e politica* (Messina, 1984), 289–307, but in this context seems rather unlikely.

Κρεβέννου: cf. *Ep.* 8. 19. Perhaps the name of the estate located in Bigorre (*Ep.* 5 *b*. 5).

24. ἀσταφύλῳ: 'grapeless', or rather 'wineless', perhaps A.'s invention.

λέσχην: apparently 'existence'. It may be inspired by Hesiod's ἐπαλέα λέσχην in *Op.* 493; cf. l. 5 ~ *Op.* 494 ὁπότε κρύος, l. 33 ~ *Op.* 498 ἀεργὸς ἀνήρ, and the general context of poverty. A passage of Hesiod is translated in *Ecl.* 22.

25. accommodus: cf. *Technop.* 13. 10, the closest parallel to this sense.

26. θελξινόοις: cf. *AP* 6. 88 (Antiphanes), Musaeus 147.

συμμέμφεται: there is no point in the past tense, suggested by Schenkl; the scansion is paralleled in ll. 20, 34. A unique word in this context poses no problem. The prefix reinforces, like Latin *con-*.

27. ἀπεπειρήθημεν: an Ionic form, found in Hdt. 2. 73. 4. The meaning is 'experience' (cf. Latin *experior*) rather than 'test'.

28. ingrataisi καθέδραις: the noun, like ῥητορικοῖς, reverts to the Greek form. A. nowhere else makes this complaint; here he is making it on Paulus' behalf.

30–1. ἱδρὼς ἐκκέχυται μελέων: cf. Hom. *Od.* 11. 599–600 κατὰ δ᾽ ἱδρὼς ἔρρεεν ἐκ μελέων.

31. τρομερή: cf. Eur. *HF* 231 γήρᾳ δὲ τρομερὰ γυῖα.

δὲ πάρεστι: CM confuse δ and λ and then lapse into Latin.

32. δαπάνας: perhaps an accusative, with *minus* used adverbially, or else a genitive (which A. could have formed without knowing Eur. *Bacch.* 893) dependent on *minus*, which seems more idiomatic.

33. ἀπάλαμνος ἀνήρ: cf. Hom. *Il.* 5. 597.

κουαιστωδέα lucrov: from Latin *quaestus*, not *quaestor* (EW and Pastorino). *lucrum* becomes masculine.

34. κλεινικός: 'lazy'.

χρύσεον κερδίζεται μισθόν: Wilamowitz's reconstruction is preferable to Peiper's; a reference to the proverbial exchange of 'bronze for gold' would be inappropriate and unexpectedly patronizing in this context. Schenkl offered some very strange Greek.

35. ετ πάντα μελῳδεῖν: emendations which omit reference to song (Scaliger, Schenkl) imply that Paulus can improve his condition simply by being *aequanimus*; this contradicts what has just been said. Song or poetry is by itself a remedy, but not the best.

36. πενείης: the short vowel has been lengthened under the accent, and then spelt like the first vowel of κλεινικός (34).

37. παγκάλλιστον: rare (*IG* xii/7. 53. 15), and emphatic.

omnibus undique Musis: as detailed in *Ep.* 8. 25–34.

38. Although C and perhaps M suggest οὖν φιάλη, which in turn commends οἴνῳque or Schenkl's *vinoque*, this anticipates ll. 40–2 and impairs the point of the poem, which is to invite company. συνοπάων is rare (*IG* ii². 4728, Orph. *Hymn.* 31. 5).

μοισῶν: so CM. One would expect μουσῶν, but perhaps A. is trying to show off.

39. θυμοῦ ἀκηχεμένου: cf. θυμὸν ἀκηχέμεναι (Hom. *Il.* 18. 29).

40. ἀγλαοκάρπου: used in the Homeric hymn to Demeter (2. 23) and the proemium to the Orphic Hymns (l. 6).

41. σύες θαλεροί: this recalls an epic menu (Hom. *Od.* 8. 476).

πολυχανδέα: so used by A.'s contemporary Themistius (*Or.* 23. 299C).

42. οὐΐνοιο βόνοιο: for a possible Ovidian precedent (ap. Quint. 8. 6. 33) see W. Heraeus, *Rh. M.* NF 79 (1930), 262–78.

43. παραθέλξομεν: 'assuage', as in Aesch. *Agam.* 71 (ὀργὰς); *otia* is almost 'boredom'.

45. With a final burst of virtuoso polymetry A. paraphrases Horace's *fila trium patiuntur atra* (*c.* 2. 3. 16) after reproducing the preceding line in l. 44; the Homeric πορφύρεος is an excellent rendering of Horace's epithet. Heraeus's πορφύρε᾽ ἐνδέκηται (his substantivized πορφυρέων would be difficult), though the verb is prosaic, seems no less likely than the traditional restoration, even if his objection to πλέκω may be too stringent for a writer of A.'s inexperience.

7. *To Paulus*

This epigrammatic invitation was written in or after 379.

1. ὕπατος: for the metrical anomaly cf. *Protr.* 46 *Iliados et* and perhaps *Epigr.* 41. 3.

ἀρεταλόγῳ: a kind of popular entertainer, known for tall stories and garrulity; cf. Juv. 15. 16 and scholia on Hor. *S.* 1. 1. 120. The hiatus is paralleled in *Ep.* 6. 24 and elsewhere in that poem.

8. *To his friend*

An invitation in which ll. 1–20 urge careful haste, referring once again to various types of transport, and ll. 21–36 give a pretentious catalogue of his poetic resources.

1. Aequoream: cf. *Mos.* 483.

3. congressus ... nostros: a parody of Verg. *A.* 5. 733 *congressus pete, nate, meos.*

5. quantum pote: cf. Cic. *Att.* 4. 13. 1.

6. 'As long as' (or 'if') 'I see you well, I see you soon enough.' *ut* depends on *sat.*

9. Pipleida: the model may be Mart. 11. 3. 1 (cf. Varro, *LL* 7. 20), but there and in Hor. *c.* 1. 26. 9 the reference is to the Muse. A. means the fountain, *Pimplea* in Stat. *S.* 1. 4. 26, 2. 2. 37.

10. flagrifer: a *hapax legomenon*; cf. *fletifer* in *Cup.* 74.

Αὐτομέδων: spelt in Greek by CKM (T omits it) but not by previous editors. Achilles' charioteer was the symbol of a tearaway (Juv. 1. 61) after his exploits in Hom. *Il.* 16.

13. 'But be careful and take a *cisium* or a slow *veredus*.' But accidents might happen in a speedy *cisium* (cf. *Ep.* 2. 6–7) or with a *veredus* (cf. Mart. 12. 14. 1 *parcius utaris moneo rapiente veredo*).

14. **raedae:** originally Gallic, according to Quint. 1. 5. 57. Cf. *Ep.* 2. 5 n.

15. **cantheris:** proverbially of poor quality, but not in Arn. 7. 41, 44 (race-horses) and Jer. *Ep.* 27. 3. 3 *illi gaudeant Gallicis cantheriis.*

16. **ipse Metiscus:** less successful than Automedon (Verg. *A.* 12. 468–70).

17–20. In return for the favour of a visit A. wishes Paulus poetic facility and the solution of a domestic problem. Surely, although *pro pretio* is awkward, he simply wishes for the property (cf. *Ep.* 6. 23) to be sold at last. It would be strange to wish that the estate will give him the pleasure he would have got from the money if it had sold (Sh. B.); rather he hopes that the estate will become its equivalent in cash, a source of ready money. Cf. Hor. *Ep.* 1. 17. 47 *fundus non vendibilis.*

23–4. An illuminating half-serious comment from one of the fourth century's most learned men.

25. πολυμορφέα: a calque of *multiformis.*

26. πλοκάς: 'figures of speech'; cf. DH *Thuc.* 29.
   λογοδαιδαλίην: cf. *Technop.* 15. 1 n.

27. δάκτυλον ἡρώων: the dactylic hexameter. Poets in general are meant by ἀοιδοπόλων (cf. *AP* 7. 594–5).

29. Σωταδικόν τε κίναιδον: modelled on Martial's *Sotaden cinaedum* (2. 86. 2), with *cinaedum* referring to Sotades' work Φλύακας ἢ Κιναίδους (*Suda*). See *RE* iiiA. 1208 and M. L. West, *Greek Metre* (Oxford, 1982), 144.
   ἰωνικὸν ἀμφοτέρωθεν: probably 'both kinds of Ionic metre', literally 'the Ionic both ways'. EW hints darkly at another sense.

30. ἔννομον εὐεπίην: the Pindaric adjective is apt, though he used it differently (*Ol.* 7. 84, *Pyth.* 9. 57; it also echoes Statius' correction in *S.* 5. 3. 151–2 of Horace's *lege solutis* (*c.* 4. 2. 12). The noun is found in *AP* 6. 322 (Leonidas of Alexandria).

31. εἰλιπόδην: this form of the adjective is used by Nonnus.

32. The two historians (whose names the manuscripts reverse, unless A. makes a howler) were not well known at this period: P. Courcelle, *Les Lettres grecques en Occident de Macrobe à Cassiodore* (Paris, 1948), 66–9.

33. ῥητορικὸν θάημα: 'a dazzle of rhetoricians'. For the sake of balance I read ῥητορικῶν; A. is surely imitating Theocr. 1. 56 αἰπολικὸν θάημα, but need not do so exactly.

35. ἀσπαστικόν: probably 'to greet you', a neat way to describe a preview.

36. The iambic line comes unexpectedly, like the lyric lines at the end of *Ep.* 6. Though it resembles the conclusion of *Ep.* 11, it should not be suspected.

9. *To Probus, praetorian prefect*

This double letter was written to accompany copies of two books—a version of Aesop, and Nepos' *Chronica*—which Ausonius had been asked to send to Sextus Petronius Probus for his son's education. Probus was at the height of his power, as consul in 371 and praetorian prefect, and is addressed with due deference and in flattering language. According to Hopkins (244), Ausonius is 'distinctly uncomfortable', and the letter one of 'grotesque servility'; but such deference was typical of an age in which social distinctions were punctiliously and conspicuously observed. Probus' first son (*PLRE* i. 1029, Anonymus 161) died soon after their marriage; the sons of Probus who held the consulship in 395 were born a little later, but may have benefited from Ausonius' concern.

The letter has been carefully studied by K. Thraede in *Hermes*, 96 (1968), 608–28; reference is made in the notes.

a

1. **antiquarios:** copyists of old texts. The word is first found in Diocletian's edict on prices (7. 69); see *TLL* ii. 174. 1–18.
3. **apologos Titiani:** a version of Aesop's fables (cf. l. 78), which were recommended by Quintilian (1. 9. 2) for early use, after *fabulae nutricularum* (cf. l. 90); see also S. F. Bonner, *Education in Ancient Rome* (London, 1977), 178. Titianus was probably the contemporary of Fronto mentioned in Sid. *Ep.* 1. 1. 2 and the *Titianus magister* of *Grat. Act.* 31 (Thraede 608–13; *RE* x. 842–3). The younger Titianus, teacher of the emperor Maximinus in *HA Max.* 27. 5, is a doubtful character; see Thraede 611–13 and R. Syme, *Ammianus and the Historia Augusta* (Oxford, 1968), 185–6. The common assumption that Titianus depended on Babrius is contested by Thraede, whose verdict is a judicious *non liquet* (613).

   et Nepotis chronica: this learned work (cf. Cat. 1. 7) is a strange partner for the fables, and the description of them as *instar fabularum* does not convince, in spite of the argument of R. Scarcia (*RCCM* 8 (1966), 66–7), who quotes Plin. *Ep.* 5. 8. 4. There seems to be an element of embarrassment; perhaps Probus had other reasons, for which see *RPL*, i (1978), 93–4, esp. n. 16.
7. **impudentissimo:** *impudentissimos* of the manuscripts is unsatisfactory, since *studio* requires qualification.
10–11. **quod . . . probabunt:** similar to a comment of Statius in the preface to Book 1 of his *Silvae: quam timeo ne verum istuc versus quoque ipsi de se probent* (cf. *Ep.* 19*a*. 24). For another speedy composition, cf. *Griph.*, *praef.* 23–4.
11. **fors fuat ut . . . :** cf. *Prof.*, *praef.* 5 *fors erit ut.* The archaism prepares for the coming quotation of Plautus.

   si mihi vita suppetet: almost identical with a phrase in *HA Prob.* 1. 5, and likewise both recusatory and encomiastic. For earlier examples, cf. Verg. *E.* 4. 53–4, *G.* 3. 10, Prop. 2. 10. 20.

13. consulas: preferable to *consules* because of the vagueness of *fors fuat ut*, and because of *ignoscas*; the error was caused by *probes*. The expression *boni consulas* is formal; cf. Ov. *Pont.* 3. 8. 24, Quint. 6. *prooem.* 16, Colum. 10, *praef.* 5.

    cumque ego ...: an adaptation (as in *Ep.* 10. 5) of Horace's tactful address to Augustus (*Ep.* 2. 1. 232–4): *gratus Alexandro regi magno fuit ille Choerilus, incultis qui versibus et male natis rettulit acceptos, regale nomisma, Philippos.*

14. hi igitur, ut Plautus ait ...: the reference is to Pl. *Men.* 13, where the text, which may well be corrupt, reads *huic argumento antelogium hoc fuit*. A. quotes less accurately than usual (cf. *Ep.* 20a. 15) but restorations of the Plautine line which include either *igitur* or *interim* or both would be reasonable; the word *argumento* is ignored by A., and suspect in Plautus' text because it occurs so frequently in *Men.* 11-16. Whether the parenthesis occurs after *igitur* or *interim* is not clear; such a phrase precedes the quotation of an exact line in *Ep.* 20a. 14–15 and *Technop.* 1. 2, but here the matter is less clear-cut.

b

It was a common convention to address one's book before it departed, but less common to imagine it in close physical contact with the addressee (cf. Ov. *Her.* 17. 15–18, with erotic overtones). For this reason *AL* 783 Riese, which has been ascribed to Probus, may be influenced by this poem.

    In spite of A.'s description of his verses as *garruli*, a common theme (see Thraede in *JbAC* 6 (1963), 110–11), they are well structured: the refrain in ll. 38–9, 64–5, which neatly reverses the common formula *utere felix*, is used to create three sections. Lines 1–37 offer praise of Probus; ll. 40–62 continue the encomium by examining the meaning of his name (40–52) and congratulating the book (53–62); ll. 66–101 convey the message, with greetings (66–72), delivery of the *apologi* (73–93), and a prayer for the future (94–101).

2–3. Cf. Pl. *Trin.* 435–6 *erum atque servum plurimum Philto iubet salvere.*

8. circumloquar: cf. *Ephem.* 7. 15, but here it is part of the laudation, not a confession of verbosity.

10–15. The flattering circumlocution begins with Probus' eloquence, and the conventional Homeric *exempla* which A. also employs in *Prof.* 21. 19–24, *Grat. Act.* 19.

11. minorem Atridam: cf. Ov. *Her.* 5. 101, *AA* 3. 11 for the phrase, and Prop. 2. 14. 1 for the form *Atrida*.

12. pauca et musica: παῦρα μέν, ἀλλὰ μάλα λιγέως (*Il.* 3. 214).

13. grandines Ulixei: ἔπεα νιφάδεσσιν ἐοικότα χειμερίῃσιν (*Il.* 3. 222). For the scansion of *Ulixei* cf. Hor. *Epod.* 17. 16 and *Simonidei* in *Prof.* 13. 6.

14. mel fluentem: for this usage, cf. C. F. W. Mueller, *Syntax des Nominativs und Akkusativs im Lateinischen* (Leipzig, 1908), 40–1, who quotes Christian contemporaries of A. The familiarity of the phrase *lacte et melle fluentem*, as frequently used in the Vulgate, may be at the root of the manuscripts' difficulty. The Homeric model is τοῦ καὶ ἀπὸ γλώσσης μέλιτος γλυκίων ῥέεν αὐδή (*Il.* 1. 249).

15. concinnat ore: Avantius' correction is certainly right. The verb means 'combine' here, as in *Epigr.* 28. 3, but 'compose' in l. 80.

17. EW and others take *eris erorum* together of the three *Augusti*, but *erorum primus* seems to match *senati praesulem* (19), as *praetorioque maximus* (i.e. *praefectus praetorio*) does *praefectum* (20).

19. senati: cf. *Prec.* 2. 5, *Ep.* 21. 56. The reference is probably to the *caput senatus* (once *princeps senatus*): cf. *Anon. Vales.* 92, Cassiod. *Var.* 1. 15 (*prior*), 9. 21. 5 (*primi*).

20–1. consulem ...: the climax, expressed with plentiful alliteration and stress on the fact that he had an imperial colleague.

24. in secundis fascibus: cf. *Praef.* 1. 37–8, *Grat. Act.* 55–8. For *in*, cf. *Protr.* 86–7.

29. Ascraeum senem: Hesiod; cf. Verg. *E.* 6. 70. Alluding to the famous myth (*Op.* 109–201), A. gives a new twist to the theme of the return of the Golden Age.

32. novator: cf. *restitutor* in inscriptions (*CIL* x. 5651, Orelli 105). The Amnii seem to have had no political honours since their consulships in 322 and 334.

    Amniae: the spelling is uncertain, and clearly was variable. Z's *Ammiae* finds confirmation only in *CIL* vi. 1682. Manuscripts of other authors generally give *Amn-* or *Ann-*.

33. Aniciorum stemmata: see *PLRE* i. 1133 and the comments of O. Seeck in his introduction to the letters of Symmachus (*MGH AA* 6. 1), p. xciii n. 420.

35–7. The play on his name is laboured in the two fictitious letters in *HA Probus* 4.

45–6. A similar point is made in his epitaph (*CIL* vi. 1756 b 3): *nomine quod resonas imitatus moribus*. For *morum regula* cf. on *Epigr.* 1. 7.

48. arbiter: religiously neutral. Cf. *Ecl.* 22. 10 and *Grat. Act.* 83 (with *supremus*). Probus seems to have been a Christian by the time of his death (*CIL* vi. 1756); the date of his conversion is not known.

57. melleae: *mille* (CM: cf. *ille* KT) does not seem appropriate to such a small work, and the supplements *cum* and *tum* are weak. Peiper's *melleae* makes a good contrast with *leni*.

59. cui nigellae: this clause cannot begin with *cuique* (T^ac), because of the surrounding asyndeton; and *vigiles* is therefore dubious. For *nigellae* cf. *Ep.* 13. 74 and Varro, *Men.* 375 (*pupuli*). For the scansion of *cui* cf. *Praef.* 4. 6.

60. dignabunt: the active form contributes to the formal and dignified tone; it was considered archaic (*TLL* v/1. 1140. 26–9).

63. This line seems to be wrongly located in the manuscripts. It goes awkwardly with the long sentence that begins *libelle felix . . .* in l. 53, and seems unlikely to be part of the refrain; but if taken after l. 65 it makes a transition to the next part of the poem and gives a neat contrast of *tibi* and *me*.

71. Augustus prior: Valentinian I. Cf. *Epigr.* 3. 6, 4. 7.

76. Ausonius, nomen Italum: cf. *Prec.* 2. 2, *Mos.* 440; and Verg. *A.* 6. 763 (quoted below by A.) *Silvius Albanum nomen.*

77. The boasting of *praeceptor Augusti* is neatly qualified by *tui* (CT), 'your colleague'; *sui* would give poor sense and arguably poor taste in this context, notwithstanding *meus hic* in *Praef.* 1. 34.

79. vertit: according to L. Herrmann (*Phèdre et ses fables* (Leiden, 1950), 28–9; *Latomus*, 30 (1971), 678–9), who cites Quint. 1. 9. 2, this means 'paraphrased', but there is nothing to link Titianus with Phaedrus or another Latin writer.

exili: Thraede (620–1) argues that *exili* is part of a formula of modesty and derives from Titianus' prologue; but A. is probably referring to the *genus tenue* in which they were written (cf. Sen. *Ep.* 100. 10).

80. pedestre . . . opus: a work in prose (Thraede 620).

81. fandi . . . artifex: not so complimentary as Thraede thought, but a circumlocution for *rhetor*.

82. avi: Petronius Probinus, consul in 341, *praefectus urbi* in 345 (*PLRE* i. 735).

84. Hiatus is unlikely, and the metre is easily repaired by assuming accidental omission of *-que*.

85–7. His function is compared to that of Silvius, a son of Aeneas named in Verg. *A.* 6. 761–3. In *supremus satus* (86) A. gives the correct, but not the then current, interpretation of Vergil's *postuma proles* (Thraede 626). Although the main point of the comparison is the joining of the families, there is also a flattering contrast between *Aenea satus* and *natus tui* (cf. *Romuli* in ll. 42, 89).

87. Silvios Iulis: the first word is scanned as two syllables with synizesis. There is no need to read *Iuliis* with Avantius: cf. Calp. *Ecl.* 1. 45, Val. Fl. 1. 9.

90. lemmata: more dignified than *fabulae nutricularum* (Quint. 1. 9. 2). The meaning is virtually 'poem' in Mart. 10. 59. 1.

91. lallique: the noun is not found elsewhere, but the verb *lallare* occurs in Pers. 3. 18 and Jer. *Ep.* 14. 3. 3.

92–3. peritis: this is paralleled by *errore perito* in Vict. 1. 71, and *studentibus fabulis* in Cypr. *Ad Don.* 1. 1; it compliments Probus on his choice. The easier *peritus* has very weak manuscript support, and less point.

94. ⟨his⟩: the most likely supplement, referring to the messages of 66–72, 74–93.

94–5. The language relating to prayer is for the most part traditional, but not distinctively pagan. A. used *reus* in *Ephem.* 2. 2 and Paulinus *pius*, of God, in *c.* 10 [= App. B. 3]. 279) and *c.* 14. 127. Thraede (628 n. 1) saw in them an accommodation to Probus' religious views.

98–9. A joint consulship is clearly meant, but there may be also a hint of a marriage alliance.

101. meritaque et fatum: *-que* has probably fallen out, as in 84. Merit and fate are harmonized in *Par.* 8. 13–14 *meritisque faventia sanctis fata.*

102. Iulius: Iulius Titianus; Sid. *Ep.* 1. 1. 2 (not obviously based on this passage) vouches for the name.

104. volucripes dimetria: these rare words (cf. l. 78 and *Ep.* 19*b.* 14) are imitated by Sid. *Ep.* 9. 15. 1, vv. 5–6.

105. Cf. *Ep.* 19*b.* 28 *aveque dicto dic vale et actutum redi.*

10. To Ursulus, the grammaticus at Trier

Ausonius, as quaestor, has successfully used his influence to secure for Ursulus the emperor's traditional New Year gift of *strenae*. Six solidi was a large but not princely sum: there was later an upper limit of seventy solidi (*C. Th.* 7. 24. 1). See *RE* ivA. 351–3 and M. Meslin, *La Fête des kalendes de janvier dans l'Empire romain* (Brussels, 1970).

The poem's central section expresses the number in various ways, like *Epp.* 14*b* and 15. At least three lines have been lost, in which Ausonius turned to Ursulus' colleague, whom he praises much more warmly.

In the heading, which gives useful information, I follow the readings *cui* and *fecit*; KM's *fecimus* may have been influenced by *primus.*

1. fuit: *foret* (Z) has no grammatical justification.

3. Cf. *proximus huic gradus est* in Ov. *Pont.* 3. 7. 23.

4. curam . . . excubuisse: cf. Cic. *Fam.* 10. 8. 5, Sen. *Clem.* 1. 3. 3.

5–6. The echo of Hor. *Ep.* 2. 1. 232–3 (quoted on *Ep.* 9*a.* 13) may be intended to imply here that Ursulus was an undeserving bore; and *interceptos*, replacing *acceptos*, may hint at the possibility of better uses for the money.

    regale nomisma, Philippos: the solidus of Constantine, but the words are Horace's. For *Philippi* in other late authors see K. Regling, *Hermes*, 44 (1909), 316–17.

6. Geryones: cf. *Ep.* 14*b.* 6, *Griph.* 84.

8. sidera zodiaci: for the treatment of the vowel before *z*, cf. *Prof.* 13. 3.

9. The combat of the three Albans and three Romans is told in Liv. 1. 24.

10. A rough guide to the Roman teacher's day: cf. *Protr.* 28 n.

11–12. This probably refers to the circus at Trier, of which very little is known (Wightman 102–3, Heinen 278–9, J. Humfrey, *Roman Circuses: Arenas for Chariot Racing* (London, 1986), 408–9, 602–3). A panegyrist of Constantine had earlier described it as *circum maximum aemulum, credo, Romano* (*Pan. Lat.*

6(7). 22. 5), and Rome's circus certainly had twelve doors (Cassiod. *Var.* 3. 51. 4, *AL* 197 Riese (188 Sh. B.), *circus imago poli . . .*).

13. For the pun on *pes* cf. *Epigr.* 7. 8, *Ep.* 9*b.* 40–1; there is a further joke in *apes.*

15–16. dramata fabellarum: two unusual words to paraphrase the metrically impossible *fabulae* and maintain stylistic interest. In l. 16 A. follows the commoner account of Terence's death.

17–18. The mathematics begin in a non-technical way, with *iunctura* for the usual *angulus, forma favorum* to describe the hexagon, and a crude description of its sides, in which *extremis* denotes the two (or four) 'ends', *mediis* the other sides.

19. qui: *quot* here does not make sense, for A. now turns to the *numerus.*

    telios: some, following Euclid (*Elements* 7, *Def.* 23), held it to be the first perfect number, others the only one (presumably between 1 and 10). In *Griph.* 52–3 A. seems to follow the latter.

20. *qui* should again be read. The point is that odd and even numbers are equally represented within its prime factors (for *aequipero* as 'distribute equally', cf. Pall. 3. 25. 16). It is not unique in this, as recognized in *Griph.* 54, *tris primus par, impar habet mediumque.*

21. Correct, but hardly a sensible claim to uniqueness.

22–3. 'the only number to have as many when doubled as the numbers above and below make when added'. False: it is true of any number n that $(n+1) + (n-1) = 2n$. Perhaps the lacuna acknowledged or explained the mistake.

26. On its first appearance (unless it occurred in the lacuna or was lost at the beginning) the name of Ursulus is eclipsed by that of his colleague Harmonius, enhanced by repetition (cf. Verg. *A.* 9. 774–5, 10. 199–200).

27. Claranus: Avantius' certain correction. A difficult writer, as we learn from Mart. 10. 21. 1–2, which is A.'s source.

    Scaurus et Asper: the famous *grammatici*, also linked in *Praef.* 1. 20; Scaurus is also mentioned in *Prof.* 15. 12 and 20. 7.

28. priorque Crates: Crates flourished about a century before Varro; having come to Rome on a diplomatic mission he suffered an accident in the *cloaca maxima* and remained in the city as a teacher (Suet. *Gram.* 2).

29–30. Aristarchus and Zenodotus, named together in *Prof.* 13. 3 and *Ludus* 12. Though the statement is based on a misunderstanding (F. Ritschl, *Opuscula philologica*, i (Leipzig, 1866), 10–11), the metaphor in l. 29 is carefully developed. For *sacri*, cf. Mart. 8. 55. 3 (on Vergil); for *lacerum corpus*, cf. Lucan 8. 737; for *corpus Homeri*, cf. Ulpian in *Dig.* 32. 52. 2.

30. spuriis: an early example of this sense.

32. solus: Greek teachers were in short supply at Trier (*C. Th.* 13. 3. 11).

    A. recollects the objection in Horace (*S.* 1. 10. 23–4) that a style composed of both languages is a pleasant mixture, like one of Chian and Falernian wine. The latter is replaced by *Ammineum* (cf. Verg. *G.* 2. 97 *Aminneae*); it is possible that A. regarded them as synonymous (Macrob. *Sat.* 3. 20. 7).

11. *To Tetradius*

Our knowledge of Tetradius is probably limited to this poem: Matthews (78) appears to identify him with the Christian *vir proconsularis* Tetradius of Sulp. *Vit. Mart.* 17, but his tastes, at least at this point in time, are different. A former pupil of Ausonius, he was now himself a teacher; at the time of writing (in or after 379) he was in Bordeaux (25–6). He could be an ancestor of the Tetradius to whom Sidonius wrote a letter of commendation (*Ep.* 3. 10) and whom he mentioned as a friend in *c.* 24. 81.

1–2. Tetradius tempers the traditional qualities of a satirist. For *opimas*, cf. *Ecl.* 2. 9, *Ep.* 1. 2. Mueller's *vetustos* would be awkward.

3–4. Similar to Ov. *Tr.* 4. 6. 12 *et ne sint tristi poma sapore cavet.*

7. ignava: cf. *Protr.* 50, *Grat. Act.* 3.

9–10. The reference to Lucilius' satires, whether A. knew much about them or not (cf. *Ep.* 15. 36–8, *Hered.* introd.) is purely encomiastic; for a similar comparison with an ancient satirist, cf. Rutil. 1. 603–4.

11. propinquum Santonorum moenibus: as in *Ep.* 2. 3, 6. 5.

12–13. An unexpected historical detail: in the battle of Heraclea in 280 BC (or the battle of Ausculum in the next year (Plut. *Pyrrh.* 21. 5–6)) Pyrrhus brought up his elephants as a second wave after the repulse of his infantry (Florus 1. 13. 8).

15. Another comical likeness from the animal world, from Hor. *c.* 1. 23. 9–10 (addressed to a bashful girl) *atqui non ego te tigris ut aspera Gaetulusve leo frangere persequor*, which supports the supplement *ut*; but *tigridis* might be correct.

22. Iculisma: modern Angoulême, more than 100 km. from Bordeaux.

27. nostras ... auras: 'wind of us'; cf. Verg. *A.* 7. 646. An unusual word, chosen for the pun with *aures* (28).

29. supino: 'haughty', cf. Mart. 5. 8. 10, Pers. 1. 129.

35–6. For the sentiment cf. *Ep.* 23. 17.

12. *To Symmachus*

This letter, which is *Ep.* 1. 32 in editions of Symmachus' letters, is clearly a reply to *Ep.* 1. 31 (App. B. 1), in which Symmachus excused himself for divulging a work of Ausonius' and asked him to write *aliquod didascalicum aut protrepticum ... carmen* for him too. A *terminus ante quem* for this letter seems to be provided by the wording of its opening sentence. The tribute to Symmachus' eloquence there resembles a phrase in *Ep.* 3. 6, dated by Seeck to late 380, and addressed to Julianus Rusticus, who cannot be the Julianus of this letter (*PLRE* i. 472–3, 479–80). It is likely that Symmachus borrowed the phrase from Ausonius and not the other way round, since Ausonius is unlikely to have seen *Ep.* 3. 6. As for a *terminus post quem*, one can only say that Ausonius looks back to their time together in Trier as fairly distant. For a survey of their correspondence see *AC* 49 (1980), 198–201.

The letter is transmitted by VPH and by manuscripts of Symmachus, for which I have relied on the editions of Seeck (*MGH AA* 6. 1) and Callu (Paris, 1972). Where there is essential agreement among the manuscripts of Symmachus, this is here denoted by σ; ρ denotes the florilegia (or a large number of them), and π Vat. Pal. Lat. 1576, the only other manuscript to contain this letter (Seeck, p. xxviii, Callu 44), which is sometimes supported by reports of manuscripts now lost. There is also the testimony of Ennodius, who quotes this letter in various places.

1–2. delenifica ... suada: choice epithets, of which the former is notably rare, at least before Ennodius, who uses it obsessively; it occurs in Plautus (*Mil.* 192), Turpilius (fr. 29), and Fronto, *Ad Ver. Imp.* 2. 1. 25 (p. 132. 13 van den Hout²). It is also to be read in Symm. *Ep.* 7. 27, and is used with *suada* in *Ep.* 3. 6, discussed above.

2–3. epistulae meae apud Capuam tibi redditae: acknowledged in *Ep.* 1. 31.

3. concinnatio inhumana: imitated by Ennodius in *Ep.* 2. 19. 5, 5. 1. 4.

3. sed hoc non diutius ...: cf. Cic. *TD* 1. 24 *dum lego, adsentior; cum posui librum ... adsensio illa omnis elabitur.*

5. vero: *enim* may be correct here, though offered by V alone.

8. floridus: Scaliger suggested the superlative, but the corruption would not be easy to explain.

10–12. The analogy is poorly expressed, but the point seems to be that A. is delighted by his work only for as long as he sees it in the light of Symmachus' praises; otherwise it is no more remarkable than thin air or a mere cloud. It is not clear if A. considers the colours of the chamaeleon to be caused by light reflected from its background; most ancient authorities (Arist. *Hist. Anim.* 2. 11, Aelian *Anim.* 2. 14, Plin. *NH* 8. 122) did not, but Seneca seems to leave open the possibility (*NQ* 1. 5. 7).

15. aut quisquam: so the manuscripts of Symmachus, and perhaps the archetype of VPH; *an* (ρ) is attractive. There is no need for *haut* (Schott).

15–16. quis ita ad Aesopi venustatem: with some of the florilegia I add *ad* here for the sake of *concinnatio*, but it is possible that a verb which governed this and the next colon has been lost.

16. sophisticas Isocratis conclusiones: 'rhetorical periods of Isocrates'. This context seems less technical than *Technop.* 1. 5–6. It should not be inferred that Symmachus consciously imitated these authors; the limits to his knowledge are shown by P. Courcelle, *Les Lettres grecques en Occident de Macrobe à Cassiodore* (Paris, 1948), 4–5.

17. opulentiam Tullianam: cf. Apul. *Apol.* 95. Various tributes to Symmachus' oratory are collected in *PLRE* i. 868–9.

18. proprietatem: cf. Quint. 10. 1. 46, of Homer (*in parvis*).

20. domine mi fili Symmache: *domine* is characteristic of Symmachus (e.g. *Ep.* 2. 83, 3. 69); *fili* was used by A. to Paulinus (*Ep.* 19a. 2, 20a. 2).

25-6. qui frontes hominum aperit, mentes tegit: quoted with a change in the word-order from Cic. *Planc.* 16. If he was sincere in the *comitatus*, he could be trusted anywhere.

28. The reference is to Ter. *Andr.* 43-4 *nam istaec commemoratio quasi expro-bratiost immemoris benefici.*

31. ego te docebo, docendus . . . : based on Hor. *Ep.* 1. 17. 3 *disce docendus adhuc.*

33. eadem opera: cf. Liv. 38. 43. 8, Sen. *Contr.* 10. 5. 18, Apul. *Apol.* 35. The following argument is imitated by Ennodius in *Ep.* 1. 2. 4.

35. unius erroris: the mistake of prematurely divulging a work of A.'s.

39. aves: cf. *Ep.* 4. 18 *avemus agrum visere.*

43. studium: this can only be guessed at. As often, an oral message is an important part of the communication.

13. To Theon

Ausonius wrote this letter from Trier—perhaps soon after his appointment as imperial tutor—to keep up contact with Theon, an old friend vividly described in this and the next three letters but otherwise unknown. It is essentially a request for news (like Hor. *Epp.* 1. 3, 4; cf. Symm. *Ep.* 7. 18), with a dash of erudition to stimulate his correspondent. After the opening address Ausonius jokingly imagines what his friend is up to: commerce (16–21), law-enforcement (22–7), hunting and associated pursuits (28–51), fishing (52–62), and poetry (63–4); this makes possible a transition to the mock treatise in ll. 82–96. After 70 hexameters, which show a high degree of stylistic variation, and often recall the *Moselle* with their richness, there are 11 iambic dimeters and 23 hendecasyllables.

1. Martial's *ferulaeque tristes, sceptra paedagogorum* (10. 62. 10) is superficially similar, but A. is making a very different point.

2. paganum Medulis: 'the countryman in Médoc', but another sense of *paganus* also operates: that of a private individual not in military or civil service (as A. was), for which see C. Mohrmann, *Études sur le latin des chrétiens* (Rome, 1961–5), iii. 277–89. There is no need for Z's *e* (cf. *Prof.* 20. 4 *stirpe Novempopulis*).

3. For *extremis . . . telluris in oris* cf. *Mos.* 145 n.

4. cultor harenarum: cf. Sil. 5. 272 *cultor harenae*, and *Mos.* 120. An impressive phrase, undercut by the ambiguity of *litus arandum*, for which see Otto 159, though he denies any 'sprichwörtliche Färbung'.

5. The entire line derives from Vergil (*A.* 4. 480); outside the *Cento* this phenomenon is rare (*Epigr.* 75. 8, *Mos.* 460, *Ep.* 23. 52 (= 24. 124)).

6–7. The poet now descends to a commonplace level, in striking contrast. For *harundineis* cf. Amm. 31. 2. 4 *arundine fastigatum . . . tugurium*; for *pergula*, Petr. *Sat.* 74 and *Pan. Lat.* 2(12). 16. 1. *colonica* (*colonia* cannot be correct) occurs only in late texts referring to Gaul: Greg. Tur. *Mirac.* 2. 15 (PL 71. 810) and the *Leges Burgundionum* 38, 67 (*MGH Leg. Germ.*, Sect. 2. 1, pp. 70. 18, 95. 6). The picture is completed by *lacrimosa* (cf. Hor. *S.* 1. 5. 80 *lacrimoso non sine fumo*, Ov. *M.* 10. 6) and *piceo . . . fumo* (cf. Verg. *A.* 3. 573 *turbine fumantem piceo*).

8. quid rerum: cf. Cat. 28. 4 and later Cypr. *Gen.* 613 and Sid. *Ep.* 8. 6. 10, both imitators of A.

    cantor Apollo: cf. Hor. *AP* 407.

9. fonte caballi: cf. Pers. *prol.* 1 *fonte . . . caballino.*

10. facundo: Avantius preferred *fecundo*, perhaps rightly; it is suggested by *satae* and common with *pectus* (following Verg. *A.* 7. 338, Ov. *Tr.* 5. 12. 38).

    Clementini: nothing more is known of this ghost-writer or inspiration of lazy poets.

11. inspirant: in this sense, cf. Optat. 3. 7.

12–13. The original writer can let the plagiarist make a fool of himself and share the laughter of others without incurring criticism (*securo*).

14. urgere pudorem: cf. Stat. *Ach.* 2. 437(151).

17. leviore nomismate: V's accusatives miss the point. Offences against the currency were a serious matter (*C. Th.* 9. 21).

18. For *insanis* cf. Macrob. *Sat.* 3. 16. 9 *pretia haec insana*; there is an echo of Juv. 7. 10 in *auctio vendat.*

19–21. The countryman would use either torches of pitch or tapers of papyrus (rushes in Médoc) dipped in *sevum* or *cera* to form *funalia*. (For the process denoted in *scissam*, see Plin. *NH* 13. 74–7 with N. Lewis, *Papyrus in Classical Antiquity* (Oxford, 1974), 34–55). These everyday things are dignified with echoes of Vergil (*G.* 1. 14 *pinguia Ceae*, *A.* 7. 457 *fumantis . . . taedas*, *G.* 2. 438 *Naryciaeque picis*) and stylish arrangement. A verb such as *vendis* must be understood.

22–3. Theon may have been a holder of imperial land with responsibilities for law and order (Jones, *LRE* 416–19, 788–9); the *fures* might be *Bacaudae* (so E. A. Thompson, *Past and Present*, 2 (1952), 16 n.) but opportunist brigandage was doubtless common (e.g. PN *Ep.* 49. 15).

24. in partem praedamque vocent: with deliberate incongruity A. uses Verg. *A.* 3. 222–3 *ipsumque vocamus in partem praedamque Iovem.* Such connivance and corruption could be harshly penalized: see *C. Th.* 9. 29. 2 (383).

24–5. osor sanguinis humani: see on *Mos.* 405–6, but Theon was not a governor, and this is sarcastic.

25. crimina: *praemia* (Z) gives no sense.

29. pinnae: the coloured feather, usually *formido* or *metus*; see J. Aymard, *Essai sur les chasses romains* (Paris, 1951), 218–28, and A. Pastorino, *GIF* 21 (1969), 271–2.

30. Cf. Verg. *A.* 1. 324 *aut spumantis apri cursum clamore prementem.*

31. subsidisque ferum: the anomalous dative of the manuscripts should be replaced by the accusative, usual with *subsido* (e.g. Amm. 16. 8. 3, 28. 4. 22).

31–2. The paratactic beginning (cf. *Ep.* 4. 7n.) (with a possible reminiscence of Hor. *S.* 2. 7. 24 in *usque recuses*) contrasts with the poetic diction of l. 32: *comminus hosti* is found in Ov. *M.* 5. 89 and 12. 595, *venabula comminus* in Stat. *Th.* 4. 323, *fulmineus* in Ov. *AA* 2. 374 and elsewhere.

33. de: virtually 'of'; cf. *Prof.* 17. 17, *Cup., praef.* 3.

    recincta: the verb restored by Heinsius belongs to epic style (cf. Verg. *A.* 4. 518); it is commoner than Z's *reducta* ('bared' as in Quint. 11. 3. 131, with *sinum*) and much more likely than *revincta* suggested by V. Prudentius used *recincta veste* in *Per.* 10. 236.

37–8. Gedippa . . . Taurinusque: unknown, but probably real people.

38. ipsum: repeated *ipsum* is suspicious, and *illum* may be correct. Cf. PN *c.* 10 [= App. B. 3]. 291 *ipse obit atque illi.*

39. qualis in Olenio . . . apro: Meleager, slayer of the Calydonian boar.

40. Theseus of Athens ended the ravages of the sow of Crommyon, and Peiper accordingly read the unique word *Cromyoneo* (cf. Ov. *M.* 7. 435) for *Erymantheo.* This boar, as A. knew (cf. *Ecl.* 17. 3), was the victim of Hercules, who had little connection with Attica. After the precise *Olenio* it is unlikely that *Attica* can mean 'Greek', as Pastorino argues. For scribal errors in such matters cf. *Mos.* 277, *Griph.* 36.

41. Cf. Lucan 6. 599 *vel tu parce deis.* Read with a break after *feris* A.'s line would be comical.

42. Cinyreia proles: Adonis, son of Cinyras by his daughter Myrrha, killed by a boar sent by the jealous Ares (cf. Ov. *M.* 10. 503–59, 708–39, *AA* 1. 75 *Veneri ploratus Adonis*).

44–8. A sarcastic sketch, shot through with epic diction and alliteration, especially of *c.* The epithets *flavus* and *niveus* are used similarly by Ovid (*M.* 9. 307) and Vergil (*A.* 8. 387) respectively; l. 45 is based on *caesariem effusae nitidam per caerula colla* (Verg. *G.* 4. 337), with *refundis* from Stat. *Th.* 5. 220 (*per colla refusis*). An erotic flavour is imported by allusions to Ter. *Eun.* 316 (quoted in *Protr., praef.* 12–13) in *iunceus,* and to Hor. *c.* 2. 4. 21 *teretesque suras,* and *Ep.* 2. 2. 4, exactly reproduced in l. 48. There seems to be an original touch in *gyros.*

49–51. Another epic simile, in which Theon is compared to Pluto, the abductor of Persephone. The contrast of violence and vulnerability is sensitively portrayed, but the underlying frivolity remains.

49. floricoma . . . Aetna: the adjective is used by Avienus (*Arat.* 1000, 1763) and in *AL* 866. 11. For *Aetna* cf. Claud. *DRP* 2. 72, 289, 3. 85.

50. Deoida: cf. Ov. *M.* 6. 114.

54. Dumnotoni: this spelling, close to that of V and Z, is accepted by C. Jullian, *Inscriptions romaines de Bordeaux* (Bordeaux, 1890), ii. 132. On the evidence of the letters Jullian places it near Soulac, Grimal near Le Verdou, both near the Pointe de Grave; there seems to be no toponymic evidence.

gazas: ironic, as in Verg. *A.* 5. 40.

55. A euphuistic line with unusual rhythm—a spondee precedes the spondeiazon—to reinforce the exceptional effect. For *nodosa* cf. Ov. *M.* 3. 153, 7. 807; for *Nerinus*, cf. Nem. *Ecl.* 4. 52.

56. et iacula et fundas: cf. Ov. *AA* 1. 763 for *iaculum*, Verg. *G.* 1. 141 for *funda.*

nomina vilica lini: so V; Z has an obvious corruption. For this use of *nomen* see E. Löfstedt, *Eranos*, 10 (1910), 22–4 and Housman on Man. 5. 663, but there is no close parallel in A. or elsewhere. Housman suggested *nemina* here and in other places.

57. colaque: cf. Man. 5. 193 *et colare vagos inductis retibus amnes.*

insutos ... vermibus hamos: cf. Ov. *AA* 3. 131 *insuto vestibus auro*, and for a probable adaptation cf. Sid. *c.* 21. 1 *pisces nox insuit hamis.*

58. A mocking accusation of pride, as in *Ep.* 11. 29–33, elevated by the use of the vocative.

59. litoreis: an unexpected substitution for *aequoreis.*

60. corroco: various identifications are suggested by Pastorino ad loc.; but none is certain.

letalis trygon: so V, but Z's reading is not impossible. According to Pliny the sting-ray had the power of a sword and the malignity of poison (*NH* 9. 155).

platessae: the common plaice.

61. urentes thynni: tunny-fish were salted after capture (Colum. 6. 32. 1, Apic. 9. 11). Pastorino strangely translates *urentes* as 'che affatica' and sees an allusion to the shark.

ligatri: unidentifiable; as in *Mos.* 89, the description is unhelpful. Pastorino is rightly cautious (*GIF* 21 (1969), 284–5) and does not accept Turnebus' *elacati.*

62. corvi: probably the Greek κορακῖνος; see D'Arcy W. Thompson, *A Glossary of Greek Fishes* (London, 1947), s.v. It is described as a sea-fish by Plin. *NH* 32. 145 and Plinius Valerianus 5. 43.

64. The numbers derive from Ephorus and Crates respectively, as we are told by the derisive Arnobius (3. 37); the eight Muses are found on a tombstone (see H.-I. Marrou, Μουσικὸς Ἀνήρ (Rome, 1964), 102–3).

65–6. quid sit inter: for *quid intersit inter.* The meaning is 'what difference is there between', not, as Hor. *S.* 1. 1. 105 (*est inter ... quiddam*), 'what is the mean between'.

66. doctrinam: this jokingly refers to what follows.

67. mysteria frivola: cf. *Biss.*, *praef.* 1 (A.'s 'holy mysteries'), and the oxymoron of *Ep.* 4. 32 (*nugis . . . seriis*). The arrangement of the words points up the absurdity.

69. Line 69 is omitted by Z, and in V requires emendation. Scaliger restored *scillite*, the usual form of the word, and *cor purgeris* for *corpus geris. si* can hardly be correct, and *ni* or *nisi*, probably the latter, is needed.

70. Anticyramque bibas: Z's reading is correct, and V's certainly corrupt. The accusative should stand (cf. Pers. 4. 16) with *-que*. Anticyra was famous for its hellebore, used to cure madness (Ov. *Pont.* 4. 3. 53–4, Hor. *AP* 300 with Brink's note).

    Samii Lucumonis acumen: 'the tonic of the Samian nabob'. For *Samius*, cf. Ov. *M.* 15. 60, M. Cap. 2. 102; for *Lucumo*, originally the name of kings, then of the ruling house, *RE* xiii. 1706–7, and Ogilvie on Liv. 1. 34. 1. With a neat use of *acumen*, A. develops a piece of popular philosophy. According to Petronius *Sat.* 88. 2 and Lucian 27. 23, Chrysippus drank hellebore three times; cf. Lucian 14. 18 (four times) and Tert. *Anim.* 6. 8. Carneades also partook (Val. Max. 8. 7 Ext. 5, Plin. *NH* 25. 52, Gell. 17. 15, M. Cap. 4. 327). The story is here transferred to Pythagoras, who according to ps.-Galen (xiv. 567 Kühn) drank it for health and longevity.

71. A less drastic expedient. The *interpres* is perhaps Bacchus; cf. *Biss.* 2. 5–8, *Griph.*, *praef.* 26 (*dilutior lege*).

74. Legend credited Cadmus with bringing the alphabet from Phoenicia to Greece (Hdt. 5. 58–9), whence it reached Rome. The use of *filias* can be paralleled by Aelius Aristides' interpretation of λευκαὶ κόραι in *Serm. Sacr.* 4. 75; see the note of C. A. Behr in *Aelius Aristides: The Complete Works*, ii (Leiden, 1981), 439.

    For *nigellas*, which here contrasts with *albam* in l. 75, cf. *Ep.* 9*b.* 59.

75. Melonis: a name of the Nile, perhaps suggested by Symm. *Ep.* 1. 14. 3.

76. sepiae: cf. Pers. 3. 13; but the scholiast and Pliny (*NH* 35. 43) point out that ink (*atramentum*) does not derive from it.

77. Cnidiosque nodos: the products of Cnidus in Asia Minor were commended by Pliny (*NH* 16. 157); *nodos* may have been suggested by Pers. 3. 11 *nodosa . . . harundo* (cf. Varro, *Men.* 578). There is also a hint of riddles.

80. protinus: Z's *promptius* is much less likely.

81. militantes: this takes up the metaphor in *praesul* but refers to literal *militia* (cf. l. 1, *Par.* 18. 7).

84. modulis tribus: seven forms are given by grammarians (*GL* vi. 148. 10, 258–63, 401–11).

85. Phalaecus: see Gow–Page, *HE* ii. 458–9.

86–7. The description is imprecise (only the penthemimer *cui dono lepidum* would be admissible) and unclear: *post* cannot govern *semipedem*, but is used adverbially as in l. 102 and 'Marius Victorinus' (Apthonius), *GL* vi. 148. 15 *primus . . . spondeus, post dactylus, dehinc tres trochaei*. Perhaps *et* should be read after *semipedem*. To substitute *trochaeos* for *iambos* would be rash; the corruption would be hard to explain, and it is possible that A. is teasing Theon here.

88–9. This very rare kind is mentioned by Terentianus Maurus 1944 (*GL* vi. 383) and 'Marius Victorinus' (Apthonius; *GL* vi. 120. 15–20), who also use *revulsis*.

91–2. Thirdly, those of the sapphic stanza: a second hippius (*laudibus qui*) followed by a choriamb (*res hominum ac*), then an antibacchus (*deorum*). In *regit* there is a pun, suggested by the associations of the Greek word.

94. poteris Theon: the text is unclear. V suggests *poteris Theon*, Z has *potes, o stolo*, which used to be read; but there is no evidence that *stolo* carried the meaning 'fool', even in explanations of the *cognomen* by Varro, *RR* 1. 2. 9 and Plin. *NH* 17. 7.

95–6. The imposing *regio* in l. 95 contrasts strongly with the contemptuous *plebeiam . . . pulpam* (cf. Pers. 2. 63). Theon had plenty of flesh (*Ep.* 14. 21).

98. labris: l. 99 makes the manuscripts' *libris* very difficult; for the confusion of these words cf. *Griph.* 77. A. wants news from the tip of Theon's tongue and not the fruit of long research (cf. *Prof.* 22. 3).

100–1. If Theon delivers these *nugae* (less demanding than those of l. 67) he is promised a 'complete holiday'—a rest from pestering letters and from accusations of plagiarism. For *Vacuna*, cf. Hor. *Ep.* 1. 10. 49. Much energy has been wasted in trying to justify the readings *tortam . . . et agnam* here and *taberna* in l. 104.

104. The line begins with a mild metrical surprise in *bonorum*; the short syllable is common in Catullus but unique in A. Cf. *Ep.* 14*b*. 19. Laverna, like Vacuna, comes from Horace (*Ep.* 1. 16. 60).

14. *To Theon*

Ausonius had received a gift of thirty oysters; disappointed by the absence of literary accompaniment, and perhaps by the gift itself (cf. ll. 3, 55–6), he reworks an old letter, apparently one previously sent to Theon, rather than bothering to write a new one. A gift of forty oysters is acknowledged in a simple letter from Vindolanda (no. 129; see R. Birley, *Vindolanda* (London, 1977), 154 and pl. 78) and the second part resembles an elaborate letter of ps.-Julian which presents a gift of 100 figs (*Ep.* 80).

The poem is quadripartite, with metres to match: hexameters (1–18), iambics (19–23, with an unexpected scazon in l. 19), hendecasyllables (35–46), and asclepiads for the grandiose coda (47–56).

a

3. inventa inter tineas: like the *Griphus* unearthed for Symmachus (*Griph.*, *praef.* 1–4).

7. noviciam: 'that young work', chosen for the pun with *novissimae* ('this most recent one'), a very probable correction. Pastorino defends the transmitted text but prints *novissimae*.

b

1. Ostrea Baianis: cf. Mart. 10. 37. 11 *ostrea Baianis*. A. seems less enthusiastic in *Ep.* 3. 30.

    Medulorum: Theon's home (*Ep.* 13. 2) and a source of fine oysters (*Ep.* 3. 18).

2. dulcibus in stagnis: cf. Verg. *G.* 1. 384.

5. luctatus: strange and presumably mock-heroic, if the text is correct. The gesture may be that mentioned in ps.-Bede, *PL* 90. 691 *cum dicis decem, unguem indicis in medio figes artu pollicis*, in which case *luctatus* may have been suggested by the use of the fingernail.

6. erant: perhaps *erunt*, which may have been assimilated to *erant* in l. 7.

8. quotve dies solidi: my tentative emendation of *aut ter ut eolidi* (V), which Pastorino explains (with Vinet) as 'thrice the pregnancies of the daughter of Aeolus' (Canace; see Ov. *Her.* 11. 45–6). But since ten months was generally regarded as the length of human pregnancy such an obscure reference is unlikely, and the Latinity of *ter ut* is dubious. Heinsius' *aut iter ut solidi* is also difficult. The source of the corruption could have been the repetition of *ter* from the previous line. For *solidus* cf. Hor. *c.* 1. 1. 20, Liv. 1. 19. 6, Juv. 11. 205; if it referred to 'full' months of 30 days as opposed to 'hollow' ones of 29, as has been suggested to me, it would have more point.

    tenet: equivalent to *habet* in l. 9.

    ignicomus: rare, and perhaps an invention of Nemesianus (*Cyn.* 207).

11. Phaenon: Saturn, whose cycles (*saecula*) last thirty years (cf. *Ecl.* 23. 1, Cic. *ND* 2. 52, M. Cap. 8. 851).

12. The minimum term of the Vestal Virgins was defined by law (Symm. *Ep.* 9. 108).

13. The expression is awkward; *annis* or *annos* would be easier. The description of Iulus comes from Verg. *A.* 4. 163, and the length of his reign from the prophecies in *A.* 1. 267–70 and 8. 47–8.

14. Priamidae: cf. Verg. *A.* 2. 503.

    retrahantur: cf. Suet. *Iul.* 41. 3; *erunt* may be correct, as in l. 6.

15. 'and as many as there are if you count twice those who guard the Apolline books'. The sentence follows closely from the previous one, but is very elliptical; word-order dissuades from the substitution of *quot* for *qui*. For the *quindecimviri sacris faciundis* see on *Griph.* 87; the expression *fata Amphrysia* derives from *Amphrysia vates* in Verg. *A.* 6. 398.

16. sub ilicibus sus: Verg. *A.* 3. 390, 8. 43.

17. For the scansion of *nonaginta* cf. *Ecl.* 8. 1, 16, *Ep.* 15. 5, 11.

18. Thirty horses for a single vehicle is rather excessive. The greatest number of horses in harness together attested in ancient literature seems to be the sixteen driven by Mithridates (Appian 12. 112); Augustus dreamt of twelve (Suet. *Aug.* 94. 6), Nero is said to have driven ten (Suet. *Nero* 24. 2); seven are mentioned in the inscription on Diocles (*CIL* vi. 10048). A gem from the collection of the comte de Caylus (*Recueil de l'Antiquité*, i. 166, pl. lx n. 4) has twenty, but this could be the product of fantasy. Unless A. is making an obscure joke or exaggerating, he may refer to something at a local carnival.

19. figuras: 'puzzles'; cf. Tert. *Res.* 19. 1, Vulg. *Num.* 12. 8, Macrob. *Somn.* 1. 3. 10.

adumbratas: A. does not shorten *a* indiscriminately, and must have deliberately written a scazon; a surprise for Theon as he read on.

21. alto: cf. Verg. *A.* 6. 599–600 *sub alto pectore*, a phrase often imitated. Theon's corpulence is mocked in *Epp.* 15 and 16.

22. vulgi: cf. *Griph.*, *praef.* 11 and 38.

23. retortas: 'factorized'.

24. denas: as if *ostreas* preceded (cf. *Ep.* 3. 22n).

quinquiesve: this correction matches *vel* in 25–6.

27. *et* is the most likely supplement, and *unam* (Tollius), not *unum*, should be read.

29–30. Line 28 must immediately precede l. 30; l. 29 follows well after l. 27. The dislocation led to *octonis*, caused by the proximity of *novenis*.

33. septem geminis: 'double seven'; not *septemgeminis*.

36. limicolis: a *hapax legomenon*; there are more to follow.

38. Cf. *Ep.* 3. 1–4.

42. primore vado: grandiose (cf. *Mos.* 47 *primores . . . lymphas*).

43. algoso . . . concolor: imitated by Sid. *Ep.* 8. 9. 5, v. 33 *algoso prope concolor profundo.*

48–54. A most grandiose coda, displaying rare or unique adjectives (*fissipedis* 49, *atricolor* 52, *lacticolor* 54), untypical diminutives (*aridulae* 51, *filiolis* 52), and a general luxuriance of expression.

For *campum* cf. Titin. *com.* 160 *campum cereum*, and for *sulcus* cf. *Ep.* 4. 10n. In his detailed analysis of the imagery K. Thraede, *Studien zur Sprache und Stil des Prudentius* (Hypomnemata 13; Göttingen, 1965), 109–13, seems to underestimate the element of self-indulgent verbiage.

53. The threat to his garrulous pen is also a neat expression of modest dissatisfaction with his writing. For the sponge, cf. Aesch. *Agam.* 1329, Plin. *NH* 35. 103, Suet. *Aug.* 85. 2, *AP* 6. 65. 8 (Paulus Silentiarius). They could be whitened by exposure (Plin. *NH* 31. 123).

55. For the spelling of *Dumnotonae* and its location, see on *Ep.* 13. 54; here it is an adjective.

15. *To Theon*

A letter inviting Theon to Lucaniacus after a relatively long absence. Complaint (1–14) leads to pleading (15–27) and then to detailed instructions for the journey (28–38).

2. versibus expediens: V's *experiens* is too tentative; what follows is by A.'s standards very direct.

3-4. Cf. Ov. *Her.* 2. 5, a similar context.

3. fissipedes . . . iuvencas: a parody of Homer's μώνυχας ἵππους. The cows in themselves are not absurd: we find unusual animals in art and in post-classical writers with no facetious intent (Claud. *DRP* 3. 403, Prud. *Symm.* 1. 361, and W. H. Roscher, *Über Selene und Verwandtes* (Leipzig, 1890), 36–49). For the adjective cf. *Ep.* 14*b.* 49.

6. huc adde aestivos: 'summer days, moreover'; cf. *Hered.* 10n.

10. hora: Reeve suggested *una*, perhaps rightly.

11. dimensio legum: litigants were expected to travel twenty miles a day (*Dig.* 2. 11. 1).

13. An exaggeration or a guess: the figure of 1,263 miles for the single journey may be deduced from the *Itinerarium Burdigalense* (via Arles, Milan, and Rimini).

15. scirpea: this suggests not only the location but also Theon's poverty. For *Dumnotoni* see on *Ep.* 13. 54.

16. Pauliacos: not mentioned elsewhere, even in Paulinus' list of A.'s villas in *c.* 10 [= App. B. 3]. 239–59). A. may be referring to a notoriously rich villa in the district. C. Jullian (*Inscriptions romaines de Bordeaux*, ii. 133) suggests modern Pauillac, on the left bank of the Garonne below Bordeaux; this is very probable.

For the prosody cf. *Lucani-* . . . *-aco* in l. 36.

17. tabulam dicto pangente: Peiper's correction of V's *tabula medica pugna*; *dicto* is preferable to *digito* because closer to V, and *pangente* to *pugnante* ('reluctant'—an inappropriate point). H. de La Ville de Mirmont introduces a bizarre detail with *quo Medica pugna notata est*, which would not be in A.'s manner.

19. A. again quotes Hor. *Ep.* 2. 1. 234 (cf. *Ep.* 9*a.* 13, 10. 5), but without reference to its original context. For *Philippos*, cf. on *Ep.* 10. 5.

20. ne tanti fuerint: V's *nec* would be very difficult. Cf. Ov. *AA* 1. 454 *ne dederit gratis . . . usque dabit* and Sen. *Ep.* 21. 7 *ne gratis . . . venerit . . . redimet.*

21. interne: see on *Ordo* 142.

23. Darios: 'darics': another long-disused coin named after a great ruler. The word seems to be modelled on *Philippus* (see on l. 19) rather than the Greek Δαρεικός, if the text is sound; no other Latin writer uses it.

24. mora . . . libera desidiae: cf. *Ep.* 2. 10n.

26. Cf. Prop. 4. 4. 34 *dum . . . conspicer ora Tati* (*ora* is a conjecture of Gronovius', who knew his A.). For *usque* in adversative contexts, cf. *Par.* 9. 6, *Ep.* 23. 16.

28. Medullini . . . noti: the south wind from Médoc, where he lived (*Ep.* 13. 2). This form of the adjective is unique; A. uses *Medulus* elsewhere (*Ep.* 4. 18, 13. 2), and so perhaps does Pliny (*NH* 32. 62); Sidonius has *Medulicus* (*Ep.* 8. 12. 7).

29. expositum: 'laid out', like an object drying in the sun (Colum. 12. 28. 1). For *paradas* (sun-shades), cf. Sid. *Ep.* 8. 12. 5 (a letter with many similarities to this one).

32. Condatem ad portum: Condate, Celtic for 'confluence', is a common name which usually turns to Condé or Condat in modern French; this particular location cannot be identified. An attempt was made by P. Grimal (*REA* 55 (1953), 113–25) to determine its position from the data given here, but in vain: see the refutation by A. Loyen, *REA* 62 (1960), 113–26.

33–4. Heinsius' *veli* gives a good contrast with *remipedem* (used of boats in *Mos.* 201). For *tua flamina* cf. *Ep.* 21. 14 *suis . . . ventis* and Hor. *Epod.* 9. 30 *ventis iturus non suis*; the phrase recalls *tua fulmina cessant* (Ov. *M.* 2. 279). Fleury saw a reference to his stomach as '*flatuum officina*', but this is strained and perhaps too crude for A.

35. petorrita: cf. *Ep.* 2. 5n.

36. Lucani- . . . -aco: introduced more smoothly, and more correctly, into iambics in *Epigr.* 32. 7, *Ep.* 20*b*. 44. Paulinus used *Lucani . . . fundi* in *c.* 10 [= App. B. 3]. 256); A. has it in prose in *Ep.* 20*a*. 9 (*Lucaniacus*, not as one often finds in the literature *Lucaniacum*). The extant work of Lucilius, to whom he appeals in l. 38 as a precedent, contains few examples of tmesis, and they are unremarkable ones such as *conque tubernalem* fr. 1137 Marx (1152 Krenkel). The detail may well be second-hand: Porphyrio on Hor. *Ep.* 2. 2. 93–4 describes the division of *circumspectemus* as done *Lucili more et antiquorum*. When Eugenius of Toledo says at the end of a poem demonstrating tmesis *instar Lucili cogor disrumpere versus* (70(23). 10; *MGH AA* 14. 262), he is merely imitating A.

37. disces: the better of Heinsius' two emendations of V's unmetrical *disce*. It hints at the literary festivities that await him (cf. *Ep.* 2. 13–14, 4. 41–2, 8. 25–36).

16. *I, Ausonius the consul, return the poet Theon's greeting*

The use of a line of verse as the heading of a letter is unique. The poem, which again acknowledges a gift, consists of two elegiac couplets—in effect, two epigrams—and two iambic trimeters.

1. Aurea mala . . . mittis: probably a deliberate imitation of *AL* 218 Riese (209 Sh. B.); the *aurea mala* derive ultimately from Verg. *E.*

3. 71 or 8. 52–3. *plumbea carmina* was suggested by Mart. 10. 94. 4 *plumbea mala.*

2. massae: the lump that is Theon.

3. utrisque ... utrisque: *utriusque* cannot be right. There is a superficially similar line in *Epigr.* 42. 2 *falsum nomen utrique, sed ut verum sit utrique.*

5–6. The first pun reminds him of the Greek word for 'gods', the second recalls the participle (*metoche*) of the Greek word for 'run', perhaps a stock example, to judge from Sext. Emp. *Adv. Math.* 1. 239. A. has descended from the sublime to the ridiculous; for according to him Theon was no jogger.

17. *To Paulinus*

The first and perhaps earliest of the extant letters to Paulinus conveys Ausonius' reactions to Paulinus' versification of Suetonius' *De Regibus.* He praises its *brevitas*, and the heading (which reads like the work of an editor) describes it as a *poematium*, but the style of these portions—a foretaste of Paulinus' later prolixity—suggests something quite lengthy, certainly more substantial than Ausonius' *Caesares.* Almost nothing is known of the scope and content of Suetonius' work, for which see A. Reifferscheid, *Suetonii Reliquiae* (Leipzig, 1860), 315–21.

2. stridebatque: used of hot metal in water by Verg. *A.* 8. 450; cf. Juv. 14. 280 (with Courtney), where there is similar mockery of the idea that the sun's chariot plunged into the Atlantic Ocean.

  Titanius ignis: I. Hilberg's neat emendation (*WS* 21 (1899), 157–8) of *Titan insignis*, which, like Heinsius' *inclinis* and Peiper's *iam segnis*, can hardly describe a sun that has already set.

3–4. For such descriptions see in general H. Bardon, *REL* 24 (1946), 82–115. For *quatio* cf. Cic. *ND* 2. 109 (from his *Aratea*), Verg. *G.* 3. 132; for *iuvencas* see on *Ep.* 15. 3. The description of sun and moon as brother and sister is common and seriously meant in all periods (e.g. Verg. *G.* 1. 396, Ambr. *Hex.* 4. 29, Macrob. *Somn.* 1. 21. 30). The end of l. 3 is echoed in Claud. *DRP* 3. 403 and the end of l. 4 in Prud. *Psych.* 779 *aemula fratri.*

5–6. A conventional picture (cf. Verg. *A.* 4. 522–7, 8. 26–7, 9. 224–5), in which the uncommon word *superabile* means 'overwhelmed', without any notion of potentiality: cf. *comitabile* PN *c.* 10 [= App. B. 3]. 291. The spondees of l. 6, following two dactylic lines, emphasize the point.

9–10. 'and the long night was continually ordering the Kalends, nineteen days away from it, to be summoned for the celebration of the festival'. If the words *nonas decimas kalendas* are taken as a poetic way of expressing the date (cf. l. 13), *ab se* is redundant and *iugiter* pointless (EW has to translate it 'forthwith'). For *acciri* cf. *Ianum arcessat* in *Ecl.* 7. 6. The festival is that of the *kalendae Ianuariae.* The *Saturnalia* is ignored; it seems to play no part in their festivities. The reference to it in *Ecl.* 16. 15–16 is purely academic.

11–12. A. admits his obscurity, like Seneca in *Apocol.* 2, where, after a brave attempt to give the time and date in verse, he says *puto magis intelligi, si dixero.* . . . A similar joke is made by Fulg. *Myth.* 1. 25 (p. 13 Helm) and in H. Fielding, *Tom Jones*, x. ii '. . . in plain English, it was now midnight'.

　　medius fidius: oaths of any kind are unusual in A.; but cf. *Ep.* 19*a.* 16 *iuro omnia.*

12. tamen suspicor: an echo, perhaps fortuitous, of Ter. *Hec.* 874.

　　prima nox . . . : late evening on 14 December.

13–14. litterae tuae oppido quam litteratae: the pun is also made by Pliny, complaining of his *illitteratissimae litterae* (*Ep.* 1. 10. 9). The word *oppido*, noted as obsolete by Quintilian (8. 3. 25), is common in later writers.

14. longe iucundissimum: cf. Theodosius in App. B. 1. 1–2 *quae multo maxima sunt.*

14–15. quod . . . coegisti: 'which you formed by compression as an epitome from Suetonius' three books on kings'. The expression is difficult, but not impossibly so, and the phrase *libro . . . quem ego . . . coegi* in a heading of the *Fasti* is a partial parallel; cf. Hor. *Ep.* 1. 20. 8, Sen. *Ep.* 39. 1. Reifferscheid's emendation *quo . . . epitomen* is no improvement.

17. ista collegi: *cognovi* of CKM gives poor sense, and Pastorino, who prints it, in fact translates 'ho estratto'; *collegi* (T) probably denotes a pastiche made by A., and may be supported by the heading to the letter. To avoid anacoluthon (though this could be defended: cf. PN *c.* 10 [= App. B. 3]. 156–73)) I have divided the passage into two parts: ll. 19–23, which may be from the introduction, and ll. 24–7, which appears to be a pastiche collected from various parts of the work, since it jumps from continent to continent.

18. duo: for this scansion of the neuter plural, cf. Avian. 29. 22, Prud. *Ham.* 13, 122, *Per.* 11. 89.

19. dubie: Sallust records a difference of expert opinion in *BJ* 17. 3; cf. Lucan 9. 411–13.

21–2. 'and whom, barbarian names, Roman tongues do not pass on' (because they are strange and difficult), rather than 'whom their barbarian names do not pass on to the Roman tongue', which seems false. If this interpretation is correct—we are now dealing with Paulinus, and not his more elegant mentor—*nomina* is used as in *Praef.* 1. 21, *Ep.* 16. 5.

23. The list begins with two names quite unknown to us. The third probably denotes Vonones I, brought up at Rome, who had a short reign beginning in about AD 4; the other Vonones, who reigned for a few months in AD 51, was even less well known.

24. Caranus was the head of the Macedonian royal line, traced in DS 7. 17.

25. Nechepsos: the ending *-i* of the manuscripts cannot stand; Pliny uses *-os*

(*NH* 2. 88, 7. 160), and this is more likely than -*o* (Firm. Mat. *Math.*, *passim*). Various other writers call him a king, but this has been disputed: E. Riess, *Philologus*, Suppl. 6 (1891–3), 324, M. Pieper in *RE* xvi. 2167. Manetho places him in the twenty-sixth dynasty: see A. Gardiner, *Egypt of the Pharaohs: An Introduction* (Oxford, 1961), 451. Works attributed to him (and his collaborator Petosiris) were popular (*RE* xvi. 2160–7).

26. sine nomine: 'without fame' would be the reverse of the truth (Hdt. 2. 102–10, Plut. *De Iside* 24 (*Mor.* 360B)); 'without the name of king' a misconception difficult to explain. Perhaps Paulinus or his sources had a problem in locating the 'early' Sesostris (see next note) in a list based on Manetho, who placed him in the twelfth dynasty (Gardiner 439).

Sesoostris: this form of the name, given by CM (K has *mox Sesostris*), is to be preferred to T's more usual form for the sake of the sense. With *moxque* (T and most editors) it is necessary to take *sine nomine* and *mox* together as modifications of *regnavit*, an inelegant pair, or else assume that A. breaks off his quotation in mid-sentence, which is unlikely. Diodorus uses the form Σεσόωσις (1. 53–8), and *Sesoostris* here would give substance to A.'s praise of Paulinus' erudition and accuracy. (For the various forms of the name, see *RE* iiA. 1861.)

As already stated, Manetho put Sesostris well before Nechepsos; if this line is based on him, it would be difficult to avoid accusing Paulinus or his source of gross carelessness, or A. of inept quotation. But it may be that Paulinus is following a different tradition, that based on Aristotle and well known to Latin writers (*RE* iiA. 1861–3), which made Sesostris very early, and that he is also assuming that a teacher of Nechepsos' influence must have been very ancient, even a divine or semi-divine being.

27–9. ita iuxta . . . perirent: unless he is talking adulatory nonsense, A. refers here not to accent but to quantity. The *fastigia* of such words were obviously unknowable, as pointed out in *GL* iii. 520. 23–4, v. 33. 18–19. If the claim is valid, Paulinus had solved the kind of problem that daunted others (Plin. *NH* 5. 1, Plin. *Ep.* 8. 4. 3, Serv. on *E.* 6. 3), but his later work is less strict (Green, *Paulinus*, 125–6).

The word *primigeniis* is attested in Varro, *LL* 6. 37 (with *verba*); cf. Amm. 14. 8. 6 (of Assyrian names). It was rightly substituted for *primigenis*, a rare and poetic form. There is a long article on the word by J. Champeaux, *Latomus*, 34 (1975), 909–85.

31. videris: Z's *videri* is awkward, and suspicious after *aequari*.

pater sum: a claim implied in ll. 44–5 and *Ep.* 22. 6.

32–3. This proof of objectivity had already been excogitated by Pliny: *iudico tamen, et quidem tanto acrius quanto magis amo* (*Ep.* 6. 26. 2).

37–8. The couplet is presumably from the poem's dedicatory letter, which like some of A.'s was clearly in verse. There are three models: *Icarus Icariis* (or *aequoreis*) *nomina fecit aquis* (Ov. *Tr.* 1. 1. 90), *daturus nomina ponto* (Hor. *c.*

4. 2. 3–4); *iter gelidas enavit ad Arctos, Chalcidicaque levis tandem super adstitit arce* (Verg. *A.* 6. 16–17). Familiarity with Vergil led to *Arctos* for *arces* (cf. *Mos.* 93, 384).

43. vesperis ... mane: *secuto* is awkward, and may be a gloss. Without it the phrase is acceptable, on the analogy of *postridie eius diei*, though unusual.

44. tabellarius tuus ... instabat: for *tabellarii* at this time see D. Gorce, *Les Voyages, L'hospitalité et le port de lettres dans le monde chrétien des IVᵉ et Vᵉ siècles* (Paris, 1925), 207–9, 226–8. Their haste could be a convenient excuse, as here, for a short letter. *instabat* is an epistolary tense (cf. l. 15).

45. oblectabile: very rare. *TLL* quote Ambrosiaster and Eucherius.

18. *To Paulinus*

A neat expression of compliments, perhaps a New Year's greeting (so C. Witke, *Numen Litterarum* (Leiden, 1971), 11). As elsewhere (*Epp.* 7, 13–16) the salutation is worked into the metrical structure.

3–4. Paulinus' curule office is surely the consulship, in spite of the doubts of P. Fabre, *Saint Paulin de Nole et l'amitié chrétienne* (Paris, 1949), 22–6; it would be very unusual if a lower office were meant. He was never *consul ordinarius*, but must have been a suffect; since he was born soon after 350 the latest possible date, namely 378, is reasonable. For the office in general, see A. Chastagnol, *RH* 219 (1958), 231–7.

6. lemnisco: these are described by Festus (102 L.) as *fasciolae coloriae dependentes ex coronis*. We hear of contests in *Prof.* 5. 7–8, but this passage is metaphorical.

8–9. For the *cornix* cf. *Ecl.* 22. 3, for *Gangeticus ales* cf. *Griph.* 16.

10. regie pavo: *pave* (T), though *pavus* is used in *Epigr.* 72. 4, is not likely here.

13. vive, vale: cf. Hor. *S.* 2. 5. 110, *Ep.* 1. 6. 67.

  congere: this should be retained, and not made to match *conseruere* in the next line; the variation is supported by *Fasti* 1. 8, where *consere Ianos* is followed by *congessit* in Z and (less plausibly) *digessit* in V.

14. Ausonius' father lived for 88 or 90 years, according to *Par.* 1. 4, *Epiced.* 61; nothing is known of Paulinus' father. The theme will return (*Ep.* 24. 8–11).

19. *To Paulinus*

Ausonius thanks Paulinus for a gastronomical delight, and briefly acknowledges another poem sent for comment. The verse portion of the letter serves both as a *munus reciprocum* and as a promise of more to come.

a

2. querimonia mea: so CM; in A.'s prose the forms of *meus* regularly follow the noun unless they are emphatic.

3. Barcinonensis: this is still the commoner form, but *Barcilonensis* is gaining ground, notably in Hilary (CSEL 65. 133), Avienus (*Or. Mar.* 520), and the chronicles of Jerome and Hydatius, *passim*.

4–5. id nomen muriae quod in usu vulgi est: he means *liquamen*; cf. Cael. Aur. *Chron.* 2. 3. 70. The name is common in inscriptions and technical writing.

5. et: 'although'; cf. *Cup.* 22 *diligit et percussa manum.*

6–7. Latinum ... non habeant: the word *muria*, which is apparently here equated with *garum*, is foreign, Syrian according to one scholiast on Hor. *S.* 2. 4. 65. The product is reconstructed by P. Grimal and Th. Monod in *REA* (1952), 27–38, following an ancient recipe and citing modern delicacies from Turkey and Vietnam. See also J. André, *L'Alimentation et la cuisine à Rome* (2nd edn., Paris, 1981), 196–8; M. Ponsich and M. Tarradell, *Garum et industries antiques de salaison dans la Méditerranée occidentale* (Paris, 1965).

7. liquor iste sociorum: see R. Étienne, *Latomus*, 29 (1970), 297–313.

8–9. parcior ... mensis: it was once disapproved, according to Pliny (*NH* 19. 57); to Martial (13. 102) it was an expensive luxury. In Diocletian's edict (III. 6 and 7) the price seems relatively low. The couplet is probably A.'s own; perhaps it takes up something that Paulinus had written.

9. apalaria: the reading of CM, to be explained as 'egg-dishes' (cf. *phaselaria* and *acetaria*), from *apala*, which is a common subliterary epithet of *ova. garum* is used with *ova* in the recipes of Apicius 7. 327–9 (André). Johannes Lydus knows a word ἀπαλάρια, but explains it improbably as a corruption of *epularia* (*De Mens.* 1. 29); the words *aplare*, glossed as *cochlear* in *CGL* v. 589. 1 (cf. iv. 472. 35 *cocla*), and *appia* (a kind of vessel, *CGL* ii. 18. 32) are not relevant.

11. defrudas: cf. *Ep.* 1. 17.

13–14. The supplements of Schenkl and Brakman are not rhythmically satisfactory, and probably unnecessary. Perhaps there is an imitation in Sid. *Ep.* 9. 11. 7 *haec et his plura fors aliquis: ego vero cuncta praetereo.*

17. exquisitim: arguably more tactful than CM's *exquisitius*, and certainly less familiar to a scribe. It is quoted by Nonius (826 L.) from Varro.

18. caelum: the verb *caelare* is so used in Hor. *Ep.* 2. 2. 92 and Quint. 10. 3. 18.

20–1. ne sine corollario ... rediret: there are similar phrases in Cic. 2 *Verr.* 4. 49, PN *Ep.* 50. 1. The latter passage may have suggested the metaphorical sense of the word to Augustine (*Contra Jul. Op. Imperf.* 4. 35); it is taken up by Boethius, *Cons.* 3. 10. 22, 4. 3. 8.

21. praeludendum: perhaps from the preface to book 1 of Statius' *Silvae*.

22–3. ita ... habeam: a conventional wish, but it is an honour for Paulinus to be so linked with Hesperius.

23. quod: for *ut*, as often in late Latin.

    lucubratiunculae: cf. Fronto, *Ep. ad M. Caes.* 1. 4. 1 (p. 6 van den Hout[2]); it is a favourite word of Jerome.

24. quamquam ... probabunt: from the same source as *praeludo* above. Cf. *Ep.* 9*a*. 11. For similar protestations, cf. *Griph.*, *praef.* 22–3, Julian 178 D.

b

Lines 1–13 send the letter on its way after an elaborate invocation; ll. 14–28 give instructions for greeting Paulinus, and ll. 29–43 advice about what to say if Paulinus should mention poetry; the last three recommend a quick departure.

1. The iambus is also addressed in Ter. Maur. 2182 (*GL* vi. 390), but much less elaborately.

    Parthis et Cydonum: cf. Verg. *A.* 12. 858.

3. Padi ... torrentior: cf. Verg. *G.* 4. 372–3.

4. magna: *magnum* (KMT) is supported by *Mos.* 482 (*magnumque sonoris*) and may be correct; but the phrase would be a surprising one here.

5. fulgoris: cf. *Cup.* 18 *simulati fulgoris ignem*.

    The assonance of the endings of ll. 2–5 is remarkable, and pre-medieval parallels (such as Ov. *M.* 13. 789–97, Claud. 11. 1–13) uncommon. Prose is a different matter (cf. *Grat. Act.* 13; for Augustine, E. Norden, *Die antike Kunstprosa* (Leipzig, 1898), 621–4).

7. petasoque ditis Arcados: Mercury's winged cap, common on coins, is a *petasus* in Pl. *Amph.* 143. The epithet *ditis* points to Mercury as the god of commerce, and perhaps alludes to the exchange of verse as a commercial transaction (cf. *Ep.* 4. 42).

8. si vera fama est: cf. Mart. 7. 88. 1.

    Hippocrenes: the genitive, suggested to me by G. W. Williams, is easier than *Hippocrene*, whether that is taken as nominative (Peiper) or as vocative (Schenkl).

11–13. Terentianus Maurus (*GL* vi. 373. 1584–95) tells how the iamb evolved from the cheers of the local inhabitants as they watched Apollo slay the Python.

12. sociisque: the manuscripts are here in disarray, and emendations unconvincing. My correction gives a reference to the association of Apollo and the Muses mentioned in *Ep.* 4. 11 and frequently elsewhere.

14. praepes et volucripes: a favourite pun; cf. l. 40 below, *Epigr.* 7. 8, *Ep.* 10. 13. Terentianus uses *praepes* of the iambus in l. 2182.

15. Ebromagum: there was a town of this name (now Bram), mentioned in the *Itinerarium Burdigalense* (CCSL 175. 1), half-way between Toulouse and Narbonne. It would be a suitable place to convalesce and is compatible with the evidence of *Ep.* 20 and *Ep.* 23. 46–51 (= 24. 118–23). M. Gayraud (*RAN* 3 (1970), 103–14) quotes an inscription to confirm its name and position but denies that it was Paulinus' retreat. This is usually located nearer to

Bordeaux: Fabre, *Amitié*, 295 n. 2, opted for Embrau on the Gironde; H. Leclercq, *DACL* iv/2. 1709–13, for Moncarabeau, west of Agen (following Dezeimeris); while the marquise de Maillé de La Tour-Landry, in a useful note summarizing the suggestions of others, decided for Jullian's Langon, dismissing Bram because of *Ep.* 23. 46 (= 24. 118): *Recherches sur les origines de Bordeaux chrétienne* (Paris, 1960), 32 n. 2.

19. iamque dum loquor redi: cf. *Ephem.* 5. 4.

20. stirpis auctorem tuae: Pegasus, the mount of Bellerophon when he slew the Chimaera.

21. The Chimaera is here conceived as three-headed, as in Hesiod (*Theog.* 319–25) and the famous bronze from Arezzo (*CAH*, Plates, i. 336), not as tripartite (Hom. *Il.* 6. 181). For an overview of the theme in art, see S. Hiller, *AA* 19 (1973), 83–100.

23. dic ⟨te⟩ valere: the simplest correction of the manuscript reading. Leo suggested *dic celere dic salvere te multum iubet* (782) because of misgivings over the use of *valere* (but cf. Hor. *Ep.* 1. 8. 13 and the formula *si vales, bene est*) and to avoid the spondee in the fourth foot, to which there are in fact parallels in l. 39, and *Epigr.* 71. 1. Elsewhere in the same article (789 n. 1) Leo suggested that ll. 23–8 were a 'Parallelfassung' which could not stand with ll. 19–22; but A. is prone to repeating himself, and this letter was written hurriedly.

24–5. Their connections, and implied obligations, are listed again in *Ep.* 22. 33–5.

28. For the valedictory formula, cf. *Ep.* 9*b.* 105 and Sid. *c.* 24. 76, *Ep.* 9. 9. 2. *actutum redi* is a phrase common in comedy (Pl. *Mil.* 864, *Pseud.* 561, *Stich.* 154), and should be retained here. For *vale et* cf. Sen. *Tro.* 945 *vide ut.*

30. maturus aevi: cf. Verg. *A.* 5. 73 and imitators.

31. nescire dices: cf. Liv. 23. 13. 1 *cum id nescire Mago diceret* and elsewhere. A. is remarkably dismissive.

32. essedum: not an actual conveyance like Paulus' *carpenta* (*Ep.* 4. 39), but a metaphorical fantasy, a vehicle for the following puns.

33. ambagibus: cf. Apul. *M.* 7. 15 and 9. 11 (singular).

35. terga ruptos verbere: in poor condition (cf. l. 39), but not irregular iambi (cf. l. 41).

A. seems to refer to a projected preface, as found in Prudentius (*Ham.* and *Psych.*). They will be followed by hexameters conveying his message; these include dactyls (with three joints), spondees, and trochees (at the end of the line).

39. crucianti cantherio: from Pl. *Capt.* 814.

40. lentipes: cf. *Par.* 27. 4n.

44. cursim . . . pervola: *cursim* takes up the previous puns, and *pervola* the imagery of the first half of the letter.

46. promptarii: used by Theodosius in his letter to A. (App. B. 1). For the synizesis cf. *Appendix Probi* 208 *Februarius non Febrarius.*

20. *To Paulinus*

Both parts deal with the urgent matter in hand, but Ausonius expresses his feelings more forcibly in the verse portion. His *procurator* Philo has left Lucaniacus for a life of commercial trickery and has turned up at Ebromagus; Ausonius wants him back, if only for the stores that he has embezzled. Such problems were not uncommon: cf. S. Dill, *Roman Society in the Last Century of the Western Empire* (London, 1899), 268–9. The letter is a sort of parody (Matthews 5 n. 2), but very serious.

a

1–3. Ausonius recalls previous kindnesses of Paulinus to him, with a typical play in *concinnat* and *conciliat*, and again in *acuis* and *abnuis* (l. 3).

3. procaciam: a rare variant of *procacitas*; also used in Ambr. *Bon. Mort.* 9. 40, *CJ* 4. 49. 4.

5. Ebromagum: see on *Ep.* 19*b*. 15, and *b.* 35 below.

8. nauso: not attested elsewhere, but obviously derived from the Greek.

ad oppidum: probably Condate (a *vicus* to the mocking Paulinus in *c.* 10 [= App. B. 3]. 259)), the nearest port to Lucaniacus (*Ep.* 15. 36) or a town near it; cf. *portus oppidi* in *b.* 42 below.

10–11. Tullii frumentariam: Cicero's third speech in the *actio secunda* against Verres (*GL* ii. 339. 5, iv. 60. 7); the other allusion is to the scene in Plautus' *Curculio* (280–370) in which the parasite enters, professedly dying of hunger.

13–14. ne subornatum diceres tabellarium: a real possibility. The gentle approach in the first portion might have surprised Paulinus, though typically Ausonian in style.

14–15. ut Plautus ait: in *Pseud.* 42. The manuscripts give *linum*, which would refer to the linen that bound the tablets and carried the waxen seal; A., if his manuscripts are sound, obviously knew the reading *lignum*. One may doubt if the wood itself carried the seal in any significant sense, and the word *lignean* five lines later in Plautus might have led to corruption; *sed adhuc sub iudice lis est.*

16. characterem: 'stamp', rather than 'style' (*TLL* iii. 994. 19–45). It is reinforced by *notam inustam*, which Mommsen restored in one of his happier emendations. It may be slightly derogatory, and also give a hint of Philo's deserts (cf. *Epigr.* 16 and 17).

b

Philo is candidly described in ll. 1–12; ll. 13–38 present A.'s view of the situation and ll. 39–50 his request. The same metre is used as in *Ep.* 11.

1. **vilicatus:** the deponent form seems confined to Latin comedy; along with various borrowings this helps to present Philo as a Plautine or Terentian trickster.

4. **sermo . . . Dorius:** cf. *Technop.* 14. 4 and *Ludus* 157.

5. **asserit:** 'champions'; cf. *Ephem.* 3. 80, PN *c.* 27. 636.

7–8. Cf. Ov. *Tr.* 3. 8. 86 *adstat fortunae forma legenda meae.*

9. An expressive line, with its alliteration, rhyme (cf. *Prof.* 15. 2), and choice diction: *comosus* is rare (Phaedr. 5. 8. 2, *Priapea* 36. 2); *atribux* (glossed in *CGL* iv. 22. 37 as *senex atrix buccis*) is perhaps A.'s invention; cf. *niger* in Cic. *Caec.* 27. An unmistakable and alarming character.

10. **Terentianus Phormio:** *confidens* at *Ph.* 123, *niger* at Cic. *Caec.* 27 (quoted at Quint. 6. 3. 56). There may be more to the comparison than a character or a name: A. may have thought of Phormio as *niger* because of Cicero, or as frighteningly hirsute because of depictions of the character as he appeared on stage.

11–12. Horace's couplet describing a witch (*Epod.* 5. 27–8) is given an unexpected ending.

13. **vegrandibus:** 'stunted'.

14. This line seems out of place. It interrupts a series of ablatives, and would fit better if it changed places with ll. 16 or 18.

15. **praecoqua:** the form is used later in Sid. *Ep.* 9. 14. 2.

16. **et siderali inscitia:** cf. *sideralis difficultas* (Plin. *NH* 18. 206) and *machinalis scientia* (ibid. 7. 125). It would go well with *falsus*, as in the transposition suggested above.

19. **instans:** glossed by Servius (*A.* 1. 722) as *industrius.*

   gnaruris: apt here, as a word perhaps exclusively Plautine (unless it should be read in Arnob. 3. 22).

20. A sarcastic echo of Pl. *Pseud.* 608 *promus condus sum, procurator peni.*

21. **infidelem:** for this notion see E. Fraenkel, *JRS* 56 (1966), 145; it is adapted to Christian use in PN *c.* 31. 247–50.

23. **mercatur ⟨in⟩ quoquo foro venalium:** Vinet's economical emendation of *mercatur quo foro venalium*, in the archetype of Z; corruption of *quoquo* is easier to explain than corruption of *quolibet* (Peiper). The absence of caesura may be paralleled in Paulinus (Green, *Paulinus*, 121), though not in A.'s fewer lines. Leo's emendation *mercator et quae sunt foro venalium* loses the common phrase *forum rerum venalium* (Sall. *BJ* 47. 1, Jer. *Ep.* 127. 9, *C. Th.* 11. 2. 2); the change to *mercator* is not necessary, though in the next line Tollius' *mutator* should certainly be read.

24. **ad Graecam fidem:** 'cash only', as in *Ep.* 4. 42, perhaps with further racist innuendo (cf. 3–4).

26. **σοφός:** I have written this word in Greek (and ἔμπορος in 28) to match l. 2; it adds to the *poeticus character* and to the sarcasm, which comes from Hor. *S.* 2. 3. 296 *sapientum octavus.* See Pfeiffer on Callim. fr. 587, and O. Weinreich, *Studien zur Martial* (Stuttgart, 1928), 19, and add Sen. *Ep.* 90. 6.

27. casco sale: the salt has lost its savour. *casco* is an old word for 'old' and so very appropriate. Bentley suggested *vesco* (thin), after Lucretius' *vesco sale* (1. 326); but this is less apposite, as would be Vergil's *parco sale* (*G*. 3. 403).

29. inquilinos: *non habentes propriam domum habitant in aliena* (Aug. *Enarr. in Ps.* 118, *Serm.* 8. 1); 'domiciled on an estate but not a lessee of land' (Jones, *LRE* 799).

30. soli et sali commercium: perhaps a *double entendre*, but neither barrel quite hits the target. In his travels he switches between land and sea: *salum* must refer to the tidal estuary of the Garonne (cf. *Ep*. 4. 13–14). In his transactions, as just stated, he obtains the fruit of the earth in exchange for salt; it may be that A. thought *sal* and *salum* etymologically cognate. The assonance of the words is again exploited in *Epigr*. 36. 1; and in Prud. *Per*. 7. 65, PN *c*. 24. 222, Sid. *c*. 9. 45, and elsewhere. For *commercium* cf. Tert. *Adv. Marc*. 4. 8. 2 *oportuerat omne commercium eierasse . . . locorum*.

31. The list of various types of ship (cf. Gell. 10. 25. 5) emphasizes A.'s learning as well as Philo's opportunism, but does not, as declared by Gorce 101 (see on *Ep*. 17. 44), demonstrate the superb organization of the postal system.

†**rate**†: this is difficult among the plurals, and is moreover a much more familiar word. There would be no metrical parallels for *ratibus*, a resolved iambus in the sixth foot, but perhaps *rate* is a scribal stopgap inserted after the loss of *scaphis* (not unlike *stlattis*), an emendation once made anonymously to me.

33–4. 'and changing (my) profits to losses, and (his) losses to fraudulent gains'. He makes profits out as losses in the accounts (and deprives A. of the profit), and when he makes a loss recoups it by fraud.

35–8. As the lines stand there is no reference to the danger of Philo's premature expulsion. This is a crucial point, but once made it might have been omitted for the sake of brevity (cf. *paucis* in l. 39), or left until later (cf. l. 39 *graveris hospitem*). Accordingly the lacuna before l. 37 that Schenkl postulated is not absolutely necessary.

⟨**cibaria**⟩: Scaliger's supplement *sive navi* is based on *nauso aliave qua navi* of the prose version, but without *alia* it is awkward. Schenkl's *triticum* (with *devehatur*) is what A. most needed; Peiper offered *cibaria*. Perhaps the scribe inadvertently wrote a dimeter.

39. After l. 39 at least three lines may have been lost. The lacuna must have contained a word like *oro* with *paucis* (rarely used alone, as in Pl. *Bacch*. 589, where it is the first word in the sentence), and a plea for *mora habitandi* and perhaps such transport as Philo requires.

41–2. adiutus: emendation is not necessary. Cf. *ad oppidum praebita* in ll. 8–9 of the prose. For *oppidi* cf. *Ep*. 20a. 8n.

43. Perusina: Avantius' emendation (after Lucan 1. 41) of Z's *peresam* alleviates the superfluity of *iam*. For the resolved spondee, cf. *Ep*. 19b. 23n. The reference to two notorious sieges (for Saguntum cf. Liv. 21. 7–18, Aug.

CD 3. 20) creates a climax parallel to that in ll. 10–11 of the prose section, based on Cicero and Plautus.

47. olim: 'of old', closely with *Triptolemon* (cf. perhaps *Prof.* 24. 4 and *interim* in *Ep.* 19b. 45).

    Epimeniden: Schott's emendation has been generally accepted. For *sive*, cf. Vitruv. 10. 10. 5 *chelonium sive pulvinus dicitur.* Servius (on *G.* 1. 19) equates Epimenides and Buzyges, quoting Aristotle (fr. 386, p. 263. 24 Rose); Epimenides and Triptolemus are assimilated in other contexts (*RE* vi. 173). Triptolemus was variously credited with the plough (Ov. *F.* 4. 559) or cereals (Serv. *G.* 1. 19); according to Pliny (*NH* 7. 199) some ascribed the ox and plough to Triptolemus, others to Buzyges (these include Varro, *RR* 2. 5. 4). It was a small step to identify all three, as seems to happen here. The reading *sive quem menidem vocant* also deserves consideration; the manuscript text of schol. T Hom. *Il.* 18. 483 mentions Μαίνιδος ὁ καὶ Βουζύγης.

48. viliconem: the manuscripts give *Tullianum*, which has been defended by invoking Haupt's emendation *Buzygiis* in Cic. *Off.* 3. 54 (Haupt, *Opuscula* iii. 504–6); but this is too obscure, as would be a reference to Tylus (cf. A. B. Cook, *Zeus* (Cambridge, 1914), i. 227). Peiper emended to *viliconum* (cf. Apul. *Apol.* 87), but this is not quite the sense required; *viliconem* would give a typical deflation of a mythical figure (cf. Pythagoras in *Ep.* 13. 70, Arganthonius in *Ep.* 4. 6). In *Mos.* 284 *villae* is corrupted to *tullae* in L.

49–50. The emendation of *nomini* to *numini* is probably correct, emphasizing A.'s gratitude, and taking up *colere*. He is thinking of including Paulinus in a row of statues of famous people or gods, such as are imagined by the author of the *HA* in the library of Severus Alexander (*Sev. Alex.* 29. 2, cf. *Marc.* 3. 5), and are known to have existed in the villa at Chiragan (O. Brogan, *Roman Gaul* (London, 1953), 168). There the future saint might have rubbed shoulders with Sappho and Bacchus (cf. *Epigr.* 32–5).

21–24. *To Paulinus* (*General Introduction*)

The later letters to Paulinus—four in this edition, for reasons explained in the introduction to *Ep.* 23, three in most others—form a separate group. Their topics are more serious, their tone more solemn; they are all, appropriately, in hexameters. The correspondence as we have it is incomplete: the three letters indicated by the first word of *Ep.* 21 seem to have been lost. *Epp.* 17–20, which deal with unrelated matters, are unlikely to be relevant, though it is possible that Paulinus' absence began with his convalescence at Ebromagus (*Ep.* 19b. 16–17). Paulinus' letters, which are printed in the Appendix and referred to here as B3 and B4, offer no indication of what the lost letters contained. Though plaintive, they evidently caused no offence.

These letters are preserved not only in VPH and N, but also in two manuscripts of the works of Paulinus, S and A, which go back independently to a common source and offer many distinctive readings. Z is not represented; the version given by T is taken from an edition. Not all the letters are found in every manuscript, and their arrangement varies widely. In V *Epp.* 21, 24 (divided into two), and 22, and in H *Epp.* 22 and 24, come before Paulinus' two poems B4 and B3; P puts B3 and B4 first, followed by 22, 24, and 21. In N and SA poems of Ausonius alternate with poems of Paulinus; both have Ausonius' poems in the order 21, 22, 24. The information in the headings of V, perhaps the work of the editor who worked through Ausonius' papers, is useful but not conclusive.

In spite of this conflicting testimony, and the hesitation of some critics (notably Villani and Prete) it is not difficult to establish the true order. Clearly B3 replies to *Epp.* 21 and 22, and B4 to *Ep.* 23–4 (what I mean by this will emerge from the introduction to *Ep.* 23); but the order of these exchanges is disputed. There is an allusion to *Epp.* 21 and 22 in the opening of B4, but two pieces of evidence have been thought to imply that B3 follows B4. In B3. 84 (*neu crimineris impium*) and what follows Paulinus seems to be answering *Ep.* 23. 19, but he is probably replying to the oblique but painful *impie* in *Ep.* 21. 63, or the general drift of this or another letter. The Spanish cities mentioned in B3. 232–3 correspond to those in *Ep.* 24. 80–1, and it has been thought that Paulinus is here replying to Ausonius; but the reverse seems more likely, since it is Paulinus that knows the truth. The priority of *Epp.* 21 and 22 to 23–4 is confirmed on more general grounds. If *Ep.* 23 follows *Ep.* 21 and *Ep.* 22, then one can observe a gradation in the precision of the diagnosis and in the severity of Ausonius' complaints; *Ep.* 23 is more direct, although there is the occasional astringency in *Epp.* 21 and 22. And it is much more likely that Paulinus wrote B3 before B4. In B3 he complains that three winters have passed since he received any letters. His evident inaccessibility may be put down to spiritual turmoil; like St Paul, he may have preferred the wilderness at such a crucial stage. Later he adopted a higher profile, being ordained in Barcelona and making a speech for Theodosius before leaving for Nola in 394; there is evidence in *Ep.* 24. 61 that Ausonius knew this. Paulinus' birth as a Christian was dated to this time, as emerges from a letter to Augustine (*Ep.* 4. 3), and it is to this stage, not three years earlier as the reverse order would imply, that the sale of his property mentioned in *Ep.* 23. 35–6 and *Ep.* 24. 107–8 should be referred. In B3 he carefully explains his position, not without inconsistencies; in B4 he takes it for granted, in language cruelly sublime. Since on this interpretation the three-year gap mentioned by Paulinus (B3. 1–6) does not fall within the correspondence, but precedes it, the letters may all have been written within a short space of time, probably in 393 or 394. The *natalicia* in honour of St Felix began in 395.

As well as the works cited above, there are studies by P. de Labriolle, *Un épisode de la fin du paganisme: la correspondance d'Ausone et de Paulin de Nole, avec une étude critique* (Paris, 1910); by A. Puech, *De Paulini Nolani Ausoniique epistolarum commercio et communibus studiis* (Paris, 1887); by P. Fabre, *Saint Paulin de Nole et l'amitié chrétienne* (Paris, 1949), 155–67, and by C. Witke, *Numen Litterarum: The Old and the New in Latin Poetry from Constantine to Gregory the Great* (Leiden, 1971). There are articles on the order of the letters by L. Villani in *REA* 29 (1927), 35–44 and on the text by Prete in *Collectanea Vaticana in honorem Anselmi M. Card. Albareda* (Studi e Testi, 220; Rome, 1962), 309–30.

21

This carefully structured letter has three parts: ll. 1–31 complain of Paulinus' unnatural silence; ll. 32–44 request acknowledgement; ll. 45–74 inveigh against whoever or whatever has separated them. Each of the larger two sections begins and ends with direct expostulation, which eventually elicited a thorough reply; the core of all three sections is bipartite, the themes being noise, inanimate and animate; brevity, Spartan and Pythagorean; execration of the land of Spain and the instigator of Paulinus.

3. officium: this point, repeated in l. 30, becomes an important issue.

4. salutigeris: cf. *Prec.* 2. 26 ('health-bringing') and Apul. *Socr.* 6.

   ascribens: equivalent to *inscribens* (*TLL* ii. 772. 84–773. 8).

6. cessatio quam tua: there is no reason, metrical or otherwise, to read *tua quam cessatio* with A; such endings as *quam tua fastu* are not avoided. For *cessatio* cf. Symm. *Ep.* 4. 65; for the imputation of *fastus, Ep.* 11. 29.

7–8. Cf. Ov. *Her.* 4. 6 *inspicit acceptas hostis ab hoste notas*, written for a similar situation.

9–10. respondent . . . homini: cf. Cic. *Arch.* 19 *saxa et solitudines voci respondent* and Verg. *G.* 4. 49–50 *concava pulsu saxa sonant. et* (VPN) is required after *homini* because of the preceding *et* and *et* in l. 10.

12. In the alternative reading of NSA, *somniferumque canit saepes depasta susurrum, somniferum* is irrelevant, since the point is the existence of the sound, not its nature, and *depasta* would be brusque. The variant text shows the influence of Verg. *E.* 1. 53–5 *saepes Hyblaeis apibus florem depasta salicti saepe levi somnum suadebit inire susurro.*

13–15. The rhyme here, though less striking than that in *Ep.* 19*b*. 2–5, is notable.

14. The manuscripts NSA offer *atque arguta suis loquitur*, recalling Vergil's *argutumque nemus pinusque loquentis* (*E.* 8. 22). VP's form *tremulum* is typical of A. (cf. *Ephem.* 3. 55); and for *suis* cf. *tua flamina* in *Ep.* 15. 33. Similar notions are found in Theocr. 1. 1, *AP* 16. 12–13 (Page, *FGE* 175, 382), Serenus, fr. 11, and Flecker's line 'for pines are gossip pines the whole world through'.

   The full stop usually printed after l. 14 creates an awkward asyndeton with what follows; surely *acutis* refers back to *coma pinea* (cf. Ov. *Her.* 5. 137, *M.* 1. 699) and the clause in l. 15 modifies the preceding statement.

19. pecus aequoreum: cf. *Mos.* 135 n.

    tenui vice vocis: 'with its tiny substitute for a voice', a rare use of *vice*, as in *Ep.* 24. 91; for the presence of an epithet see Nisbet–Hubbard on Hor. *c.* 1. 4. 1. According to Aristotle (*Hist. Anim.* 535^{b}14–20), followed by Aelian (*Anim.* 10. 11), the fish has no voice but makes inarticulate sounds and squeaks. For Claudian (5. 490) metamorphosis into a fish was fit punishment for the garrulous Rufinus.

16. This line is out of place after the natural examples in ll. 9–15, and confuses the sense and style of ll. 14–15; before l. 20 it fits admirably. The fact that the human songs (*cantica*) accompany natural sounds may have suggested the link with l. 15. Claudian's picture in *DRP* 1. 202–8 is based on this passage, but is of no value in interpreting it, for he makes obvious changes: there is no wind, the *carmina* are natural, and the response is made by Gargara, not to it.

    NSA offer *Dindymaque Idaeo*, written perhaps to accommodate a gloss (*Gargaricus* is extremely rare) or to supply a connective. Gargara (the summit of Ida according to Macrob. *Sat.* 5. 20) was, like Dindymus, a cult-centre of Cybele, to whom the pine was sacred (Ov. *M.* 10. 103–5; Phaedr. 3. 17. 4; Claud. *DRP* 1. 212–13). These cults were not flourishing, but the sacred pine was anathema to Christianity (Sulp. *Vit. Mart.* 13), and perhaps A. was being gently provocative.

20. dant flictu sonitum: from Verg. *A.* 9. 667, with the nouns reversed in the interests of rhythmic variation.

21. There is a typical conglomeration of phrases from earlier poets: *tympana reboant* (Cat. 63. 21); *tympana tenta tonant palmis et cymbala circum concava* (Lucr. 2. 618–19); and *cava tympana* (Stat. *Th.* 9. 800).

22. *Isiacos* (VP) is preferable to *Isiacosque* (NSA) because of the prevailing asyndeton.

23–5. The production of the sound was explained by A. B. Cook in *JHS* 22 (1902), 5–13. In A.'s time the oracle was in fact silent: cf. Euseb. *Praep. Ev.* 4. 2 (= 134 D), Symm. *Ep.* 4. 33. 2. References in literature are examined by H. W. Parke, *The Oracles of Zeus* (Oxford, 1967), 250.

25. dociles: cf. Calp. *Ecl.* 2. 28, Mart. 14. 167. 2, *CE* 250. 3.

26. Oebaliis ... Amyclis: cf. Verg. *A.* 10. 564 *tacitae ... Amyclae* and *Prof.* 15. 6.

27. Sigalion: the name is unique, but the meaning is clear. This is the Egyptian god Harpocrates or Horus the Child, frequently depicted with his finger on his lips (*oscula* here, as in Ov. *M.* 1. 499) and associated in Graeco-Roman literature with silence (e.g. Ov. *M.* 9. 692, Aug. *CD* 18. 5). Dr C. J. Carter suggests that A. found the name on a statue or a bust.

31. amant longa otia culpam: the structure and meaning are as in l. 29. Brandes's *culpae* is unnecessary.

32. quis: not *quid*; A. has his suspicions.

brevitate parata: cf. Cic. *Brut.* 154 *promptam et paratam in agendo et in respondendo celeritatem.* Paulinus is praised for brevity in *Ep.* 17. 15–16.

36–7. This piece of laconic diplomacy is related by Plut. *De Garrul.* 21 (*Mor.* 513A); when Philip of Macedon asked for admission to Sparta he received the answer 'no'. This may not have pleased him. Cf. *Technop.* 14. 5.

38–9. renatum Pythagoram: cf. Hor. *Epod.* 15. 21. The words *est* and *non* are treated in *Ecl.* 21, and A. may have alluded to Pythagoras in its title. Unless it is provocative, the point is not well chosen: the dominical injunction of Matt. 5: 37, albeit to *sinceritas* rather than *brevitas*, might have impressed Paulinus more.

43. relidunt: 'rebut'; an unusual sense of *relido*, but a natural extension of its literal meaning.

45–6. verum ego quo . . . : similar to the formulae of conclusion in *Mos.* 389 and *Technop.* 16. 1, this leads to the complaint of ll. 48–50.

47. Perhaps echoed by Theodulf of Orléans in *c.* 28. 769 (*MGH PLAC* i. 513) *vera tacens et falsa loquens duo nequiter errant.*

48–9. Cf. Cat. 68. 41 *non possum reticere*, and Ov. *M.* 11. 195. *quod* is 'because' (like *quia* in the similar passage in PN *c.* 21. 39), not 'that' (as in *Ep.* 22. 2); he is explaining his prolixity, not restating his complaint. Here the metaphor in *iugum* is a political one.

50. Peiper saw a question here, but Paulinus did not (B3. 128–53).

51. Vasconei: this reading of N avoids an awkward repetition of *hoc* and gives an impressive rhythm; but the form is unique and in B3. 203, where Paulinus closely follows this line, we find *Vasconiae saltus*, which may be correct here. *Vascone saltu* in B3. 212 could be responsible for the readings of VPSA, with their difficult *hoc*.

51–2. ninguida . . . hospitia: sarcastic. A. chooses the least attractive parts of Spain.

53. Cf. Lucan 8. 827 *quid tibi saeva precer pro tanto crimine tellus?*

55. Cf. Lucan 2. 549 *quique feros movit Sertorius exul Hiberos*, also echoed in *Protr.* 65. The standpoint here is rather different, and could be based on Sallust. For varying views of Sertorius, see R. Syme, *Sallust* (Berkeley, 1964), 203–5.

56. ergo: indignant (*TLL* v/2. 769. 12–28). The following words may be based on Ov. *M.* 8. 91 *patriaeque meosque penates.*

columenque senati: even if this were not a Plautine phrase (*Cas.* 536, *Epid.* 189), the rarer *senati* would be preferable (cf. *Caes.* 118n.). *patriae* refers to Bordeaux, but the senate is that of Rome.

57–9. Bilbilis (modern Calatayud)—the manuscripts suggest the form *Birbilis*—was Martial's birthplace (Mart. 10. 103) and Calagurris (Calahorra) Quintilian's (*Prof.* 1. 7). A. chooses for his taunts places that were small but not inglorious: perhaps he had little direct knowledge of Spain (Étienne, *Mélanges . . . Carcopino*) (Paris, 1966), 319–32).

58–9. Lucan's description of Ilerda (Lérida) also centres on the River Segre (4. 11–16). A.'s picture of its decline (followed by I. A. Richmond, *JRS* 21 (1931), 98) is perhaps exaggerated since *Prof.* 23. 4, in spite of *parvula*, suggests some importance; it is mentioned by Avienus (*Or. Mar.* 474–5) and was later the seat of a bishop in Visigothic Spain. In l. 59 *arida torrentem* emphasizes a contrast with temperate Bordeaux and its gentle river (*Ep.* 24. 88–90).

60. trabeam: cf. *Grat. Act.* 51–4.

61. patriosque ... honores: Paulini were consuls in 325 and 334, and the family's distinction is mentioned in Prud. *Symm.* 1. 558, and Ambr. *Ep.* 58.

    sepelibis: for the form cf. Neue[3], iii. 324, who cite Vulg. Hos. 9: 6.

62. quis ... iste: cf. Prud. *Psych.* 228 *quisnam iste ... hostis nunc surgit?*

63. impius: like Schenkl, I take *impius* as part of the following curse, and not with l. 62; cf. Verg. *E.* 1. 70. Nothing in A.'s practice commends the latter alternative, nor does Paulinus' reply, if it is a reply, in B3. 84. Either way it is emphatic.

65. blandae ... querellae: normal correspondence. A. indirectly raises the prospect of a life without letters before turning to more drastic kinds of deprivation. For *flexa*, cf. Cic. *De Or.* 3. 216, Stat. *S.* 5. 3. 152.

66. non fera non illum pecudes: cf. Ov. *M.* 11. 600 *non fera non pecudes.*

67–8. The text is clear, despite wrong word-division in SA caused by the unfamiliar word *echo* (cf. *Mos.* 297). There is no subject in N's idiosyncratic version *tacitas defixo in pectore curas.* It is possible that *loquellas* in l. 68 and *querellae* in l. 65 have changed places, but this would make l. 65 rather weak; in Lucr. 5. 230 *blanda ... loquela* refers to speech.

    Echo the nymph was naturally most often conceived as a mountain-dweller, but here, as in *AP* 16. 94. 6 (Archias) and Ov. *M.* 3. 393, she lives in 'the wooded groves of shepherds'.

69. colat: not *colas* (N), for A. remains deliberately oblique.

70. Alpini convexa iugi: this gives better sense than VP's *alpinis conexa iugis*, and is supported by *Alpino ... iugo* (*Par.* 4. 6) and *aprica iugi* (*Mos.* 155) in A., and by Stat. *Th.* 12. 244 *Penthei devexa iugi*; cf. Verg. *A.* 1. 608 *convexa*, Plin. *NH* 4. 31 *convexis iugis. Alpini* is used of the Pyrenees by Prud. *Per.* 2. 538, Sid. *c.* 5. 594.

71. hominum et vestigia vitans: cf. *hominum vestigia vitans* in Cicero's translation of Hom. *Il.* 6. 201–2 (*TD* 3. 63). For Cicero's *miser* A. has *mentis inops*, which was taken up at length by Paulinus.

72. A.'s strictures, though indirect, show some understanding of what Paulinus' new way of life is, or may shortly be. The comparison with Bellerophon is an apt one, and may have been a commonplace: Rutilius later denounced monks for *Bellerophonteis sollicitudinibus* (1. 450); Palladas spoke of Bellerophon's desire to know higher things (*AP* 7. 683), and Synesius of his

temperance (*Calv.* 1, = *PG* 66. 1169A). See M. Simon, 'Bellérophon chrétien' in *Mélanges . . . Carcopino* (Paris, 1966), 889–903.

73. This line recalls Dido's plea *haec precor, hanc vocem . . .* in Verg. *A.* 4. 621,
and the next one Vergil's *accipite* in 611. This twofold appeal (cf. *Protr.* 1, *Ep.*
6. 1) and the use of *numina* elicited strong disapproval from Paulinus
(B3. 19–20, 26, and 109–13).

22

Neither V's heading to this letter (*epistula subinde scripta*) nor its first word
(*proxima*) proves that it followed *Ep.* 21, but this seems to be the case. The letter
reads like a brief note sent after a weightier letter; that weightier letter, unless it
is *Ep.* 21, receives no attention from Paulinus, since hardly anything in his
replies cannot be satisfactorily related to extant material. Ausonius is here
more impatient and aggressive, and shows greater insight: he gives the answer
to his earlier question *quis prohibet . . .?* (*Ep.* 21. 32–3). The material that surrounds the bland reiteration of *exempla* is notably barbed. The letter seems to
have reached Paulinus too late to receive anything but the briefest acknowledgement in B3. 192; it was therefore taken up at the beginning of B4.

2. credideram quod: for *credideram*, cf. *Ad Patrem* 1; for *quod* cf. *Par.* 4. 31,
Prof. 2. 13.

3. These words are typical of normal correspondence: for *elicio* cf. *Ep.* 17. 45,
for *blanda* cf. *Ep.* 21. 2, 65, and for *obiurgatio* cf. Symm. *Ep.* 5. 44.

    tuam . . . vocem: more suitable than *tuas . . . Musas* (NSA); any response
is enough.

4. velut: the same tactic as in *Ep.* 21. 26–8, but closer to the bone. A reference
to mystery religions is possible, but there may be a hint that Paulinus was
involved with the Priscillianists, whose secrecy was notorious (Aug. *De
Haeres.* 70); see Chadwick 69, Green, *Paulinus*, 15. *lex* could mean either
'rule' or 'custom', as in Symm. *Ep.* 3. 3. 1 (with *reticendi*). For *alta silentia* cf.
Verg. *A.* 10. 63, Ov. *M.* 1. 349.

6–7. non licet? anne pudet . . .?: *licet* perhaps takes up *lex*; *pudet* refers again
to Paulinus' *pudor* (cf. 20. 28), but here A. suggests a different explanation of
it. Elaborating in *iure paterno* the idea of Paulinus as his son (*Ep.* 19a. 2), he
wonders if Paulinus is afraid of appearing to be a *captator* ousting rightful
heirs (cf. *C. Th.* 16. 2. 28, of August 390). The contrast and placing of *paterno*
and *heres* do not support Sh. B.'s suggestion that the words *iure paterno* allude
to their parents' friendship.

8. The sense requires *at* (N), contrasting *ignavos* and *tibi*.

9–10. et morem . . . : a bland description of normal correspondence (cf. *dicta
acceptaque salute* in Ov. *M.* 14. 11, 271) is followed by *audacter retine*, which is
'meant to sting, and does' (C. Witke, *Numen Litterarum*, 20).

10–11. The implications of *proditor* (cf. *Grat. Act.* 46 of court life) and *quaesitor* (cf. Prud. *Per.* 11. 63, Symm. *Rel.* 38. 2) are vague and wide-ranging, and A. may have nothing specific in mind. But conceivably he refers to the charge made against Paulinus of murdering his brother (PN *c.* 21. 416–20).

13–15. For Philomela's resourcefulness, cf. Ov. *M.* 6. 572–8.

16–17. pudibunda ... virgo: Cydippe, whose bashfulness is mentioned in Ov. *Her.* 19. 5–6, 20. 112–13.

18. depressis scrobibus: the noun is used by Ovid in his account of Midas' attempt to hide his disfigurement (*M.* 11. 189), and in an allusion by Persius (1. 119).

21. lacte: cf. Ov. *AA* 3. 627–8, Plin. *NH* 26. 62.

22. Gronovius was the first to see the need for punctuation in mid-line, and that assimilation of *inaspicuas* and *favillis* had occurred in most of the manuscripts.

23. scytalen: see S. R. West, *CQ*, NS 38 (1988), 42–8.

31. Tanaquil tua: Paulinus took exception to this (B3. 192 *nec Tanaquil mihi, sed Lucretia coniunx*), the first mention of an individual after many hints (21. 32, 62; ll. 10–11). Although Tanaquil was a paragon of virtue in *Par.* 30. 5 and Sen. *De Matrim.* fr. 79 Haase there were other points of comparison between Therasia, Paulinus' wife, and the Etruscan lady. The latter, according to Livy (1. 34), was the cause of her husband's departure, and an adept in the mysteries of divination; this is alluded to in Juv. 6. 566 *Tanaquil tua* (similarly placed in the line). Cf. Sid. *Ep.* 5. 7. 7.

33. altor: more appropriate than *auctor* (NPH); cf. *Protr.* 68 *alui.* The confusion here and in B3. 95 may derive from *Ep.* 19b. 25 *honoris auctor, altor ingenii tui.*

34. primus, primus: the second word was omitted by haplography in an ancestor of VPH, and variously replaced in V and H.

    largitor honorum: cf. Claud. 8. 118; one of many indications that he knew this correspondence.

23

As *Epp.* 23 and 24 I present two letters where one has been printed by most earlier editors, including even Pastorino, whose search for authorial variants in the manuscript tradition here at last finds justification. In V there are two letters, corresponding to ll. 1–94 and 95–124 of *Ep.* 24; N has the second of these. Such a division, adopted by Prete, gives an untypically brusque ending to one letter, and a very sudden beginning to the next; other problems are noted by Reeve in *Gnomon* 52 (1980), 447. P gives a letter of 124 lines, of which H omits the last ten; SA, on the other hand, have one letter of 32 lines. Most of these are found in VPH, but there are important differences. Individual words differ (so VPH have *nota* for *certa* in l. 1, *venerabile* for *tolerabile* in l. 2, *volventibus* for *redeuntibus* in l. 4); there are different versions of particular lines (cf. *Ep.* 23. 5–6 ~ *Ep.* 24. 5/7; 9 ~ 23; 43 ~ 115; 50 ~ 122); and SA have a section of seven lines to which nothing in VPH corresponds (16–22). Some editors, including Peiper and Prete, have inserted this section into the longer version after *Ep.* 24. 29 (= *Ep.* 23. 15), but the objection to this is that it makes two of the *exempla* recur within a few lines, to be used in quite different ways (*Ep.* 24. 34–5). Schenkl placed the last four of the seven lines in question after his l. 62 (= *Ep.* 24. 58) and changed *impie* to *impia* so that it could refer to Nemesis; but she is not a goddess who separates close friends. These expedients are not satisfactory, and their proponents gave no convincing explanation of the variant words and lines. A different solution was propounded by Leo in *NGGW, phil.-hist. Klasse*, 1896, 253–64 (= *Ausgewählte kleine Schriften*, 319–31); he claimed that the version of SA had been made by a redactor seeking to abbreviate what is in VPH. This explanation was warmly welcomed by Jachmann (66), but there are in fact various objections. It is difficult to accept Leo's reconstruction of the redactor's aims and methods in each case; more importantly, there are features of the seven lines which are demonstrably characteristic of Ausonius and not the sort of thing that the compiler of a pastiche—even if he was, as Pasquali suggested, Paulinus himself—might have noticed. Moreover, as Pastorino has argued in detail, the variants of the longer version can be given a very satisfactory explanation: Ausonius adapts himself to what Paulinus has just written (in B4), and also constructs an account that will justify him to public opinion. This revised version, whether or not it was actually sent to Paulinus, remained with Ausonius' papers, while the shorter and earlier version was included among the poems of Paulinus. Ausonius evidently did something similar when he wrote *Ep.* 14 to Theon, but the earlier version that he mentions is not preserved.

Pastorino's explanation (in fact anticipated by Peiper) is here adopted, with one important difference. In the version of SA there is a brusque transition from l. 22 to l. 43 of *Ep.* 23. Pastorino attributed this to the writer's distress, but Ausonius has a very strong feeling for coherence and structure, and even if he had been so shocked he might well have hesitated to send it to a former pupil who was, if deaf to argument, still sensitive to matters of style. A more coherent letter is made by taking ll. 23–42 from the version of VPH, as Leo saw when he included them in his redactor's version. It is not implausible to suppose that the lines in question were lost by a precursor of SA, just as ll. 1–19 of B3 were lost. Possibly N's distinctive reading in *Ep.* 23. 29 (*Ep.* 24. 101) derives from manuscripts of Paulinus, although in this poem N agrees with VPH in their versions of ll. 115 and 122. Rather than accept *Rhamnusia*, which in the context of his own short letter made no sense, its scribe may have opted for *mens altera*, which did.

As argued earlier, Ausonius sent this letter soon after receiving B3, but made no attempt to answer Paulinus' points about monasticism or the other theological arguments. He denies that he was influenced by *fabula*, *ira*, or *error*, as Paulinus had insinuated (265–77), and blames Paulinus for ending their harmonious friendship. In the second part he follows Paulinus' advice to pray for his return (30–42), and fondly imagines his pupil's homeward journey (43–52).

1. Discutimus . . . iugum: cf. Theocr. 12. 15 with Gow's note. Paulinus used the phrase *iuga discutiamus* rather differently in his paraphrase of Ps. 2 (*c.* 8. 4).

1–2. certa . . . temperies: 'an unquestionable matching of minds'. For this sense of *temperies*, cf. PN *c.* 28. 178 *temperiem mentis*. The adjective is prominent and important in this letter (cf. ll. 24, 32); it was later changed, like *tolerabile*.

2. iunctis: *vinctis* (SA) and *cunctis* (H) are misreadings.

4. redeuntibus annis: cf. Prud. *Apoth.* 350. Later replaced by *volventibus*.

5. fabula: this apparently replies to B3. 265–8, where Paulinus warned of the dangers of following gossip. Later he confirmed A.'s point (B4. 44–5).

　　querimonia: a regular feature of correspondence (cf. *Ep.* 21. 65), but never bitter enough to shake the foundations.

6. ast ego: Leo objected to this usage on the grounds that elsewhere A. uses it 'neu anhebend' (there are five examples), and that it is usually found at the beginning of a line. But A. may be echoing Stat. *Th.* 3. 212 *ast ego donec*: he knew his Statius very well.

7. contenta cervice: cf. Verg. *G.* 3. 536.

8. gestata: cf. B4. 31 *gestasse*. SA's *testata* is a scribal error.

9. alio: cf. Juvenc. 1. 552 *aliam vultus partem* ('the other cheek') and Aug. *CD* 16. 17 *alium . . . dimidium*; but Leo was surprised.

11. munus: this word (SA), is preferable to *pondus* (VPH); the repetition here would be weak. He refers to the tasks of correspondence, now aggravated.

12. librae: not 'balance', but 'weight', as in Ambr. *Ep.* 16. 1 *tanti nominis pondus subisse, tantae librae, tantique examinis* and Serv. *A.* 4. 19; cf. Plin. *NH* 10. 98, 16. 161 for the sense of a balanced weight. The dominant image of the yoke continues until l. 13.

13–15. A. may have had in mind Ov. *M.* 1. 190–1 *sed immedicabile corpus ense recidendum, ne pars sincera trahatur* (cf. *Pan. Lat.* 4(10). 25. 4). Paulinus' reaction is easily imagined, and may indeed be expressed in *Ep.* 1. 5 (to Severus): *abscidatur ut inutilis dextra a corpore tuo, qui tibi in Christi corpore non cohaeret, et ut nocens oculus eruatur qui corpus tuum totum sua macula vel caecitate contenebrat.*

16–18. 'but may I continue to be overwhelmed, as long as my trust in my old friend does not give out as long as I last, and vain consolations, imprinted upon my aged memory, restore my runaway friend to me'. For *ne* cf. Cic. *Quinct.* 59 (*usque eo ne*) and Sall. *C.* 52. 12 *sint misericordes . . . ne.* The sentiment closely resembles that of *Ep.* 11. 35–6, but goes further. The expression is generally typical of A.: for adversative *usque*, cf. *Prof.* 1. 7, *Ep.* 15. 26; for *sub aevo* (to which Leo objected), cf. *Par.* 30. 9, *Mos.* 130 (*memori* comes from Verg. *A.* 9. 447); for l. 18 cf. *Pater ad Fil.* 20 *restituant donec tua me tibi fata parentem.* Leo also objected to the common usage *veteris... amici*, which he described as 'ungeschickt und störend'.

19. impie: this sudden accusation would not have surprised Paulinus, who already considered himself accused of impiety (B3. 84).

19–22. Three of the following *exempla* derive from a similar passage in Mart. 7. 24. 3–6 *te fingente nefas Pyladen odisset Orestes, Thesea Pirithoi destituisset amor, tu Siculos fratres et maius nomen Atridas et Ledae poteras dissociare genus.* The other is from Vergil's *Aeneid* (5. 294–6, 9. 176–81). The first three are also found in Ov. *Tr.* 1. 9. 27–34, and some of them in contemporary writers: Ambr. *Off.* 1. 206, 3. 80–3, *Pan. Lat.* 2(12). 17. 1, Claud. 3. 107–8.

21. te suadente fugam: here *fugam* is not entirely appropriate, and I tentatively suggest *fugax* (vocative), which may be supported by the rhythm of Martial's line quoted above if *nefas* is an exclamation. Like *impie*, it would recall a painful taunt of the earlier letters, and the word has already been used by Paulinus in B3. 157.

23. Cf. Claud. 28. 53 *agnoscisque tuos, princeps venerande, penates?*

24. fides: this may address l. 265 of B3; the point is taken up in the reply (B4. 49–68).

25. Paulini illius veteris: cf. B3. 148 *tuus ille*, and *veteris* in ll. 16 and 36 of this letter.

27–8. Ulysses' bow and Achilles' spear, which even Patroclus could not wield, derive ultimately from Hom. *Od.* 21. 91–2, *Il.* 16. 141–3; the unusual *ornus* translates μελίην. See also Ov. *M.* 13. 108–9 *onerosa gravisque Pelias hasta.* They are used nowhere else in expressions of impossibility.

   Ulixi: cf. *Ep.* 9*b.* 13. A. varies the scansion to suit the metre he is using, as Horace did (*Ep.* 1. 6. 63; *Epod.* 17. 16, *c.* 1. 6. 7).

29. mens altera: 'a change of heart'; perhaps a simple reaction to Paulinus' involved arguments in B3. 128–53. It is not likely that *mens altera* is an error for *Rhamnusia* (cf. *Ep.* 24. 101), which would be out of place here.

31. se ... propinquat: the reflexive usage (cf. *se... rotare* in *Par.* 22. 13) and the avoidance of the dative are no surprise in late Latin. A. is replying to Paulinus' suggestion in B3. 109–10, but ignores the challenge in l. 127 to deflect God's purposes by prayer.

33. genitor natusque dei: cf. *Ephem.* 3. 28, 49, *Grat. Act.* 80, *Vers. Pasch.* 16. For Paulinus' usage, see *Latomus*, 32 (1973), 79–85.

   volentum: an echo of B3. 128 *quae volumus* (as l. 34 echoes *precatus* of B3. 111 and *dari* of B3. 110); for this reason, and not because it might be a neologism, N's *voventum* is less likely.

35–6. lacerataque ... regna: Paulinus' property was sold together with Therasia's (Ambr. *Ep.* 58. 1), probably on the open market (cf. Pontius, *Vita*

Cypriani 2). The sale was not complete when Jerome wrote to Paulinus (*Ep.* 53. 11).

37. quam longa Hispania: cf. *Ecl.* 20. 7, Verg. *A.* 4. 193, Ov. *Am.* 1. 2. 3.

38. peregrinis ... amicis: a guarded reference to Paulinus' wife Therasia (apparently Spanish: cf. PN *c.* 21. 397–403), already attacked in *Ep.* 22. 31.

39–40. This appeal is built around two classical echoes: *mea maxima cura* (Verg. *A.* 1. 678) and *votis ominibusque et precibus . . . vocat* (Hor. *c.* 4. 5. 13); the latter neatly picks up themes from Paulinus' letter (126 *votis*; 110 *revocandum*).

42. Imitated by Claudian in 17. 217 *servat inoffensam* and by Boethius in the first (prose) sentence of the *Consolatio*: *inexhausti . . . vigoris*.

44–51. To show his faith in prayer, as well as his longing for a reunion, A. imagines himself receiving news of Paulinus' return. Like Jerome in *Ep.* 46. 1 (*ergone erit illa dies . . .?*), he uses the theme of a lover's return (L. Alfonsi, *Aevum*, 37 (1963), 117; cf. Ov. *Am.* 2. 11. 43–8, Tib. 1. 3. 89–90). The running commentary begins on the Spanish border not because he still imagines Paulinus to be in the snowy Pyrenees, but because he thinks that communications beyond that point are unreliable (cf. *Ep.* 24. 67–78).

46. Ebromagi: cf. *Ep.* 19*b.* 15. Bram is not on the direct route by land from south-west Gaul (*Tarbellica . . . arva*) to Bordeaux and Saintes, but Paulinus would be likely to stop there, and would then have an easy journey up the Tarn and Garonne (*amne secundo*: cf. *Ep.* 20*b.* 32).

46–7. praedia fratris vicina: he had several brothers (PN *Ep.* 11. 3), but we know nothing of them except that one died in suspicious circumstances (*c.* 21. 416–20).

48. prora obvertitur amni: the ship is being berthed, reversing to its moorings as in Verg. *A.* 6. 3. The relevance of this passage was denied by Grimal, *REA* 55 (1953), 113–25, who maintained that the boat turned against the current to enter the private harbour at Burgus; but see on *Ep.* 15. 32.

49. sui ... portus: not necessarily a private harbour, packed with welcoming crowds; the crowded city harbour may be meant (cf. *Ordo* 145–7). For *sui* cf. *Ep.* 15. 33.

52. From Verg. *E.* 8. 108, exquisitely appropriate.

24

In this longer version Ausonius takes into account certain material in Paulinus' reply (B3) and focuses on the likely effect of their separation on the wider world. Paulinus stated that he was not moved by *fabula*, and that is dropped; he is now reassured that *ira*, *livor*, and *suspicio* are irrelevant. Several lines are devoted to a careful redefinition of *iugum*, which according to Paulinus' contention had never existed. The pathetic three lines beginning *obruar usque tamen* (16–18) are left out; likewise the mythical exaggeration of Paulinus' wickedness (19–22). In the new central section Ausonius tries to define the cause of the crisis. After raising the possibility that they have offended Nemesis, he castigates Spain, and moves on to consider the distance between their respective retreats. His own world is in disorder because of Paulinus; this leads back to the theme of *culpa*, and the letter ends as before. Paulinus made no reply, but the letter's wider impact is apparent in Claudian's imitations.

1–2. In l. 1 *nota* replaces *certa* of the earlier version, and in l. 2 *venerabile* replaces *tolerabile*; both appeal to public opinion.

4. volventibus: for *redeuntibus*; it gives the idea of time rolling away, never to return.

5–6. This couplet replaces *Ep.* 23. 5. *fabula*, denied by Paulinus in B4. 44–5, has been dropped; *non ira* replies to *quis livor . . .?* in B4. 20–4. The point of *error* may be to deny Paulinus' implication in B3. 140, 284, or to confirm that the venial social sins mentioned by him in B4. 10–16 are not to blame. *suspicio* occurred in B4. 16, *malesuada* (*fama*) in l. 24. The unique adverb *malesuade* should be retained here.

8–9. utrique parentes . . . nostri: cf. *Ep.* 18. 14. Almost nothing is known of Paulinus' father: it is implied in *c.* 21. 398 that he was already dead. There is an exaggeration in *ab origine vitae*; A. was about 40 when Paulinus was born.

12. laeta fides nec cura: the meticulous approach of Paulinus (B4. 8–16) was not necessary; indeed it betokened the end of the friendship.

13. officii . . . vices: 'reciprocal obligations', in particular those of correspondence (cf. *Ep.* 21. 30–1). There is no need for Sh. B.'s emendation *officiis*; for the use of neuter *continuantia* in l. 14, cf. *Ep.* 3. 22 n.

14. An impressive line emphasizes the stability that their friendship once enjoyed.

16. For the horses of Mars cf. Hom. *Il.* 15. 119–20, Verg. *G.* 3. 91; for those of Diomede, *Ecl.* 17. 9, Serv. on *A.* 1. 752.

17. ignoti: 'unfamiliar'; this qualifies *Solis*. Claudian echoed *solis habenis* (28. 192) and *mutatis . . . habenis* (26. 119).

18. fulmineum: suggests his speed, destructiveness, and eventual fate.

19. discutitur: significantly changed from *Ep.* 23. 6. The repeated *discutimus* is rejected as unsuitable, and the blame put on Paulinus in what follows.

23. Also reworked: cf. *deficiente alio solum perferre iugalem* in 23. 9. *unum* makes a strong contrast with *duobus*, and *pari*, for *alio*, compensates for the loss of *iugalem*, replaced by *sodalem* probably because of *iugales* in 18. Leo's explanation of the change does not convince: there is no reason why a redactor should have objected to the rhythm of this line; he did not object to 21. 72, 23. 40 (= 24. 112).

24–9. These lines repeat 23. 10–15, with no change, unless *pondus* (VPH) is read in l. 25 (see on 23. 11).

30–1. quantum . . . bono!: the zeugma is typical; the polyptoton of *bonorum . . . bono* is rather weak, but seems intentional. We surely have an exclamation (so Pastorino in his translation, and EW), not a question, as in most editions.

33. aevi melioris: cf. Verg. *A.* 6. 649 (*heroes*) *nati melioribus annis.*

34. Cf. Stat. *Th.* 10. 448 *Phrygiique admittet gloria Nisi.*

36–7. The friendship of Theseus and Pirithous, included in *Ep.* 23. 19–22 for a different purpose, is replaced by that of Scipio and Laelius; this is both honorific (cf. the flattering comparisons in *Epp.* 17–18) and apt. Laelius lived to a great age (Plut. *Cat. Min.* 7. 3), a point emphasized by *longaevi*, which is not explicit in A.'s model (Hor. *S.* 2. 1. 72 *virtus Scipiadae et mitis sapientia Laeli*); his public office and literary interests are also relevant, and the friendship between the families was a lasting one (see in general *RE* xii. 404–10; A. E. Astin, *Scipio Aemilianus* (Oxford, 1967), 81). Julian uses the same comparison in 244 C–D (*Or.* 8), thinking of himself and Sallustius.

39. pares ... dispare in aevo: sweeping away Paulinus' doubts (B4. 32–43) and perhaps acknowledging B4. 46.

40–1. In this allusion to the Gordian knot (described in similar language in *Biss., praef.* 9–11) the 'ends' of the rope are described by *caput* as well as *principia*; cf. Justin 11. 7. 16, cited by Sh. B.

43. grande aliquod ... : cf. Verg. *A.* 10. 547 *dixerat ille aliquid magnum.*

44. Rhamnusia: the goddess Nemesis, named as often after her statue at Rhamnus in Attica. She was taken seriously by both pagans and Christians: cf. Liban. *Or.* 1. 1, Eunap. *VS* 481; Commod. *Inst.* 1. 16. 9, PN *Ep.* 16. 4. The imitation of Claudian in 26. 631 *nimiis obstat Rhamnusia votis* seems to be the only other reference to her punishment of prayers (*RE* xvi. 2366–8).

45. Arsacidae ... regis: Darius. The epithet is used by Symmachus (*Rel.* 10. 9. 3), and is a favourite of Lucan.

46. Medica: this word, contrasting with *Cecropidum, Graio*, and especially *Attica*, qualifies *dea*, not *monumenta*. The same theme is treated in *Epigr.* 22.

48. Graio iam iam figenda tropaeo: 'when on the point of being affixed to a trophy over the Greeks'. Cf. Prop. 3. 4. 6 *Partha tropaea*, Ov. *F.* 5. 555 *Giganteis ... tropaeis.*

50. Romulidas proceres: cf. Stat. *S.* 4. 2. 32 *Romuleos proceres.*

51. Medos Arabasque tuos: remote nations famed for their wealth; there is also perhaps a reference to her supposed origins, on which see H. Volkmann, *ARW* 26 (1928), 296–321.

51–2. per ... chaos: for *per* cf. PN *c.* 10 [= B3]. 313, 16. 19, 31. 70. It is not clear where Nemesis is being banished to; perhaps to *Cimmerium chaos* (Stat. *S.* 3. 2. 92), but the phrase may be an elaborate way of saying 'go to hell', as in *Ephem.* 8. 34–6, Prud. *Symm.* 2. 903 (*gentes*) *discedite longe et vestrum penetrate chaos.* See Nisbet–Hubbard on Hor. *c.* 1. 21. 13 for a fine list of examples.

54–5. livor: an oblique reply to 24. 20 *quis tua, quaeso, tuis obduxit pectora livor?* (repeating *tuis* and *pectora*). For *ferrugineum* cf. *Laus Pis.* 107, Ov. *M.* 2. 798;

for *fucis* in this sense cf. Lact. *DI* 7. 20. 9 (where it is paired with *labes*), *C. Th.* 11. 36. 14.

56–7. sacra ... amictus: a single consular garment is referred to; cf. *Protr.* 91–2, *Grat. Act.* 51–5. For the connection with Romulus, see Bömer on Ov. *F.* 6. 375; for *auratus*, cf. Polyb. 6. 53. 7 and Claud. 1. 178.

60–1. Two vague references, meant to show that he was not, as Paulinus had supposed, ignorant of Spain's size and resources (cf. B3. 226–38), surround one which may well have been correct. One of Paulinus' earlier gifts came from Barcelona, and he was soon to be ordained there. *Punica* is rather more than a learned epithet here.

62. This line follows harshly after l. 61 and cannot be construed with the following lines: we must, with Schenkl, suppose a lacuna on either side. A. probably expressed a fear that Paulinus' clothing, speech, or appearance had changed; for his sensitivity to the latter, see on *Epiced.* 8 and *Ordo* 119. The supplements of EW are too direct.

63. quemque suo longe: *quemque* seems to be the second or third of a set of relative clauses; emendations of it to heal the text are in vain. But *suae longo* (VPH) or *suo longo* are unlikely, notwithstanding *longo ... tractu* in Mos. 154, 283.

64. solemque alium: cf. Verg. *G.* 2. 512 *alio sub sole.*

65. caelique: a strange addition to *terrarum*, it matches *solemque alium* and was perhaps included to vindicate the use of *caeli* in *Ep.* 21. 52, which Paulinus had misunderstood (B3. 193).

66. Emeritensis Anae: the distant River Guadiana is chosen in order to show A.'s knowledge (Paulinus had mentioned the Baetis). The city is not mentioned by A. elsewhere: see on *Ordo* 82.

67–70. A. thinks of using the help of travellers; this is possible between major towns that are but a few days' travel apart, but in this case communication is a difficult matter, and might continue to be unreliable and discourage real intimacy in correspondence. A rendezvous, which is what he really wants (68–9), is out of the question (*pace* Sh. B.) unless Paulinus moves.

67. intervalli spatium: cf. *intervallo spatiorum* in ps.-Augustine, cited in *Miscellanea agostiniana*, 1 (1930), 485. 2; the genitive is epexegetic, like *urna sepulchri* (*Par.*, *praef.* B. 13), *libellum carminis* (*Biss.* 3. 1).

70. verbis: the emendations *vinclis* (Sh. B.) and *terris* (L. Håkanson, *AJP* 98 (1977), 248) are not required; communication, not direct contact is meant.

71–5. The fact that he begins with Saintes suggests that he is at Lucaniacus (cf. 82–90 below). To describe other cities he employs epithets that he has recently used elsewhere: for *duplex Arelate* see *Ordo* 73; for *Alpinae ... Viennae, Par.* 4. 6; for *quinquiplicem ... Tolosam, Ordo* 104; and for *Martie Narbo, Ordo* 107.

76–8. 'If there were a distance of this order, to a nearby city, then I could as it were embrace you as if you were fixed in my arms, and the drift of my words would steal upon your ears.' Letters might be an adequate substitute. For the play on *aura/aures*, cf. *Ep.* 11. 27–8.

77. aptum: cf. *Mos.* 397 and Solin. 26. 3 (*ursi*) *apti amplexibus mutuis.* V's text is impossible, but PH seem sound.

79. Alpes et marmoream Pyrenen: a hendiadys (cf. *Ep.* 21. 70n.). This notable use of *marmoreus* is imitated in Sid. *c.* 5. 511 *Alpes marmoreas.* For the scansion of *Pyrenen* cf. *Ordo* 102; the *y* is short in *Mos.* 441.

80. Caesarea est Augusta domus: so Peiper, on the analogy of B3. 232 *Caesarea est Augusta, cui.* The verb is more likely to have been lost after *Caesarea* than after *domus* (Vinet). A. imagines Paulinus in the Ebro valley, as he had teasingly suggested; perhaps he had property there.

    Tyrrhenica: founded by the Etruscans (A. Schulten, *Klio*, 23 (1930), 369–75).

81. ostrifero: perhaps A. had once received some oysters as a gift. Pliny mentions oysters from the gulf of Alicante (*NH* 32. 62), which is further south.

82. iuga Burdigalae: an exaggeration which Vinet, a local man, could not accept; hence his *teriuga.* But it is paralleled by *iuga vitea* in *Ordo* 138 (of Bordeaux) and *iuga Burgi* (Sid. *c.* 22. 229), and should be retained. Grimal, *REA* 55 (1953), 120, pointed to the small hills that carry the modern Route Nationale along the North side of the river, Loyen, *REA* 62 (1960), 122–3, to the Puy-Paulin and the Mont Judaïque, now obliterated by suburbs, but once a conspicuous landmark.

    trino ... flumina coetu: the Garonne and its tributaries the Dordogne and Isle, which join near Bordeaux. Cf. Strabo 190.

83. secernunt: cf. Hor. *c.* 1. 1. 30–2 *me gelidum nemus...secernunt populo.*

84. exercent: 'occupy'. A picture of unmitigated *otium* would not appeal to Paulinus.

86. mobilibus: used of *foliis* by Horace (*c.* 1. 23. 5–6), and Ovid (*Am.* 3. 5. 35); Dracontius later has *immobilis umbra* in *DLD* 1. 197.

    ecclesia: the well-attended church, probably at Condate, is a very significant addition to the otherwise conventional landscape; it may be a concession, stylistically speaking, to Paulinus, as well as an incentive. The word is unique in A., but in general he does not avoid the occasional 'Christianism'.

87. Novaro ... pago: unidentified and perhaps unidentifiable (Grimal, art. cit. 121).

88–90. This description, though full of literary allusions, is accurate: see F. J. Monkhouse, *A Regional Geography of Western Europe* (London, 1959), 314–15.

88. dispositis ... vicibus: cf. Man. 1. 495, 563.

89. Cf. *est ubi plus tepeant hiems?* (Hor. *Ep.* 1. 10. 15) and *rapido...aestu* (Verg. *E.* 2. 10).

90. frigus subtile: cf. *Prec.* 2. 10 and Vergil's (rather stronger) *penetrabile frigus* (*G.* 1. 93).

91–4. te sine . . . : A. develops the common theme (cf. e.g. Verg. *E.* 7. 57–60) with further reference to the four seasons, disordered in his friend's absence, and a continued abundance of literary echoes. In l. 91 he alludes to Horace's *grata vice* (*c.* 1. 4. 1), in l. 92 to Vergil's *canis aestifer* (*G.* 2. 353); l. 93 is a variation of his own line *discolor arboreos variet Pomona sapores* in *Prec.* 2. 17, and l. 94 borrows *contristat Aquarius* from Hor. *S.* 1. 1. 36.

95. The remainder of the letter is very similar to *Ep.* 23. 23–52; notes will not be repeated.

101. Rhamnusia: for *mens altera* in 23. 29. Paulinus had clearly changed his mind.

115. Changed from *en erit ut nostras hic nuntius excitet aures?* (*Ep.* 23. 43). N follows the version of VP but gives *implevit* for *impellet*; Brandes unnecessarily read *implebit*. There is now an echo of Verg. *A.* 7. 437, 8. 582 (both *nuntius auris*), but that is unlikely to be the reason for the change; the earlier *en erit ut* echoes Verg. *E.* 8. 9. The new line resembles *Protr.* 51 *ecquando ista meae contingent dona senectae?*, but this does not explain the revision. It may be relevant that *impellet* is a little colder than *excitet*.

122. For *praevertit cunctos ut te amplectatur amicos* (23. 50); the new line is meant to remind Paulinus of his wider obligations, but is also, as Pastorino remarked, much cooler.

APPENDICES

APPENDIX A

APPENDIX B

APPENDIX C

APPENDIX A

1. FRAGMENTA DUBIA

The three fragments printed here are known only from the grammatical treatise *De dubiis nominibus* (*GL* v. 579. 3, 582. 27, 589. 6; *CCSL* 133A. 776. 310–11, 785. 456–7, 803. 687–8). They are ascribed to Ausonius, but it is surprising that the author cites Ausonius for nothing else, and it may be that the attributions are mistaken; the compiler was extremely careless in many respects, and the text is corrupt. Its latest editor, Glorie, suggests that the work was compiled in Bordeaux, but his evidence is no stronger than that behind Peiper's idea that it was written in Lyon (*Überlieferung*, 297). The fragments are not obviously disqualified by content and style—Peiper suggested that they came from a single polymetric letter to Paulinus—but it is rare in Ausonius for a single word to fill the first half of the pentameter, as seems to happen in fr. 2.

1 redite rursum flumina

    redite rursum *codd.*, redite sursum *Peip.*, reditura *Glorie dub.*

2 †investigatum ferri dolus lepori†

    investigatum ferri dolus lepori *codd.*, investigatum ferre dolo leporem *Peip.*, investigato ferre dolos lepori *Haupt*

3 quae tantae tenuere morae rumore sub omni?

    quae . . . morae *del. Glorie*   sub omni *codd.*, suborto *Peip. dub.*

2. ORATIO CONSULIS AUSONII VERSIBUS RHOPALICIS

This prayer in rhopalic verses is transmitted in V, between the *Versus Paschales* (IV) and the *Epicedion in Patrem* (V), and has been printed with Ausonius' works by recent editors, including even Schenkl, who was convinced that it was spurious. The case against its authenticity was first presented by Scaliger; there are more moderate discussions by Brandes (*Beiträge zu Ausonius*, i (Wolfenbüttel, 1895), 12–17, with detailed annotation, Villani (*REA* 8 (1906), 334–7), C. Mohrmann (*Studia Catholica*, 4 (1928), 385–91), P. Langlois (*R. Ph.* 43 (1969), 39–58), and J. Martin, *BAGB* 31 (1972), 503–12. In such an eccentric format one does not expect the polish that one finds in the *Versus Paschales* (on a similar subject, namely Easter Eve), but the frequent weaknesses in expression, metre, and structure are unworthy of even an unfinished work of Ausonius. In V's text there are four cases of short syllables at the central caesura, and four cases of hiatus, as well as other blemishes more easily removed; yet in the *Technopaegnion*, a work of *scrupea difficultas*, there is hardly any metrical aberration. The constraints of the metrical form are not unduly severe to a competent poet. They certainly do not explain why the vocabulary is so alien to Ausonius: there are some fifty words not found in his undisputed works. It is true that he is to some extent an innovator, but many of the words—in keeping with the particularity of detail in the poem (in such matters as church worship and the saints), which is another suspicious feature—are Christianisms, which he uses sparingly. We do not find here such words as *libamina, sollemnia, insidiator,* or *anticipator,* used in the *Oratio* and *Versus Paschales,* and the few resemblances to the *Oratio* (*placabilis* (3: cf. 80), *seros famulos* (37: cf. 34–5), and repeated *da* (4, 7, 15: cf. 31, 43, 49, 58)) reflect, if anything, Ausonius' general influence on Christian poetry. The infinitive in *-ier,* seemingly avoided by Ausonius except in *Ludus* 88, is used in l. 15 and perhaps l. 4.

Spes	deus,	aeternae	stationis	conciliator,
si	castis	precibus	veniales	invigilamus,
his,	pater,	oratis	placabilis	astipulare.
da,	Christe,	specimen	cognoscere	irreprehensum.
5 rex	bone,	cultorum	famulantum	vivificator,
cum	patre	maiestas	altissima	ingenerato,
da	trinum	columen	paraclito	consociante,
ut	longum	celebris	devotio	continuetur.
ad	temet	properant	vigilatum	convenienter.
10 nox	lucem	revehet	funalibus	anteferendam,
nox	lumen	pariens	credentibus	indubitatum,
nox	flammis	operum	meditatrix	sidereorum.
tu	mensis	dirimis	ieiunia	religiosa,
tu	bona	promittens	surgentia	concelebraris;
15 da,	rector,	modicos	effarier	omnipotentem.
fons	tuus	emundat	recreatu	iustificatos,
dans	mentem	oblitam	positorum	flagitiorum,
dans	agnos	niveos	splendescere	purificatos,
ut	nova	Iordanis	ablutio	sanctificavit,
20 cum	sua	dignati	tingentia	promeruerunt.
lux	verbo	inducta	peccantibus	auxiliatrix
et	Christus	regimen	elementis	irrequietis
fert	undam	medici	baptismatis	intemeratam,
ut	noxam	auferret	mortalibus	extenuatam.
25 crux	poenae	extremum	properata	immaculato,
ut	vitam	amissam	renovaret	mortificatus.
quis	digne	domino	praeconia	continuabit,
tot	rerum	titulis	obnoxius	immodicarum?

4 cognoscere *V,* cognoscier *Heins.*   9 convenienter *V,* convenientes *Lugd.* 12 meditatrix *V,* mediatrix *Brandes*   19, 20 *post* 21 *Peip.*   20 sua *V,* sacra *Villani dub.* dignati *Sch.,* dignatum *V*   21 inducta *V,* inducto *Heins.*   23 intemeratam *Heins.,* intemerati *V*   25 properata *V,* properatast *Heins.*   26 mortificatus *V,* mortificatis *Brandes*   27 *post* 28 *Peip.*   domino *Heins.,* domine *V*   praeconia *Scal.,* praeconio *V*

an terra humano locupletat commemoratu,
quem vocum resonant modulatus angelicarum?
dans aulam Stephano pretiosam dilapidato,
dans claves superas cathedrali incohatori,
quin Paulum infestum copularis agglomeratu.
fit doctor populi lapidantum constimulator,
ut latro confessor paradisum participavit.
sic, credo, adnectens durissima clarificandis
nos seros famulos accrescere perpetieris
sub tali edoctos antistite religionis.
da sensum solida stabilitum credulitate,
fac iungar numero redivivo glorificatus,
ad caelum invitans consortia terrigenarum,
spes deus, aeternae stationis conciliator.

29 commemoratu *Lugd.*, commemorari *V* 30 resonant *Scal.*, resonat *V* 31 pretiosam *Sch.*, pretiose *V* 32 cathedrali *V*, cathedralis *Sch.* 33 copularis *V*, copulasti *Peip.*, copulabas *Sch. dub.*, copulatis *Brandes* 36 durissima *V*, spurcissima *Heins.*, dirissima *Peip.*

3. DE ROSIS NASCENTIBUS

The attractive poem *De Rosis Nascentibus*, part of the *Appendix Vergiliana*, was attributed to Ausonius by Jerome Aleander; manuscript testimony, now lost, was evidently available to Accursius (C. Vecce, *Iacopo Sannazaro in Francia*, 80). Early scholarship saw pointers to Ausonius in the words *quadrua* (5: cf. *Ordo* 140) and the commoner *anticipare* (4): more significant are *tot species . . . novatus* (39: cf. *Mos.* 77), *iuncta senecta premit* (44: cf. *Ordo* 45), *rutilus . . . Eous* (45: cf. *Ephem.* 3. 12), and perhaps *tenui filo* in 26 (cf. *Griph.* 67). The enumerative technique of ll. 23–34 recalls the description of various villas in *Mos.* 321–34 and, in a general way, other 'catalogues'. Also significant are the careful description of everyday matters and the expansion of an idea common in epigram and lyric. *Pace* Schenkl, the *sermo* and *color* do not contradict the attribution, but support it. The argument of G. Cupaiuolo, taken from Terzaghi, that Ausonius could not have written the poem because he had no reason to be pessimistic, is of rather less value than his commentary and history of the poem's reception in *Il 'De Rosis Nascentibus'* (Rome, 1984), 89–90, 95–105, and 170–218.

In the apparatus criticus I have used the sigla of Clausen's OCT; his H, L, S denote the same manuscripts as my J, λ, Y.

Ver erat et blando mordentia frigora sensu
spirabat croceo mane revecta dies.
strictior eoos praecesserat aura iugales
aestiferum suadens anticipare diem.
errabam riguis per quadrua compita in hortis

1 frigora *Gς*, frigore *HSFL* 5 hortis *GW*, hertis *HAT*, herbis *SFBE*

maturo cupiens me vegetare die.
vidi concretas per gramina flexa pruinas
    pendere aut holerum stare cacuminibus,
caulibus et patulis teretes colludere guttas

      *   *   *   *   *   10

vidi Paestano gaudere rosaria cultu
    exoriente novo roscida lucifero.
rara pruinosis canebat gemma frutectis
    ad primi radios interitura die.
ambigeres raperetne rosis Aurora ruborem   15
    an daret et flores tingeret orta dies.
ros unus, color unus et unum mane duorum;
    sideris et floris nam domina una Venus.
forsan et unus odor; sed celsior ille per auras
    difflatur, spirat proximus ille magis.   20
communis Paphie dea sideris et dea floris
    praecipit unius muricis esse habitum.
momentum intererat, quo se nascentia florum
    germina comparibus dividerent spatiis.
haec viret angusto foliorum tecta galero,   25
    hanc tenui folio purpura rubra notat.
haec aperit primi fastigia celsa obelisci
    mucronem absolvens purpurei capitis.
vertice collectos illa exsinuabat amictus,
    iam meditans foliis se numerare suis.   30
nec mora, ridentis calathi patefecit honorem
    prodens inclusi semina densa croci.
haec modo, quae toto rutilaverat igne comarum
    pallida collapsis deseritur foliis.
mirabar celerem fugitiva aetate rapinam   35
    et dum nascuntur consenuisse rosas.
ecce et defluxit rutili coma punica floris
    dum loquor, et tellus tecta rubore micat.
tot species tantosque ortus variosque novatus
    una dies aperit, conficit ipsa dies.   40
conquerimur, Natura, brevis quod gratia florum;
    ostentata oculis ilico dona rapis.
quam longa una dies, aetas tam longa rosarum;
    quas pubescentes iuncta senecta premit.

20 difflatur spirat *GH*, diffle spirat *FL*, D *S*, diffluit expirat *Toll.*   26 hanc tenui *GH,*
hactenus in *FL*, haec tenus in *S*, hanc tenus et *Wς*   folio *GSFL*, filio *H*, filo *ed. Colon. 1499*
41 florum *Gς*, talis *Wς, om. HSFL*   44 quas pubescentes *GSFBEAT*, cum pubescenti *Wς, om.*
H   premit *Gς*, brevis *SFL, om. H*

quam modo nascentem rutilus conspexit Eous,   45
    hanc rediens sero vespere vidit anum.
sed bene, quod paucis licet interitura diebus
    succedens aevum prorogat ipsa suum.
collige, virgo, rosas, dum flos novus et nova pubes,
    et memor esto aevum sic properare tuum.   50

4. EPIGRAMMATA VARIA

Of these epigrams the first three, taken by Riese from the anthology of Binet (the manuscript is now lost) and presented as *AL* 703–5, were tentatively ascribed to Ausonius by
P. Laurens, *RCCM* 13 (1971), 182–92, and the fourth was ascribed to him (or his school
or his circle) by P. A. Vaccari in *Miscellanea G. Galbiati*, ii (Milan, 1951), 160. Epigrams
5–13—based except for 10, 11, and 13 on Greek models, which are printed in Schenkl
and Peiper—are found in Ugoletus' edition, 14 in the edition of 1507, and 15 in that of
1558; apart from 13, which is much older (see *AL* 263 Riese, 257 Sh. B.) they all seem to
be humanists' variations on Ausonian themes. 16 and 17 are found between works of
Ausonius in E.

    Laurens drew attention to the similarity of *AL* 703–5 to *Epigr.* 27–9 and 105 of
Ausonius, and argued that perhaps they celebrate the skill of his daughter Hesperia as
Epigr. 27–9 celebrate Sabina's. The words *Tyrii subtemine* resemble *Epigr.* 28. 1, but may
go back independently to *Pan. Mess.* 121 or another source. The name of Ausonius'
surviving daughter, as Laurens acknowledges, is not known: Hesperia is plausible, but
Peiper's suggestion Ausonia no less likely. The Greek ending is also a difficulty; there is
no parallel among the female relatives of the *Parentalia*. While the word *floricolor* in 1. 1
would be typical (cf. *Ep.* 1. 15, *Ep.* 14*b*. 52, 54), its position in the line is not. The poem is
not unworthy of Ausonius, but could well be an imitation.

    The fourth epigram is quoted by Jerome in *Comm. Gal.* 5. 19–20, where it is said to
have been translated from a Greek distich by *quidam de neotericis* (the author of *AP*
11. 193 is a candidate). This description need not exclude Ausonius, nor does the metrical licence in the pentameter; but the simple unadorned moralizing is uncharacteristic.
The city of Trier, if that is where Jerome came across the distich, no doubt contained
other competent versifiers.

I

Hoc sibi lusit opus de stamine floricolore
    Hesperie, teneras officiosa manus;
et pulchro pulchras strophio producta papillas
    gaudet utrumque sui pectoris esse decus.

1 3 producta *Binet*, praeducta *Heins.*, redimita *uecheler*

2

Hesperie lateri redimicula nectit eburno
    facta suis manibus, pectore digna suo.
iam veteres iras Venus et Tritonia ponit;
    pectora nam Veneris Palladis ambit opus.

3

Intertexta rosa Tyrii subtemine fuci
    involvet quoties mobile zona latus,
ambrosium gemino potabit ab ubere rorem
    et vere roseo fiet odore rosa.

4

Iustius invidia nihil est, quae protinus ipsum
    auctorem rodit, excruciatque animum.

5

Habet sepulcrum non id intus mortuum,
habet nec ipse mortuus bustum super,
sibi sed est ipse hic sepulcrum et mortuus.

6

Errasti attendens haec ilia nostra, iuvence:
    non manus artificis lac dedit uberibus.

7

Pasce greges procul hinc, ne quaeso bubulce Myronis
    aes veluti spirans cum bobus exagites.

8

Me vitulus cernens immugiet, irruet in me
    taurus amans, pastor cum grege mittet agens.

---

3 2 involvet *Riese*, involvit *Binet*   mobile *Binet*, nobile *Heins.*   3 potabit *Riese*, potavit *Binet*
6 1 attendens *Ug.*, attentans *Heins.*, attundens *vel* accedens *Peip.*

9

Daphnen et Nioben saltavit simius idem,
    ligneus ut Daphne, saxeus ut Niobe.

10

Delia, nos miramur, et est mirabile, quod tam
    dissimiles estis tuque sororque tua.
haec habitu casto, cum non sit, casta videtur,
    tu praeter cultum nil meretricis habes.
cum casti mores tibi sint, huic cultus honestus,
    te tamen et cultus damnat et actus eam.

11

Vado, sed sine me, quia te sine, nec nisi tecum
    totus ero, pars cum sim altera, Galla, tui.
vado tamen, sed dimidius, vado minor ipso
    dimidio nec me iam locus unus habet.
nam tecum fere totus ero; quocumque recedam,
    pars veniet mecum quantulacumque mei.
separor unus ego, sed partem sumo minorem
    ipse mei, tecum pars mea maior abit.
si redeam, tibi totus ero: pars nulla vacabit,
    quae mox non redeat in tua iura. vale.

12

Viginti atque novem genetrici Callicrateae
    nullius sexus mors mihi visa fuit.
sed centum et quinque explevi bene messibus annos,
    in tremulam baculo non subeunte manum.

13

Dum dubitat natura marem faceretne puellam,
    factus es, o pulcher, paene puella, puer.

10 3 habitu *Avant.*, abitu *Ug.*
12 4 tremulam *Avant.*, tremula *Ug.*
13 2 factus *Ug.*, natus *codd. Anth. Lat.*

14

Ante omnes alias foelix tamen hoc ego dicor,
   sive hominem peperi foemina, sive virum.

15

Infelix Dido, nulli bene nupta marito:
   hoc pereunte fugis, hoc fugiente peris.

16

Ecce rubes nec causa subest. me teste pudicus
   iste tuus culpam nescit habere pudor.
et vice populeae frondis tremis et vice lunae,
   puniceam maculant lutea signa cutem.
amplexus etiam nostros pudibunda recusas
   et si testis adest oscula sueta fugis.

17

consuetudo oculis nil sinit esse novum.

16 4 maculant *Peip.*, maculam *E*

5. MORALIA VARIA

These three poems used to be printed among the poems of Ausonius, and the first two of them in editions of the *Ludus*. They are not his work, but there are signs of his style and expression, especially in the second, which was first published by Ugoletus and perhaps composed by him: its second line is a pastiche. The other two are found in numerous medieval manuscripts, which are listed along with sources and testimonia in Schenkl's Appendix.

1. *Septem Sapientum Sententiae Septenis Versibus Explicatae*

Bias Prieneus

Quaenam summa boni? mens quae sibi conscia recti.
pernicies homini quae maxima? solus homo alter.
quis dives? qui nil cupiet. quis pauper? avarus.
quae dos matronis pulcherrima? vita pudica.

quae casta est? de qua mentiri fama veretur.   5
quod prudentis opus? cum possit, nolle nocere;
quid stulti proprium? non posse et velle nocere.

Pittacus Mityleneus

Loqui ignorabit, qui tacere nesciet.
bono probari malo quam multis malis.
demens superbis invidet felicibus.   10
demens dolorem ridet infelicium.
pareto legi, quisque legem sanxeris.
plures amicos re secunda comparas;
paucos amicos rebus adversis probas.

Cleobulus Lindius

Quanto plus liceat, tam libeat minus.   15
fortunae invidiast immeritus miser.
felix criminibus non erit hoc diu.
ignoscas aliis multa, nihil tibi.
parcit quisque malis, perdere vult bonos.
maiorum meritis gloria non datur;
turpis saepe datur fama minoribus.   20

Periander Corinthius

Numquam discrepat utile ab decoro.
plus est sollicitus, magis beatus.
mortem optare malum, timere peius.
fac sis ut libeat quod est necesse.   25
multis terribilis caveto multos.
si fortuna iuvat, nihil laboris;
si non adiuvat, hoc minus laboris.

Solon Atheniensis

Tum beatam dico vitam, cum peracta fata sunt.
par pari iugator coniunx; quicquid impar, dissidet.   30
non erunt honores umquam fortuiti muneris.
clam coarguas propinquum, propalam laudaveris.
pulchrius multo parari quam creari nobilem.
certa si decreta sors est, quid cavere proderit?
sive sunt incerta cuncta, quid timere convenit?   35

1 27, 28 laboris *codd.*, labores *Baehrens*

Chilon Lacedaemonius

Nolo minor me timeat despiciatque maior.
vive memor mortis, item vive memor salutis,
tristia cuncta exsuperas aut animo aut amico.
tu bene si quid facias, nec meminisse fas est.
quae benefacta accipias perpetuo memento.   40
grata senectus homini, quae parilis iuventae;
illa iuventa est gravior, quae similis senectae.

Anacharsis Scytha

Turpe quid ausurus te sine teste time.
vita perit, vitae gloria non moritur.
quod facturus eris dicere distuleris.   45
crux est, si metuas, vincere quod nequeas.
nil nimium. satis hoc, ne sit et hoc nimium.
cum vere obiurgas, sic inimice iuvas;
cum falso laudas, tunc et amice noces.

2. De Septem Sapientibus ex Graeco

Septenis patriam sapientum nomina voces
versibus expediam; sua quemque monosticha dicent.
Chilo, cui patria est Lacedaemon, 'noscere se ipsum'.
Periander, 'trepidam moderare', Corinthius, 'iram.'
ex Mitylenaeis, 'nimium nil', Pittacus oris.   5
'mensuram optimum' ait Cleobulus Lindius 'in re.'
exspectare Solon finem docet ortus Athenis,
plures esse Bias pravos, quem clara Priene,
Mileti fugisse Thales vadimonia alumnus.

3. Catonis de Musis Versus

Clio gesta canens transactis tempora reddit.
dulciloquis calamos Euterpe flatibus urget.
comica lascivo gaudet sermone Thalia.
Melpomene tragico proclamat maesta boatu.
Terpsichore affectus citharis movet imperat auget.   5
plectra gerens Erato saltat pede carmine vultu.
signat cuncta manu loquiturque Polymnia gestu.

---

44 vitae *Baehrens*, mortis *codd.*, meriti *Sch.*
2 3 patria est *Avant.*, patiens *Ug.*   6 *post* 2 *Acc.*

Urania poli motus scrutatur et astra.
carmina Calliope libris heroica mandat.
mentis Apollineae vis has movet undique Musas;   10
in medio residens complectitur omnia Phoebus.

3 8 Urania poli *codd.*, Uranie caeli *Vin.*, Urania arce poli *Baehrens*, Urania arte poli *Sch. dub.*

6. PERIOCHAE HOMERI ILIADOS ET ODYSSIAE

The *Periochae* are found in P and H; the latter ascribes them to Ausonius. The importance of H was first declared by Brandes (*Beiträge zu Ausonius*, iii (Wolfenbüttel, 1902),
12), but it was also Brandes who presented a thoroughly convincing case for rejecting
the attribution (16–24). This cannot be summarized here, but in general it may be said
that they recall neither the informal style of Ausonius' prefaces, nor the elaborate
periods of his more formal compositions, but for the most part the bland and simple
style typical of epitomators of Late Antiquity, enlivened from time to time by rare or
pretentious words. The pattern of *clausulae* speaks clearly neither for nor against
Ausonius' authorship. Ausonius seems to have known Homer well, and it might be
unfair to implicate him in the various errors found here (*Il.* 3, 7, *Od.* 2, 8, 15, and notably
Od. 14, where two books are confused). It is certainly difficult to believe that he wrote
the opening sentence, even as a parody of a dull and pedantic colleague. The imitator
was, however, steeped in Ausonius' work, just as he was in Vergil's if he wrote the Latin
verses which accompany the first line of each Homeric book. He borrows from
Ausonius *genus superabile curis* (*Il.* 2. 3: cf. *Ep.* 17. 5) and *deligi placet sortis eventu* (*Il.* 7. 4–5:
cf. *Grat. Act.* 59); he has the characteristic words *coetus* (*Od.* 23. 6: cf. *Eph.* 8. 11), *congrex*
(*Od.* 24. 5: cf. *Ep.* 4. 21), *insidiator* (*Od.* 16. 6: cf. *Ephem.* 3. 78), *plasma* (*Introd.* 20: cf. *Ep.*
4. 2), and *protervia* (*Od.* 22. 13: cf. *Mos.* 172); and he perhaps derives from Ausonius the
phrases *quam longa est* (*Il.* 18. 9: cf. *Ep.* 23. 37 (= 24. 109)) and *dispar fortuna* (*Od.* 24. 7–8:
cf. *Par.* 7. 12).

  In the apparatus criticus I have used the testimony of Ugoletus and Accursius (who
had access to manuscripts now lost) as well as that of P and H, but not that of the manuscripts Cesenas S. xii. 6 and Neapolitanus Naz. v. E. 29, on which see Reeve, *Gnomon*, 52
(1980), 445–6. All these sources share a number of errors, including short lacunae and a
somewhat larger one in *Od.* 20. There I suspect that several lines are lost; it seems that
the first half fell out, perhaps in two stages—first the Greek, then, most probably by
homoeoteleuton, the Latin verse and prose—and that the puzzling Latin verse that we
now have was added by a scribe unfamiliar with the plot who had either mistranslated
εὐνάζετο or had before him γουνάζετο, generated by the earlier addition of γ'.

  In the title, which P omits altogether, H has *Iliadis*, but Ugoletus and Mansionario
(App. C) seem to have read *Iliados*.

PERIOCHA ILIADOS

Si Homerum scriptorem Troici belli eatenus qua Iliadem suam incipit
quaque finit percenseamus, orsum ab iracundia Achillis ad sepulturam

Hectoris quattuor et viginti libros contexuisse monstrabimus. haec enim species apparet summam cutem primi operis intuenti. verum hoc scripturae 5 ipsius tempus Troiano bello non totum, sed paene ultimum fuit. nam si ratio putanda est oppugnationis decennis, nonus fere annus, idemque prope finem sui, ea negotia continebit quae ab iniuria Agamemnonis ac Briseidis usurpatione usque ad funus Hectoris digna memoratu ⟨erant: non⟩ erit illa temporum series, quae ab eiusdem belli causis atque origine pertinet ad urbis excidium. 10 atque ex eo eveniet ut ignaris iudicandi et poeticae oeconomiae expertibus multa nobilia ab exordio belli usque ad Achillis iurgium·omissa videantur, nec minus multa ab Hectoris funere ad usque deletum Ilium. quorum quidem maxima exspectatio erat propter tam longi certaminis consummationem. sed ut divinum poetam nihil quod illustre fuerit omisisse appareat atque omnia quae 15 finiri oportuit contigisse, breviter et in epitomae speciem belli Troici causam origines apparatusque quaeque annis superioribus acciderunt retexuimus. horum omnium prima origo est Paridis iudicium inter deas, deinde classis contextio, qua idem Paris in Europam navigavit, tum raptio Helenae, quae opinione veterum bipertita est, quod plerique Helenam iuxta Homericum 20 plasma ad Troiam deportatam fuisse existimaverunt, nonnulli autem opinati sunt, cum Alexander cursu deerrasset delatusque ad Aegyptum fuisset, cognita hospitalis foederis iniuria, per Aegyptium regem, servantissimum iusti virum, Helenam cum iis, quae una cum eadem fuerant abrepta, Paridi sublatam expugnato demum Ilio Menelao restitutam.

I

Μῆνιν ἄειδε θεὰ Πηληιάδεω Ἀχιλῆος
οὐλομένην, ἣ μυρί᾽ Ἀχαιοῖς ἄλγε᾽ ἔθηκεν.

Iram, diva, refer nati Peleos Achillei
pestiferam, quae mille dedit discrimina Achivis.

5 Chryses Apollinis sacerdos ob redimendam filiam cum Agamemnoni supplicasset, contumeliose repulsus deum precatur ultorem. insecuta subinde gravi pestilentia cum Graecorum exercitus interiret, cogitur ab Achille concilium et ab eodem invitus Calchas morbi causam compellitur indicare. qua cognita Agamemnon concitatur in Achillem. qui percitus iracundia etiam caedem regis 10 audebat, nisi eum in ultimum furorem progredi Minerva vetuisset. a quo Briseis concubina in locum Chryseidis, quae patri reddebatur, abducta est, inde Thetis mater ad caelum lacrimas et contumeliam filii miserata profici-

Praef. 3 enim *H*, eius *P Ug.*   5 tempus *Ug.*, temporis *PH*   8 erant non *add. Mommsen*, non *Gron.*, sunt non *Peip.*   16 origines *Peip.*, originis *PH Ug.*   quaeque *H*, quae *P Ug.* retexuimus *Ug.*, reteximus *PH*   22 per *add. Avant.*   23 abrepta Paridi *Lugd.*, arreptaque paridique *PH Ug.*, arrepta Paridi *Acc.*   sublatam *H*, sublata *P Ug.*

Il. 1 7 cogitur ab Achille *H*, cogitur achille *P*, cogit Achilles *Ug.*   11 patri *om. P.*

scitur. quae fiducia defensi quondam cum Aegeone Iovis ultum ire affectat iniuriam obtestaturque summum deorum, ut Troianos in rebus bellicis superiores esse patiatur. quibus Iuno compertis iracunde adversum coniugem 15 commovetur. sed gliscens iurgium per deridiculum ministrante Vulcano simul consilii specie intercedente lenitur.

2

Ἄλλοι μέν ῥα θεοί τε καὶ ἀνέρες ἱπποκορυσταὶ
εὗδον παννύχιοι, Δία δ' οὐχ ἔχε νήδυμος ὕπνος.

Caelestes hominumque genus superabile curis
tranquilla obscuri carpebant munera somni;
at non pervigilem nox irrequieta Tonantem   5
leniit immodicos volventem corde paratus,
caedibus ut Graium laesum ulciscatur Achillem.

Iuppiter Agamemnonem somnio monet proelii faciendi tempus adesse, ne cunctetur dimicare. tum ille in concilium proceribus advocatis mandatum Iovis et speciem nocturnae quietis explanat. mox in contione multitudine congregata 10 pertemptat militum voluntatem utque deposito bello ad sua quique redeant cohortatur. iamque omnibus navigationem adornantibus foeda discessio ab Ulixe cohibetur. a quo etiam Thersites deformis et loquax et in bonorum contumelias verborum licentia promptus, cum acerba obiurgatione pulsatur. ipse Minervae monitu cunctos a profectione deterret. sumpto deinde cibo 15 armatur exercitus. neque setius a Troianis instructa acies Iride ita monente producitur. sequitur enumeratio copiarum viritim, ut per catalogi seriem milites naves duces patriae retexantur.

3

Αὐτὰρ ἐπεὶ κόσμηθεν ἅμ' ἡγεμόνεσσιν ἕκαστοι.

Argivos sua quemque acies in bella sequuntur,
dispositi in turmas equitum cuneosque pedestres.
turbida clangentes confundunt agmina Troes.

Instructum proelio exercitum, priusquam feriret acies, Priamus spectat e muris 5 et monstratu Helenae de viris insignibus edocetur. dehinc Menelaus ad singulare certamen ab Alexandro provocatur, qui frustra Agamemnone dehortante congreditur, facta inter utrosque populos sponsione et foedere per

---

13 affectat *H*, affectanti *P Ug.*, affectans *Acc. cod.*
  2   11 quique *H Ug.*, quisque *P*
  3   5 feriret *PH Ug.*, ferirent *Sch.*, fureret *Hartel*, ferveret *Peip.*, conferrent *vel* consererent *vel* coirent *ego dub.*

sacra firmato sub ea condicione, ut victorem Helena cum dote sequeretur. sed
10 superatus Paris regressusque ad urbem iurgio uxoris excipitur. ab Agamemnone foederis pacta repetuntur.

4

Οἳ δὲ θεοὶ πὰρ Ζηνὶ καθήμενοι ἠγορόωντο.

Iuppiter interea cum dis genitalibus una
concilium cogit superum de rebus Achivis.

Iovi placet delere Troiam, ad quod pertinacia Iunonis urgetur. cumque id fieri
5 Minerva properaret, discidium foederis comminiscitur et Pandarum sagittandi
peritum astu suadentis aggreditur, ut clam vulnerato Menelao belli causa
crudescat. quo facto a Graecis proelium instauratur congressisque exercitibus
mutua clade decernitur.

5

Ἔνθ᾽ αὖ Τυδείδῃ Διομήδεϊ Παλλὰς Ἀθήνη.

Hic et Tydidem monitum Tritonia Pallas
audaci virtute replet. vomit aurea flammas
cassis et undantem clipeus diffulgurat ignem;
5   ipse autumnali clarum micat aemulus astro.

Diomedes auxilio Minervae strenue proeliatur. Venus quoque filio subvenire
conata vulnere affecta digreditur. Mars etiam fit saucius exceditque bello.
sequitur Tlepolemi Sarpedonisque congressio, et Tlepolemus Herculis filius
certamine victus occiditur.

6

Τρώων δ᾽ οἰώθη καὶ Ἀχαιῶν φύλοπις αἰνή.

Solae decertant acies sine numine divum;
cessante auxilio sua cuique exorsa laborem
fortunamque ferunt proprii discrimine fati.

5 Troianis fortuna inclinatiore pugnantibus vates Helenus suadet ut Minerva
placetur. igitur Hecuba ab Hectore monita ut peplum in arcem inferat peragit
vota cum matribus. Alexander obiurgatus a fratre pergit in proelium. Glaucus
Lycius Aetolusque Diomedes congressi ut dimicarent, cum iam certamen

5 2 tydidem (titidem *P*) monitum *PH Ug.*, Tydidis mentem *Wakefield*   4 diffulgurat
Wakefield, defulgurat *PH Ug.*
  6 5 suadet *om. P*

oreretur, paterna inter se hospitia recordati facta armorum permutatione
discedunt.   10

7

Ὡς εἰπὼν πυλέων ἐξέσσυτο φαίδιμος Ἕκτωρ.

Haec ubi dicta dedit, portis sese extulit Hector.

Minervae Apollinisque consensu fortissimus Graecorum ab Hectore provocatur. novem ducibus ad dimicandum paratis pugnaturum deligi placet sortis
eventu. ab Aiace Telamonio proelium singulare conseritur, in quo Hector 5
lapide ictus in suorum se recipit multitudinem. perseverante certamine
caduceator Idaeus intervenit. tum invicem missis muneribus pugna sedatur.
Hector Aiacem gladio, Aiax Hectorem balteo muneratur. intercessu noctis
exercitus quique in sua discedunt. die altero interfectorum humatio procura-
tur. Graecorum etiam navalia fossa ac vallo circumdata muniuntur.   10

8

Ἠὼς μὲν κροκόπεπλος ἐκίδνατο πᾶσαν ἐπ' αἶαν.

Aurora in croceis fulgebat lutea bigis.

Facto deorum concilio Iuppiter pro potestate pronuntiat, sua ut quisque
exercitus sorte decernat, nullus deorum odio in alteros vel favore procedat. in
Idam montem ipse digressus unde Graecos immisso terrore conterritos ... 5
turpi fuga ad munimenta compulsi fossa et aggeribus sese tuentur. Iunonem ac
Minervam Graecis auxiliari volentes monitis Iovis Iris exterret diremptoque ob
noctem certamine victores Troiani in ipso proelii loco excubias obsidionis
instituunt multisque ignibus factis per totam noctem de belli ratione con-
sultant.   10

9

Ὡς οἱ μὲν Τρῶες φυλακὰς ἔχον, αὐτὰρ Ἀχαιούς

Interea vigilum excubiis cohibentur Achivi.

Graecis et praeterita dimicatione perculsis et instante conterritis proceres ab
Agamemnone convocantur. quibus rex fugae consilia et apparatum ordinandae
per noctem navigationis indicit, Diomede et Nestore dehortantibus. suadente 5
autem Nestore Aiax et Ulixes legantur ad Achillem dona ingentia pollicentes,

---

10 *post* discedunt *lac. Sch.*
8 3 pro potestate *H,* pro parte *P Ug.*   5 *post* conterritos *lac. Peip.,* conterritat *Sch.*
9 de belli ratione *H Ug.,* deliberatione *P*

si desistat irasci et sese auxiliatorem fessis rebus accommodet. sed Achille in
iracundia pertinaciter permanente legati Achivorum re non impetrata irriti
revertuntur.

10

Ἄλλοι μὲν παρὰ νηυσὶν ἀριστῆες Παναχαιῶν
εὗδον παννύχιοι μαλακῷ δεδμημένοι ὕπνῳ.

Cetera per naves somno sopita iacebat
turba ducum, solum cura anxia vexat Atridem.

5 Ulixes et Diomedes speculatum nocte progressi Dolonem conspicantur, qui et
ipse promissis Hectoris incitatus Graecorum consilia exploratum prodierat, et
fateri universa compulsum eodem loco interficiunt. a quo de adventu Rhesi
Thracum regis edocti ipsum et cum eo duodecim obtruncant equosque eius
praemium simul et testimonium grassationis abducunt insignes candore et
10 celeritate, ut et nivibus et ventis antecederent.

11

Ἠὼς ἐκ λεχέων παρ᾽ ἀγαυοῦ Τιθωνοῖο

Tithoni croceum linquens Aurora cubile
spargebat terras, referens opera atque labores.

Ab omnibus Graecis egregie quidem, sed improspere dimicatur. quorum
5 proceribus vulneratis incognitae multitudini pugna committitur. qua afflicta-
tione fortunae Achilles paulisper inflexus Patroclum mittit praesentia
cogniturum. qui cum adversi status nuntius reverteretur, Eurypylum con-
templatur aegrum ex vulnere fomentisque medicae artis admotis redintegrat
sanitati.

12

Ὣς ὁ μὲν ἐν κλισίῃσι Μενοιτίου ἄλκιμος υἱός.

Actorides fovet Eurypylum dum vulnere fessum.

Res dubiae apud Graecos vel potius afflictae ultimae fortunae statu aguntur
praestantibus procerum vulneratis, cetero exercitu fugato aut formidine
5 perculso. Troiani navalium munimenta rescindunt vallumque transgressi
auguriis iuvantur ex eventu ambiguis. itaque et pars muri ab Sarpedone con-

---

9 7 et sese *Sch.*, sese *PH*, et se *Ug.*, seque *Peip.*
10 3 iacebat *H*, manebat *P Ug.*   7 de adventu *Avant.*, adventu *PH Ug.*, adventum *Momm-*
sen   10 et (nivibus) *om. P*
12 3 in *ante* statu *add. Sch.*, sub *Brakman*

vellitur et ab Hectore ictu lapidis porta dissicitur et in ipsis navalibus pugna conseritur.

13

Ζεὺς δ' ἐπεὶ οὖν Τρῶάς τε καὶ ῞Εκτορα νηυσὶ πέλασσε.

Iuppiter admovit Troas atque Hectora classi.

Neptunus miseratione commotus Argivorum tuendis navibus auxiliator accedit et usurpata vatis effigie Aiaces duos in proelium cohortatur nec minus ceteram multitudinem praesentia maiestatis instigat. Idomeneus egregio 5 certamine eminet. Troiani, iam referentes gradum, firmati rursum per Hectorem contrahuntur et ingenti clamore utrimque certatur.

14

Νέστορα δ' οὐκ ἔλαθεν ἰαχὴ πίνοντά περ ἔμπης.

Concussit quamvis potantem Nestora clamor
attonitasque aures pepulit gravitate tumultus.

Iuno vinculum Venerium (cui cesto nomen est) mutuata ad Iovem pergit in secessum montis Idae exoratoque Somno, ut deum coniceret in soporem . . . ac 5 dehinc vigilias eius uxoriis labefactat illecebris. cuius ignoratione Neptunus abutitur fortunamque Graecorum promptius auxiliando restituit, Aiace Locro ultra ceteros proeliante.

15

Αὐτὰρ ἐπεὶ διά τε σκόλοπας καὶ τάφρον ἔβησαν.

Iam vallum fossamque super Troiana inventus
institerat, captae minitans incendia classi.

Iuppiter somno expergitus videt statum certaminis innovatum pellique Troianos, Graecis opem ferente Neptuno. itaque aspere Iunone increpata et 5 minaciter per Iridem fratre conterrito iubet auxiliatorem desistere. ipse Apollinem recreando allegat Hectori monetque pro Phrygibus belli instaurare fortunam. tum et Aiax Telamonius egregie proeliatur et ab eodem plurimis hostium interfectis conflagratio classis arcetur.

---

7 dissicitur *Peip.*, disiicitur *H*, discititur *P*, discuditur *Ug.*, discutitur *ed. Par.*
13 6 firmati *Ug.*, firmatis *PH*   7 contrahuntur *om. P*
14 4 vinculum *codd.*, cingulum *Heins.*   5 exoratoque *H Ug.*, exoritatoque *P*   deum
coniceret *Peip.*, dum coniceret *H*, dum comeceret *P*, eum committeret *Ug.*   *post* soporem *lac.*
Sch., ac *om. ed. Par.*
15 6 fratre conterrito *H*, conterrita *P*, conterrita fratrem *Ug.*   8 egregie *H*, grene *P*,
strenue *Ug.*   et ab eodem *om. P*

16

Ὣς οἱ μὲν περὶ νηὸς ἐϋσσέλμοιο μάχοντο.

Dum face, dum ferro celsam affectare carinam
Troes et Argolici pergunt defendere reges.

Achilles Graecorum statum iam sub extrema sorte miseratus tegminibus suis
5 Patroclum permittit armari. qui cum Myrmidonum produxisset exercitum
consternatosque Troianos Achillis specie fefellisset, ruentes supra vallum et
invicem officientes caeco pavore usque ad campi aperta compellit. deinde
congressus Sarpedonem perimit multisque hostium caesis ipse ab Hectore
interficitur, prius ab Euphorbo vulneratus.

17

Οὐδ' ἔλαθ' Ἀτρέος υἱὸν, ἀρηΐφιλον Μενέλαον.

Actoridem caesum nec te, Menelae, fefellit.

Circa interemptum Patroclum pugna contrahitur, cum in diversa exercitus
tenderent, Graeci, corpus ut defenderent, Troiani, ut ad ludibrium cadaver
5 eriperent: a Menelao Euphorbus occiditur et ad ostentationem gloriosi faci-
noris Achillis exuviis Hector armatur. Antilochus ad Achillem nuntius cladis
acceptae Menelao instante festinat. qui et ipse postea cum Merione intra
navalium munimenta se recipit, cum tota moles belli [Menelao et] Aiacibus
ingruisset.

18

Ὣς οἱ μὲν μάρναντο δέμας πυρὸς αἰθομένοιο.

Dum furit in medio valli vis ignea Martis.

Achilles in miserabilem modum Patrocli deflet interitum, quem vi doloris
affectum consolantibus verbis mater alloquitur. nec inultum amicum fore
5 pollicens perlaturam sese Vulcani arma promittit. interea et Iris ab Iunone
demittitur, cuius instantia Achilles extra vallum quamquam inermis egreditur
conterritisque Troianis super alios aliis praecipitantibus late fuga et latius
formido porrigitur. eodemque tempore et Vulcanus exoratus a Thetide tota
nocte, quam longa est, caelestia in gratiam nymphae arma molitur.

---

16 2 affectare *Sch.*, affecta *P*, affectu *Ug.*, affectaret *H*   carinam *om. PH Ug.*   4 miseratus *H*, miseratur *P Ug.*   tegminibus *Sch.*, agminibus *PH Ug.*
17 3 in diversa *Acc. cod.*, diversi *PH Ug.*   4 tenderent *PH*, contenderent *Ug.*
8 menelao et *del. ed. Ald. 1517*
18 2 valli *Heins.*, belli *PH Ug.*

19

Ἠὼς μὲν κροκόπεπλος ἀπ' Ὠκεανοῖο ῥοάων.

Oceanum interea surgens Aurora reliquit.

Achilles armis caelestibus ope Vulcani et munere matris instruitur. dein
Graecorum primoribus in concilium vocatis iracundiam sub abolitione
deponit et promissis ab rege muneribus coram contione ditatur. tum militibus 5
cibum capere iussis ipse abstinet. infesto deinde atque intento exercitu pergit
in proelium.

20

Ὥς οἱ μὲν παρὰ νηυσὶ κορωνίσι θωρήσσοντο.

Iamque adeo celsis armati e navibus ibant
milia quot magnis umquam venere Mycenis.

Ut integris amborum copiis inter utrosque exercitus pugna conseritur. dein
permissu Iovis in partes deorum studia dividuntur, cum pro Graecis Iuno et 5
Minerva decertarent neque segnius eos Neptunus et Mercurius et Vulcanus
assererent, Troianos Apollo cum Venere et Diana cum matre, Mars etiam et
cum eo Scamander adiuvarent. tum et Aeneam dis et viribus iniquis cum
Achille congressum quamquam studens Graecis nube circumdatum Neptunus
eripuit. 10

21

Ἀλλ' ὅτε δὴ πόρον ἷξον ἐϋρρεῖος ποταμοῖο.

Intulerat fluvio trepidas fuga foeda catervas.

Troianis usque ad Scamandri fluminis alveum fuga et terrore compulsis cum
iam longius abeundi spatium non pateret, in ipso amne, cum flumen exundat,
... ibi et duodecim ab Achille Troianorum iuvenes vinciuntur, qui Patrocli 5
inferiis immolarentur. ipse Vulcanus ardoribus suis vim torrentis exurit. tum in
campum Achille progresso passim studia deorum pro sua singulari parte
depugnant. Troianorum exercitus instante victore in moenia urbis impingitur.

19 4 sub *codd.*, suam *Gron.*, *lac. ego dub.*
20 2 armati *Ug.*, armata *P^pcH*   3 quot *H*, quae *P Ug.*   4 ut *PH*, at *Ug.*
6 decertarent *Ug.*, decederent *P*, decernerent *H*   8 et (*post* tum) *om. Ug.*
21 3 Troianis ... compulsis *Lugd.*, troiani ... compulsi *PH Ug.*   4 *post* exundat *lac. Sch.*
5 ibi et duodecim ab Achille *Sch.*, ibi et (a *Ug.*) duodecim milia *PH Ug.*

22

Ὡς οἱ μὲν κατὰ ἄστυ πεφυζότες ἠΰτε νεβροί.

Pulsa metu Phrygios lustrabant agmina muros.

Hector singulari certamine cum Achille congreditur, Priamo atque Hecuba ne pugnet orantibus, Minerva e contrario specie Deiphobi ut dimicet adhortante.
5 Hector interfectus et religatus ad currum ter circum moenia Troiana raptatur.
deinde lacerum corpus defertur ad naves ultioni Patrocli victoris iracundia ad ulteriora supplicia reservandum.

23

Ὡς οἱ μὲν στενάχοντο κατὰ πτόλιν, αὐτὰρ Ἀχαιοί.

Troia vacat lacrimis, ludis Argiva iuventus.

Funebres ludi in honorem Patrocli frequentantur, quibus Diomedes equis superat, lucta et cursu Ulixes, alioque alii genere certationis antistant.

24

Λῦτο δ᾿ ἀγών, λαοὶ δὲ θοὰς ἐπὶ νῆας ἕκαστοι.

Quisque suas repetunt misso certamine naves.

Iuppiter Thetidem mittit ad filium cum mandatis eiusmodi, ut in defunctum saevire desistat fatique hominum in exanimo hoste vereatur ad sepulturam
5 corpore restituto. eiusdem iussu et Iris Priamum cohortatur ut auro filium rependat exanimum. qui Mercurio duce inter nocturnas hostium profectus excubias Achilli supplex advolvitur redemptumque filium iustitio publico et deflet et sepelit.

PERIOCHA ODYSSIAE

I

Ἄνδρα μοι ἔννεπε, Μοῦσα, πολύτροπον, ὃς μάλα πολλά

Dic mihi, Musa, virum, captae post moenia Troiae
qui mores hominum multorum vidit et urbes.

Minerva in Ithacam Iove ita volente descendit Mentisque Taphiorum ducis
5 sumit effigiem, suasura Telemacho ut ad Nestorem Menelaumque festinet, qui

---

22   6 victoris *P*, et victoris *H Ug.*
23   4 alioque *Vin.*, aliosque *PH Ug.*
24   2 repetunt *P*, redeunt *H Ug.*   3 ad *Ug.*, ut ad *PH*   4 in *om. P*   7 et *om. H*
Od. 1   4 Mentisque *Acc.*, Mentorisque *PH Ug.*   5 qui *codd.*, si *Heins.*

recens domum regressi certi aliquid de Ulixe novissent. tunc et Phemius citharista adhibitus convivio procorum inchoat flebilem cantilenam navigationis improsperae, quae profectos ab Ilio Graecos diversis sparsit exiliis; quem Penelope degressa chalcidico, argumento tam miserabilis offensa materiae, ut alia concinat adhortatur. 10

2

Ἦμος δ᾽ ἠριγένεια φάνη ῥοδοδάκτυλος ἠώς.

Oceano extulerat roseos Aurora iugales.

Telemachus Ithacensios proceres cogit ad curiam atque ibidem de contumelia domus et bonorum profligatione conquestus consilia profectionis exponit, Antinoo resistente, qui eum priusquam mater nuberet abire prohibebat. qua 5 altercatione diu protracta concilium dissolutum est. Telemachus ad litus procis ignorantibus pergit. astantem sibi adorans Minervam peregrinationi accommoda parat, hortante maxime dea, quae populum ipsumque Telemachum Mentoris simulatione fallebat. instructo ergo remigio et nave deducta Telemachus et Minerva de portu vespere instante solverunt. 10

3

Ἥλιος δ᾽ ἀνόρουσε, λιπὼν περικαλλέα λίμνην.

Iam sol Oceano radiatos prompserat ortus.

Telemachus Nestorem de patre percunctans nihil novi accipit ab ignorante. verum idem senex sequenti die cum Pisistrato filio ut ad Menelaum pergat hortatur. nec mora facta consilio: nocte quippe ea, quae consecuta est, apud 5 Pheras oppidum hospitio Dioclis deversati die altero Lacedaemonem pervehuntur.

4

⟨Οἳ δ᾽ ἷξον κοίλην Λακεδαίμονα κητώεσσαν.⟩

Iamque adeo ventum validae ad Lacedaemonos arces.

Telemachum et qui cum eo venerant Menelaus comiter hospitio accipit iamque sub vespera quaedam de Ulixe cognoscunt. die vero altero totum navigationis suae ordinem Menelaus explanat, quodque in Ogygia insula 5 promissis et illecebris nymphae Calypsonis Ulixes retineatur exponit: quae

---

2   2 roseos *Acc.*, roseas *PH Ug.*   3 ibidem de *H Ug.*, ibidem *P*, ibi de *Sch.*
3   6 Dioclis deversati *Sch.*, diolede versati *PH*, Dioclis versati *Ug.*
4   1 *Graeca om. codd.*   2 valide ad *H*, valide a *P*, validae *Ug.*   6 quae *H*, quaeque *P*
Ug.

quidem Proteus eidem narraverat de Graecorum ducibus requirenti. proci autem postquam de abitu Telemachi compererunt, instructa deductaque navi viginti, qui sese legerant, enavigaverunt redeunti insidias molientes. circa
10 Asteriam ergo insulam, quae Ithacam Samumque interiacet, delitescentes occasionem fraudis expectant.

5

⟨'Ηὼς δ᾽ ἐκ λεχέων παρ᾽ ἀγαυοῦ Τιθωνοῖο.⟩
Liquerat in tepido Tithonum Aurora cubili.

Mercurius in Ogygiam insulam devolat, ut Iovis monitis Calypso conterrita Ulixem patiatur abscedere. qui contextu ratis temere properato navigationem
5 solus aggreditur. duodevicesima die tempestate commota, ex iracundia infestante Neptuno, trabium compago dissolvitur. quo casu proditur ultimae spei et irritis conatibus natans ab Ino dea misericorde servatur, quae calauticam capiti suo demptam natanti accommodat. cuius ille sustentatu ad usque Phaeacum litus evadit.

6

⟨Ὣς ὁ μὲν ἔνθα καθεῦδε πολύτλας δῖος Ὀδυσσεύς.⟩
Carpebat somnos dudum aerumnosus Ulixes.

Ulixes postquam ad Phaeacum litus enaverat, fatigationem diluit somno. sed cum virgo Nausicaa, filia regis Alcinoi, ludum in acta cum aequalibus
5 exerceret, somno excitatus, ut erat nudus, erupit, foliorum oppositu pudenda velatus. et cum supplex ad genua regiae virginis advolveretur, Minervae instinctu movit misericordiam salutarem impositusque carpento et veste donatus usque ad templum Minervae, quod ante urbem est, ita suadente virginis pudore pervehitur ibique familiare sibi numen solita precatione
10 veneratur.

7

⟨Ὣς ὁ μὲν ἔνθ᾽ ἠρᾶτο πολύτλας δῖος Ὀδυσσεύς.⟩
Orabat superos dudum Laertia proles.

Minerva in puellae speciem mutata Ulixem primum in oppidum, mox in domum regiam ducit. cumque Arete uxor Alcinoi et unde vestem haberet et

9 enavigaverunt *Hartel*, et navigavere *P*, navigaverunt *H*, navigavere *Ug*.
5   4 properato *Heins.*, properat at *P*, properatae *H Ug*.
6   6 ad *om. P*   8 ita *om. P*
7   3 in puellae speciem mutata *H Ug.*, p. sp. mutuata *P Acc. cod.*

cuias esset et qua sorte delatus sermone ipsius comperisset, bonum animum 5
habere iussus, suadente vespera concedit quieti.

8

⟨'Ήμος δ' ἠριγένεια φάνη ῥοδοδάκτυλος ἠώς.⟩

Iam caelum rutilat roseis Aurora quadrigis.

Alcinous navigationis aerumnam summatim ab Ulixe cognoscit. exinde iussis
primoribus in curiam convenire adventum hospitis et infortunia diutinae
iactationis explanat accitoque ad convivium Ulixe citharam iubet pulsare 5
Demodocum, qui cum de durio equo et de Troico cantaret excidio, lacrimas
Ulixi memoria fortunae superioris elicuit. quas cum occultare sedulo conaretur
aut vultu dissimulans aut veste detergens, oculos in se omnium et maxime regis
advertit. tum Alcinous causa fletuum cognita, ut cuncta ex ordine tolerata
dissereret benigne omnia pollicitus adhortatur. 10

9

⟨Τὸν δ' ἀπαμειβόμενος προσέφη πολύμητις Ὀδυσσεύς.⟩

Tum vice sermonis fatur Laertius heros.

Quattuor istinc libri de Ulixis errore contexti sunt. namque ab Alcinoo rogatus
seriem multiplicis erroris exponit, ut ab Ilio profectus primum ad Ciconas
delatus sit atque illic expugnata Ismaro civitate, multis amissis fugatus 5
abscesserit, utque inde Maleam Laconicae promontorium circumegerit ac
deinde ad Lotophagos venerit, mox ad Cyclopum insulam, quae Lotophagis
obiacebat, cum una nave processerit, eaque sedulo occultata ipse cum
duodecim sociis in antrum Polyphemi penetraverit. qui cruentis dapibus
expletus, quas caede sociorum eius instruxerat, vino etiam quod Ulixes 10
ingesserat temulentus cum in somnum procubuisset, ab Ulixe caecatus poenas
immanitatis exsolvit.

10

⟨Αἰολίην δ' ἐς νῆσον ἀφικόμεθ'· ἔνθα δ' ἔναιεν.⟩

Aeoliam ventorum agimur patriamque domumque.

Hinc refert Aeoliam se fuisse pervectum donisque donatum ab Aeolo rege
ventorum, qui omnibus comiter praebitis, quo securior navigaret, ventos etiam

5 cuias esset *ed. Par. 1513*, cui adesset *PH*, cuia esset *Ug.*
8 6 durio *Sch.*, dorio *PH*, dureo *Ug.*   9 tum *Par.*, cum *PH Ug.*   ut cuncta ex *H Ug.*, ut
Acc. cod., ex *P*   10 omnia *om. P, Acc. cod.*
9 7 ad *ante* Lotophagos *add. Acc.*   venerit ... Lotophagis *om. P*

5 dederit utre conclusos, utque cum iam Ithacam propinquaret refusus sit in
soporem sociique eius opes aliquas in scorto esse existimantes dormiente ipso
vincla dissolverint adversisque flatibus iam ab ipsa patria sint relati. inde ut
Antiphaten Laestrygonasque delatus sit: ibi amissis una minus ceteris navibus
Circeum litus accesserit ibique veneficio potentis deae Eurylochus et prae-
10 missi cum eo socii in ferarum ora converterint: ipse etiam similia passurus
Mercurio procurante vitaverit ceterosque socios ad speciem pristinam redigi
virtutis admiratione compulerit.

11

⟨Αὐτὰρ ἐπεί ῥ᾽ ἐπὶ νῆα κατήλθομεν ἠδὲ θάλασσαν.⟩
At postquam ventum ad naves et litora ponti.

Digressus a Circe Avernum pervenit, qui locus descensus ad manes existi-
matur. ibi sacris rite perfectis scrobem complet sanguine victimarum et
5 circumvolitantibus animabus nullam sinit haustum cruoris attingere, nisi, ut
Circe monuerat, prius Tiresias vates inde libasset. ibi et heroidas plurimas
videt, quarum enumerationem multa veterum fabularum venustate contexit.

12

⟨Αὐτὰρ ἐπεὶ ποταμοῖο λίπεν ῥόον Ὠκεανοῖο.⟩
Iamque adeo Oceani liquidos pede liquerat amnes.

Compertis a Tiresia vate quae oportuit scire, regreditur ad Circam ab eaque
ut evitet mala cetera edocetur: ut Sirenas praetereat, letalem navigantium
5 cantilenam, ut Scyllam praetervehatur et Charybdin freti Siculi famosa
portenta. quibus malis non sine gravi perpessione superatis Trinacriam
pervehitur, ubi incustodita Solis armenta, frustra prohibente ipso, ceteri socii
penuria cogente dilaniant dirisque prodigiis admissa boum caede terrentur. ac
mox inde navigantes fulmine ad unum omnes intereunt, excepto Ulixe, qui
10 fragmento carinae cohaerens et adminiculo eius adiutus ad Ogygiam insulam
solus enavit.

13

῞Ως ἔφαθ᾽, οἱ δ᾽ ἄρα πάντες ἀκὴν ἐγένοντο σιωπῇ.
Conticuere omnes intentique ora tenebant.

---

10 6 in scorto *Acc.* '*in cod. non multae fidei*', in soraco (sorato *P*) esse *PH*, in sora inesse *Ug.*
10 converterint *H*, converterit *P*, conversi sint *Ug.*
12 7 ubi *H*, ubi et *P*, ubi ea *Ug.*

Enarratis omnibus, quae in multiplici errore pertulerat, a principibus Phaeaciae viris donis plurimis honoratur. ⟨a⟩ quibus remigio et necessariis omnibus navis instruitur dormiensque in Ithacam quietissima navigatione devehitur. 5 atque illic in portu patrio cum muneribus universis quiescens et omnium ignarus exponitur, Phaeacibus eo dormiente remeantibus.

14

Αὐτὰρ ὁ ἐκ λιμένος προσέβη τρηχεῖαν ἀταρπόν.

Egreditur portu tenuis quo semita ducit.

Somno expergitus Ulixes portum et litus patriae non sine animi consternatione cognoscit admiraturque ut advectus, ut expositus, ut relictus sit; ut cuncta nesciens requirit universa donorum. quae postquam incolumia videt, quam 5 potest tutissime occultat consiliisque a Minerva confirmatus ad servum Eumaeum subulcum simulatus accedit, naufragi et mendicantis imitatu. interrogatus deinde quis esset, ait esse se Cresium: in Aegyptum navigantem Troiam fuisse delatum. Eumaeum tum affectione maestissima †pergens et cogente denique vespera et imbre continuo sagulo amicitur: atque ibidem 10 multa secum volvens tandem concedit quieti.

15

Ἡ δ᾽ εἰς εὐρύχορον Λακεδαίμονα Παλλὰς Ἀθήνη.

⟨At⟩ Lacedaemonias arces Tritonia Pallas.

Telemachus a Minerva per somnium commonetur, domum ut rediret, matureque digressus cubili, a Menelao veniam reversionis exorat. qua comiter impetrata regreditur ad navem in portu Pylio manentem Pisistratoque ad 5 urbem atque ad patrem remisso ipse propere solvit e litore, comite navigationis assumpto Theoclymeno vate Argivo, uno ex his quos Melampus Amythaonis erudivit. vitatisque insidiatoribus procis advehitur in patriam et sociis quidem portum petere iussis ipse diverso itinere ad agrum Eumaeumque proficiscitur.

16

Τὼ δ᾽ αὖτ᾽ ἐν κλισίῃ Ὀδυσεὺς καὶ δῖος ὑφορβός.

Commune Eumaeus mapale et divus Ulixes.

13 4 a *ante* quibus *add. ed. Lugd. 1537*
14 5 nesciens *Sch.*, nescierit *PH*, nesciret *Ug.*   8 esse se *PH*, se esse *Ug.*   9 tum *Sch.*, cum *P*, et cum *H*, etiam cum *Ug.*   pergens *PH Ug.*, perurgens *Vin.*, peragens *Sch.*, mergens *Brakman*
15 2 at *Ug.*, *om. PH*, it *Acc.*, ad *ed. Par. 1513*   3–4 matureque *H*, maturoque *P Ug.*
6 patrem *Toll.*, patriam *PH Ug.*, patria *Peip.*   9 diverso *Acc. codd.*, adverso *PH Ug.*

Telemachus Eumaeum nuntium reditus mittit ad matrem: ipse Minerva ita volente patrem cognoscit et cum eo deinceps agenda disponit. Penelopa autem
5 cognito filii reditu in conventum procorum, qua verecundia sinebat, egreditur increpatisque insidiatoribus filii non minus irata quam maesta discedit.

17

Ἦμος δ᾽ ἠριγένεια φάνη ῥοδοδάκτυλος ἠώς.

Iam caelum roseis rutilat Tithonia bigis.

Telemachus anxiae matri ordinem peregrinationis enarrat. Ulixes ad oppidum Eumaeo opitulante perducitur. domum in qua proci epulabantur ingressus
5 emendicat cibos miserabiliter ambiendo. inde ab Antinoo iniuriose afficitur. cui Penelopa diras ob inhumanum facinus imprecatur; a qua missus Eumaeus est, ut hospes (sic enim se ferebat) ad eam provocaretur. tum quidem invitatus gratiam facit, sed venturum sese ad vesperam pollicetur.

18

Ἦλθε δ᾽ ἐπὶ πτωχὸς πανδήμιος, ὃς κατὰ ἄστυ.

Irus adest populo per mendicabula notus.

Mendicante intra lares proprios Ulixe alius quoque pari egestate Irus accessit, popularis Ithacensius, stipes in triviis solitus rogare. iurgium ergo inopiae
5 communis aemulatione conseritur, quod ex verbis processit ad manus, hortantibus procis, quo magis rixa crudesceret, propositoque praemio caprini ventris omento. victor igitur Ulixes seminecem Irum extra ianuam proicit, ridicula adhortatione compellans. Penelopa etiam munera sibi a procis pro opibus cuiusque conferri singulorum studia experiens deposcit: quae mature
10 utpote a cupientibus offeruntur.

19

Αὐτὰρ ὁ ἐν μεγάρῳ ὑπελείπετο δῖος Ὀδυσσεύς.

At parte interiore domus secretus Ulixes.

Ulixes cum Telemacho arma omnia de medio amoliuntur, procis perniciem comparantes, ne quid aut munimenti aut teli relinqueretur qui vel cavere vim

---

16 3 ipse *om. PH*   4 patrem *om. PH*   5 in *om. P*   6 discedit *Avant.*, descendit *PH Ug.*

17 7 ad eam *Avant.*, ad eum *H*, at cum *P*, ad cum *Ug.*

18 2 populo *Heins.*, populi *PH Ug.*, populis *Peip.*

19 3 arma *om. P*   4 quid aut *Ug.*, quidquam *P*, quid autem *H*

vel inferre possent. ad Penelopam deinde accitu ipsius pergit ibique, ut 5
Eumaeo dixerat, Cretensem se esse mentitur Ulixemque apud se hospitio
deversatum comminiscitur. mox cum Euryclia ipsius nutrix hospitalis officii
causa pedes eius elueret, tactu manus animadvertit cicatricem, quam habebat
ex vulnere in Parnaso quondam suis dente percussus. quo argumento
alumnum suum esse cognoscit, sed ab eodem, ne quid ultra vel quaerat vel 10
garriat, coercetur.

20

⟨Αὐτὰρ ὁ ἐν προδόμῳ εὐνάζετο δῖος Ὀδυσσεύς.⟩
[Iamque procos genua amplectens orabat Ulixes.]

... Epulantibus procis Ctesippus in Ulixem crus bubulum iacit, sed destina-
tione non potitur. Theoclymenus autem apud Ithacensios divinationis expertae
imminens procis vaticinatur exitium. quorum multa cavillatione derisus mensa
et domo tamquam furiosus excluditur. 5

21

Τῇ δ' ἄρ' ἐπὶ φρεσὶ θῆκε θεὰ γλαυκῶπις Ἀθήνη.
Hic mentem dedit Icariae Tritonia Pallas.

Ulixes Eumaeo et Philoetio fidei eorum industriaeque confisus qui sit revelat.
et postquam facta cognitio est, caedem procorum pro tempore instrui placet.
quos Ulixes astu aggreditur, ut ipsum quoque intendendo arcum vires seniles
explorare patiantur. quem uni quondam Ulixi facilem si quis intenderet, 5
habiturus esset praemium, ius Penelopae nuptiarum. sed prohibentibus procis,
ne id ridiculus et mendicus auderet quod frustra iuventus tam electa temp-
tasset, dat Telemachus Ulixi ceteris abnuentibus experiendi potestatem. et
hinc nascitur admiratio prima virtutis, dedecore suo ceteris erubescentibus,
quorum ignaviam senex et mendicus arguerit. 10

22

⟨Αὐτὰρ ὁ γυμνώθη ῥακέων πολύμητις Ὀδυσσεύς.⟩
Squalentes umeris habitus reiecit Ulixes.

Ulixes loco ulteriore capto intendit arcum omnibusque foribus occlusis, ne qua
pateret effugium, plerosque vino saucios aut novitate rei stupidos aut quidlibet

5 ad *Avant.*, ad in *PH Ug.*   deinde *P Ug.*, dein *H*, inde *Avant.*   9 quo *Ug.*, qui *PH*
20   *Graeca om. codd.*   3 *ante* Epulantibus *lac. ego*   4 expertae *H*, ex parte *P Ug.*,
expertus *ed. Ald. 1517*
21   3 qui *PH Ug.*, quis *Scal.*
22   3 occlusis *H Ug.*, exclusis *P*

5 aliud meditantes conficit. cum primum omnium confixisset Antinoum, qui
audacia et petulantia ceteros superaverat, Eumaeus et Telemachus et Philoe-
tius sumptis et ipsi armis egregia in consternatos caede grassantur. iamque
omnibus interemptis duobus tantummodo parcitur, Phemio citharoedo, qui
ministerii causa adhibitus nihil omnino in Ulixis domo quod contumeliosum
10 esset ediderat et Medonti praeconi, cuius modestiae etiam Telemachus
suffragatur. qui cum Telemacho erant Melanthium famulorum Ulixis unum,
qui procorum proterviam semper armaverat, cruciabiliter occidunt. puellas
inde duodecim, quae cum procis flagitiose consueverant, suspendio perimunt.
Ulixes caede ad plenum perpetrata ignem adolet incensoque sulphure domum
15 piaculo purgat.

23

⟨Γρηῦς δ᾽ εἰς ὑπερῷ᾽ ἀνεβήσετο καγχαλάωσα.⟩

Chalcidicum gressu nutrix superabat anili.

Euryclia nutrix gestae rei nuntia Penelopam de somno excitat. quae advenien-
tem ad se maritum non temere ⟨sibi⟩ ipsum esse persuadet, ⟨et⟩ quadam
5 cubiculi lege et genialis lectuli positu sibi tantum et Ulixi cognito an ipse sit
maritus explorat. in coetum deinde conveniunt totamque noctem mutuo
sermone consumunt. et hic quidem elegans replicatio laborum, quos Ulixes
pertulit, mira concinnatione colligitur.

24

⟨Ἑρμῆς δὲ ψυχὰς Κυλλήνιος ἐξεκαλεῖτο.⟩

Tartaream vocat in sedem Cyllenius umbras.

Procorum animas recenti et communi caede congestas catervatim Mercurius
ad inferna compellit. tunc circa Agamemnonem manes heroici congregantur
5 miratique lectorum iuvenum congregem densitatem uno agmine commeantum
causas interitionis accipiunt. tum apud inferos quoque virtus Ulixis et
Penelopae pudicitia praedicantur ab Agamemnone prae ceteris, cui dispar
fuerat in utroque fortuna. Ulixes ad Laertem patrem in agrum profectus
inopinato et reditu et rerum gestarum relatu afficit senem: afficitur ab eo
10 cognitis quas exanclasset aerumnis. subinde et patres procorum neces iuvenum

---

9 nihil omnino *Acc.*, nihil minus *P*, nihil *H*, nihilominus *Ug.*   10 praeconi *Acc.*, uni *PH Ug.*
11 suffragatur *H*, suffragatura *P*, suffragabatur et *Ug.*, suffragatur at *Sch.*   cum *Ug.*, cumque *PH*
23 4 sibi *add. Brakman*, se *post* esse *Sch.*   persuadet *PH Ug.*, persuadetur *Hartel*   et
add. Sch.
24 5 commeantum *Graev.*, commeantem *PH Acc.*, comeante *Ug.*   9 afficit *Sch.*, affecit
PH Ug.

properant ultum ire consilioque et vi communicatis ante exspectatum ⟨in⟩
agro superveniunt. sed eos iam comitatior Ulixes fundit fugatque. verum
gliscentibus odiis et maiore seditione aut tumultu spectato ex sententia Iovis in
Ithacam Minerva descendit et conciliata utrimque pace studia et motus
partium rerum gestarum abolitione componit.   15

11 in *add. Sch.*

7. CONSTITUTIONES AUSONIO QUAESTORE EDITAE

The following constitutions were delivered during the time that Ausonius was quaestor.
His influence has long been detected in *C. Th.* 13. 3. 11 and the later *C. Th.* 13. 3. 12,
which concern teachers and doctors respectively; it has recently been argued by Tony
Honoré (whose kind help on this and other legal matters I take this opportunity to
acknowledge) that his imprint is generally apparent in the style and tone of several more
(*ZSS* 103 (1986), 147–50). Honoré draws attention, firstly, to the tendency to postpone
ut, noting that six out of the twelve examples in the *Code* occur in these constitutions;
this feature is indeed common in A. (and no less so in his prose than in his verse), but it
is by no means confined to him. Then there is the similarity of themes of torture,
deformity, and shame from *Cup.* 75–86—the torture is Cupid's, the deformity Priapus',
and the shame Venus'—to themes in no. 26, which threatens treasury officials who
default; but I am not convinced that the similarity is significant, or that an element of
fantasy or poetic licence has intruded into the chilling words of the constitution.
Repeated scrutiny of the texts has yielded only a single verbal resemblance, *esse munificos*
(no. 2, cf. *Grat. Act.* 1). My verdict must therefore be one of not proven, and on the question whether, as Honoré argues (p. 209), 'Ausonius was an elegant draftsman rather than
a good quaestor', *non liquet*. On the role of the quaestor see now Jill Harries, *JRS* 78
(1988), 148–72.

The text of the Theodosian Code is taken from the edition of Mommsen and Meyer
(Berlin, 1905), and manuscript readings from Krueger's apparatus to it; the two items
from Justinian's code are taken from Krueger's *Corpus Iuris Civilis*, ii (Berlin, 1915).
Some abbreviations are expanded; certain or conjectural alterations of date, name, or
office are given in square brackets. There is a translation of the Theodosian Code edited
by C. Pharr (New York, 1953).

I

C. Th. 12. 6. 16. IDEM AAA. VALENTINIANUS, VALENS ET GRATIANUS AD CHILONEM.
Frumenta, quae horreis inferuntur, pro inlationis modo ilico apocharum
cautionibus annotentur. non autem oportet in horreis fiscalibus nisi fiscalia
frumenta constitui. DAT. V ID. APRIL. TREVERIS POST CONS. GRATIANI A. III ET EQUITI V. C.
(9 Apr. 375).   5

2

C. *Th.* 13. 4. 4. IMPPP. VALENTINIANUS VALENS ET GRATIANUS AAA. AD CHILONEM VICARIUM [PROCONSULEM *PLRE*] AFRICAE. Picturae professores, si modo ingenui sunt, placuit neque sui capitis censione neque uxorum aut etiam liberorum nomine tributis esse munificos et ne servos quidem barbaros in censuali
5 adscribtione profiteri, ad negotiatorum quoque conlationem non devocari, si modo ea in mercibus habeant, quae sunt propria artis ipsorum. Pergulas et officinas in locis publicis sine pensione optineant, si tamen in his usum propriae artis exerceant, neve quemquam hospitem inviti recipiant, lege praescribsimus neve pedaneorum iudicum sint obnoxii potestati arbitriumque
10 habeant consistendi in civitate, quam elegerint, neve ad prosecutiones equorum vel ad praebendas operas devocentur; neve a iudicibus ad efficiendos sacros vultus aut publicorum operum expolitionem sine mercede cogantur. Quae omnia sic concessimus, ut, si quis circa eos statuta neglexerit, ea teneatur poena, qua sacrilegi cohercentur. DAT. XII KAL. IUL. TREVIRIS GRATIANO A. III ET
15 EQUITIO CONSS. (20 June 374 [375]).

3

C. *Th.* 13. 6. 7. IDEM AAA. CHILONI PROCONSULI AFRICAE. In his, quae naviculariī vendunt, quoniam intercipere contractum emendi vendendique fas prohibet, emptor naviculariī functionem pro modo portionis comparatae subeat, res enim oneri addicta est, non persona mercantis. Neque naviculariūm ilico
5 iubemus fieri eum, qui aliquid comparavit, sed eam partem quae empta est pro suo modo ac ratione esse munificam. Nec enim totum patrimonium ad functionem naviculariī muneris occupandum erit, quod habuerit qui rei exiguae mercator accessit, sed illa portio, quae ab initio naviculariī fuit, ad pensionem huius functionis sola tenenda est, residuo patrimonio, quod ab hoc
10 vinculo liberum est, otioso et immuni servando. Domos vero, quarum cultu decus urbium potius quam fructus adquiritur, ubi a naviculariīs veneunt, pro tanto modo ad hanc pensionem obligari placet, quantum habebant emolumentum, cum pecunia mutuarentur. Ubi vero spatia loci et exiguitas nullam habuit pensionem aut extructio, cuius est ardua difficilisque molitio aut decus
15 sumptuosum, aut, ut est plerumque liberale institutum, habitationem quis suam ornamento urbis adiecit, nolumus munificentiam quae postea addita est inprobam licitationem aestimationis excipere, sed vetusta potius loci species et pensio cogitetur quam cultus hodiernus, qui per industriam hominis animosi accessit. DAT. III NON. AUG. POST CONS. GRATIANI A. III. ET EQUITI V. C. (3 Aug. 375).

18–19 animosi accessit *codd.*, accessit animosi *ego. dub.*

4

C. Th. 9. 1. 12. IDEM AAA. LAODICIO PRAESIDI SARDINIAE. Neganda est accusatis
licentia criminandi, priusquam se crimine quo premuntur exuerint. Nam
sanctionum veterum conditores adimendam licentiam omnibus censuerunt in
accusatores suos invidiosam dicendi vocem. Nullam itaque obtineat in iudiciis
auctoritatem periclitantium furor, qui si latius evagetur, ne ipse quidem co- 5
gnitor tutus erit aut quaestionem securus agitabit, qui exequendo iuris severitatem non potest illorum quos punit odium evitare. DAT. PRID. ID. AUG. CARNUNTI
GRATIANO A. III ET EQUITIO V. C. CONSS. (12 Aug. 374 [375]).

5

C. Th. 9. 1. 13. IMPPP. VALENS GRATIANUS ET VALENTINIANUS AAA. AD SENATUM. POST
ALIA: Provincialis iudex vel intra Italiam, cum in eius disceptationem criminalis causae dictio adversum senatorem inciderit, intendendi quidem examinis
et cognoscendi causas habeat potestatem, verum nihil de animadversione
decernens integro non causae, sed capitis statu referat ad scientiam nostram vel 5
ad inclytas potestates. Referent igitur praesides et correctores, item consulares,
vicarii quoque, proconsules de capite, ut diximus, senatorio negotii examine
habito. Referant autem de suburbanis provinciis iudices ad praefecturam sedis
urbanae, de ceteris ad praefecturam praetorio. Sed praefecto urbis cognoscenti
de capite senatorum spectatorum maxime virorum iudicium quinquevirale 10
sociabitur et de praesentibus et administratorum honore functis licebit
adiungere sorte ductos, non sponte delectos. ET CETERA. LECTA IN SENATU III ID.
FEB. VALENTE V ET VALENTINIANO AA. CONSS. (11 Feb. 376) [1 Jan. *Seeck*]).

9 cognoscenti *Krueger*, cognoscente *codd.*

6

C. Th. 10. 19. 8. IMPPP. VALENS, GRATIANUS ET VALENTINIANUS AAA. AD SENATUM.
Potestatem eruendi vel exsecandi de privatis lapicidinis iam pridem per
Macedoniam et Illyrici tractum certa sub condicione permisimus. Sed vobis,
patres conscribti, volentibus liberalius deferetur, suo ut quisque sumptu
suoque emolumento, vectigalis operas et portorii damna non metuens, pariat 5
eam copiam. ET CETERA. LECTA IN SENATU ID. AUG. VALENTE V ET VALENTINIANO AA.
CONSS. (13 Aug. 376 [1 Jan. *Seeck*]).

7

C. Th. 15. 1. 19. IMPPP. VALENS, GRATIANUS ET VALENTINIANUS AAA. AD SENATUM. POST
ALIA: Nemo praefectorum urbis aliorumve iudicum, quos potestas in excelso

locat, opus aliquod novum in urbe Roma inclyta moliatur, sed excolendis veteribus intendat animum. Novum quodque opus qui volet in urbe moliri, sua
5 pecunia, suis operibus absolvat, non contractis veteribus emolumentis, non effossis nobilium operum substructionibus, non redivivis de publico saxis, non marmorum frustis spoliatarum aedium deformatione convulsis. LECTA IN SENATU, VALENTE V ET VALENTINIANO AA. CONSS. (376: [1 Jan. *Seeck*, 13 Aug. *Mommsen*]).

4 quodque *Gothofredus*, quoque V

8

C. J. 3. 24. 2. IMPPP. VALENS, GRATIANUS ET VALENTINIANUS AAA. AD SENATUM. Senatores in pecuniariis causis sive in hac urbe sive suburbanis degunt, in iudicio tam praetorianae quam urbicariae praefecturae nec non magistri officiorum (quotiens tamen ad eum nostrae pietatis emanaverit iussio), in
5 provinciis vero ubi larem fovent aut ubi maiorem bonorum partem possident et adsidue versantur respondebunt. DAT. KAL. MART. (1 March 376 [1 Jan. *Seeck*]).

9

C. Th. 15. 7. 3. IMPPP. VALENS, GRATIANUS ET VALENTINIANUS AD HESPERIUM PRO-CONSULEM AFRICAE. Non invidemus, sed potius cohortamur amplectenda felicis populi studia, gymnici ut agonis spectacula reformentur. Verumtamen cum primates viri populi studiis ac voluptatibus grati esse cupiant, promptius
5 permittimus, ut integra sit voluptas, quae volentium celebretur inpensis. DAT. VI ID. MART. TREVIRIS VALENTE V ET VALENTINIANO AA. CONSS. (10 Mar. 376).

10

C. Th. 9. 6. 1. IMPPP. VALENS, GRATIANUS ET VALENTINIANUS AAA. AD MAXIMUM [MAXIMI-NUM] PRAEFECTUM PRAETORIO. Cessent liberti capitalium criminum tumultu et nefariae delationis indiciis auctores libertatis incessere, ita ut tam nefandos conatus ferri aut ignium poena conpescat. PROPOSITA ID. MART. VALENTE V ET
5 VALENTINIANO AA. CONSS. (15 Mar. 376).

11

C. Th. 9. 6. 2. IDEM AAA. AD MAXIMUM [MAXIMINUM] PRAEFECTUM PRAETORIO. Cum accusatores servi dominis intonent, nemo iudiciorum expectet eventus, nihil quaeri, nihil discuti placet, set cum ipsis delationum libellis, cum omni scri-bturarum et meditati criminis apparatu nefandarum accusationum crementur
5 auctores: excepto tamen adpetitae maiestatis crimine, in quo etiam servis honesta proditio est, nam et hoc facinus tendit in dominos. DAT. ID. MART. VALENTE V ET VALENTINIANO AA. CONSS. (15 Mar. 376).

12

C. Th. 9. 19. 4. IMPPP. VALENS, GRATIANUS ET VALENTINIANUS AAA. AD MAXIMINUM PRAEFECTUM PRAETORIO. Damus copiam iurgantibus, si aput iudicem proferatur scribtura, de qua oritur aliqua disputatio, spatium ut habeat qui perurgeat profitendi, utrum de falso criminaliter an de scribturae fide statuat civiliter experiri. Quod si expetens vindictam falsi crimen intenderit, erit in arbitrio 5 iudicantis, an eum sinat etiam sine inscribtione certare. Iudicis enim potestati committi oportet, ut de eo qui obiecta non probaverit sumat propositum antiquo iure supplicium. Rationi quoque huiusmodi plenissime suffragatur antiquitas, quae nequissimos homines et argui voluit et coherceri legibus variis, Cornelia de veneficiis sicariis parricidiis, Iulia de adulteris ambitusve 10 criminibus ceterisve ita promulgatis, ut possit etiam sine inscribtione cognosci, poena tamen accusatorem etiam sine sollemnibus occuparet. De qua re et divus Antoninus rescribsisse docetur, id in iudicis potestate constituens, quod nosmet in legibus iusseramus. Removebitur itaque istius lenitate rescribti praecepti superioris austeritas, ut si quis deinceps tabulas testamenti chiro- 15 grafa testationesque nec non etiam rationes privatas vel publicas, pacta et epistulas vel ultimas voluntates, donationes venditiones vel si quid prolatum aliud insimulare conabitur, habeat praetermissis sollemnibus accusandi facultatem, pro iudicis motu sententiam relaturus. Civilis autem inquisitionis inter utrasque confligentium partes aequali motu ingruit et recurrit humanitas, cum 20 is qui praeerit quaestioni intentiones falsas aut convicta crimina ex legibus poenis conpetentibus possit ulcisci. PROPOSITA ROMAE XVI KAL. MAI. VALENTE V ET VALENTINIANO AA. CONSS. (16 Apr. 376).

10 adulteris *vel* adulteriis *codd.*, adulterii *Krueger*

13

C. Th. 16. 5. 4. IMPPP. VALENS, GRATIANUS ET VALENTINIANUS AAA. AD HESPERIUM PRAEFECTUM PRAETORIO [PROCONSULEM *PLRE*]. Olim pro religione catholicae sanctitatis, ut coetus haeretici usurpatio conquiesceret, iussimus, sive in oppidis sive in agris extra ecclesias, quas nostra pax obtinet, conventus agerentur, publicari loca omnia, in quibus falso religionis obtentu altaria 5 locarentur. Quod sive dissimulatione iudicum seu profanorum inprobitate contigerit, eadem erit ex utroque pernicies. DAT. X KAL. MAI. TREVIRIS VALENTE V ET VALENTINIANO AA. CONSS. (22 Apr. 376 [378 *Seeck*]).

14

C. Th. 16. 2. 23. IMPPP. VALENS, GRATIANUS ET VALENTINIANUS AAA. ARTEMIO, EURYDICO, APPIO, GERASIMO ET CETERIS EPISCOPIS. Qui mos est causarum civilium, idem in negotiis ecclesiasticis obtinendus est: ut, si qua sunt ex quibusdam

dissensionibus levibusque delictis ad religionis observantiam pertinentia, locis
5 suis et a suae dioeceseos synodis audiantur: exceptis, quae actio criminalis ab
ordinariis extraordinariisque iudicibus aut inlustribus potestatibus audienda
constituit. DAT. XVI KAL. IUN. TREVIRIS VALENTE V ET VALENTINIANO I AA. CONSS.
(17 May 376).

15

C. Th. 13. 3. 11. IMPPP. VALENS, GRATIANUS ET VALENTINIANUS AAA. ANTONIO
PRAEFECTO PRAETORIO GALLIARUM. Per omnem dioecesim commissam magnifi-
centiae tuae frequentissimis in civitatibus, quae pollent et eminent claritudine,
praeceptorum optimi quique erudiendae praesideant iuventuti: rhetores
5 loquimur et grammaticos Atticae Romanaeque doctrinae. Quorum oratoribus
viginti quattuor annonarum e fisco emolumenta donentur, grammaticis Latino
vel Graeco duodecim annonarum deductior paulo numerus ex more praestetur, ut singulis urbibus, quae metropoles nuncupantur, nobilium professorum
electio celebretur nec vero iudicemus, liberum ut sit cuique civitati suos
10 doctores et magistros placito sibi iuvare compendio. Trevirorum vel claris-
simae civitati uberius aliquid putavimus deferendum, rhetori ut triginta, item
viginti grammatico Latino, Graeco etiam, si qui dignus reperiri potuerit,
duodecim praebeantur annonae. DAT. X KAL. IUN. VALENTE V ET VALENTINIANO AA.
CONSS. (23 May 376).

7 *post* annonarum *interpunxit Bonner*   9 *post* celebretur *interpunxit Bonner*

16

C. Th. 1. 6. 7. IMPPP. VALENS, GRATIANUS ET VALENTINIANUS AAA. AD RUFINUM PRAE-
FECTUM PRAETORIO. Suis partibus annonae praefectura moderatur, sed ita, ut ex
veterum more praefecto urbis per publicum incedente honoris eius et loci
gratia expensio panis habeatur. Eatenus tamen praefecturam annonae cedere
5 volumus dignitatis fastigio, ut curandi partibus non cedat. Neque tamen
apparitoribus urbanae praefecturae annonarium officium inseratur, sed
apparitorum aemulatione secreta ministerio suo annonae praefectura fungatur,
non ut potentiae subiecta, sed ut negotii sui diligens tantumque se a contemptu
vindicans, quantum non pergat in contumeliam superioris. Praefectura autem
10 urbis cunctis, quae intra urbem sunt, antecellat potestatibus, tantum ex
omnibus parte delibans, quantum sine iniuria ac detrimento alieni honoris
usurpet. DAT. III ID. IUL. VALENTE V ET VALENTINIANO AA. CONSUL. (13 July 376).

17

C. Th. 8. 5. 31. IDEM AAA. AD CATAFRONIUM VICARIUM ITALIAE. Nec mulionibus nec
carpentariis nec mulomedicis cursui publico deputatis mercedem a quoquam

sinceritas tua siverit ministrari, cum iuxta publicam dispositionem annonas et vestem, quam isdem credimus posse sufficere, consequantur. ET CETERA. DAT. XVIII KAL. SEPT. TREVIRIS VALENTINIANO ET VALENTE III AA. CONSS. (15 Aug. 370 [376]). 5

3 siverit *Gothofredus*, fuerit *R*

18

C. Th. 11. 10. 2. IDEM AAA. AD CATAFRONIUM VICARIUM ITALIAE. POST ALIA. Operas ad prosecutionem equorum vel diversorum neminem provincialium praebere permittimus, quia non ignoramus per universas Italiae civitates ... esse quam plurimos et hunc esse morem, ut, quotiens inpares videntur qui ... prosecutionis officio maiore animalium numero repente veniente, tabernariis 5 oppidorum hoc iniungatur obsequium. Causam vero pontis Liquentiae nolumus nostris praeiudicare decretis: videlicet ob reparationem eiusdem aliquis numerus excusatus habeatur, sed ita eum instaurari oportet, ut a possessoribus civitatis eius territorio suo, quotiens usus poposcerit, reforme-tur. DAT. XVIII KAL. SEP. VALENTINIANO ET VALENTE III. AA. CONSS. (15 Aug. 370 [376]). 10

3, 4 *lac. Krueger*

19

C. Th. 9. 35. 2. IDEM AAA. AD ANTONIUM PRAEFECTUM PRAETORIO GALLIARUM. Decuriones sive ob alienum sive ob suum debitum exortes omnino earum volumus esse poenarum, quas fidiculae et tormenta constituunt. Quod quidem capitale iudici erit, si in contumeliam ordinis exitiumque temptetur. Maiestatis tantummodo reos et quae nefanda dictu sunt conscios aut molientes ex ordine 5 municipali maneat tam cruenta condicio. Debitores vero et quos allectos aut susceptores memorant a summo usque ad infimum ordinem curiales exortes talium volumus esse poenarum. Habet severitas multa, quae sumat ad sanciendam publici officii disciplinam, ut abstineat tam cruentis. Plumba-tarum vero ictus, quos in ingenuis corporibus non probamus, non ab omni 10 ordine submovemus, sed decemprimos tantum ordinis curiales ab immanitate huiusmodi verberum segregamus, ita ut in ceteris animadversionis istius habeatur moderatio commonentis. DAT. XV KAL. OCTOB. TREVIRIS VALENTE V ET VALENTINIANO AA. CONSS. (17 Sept. 376).

20

C. Th. 2. 2. 1. IMPPP. VALENS, GRATIANUS ET VALENTINIANUS AAA. AD GRACCHUM PRAEFECTUM URBI. Promiscua generalitate decernimus neminem sibi esse iudicem debere. Cum enim omnibus in re propria dicendi testimonii faculta-tem iura submoverint, iniquum ammodum est licentiam tribuere sententiae. LECTA KAL. DECEMB. VALENTE V ET VALENTINIANO AA. CONSS. (1 Dec. 376). 5

21

C. Th. 9. 35. 3. IMPPP. VALENS, GRATIANUS ET VALENTINIANUS AAA. AD GRACCHUM PRAEFECTUM URBI. Severam indagationem per tormenta quaerendi a senatorio nomine submovemus. DAT. PRID. NON. IAN. TREVIRIS GRATIANO A. IIII ET MEROBAUDE CONSS. (4 Jan. 377).

22

C. Th. 1. 15. 7. IMPPP. VALENS, GRATIANUS ET VALENTINIANUS AAA. ANTONIO PRAEFECTO PRAETORIO. In civilibus causis vicarios comitibus militum convenit anteferri, in militaribus comites vicariis anteponi: quotiensque societas in iudicando contigerit, priore loco vicarius ponderetur, comes adiunctus accedat; si
5 quidem, cum praefecturae meritum ceteris dignitatibus antestet, vicaria dignitas ipso nomine eius se trahere indicet portionem et sacrae cognitionis habeat potestatem et iudicationis nostrae soleat repraesentare reverentiam. DAT. VIII ID. IAN. GRATIANO A. IIII ET MEROBAUDE CONSUL. (6 Jan. 377).

   5 cum *Haenel,* cum ad *A*

23

C. Th. 14. 3. 15. IMPPP. VALENS, GRATIANUS ET VALENTINIANUS AAA. AD GREGORIUM VIRUM CLARISSIMUM PRAEFECTUM ANNONAE. Ne quis umquam praefectus annonae contra suam alienamve sententiam pistorum locum electis permiserit refor-mari, cum praescribtum suum apud iudices obtinere lex debeat, per quam
5 simul adversus decoctorum vitia et utilitati annonae publicae et rerum iudicatarum constantiae providetur. DAT. XIIII KAL. MART. TREVIRIS GRATIANO A. IIII ET MEROBAUDE CONSS. (16 Feb. 377).

24

C. Th. 8. 5. 34. IDEM AAA. AD HESPERIUM PRAEFECTUM PRAETORIO [PROCONSULEM *Seeck*]. Quia in omnibus aliis provinciis veredorum pars quarta reparatur, in proconsulari provincia tantum detur, quantum necessitas postulaverit et quidquid absumptum non fuerit, hoc nec pro debito habeatur nec a provinci-
5 alibus postuletur. Non dubitamus autem plus quam quartam ad reparationem necessariam non esse iumentorum. Praeterea in singulis mutationibus arbi-tramur ternis veredis muliones singulos posse sufficere. Nam ut stabula inpensis publicis extruantur, contra rationem est, cum provincialium sumptu citius arbitremur et utilius adparanda. Iam vero mancipum non ab ordine nec a
10 magistratibus accipienda videntur obsequia, sed ab officio proconsulari qui missione donantur, vel ex aliis officiis, quos idoneos adque emeritos esse constiterit. Non enim inprobabilis haec dispositio est, cum et in suburbicariis

regionibus haec consuetudo servetur. DAT. III KAL. MART. TREVIRIS GRATIANO A. IIII
ET MEROBAUDE CONSS. (27 Feb. 377).

2 quia *codd.*, quamquam *Krueger*

25

C. Th. 16. 2. 24. IDEM AAA. AD CATAFRONIUM. Presbyteros diaconos subdiaconos
adque exorcistas et lectores, ostiarios etiam et omnes perinde, qui primi sunt,
personalium munerum expertes esse praecipimus. DAT. III NON. MART. GRATIANO A.
IIII ET MEROBAUDE V. C. CONSS. (5 Mar. 377).

26

C. Th. 1. 32. 3. IDEM AAA. AD EUCHERIUM COMITEM SACRARUM LARGITIONUM.
Quicumque in largitionibus nostris quocumque nomine atque apparitiones
procurans nanctus fuerit administrationem ratiociniis obnoxiam, primum
maxime idoneis satisdatoribus datis adfectatum munus incipiat; deinde
⟨abiens intra⟩ triginta dies in his thesauris, qui negotii sunt minoris, intra 5
quinquaginta autem in his, qui maiorum sunt, chartas et ratiocinia cuncta
restituat; plane conscriptum susceptoribus tradat, quid susceperit, quid
erogaverit, quid in thesauris conditum maneat. quamvis autem ilico tradi
suscepta conveniat, tamen quoniam quibusdam casibus po…scribtum et
pecuniam minorem intra triginta dies, cetera intra quattuor menses, quae in 10
conditis esse oportet, successori, qui advenerit, adnumerari conveniet. Quod si
tantulum aliquid repperietur etiam per eum, qui decedit, fuisse dilatum, specie
honoris exactus exauctoratusque omni pristina dignitate verberum supplicia
digna et pro moribus tormenta sustineat, eo usque deformia et pudenda
passurus, donec omnis integritas largitionum nostrarum conditis inferatur. 15
Quae condicio ad procuratores textrinorum et monetariorum et vectigalium
praepositos pertinebit. DAT. IIII KAL. APRIL. TREVIRIS GRATIANO A. IIII ET MEROBAUDE
CONSS. (29 Mar. 377).

7 susceperit *Krueger*, sustenerit *T*   13 exactus *T*, exutus *Haenel*

27

C. Th. 1. 32. 2. IMPPP. VALENS, GRATIANUS ET VALENTINIANUS AAA. AD HESPERIUM
PROCONSULEM AFRICAE. Officiis rerum salutisque volumus propositum esse
discrimen, quod non ambigant per se domus nostrae compensanda esse
dispendia, nisi eiusmodi fideiussoribus datis administratores admiserint,
quorum sint idoneae facultates, ad quas facto recursu iacturam declinare 5
possumus, si quid in detrimentum rei privatae nostrae administratorum fraus
et avaritia conmiserint. DAT. VIII⟨ID.⟩ IUL. TREVIRIS POST CONSULATUM VALENTIS V ET
VALENTINIANI AA. (8 July 377).

28

C. J. 11. 66. 3. IMPPP. GRATIANUS, VALENTINIANUS ET THEODOSIUS AAA. AD HESPERIUM PROCONSULEM AFRICAE. Quicumque possessionem rei privatae nostrae acceptam suo nomine vel iure perpetuo vel titulo conductionis ei crediderit esse tradendam, qui pensare utilitatem patrimonii nostri solvendo non valeat, is pro eo
5 quem succedaneum subrogavit perpetuae solutioni statuatur obnoxius (?8 July 377).

29

C. Th. 1. 16. 13. IMPPP. VALENS, GRATIANUS ET VALENTINIANUS AAA. AD ANTONIUM PRAEFECTUM PRAETORIO. Ne quis domum iudicis ordinarii postmeridiano tempore ex occasione secreti ingredi familiariter affectet eiusdem dumtaxat provinciae, sive notus iudici sive etiam ignotus, gesti tamen honoris auctori
5 tatem praeferens. DAT. V KAL. AUG. MOGONTIACO GRATIANO A. IIII ET MEROBAUDE CONSS. (28 July 377).

4 gesti *Krueger*, gestet *Pith. ex codice deperdito*, est et *Cuiacius*

30

C. Th. 11. 2. 3. IMPPP. VALENS, GRATIANUS ET VALENTINIANUS AAA. AD PROBIANUM PRAEFECTUM URBI. Vinum, quod sollemnis expressio popularibus commodis ex provincialium collectione desiderat, ilico suscipiatur advectum, ut erogationis pro tempore cura praestetur et ea vina populi usibus erogentur, quae natura
5 sua processum temporis ferre non possunt. Quod peraeque in omni vino, quod ex urbicaria regione confertur, observandum esse censemus. DAT. XV KAL. OCTOB. TREVIRIS GRATIANO A. IIII ET MEROBAUDE CONSS. (17 Sept. 377).

4 et ea *Gothofredus*, ut ea *V*

31

C. Th. 16. 6. 2. IMPPP. VALENS, GRATIANUS ET VALENTINIANUS AAA. AD FLAVIANUM [FLORIANUM *C. Just.*] VICARIUM AFRICAE [ASIAE]. Eorum condemnamus errorem, qui apostolorum praecepta calcantes Christiani nominis sacramenta sortitos alio rursus baptismate non purificant, sed incestant, lavacri nomine polluentes.
5 Eos igitur auctoritas tua erroribus miseris iubebit absistere ecclesiis, quas contra fidem retinent, restitutis catholicae. Eorum quippe institutiones sequendae sunt, qui apostolicam fidem sine intermutatione baptismatis probaverunt. Nihil enim aliud praecipi volumus, quam quod evangeliorum et apostolorum fides et traditio incorrupta servavit, sicut lege divali parentum
10 nostrorum Constantini Constanti Valentiniani decreta sunt. Sed plerique expulsi de ecclesiis occulto tamen furore grassantur, loca magnarum domorum

seu fundorum inlicite frequentantes; quos fiscalis publicatio conprehendet, si piaculari doctrinae secreta praebuerint, nihil ut ab eo tenore sanctio nostra deminuat, qui dato dudum ad Nitentium praecepto fuerat constitutus. Quod si errorem suum diligunt, suis malis domesticoque secreto, soli tamen, foveant 15 virus impiae disciplinae. DAT. XVI KAL. NOV. CONSTANTINOPOLI GRATIANO A. IIII ET MEROBAUDE CONSS. (17 Oct. 377).

8. QUINTI CICERONIS VERSUS

This fragment, found in V after *Ecl.* 17, is the work not of Ausonius but of Q. Cicero; this is made clear by the superscription, presumably written by Ausonius when he transcribed the verses as material germane to some of his *Eclogues.* The last four lines of the fragment do not cohere with what precedes, but their style and content is similar. There is no similarity to Ausonius' more jejune treatments of such topics.

Quinti Ciceronis hi versus eo pertinent, ut quod signum quo tempore illustre sit noverimus. Quod superius quoque nostris versibus expeditur.

> Flumina verna cient obscuro lumine Pisces
> curriculumque Aries aequat noctisque dieique,
> cornua quem condunt florum praenuntia Tauri.
> aridaque aestatis Gemini primordia pandunt
> longaque iam minuit praeclarus lumina Cancer 5
> languificosque Leo proflat ferus ore calores.
> post modium quatiens Virgo fugat orta vaporem.
> autumni reserat portas aequatque diurna
> tempora nocturnis dispenso sidere Libra.
> effetos ramos denudat flamma Nepai. 10
> pigra Sagittipotens iaculatur frigora terris.
> bruma gelu glacians †iubar est spirans† Capricorni.
> quam sequitur nebulas rorans liquor altus Aquari.
> tanta supra circaque vigent †umi flumina mundi.
> at dextra laevaque ciet rota fulgida Solis 15
> mobile curriculum et Lunae simulacra feruntur.

> * * * * *

> squama sub aeterno conspectu torta Draconis
> eminet. hunc infra fulgentes Arcera septem

1 flumina *V,* flamina *Wakefield*   3 condunt *Scal.,* comunt *V*   6 languificosque *Pith.,* languificusque *V*   10 effetos *Pith.,* et fetos *V*   12 iubar est spirans *V,* iubare expirat *Ianus Helvetius, alia alii   post* 13 *lac. Sch. dub.*   14 vigent umi flumina *V,* v. ubi flumina *Scal.,* urgentur lumina *Buecheler,* v. vi flamina *Riese,* v. haec lumina *Buechner*   17 aeterno *V,* arctoo *Scal.,* aetherio vel alterno *Heins.*   18 infra *Buecheler,* inter *V,* propter *Riese,* subter *Peip. dub.*

magna quatit stellas, quam servans serus in alta
conditur Oceani ripa cum luce Bootes.   20

20 conditur . . . ripa . . . bootes *Canter*, conditor . . . ripas . . . bootis *V*

APPENDIX B

1. EPISTULA THEODOSI AUGUSTI

This is the ingratiating letter from the emperor Theodosius to which Ausonius responded in *Praef.* 3. It is transmitted only in PH.

Amor meus qui in te est et admiratio ingenii atque eruditionis tuae, quae multo maxima sunt, fecit, parens iucundissime, ut morem principibus aliis solitum sequestrarem familiaremque sermonem autographum ad te transmitterem, postulans pro iure non equidem regio, sed illius privatae inter nos caritatis, ne fraudari me scriptorum tuorum lectione patiaris. quae olim mihi cognita et iam 5 per tempus oblita rursum desidero, non solum ut quae sunt nota recolantur, sed etiam ut ea quae fama celebri adiecta memorantur accipiam. quae tu de promptuario scriniorum tuorum, qui me amas, libens imperties, secutus exempla auctorum optimorum, quibus par esse meruisti, qui Octaviano Augusto rerum potienti certatim opera sua tradebant, nullo fine in eius 10 honorem multa condentes. qui illos haud sciam an aequaliter atque ego te admiratus sit, certe non amplius diligebat. vale parens.

2. SYMMACHUS AUSONIO

This letter, *Ep.* 1. 31 in the editions of Seeck and Callu, elicited *Ep.* 12; the letter to which it replies is lost, and the circumstances of the disagreement mentioned by Symmachus are unclear. The sigla are explained in the introduction to the commentary on *Ep.* 12.

Merum mihi gaudium eruditionis tuae scripta tribuerunt, quae Capuae locatus accepi. erat quippe in his oblita Tulliano melle festivitas et sermonis mei non tam vera quam blanda laudatio. quid igitur magis mirer, sententiae incertus addubito, ornamenta oris an pectoris tui. quippe ita facundia antistas ceteris ut sit formido rescribere; ita benigne nostra comprobas ut libeat non tacere. si 5 plura de te praedicem, videbor mutuum scabere et magis imitator tui esse alloquii quam probator. simul quod ipse nihil ostentandi gratia facis, verendum est genuina in te bona tamquam affectata laudare. unum hoc tamen a nobis indubitata veritate cognosce, neminem esse mortalium quem prae te diligam; sic vadatum me honorabili amore tenuisti. sed in eo mihi verecundus 10

1   2 solitum *Avant.*, solitus *PH*   12 sit *H Avant.*, scit *P*
2   1 merum *VH*, verum *Pσ*   mihi gaudium *VPH*, gaudium mihi *σ*   6 scabere *Vac Hρ*, scalpere *Vpc*, scribere *Pπ*

nimio plus videre, quod libelli tui arguis proditorem. nam facilius est ardentes
favillas ore comprimere quam luculenti operis servare secretum. cum semel a
te profectum carmen est, ius omne posuisti. oratio publicata res libera est. an
vereris aemuli venena lectoris, ne libellus tuus admorsu duri dentis uratur?
15 tibi uni ad hoc locorum nihil gratia praestitit aut dempsit invidia. ingratis
scaevo cuique proboque laudabilis es. proinde cassas dehinc seclude formi-
dines et indulge stilo, ut saepe prodaris. certe aliquod didascalicum seu
protrepticum nostro quoque nomini carmen adiudica. fac periculum silentii
mei, quod etsi tibi exhibere opto, tamen spondere non audeo. novi ego quae sit
20 prurigo emuttiendi operis quod probaris. nam quodam pacto societatem laudis
affectat, qui aliena bene dicta primus enuntiat. eapropter in comoediis summ-
matim quidem gloriam scriptores tulerunt; Roscio tamen atque Ambivio
ceterisque actoribus fama non defuit. ergo tali negotio expende otium tuum et
novis voluminibus ieiunia nostra sustenta. quod si iactantiae fugax garrulum
25 indicem pertimescis, praesta etiam tu silentium mihi, ut tuto simulem nostra
esse quae scripseris. vale.

3. AUSONIO PAULINUS

As argued in the Introduction to *Epp.* 21–4, the first of these letters (*c.* 10 in Hartel's edition of Paulinus) replies to *Epp.* 21–2, the second (*c.* 11) to *Ep.* 23. There is an annotated
translation of these remarkable poems in ACW 40 (New York, 1975) by P. G. Walsh.
The same sigla are used here as in the *apparatus* to Ausonius' letters.

Quarta redit duris haec iam messoribus aestas
    et totiens cano bruma gelu riguit,
ex quo nulla tuo mihi littera venit ab ore,
    nulla tua vidi scripta notata manu,
ante salutifero felix quam charta libello   5
    dona negata diu multiplicata daret.
trina etenim vario florebat epistula textu,
    et numerosa triplex pagina carmen erat.
dulcia multa modis, quaedam subamara querellis,
    anxia censurae, miscuerat pietas.   10
sed mihi mite patris plus quam censoris acerbum
    sedit et e blandis aspera penso animo.
ista suo regerenda loco tamen et graviore
    vindicis heroi sunt agitanda sono.
interea levior paucis praecurret iambus   15
    discreto referens mutua verba pede.

---

13 res *om. VPH*   14 admorsu *VH*, a morsu *Pρ*, admorsum *π*   15 ingratis *VH*ac, ingratus *σH*pc, ignatis *P*   26 vale *om. σ*

3   1–18 *om. SA*   8 et *Hartel*, sed *codd.* (set *V*)   9 multa modis *VN*, multimodis *PH*

nunc elegi salvere iubent dictaque salute,
    ut fecere aliis orsa gradumque, silent.
quid abdicatas in meam curam, pater,
    redire Musas praecipis?   20
negant Camenis nec patent Apollini
    dicata Christo pectora.
fuit ista quondam non ope sed studio pari
    tecum mihi concordia
ciere surdum Delphica Phoebum specu,   25
    vocare Musas numina
fandique munus munere indultum dei
    petere e nemoribus aut iugis;
nunc alia mentem vis agit, maior deus,
    aliosque mores postulat,   30
sibi reposcens a suo munus suum,
    vivamus ut vitae patri.
vacare vanis, otio aut negotio,
    et fabulosis litteris
vetat, suis ut pareamus legibus   35
    lucemque cernamus suam,
quam vis sophorum callida arsque rhetorum et
    figmenta vatum nubilant,
qui corda falsis atque vanis imbuunt
    tantumque linguas instruunt,   40
nihil afferentes, ut salutem conferant
    aut veritatem detegant.
quod enim tenere vel bonum aut verum queunt,
    qui non tenent summae caput,
veri bonique fomitem et fontem deum,   45
    quem nemo nisi in Christo videt?
hic veritatis lumen est, vitae via,
    vis mens manus virtus patris,
sol aequitatis, fons bonorum, flos dei,
    natus deo, mundi sator,   50
mortalitatis vita nostrae et mors necis,
    magister hic virtutium;
deusque nobis atque pro nobis homo
    nos induendus induit,
aeterna iungens homines inter et deum   55

27 munere indultum *VNPH*, munere inductum *A*, munerem ductum *S*   28 petere e nemoribus *S*, petere nemoribus *A*, petere fonte nemoribus *VN*, petere fonte nemore *PH*   31 a suo
Hartel, ab homine *codd.*   41 nihil afferentes *NPH*, nil afferentes *V*, nihil ferentes *SA*
42 aut veritatem detegant *ego*, aut veritatem non tegant *SA*, quod veritatem detegat *VNPH*, aut
veritate nos tegant *Hartel*   54 induendus *VSA*, induendos *N*, induendo *PH*

in utrumque se commercia.
hic ergo nostris ut suum praecordiis
    vibraverit caelo iubar,
absterget aegrum corporis pigri situm
    habitumque mentis innovat;   60
exhaurit omne quod iuvabat antea
    castae voluptatis vice
totusque nostra iure domini vindicat
    et corda et ora et tempora;
se cogitari intelligi credi legi,   65
    se vult timeri et diligi.
aestus inanes, quos movet vitae labor
    praesentis aevi tramite,
abolet futurae cum deo vitae fides.
    quae quas videmur spernere   70
non ut profanas abicit aut viles opes,
    sed ut magis caras monet
caelo reponi creditas Christo deo,
    qui plura promisit datis,
contempta praesens vel mage deposita sibi   75
    multo ut rependat faenore;
sine fraude custos aucta creditoribus
    bonus aera reddet debitor
multaque spretam largior pecuniam
    restituet usura deus.   80
huic vacantem vel studentem et deditum,
    in hoc reponentem omnia
ne, quaeso, segnem neve perversum putes
    nec crimineris impium.
pietas abesse Christiano qui potest?   85
    namque argumentum mutuum est
pietatis, esse Christianum, et impii,
    non esse Christo subditum.
hanc cum tenere discimus, possum tibi
    non exhibere, id est patri,   90
cui cuncta sancta iura, cara nomina,
    debere me voluit deus?
tibi disciplinas dignitatem litteras,
    linguae togae famae decus

56 in utrumque *SA*, utrumque *V*, interutrumque *NPH*, in utroque *Hartel*   69 futurae *PH* (-e *H*), futura *VNSA*   70 videmur *NSA*, videmus *VPH*   73 caelo *VNSA*, caelis *PH* 77 sine *PH*, sic *NSA*, ne *V*   78 reddet *NSA*, reddit *VP*, redit *H*   80 restituet *NPHSA*, restituit *V*

provectus altus institutus debeo,   95
  patrone praeceptor pater.
sed cur remotus tam diu degam arguis
  pioque motu irasceris:
conducit istud aut necesse est aut placet,
  veniale quicquid horum erit.   100
ignosce amanti, si geram quod expedit;
  gratare, si vivam ut libet.

defore me patriis tota trieteride terris,
atque alium legisse vagis erroribus orbem,
culta prius vestrae oblitum consortia vitae,   105
increpitas sanctis mota pietate querellis.
amplector patrio venerandos pectore motus
et mihi gratandas salvis affectibus iras;
sed reditum inde meum, genitor, te poscere mallem
unde dari possit. revocandum me tibi credam,   110
cum steriles fundas non ad divina precatus,
Castalidis supplex averso numine Musis?
non his numinibus tibi me patriaeque reduces.
surda vocas et nulla rogas (levis hoc feret aura
quod datur in nihilum) sine numine nomina Musas;   115
irrita ventosae rapiunt haec vota procellae,
quae non missa deo vacuis in nubibus haerent
nec penetrant superi stellantem regis in aulam.
si tibi cura mei reditus, illum aspice et ora,
qui tonitru summi quatit ignea culmina caeli,   120
qui trifido igne micat nec inania murmura miscet
quique satis caelo soles largitur et imbres,
qui super omne quod est ⟨et⟩ in omni totus ubique
omnibus infuso rebus regit omnia Christo,
quo mentes tenet atque movet, quo tempora nostra   125
et loca disponit. quod si contraria votis
constituat nostris, prece deflectendus in illa est
quae volumus.
                 quid me accusas? si displicet actus

95 altus *PHSA*, auctus *VN*   100 erit *ed. pr. Paulini*, est *codd.*, inest *Zechmeister*
101 amanti *PH*, amens *VN*, amans *SA*, amans mi *Hartel*, clemens *Zechm.*   *post 107 vv. 176–*
277 SA   110 possit *VNPH*, posset *SA*   113 numinibus *VNPH*, nominibus *SA*
reduces *Rosweyd*, reducis *codd.*   115 numine nomina *NPH*, numine nomine *V*, nomine nomina *SA*, numine numina *ego dub.*   116 vota *VNSA*, verba *PH*   123 et *add. Zechm.*
omni *PHSA*, omnia *VN*   124 infuso *NPHSA*, infusus *V*   Christo *PHSA*, Christus *VN*
125 quo ... quo *PHS*, qui ... qui *VN*, quo ... qui *A*   127 nostris *VNH*, nostri *PSA*

quem gero agente deo, prius est, si fas, reus auctor,
cui placet aut formare meos aut vertere sensus.   130
nam mea si reputes quae pristina, quae tibi nota,
sponte fatebor eum modo me non esse sub illo
tempore qui fuerim, quo non perversus habebar
et perversus eram, falsi caligine cernens,
stulta deo sapiens et mortis pabula vivens.   135
quo magis ignosci mihi fas, quia promptius ex hoc
agnosci datur a summo genitore novari
quod non more meo geritur; non, arbitror, istic
confessus dicar mutatae in prava notandum
errorem mentis, quoniam sim sponte professus   140
me non mente mea vitam mutasse priorem.
mens nova mi, fateor, mens non mea, non mea quondam,
sed mea nunc auctore deo, qui si quid in actu
ingeniove meo sua dignum ad munia vidit,
gratia prima tibi, tibi gloria debita cedit,   145
cuius praeceptis partum est quod Christus amaret.
quare gratandum magis est tibi quam queritandum,
quod tuus ille, tuis studiis et moribus ortus,
Paulinus, cui te non infitiare parentem,
—nec modo, cum credis perversum—sic mea verti   150
consilia, ut sim promeritus Christi fore, dum sum
Ausonii; feret ille tuae sua praemia laudi
deque tua primum tibi deferet arbore fructum.
    unde precor meliora putes nec maxima perdas
praemia detestando tuis bona fontibus orta.   155
non etenim mihi mens demens neque participantum
vita fugax hominum, Lyciae quam scribis in antris
Pegaseum vixisse equitem, licet avia multi
numine agente colant, clari velut ante sophorum
pro studiis musisque suis, ut nunc quoque castis   160
qui Christum sumpsere animis agitare frequentant,
non inopes animi neque de feritate legentes
desertis habitare locis, sed in ardua versi
sidera spectantesque deum verique profunda
perspicere intenti—de vanis libera curis   165
otia amant strepitumque fori rerumque tumultus

---

129 si fas *SA*, fiat *VNH*, ut fiat *P*   133 quo *NPHSA*, qui *V*   135 stulta deo sapiens *SA*,
stulte desipiens *V*, stulta di sapiens *N*, stulta dum sapiens *P*, stulta dei sapiens *H*   152 feret
NPHSA, fert *V*   156 mens demens *SA*, mens vaga est *VN*, mens vaga *PH*, mens vaga sed *Ros-*
weyd   157 quam *Wiman*, qua *codd.*   antris *VNPH*, agris *SA*   160 ut *VNSA*, et *PH*
166–331 *om. H*

cunctaque divinis inimica negotia donis
et Christi imperiis et amore salutis abhorrent
speque fideque deum sponsa mercede sequuntur,
quam referet certus non desperantibus auctor,   170
si modo non vincant vacuis praesentia rebus
quaeque videt spernat, quae non videt ut mereatur
secreta ignitus penetrans caelestia sensus.
namque caduca patent nostris, aeterna negantur
visibus, et nunc spe sequimur quod mente videmus,   175
spernentes varias, rerum spectacula, formas
et male corporeos bona sollicitantia visus.
attamen haec sedisse illis sententia visa est,
tota quibus iam lux patuit verique bonique,
venturi aeternum saecli et praesentis inane;   180
at mihi, non eadem cui gloria, cur eadem sit
fama? fides voti par est, sed amoena colenti
nunc etiam et blanda posito locupletis in acta
litoris unde haec iam tam festinata locorum
invidia est? utinam iustus me carpere livor   185
incipiat, Christi sub nomine probra placebunt.
non patitur tenerum mens numine firma pudorem,
et laus hic contempta redit mihi iudice Christo.
   ne me igitur, venerande parens, his ut male versum
increpites studiis neque me vel coniuge carpas   190
vel mentis vitio; non anxia Bellerophontis
mens est, nec Tanaquil mihi, sed Lucretia, coniunx.
nec mihi nunc patrii est, ut vis, oblivio caeli,
qui summum suspecto patrem, quem qui colit unum
hic vere memor est caeli. crede ergo, pater, nos   195
nec caeli immemores nec vivere mentis egentes
humanisque agitare locis. studia ipsa piorum
testantur mores hominum; nec enim impia summum
gens poterit novisse deum. sint multa locorum,
multa hominum studiis inculta, expertia legum,   200
quae regio agresti ritu caret? aut quid in istis
improbitas aliena nocet? quid tu mihi vastos
Vasconiae saltus et ninguida Pyrenaei
obicis hospitia, in primo quasi limine fixus
Hispanae regionis agam nec sit locus usquam   205

178 haec sedisse illis *Pulm.*, haec illi sedisse *A*, haec illis aedisse *S*, haec illis edi *VN*, haec illis
. . . (*spatium septem fere litt.*) *P*   193 est ut vis *P*, visa est *V*, est visa *NSA*, est ut visa *Peip.*
195 vere *NPSA*, veri *V*   201 agresti *VNSA*, agrestis *P*   in istis *PSA*, honestis *VN*
202 quid *edd. Paul.*, quod *VNPSA*, quo *Heins.*

rure vel urbe mihi, summum qua dives in orbem
usque patet mersos spectans Hispania soles?
sed fuerit fortuna iugis habitasse latronum,
num lare barbarico rigui, mutatus in ipsos
inter quos habui socia feritate colonos?　　　　　　　　　　210
non recipit mens pura malum neque levibus haerent
inspersae fibris maculae; sic Vascone saltu
quisquis agit purus sceleris vitae integer aevum,
nulla ab inhumano morum contagia ducit
hospite. sed mihi cur sit ab illo nomine crimen,　　　　　215
qui diversa colo, ut colui, loca iuncta superbis
urbibus et laetis hominum celeberrima cultis?
ac si Vasconicis mihi vita fuisset in oris,
cur non more meo potius formata ferinos
poneret in nostros migrans gens barbara ritus?　　　　　220
nam quod in eversis habitacula ponis Hibera
urbibus et deserta tuo legis oppida versu
montanamque mihi Calagurrim et Birbilim acutis
pendentem scopulis collemque iacentis Ilerdae
exprobras, velut his habitem laris exul et urbis　　　　　225
extra hominum tecta atque vias—an credis Hiberae
has telluris opes, Hispani nescius orbis,
quo gravis ille poli sub pondere constitit Atlans,
ultima nunc eius mons portio metaque terrae,
discludit bimarem celso qui vertice Calpen?　　　　　230
Birbilis huic tantum, Calagurris, Ilerda notantur,
Caesarea est Augusta cui, ⟨cui⟩ Barcino amoena
et capite insigni despectans Tarraco pontum?
quid numerem egregias terris et moenibus urbes,
qua geminum felix Hispania tendit in aequor,　　　　　235
qua Baeti Oceanum Tyrrhenumque auget Hibero
lataque distantis pelagi divortia complet,
orbe suo finem ponens in limite mundi?
　　an tibi, o domine illustris, si scribere sit mens
qua regione habites, placeat reticere nitentem　　　　　240
Burdigalam et piceos malis describere Boios?

212 sic *SA*, si *VNP*　　　213 vitae *ego*, vitam *VNPS*, vita *A*　　　aevum *ego*, aequo *VNS*, eqo (o *sup. lin.*) *A*, om. *P*, aevi *Heins.*, aequus *Zechm.*, aeque *Peip.*　　　221 quod *codd.*, quid *ego dub.* 228 quo *codd.*, qua *Sh. B.*　　　229 nunc eius *codd.*, Marmaricae *Sh. B.*　　　232 cui cui *ed. pr.* *Paulini*, cui *codd.*　　Barchino *SA* (-thino *S*), Barcinus *VNP* (-innus *P*)　　　235 qua *Acc.*, quas *codd.*　　　236 qua *codd.*, quae *Sh. B.*　　Beti *Lebrun*, Betis *codd.*　　Hibero *SA*, Hiberus *VNP* 239 an *codd.*, anne *Heins.*　si *V*, sic *N*, om. *PSA*　　　241 malis *ed. Par. 1551*, mallis *VNSA*, malum *P*

cumque Maroialicis tua prodigis otia thermis
inter et umbrosos donas tibi vivere lucos,
laeta locis et mira colens habitacula tectis,
nigrantesne casas et texta mapalia culmo   245
dignaque pellitis habitas deserta Bigerris?
quique superba potens contemnis moenia Romae
consul, harenosos non dedignare Vasatas?
vel quia Pictonicis tibi fertile rus viret arvis,
Raraunum Ausonias heu devenisse curules   250
conquerar et trabeam veteri sordescere fano,
quae tamen augusta Latiaris in urbe Quirini
Caesareas inter parili titulo palmatas
fulget inattrito longum venerabilis auro,
florentem retinens meriti vivacis honorem?   255
aut cum Lucani retineris culmine fundi,
aemula Romuleis habitans fastigia tectis,
materiam praebente loco, qui proxima signat,
in Condatino diceris degere vico?
multa iocis pateant: liceat quoque ludere fictis,   260
sed lingua mulcente gravem interlidere dentem,
ludere blanditiis urentibus, et male dulces
fermentare iocos satirae mordacis aceto,
saepe poetarum, numquam decet esse parentum.
namque fides pietasque petunt, ut quod mala nectens   265
insinuat castis fama auribus, hoc bona voti
mens patris affigi fixumque haerescere cordi
non sinat. et vulgus scaevo rumore malignum
ante habitos mores, non semper flectere vitam
crimen habet; namque est laudi bene vertere. cum me   270
immutatum audis, studium officiumque require.
si pravo rectum, si religiosa profanis,
luxurie parcum, turpi mutatus honestum,
segnis iners obscurus ago, miserere sodalis
in mala perversi; blandum licet ira parentem   275
excitet, ut lapsum rectis instauret amicum
moribus et monitu reparet meliora severo.
at si forte itidem, quod legi et quod sequor, audis
corda pio vovisse deo, venerabile Christi
imperium docili pro credulitate sequentem   280

242 maroialicis *ed. Par. 1551*, maiora litis *P*, marolalici *V*, marogalicis *N*, marota lucis *A*, maiora lacis *S*   247 potens *SA*, altae *VN*, tuae *P*   248 harenosos *Hartel*, harenosas *codd.* 250 rara unum *VNP*, rara annum *SA*   Ausonias heu *VNP* (eu *P*), ausonia seu *SA* 265 mala *VNS*, male *PA*

persuasumque dei monitis aeterna parari
praemia mortali damnis praesentibus empta,
non reor id sancto sic displicuisse parenti
mentis ut errorem credat sic vivere Christo
ut Christus sanxit.

          iuvat hoc nec paenitet huius   285
erroris. stultus diversa sequentibus esse
nil moror, aeterno mea dum sententia regi
sit sapiens. breve, quicquid homo est, homo corporis aegri
temporis occidui, et sine Christo pulvis et umbra;
quod probat aut damnat tanti est quanti arbiter ipse.   290
ipse obit atque illi suus est comitabilis error,
cumque suo moriens sententia iudice transit.
at nisi dum tempus praesens datur anxia nobis
cura sit ad domini praeceptum vivere Christi,
sera erit exutis homini querimonia membris,   295
dum levia humanae metuit convicia linguae,
non timuisse graves divini iudicis iras,
quem patris aeterni solio dextraque sedentem,
omnibus impositum regem et labentibus annis
venturum, ut cunctas aequato examine gentes   300
iudicet et variis referat sua praemia gestis,
credo equidem et metuens studio properante laboro,
si qua datur, ne morte prius quam crimine solvar.
    huius in adventum trepidis mihi credula fibris
corda tremunt gestitque anima, id iam cauta futuri   305
praemetuens, ne vincta aegris pro corpore curis
ponderibusque gravis rerum, si forte recluso
increpitet tuba vasta polo, non possit in auras
regis ad occursum levibus se tollere pinnis,
inter honora volans sanctorum milia caelo,   310
qui per inane leves neque mundi compede vinctos
ardua in astra pedes facili molimine tollent
et teneris vecti per sidera nubibus ibunt,
caelestem ut medio venerentur in aere regem
claraque adorato coniungant agmina Christo.   315
hic metus est, labor iste, dies ne me ultimus atris
sopitum tenebris sterili deprendat in actu,
tempora sub vacuis ducentem perdita curis.

283 sancto *NPSA*, sano *V*   285–331 *om. P*   288 homo est homo *VN*, homo est *SA*,
homo est, est *Hartel*   293 at *SA*, et *VN*   295 homini *VS*, hominum *NA*   316 atris
SA, acris *VN*

nam quid agam, lentis si dum coniveo votis
Christus ab aetheria mihi proditus arce coruscet   320
et subitis domini caelo venientis aperto
praestrictus radiis obscurae tristia noctis
suffugia illato confusus lumine quaeram?
quod mihi ne pareret vel diffidentia veri
vel praesentis amor vitae rerumque voluptas   325
curarumque labor, placuit praevertere casus
proposito et curas finire superstite vita
communique deo ventura in saecula fretum
exspectare trucem securo pectore mortem.
si placet hoc, gratare tui spe divite amici;   330
si contra est, Christo tantum me linque probari.

4. AUSONIO PAULINUS

Continuata meae durare silentia linguae
te numquam tacito memoras placitamque latebris
desidiam exprobras neglectaeque insuper addis
crimen amicitiae formidatamque iugalem
obicis et durum iacis in mea viscera versum.   5
parce, precor, lacerare tuum, nec amara paternis
admiscere velis ceu melle absinthia verbis.
cura mihi semper fuit et manet officiis te
omnibus excolere, affectu observare fideli.
non umquam tenui saltem tua gratia naevo   10
commaculata mihi est; ipso te laedere vultu
semper et incauta timui violare figura.
cumque tua accessi, venerans mea cautius ora
composui et laeto formavi lumine frontem,
ne qua vel a tacito contractam pectore nubem   15
duceret in sanctum suspicio falsa parentem.
hoc mea te domus exemplo coluitque colitque
inque tuum tantus nobis consensus amorem est,
quantus et in Christum conexa mente colendum.
quis tua, quaeso, tuis obduxit pectora livor?   20

---

328 communique *SA*, communesque *VN*, commissisque *Rosweyd*, communemque (adeo) *Peip.* fretum *Hartel*, rebus *VSA*, ribus *N*

4 7 melle *NPHSA*, melli *V*   10 umquam *VNA*, numquam *PHS*   17 colitque *VNSA*, coletque *PH*   18 tuum *VNPH*ᵃᶜ, tuo *H*ᵖᶜ*SA*   tantus *HSA*, tantum *VNP*   amorem est *V*ᵖᶜ*NH*, amor est *V*ᵃᶜ, amore est *PSA*, amorem *Hartel*   19 Christum *VNH*, Christo *SA*, exemplum *P*

quo rumore pium facilis tibi fama per aures
irrupit pepulitque animum contraque vetustam
experta pietate fidem nova vulnera movit,
laederet ut natis placidum malesuada parentem?
sed mihi non fictae mens conscia simplicitatis   25
nec patris inculti pietas rea respuit omne
immeritum et falso perstringi crimine non fert,
immunis vero; gravius violatur iniquo
vulnere tam tenera offensae quam libera culpae.

discussisse iugum quereris me, quo tibi doctis   30
iunctus eram studiis. hoc ne gestasse quidem me
assero. namque pares subeunt iuga; nemo valentes
copulat infirmis, neque sunt concordia frena
si sit compulsis mensura iugalibus impar.
si vitulum tauro vel equum committis onagro,   35
si confers fulicas cycnis et aedona parrae,
castaneis corylos, aequas viburna cypressis,
me compone tibi; vix Tullius et Maro tecum
sustineant aequale iugum. si iungor amore,
hoc tantum tibi me iactare audebo iugalem: 40
quod modicum sociis magno contendit habenis
dulcis amicitia aeterno mihi foedere tecum
et paribus semper redamandi legibus aequa.
hoc nostra cervice iugum non scaeva resolvit
fabula, non terris absentia longa diremit,   45
nec perimet. toto licet abstrahar orbe vel aevo,
numquam animo divisus agam; prius ipsa recedet
corpore vita meo quam vester pectore vultus.

ego te per omne quod datum mortalibus
    et destinatum saeculum est,   50
claudente donec continebor corpore,
    discernar orbe quolibet,
nec ore longum nec remotum lumine
    tenebo fibris insitum,
videbo corde, mente complectar pia   55
    ubique praesentem mihi.
et cum solutus corporali carcere
    terraque provolavero,

---

21 pium *VNSA*, pias *PH*   36 aedona parrae *NH*, edonia parre *P*, lolia farre *V* (lolia f *in ras.*), aedona pice *A*, cydonapice *S*   39 iungor *VN*, iungar *PHSA*   41 quod *A*, quo *VNPHS*   44 resolvit *PHSA*, resolvet *VN*   45 longa *PHSA*, nostra *VN*   49–68 *om. VN*   52 orbe *PH*, ab orbe *SA*   quolibet *HSA*, qualibet *P*, quamlibet *Heins.*   53 ore *Sacchinus*, orbe *codd.*   longum *A*, longe *S*, longo *PH*   lumine *codd.*, limine *Sacchinus*

quo me locarit axe communis pater
    illic quoque animo te geram,   60
neque finis idem, qui meo me corpore,
    et amore laxabit tuo.
mens quippe, lapsis quae superstes artubus
    de stirpe durat caeliti,
sensus necesse est simul et affectus suos   65
    retineat ut vitam suam;
et ut mori sic oblivisci non capit,
    perenne vivax et memor.

60 animo te *Zechm.*, te animo *PHSA* (amo *A*)   66 retineat ut *Chatelain*, teneat ut *SA*, teneat
aeque ut *PH*, sic teneat ut *Zechm.*

APPENDIX C

GIOVANNI MANSIONARIO'S LIST OF AUSONIUS' WORKS

This account of Ausonius' life and works is found in the margin of Giovanni Mansionario's copy of his *Historia Imperialis*, which he completed in 1320 or very soon afterwards (Vat. Chig. I. VII 259 fo. 119ᵛ). Item 7 has been mentioned in the introduction to the *Protrepticus*, and item 10 when assessing the scope of the *Caesares*. The *Cronica* (possibly based on Nepos, of whom Ausonius had a copy) and the last two items have not survived. The importance of this evidence for the textual history of Ausonius is discussed by R. Weiss in *Classical Influences on European Culture AD 500–1500*, ed. R. R. Bolgar (Cambridge, 1971), 67–72—from which it is here reproduced with permission— and by M. D. Reeve in *Prometheus*, 3 (1977), 112–20.

Decius magnus ausonius uir illustrissimus plura et preclara opera metrico stilo composuit. Scripsit enim paschales uersus stilo heroico. Item ad poncium paulinum primo beati ambrosij notarium, postea nolanum episcopum epistolas metro heroico tres. Item librum de ludo septem sapientum uersu trimetro
5 iambico ad repanium proconsulem. Item epistolas prosaicas ad theodosium imperatorem et ad symachum patricium. Item periochas homerice yliados et homerice odyssie. Item de gripo numeri ternarij uersu heroico librum unum. Item ad hesperium filium suum et ad deoforium ausonium nepotem eodem genere metro. Item eglogam de ambiguitate uite eligende eodem metro. Item
10 ad hesperium filium suum de ordine imperatorum. Item ad eundem de imperatoribus res nouas molitis a decio usque ad dioclecianum uersu iambico trimetro iuxta libros eusebij nannetici ystorici. Item monasticon de erumpnis herculis. Item de institucione uiri boni. Item de etatibus animantum secundum hesiodum. Item de pitagoricis diffinitionibus. Item de cathalogo urbium
15 illustrium singulos libros omnes uersu heroico. Item eodem genere metri de regibus qui regnauerunt in Ytalia inter bellum troianum et principium romani imperij librum unum. Item ad hesperium filium concordie libri fastorum cum libris consularibus librum unum. Item cronicam ab initio mundi usque ad tempus suum. Item libellum de nominibus mensium hebreorum et athenien-
20 sium. Item de eruditionibus hebreorum et interpretationibus hebraicorum nominum librum unum. Scripsit et alia plurima et fuit natione burdegalensis et ob ingenii gloriam a theodosio augusto magnis dotatus honoribus et consul est ordinatus.

5 repanium *cod.*, Drepanium *Weiss*   8 deoforium *cod.*, Drepanium *Weiss*, Censorium *ego*
17 concordie *suspectum habeo*   20 eruditionibus *cod.*, traditionibus *Weiss ut vid.*

CONCORDANCES

The arrangement in Evelyn White's Loeb edition follows Peiper's
in all respects.

A. FROM THIS EDITION TO OTHER EDITIONS

1. *General*

Green	Schenkl	Peiper	Pastorino	Prete
I	III, II, XXIII, *Epigr.* 35	I, II, III, VII. 1, XVIIII. 1	I. 2, 1, 3, III. 1, *Epigr.* 35	I. 2, 3, 4, XIII. 1, XXVI. 1
II	IIII	II	II	II
III	*Ep.* 1	XVIII. 19	*Ep.* 1	XXV. 17
IV	VIIII	III. 2	VI	IX
V	XI	III. 4	VIII	XI
VI	XII	III. 1	IX	XII
VII	*Ep.* 2	XVIII. 20	*Ep.* 2	XXV. 18
VIII	XIII	XVIII. 22	X	VII
IX	XIIII	XVIII. 21	XI	VI
X	XV	IIII	XII	III
XI	XVI	V	XIII	IV
XII	XVII	VI	XIV	V
XIII	pp. 194–226	XVIIII	XXVI	XXVI
XIV	V	VII	III	XIII
XV	XXVI	XVI	XXII	XVIII
XVI	XVIII	X	XV	XX
XVII	XXV	VIIII	XXI	XV
XVIII	XXVIII	XVII	XXIV	XIX
XIX	XXIIII	VIII	XX	XIV
XX	*Epigr.* 1, VI, VII	*Epigr.* 26, III. 5, 6	*Epigr.* 1, IV. 1, IV. 2	*Epigr.* 26, VIII. 1, 2
XXI	VIII	XX	V	XXIV
XXII	XXII	XV	XIX	XXIII
XXIII	XXI	XIIII	XVIII	XXII
XXIV	XVIIII	XI	XVI	XXI
XXV	XXVII	XII	XXIII	XVI
XXVI	XX	XIII	XVII	XVII
XXVII	pp. 157–94	XVIII	XXV	XXV

Green	Schenkl	Peiper	Pastorino	Prete
App. A. 1	p. 226	XVIII. 35	App. III	XXV
2	X	III. 3	VII	X
3	App. II	XXII. 2	—	—
4	App. V	XXIII	—	—
5	App. III	XXII	—	—
6	App. I	XXI	—	XXVIII
7	—	—	—	—
8	V. 17	VII. 26	App. II	XIII. 25

2. Epigrams

Green	Schenkl/Pastorino	Peiper/Prete	Green	Schenkl/Pastorino	Peiper/Prete
1	2	25	47	43	13
2	3	27	48	44	8
3	4	28	49	45	60
4	5	31	50	46	61
5	6	29	51	47	10
6	7	30	52	48	11
7	*Epit.* 32	*Epit.* 33	53	*Epit.* 35	62
8	*Epit.* 30	*Epit.* 31	54	*Epit.* 29	*Epit.* 28
9	8	2	55	49	*Epit.* 29
10	9	3	56	50	*Epit.* 30
11	10	32	57	51	63
12	11	33	58	*Epit.* 28	*Epit.* 27
13	*Epit.* 34	*Epit.* 35	59–64	52–7	64–9
14–22	12–20	34–42	65, 66	58	70
23	21	14	67–75	59–67	71–9
24–6	22–4	43–5	76	68	24
27–9	25–7	53–5	77	69	80
30–6	28–34	46–52	78	70	81
37	*Epit.* 31	*Epit.* 32	79–81	71–3	4–6
38	*Epit.* 33	*Epit.* 34	82–91	74–83	82–91
39, 40	36	56	92–8	84–90	15–21
41–3	37–9	57–9	99–101	91–3	92–4
44	40	7	102	94	22
45	41	9	103	95	23
46	42	12	104–21	96–113	95–112

3. *Eclogues*

Green	Schenkl/Pastorino	Peiper	Prete
1–16	1–16	9–24	8–23
17	XXXIII	25	24
18	18, 19	27	26
19	XXVIIII	2	1
20	XXX	3	2
21	XXXI	4	3
22 } 23	XXXII	5 6	4 5
24	XXXIIII	7	6
25	XXXV	8	7

4. *Letters*

Green	Schenkl/Pastorino	Peiper	Prete
1	3	18	16
2	8	4	2
3	9	5	3
4	10	6	4
5	11	7	5
6	12	8	6
7	13	9	7
8	14	10	8
9	16	12	10
10	18	13	11
11	15	11	9
12	17	2	1
13	4	14	12
14	7	15	13
15	5	16	14
16	6	17	15
17–20	19–22	23–6	19–22
21	24	29	26
22	23	28	25
23	25	27	23–4
24	(25)	(27)	(23–4)

B. FROM OTHER EDITIONS TO THIS EDITION

1. *General*

Schenkl	Green		Peiper	Green
I	App. B. 1		I. 1	I. 1
II	I. 3		I. 2	I. 2
III	I. 1		I. 3	App. B. 1
IIII	II		I. 4	I. 3
V	XIV		II.	II
VI	XX. 2		III. 1	VI
VII	XX. 3		III. 2	IV
VIII	XXI		III. 3	App. A. 2
VIIII	IV		III. 4	V
X	App. A. 2		III. 5	XX. 2
XI	V		III. 6	XX. 3
XII	VI		IIII	X
XIII	VIII		V	XI
XIIII	IX		VI	XII
XV	X		VII	I. 4, XIV
XVI	XI		VIII	XIX
XVII	XII		VIIII	XVII
XVIII	XVI		X	XVI
XVIIII	XXIV		XI	XXIV
XX	XXVI		XII	XXV
XXI	XXIII		XIII	XXVI
XXII	XXII		XIIII	XXIII
XXIII	I. 4		XV	XXII
XXIIII	XIX		XVI	XV
XXV	XVII		XVII	XVIII
XXVI	XV		XVIII	XXVII
XXVII	XXV		XVIIII	XIII
XXVIII	XVIII		XX	XXI
XXVIIII	XIV. 19		XXI	App. A. 6
XXX	XIV. 20		XXII. 1	App. A. 5
XXXI	XIV. 21		XXII. 2	App. A. 3
XXXII	XIV. 22–3		XXIII	App. A. 4
XXXIII	XIV. 17			
XXXIIII	XIV. 24			
XXXV	XIV. 25			
Epigrammata	XIII			
Epistulae	XXVII			

Pastorino	Green		Prete	Green
I. 1	I. 3		I. 1	I. 1
I. 2	I. 1		I. 2	I. 2
I. 3	I. 2		I. 3	App. B. 1
II	II		I. 4	I. 3
III	XIV		II	II
IV. 1	XX. 2		III	X
IV. 2	XX. 3		IV	XI
V	XXI		V	XII
VI	IV		VI	IX
VII	App. A. 2		VII	VIII
VIII	V		VIII. 1	XX. 2
IX	VI		VIII. 2	XX. 3
X	VIII		IX	IV
XI	IX		X	App. A. 2
XII	X		XI	V
XIII	XI		XII	VI
XIV	XII		XIII	I. 4, XIV
XV	XVI		XIV	XIX
XVI	XXIV		XV	XVII
XVII	XXVI		XVI	XXV
XVIII	XXIII		XVII	XXVI
XIX	XXII		XVIII	XV
XX	XIX		XIX	XVIII
XXI	XVII		XX	XVI
XXII	XV		XXI	XXIV
XXIII	XXV		XXII	XXIII
XXIV	XVIII		XXIII	XXII
XXV	XXVII		XXIV	XXI
XXVI	XIII		XXV	XXVII
App. I	App. B. 3–4		XXVI	XIII
App. II	App. A. 8		XXVII	II. 7
App. III	App. A. 1		XXVIII	App. A. 6

2. *Epigrams*

Schenkl/Pastorino	Green		Peiper/Prete	Green
1	XX. 1		1	I. 5
2–7	1–6		2–3	9–10
8–11	9–12		4–6	79–81
12–34	14–36		7	44
35	I. 5		8	48

Schenkl/Pastorino	Green
36	39–40
37–48	41–52
49–113	67–121

Peiper/Prete	Green
9	45
10–11	51–2
12–13	46–7
14	23
15–21	92–8
22	102
23	103
24	76
25	1
26	XX. 1
27–8	2–3
29–30	5–6
31	4
32–3	11–12
34–42	14–22
43–5	24–6
46–52	30–6
53–5	27–9
56	39–40
57–9	41–3
60–1	49–50
62	53
63	57
64–70	59–65
71–9	67–75
80–1	77–8
82–91	82–91
92–4	99–101
95–112	104–21

3. *Eclogues*

Schenkl/Pastorino	Green	Peiper	Green	Prete	Green
1–16	1–16	1	I. 4	1–7	19–25
17	App. A. 8	2–8	19–25	8–23	1–16
18 19	18	9–24	1–16	24	17
		25	17	25	App. A. 8
		26	App. A. 8	26	18
		27	18		

4. *Letters*

Schenkl/Pastorino	Green	Peiper	Green	Prete	Green
1	III	1	App. B. 2	1	12
2	VII	2	12	2–8	2–8
3	I	3	—	9	11
4	13	4–10	2–8	10	9
5	15	11	11	11	10
6	16	12	9	12–15	13–16
7	14	13	10	16	I
8–14	2–8	14–17	13–16	17	III
15	11	18	I	18	VII
16	9	19	III	19–22	17–20
17	12	20	VII	23	23
18	10	21	IX	24	23
19–22	17–20	22	VIII	25	22
23	22	23–6	17–20	26	21
24	21	27	23–4		
25	23–4	28	22		
		29	21		

BIBLIOGRAPHY OF AUSONIUS

THIS is a bibliography of works devoted to understanding Ausonius and his writings. It does not therefore need to include all works cited in the Introduction and Commentary, and it includes some which, for various reasons, it was not necessary to cite there. It does not list editions of Ausonius that appeared before 1785 (see the list recently compiled by L. Desgraves in *Revue française d'histoire du livre*, NS 46 (1985), 161–251), editions of his works that appear in anthologies, or editions of works contained in my Appendices. It also omits articles in popular journals; reviews of works on Ausonius (with a few important exceptions); unpublished theses, except for those available on microfilm; résumés of articles or communications; articles in dictionaries and lexica; and general histories—whether of astrology, literature, politics, stenography, or whatever—in which Ausonius does not play a large part. Nor does it include *Berichte*, or bibliographies of Ausonius, which are now superseded.

ACCURSIUS, M., *Diatribae in Ovidium, Ausonium, et Solinum* (Rome, 1524).

ADAMS, J. N., 'Ausonius *Cento Nuptialis* 101–131', *SIFC*, NS 53 (1981), 199–215.

—— 'An Epigram of Ausonius (87, p. 334 Peiper)', *Latomus*, 42 (1983), 95–109.

ALBRECHT, M. VON, *Römische Poesie: Texte und Interpretationen* (Heidelberg, 1977), 129–31.

ALFÖLDI, A., *A Conflict of Ideas in the Late Roman Empire* (Oxford, 1952).

ALFONSI, L., 'Ausoniana', *Aevum*, 37 (1963), 117.

—— 'Nota Pascoliana', ibid. 119.

ÁLVAR EZQUERRA, A., 'Precisiones sobre la versificación dactílica de los epigramas de Ausonio', *Cuadernos de filología clásica*, 17 (1981/2), 141–72.

AMATI, A., 'Nuovi studi su S. Ambrogio. L'epitaffio su Milano. Onoranze indebite dei Milanesi al poeta', *Rendiconti del Reale Istituto Lombardo di Scienze e Lettere*, 31 (1898), 749–60.

ANON., *Moselle* (Offenburg, 1946).

ARMINI, H., 'Bidrag till Ausonius', *Svensk humanistisk tidskrift*, 2 (1914–24), 276.

AXT, C. O., *Quaestiones Ausonianae maxime ad codicem Vossianum 111 spectantes* (Diss. Leipzig, 1873).

AYMONIER, C., *Ausone et ses amis* (Bordeaux, 1935).

BACHELIER, E., 'Les Druides en Gaule Romaine: III. Le Druidisme au IVe siècle (suite)', *Ogam*, 12 (1960), 91–100.

BACHMEISTER, A., *Mosella* (Stuttgart, 1867).

BADIAN, E., 'Additamenta Ausoniana', *AJP* 98 (1977), 139–40.

BAEHRENS, E., 'Zu Ausonius', *Jb. cl. Ph.* 22(113) (1876), 151–9.

—— 'De Ausonii loco quodam', *PLM* ii (Leipzig, 1880), 43–5.

BAEHRENS, E., 'Zu lateinischen Dichtern', *Jb. cl. Ph.* 30(129) (1884), 833–4.

BAIN, D., '*Theta sectilis*: Ausonius, Epigram 87. 13', *Latomus*, 43 (1984), 598–9.

BALCELLS, J. (ed.), with RIBA, C., and NAVARRO, A., *D. M. Ausoni, Obres* (2 vols., Barcelona, 1924–8).

BALDWIN, B., 'Ausonius and the *Historia Augusta*', *Gymnasium*, 88 (1981), 438.

BANTERLE, G., *Ausonio, Carmi* (Verona, 1984).

—— 'Un documento letterario sugli insegnanti in Gallia nel corso del secolo IV', *Atti e Memorie delle Accademie di Agricoltura, Scienze e Lettere di Verona*, 37 (1985–6), 93–104.

BARDY, G., 'Copies et éditions au ve siècle', *Revue des sciences religieuses*, 23 (1949), 38–52.

BARTONĚK, A., 'K problému jazykového míšení v literárním díle (Zum Problem der sprachlichen Mischung im literarischen Schaffen)', *Sborník prácí Filosofické fakulty Brněnské university, Řada literárněvědná*, 4 (1955), 152–61.

BAUMGARTNER, A., 'Ausonius und Paulinus von Nola', *Stimmen aus Maria-Laach*, 1899.

BECK, R., *Die 'Tres Galliae' und das 'Imperium' im 4. Jahrhundert* (Zurich, 1969).

BÉGIN, E. A., 'La Moselle', in *Mélanges d'archéologie et d'histoire* (Metz, 1840).

BELETUS, A., 'Dissertatio de Ausonio', *Bibliothèque Françoise*, May–June, 1726, 52–60.

BELLISSIMA, G., *Ausonio professore e la scuola burdigalese* (Siena, 1932).

—— *Saggi ausoniani* (Siena, 1932).

BENEDETTI, F., *La tecnica del 'vertere' negli epigrammi di Ausonio* (Florence, 1980).

BESSER, M. W., *Das Mosellied. Gedichte an Bissula* (Marburg, 1908).

BICKEL, E., 'Die φευκτά der Stoa bei Ausonius: φυκταί in der Schreibung *fictae*', *Rh. M.*, NF 86 (1937), 287–8.

BIELER, L., 'Zur Mosella des Ausonius: *cliens* in der Bedeutung *colonus*', *Rh. M.*, NF 86 (1937), 285–7.

BISTAUDEAU, P., 'A la recherche des villas d'Ausone', *Caesarodunum*, 15 bis (1980), 477–87.

BLAKENEY, E. H., *The Mosella* (London, 1933).

BLANCHET, E., *Humanisme et christianisme: Ausone et saint Paulin* (Bordeaux, 1954).

BLOMGREN, S., 'In Ausonii carmina adnotatiunculae', *Eranos*, 67 (1969), 62–70.

BLÜMLEIN, C., 'Ausonius und seine Vorbilder', *Berichte des Freien Deutschen Hochstiftes zu Frankfurt am Main*, NF 6 (1890), 407–34.

BOAS, M., 'Eine Interpolation in einer Ausoniushandschrift', *Berliner philologische Wochenschrift*, 35 (1915), 1165–8.

BOECKING, E., *Mosella. Lateinisch und Deutsch. Nebst einem Anhang enthaltend einen Abriß von des Dichters Leben, Anmerkungen zu Mosella, die Gedichte auf Bissula* (Berlin, 1828).

—— 'Moselgedichte des Ausonius und Fortunatus Venantius. Lateinisch-deutsch mit kritischen und erklärenden Anmerkungen', *Jahrbücher des Vereins von Alterthumsfreunden im Rheinlande*, Anhang zu Heft 7 (1845).

BOEGEL, T., 'Lateinisch *arbor* in der Entwicklung zum Maskulinum und Personennamen in Ausonius', *Helikon*, 6 (1966), 37–50.

BOLCHAZY, L. J., and SWEENEY, J. A. M., in collaboration with ANTONETTI, M. G., *Concordantia in Ausonium* (Hildesheim, 1982).

BOLT, H., *Silva Critica ad complura auctorum veterum loca imprimis Ausonii* (Haarlem, 1766).

BONARIA, M., 'Appunti per la storia della tradizione Virgiliana nel IV secolo', in G. Bardon and R. Verdière (eds.), *Vergiliana* (Leiden, 1971).

—— 'Ausone, Technop. n. 349, 12 Bip. = p. 137, 154 Prete', *Latomus*, 44 (1985), 882.

BONJOUR, M., 'De Ausonii patribus et patria' in *De Ausonio, poeta celeberrimo, Gratiani Augusti praeceptore* (Academiae Latinitati Fovendae Commentarii VII–VIII; Rome, 1983/4), 7–13.

BONNELL, H. E., 'Zu Priscianus und Ausonius', *Philologus*, 8 (1853), 440–4.

BOOTH, A. D., 'Notes on Ausonius' *Professores*', *Phoenix*, 32 (1978), 235–49.

—— 'The Academic Career of Ausonius', *Phoenix*, 36 (1982), 329–43.

BORSZÁK, S., 'Quid litterae Europaeae saec. XVI Ausonio debeant?', in *De Ausonio, poeta celeberrimo, Gratiani Augusti praeceptore* (Academiae Latinitati Fovendae Commentarii VII–VIII; Rome, 1983–4), 14–19.

BOWERSOCK, G. W., 'Symmachus and Ausonius', in F. Paschoud (ed.), *Colloque genevois sur Symmaque* (Paris, 1986), 1–15.

BRACCIALI MAGNINI, L. M., 'Nota ad Ausonio (epigr. 45)', *Anazetesis*, 6–7 (1982), 100–4.

BRAKMAN, C., 'Ausoniana', *Mnemosyne*, 2nd ser., 53 (1925), 320–40.

BRANDES, W., *Ausonianarum quaestionum specimen primum* (Diss. Brunswick, 1876).

—— 'Zu Ausonius', *Jb. cl. Ph.* 23(115) (1877), 861–2.

—— 'Zu Ausonius', *Jb. cl. Ph.* 25(119) (1879), 318–20.

—— 'Zur handschriftlichen Überlieferung des Ausonius', *Jb. cl. Ph.* 27(123) (1881), 59–79.

—— 'Die strophische Gliederung der Precatio Consulis Designati des Ausonius', *Commentationes Woelfflinianae* (Leipzig, 1891), 139–43.

—— *Beiträge zu Ausonius*, i. *Vom Christentum des Ausonius, von Reimstrophen und den Versus Rhopalici*; ii. *Der jambische Senar des Ausonius, insbesondere im Ludus Septem Sapientum* (Wolfenbüttel, 1895).

—— *Beiträge zu Ausonius*, iii. *Die Periochae Iliadis et Odyssiae* (Wolfenbüttel, 1902).

—— *Beiträge zu Ausonius*, iv. *Die Ephemeris—ein Mimus* (Wolfenbüttel, 1909).

BRAUN, R. E., 'Three Poems from Ausonius (*Ephemeris* I–III)', *Arion*, 1/2 (1962), 80–3.

BRIGHT, D. F., 'Theory and Practice in the Vergilian Cento', *Illinois Classical Studies*, 9 (1984), 79–90.

BROILO, F., 'La prima attestazione del vocabolo *adaeratio*', *RIFC* 102 (1974), 189–97.

BROK, M. F. A., 'Litteraire lappendekens', *Hermeneus*, 22 (1950), 46–52.

BROOKS, C. T., 'The River Mosel and its Old Roman poet', in G. E. Waring (ed.), *The Bride of the Rhine* (Boston, 1878), 291–312.

BROŻEK, M., 'Mosella' (translated into Polish), *Meander*, 41 (1986), 85–95, 153–8.

—— 'Passio Cupidinis' (translated into Polish), *Meander*, 38 (1983), 507–11.

BYRNE, Sister M. J., *Prolegomena to an Edition of the Works of Decimus Magnus Ausonius* (New York, 1916).

CAGIANO DE AZEVEDO, M., 'Il Palazzo di Elena di Troia a Treveri', in P. Ducrey (ed.), *Mélanges d'histoire ancienne et d'archéologie offerts à Paul Collart* (Lausanne and Paris, 1976), 89–91.

CALDERINI, A., 'Il più antico elogio di Milano', *Istituto Lombardo di Scienze e Lettere, Rendiconti Classe di lettere e scienze morali e storiche*, 77 (1943–4), 431–41.

CALLU, J.-P., 'Les Constitutions d'Aristote et leur fortune au bas-empire (Symm. *Ep*. 3. 11)', *REL* 53 (1975), 268–315.

CAMPBELL, A. Y., 'Ausoniana', *CQ* 28 (1934), 45.

CANAL, P., *Ausonio: Opere* (Venice, 1853).

CANNEGIETER, H. (= 'C.H.A.'), 'Notae ad Ausonii Mosellam', in P. Burman, sen., and J. P. D'Orville (eds.), *Miscellaneae Observationes ad auctores veteres et recentiores*, x (Amsterdam, 1739), 161–200.

CAPPONI, F., 'La "trasenna" della commedia Plautina', *Latomus*, 22 (1963), 747–72.

—— 'Ausonio teologo', *Helmantica*, 28 (1977), 45–9.

CAPUTO, G., 'Flavius Népotianus, *comes et praeses provinciae Tripolitanae*', *REA* 53 (1951), 234–47.

CARLETTI COLAFRANCESCO, P., 'Il "rene" di Galla (Note ad Auson. *epigr*. 34 P.)', *Invigilata lucernis*, 1 (1979), 49–75.

CARLEY, J., 'Two Pre-Conquest Manuscripts from Glastonbury Abbey', *Anglo-Saxon England*, 16 (1987), 197–212.

CASTORINA, E., 'Lo spirito del cristianesimo in Ausonio', *Siculorum gymnasium*, 29 (1976), 85–91.

CESAREO, E., *La Mosella di Ausonio* (Palermo, 1942).

CHADWICK, N. K., *Poetry and Letters in Early Christian Gaul* (London, 1955).

CHARLET, J.-L., 'L'influence d'Ausone sur la poésie de Prudence', *RPL*, 2 (1979), 5–17.

—— *L'influence d'Ausone sur la poésie de Prudence* (Aix-en-Provence and Paris, 1980).

—— 'Théologie, politique et rhétorique: la célébration poétique de Pâques à la cour de Valentinien et d'Honorius, d'après Ausone (*Versus Paschales*) et Claudien (*de Salvatore*)', in *La poesia tardoantica: tra retorica, teologia e politica* (Messina, 1984), 259–87.

CHRIST, J. F., *Villaticum* (Leipzig, 1746).

COLEMAN, J., 'The Text of the Letters of Decimus Magnus Ausonius' (Diss. Fordham, 1970).

COLTON, R. E., 'Ausonius and Juvenal', *CJ* 69 (1973), 41–51.

—— 'Ausonius' *Ephemeris* and Three Classical Poets', *CB* 51 (1974/5), 27–30.

—— 'Horace in Ausonius' *Parentalia* and *Professores*', ibid. 40–2.

—— 'Catullus 1 and Martial 1. 3, 3. 2 in Ausonius Eclogues 1', *CB* 52 (1976), 66–7.

—— 'Some Unusual Words used by Martial and Ausonius', *CB* 54 (1977), 8–10.

—— 'Some Echoes of Horace in Ausonius' Epistulae', ibid. 27–30.

—— 'Vergil and Horace in Ausonius Ep. 4', *CB* 58 (1982), 40–2.

—— 'Some Echoes of Propertius in Ausonius', *CB* 59 (1983), 62–5.

—— 'Horace's Sabine farm and Ausonius' estate near Bordeaux', *CB* 63 (1987), 41–2.

—— 'Echoes of Persius in Ausonius', *Latomus*, 47 (1988), 875–82.

CONLEY, J. P., 'A Critical Text of the *Ordo Urbium Nobilium*, the *Ludus Septem Sapientum*, and the *Caesares* of Decimus Magnus Ausonius' (Diss. Chicago, 1976).

CONSOLINO, F. E., 'Al limite della tarda antichità: i *Parentalia* di Ausonio', *Studi classici e orientali*, 26 (1977), 105–27.

—— 'Da Osidio Geta ad Ausonio e Proba: le molte possibilità del Centone', *Atene e Roma*, NS 28 (1983), 133–51.

CORPET, E. F., *Œuvres complètes d'Ausone* (Paris, 1842–3).

CORSINI, E., *Epistula de Burdigalensi Ausonii consulatu* (Pisa, 1764).

COSTA, T., 'Ausonius şi Eminescu', *Studii clasice*, 2 (1960), 373–6.

COURTNEY, E., 'The Roman Months in Art and Literature', *MH* 45 (1988), 33–57.

CREIGHTON, M., 'The Text of the *Mosella* and the *Epitaphia* of Decimus Magnus Ausonius' (Diss. Fordham, 1967).

CRISI, V., *De re metrica et prosodiaca D. Magni Ausonii*, i. *De hexametris et pentametris* (Udine, 1938).

CUZACQ, R., 'Les origines dacquoises d'Arborius et d'Ausone', *Bulletin de la société de Borda*, 83 (1959), 255–70.

DAUBE, D., 'King Arthur's Round Table', in K. Bosl (ed.), *Gesellschaft, Kultur, Literatur: Rezeption und Originalität im Wachsen einer europäischen Literatur und Geistigkeit. Beiträge Luitpold Wallach gewidmet* (Stuttgart, 1975), 203–7.

DEDERICH, A., 'Auson. Mos. 434 f., 420 ff.', *Monatsschrift für die Geschichte Westdeutschlands mit besonderer Berücksichtigung der Rheinlände und Westfalens*, 6 (1880), 166–7.

DELACHAUX, A., *La Latinité d'Ausone: Étude lexicographique et grammaticale* (Thèse Neuchâtel, 1909).

DELLA CORTE, F., 'Ausonio' (Disp. Genoa, 1956–7).

—— 'L'Ordinamento degli *opuscula* di Ausonio', *RCCM* 2 (1960), 21–9 (= *Opuscula*, iv (Genoa, 1973), 321–9).

DELLA CORTE, F., 'I Fasti di Ausonio', in *Studi di storiografia antica in memoria di Leonardo Ferrero* (Turin, 1971), 203–8 (= *Opuscula*, iv (Genoa, 1973), 331–6).

—— 'I "Caesares" di Ausonio e Mario Massimo', in S. Boldrini *et al.* (eds.), *Atti del Convegno Gli storiografi latini trammandati in frammenti, Stud. Urb.* 49/1 (1975), 483–91 (= *Opuscula*, vi (Genoa, 1978), 307–15).

—— 'Bissula', *Romanobarbarica*, 2 (1977), 17–25 (= *Opuscula*, vii (Genoa, 1983), 251–9).

—— 'Laudes Mediolani: dal tardo antico all'alto medioevo', *Cultura e scuola* 23/4(92) (1984), 49–55.

—— 'Tre antichi elogi di Milano', *Rendiconti dell'Istituto Lombardo*, 121 (1987), 29–46.

DEL RE, R., 'Decimo Magno Ausonio: note, discussioni e panorama di studi', *Cultura e scuola*, 19(74) (1980), 67–72.

DEMOGEOT, J. C., *Études historiques et littéraires sur Ausone* (Toulouse, 1837).

DESGRAVES, L., 'Répertoire des éditions imprimées des œuvres d'Ausone (1472–1785)', *Revue française d'histoire du livre*, NS 46 (1985), 161–251 (= third part of Étienne–Prete–Desgraves, 'Ausone, humaniste aquitain', ibid. 9–251).

—— 'Joseph Scaliger, Élie Vinet et l'édition des œuvres d'Ausone', in J. Cubelier de Beynac et M. Magnien (eds.), *Acta Scaligeriana: Actes du colloque internationale organisé pour le cinquième centenaire de la naissance de Jules-César Scaliger (Agen, 14–16 septembre 1984)* (Agen, 1986), 51–60.

DEUBNER, L., 'Zum Moselgedicht des Ausonius', *Philologus*, 89 (NF 43) (1934), 253–8.

DEYDOU, P. G., *Un poète bordelais: Ausone* (Bordeaux, 1868).

DEZEIMERIS, R., *Note sur l'emplacement de la villula d'Ausone* (Bordeaux, 1869).

—— 'Corrections d'Ausone', *Revue critique*, 32 (1879), 127.

—— 'Remarques sur le texte de divers auteurs', *Actes de l'Académie nationale des sciences, belles-lettres, et arts de Bordeaux*, 41 (1879), 273–86, 317–32; 45 (1883), 333–49.

—— 'À propos d'un manuscrit d'Ausone. Lettre à M. Henri Barckhausen', *Annales de la faculté des lettres de Bordeaux*, 4 (1882), 313–22.

DILKE, O. A. W., 'The Hundred-Line Latin Poem', in J. Bibauw (ed.), *Hommages à Marcel Renard* (Brussels, 1969), i. 322–4.

DILL, S., *Roman Society in the Last Century of the Western Empire* (London, 1899), 167–86.

DI LORENZO, E., *La Mosella* (Naples, 1968).

—— *Ausonio: saggio su alcune componenti stilistiche* (Naples, 1981).

DIONISOTTI, A. C., 'From Ausonius' Schooldays? A Schoolbook and its Relatives', *JRS* 72 (1982), 83–125.

DOIGNON, J., '"Quisque suos patimur manes" (Virgile, Énéide 6. 743) dans le christianisme latin à la fin du IVe siècle et ses prolongements européens', in R. Chevalier (ed.), *L'Épopée gréco-latine, Caesarodunum*, 16 bis (1981), 107–16.

DREXLER, W., 'Miscellanea', *Jb. cl. Ph.* 32(145) (1892), 357–68.

DUCOTÉ, E., *Ausone: Poèmes divers* (Paris, 1897).

DUVAL, Y. M., 'Recherches sur la langue et la littérature latines. Bellerophon et les ascètes chrétiens. "Melancholia" ou "otium"?', *Caesarodunum*, 2 (1968), 183–90.

EDWARDS, W. A., 'Ausonius, the poet of the transition', *CJ* 4 (1909), 250–9.

EGGER, C., 'De Decimi Magni Ausonii prosa oratione', in *De Ausonio, poeta celeberrimo, Gratiani Augusti praeceptore* (Academiae Latinitati Fovendae Commentarii VII–VIII; Rome, 1983/4), 20–5.

ELLIS, R., 'On some passages of Catullus, Propertius, Ausonius, and the *Ibis*', *Proceedings of the Oxford Philological Society*, 1883/4, 11–13.

—— 'Adversaria III', *The Journal of Philology*, 17 (1888), 128–41.

—— 'On Ausonius', *Hermathena*, 6 (1888), 1–18.

EMONDS, H., *Zweite Auflage in Altertum* (Leipzig, 1941), 82–108.

ERMINI, F., *Il centone di Proba e la poesia centonaria latina* (Rome, 1909).

ÉTIENNE, R., 'Ausone et Dax', *Bulletin de la société de Borda*, 84 (1960), 217–24.

—— *Bordeaux antique* (Histoire de Bordeaux, 1; Bordeaux, 1962).

—— 'La démographie de la famille d'Ausone', *Annales de démographie historique* 1964, 15–25.

—— 'Ausone et l'Espagne', in J. Heurgon, G. Picard, W. Seston (eds.), *Mélanges d'archéologie, d'épigraphie et d'histoire offerts à J. Carcopino* (Paris, 1966).

—— 'Ausone et la forêt', *Annales du Midi*, 90 (1978), 251–5.

—— 'Ausone ou les ambitions d'un notable aquitain', *Revue française d'histoire du livre*, NS 46 (1985), 9–98 (= first part of Étienne–Prete–Desgraves, 'Ausone, humaniste aquitain', ibid. 9–251).

EVELYN WHITE, H. G., 'Ausoniana', *CR* 32 (1918), 111.

—— *Ausonius, with an English Translation* (2 vols., New York and London, 1919).

ÉVERAT, E., *De D. M. Ausonii operibus et genere dicendi* (Thèse, Paris, 1885).

FABBRI, P., 'Il pensiero religioso del poeta D. Marco (*sic*) Ausonio', *Atene e Roma*, 17 (1914), 378–83.

FABRE, P., *Saint Paulin de Nole et l'amitié chrétienne* (Bibliothèque des Écoles Françaises d'Athènes et de Rome, 167; Paris, 1949).

FAUTH, W., 'Cupido Cruciatur', *Grazer Beiträge*, 2 (1974), 39–60.

FAVEZ, C., 'Ausone et son petit-fils', *REL* 21–2 (1943–4), 174–9.

—— 'Une famille gallo-romaine au IVe siècle', *MH* 3 (1946), 118–31.

—— 'Une école gallo-romaine au IVe siècle', *Latomus*, 7 (1948), 223–33.

FELBER, H. L., and PRETE, S., 'Ausonius', in F. E. Cranz and P. O. Kristeller (eds.), *Catalogus translationum et commentariorum: Mediaeval and Renaissance Latin translations and commentaries*, iv (Washington, 1980), 193–222.

FERRARI, W., 'Ausonio e il "Limon" di Cicerone', *SIFC* 16 (1940), 189–93.

FISHER, G. J., 'Studies in Fourth and Fifth Century Latin Literature with Particular Reference to Ausonius' (D. Phil. thesis, Southampton, 1981).

FLETCHER, G. B. A., 'Imitationes vel loci similes in poetis latinis', *Mnemosyne*, 3rd ser., 1 (1933–4), 192–213.

FLINT, F. S., *The Mosella* (London, 1916).

FLORENCOURT, W. C. VON, 'Die Moselfische des Ausonius und Über die Zustände des Moselstroms im Alterthum überhaupt', *Jahrbücher des Vereins von Alterthumsfreunden im Rheinlande*, 5/6 (1844), 202–18.

FONTAINE, J., 'Valeurs antiques et valeurs chrétiennes dans la spiritualité des grands propriétaires terriens à la fin du iv\ieme\ siècle occidental', in J. Fontaine and C. Kannengiesser (eds.), *Epektasis: Mélanges patristiques offerts à J. Daniélou* (Paris, 1972), 571–95.

—— 'Société et culture chrétiennes sur l'aire circumpyrénéenne au siècle de Théodose', *Bulletin de littérature ecclesiastique*, 75 (1974), 242–82.

—— 'Unité et diversité du mélange des genres et des tons chez quelques écrivains latins de la fin du iv\eme\ siècle: Ausone, Ambroise, Ammien', in M. Fuhrmann (ed.), *Christianisme et formes littéraires de l'Antiquité tardive en Occident* (Entretiens sur l'Antiquité Classique, 23; Geneva, 1977), 425–82.

FÖRSTER, R., 'Zu Ausonius', *Jb. cl. Ph.* 33(135) (1887), 784.

FRAENKEL, J. J., '*ΕΠΟΧΗ*', *Mnemosyne*, 4th ser., 12 (1959), 73–4.

FRANÇON, M., 'Ausonius's Riddle of the Number Three', *Speculum*, 18 (1943), 247–8.

—— 'Ausone et le premier nombre parfait', *Isis*, 42 (1951), 302–3.

FREHER, M., *Decimi Magni Ausonii Mosella, cum commentario* (Heidelberg, 1619).

FRIEDRICH, W.-H., 'Zu Ausonius', in C. J. Classen and U. Schindel (eds.), *Dauer im Wechsel: Aufsätze* (Göttingen, 1977), 269.

FRÖHNER, W., 'Kritische Analekten', *Philologus*, Suppl. 5 (1889), 1–96.

FUA, O., 'L'idea dell'opera d'arte "vivente" e la *bucula* di Mirone nell'epigramma greco e latino', *RCCM* 15 (1973), 49–55.

FUCHS, H., 'Textgestaltungen in der "Mosella" des Ausonius', *MH* 32 (1975), 173–82.

GAGLIARDI, D., 'Un eco di Ausonio in Paolo Silenziario?' *Vichiana*, 5 (1968), 336–40.

—— 'Un procedimento di Ausonio', in *Studi classici in onore di Quintino Cataudella* (Catania, 1972), iii. 581–5.

—— *Aspetti della poesia latina tardoantica* (Palermo, 1972).

GALDI, M., 'Sulla composizione dell'*ΕΦΗΜΕΡΙΣ* ausoniana', *Atti della Romana accademia di archeologia, lettere e belle arti di Napoli*, 12 (1931), 77–89.

—— 'Notarum laterculi ad scriptores Latinos I', ibid. 135–9.

—— 'Notarum laterculi ad scriptores Latinos II', ibid. 139–41.

—— 'Ad quosdam Ausonianae Mosellae locos', *Rivista indo-greca-italica di filologia, lingua, antichità*, 16 (1932), 125–33.

—— 'Ad eundem Ausonium, passim', ibid. 134–5.

GANTAR, K., 'Procope et les statues du Forum Pacis à Rome', *Acta Archaeologica/Arheološki vestnik*, 19 (1968), 189–93.

GAYRAUD, M., 'L'inscription de Bram (Aude) et les toponymes Eburomagus, Hebromagus, Cobiomagus en Gaule méridionale', *Revue archéologique de Narbonnaise*, 3 (1970), 103–14.

GEBAUER, A., *Bissula, lateinisch und deutsch, als Probe einer Übersetzung der vorzüglichsten Stücke des Dichters* (Cologne, 1818).

GEIB, K., *Mosella, übersetzt. Anhang zu der malerischen Reise an der Mosel von Koblenz bis Trier* (Heidelberg, 1822).

GEIGER, G. E., *De viro bono* (Disputatio inauguralis, Altdorf, 1706).

GIULIAN, A., *Martial and the Epigram in Spain in the Sixteenth and Seventeenth Centuries* (Diss. Pennsylvania, 1930).

GLOVER, T. R., *Life and Letters in the Fourth Century* (Cambridge, 1901), 102–24.

GOETZ, G., 'Zu Plautus und Ausonius', *Acta Societatis philologae Lipsiensis*, 4 (1875), 354–6.

—— 'Zu Ausonius' Ephemeris', *Philologus*, 34 (1876), 295.

GÖRLER, W., 'Vergilzitate in Ausonius' Mosella', *Hermes*, 97 (1969), 94–114.

GOTTLIEB, T., 'Handschriftliches zu lateinischen Autoren', *WS* 12 (1890), 130–50.

GRADILONE, T., 'The Text of the Parentalia and Professores of Decimus Magnus Ausonius' (Diss. Fordham, 1962).

GRANUCCI, F., 'Appunti di lessicologia gallica: Ausonio e il Grammatico-mastix', *Romanobarbarica*, 9 (1986/7), 115–51.

GREEN, R. P. H., 'Ausonius' Use of the Classical Latin Poets: Some New Examples and Observations', *CQ*, NS 27 (1977), 441–52.

—— 'The Éminence Grise of Ausonius' *Moselle*', *Respublica litterarum*, 1 (1978), 89–94.

—— 'Prosopographical Notes on the Family and Friends of Ausonius', *BICS* 25 (1978), 19–27.

—— 'The Correspondence of Ausonius', *L'Antiquité classique*, 49 (1980), 191–211.

—— 'Marius Maximus and Ausonius' *Caesares*', *CQ*, NS 31 (1981), 226–36.

—— 'The Text of Ausonius: Fifty Emendations and Twelve', *Rh. M.*, NF 125 (1982), 343–61.

—— 'Ausonius to the Rescue? (Vergil, *A.* 1. 455–6)', *LCM* 7/8 (October, 1982), 116–18.

—— 'Still Waters Run Deep: A New Study of the *Professores* of Bordeaux', *CQ*, NS 35 (1985), 491–506.

—— 'Ausonius in the Renaissance', in I. D. McFarlane (ed.), *Acta Conventus neo-latini Sanctandreani, Proceedings of the Fifth International Congress of Neo-Latin Studies* (Binghamton, NY, 1986), 579–85.

—— 'Man and Nature in Ausonius' *Moselle*', *Illinois Classical Studies*, 14 (1989), 303–15.

—— 'Greek in Late Roman Gaul: the evidence of Ausonius', in E. M. Craik (ed.), *Owls to Athens: Essays Presented to Sir Kenneth Dover* (Oxford, 1990), 311–19.

GREVE, R., *Mosella und einige kleinere Gedichte* (Paderborn, 1952).

GRIFFE, E., '"Quinquiplex Tolosa": pour l'histoire de Toulouse romaine', *Bulletin de littérature ecclésiastique*, 3 (1947), 129–37.

GRILLI, A., 'Ausonio: il mondo dell'impero e della corte', *Antichità altoadriatiche*, 22 (1982), 139–50.

GRIMAL, P., 'Ausonii Magni Burdigalensis clarissimi viri otia senilia', *Vetus Latinum*, 94 (1984), 2–7 (= *De Ausonio, poeta celeberrimo, Gratiani Augusti praeceptore* (Academiae Latinitati Fovendae Commentarii VII–VIII; Rome, 1983/4), 26–32).

—— 'Les villas d'Ausone', *REA* 55 (1953), 113–25.

GROTJAHN, R., 'A Note on Pol Tordeur's paper Étude statistique sur l'hexamètre d'Ausone', in R. Grotjahn (ed.), *Hexameter Studies* (Quantitative Linguistics 11; Bochum, 1981), 97–106.

GRUBER, J., 'Ausonius und der Beginn der spätantiken lateinischen Literatur', in W. Maaz, F. Wagner (eds.), *Festschrift P. Klopsch* (Göppingen, 1988), 67–82.

GRUENEWALD, C., *Mosella- und Bissula-Gedichte* (Bielefeld and Leipzig, 1938).

GUASTELLA, G., 'I *Parentalia* come testo antropologico: l'avunculato nel mondo celtico e nella famiglia di Ausonio', *Materiali e discussioni per l'analisi dei testi classici*, 4 (1980), 97–124.

—— 'Non sanguine sed vice: sistema degli appellativi e sistema degli affetti nei Parentalia di Ausonio', *Materiali e discussioni per l'analisi dei testi classici*, 7 (1982), 141–69.

GZELLA, S., 'Mosella' (translated into Polish), *Meander*, 32 (1977), 138–51.

HAAG, W., *Ausonius und seine Mosella* (Berlin, 1900).

HAARHOFF, T., *Schools of Gaul: A Study of Pagan and Christian Education in the Last Century of the Western Empire* (Oxford, 1920).

HÅKANSON, L., 'Two Critical Notes on Ausonius', *AJP* 98 (1977), 247–8.

HALL, J. B., 'Notes on Ausonius *Prof. Burd.* 16. 9 ff. (Peiper), Publilius Syrus 341, and Martial XI. 50 (49)', *CQ*, NS 29 (1979), 227–8.

HARRISON, E., 'On Ausonius, *Parentalia*, xxx', *Proceedings of the Cambridge Philological Society*, 1924, 27.

HARTEL, W. VON, 'Zum Briefwechsel des Ausonius and Paulinus', *Anzeiger der Kaiserlichen Akademie der Wissenschaften in Wien, philosophisch-historische Classe*, 13–14 (1897), 103–10.

HATINGUAIS, J., 'Vertus universitaires selon Ausone', *REA* 55 (1953), 379–87.

HAUPT, M., 'Varia', *Hermes*, 4 (1870), 145–59 (= *Opuscula*, iii (Leipzig, 1876), 459–60).

—— 'Varia', *Hermes*, 5 (1871), 21–47 (= *Opuscula*, iii (Leipzig, 1876), 503–6).

—— 'Coniectanea', *Hermes*, 7 (1873), 176–92 (= *Opuscula*, iii (Leipzig, 1876), 581).

—— 'Coniectanea', *Hermes*, 8 (1874), 177–83 (= *Opuscula*, iii (Leipzig, 1876), 620–1).

HAVET, L., 'Enniana', *R. Ph.* 15 (1891), 65–73.

—— 'Ausone, Technopaegnion 12, 25', *R. Ph.* 28 (1904), 125.

HEEP, A., 'Wo lagen die Tabernae und arva Sauromatum des Ausonius?', *Jahrbücher des Vereins von Alterthumsfreunden im Rheinlande*, 18 (1852), 1–26.

HEINEN, H., *Trier und das Trevererland in römischer Zeit* = Universität Trier (ed.), *2000 Jahre Trier*, i (Trier, 1985).

HEINSIUS, N., *Adversariorum libri IV* (Harlingen, 1742).

HERAEUS, W., 'Ein makkaronisches Ovidfragment bei Quintilian', *Rh. M.*, NF 79 (1930), 253–78.

HERELIUS, J. F., *Epistola critica ad v. cl. Joh. Ge. Meuselium* (Altenburg, 1767), 59.

HERRMANN, L., 'Les fables phédriennes de Iulius Titianus', *Latomus*, 30 (1971), 678–86.

HESSEL, K., *Die ältesten Mosellieder. Die Mosella des Ausonius und die Moselgedichte des Fortunatus* (Bonn, 1894).

HEY, O., 'Zur Aussprache des C', *ALL* 14 (1906), 112.

HEYNE, C. G., 'Censura ingenii et morum Ausonii', *Opuscula academica collecta et animadversionibus locupletata*, 6 (Göttingen, 1812), 19–34.

HILBERG, I., 'Zu Ausonius', *WS* 21 (1899), 157–8.

HONORÉ, T., 'Ausonius and Vulgar Law', *Iura*, 35 (1984), 75–85.

—— 'The Making of the Theodosian Code', *Zeitschrift der Savigny-Stiftung für Rechtsgeschichte, Romanistische Abteilung*, 103 (1986), 133–222.

HOPFENSACK, J. C. G. A., *D. Magni Ausonii Ordo nobilium urbium* (Kleve, 1843).

HOPKINS, M. K., 'Social Mobility in the Later Roman Empire: The Evidence of Ausonius', *CQ*, NS 11 (1961), 239–49.

HOSEY, K., 'A Critical Text of the Griphus, Fasti and Selections from the Appendix of the Works of Ausonius' (Diss. Chicago, 1970).

HOSIUS, C., *Die Moselgedichte des Decimus Magnus Ausonius und des Venantius Fortunatus* (Marburg, 1894).

—— 'Die literarische Stellung von Ausons Mosellied', *Philologus*, 81 (NF 35) (1926), 192–201.

HOTTENTOT, W., 'What's in a Name? (Ausonius Epigr. 92 Prete)', *Mnemosyne*, 4th ser., 37 (1984), 148–51.

HUEMER, J., 'Verlegene Formen', *WS* 10 (1888), 157–8.

HUSSEY, J. R., 'Ausonius and His Concept of the Worthwhile Life' (Diss., Tufts University, Medford, 1974).

IJSEWIJN, J., 'De Iulio Caesare Scaligero Ausonii iudice', in *Latinitas Humanistarum* (March, 1985), 27–46 (= *De Ausonio, poeta celeberrimo, Gratiani Augusti praeceptore* (Academiae Latinitati Fovendae Commentarii VII–VIII; Rome, 1983/4), 33–51).

ILLUMINATI, L., *La satira odeporica latina* (Milan, 1938).

IRMSCHER, J., 'De Ausonii Graecitate', in *De Ausonio, poeta celeberrimo, Gratiani Augusti praeceptore* (Academiae Latinitati Fovendae Commentarii VII–VIII; Rome, 1983/4), 52–7).

ISBELL, H., 'Two from Ausonius', *Arion*, 4 (1965), 221–32.

—— *The Last Poets of Imperial Rome* (Harmondsworth, 1971), 44–71.

ISBELL, H., 'Decimus Magnus Ausonius: The Poet and his World', in J. W. Binns (ed.), *Latin Literature of the Fourth Century* (London, 1974), 22–57.

IVANOFF, J., 'Sur les idées religieuses d'Ausone', *Journal du Ministère de l'Instruction publique en Russie*, 1916.

JACHMANN, G., 'Das Problem der Urvariante in der Antike und die Grundlagen der Ausoniuskritik', in *Concordia Decennalis: Festschrift der Universität Köln zum 10jährigen Bestehen des Deutsch-Italienischen Kulturinstituts Petrarchahaus* (Cologne, 1941), 47–104 (= *Ausgewählte Schriften*, ed. C. Gnilka (Beiträge zur klassischen Philologie, 128: Königstein im Taunus, 1981), 470–527.

JANSON, T., *A Concordance to the Latin Panegyrics* (Hildesheim and New York, 1979).

JASINSKI, M., *Ausone. Œuvres en vers et en prose* (2 vols., Paris, 1934–5).

JAUBERT, P., *Œuvres d'Ausone traduites en françois* (Paris, 1769).

JOCELYN, H. D., 'Catullus 58 and Ausonius, Ep. 71', *LCM* 4/5 (May 1979), 87–91.

JOHN, W., *Mosella, mit einer Einführung in die Zeit und Welt des Dichters* (Trier, 1932).

—— 'Zur Gliederung der Mosella des Ausonius', *Hermes*, 78 (1943), 97–105.

JOHNSTON, C., 'Ausonius', *History Today*, 25 (1975), 390–400.

JONES, A. H. M., *The Later Roman Empire 284–602: A Social, Economic and Administrative Survey* (Oxford, 1973).

JOUAI, L. A. A., *De magistraat Ausonius* (Nijmegen, 1938).

JUCKER, H., 'Verkannte Köpfe', *MH* 16 (1959), 275–91.

JULLIAN, C., 'Ausone et son temps', *Revue historique*, 47 (1891), 241–66; 48 (1892), 1–38.

—— *Ausone et Bordeaux* (Bordeaux, 1893).

KASTER, R. A., *Guardians of Language: The Grammarian and Society in Late Antiquity* (Berkeley and Los Angeles, 1988).

KENNEY, E. J., 'The Mosella of Ausonius', *GR*, NS 31 (1984), 190–202.

—— and DIGGLE, J., 'Ausoniana', *Proceedings of the Cambridge Philological Society*, NS 22 (1976), 54–5.

KEUNE, J. B., 'Ist Ausonius im Jahre 370 oder 371 von Bingen nach Neumagen gegangen oder gefahren?', *Trierer Zeitschrift*, 10 (1935), 126–7.

KLAPHECK-STRUMPELL, A., *Die Mosel* (Berlin, 1936).

KLAUSEN, G. E., *Mosella, im Versmaaß und großentheils im Rhythmus der nach kritisch genauer Durchsicht zur Seite gestellten Urschrift verdeutscht* (Altona, 1832).

KLINKENBURG, J., 'Der Grabstein des Xanthias', *Archiv für Stenographie*, 55 (1903), 57–64.

KÖHLER, R., 'Ausonius und die macaronische Poesie', *Rh. M.*, NF 12 (1857), 434–6.

KÖNIG, B., 'Summationsschema und Epigramm: Zerstreute Anmerkungen zu Ausonius (Mosella, v. 27–32) und zur lateinischen und italienischen Lyrik der Renaissance', in G. Droege, W. Frühwald, F. Pauly (eds.), *Verführung zur Geschichte: Festschrift zum 500. Jahrestag der Eröffnung einer Universität in Trier 1473–1973* (Trier, 1973), 1–19.

KÖNNECKE, O., 'Zu Ausonius Mos. 44', *Wochenschrift für klassische Philologie*, 1914, 886.

KÖPPEL, L., *Grammatisches aus Ausonius* (Aschaffenburg, 1879).

KORZENIEWSKI, D., 'Aufbau und Struktur der Mosella des Ausonius', *Rh. M.*, NF 106 (1963), 80–95.

KOSTER, S., *Tessera: Sechs Beiträge zur Poesie und poetischen Theorie der Antike* (Erlangen, 1983), 69–71.

—— 'Vir bonus et sapiens (Ausonius 363 p. 90 P.)', *Hermes*, 102 (1974), 590–619.

KRAEMER, M., *Res Libraria cadentis antiquitatis Ausonii et Apollinaris exemplis illustratur* (Diss. Marburg, 1909).

KRAHE, H., 'Alisontia', *Beiträge zur Namenforschung*, 16 (1965), 8–12.

KRÖNER, H. O., 'Ausonius and Trier', *Trierer Beiträge*, June 1979, 10–18.

KUIJPER, D., 'Et calvos luna adamasti', *Mnemosyne*, 4th ser., 6 (1953), 229–30.

KURFESS, A., 'Varia', *Mnemosyne*, 2nd ser., 41 (1913), 392–4.

—— 'Ausons Gedichte auf Bissula', *Alemannia*, 43 (1916), 111–18.

—— 'Ausonius de Bissula', *Philologische Wochenschrift*, 55 (1935), 1295.

—— 'Ad Ausonium (ed. Peiper)', *Gymnasium*, 60 (1953), 262–3.

—— 'Critica latina', *Sacris Erudiri*, 5 (1953), 141–6.

—— 'Die drei Sibyllen bei Ausonius', *Rh. M.*, NF 97 (1954), 191–2.

—— 'Ausonius und Paulinus. Zwei poetische Briefe (ep. XXVII und XXX, ed. Peiper). III. Gebet des Paulinus (= XXXII P.)', *Gymnasium*, 62 (1955), 543–6.

LABRIOLLE, P. DE, *Un épisode de la fin du paganisme: la correspondance d'Ausone et de Paulin de Nole, avec une étude critique, des notes, et un appendice sur la question du christianisme d'Ausone* (Paris, 1910).

LANGLOIS, P., 'Les poèmes chrétiens et le christianisme d'Ausone', *R. Ph.* 43 (1969), 39–58.

LA ROCHETTE, A. MOREAU DE, *Cupido Cruciatur* (Paris, 1806).

LASSAULX, F., *Gedichte von der Mosel, in einer metrischen Übersetzung mit erläuternden Anmerkungen* (Koblenz, 1802).

LA TOUR LANDRY, marquise de MAILLÉ DE, *Recherches sur les origines de Bordeaux chrétienne* (Paris, 1960).

LAURENS, P., 'Trois nouvelles épigrammes d'Ausone? (AL 703–5 Riese)', *RCCM* 13 (1971), 182–92.

LAUSBERG, M., *Das Einzeldistichon: Studien zur antiken Epigramm* (Munich, 1982).

LAUZUN, P., 'La prétendue statue d'Ausonius au Musée d'Auch', *REA* 8 (1906), 52.

LA VILLE DE MIRMONT, H. DE, *D. M. Ausonii Mosella: édition critique et traduction française* (Bordeaux and Paris, 1889).

—— *Ausonii Mosella* (Paris, 1892).

LA VILLE DE MIRMONT, H. DE, 'Sur quelques corrections apportées au texte de "la Moselle" par les derniers éditeurs d'Ausone Mm. Schenkl et Peiper', *Annales de la Faculté des Lettres de Bordeaux*, NS 4 (1887), 1–23.

—— '*ΣΕΙΡΗΔΟΝΕΣ*', *REG* 31 (1918), 83–7.

—— *Le Manuscrit de l'Île Barbe* (*Codex Leidensis Vossianus Latinus 111*) *et les travaux de la critique sur le texte d'Ausone: l'œuvre de Vinet et l'œuvre de Scaliger* (3 vols.; Bordeaux and Paris, 1917–19).

LEBEK, W. D., 'Das Versepitaph Syll. Eln. 2 (ZPE 63, 1986, 83 ff.) und Ausonius, besonders Epitaphia Heroum 35', *ZPE* 69 (1987), 101–5.

LEO, F., 'Zum Briefwechsel des Ausonius und Paulinus', *Nachrichten der Göttinger Gesellschaft der Wissenschaften, philologisch-historische Klasse*, 1896, 253–64 (= *Ausgewählte kleine Schriften* (Rome, 1960), ii. 319–31).

—— review of W. Brandes, *Beiträge zu Ausonius*, ii (Wolfenbüttel, 1895), in *Göttingische gelehrte Anzeigen*, 158 (1896), 778–92.

LIEBERG, G., 'De Musis apud Ausonium et Paulinum Nolanum', in R. Schnur and N. Sallmann (eds.), *Acta Treverica 1981* (Leichlingen, 1984), 101–8.

LORIMER, W. L., 'Punctum', *CR* 54 (1940), 77–9.

LOSSAU, M., 'Quod nobis superest ignobilis oti: Zur Παιδικὴ Μοῦσα des Ausonius', in G. Droege, W. Frühwald, F. Pauly (eds.), *Verführung zur Geschichte: Festschrift zum 500. Jahrestag der Eröffnung einer Universität in Trier 1473–1973* (Trier, 1973), 20–34.

—— 'Ausonius und litterae graecae', *Maia*, NS 41 (1989), 125–42.

LOYEN, A., 'Bourg-sur-Gironde et les villas d'Ausone', *REA* 62 (1960), 113–26.

LUCIFORA, R. M., 'Il *Cupido Cruciatus* di Ausonio rivisitato', *Atti della Accademia Peloritana dei Pericolanti, lettere, filosofia e belle arti*, NS 54 (1978), 305–18.

—— 'I loci similes del Cupido Cruciatus', *Atti della Accademia Peloritana dei Pericolanti*, NS 55 (1979), 261–71.

LUDWIG, K., 'Die technikgeschichtlichen Zweifel an der Mosella des Ausonius sind unbegründet', *Technikgeschichte*, 48 (1981), 131–4.

MANITIUS, M., 'Zu spätlateinischen Dichtern', *Zeitschrift für die österreichischen Gymnasien*, 37 (1886), 81–101.

—— 'Zu Ausonius und Apollinaris Sidonius', *Jb. cl. Ph.* 34(137) (1888), 79–80.

—— 'Nachträge zu Ausonius', *Zeitschrift für die österreichischen Gymnasien*, 39 (1888), 584–5.

—— 'Beiträge zur Geschichte römischer Dichter im Mittelalter', *Philologus*, 56 (NF 10) (1897), 535–41.

—— 'Zur lateinischen Scholienlitteratur', *Philologus*, 64 (NF 18) (1905), 567–72.

MANTERO, T., 'Ovidio, Filostrato, Ausonio e la saga di Protesilao', *GIF* 26 (1974), 181–6.

—— 'Audaci ingressus saltu', in *Mythos: Scripta in honorem Marii Untersteiner* (Genoa, 1970), 187–226.

MARCHANT, E. C., 'Ausonius (?) Idyl 13', *CR* 11 (1897), 260.

MARINIS, T. DE, 'Di alcuni codici calligrafici napoletani del secolo XV', *IMU* 5 (1962), 179–82.

MARKLAND, J., *see* Willis.

MARSILI, A., *La Mosella* (Turin, 1957).

MARTIN, J., 'La Prière d'Ausone: texte, essai de traduction, esquisse de commentaire', *BAGB* 30 (1971), 369–82.

—— 'Textes chrétiens d'Ausone (suite)', *BAGB* 31 (1972), 503–12.

MARTIN, R., 'La Moselle d'Ausone. Traduction experimentale', in *Mélanges offerts à Léopold Sédar Senghor. Langues, littérature, histoire anciennes* (Dakar, 1977), 263–91.

—— 'La "*Moselle*" d'Ausone est-elle un poème politique?', *REL* 63 (1985), 237–53.

MARTÍNEZ GUÁSQUEZ, J., 'Paulino de Nola e Hispania', *Boletín del Instituto de Estudios helénicos*, 7 (1973), 27–33.

MARTINO, P., *Ausone et les commencements du christianisme en Gaule* (Algiers, 1906).

MARX, F., 'Ausonius', in G. Wissowa (ed.), *Paulys Real-Encyclopädie der classischen Altertumswissenschaft*, ii (Stuttgart, 1896), 2562–80.

—— 'Ausonius und die Mosella', *Bonner Jahrbücher*, 120 (1911), 1–18.

—— 'Ausonius' Lied von der Mosel', *Rh. M.*, NF 80 (1931), 368–92.

MASTANDREA, P., 'Cruces Caucasorum: osservazioni sul Prometeo cristiano', *Atti dell'Istituto Veneto di Scienze, Lettere ed Arti, Classe di scienze morali e lettere*, 134 (1975–6), 81–94.

MATTHEWS, J. F., *Western Aristocracies and Imperial Court, AD 364–425* (Oxford, 1975).

MAYER, M., 'Punica Barcino', *Latina et Graeca*, 6 (1975), 45–54.

MAYER, R., 'A note on Ausonius's *Moselle*', *Agon*, 2 (1968), 72.

MEHLER, E., 'Miscellanea: Ad Sam. Adr. Naber Epistula Critica', *Mnemosyne*, 2nd ser., 6 (1878), 387–412.

MERTENS, M., *Quaestiones Ausonianae* (Diss. Leipzig, 1880).

—— 'Zu Ausonius', *Jb. cl. Ph.* 34(141) (1890), 785–90.

—— 'Zu Ausonius', *Jb. cl. Ph.* 38(145) (1892), 142–4.

MEURER, A., *De Decimi Magni Ausonii genere dicendi quaestiones* (Diss. Münster, 1873).

MITCHELL, B. W., 'Ancient Macaronic Verse, A Correction', *The Classical World*, 24 (1931), 184.

MOHRMANN, C., 'Ausonius in zijn Verhouding tot het Christendom', *Studia Catholica*, 4 (1928), 364–91; 5 (1929), 23–39.

MONTERO CARTELLE, E., 'Transformaciones semántico-literarias en el Cento nuptialis de Ausonio', in *Actas del V Congreso español de estudios clásicos* (Madrid, 1978), 599–602.

—— *Priapeos. Grafitos amatorios pompeyanos. La velada de la fiesta de Venus. Reposiano, El concúbito de Marte y Venus. Ausonio, Centón nupcial* (Madrid, 1981).

MUELLER, H. J., 'Symbolae ad emendandos scriptores Latinos', *Programm des Friedrichs-Werderschen Gymnasiums in Berlin*, 41 (1876), 24–8.

MUELLER, L., 'Sammelsurien', *Jb. cl. Ph.* 12(93) (1866), 394–5, 866–8.

—— 'Zu Ausonius', *Rh. M.*, NF 23 (1868), 200–2.

—— 'Zu Ausonius', *Rh. M.*, NF 25 (1870), 635.

—— *De re metrica poetarum Latinorum* (2nd edn., Leipzig, 1894).

MÜLLER-WAEGENER, A., *Das Mosellied Ausons, nebst den Gedichten an Bissula* (Marburg, 1936).

MUNARI, F., 'Ausonio e gli epigrammi greci', *SIFC*, NS 27–8 (1956), 308–14.

—— 'Die spätlateinische Epigrammatik', *Philologus*, 102 (1958), 127–39.

MURRAY, P., 'Ausonius: Epitaphs on the Trojan War Heroes', *Arion*, 2/4 (1963), 62.

NAPIWOCKI, W. J., 'A Critical Text of the *Gratiarum Actio* and the *Cupido Cruciatur* of D. Magnus Ausonius' (Diss. Chicago, 1974).

NARDO, D., 'Variante e tradizione manoscritta in Ausonio', *Atti dell'Istituto Veneto di scienze, lettere ed arti, classe di scienze morali, lettere ed arti*, 125 (1967), 321–82.

NAVARRA, L., 'A proposito del *De Navigio suo* di Venanzio Fortunato in rapporti alla *Mosella* di Ausonio e agli "Itinerari" di Ennodio', *Studi storio-religiosi*, 3 (1979), 79–131.

NELLEN, D., *Viri Litterati: Gebildetes Beamtentum und spätromisches Reich im Westen zwischen 284 und 395 nach Christus* (Bochum, 1981).

NEUHOFER, R., *Decimus Magnus Ausonius, Mosella* (translated into Czech) (Brno, 1907).

NEUMANN, K. G., *Stimmen der alten Dichter Ausonius und Venantius Fortunatus von der Mosel* (Trier, 1846).

NEWLANDS, C., '*Naturae mirabor opus*: Ausonius' challenge to Statius in the *Mosella*', *TAPA* 118 (1988), 403–19.

NICCOLI, S., *Decimo Magno Ausonio* (Ferrara, n.d.).

OKEN, L., 'Über Ausons Fische in der Mosel', *Isis*, 1/6 (1845), 5–44.

ÖNNERFORS, A., *Vaterporträts in der römischen Poesie unter besonderer Berücksichtigung von Horaz, Statius und Ausonius* (Stockholm, 1974).

—— 'Ausonius an Hesperius *temporibus tyrannicis* (Schenkl, Epist. II, Peiper Epist. XX)', in U. J. Stache, W. Maaz, and F. Wagner (eds.), *Kontinuität und Wandel: Lateinische Poesie von Naevius bis Baudelaire, Franco Munari zum 65. Geburtstag* (Hildesheim, 1986), 264–9.

—— 'De Decimi Magni Ausonii carmine ad filium "temporibus tyrannicis" scripto', in R. Schnur and N. Sallmann (eds.), *Acta Treverica, 1981* (Leichlingen, 1984), 95–9.

OPELT, I., 'Ausonius und die Laudes Constantinopolitanae', *Philologus*, 124 (1980), 266–73.

OPPEN, O. H. A. VON, *Mosella, übersetzt mit revidiertem Texte* (Cologne, 1837).

OSTERN, H., *Ausonius' Mosella und Bissulagedichte* (Leipzig, Berlin, 1926).

OTTMANN, R. E., *Mosella* (translated into German) (Trier, 1895).

—— 'Zu Auson. Mos. v. 134', *Wochenschrift für klassische Philologie*, 12 (1895), 1246.

OUDIN, F., *Memoires de Trevoux*, 1714, 496–502 (= *Journal des Sçavans*, 57 (1715), 590–5).

—— *Memoires de Trevoux*, 1717, 1189–99 (= *Journal des Sçavans*, 63 (1718), 205–16).

OWEN, S. G., 'Notes on Ausonius', *CQ* 27 (1933), 178–81.

—— (no title), *CQ* 28 (1934), 45–6.

PARACHINI, P., *I 'Cesari' di Ausonio, continuati, tradotti, illustrati* (Turin, 1953).

PARATORE, E., 'Letteratura pagana nella Gallia romana', in *Atti del Colloquio sul tema La Gallia Romana, Roma, 10–11 maggio, 1971* (Rome, 1973), 53–86.

PASCHOUD, F., *Roma Aeterna: Études sur le patriotisme romain dans l'Occident latin à l'époque des grandes invasions* (Rome, 1967), 23–32.

PASTORINO, A., 'A proposito della tradizione del testo di Ausonio', *Maia*, NS 14 (1962), 41–68, 212–43.

—— 'Venatio, *aucupio*, pesca nelle "Epistole" di Ausonio', *GIF* 21 (1969), 267–86.

—— *Opere di Decimo Magno Ausonio* (Turin, 1971).

PATE, P. J., 'A critical text of the *Epigrammata* of D. Magnus Ausonius' (Diss. Chicago, 1976).

PATTIST, M. J., *Ausonius als christen* (Amsterdam and Paris, 1925).

PENELLA, R. J., 'A note on (de)glubere', *Hermes*, 104 (1976), 118–20.

PERRELLI, R., 'Catullo nell'epistola a Probo di Ausonio (v. 1–3)', *Orpheus*, 8 (1987), 337–9.

PEIPER, R., 'Die handschriftliche Überlieferung des Ausonius', *Jb. cl. Ph.*, Suppl. 11 (1880), 189–353.

—— *Decimi Magni Ausonii Burdigalensis Opuscula* (Leipzig, 1886).

PFOHL, G. (ed.), *Das Epigramm: Zur Geschichte einer inschriftlichen und literarischen Gattung* (Darmstadt, 1969).

PICHON, R., *Les Derniers Écrivains profanes* (Paris, 1906), 151–216, 297–319.

PITHOU, P., *Adversariorum subsecivorum libri duo* (Basle, 1574).

POLARA, G., 'Un'aspetto della fortuna di Virgilio: tra Virgilio, Ausonio e l'*Appendix Virgiliana*', *Koinonia*, 5 (1981), 49–62.

POSANI, M. R., 'Reminiscenze di poeti latini nella "Mosella" di Ausonio', *SIFC*, NS 34 (1962), 31–69.

PRETE, S., 'Problems, Hypotheses and Theories on the History of the Text of Ausonius', in H. Dahlmann and R. Merkelbach (eds.), *Studien zur Textgeschichte und Textkritik* (Cologne, 1959), 191–229.

—— 'Problems of the text of Ausonius', *L'Antiquité classique*, 28 (1959), 243–54.

—— *Ricerche sulla storia del testo di Ausonio* (Temi e Testi, 7; Rome, 1960).

—— 'The Textual Tradition of the Correspondence between Ausonius and Paulinus', in *Collectanea Vaticana in honorem Anselmi M. Card. Albareda*, ii (Studi e Testi, 220; Rome, 1962), 309–30.

PRETE, S., 'The *Vossianus Latinus* 111 and the arrangement of the works of Ausonius', in S. Prete (ed.), *Didascaliae. Studies in Honor of Anselm M. Albareda* (New York, 1961), 353–66.

—— 'Notes on a Lost Manuscript of Ausonius', in J. Irmscher, B. Doer, R. Müller, and U. Peters (eds.), *Miscellanea Critica: Aus Anlaß des 150-jährigen Bestehens der Verlagsgesellschaft und des Graphischen Betriebes B. G. Teubner, Leipzig*, ii (Leipzig, 1965), 287–94.

—— 'I Caesares di Ausonio ed il ms. 81 della Biblioteca Comunale di Fermo', *Studia Picena*, 39 (1972), 122–35.

—— 'Emendazioni di Giacomo Costanzi al testo di Ausonio', *Studia Picena*, 41 (1974), 41–9.

—— 'Ausonio nella testimonianza dei primi umanisti', *Interrogativi dell'Umanesimo*, 2 (1976), 53–72.

—— *Decimi Magni Ausonii Burdigalensis Opuscula* (Leipzig, 1978).

—— 'Manuscripts of Ausonius' *Caesares*', *Respublica litterarum*, 1 (1978), 255–62.

—— 'La tradition textuelle et les manuscrits d'Ausone', *Revue française d'histoire du livre*, NS 46 (1985), 99–157 (= second part of Étienne–Prete–Desgraves, 'Ausone, humaniste aquitain', ibid. 9–261).

—— 'I "Bobienses" ausoniani (B) ed il codice Harl. 2613 (h)', in J. Dummer (ed.), *Texte und Textkritik: Eine Aufsatzsammlung* (Texte und Untersuchungen zur Geschichte der altchristlichen Literatur, 133; 1987), 509–14.

—— 'Per la storia del testo di Ausonio', *Philologus*, 132 (1988), 196–209.

PRICOCO, S., 'Sepositus *MONAXΩI ENI* RURE (Aus. Ep. 6. 23 Prete)', in *La poesia tardoantica: tra retorica, teologia e politica* (Messina, 1984), 289–307.

PRINCIPATO, M., 'Poesia familiare e poesia descrittiva in Ausonio', *Aevum*, 35 (1961), 399–418.

PUECH, A., *De Paulini Nolani Ausoniique epistolarum commercio et communibus studiis* (Paris, 1887).

PUTTMANN, J. L. E., *De epocha Ausoniana fictoque D. M. Ausonii consulatu Burdigalensi diatribe* (Leipzig, 1776).

RAEHSE, T., *De re metrica Ausonii* (Berlin, 1868).

RAND, E. K., 'Decimus Magnus Ausonius, the First French Poet', *Proceedings of the Classical Association*, 24 (1927), 28–41.

RANKIN, H. D., *Celts and the Classical World* (London, 1987), 231–44.

RAVION DE VARENNES, M., *Memoires de Trevoux*, 1717, 1181–8 (= *Journal des Sçavans* 63 (1718), 197–204).

REBELO GONÇALVES, M. I., 'Análise métrica de um carme de Ausónio (Commem. prof. Burdig., 6)', *Euphrosyne*, 3 (1961), 241–4.

—— 'Nota morfológica sobre o lat. *melos* e flexões afins', *Euphrosyne*, NS 2 (1968), 169–73.

RECH, F., 'Römische Kaiser an der Donauquelle', *Alemannia*, 42 (1915), 114–20.

REEH, R., *De Varrone et Suetonio quaestiones Ausonianae* (Diss. Halle, 1916).

REEVE, M. D., 'Some Manuscripts of Ausonius', *Prometheus*, 3 (1977), 112–20.

—— 'The Tilianus of Ausonius', *Rh. M.*, NF 121 (1978), 350–66.

—— review of *Decimi Magni Ausonii Burdigalensis opuscula*, ed. Sextus Prete (Leipzig: Teubner, 1978), in *Gnomon*, 52 (1980), 444–51.

—— 'Ausonius', in L. D. Reynolds (ed.), *Texts and Transmission. A Survey of the Latin Classics* (Oxford, 1983), 26–8.

REGLING, K., 'Zu Ausonius', *Hermes*, 44 (1909), 315–18.

RIESE, A., 'Zu Ausonius' Mosella 434f.', *Korrespondenzblatt der Westdeutschen Zeitschrift für Geschichte und Kunst*, 7 (1888), 128.

RIGGI, C., 'Il cristianesimo di Ausonio', *Salesianum*, 30 (1968), 642–95.

RIGOBON, C., 'Ausonio ed Ennio', *RFIC*, NS 4 (1926), 523–36.

ROBERTS, M., 'The *Mosella* of Ausonius: An interpretation', *TAPA* 114 (1984), 343–53.

ROBINSON, G. W., 'Notes on the Fourth and Fifth Centuries', *HSCPh* 26 (1915), 165–73.

RODA, S., 'Una nuova lettera di Simmaco ad Ausonio? (a proposito di Symm. Ep. IX 88)', *REA* 83 (1981), 273–80.

ROGER, M., *L'Enseignement des lettres classiques d'Ausone à Alcuin* (Paris, 1905).

ROOY, A. DE, 'Ad Ausonium', *Spicilegia Critica* (Dordrecht, 1771), 134–6.

ROSCHER, W. H., 'Zu Ausonius de aetatibus animantium', *Philologus*, 67 (NF 21) (1908), 158–60.

ROTA–ROSSI, G., 'Gli epigrammi di Ausonio', *Programma del Liceo, 1879–80* (Faenza, 1882).

RUBENSOHN, M., 'Die Grabschrift des Xanthias und des Ausonius Verse "In notarium"', *Archiv für Stenographie*, 53 (1901), 26–34.

RÜHL, F., 'Vermischte Bemerkungen', *Jb. cl. Ph.* 34(137) (1888), 333–52.

SABBADINI, R., 'Bencius Alexandrinus und der cod. Veronensis des Ausonius', *Rh. M.*, NF 63 (1908), 224–34.

SABBAH, G., 'Présence de la NH chez les auteurs de l'Antiquité tardive. L'exemple d'Ammien Marcellin, de Symmaque et d'Ausone', *Helmantica*, 38 (1987), 203–21.

SALANITRO, G., 'Una nota sull'Appendix Vergiliana (*De est et non*, 10 e sgg.)', *Athenaeum*, 50 (1972), 415–17.

SÁNCHEZ SALOR, E., 'Hacia una poética de Ausonio', *Habis*, 7 (1976), 159–86.

SCALIGER, J. J., *Ausonianarum lectionum libri duo* (Lyon, 1574).

SCARCIA, R., 'Varia Latina', *RCCM* 8 (1966), 62–80.

SCHÄFER, M., *Moselfauna, oder Handbuch der Zoologie, enthaltend die Aufzählung und Beschreibung der im Regierungsbezirke Trier beobachteten Thiere* (Trier, 1844).

SCHENKL, K., 'Zur Textkritik des Ausonius', *WS* 2 (1880), 275–84.

—— 'Zu Ausonius', *Zeitschrift für die österreichischen Gymnasien*, 31 (1880), 735, 895.

—— 'Zu Ausonius', *Zeitschrift für die österreichischen Gymnasien*, 32 (1881), 16, 102, 176, 260, 330, 737.

—— 'Zu Ausonius Epistula XXIIII', *WS* 3 (1881), 313.

SCHENKL, K., *D. Magni Ausonii Opuscula*, Monumenta Germaniae Historica 5/2 (Berlin, 1883).

— 'Aus Handschriften', *WS* 12 (1890), 318–20.

SCHETTER, W., 'Das Gedicht des Ausonius über die Träume', *Rh. M.*, NF 104 (1961), 366–78.

SCHISSEL, O., 'Ausonius: Mosella 32', *Rh. M.*, NF 75 (1926), 127.

SCHMIDT, E. G., 'Das Gedicht des Ausonius de Ratione Librae und der Isorrhopie-Gedanke', in J. Mau and E. G. Schmidt (eds.), *Isonomia: Studien zur Gleichheitsvorstellung im griechischen Denken* (Berlin (DDR), 1964), 111–28.

— 'Bemerkungen zu den Gedichten des Ausonius', *Studii clasice*, 3 (1961), 413–20.

SCHMIDT, M., 'Zu Varro's *Hebdomades*', *Rh. M.*, NF 20 (1865), 298–9.

SCHMIDT, P. L., and LIEBERMANN, W. L., 'D. Magnus Ausonius', in R. Herzog (ed.), *Restauration und Erneuerung: Die lateinische Literatur von 284 bis 374 n. Chr.* = R. Herzog and P. L. Schmidt (eds.), *Handbuch der lateinischen Literatur der Antike*, v (Munich, 1989), 268–308.

SCHOECK, R. J., 'On the Editing of Classical Texts before Vinet: Early Printed Editions of Ausonius before 1580', in S. P. Revard, F. Rädle, M. A. Di Cesare (eds.), *Acta Conventus neo-latini Guelpherbytani* (Binghamton, NY, 1988), 137–44.

SCHRADER, J., *Observationum liber* (Franeker, 1741).

— *Liber emendationum* (Leeuwarden, 1776).

SCHULZE, W., 'Die lateinischen Buchstabennamen', *Sitzungsberichte der Königlich Preußischen Akademie der Wissenschaften zu Berlin*, 1904, 760–85 (= *Kleine Schriften* (Göttingen, 1933), 444–67).

SCHWARTZ, J., 'La vita Marci 17. 4 et ses développements', *Bonner Historia-Augusta-Colloquium 1970* (Antiquitas 4, Band 10; Bonn, 1972), 266–9.

SEDGWICK, W. B., 'Ancient jeux d'esprit and poetical eccentricities', *The Classical Weekly*, 24 (1931), 153–7.

SEECK, O., review of *Decimi Magni Ausonii Burdigalensis Opuscula*, ed. R. Peiper (Leipzig, Teubner, 1886), in *Göttingische gelehrte Anzeigen*, 149 (1887), 497–520.

SESTON, W., 'La "Basilique" de Trèves dans la tradition littéraire', in R. Louis (ed.), *Mémorial d'un voyage d'études en Rhénanie* (Paris, 1953), 211–16.

SHACKLETON BAILEY, D. R., 'Ausoniana', *AJP* 97 (1976), 248–61.

— 'Ecce iterum Ausonius (et Paulinus)', *AJP* 99 (1978), 179–80.

SIMMS, D. L., 'Water-driven Saws, Ausonius, and the Authenticity of the Mosella', *Technology and Culture*, 24 (1983), 635–43.

SIMSON, B., 'Zum Gedicht de viro bono', *Rh. M.*, NF 41 (1886), 638–9.

SIRNA, F. G., 'Ausonio, Paolino e il problema del testo ausoniano', *Aevum*, 37 (1963), 124–35.

SMITH, P. L., 'Ausonius' verse technique' (Diss. Yale, 1958).

SMOLAK, K., 'Der Dichter Theon und die Choliamben des Persius (Ausonius, epist. 4)', *WS*, NF 12 (1978), 175–86.

Snell, B., *Leben und Meinungen der Sieben Weisen* (Munich, 1943).

Speck, H., *Quaestiones Ausonianae* (Breslau, 1874).

Stachniw, J., 'The Text of the *Ephemeris*, *Bissula* and *Technopaegnion* of D. Magnus Ausonius' (Diss. Loyola University, Chicago, 1970).

Stahl, F., *De Ausonii studiis poetarum Graecorum* (Diss. Kiel, 1886).

Stanislaus, A., 'The Christian Ausonius', *The Classical World*, 37 (1943–4), 156–7.

Sternberg, P. C., *Über die Entstehung von Mainz, Bonn und Coeln* (Trier, 1853), 67–8.

Stowasser, J. M., 'Zu Ausonius ephem. 8, 16', *ALL* 4 (1887), 616–17.

—— 'Bimaris', in *Commentationes Woelfflinianae* (Leipzig, 1891), 28.

—— 'Auson, epigr. XXVI. 1. Eine zweite Reihe dunkler Wörter', *Programm des Franz-Joseph-Gymnasium* (Vienna, 1891), 8.

Strache, W., *Das Moselbuch* (Berlin and Leipzig, n.d.).

Stramondo, G., 'Nota al testo dell'epigramma XXXIV 2 di Ausonio', *Quaderni catanesi di studi classici e medievali*, 5 (1983), 41–56.

Strati, R., 'Venanzio Fortunato (e altre fonti) nell'*Ars Grammatica* di Giuliano di Toledo', *RIFC* 110 (1982), 442–6.

—— 'Ancora sulle citazioni di Giuliano di Toledo (*Ars Grammatica* e *de partibus orationis*)', *RIFC* 112 (1984), 196–200.

Strong, H. A., 'Notes on Ausonius', *CR* 11 (1897), 260–1.

—— 'Ausonius' debt to Juvenal', *CR* 25 (1911), 15.

Stutzinger, D., '. . . *ambiguis fruitur veri falsique figuris*: Maritime Landschaften in der spätantiken Kunst', *Jahrbuch für Antike und Christentum*, 30 (1987), 99–117.

Swoboda, M., 'De Ausonii et Claudiani fragmentis hymnico-precatoriis', *Eos*, 69 (1981), 83–95.

Szelest, H., 'Die Sammlung "Ordo Urbium Nobilium" des Ausonius und ihre literarische Tradition', *Eos*, 61 (1973), 109–22.

—— 'Lyrische Motive in Ausonius' Sammlung *Commemoratio professorum Burdigalensium*', *Živa antika*, 25 (1975), 156–63.

—— '*Valete manes inclitorum rhetorum* (Ausonius' "Commemoratio professorum Burdigalensium")', *Eos*, 63 (1975), 75–87.

—— 'Ausonius und Suetonius', *Živa antika*, 26 (1976), 156–63.

—— 'Die Spottepigramme des Ausonius', *Eos*, 64 (1976), 33–42.

—— 'Die "Mosella" des Ausonius und ihre literarische Tradition', *Eos*, 75 (1987), 95–105.

—— 'Die Sammlung "Bissula" des Ausonius', *Eos*, 76 (1988), 81–6.

Tafel, S., 'Die vordere, bisher verloren geglaubte Hälfte des Vossianischen Ausonius-Kodex', *Rh. M.*, nf 69 (1914), 630–41.

Tamás, R., *Horatiusi nyomok Ausonius költészetében* (Pannonhalma, 1928).

Tattersall, A., 'A Roman River and a Roman Poet', *GR* 10 (1940), 36–40.

TEITLER, H. C., 'Ausonius and his Mother's Brother', *Journal of Indo-European Studies*, 7 (1979), 133–9.

TERNES, C.-M., 'Paysage réel et coulisse idyllique dans la "Mosella" d'Ausone', *REL* 48 (1970), 376–97.

—— *D. Magnus Ausonius, Mosella. Ausone, La Moselle. Édition, introduction et commentaire* (Paris, 1972).

—— 'Topographie trévire dans la Mosella d'Ausone', in R. Chevallier (ed.), *Mélanges offerts à R. Dion, Caesarodunum*, 9 bis (1974), 207–17.

—— 'Les Ephémérides, ou les temps "forts" de la vie privée d'Ausone', in R. Chevallier (ed.), *Aiôn, le temps chez les Romains, Caesarodunum* 10 bis (Paris, 1976), 239–52.

—— 'Les éléments du paysage antique en pays trévire, Réflexions Generales', *Caesarodunum*, 13 (1978), 54–9.

—— 'Éléments de rhétorique dans la Mosella d'Ausone', *Caesarodunum*, 14 bis (1979), 153–60.

—— 'La notion de verus limes dans la Mosella d'Ausone: la civitas des Trévires comme exemple d'une réussite provinciale', in *La Patrie gauloise d'Agrippa au VIe siècle, Actes du Colloque Lyon 1981* (Lyon, 1983), 355–72.

—— *Études ausoniennes*, i (Luxemburg, 1983).

—— *Études ausoniennes*, ii (Luxemburg, 1986).

—— 'La sagesse grecque dans l'œuvre d'Ausone', *Comptes rendus de l'Académie des Inscriptions et Belles-lettres*, 1986, 147–61.

—— 'Le lyrisme dans l'œuvre d'Ausone', *REL* 64 (1986), 196–210.

THEWREWK, E., PONORI, 'Auson. epigr. 23' (translated into Hungarian), *Egyetemes philologiai közlöny*, 6 (1882), 633.

THIELSCHER, P., 'Handschriftliches zu römischen Dichtern', *Rh. M.*, NF 62 (1907), 46–53.

—— 'Collis bei Ausonius, Mosella 324', *Philologische Wochenschrift*, 55 (1935), 1102–4.

THIERRY, A., *D'Ausone, et de la littérature latine en Gaule au IVe siècle* (Thèse, Besançon, 1829).

—— 'La Littérature profane en Gaule au IVe siècle: les grandes écoles—Ausone et Rutilius', *Revue des deux mondes*, 105 (1873), 793–814.

THOMAS, K. A., 'A Critical Text of the *Praefatiunculae, Cento Nuptialis* and Selections from the appendix to the works of Decimus Magnus Ausonius' (Diss. Chicago, 1974).

THRAEDE, K., 'Zu Ausonius Ep. 16, 2 (Sch.)', *Hermes*, 96 (1968), 608–28.

TOBIN, N. W., 'The Text of the "*Eclogae*" of Decimus Magnus Ausonius' (Diss. Fordham, 1967).

TORDEUR, P., 'Étude des élisions dans la *Moselle* d'Ausone', *Latomus*, 29 (1970), 966–87.

—— 'Études statistiques sur l'hexamètre d'Ausone', in R. Grotjahn (ed.), *Hexameter Studies* (Quantitative Linguistics, 11; Bochum 1981), 75–96.

Tränkle, H., 'Zur Textkritik und Erklärung von Ausonius' Mosella', *MH* 31 (1974), 155–68.

Traina, A., 'Su Ausonio "traduttore"', *RFIC* 110 (1982), 111–15.

Tross, L., *Observationum in Ausonium specimen* (Hagen, 1816).

—— *Mosella, mit verbesserten Texte, metrischen Uebersetzung, erklärenden Anmerkungen, einem kritischen Commentar und historischen geographischen Abhandlungen* (Hamm, 1821).

Tscharniew, P., *Terentiana II* (Kazan, 1900).

Turnebus, A., *Adversariorum libri triginta* (Paris, 1580–3).

Unger, R., 'Subsiciva', *Philologus*, 4 (1849), 719–35.

—— 'Subsicivorum capita tria', Programm 4 (Friedland, 1854).

—— 'Zu Ausonius', *Philologus*, 33 (1874), 616.

—— 'Zu Ausonius', *Philologus*, 34 (1876), 136.

—— 'Zu Ausonius', *Jb. cl. Ph.* 21(113) (1876), 648.

Unterkircher, F., 'Der Wiener Froumond-Codex (Cod. 114 der Österreichischen Nationalbibliothek)', *Codices manuscripti*, 12 (1986), 27–40.

Urlichs, L., 'Zu Ausonius *Mosella* 305–316', *Rh. M.*, NF 17 (1862), 471–3.

Vaccari, P. A., 'Un epigramma greco e latino sull'invidia', in *Miscellanea G. Galbiati*, ii (Milan, 1951), 157–61.

Valmaggi, L., 'Ennio e Ausonio', *RFIC* 27 (1899), 95–6.

Vannucci, L., 'Ausonio fra Virgilio e Stazio: a proposito dei modelli poetici del Cupido Cruciatus', *Atene e Roma*, NS 34 (1989), 39–54.

Vecce, C., *Iacopo Sannazaro in Francia: scoperte di codici all'inizio del XVI secolo* (Padua, 1988).

Verrier, C., *Les Épigrammes d'Ausone* (Paris, 1905).

Vignuolo, G., 'Notes on the Text-transmission of Ausonius' Oratio', *The Classical World*, 54 (1961), 248–50.

—— 'The "Oratio" of Decimus Magnus Ausonius' (Diss. Fordham, 1961).

Villani, L., 'Per la critica di Ausonio', *SIFC* 6 (1898), 97–119.

—— 'Note al testo di Ausonio', *RFIC* 32 (1904), 267–72.

—— 'Quelques observations sur les chants chrétiens d'Ausone', *REA* 8 (1906), 325–37.

—— 'Sur l'ordre des lettres échangées par Ausone et Paulin de Nole', *REA* 29 (1927), 35–44.

Völker, C. C. C., 'Conlectae criticae et exegeticae', *Symbola philologorum Bonnensium*, 1 (1864), 449–53.

Vollmer, F., 'Lesungen und Deutungen', *Sitzungsberichte der philosophisch-philologischen und der historischen Klasse der Königlich Bayerischen Akademie der Wissenschaften zu München*, 1909, 9. Abhandlung.

Vulpius, T. (= Th. Renaut), 'Die Mosella des Decimus Magnus Ausonius', *Jahrbüch für Geschichte, Sprache und Literatur Elsaß-Lotharingiens*, 4 (1888), 5–18.

Wagenvoort, H., 'De Ausonio Poeta doctrina Orphica imbuto', in *Studi classici in onore di Quintino Cataudella* (Catania, 1972), iii. 587–91.

WAGNER, J. K., *Quaestiones neotericae imprimis ad Ausonium pertinentes* (Diss. Leipzig, 1907).

WALTER, F., 'Zu lateinischen Schriftstellern', *Philologus*, 80 (1925), 437–53.

WAMSER, K., 'Ausonius und seine Vorbilder zur Mosella, den Epigrammen und der Ephemeris samt dem Liber Eclogarum, nebst besonderer Berücksichtigung des Dichters Catulls' (Diss. Innsbruck, 1951).

WEDECK, H. E., 'A Gallery of Roman schoolmasters in Ausonius', *The Classical World*, 27 (1934), 137–8.

WEIL, H., 'Notes critiques', *R. Ph.*, NS 1 (1877), 197–9.

—— 'Latina et Graeca varia', *R. Ph.*, NS 9 (1885), 103–5.

—— 'Observations sur quelques textes grecques et latins', in *Album gratulatorium in honorem Henrici van Herwerden* (Utrecht, 1902), 238–54.

WEINREICH, O., 'Χρυσὸν ἀνὴρ εὑρὼν ἔλιπεν βρόχον: Zu antiken Epigrammen und einer Fabel des Syntipas', in J. Moreau (ed.), '*Παγκάρπεια: Mélanges H. Grégoire*', iii (= *Annuaire de l'Institut de Philologie et d'histoire orientales et slaves*, 11) (Brussels, 1951), 417–67.

WEISS, R., 'Ausonius in the Fourteenth Century', in R. R. Bolgar (ed.), *Classical Influences on European Culture*, A.D. 500–1500 (Cambridge, 1971), 67–72.

WESSELING, P., *Observationum variarum libro duo* (Amsterdam, 1727), 169.

WEYMAN, C., 'Studien zu Apuleius und seinen Nachahmern', *Sitzungsberichte der philosophisch-philologischen und der historischen Klasse der K. B. Akademie der Wissenschaften zu München* (1893), ii. 321–92.

—— 'Ausonius und das Christentum', *Münchener Museum fur die Philologie des Mittelalters und der Renaissance*, 4 (1914), 274–6 (= *Beiträge zur Geschichte der christlich-lateinischen Poesie* (Munich, 1926), 90–2).

WIGHTMAN, E. M., *Roman Trier and the Treveri* (London, 1970).

WIKANDER, Ö., 'Ausonius' saw-mills—once more', *Opuscula Romana*, 17 (*Skrifter utgivna av Svenska Institutet i Rom*, 46, 1989), 185–90.

WILAMOWITZ-MOELLENDORF, U. VON, 'Ausonii epistula XII', *Hermes*, 19 (1884), 461–3.

WILD, P. S., *A Fourth Century Poet, Ausonius* (Chicago, 1930).

—— 'Ausonius, a Fourth Century Poet', *CJ* 46 (1951), 373–82.

WILLIS, J., 'Marklandi annotationes in Ausonium ineditae', *Rh. M.*, NF 99 (1956), 284–8.

WINTER, U., 'Ein neues Fragment einer karolingischen Sammelhandschrift', *Philologus*, 123 (1979), 174–81.

WINTERFELD, P. VON, *Schedae Criticae in scriptores et poetas Romanos* (Berlin, 1895).

WITKE, C., *Numen Litterarum: The Old and the New in Latin Poetry from Constantine to Gregory the Great* (Leiden, 1971).

ZICARI, M., 'Schedae sex', *Philologus*, 102 (1958), 154–61.

ZIEHEN, J., 'Zu lateinischen Dichtern', *Philologus*, 57 (NF 11) (1898), 409–17.

ZIMMER, H., 'Eine überflüssige Conjektur im Ausonius', *Hermes*, 29 (1894), 317–20.

ZINGERLE, A., *Zu späteren lateinischen Dichtern* (Innsbruck, 1873), 32–44.
ŻUBEREK, H., 'Korrespondencja Auzoniusza', *Meander*, 25 (1970), 225–36.
ZURETTI, C. O., 'Auson. Cent. Nupt. (XVII)', *SIFC* 12 (1904), 319.

INDEX VERBORUM LATINORUM

INDEX VERBORUM GRAECORUM

INDEX NOMINUM

INDEX RERUM